# 中国矿业年鉴

## 2009

《中国矿业年鉴》编辑部 编

地 震 出 版 社

**图书在版编目(CIP)数据**

中国矿业年鉴．2009/《中国矿业年鉴》编辑部编．北京：地震出版社，2010.5
ISBN 978-7-5028-3737-2

Ⅰ．①中… Ⅱ．①中… Ⅲ．①矿业经济—中国—2009—年鉴 Ⅳ．①F426.1-54

中国版本图书馆 CIP 数据核字（2010）第 070054 号

**地震版　XT201000028**

**中国矿业年鉴（2009）**
《中国矿业年鉴》编辑部　编
责任编辑：张友联
责任校对：庞娅萍

---

出版发行：地震出版社
北京民族学院南路 9 号　邮编：100081
发行部：68423031　68467993　传真：88421706
门市部：68467991　传真：68467991
总编室：68462709　68423029　传真：68455221
编辑室：68467982
经销：全国各地新华书店
印刷：河北省欣航测绘院印刷厂

---

版（印）次：2010 年 5 月第一版　2010 年 5 月第一次印刷
开本：787×1092　1/16
字数：1072 千字
印张：33.5
印数：0001～2000
书号：ISBN 978-7-5028-3737-2/F（4372）
定价：300.00 元

# 《中国矿业年鉴》编辑委员会

# 《中国矿业年鉴》（2009）编辑部工作人员

**编辑顾问** 张　锋　李宴武

**责任主编** 陈颂今

**责任编审** 刘润辉

**责任编辑** 宋　菲　师　宏

**数据审核** 朱先云　李　蕾

# 《中国矿业年鉴》（2009）特约编辑

（按姓氏笔划排序）

马　岩　马家龙　王汝冲　王　芳　王　杰　王衍平　王　蓓　孔繁茂　巩奎兴
吕晓澜　任国佐　向　琦　庄春来　刘克彬　刘良先　刘粤湘　刘　斌　闫卫东
孙志顺　孙　健　苏荣生　杨虎林　杨建军　李树枝　谷东玉　宋　威　张发旺
张金霞　张海峰　张德祯　陈千汊　陈　冠　周保铜　周　翔　孟巧丽　赵我为
郝祖梁　胡茂焱　袁俊宏　袁　航　夏　鹏　黄学雄　常玉刚　崔成多吉　崔新悦
梁伟超　葛振华　揭香萍　曾令新　解宏绪　戴　稼　魏　红

# 编 辑 说 明

一、2009年版《中国矿业年鉴》全面、系统反映2008年中国矿业基本情况以及当年我国矿业经济发展和运行情况。主要内容涉及我国矿产资源勘查、开发利用、行业生产、地方矿业、矿产品进出口贸易等，同时反映了当年我国矿业事业的新发展、新经验、新成果以及遇到的新问题。本期《中国矿业年鉴》为第8卷，收录资料时限原则上以2008年为主，根据供稿实际，酌收了一些与2007年有关的内容。

二、本期《中国矿业年鉴》，根据实际情况设专文、大事记、概况、矿业管理、矿业行业、地方矿业、矿业协会、统计资料、政策法规、附录等10个栏目。按内容分类编排，设栏目、类目、条目三个层次，有的栏目根据内容设四个层次。表述方式以条目为主，设有方便查阅的目录，另有文章、图、表等多种形式，图文并茂。

三、本期《中国矿业年鉴》收录了国家、国土资源部等有关领导关于中国矿产资源开发管理、煤矿安全以及地质调查等方面的重要讲话；国土资源部有关部门提供的矿业统计资料和国家有关部委颁布与矿业相关的政策法规；较系统地记述了中国矿业的概况、管理、行业、地方矿业等方面的发展变化及部分矿业行业协会工作的情况。

四、在附录中，收录了2007~2008年世界矿产资源勘查开发和矿产品供需形势；收录了矿业科技信息、矿山安全记事等。可读性强，有较高的参考价值。

五、本期《中国矿业年鉴》开辟了矿山企事业单位介绍专栏，并以彩页形式展示其风采，重点介绍了一些优秀国有企业和民营企业的经营业绩和科研成果。

六、稿件来源，除部分基层企事业单位外，多由国土资源部有关部门和省市、自治区国土资源厅（局）及行业协会等单位提供；有些资料选自：2008年国土资源部或省、市、自治区有关矿业情况通报。为读者查阅方便，本期年鉴中的图、表序号，以类目或分目为单位，单独列序。所涉及的统计资料，均以国土资源部《中国国土资源统计年鉴》中提供为准。全书内容比较丰富、资料翔实，具有权威性。

八、本期《中国矿业年鉴》16开本，精装，110万字左右，由《中国矿业年鉴》编辑部编辑，中国地震局地震出版社出版，国内外公开发行。编辑部联系电话：010－88374940。E－mail：yearbook@chinamining．org。

本期年鉴在组稿中由于有些单位没能按出版规定时间上报稿件，在内容编辑整理上，难免有些疏漏和错误，欢迎各级领导和读者批评指正。在此对所有关心和支持本书编辑工作的单位、领导、朋友们表示衷心的感谢！

《中国矿业年鉴》编辑部

2010年4月

# 目 录

## 专 文



## 大事记



## 概 况

## 矿业管理

# 矿业行业

# 地方矿业

## 矿业协会

## 政策法规



## 统计资料

## 附　录

# 专 文

## 开展“回头看”行动 确保整顿和规范矿产资源开发秩序各项任务的全面完成

### ——在全国整顿和规范矿产资源开发秩序“回头看”行动电视电话会议上的讲话

徐绍史

（2008年3月3日）

同志们：

国土资源部、发展改革委、公安部、监察部、财政部、商务部、工商总局、环保总局和安全监管总局等九部门联合召开全国整顿和规范矿产资源开发秩序“回头看”行动电视电话会议，主要是全面分析历时两年多的整顿和规范矿产资源开发秩序工作的形势，进一步统一思想，提高认识，动员和部署开展“回头看”行动，确保全面完成国发(2005)28号文件提出的整顿和规范矿产资源开发秩序各项任务。

工商总局党组副书记、副局长刘玉亭宣读了九部门关于开展“回头看”行动的通知，通知的要求非常明确；河北省副省长孙瑞彬、黑龙江省副省长于莎燕、陕西省副省长吴登昌作了发言，讲得很好；环保总局副局长张力军，安全监管总局孙华山副局长作了讲话，讲得很到位。我们相信，在整顿和规范矿产资源开发秩序部际联席会议的统一部署下，通过各地、各有关部门的共同努力，“回头看”行动一定能取得预期的效果。下面，讲两点意见：

## 一、整顿和规范矿产资源开发秩序成效明显，但形势依然严峻

整顿规范工作开展两年多来，取得了明显的成效，但面临的形势仍非常严峻。2005年8月国务院下发了《关于全面整顿和规范矿产资源开发秩序的通知》（国发〈2005〉28号），对整顿规范工作作出了全面部署，同时建立了部际联席会议制度。2006年8月，国务院召开了全国整顿和规范矿产资源开发秩序工作会议，曾培炎副总理到会并作了重要的讲话，对深入开展整顿规范工作提出了非常明确的要求。两年多来，国务院有关部门和地方各级党委、政府按照国务院的部署和曾培炎副总理的讲话要求，采取一系列的措施，围绕治小、治乱、治散、治本，做了大量的工作，取得明显成效。但我们必须清醒地认识到，目前整规工作面临的形势依然严峻。具体可以从以下三个方面进行分析。

**（一）治乱取得明显成效，但成果并不巩固**

一方面，严厉打击各种矿产资源违规违法行为成效明显。据统计，两年多来，全国共查处无证勘查1350多起，无证开采11.5万起，超层越界开采8000多起，以采代探1300多起，非法转让矿业权2200多起，查处矿产勘查开发管理方面的违规违法行为为878起。以上6个方面，共有12.5万多起。值得注意的是，无证开采和超层越界开采就占到12.3万起，这是重头。同时，全国共关闭破坏环境、污染严重和不具备安全生产的矿山4.6万多家。对煤、铁等重要矿种和钨、稀土等保护性开采的特定矿种，开展了专项整治，公布了163个全国重点矿区名单，运用卫星遥感技术对其中85个全国重点矿区的矿产开发秩序进行了监控。案件查办力度也不断加大，强化了立案、查案、督办、结案管理。部际联席会议办公室组织力量，配合当地政府对20多起案件进行了直接查处，对300多起案件进行了督办，有力地打击了各种违规违法勘查开采矿产资源行为。

另一方面，矿产资源开发秩序混乱问题还没有根本解决。2007年全国立案查处各种违规违法矿产资源勘查开采案件1.27万起，领导批示、群众举报和媒体披露的问题中还有不少涉及矿产资源开发秩序问题。一些地区无证勘查开采、超层越界开采、以采代探、已关闭矿山“死灰复燃”等违规违法行为时有发生，部分地区矿产资源开发秩序出现反复，有的还很严重。

个别地区在整规期间仍然出现群发性的无证勘查开采行为，造成很坏的社会影响。有的地方非法炒卖矿权，“跑马圈地”，“圈而不探”，扰乱了矿业权市场秩序。有的地方开采矿产资源造成矿山地质环境破坏，严重影响矿区周边群众的生产生活。一些地方越权审批矿业权、越权配置矿产资源，破坏了矿产资源集中统一和分类分级管理，造成矿产资源管理秩序混乱。

**(二)治散取得积极进展，但进展并不平衡**

《国务院办公厅转发国土资源部等部门对矿产资源开发进行整合意见的通知》(国办发(2006)108号文)规定，各地要在2007年底前完成3个以上重要矿种和5个以上重点矿区的矿产资源开发整合任务，2008年底前基本完成本行政区域的矿产资源开发整合工作。一方面，各省(区、市)均编制完成了矿产资源开发整合总体方案，全国共有3200多个矿区编制完成整合实施方案，约1750个矿区完成了整合任务，减少矿业权1.47万个。通过整合，矿产资源开发规模化、集约化水平有了新的提高。另一方面，整合工作进展很不平衡，一些地方整合工作进展十分缓慢，个别地方甚至还没有编制完成整合实施方案。矿山开发布局不合理，矿山企业“多、小、散、乱”，矿产资源开采粗放、破坏浪费的状况还没有根本改变。

**(三)治本迈出新步伐，但依然任重道远**

一方面，两年多来，国务院有关部门出台了与规范矿产资源管理有关的文件40多件；据不完全统计，各省(区、市)也出台了400多件地方性法规、政府规章和规范性文件。另一方面，矿产资源开发领域多年积累的深层次矛盾正日益凸显，矿产资源开发管理体制、机制和法制还不完善，与新形势新要求不相适应，制度建设的任务还非常繁重。矿产资源开发秩序问题长期困扰着我们，似乎成了一个久治不愈的顽症。从20世纪90年代后半期至今，国务院已部署开展了三次全国性的整规活动。分析其深层次原因，主要是我国在经济社会发展过程中长期形成的结构性矛盾和粗放型增长方式，以及与科学发展不适应的体制、机制、法制等在矿产资源开发领域的集中反映。目前我国正处在工业化的中期，第二产业特别是重化工业上升势头非常强劲，粗放型增长方式普遍存在，突出表现为“四高一多”，即高投入、高能耗、高物耗、高污染、多占地。近年来，我国经济持续平稳快速发展，矿产品需求旺盛，价格不断攀升并高位运行，致使矿产品的生产、贸易和矿产资源勘查开采投入都迅速增加，矿产资源勘查开采具有巨大的利润空间。受经济利益驱动，扰乱和破坏矿产资源开发秩序的现象时有发生。其他重要原因还有：

一是法制观念淡薄。在矿产资源丰富的地区，一些群众和企业不懂法，出于自身和眼前的利益，无证勘查开采矿产资源；一些不法分子和企业，受利益驱使，大肆违规违法勘查开采矿产资源；还有一些公务人员与矿主勾结，放任、怂恿矿产资源违规违法行为。

二是监督管理薄弱。一些地方监督管理职能不落实，监督管理体制机制不完善，监管力量不足，监管手段落后，对违规违法行为很难做到及时发现、及时制止、及时查处。有的地方监督管理部门不敢碰硬，对工作敷衍塞责，甚至以罚代刑，造成了恶劣的社会影响。

三是整规工作不力。一些地方领导对整顿规范工作认识不到位，态度不坚决，措施不得力，工作还有死角；个别地方工作不扎实，甚至走过场。

四是制度建设滞后。矿产资源规划、矿产资源有偿使用和矿业权市场建设等一些相关的矿产资源管理制度建设跟不上。

在全面分析整规工作的形势，深入剖析问题原因的基础上，九部门经过认真研究，决定在全国部署开展整顿和规范矿产资源开发秩序“回头看”行动。我们一定要增强紧迫感和责任感，坚定信心，认真做好“回头看”行动各项工作。

## 二、打好“回头看”行动这场硬仗，确保取得实效

电视电话会议对“回头看”行动作了全面部署。“回头看”行动为时3个月，重点任务有6项，即持续打击无证勘查开采、深入清理打击超层越界开采、严肃查处非法转让矿业权、严肃查处污染破坏矿山环境、严肃查处越业权审批矿权等违规违法行为和加快推进矿产资源开发整合工作。“回头看”行动分为清查处理和检查验收两个阶段。目标非常明确，要求非常具体，请大家一定要抓好贯彻落实。我再提四点要求。

**(一)提高认识，统一思想**

“回头看”行动既是一项重大的专项行动，也是一项严肃的政治任务。各地要在当地人民政府的领导下，讲政治、讲大局，统一思想、提高认识，真正把这项工作抓好。要充分认识到整规工作的长期性、艰巨性和复杂性。多年的实践证明，一旦我们稍有松懈，矿产资源违规违法行为随时可能出现反弹。我们必须有长期作战的思想准备，深入持久地抓好这项工作。同时，要认真贯彻党的十七大精神，落实科学发展观，将思想统一到构建保障科学发展新机制这一任务上来。通过开展整规工作，使矿产资源开发秩序继续好转，并着力构建保障科学发展的新机制。

**(二)迅速部署，尽快开展“回头看”行动**

各省(区、市)整顿规范工作领导小组要尽快将这次会议情况向省委、省政府汇报。各地政府换届已经结束，领导小组成员有变动的，要及时进行调整、充实，

抽调精兵强将组成工作班子;要保持整规工作机构和人员稳定,充实和加强工作力量,继续保障工作经费,改善工作条件,为“回头看”行动顺利实施提供强大的组织保证。同时,要尽快制订“回头看”行动方案,对“回头看”行动进行部署。3月中下旬,部际联席会议将组织有关人员,对各地落实“回头看”行动通知和全国电视电话会议精神等情况进行督促检查。

**(三)明确重点任务,扭住不放,一抓到底**

一是要全面清理,不留死角。关于开展“回头看”行动的通知确定了6个方面的重点任务,21项清查内容。各地要按照“谁清查,谁签字,谁负责”的要求,逐个矿区、逐个矿山、逐个矿权进行登记造册,明确任务,落实到人。二是要抓好重点矿区的专项整治和违规违法行为的查处。对清查出的各种违规违法行为,要严肃查处,一抓到底,既要处理事也要处理人,绝不手软,绝不姑息。清理中,对无证勘查开采,要当场取缔;对符合立案条件的,要坚决立案查处;对涉嫌犯罪的,要及时移送司法机关处理。对清查工作不认真,走过场,瞒案不报,压案不查的,要严肃追究有关人员的责任。希望各地切实负起责来,尽可能自查自纠,查处到位。三是要加快推进矿产资源开发整合。要尽快完善整合实施方案,落实整合矿种、整合矿区和整合区域内涉及的矿业权名单。国办发(2006)108号文规定的15个重要矿种以及对各地经济发展具有较大影响的矿种,都要纳入到资源整合的范围内;影响大矿统一规划开采的小矿,大矿小开的矿区,小矿密集区、位于地质环境脆弱区范围内的矿区都要纳入整合范围。要摸清参与整合的矿业权数量,确定整合后拟设置的矿业权数量,明确整合区域内减少的矿业权数量。对整合工作进展缓慢的地区,要加强督查,督促其加快进度。争取今年上半年将大部分矿区整合到位,下半年进一步完善,到2008年底前基本完成整合任务。四是要抓好正反两方面的典型。各地都要遴选一些先进典型,宣传他们的好做法和经验。同时,要抓住问题严重的矿区和典型案件,公开曝光、公开处理。各省(区、市)原则上要选择5个以上典型案件向社会公布处理结果。五是要规范管理。要深化改革,创新制度,建立和完善矿产资源开发管理机制,推进长效机制建设。六是要加强宣传教育和培训。中央和地方都要加大宣传力度,充分调动媒体的积极性,广泛宣传社会、宣传群众,跟踪报道“回头看”行动。同时,要抓好国土资源部、中组部、中宣部、司法部、教育部和广电总局六部门联合开展的全国县(市)乡(镇)村级干部国土资源法律知识宣传培训活动,提高基层领导干部法治意识和依法行政水平。

**(四)加强组织领导,打好“回头看”行动这一硬仗**

整规工作特别是矿产资源开发整合工作难度大、涉及面广、政策性强。对整顿规范工作的长期性、艰巨性和复杂性要有清醒的认识,要有充分的思想准备、工作准备和组织准备,加强领导,扎实推进。具体有三点要求:

一是要克服厌战情绪,振奋精神。开展整顿规范工作,基层普遍存在监管力量不足、监管手段落后等困难,目前各种违规违法行为也不在少数。一定要克服“不好管、不想管、不敢管”的思想,增强做好整规工作的信心。全国土地执法“百日行动”为我们提供了可供借鉴的经验。中央今年部署了学习实践科学发展观活动的试点,并将在全党推开,这对我们开展整规工作提供了有利的环境。各地、各有关部门要严格执法,采取有力措施,理直气壮地抓好“回头看”行动。

二是要探索构建保障科学发展的新机制。要在已有的工作基础上,进一步加强调查研究,总结基层的好做法,进行制度创新。需要建立的制度,要抓紧建立;不适应新情况的制度,要抓紧修改;与实际完全不适应的制度,要坚决废止。通过立、改、废,加强制度建设,构建保障科学发展的新机制。

三是要切实负起责任。各地、各部门要切实负起责任,令行禁止,绝不要观望犹豫,按照部际联席会议的统一部署,尽快行动起来,扎实开展工作,坚决遏制各种矿产资源违规违法行为,确保“回头看”行动取得实效,促进矿产资源开发秩序进一步好转。

(作者:国土资源部部长)

# 全面持久地抓好煤矿瓦斯防治工作 推进煤矿安全形势好转

## ——在全国煤矿瓦斯治理工作现场会上的发言

张国宝

(2008年7月8日)

尊敬的德江副总理,同志们:

国务院安委会召开全国煤矿瓦斯治理工作现场会,德江副总理亲临会议并将作重要讲话,这对于进一步做好煤矿瓦斯防治工作,促进煤矿安全形势的稳定好转，有效保障煤炭供应，具有重要意义。

党中央、国务院高度重视煤矿瓦斯治理和煤层气开发利用工作。胡锦涛总书记、温家宝总理等中央领导同志多次作出重要批示，要求坚持不懈抓好煤矿瓦斯防治工作，务求取得明显成效。为从根本上遏制煤矿瓦斯事故多发的势头，集中各方面力量进行综合治理，2005 年 2 月，国务院第 81 次常务会议决定成立煤矿瓦斯防治部际协调领导小组。经国务院批准，煤矿瓦斯防治部际协调领导小组由国家发展改革委、安全监管总局、科技部等 12 个部门和单位组成，对煤矿瓦斯进行综合治理。下面，从煤矿瓦斯防治部际协调领导小组的角度，汇报三个方面的情况。

## 一、三年来主要工作

2005 年 3 月，煤矿瓦斯防治部际协调领导小组成立以来，针对各个时期的特点和突出问题采取措施，推进煤矿瓦斯防治工作。

**（一）建立健全综合防治工作体系**

完善部际协调领导小组 12 个成员单位和 26 个产煤省（区、市）的组织网络，形成了相互协调、上下联动的工作机制。在发展改革委网站设立煤矿瓦斯防治专栏，已编发工作简报 180 多期。每年初，制订下发年度工作要点，部署全年煤矿瓦斯防治工作。从 2006 年开始，建立目标考核体系，对重点地区煤矿瓦斯事故控制和抽采利用情况实行季度考核通报。

**（二）协力建设瓦斯防治“民生工程”**

2005～2007 年，发展改革委、安全监管总局、煤矿安监局、科技部共同组织，分别在安徽淮南、山西晋城和北京，召开了全国煤矿瓦斯治理和利用工作现场会和电视电话会，国务院领导人出席会议并发表重要讲话。去年和今年，分别在淮南和重庆举办了 10 期瓦斯防治培训班，对 45 户煤矿安全重点监控企业的高管人员和 78 个重点产煤地市有关负责人、小煤矿企业代表共 800 多人进行了培训。

**（三）科学制定产业发展规划**

发展改革委组织编制了《煤层气（煤矿瓦斯）开发利用“十一五”规划》。到 2010 年，新增煤层气探明地质储量 3000 亿立方米；煤层气、煤矿瓦斯抽采量 100 亿立方米；建设煤层气输气管道 10 条，设计总输气能力 65 亿立方米；重点建设沁水盆地、鄂尔多斯盆地东缘两大煤层气产业化基地，这两个基地煤层气开发利用规划即将发布。

**（四）加大煤矿安全技改投入**

财政部、发展改革委、安全监管总局、煤矿安监局建立了提取煤炭生产安全费用制度，2007 年原国有重点煤矿企业共提取安全费用 200 多亿元，平均吨煤提取 20.3 元。2005～2007 年共安排国债资金 90 亿元，带动社会投资 641 亿元，用于煤矿安全改造，国有重点煤矿安全历史欠账问题得到缓解。

**（五）建立和完善政策措施体系**

为贯彻落实国务院办公厅印发的《关于加快煤层气（煤矿瓦斯）抽采利用的若干意见》（国办发〈2006〉47 号），发展改革委、财政部、国土资源部、环保部、商务部、税务总局、安全监管总局等制定了 10 多项配套政策措施，内容包括增值税先征后返、设备加速折旧、瓦斯发电加价、中央财政补贴、瓦斯抽采指标、限制超标排放等。

**（六）依靠科技促进瓦斯防治**

批准组建了煤矿瓦斯治理、煤层气开发利用两个国家工程研究中心，在淮南、沈阳等 10 个矿区建设瓦斯治理与利用示范工程，开展松软突出煤层钻进等 8 项重大技术装备的研发。国务院批准了大型油气田及煤层气开发国家科技重大专项实施方案。科技部将煤矿瓦斯防治列入“十一五”科技支撑计划和 973 计划。教育部批准中国矿业大学增设了煤及煤层气工程专业，今年秋季开始招生。

## 二、取得的成效和存在的问题

三年多来，在党和国家高度重视下，上上下下开始形成抓好煤矿瓦斯防治、建设“民生工程”的氛围，经过各部门、各地区和广大煤矿企业的共同努力，全国煤矿瓦斯防治工作取得了阶段性成果。

**（一）瓦斯事故总量下降**

2007 年，全国煤矿发生瓦斯事故 272 起、死亡 1084 人，比 2004 年减少 220 起、816 人，分别下降了 44.7%、42.9%。2006、2007 连续两年，瓦斯事故死亡人数降至第二位。2008 年 1～5 月，全国煤矿发生瓦斯事故 73 起、死亡 272 人，同比减少 48 起、240 人，分别下降 39.7%、46.9%。上半年没有发生一次死亡 30 人以上的特别重大瓦斯事故。

**（二）井下瓦斯抽采增幅较大**

2007 年，全国抽采煤矿瓦斯 44 亿立方米，比 2004 年增加 26 亿立方米，增幅 140%。其中，山西、辽宁、安徽、河南、贵州、重庆等 6 个省（市）瓦斯抽采量超过 2 亿立方米，黑龙江、陕西、宁夏等 3 个省（区）超过 1 亿立方米。阳泉、晋城、淮南等 9 个矿区瓦斯抽采量超过 1 亿立方米。

**（三）地面煤层气产能增加较快**

2005～2007 年共钻探各类煤层气井约 2060 口，是 2005 年前历史累计钻井总数的 7 倍，形成地面煤层气产能 10 亿立方米。2005 年煤层气产量实现了零的突破，2007 年达到 3.2 亿立方米。截至 2007 年底，探明煤层气地质储量 1340 亿立方米。

**(四)煤层气、煤矿瓦斯利用快速发展**

2007年,全国煤矿瓦斯利用14.5亿立方米,比2004年增长160%;民用煤矿瓦斯用户超过87万户;晋城市、阜新市以煤层气为燃料的汽车分别超过2000辆、1000辆;瓦斯发电装机容量71万千瓦,世界上规模最大的晋城煤业集团12万千瓦瓦斯发电厂已开始并网发电。

煤矿瓦斯防治工作取得了阶段性成果,但形势依然严峻。一是,2007年重大以上瓦斯事故起数和死亡人数占煤矿重大以上事故总数的78.6%和80.3%。二是,部分地区特别是山西、江西等省瓦斯事故多发。三是,煤与瓦斯突出事故比重上升,2007年,国有煤矿重大事故均为突出事故。四是,瓦斯防治基础不扎实,2007年底,发生了山西临汾洪洞县瑞之源煤矿一次死亡105人的特别重大瓦斯爆炸事故。

## 三、下一步主要工作

煤炭是我国的主体能源。做好煤矿瓦斯防治工作,对于保护生命、保护资源、保护环境、增加就业、促进煤炭工业健康发展具有重要的现实意义和深远的战略意义。我们要按照党中央、国务院的部署,认真贯彻落实德江副总理的重要讲话精神,采取坚决有力的措施,巩固和扩大煤矿瓦斯防治工作成果。

**(一)进一步增强工作合力,强化综合治理**

今年初,发展改革委、安监管总局、煤矿安监局、科技部联合印发了2008年煤矿瓦斯防治工作要点,提出了主要目标和8项工作任务。各地煤矿瓦斯集中整治领导小组要把国家有关要求与地方实际紧密结合起来,切实加强组织协调,调动各方面积极性,抓住本地区的突出问题,一个一个地解决好,确保煤矿瓦斯防治工作取得实效。

**(二)进一步落实瓦斯防治责任制**

部分地区煤矿瓦斯事故多发,有自然条件等客观因素,但更多的是主观努力还不到位,特别是该关未关的小煤矿、死灰复燃的小煤矿非法违规生产造成瓦斯事故,这是说不过去的。煤矿企业要将瓦斯防治的责任落实到每个区队、每个班组、每个个人、每道工序。有关部门要认真履行职责,坚决取缔非法煤矿生产,深入煤矿现场,督促企业把瓦斯防治措施落实到位。

**(三)进一步狠抓政策措施落实**

虽然初步建立了煤矿瓦斯防治政策措施体系,但有的政策,如瓦斯发电上网、补贴等政策出台一年多了也没有完全落到实处,企业意见很大。有关部门要深入实际调查研究,一项一项地分析,一步一步地查找原因,排除一切障碍,把政策落到实处。

**(四)进一步加强科技攻关**

我国地质条件复杂,煤层透气性差、瓦斯压力大、地应力集中,在瓦斯突出机理研究、抽采技术、钻孔机具等方面仍存在许多难题。要取得煤矿瓦斯防治主动权,必须充分发挥煤矿企业技术创新的主体作用和科研院校的骨干作用,整合力量,集中攻关,切实解决煤炭生产实践中的共性和关键技术难题。

**(五)进一步推进煤矿企业兼并重组**

目前,我国约有1.6万处煤矿,其中小煤矿约占90%。去年,小煤矿百万吨死亡率是国有重点煤矿的8倍,如果小煤矿达到国有重点煤矿安全水平,可以减少死亡2500人。我们要充分发挥大型煤炭企业资金、技术、管理优势,制定有利于大型煤矿兼并重组中小煤矿的政策和措施,把58处煤与瓦斯突出矿区作为重点,大力推进煤矿企业兼并重组,提高煤炭产业集中度和生产力水平。

我们一定要坚持以人为本,深入贯彻落实科学发展观,以这次现场会为动力,继续扎实努力工作,全面持久地抓好煤矿瓦斯防治工作,坚决遏制煤矿瓦斯重特大事故的发生,推进煤矿安全形势好转,为构建社会主义和谐社会作出新的贡献。

(作者:国家发展改革委副主任、国家能源局局长、煤矿瓦斯防治部际协调领导小组组长)

# 创新思路扎实工作<br>推进地质调查事业又好又快发展

## ——在全国地质调查工作会议上的工作报告

汪 民

(2008年2月23日)

这次会议的任务是:以党的十七大精神为指导,认真落实科学发展观,深入贯彻《国务院关于加强地质工作的决定》,按照全国国土资源管理工作会议要求,进一步解放思想,转变观念,总结地质大调查开展九年来的工作,分析形势,把握需求,部署"十一五"后三年工作,明确2008年主要任务。

对这次会议,部党组非常重视,徐绍史部长多次过问并提出明确要求,因中央有会,临时决定改在会期结束时来看望大家,并作重要讲话。我们一定要认真学习领会,抓好贯彻落实。

下面,代表局党组向会议报告有关情况。

## 一、过去九年工作

九年来,我们认真贯彻中央方针政策和中央领导一系列指示精神,在国土资源部领导下,努力推进地质调查工作,为经济社会发展作出了积极贡献,为国土资源管理和社会公众提供了有效服务。

**(一)新的地质调查工作体系基本形成**

确立公益性地质调查工作体制。1999年,在国务院领导下,按照发展社会主义市场经济的要求,对地勘队伍管理体制实行重大改革,绝大部分地勘单位实行属地化管理。为加强公益性地质工作,国土资源部成立中国地质调查局。2001年,国土资源部将直属地质单位划归地调局归口管理,初步实现队伍整合。2004年,经中央批准,中编委印发中国地质调查局新的"三定"方案,明确地调局为部直属的副部级事业单位,负责统一部署和组织实施国家基础性、公益性地质调查和战略性矿产勘查工作,统一管理国家公益性地质调查队伍,对地方公益性地质调查队伍实行了项目联系、业务指导。目前,中国地质调查局直属队伍规模6500人。

各省(区、市)陆续组建了地质调查院,地质环境监测总站建设得到进一步加强,队伍规模1万余人。地方公益性地质调查队伍在困难的条件下,积极探索,不断建实建强。作为国家公益性地质工作体系的有机组成部分和骨干力量,承担了大量地质调查任务,在服务经济社会发展和国土资源管理中,发挥了重要作用。

建立地质调查管理体系。为适应新的地质调查工作要求,建立了地调局—六大区地调中心—项目承担单位三级项目运行管理体系。基本建立了覆盖地质调查全过程的业务管理制度,逐步完善了从立项到资料汇交的技术、质量、经济管理的程序与要求。地质调查工作总体上做到了有章可循、有据可依,对规范地质调查并指导全国类似工作,起到了很好的作用。

能力建设得到加强。通过地质调查项目的实施,锻炼了队伍,吸引了人才,队伍人员结构不断优化,工作能力明显增强。国家投资地质调查技术装备陆续到位,各省也加大了对地方公益性地质调查队伍的投入力度,技术装备水平和工作条件有了较大程度的改善。

**(二)地质调查工作顺利推进**

新一轮国土资源大调查全面展开。九年来,中央财政投入80多亿元。地调局各单位、31个省(区、市)地调院和地质环境监测总站、有色、冶金、煤炭、核工业、化工、建材、武警黄金等中央管理的地勘单位,以及有关科研院所、院校等共130个单位,顺利实施3500多个项目。

一批重大地质专项陆续实施。根据国家急需,组织开展了海洋地质专项、矿产远景调查专项、全国土壤现状调查及污染防治专项,协同推进大陆科学钻探工程和危机矿山接替资源找矿专项。各专项进展顺利,加强和扩大了地质调查服务领域。

国家重大科研计划进展顺利。在区域成矿作用与成矿理论、大陆动力学及陆壳增生演化、航空地球物理和海洋天然气水合物勘查技术等领域,承担了一批国家重点基础研究计划(973)、国家高新技术研究发展计划(863)、国家科技支撑计划和国家自然科学基金重大项目,为地质调查提供了科学支撑。通过实施地质大调查,以及其他地质调查专项和国家重大科技计划,为国民经济建设和社会发展提供了及时有效的服务,作出了重要贡献。

**(三)地质调查取得重要成果**

一是发现和评价一批大型、超大型后备勘查基地,对全国矿产勘查发挥了重要的引导作用。新发现矿产地800余处,其中大型以上60余处,提交一批新增资源量,其中:铜3200万吨、铅锌7800万吨、铁矿石7.6亿吨、钾盐4亿吨、磷矿石8.5亿吨,形成若干国家级矿产资源基地雏形,有力拉动了商业性矿产勘查。新疆罗布泊钾盐新探获资源量7000万吨,总资源量达到3.5亿吨,成为我国重要的钾盐生产基地。西藏驱龙铜矿探获资源量超过1000万吨,成为我国第一大铜矿床。长江中下游、晋冀、辽吉等重要成矿区带发现多处隐伏富铁矿,显示深部找矿潜力巨大。沿扬子陆块周缘发现一系列沉积改造的"扬子型"铅锌矿,开辟了新的找矿领域。在南海北部陆坡获取了天然气水合物实物样品,对能源接替具有重要战略意义。

二是基础地质工作程度明显提高,为资源勘查、重大工程建设提供了重要基础资料。更新了一批国家基础地质图件。填补了青藏高原、大兴安岭地区中比例尺区域地质调查空白。实现1:1000000全国重力调查和航空磁测陆域全覆盖。解决了一系列重大地质问题,发现了大量找矿线索。开展了1:1000000海洋区域地质调查试点,为全面开展海洋区域地质调查奠定了基础。与27个省(区、市)合作开展多目标地球化学调查,发现沿长江流域、重要城市集中区等一批对生态环境产生重大影响的异常带,提出了土壤质量评价意见。实施北京、上海等6个城市地质综合调查试点,为城市规划、建设提供了科学依据。针对青藏铁路、南水北调等国家重大工程建设，开展专项调查研究，为工程建设提供了地质依据。完成全国重要矿山环境调查评估，初步摸清了矿山环境现状，为矿山环境治理和土地复垦提供了依据。

三是地下水资源勘查评价取得重要进展，为国家水资源配置、地质环境整治提供了依据。完成新一轮全国地下水资源评价和北方主要盆地平原区地下水及其环境问题调查评价。西部严重缺水地区地下水勘查示范，解决了700万人饮水难题。鄂尔多斯盆地地下水资源勘查，为国家能源化工基地圈定了一批大型、特大型远景水源地。初步查明西南岩溶石漠化现状，建立了一批地下水开发和石漠化综合治理示范区。开展长江、黄河、淮河等大江大河流域环境地质调查，为区域经济规划、环境保护和建设提供了基础资料。

四是初步建立重点地区地质灾害监测预警体系，在防灾减灾中发挥了重要作用。完成1130个山区丘陵县（市）地质灾害调查，初步摸清了10多万处地质灾害隐患的分布，圈定了防治地质灾害的重点区域。在西南山区、西北黄土高原和湘鄂桂等地质灾害高发区开展1:5万地质灾害调查。建立了群专结合的地质灾害监测预警示范区，推进群测群防预警体系的建立和全国汛期地质灾害气象预报的开展，2003～2007年共成功预报地质灾害3500起。在长江三角洲地区、华北平原、汾渭地区开展了地面沉降和地裂缝调查，初步建立了专业监测网络。

五是取得一批原创性地质科技成果，地质调查的科技水平不断提高。青藏高原深部地壳结构与构造演化、高原隆升与古气候变迁等科学问题的研究取得重要进展。中国大陆科学钻探工程获得主孔5158米珍贵岩心，取得了一系列重要科学发现和创新性科学研究成果。中国大陆岩石圈三维结构研究，首次全面系统地划分了中国岩石圈构造单元，揭示了岩石圈三维结构及演化规律。长兴、宜昌等“金钉子”剖面获得世界地层委员会和国际地科联的批准。以热河、关岭生物群为代表的古生物研究进入世界前沿。编制出版了数十种全球、洲际、全国及区域性地质、地球物理、地球化学、矿产、水文地质等系列图件。区域成矿理论研究、深部地质与结构探测、盐湖地质与盐湖资源、岩溶与环境地质等领域的研究取得显著进展。

中国地质科学院科研竞争力逐年增强，2007年进入世界1000强科研机构行列。

自主研制的氦光泵磁力仪具世界先进水平。便携式近红外光谱仪研制成功并实现产业化。地球化学块体理论、76种元素地球化学填图技术和深穿透地球化学勘查技术的研究进展，使我国区域化探研究继续保持世界领先地位。

自主研发的钻具和护孔材料成功地承担了大陆科学钻探任务。数字化地质填图技术研制成功并推广应用。地质调查主流程信息化不断推进，国家地质数据库建设取得重要进展。

六是开展国际合作，地质调查“走出去”初见成效。积极参加国际地科联、国际海底管理局、CCOP等国际或地区性地学组织活动，与美国、加拿大、荷兰、俄罗斯、印度等26个国家的地调机构建立了合作关系。成功承办了国际矿床会议、国际水文地质大会、国际地质分析大会等一系列大型国际会议。联合国教科文组织批准的国际岩溶研究中心正式落户我国。

牵头组织亚洲地质图、亚洲水文地质图、亚洲中部及邻区等国际合作编图，开展跨境成矿带成矿作用与成矿规律对比研究，初步建立全球矿产资源信息系统，成功举办两届“境外矿产勘查论坛”，为企业“走出去”搭建了信息交流平台。受商务部委托，组织实施马达加斯加等八个国家的援外地质调查，对30多个国家地质官员和技术人员进行了培训，提升了我国在国际地学界的地位。

七是构建地质资料社会化服务平台，公益性服务迈出重要步伐。建立了地质调查信息化标准体系，基本完成新中国成立以来基础地质主要比例尺地质图件和成果资料数据库建设，12种中比例尺地质图空间数据库及区域地球化学数据库提供社会使用。建立了全国地质资料服务体系，初步形成了国家地质调查骨干网络，公开发布10万种成果资料目录、7万种非公开性成果资料以及2400种大调查成果报告，5000余种地质资料在线服务。

回顾以往工作，主要有以下体会：

一是必须坚持“两个更加”。地质调查工作必须适应新的形势，更加紧密地与国民经济和社会发展相结合，更加主动地为经济与社会发展服务。地质调查工作只有紧紧把握国家发展急需，融入经济社会发展，做好资源基础、环境基础、工程基础的支撑，地质调查事业才能不断发展。

二是必须遵循地质工作规律。地质工作具有探索性、前瞻性、实践性特点，建立在野外翔实、对地观测基础上。地质调查必须重视野外工作，本着实事求是的精神，实践、认识，再实践、再认识，反复探索，不断深化。开展地质调查工作，必须精通业务，遵循规律，坚决防止地质工作简单化、业务管理行政化倾向。

三是必须依靠科技进步。我国地质条件复杂，找矿难度日益增大，防灾减灾和供水安全遇到了新的挑战，必须大力推进地质理论方法创新和勘查技术进步，坚持调查与研究相结合，提高对地质工作的支撑能力。实践证明，要实现地质找矿重大发现，必须以认识上的突破和技术进步为前提。推进地质调查事业,必须坚定不移地依靠科技进步。

四是必须创新机制。促进地质调查工作发展,必须适应社会主义市场经济要求,勇于解放思想,创新思路,积极探索地质调查工作新机制,统一部署,形成合力,统筹中央与地方公益性地质工作,促进公益性与商业性有机衔接。

五是必须建精建强队伍。地质调查工作专业性、地域性强,需要长期的资料和经验积累,必须要有一支稳定的高素质专门队伍。这也是世界上大多数国家普遍采用的方式。近年来的实践表明,凡是拥有一支人员精干并相对稳定队伍的,其地质调查任务完成得就比较好;凡是队伍建设不到位、人员松散的,在地质调查工作中往往存在各种各样的问题。

2007年,按照部党组要求,确立了"事业立局、业务兴局"的建局方略,提出了"建设世界一流地调局"的奋斗目标,进一步明确了公益性地质工作的基本定位、目标任务、战略重点、发展思路。这些都为下一步工作打下了很好的基础。

九年的改革与发展,体现了党中央、国务院的亲切关怀和殷切期望。温家宝总理对地质工作的方针、大调查任务、公益性地质调查队伍建设等多次作出重要批示。曾培炎副总理亲自听取中国地质调查局工作汇报。国务院召开常务会议进行研究,作出加强地质工作的决定,召开全国地质工作会议进行部署。国土资源部高度重视地质调查工作,多次就地调局建设召开专题会议进行研究部署。这些都为地质调查工作指明了方向,明确了任务,提供了保障。

九年的改革与发展,凝聚着各有关部门和社会各界的关心与支持,记录着地质调查战线广大干部职工不懈努力和探索。借此机会,我代表局党组,向关心支持地质调查事业发展的各有关部门和社会各界,表示衷心的感谢!向从事地质调查工作的广大干部职工,表示崇高的敬意!

## 二、新形势下地质调查工作发展思路

地质调查是经济社会发展的基础性和先行性工作。搞好地质调查工作对于缓解资源约束、维护能源资源安全,推进城乡建设、开展国土整治,防治地质灾害、改善人居环境,都有重要意义。

进入21世纪,全球地质工作进入了加速发展的轨道。随着世界经济持续快速发展,特别是发展中国家工业化进程的加速,矿产资源消耗明显增加,国内矿产资源供需矛盾日益突出。以石油、铁、铜、金等为代表的矿产品价格快速攀升,拉动了地质工作和矿业发展。全球矿产勘查投资不断增加,矿产勘查工作日趋繁荣。2007年全球固体矿产勘查投资达到105亿美元,比2006年(75亿美元)增加了40%,比上一个勘查高峰期(1997年,52亿美元)的投资翻了一番。

近年来,特别是《国务院关于加强地质工作的决定》发布以来,我国地质工作出现了良好的发展势头。固体矿产勘查投资出现了大幅增长,2006年我国固体矿产勘查投入125亿元,首次跻身全球十大勘查投资国之列。矿产勘查投资多元化的局面基本形成。社会资金在矿产勘查投资中的比例超过70%,新型的商业性矿产勘查市场主体正在形成并日益发展壮大。总体来说,地质工作取得了突出的成绩,但形势依然严峻,任务更加艰巨。

党的十七大,对我国经济建设、政治建设、文化建设、社会建设作出了全面部署。实现全面建设小康社会目标,推进区域协调发展,促进社会主义新农村建设,服务民生等,都需要地质调查工作在保障资源、服务社会方面发挥更好的基础支撑作用。

**(一)全面建设小康社会需要地质调查工作先行**

一是经济社会发展迫切需要尽快提高资源保障能力。随着工业化进程加快,我国进入矿产资源消耗快速增长阶段。资源保障不足,成为制约经济社会发展的重要因素。按照到2020年人均GDP翻两番的目标,矿产资源供应存在很大的压力。解决中国的矿产资源问题,既要立足国内,努力实现找矿突破,又要"走出去",积极参与全球资源配置。当前国际矿产品市场受政治、经济、军事等因素的影响而起伏波动,寡头垄断进一步加剧,矿产品价格不断攀升,利用国外矿产资源难度加大。地质工作的首要任务就是立足国内,找大矿、找好矿,缓解资源压力。这个责任就历史性地落在我们地质工作者的身上。我们必须勇挑重担,不辜负党和人民的信任与期望。目前,虽然我们在地质找矿方面取得一批重要成果,但重大突破不多,说明我们与经济社会发展需要、与党和国家的要求相比还有很大距离。我们必须保持清醒的头脑,树立强烈的责任意识、忧患意识和紧迫感。

二是实现人与自然和谐对地质调查工作提出更高的要求。我国地质环境总体比较脆弱。随着经济社会快速发展,人类活动对地质环境又产生前所未有的影响,各类环境地质问题和地质灾害相互交织,各种地质自然因素和人为影响相互叠加,人与自然和谐面临新挑战。全国有2/3的城市以地下水为重要供水水源,地下水超采,引发了地面沉降、地裂缝、海水入侵等地质灾害问题。北方16个省(市、区)1062个县中有800多个县发现有地方病,分布面积达245万平方千米。90%城市的浅层地下水不同程度地遭受污染。1998年~2006年,全国每年地质灾害造成的死亡人数占自然灾害总死亡人数的30％。这些问题已经成为影响经济社会发展的重大问题。中央明确要求，以科学发展观为统领，建设资源节约型、环境友好型社会，更加关注民生，实现人与自然的和谐发展。新时期地质调查工作必须适应新要求，在保障资源供应的同时，着力加强环境地质调查和研究，改善环境，降低风险，提高生存安全和生活质量，这是传统地质工作面临的重大挑战。

三是国土资源管理需要地质调查工作提供强有力的支撑。国土资源规划、管理、保护与合理利用，需要科学、扎实的基础支撑。要牢固树立地质调查必须面向政府和社会，为经济社会发展和国土资源管理服务的理念，通过全面了解资源分布、科学预测资源潜力和深入探索自然规律，使管理更加科学、服务更加优质。

面对新形势、新要求，我们的工作还有较大差距，在思想观念、精神状态、思维方式、工作作风等方面还有很多不适应。我们一定要珍惜当前来之不易的大好局面，增强忧患意识，牢固树立以振兴地质事业为己任的责任意识，努力增强为振兴地质事业不懈奋斗的决心和信心，抓住机遇，加快发展。

**（二）发展地质调查事业要有新思路**

解放思想，改革创新，是贯彻落实党的十七大精神的重要举措，是我们适应新形势、完成新任务的根本要求。要坚决克服满足现状、不思进取的思想，勇于开拓。要改变等待观望、被动应付的消极心理，增强对形势的敏感性、工作的主动性。要坚决克服狭隘视野局限，树立全局理念。发展地质调查事业，必须按照《决定》的要求，紧紧扭住公益性地质调查工作的基本定位，在地质工作大格局中找准自己的位置。必须创新机制，统筹各类地质工作，借助社会力量，“四两拨千斤”，推动全行业发展。

一是矿产勘查要有新机制。按照市场经济要求，发挥公益性地质调查工作的基础先行作用，统一部署重点成矿区带的地质勘查，形成以政府投入为引导、社会投资为主体，风险自担、收益自享，多渠道投入地质找矿的矿产勘查新机制。部、局、厅三方联手。国土资源管理部门重点加强统筹规划和协调，着力做好矿业权管理和勘查管理，规范市场秩序，保障重点勘查的顺利进行。地调局在部的组织领导和省级国土资源管理部门的支持配合下，围绕实现找矿重大突破，加强部署研究，开展成矿预测，编制重点成矿区带实施方案；加强基础调查、重大地质问题研究、勘查技术方法攻关和找矿实证示范，组织专家进行技术指导、现场会诊，组织业务技术和成果交流，实现资料共享，进行成果集成。

中央、地方、企业、地勘单位多方联动。大调查、地勘基金、社会资金相互衔接、合理分工。完善矿产勘查风险投资机制，积极培育矿产勘查市场主体。国家财政投入形成的新发现，通过招投标等竞争方式引入大企业，形成大投入，加快勘查进程，推进整装勘查，努力实现大突破。

二是服务要上新台阶。地质调查服务工作以提供基础地学数据为基础，以综合集成加工转化为重点，以服务政府决策和社会公众为目标。服务政府要前移，立足现有的地质工作基础，加强成果资料的总结分析和综合集成，及时为国家宏观决策和资源管理提供高质量的决策咨询报告和基础图件。服务社会要深化，包括为基础研究、矿业发展、区域经济规划、新农村建设、生态建设与环境保护、水资源可持续利用、应对全球气候变化等服务。做好服务要重点加强地质资料深度开发利用。通过大项目带动资料开发，积极盘活全国已有地质资料，加快地质资料服务信息化建设进程，及时、便捷、公开提供社会服务。

三是基础要打牢。基础地质工作是推动地质工作全面进步的重要基础和源泉，是地质工作立业之本。基础地质工作要体现超前性，树立从长计议、不断积累意识。要体现研究性和综合性，研究项目配图幅（围绕解决重大地质问题和关键数据采集，部署不同比例尺的图幅），图幅带专题，在解决基础地质问题上下功夫。资料要客观，观察要精细，记录要完整，分析要科学。成果表达要多样化，适应不同用户。要统一和明确基础地质图件的基本要求，确保国家基础数据的一致性。针对成矿带、经济区、重大工程建设以及特殊的地质景观区，提出附加的调查内容和成果要求。水工环地质调查要进一步加强地质作用与地质过程研究，突出人类影响与地质因素的相互叠加，把握全国性和区域环境地质条件和规律，形成具有区域地质特色的工作格局。

四是地质科学要大发展。要用地质科技引领地质调查工作，以技术进步带动科学创新，推动我国从地质大国走向地质强国。针对中国独特的地质条件和区位优势，瞄准国际地学前沿、围绕资源与环境重大地质问题，集中力量，组织科技攻关，创新地学理论和矿产勘查技术方法，全面提高我国地质调查水平。通过实施一批重大项目，继续保持我国在地层古生物学、地球化学填图和岩溶动力学等领域的世界领先地位，力争在大陆动力学、区域成矿理论与成矿预测、地质环境评价等领域取得新的突破，进入世界先进行列。加快高新技术在地质调查和资源勘查中的应用，鼓励在关键技术领域的自主创新，不断提高地质装备水平，努力实现地质工作现代化。切实站在地质工作全球高度，加强国际交流与合作。创新机制，尽可能利用全球地质资源与智力资源，构筑科学研究平台，发展地学理论，建立现代勘查技术体系。以发展重点实验室为基点，加强科研团队和科技创新基地建设，不断完善科技创新体系。创新人才引进办法与机制，引进国际学科带头人，通过重大项目带动人才培养，特别是领军人才的培养，造就一流地学人才队伍。

五是工作体系要完善。地调局和各省（区、市）地调院、地质环境监测总站构成国家公益性地质工作框架体系。地调局直属单位要加快结构调整，加强能力建设，按照建设世界一流地调机构的要求，加快发展，在全国地质工作中发挥骨干作用。

地方公益性地质调查队伍，主要承担中央和地方财政出资的区域性、基础性、公益性地质调查和战略性矿产勘查工作，为国土资源管理提供业务支撑，为经济社会发展提供公益性服务。这支队伍，既是解决各省资源环境问题不可或缺的骨干力量，又是完成国家地质调查任务的重要力量。在建设省级公益性地质调查队伍时，要与本省公益性地质工作的主要任务相适应，保证其公益属性，坚持把社会效益放在首位，以服务社会、服务公众为己任，在加强社会管理和完善公共服务方面发挥更大作用。要继续落实国务院同意印发的关于进一步加强地方公益性地质调查队伍建设意见的通知（国土资发〔2003〕358号）。关键是性质要公益，队伍要精干，结构要合理，经费要落实。要成建制，实行集中管理、统一调度。中央管理的地勘单位也要组织一支精干队伍，积极参加战略性矿产勘查工作。

进一步密切局与地方公益性地质调查队伍的联系，加强统一协调，实现有序高效，发挥公益性地质调查队伍整体功能。中国地质调查局对国家地质调查工作实行统一部署，对地调院与地质环境监测总站实行项目联系、业务指导，地调局将制定有关办法，在发展规划、队伍建设、业务建设和装备建设等方面，开展切实有效的指导。地调院与地质环境监测总站主要负责人员的变动、业务组织调整以及重大地质调查工作部署等，其上级主管单位应事先向中国地质调查局通报情况，相关重要情况须及时向中国地质调查局报告。

## 三、"十一五"后三年与2008年工作

"十一五"后三年，地质调查工作要深入贯彻《国务院关于加强地质工作的决定》，坚持地质工作的"四个统筹"，落实《全国地质勘查规划》，围绕大突破，突出基础、依靠科技，创新机制、统筹部署，突出重点、强化实施，出成果、出人才，提高保障能力，强化服务功能。

——资源调查。全面完成矿产资源潜力评价与储量利用调查。加快推进矿产远景调查。加强深部找矿勘查示范。探索建立矿产勘查新机制，引导和拉动商业性矿产勘查。新发现矿产地200处，提交具有大型以上远景的矿产地20余处，形成一批资源接替后备勘查基地。

——基础地质。提高重点成矿区带基础地质工作程度。完成青藏高原基础地质调查成果集成和综合研究。完成城市地质调查试点和农业地质调查工作。实施全国土壤现状调查及污染防治专项。重点成矿区带1:5万区域地质调查由14%提高到18%；中比例尺区域重力调查由35%提高到50%、航空磁测由42%提高到52%、区域地球化学调查由47%提高到62%。

——海洋地质。加强海洋基础地质调查和海洋油气资源调查，实施海洋地质保障工程和其他海洋地质调查专项。力争完成4幅1:1000000海洋区域地质调查，扩大天然气水合物资源远景，努力实现海域油气勘探新发现。

——水文地质。初步建立北方主要平原和盆地地下水动态调查评价体系，完成华北平原、淮河流域、长江三角洲、珠江三角洲等东部平原区第一轮地下水污染调查评价，开展西南岩溶重点流域水文地质调查，示范解决严重缺水和地方病高发区人畜饮水困难，基本完善全国地下水监测网络体系。

——环境地质。完成重点地区1:5万地质灾害调查100万平方千米，开展风险区划，基本建成重要地区地质灾害专业监测系统和地质灾害易发区群测群防监测体系。完成重点地区地面沉降和地裂缝调查15万平方千米，地质灾害风险性评估和危险性评价20万平方千米，掌握地质灾害发展趋势，开展控制示范。完成一批重点矿山地质环境调查与监测。

——地质科技。组织开展兴蒙造山带等重大基础地质理论问题科研攻关。引进、消化吸收、研究开发深部找矿系列探测技术、特殊景观区勘查技术、资源综合利用技术。提高技术装备水平和使用效率。地质理论研究取得一批原创性成果，关键技术的研究开发能力、探测技术水平得到提高。

——国际合作。加强多边和双边国际合作。推进国际合作编图和区域成矿规律对比。启动全球矿产资源潜力评价。完善全球矿产资源信息系统。加大为企业"走出去"的服务力度。

——信息服务。加大地质资料清理、深度开发和数字化力度。推广地质调查主流程信息化技术。完善地质资料信息服务平台，扩大社会化服务范围。今天下午，有关部室将对"十一五"后三年与2008年地质调查工作进行具体部署。我着重强调以下几个方面：

### （一）努力争取地质找矿新突破

要按照"找新区、上专项、挖老点、走出去、依靠科技和人才"的思路，统筹部署，突出重点，抓好实施。全面推进全国矿产资源潜力评价和储量利用调查。这是一项重要的国情调查，不仅对国土资源管理具有支撑

作用,而且对总结区域地质规律,指导找矿突破具有重要意义。国土资源部高度重视,徐绍史部长担任领导小组组长。部里已经发了5个文件,开了4次会议,专门进行周密部署。当前的关键是抓好落实。各省国土资源主管部门、工作承担单位要按照"组织落实、人员落实、任务落实、经费落实"的统一要求,扎实推进各项工作。大区地调中心要加强与省级国土资源主管部门和承担单位的协调沟通,加强技术指导。地调院等有关单位要抽调精兵强将,按照部、局要求开展工作。

重点成矿区带矿产勘查工作,要在长江中下游、大兴安岭等重点成矿区带统一部署基础上,扩大试点范围。远景调查取得的重要发现,通过规范运作,引入大企业,加大有效的勘查投入,寻求找矿突破。地调局组织技术力量,加强指导和必要的攻关。地调局要按照这种模式,在全国摆开战场,各省地调院要转变观念,积极配合,协同作战。

加强深部找矿示范,以长江中下游、华北陆块、南岭等成矿区带为重点,开辟"第二找矿空间"。

着眼国家能源安全保障,充分发挥海量基础地质资料、雄厚基础研究技术力量的优势,加强油气资源前期基础地质调查。

**(二)扎实做好基础地质调查**

当务之急是要围绕实现找矿突破,下大力气,加快推进重点成矿区带的区域地质调查和物化探工作,提高工作程度,深化成矿地质背景的认识,为矿产远景调查部署提供依据。

在长江三角洲、大瑞铁路等重要经济区和重大工程建设区,开展区域地质调查,为地质环境调查和工程建设提供基础地质资料。加强多目标生态地球化学调查,加强成果的集成与区域综合评价。抓好试点城市的综合研究和评价,着力成果推广应用,完善城市地质调查技术标准。

加大基础地质调查成果的综合集成与开发应用。尽快完成青藏高原基础地质调查成果的阶段性总结。

精心组织实施海洋专项地质调查。积极配合部有关司局,加强向有关部门的汇报协商,尽快推进海洋地质保障工程和其他海洋地质专项的立项和实施。

**(三)深化地质环境调查监测与评价**

围绕地质环境管理和主体功能区划的新要求,进一步提升地质灾害科学减灾和地下水供水安全保障水平。特别要做好调查与监测的有机结合,加强全国性和区域性的环境地质服务能力建设。

抓好北方平原盆地地下水动态调查、重点地区地下水污染调查评价、地方病严重区和缺水地区地下水勘查与供水安全示范工程、北方11个盆地地下水调查成果综合研究与集成等工作。

做好环渤海环境地质调查评价,提出与地质环境相协调的城市、港口发展战略对策和建议。加强首都经济圈、滇藏铁路沿线、青藏铁路及向西南延长线等重大工程和国土开发区的区域地壳稳定性评价。编制1:400万全国环境地质系列图件。

加强山区丘陵县(市)地质灾害调查综合研究。建立完善全国地质灾害信息系统。做好重点地区滑坡、崩塌、泥石流地质灾害详细调查和监测预警示范区建设。积极推进长江三角洲、华北平原和汾渭盆地地面沉降和地裂缝监测网络建设。

组织实施好矿产资源开发多目标遥感调查与监测,加强对晋陕蒙、广西大厂、河南中西部等矿集区矿山开发遥感调查与监测,为国土资源管理提供基础数据和技术支撑。开展重要矿山地质环境调查、监测与评价。建立全国矿山环境信息系统。

**(四)积极推进科技创新与国际合作**

重点要放在解决制约资源、环境调查的重大科技问题上来,整合力量,联合攻关,加强调查与科研的结合,加强产学研结合。要进一步研究切实可行的办法,采取有效措施,使地科院在地质调查主战场真正担当重要角色、发挥重要作用,大区地调中心、专业地调中心和地方公益性队伍都要加强对地质调查过程中重大科技问题的研究。要充分发挥高等院校的重要作用,努力探索以教学示范填图促进区域地质调查和教研与人才培养联动的新机制。

局机关、地科院要按照徐绍史部长和科技部万钢部长达成的共识,进一步组织研究、梳理关键性的重大地质科技问题,积极争取国家科技项目支持。

组织编制国际合作规划,积极构建引进来与走出去的国际合作新格局,组织实施境外矿产地质调查和国际合作编图。

**(五)大力提升地质资料社会化服务水平**

推进国家地质资料数据中心建设。加大馆藏资料数字化力度,完善国家基础地质数据库体系。完成地质资料保密清理。开展地质成果资料的二次开发利用,改进成果表达方式,建立开放式社会化服务体系。

承担单位要严格按照地质调查资料汇交制度,保证成果资料汇交的时间和质量。资料服务部门要按照用户需求及时提供服务,扩大地质调查成果资料服务范围,切实提高服务水平。

2007年,依靠在座的各位,通过大家的共同努力及时完成了立项工作,项目预算赶在了部门"二上"预算同时报出,项目任务书已经下达,为及时开展野外工作创造了条件。2008年要在继续抓好部署的同时,突出抓好落实,深入扎实推进地质调查各项业务工作。

一是抓部署。要继续深化地质调查工作部署研究，进一步完善“十一五”后三年工作部署。全面系统总结地质调查工作成果，谋划“十二五”地质调查工作部署。2008年要继续努力，争取完成“海洋地质保障工程”、“国家级地下水监测工程”等重大专项的立项工作，积极推进“地质环境保障工程”立项论证和申报工作，开展“地壳探测工程”专项方案编制。做好2009年地质调查立项工作。

二是抓重点。局机关、大区地调中心等各业务部门要加强组织管理，对重大项目密切跟踪管理，建立专家会诊和不定期的项目进展情况汇报制度。遇到重大难题及时组织专家技术指导，协调解决项目实施中的各种问题。项目承担单位更要高度重视，抽调精干力量，配置先进技术装备，确保项目的顺利实施。通过组织专题学术会议、现场研讨会议、技术培训等多种形式，加强技术交流。

三是抓质量。加大质量监督检查力度，今年要对地质大调查开展以来所有地质调查项目进行一次大检查，对成果、质量、问题进行一次大盘点。将质量检查与成果总结、经验交流、谋划未来结合起来。局机关、大区地调中心和项目承担单位要按照总体要求进行自查、抽查和评估，对检查结果进行通报，对发现的问题进行严肃认真处理。通过检查，盘点地质大调查以来的成果，全面总结地质大调查工作，分析问题、查找原因，提出改进措施，进一步完善业务推进和项目管理体系。

四是抓进度。2008年地质调查项目任务书已经下达，3月份要完成设计审查工作。各单位要及早做好出队准备，保证项目组人员、装备到位，按时开展野外工作，抓好施工安全。要高度重视项目进度和预算执行，在确保资金安全的前提下，切实提高预算执行率。地调局已经将其列为局属单位领导考核的重要指标，一票否决，对其他项目承担单位我们也将加大监督检查力度。

五是抓制度。2008年要下大力气理顺项目管理体系，完善项目管理制度和预算管理制度。完善地质调查技术标准。加快推进地质调查管理信息化，提高工作效率，降低管理成本。建立行之有效的出成果、出人才的激励机制和选拔机制。

做好地质调查工作，发展地质事业，任重道远。让我们以党的十七大精神为指导，贯彻落实科学发展观，继承和发扬老一辈地质工作者的光荣传统，创新思路，扎实工作，推进地质调查事业又好又快发展，为全面建设小康社会作出新的更大的贡献。

（作者：国土资源部副部长）

# 大 事 记

## 2008年中国矿业大事记

### 1月

**9日** 我国第一个具有商品属性和金融属性的期货品种——黄金期货合约在上海期货交易所上市交易。

**12日** 中国矿业权评估师协会第一届第二次理事会会议在京召开,国土资源部副部长、中国矿业权评估师协会会长汪民出席并主持会议。

**26日** 国内首台、世界最大的矿用55立方米挖掘机在山西太原重型机械集团有限公司下线。该机具有完全自主知识产权,可满足目前世界上所有露天矿山的采掘条件。

### 2月

**1日** 中国中煤能源股份有限公司(股票简称:中煤能源,股票代码601898)于上海证证券交易所上市。中煤能源发行价格为每股16.83元,获得超额认购121倍,成为A股历史上第八大IPO(首次公开发行股票)。

**同日** 16时,中国铝业公司通过伦敦证券交易所发布公告宣布,截至2月1日已通过新加坡全资子公司,联合美国铝业公司已获得了力拓的英国上市公司(Rio Tinto Plc)12%的现有股份。国家开发银行是本次交易的融资安排行。

**21日** 国家发展改革委召开鄂尔多斯盆地能源开发利用总体规划领导组第一次会议,标志着鄂尔多斯盆地能源开发利用总体规划编制工作正式启动。国家13个大型煤炭基地中有6个与鄂尔多斯盆地有关,是本世纪我国最重要的能源生产供应基地

**22日** 西气东输二线开工仪式在北京举行。西气东输二线西起新疆霍尔果斯口岸,南至广州,东达上海,途经14个省(市)自治区,管道主干线和8条支干线全长达9102千米。管道在霍尔果斯与中亚天然气管道相连,总长度将超过1万千米,每年向中国东部和南部地区稳定输送约300亿立方米的天然气。

**23日** 全国地质调查工作会议在北京召开,国土资源部副部长、中国地调局局长汪民提出了新形势下地质调查工作发展的新思路。

**27日** 全国铁矿勘查研讨会在天津召开,国土资源部对开展新一轮铁矿勘查进行了总体部署和动员,强调要在国家层面统筹考虑各种资金渠道的地质找矿工作,加强铁矿勘查规划部署研究,加快推进铁矿资源潜力评价,编制和实施重点成矿区带铁矿勘查统一部署方案,运用新机制,引导社会力量,统筹推进新一轮铁矿勘查。

### 3月

**3日** 国务院总理温家宝签署第520号国务院令,公布《地质勘查资质管理条例》,对地质勘查资质进行分类与分级管理。同时,经国务院批准,我国首部《全国地质勘查规划》发布,规划确定了我国到2010年、2015年和2020年地质勘查工作目标。

**同日** 国土资源部、发展改革委、公安部、监察部、财政部、商务部、工商总局、环保总局、安全监管总局等九部门联合召开电视电话会议,动员部署全国整顿和规范矿产资源开发秩序“回头看”行动。

**4日** 国土资源部、国防科工委联合发布《关于加强铀矿地质勘查工作的若干意见》。

**12日** 中冶葫芦岛有色金属集团有限公司在北京揭牌。辽宁省长陈政高、国务院国资委副主任邵宁、中国有色金属工业协会会长康义、中国冶金科工集团董事长刘本仁等出席揭牌仪式。

**17日** 国家正式确定甘肃白银、河南焦作、江西萍乡、湖北大冶、吉林白山、云南个旧、辽宁阜新、黑龙江伊春、吉林辽源、辽宁盘锦、宁夏石嘴山和黑龙江大兴安岭地区等12个城市为全国首批资源枯竭型城市。

**19日** 国土资源部印发《关于开展全国矿业权实地核查工作的通知》,部署全国矿业权实地核查工作。

**26日** 由济钢、莱钢和山东冶金工业公司所属国有

产权划转形成的山东钢铁集团公司成立。

**同日** 国土资源部等九部门在京联合召开整顿和规范矿产资源开发秩序"回头看"行动督查动员会，组织15个督查组，从3月27日至4月9日赴各地对"回头看"行动进展情况进行督查。

**28日** 中国地质调查局2008年工作会议在北京召开。会议期间，国土资源部部长、党组书记、国家土地总督察徐绍史看望与会代表并讲话。国土资源部副部长、中国地质调查局局长汪民在会上作题为《深入学习实践科学发展观 大力加强业务和队伍建设》的工作报告。中国地质调查局副局长钟自然主持会议。

**31日** 国家发改委能源局网站发布的《煤矿企业兼并重组调研报告》中明确指出，今后继续实施"关小建大"政策，不参加兼并重组的小煤矿国土资源管理部门不予新增资源，同时首次提出要鼓励电力等大型企业兼并重组煤矿，实现煤电一体化经营。

## 4月

**1日** 在中国地质科学院召开的2008年工作会议上，国土资源部副部长、中国地质调查局局长汪民提出，要认清当前形势，转变思想观念，创新工作思路，建设一流的人才队伍，创造一流的科技成果。他提出，中国地质科学院是目前我国最大的综合性地学科研机构，拥有雄厚的成果积累和人才优势，要尽快拉上地质调查主战场。

**10日** 中国黄金集团公司全资子公司——中国黄金集团香港有限公司与基金公司合作，以约2.18亿美元收购艾芬豪矿业公司所持有的加拿大多伦多上市公司——金山矿业有限公司41.99%的全部股份。

**17日** 国务院办公厅发出《关于开展安全生产百日督查专项行动的通知》，国家安监总局、国家煤监局立即组织开展了安全生产百日督查专项行动，7个煤矿督查组，分赴山西、黑龙江、湖南、重庆、四川、贵州、云南7个省(直辖市)进行督查。此次督查专项行动重点是治大隐患，防大事故，巩固煤矿瓦斯治理和整顿关闭两个攻坚战的成果，有效遏制重特大事故的发生。

**18日** 整顿和规范矿产资源开发秩序部际联席会议第四次会议在京召开。部际联席会议总召集人、国土资源部部长、党组书记、国家土地总督察徐绍史出席会议并作重要讲话，强调要扎实推进"回头看"行动，认真做好整顿和规范矿产资源开发秩序工作及"回头看"行动检查验收。国家工商总局副局长刘玉亭主持会议。

**25日** 紫金矿业集团股份有限公司以每股0.1元的面值成功回归A股，这是沪深A股首次出现1元以下的股票面值。此次发行14亿A股净融资98.1亿元人民币。

**4月** 经国务院批准，中煤国际工程设计研究总院与煤炭科学研究总院合并重组，成立了中国煤炭科工集团有限公司，是国务院国有资产监督管理委员会监管的中央大型科技企业。

## 5月

**5日** 中国铝业公司全资子公司秘鲁铜业公司与秘鲁矿业资产公司在秘鲁总统府签署了秘鲁特罗莫克(Toromocho)铜矿项目期权协议——资产转让合同，中铝公司从法律上正式拥有了特罗莫克铜矿包括地表、资源在内的开发权，将投资约21.5亿美元进行开采。

**9日** 中色股份与印度HZL公司签署《10万吨/年铅冶炼厂工程设计和技术服务合同》、《10万吨/年铅冶炼厂设备供货合同》及《10万吨/年铅冶炼厂安装合同》3个合同，合同价款分别为600万美元、5788.89万美元、900万美元。

**21日** 国土资源部下发了《关于下达2008年钨矿和稀土矿开采总量控制指标的通知》(国土资发〔2008〕65号文)，2008年全国钨精矿开采总量控制指标为66850吨(折合65% $WO_3$ 吨)，比2007年的59270吨增加7580吨，增长12.79%。

**22日** 深圳市中金岭南有色金属股份有限公司与世界铅锌矿业巨头——加拿大泰科明克公司的高层在北京签署合作备忘录，宣告中金岭南与泰科明克战略联盟合作关系正式建立。

**25日** 中冶集团—江铜联合体与阿富汗正式签订了阿富汗艾娜克特世界级特大型铜矿项目合同，中冶集团及联合体将拥有该项目100%的矿权。

## 6月

**1日** 国务院关税税则委员会决定将钨、钼和稀土金属等国内稀缺的金属原矿的产品实施15%的出口暂定关税；对稀土金属、氧化镝、氧化铽产品开征10%的出口暂定关税；对氧化钼、钼酸铵、钼酸钠等产品开征5%～15%的出口关税。提高钨、稀土、钼等稀有金属产品的出口门槛，以遏制国内乱采滥挖畸形出口，保护这些战略性资源不被过度快速消耗。

**27日** 全国黄金标准化技术委员会成立大会在京召开。黄金标委会的组建，标志着我国黄金行业的资源管理、生产建设、技术管理、质量管理、产品销售、国际贸易等被纳入国家标准化管理体系。

**同日** 中国冶金科工集团公司与江西铜业集团公司签署了《阿富汗艾娜克铜矿项目联合开发协议》，拟共同出资在阿富汗喀布尔市设立中冶江铜艾娜克矿业有限公司，双方通过新公司建设及运营艾娜克铜矿项目,新公司经营期限为30年。

**28日** 由宝钢集团有限公司整合广东省韶关钢铁集团有限公司、广州钢铁企业集团有限公司成立的广东钢铁集团公司挂牌。

**30日** 经河北省人民政府批准,由金能集团和峰峰集团重组整合而成,属省政府国资委单独出资设立的国有独资有限责任公司,由省政府国资委授权经营国有资产。新公司资产总额为282.98亿元,由此跻身全国煤炭企业前10强。

**同日** 唐山钢铁股份有限公司、邯郸钢铁股份有限公司联合组建河北钢铁集团公司。

## 7月

**3日** 以"铺就影像信息的丝绸之路"为主题的国际测绘界盛会——第21届国际摄影测量与遥感大会在京隆重开幕,这是国际测绘界第一次在发展中国家举行这样的学术会议。国土资源部副部长、国家测绘局局长鹿心社,国际摄影测量与遥感学会主席伊恩·道曼等出席并致辞。

**15日** 迄今为止国产最大规格的半自磨机和球磨机在河南洛阳成功试车验收,该设备是由中信重工机械股份有限公司为中国黄金集团内蒙古乌努格吐山铜钼矿项目研制的。大磨机的研制成功,在国家矿山装备制造史上具有里程碑意义,实现了大型矿山装备的国产化,打破了国外同类设备的市场垄断。该设备包括两台直径8.8米×4.8米半自磨机和两台直径6.2米×9.5米溢流型球磨机。

**18日** 华东地区规模最大的煤化工基地——安徽省煤化工(淮南)基地在淮南市开工建设。安徽省煤化工(淮南)基地位于淮南市潘集区祁集乡境内,规划28个项目,总投资413.1亿元,占地7.74平方千米。

**26日** 甘肃文县阳山金矿区安坝里南金矿探矿权转让招标工作顺利完成。中国黄金集团公司和金川集团有限公司以21.8亿元的价格中标,并于当天与武警黄金指挥部在北京签订了该矿探矿权的转让协议。这次招标是武警黄金部队在政府部门指导下的第一次招标,也是我国有色金属矿产标的额最大的一次招标活动,还是政府部门相互配合指导对大型矿产地市场化配置资源的一次成功尝试。

## 8月

**1日** 中国矿业权评估师协会(以下简称矿评协)在北京召开"矿业权评估准则发布会",发布了《矿业权评估技术基本准则》、《矿业权评估程序准则》、《矿业权评估业务约定书规范》、《矿业权评估报告编制规范》、《收益途径评估方法规范》、《成本途径评估方法规范》、《市场途径评估方法规范》、《矿业权价款评估应用指南》和《确定评估基准日指导意见》9项准则,于2008年9月1日全面实施。

**6日** 山东黄金集团控股蓬莱河西金矿。

**8日** 国家能源局正式挂牌运行。国家能源局具体职责为:拟订能源发展战略、规划和政策,提出相关体制改革建议;实施对石油、天然气、煤炭、电力等能源的管理;管理国家石油储备;提出发展新能源和能源行业节能的政策措施;开展能源国际合作。

**15日** 国家关税税则委员会发布通知,经国务院批准,自2008年8月20日起,对铝合金、焦炭、炼焦煤、其他烟煤等商品出口关税税率进行调整,将焦炭的出口暂定税率由25%提高至40%;将炼焦煤出口暂定税率由5%提高至10%;对其他烟煤等征收出口暂定关税,暂定税率为10%。

**18日** 新一轮全国油气资源评价办公室发布:我国石油远景资源量1086亿吨,地质资源量765亿吨,可采资源量212亿吨,勘探进入中期;天然气远景资源量56万亿立方米,地质资源量35万亿立方米,可采资源量22万亿立方米,勘探处于早期;煤层气地质资源量37万亿立方米,可采资源量11万亿立方米;油页岩折合成页岩油地质资源量476亿吨,可回收页岩油120亿吨;油砂油地质资源量60亿吨,可采资源量23亿吨。评价结果表明,我国石油储量产量进入平稳增长阶段,天然气储量产量进入快速增长阶段。

**19日** 云南铜业集团公司(简称"云铜集团")正式更名为"中铝云南铜业(集团)有限公司"。

**同日** 中铝公司云南铜材深加工基地奠基仪式在昆明举行。该项目初步确定建设规模为年产铜深加工材30万吨,其中,年产铜板带10万吨,年产铜线杆20万吨。基地建成后,中铝云铜集团成为中铝公司打造"铜中国版图"的国内第4家铜加工企业。

**20日** 商务部、国土资源部联合颁布的《外商投资矿产勘查企业管理办法》开始施行。

**27日** 紫金矿业集团股份有限公司与塔吉克斯坦共和国政府合作谅解备忘录签字仪式在杜尚别举行。

**29日** 中国煤炭科工集团有限公司在国家工商行政管理总局按照《公司法》完成注册,注册资本35亿元。中国煤炭科工拥有19家全资子企业和1家控股高科技上市公司。

## 9月

**3日** 广西钢铁集团公司挂牌成立。

**8日** 山西省临汾市襄汾县新塔矿业有限公司尾矿库发生特大溃坝责任事故,造成重大人员伤亡。党中央、国务院对此次事故高度重视，要求各地区、各部门、各单位深刻吸取教训，立即开展一次以尾矿库为重点的安全隐患排查治理和专项整治工作，加强安全生产管理。

**11日** 金钼股份召开的股东大会上，全票通过了新增年产20万吨的硫酸产能项目。公司董事长马宝平介绍，该项目在现硫酸园区内原有20万吨/年硫酸生产线的基础上，新增20万吨/年制酸装置和6000kW的余热发电装置，是公司产业链的延伸。

**16日** 第二届中国（太原）国际煤炭与能源新产业博览会在山西省展览馆拉开序幕。本届博览会有来自美国、德国、日本在内的18个国家和地区326家企业参展。主办单位商务部和科技部领导、12个支持单位的领导、24个省市区的领导、16家中央企业（科研院所）的负责人莅临盛会。

**18日** 中国铜工业巨头江西铜业股份有限公司正式启动发行认股权和债券分离交易的可转换公司债券，并宣布136亿元人民币募集资金中的71.6亿元将用于收购及开发海内外的资源。

**21日** 第十三届世界铝业大会在重庆举办。大会由英国商品研究机构（CRU）主办、重庆市人民政府和中国铝业公司协办。包括巴西淡水河谷、澳大利亚必和必拓、力拓加铝、美国铝业、俄铝联合等全球各大铝业公司的高管人员和CRU著名分析咨询师近300人参加会议。

**24日** 第24届国际矿物加工大会（IMPC）在北京国际会议中心举行。这是国际矿物加工大会首次在我国举办。中共中央政治局常委、国务院副总理李克强在会前会见了国际矿物加工理事会全体成员。国际矿物加工大会是国际矿物加工领域规格最高、最权威的学术会议，被誉为矿物加工领域的“奥林匹克”大会。来自50多个国家矿物加工领域的学者、专家、企业高级经营管理者等约1000多名代表参加了此次大会。会议对国际金融危机显现，矿业的可持续发展问题表示关注。

## 10月

**16日** 国家发改委、能源局、安监总局、煤监局四部门联合发出《关于下达“十一五”后三年关闭小煤矿计划的通知》，计划到2010年底至少再关闭4000余处小煤矿，总数控制在1万处以内，煤炭业整合加速。

**17日** 西藏玉龙铜业生产的第一批电解铜下线。该项目建设规划的一期设计产能为3万吨电解铜/年，一期二步2万吨产能预计于2010年建成试产。玉龙铜资源储量名列全国第一、亚洲第二。西藏玉龙铜业股份有限公司是由青海西部矿业股份有限公司（占41%股份）、福建紫金矿业集团股份有限公司（占39%股份）等5家单位联合组建的。

**26日** 中低品位难选胶磷矿浮选产业化开发项目获化工科技成果进步一等奖。我国磷矿资源富矿少但中低品位的胶磷矿较为丰富，而中低品位胶磷矿选矿是世界性难题。云南磷化集团公司与武汉工程大学等合作，获得中低品位难选胶磷矿浮选产业化开发利用的成功，缓解了我国磷资源供需矛盾，提高了我国磷资源的保障程度。

**27日** 山东省国土资源厅和山东省地矿局联合对外宣布，采用先进成矿理论和探矿技术，在胶东焦家金矿成矿带深部又发现一个百余吨的特大型金矿。

**29日** 河南省国土资源厅发布：河南省已将钼矿列为保护性开采的特定矿种，对勘查、开采钼矿资源实行规划调控、计划开发，严格准入条件。铝土矿、钼矿等重要矿种的总量调控指标，管理勘查开采急缺矿产，限制开采供过于求的矿产，限产保护优势矿产，对国家实行保护性开采的特定矿种和优势矿种，提出限制性开采和总量控制要求。

**30日** 云南省人民政府在昆明正式与中国铝业公司签署“战略合作协议”，中铝公司通过现金方式参与云铜集团增资扩股。中铝重组云铜集团也是近几年来我国有色行业最大的重组并购案，意味着我国有色行业的整合步伐开始加快并向纵深发展。

按照协议，云南省省属第一大企业云南铜业（集团）公司与中国铝业公司达成战略合作伙伴关系，实行整体合作。云铜集团以增资扩股的方式引进中铝公司，中铝公司以75亿多元现金参股，拥有“新云铜”49%的股权，云南省国资委拥有“新云铜”51%的股权。中铝公司还将斥资20亿元，在云南发展铜深加工项目，据此，中铝实际注资将接近100亿元。

10月开滦集团公司迎来建矿130周年。1878年7月24日，“开平矿务局”正式挂牌；同年10月2日，唐山矿一号井正式开凿，从而开创了中国煤炭工业的先河。2008年开滦集团产量超过3000万吨，成为我国炼焦肥煤的主要生产基地。

## 11月

**6日** 山东黄金集团与赤峰建立战略合作关系，签订了受让柴胡栏子金矿股权。

**11日** 2008中国国际矿业大会在北京举行。在全球金融危机影响矿业实体经济的大背景下，本届矿业大会成为全球矿业发展的风向标。国外矿业公司关注矿产品市场走势和出现的“洋招商”成为大会热点。

**12日** 曾经“联姻”多年合作开发煤层气的中石油和中煤正式宣告分手。中石油煤层气公司正式挂牌，煤层气将成为中石油新能源板块的主要业务之一。

此举也意味着中石油的业务版图由单纯的石油、天然气延伸到了煤产业。

**15 日** 山东黄金集团与海南省地矿局签署合作协议,成功并购抱伦金矿 63%股份。

**25 日** 科技部发展司和高新技术发展及产业化司经过严格评审,专家组一致通过“国家铜冶炼及加工工程技术研究中心”可行性论证,并建议由江铜集团和江西理工大学、中国瑞林工程技术有限公司组建该研究中心。

**29 日** 国务院国资委副主任金阳与中冶集团董事长、中冶股份公司董事长刘本仁为“中国冶金科工股份有限公司”揭牌,宣告由中冶集团和宝钢集团作为共同发起人设立的中国冶金科工股份有限公司正式成立。同时,中冶集团和中冶股份公司新一届领导班子也调整到位。标志着中冶集团在股份制改造工作方面取得的阶段性成果。

## 12 月

**5 日** 由河南省内7家大型煤炭化工企业强强联合、重组整合而成的中国平煤神马能源化工集团有限责任公司、河南煤业化工集团有限责任公司挂牌成立。这次组建两大煤炭化工集团所涉及的 7 个企业,均是在河南省乃至全国同行业中具有一定影响力的大型国有企业。重组成立中国平煤神马能源化工集团的平煤集团和神马集团均为中国 500 强企业。河南煤业化工集团由永煤集团、鹤煤集团等 5 家企业整合而成,包括 1 家中国 500 强企业和亚洲最大的煤制气企业。

**16 日** 由中国恩菲工程技术有限公司(简称“恩菲公司”)总承包的东营方圆“氧气底吹造锍捕金工程”的氧气底吹炉开始投料。目前,生产平稳运行。“氧气底吹造锍捕金新工艺”国家示范工程完全具有我国自主知识产权,标志着我国炼铜技术又向前迈出一大步,推动了有色金属产业技术的进步。

**18 日** 新疆罗布泊硫酸钾肥基地年产300万吨硫酸钾肥项目一期工程年产 120 万吨硫酸钾肥项目投料试车成功,生产能力居世界第一位。该项目是列入国家“十一五”重点建设项目的新开工 12 项重点工程之一。

**21 日** 2009年全国煤炭产运需衔接合同汇总会(简称全国煤炭会)在福州举行。参会的企业主要是全国煤炭供应、运输、需求企业,包括国电集团、太原煤炭交易中心、国网能源、大唐集团、华能、江苏燃料公司等大型企业,其中由中国煤炭运销协会邀请参加的代表有数百名,另外有一些省和企业自行参会。会议期间,2009 年煤炭产运需各方将进行衔接、定价合同汇总等活动。

**27 日** 中铝公司收购重组沈阳有色金属加工厂,组建中铝沈阳有色金属加工有限公司揭牌仪式在沈阳举行。中铝公司此次的重组对象沈阳有色金属加工厂,是新中国第一家国有有色金属加工企业,拥有铜镍等三大生产系统。此次重组,是对中铝公司铜业务的布局作了补充。

**31 日** 神华集团煤直接液化百万吨级示范工程成功生产出柴油和石脑油。标志着我国成为世界上首个掌握百万吨级煤直接液化工程关键技术的国家,标志着我国煤化工领域自主创新和产业化的又一重大突破。

(《中国矿业年鉴》编辑部 编辑)

## 2008 年国外石油科技十大进展

1.**深水盐下油气地质勘探理论技术应用取得重要进展。**随着深水盐下油气地质勘探理论技术的不断创新与应用,世界盐下油气勘探取得突破性进展,分别在巴西海域、墨西哥湾等地区发现盐下油气藏。盐下层系作为油气资源储藏非常重要的一个领域,显示出良好的勘探前景,正在成为世界油气勘探的新热点。

在深水盐下油气地质勘探理论技术的指导下,近期全球深水盐下油气勘探获得多个重大发现,特别是巴西发现的 Tupi 油气田是全球最引人注目的油气发现,初步估计可采储量达 50 亿桶至 80 亿桶油当量。

2.**北极地区油气资源评价获突破性进展。**美国地质调查局采用统一的评价标准和方法,和多家国际机构一道,用 4 年时间对北极地区待发现的石油资源进行了全面、系统、客观地地质分析和研究,并于 2008 年 7 月公开披露了整个北极地区石油资源评价结果:在北极圈以北地区 25 个最具油气潜力的地质区,共计拥有 900 亿桶待发现的技术可采石油、1670 万亿立方英尺待发现的技术可采天然气和 440 亿桶技术可采天然气液。

3.**重油就地改质开发技术矿场试验获突破性进展。**多年来,国际石油界一直在探索有效的重油就地改质方法,但仅限于实验室试验。电加热器就地改质现场试验取得成功后,直井水平井结合火烧油层/催化改质井首次投产, (接下页)

为重油就地改质技术带来突破性进展。电加热器就地改质是通过在地层钻若干口距离很近的水平井,其中一些插入加热器,另一些用来生产和监测。经过一段时间,加热器慢慢将重油加热,随着温度升高,重油开始发生裂解,焦炭留在地下,轻油从生产井采出。该技术在加拿大阿尔伯达西北和平河油砂矿区成功进行了先导性试验,10万桶黑色半固体状油砂改质成30度至49度API的轻油。尽管应用规模还不是很大,但该技术有可能成为彻底改变重油开采局面的"游戏变革者"。

**4.高含水油田改善水驱新技术取得重要进展。**针对世界上大量的已注水和水淹后油藏的深化开发,摸清剩余油的空间分布,有的放矢地开采剩余油成为关键。以极大触及储层井(ERC)为代表的8项新技术将成为未来20年的关键技术。

目前正在积极研发ERC井和仿生井,其大部分要素已经实现。多家石油公司和服务公司研发的应用液压或电力系统的流量控制技术已经取得成功并广泛应用,正在向智能化方向迈进。

**5.随钻地震技术在精确高效低成本勘探钻井方面发挥作用。**随钻地震技术(SWD)是一种根据深度和地震旅行时实时跟踪确定井眼轨迹的新方法,主要用于钻井过程中的实时监测,及时为钻井工程师提供取芯、下套管点、预防钻井危害及确定过压带等相关信息。随着SWD的不断发展、成熟,作为一种新的低成本的勘探手段,在为油田开发或储层描述提供更加翔实和有效的补充信息方面发挥着越来越重要的作用。该技术在现阶段对于国内大力发展水平井开发薄产层能更好地发挥精确导向作用。

**6.连续管钻井技术进一步拓展应用领域。**连续管欠平衡钻井(CT—UBD)是以连续管作为管柱的欠平衡钻井作业,不仅解决了过平衡作业钻速低和钻井液漏失等问题,同时降低了储层伤害,油井产量提高40%。为了解决常规连续管不能转动所带来的钻井问题,技术人员已经研制成功一种可以从地面旋转的连续管钻井装置。该装置可以驱动连续管以20转/分的速度,节省40%的钻井时间,减少66.6%的盘管、放管和矫直作业次数,从而使连续管的疲劳寿命延长300%。

**7.测量横向弛豫时间的磁共振随钻测井仪器研制成功。**随钻核磁共振测井是一种能够测量井下多种地层参数的先进测井技术。LwD磁共振仪器——MagTrakLwD由贝克休斯INTEQ公司开发成功。MagTrakLwD可以提供综合的磁共振测量结果,包括地层孔隙度、束缚流体体积、自由流体体积、渗透率、油气检测以及T1(纵向弛豫时间)与T2谱分布等。

目前,该仪器已经在北海、西非、欧洲等海上和陆上的约60口井中投入应用。

**8."血小板"技术解决油气田集输管道泄漏定位与修复难题。**一种被称为"血小板"(Platelets)的管道修复新技术在英国开发并得到成功应用。该技术可替代传统的管道泄漏定位与修复方法,并可形成一整套管道泄漏题解决方案,在管道安全运行方面能够发挥重要作用。

这项由英国Brinker技术公司开发的新技术,其灵感来源于人类血小板。当人身体的血管破裂时,血液里的血小板就会自行在血管破裂处凝结堵住伤。在管道流体中加入Platelets微粒,微粒随流体流至裂缝处时,流体的压力迫使微粒进入裂缝,微粒紧贴管壁从而达到阻止泄漏的目的。

**9.渣油悬浮床加氢裂化工业试验成功。**埃尼公司悬浮床技术(EsT)是渣油转化和非常规原油改质的一项重大技术创新,该技术可使原油中最重的组分全部转化为有用的产品,对石油的有效利用和环保效益有重大影响。

该技术在Taranto炼油厂建设一套6万吨/年的工业示范装置。与现有的转化技术相比,EsT具有良好的经济性。

**10.第二代生物柴油生产技术开发成功,首套装置建成投产。**芬兰耐思特石油公司采用其第二代生物柴油生产技术NEXBTL在芬兰Porvoo炼油厂建成投产17万吨/年装置,成为世界上首套生产第二代生物柴油的炼厂级生产装置。

NEXBTL工艺适用范围广,既可处理植物油,又可处理动物脂肪,目前采用的原料主要是菜籽油、棕榈油和动物油脂。　　(冯　军)

# 概　况

## 地质调查

【概况】 2008年，中国地质调查局以党的十七大精神为指导，深入学习实践科学发展观，解放思想，转变观念，努力构建保障和促进地质调查工作科学发展新机制，强化项目组织实施，地质调查工作取得一批重要成果。

1.陆域冻土带首次钻获天然气水合物样品。在祁连山永久冻土区实施科学钻探试验，成功钻获天然气水合物，证明我国陆域冻土区具备天然气水合物资源的成藏条件，对认识天然气水合物成藏规律，开辟新能源远景具有重大意义。这是我国继去年首次在海域钻获天然气水合物样品后，首次在陆域钻获该实物样品，是继加拿大、美国、俄罗斯之后第四个在陆域冻土区发现天然气水合物的国家。

2.油气资源调查与评价取得重要成果。青藏高原油气资源战略选区调查重新厘定了主要盆地的范围、基底性质、地层、岩相古地理格架，提出盆地具有形成大中型油气田的潜力。初步证实西北银额地区石炭－二叠系是良好的烃源岩，区域广泛发育火山岩储层，可能是油气藏勘探的新领域。初步确认雪峰山西侧可作为中上扬子海相油气勘探的战略选区。在松辽盆地外围圈定了6个新的中新生代油气远景盆地。柴达木盆地油气资源潜力评价证实石炭系发育良好的烃源岩。东沙群岛海域陆坡深水区油气资源调查，得出该地区海相沉积地层分布具有“南部较全、北部缺失，南部较厚、北部较薄”特点的认识，对下一步油气选区工作具有重要指导作用。海域天然气水合物调查评价，发现了新的天然气水合物远景区。

3.重要成矿区带矿产勘查取得新突破。安徽庐枞两年探明一个大型隐伏铁矿，估算铁矿资源量大于1亿吨，硫铁矿3000万吨。雅鲁藏布江南侧深部发现300米厚大斑岩型钼矿体，初步估算资源量10万吨。班公湖－怒江成矿带多不杂矿区铜资源量扩大到400万吨，新探获波龙铜矿估算达大型规模。东昆仑卡尔却卡地区索拉吉尔矿带发现较富铜、钼矿化带。念青唐古拉地区亚贵拉铅锌矿区新发现长1080米的铅锌矿体。辽宁本溪桥头、山东单县大刘庄、山西呼延庆山、河北司各庄等地深部铁矿勘查探获厚大隐伏铁矿体。东准噶尔地区深部钻孔验证见厚达百米的铅锌矿体。

4.基础地质调查程度进一步提高。完成1:50000区域地质调查5.4万平方千米，全国覆盖面积提高到20.6%。1:250000区域地质调查完成2.6万平方千米，全国覆盖面积提高到44%。完成1:200000区域重力调查16.8万平方千米，1:200000区域化探22万平方千米，航空物探3万测线千米。新发现物化探异常1210处，检查验证见矿异常153处。新发现矿产地29处。编制完成西南三江等8个重要成矿带的地质图和青藏高原系列基础性图件，为资源勘查部署提供基础资料。启动辽宁、山东、安徽、陕西等第一批7个省级地质志修编试点工作。海洋区域地质调查、重点海岸环境地质调查、近海海砂及相关资源潜力调查工作扎实推进。

5.城市地质调查为城市规划建设和管理提供有力支撑。上海、北京市等首批城市地质调查试点项目成果通过评审，其成果达到国际先进水平，部分达到国际领先水平。通过城市地质调查工作，开发了城市三维可视化的地学信息管理和服务系统，为城市规划、地下空间利用、工程建设、灾害防治等提供了基础平台。上海建立了三维基岩、第四系、工程地质、水文地质结构模型，提出了上海土地增长建议。北京开展了生活垃圾场现状、地下水水质、地热资源、主要隐伏活动断裂及地壳稳定性调查。2008年累计查明15个省177个地级以上城市的主要环境地质问题状况。

6.生态农业地球化学调查成果应用效果明显。新完成多目标区域地球化学调查面积近21万平方千米，累计完成160万平方千米。初步完成长江三角洲、海河流域、松辽平原中南部地区及两湖地区多目标区域地球化学系列图编制，基本查清不同地区土地地球化学状况。积极推动调查成果在土地资源合理利用与科学规划中的应用，江西丰城评估发现535平方千米富硒土地资源，四川苍溪根据调查评估结果规划建设现代蚕桑种植等生态园区，经济效益开始显现。

7.水工环工作成效显著。在鄂尔多斯盆地内蒙古能源基地查明5处大型超大型水源地。制定松嫩、华北等北方主要平原(盆地)地下水动态监测网优化方案并建立了国家骨干地下水监测剖面。初步查明珠三角、长三角、淮河流域和华北平原浅层地下水污染状况。为北方地方病严重区、西南岩溶区、四川大骨节病区30多万人找出安全洁净的地下水。形成北方11个主要平原盆地地下水资源及环境调查成果分册报告及图系。初步查明天津滨海新区和曹妃甸等重点地区的地层结构、地质环境演化、地面沉降情况，为新区规划选址和工程设计提供了地质依据。地面沉降地裂缝防治措施研究及时为西安地铁建设提供设计依据。完成1600个山地丘陵区县市地质灾害调查和29个县1:50000地质灾害详细调查，完成四川等省市677个特大型滑坡调查、喜马拉雅山地区重大地质灾害及环境地质调查，为地方政府完善地质灾害防治规划和重大地质灾害防灾预案提供了科学依据。

8.地质科学研究取得一批原创性成果。中国柴达木盆地资源环境科学钻探取得成功，第一阶段“盐参一号”井(井深1200米)是青藏高原以资源和环境科学为目标的国家级重大工程，将给国内外有关科学界研究全球变化搭建重要平台。新增湖南古丈罗依溪寒武系古丈阶、广西柳州碰冲下石炭统杜内－维宪阶两颗“金钉子”。在云南罗平地区中三叠世安尼期关岭组中发现了丰富的海生鱼类化石动物群，填补了该地区中三叠世鱼类化石的记录空白。在江西赣州首次发现国内记录有胚胎的窃蛋龙的蛋化石。

9.地质勘查技术研发取得多项突破。在物探、化探等6个勘查技术领域取得多项技术突破。大深度多功能电法仪、三分量高温超导磁强计、高精度重力仪、井中X射线测量系统等仪器研制取得成功。新一代150～2000米钻机系列化研制工作进展顺利，已组装样机。150米履带式全液压钻机成功开展了野外试验。初步查明青藏高原风积物分布并基本确定了排除风积物影响的方案。初步证明机动浅钻是进行大兴安岭浅覆盖区化探工作的有效技术。集成研制了一套实用的航空地球物理勘查技术系统，为实现建立资源由地表到地下的快速高效、多尺度大深度立体探测目标奠定了基础。鄂西宁乡式鲕状高磷赤铁矿酸性矿石和重庆高硫铝土矿脱硫技术等选矿工艺流程试验均取得初步成功，为解放一批规模型呆矿奠定了基础。世界上首个地质GPS数字罗盘研制成功并推广应用。地应力监测技术及时为政府部门抗震救灾提供有效信息服务。

10.国际合作与境外地质调查迈出新步伐。多边和双边地质合作交流力度加大，与9个国家地调机构签订了谅解备忘录或项目合作协议，中荷地下水合作研究、中荷和中德海岸带等国际合作研究取得重要成效。援外地质调查进展顺利，援马达加斯加地球化学调查全面完成，发现资源潜力较好的铁、镍等矿产地并引导国内企业跟进登记矿权，埃塞俄比亚和津巴布韦援外项目阶段性成果丰富。国际综合编图成果丰硕，1:5000000亚洲地质图、1:2500000亚洲中部与邻区地质图编图引起国际广泛关注，与周边14个国家合作开展跨境成矿带对比研究和1:1000000～1:1500000系列编图取得良好成效，对引导企业到周边国家勘查开发矿产资源和指导国内地质找矿具有重要意义。首次编制完成1:25000000世界大型超大型矿床成矿图，划分出4大成矿区域21个巨型成矿区带。成功举办3期援外地质矿产管理官员研修班，共有来自26个国家的70位地质矿产管理官员和专家参加，为加强与这些国家的合作交流奠定了良好基础。全球矿产资源数据库数据量进一步扩大，已有包括17个国家较完整的地质矿产信息，为国内外160余家单位和部门提供了服务。

11.地质资料社会化服务力度加大。落实党中央、国务院关于扩大内需促进经济平稳较快发展的重大决策和部相关部署要求，主动为铁道部等多家政府部门和企事业单位提供地质信息资料服务，及时为新建杭州至长沙铁路客运专线等多个重点工程施工设计提供了大量资料。正式向全社会公开发布我国1:50000地质图空间数据库、1:200000自然重砂数据库和1:200000水文地质数据库，以及1:250000航磁系列图和遥感影像图，新增3000种图文地质资料全文在线浏览服务。2008年提供地质资料服务(包括借阅和网站服务)达11万人次，比2006年的3万多人次和2007年的6万多人次有大幅增长，其中网站服务增长幅度更大。

12.为国土资源管理提供有力支撑。全面推进国土资源国情调查，全国矿产资源潜力评价，重点在青海祁漫塔格、新疆东天山等9个铁、铝矿产资源潜力评价区开展了典型示范；全国矿产资源利用现状调查，在河北西郝、黑龙江鸡东煤炭矿区开展了试点，其他矿区资源储量核查工作正逐步启动；全国矿产资源勘查与开发现状调查，开展了相关培训并启动4个全国矿业权实地核查试点工作。继续为矿业秩序整顿规范“回头看”督查活动及时提供技术支撑，完成16个重要成矿带或矿集区矿产资源开采规划执行情况遥感调查与监测，完成85个重点矿区多目标遥感调查与监测。矿山监测成果在山西襄汾尾矿库溃坝、娄烦铁矿拍土场垮塌等事件应急调查中，发挥了重要作用。

## 矿产资源调查评价

**【概况】** 2008年矿产资源调查评价遵循市场经济规律和地质工作规律，依靠科技进步，围绕国家需求，推进全国矿产资源潜力评价和储量利用现状调查、矿业权核查等矿产资源国情调查，为政府决策提供技术支撑；加强重要成矿区带的矿产远景调查，增强矿产勘查后劲；推进矿产勘查新机制，通过统一部署，共同开展工作，融合零散资金，形成大投入，力争形成有宏观影响的大成果。

2008年矿产资源调查评价共设立项目247项，涉及经费84348万元；安排主要实物工作量：1∶50000矿产地质测量46073平方千米，1∶50000水系79941平方千米，1∶50000磁法33961平方千米，钻探16.83万米，坑探7300米。

**【矿产资源国情调查】** 2008年，全国矿产资源潜力评价、全国储量核查和矿业权核查三项工作，立足国家利益，紧紧围绕国家需求，前瞻性强，无疑是一次重大的资源国情调查。目前三项工作按总体部署稳步推进。

1.全国矿产资源潜力评价。根据目标任务和经费渠道的变化，及时调整了工作安排和进度。完善全国项目办、大区项目办和大区协调组等组织机构。修改完善相关技术要求并开展技术培训，下发总体实施方案和省级项目预算标准等。对新疆东天山雅满苏式海相火山岩型铁矿、辽宁鞍山－本溪鞍山式变质型铁矿、贵州务正道大竹园式沉积型铝土矿、青海祁漫塔格肯德可克式矽卡岩型铁矿、湖南"宁乡式"海相沉积型铁矿、安徽庐枞地区陆相火山岩型铁矿、四川攀西地区攀枝花式钒钛磁铁矿、广西平果式堆积型铝土矿、河北冀东沉积变质型铁矿等开展了铁、铝矿产资源潜力评价典型示范。

在典型示范工作的推动下，各省(区、市)成矿地质背景研究工作全面展开，并取得实质性进展。省级工作已完成1:25万实际材料图275幅，建造构造图完成190幅。完成预测工作区的成矿地质底图284张，重力405张、磁测574张、化探1970张、遥感450张、自然重砂859张。编制完成区域成矿要素图87张，区域预测要素图72张。开展了181个典型矿床研究，完成典型矿床成矿要素图及成矿模式图412张，典型矿床预测要素图及预测模型图106张。完成典型矿区重力图件编制61张，磁测图件819张，化探图件74张，遥感图件15张。9个典型示范区完成了铁和铝资源潜力定量估算。完成煤炭资源潜力评价相关基础图件533张。省级重力、磁法、化探、遥感和重砂等综合信息研究工作也基本展开，大部分省初步完成了全省(区、市)的处理和解释工作。开展了基础数据库维护，新增矿产地6826处，新增地质工作程度数据记录10145条。

2.全国矿产资源利用现状调查。落实了项目组织体系，明确了任务和职责；编制了《全国矿产资源利用现状调查总体实施方案》；完成了省级调查实施方案的编制和终审；完成矿区资源储量核查技术要求的编制、评审及培训工作；数据模型研究工作进展顺利；全国项目组积极走出去，指导各省开展工作。开展河北西郝、黑龙江鸡东煤炭矿区试点工作，其他矿区储量核查工作逐步启动。

3.全国矿产资源勘查与开发现状调查。对浙江省长兴县、重庆市南川区、云南省个旧市、山东省平邑县等代表性地区进行了实地调研；编制《全国矿业权实地核查总体实施方案》，并通过了专家论证；协助开发司起草并发布了《关于开展全国矿业权实地核查工作的通知》(国土资发[2008]59号)；编写出版了《全国矿业权实地核查工作指南和技术要求》(第一版和修订版)，并举办了培训班；启动了4个全国矿业权实地核查试点工作；配合开发司开展了全国矿业权实地核查宣传工作；指导、咨询、督促各省矿业权实地核查工作。

**【青藏地区矿产调查获重大发现】** 自驱龙、朱诺等系列大型铜矿发现以来，通过在青藏地区加大地质调查工作工作投入，在雅鲁藏布江成矿带山南地区又获重大发现。位于该带南侧缝合带附近的程巴铜钼矿区通过验证，深部钻孔见近300米的厚大斑岩型钼矿体，并伴生铜，初步估算资源量达大型规模。此外，其外围的帕南、车门、新仓等远景区均发现较大规模的矿体。

班公湖－怒江成矿带获重大突破。主要包括波隆矿区和多不杂矿区，通过2008年工作，截至2008年底初步控制铜资源量708.3万吨，其中多不杂矿区求得铜金属资源量321万吨，伴生金70.7吨，在波隆矿区求得铜金属资源量387.3万吨，伴生金98.1吨。

东昆仑卡尔却卡多金属矿获得重要进展。青海卡尔却卡地区在索拉吉尔矿带发现较富的铜、钼矿化带，矿带长大于1200米，矿体宽度16米，钻孔揭示的钼矿体品位高达26%，并含铜2%，该地区预期可提交大型以上铜钼多金属矿床。

念青唐古拉亚贵拉铅锌银矿规模进一步扩大。该区目前已发现铅锌矿体13个、钼矿体1个。探获资源量：铅锌256.86万吨、银3019.34吨，银、铅锌均达超大型矿产地规模。

**【东部地区深部找矿取得成效】** 安徽庐枞地区山西恒山－五台山、冀东、鲁南、鞍本等地区开展深部隐伏铁矿勘查,2008年取得重要进展,有一批新发现。

庐枞地区探明大型隐伏铁矿。为加快勘查进程,中国地质调查局、安徽省国土资源厅、安徽省地质矿产勘查局、中国五矿集团公司签署了《共同推进安徽省庐枞地区矿产勘查合作协议》,统一部署庐枞地区勘查工作,通过中央、地方、企业资金多方投入联动,整装勘查,加快了勘查进程。两年来共投入上亿元资金,对泥河铁矿开展详查-勘探工作,已施工60多孔,完成钻探工作量6万米,估算全矿区铁矿资源量超过1亿吨、硫铁矿超过3000万吨。仅用两年的时间基本完成详查工作,勘查周期大为缩短,堪称矿产合作勘查新机制引领大投入,实现大突破的典范。另外,在泥河铁矿以南的义津桥-城山地区,开展1:10000地面高精度地磁测量圈定有找矿意义的磁异常17处,有望再发现2~3处类似泥河铁矿的隐伏大型铁矿。全区预计铁矿石资源潜力超过10亿吨。

辽宁本溪桥头地区通过对桥头镇大台沟航磁异常验证,经高精度面积性磁法测量,确定了磁异常的规模、形态、强度。2008年通过施工钻探工程,在1200~2000米左右探获铁矿体,厚约797米,尚未穿透底板。在此基础上,本溪铜铁公司等商业性矿产勘查跟进,共施工钻孔12个,总进尺17844米,控制矿体长1200米,宽800米,厚大于800米,估算铁矿石资源量17亿吨。

山东单县大刘庄铁矿钻孔见矿10层,累计见矿近100米,估算资源量1亿多吨,并初步认为该地区地表异常是由隐伏铁矿体引起。河北司各庄杜蒿坨铁矿2008年对新发现的杜蒿坨异常施工钻探,在740~761米处见铁矿,仅控制了该层矿的底板。此外在山西呼延庆山等地区也均揭露到厚大的隐伏铁矿体。

**【油气基础地质调查】** 2008年开展的油气基础地质调查工作显示了良好的苗头。西北地区油气地质调查经过一年的实施,认为区内石炭-二叠系是发育良好的烃源岩,并获得了一些与古生界烃源岩有关的油气赋存重要信息与线索,区域主要发育火山岩储层,是油气藏勘探的新领域,可形成大型油气田;通过土壤油气地球化学勘探,发现了与石炭-二叠系烃类生成、运移有关的油气藏赋存信息与线索。中上扬子海相含油气盆地油气调查认为雪峰山西侧是加强海相油气地质调查和勘探的战略选区,下寒武统等南方区域性主力烃源岩;松辽盆地外围初步建立4个石炭-二叠系地层标准柱,确定3套区域暗色泥岩生烃层系,确定3类油气储集体。

**【矿产勘查新机制推进】** 按照"找新区、上专项、挖老点、走出去、依靠科技和人才"的总体思路,以部(局)省合作为平台,探索构建中央、地方和企业相互联动,公益性地质工作、地勘基金和商业性矿产勘查合理分工、有机衔接,共同推进地质找矿新机制。以编制总体部署方案为抓手,联合组建项目办公室,统筹协调中央、地方、企业和地勘单位,统一部署和组织实施重点成矿区带地质找矿,推进整装勘查。

部(局)已分别与新疆、青海、西藏、黑龙江、云南、福建、湖南等省(区)人民政府,与内蒙古、安徽国土资源厅及五矿集团、紫金矿业、大庆油田签署合作协议,与中央地勘基金中心建立了会商和协调机制。与新疆、青海、西藏、黑龙江、安徽、福建等省区共同组建了项目实施的组织机构,编制了总体部署方案,初步实现了各类资金统一安排、多专业综合部署,并有效促进资本与技术结合,充分发挥地勘队伍找矿主力军和社会投资两个积极性。相关省(区)地调院在总体部署方案编制和组织实施过程中发挥了重要作用。

## 区域地质调查

**【概况】** 2008年在重点成矿区带、重大地质问题区、重要经济区和重大工程建设区完成1:50000区域地质调查5.4万平方千米,完成1:250000区域地质调查2.6万平方千米;继续开展青藏高原基础地质综合研究和大区基础地质综合研究,继续开展城市地质调查,启动了全国地质志修编和全国重要地质遗迹产地调查。

**【地层调查】** 发现大量有价值的化石,获得一批岩石测年数据,填绘出许多新的地质体。如云南1:50000罗平等4幅区调在罗平地区中三叠世安尼期关岭组中发现了以鱼化石为主的丰富的脊椎动物化石群落,并命名为罗平生物群。大部分鱼类化石为新属种,与其相伴生的还有甲壳、双壳、腹足、软体动物及植物化石,化石保存精美,丰度极高。其生物门类的多样性、化石保存的完整性举世罕见。它的发现和研究将会填补海生爬行动物演化的早期链条,并且可以为海生爬行动物、鱼类以及节肢动物各类群的演化、系统发育、古生物地理以及生物群特异埋藏理论提供丰富可靠的第一手资料。其成果已引起国际古生物学界极大关注和反响。青海1:50000奴家合、校都乡幅区调首次在二叠系大关山组发现生物礁,对古特提斯洋发展演化和大地构造格架研究具有重要意义。

**【岩浆岩调查研究】** 获得一批重要的同位素资料,为构造演化和成矿作用研究提供了重要资料。如内蒙古1:50000南卜塔亥区调查明固阳地区二叠纪西营子花岗岩体具有岛弧花岗岩的特征,获得U-Pb同位素年龄为281.9±3.1百万年，为古亚洲洋的闭合时限提供了新的线索。河南1:50000潭头镇等4幅区调首次采获了晚太古代变质变形岩体锆石U-Pb同位素年龄为2312±23百万年，将龙王石童岩体时代归长城纪晚期，首次采获了郭条坪岩体锆石U-Pb同位素年龄为369±4百万年，将其划归泥盆纪，为北秦岭地质演化提供了可靠依据。四川1:50000木拉等4幅区调在瓦能蛇绿岩组玄武岩、德巫乡加依贡岩体黑云母二长花岗岩新获得锆石激光剥蚀等离子体质谱年龄，显示瓦能蛇绿岩组玄武岩火山岩喷发加权平均年龄为217±11百万年，二长花岗岩加权平均年龄190.41±0.96百万年，为甘孜-理塘带板块构造研究提供了新资料。湖北省1:50000金牛幅、高桥幅区调率先采用火山旋回－火山构造－火山地层－岩性、岩相一体化思路在火山岩区进行地质填图，完成金牛幅火山构造及岩相地质图等系列成果图件。

**【重要构造现象的发现】** 为地质演化历史和成矿作用研究提供了重要资料。如安徽1:50000平里等四幅区调在障源口－汪村韧性剪切带中发现了规模较大的蚀变基性岩－中基性火山岩组合，具有较典型的枕状构造，为江南隆起区的古构造格局、中国东部的造山作用过程和地球动力学机制等研究提供了新资料。西藏1:50000双湖区戈木日东部地区4幅区调厘定了羌塘榴辉岩产出大地构造位置和羌塘果干加年山蛇绿岩的空间分布及性质，查明了高压变质带的空间分布、规模及岩石类型组合。青海1:50000奴家合、校都乡幅区调发现了隆务峡蛇绿混杂岩并进行了系统研究，对于揭示西秦岭和祁连接合部具体位置和构造性质，壳幔相互作用，秦祁昆造山带乃至整个中央造山带的演化均具有十分重要的意义。1:50000杭嘎勒、哈尔扎盖幅区调识别出一套原岩为深成侵入体的片麻岩系，同位素测年确定其年龄为1108±74百万年，为研究华北北缘地质演化特征提供了新资料。

**【矿化点新发现】** 区调中新发现矿（化）点、矿化线索140余处，为矿产调查提供了基础资料。其中在大兴安岭贺根山－松根乌拉成矿远景区新发现铁、铜、铅、锌、钨、钼等多金属矿化点10余处。青海1:50000喀雅克登塔格地区5幅区调新发现铜、铁矿点和矿化线索9处。甘肃1:50000三岔口等10幅区调新发现铜金等矿化点和矿化线索31处。四川1:50000松新等4幅区调发现铅锌矿点2处、铅锑矿点1处、铜矿点1处、黄铁矿点1处，四川1:50000勒青贡等5幅区调新发现金矿（化）点5处，异常两处。云南1:50000弥渡等8幅区调发现铁矿化点、铜矿点和铅锌矿点各1处。

**【第四纪调查与研究】** 如河北1:250000黄骅县幅海岸带区域地质与环境调查在第四纪地层结构、晚更新世以来地质环境和生物群落演替等方面取得了新的重要认识，创新了深覆盖区及海岸带区域地质及环境调查方法和成果表达方式。江西1:50000桃墅店等6幅区调通过钻探和系统采样研究，建立了鄱阳湖地区有年代意义的第四纪地层序列，有望提供鄱阳湖地区第四系地质年代学和古气候、古环境的新资料，恢复第四纪沉积环境。首次在江西境内发现发育平行排列陡立的第四纪正断层，断距达4～6米，由NE、NW的两断层形成一地垒式断块构造。湖南1:250000常德市、岳阳市幅区调初步建立起洞庭盆地及周边地区第四纪地层格架，厘定了洞庭盆地第四纪隆－凹构造格局。

**【国家重大工程建设区区域地质调查】** 大理－瑞丽铁路沿线区域地质综合调查开展了大理－瑞丽铁路主选线路沿线22个图幅的1:25000带状地质图填图，开展了地质灾害调查和活动断层调查，基本查明了主选线路区区域地质特征、地质灾害分布和工程地质条件。四川1:50000勒青贡等5幅区调色达冲断带多条断层进行了全面、系统研究，认为色达断裂、亚龙－塔子断裂带等晚更新世以来均无活动痕迹，对南水北调西线一期工程地质条件进行了综合调查研究，查明了工程区地层岩性、构造、物理地质现象、主要工程地质等问题，初步提出了引水线路的优选建议，为南水北调西线一期工程引水线路选择和规划建设提供了基础资料。

**【青藏高原基础地质调查成果集成和综合研究】** 2008年，构建了青藏高原1:250000地质图、矿产资源、旅游资源及重力、航磁、化探编图成果数据库和管理系统；基本编制完成青藏高原地质图、大地构造图、前寒武纪地质图、构造－岩相古地理系列图、构造－岩浆岩地质图、新生代地质图、第四纪地质与地貌图、矿产图、旅游资源图、区域重力系列图、区域航磁系列图和区域化探系列图；建立了青藏高原多碰撞、多期叠加的多岛弧盆演化模式，带动了青藏高原的找矿突破，特提斯洋的消亡以及青藏高原的隆升时间等研究取得了新认识，推进了青藏高原地学理论的重大创新。

**【重要成矿带的成矿地质背景与潜力综合研究】** 2008年，围绕重大基础地质问题开展专题攻关研究，以地质理论和新认识促进找矿重大突破，编制地质、构造单元、物化探异常、成矿地质背景图。目前基本完成了东天山－北山、祁连山、西南三江、辽东－吉南、武夷山、晋冀等8个成矿带的系列编图和综合研究报告，提高了地质找矿的预见性和有效性，为后续矿产勘查提供了基础资料。

**【地质志修编工作正式启动】** 2008年,已基本制定了全国、地区和省级不同层次地质志和系列地质图件编制与数据库建设技术要求,确定了统一的技术标准,统一各类术语、分类命名原则和划分方案。初步制定了全国地层区划、构造区划方案、岩浆岩、变质岩分期、分区(带)方案。确定了全国地球物理和深部地质综合研究基本思路。辽宁、山东、安徽、陕西等第一批7个省级地质志修编试点工作进展顺利,初步完成各省地层区划分、构造区划分、岩浆岩区划分和变质区的划分工作。

**【城市地质工作】** 上海城市地质调查以政府为主导、信息技术为支撑,把历史以来全部的地质数据统一管理起来,初步构建了数字地质资料馆,通过立法建立跨部门的资料汇交和信息共享机制,为城市经济社会发展提供全方位信息服务。把城市地质各专业工作与政府相关管理结合,调查成果分别应用于城市规划后评估、地下空间利用与地下空间产权管理、土地质量管理与分等定级、后备土地增长规划以及地铁等城市生命线安全预警工作中,为全国城市地质工作开展树立了典范。南京根据三维地质调查结果,南京火车南站修改设计,开发利用地下空间。北京奥运场馆及城市生活垃圾调查、天津滨海新区、杭州半山工业园、广州亚运场馆等专题调查成果,在规划、设计和工程建设中发挥了重要作用。试点工作带动了重庆、哈尔滨、合肥、苏州、厦门、佛山等城市自筹资金开展城市地质调查。

## 区域地球物理调查

**【概况】** 2008年共完成1:200000区域重力调查190596平方千米、航空物探30000测线千米,分别完成了全年工作量的100%、43%。

2008年,完成全国6大区片1:1000000(电子版)和1:25000(电子版及纸介质)布格重力异常图和航磁异常图。

总结了美国、俄罗斯和澳大利亚、加拿大、西欧等国家和地区的大量地质文献,了解了近年来国际航空物探研究的动态,对最新航空物探技术、航空物探应用领域及工作部署等内容进行了相应的追踪研究;汇总了"航空物探遥感勘查及成果集成"计划项目和"十五"以来地调局部署的航空物探工作已经完成的成果资料,开展了计划项目的工作总结以及"十五"以来航空物探工作总结,对航磁方法在解决区域地质构造方面的能力和卫星遥感影像图镶嵌制作方法等方面进行了总结研究;完成青藏铁路沿线地区航磁异常图,全国16个重点成矿区及补充地区航空物探工作部署建议方案和航空物探工作部署建议图,北山地区找矿远景预测图和勘查工作建议书。

**【航空物探遥感调查】** 1.江西武夷山北部地区直升机航空物探(电磁、磁)测量试生产。全区共编制航磁异常70个、航电异常186个,圈定找矿远景区6处,提供了一批具有找矿前景的综合异常。地面查证7处航空电磁、磁异常,发现其中4处具有寻找铁、铅、锌、铜矿前景。

2.长江中下游重点成矿带综合地球物理立体地质填图示范。收集示范区已有的地质、钻孔、物探及物性等资料,分析统计已有物性参数。在九瑞地区开展1:50000高精度重力、磁法和1:100000音频大地电磁法(AMT)面积测量,获取了初步的异常信息,并对异常进行了初步解释。

3.青海杂多-玉树地区1:200000航磁调查。全区推断具有找矿意义的异常128处,隐伏岩体236处,断裂构造42条。圈定多金属找矿远景区32处,筛选优先工作异常区43处,为今后西北地区重要成矿带的基础地质研究、矿产资源评价、数据更新提供了较丰富的高精度航磁资料。尤其推断与浅隐伏磁铁矿有关的藏C-75-394异常,为在青藏铁路沿线东侧寻找中大型富铁矿床提供了重要信息。在青C-75-436和青C-06-18异常区发现3条含镍橄榄岩脉体;在青C-75-117异常区发现具有一定规模的含铜铁矿。

**【区域重力调查】** 1.青藏高原1:1000000区域重力调查成果综合。全面收集研究区相关的物性资料、航磁解释成果资料、地质、化探及电磁剖面测深等资料,建立了青藏高原区域重力数据库,初步总结了青藏高原高海拔地区区域重力调查方法技术,分幅编制青藏高原8个1:1000000图幅布格重力异常图和均衡异常图等基础图件。

2.云南瑞丽-腾冲地区1:200000区域重力调查。由布格重力异常图中初步圈定瑞丽、陇川、户撒、盈江等多个沉积盆地;龙陵以南及槟榔江-带圈出多个岩体;划分了南北向、北东向及北西向数条断裂。

3.广东省1:200000区域重力调查综合研究。根据重力场特征规律、结合区域地质资料,以不同特征的重力场分区为依据划分出湛江地区2个Ⅳ级地质构造单元,认为区内1条规模较大重力梯级带是由深、大断裂引起。目前,初步提取出局部异常100处,其中30处为隐伏花岗岩,推断深大断裂13条。

4. 广西桂北地区 1:200000 区域重力调查。建立了测区主要断裂构造格架，并将测区划分为 3 个重力异常区，圈出了 24 个局部重力异常，包括重力低异常 12 个，重力高异常 12 个。结合地、化、遥资料，提出了川山－驯乐、九万大山－元宝山、大浪－黄沙－蚂蟥坪、洛阳镇－怀群镇等 4 个 A 级成矿远景区和 10 个 B 级成矿远景区，为今后的找矿工作指出重要靶区。

5. 湖北 1:200000 神龙架幅、巫溪幅区域重力调查。利用剩余布格异常图对神农架幅地质构造进行了初步分区，并且推断了 8 条断裂带、7 处局部异常，其中G4～G8局部异常为基底区神农架群密度较大的老变质岩地层引起。

6. 湖南怀化地区 1:200000 区域重力调查。在沅麻沉积盆地中发现多处重力高异常，推测可能为盆地中的局部隆起构造所致。工作区东南部异常幅度变化大，呈近北东向走向，基本反映了调查区内雪峰弧形褶皱带的展布形迹。西北部的低缓异常区，则是工作区内广泛分布的砂岩、板岩及灰岩等高密度体的反映。两异常之间的重力梯级带，一方面反映了雪峰弧形褶皱带与沅陵－麻阳红色沉积盆地深部物质的密度差异，另一方面也可由此推断出两个地质体之间存在着深大断裂。此外，西北角和西南角异常值逐步向重力低异常变化，并形成一个半环状低缓梯级带，反映了沅陵－麻阳红色沉积盆地由这一地带向云贵高原过渡。

7. 青海三江北段重要成矿带 1:200000 结多幅、囊谦县幅区域重力调查。划分了西部重力低异常变化区、中部过渡带异常区和东部高值平缓异常区 3 个异常区。发现局部重力异常 34 个，其中与酸性或碱性火山岩有关的 7 个异常为围岩蚀变带上的局部高密度异常体引起，具有较好的找矿前景。此外，还解释断裂 148 条，划分 4 个一级构造单元、14 个二级构造单元。

8. 青海三江北段重要成矿带 1:200000 莫云幅、杂多县幅区域重力调查。推测Ⅱ级断裂带 3 条，将全区分为 3 个区域重力场分区。确定局部重力异常 61 个，其中重力低异常 25 个，重力高异常 36 个。根据重力局部异常、航磁异常以及化探的铜、钼、铅、锌、银等的组合异常，结合矿床成因，可能存在的隐伏岩体，认为工区的数个局部地区具有良好的找矿远景。

## 区域地球化学调查

**【概况】** 2008 年，完成 1:200000 区域化探 219391 平方千米，占全年工作量的 96%。完成 1:250000 多目标区域地球化学调查 20.89 万平方千米，占全年工作量的 100%，累计完成调查面积 160 万平方千米，初步完成了长江三角洲、海河流域、松辽平原中南部地区及两湖地区的多目标区域地球化学系列图的编制，在发展现代农业、开发名优特农产品等方面发挥重要作用。

**【新疆西天山伊犁地区 1:200000 区域化探】** 西天山伊犁地区铜、铅、锌、钨、金等 17 种元素地球化学分布特征研究表明，区内异常的带状特征明显，由北往南依次为：阿吾拉勒铁、铜、金、铅、锌异常带，特克达坂金异常带，察布查尔铜、钼、铅、锌异常带，斯木塔斯铅、锌异常带，阿克牙孜北金异常带，古勒克金异常带，卡勒达温－宿相恰尔瓦梅达念钨、汞异常带。初步圈定综合异常 84 处，从异常特征及所处地质构造环境分析，HS－6、HS－8等异常具有重要找矿意义。

**【辽宁省辽河流域农业地质调查】** 获得辽河流域区域土壤、水和浅海底泥多介质海量地球化学数据，建立辽河流域地球化学数据库，充实了辽宁省基础性地球化学资料。查明辽河流域土地质量和区域水体地球化学状况，为国土资源规划和局部地区水环境整治提供了科学依据。查清辽东湾北部浅海底泥环境质量等级，为辽东湾生态环境综合治理奠定了基础。查清区域土壤营养状况和绿色土地分布，为实现农业现代化提供了基础数据。

**【安徽省江淮流域生态地球化学调查】** 安徽省江淮流域在多目标区域地球化学调查和区域生态地球化学评价的基础上，针对特色农产品地区和地方病去开展局部生态地球化学评价，取得良好效果。安徽水家湖地区局部生态地球化学评价表明，水家湖地区适宜种植无公害草莓的土壤有 3223 公顷。部分不符合无公害草莓种植区的土壤经改良后，可满足无公害草莓产地环境要求。草莓区扩种后年增经济效益上亿元。

**【云南省昆明－玉溪经济区多目标区域地球化学调查】** 调查表明，区内土壤大部分都属于比较清洁的土壤，氮、磷、铜、钼、锌等有益元素显著富集，尤以氮、磷元素为最，基本上全区都属于高含量区，氮高值区主要位于玉溪及通海地区，磷高值区主要位于晋宁县和江川地区。此外，足硒地区在区内广为分布。

全区大致可圈出江川－华宁、双河－洛河、六街乡、澄江县、九乡－石林、晋宁八大弯、昆明团结乡共 7 个以铜、铅、锌、金、银、钨为主的综合异常，大部分异常区与已知矿化点相吻合，对进一步找矿提供了丰富的信息。

由勾绘的汞、碘、硼、氟、氯等异常图显示，沿昆明－海口－双河及宜良－澄江－华宁形成两带近南北向分布的密集异常带，与区内的地质构造走向一致，同时也指示了地热田异常的分布与走向。

**【河北省农业地质调查】** 全面掌握了河北平原调查地区的土壤地球化学特征，摸清了土壤的质量状况。结果表明：河北平原浅层土壤常量元素一氧化钙、一氧化镁、氧化钠含量与全国相比明显偏高，铁、铝、钾与全国相当，有益元素明显不足，重金属元素铜、镍、铬、镉高于全国平均含量，其他大多数元素明显低于全国平均含量，表层和深层土壤普遍呈碱性。土壤总体比较清洁，调查区内铜、铅、锌、镉、汞、铬、镍、砷等8个元素达一级土壤标准的面积占总面积的94%～99%。

土壤中元素的分布分配特征明显受地质背景的影响，如沧州－献县－衡水是一个土壤汞、砷、镉、锌等多种金属元素高背景带与三级构造单元沧县隆起吻合。但表层土壤受人为活动影响较大，在大中城镇、工矿企业区及部分农田区，重金属含量较高。

此外，依据调查结果还圈定了唐山一带、石家庄－藁城梅花镇一带、柏乡－宁晋一带和永年－磁县一带等4个富硒土壤区，面积达3480平方千米，为开发富硒农产品提供了依据。

**【河南省黄淮流域农业地质调查】** 查明了测区土壤中元素（指标）地球化学含量特征和空间分布状况及成因特征，区内洁净土地面积占总面积的95%以上。河南东部平原区与我国土壤平均值相比，深部土壤多数元素含量偏低。表层土壤中镁、钙、铁高于中国表层土壤平均值，而钼、硒、汞明显偏低中国表层土壤平均值。黄河流域土壤中铜、铅、锌、砷、铬、镉等元素含量高于淮河流域。

对焦作4大怀药、洛宁烟叶、平舆芝麻土地适宜性评价示范区等开展局部生态地球化学评价。通过土壤与山药中无机元素的相关性分析，土壤中的铁、锰与山药中的铁、锰成显著正相关，在怀山药种植过程中可增施含铁、锰肥料，能抑制Hg在山药中的积累；增施含铜肥料，能抑制砷在山药中的积累，提高怀山药的品质。通过分析研究，总结出大蒜适宜种植区基本特征，即土壤中富铁、硫、磷、锌、铜、钙、镁、锰、硒、硼，贫硅、钠等；有效态硫、磷、铜、锌、钙富足，硼适度。

**【四川成都经济区生态地球化学调查】** 项目在完成1:250000生态地球化学调查、生态地球化学评价的基础上，查明了成都经济区6.08万平方千米土地的质量状况，将区内土地质量分为5等20级，在农业种植规划，富硒农产品开发，矿产资源潜力评价，生态环境保护等发挥重要作用。生态地球化学调查评价、生态风险评估及预测预警的研究思路、方法技术体系及成果表达方式，为全国多目标区域地球化学调查项目提供了试点示范。

圈定富硒土壤面积达9078平方千米，主要沿涪江、安昌河、秀水河、凯江等河流两岸冲积层分布。通过评价圈出适宜种植富硒大米的土地面积约4968平方千米，其中可以优先考虑规划为种植富硒水稻的土地面积2782平方千米；适宜种植富硒小麦的土地面积4117平方千米，其中可以规划为富硒小麦种植基地的土地面积2176平方千米。发现了28种富硒农产品，开发前景较好。

编制了成都经济区主要农作物（水果、茶叶、蔬菜、粮油作物）种植规划建议图，对现在和未来5～20年土壤污染对人体健康进行了风险评估，提出了科学规划利用与管护国土资源、防治和修复土地污染、发展优质高效现代农业、改善和保护人居环境的对策及建议。

开展了区内固体矿产、地热、油气资源潜力评价及土壤碳储量估算，圈定固体矿产找矿靶区43个，地热资源评价靶区20个，油气资源潜力评价靶区6个，为矿产调查提供了新的地球化学数据。

预期社会经济效益巨大。初步估算，根据项目调查成果，在成都经济区优质土地全面实施各类绿色、无公害农产品（大米、小麦、油菜、玉米、蔬菜）生产，以及在富硒土地生产富硒大米和富硒小麦，每年可望产生经济效益40亿元以上；在缺乏硼、钼、锰、铁、铜、锌、硒等微量元素的土地开展科学配方施肥，小麦、油菜、蔬菜等增产率普遍超过10%～20%，预计新增经济效益10亿元以上。

**【江西鄱阳湖及周边经济区农业地质调查】** 江西鄱阳湖及周边经济区在完成多目标区域地球化学调查和生态地球化学评价的基础上，对富硒土地资源开展土地质量地球化学评估，获得巨大经济效益，充分显示了多目标区域地球化学调查在发展现代生态农业，进行土地资源合理利用等方面发挥的重要作用。

丰城市土地质量地球化学评估结果表明，丰城市98.97%以上的土壤为Ⅰ、Ⅱ类土壤，质量优良。其中符合无公害水稻生产要求的土壤分布面积达87.80%。在土壤富硒分布区，发现有18个农作物品种天然富硒，主要包括水稻、大豆、茶叶、芝麻、花生、茶油等农作物。

丰城市政府根据土地富硒资源、农产品富硒情况、土地地球化学质量状况等评估结果，积极推进富硒土地资源开发，编制《江西省丰城市富硒产业规划》，形成“中国生态硒谷一带一园产业布局”规划。目前，规划园区已引进6家龙头企业，建立7个农业产业化基地。2008年已完成投资1.5亿元，计划投资达6亿元。

丰城市通过富硒土壤资源开发，可开发出闲置土地15万亩，每亩土地预计增收200元，农民通过土地流转及为富硒区企业打工人均可增收500元，富硒区农民每年可增7500万元。丰城市每年可增加地税收入1亿~2亿元。两项加起来至少是近2亿元。

**【松花江流域多目标区域地球化学系列图编制】** 进行了数据整理，开展了部分元素省际间的接图和测试分析质量精度的统计，初步评价测试质量和精度符合要求，没有明显的系统误差。目前完成了土壤表层54个元素的数据整理。根据《土壤环境质量标准》及全国第二次土壤普查养分分级标准等，综合分析评价了松花江流域土壤的环境和肥力质量。结果表明：松花江流域土壤环境质量较好，一级土壤质量占96%以上；有益元素丰缺状况不等，氮表现为高含量分布特征，占总面积78%，磷为低含量分布特征，占总面积77%，Corg（有机碳）、硼、锌、硒、铜、锰、钼、三氧化二铁等中等含量分布特征，占总面积50%。

**【长江三角洲多目标区域地球化学系列图编制】** 依据“同一沉积环境、同一物质来源、满足正态分布”的土壤地球化学基准值确定的原则，长江三角洲地区土壤地球化学基准值采用以原始沉积环境为基本单元，求取不同地质单元基准值；以地质单元基准值为基础，采用面积加权平均方法，求取了长江三角洲地区土壤地球化学基准值。结果表明，由于成因类型不同，长江三角洲地区原始沉积环境的地球化学元素含量既显示了较大的差异性，又具有一定的相似性。总体上，海相、泻湖相、湖相、湖沼相等沉积环境中典型元素含量特征明显，表现为特高或特低；而冲海积、洪积、洪坡积环境中，高含量元素与低含量元素相对较多，元素含量差异明显。

此外，通过对长江三角洲地区的元素含量分布特征、元素相关性等分析确定了长江三角洲地区土地质量地球化学评价指标，对该地区的肥力（包括：大量元素、微量元素、有益元素）、环境健康（包括：环境、健康、pH）、环境综合质量（包括：肥力和环境健康指标）等指标进行了评价，明确了该区的土壤肥力、环境健康、综合质量分布情况。结果表明：研究区的总体土地质量良好，江北土地质量好于江南。

## 区域遥感地质调查

**【次生地质灾害卫星遥感数据获取及综合解译】** 1.快速获取地震灾区川甘陕84个受灾县（市）的卫星遥感数据。为地震灾区抗震救灾提供了数据基础。启动多种卫星遥感影像紧急编程，有效利用卫星资源，减少卫星资源的重复和浪费，快速获取灾区的卫星遥感数据。截至6月12日，共获取84个受灾县（市）全部覆盖灾前SPOT-5卫星数据，基本覆盖的灾后高分辨率雷达数据，覆盖了60%左右的灾后高分辨率光学卫星遥感数据。并按国土资源部的分工，及时为国家测绘局提供了106°20′以东的各种遥感数据，有效地为灾区抗震救灾提供了数据支撑。

2.快速开展60个受灾县市的次生地质灾害卫星遥感应急调查。为灾区抢险救灾、灾害（隐患）排查、灾后重建规划等提供了翔实的数据基础。川甘陕60个受灾县（市）遥感调查地震产生的次生地质灾害7865处，其中崩塌7306处，滑坡289处，泥石流231处，地裂缝39处。四川（35个受灾县市）地震产生的次生地质灾害6549处，其中崩塌6086处，滑坡261处，泥石流154处，地裂缝48处；甘肃（23个受灾县市）地震产生的次生地质灾害1324处，其中崩塌1181处，滑坡27处，堵江点2处，泥石流75处，地裂缝39处。

3.总结次生地质灾害的分布规律。对防灾减灾、灾后重建规划具有指导意义。活动断裂构造带是次生地质灾害的主要分布区，地质背景条件决定灾害的分布发育程度。此外，地层岩性对地质灾害类型具有控制作用，地形地貌对地质灾害空间展布具有控制作用。但地形地貌、岩性组合和地质构造对地质灾害易发程度的控制并不是孤立的，而是由它们的组合控制的。

4.初步总结高分辨率雷达用于地质灾害解译的方法。为灾害应急调查、监测提供了技术支撑。地震灾区地处多云多雨地区，光学遥感数据获取很困难，雷达卫星遥感数据成为唯一、必须的补充数据。高分辨率雷达数据由于斜视成像，几何纠正和解译难度都很大，在国内外属于前沿研究领域。项目开发的一套具有自主知识产权、国际先进水平的雷达影像数据的高精度几何处理软件，是世界上首先同时支持TerraSAR-X、COSMO SkyMed、RadarSat2等SAR影像的几何纠正处理的软件，并初步形成了高分辨率雷达用于地质灾害解译的方法。

5.构建了三维遥感调查系统。为地质灾害三维解译、灾情评估及灾后重建规划提供可视化平台。

6.编写《地质灾害航天遥感应急调查技术要求》（草案）。按照国土资源部要求，在调查技术方法总结基础上，编写了《地质灾害航天遥感应急调查技术要求（草案）》，为国土资源部进行地质灾害航天遥感应急调查提供了统一的技术要求。

**【矿产资源开发多目标遥感调查与监测】** 2008年,项目先后在晋陕蒙能源成矿带、冀东能源多金属成矿带等16个重要成矿带或矿集区、85个重点矿区开展了多目标遥感调查与监测工作。1:250000比例尺工作区面积60万平方千米,1:50000比例尺重点监测区面积24万平方千米,1:10000比例尺关键区面积8.6万 平方千米。

1.完成16个重要成矿带或矿集区矿产资源开采规划执行情况的遥感调查与监测工作。涉及各类规划区523个,占全部规划区总数的21%。调查结果表明,各类规划区的矿产资源开采规划执行总体较好。原来在禁止开采区中开采的矿山均已停采,限制开采区中不符合规划要求的矿山企业大多被兼并、整合,执行情况较前两年有较大进步。

2.完成85个重点矿区的矿产资源开发状况遥感调查与监测工作。查明各类矿权外采矿活动地4808处,其中,能源矿山97处、金属矿山1841处、非金属矿山2870处。违规矿种主要为浅覆盖、易开采的金属和非金属矿产。初步统计表明,2006~2008年,每百平方千米违规矿山数量分别为7.53个、3.31个和2.23个,呈逐年下降趋势,但部分地区仍有所反弹。

3.2008年完成全国近24万平方千米的矿山环境遥感调查工作。三年共完成1:50000、1:10000大比例尺遥感调查与监测面积27914795公顷,查明各类矿业活动压占、破坏土地337834公顷,占监测面积的1.21%,其中,合法及废弃矿山占全部矿业活动占地的73.3%,违规矿山占地占全部矿业活动占地的26.7%。2006~2008年合法及废弃矿山占地面积分别为50536公顷、107839公顷、131724公顷,分别占各年矿山占地总面积的67.76%、87.28%和75.81%,占各年监测面积的0.73%、0.67%和0.61%;违规矿山占地面积分别为24042公顷、15709公顷、42041公顷,分别占各年矿山占地总面积的32.24%、12.72%和24.19%,占各年监测面积的0.35%、0.16%和0.20%。

4.共调查出各类地质灾害4757处,平均每百平方千米1.70个。其中,由于地下采空、地表开挖和不合理堆渣诱发滑坡293处,地表露天开采、矿山修路等诱发崩塌372处,废渣堆放处置不当引发泥石流115处;地下开采矿产资源引发地面沉降或塌陷3769处、地裂缝176处;煤矸石自燃32处。圈定70处重大矿山地质灾害隐患区,并正在进行定期监测。圈定对当地人民群众生产、生活构成重大威胁的污染区56处。

5.初步建立了矿产资源开发多目标遥感调查和监测技术体系。开展了以无人机遥感技术为主的矿山开发应急监测体系研建工作,编制了矿产资源开发多目标遥感调查和监测技术标准暂行稿;构建了矿产资源开发多目标遥感调查与监测信息系统,对2006~2008年的监测数据进行了系统整理与入库工作;开展了矿山监测野外PDA系统的研建工作,相关系统已经在矿山监测工作中推广,提高了项目野外工作的效率和质量。

6.编写矿产资源开发多目标遥感调查与监测成果。编写了“矿产资源开发多目标遥感调查与监测2008年阶段成果报告”、“矿产资源开发多目标遥感调查与监测2008年成果图册”、“矿产资源开发多目标遥感调查与监测成果报告(矿山环境监测部分)”,并将相关成果向国土资源部规划司、部开发司、部环境司等进行了多次汇报。

7.矿山监测成果得到国土资源部有关领导肯定。在全国开展的九部委“回头看”矿业开发秩序整顿行动中,督查组根据遥感监测数据进行现场核查,对违法违规行为依法进行查处,落实整改措施,取得了很好的成效。在山西襄汾尾矿库溃坝、娄烦铁矿拍土场垮塌等事件的应急调查工作中,项目成果发挥了重要作用。同时,地方各级国土资源主管部门在治理整顿和维护矿产资源管理秩序工作中,也利用上述成果,开展了卓有成效的矿业秩序整顿工作,取得了突出效果,违规开采得到了有效遏制,矿业开发秩序得到进一步规范。

**【青藏高原区域地质环境遥感调查】** 1.现代冰川雪线。青藏高原30年来冰川减少了3941.71平方千米,年均减少131.4平方千米,而且有加速趋势。环高原边部雪线上升强烈(100~150米,最大350米),腹地雪线少量上升(0~50米)。

2.高原湖泊、湿地。青藏高原30年来湖泊面积增加6571.45平方千米。空间上高原内部湖泊新生和扩张,而高原周边湖泊消亡和萎缩。高原现有湿地总面积144220.04平方千米,1990~2000年10年间湿地面积减少3826.45平方千米 ;2000~2005年5年间湿地面积增加12459.43平方千米。

3.荒漠化。30年间,青藏高原荒漠化土地总体增加了23485.59平方千米。

4.地质灾害。高原共解译地质灾害点3259处,其中崩塌点418处、滑坡663处、泥石流2178处。灾害大多发生在地形复杂、坡度大、切割深的高山峡谷地段。地质构造,特别是新构造运动造成的岩土体破碎地区、冻融作用导致的物理风化强烈地区以及三叠系、新老第三系、前寒武系变质岩和地震活动集中分布区等则是地质灾害最发育的地段。

5.第四纪冰川遗迹。高原第四纪冰川遗迹总面积为1163200.39平方千米,占青藏高原总面积的45.0%。高原东部地区发育两期大陆冰盖。其一,倒数第二次冰期。残留冰川遗迹海拔高度为2500~3400米,范围较大;其二,末期冰期。冰碛遗迹海拔高度为4700米。主要分布在青藏高原东部地区高原面之上,范围小于倒数第二次冰期范围。且末期冰期形成的冰水湖泊堆积物是高原荒漠化发育的物质基础。

6.第四纪地质与新构造。解译圈定出13种成因类型,32个地层单位,划分出了142个第四系影像单元,13个新构造运动区。建立了青藏高原第四纪晚期构造运动的动力学模型。提出了第四纪晚期新地壳运动形式对高原生态地质环境的影响主要表现在二个方面:对高原内部生态地质环境和高原边部生态地质环境影响。

**【长江流域区域地质环境遥感调查】**　在流域地貌、第四纪地质、水土流失、河湖湿地等专题成果编图基础上,认为长江流域现代地貌的形成主要受控于新构造活动,流域基础地质环境存在很大的地域差异性,长江源区及上游基础地质环境存在不稳定性、敏感性及脆弱性。

全面摸查了湿地现状及变化特征,掌握了长江流域湿地类型、面积、结构、分布及变化特征等。从1980~2000年,湖泊、沼泽等天然湿地的减少和人工湿地的增加。基本掌握了长江流域2000年水土流失类型、强度、面积及分布状况。

系统调查了1980年、2000年、2005年三个时间段县级以上城镇扩张变化,城市布局与扩张对基础地质环境压力与影响与日俱增。

**【黄河流域区域地质环境遥感调查】**　编制了第四系和断裂构造分布图,实现了第四纪地层单元的统一划分,明确了黄河中游呼包盆地(河套盆地的一部分)第四纪地质构造演化特征,查明了黄河流域湿地、水土流失及荒漠化的类型、面积、分布和总体变化情况。

受中国新构造格局以及流域内基础地质的影响,在气候条件以及风力的推动下,由于人为因素对地表的破坏等,造成该区地质的脆弱性程度加剧。

**【中国东部经济区地质环境遥感调查】**　查明了区域海岸带环境、湿地和城镇变迁的基本数据,对其空间分布规律有了初步探索,初步建立了经济发展、工程建设对区域生态地质环境的影响。

环渤海经济区湿地总面积逐年减少,海岸线的总体长度是逐渐增加,滩涂总面积逐渐减少,荒漠化面积整体呈上升趋势。此外,城镇面积在逐年增加。整体区域承载力大小依次排序为天津→山东→河北→辽宁→北京。北京是不同地区承载力差异最大的,其次是河北,其后依次为辽宁、天津及山东。

20世纪70年代以来,长江三角洲经济区的淤泥质海岸逐渐减少,人工海岸逐渐增加,其他海岸线变化不大。而该地区滩涂总面积逐年减少,尤其是淤泥质海滩的面积减少最为显著;湿地总面积逐年减少;荒漠化面积整体呈上升趋势,荒漠化以工矿型为主,与建材类矿产的分布一致;县级以上城镇(城市)的面积扩展明显。整体区域承载力排序为上海→南京→无锡→厦门→衢州。区域承载力指标值方差上海最大,其次是江苏,其后依次为浙江及福建,方差显示区域内不同地点承载力的变化大小。长江三角洲区整体的承载状况有恶化的趋势。

20世纪70年代以来,珠江三角洲经济区湿地总面积逐渐减少,以湖泊湿地减少幅度最大;县级以上城镇(城市)面积扩展明显;风蚀荒漠化呈逆转趋势,工矿型荒漠化发育。广州及深圳始终是相对承载量最高的区域,其周边城市如东莞和江门属于承载量较高的区域;而位于研究区西部和中部如河池、百色、贺州、贵港、玉林及北海等地的最低。

**【雅鲁藏布江成矿带中段矿产资源遥感综合调查】**　利用多光谱遥感数据,在雅鲁藏布江成矿带曲水－日喀则－谢通门地区开展了矿产资源遥感综合调查,编制相关专题成果图件,基本查明了区域地质特征、成矿条件和成矿规律。

通过1:100000遥感地质综合调查和综合研究,将工作区划分为五大成矿带:班公湖－怒江铁、铬、锑、锡、金多金属成矿带;念青唐古拉多金属成矿带;冈底斯火山岩浆弧铜、金、多金属成矿带;雅鲁藏布江结合带铬、铜、金、铂、钯成矿带;特提斯喜马拉雅金、锑、多金属成矿带。

通过遥感地质解译,结合物、化资料的综合分析,结合工作区的地质构造和区域成矿特点,工作区共划分出成矿远景区26个,其中金、铜、铅、锌多金属成矿远景区6个,铜、铅、锌多金属成矿远景区6个,金、铂、钯成矿远景区3个,金多金属成矿远景区10个,为战略性矿产资源勘查提供了基础数据。实地查证时,在日喀则尼木县帕古乡找矿靶区发现铜矿点一处,在尼木县达那答乡找矿靶区发现了铅锌矿化点一处。

**【西南三江区域遥感地质综合调查】**　获得西南三江地区部分基础图像、成果图件,获得金沙江流域20万平方千米遥感解译基础成果图件,完成了西南三江地区四级地貌单元的划分,对西南三江地区的北部(四川、青海、西藏工作区)一级断裂和部分二级断裂,及金沙江流域第四系不同成因进行了重点解译和补充修改。完成了金沙江流域湿地分布现状调查(2000年前后)

和两期湿地的变迁监测工作，最终总结出金沙江流域两期不同类型湿地的变迁特征。

**【西藏班公湖－怒江成矿带中西段矿产资源遥感综合调查】** 继续收集整理多不杂斑岩铜矿、尕尔穷斑岩－矽卡岩型铜矿等典型矿床及其外围的地质资料与相关图件，并进行了野外地质调查，及相关蚀变岩石样品的测试分析。

在多不杂斑岩铜矿床及其外围的重点工作区，提取了以羟基为主的蚀变遥感信息，并进行了解译研究，为初步建立班公湖－怒江成矿带中西段多不杂斑岩铜矿等典型矿床的遥感找矿模型，开展斑岩型铜金矿和矽卡岩型铜铁矿的遥感找矿奠定基础。

## 基础地质科学研究

**【小比例尺编图工作】** 继续编制 1:5000000 国际亚洲地质图。完成了地质图(草图)，并成功地在第 33 届国际地质大会上进行了展示。建立了 1:5000000 国际亚洲地质图数据库框架和图例库，并完成了中国部分的地质图数据库建设工作。1:5000000 中国变质地质图完成了编图方案和图例制定工作，并从大地构造背景演化出发，考虑构造环境条件，对我国的变质作用类型进行了重新划分，并在青藏高原南部地区进行了解剖与试点。1:25000000 世界海洋矿产资源图编制项目，收集了大量国内外相关资料，建立了世界海洋矿产资源数据库框架，并录入了 200 余组数据。

**【地层古生物研究】** 2008 年 3 月，广西柳州碰冲下石炭统杜内－维宪阶、湖南古丈罗依溪寒武系古丈阶被国际地科联批准为“金钉子”。杜内－维宪阶“金钉子”定在层 58 的底，并以 Gnathodus semiglaber 支系中 Gnathodus praebilineatus 的首现为作为标志。古丈阶“金钉子”是寒武系第 7 阶底界的标志，定于花桥组底界之上 121.3 米，以球接子三叶虫 Lejopyge laevigata 的首现作为标志。这 2 项成果的取得使我国拥有“金钉子”的总数达到 9 个(目前全球共有 62 个)，成为世界占有地层“金钉子”最多的国家之一。广西柳州碰冲下石炭统杜内－维宪阶“金钉子”成果被中国地质学会评为 2008 年度十大地质科技成果之一。

首次在贵州江口陡山沱组上部发现保存完美的八辐射对称早期后生动物化石－八臂仙母虫，确立陡山沱组上部埃迪卡拉型动物化石的存在。首次在峡东震旦系标准剖面陡山沱组第三段发现以 Tanarium 为特征的具刺疑源类和管状化石带，在二段发现有饰天柱山藻，为建立埃迪卡拉系疑源类生物地层划分对比标准奠定基础。

中国主要断代建阶研究取得阶段性成果，提出在浙江省江山市碓边 B 剖面中以三叶虫(球接子)Agnostotes orientalis 的首现作为全球寒武系第 9 阶(“江山阶”)界线点的界线层型候选剖面，已向国际寒武系分会提交了提案报告；发现了可作为识别高庄阶底界的生物标志——长鼻三趾马(Proboscidipprion pater)化石和豹鬣狗(Chasmaporthetes kani)化石。

获得一批关键的地层岩石年龄新数据。首次获得南华系富禄组下部 SHRIMPⅡ锆石 U－Pb 年龄 669±13 百万年和震旦系陡山沱组下磷矿层之上 SHRIMP 年龄 614.0±7.6 百万年。获得原新元古界下马岭组第三段 SHRIMP 年龄 1368±12 百万年，重新厘定了中国新元古界地层划分格架，提出了中国新元古界南北对比的基本框架。北京西山下马岭组中部斑脱岩年龄 1370±11 百万年与河北宣化赵家山剖面下马岭组中部斑脱岩年龄 1366±9 百万年的获得，改变了下马岭组属于新元古代的传统结论。获得光华岩群黑云母变粒岩(变质火山岩)形成年龄为 2543 百万年，改变了属于古元古代地层的认识。

华北地区古近系和新近系地层研究获得新成果。重新厘定了华北地区古近纪－新近纪的年代地层格架，厘定了山西保德－静乐地区新近纪岩石地层单元，获得新的 ESR 和古地磁测年数据，确定了山东平邑－蒙阴地区和山西平陆地区古近纪地层序列。

中国地层表及说明书编制稳步推进。共分前寒武系、下古生界、上古生界、中生界和新生界 5 个编表大组 15 个编表小组(前寒武系以界为单位，古生界至新生界以系为单位)开展编制工作，在进一步完善编表实施细则基础上，各小组均已完成了各自断代地层表的初步框架，并进行了广泛的交流与讨论。

**【古环境研究】** 中国柴达木盆地资源环境科学钻探工程顺利完成钻探任务，获得珍贵的岩心样品。柴参 1 井钻进 1201.63 米，取得岩心 1164.77 米，岩心平均采取率达 96.93%。在盐湖西岸钻探 2 口 50 米钻孔，挖掘了 1 个 10 米和 1 个 2 米的剖面，补充了柴参 1 井钻孔顶部的岩心样品。研究结果表明柴达木盆地东北缘苏干湖的早－中全新世早期气候较为温暖，植被不是十分发育，气候比较稳定；中全新世早期－晚全新世早期，温度开始下降，降水量也相对上升，导致植被较发育；晚全新世期间，气温有所上升。

我国北方新生代地层格架建立及环境演化研究有新发现。在克什克腾旗浩来呼热湖泊沉积物中发现了丰富的硅藻化石，新鉴定了 2 种化石硅藻；重建了内蒙古中西部腾格里诺尔湖泊 1700 年以来地质环境变化。

晚新生代构造气候变动对黄河水系演化影响研究项目新发现内蒙古达拉特旗黑赖庙石器(石叶、石核)遗址,孢粉研究表明四川若尔盖黑河地区(4872aBP~24kaBP)气候干冷,初步建立了青海兴海－共和－贵德地区的年代地层序列。

**【造山带基础地质综合研究】** 东天山地区古生代活动陆缘演化研究取得新认识。大南湖地区原来划归泥盆纪的火山岩夹层被证明是次火山岩,为古火山活动的通道,前人划分的大南湖组,实际上主要是富含火山碎屑的陆缘碎屑沉积岩系;北山明水地区前人发现的混合岩实际为一套被晚期花岗岩和花岗闪长岩侵入的强片麻状花岗岩;研究发现阿尔泰古生代活动陆缘在奥陶纪至泥盆纪早期具有岛弧的性质,泥盆纪至石炭纪以伸展作用为主,而该陆缘与哈萨克斯坦古板块活动陆缘的碰撞,发生在石炭纪末期至二叠纪初期。

在中亚地区识别出第四纪以来的北北西－北北东共轭断裂系统及第四纪初期的北西－北东共轭断裂系统两套新生代共轭剪切断裂系统,初步确定了中国北方及邻区的前中生代大型断裂系统。

首次在柴北缘榴辉岩中发现柯石英,获得其峰期温压条件为P=2.7亿~3.3亿帕,T=650~820℃,峰期变质时代为440百万年,原岩时代为800百万年左右。

秦岭造山带研究有新发现。在宽坪群地层中发现了奥陶纪化石,在耀岭河群和郧西群中发现了石炭纪化石,在三花石群白勉峡组发现了泥盆纪化石,在碧口群地层中发现泥盆纪化石,在原划寒武－奥陶系洞河群中发现了晚古生代化石;获得耀岭河群凝灰岩和辉长岩SHRIMP同位素铀－铅年龄分别为344百万年和258~288百万年;提出了将南秦岭所划志留系及相伴的下古生界厘定为二叠纪末或三叠纪最终形成的增生杂岩,而非被动陆缘沉积地层的新认识。

研究发现桐柏地区秦岭群地层岩石均经历了麻粒岩相的变质作用,并在晚期遭受强烈变形作用的改造和424±6百万年闪长质花岗岩的穿切;在桐柏山北部的二郎坪群中发现了变质玄武岩,查明了桐柏杂岩的岩石组成和构造变形特征,在花岗质片麻岩中发现了一系列作为桐柏杂岩中早期地壳残留体,并以斜长角闪岩为主的表壳岩系包裹体。在罗庄退变榴辉岩中首次发现变质成因的锆石,并获得其SHRIMP年龄为255±6百万年,提出桐柏地区的二叠－三叠纪碰撞造山作用主要经历了约255百万年、238百万年和215百万年3个演化阶段的新认识。

中央造山带研究查明了山阳盆地内刘岭群的岩石组合类型及空间展布特征与古水流分布特征,厘定了其源区;初步查明了盆地内沉积相空间变化特征,建立了沉积充填序列;基本查明了西秦岭秦岭群高级变质岩与北秦岭榴辉岩带的野外产出特征,对后者的变质作用划分为3个阶段,估算出树沟—寨根一带高压麻粒岩相变质条件为P=15千~17千帕,T=850~920℃。提出了中央造山带北部的“北中央早古生代造山带”具有“多地体、多岛弧”的地体构架和“多俯冲与多碰撞造山”动力学特征的新认识。

建立了阿尔泰、准噶尔、北山、秦岭及柴北缘的花岗岩年代学格架,对阿尔泰造山带的构造岩浆事件进行了重新划分,对柴北缘地区花岗岩岩浆活动期次及构造演化进行了划分,并提出了构造演化模式,初步编制了阿尔泰－准噶尔地区花岗岩时空分布图、中蒙地区的早中生代花岗岩分布图。

盆山结合带深部结构探测完成了浅深结合深地震剖面探测技术试验与100千米基干剖面探测,2008－HL－02线剖面浅层有效反射信息丰富,信噪比高。对2007年采集的121千米基干反射地震剖面的特殊处理和剖面综合解释显示西南天山向盆地的仰冲作用以及塔里木盆地的中、下地壳北向楔入。

中国东部中生代大陆岩石圈演化研究初步认定岩石圈拆沉作用是华北克拉通岩石圈减薄的主要机制,并恢复了华北克拉通岩石圈减薄时的区域构造背景,初步提出了华北克拉通燕山期岩石圈演化与拆沉的过程,并认为造山后岩石圈减薄及软流圈上涌是华北北部大规模金成矿的主要原因,长江中下游中生代的岩浆作用和成矿作用均成暴发式,机械拆沉是该区岩石圈减薄的主要机制。

## 地质调查方法技术研究

**【地球物理勘查方法技术】** 1.地面勘查方法技术。高精度重磁仪器研制与高温超导技术的推广应用项目高精度重磁仪器研制取得新进展,攻克了大测程(7000毫伽)和高分辨率(1~10微伽)两个互相为矛盾的指标难以同时实现的难关,在我国便携式电子重力仪制造史上是一个零的突破。

大深度高分辨电磁测量技术与多功能电法仪研制项目完成了大功率多功能发射系统和多功能接收系统的研制。构建了(大功率多功能发射系统1台、多功能接收系统5部)多功能电磁法集成探测系统。

矿区深部找矿物探工作方法与解释技术研究项目改进了CSAMT二维反演技术。电法工作站完善了CSAMT一维反演、常规电阻率/激电测深一维反演、高密度电法二维反演和大地电磁法二维反演。数字矿床模型研究完成了金矿预测类型的划分,完成了数字矿床模型系统。

2.航空勘查方法技术。直升机航空电磁资料处理解释方法及时间域航空电磁系统方案研究项目对部分关键技术方法进行研讨,完成了频率域航空电磁系统不同装置类型一维正演计算方法研究,实现了IMPULSE系统水平共面、垂直同轴装置一维的正演计算;开展了频率域航空电磁系统视电阻率换算方法研究,并进行了试算;实现IMPULSE系统质心深度近似反演计算和马奎特反演计算、OCCAM反演计算、水平共面、垂直同轴联合装置反演,并进行了试算。

**【地球化学勘查方法技术】** 1.勘查地球化学方法研究。覆盖区深穿透地球化学方法技术完善与标准建立项目覆盖区深穿透地球化学方法技术近一步完善,研制了能够控制采样深度的特殊采样器;完成了金、铜、铀和风成沙4个活动态内部参考样品50余种元素的全量、一步(黏土相和铁锰氧化物相)和四步(水提取、黏土相、铁锰氧化物相和残渣态)提取的定值分析工作,获得了元素的参考值。

隐伏斑岩型块状硫化物型铜多金属矿床地球化学环境异常结构和定位预测方法研究项目提出了适用于隐伏斑岩型块状硫化物型铜多金属矿床的地球化学勘查新指标和相应的野外工作方法,并依据成矿地球化学环境研究及成矿远景区预测结果,验证了矿致异常结构研究及矿床定位方法技术的可行性。

固体金属矿产地球化学定量预测与矿床定位技术研究项目在分析研究大量区域化探资料的基础上,开展了聚类分析,认为利用区域化探相关数据开展区域控矿构造和成矿地质背景研究是可行的,初步建立了地质－地球化学模型。

应用机动浅钻的地球化学勘查方法技术研究项目通过对应用机动浅钻的地球化学勘查方法技术研究,掌握了车载钻机对不同结构地层单元的钻进适应性及钻进取样效率。

2.环境地球化学方法研究。铂、钯、铀、钴、铬矿地球化学勘查中的关键技术研究项目通过对不同景观城市的生态地球化学调查,掌握了崇明岛东部及上海市新江湾小区表层土壤及土壤剖面的有机氯农药、多环芳烃、多氯联苯的分布规律与来源;发现广州地区大气气溶胶中宇宙射线成因核素Be-7和持久性有机污染物的周时间尺度的季节变化规律;研究了广州市及珠江三角洲土壤中有机氯农药、多氯联苯的分布规律与来源;根据土壤和大气HCHs测定结果及其物化性质参数,以逸度模型为工具,进行了珠江三角洲大气与地表间的有机氯农药多介质模型及气态交换预测的初步研究。通过对土壤环境质量评价模型和预测模型的应用,建立了城市某一采样点和整个区域的土壤环境质量单一重金属评价模型、神经网络评价模型和评价方法、国家标准评价模型和评价方法,建立城市整个区域土壤环境质量预测分析模型。完善土壤重金属污染的预警预测系统。

**【国土资源遥感方法技术】** 1.遥感数据处理与应用。我国新一代星载高光谱数据地质应用处理系统研建与应用示范项目建立了我国新一代星载高光谱数据地质应用处理系统的总体框架,突破了利用机载高光谱数据模拟星载高光谱数据的关键技术,建立了基于数据模拟的载荷技术指标需求分析方法,开发了基于IDL/ENVI的数据模拟软件模块。

地下煤火遥感高精度探测项目进行了试验区27个重点火区典型目标的采样和波谱测试,选定了10个以上燃烧塌陷观测点位和塌陷量观测记录标志,利用实验区高光谱卫星数据编制了有关岩石、土壤和植被与背景地物的波谱剖面图件。初步建立了煤火区在低相干条件下的高精度干涉雷达复图像配准方法以及煤火区相位信息提取技术流程。

2.遥感技术在矿物填图中的应用。通过中热红外多/高光谱矿物填图及遥感异常信息提取技术的应用研究项目在新疆土屋铜矿和云南普朗铜矿区进行了Hyperion数据矿物填图工作,建立了8种矿物的ASTER数据识别指数,研究了基于发射光谱的矿物含量定量反演方法,开发了主要矿物发射光谱识别方法。

遥感地质资源评价应用综合实验场研究项目研究制定了试验场选择依据与标准,确定了1处试验场。编写了实验场建设初步方案,开展了初步的矿物识别与岩性分类处理与分析。

中巴地球资源卫星02B星遥感数据应用与数据共享项目根据制定的02B星数据业务应用规划,所有数据及产品在部内共享。与中国资源卫星应用中心利用FTP建立了数据传输网络专线,基本保证了02B星数据的传输。针对中巴02B星遥感图像数据特点,在几何校正、图像镶嵌、图像融合等方面进行图像处理方法试验工作,提出了02B星遥感图像处理工作流程,推进了02B星数据的应用。

**【钻具工艺及钻进方法技术研究】** 难钻进地层新型钻探设备器具及工艺研究项目完成了新型全自动动态钻井液抑制性和流变性测定仪主要部件的设计和试制,填补了国内空白;试制了防泥包特种结构高效复合片钻头;建立了油页岩水力采矿技术经济分析数学模型。

深孔膨胀套管护壁技术研究项目开展了计算机模

拟建模实验研究，根据输入的参数自动生成相应尺寸的膨胀套管模型；并对受力状态下的套管膨胀过程进行模拟。

600米岩心钻探设备器具研制及钻进工艺方法研究项目中600米全液压动力头岩心钻机在钻机研制方面完成了模块式、全液压、动力头式地质岩心钻机的试制，该钻机可适应金刚石绳索取心、冲击回转、定向钻进、反循环连续取心（样）等多种高效钻探工艺钻进。600米全液压坑道钻机确定了钻机的主体结构和液压系统，完成了纠斜钻具和测量专用仪器仓等部件的设计；长寿命高效液动锤及钻进工艺研究对提高高效液动锤泵量寿命进行了探索试验，大幅度增加了液动锤的排量，为液动锤技术进入石油水井施工领域奠定了基础。

1500米地质取心钻探技术研究项目中定向钻探高精度中靶系统研究建立了定向钻进磁测试验平台，推导出中靶解析基本计算公式；完成部分旋转磁采样试验及解析计算；以贝帕扎里天然碱矿岩心数据建立地层模型。

小直径深孔测斜技术研究项目设计了顶角、方位角、定向角等解算软件和测斜专用调试校正台。

钻孔漏失判层监测和快速堵漏技术研究项目研发了声波和电磁解算漏失量底层软件和无缆多参数组合钻孔测漏仪（声波和电磁）。

深孔硬岩高效切削具及低摩阻抗盐浸泥浆体系研究与应用示范项目用高效复合片钻头进行了野外试验，完成钻探工作量1050米。钻头胎体材料合金粉末粒径已经细化到80～1000纳米；采用雾化喷粉、高能球磨预合金化工艺，克服表面吸潮和氧化的缺陷，解决纳米粉末运输、保存、组装、压制中的异化问题。同时完成了系列抗盐侵泥浆及低摩阻海水泥浆体系研究和实验。开展了以强化防塌护壁效果为目标的植物胶钻井泥浆体系性能优化改进工作。完成了植物胶＋低分子聚合物的成膜钻井泥浆体系的定型和试验。

精细、原位、保真、多元取样技术研究项目在气液取样方面确定了取心密闭胶体材料配比并选用聚碳酸酯（PC）管作为内衬管。在固体取样方面完成深孔多金属矿硬碎脆地层密闭取心工具，对新型液压剪切式取心工具进行了计算机三维模拟试验及力学强度校核计算。完成空心螺旋钻具的选材及整体结构设计。

浅层取样钻探设备器具研制和钻进工艺方法研究项目优化设计了单动双管钻具，钻进效率提高了25%，取心率提高了10%。完成30米多功能履带行走全液压浅层取样钻机的设计及新型动力头的研制。完成了75米液压钻机、30米轻便液压钻机的优化改型和野外示范钻探。

**【分析测试技术】** 1.现代分析技术在地质调查中的应用。土壤和生物样品中主要有机污染物分析方法研究项目建立了土壤中16种多环芳烃的分析方法，该方法更为灵敏、准确、快捷，大大缩短了分析时间及成本。

地下水调查中主要有机污染物分析方法研究项目完善了吹扫－捕集/气相色谱－质谱在线检测地下水中挥发性苯系物、卤代烃分析方法，建立了在线检测土壤中挥发性苯系物、卤代烃分析方法。初步建立了地下水中总石油烃的气相色谱测定分析方法。开展了土壤样品中总石油烃的气相色谱测定的方法研究。初步完成了加速溶剂－气相色谱/质谱检测土壤中毒杀芬的方法研究。

金属有机化合物形态分析方法与技术研究项目确定了纯标准溶液砷形态分离的最佳条件。

多环芳烃、氯代烃的单体碳同位素地球化学分析技术研究项目制定了土壤中PAH的GC/MC和单体碳同位素分析方案。开展了土壤中PAH的提取、分离方法的对比的初步研究，初步建立PAHs的单体同位素仪器分析和配套识别方法。

现代有机分析技术在油气资源调查评价中的应用研究项目确立了优化的ASE抽提条件，建立了效果稳定的分离制备方案、重现性很好的分析测试条件和可靠的数据处理方法，并初步形成了作业指导书，完成了内置标准化合物的筛选工作。

2.测试技术方法研究。地质调查多形态元素测试技术方法研究项目建立了碘和汞的形态分析方法、野外快速分析铂钯的分析方法、总磷分析功能模块在线分析方法、独居石电子探针测年和稀土元素分析的方法、针对油气地质样品的分析测试方法；完善了矿物微区多元素分析方法和建立了锆石微区U－Pb定年方法；研制出除氟滤料样品及最佳活化再生除氟剂产品；完成多氯联苯工业合成物质、乙草胺、阿特拉津等环境激素类化学物质分析方法的研究；建立了采用加速溶剂萃取技术测定烃源岩可溶有机质萃取和氯仿沥青质含量的方法，形成了烃源岩样品可溶有机质萃取的ASE操作规范；建立了石油族组分分离制备方法，提出了相应操作规范。初步建立了GBII－IRMS测量水中氢氧同位素的方法；建立EA－IRMS测量植物中碳同位素测量方法。

地下水污染测试技术研究项目初步建立了有机分析质量远程实时监控工作方法和野外样品采集质量控制加标方法，完善了地下水无机和有机污染组分分析技术方法体系。

水介质中有机污染物－挥发性卤代烃分析方法项目建立了水介质中有机污染物－挥发性卤代烃分析方法，确立了水介质中有机污染物－挥发性卤代烃的样品采集、保存加工、分析仪器、步骤、结果计算、精度要求、质量控制和试验报告等技术要求,该方法达到国际同类先进水平。

3.实验测试标准方法研究与标准物质研制。地质调查实验测试标准方法研究与标准物质研制项目完成了元数据标准和数据规范工作,研究设计了标准物质数据处理和管理系统。该系统已经在国家地质实验测试中心和地科院物化探研究所得到了应用。建立了地质调查实验室样品检测能力数据管理系统模型和库结构设计,编制地矿实验室样品检测能力资源数据管理系统软件。完成了14个标准方法初稿,提供了各元素的方法检出限和定量限。完成部分方法的实验室内精密度实验。

**【矿产资源综合利用技术研究】** 1.金属矿综合利用技术。重要难选冶金属矿产资源综合利用研究项目中通过磁化焙烧选矿处理可高效利用铝资源,高硫铝土矿反浮选硫的脱除率达到70%以上,铝土矿氧化铝回收率在95%以上,获得的硫铁矿品位在30%以上。难利用钒矿选择适宜工艺,可得到五氧化二钒浸出率为88.66%。难利用铁矿通过适宜选别流程,可获得含全铁66%以上的精矿,开路回收率达76%。

复杂共生金属矿综合利用技术研究项目确立了适宜的选矿富集工艺,通过该工艺锰银共生矿磁选富集获得的锰银精矿锰、银回收率分别达到91.09%、92.18%,滑石型钼矿粗选钼精矿回收率达82.29%;对锰银、钼、多金属矿分别确定新型和低成本植物还原体系分离锰银、粗磨-磁选工艺抛除大量滑石、粗粒抛尾集合体粗选富集新工艺。

尚难利用钒钛铁矿资源高效利用技术研究项目通过粗粒抛尾试验获得选矿指标,氧化镁的最高去除率可达30%~32%。

鄂西宁乡式铁矿利用工艺技术研究项目通过一系列试验,确定了最终强磁—解胶脱磷—磁选工艺原则流程。

长江上游煤系硫铁矿综合利用技术研究项目通过全浮选流程与重选流程探索试验研究发现,浮选科获得高品位、高回收率的硫精矿,但尾矿粒度较细,重选可以获得较高品位的硫精矿,但尾矿含硫量高。

滇东南地区锡多金属矿综合利用技术研究项目在锡铜锌矿选矿中,优先浮选分离方案铜锌分离效果明显优于混合浮选方案。

复杂贫锰矿高效选冶技术研究项目进行了氯化铵焙烧—水浸和氯化钙加压浸出两种研究,其中氯化铵加压浸出工艺取得了较好的技术指标。

2.非金属矿利用技术。新型非金属矿高效利用技术研究项目制备出的矿物纤维直径可达到100纳米,完成了纤维粉体制备及表面改性扩大试验研究。强磁选提纯电气石矿物含量由60%左右提高到90%以上,增强了功能性。完成电气石超细粉体制备扩大试验,粉体平均粒径D50为0.503微米。应用试验结果表明,功能电气石粉体达到国标《合成树脂乳液内墙涂料》优等品标准。化纤应用中,物理机械性能达到一等品技术指标。

**【863重大项目——航空地球物理勘查技术系统】** 已经集成了一套实用的航空重力勘查系统,通过在渤海和南黄海海域近80000千米的试生产,获得了高精度的实测航空重力测量资料。精度能够达到0.6豪伽,飞行速度50米每秒时,异常半波长分辨率为2.5千米,测量精度好于1.0豪伽,接近国际先进水平。研制了用于吊舱式时间域航空电磁探测发射的地面实验电源系统和发射系统,目前电源系统功率可达320千瓦,发射系统最大发射电流可达320安培。集成一套航空物探磁、电、放综合勘查系统,完成一架Y-12飞机改装和空中试验。

**【勘查方法技术培训】** 2008年,成功举办了16期勘查技术培训班(引进多功能电法仪应用技术培训、同位素技术及应用培训、相位激电测量方法技术培训、节水钻探技术培训、浅层取样钻探技术培训、电法工作站与重磁三维反演技术培训班、遥感及蚀变矿物填图技术培训班、有机分析技术培训班、能量色散XRF定性和定量分析培训班、高光谱信息提取技术培训班、泥浆技术培训班、勘探者储量分析软件培训班、定向钻进技术培训班、X射线荧光测量技术培训班、电发测井技术培训班、资源卫星02B星国土应用培训班),近百家地勘单位的600多名技术人员参加了培训。V8多功能电法仪和FX-1幅相仪推广应用培训班,为大兴安岭成矿带的勘查提供了先进有效的方法技术。电法工作站与重磁三维反演技术培训班,推广了地质调查研发的软件60套。遥感及蚀变矿物填图技术培训班成功推广了便携式近红外矿物分析仪。勘查技术培训班越来越受到地勘行业的认可,培训规模逐步扩大,对提高地勘队伍的技术水平起到重要的作用。

## 地质调查标准化建设

**【地质调查标准研制完成】** 2008年研制完成《1:50000区域地质调查技术要求》、《城市区域地质调查技术要求》、《1:50000岩溶地区水文地质调查技术要求》、《1:50000航磁系列编图技术要求》、《海底地形地貌多波速勘查技术规程》、《海洋油气地球化学勘查规范》、《遥感影像地图制作技术要求(1:50000～1:250000)》、《1:250000 遥感影像地图制作技术要求 》、《1:250000环境地质遥感监测技术要求》、《实物地质资料馆藏管理技术要求》、《成果地质资料管理技术要求》、《生态地球化学评价样品分析外部质量控制技术要求》、《第四系沉积物中黏土矿物分离及含量分析方法标准》等 13 项重要的地质调查标准。其中,《遥感影像地图制作技术要求(1:50000～1:250000)》、《1:250000 遥感影像地图制作技术要求》等标准,填补了遥感专业领域基础标准的空白,《1:250000 环境地质遥感监测技术要求》,在地质行业内也是首次研制。这批标准对规范地质调查部分专业领域的工作,统一调查内容、调查方法、工作精度、工作程序方面将发挥重要的作用。

**【实验测试国家标准方法组织修订】** 2008 年,落实国家标准制修订计划,在国土资源标准化委员会的指导下,组织国家地质测试中心、陕西省地质矿产实验研究所、江苏省地质调查研究院、湖北省地质实验研究所、辽宁省地质实验研究所、浙江省地址矿产研究所、黑龙江省地质矿产测试应用研究所、中国石油化工股份有限公司无锡实验地质研究所、核工业北京地质研究院、中非地质工程勘查院等单位,完成了硅酸盐岩石、贵金属等国家标准分析方法;铜、铅、锌、锂、钨、钼、铷、铯、钴、镍、锡、锑、铋、砷、铍、钽、铌、锆、稀土矿石国家标准分析方法;石灰石中游离二氧化硅、地质样品有机地化测试国家标准分析方法;地质水样中$^{234}U/^{238}U$、$^{230}Th/^{232}Th$、放射性比值、$^{226}Rd/^{228}Rd$ 的活度比值和岩石样品中$^{226}Rd$的国家标准分析方法等 21 项 96 个地质实验测试国家标准分析方法的修订,协助国土资源部标准化委员会开展了报批和修改工作,上述标准已于 2008 年 11 月上报国家标准化委员会,修订后的标准进一步提高了方法标准的科学性、先进性和适用性,提升了实验室的技术能力,这批标准的发布,将推动地质实验测试领域迈上一个新的台阶。

**【中国地质调查局急需技术标准发布】** 2008 年 8 月,在研制完成的标准中,优选了一批急需的地质调查标准,按中国地质调查局标准审批程序,报批了《地下水污染调查评价规范》、《滑坡崩塌泥石流灾害调查评价规范》、《城市环境地质调查评价规范》、《红层地区浅层地下水勘查评价技术要求》、《局部生态地球化学评价技术要求(试行)》、《土地质量地球化学评估技术要求(试行)》6 项标准。并以中地调发[2008]257 号文发布实施。这批标准的发布改善了水文、环境、灾害地质调查领域缺少标准的局面,对规范地质调查工作起到了重要作用。

**【固体矿产勘查新标准推广】** 2008 年,采用标准培训、影视教学片光盘赠送、网站免费下载、标准单行本免费发放等多种形式,促进地质调查新标准的应用。

举办"固体矿产勘查原始编录培训班",培训 120 余名从事固体矿产勘查工作的一线技术骨干,收到了良好的效果。为提高标准的普及率,增强培训效果,委托四川地调院专门制作了"固体矿产岩石编录规程"影视教学片光盘 200 套,免费赠送给相关单位。此外,将新发布的标准印制成标准单行本,累计免费发放项目承担单位达 1800 本,同时新标准载入地调局网站,提供免费下载。上述措施不仅促进了新标准的推广应用,而且,在全国范围内扩大了标准的影响力。

## 地质调查信息化建设

**【国家基础地质数据库体系建设】** 1.区域地质图空间数据库建设。完成 600 个图幅的 1:50000 区域地质图空间数据库建设与数据综合。截至目前,全国已完成 1897 个标准图幅的 1:50000 区域地质图建库工作。开发了 MapGIS 格式空间数据与 ArcGIS 格式数据转换模块,完善了区域地质图空间数据库管理系统。对 2003～2006 年度完成的 1070 个 1:50000 和 75 个 1:250000 标准图幅的数据库及元数据进行了标准化综合整理,并在 2008 年中国国际矿业大会上发布。

2.1:500000 区域环境地质调查空间数据库建设。2008 年新完成 5 个省(区)的 1:500000 区域环境地质调查成果的数据库建设及相关质量检查和验收工作,综合汇总建立了全国环境地质调查空间数据库,并完善了区域环境地质调查空间数据库管理系统的数据汇总和质量检查功能。

3.地质灾害动态监测数据库建设。以雅安地质灾害示范区、三峡库区数据体系为基础,初步实现了地质灾害动态监测基础数据库指标体系建设;完成了雅安示范区、三峡库区(部分典型)基础空间数据的整编与属性数据的入库工作,初步建立了雅安示范区地质灾害动态监测数据库。实现了部分地质灾害动态监测数据信息的网络发布。完成了地质灾害动态监测数据库管理系统和发布系统的部分工作模块的开发。

4.遥感影像数据库建设。完成 spot1-spot4 影像数据录入功能的开发、基于 WEB 数据查询功能的开发和测试。建立标准分幅 1:1000000 到 1:10000 索引表。

5.海洋地质数据库建设。社会化服务数据库已累计入库总量为 4.8 GB,累计完成 103 个数据集,包括走航观测、定点观测数据、取样数据、钻探数据、样品分析数据、空间数据等。部分数据基于网络发布系统已在国家地质信息网的青岛海洋地质研究所节点 http://www.qimg.cgs 试运行，目前数据服务内容主要包括元数据服务、数据服务、GIS 地图服务等。搭建了企业级数据库软、硬件平台。建立了“区域海洋地质数据库建库工作指南”等 5 个数据库建设标准。开发了数据库管理信息系统(网络信息发布、系统维护管理、专业应用三个子系统)。

6.国家基础地质数据库更新与维护。完成了矿产地数据库、工作程度数据库标准的更新及元数据库采集说明的编写。完成了地质调查部署工作 2005 ~ 2008 年的部署数据的收集和建库工作及地学信息元数据软件的编制和测试。

**【地质调查主流程信息化建设】** 1.地质调查野外数据采集系统推广与技术支持。野外地质调查“GPS 数字罗盘产品”于 2008 年 2 月 29 日通过了由中国地质调查局组织的验收，目前，已对“GPS 数字罗盘产品”升级到“GPS 三维数字罗盘产品”，增加到 7 个传感器，精度得到保障和提高，GPS 三维数字罗盘产品升级即将发布。

数字地质调查技术支持工作稳步推进。编辑出版了数字地质调查技术论文集，对数字地质调查技术开发和应用进行了系统总结，国土资源部副部长、中国地质调查局局长汪民同志专门为该专辑作序。2008 年通过主办、协办、派人参加等方式举办各类学习班，培训人数累计达 700 人次。数字地质调查系统技术支持网站已成为数字地质人员交流的平台，通过网站，增强了用户之间的互动性与沟通性，扩充了知识量。目前，访问网站的人数每月稳定在 5000 人次以上。

数字地质调查系统逐步升级。2008 年，4 次发布数字区域地质调查系统(2008 版)与矿产资源野外数据管理和综合处理系统(2008 版)升级与完善版。增加了多种用户需要的功能。特别是根据危机矿山、矿调学习班的培训，将使数字地质调查系统完全覆盖地质调查主流领域。开发完成第四纪地质剖面数据采集与成图模块；

矿区试点工作基本完成。根据试点单位提供的数据，基本实现了地质块段法与平行剖面法储量计算的整个软件流程，基本完善了储量计算试验和部分与储量计算有关的数据报表输出功能，实现了固体矿产勘查野外数据采集与储量估算系统的集成，通过统一入口满足数据资源共享(储量估算系统直接读取固体矿产勘查野外数据采集的数据)。

数字填图系统与国外的交流面增大。参与商务部东盟国家地矿官员研修班的授课和培训，为宣传我国的数字填图技术发挥了积极作用，也引起了越来越多国家的关注。许多国家对引进此技术或在该领域开展合作有了进一步的意向。目前已直接接触的国家有南非、印度尼西亚、丹麦等国。

2.水工环地质调查野外数据采集系统技术支持与推广。开展了系统升级和维护，开发了掌上机简易无图版录入软件，使得野外 PDA 可以在无图情况下进行录入采集，扩大了系统使用范围。基本解决了掌上机蓝牙传输稳定性问题，对系统推广应用有极大的帮助。在陕西、新疆、西藏、黑龙江等地培训、推广应用采集系统；继续对四川、陕西、云南、北京等使用采集系统的单位开展技术支持和服务，开通了技术服务网站。

3.矿产资源调查数据处理与综合分析子系统。全面开展了资源量估算与矿体三维建模系统的开发。资源量估算与矿体三维建模系统通过近 13 个矿区的试验与传统方法的对比(同一方法相比)，其结果误差均在 1% ~ 5% 内，证明该软件符合有关技术要求。软件具有科学性，效率高，操作简便，图表输出不但完整，而且美观大方等特点，获得了矿区地质工作者的高度评价。

4.地质环境数据处理与综合分析系统。完善了地质环境数据处理与综合分析系统地质环境质量评价模块，进一步优化了指标体系数据结构和地质环境条件数据结构；初步形成了地质灾害体三维可视化建模模块开发；收集了云南新平、陕西宝鸡、湖北隔河岩库区四个滑坡的平面图、剖面图、钻孔柱状图、遥感解译图等资料，开展了典型模型应用研究。

5.地下水监测信息采集与处理服务系统。完善了地下水监测数据库指标体系(包括地下水监测数据标准、数据库结构标准、模型接口标准)与数据结构；完成了地下水监测数据流程设计和山东示范区数据库建设；研制了地下水远程控制和无线传输设备；初步建成了地下水监测数据采集与处理服务系统的框架。

6.地质调查信息化新技术适用性评价与推广。基本完成了一站式服务技术跟踪研究工作，编写完成了《地理空间信息一站式服务调研报告》。开展了数据挖掘技术相关试验性研究工作，对一些常见的数据挖掘工具和数据挖掘产品进行了跟踪研究，提出了在我国地学领域构建地学空间数据仓库的方法。完成了实现 IPv6 网络应用的硬件调试、软件应用的技术培训。对地质调查信息化工作进行了总结，编写完成了《2009 ~ 2010年地质调查信息化工作总体部署方案》。

**【地质调查成果信息服务体系建设】** 1.地质调查信息集成与共享平台建设。开发了中国地质调查信息网格平台。以国产 MAPGIS 7.0 新一代面向网络超大型分布式地理信息系统基础软件平台为基础,采用面向服务的设计思想和多层体系结构,全面在线支持局域网和广域网络环境下空间数据的分布式计算、分布式空间信息分发与共享和网络化空间信息服务。基于中国地质调查信息网格平台的 SOA 架构标准,对 1:200000 地质图、1:500000 地质图等 10 类数据集进行了集成整合与发布示范工作,数据量已达 1TB 左右,可在分布式架构提供在线服务,达到了预期效果。

汶川地震发生以后,在极短的时间内,利用该平台构建了基于中国地质调查信息网格平台的汶川地震灾区地质灾害数据集成专题服务系统,并集成整合了四川、青海、陕西、西藏、云南、甘肃的 1:500000、1:200000 地质图;93 个县的地质图和行政区划图,14 个重点县 1:200000水文地质图、县级地质灾害图、遥感图(点、局部信息)和遥感解译图;44 个县的 1:50000 地球化学图等数据资源,24 个区县 1:200000 地质图数据和 44 个区县震后地质灾害评估成果分布图。该系统统一的数据描述、发现、管理、集成分析与分发等功能的实现,为抗震救灾、评估和灾后重建规划的编制,提供了有力的地质数据支撑。

2.资源与环境遥感信息化基础平台建设。整理了 1:10000 比例尺、1:50000 比例尺、1:100000 比例尺、1:200000比例尺、1:250000 比例尺、1:500000 比例尺和 1:1000000 比例尺国家基本比例尺和地质调查基本比例尺的图幅索引数据,制作了全国重要经济区带、重要成矿区带、大江大河流域分类检索图形数据。编制了专业应用程序模型库和 WEB 服务器模板详细设计方案。

3.地质调查数据共享服务系统建设。更新全国地质资料馆网站地质资料在线目录,在线资料目录共 101882 条,地质大调查成果资料目录 2441 条;发布图文地质资料 3000 余份。网站服务内容更加丰富,网站访问量比 2007 年度的翻一番;登记注册用户达 8000 余人。

针对当前借阅服务系统的需求,改进或增加了用户信息管理、用户授权与认证、借阅流程管理、地质资料目录查询与借阅车管理、资料加工信息管理、保密协议管理、借阅服务统计报表等系统功能。完成地质资料目录查询服务升级工作,增加后台管理功能。

4.实物地质资料管理信息系统建设。整理、编录了马鞍山市和尚桥铁矿等 10 个地区、26 个钻孔的实物地质资料数据,并完成了数据录入工作。完善了实物地质资料数据著录子系统。完善了系统数据库,补充了网站管理信息数据库。初步完成了实物地质资料服务子系统、网站管理系统的开发工作。

(中国地质调查局 夏 鹏)

# 矿产资源开发利用

【概况】 2008 年,国土资源部继续整顿和规范矿产资源开发秩序,推进矿产资源开发整合,加强矿业权管理。

国务院颁布实施《地质勘查资质管理条例》,国土资源大调查取得一批新成果。

加大地质灾害防治力度,环境地质服务领域进一步拓展。

国务院批准实施《全国土地利用总体规划纲要》、《全国矿产资源规划》和《全国地质勘查规划》。

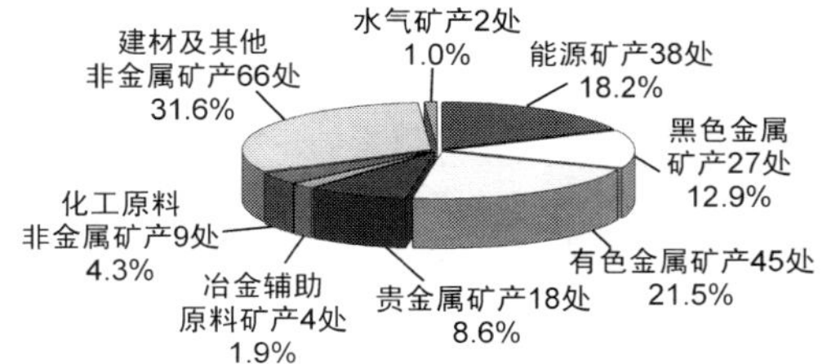


图 1 新发现大、中型矿产地 209 处

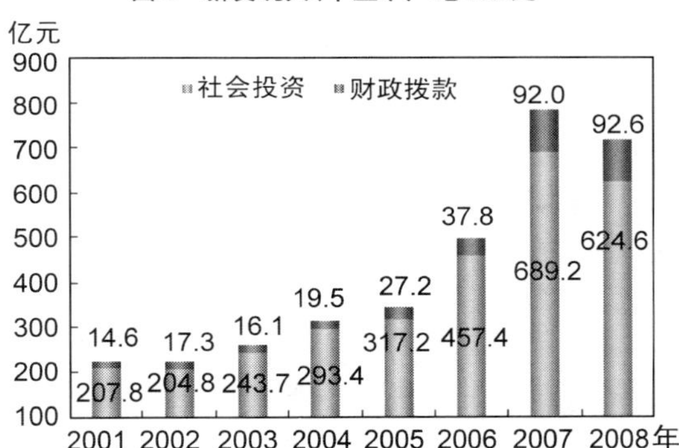


图 2 地质勘查投资保持较高水平

表 1 2008 年支柱性矿产查明资源储量呈增长态势

| 矿产名称 | 增减变化趋势 | 矿产名称 | 增减变化趋势 |
| --- | --- | --- | --- |
| 石油 | ↑ | 铅 | ↑ |
| 天然气 | ↑ | 锌 | ↑ |
| 煤 | ↑ | 金 | ↑ |
| 铁 | ↑ | 磷 | ↑ |
| 铜 | ↑ | 硫铁 | ↑ |
| 铝土矿 | ↑ | 钾 | ↑ |

地质勘查投资保持较高水平,危机矿山和深部找矿顺利推进,地质找矿取得重大进展。新发现大中型矿产地 209 处,煤炭、天然气、铜矿等 9 种矿产勘查新增资源储量增幅较大。

发现和证实 15 个亿吨级油气储量区,新增探明地质储量石油 13.4 亿吨、天然气 6472 亿立方米,原煤

231.1亿吨。

粗钢产量突破5亿吨，再创新高；黄金产量首次位居世界第一。

矿产品进出口额同比增长33.3%，占全国进出口总额的25.7%。

**表2　　2008年主要矿产品产量多数增长**

| 产品名称 | 单位 | 2007年 | 2008年 | 增减变化 |
|---|---|---|---|---|
| 原煤 | 亿吨 | 25.26 | 27.93 | ↑ |
| 原油 | 亿吨 | 1.86 | 1.90 | ↑ |
| 天然气 | 亿立方米 | 692.40 | 760.80 | ↑ |
| 铁矿石 | 亿吨 | 7.07 | 8.24 | ↑ |
| 粗钢 | 亿吨 | 4.89 | 5.01 | ↑ |
| 黄金 | 吨 | 270.49 | 282.01 | ↑ |
| 10种有色金属 | 万吨 | 2379 | 2520 | ↑ |
| 磷矿石 | 万吨 | 4542 | 5074 | ↑ |
| 原盐 | 万吨 | 6167 | 5953 | ↑ |
| 水泥 | 亿吨 | 13.61 | 13.88 | ↑ |

**资料来源：**国家统计局。

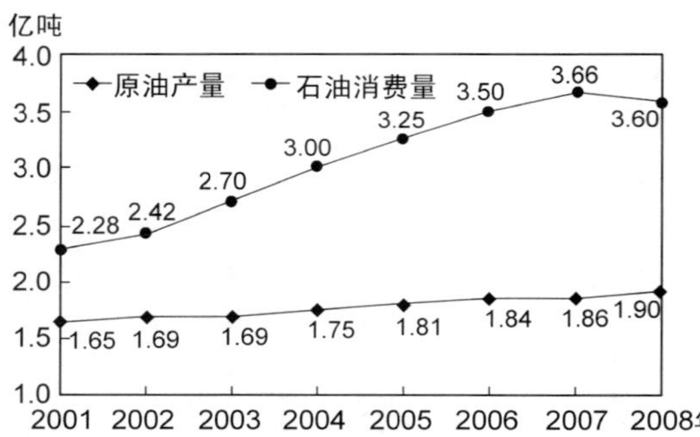


**图3　天然气生产与消费**

**表3　　大宗短缺矿产品进口量及进口来源**

| 矿产品 | 进口量（万吨） | 进口来源及比例 |
|---|---|---|
| 原油 | 17889 | 42个国家（地区），其中沙特20.3%、安哥拉16.7%、伊朗11.9%、阿曼8.2%、俄罗斯6.5% |
| 铁矿砂及精矿 | 44403 | 43个国家（地区），其中澳大利亚41.4%、巴西22.7%、印度20.5%、南非3.3%、印度尼西亚1.5% |
| 锰矿砂及精矿 | 757 | 34个国家（地区），其中澳大利亚30.4%、南非26.2%、加蓬14.5%、巴西7.7%、缅甸4.7% |
| 铬矿砂及精矿 | 684 | 30个国家，其中南非38.0%、土耳其17.2%、阿曼11.9%、印度8.0%、巴基斯坦5.5% |

**续表3**

| 矿产品 | 进口量（万吨） | 进口来源及比例 |
|---|---|---|
| 铜矿砂及精矿 | 520 | 49个国家（地区），其中智利29.3%、秘鲁18.1%、澳大利亚10.6%、蒙古10.3%、美国5.0% |

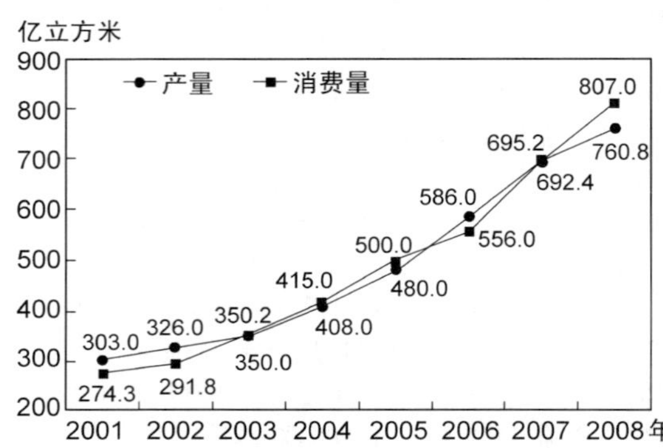


**图4　煤炭生产与消费**

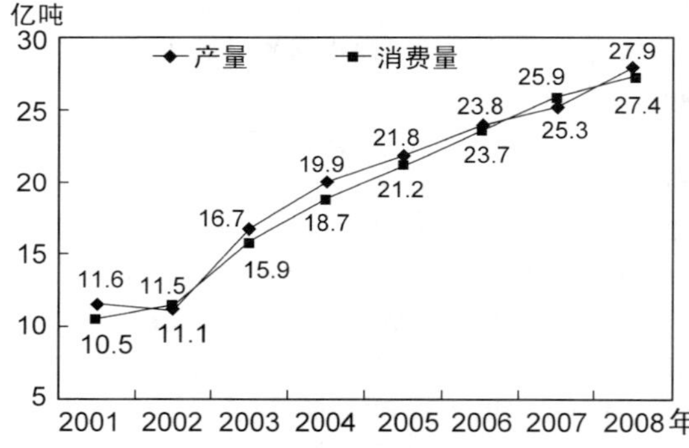


**图5　矿产品进出口贸易**

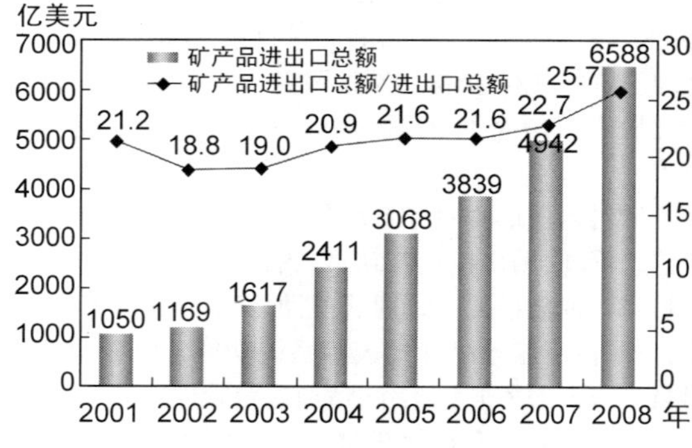


**图6　大宗短缺矿产品进口量及进口来源**

**【矿业权市场管理】**　2008年底有效勘查许可证3.87万个（新立5943个），其中石油天然气1117个。年底有效采矿许可证10.06万个（新立8352个），其中石油天然气624个。完成探矿权全国统一配号2.22万个。

全国招标拍卖挂牌出让探矿权 542 个,出让价款 63.19 亿元。全国招标拍卖挂牌出让采矿权 7696 个,出让价款 40.34 亿元。

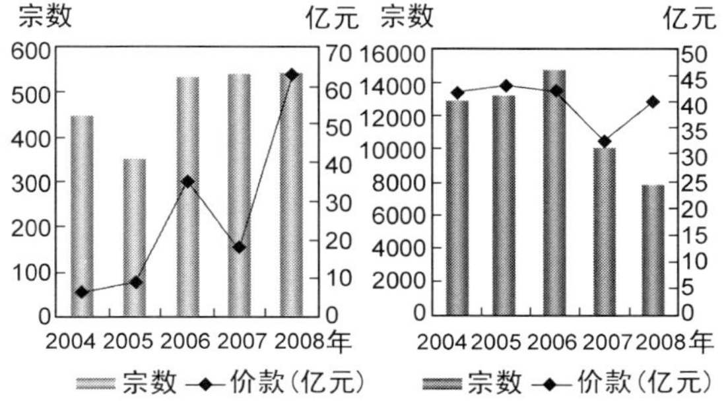


图 7　矿业权招标拍卖挂牌出让情况

**【基础地质工作】**　2008 年,全面加强区域地质调查,完成主要工作量:区域地质调查:1:50000 区调面积 7.66 万平方千米;区域物探调查:1:200000 区域重力面积 18.95 万平方千米;区域化探调查:1:200000 区域化探面积 23.550000 平方千米;区域环境调查:1:250000 区域环境面积 6.84 万平方千米;航空遥感调查:1:200000 航空遥感调查 6.23 万测线千米;海洋地质调查:多道地震测量 3064 测线千米,重力测量 17166 测线千米,磁法测量 4653 测线千米。

**【地质环境保护与地质灾害防治】**　全国共发生各类地质灾害 2.7 万起,造成人员伤亡 1598 人,其中死亡 656 人,失踪 101 人,造成直接经济损失 32.7 亿元。

成功避让地质灾害 478 起,安全转移 2.1 万人,避免直接经济损失 3.2 亿元。三峡库区和汶川地震灾区地质灾害防治成效明显。

矿山环境治理力度加大,矿山公园和地质公园建设及古生物化石保护取得新进展。积极推进地下水监测和重点地区地面沉降防治。

**【矿山环境治理和矿山公园、地质公园建设】**　2008 年,全国共有世界地质公园 20 个,揭碑开园国家矿山公园 10 家,29 个省(区、市)建立矿山环境治理恢复保证金制度。

注:本公报数据均为初步统计数;涉及全国性统计数据,除国土面积外,均未包括香港特别行政区、澳门特别行政区和台湾省。

(选自《2008 年国土资源公报》)

# 非油气矿产资源开发利用

**【概况】**　2008 年,全国各级国土资源管理部门继续深入贯彻落实《国务院关于全面整顿和规范矿产资源开发秩序的通知》(国发〈2005〉28 号文)和《国土资源部等九部委关于开展整顿和规范矿产资源开发秩序“回头看”行动的通知》(国土资发〈2008〉40 号)的精神,加快推进矿产资源开发整合工作;规范矿产资源开发秩序,使矿山企业“多、小、散”的局面进一步得到了改善;使矿山开发布局趋于合理,促进企业规模经营,提高资源的节约集约利用水平。矿产资源开发利用的产值和效益大幅提高,为国民经济平稳运行和社会发展提供了有力的资源保障。

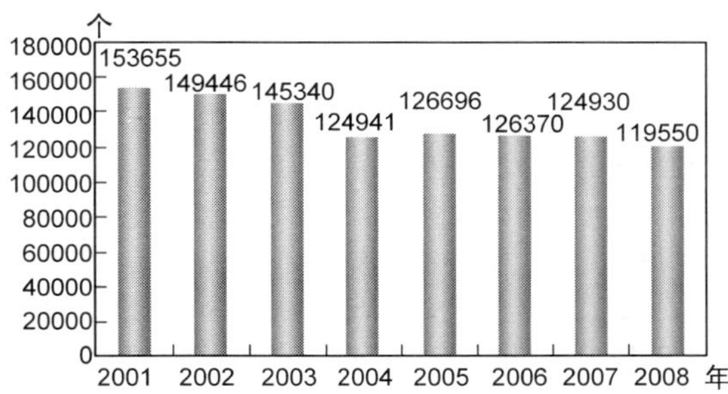


图 1　2001～2008 年非油气矿山企业数

2008 年全国共有各类非油气持证(采矿证)矿山企业 119550 家,其中内资企业 118935 家,港澳台商投资企业 247 家,外商投资企业 368 家;按矿山生产建设规模统计,大型 2975 家、中型 5368 家、小型 58431 家、小矿 52776 家,分别占非油气矿山总数的 2.49%、4.49%、48.88%、44.15%。与 2007 年相比,全国矿山企业减少 5380 个(图 1),其中大型减少 1039 个、中型减少 388 个、小型减少 1015 个,小矿减少 2938 个。

2008 年全国非油气矿山企业全年开采 178 种矿产(亚类),采出原矿总量 67.20 亿吨(不包括石油、天然气、二氧化碳气等油气矿产),其中原煤 22.21 亿吨,铁矿石 5.35 亿吨。全国非油气原矿产量较 2007 年增加了 4.63 亿吨,增长 7.40%(图 2)。

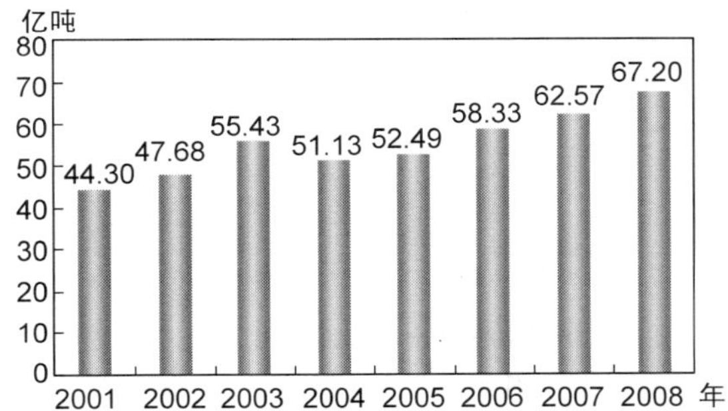


图 2　2001～2008 年全国非油气矿山企业年采矿石量

2008 年全国非油气矿山企业完成工业总产值 11282.14 亿元(现价),较 2007 年增长了 31.86%(图 3)。能源矿产总产值 7194.24 亿元(煤矿总产值

7175.86亿元),占非油气总产值的63.77%,较2007年增加1380.04亿元,黑色金属矿产总产值1316.91亿元(铁矿总产值1232.54亿元),占非油气总产值的11.67%;有色金属矿产总产值984.02亿元,占非油气总产值的8.72%;贵金属矿产总产值320.59亿元,占非油气总产值的2.84%;稀有、稀土和分散元素矿产总产值15.79亿元,占非油气总产值的0.14%;冶金辅助原料矿产总产值81.25亿元,占非油气总产值的0.72%;化工原料矿产总产值351.49亿元,占非油气总产值的3.12%;建材及其他非金属矿产总产值981.43亿元,占非油气总产值的8.70%;矿泉水和地下水总产值36.44亿元,占非油气总产值的0.32%。2008年全国各类非油气矿山企业从业人员有730.95万人,其中,能源矿产开发从业人员399.18万人(煤矿396.06万人),黑色金属矿产开发42.33万人,有色金属矿产开发40.67万人,贵金属矿产开发19.69万人,稀有、稀土和分散元素矿产开发1.25万人,冶金辅助原料矿产开发9.46万人,化工原料矿产开发17.55万人,建材及其他非金属矿产开发197.18万人,矿泉水和地下水3.63万人。与2007年相比,全国各类非油气矿山企业从业人员减少28.52万人。历年从业人员情况见图4。

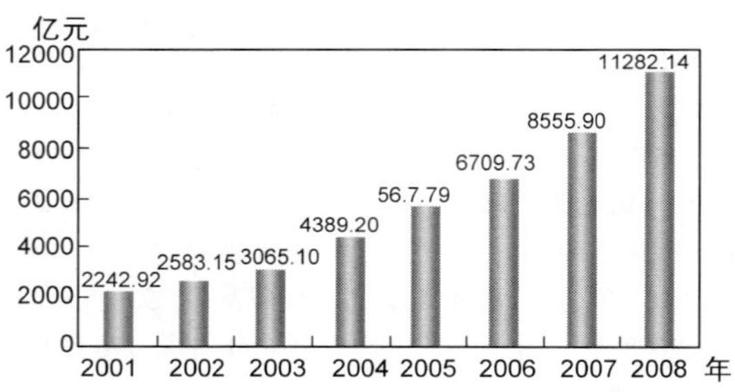


图3　2001～2008年全国非油气矿山企业产值

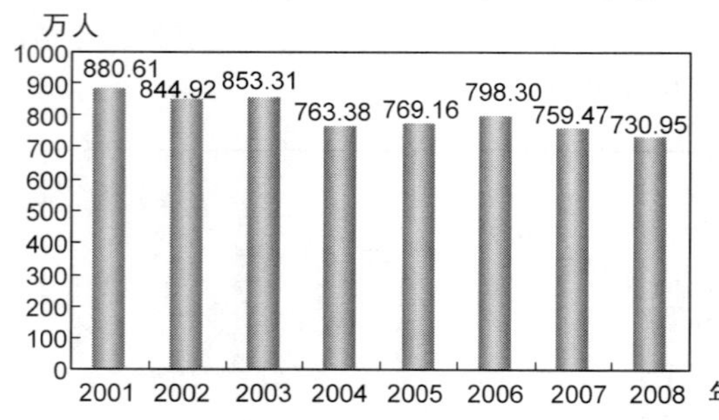


图4　2001～2008年全国非油气矿山企业从业人员

2008年全国非油气矿产开发年利润2023.38亿元,其中,能源矿产年利润1237.47亿元(煤矿1236.11亿元),黑色金属矿产304.31亿元,有色金属矿产217.70亿元,贵金属矿产94.54亿元,稀有、稀土和分散元素矿产3.49亿元,冶金辅助原料矿产2.36亿元,化工原料矿产63.34亿元,建材及其他非金属矿产开发98.29亿元,矿泉水和地下水1.89亿元。与2007年相比,我国非油气矿业年利润增加708.49亿元,增长了53.84%(图5)。

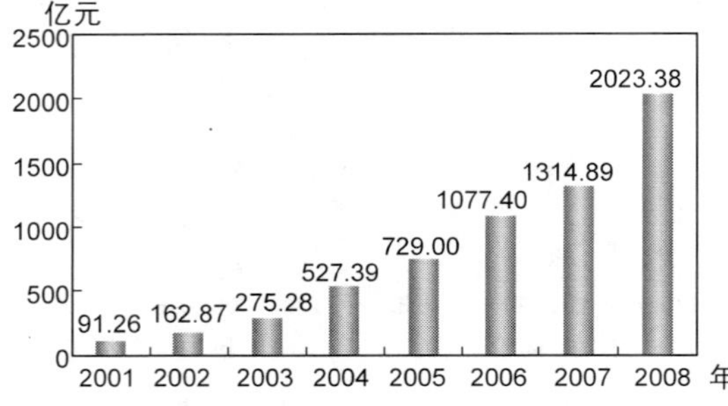


图5　2001～2008年非油气矿产开发利润

为了保护和合理利用矿产资源,促进矿产资源有效利用,近年国土资源部在全国开展了矿产资源开发秩序治理整顿,积极推进资源整合,着力提高矿产资源利用水平。至今,我国矿业秩序治理整顿已初见成效,关闭了部分无采矿许可证的小矿,使我国矿山企业数量显著减少(图1),特别是小矿逐年递减(图6),各类矿产资源开发利用经济效益大幅度提高。

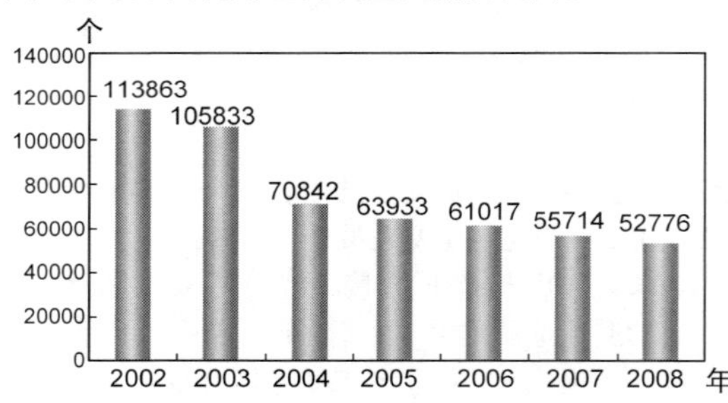


图6　2001～2008年全国非油气小矿数

**【矿产分述】** 1.煤矿。2008年我国全面开展了以煤炭开发为重点的矿产资源开发秩序的整顿和规范行动,加大了整合煤炭资源的力度,煤炭矿产资源开发利用规模化、集约化程度明显提高,矿山企业数量明显减少。矿业开发秩序得到明显改善。2008年底,全国共有持证(采矿证)煤矿企业17388家,从业人员396.06万人,年采原煤22.21亿吨,完成工业总产值7175.86亿元,占非油气总产值的63.60%。实现煤炭产品销售收入6333.96亿元,全国煤矿企业利润总额1236.11亿元。

与2007年相比,2008年煤矿企业净减少5936家(其中大型增加18家,中型增加66家,小型减少1880家,小矿减少4140家),减少了25.45%(图7);原煤产量增加1.78亿吨,增长了8.71%(图8);工业总产值增加2241.21亿元,增长了45.42%(图9);销售收入增加

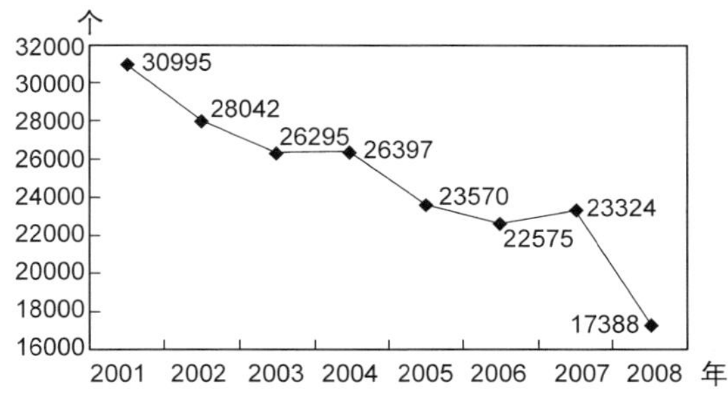


图 7 2001～2008 年全国煤矿企业数

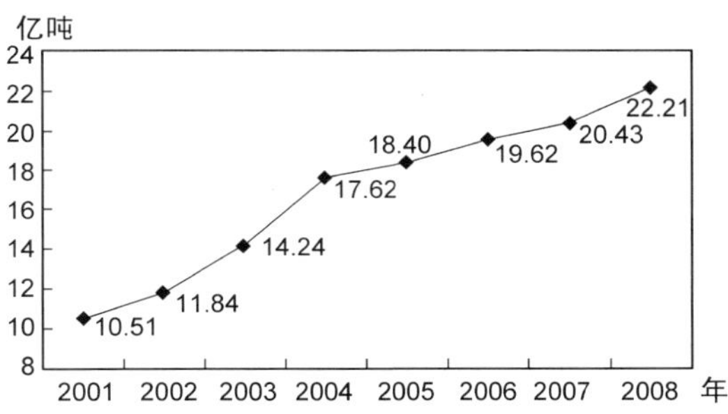


图 8 2001～2008 年全国煤炭产量

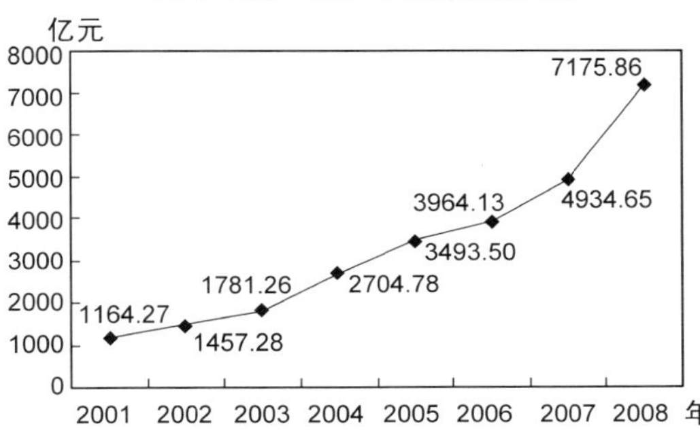


图 9 2001～2008 年全国煤炭企业产值

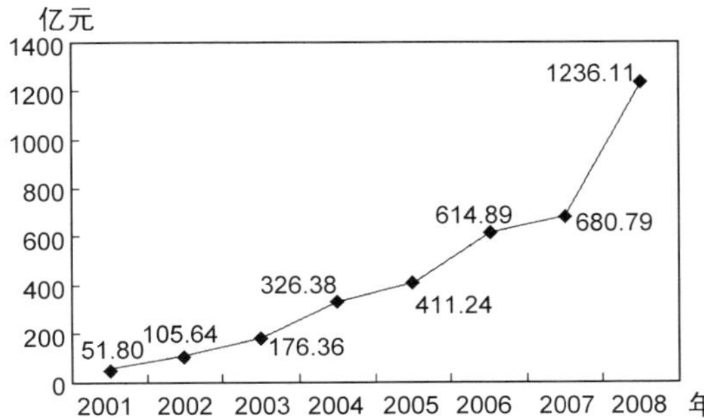


图 10 2001～2008 年全国煤矿企业开发利润

2057.42 亿元，增长了 48.11%；年利润增加 555.32 亿元，增长 81.57%（图 10）。

随着我国经济体制改革的逐步深化，我国煤炭开发主体的经济成分构成亦发生了变化。2008 年我国煤矿企业以私营和集体为主体，分别占煤矿企业总数的 44.23% 和 21.70%，合计占 65.93%；其次为有限责任公司、国有企业、股份有限公司和股份合作企业，分别占煤矿企业总数的 13.49%、9.36%、7.07% 和 2.82%；外商和港澳台商投资企业共占 0.32%。从不同经济类型煤矿企业对原煤生产的贡献看，国有企业产量最高，占煤炭总产量的 46.76%，其次是股份有限公司、有限责任公司和私营企业，分别占 16.28%、15.96% 和 11.76%（图 11）。不同经济类型煤矿企业产值见图 12。

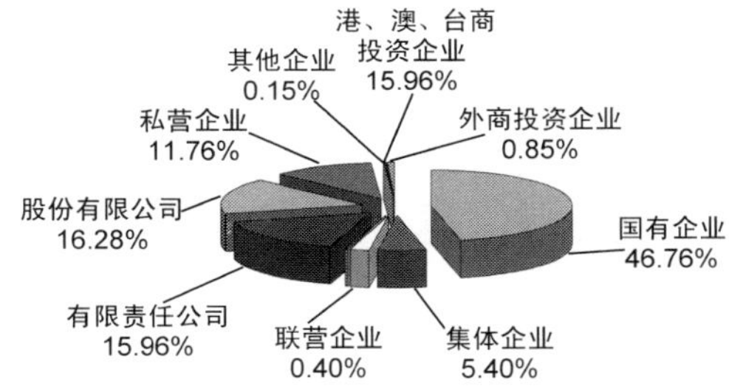


图 11 2008 年度不同经济类型煤矿年产量构成

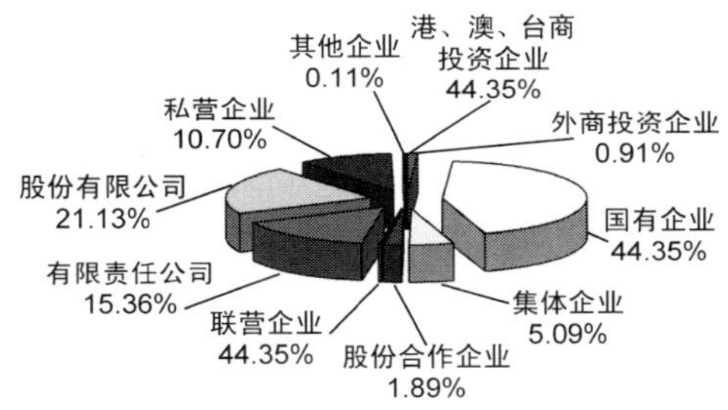


图 12 2008 年度不同经济类型煤矿企业原煤产值构成

我国国有煤矿企业从业人员有 159.44 万人，年采原煤 10.39 亿吨，人均产值为 19.96 万元；集体煤矿企业从业人员 34.80 万人，年采原煤 1.20 亿吨，人均产值 10.51 万元；有限责任公司从业人员 62.28 万人，年采原煤 3.55 亿吨，人均产值为 17.69 万元；股份有限公司从业人员 59.12 万人，年采原煤 3.62 亿吨，人均产值为 25.64 万元；私营企业从业人员 67.06 万人，年采原煤 2.61 亿吨，人均产值为 11.45 万元。

按煤矿企业规模统计，小型和小矿企业数量占绝对优势，合计占 93.39%。全国共有 17388 家煤矿企业，大、中、小和小矿分别为 387 家、762 家、9166 家和 7073 家，依次占 2.23%、4.38%、52.71% 和 40.68%；产量为 10.69 亿吨、4.62 亿吨、5.26 亿吨和 1.64 亿吨，分别占 48.15%、20.80%、23.67% 和 7.38%，大、中型企业合计占全国煤炭产量 68.95%。大型企业效率最高，人均产值达 30.35 万元，中型、小型和小矿人均产值依次为 18.45 万元、11.88 万元和 8.02 万元。

我国煤炭资源分布广泛，开发遍布全国 27 个省（自治区、直辖市），产量相对集中在中西部地区。2008 年我国东部、中部和西部地区原煤产量分别为 3.13 亿吨、9.68亿吨和9.40亿吨,依次占14.09%、43.58%和42.32%。

2008年,煤炭经济运行总体上保持了平稳较快发展态势,受美国次贷危机和国民经济增长趋势放缓的影响,煤炭市场供求关系发生了巨大变化,煤炭需求下降,我国煤炭出口量进一步减少,由2007年的5321.40万吨减少到4545.69万吨;进口量也明显萎缩,由2007年的5162.28万吨,减少到4365.60万吨,年净出口量为180.09万吨。

2. 铁矿。2008我国铁矿企业有4230家,从业人员36.98万人,采出铁矿石原矿5.35亿吨,完成工业总产值1232.54亿元,销售收入1095.81亿元,年利润总额为289.11亿元。

与2007年相比,全国铁矿企业净增436家,其中中型增加32家,小型增加467家,小矿减少63家,年采原矿量比2007年增加3804.45万吨,增长7.65%,产值增加380.27亿元,增长44.62%,销售收入增加362.82亿元,利润增加132.69亿元,增长49.50%。

按企业经济类型统计,国有企业有216家,从业人员11.17万人,年采铁矿石1.97亿吨,工业总产值439.44亿元,销售收入391.75亿元,利润总额88.92亿元;集体企业750家,从业人员3.17万人,年采铁矿石0.23亿吨,工业总产值51.02亿元,销售收入44.72亿元,利润总额8.98亿元;私营企业2124家,从业人员10.58万人,年采铁矿石1.18亿吨,工业总产值238.34亿元,销售收入206.49亿元,利润总额45.81亿元。不同经济类型铁矿企业对铁矿开发的贡献见图13和图14。

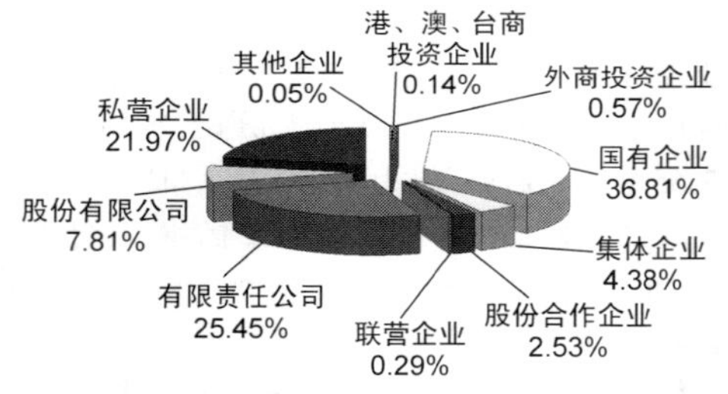


图13 2008年度不同经济类型铁矿企业年采矿石量构成

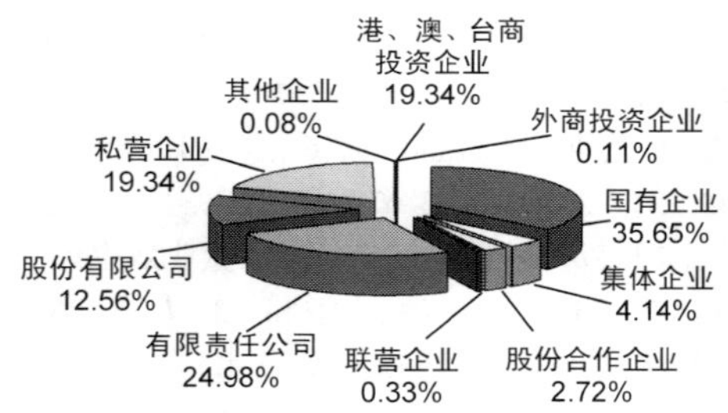


图14 2008年度不同经济类型铁矿企业总产值构成

按铁矿企业规模统计,大型企业有81家,从业人员10.11万人,年采铁矿石原矿2.21亿吨,产值503.02亿元,利润总额124.25亿元;中型企业有193家,从业6.05万人,年采铁矿石原矿1.27亿吨,产值264.50亿元,利润70.81亿元;小型企业有2242家,从业人员有14.89万人,年采铁矿石原矿1.46亿吨,产值378.59亿元,利润79.81亿元;年采铁矿石6万吨以下的小铁矿有1714家,从业人员5.94万人,年采铁矿石0.41亿吨,产值86.43亿元,利润14.25亿元。

我国铁矿开发分布在30个省(自治区、直辖市),产量相对集中在东部地区。东、中、西部地区开采铁矿石原矿量分别为3.11亿吨、0.72亿吨和1.20亿吨。

近年来,随着经济高速发展,我国对于铁矿石的需求大幅增加,国内产量无法满足需求,我国进口铁矿石的数量连年递增,进口量占需求量的比重亦逐步提高以及铁矿价格大幅上涨,2008我国铁矿投资力度加大,由2007年的147.65亿元增加到172.36亿元,矿山企业数也大幅增加(图15)。企业的产量、产值均成上升趋势(图16、图17)。2008年我国进口铁矿砂及其精矿44350.51万吨,出口0.96万吨,净进口量增加到44349.55万吨。

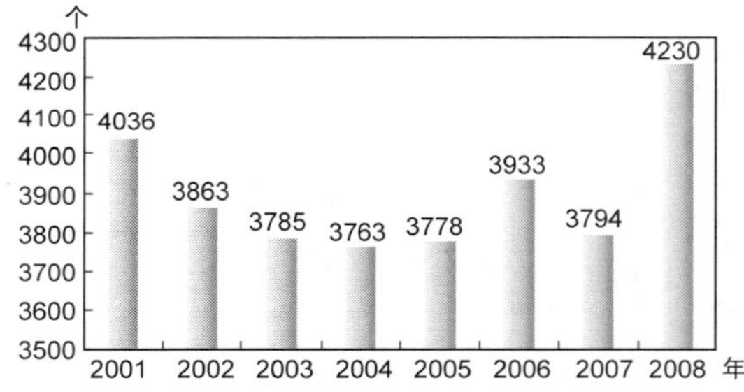


图15 2001~2008年全国铁矿企业数

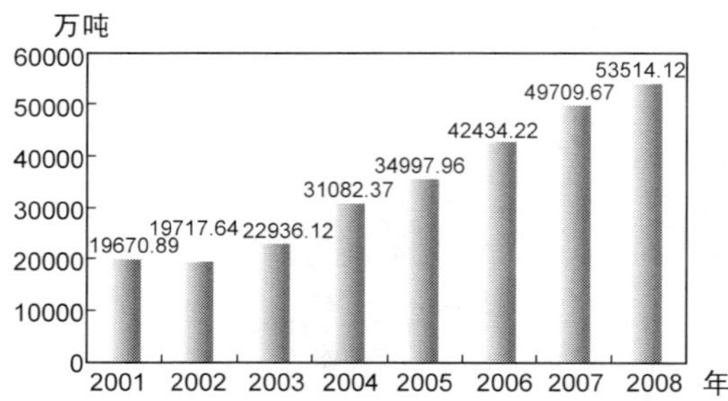


图16 2001~2008年全国铁矿企业年矿石量

3. 锰矿。2008年我国锰矿企业有606家,从业人员4.16万人,年采锰矿石784.07万吨,产值70.39亿元,锰矿产品销售收入41.03亿元,全国锰矿企业利润总额11.60亿元。

与2007年相比,锰矿企业减少17家,从业人员增加0.29万人,年采锰矿石增加91.99万吨,产值增加31.73亿元,销售收入增加13.11亿元。

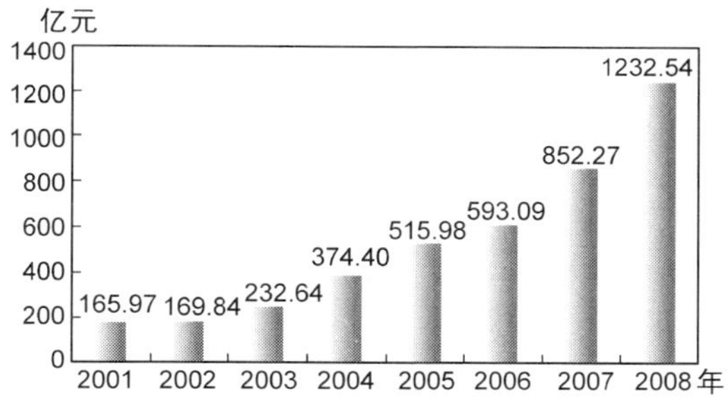


**图 17　2001～2008 年全国铁矿企业值**

按企业经济类型统计，国有企业有 41 家，从业人员 0.95 万人，年采锰矿石 99.27 万吨，产值 19.91 亿元，利润 1.21 亿元；集体企业 104 家，从业人员 0.62 万人，年采锰矿石 111.56 万吨，产值 3.60 亿元，利润 0.56 亿元；私营企业 262 家，从业人员 1.17 万人，年采锰矿石 218.29 万吨，产值 18.23 亿元，利润 2.24 亿元；其他经济类型企业锰矿生产情况见附表。

按企业规模统计，大型企业有 17 家，从业人员有 0.82 万人，年采锰矿石 149.30 万吨，产值 14.77 亿万元，利润 5.61 亿元；中型企业有 41 家，从业人员有 0.62 万人，年采锰矿石 174.17 万吨，产值 26.68 亿元，利润 1.23 亿元；小型企业有 392 家，从业人员有 2.19 万人，年采锰矿石 368.05 万吨，产值 22.39 亿元，利润 3.75 亿元；年采锰矿石 0.5 万吨以下的小矿有 156 家，从业人员有 0.52 万人，年采锰矿石 92.55 万吨，产值 6.55 亿元，利润 1.01 亿元。

我国锰矿开发分布在 20 个省(自治区、直辖市)，其中湖南、广西、重庆、云南和辽宁是主要产地，见图 18、图 19。

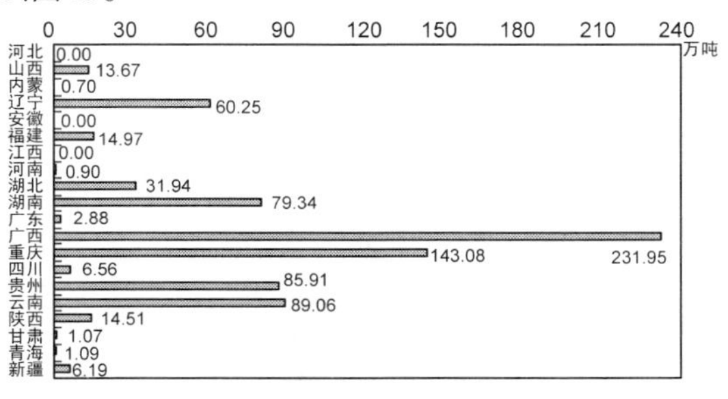


**图 18　2008 年度全国锰矿企业年采原矿产量**

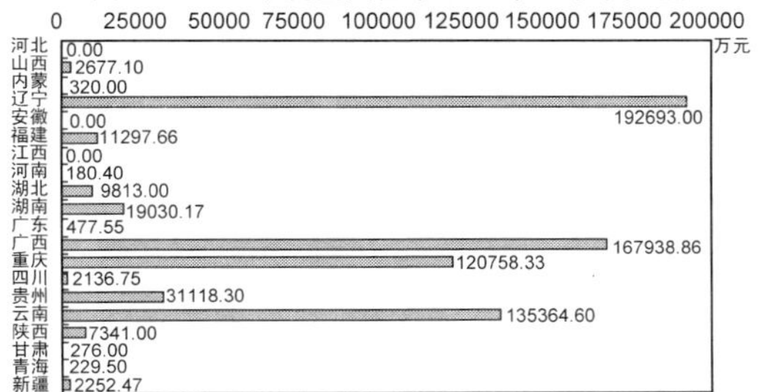


**图 19　2008 年度全国锰矿企业产值**

2008 年我国锰矿石产量增加，需求的量也更大，2007 年我国进口锰矿砂及其精矿 757.05 万吨，出口 0.23 万吨，净进口量增至 756.82 万吨。

4. *铬矿*。2008 年我国铬矿企业有 26 家，从业人员有 1878 人，年采铬矿石 21.95 万吨，产值 4.41 亿元，利润 2.96 亿元。

我国铬矿开发分布在西藏、新疆、内蒙古、甘肃、河北和青海，其中西藏年采铬铁矿矿石量 10.69 万吨，占全国的 48.70%。各地铬矿年采矿石量详见图 20。

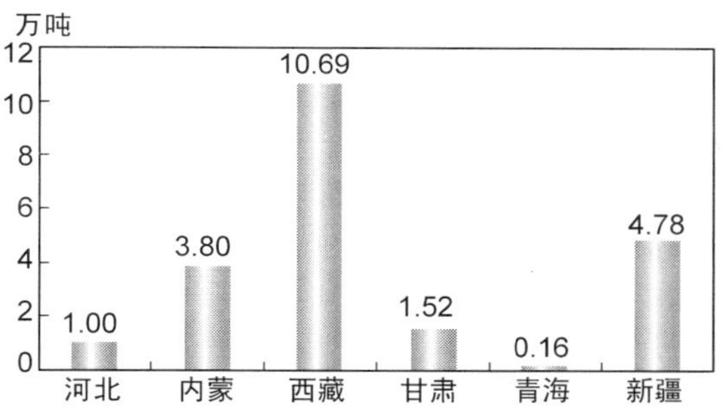


**图 20　2008 年全国铬矿原矿产量**

我国铬矿资源贫乏，产量不能满足需求，对进口的依赖度一直很高。由于 2008 年铬矿的需求低迷，市场疲软，铬矿进口减少。我国进口铬矿砂及其精矿 401.16 万吨，比 2007 年减少 207.75 万吨，减少了 34.12%。

5. *铜矿*。2008 年我国铜矿企业有 772 家，从业人员 11.87 万人，年采铜矿石 8582.93 万吨，产值 262.04 亿元(图 21、图 22)，综合开发共伴生矿产产值 20.11 亿元，铜矿产品销售收入 223.81 亿元，利润总额 56.44 亿元。

与 2008 年相比，铜矿企业增加 33 家，从业人员减少 0.58 万人，年采铜矿石减少 721.78 万吨，产值增加 3.44 亿元，销售收入增加 11.22 亿元。

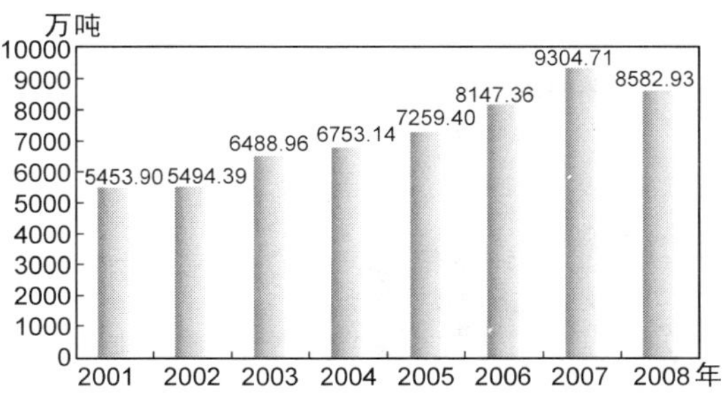


**图 21　2001～2008 年全国铜矿企业年采矿石量**

按企业经济类型统计，国有企业有 48 家，从业人员有 4.04 万人，年采铜矿石 4603.16 万吨，产值 101.81 亿元，利润 12.94 亿元；集体企业有 117 家，从业人员有 0.61 万人，年采铜矿石 127.31 万吨，产值 2.25 亿元，利润 0.17 亿元；有限责任公司 136 家，从业人员有 2.14

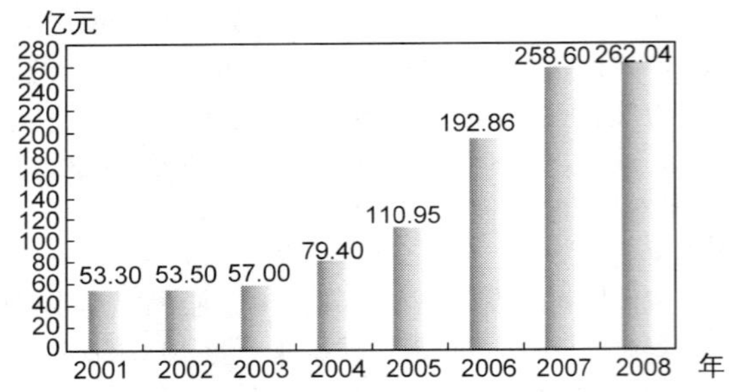


图22　2001～2008年全国铜矿值

万人，年采铜矿石1242.33万吨，产值54.39亿元，利润7.34亿元；股份有限公司70家，从业人员有1.69万人，年采铜矿石1010.36万吨，产值53.56亿元，利润21.84亿元；私营企业344家，从业人员有2.55万人，年采铜矿石681.96万吨，产值17.16亿元，利润2.01亿元。不同经济类型铜矿企业对铜矿开发的贡献见图23和图24。

按企业规模统计，大型企业有14家，从业人员有2.31万人，年采铜矿石5019.97万吨，人均产值为51.05万元；中型企业有52家，从业人员有4.21万人，年采铜矿石2166.42万吨，人均产值22.29万元；小型企业有420家，从业人员有4.24万人，年采铜矿石1165.89万吨，人均产值10.67万元；年采铜矿石3万吨以下的小矿有286家，从业人员有1.11万人，年采铜矿石230.66万吨，人均产值4.67万元。

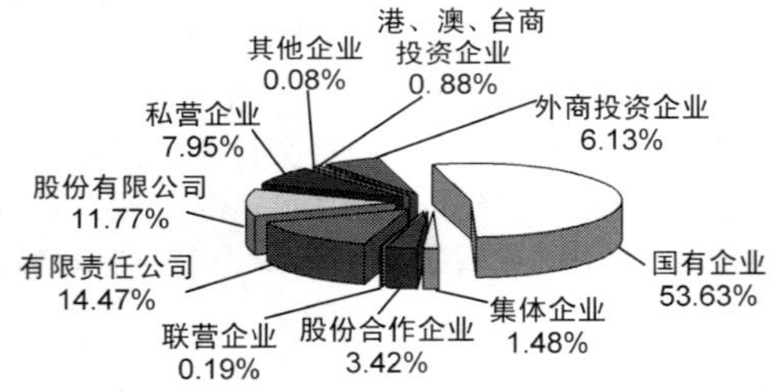


图23　2008年度不同经济类型铜矿企业年采原矿量构成

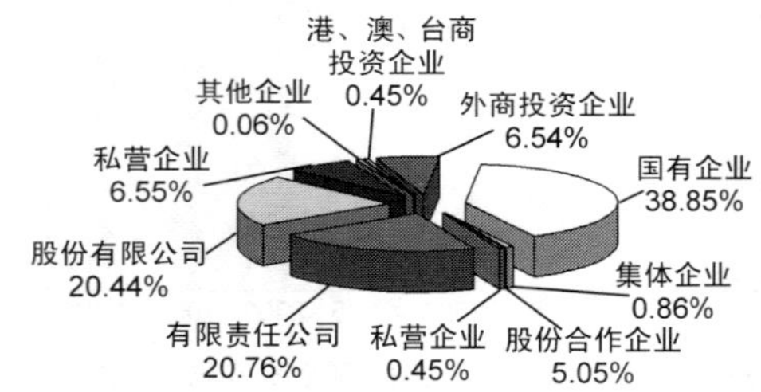


图24　2008年度不同经济类型铜矿企业产值构成

我国铜矿开发分布在25个省(自治区、直辖市)，产量主要集中在中部地区。东、中、西部地区铜矿石产量分别为332.92万吨、5421.13万吨和2828.91万吨。

我国铜矿资源相对不足，铜矿产品不能满足需求，超过70%的比例需要依赖进口。2008年我国进口铜矿砂及其精矿519.15万吨，出口0.24万吨，净进口518.91万吨。与2007年相比进口铜矿砂及其精矿有所增加，增加了67.53万吨，增长了14.95%。

6．铅矿。2008年全国持证(采矿证)铅矿企业有885家，从业人员4.72万人，年采矿石1671.44万吨，产值82.36亿元，销售收入71.99亿元。

按企业经济类型统计，国有企业有33家，从业人员有0.80万人，年采矿石75.16万吨，人均产值8.44万元；集体企业有115家，从业人员0.37万人，年采矿石129.18万吨，人均产值6.78万元；有限责任公司有116家，从业人员0.61万人，年采矿石333.83万吨，人均产值22.07万元；股份有限公司有58家，从业人员0.66万人，年采矿石143.30万吨，人均产值27.78万元；私营企业有455家，从业人员1.58万人，年采矿石713.29万吨，人均产值9.00万元。不同经济类型铅矿企业的铅矿产值、产量贡献见图25和图26。

按企业规模统计，大型企业4家，从业人员有0.45万人，年采矿石190.68万吨，人均产值43.05万元；中型企业11家，从业人员有0.56万人，年采矿石143.27万吨，人均产值17.40万元；小型企业341家，从业人员有2.27万人，年采矿石737.24万吨，人均产值20.17万元；生产能力小于3万吨的小矿有529家，从业人员有1.44万人，年采矿石600.25万吨，人均产值5.08万元。

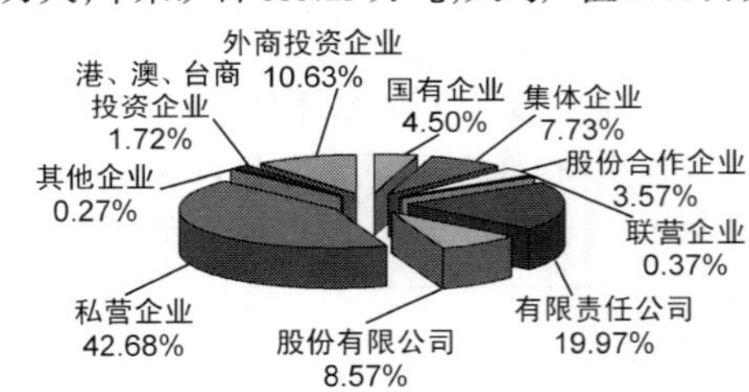


图25　2008年度不同经济类型铅矿企业年采矿石量构成

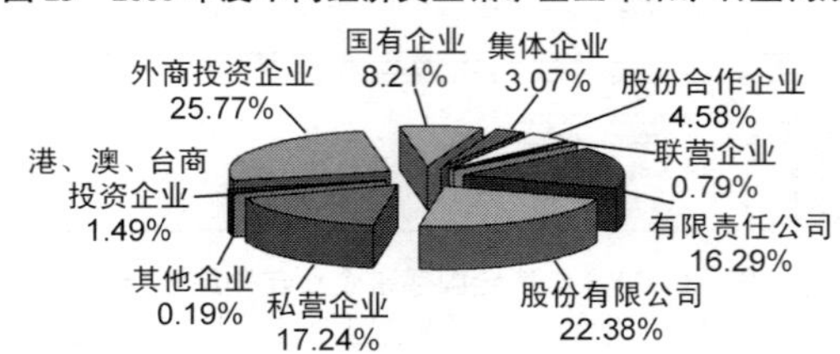


图26　2008年度不同经济类型铅矿企业产值构成

我国铅矿开发分布在24个省(自治区、直辖市)，东、中、西部地区铅矿石采出量分别为78.74万吨、794.74万吨和737.86万吨。

我国铅矿初级产品不能满足需求，2008年净进口铅矿砂及其精矿144.39万吨。

7．锌矿。2008年我国锌矿企业有870家，从业人员有8.80万人,年采矿石2552.47万吨,产值187.19亿元,销售收入152.74亿元。

按企业经济类型统计,国有企业48家,从业人员1.40万人,年采矿石420.95万吨,人均产值22.83万元;集体企业123家,从业人员0.66万人,年采矿石99.93万吨,人均产值5.45万元;有限责任公司135家,从业人员1.75万人,年采矿石503.09万吨,人均产值15.52万元;股份有限公司103家,从业人员2.43万人,年采矿石971.24万吨,人均产值39.17万元;私营企业375家,从业人员1.72万人,年采矿石292.64万吨,人均产值12.65万元。不同经济类型锌矿企业的锌矿产量、产值贡献见图27和图28。

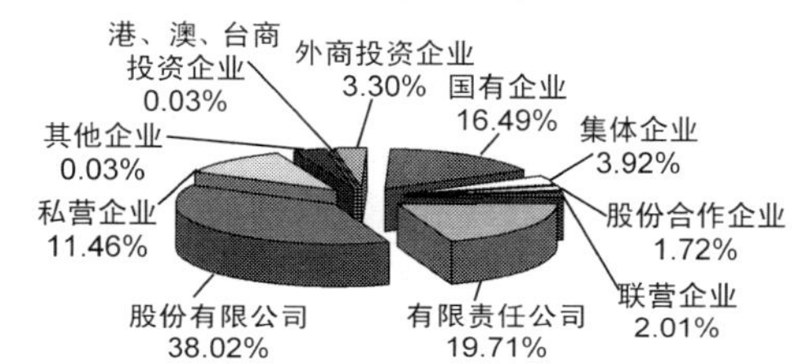


图27 2008年度不同经济类型锌矿企业年采矿石量构成

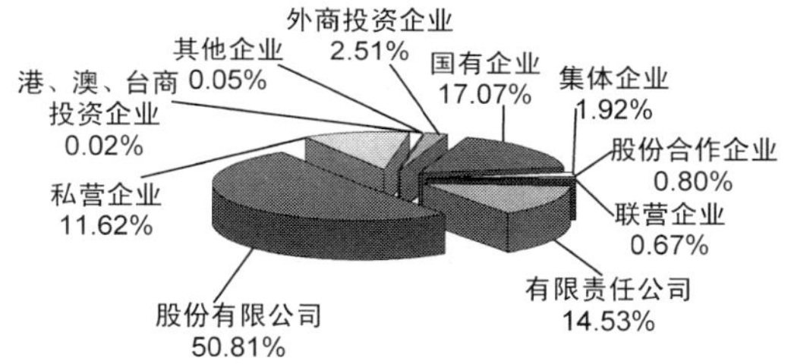


图28 2008年度不同经济类型锌矿企业产值构成

按企业规模统计,大型企业有5家,从业人员有0.63万人,年采矿石426.57万吨,人均产值58.59万元;中型企业有27家,从业人员有2.11万人,年采矿石843.27万吨,人均产值39.25万元;小型企业428家,从业人员有4.44万人,年采矿石1036.96万吨,人均产值13.41万元;年采矿量小于3万吨的小矿有410家,从业人员有1.62万人,年采矿石245.66万吨,人均产值4.82万元。

我国锌矿开发分布在24个省(自治区、直辖市),东、中、西部地区锌矿石产量分别为396.59万吨、101.82万吨和1908.81万吨。

由于我国的锌冶炼能力远远大于矿山的生产能力,国内锌精矿供不应求,2008年我国进口锌矿砂及其精矿238.49万吨。

8. 铝土矿。2008年我国铝土矿持证(采矿证)企业有253家,从业人员1.44万人,年采铝土矿原矿886.21万吨,较2007年增长22.16%(图29),产值19.08亿元,较2007年增长52.40%(图30),销售收入11.48亿元,较2007年增长52.05%。

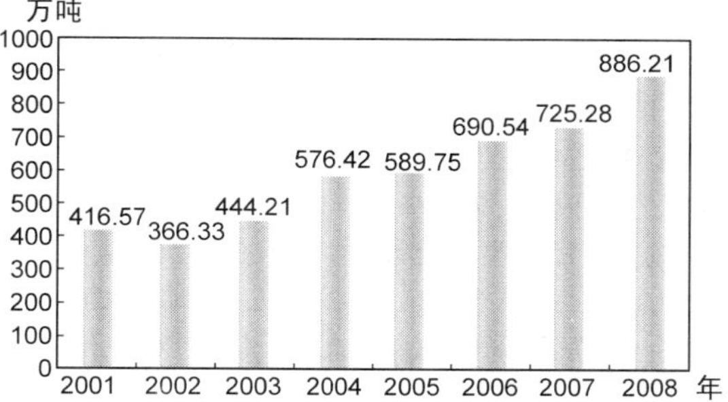


图29 2001~2008年铝土矿企业产量变化情况

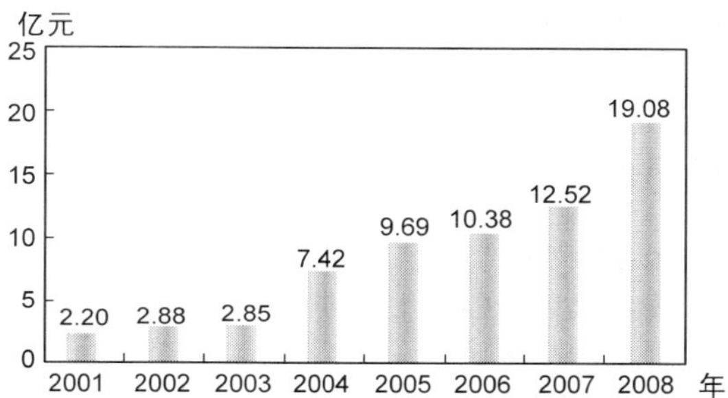


图30 2001~2008年铝土矿企业工业总产值变化情况

按企业经济类型统计,国有企业26家,从业人员3178人,年采矿石293.67万吨,人均产值38.34万元;集体企业34家,从业人员756人,年采矿石40.72万吨,人均产值5.80万元;股份有限公司35家,从业人员4516人,年采矿石412.61万吨,人均产值10.56万元;私营企业108家,从业人员2473人,年采矿石72.18万吨,人均产值4.01万元。

按企业规模统计,大型企业有4家,从业人员4420人,年采矿石541.63万吨,人均产值为33.09万元;中型企业17家,从业人员2084人,年采矿石160.70万吨,人均产值11.44万元;小型企业138家,从业人员3914人,年采矿石118.87万吨,人均产值3.65万元;年采矿石量3万吨以下的小矿94家,从业人员3980人,年采矿石65.01万吨,人均产值1.61万元。

我国铝土矿开发分布在15个省(自治区、直辖市),产量主要集中在西部和中部地区,东、中、西部地区采出矿石量分别为5.18万吨、462.66万吨和418.38万吨。

受前几年国际国内氧化铝市场供不应求、价格高企的刺激,2007年我国氧化铝行业投资猛增,产能逐年快速扩大,导致我国氧化铝进口量呈现下降,而上游产品铝土矿进口需求迅速放大。2008年我国进口氧化铝产品458.60万吨,出口4.41万吨,净进口454.19万吨。与2007年相比净进口氧化铝产品减少了55.06

万吨。铝矿砂及其精矿进口 2574.94 万吨，比 2007 年的 2323.58 万吨增加了 251.36 万吨。

9. *钨矿*。2008 年我国钨矿企业有 154 家，从业人员 3.99 万人，年采矿石 1397.55 万吨，矿业产值 44.10 亿元，销售收入 36.28 亿元。与 2007 年对比年采矿石增加了 298.33 万吨，增长了 27.14%，矿业产值减少了 3.43 亿元，下降了 7.22%。

按企业经济类型统计，国有企业 35 家，从业人员 1.78 万人，年采矿石 506.98 万吨，人均产值 9.21 万元；集体企业 17 家，从业人员 0.12 万人，年采矿石 11.48 万吨，人均产值 4.55 万元；有限责任公司 22 家，从业人员 0.79 万人，年产矿石 392.45 万吨，人均产值 17.15 万元；股份有限公司 18 家，从业人员 0.34 万人，年产矿石 239.61 万吨，人均产值 11.65 万元；私营企业 50 家，从业人员 0.84 万人，年产矿石 204.27 万吨，人均产值 6.21 万元，其他经济类型矿山企业钨矿开发情况见附表。不同经济类型钨矿企业的钨矿产量、产值贡献见图 31 和图 32。

按企业规模统计，大型企业有 1 家，从业人员有 0.31 万人，年采矿石 111.40 万吨，人均产值 14.19 万元；中型企业有 19 家，从业人员有 1.82 万人，年采矿石 724.95 万吨，人均产值 11.11 万元；小型企业 108 家，从业人员有 1.67 万人，年采矿石 535.75 万吨，人均产值 10.06 万元；年采矿量小于 3 万吨的小矿有 26 家，从业人员有 0.18 万人，年采矿石 25.41 万吨，人均产值 3.32 万元。

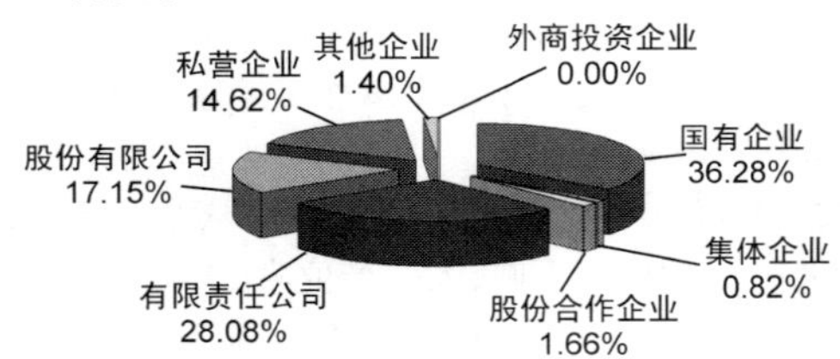


**图 31 2008 年度不同经济类钨矿企业年采矿石量构成**

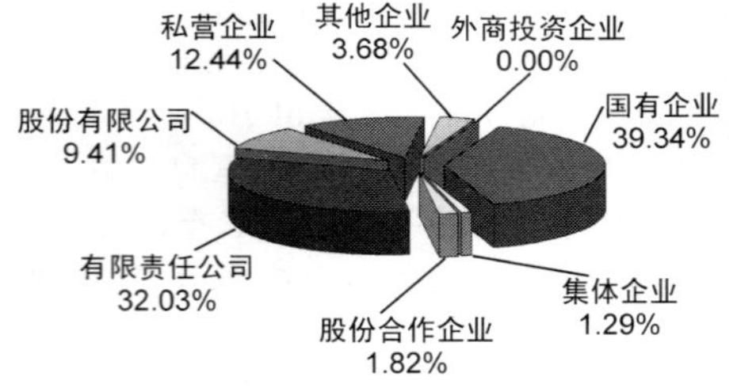


**图 32 2008 年度不同经济类型钨矿企业产值构成**

我国钨矿开发分布在 15 个省（自治区、直辖市），产量主要集中在中部地区，东、中、西部地区钨矿石产量分别为 160.15 万吨、1119.35 万吨和 118.04 万吨。江西为我国主要产地，年产钨矿石 913.35 万吨，占全国的 65.35%。

为了保护我国钨矿资源，近几年我国对钨矿开发实行限制政策，限制初级产品出口，鼓励深加工产品出口。2008 我国进口钨矿砂及其精矿 10132 吨，出口钨矿砂及其精矿 20 吨，净进口 10112 吨。

10. *锡矿*。2008 年下半年，受金融危机影响引起的经济震荡，导致锡需求大幅萎缩，世界主要产锡国一直在减产。在国家限制锡矿开发利用的政策指导下，2008 年锡矿产量比 2007 年有所减少，但是仅减少 5.66 万吨，同时，进口锡精矿大幅度减少。

2008 年我国开发锡矿的矿山企业有 157 家，从业人员 3.16 万人，年采锡矿原矿 943.07 万吨，产值 47.99 亿元，矿产品销售收入 38.62 亿元，利润总额 13.56 亿元。

按企业经济类型统计，国有企业 21 家，有从业人员 0.38 万人，年采矿石 262.40 万吨，人均产值 24.06 万元；集体企业 21 家，从业人员 0.21 万人，年采矿 39.08 万吨，人均产值 5.20 万元；有限责任公司 34 家，从业人员 0.49 万人，年采矿 78.91 万吨，人均产值 6.72 万元；股份有限公司 12 家，从业人员 1.51 万人，年采矿 431.50 万吨，人均产值 18.61 万元；私营企业 63 家，从业人员有 0.49 万人，年采矿石 103.07 万吨，人均产值 9.45 万元，其他经济类型企业锡矿生产情况见附表，其产量、产值贡献见图 33、图 34。

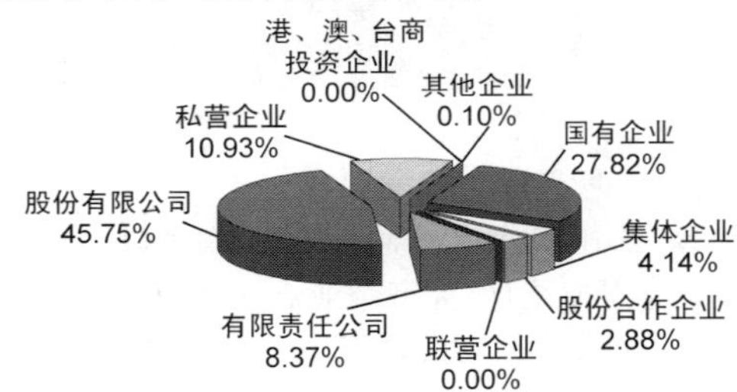


**图 33 2008 年度不同经济类型锡矿企业年采矿石量构成**

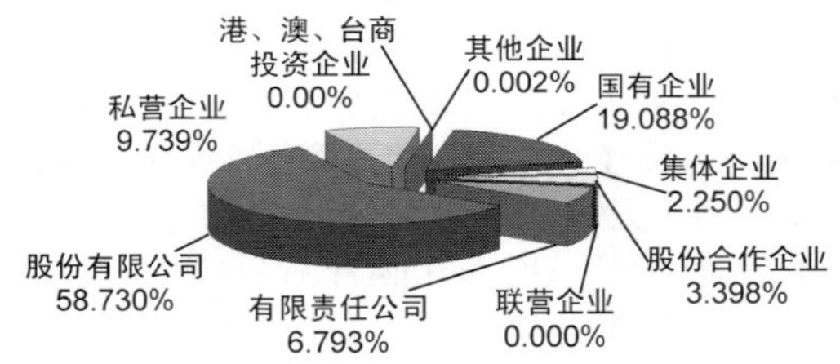


**图 34 2008 年度不同经济类型锡矿企业产值构成**

按锡矿企业规模统计，大型企业有 3 家，从业人员有 0.95 万人，年采矿石 443.80 万吨，人均产值为 19.28 万元；中型企业有 10 家，从业人员有 0.97 万人，年采矿石 279.16 万吨，人均产值 22.50 万元；小型企业有 64 家，从业人员有 0.69 万人，年采矿石 122.86 万吨，人均产值7.89万元；年采矿石量3万吨以下的小矿有80家，从业人员有0.56万人，年采矿石97.25万吨，人均产值4.59万元。

我国锡矿开发分布在10个省(自治区)，主要集中在西部，产量最高的为云南，其次为广西，其产量分别为581.30万吨和254.28万吨，两者合计占全国总产量的88.60%。

2008年受金融危机的影响，国内需求减少，锡矿砂及其精矿的净进口量大幅下降，由2007年的2.07万吨下降到0.72万吨，下降了65.22%。

11. 钼矿。2008年我国开发钼矿的矿山企业有187家，从业人员3.68万人，年采钼矿原矿4427.55万吨，产值233.64亿元，矿产品销售收入167.15亿元。产量与2007年相比增加1128.90万吨，增长了34.22%；产值增加了64.23亿元，增长了37.91%。

按企业经济类型统计，国有企业9家，从业人员0.83万人，年采矿石1345.20万吨，人均产值81.14万元；集体企业16家，从业人员373人，年采矿石2.27万吨，人均产值1.07万元；有限责任公司67家，从业人员1.17万人，年采矿石1635.82万吨，人均产值36.88万元；股份有限公司26家，从业人员0.93万人，年采矿石1083.28万吨，人均产值115.30万元；私营企业56家，从业人员0.67万人，年采矿石355.36万吨，人均产值22.46万元，2008年其他经济类型钼矿生产情况见图35、图36。

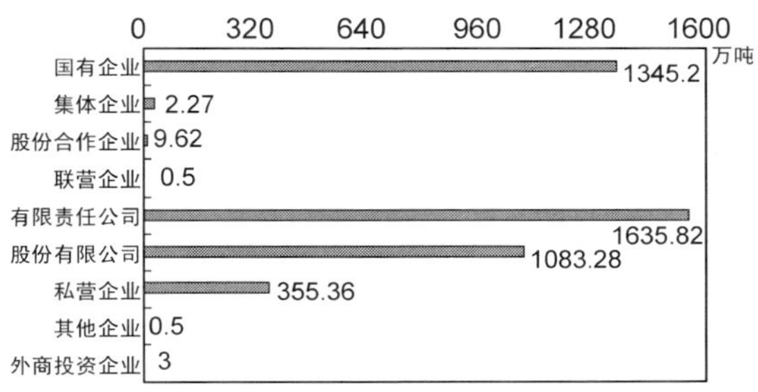


图35　2008年度不同经济类型全国钼矿企业矿石产量

按钼矿企业规模统计，大型企业5家，从业人员1.35万人，年采矿石2364.26万吨，人均产值为128.58万元；中型企业24家，从业人员0.85万人，年采矿石1641.45万吨，人均产值41.85万元；小型企业111家，从业人员1.11万人，年采矿石292.92万吨，人均产值17.55万元；年采矿石量3万吨以下的小矿有47家，从业人员0.37万人，年采矿石128.93万吨，人均产值13.82万元。

我国钼矿开发分布在23个省(自治区)，产量相对集中在中西部地区。东、中、西部地区矿石产量分别为669.37万吨、2192.51万吨和1565.68万吨，河南和陕西钼矿产量分别为1846.41万吨和1413.85万吨，两省合计占全国总产量的73.64%。

2008年我国进口钼矿砂及其精矿0.49万吨，出口2.36万吨，净出口1.87万吨，进口和出口量与2007年相比都有所下降，其中进口量减少幅度达64.75%。

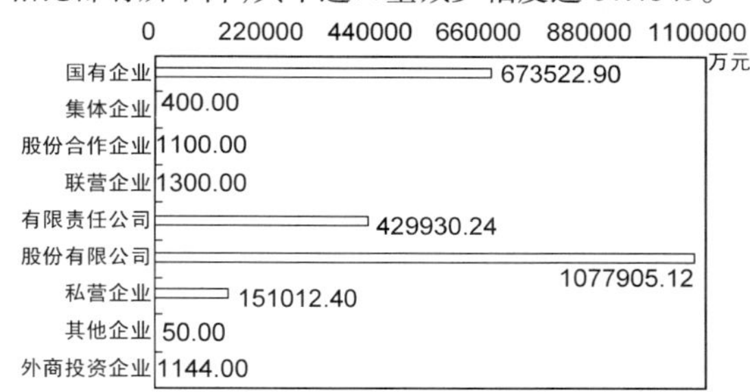


图36　2008年度不同经济类钼矿企业产值

12. 锑矿。2008年我国开发锑矿的矿山企业有97家，从业人员1.80万人，年采锑矿原矿181.42万吨，产值20.50亿元，矿产品销售收入19.12亿元，年利润1.26亿元。

按锑矿企业经济类型统计，国有企业有30家，从业人员有1.16万人，年采矿石129.22万吨，人均产值14.05万元；集体企业21家，从业人员有0.32万人，年采矿石10.74万吨，人均产值2.79万元；私营企业25家，从业人员有0.06万人，年采矿石5.91万吨，人均产值6.28万元；其他经济类型锑矿生产情况见图37、图38。

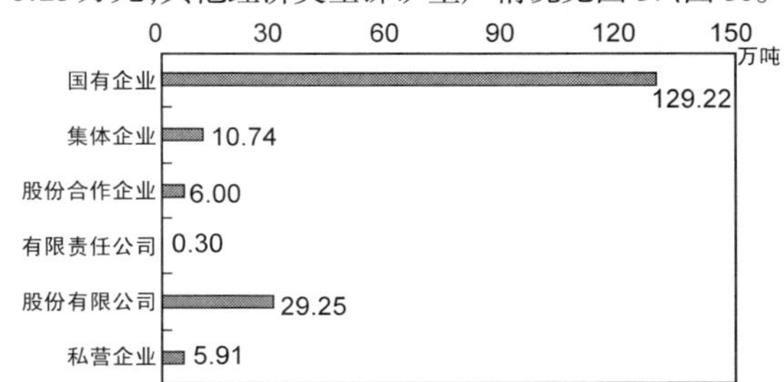


图37　2008年不同经济类型锑矿企业年采矿石量

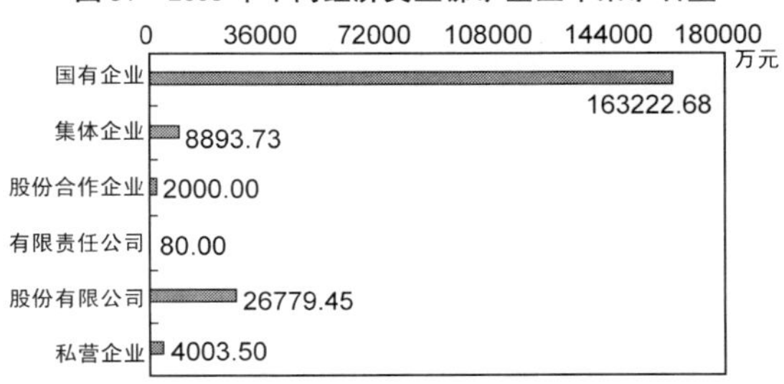


图38　2008年度不同经济类型锑矿企业产值

按锑矿企业规模统计，中型企业有3家，从业人员有0.76万人，年采矿石71.34万吨，人均产值17.33万元；小型企业有48家，从业人员有0.90万人，年采矿石 96.47 万吨，人均产值 7.01 万元；年采矿石量 3 万吨以下的小矿有 46 家，从业人员有 0.14 万人，年采矿石 13.60 万吨，人均产值 7.05 万元。

我国锑矿开发分布在 16 个省（自治区），产量相对集中在中部地区，东、中和西部地区矿石产量分别为 2.33 万吨、118.03 万吨和 61.07 万吨。湖南产量全国居首，为 105.04 万吨，占全国总产量的 57.90%。

我国目前是世界上最大的锑生产国，锑产品出口量占国际市场总量的 90% 以上，锑精矿的需求量巨大，因此也是最大的锑精矿进口国。2008 年我国锑精矿的进口需求量仍然保持旺盛，进口锑矿砂及精矿 1.93 万吨，比 2007 年增加 0.05 万吨。

13. 金矿。2008 年我国开发金矿的矿山企业有 1687 家，从业人员 17.70 万人，年采矿石 9957.69 万吨，矿山企业数比 2007 年减少 75 家，从业人员减少了 0.84 万人，矿石产量增加了 1353.77 万吨，增长 15.73%（图 39）；矿业产值 285.54 亿元，比 2007 年增加 23.21 亿元（图 40），增长了 8.8%，其中综合利用产值 32.46 亿元，增长了 24.42%；销售收入 257.54 亿元，利润总额 88.53 亿元。均有不同幅度增长。

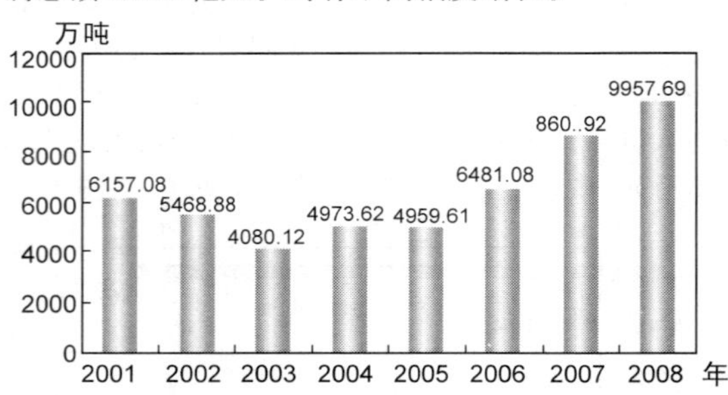


图 39　2001～2008 年金矿企业年采矿石量

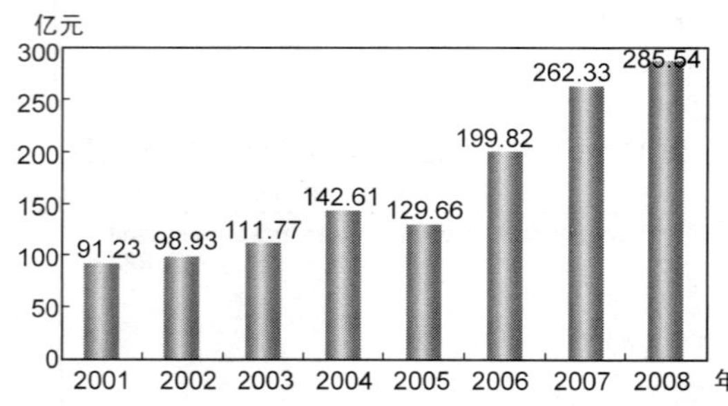


图 40　2001～2008 年金矿企工业总产值

按企业经济类型统计，国有企业 251 家，从业人员 4.73 万人，年采金矿矿石 1072.30 万吨，人均产值 11.92 万元；集体企业 335 家，从业人员 1.65 万人，年采金矿矿石 268.82 万吨，人均产值 7.15 万元；有限责任公司 474 家，从业人员 4.39 万人，年采金矿矿石 1620.61 万吨，人均产值 12.84 万元；股份有限公司 196 家，从业人员 4.09 万人，年采金矿矿石 5537.35 万吨，人均产值 29.49 万元；私营企业 285 家，从业人员 1.36 万人，年采金矿矿石 275.32 万吨，人均产值 5.69 万元。各经济类型企业对矿石产量和产值贡献情况见图 41 和图 42。

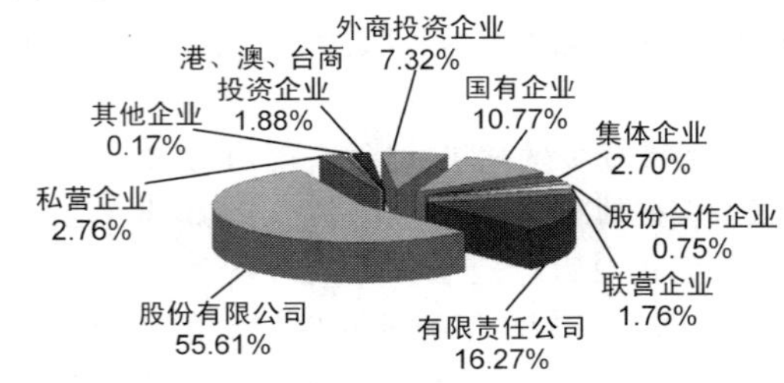


图 41　2008 年度不同经济类型金矿企业年采矿石量构成

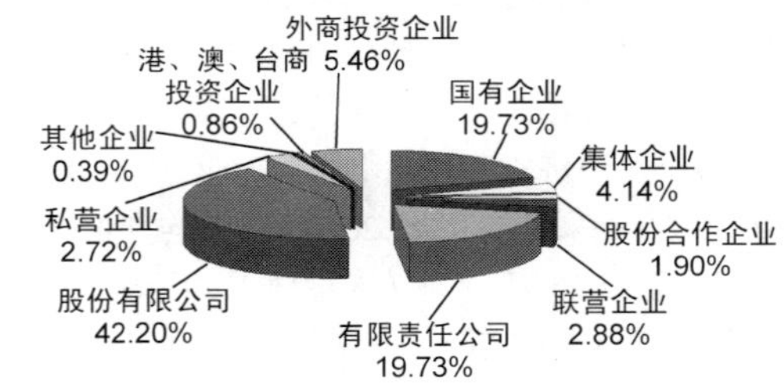


图 42　2008 年不同经济类型金矿企业产值构成

按金矿企业规模统计，大型企业有 33 家，从业人员有 3.04 万人，年采金矿矿石 6243.71 万吨，人均产值 33.94 万元；中型企业 91 家，从业人员有 4.08 万人，年采金矿矿石 1686.88 万吨，人均产值 21.76 万元；小型企业 729 家，从业人员 7.37 万人，年采金矿矿石 1564.96 万吨，人均产值 10.74 万元；小矿 834 家，从业人员 3.20 万人，年采金矿矿石 462.14 万吨，人均产值 4.44 万元。

我国金矿开发分布在 26 个省（自治区、直辖市），东、中、西部地区年采金矿矿石分别为 5966.48 万吨、1602.36 万吨和 2388.35 万吨；福建开采岩金矿石量为 4181.75 万吨，居全国首位，其次是山东，开采岩金矿石 1356.47 万吨。

14. 稀土矿。我国对稀土开发实行保护性政策，限制稀土生产，控制稀土矿产品总量，稀土资源得到比较有效地保护。近年来，我国对稀土矿的出口加强了管理，特别是 2008 年开始全面限制稀土矿出口。此外，金融危机的到来，稀土矿产外需萎缩，稀土产品的生产和出口都有很大幅度下降。

2008 年我国开发重稀土的矿山企业有 20 家，从业人员 1224 人，年采矿石 447.28 万吨，产值 2.40 亿元，人均产值 19.60 万元。目前，全国开发重稀土矿产企业主要以小型企业为主，为 18 个，主要分布在江西省（图 43、图 44）。

2008 年我国开发轻稀土的矿山企业有 102 家，从

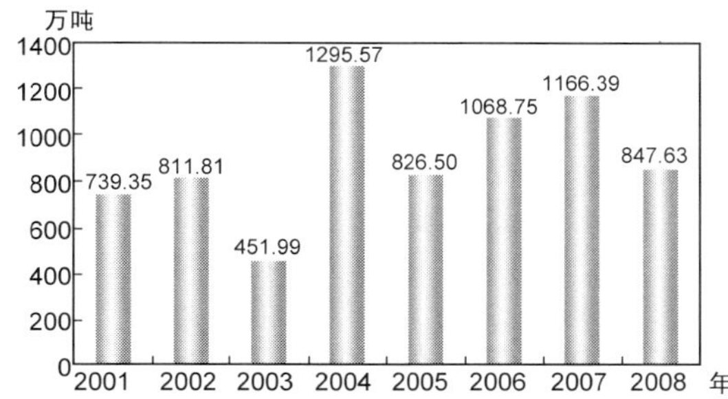


图 43　2001～2008 年全国稀土矿企业年采矿石量

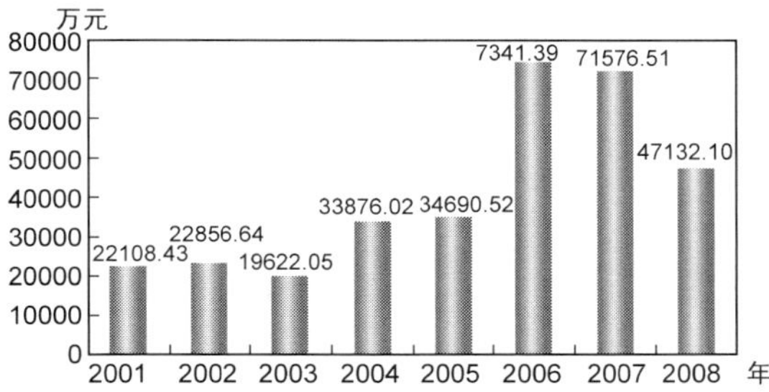


图 44　2001～2008 年全国稀土矿企业产值

业人员 3469 人，年采矿石 400.35 万吨，产值 2.31 亿元，人均产值 6.67 万元，我国开发轻稀土矿的矿山企业主要是国有企业和有限责任公司。开发轻稀土矿的中型企业 6 家，小型企业 76 家，小于 3 万吨的有 20 家，轻稀土生产主要集中在我国中部地区。

截至 2008 年底，我国稀土矿产资源在世界上具有优势，同时认识到稀土矿的战略地位，在限制稀土矿产出口同时，鼓励增加稀土资源进口。2008 年我国稀土金属矿进口量达 0.36 万吨。稀土化合物及其混合物进口 0.28 万吨，出口 4.80 万吨，净进口 4.52 万吨。稀土金属及其混合物进口量为 189 吨，出口 6940 吨。

15．硫铁矿。2008 年全国开发硫铁矿的矿山企业有 350 家，从业人员 2.53 万人，年采矿石 780.00 万吨，产值 35.63 亿元（图 45、图 46），综合利用产值 3.61 亿元，销售收入 26.63 亿元，利润总额 5.69 亿元。人均产值 14.06 万。

与 2007 年相比，矿山企业数增加 10 家，从业人员减少 0.18 万人，年采矿石量减少 202.81 万吨，产值增加了 9.66 亿元，综合利用产值增加 0.12 亿元，利润也增加 1.68 亿元。

按企业经济类型统计，国有企业 29 家，从业人员 0.87 万人，年采矿石 401.40 万吨，人均产值 27.67 万元；集体企业 64 家，从业人员 0.15 万人，年采矿石 36.52 万吨，人均产值 7.57 万元；私营企业 195 家，从业人员 0.59 万人，年采矿石 183.62 万吨，人均产值 7.18 万元。

按硫铁矿规模统计，大型企业有 4 家，从业人员 0.59 万人，年采矿石 352.06 万吨，人均产值为 38.80 万元；中型企业 6 家，从业人员 0.96 万人，年采矿石 23.80 万吨，人均产值 4.16 万元；小型企业 195 家，从业人员 1.48 万人，年采矿石 302.48 万吨，人均产值 5.92 万元；年采矿石量 2 万吨以下的小矿有 145 家，从业人员 0.36 万人，年采矿石 101.66 万吨，人均产值 9.32 万元。

我国硫铁矿开发分布在 23 个省（自治区），东中西部地区硫铁矿矿石产量分布比较均衡。

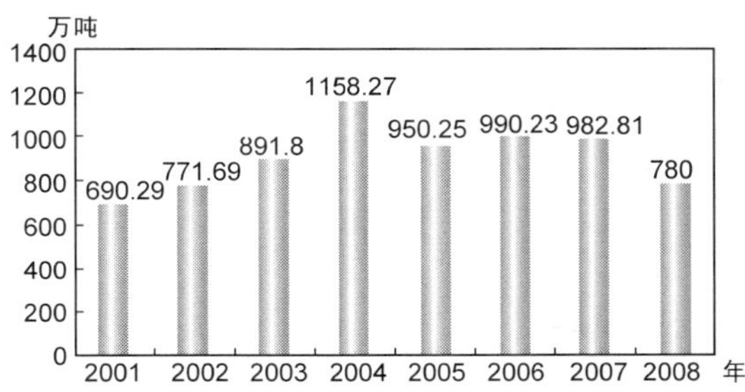


图 45　2001～2008 年全国硫铁矿企业产量

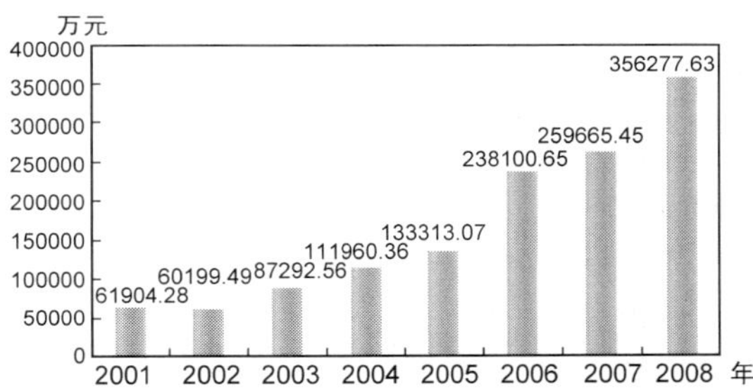


图 46　2001～2008 年全国硫铁矿企业产值

我国硫产品供不应求，80% 的硫产品需要依靠进口来补充。2008 年我国进口各种硫磺 841.85 万吨，出口 4.08 万吨，净进口 837.77 万吨，比 2007 年减少 126.27 万吨。进口减少的主要原因是 2008 年上半年硫磺价格暴涨，化肥企业生产成本高昂，抑制了硫磺的需求。

16．钾盐。2008 年全国开发钾盐的矿山企业只有 17 家，从业人员 0.75 万人，年采钾盐原矿 2228.86 万吨（图 47、图 48），矿产品销售收入 53.40 亿元。与 2007 年相比，年采原矿量减少 95.44 万吨，但产值却增加了 43.38 亿元，销售收入也增加 22.06 亿元，年利润增加 13.17 亿元。

在我国开发钾盐矿山企业中，国有企业有 1 家，从业人员有 131 人，年采原矿 70 万吨，产值 1.75 亿元，销售收入 1.54 亿元，人均产值 133.59 万元；股份合作企业 2 家，从业人员有 0.19 万人，年采原矿 1302.44 万吨，产值 52.69 亿元，销售收入 34.22 亿元，利润 20.13 亿元，人均产值 279.22 万元；有限责任公司有 5 家，从

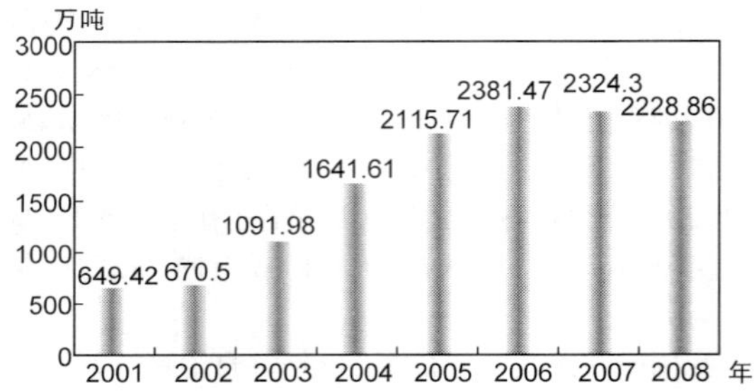


图47　2001～2008年全国钾盐企业产量

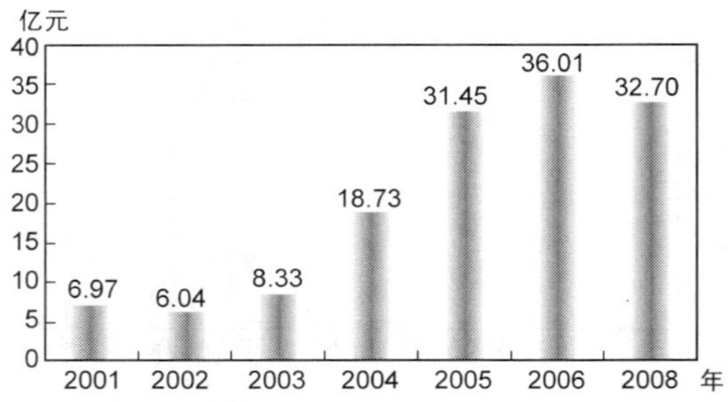


图48　2001～2008年全国钾盐企业产值

业人员有0.27万人，年采原矿380.77万吨，产值11.97亿元，销售收入10.73亿元，利润5.41亿元，人均产值43.93万元；股份有限公司3家，从业人员0.22万人，年采原矿355.45万吨，产值7.53亿元，销售收入4.76亿元，利润2.59亿元，人均产值33.93万元。

按企业规模统计，大型企业4家，从业人员0.38万人，年采原矿1423.21万吨，产值58.52亿元，人均产值154.98万元；中型企业9家，从业人员0.33万人，年采原矿759.65万吨，人均产值50.19万元；小型企业4家，从业人员369人，年采原矿46.00万吨，产值0.81亿元，人均产值21.86万元。

目前我国只有云南、青海和新疆三省(自治区)有钾盐开发，产量主要集中在青海，其年产量为2168.09万吨，占全国总产量的97.27%。

长期以来，我国钾盐严重短缺，特别是2000年以来钾盐消费的90%以上都需依赖进口。2008年，进口钾肥约占国内消费量的55%，钾盐的自供能力有了较大提高，但钾盐长期依赖进口的局面在一定时期内较难改变。2008年进口钾肥544.28万吨，出口16.61万吨，净进口531.12万吨。相比2007年，钾肥的净进口量减少了44.87%。

17. *磷矿*。2008年全国开发磷矿的矿山企业有376家，从业人员有4.08万人，年采磷矿石4552.64万吨，产值85.14亿元，综合利用产值11.98亿元，利润总额14.22亿元。

与2007年相比，矿山企业数减少38家，从业人员减少178人，年采矿石量增加76.08万吨，产值增加7.67亿元，综合利用产值减少1.26亿元，利润总额增加0.60亿元。

按企业经济类型统计，国有企业48家，从业人员1.42万人，年采矿石1512.27万吨，人均产值16.12万元；集体企业87家，从业人员有0.41万人，年采矿石312.70万吨，人均产值12.05万元；有限责任公司108家，从业人员有1.20万人，年采矿石1398.33万吨，人均产值29.78万元；股份有限公司33家，从业人员0.41万人，年采矿石452.94万吨，人均产值21.55万元；私营企业89家，从业人员0.60万人，年采矿石863.30万吨，人均产值20.73万元。

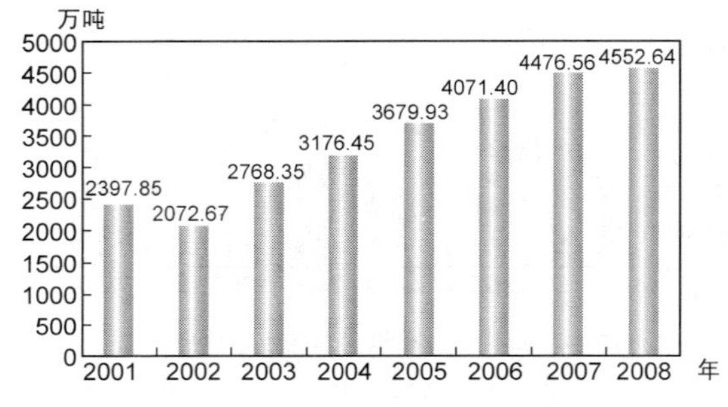


图49　2001～2008年全国磷矿产量

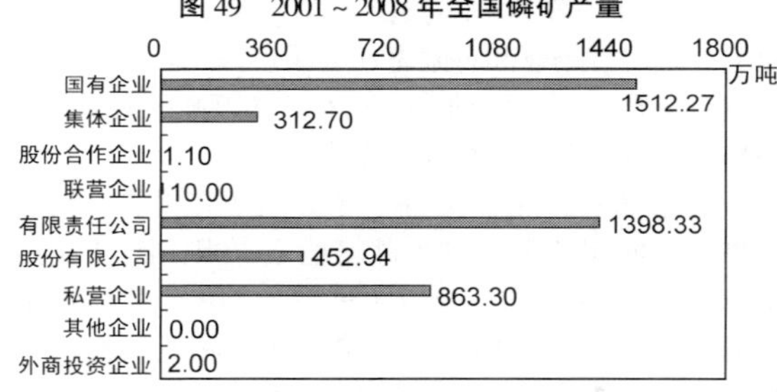


图50　2008年度不同经济类型磷矿企业矿石产量

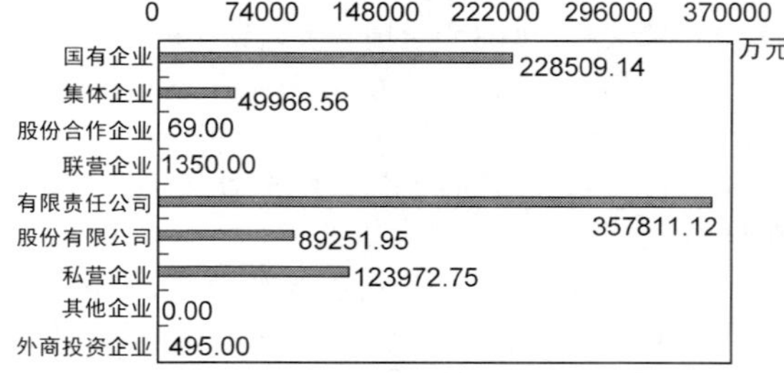


图51　2008年度不同经济类型磷矿企业完成工业总产值

按磷矿企业规模分，大型企业10家，从业人员0.57万人，年采矿石918.59万吨，人均产值为34.95万元；中型企业50家，从业人员1.54万人，年采矿石1720.98万吨，人均产值20.70万元；小型企业256家，从业人员1.79万人，年采矿石1787.09万吨，人均产值17.16万元；年采矿石量5万吨以下的小矿有60家，从业人员0.17万人，年采矿石125.97万吨，人均产值

14.20万元。

我国磷矿开发分布在14个省(自治区),磷矿石生产主要集中分布在湖北、云南和贵州。

我国磷矿产品生产基本上可以满足需求。2008年进口磷矿0.12万吨,出口200.08万吨,净出口磷矿100.96万吨,磷肥进口11.37万吨,出口336.54万吨,净出口325.17万吨。

(选自《2008年全国非油气矿产资源开发利用统计年报》)

## 矿产品产供销

**【概况】** 2008年是个特殊之年,世界金融危机影响在第四季度集中凸现。在金融危机中,首先受到影响的是加工制造业,但是因受前期订单及交货合同等因素的约束,加工制造业并不能即刻更改生产计划,所以对上游的资源产品还有比较正常的消费动机。考虑到产业链的逆向传递影响需要一定的时间过程,所以采掘业感受金融危机存在一个滞后的时滞效应;同时,由于金融危机对我国的经济重创爆发于第三季度末期,两者的时间对冲,使得2008年度我国主要矿产品供需总量增长的趋势得到延续,但是不同矿产品的供需差异很大。在遭受金融风暴袭击的背景下,我国矿业也难以"独善其身"。以煤炭、钢铁为代表的矿产品价格在2008年第二季度进入加速上涨期、第三季度达到历史高点后,到第四季度便进入大跳水阶段,使得全年矿产品价格出现"过山车"式的走势而快速地进入下滑通道。

**【能源矿产品产消费量】** 1.石油。多年来我国原油生产进展不大,而消费却在持续扩张,致使油品供需缺口越来越大,对外依存度逐年提高。2008年,全国原油产量1.9亿吨,消费量3.6亿吨,净进口1.7亿吨。

2.天然气。2008年,全国天然气产量761亿立方米、比2007年增长12.3%,消费量807亿立方米、比2007年增长10.1%,净进口各类石油气及其他烃类气等72亿立方米。

3.煤炭。在需求拉动下,近几年我国煤炭行业实现了超常规发展,年产量从2000年的13.0亿吨增长到2008年的27.9亿吨。2008年,全国净出口煤炭不足0.1亿吨。

4.焦炭。2008年,全国焦炭产量3.24亿吨,表观消费量3.11亿吨。2008年,全国出口焦炭0.12亿吨,比2007年减少20.7%。

**【黑色金属矿产】** 1.铁矿石。2008年全国铁矿石产量8.2亿吨(原矿量),比2007年增长20.7%。铁矿石进口量达4.4亿吨,增长15.9%。

2.锰矿。2008年我国锰矿产量1450万吨,比2007年增长3.6%。

3.铬铁矿。2008年表观消费量达700余万吨,进口量684万吨。

**【有色及贵金属矿产】** 1.铜。2008年,我国铜精矿金属产量93.1万吨,比2007年增长12.1%;精炼铜产量377.9万吨,比2007年增长8.1%。进口铜矿砂及其精矿519.2万吨,增长14.8%;净进口铜及铜材182.5万吨;进口废铜558.0万吨。

2.铝。2008年,氧化铝产量达2278.4万吨,比2007年增长17.1%;电解铝产量1317.7万吨,增长4.9%;电解铝消费量1259.5万吨,增长4.3%。

3.铅。2008年,我国铅精矿金属产量114.5万吨,进口铅精矿144.5万吨,比2007年增长14.2%。

4.锌。2008年,我国锌精矿金属产量315.3万吨,比2007年增长15.2%。精炼锌产量391.3万吨,表观消费量417.3万吨。

5.镍。2008年,我国镍精矿金属产量7.2万吨,比2007年增产1.9%,表观消费量24万吨。

6.锡。2008年,全国锡精矿金属产量6.5万吨,比2007年减少55%。精炼锡产量12.9万吨,表观消费量14.2万吨。

7.锑。2008年,我国锑精矿金属产量9.4万吨,精炼锑产量18.4万吨,比2007年增长20.1%。

8.黄金与白银。2008年全国产金282.0吨,同比增长4.3%,创历史最好水平,排名世界第一。其中,黄金矿山成品金147.3吨,增长5.8%;冶炼厂成品金134.7吨,增长2.6%。2008年按吨计黄金总需求量达到395.6吨(其中金饰为326.7吨,零售投资为68.9吨),增长21.3%。2008年全国白银产量9587.5吨,增长5.5%。

**【非金属矿产】** 1.水泥。2008年,水泥产量14.0亿吨,比2007年增长2.8%;消费量13.7亿吨,比2007年增长3.5%。净出口量为0.3亿吨,国内市场供需总体上基本平衡。

2.肥料。2008年,我国肥料产量5867.6万吨,比2007年增长1.4%。钾肥产量277.5万吨(折含$K_2O$ 100%),增长3.4%;表观消费量805.4万吨,减少5.8%。

我国磷矿资源比较丰富,2008年磷肥产量1258.9万吨,比2007年减少3.3%;表观消费量1157.9万吨,增长 2.7%；净出口磷肥 101 万吨。另外，氮磷钾复合肥产量 1387 万吨，减少 7.9%，净出口复合肥 181.3 万吨；表观消费量为 1205.7 万吨。

（国土资源部储量司　贾其海　周保铜）

## 矿产品进出口贸易

**【矿产品进出口贸易政策】** 2008 年我国延续了 2007 年的贸易政策，只对肥料及部分煤炭的关税做了适当调整，2008 年国家海关总署出台的有关矿产品贸易政策主要有：

1.海关总署公告 2008 年第 8 号：自 2008 年 2 月 15 日至 12 月 31 日，对部分化肥产品出口关税税率进行调整。①调整磷酸氢二铵、磷酸二氢铵及磷酸二氢铵与磷酸氢二铵的混合物的出口暂定关税税率，自 2 月 15 日至 9 月 30 日税率提高至 35%。自 10 月 1 日至 12 月 31 日仍实行 20%的税率。②对部分含磷复合肥开征出口暂定关税，自 2 月 15 日至 9 月 30 日实行 35%的税率。自 10 月 1 日至12 月 31 日实行 20%的税率。

2.海关总署公告 2008 年第 18 号：自 2008 年 4 月 1 日起至 2008 年 12 月 31 日止，对过磷酸钙和钾肥征收 30%的出口暂定关税。

3.海关总署公告 2008 年第 26 号：自 2008 年 4 月 20 日至 9 月 30 日，对所有贸易形式、地区、企业出口的化肥类产品及部分原料，在现有出口关税税率的基础上，加征特别出口关税，税率为 100%。

4.海关总署公告 2008 年第 33 号：自 2008 年 5 月 20 日起至 12 月 31 日止，对所有贸易形式、地区和企业出口的磷产品，在现行出口税率的基础上，以海关审定的出口完税价格为基础，加征 100% 的特别出口关税。

5.海关总署公告 2008 年第 35 号：自 2008 年 5 月 20 日起，免征硫磺进口环节增值税。

6.海关总署公告 2008 年第 56 号：自 2008 年 8 月 20 日起至 2008 年 12 月 31 日，对部分商品出口关税税率进行调整：① 对一般贸易项下出口的铝合金征收出口暂定关税，暂定税率为 15%；② 将焦炭的出口暂定税率由 25%提高至 40%；③ 将炼焦煤出口暂定税率由 5%提高至 10%；④ 对其他烟煤等征收出口暂定关税，暂定税率为 10%。

7.海关总署公告 2008 年第 62 号：从 2008 年 9 月 1 日起至 2008 年 12 月 31 日，对除鸟粪外的动物或植物肥料征收 460 元/吨的出口暂定关税。

8.海关总署公告 2008 年第 63 号：①从 2008 年 9 月 1 日起将氮肥及合成氨的特别出口关税上调至 150%，并实施至 2008 年 12 月 31 日；② 自 2008 年 10 月 1 日至 12 月 31 日，对除上述两种产品外的其他化肥及化肥原料继续征收 100%特别出口关税。

2008 年的矿产品贸易政策的调整，主要是提高肥料及部分煤炭等矿产品的出口税率，增加出口成本，以抑制其出口。同时免征硫磺进口环节增值税，其目的就是增加我国原材料的供应，缓解能源及原材料供应的紧张局面，保障经济建设稳定发展。

**【矿产品贸易总体形势】** 2008 年我国矿产品进出口贸易跌宕起伏，前三季度进出口贸易活跃，贸易量和贸易额均保持较好的增长态势，受金融危机的影响，第四季度开始下滑。全年看，贸易量和贸易额总体仍保持增长态势，但贸易量增幅明显下降。

1.矿产品进出口贸易总额仍保持较快的增长态势。2008 年中国矿产品进出口总额已达到 6631.80 亿美元，是 2000 年的 6.4 倍，年均增长了 26.2%，继续保持增长的态势(图 1)。其中，出口贸易额 2577.26 亿美元，是 2000 年的 6.5 倍，年均增长 26.4%；进口贸易额 4054.54 亿美元，是 2000 年的 6.4 倍，年均增长 26.1%。

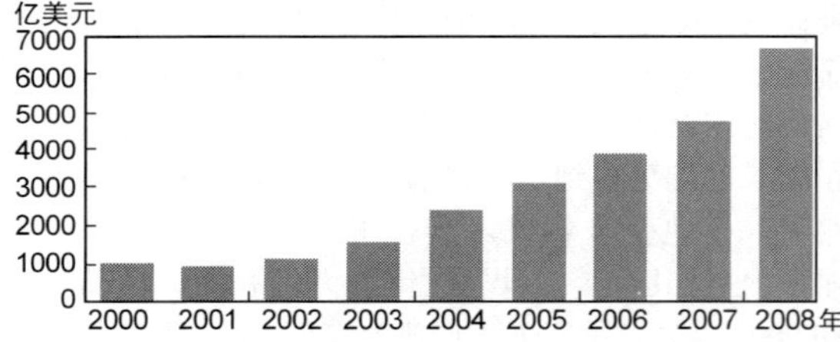


图 1　2000～2008 年我国矿产品进出口总额增长态势

2008 年我国矿产品进出口贸易额约占全国货物进出口贸易额的 25.9%，同比增加 4.8 个百分点。其中，出口额占全国货物出口额的 18.0%，同比增加 2.1 个百分点，而进口额占全国货物进口额的 35.8%，同比上升 6.4 个百分点。2008 年出口额占全国货物出口额的比重、进口额占全国货物进口额的比重以及矿产品进出口贸易额约占全国货物进出口贸易额的比重，一改过去 4 年缓慢上升的趋势，有加速上行的态势(图 2)。

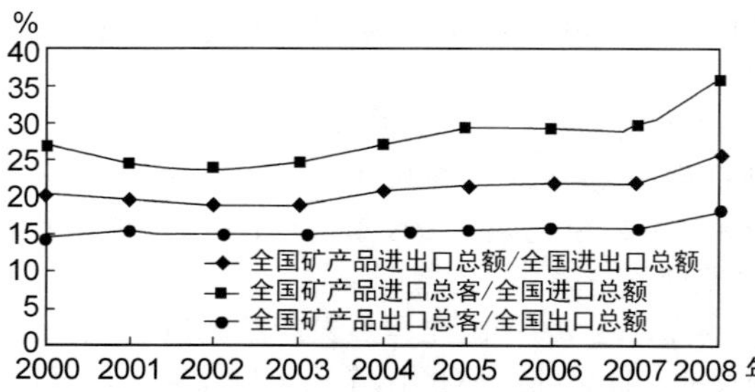


图 2　我国矿产品进出口在全国进出口贸易中的比重

2. 各类矿产品进出口贸易总额成倍增长。自2000年以来,我国各类矿产品及其相关产品的进出口贸易额均有了大幅度增长。

如金属和非金属矿砂等的进出口贸易额比2000年增长了11.3倍,年均增长36.9%;能源及其相关产品的进出口贸易额增长了6倍,年均增长27.6%;无机和有机化学品进出口贸易额增长了4.4倍,年均增长23.6%;非金属及其制成品增长了3.6倍,年均增长21.2%;钢铁及其制品的进出口贸易额增长了5.7倍,年均增长26.9%;有色金属及其制品的进出口额增长了近4.3倍,年均增长23.1%;肥料的进出口额增长了2.8倍,年均增长18.2%(图3)。

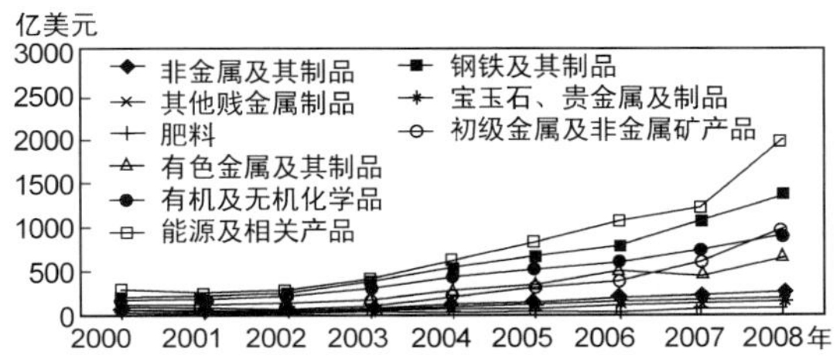


**图3 2000年以来我国各类矿产品进出口贸易总额增长变化趋势**

**【矿产品进出口贸易】** 2008年我国矿产品及其相关产品的进出口贸易总额6631.80亿美元,同比增长了39.7%,增幅上升16.1个百分点。其中,进口贸易额为4054.54亿美元,同比增长44.3%,增幅上升22.5个百分点;出口贸易额2577.26亿美元,同比增长32.9%,增幅上升6.6个百分点。净进口额达1477.28亿美元,同比大幅增长69.8%。2008年进出口贸易额的大幅上升,主要得益于矿产品价格处于历史高位。

1.能源产品:2008年我国能源类矿产品及其相关产品的进出口额1995.32亿美元,同比增长61.2%,占全国矿产品进出口总额的30.1%,同比上升3.8个百分点。其中进口额1691.22亿美元,出口额316.35亿美元,同比分别增长61.1%和58.6%。净进口额1374.87亿美元,同比增长61.7%。

2.石油:2008年,我国进口石油21773.53万吨,用汇1593.84亿美元,同比分别增长10.6%和65.5%;石油净进口量同比增加1898.87万吨至19654.41万吨,净进口额为1427.39亿美元,同比分别增长10.7%和67.1%。其中,原油进口量17888.39万吨,进口额1293.30亿美元,同比分别增长9.6%和62.0%,出口量416.13万吨,出口额29.80亿美元,同比分别增长7.1%和76.2%;油品进口量3885.13万吨,进口额300.53亿美元,同比分别增长15.0%和82.9%,油品出口量1702.99万吨,出口额136.65亿美元,同比分别增长了9.8%和49.4%。

我国进口的石油主要来自中东地区(占进口总量的42.1%,同比上升3.5个百分点,下同)、非洲(占24.8%,27.0%,同比下降2.2个百分点)、亚太地区(占14.9%,13.4%,同比上升1.5个百分点)、苏联(占10.1%,同比上升3.3个百分点)。石油主要出口到亚太地区(占出口总量的63.0%,同比下降9.7个百分点)、拉美地区(占18.9%,同比上升6.5个百分点(图4)。

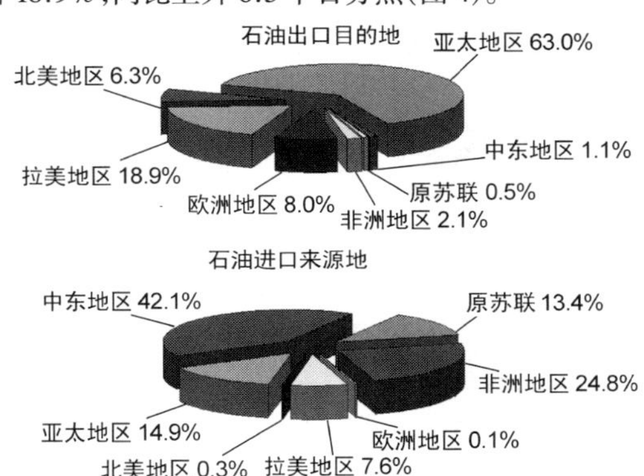


**图4 2008年我国石油进出口量在各地区的比重**

从石油进口来源地国别来看,有84个国家或地区(与2007年持平),进口量在500万吨以上的国家或地区达到12个(比2007年增加3个):沙特阿拉伯(3668.13万吨)、安哥拉(2989.44万吨)、伊朗(2252.68万吨)、俄罗斯(1584.87万吨)、阿曼(1458.15万吨)、苏丹(1050.26万吨)、委内瑞拉(1041.26万吨)、韩国(970.90万吨)、科威特(595.38万吨)、哈萨克斯坦(594.53万吨)、新加坡(577.76万吨)、阿拉伯联合酋长国(506.13万吨)等,其进口量占总进口量的79.1%,比2007年增加7.5个百分点。我国石油出口的目的地,有122个国家或地区(比2007年增加3个),出口量在100万吨以上的国家或地区有7个:中国香港(388.08万吨)、巴拿马(374.26万吨)、日本(202.86万吨)、新加坡(193.94万吨)、韩国(175.84万吨)、美国(124.50万吨)和印度尼西亚(108.71万吨)等国家或地区,其出口量占我国总出口量的74.0%,比2007年下降1.2个百分点。

3.天然气:2008年,我国进口天然气及烃类气等594.40万吨,进口额28.99亿美元,同比分别减少14.8%和6.2%。净进口量290.33万吨,净进口额18.91亿美元,同比分别减少39.0%和25.5%。

4.煤:2008年,我国出口煤炭5766.74万吨,同比下降15.9%,价值110.61亿美元,比2007年增长74.0%。其中:原煤出口量4545.69万吨,同比下降14.6%,出口额52.43亿美元,同比却增长58.9%。煤炭进口量4365.62万吨,同比减少15.4%,进口额37.30亿美元,同比增长52.1%。煤炭净出口量减至

1401.13万吨，同比减少17.2%，净出口额73.31亿美元，同比增长87.7%。

5.钢铁及其制品：2008年我国钢铁及其制品的进出口额1368.49亿美元，比2007年增长27.6%，占全国矿产品进出口贸易总额的20.6%，比2007年下降2个百分点。其中进口额350.81亿美元，同比增长了14.1%，出口额1017.68亿美元，同比增长33.0%(表1)。净出口额666.87亿美元，同比增长了45.6%。

**表1　　2008年我国钢铁产品进出口量**

| | | 贸易量/万吨 | 同比增长/% | 贸易额/亿美元 | 同比增长/% |
|---|---|---|---|---|---|
| 生铁 | 进口 | 35.60 | －48.8 | 1.94 | －19.3 |
| | 出口 | 25.08 | －63.8 | 1.28 | －49.8 |
| 铁合金 | 进口 | 131.49 | －15.1 | 26.92 | 7.8 |
| | 出口 | 302.63 | －5.7 | 59.29 | 44.7 |
| 废钢铁 | 进口 | 358.89 | 5.7 | 24.68 | －1.2 |
| | 出口 | 20.42 | 535.0 | 0.95 | 585.0 |
| 钢锭及钢坯 | 进口 | 15.79 | －1.4 | 0.76 | 12.0 |
| | 出口 | 122.39 | －80.9 | 12.57 | －56.9 |
| 钢材 | 进口 | 1554.98 | －7.9 | 238.94 | 14.6 |
| | 出口 | 5932.66 | －5.3 | 635.33 | 44.1 |
| 钢铁制品 | 进口 | 76.09 | 16.7 | 54.61 | 23.6 |
| | 出口 | 1734.18 | －0.2 | 307.41 | 22.6 |

6.有色金属及其制品：2008年我国主要有色金属及其制品的进出口总额664.89亿美元，同比增长45.2%，占全国矿产品进出口贸易总额的10.0%，比2007年上升0.4个百分点。其中进口额408.23亿美元，出口额256.66亿美元，同比分别增长52.2%和35.3%。净进口额151.57亿美元，同比增长92.8%。

7.铜及其制品：2008年我国精炼铜进口量大幅度增长，进口量达145.64万吨，进口额99.86亿美元，分别是2007年的92.6倍和88.6倍，精炼铜出口量也增至9.61万吨，出口额达8.02亿美元，净进口量136.03万吨，净进口额91.85亿美元，分别是2007年的86倍和81倍；我国粗铜以进口为主，进口量29.85万吨，进口额16.0亿美元，同比分别减少33.2%和4.0%；铜废料以进口为主，进口量557.69万吨，进口额59.69亿美元，分别比2007年减少0.1%和6.6%；铜合金以进口为主，进口量4.77万吨，进口额2.68亿美元，同比分别减少19.2%和12.3%；铜材进口量93.53万吨，进口额74.71亿美元，同比分别增长18.0%和29.4%。净进口铜材41.78万吨，同比减少4.3%，净进口额为34.13亿美元，同比增长19.1%。

8.铝：2008年我国氧化铝进口量继续下降，减至458.60万吨，进口额17.75亿美元，同比分别减少10.5%和9.8%。氧化铝净进口量454.19万吨，净进口额17.46亿美元，同比分别减少10.8%和10.4%；精炼铝进口量增加，出口下降。精炼铝进口量12.16万吨，同比增长9.2%，进口额2.34亿美与2007年持平。出口精炼铝11.01万吨，出口额2.74亿美元，同比分别减少31.5%和37.9%，精炼铝出现1.15万吨的净进口；铝合金连续两年进口量减少，出口增加。铝合金进口量13.85万吨，进口额3.30亿美元，同比分别减少18.9%和16.6%。出口铝合金73.12万吨，出口额18.62亿美元，同比分别增长90.1%和107.8%。铝合金净出口量59.27万吨，出口额15.32亿美元，同比分别增长177.2%和206.2%；我国铝废料贸易以进口为主，进口量215.48万吨，进口额25.40亿美元，同比分别增长3.1%和3.8%；铝材进口量61.86万吨，进口额31.88亿美元，同比分别增长4.5%和12.0%。出口铝材189.64万吨，价值63.65亿美元，同比分别增长77.1%和74.8%。铝材净出口量127.79万吨，净出口额31.77亿美元，同比分别增长166.6%和299.9%。

9.镍：我国镍产品仍以进口为主。2008年精炼镍的进出口贸易增长明显，进口量11.69万吨，进口额27.14亿美元，净进口量达11.03万吨，净进口额25.65亿美元；冰镍进口量8.65万吨，同比增长24.1%，进口额14.74亿美元，却比2007年减少22.2%。冰镍净进口量达8.33万吨，同比增长22.9%，净进口额14.35万美元，同比却下降22.5%；镍铁进口量6.66万吨，价值5.42亿美元，同比分别减少2.9%和39.3%，净进口量6.15万吨，同比增长11.9%，净进口额4.90亿美元，同比减少43.8%；镍材进口量1.78万吨，进口额7.17亿美元，同比分别增长8.9%和24.1%，镍材的净进口量1.55万吨，净进口额6.50亿美元，同比分别增长30.1%和26.3%。

10.铅：2008年我国绝大多数铅产品进出口量均出现明显下降。精炼铅出口连续第二年大幅度下降，出口量4.50万吨，出口额1.24亿美元，同比分别减少83.0%和79.6%，进口量5.78万吨，进口额1.18亿美元，同比分别增长30.4%和32.7%，并出现精炼铅净进口量1.37万吨；出口铅的氧化物0.83万吨，出口额0.24亿美元，分别比2007年增长56.4%和45.2%。

11.锌：我国多数锌产品进出口形势和铅类似。2008年出口精炼锌7.13万吨，出口额1.47亿美元，同比分别减少74.1%和86.0%，连续第二年大幅度下降。

进口量18.34万吨，同比增长22.7%，进口额3.81亿美元，同比减少28.4%，精炼锌出现11.21万吨的净进口；出口锌的氧化物3.28万吨，出口额0.62亿美元，同比分别减少39.8%和56.2%。净出口锌的氧化物1.43万吨，净出口额0.14亿美元，同比分别减少47.3%和80.5%。进口锌合金14.75万吨，进口额3.35亿美元，同比分别减少12.5%和22.0%；锌材进口量4.04万吨，进口额1.12亿美元，同比分别减少32.6%和32.6%。净进口量2.53万吨，净进口额0.65亿美元，同比分别减少38.1%和32.5%。

12.钨：我国主要钨矿产品出口3.01万吨(实物量，下同)，出口额8.28亿美元，同比分别减少10.9%和10.7%。其中，出口仲钨酸铵0.54万吨，出口额1.16亿美元，分别比2007年减少1.9%和4.1%；出口三氧化钨0.49万吨，出口额1.18亿美元，同比分别增长5.3%和5.0%；出口碳化钨0.40万吨，出口额1.39亿美元，分别比2007年增长36.1%和36.4%；出口钨材0.40万吨，出口额1.56亿美元，同比分别增长32.8%和3.2%。

13.锡：我国出口锡及其加工产品1.14万吨，创汇2.30亿美元，分别比2007年减少63.2%和46.4%。其中，精炼锡出口0.05万吨，出口额0.11亿美元，分别比2007年减少97.8%和96.6%。进口精炼锡0.99万吨，进口额1.61亿美元，同比分别减少23.0%和5.0%，净进口精炼锡0.94万吨；我国的锡合金和锡材贸易以进口为主。锡合金进口量0.33万吨，进口额0.42亿美元，分别比2007年减少18.5%和12.9%；进口锡材1.26万吨，同比减少12.9%，进口额2.37美元，同比增长13.2%。净进口锡材0.99万吨，同比减少9.6%，净进口额1.83亿美元，同比增长19.1%。

14.锑：我国出口锑矿及其加工产品6.30万吨，出口额3.30亿美元，分别较2007年增长0.2%和14.2%。其中，出口精锑及其制品0.96万吨，出口创汇0.53亿美元，同比分别增长14.7%和32.8%；锑的氧化物和硫化物出口量5.35万吨，比2007年减少2.0%，出口创汇2.76亿美元，却比2007年增长11.2%。

15.钼：我国出口各类钼矿产品3.89万吨，出口额17.50亿美元，同比分别减少30.3%和21.4%。其中，出口钼铁0.58万吨，出口创汇2.55亿美元，同比分别下降72.4%和71.0%；出口钼材0.72万吨，出口额达5.31亿美元，同比分别增长63.9%和74.4%。

16.镁：我国出口镁及其制品39.64万吨，同比减少2.8%，出口额16.72亿美元，同比增长62.2%。其中：出口精炼镁30.39万吨，同比减少5.0%，出口额12.77亿美元，同比增长57.3%；出口镁屑、镁粒和镁粉共计8.59万吨，出口额3.60亿美元，同比分别增长7.5%和85.3%。近三年来，我国镁及其制品出口量平稳，但其随着镁制品价格上涨，出口贸易额却有较大幅度增长。

17.稀土：我国出口稀土和稀土氧化物及化合物等5.50万吨，同比增长1.1%，出口额达6.88亿美元，比2007年减少10.0%。净出口量4.83万吨，同比增长0.5%，净出口额6.56亿美元，同比却减少3.8%。其中：稀土金属及其混合物出口量0.69万吨，价值1.66亿美元，同比分别减少44.3%和45.9%；稀土金属化合物及其混合物出口量4.8万吨，价值5.22亿美元，同比分别增长14.6%和14.3%。

18.银：我国出口银及其加工产品4748.68吨，出口额25.37亿美元，同比分别减少17.2%和0.4%。其中出口银4185.63吨，同比减少10.6%，出口额21.38亿美元，同比增长6.0%；出口银制品517.09吨，出口额3.85亿美元，同比分别减少44.8%和25.0%。而当年进口的银及其加工产品6263.40吨，进口额8.21亿美元，同比分别增长5.6%和64.4%。其中：进口银6162.22吨，进口额7.74亿美元，同比分别增长6.4%和67.9%；进口银制品40.68吨，比2007年减少3.6%，进口额0.26亿美元，同比增长35.7%。

19.*矿砂等初级原料矿产品*：2008年我国金属、非金属矿砂等初级原料矿产品的进出口贸易总额972.74亿美元，同比增长了60.2%。其中：进口额925.38亿美元，出口贸易额47.36亿美元，分别比2007年同期增长62.1%和30.3%。净进口额878.02亿美元，同比增长64.3%。在进口贸易中，主要是由于金属矿砂和精矿的进口量大幅增长了14.1%(表2)，以及金属、非金属矿砂等初级原料矿产品价格大幅度上涨，导致矿砂等初级原料矿产品贸易额的大幅增长。

**表2　2008年部分金属矿砂及精矿进出口量**

| | | 贸易量/万吨 | 同比增长/% | 贸易额/万美元 | 同比增长/% |
|---|---|---|---|---|---|
| 铁矿砂及其精矿 | 进口 | 44350.51 | 15.8 | 6055340.73 | 79.2 |
| | 出口 | 0.96 | -87.6 | 203.58 | -78.1 |
| 锰矿砂及其精矿 | 进口 | 757.05 | 14.1 | 346893.89 | 166.35 |
| | 出口 | 0.23 | -41.4 | 69.45 | 19.0 |
| 铜矿砂及其精矿 | 进口 | 519.15 | 15.0 | 1042547.28 | 17.9 |
| | 出口 | 0.24 | | 788.92 | |
| 镍矿砂及其精矿 | 进口 | 1231.93 | -20.7 | 205580.96 | -14.8 |
| | 出口 | 0.42 | | 462.96 | |
| 铝矿砂及其精矿 | 进口 | 2574.94 | 10.8 | 163728.82 | 58.4 |
| | 出口 | | | | |

续表 2

| | | 贸易量/万吨 | 同比增长/% | 贸易额/万美元 | 同比增长/% |
|---|---|---|---|---|---|
| 铅矿砂及其精矿 | 进口 | 144.39 | 14.0 | 163902.07 | -0.2 |
| | 出口 | | | | |
| 锌矿砂及其精矿 | 进口 | 238.49 | 10.9 | 110801.25 | -29.0 |
| | 出口 | | | | |
| 铬矿砂及其精矿 | 进口 | 683.85 | 12.3 | 271307.83 | 75.3 |
| | 出口 | 0.23 | | 111.03 | |
| 钴矿砂及其精矿 | 进口 | 25.45 | 115.5 | 108852.97 | 244.8 |
| | 出口 | 0.09 | | 0.30 | |
| 钼矿砂及其精矿 | 进口 | 0.49 | -64.9 | 0.84 | -64.2 |
| | 出口 | 2.36 | -6.2 | 86592.91 | -1.6 |
| 钨矿砂及其精矿 | 进口 | 1.01 | 8.8 | 9465.74 | -1.2 |
| | 出口 | 0.01 | | 117.48 | |

20.*有机、无机化学品和肥料*:2008年我国有机、无机化学品进出口贸易总额908.79亿美元,同比增长23.0%。其中进口额484.51亿美元,出口额424.28亿美元,同比分别增长8.8%和44.5%。肥料的进出口总额为78.48亿美元,同比增长18.0%。其中:进口额34.81亿美元,出口额43.67亿美元,同比分别增长19.8%和16.6%。

21.*硼矿*:我国进口硼矿及其矿产品85.04万吨,进口额4.20亿美元,分别比2007年增长31.1%和59.8%。净进口硼矿及其矿产品82.62万吨,净进口额3.68亿美元,同比分别增长32.2%和56.9%。

22.*钾肥*:我国进口钾肥566.07万吨,同比减少42.0%,进口额30.95亿美元,同比增长30.2%。净进口钾肥537.27万吨,同比减少44.2%,净进口额29.58亿美元,同比增长26.6%。

23.*磷肥*:我国进口磷肥33.15万吨,同比减少41.2%,进口额2.69亿美元,同比增长73.1%。出口磷肥348.73万吨,同比减少40.2%,出口额22.54亿美元,同比增长24.0%,净出口磷肥315.57万吨,同比减少40.2%,净出口额19.85亿美元,同比增长19.5%。

24.*重晶石*:我国出口重晶石及其深加工产品413.38万吨,出口创汇2.92亿美元,同比分别增长21.2%和38.2%。其中,出口重晶石384.45万吨,出口额达2.01亿美元,分别比2007年增长23.6%和49.0%。

25.*萤石*:我国出口萤石65.75万吨,出口创汇1.91亿美元,同比分别增长22.8%和87.7%。

26.*菱镁矿*:我国出口菱镁矿及其加工产品232.90万吨,出口创汇5.21亿美元,同比分别增长2.5%和55.3%。

**【矿产品进出口贸易特点】** 1.*矿产品进出口贸易逆差不断扩大*。自进入21世纪以来,特别是2002年以后,我国矿产品进出口贸易逆差大幅度的增长(图5),从2001年的190.38亿美元增加到2008年的1477.28亿美元,年均增长34.0%。2001年至2005年我国矿产品贸易逆差快速增长,2005~2007年增速明显放慢,2008年再次大幅增长69.8%。这主要是由于2008年矿产品价格大幅度上涨,尤其是我国进出口量较多的石油和金属矿砂等价格的大幅度上涨。

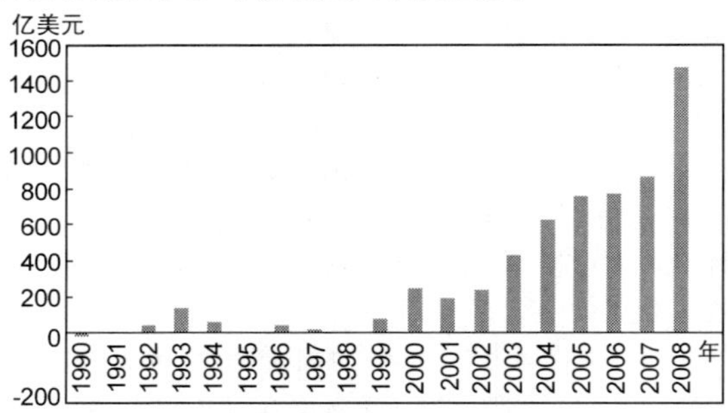


**图5 我国矿产品进出口贸易逆差变化趋势**

2.*矿产品贸易继续保持较合理结构*。进入21世纪,我国矿产品贸易的产品结构发生了非常大的变化,总体上已由高(附加值产品)进(口)低(附加值产品)出向低进高出转变,符合产业结构调整。统计资料显示,初级矿产品的进口贸易额在不断上升,特别是其占矿产品进口额的比重在不断上升;而其出口贸易额占整个矿产品出口额的比重在呈持续下降趋势(图6)。如2008年初级矿产品出口贸易额占矿产品出口额的比重比1990年下降了87%,目前基本基本处于历史地位。而初级矿产品进口贸易额占整个矿产品进口总额的比重比1990年增长了3倍。如金属、非金属矿砂的出口额、原煤的出口额、原油的出口额占矿产品出口额的比重分别比1990年下降了68.8%、61.8%和95.8%;金属、非金属矿砂的进口额、原煤的进口额、原油的进口额占矿产品出口额的比重分别比1990年增长了146.4%、31.4%和7倍。与此相反,矿产的深加工产品及其制品出口所占份额相对增加,进口所占份额明显下降,其出口额在全国矿产品出口总额中的比重由1990年61.1%上升到2008年的95.0%;其进口额所占比重则由1990年86.1%下降到2008年的44.4%。这也表明中国矿产品加工的水平有了明显的提高。此外,这些年来我国对外贸易的矿产品种类不断增多,种类结构发生了较大变化,目前中国矿产品进出口贸易的品种已达到1800多种。在全国矿产品进出口贸易中，绝大多数的矿产品进、出口贸易额均呈增长的态势，但是其进、出口贸易额在全国矿产品进、出口贸易中的比重变化是不一样的。钢铁及其制品、有色金属及其制品、有机化学品和液化气及天然气的这一比重增加比较明显。制成化学肥料的比重下降较大。非金属矿产品、无机化学品、能源及其相关产品所占比重变化不大。但从趋势分析，我国矿产品出口份额中，能源矿产品的比重已经处于低位；金属和非金属矿产的初级产品将进一步减少，但其原材料加工产品将会保持持续增加的态势。在矿产品进口份额中，非金属矿产品变化不大；初级金属矿产品将继续增长，但幅度会减缓；能源产品进口会稳定上升(图7)。

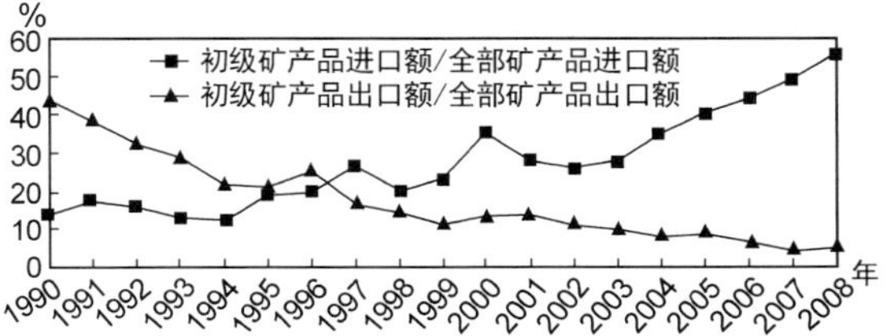


**图6　初级矿产品进出口贸易额占全国矿产品进出口额比重的变化趋势**

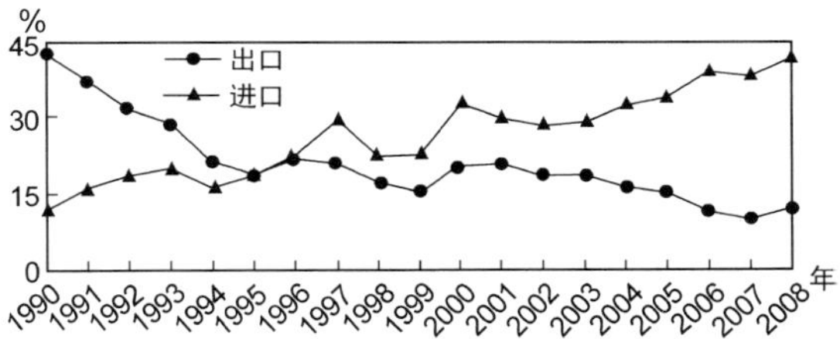


**图7　能源及其相关产品进出口贸易额占全国矿产品进出口贸易额的比重**

3. *主要短缺矿产品的进口已对国际市场构成重要影响*。近年来由于我国经济的高速增长，对许多大宗矿产品的需求量很大，特别是对我国短缺矿产的消费量非常强劲，2008年我国原油进口量占全球进口量的比重(下同)比2007年提高0.9个百分点，铁矿石进口量占比比2007年提高9.3个百分点，粗铜及精炼铜占比比2007年提高1.4个百分点，氧化铝占比比2007年下降2.8个百分点。我国对主要短缺矿产的进口量在全球矿产品进口总量中占有较大份额(图8、表3)，已对国际市场产生重要影响。

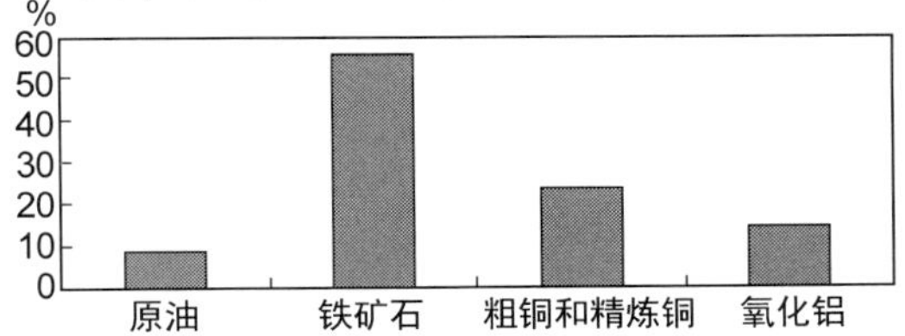


**图8　我国主要短缺矿产品进口量占世界进口总量的比重**

**表3　2008年我国大宗短缺矿产进口量及进口来源**

| 矿产品 | 进口量/万吨 | 进口来源及比例 |
|---|---|---|
| 原　油 | 17888 | 42个国家(地区)，其中沙特20.3%、安哥拉16.7%、伊朗11.9%、阿曼8.2%、俄罗斯6.5%、苏丹5.9% |
| 铁矿石 | 44350 | 43个国家(地区)，其中澳大利亚41.4%、巴西22.7%、印度20.5%、南非3.3%、印度尼西亚1.5% |
| 锰矿石 | 757 | 34个国家(地区)，其中澳大利亚30.4%、南非26.2%、加蓬14.5%、巴西7.7%、缅甸4.7%、马来西亚3.8% |
| 铬铁矿 | 684 | 31个国家，其中南非38.0%、土耳其17.2%、阿曼11.9%、印度8.0%、巴基斯坦5.5%、菲律宾5.0% |
| 铜矿石 | 519 | 49个国家(地区)，其中智利29.3%、秘鲁18.1%、澳大利亚10.6%、蒙古10.3%、美国5.0%、墨西哥4.3% |
| 钾　肥 | 566 | 31个国家(地区)，其中俄罗斯45.8%、加拿大23.4%、白俄罗斯13.3%、以色列5.4%、德国4.0%、约旦3.9% |

4. *矿产品进出口贸易继续保持多元化战略*。随着世界经济全球化的不断发展，我国经济与世界经济不断融合，我国矿产品贸易在全球进一步扩大，贸易多元化不断发展。2008年我国矿产品贸易涉及的国家或地区近230个，遍及全球五大洲(六大地区：亚洲地区、非洲地区、欧洲地区、拉美地区、北美地区以及大洋州地区)。我国在亚洲地区的矿产品贸易总额占我国矿产品贸易总额的53.2%(比2007年下降0.6个百分点)，非洲地区占9.3%(比2007年上升1.1个百分点)，欧洲地区14.3%(比2007年下降1.8个百分点)，拉美地区占9.0%(比2007年上升1.6个百分点)，北美地区占8.4%(比2007年下降1个百分点)，大洋州地区占5.8%(比2007年上升0.7个百分点)。其中：矿产品进出口贸易总额上10亿美元的国家(或地区)有64个，比2007年增加了9个；达到50亿美元以上的有32个国家(或地区)，比2007年增加了4个；达到100亿美元以上的有18个国家(或地区)，比2007年增加了5个。其中韩国、日本和美国依然是我国三大矿产品贸易伙伴，三国与我国的矿产品贸易总额1598.66亿美元，比2007年增长了32.0%，占我国矿产品贸易总额的24.1%。在矿产品出口贸易中，美国仍然是我

国第一大矿产品出口目的地国(338.82亿美元),韩国是我国第二大矿产品出口目的地国(292.89亿美元),三至五位的国家(或地区)是日本(206.52亿美元)、中国香港特别行政区(168.13亿美元)和印度(98.60亿美元)。在矿产品进口贸易中,日本继续是我国矿产品及相关产品的最大进口原产地国(337.81亿美元),表明日本在矿产品深加工技术和产品方面具有明显的优势,把高附加值的矿产品返销到中国。二至五位的国家(或地区)是澳大利亚(327.66亿美元,比2007年提升一位)、韩国(299.76亿美元)、沙特阿拉伯(299.21亿美元)和安哥拉(223.82亿美元)。

2008年,与我国进行矿产品及相关产品贸易额达100亿美元以上的国家(或地区)有18个:韩国(592.65亿美元)、日本(544.33亿美元)、美国(461.69亿美元)、澳大利亚(372.26亿美元)、沙特阿拉伯(184.67亿美元,由2007年度的第七位上升到五位)、印度(267.67亿美元)、中国台湾(259.16亿美元)、安哥拉(231.90亿美元,由2007年的十二位上升到第八位)、巴西安(231.50亿美元,由2007年的十一位上升到第九位)、俄罗斯(225.69亿美元)、伊朗(216.51亿美元)、中国香港特别行政区(185.32亿美元)、德国(134.94亿美元)、新加坡(119.29亿美元)、阿曼(117.95亿美元)、智利(112.23亿美元)、印度尼西亚(111.22亿美元)、阿拉伯联合酋长国(105.47亿美元),其贸易额合计达4622.34亿美元,占我国矿产品及相关产品进出口贸易总额的69.7%。在上述13个国家或地区中,我国实现贸易顺差的只有美国、我国的香港特别行政区和阿拉伯联合酋长国。

5. *主要大宗短缺矿产对进口依赖程度高,部分矿产明显下降*。随着我国GDP持续高速增长,经济发展对能源、原材料及其相关产品的需求量不断增大,受国内资源条件和生产能力的约束,我国主要大宗短缺矿产品对进口的依赖程度均保持在较高的水平。连续四年来,我国石油、锰矿石对外依赖程度持续增长,2008年石油和原油对外依程度分别提高2.1和1.9个百分点,锰矿石提高0.2个百分点。由于国内铁矿石产量大幅度增长,对外依程度连续四年小幅下降,但是我国铁矿石对外依程度依然保持较高水平。铬铁矿和铜精矿对外依程度均保持较高水平,分别在95%和50%左右。近四年来,我国钾肥和氧化铝对外依程度下降幅度较大,2008年钾肥对外依度下降了30.9%(主要是我国青海盐湖的大规模开发,钾肥产量大幅度增加),氧化铝的对外依程度下降63.6%~16.6%(一方面是我国拜尔法炼铝工艺的突破,国内一水铝土矿产量的大幅度增长,提高了国内氧化铝供应能力,另一方面我国加大了铝土矿的进口量,特别是近两年铝土矿进口量大幅度增长)(图9)。

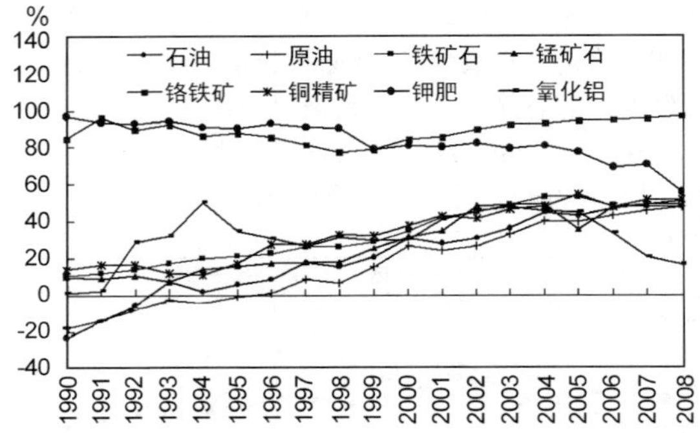


**图9 我国大宗短缺矿产对进口依赖程度(%)变化趋势**

近年来,由于我国大宗短缺矿产品进口量持续增长和保持较高的进口水平,加之矿产品价格的不断上涨,导致一些主要矿产品石油、铁矿、锰矿、铬铁矿、铜精矿、钾肥等的进口额增幅均在两位数以上(图10)。其中石油、铁矿石、锰矿、铬铁矿的进口额增幅达到50%以上,锰矿石进口额增幅达到了166.4%,连续两年增幅达三位数。2008年我国继续加大铝土矿的进口量,氧化铝进口量进一步减少,导致进口额比2007年减少了9.8%。

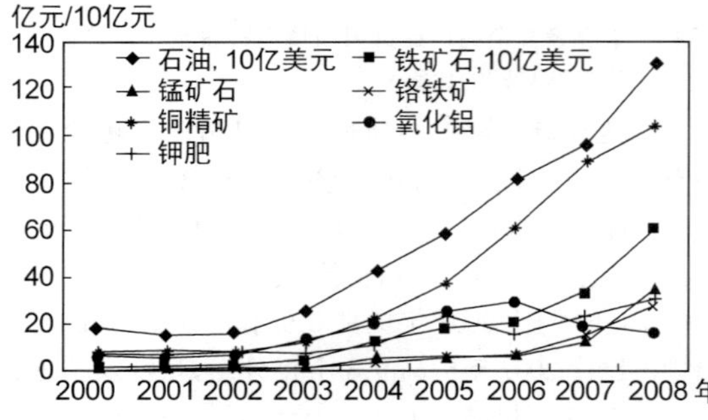


**图10 我国大宗短缺矿产品进口耗汇额增长趋势**

(国土资源部信息中心 葛振华)

# 矿 业 管 理

## 矿产资源储量管理

### 矿产资源储量

**【概况】** 截至2008年底,全国已发现171种矿产,具有查明资源储量的矿产159种。能源矿产10种,金属矿产54种,非金属矿产92种,水气矿产3种。2008年能源矿产查明资源储量普遍增长,其中煤炭查明资源储量与天然气剩余技术可采储量增长较大,分别增长了5.6%和6.0%;黑色金属矿产查明资源储量只有钛矿减少;有色金属矿产除了镍矿、钴矿和铋矿查明资源储量下降外,其他均有增长;贵金属矿产中铂族金属查明资源储量略有减少,金矿、银矿查明资源储量增长幅度较大;过半非金属矿产查明资源储量有所增长;水气矿产二氧化碳气也有增长。

**【能源矿产储量】** 1.煤炭。截至2008年底,煤炭查明资源储量12464.03亿吨,比2007年净增659.58亿吨,增长5.6%,其中,勘查新增1056.93亿吨。

2.石油。截至2008年底,石油剩余技术可采储量28.90亿吨,比2007年增长2.05%。石油采出量1.89亿吨,勘查新增探明技术可采储量2.05亿吨。

3.天然气。截至2008年底,天然气剩余技术可采储量34049.62亿立方米,比2007年增长6.00%。天然气采出量774.87亿立方米,勘查新增探明技术可采储量2698.84亿立方米。

**【黑色金属矿产储量】** 1.铁矿。截至2008年底,铁矿查明资源储量623.78亿吨,比2007年净增10.43亿吨,增长1.70%。

2.锰矿。截至2008年底,锰矿查明资源储量84674.14万吨,比2007年净增5380.68万吨,增长6.8%。

3.铬铁矿。截至2008年底,铬铁矿查明资源储量1178.38万吨,比2007年净增95.55万吨,增长8.8%。

4.钛矿。截至2008年底,包括金红石、钛铁砂矿、原生钛铁矿,折算为二氧化钛的查明资源储量为70262.72万吨,比2007年净减少976.86万吨,下降1.4%。

**【有色金属矿产储量】** 1.铜矿。截至2008年底,铜矿查明资源储量7709.56万吨,比2007年净增552.66万吨,增加7.7%。

2.铅矿。截至2008年底,铅矿查明资源储量4548.66万吨,比2007年净增340.95万吨,增长8.1%。

3.锌矿。截至2008年底,锌矿查明资源储量10393.08万吨,比2007年净增343.81万吨,增长3.4%。

4.铝土矿。截至2008年底,铝土矿查明资源储量303136.42万吨,比2007年净增12342.93万吨,增长4.2%。

5.镁矿。截至2008年底,镁矿查明资源储量57810.53万吨,比2007年净增7631.28万吨,增长15.2%。

6.镍矿。截至2008年底,镍矿查明资源储量828.16万吨,比2007年净减少11.01万吨,下降1.36%。

**【贵金属矿产储量】** 1.铂族金属。截至2008年底,铂族金属查明资源储量324.13吨,比2007年净减14.17吨,减少4.2%。

2.金矿。截至2008年底,金矿查明资源储量5951.79吨,比2007年净增410.45吨,增长7.4%。

3.银矿。截至2008年底,银矿查明资源储量160304吨,比2007年净增加1980吨,增长1.3%。

**【冶金辅助原料非金属矿产储量】** 1.菱镁矿。截至2008年底,菱镁矿查明资源储量37.97亿吨,比2007年净减少2325万吨,下降0.6%。

2.普通萤石。截至2008年底,普通萤石查明资源储量折算为氟化钙17198.70万吨,比2007年净增1193万吨,增长7.5%。

3.耐火黏土。截至2008年底,耐火黏土查明资源储量23.75亿吨,比2007年净增2708万吨,增长

1.2%,其中,勘查新增2321万吨。

**【化工原料非金属矿产储量】** 1.*硫铁矿*。截至2008年底,硫铁矿查明资源储量53.61亿吨,比2007年净减5110万吨,减少0.9%。

2.*磷矿*。截至2008年底,磷矿查明资源储量177.62亿吨,比2007年净增2.71亿吨,增长1.5%。

3.*芒硝*。截至2008年底,芒硝查明资源储量折算为硫酸钠量611.70亿吨,比2007年净增12.10亿吨,增长2.0%。

4.*重晶石*。截至2008年底,重晶石查明资源储量3.89亿吨,比2007年净增136万吨,增长0.4%。

5.*盐矿*。截至2008年底,盐矿查明资源储量折氯化钠量为13172.64亿吨(矿石量按82%折算),比2007年净减107.36亿吨,下降0.8%。

**【建材及其他非金属矿产储量】** 1.*石墨(晶质)*。截至2008年底,石墨(晶质)查明资源储量19628万吨,比2007年净增1225万吨,增长6.7%。

2.*滑石*。截至2008年底,滑石查明资源储量25948万吨,比2007年净增203万吨,减少0.8%。

3.*石膏*。截至2008年底,石膏查明资源储量695.86亿吨,比2007年净增16.69亿吨,增加2.5%。

4.*水泥用灰岩*。截至2008年底,水泥用灰岩查明资源储量864.86亿吨,比2007年净增47.53亿吨,增长5.8%。

5.高岭土。截至2008年底,高岭土查明资源储量20.34亿吨,比2007年净增3387万吨,增长1.7%。

6.膨润土。截至2008年底,膨润土查明资源储量4.80亿吨,比2007年净增978万吨,增加2.1%。

**【二氧化碳气矿产储量】** 截至2008年底,二氧化碳气剩余技术可采储量550.65亿立方米,比2007年净增16.44亿立方米,增长3.1%。

**【矿产资源利用现状调查】** 2008年2月,印发《全国矿产资源储量利用调查总体实施方案》(国土资发〔2008〕27号)。3月,对各省报送的实施方案进行交流并组织专家完成了审查。选择河北省沙河市西郝庄铁矿区进行储量核查试点,编制了《矿区资源储量核查技术要求》。5月,举办了“全国矿产资源利用现状调查矿区资源储量核查技术要求培训班”,为储量核查工作在全国全面推开打下了良好基础。编制了《煤炭矿区资源储量核查技术要求》,组织专家对黑龙江鸡东煤矿区进行了核查试点。编制完成了《矿区资源储量核查成果数据库建设技术要求》。完成了包括30个省(区、市)在内的2008年度续作论证报告。编写了《全国油气储量利用核查实施方案》,并多次征求油气公司和相关专家意见。经统计,截至2008年底,各省(区、市)组织核查队伍420个,总人数约4000人;计划开展核查矿区2892个,现已完成核查725个;计划安排资金62591万元,现已落实18373万元。全国项目组在河北、黑龙江的矿区资源储量核查工作试点工作基本完成。

**【矿产资源储量核查技术要求培训班】** 按照全国矿产资源利用现状调查工作总体要求,5月,储量司在北京举办了“全国矿产资源利用现状调查矿区资源储量核查技术要求培训班”,各省(区、市)厅(局)储量处负责人,各省项目负责人、部分地质队伍、矿产资源丰富的市(地)国土资源管理部门负责人等约360人参加了培训。汪民副部长到会并发表重要讲话,强调要进一步提高对做好全国矿产资源利用现状调查工作重要性的认识,要求各级国土资源行政主管部门扎实推进、项目承担单位和矿区核查队伍创造性地开展工作,努力调动采矿权人的积极性,以保证任务的顺利完成。

**【矿山储量动态监管高级研修班】** 为做好矿山储量动态监管管理工作,加强对矿山储量动态监管技术人才的培养,9月22~25日,人力资源和社会保障部、国土资源部联合在青海省西宁市举办了矿山储量动态监管高级研修班。31个省(区、市)国土资源厅(局)、部分矿产资源丰富的县市级国土资源部门、矿山地质测量机构和矿山企业的管理人员与技术骨干约180人参加了研修班。研修班主要就围绕《矿山储量动态管理要求》进行了讲解、讨论,两个省和两个市国土资源管理部门、一个矿山企业作了典型发言,并实地考察了煤炭矿山企业的储量动态监管工作。通过研修,提高各级国土资源主管部门、地质测量机构和矿山企业对此工作重要性、必要性的认识,全面、系统掌握了矿山储量动态管理要求,将有力促进矿山储量动态监管工作。

## 矿产资源储量政策研究

**【资源战略和政策研究】** 组织部经研院、信息中心、资源所等专家,对改革开放30年来矿产资源保障社会经济发展情况进行总结研究,得出能源产销翻两番,大宗固体矿产产销翻四番,支撑国民经济翻四番的基本结论。对全面建设小康社会20年,特别是今后的12年,社会经济发展对能源和大宗矿产的消费需求进行了预测研究,得出从资源保障看除煤炭外基本都存在较大缺口的结论。研究完成了《关于改革开放30年全面建设小康社会20年我国矿产资源保障情况的报告》。

《首批国家煤炭规划矿区资源评价总报告》和《铁铜铝资源评价》项目通过专家评审。完成编制第二批《重要矿区资源潜力评价报告》。

**【矿产资源储量技术标准体系研究】** 矿产资源储量技术标准体系研究项目于2007年年底正式启动，项目涉及面广、影响力大、难度高。2008年，对山东、广西、云南、湖南、贵州、四川、江西、河北、福建等9个省份18个市(县)进行了调研。调研以座谈形式为主，省、市(县)国土资源管理部门、评审机构、评估师、地勘单位、设计部门及矿山企业等计近400个单位、近千人参加了座谈。通过调研和座谈，整理归纳了我国现行储量分类实施中的主要问题，经充分研究提出了修订方案，并进行了多层面、多次的征求意见和修改。按计划提出了《〈固体矿产资源/储量分类〉修订研究报告》和《〈固体矿产资源/储量分类〉修订稿送审稿》。为了广泛吸纳基层一线技术人员的意见和为今后储量分类标准的修订、实施打下基础，专门聘请了对矿产资源储量分类及勘查规范等矿产资源储量技术标准比较熟悉，有丰富的实际工作经验的中青年技术负责人和业务骨干316人，涉及管理、勘查、矿山、设计、评审等相关单位，作为该项目的外围特邀专家参与有关的研究工作和后续的推广实施工作，以确保该项目达到预期的目的。

**【矿产资源储量分类标准国际研讨会】** 为了解国外主要市场经济国家的矿产资源储量分类情况，促进相互交流，储量司组织召开了2008中国国际矿业大会上的矿产资源储量分类标准国际研讨会，组织国外专家到矿山实地考察我国现行矿产资源储量分类的应用情况，并派员出席联合国矿物能源和矿产资源术语协调工作会议，了解UNFC的研究发展。

**【矿产资源储量评审报告备案情况】** 2008年国土资源部完成储量评审备案334份，其中油气96份，固体矿产资源238份。

## 矿产资源补偿费征收

**【概况】** 2008年，全国31个省(区、市)补偿费征收入库额为113.4亿元，较2007年89.6亿元增长了26.6%，再创新高。从全国情况看，共有21个省(区、市)入库额超过1亿元，分别是天津、河北、山西、内蒙古、辽宁、吉林、黑龙江、江苏、浙江、安徽、江西、山东、河南、广东、广西、四川、重庆、贵州、甘肃、青海、新疆，占全国入库额的98.7%。特别是新疆、山东、黑龙江、山西4个省(区)均超过12亿元，占全国入库额的53.0%。与2007年相比，补偿费入库额增长排前十位的是：山西、新疆、内蒙古、河南、甘肃、黑龙江、浙江、河北、山东、陕西；增长比率超过40%的有：天津、山西、内蒙古、吉林、浙江、河南、湖南、海南、贵州、甘肃、青海。

从各矿种征收情况看，入库额超过1亿元的矿种有：石油天然气、煤、铁、铜、金、钼、铅锌、水泥石灰岩、建筑石材，占全国入库额的92.9%。其中石油天然气占46.7%、煤31.7%、铁4.2%、铜2.2%、金2.5%、铅锌1.6%、水泥石灰岩1.0%、建筑石材1.1%、其他矿种均在1%以下。入库额较2007年增长较大的矿种有：煤增加11.5亿元、石油天然气1.5亿元、钼1.2亿元、金0.8亿元。

## 矿业权评估管理

**【国土资源部出让矿业权委托评估情况】** 依据《关于公开选择评估机构承担矿业权评估项目的公告》(国土资源公告2006年21号)和《国土资源部公开选择评估机构承担矿业权出让评估项目摇号工作规则(试行)》，2008年部以公开摇号方式分3批次委托出让矿业权评估项目23个，其中采矿权评估项目14个，探矿权评估项目9个，共支付委托评估费用378万。

**【规范矿业权评估重要文件发布】** 为规范我国矿业权评估管理，促进矿业权评估行业健康发展，8月，制定发布了《矿业权评估管理办法(试行)》、《关于规范矿业权评估报告备案有关事项的通知》、《关于规范矿业权出让评估委托有关事项的通知》3个文件，从不同方面对矿业权评估行业、矿业权评估管理程序等进行制度规范。明确管理者、管理相对人各自的权利和义务，强调评估管理过程公开，规范矿业权评估管理权力，阳光行政。

**【《矿业权评估参数指导意见》发布】** 《矿业权评估参数指导意见》于2008年10月15日正式发布实施，标志着矿业权评估制度建设又向前迈进了一步。《指导意见》提出，注册矿业权评估师选取确定矿业权评估参数要谨慎、合理，要获取充分信息和可靠依据。主观专业判断应建立在充分信息支持、系统分析的基础上。选取确定矿业权评估参数要坚持实效性、有效性原则。

**【规范矿业权评估管理专题会议】** 2008年11月，储量司在京召开了规范矿业权评估管理专题会议。各省(区、市)厅(局)负责矿业权评估和矿产资源储量评审的管理人员100余人参加了会议。

## 地质资料管理

**【地质资料汇交】** 2008年度，全国共汇交成果地质资料13196档，比2007年增长25%。其中，重庆、贵州和辽宁等省(市)接收的地质资料均在1300档以上，共占全国汇交总量的32%。上海、山西、内蒙古、山东等省(区、市)的汇交量都在500档以上。2008年各省(区、市)向部汇(转)交地质资料2237档，其中有电子文档的2103份，电子文档汇交率达94%以上。2008年汇交的地质资料中，矿产地质和环境地质类资料最多，分别为6448档和3148档，各占汇交总量的49%和24%。

**【地质资料查阅利用情况】** 2008年度，部、省两级地质资料馆藏机构提供地质资料利用达15.87万份，150.29万件，共为4.87万人提供了地质资料服务，比2007年增长25%。全国地质资料馆提供查阅、复制利用地质资料达1.39万人次，湖南、内蒙古、贵州、吉林、浙江、广东、山东等省(区)利用地质资料的人数都在2000人以上，云南、新疆、河北、黑龙江、江苏等省(区)利用地质资料的人数也在1000人以上。目前地质资料利用方式已从传统的到馆藏机构借阅逐步转变为主要通过网络进行查询利用。全国地质资料网络服务体系已基本建立，现代网络服务在整个服务中占据越来越重要的地位。2008年全国地质资料馆网络服务访问量突破11万次，是2007年的2.2倍，网上各种数据产品的访问量合计突破30万次。山西、辽宁、上海、江苏、安徽、福建、河南、湖北、广东、广西、贵州等省(区、市)地质资料管理与服务网站(栏目)访问量都在万次以上。

**【地质资料为抗震救灾应急服务情况】** "5·12"汶川大地震发生后，四川省地质资料馆在第一时间启动应急预案，为146个单位、372人提供了4768件地质资料查询服务，无偿提供近20万元的原版地质资料，为四川省抗震救灾、地质灾害隐患排查赢得了时间，节约勘查费用约3000万元；全国地质资料馆为抗震救灾工作提供无偿、快速、24小时地质资料服务，并紧急整理出馆藏地震灾区相关资料目录3147份，向中国科学院对地观测与数字地球科学中心、中国科学院青藏高原研究所、北京市地质工程勘察院等8个单位提供抗震救灾相关地质资料313份、复制文字36941页、图件773幅。

**【地质资料汇交监管】** 根据《关于限期汇交地质资料的通知》(国土资厅发〔2008〕44号)的要求，全国各地开展了欠交成果地质资料清查汇交工作。截至2008年底，各省(区、市)都按国土资厅发〔2008〕44号文件要求开展了欠交成果地质资料的清查、催交工作。为了加强地质资料汇交管理，全国多数省(区、市)严格执行内部会审制度，对不依法汇交地质资料的单位，不予通过矿业权、地勘项目立项等会审，进一步加强了地质资料汇交监管力度。

**【地质资料图文数字化和涉密资料清理】** 截至2008年底，全国各省(区、市)共完成成果地质资料数字化总量12.94万种。重庆市的成果地质资料数字化工作已经全部完成；上海、青海和黑龙江等省(市)的馆藏地质资料的图文数字化率超过90%；全国地质资料馆累计完成3.4万种地质资料数字化，占馆藏总量的31.7%；全国涉密地质资料清理工作进展顺利。除个别省(区)外，全国各省级馆藏机构保管的涉密地质资料均已通过本省(区、市)国土资源管理部门和保密局的合规性审核，目前正在开展密级标注工作。

**【实物地质资料】** 实物地质资料中心成立领导小组，专门负责宣传、解读、培训与贯彻落实实物地质资料管理工作；上海是全国唯一建有实物地质资料库房，并对实物地质资料进行全面管理的省份；北京市2008年开始接收汇交的22口井实物地质资料；黑龙江、山东、江苏、海南、云南、陕西、青海等省开展调研，努力将实物地质资料纳入统一管理范畴；河北、黑龙江省和实物地质资料中心已展开实物地质资料清理试点工作。

**【馆藏设施建设】** 安徽省高度重视地质资料馆藏机构基础设施建设，省财政已批准安排5.4亿元用于新建安徽省地质资料库房。内蒙古地质档案馆、北京市地质资料馆和全国地质资料馆迁入新的办公地点，地质资料管理的基础设施较以往有一定的改善。

表1　**2008年度全国成果地质资料汇交情况汇总表**

| 省份 | 区调地质 | 矿产地质 | 油气地质 | 海洋地质 | 水文工程 | 环境地质 | 物化遥 | 地质科研 | 其他 | 合计 |
|---|---|---|---|---|---|---|---|---|---|---|
| 北京 | | 138 | | | 14 | 103 | | 10 | 8 | 273 |
| 天津 | | 55 | | | 2 | 31 | | 14 | 2 | 104 |
| 河北 | | 223 | | | 1 | 15 | 25 | 46 | 43 | 14 |
| 山西 | | 607 | | | | 126 | | | | 733 |
| 内蒙古 | 20 | 643 | | | | 6 | 22 | 10 | | 701 |

**续表 1**

| 省份 | 区调地质 | 矿产地质 | 油气地质 | 海洋地质 | 水文工程 | 环境地质 | 物化遥 | 地质科研 | 其他 | 合计 |
|---|---|---|---|---|---|---|---|---|---|---|
| 辽宁 | 2 | 517 | | | | 795 | | 4 | | 1318 |
| 吉林 | 7 | 212 | | | 13 | | 1 | 3 | 6 | 242 |
| 黑龙江 | 3 | 31 | | | 4 | | | 3 | | 41 |
| 上海 | | | | | 729 | 234 | | 16 | 1 | 980 |
| 江苏 | | 26 | | | 28 | | | 36 | 2 | 92 |
| 浙江 | 4 | 81 | | | | 112 | | 13 | | 211 |
| 安徽 | | 336 | | | | 1 | 2 | 2 | 21 | 362 |
| 福建 | 4 | 145 | | | | 14 | 11 | 2 | 3 | 179 |
| 江西 | 4 | 223 | | | 9 | 5 | 7 | 1 | 20 | 269 |
| 山东 | 3 | 293 | | | 29 | 192 | 7 | 3 | | 527 |
| 河南 | | 319 | | | 6 | 12 | 1 | 18 | 1 | 357 |
| 湖北 | | 87 | | | | 7 | | 19 | 22 | 135 |
| 湖南 | 6 | 319 | | | 2 | 1 | 9 | 5 | 10 | 352 |
| 广东 | 11 | 76 | | | | 100 | 2 | 3 | | 192 |
| 广西 | | 155 | | | | 1 | 2 | | | 158 |
| 海南 | 4 | 13 | | | | 36 | | 1 | 12 | 66 |
| 重庆 | 2 | 130 | | | 5 | 1249 | | 3 | 165 | 1554 |
| 四川 | 6 | 32 | | | 13 | 19 | | 10 | 327 | 397 |
| 贵州 | 3 | 173 | | | 5 | 31 | 6 | 3 | 1146 | 1367 |
| 云南 | | 294 | | | 6 | | | | | 300 |
| 西藏 | 6 | 189 | | | 2 | 2 | 9 | 2 | 1 | 211 |
| 陕西 | | 348 | 1 | | 11 | | | 6 | | 366 |
| 甘肃 | 3 | 271 | | | 3 | 23 | 15 | 11 | 4 | 330 |
| 青海 | 12 | 64 | | | 12 | 10 | 15 | 18 | 8 | 139 |
| 宁夏 | | 70 | | | 1 | | | | 11 | 82 |
| 新疆 | 20 | 378 | | | 6 | 23 | 14 | 17 | 2 | 460 |
| 全国地质资料馆 | 2 | | 332 | 18 | 3 | 3 | | 18 | 8 | 384 |
| 合计 | 120 | 6448 | 1 | 0 | 904 | 3148 | 148 | 297 | 1784 | 13196 |

**表 2　　2008 年度全国成果地质资料馆藏及利用情况汇总**

| 省份 | 地质资料总量(档) | 其中 | | | 利用人次 | 利用份次 | 利用件次 |
|---|---|---|---|---|---|---|---|
| | | 公益 | 保护 | 保密 | | | |
| 北京 | 5155 | | 766 | | 321 | 1621 | 9105 |
| 天津 | 3900 | 89 | 131 | 656 | 45 | 171 | 3281 |
| 河北 | 7959 | | 15 | 70 | 1280 | 5800 | |
| 山西 | 7336 | | | | 188 | 7076 | 70260 |
| 内蒙古 | 10702 | 633 | 100 | | 2932 | 5702 | 195233 |

续表 2

| 省份 | 地质资料总量(档) | 其中 | | | 利用人次 | 利用份次 | 利用件次 |
|---|---|---|---|---|---|---|---|
| | | 公益 | 保护 | 保密 | | | |
| 辽宁 | 10462 | 2812 | 1 | 4216 | 915 | 4167 | 118433 |
| 吉林 | 6643 | | 20 | | 2747 | 23983 | 178412 |
| 黑龙江 | 5299 | | | | 1280 | 3380 | 67600 |
| 上海 | 8672 | 113 | 314 | 224 | 816 | 5476 | 11978 |
| 江苏 | 5323 | 309 | 156 | 1840 | 1072 | 5245 | 18626 |
| 浙江 | 7166 | | 185 | 2796 | 2534 | 4295 | 18248 |
| 安徽 | 9143 | 181 | | 3195 | 676 | 3651 | 51653 |
| 福建 | 10743 | | 900 | 2122 | 855 | 2450 | 40150 |
| 江西 | 9275 | 1074 | | | 619 | 1780 | 10170 |
| 山东 | 6587 | | | | 2316 | 7560 | 14326 |
| 河南 | 10297 | 403 | 20 | 2261 | 850 | 2163 | 42610 |
| 湖北 | 6105 | 472 | | 1645 | 559 | 3583 | 56384 |
| 湖南 | 13264 | 420 | 6 | 64 | 2939 | 15180 | 78813 |
| 广东 | 8221 | 411 | 9 | 2158 | 2448 | 3759 | 47945 |
| 广西 | 7987 | 163 | | 1438 | 650 | 670 | 12039 |
| 海南 | 1524 | 48 | | 18 | 203 | 717 | 16598 |
| 重庆 | 9207 | | | | 263 | 1012 | 1645 |
| 四川 | 16295 | 869 | 823 | 1756 | 850 | 2468 | 91800 |
| 贵州 | 10218 | | | 1290 | 2907 | 61607 | |
| 云南 | 8215 | 543 | | 3486 | 1952 | 4258 | 17987 |
| 西藏 | 4021 | 381 | | 719 | 273 | 1288 | 20282 |
| 陕西 | 7758 | | 12 | 6782 | 711 | 1760 | 14181 |
| 甘肃 | 8563 | 510 | | | 489 | 659 | 58953 |
| 青海 | 5389 | 464 | 17 | 1251 | 750 | 5956 | 72792 |
| 宁夏 | 2822 | 272 | | 303 | 123 | 126 | 2275 |
| 新疆 | 8751 | | | | 1864 | 4497 | |
| 全国地质资料馆 | 107167 | | 387 | | 13881 | 25370 | 99527 |
| 合计 | 341418 | 10167 | 3475 | 37000 | 48693 | 158730 | 1502913 |

**表 3　　截至 2008 年底全国成果地质资料图文数字化情况汇总**

| 省份 | 地质资料总量(档) | 已数字化数量(档) | 当年数字化数量(档) |
|---|---|---|---|
| 北京 | 5155 | 3960 | |
| 天津 | 3900 | 2775 | 20 |
| 河北 | 7959 | 590 | |

续表 3－1

| 省份 | 地质资料总量(档) | 已数字化数量(档) | 当年数字化数量(档) |
|---|---|---|---|
| 山西 | 7336 | 2013 | 577 |
| 内蒙古 | 10702 | 4886 | 862 |
| 辽宁 | 10462 | 2743 | 1200 |
| 吉林 | 6643 | 896 | |

**续表 3-2**

| 省份 | 地质资料总量(档) | 已数字化数量(档) | 当年数字化数量(档) |
|---|---|---|---|
| 黑龙江 | 5299 | 4795 | |
| 上海 | 8672 | 8593 | 2971 |
| 江苏 | 5323 | 3564 | 420 |
| 浙江 | 7166 | 2395 | 350 |
| 安徽 | 9143 | 2215 | 744 |
| 福建 | 10743 | 4030 | 510 |
| 江西 | 9275 | 3102 | 665 |
| 山东 | 6587 | 1995 | 400 |
| 河南 | 10297 | 1806 | 445 |
| 湖北 | 6105 | 2431 | 1000 |
| 湖南 | 13264 | 9977 | 3519 |
| 广东 | 8221 | 3070 | 1325 |
| 广西 | 7987 | 300 | 130 |

**续表 3-3**

| 省份 | 地质资料总量(档) | 已数字化数量(档) | 当年数字化数量(档) |
|---|---|---|---|
| 海南 | 1524 | 967 | |
| 重庆 | 9207 | 9207 | 1554 |
| 四川 | 16295 | 4050 | 600 |
| 贵州 | 10218 | | |
| 云南 | 8215 | 1341 | 300 |
| 西藏 | 4021 | 467 | |
| 陕西 | 7758 | 3200 | 500 |
| 甘肃 | 8563 | 2211 | 400 |
| 青海 | 5389 | 4958 | 1316 |
| 宁夏 | 2822 | 289 | 100 |
| 新疆 | 8751 | 2600 | 150 |
| 全国地质资料馆 | 107167 | 34000 | 10000 |
| 合计 | 341418 | 129426 | 30058 |

**表 4　2008 年全国地质资料馆藏机构基本情况汇总表**

| 省份 | 馆藏机构名称 | 隶属关系 | 单位人员情况 | | | | 2008 年资金保障情况 | | |
|---|---|---|---|---|---|---|---|---|---|
| | | | 正专 | 正兼 | 临时 | 本科以上 | 日常拨款/万元 | 保障程度 | 其他经费/万元 |
| 北京 | 北京市地质资料馆 | 某单位的内设机构 | 3 | | | 3 | | 不能保障 | 28.5 |
| 天津 | 天津市地质资料馆 | 独立单位 | 4 | 2 | 0 | 4 | 108 | 基本保障 | 150 |
| 河北 | 河北省地质资料馆 | 某单位的内设机构 | 3 | | 2 | 3 | 1.75 | 基本保障 | |
| 山西 | 山西省地质矿产科学技术馆 | 独立单位 | 3 | 0 | 2 | 3 | 12.9 | 基本保障 | |
| 内蒙古 | 内蒙古全区地质资料馆 | 某单位的内设机构 | 4 | | 4 | | | 基本保障 | |
| 辽宁 | 辽宁省国土资源厅信息中心 | 某单位的内设机构 | 3 | | 4 | 4 | | 基本保障 | 189 |
| 吉林 | 吉林省地质资料馆 | 合署办公 | 3 | 1 | 1 | 3 | 84.78 | 基本保障 | |
| 黑龙江 | 黑龙江省地质资料档案馆 | 合署办公 | 6 | 8 | 4 | 10 | 271.83 | 基本保障 | 220 |
| 上海 | 上海市地质资料馆 | 合署办公 | 5 | 6 | 2 | 6 | 77 | 基本保障 | |
| 江苏 | 江苏省地质资料馆 | 独立单位 | 6 | | 1 | 3 | 28.82 | 不能保障 | 90 |
| 浙江 | 浙江省地质资料档案馆 | 合署办公 | 3 | 3 | 3 | 7 | 28 | 基本保障 | 70 |
| 安徽 | 安徽省地质资料馆 | 合署办公 | 13 | | 7 | 12 | 58.4 | 不能保障 | 71 |
| 福建 | 福建省国土资源档案馆 | 独立单位 | 9 | | 5 | 8 | 38.5 | 不能保障 | |
| 江西 | 江西省地质资料档案馆 | 独立单位 | 11 | | 2 | 7 | | 基本保障 | 28 |
| 山东 | 山东省国土资源资料档案馆 | 独立单位 | 6 | 1 | 1 | 6 | 34 | 完全保障 | 300 |
| 河南 | 河南省地质博物馆 | 某单位的内设机构 | 4 | 4 | 0 | 4 | 59.45 | 基本保障 | 28 |
| 湖北 | 湖北省地质资料馆 | 某单位的内设机构 | 8 | 1 | | 5 | 52.2 | 基本保障 | 184.2 |
| 湖南 | 湖南省国土资源信息中心档案馆 | 某单位的内设机构 | 5 | 1 | 5 | 2 | 10 | 基本保障 | 120 |

续表 4

| 省份 | 馆藏机构名称 | 隶属关系 | 单位人员情况 | | | | 2008 年资金保障情况 | | |
|---|---|---|---|---|---|---|---|---|---|
| | | | 正专 | 正兼 | 临时 | 本科以上 | 日常拨款/万元 | 保障程度 | 其他经费/万元 |
| 广东 | 广东省国土资源档案馆 | 独立单位 | 8 | 0 | 5 | 5 | 99.9 | 完全保障 | 125 |
| 广西 | 广西地质资料馆 | 某单位的内设机构 | 4 | 2 | | 4 | 4.15 | 不能保障 | 38 |
| 海南 | 海南省国土环境资源地质资料室 | 合署办公 | 1 | 3 | | 2 | 6.85 | 基本保障 | 0 |
| 重庆 | 重庆市国土资源和房屋档案馆 | 独立单位 | 3 | 2 | 1 | 4 | 27.5 | 基本保障 | 8 |
| 四川 | 四川省国土资源资料馆 | 独立单位 | 4 | 1 | 2 | 1 | 25 | 完全保障 | |
| 贵州 | 贵州省地质资料馆 | 独立单位 | 12 | 4 | 4 | 6 | 66.51 | 基本保障 | |
| 云南 | 云南省国土资源厅信息中心档案资料室 | 某单位的内设机构 | 2 | 2 | 1 | 2 | 7.57 | 不能保障 | 40 |
| 西藏 | 西藏自治区国土资源资料馆 | 合署办公 | 4 | 2 | | 2 | 5 | 不能保障 | 50 |
| 陕西 | 陕西省国土资源资料档案馆 | 某单位的内设机构 | 3 | 1 | 1 | 2 | 30 | 完全保障 | 50 |
| 甘肃 | 甘肃省地质资料馆 | 某单位的内设机构 | 4 | | 8 | 4 | 20 | 不能保障 | 60 |
| 青海 | 青海省国土资源博物馆 | 独立单位 | 4 | 3 | 2 | 5 | 66 | 完全保障 | 130 |
| 宁夏 | 宁夏地质资料馆 | 合署办公 | 2 | | | 1 | 5 | 基本保障 | |
| 新疆 | 新疆维吾尔自治区地质资料馆 | 某单位的内设机构 | 5 | | 3 | 2 | 18 | 完全保障 | |
| 全国馆 | 全国地质资料馆 | 合署办公 | 27 | 2 | 37 | 16 | 50 | 不能保障 | 717 |
| 实物中心 | 国土资源实物地质资料中心 | 独立单位 | 130 | 20 | | 60 | 100 | 不能保障 | 1330 |

（国土资源部储量司　贾其海　周保铜）

## 矿产资源开发管理

**【矿业权管理】** 1.*矿业权审批登记发证管理*。2008 年 1～11 月，国土资源部共收到探矿权申请 2061 个，受理 1221 个，颁发勘查许可证 1053 个。截至 11 月底，部有探矿权 1312 个，勘查面积 10.17 万平方千米，其中煤炭探矿权 466 个，金矿探矿权 263 个；全国共有探矿权 29148 个，勘查面积 60.16 万平方千米，其中煤炭探矿权 2226 个，铁矿探矿权 3485 个，金矿探矿权 6239 个。

2008 年 1～11 月，国土资源部机关共接收并受理采矿权登记申请 229 个，新设置采矿权 23 个，其中煤矿 13 个(合计批准生产规模 5085 万吨/年，占用矿区面积 463.5 平方千米)，金矿 3 个，铜、铁、镍、钼、钽、石灰岩、砂岩各 1 个；共划定矿区范围 48 个，其中煤矿 25 个(合计规划生产规模 11545 万吨/年，占用矿区面积 1323.2 平方千米)，钨矿 6 个，铁矿 4 个，锌矿 3 个，磷矿 3 个，金矿 2 个，钾盐、钴、铀、钼、建材矿产各 1 个；共办理采矿权变更、延续、转让项目 123 个。

2.*矿业权管理信息系统建设*。作为探矿权管理工作的一项重大改革，全国勘查许可证统一配号工作从 2008 年 1 月 1 日开始在全国统一实施，至今系统运行平稳，并不断得到完善，探矿权管理更趋于规范。截至 2008 年底，通过统一配号系统颁发的勘查许可证为 20200 个，其中探矿权新立、变更、延续和保留颁发的勘查许可证分别为 6035 个、3902 个、9661 个和 602 个。采矿权统一配号于 6 月起开始在山东、江苏、浙江、云南四省进行了试点，形成实施方案，对试点工作进行了总结，并举办了全国采矿权统一配号系统培训班，已下发通知从 2009 年 1 月 1 日起在全国实施。

3.*重大矿业权权属纠纷调解*。继续做好贵州省盘县和云南省富源县交界地区群众采矿纠纷问题的协调工作，委托有关单位开展的交界地区采矿引起的损失责任鉴定工作正在稳步有序进行，交界地区勘查工作已通过评审正式立项；继续做好山东、江苏微山湖地区矿业权争议的调处工作。

**【矿产资源开发监督管理】** 年初对 2008 年度矿山企业矿产资源开发利用年度检查工作进行了部署，同时加强了对各地年检工作和矿产督察工作的督促和指导。已完成 2008 年全国矿产资源开发利用年检工作，并对工作情况进行了通报。全国应检矿山 116496 个，实际检查 111176 个，年检率 95.43%；实地抽检矿山 64834 个，抽检率 58.32%。通过年检，注销采矿许可证 4820 个，吊销采矿许可证 538 个，查处侵权越界开采 1719 起，追缴矿产资源补偿费 11057.68 万元，罚没款 7046.13 万元，没收矿石 353.37 万吨，移交司法机关刑事处罚 122 起。在抽检过程中，发现并取缔非法采矿点7282处。

24个省级国土资源行政主管部门共聘任地方矿产督察员888人,31个省按规定落实了国家级矿产督察员负责督察的大中型矿山企业、重点矿区或重要勘查项目共1059个。

**【矿产资源违法违规案件督办】** 2008年以来,开发司共收到国务院领导、部领导作出的重要批示35件,其中包括云南贵州碗底煤矿纠纷调查处理、村矿矛盾、黄金资源开发、煤炭基地建设、辽安铁矿资源开发、泥炭草炭开发管理、外商开发金矿、钨矿开采管理、稀土开采管理、稀有金属资源生产出口、磷矿资源生产出口等问题,均及时进行研究落实,基本做到按时办结;办理函报11件。对媒体披露和群众举报的57件矿产资源违法违规案件进行了督办。

加大宣传力度,在国土资源报上开辟了"'同头看'在行动"专栏;编印了32期整顿规范工作简报:从28个省(区、市)报送的183起矿产资源违法案件中筛选出10起典型案件进行了公开曝光,并于7月8日召开新闻发布会进行了通报。

**【矿产资源开发秩序整顿和规范】** 2008年3~5月部署开展全国整顿和规范矿产资源开发秩序"回头看"行动,3月27日至4月12日组织15个联合督查组对"回头看"行动进展情况进行了督查,6月25日至8月3日组织9个部门开展整顿规范工作及"回头看"行动检查验收,起草完成向国务院的总结报告,并征求国家发展改革委等部门意见。从检查验收情况看,整顿规范工作及"回头看"行动取得成效。据统计,2007~2008年,全国共查处无证勘查开采129549起,超层越界开采9490起,非法转让矿业权2600起,关闭非法开采和破坏环境、污染严重、不具备安全生产条件的矿山46068处,整顿关闭不具备安全生产条件的小煤矿11155处。

同时,完成了无证勘查开采案件增减率和矿业权人违法违规案件发生率数据统计和分析工作;完成了全国85个重点矿区矿产资源开发秩序卫星遥感监测工作,已提交监测成果。

**【重要矿种资源开发整合】** 部署和督促各地完成15个重要矿种的资源开发整合工作。在2007整合工作的基础上,2008年又在"回头看"行动中进行了部署,并进行重点督查和调研指导。各省(区、市)按照要求,根据区域经济社会发展的需要,编制了整合总体方案和矿区实施方案,共确定整合矿种56种,确定了5625个整合矿区。截至2008年底,已完成整合任务的矿区3952个,占70.3%;整合区域内整合前设置矿业权53948个,通过整合减少矿业权19940个,减少幅度为37%,矿产资源开发整合取得明显成效。

**【国家规划矿区管理】** 2008年,已编制完成43个煤炭国家规划矿区的矿业权设置方案,34个已批复,8个矿区的矿业权设置方案已于2008年7月送国家发展改革委征求意见。已委托冶金、有色、黄金、化工等协会提出划定煤以外重要矿种国家规划矿区的建议。

**【保护性开采特定矿种管理】** 2008年初下达了2008年钨、稀土矿的总量控制指标,督促相关省加大钨和稀土开采总量控制工作的监管力度,并对全国总量控制情况进行汇总统计;完成锑矿开采总量控制测算工作。统计显示一、二、三季度各省均未超指标生产。

**【矿产资源有偿使用制度改革】** 2008年,配合有关部门出台了《财政部国土资源部关于探矿权采矿权有偿取得制度改革的补充通知》,进一步明确矿业权有偿处置中的政策规定。开发司对在部登记的采矿权有偿使用情况进行了清理,并将清理结果转各省(区、市)国土资源行政主管部门,要求对无偿取得采矿权的数量及情况进行进一步核实,并及时进行剩余储量评审备案、采矿权价款评估工作和有偿处置工作,其中中央出资形成的矿产地采矿权价款拟以折股方式缴纳的,须报财政部、国土资源部批准后实施。要求各省(区、市)对探矿权人无偿占有属于国家出资探明矿产地的探矿权评估收取价款。

**【矿业实地核查】** 2008年3月下发通知,对全国矿业权实地核查工作做出具体部署,制定了矿业权实地核查工作技术要求。研究起草了《全国矿业权实地核查总体实施方案》,编写出版了《全国矿业权实地核查工作指南与技术要求》;组织开展了辽宁、浙江、山东、重庆省(市)的4个县级试点工作。各省(市、区)基本上都组建了工作机构,落实了承担单位,编制了实施方案,稳步推进矿业权实地核查工作。

**【矿产资源法修改相关工作】** 2008年以来,按照三次部长办公会议关于矿法修改工作的一系列重要指示和主管副部长主持召开的五次矿法修改工作专题会上的部署安排,矿法修改起草小组进一步加快了工作步伐。

一是在矿法修改前期调研论证的基础上,形成了矿法修改草稿(第七稿),并多次广泛征求省级国土资源行政主管部门和部各相关司局、事业单位的意见建议,按照部党组要求初步提出了矿法修改工作高、中、低3个方案。

二是重新梳理了矿产资源法立法理论与实践中的问题,确立了"矿业权作为用益物权与行政许可权之间的关系"、"矿产资源立法中的矿产资源分类"、"矿产资源有偿使用经济关系及法律关系制度设计"、"中央与地方各级政府矿产资源管理事权划分"、"矿产资源勘查开采监督管理体制机制"、"违反矿产资源法律法规责任和争议裁决、仲裁制度"、"矿产资源税费改革及利益分配关系研究"7个矿法修改研究课题,为矿法修改相关制度设计和调整提供理论支撑。

三是在总结矿法修改前期调研论证阶段形成的一系列研究报告和调研成果基础上,组织有关资料的整理,形成了7部矿法修改工作汇编。主要包括:法律、行政法规、部门规章和规范性文件;全国人大及全国政协对《矿产资源法》修改的建议及提案;领导讲话及专家对《矿产资源法》修改的意见和建议;调研报告及社会各界对《矿产资源法》修改的意见和建议;国土资源管理系统对《矿产资源法》修改的意见和建议;矿产资源法修改工作进展情况和外商对《矿产资源法》修改的意见和建议。

参与商务部牵头的应对美拟在WTO诉我国12种矿产品出口限制提出应对措施的研究工作。配合做好关税税则工作,对2009年资源性产口进出口关税税率调整提出意见。继续参与中澳自贸区谈判,并根据澳方新提出的要价提出应对意见。

**【统计工作】** 按照国土资源部统一部署,为做好月报、季报的统计工作,下发了《关于勘查许可证、采矿许可证发放情况统计有关问题的通知》。完成了2008年前三季度矿业权(不含石油、天然气、煤层气)设置情况的通报。继续做好毛坯钻石半年生产情况的统计,11月参加了第六届金伯利进程年会。

**【矿业权管理制度完善相关工作】** 已起草完成《关于进一步加强探矿权管理的通知》,经征求有关方面意见后,于2008年8月11日报部长办公会研究。下发了《关于做好探矿权采矿权延续审批登记工作有关问题的通知》;配合政务大厅建设,起草完成了探矿权办事指南。完成了《外商投资矿产勘查企业管理办法》中涉及国土资源部职能内容的起草、修改工作,已与商务部联合颁布实施。

已起草完成《关于加强国土资源大调查等中央财政专项资金发现矿产地管理的通知》,并征求了国土资源部内相关司局和中国地质调查局的意见,并与财政部进行了沟通协商,待国家地勘基金管理办法确定的地勘单位收益分成比例后下发。

已起草完成《保护性开采的特定矿种勘查开采管理办法》,经征求有关方面意见后,于8月11日报部长办公会研究。

合理划分中央和地方事权、完善矿产资源管理机制研究。7月9日开发司会同财务司、储量司、勘查司、环境司,就河北省人民政府提出的意见和建议请河北省国土资源厅来部进行了协商座谈,并向部提交了有关情况的报告。

加大对非法开采矿产资源的处罚力度,建立快速查处和打击超层越界违法行为的有效机制。7月15日开发司会同执法局、部试点办赴国家安全生产监管总局,就其所提的意见和建议进行了座谈讨论,并向部提交了有关情况的报告。

系统总结了矿山动态巡查和矿产督察工作的现状、问题及对策建议,形成了《矿产资源动态巡查和督察报告》,于8月15日报部。

在委托江两省、河南省国土资源厅和中国国土资源经济研究院开展矿业权市场建设情况调研的基础上,形成了《矿业权市场建设研究报告》,于8月11日报部。

**【突发事件应对】** 2008年初,为抗击南方省区的雨雪冰冻灾害,保障煤炭的正常生产,代部起草下发了《关于切实维护矿产资源开发秩序积极促进做好煤炭生产工作的通知》。

汶川大地震发生后,按照部统一安排,为支援灾区,对灾后重建所需的矿产资源开发项目,特别是重要能源项目采取特事特办,加快矿业权审批。考虑到四川省抗震救灾的特殊情况,协商同意四川省自行组织"回头看"行动的检查验收;暂缓采矿权统一配号在四川的试点工作。

协助和配合做好安全生产工作,代国土资源部起草下发了《关于进一步做好安全生产隐患排查治理工作的通知》、《关于积极配合公安机关加强爆炸等危险物品安全管理工作的紧急通知》、《关于配合全国治爆缉枪行动打击非法开采活动的通知》、《关于配合做好矿山安全生产的紧急通知》、《关于加大对非法开发矿产资源行为打击力度配合搞好安全生产管理的通知》和《关于进一步加强矿山安全生产工作的紧急通知》。

参与重大事故调查处理。参加山西襄汾县新塔矿业公司尾矿库溃坝事故、太钢集团公司娄烦尖山铁矿排土场垮塌事故及河北张家口蔚县李家洼煤矿新井(非法独眼井)7.14特大炸药燃烧事故的调查工作。

(国土资源部开发司)

# 矿 业 行 业

## 煤 炭

【概况】 2008年,煤炭工业继续保持平稳较快增长,全国煤炭产量继续保持增长,煤炭结构调整步伐加快,大型现代化煤矿和安全高效矿井建设取得显著成效,煤炭生产力整体水平显著提高,煤炭市场化改革不断推进,行业效益稳步增长,煤矿安全生产形势稳步好转。

1. 原煤产量。2008年,全国原煤产量完成271582.84万吨,同比增加19241.14万吨,增长7.62%。其中:原国有重点煤矿原煤产量完成133993.7万吨,同比增加11739.2万吨,增长9.6%;原国有地方煤矿原煤产量完成34040.37万吨,同比增加957.76万吨,增长2.89%;乡镇煤矿原煤产量完成103548.78万吨,同比增加6544.02万吨,增长6.73%。

洗精煤产量。1~12月,全国大型企业洗精煤产量完成23441.05万吨,同比增加579.8万吨,上升2.54%。

2. 煤炭生产主要技术指标。1~12月,原国有重点煤矿开拓进尺完成139.72万米,同比增加4.35万米,上升3.21%;原国有重点煤矿回采工作面平均个数1545个,同比增加50个,上升3.35%;回采工作面月均单产54183吨,同比增加3708吨,上升7.35%;原国有重点煤矿掘进工作面平均个数4808个,同比增加149个,上升3.20%;掘进工作面月均单进146米,同比减少7米,下降4.57%。其中:开拓工作面平均个数1279个,同比增加42个,上升3.40%;开拓工作面月均单进90米,同比减少1米,下降1.30%;原国有重点煤矿开拓掘进率12.49米/万吨,同比减少1.03米/万吨,下降7.62%;原国有重点煤矿洗精煤产率52.94%,同比下降0.26%;洗精煤灰分9.81%,同比上升0.20%;洗精煤水分10.32%,同比上升0.68%;原国有重点煤矿原煤生产人员效率5.064吨/工,同比增加0.465吨/工,提高10.11%。

3. 税收贡献增加。1~11月,全国规模以上煤炭企业上交增值税总额1036.99亿元,同比增加429.39亿元,增长70.67%。据快报统计,2008年,大型煤炭企业集团上交税金总额1199.33亿元,同比增长44.22%;其中,应交增值税658.08亿元,同比增长54.24%。

4. 成本费用利润率环比下降。大型煤炭企业集团2008年成本费用利润率12.65%,同比提高1.22个百分点,环比下降1.57个百分点。

5. 安全费用提取情况。2008年,大型煤炭企业吨煤累计提取安全生产费用27.28元,同比增加3.98元,增长17.08%。

6. 从业人员和工资情况。据统计,1~11月全国规模以上煤炭从业人员人数为474.07万人,同比增加2.28%。

据快报统计,2008年大型煤炭企业从业人员283.31万人,同比增加11.42万人,增长4.2%。1~12月,大型企业在岗职工月平均工资为2933元,比2007年月平均工资增加474元,增长19.28%。

【原煤产量】 2008年,全国煤炭工业规模以上企业原煤产量完成262183.23万吨,同比增长12.8%,占全国原煤产量的96.54%,比2007年增长5.54个百分点。

按所有制分,原国有重点、国有地方、乡镇煤矿原煤产量分别为133993.7万吨、34040.37万吨、103548.78万吨,所占比重分别为为52%、12%和36%。其中,国有重点所占比重比2007年上升3个百分点;国有地方所占比重比2007年下降0.8个百分点;乡镇煤矿所占比重比2007年下降2个百分点。

2008年,在全国主要产煤省区中,产量过亿吨的省份达到7个(表1),个数与2007年相同(2008年增加安徽省,减少黑龙江省),合计产量为19.16亿吨,比2007年增加2.29亿吨,占全国原煤产量的70.54%,比2007年提高3.68个百分点。这7个省分别是:山西省产量最多,是65576.92万吨,其余6个依次为:内蒙古自治区47269.66万吨、陕西省21200万吨、河南省20467.87万吨、山东省13491.16万吨、贵州省11798.46万吨、安徽省11773.89万吨。

全国原煤产量保持较高增幅,在全国26个省(市、自治区)中,有15个省(市、自治区)的原煤产量同比增产,占57.69%。其中10个省(市、自治区)增长幅度高于全国增长水平,增长最多的省份是内蒙古自治区(37.00%),其次依次是:青海省(29.46%)、新疆维吾尔族自治区(26.69%)、安徽省(25.66%)、吉林省(20.57%)、陕西省(19.56%)、宁夏回族自治区(11.87%)、贵州省(8.6%)、河南省(8.55%)、云南省(7.7%)(图1)。

**表1　　2008年原煤产量亿吨以上省(市、区)**

| 名次 | 省份 | 产量/万吨 |
|---|---|---|
| 1 | 山西省 | 65576.92 |
| 2 | 内蒙古自治区 | 47269.66 |
| 3 | 陕西省 | 21200.00 |
| 4 | 河南省 | 20467.87 |
| 5 | 山东省 | 13491.16 |
| 6 | 贵州省 | 11798.46 |
| 7 | 安徽省 | 11773.89 |

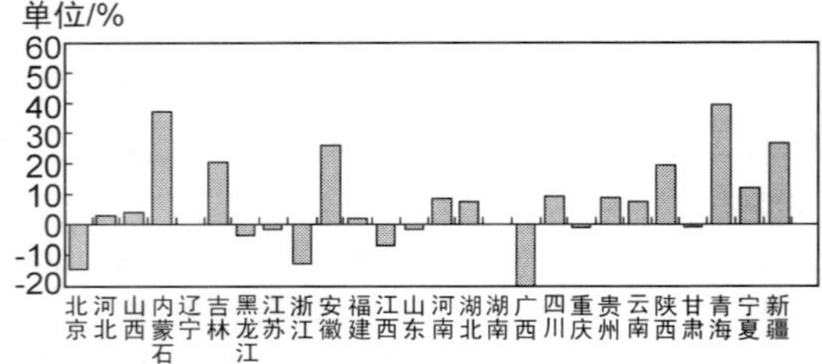


**图1　各省(区、市)和公司年累原煤产量增长速度**

北京、黑龙江、江苏、浙江、江西、山东、湖南、广西、重庆、甘肃、辽宁11个省(市、自治区)的原煤产量同比减产,合计减产1277.16万吨,其中减产最多的是广西壮族自治区(-26.17%)、其次是北京市(-15.14%)、第三是江西省(-7.38%)。

**【大型企业原煤产量】** 2008年累计,90余家大型企业原煤产量完成147547.2万吨,占全国原煤产量的54.31%,比2007年提高3.31个百分点,同比增加17730.4万吨,同比增长13.7%;占全国规模以上企业原煤产量的56.27%。

2008年,全国规模以上煤炭生产企业已经达到8226家,比2007年增加689家,增长9.14%。其中,年生产能力超过1000万吨的煤炭生产企业有36家(表2),较2007年增加1家(其中:增加阜新矿业集团公司、华能伊敏煤电公司;减少峰峰集团公司,因其2008年并入冀中能源集团);千万吨企业原煤产量合计为13.70亿吨,占全国原煤产量的50.44%,比重比2007年提高5个百分点;年产3000万吨以上的企业有16家,产量为10.52亿吨,占全国原煤产量的38.73%,比2007年提高6个百分点;年产5000万吨以上的企业有7家,产量为7.21亿吨,占全国原煤产量的26.55%,比2007年提高3.55个百分点。

**表2　　2008年原煤产量千万吨企业排序(36家)**

| 名次 | 单位名称 | 产量/万吨 | 名次 | 单位名称 | 产量/万吨 |
|---|---|---|---|---|---|
| 1 | 神华集团 | 28161.0 | 19 | 义马煤业集团公司 | 2186.3 |
| 2 | 中煤集团 | 11411.0 | 20 | 铁法煤业集团公司 | 2140.0 |
| 3 | 山西焦煤集团 | 8029.1 | 21 | 平庄煤业集团公司 | 2002.0 |
| 4 | 大同煤矿集团公司 | 6890.5 | 22 | 徐州矿务集团公司 | 1936.3 |
| 5 | 淮南矿业集团公司 | 6043.3 | 23 | 华亭煤业集团公司 | 1745.1 |
| 6 | 陕西省煤业集团 | 6040.0 | 24 | 枣庄矿业集团公司 | 1697.0 |
| 7 | 龙煤矿业集团 | 5495.0 | 25 | 郑州煤炭工业集团 | 1669.2 |
| 8 | 潞安矿业集团公司 | 4209.2 | 26 | 华能伊敏煤电公司 | 1383.0 |
| 9 | 平顶山煤业集团公司 | 4120.0 | 27 | 新汶矿业集团公司 | 1349.9 |
| 10 | 兖矿集团有限公司 | 3970.3 | 28 | 四川煤炭产业集团 | 1300.1 |
| 11 | 晋城无烟煤集团公司 | 3744.0 | 29 | 重庆能源投资集团 | 1243.3 |
| 12 | 阳泉煤业集团公司 | 3729.5 | 30 | 阜新矿业集团公司 | 1213.5 |
| 13 | 冀中能源集团 | 3559.5 | 31 | 盘江煤电集团公司 | 1190.5 |
| 14 | 中电投霍林河公司 | 3521.3 | 32 | 国投新集能源公司 | 1174.9 |
| 15 | 开滦集团公司 | 3285.9 | 33 | 内蒙古伊东集团 | 1164.0 |
| 16 | 永城煤电集团公司 | 3016.2 | 34 | 淄博矿业集团公司 | 1117.6 |
| 17 | 淮北矿业集团公司 | 2653.1 | 35 | 皖北煤电集团公司 | 1063.8 |
| 18 | 内蒙古伊泰集团 | 2568.0 | 36 | 小龙潭矿务局 | 1012.2 |

2008年,全国原煤产量过亿吨的企业有两家,位居全国第一的神华集团达到了28161万吨,位居第二的中煤集团达到了11411万吨,两家企业合计为39572万吨,占全国原煤总产量的14.57%,比2007年提高1.13个百分点;排名前五家的企业神华集团、中煤集团、山西焦煤、大同煤矿集团、淮南矿业集团的原煤产量合计为60534.9万吨,占全国原煤总产量的22.29%,比2007年上升了1.16个百分点;排名前10家企业的原煤产量合计为84370.3万吨,占全国原煤总产量的31.07%,比2007年上升了2.76个百分点(表3)。

**表3　　2008年全国原煤产量前10家企业**

| 排名 | 单位 | 原煤产量/万吨 |
|---|---|---|
| 1 | 神华集团 | 28161.0 |
| 2 | 中煤集团 | 11411.0 |
| 3 | 山西焦煤集团 | 8029.1 |
| 4 | 大同煤矿集团 | 6890.5 |
| 5 | 淮南矿业集团 | 6043.3 |
| 6 | 陕西省煤业集团 | 6040.0 |
| 7 | 龙煤矿业集团 | 5495.0 |
| 8 | 潞安矿业集团 | 4209.2 |

续表 3

| 排名 | 单位 | 原煤产量/万吨 |
|---|---|---|
| 9 | 平顶山煤业集团 | 4120.9 |
| 10 | 兖矿集团有限公司 | 3970.3 |

大型企业中有 73 个企业原煤产量同比增产，占 77.65%，其中 38 个企业增幅在 10%以上，占 40.42%；有 16 个企业增幅在 20%以上，占 17.02%。这些企业是：井陉（+200.9%）、永城（+100.8%）、淮南（+66.4%）、神华新疆（+51.9%）、潞安新疆（+51.2%）、伊敏（+47.0%）、阜新（+41.6%）、霍林河（+29.6%）、张家口（+26.6%）、郑州煤业（+26.0%）、霍州（+24.8%）、蒲白（+23.8%）、黄陵（+21.8%）、七台河（+20.8%）、新汶（+20.4%）、陕西煤业（+20.2%）。

准格尔、乌达、太原煤气化、京煤、邯郸矿业、扎赉诺尔、沈阳、阜新、鹤岗、天能、江西、淄博、肥城等 17 个企业的原煤产量同比减产。

12 月，铁路煤炭月度发运量大幅减少，累计增势继续下降；全国主要港口煤炭发运量萎缩，累计增速持续负增长；国内主流市场煤供求关系继续转淡，煤炭交易价格低位运行；海上船舶煤炭运价小幅回升；国电直供系统电煤消耗有所回升、电煤库存总量下降；全国煤炭出口量回升，但增幅依然保持下降。

**【煤炭装车】** 2008 年 12 月，继续受金融危机影响，各用煤行业需求仍然低迷，铁路月度煤炭装车数降至全年的最低点，并且首次出现了负增长。全国煤炭日均装车仅完成 47586 车，比 11 月减少 3700，下降 7.2%；同比减少 4046 车，下降了 7.8%；全国累计煤炭日均装车 55101 车，同比增加 4290 车，增长了 8.4%，比 11 月下降了 1.5 个百分点（图 2）。

**【煤炭运量】** 2008 年 12 月，全国铁路煤炭运量完成 9810 万吨，比 11 月减少了 443 万吨，同比减少 752 万吨，下降了 7.1%。全国铁路煤炭运量累计完成 134477 万吨，同比增加了 12396 万吨，增长了 10.2%，比 11 月下降了 1.6 个百分点。

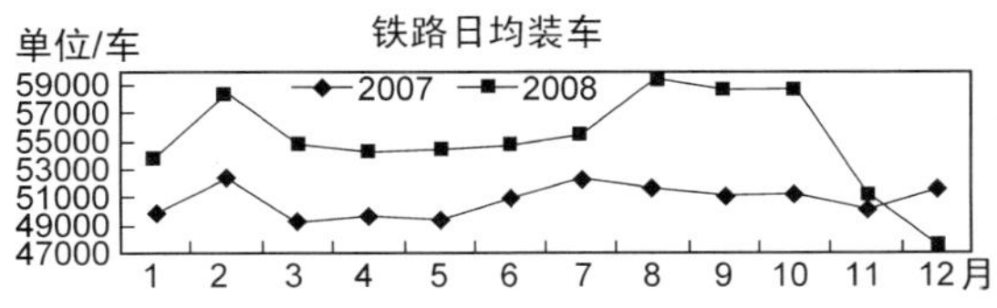


图 2　2008 年铁路日均装车情况

12 月，全国主要港口的煤炭发运总量虽然没有持续前期的下降态势，但是仍然处于低位，继 11 月出现了近几年来罕见的负增长局面后，12 月港口煤炭发运总量同比仍然是负增长。

12 月全国主要港口共发运煤炭 3552 万吨，比 11 月增加 175 万吨，增长 5.2%，同比减少 144 万吨，下降 3.9%，其中，内贸煤炭发运完成 3127 万吨，同比减少 160 万吨，下降 4.9%，外贸煤炭发运完成 425 万吨，同比增加 16 万吨，上升 3.9%。

1～12 月，全国主要港口累计完成煤炭发运 50951 万吨，同比增加 4607 万吨，增长 9.9%。其中，内贸煤炭发运累计完成 46278 万吨，同比增加 5221 万吨，增长 12.7%，外贸煤炭发运累计完成 4673 万吨，同比减少 615 万吨，下降 11.6%（图 3）。

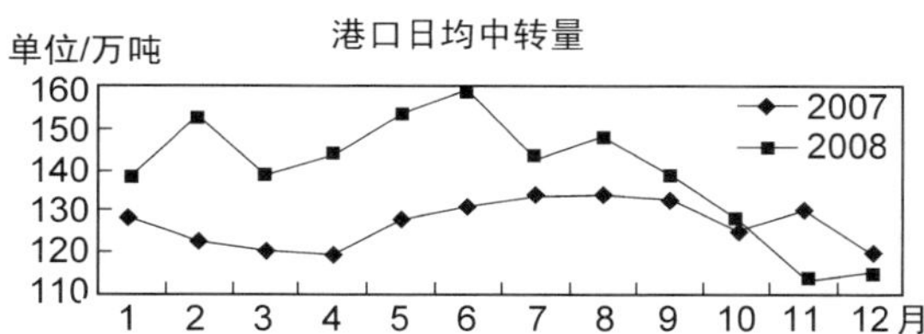


图 3　2008 年主要煤炭中转港口煤炭中转情况

**【煤炭销售】** 2008 年 12 月，全国商品煤销售 22319 万吨，比 11 月增加 1159 万吨，其中：国有重点煤矿销售 10414 万吨，比 11 月增加 154 万吨。

1～12 月，全国商品煤销售 260179 万吨，同比增加 17224 万吨，增长 7.09%，增幅同比下降 1.51 个百分点；其中，原国有重点煤矿销量 132933 万吨，同比增加 11133 万吨，增长 9.14%，增幅同比下降 4.16 个百分点。

**【煤炭库存】** 截至 2008 年 12 月底，全国煤炭社会库存 20100 万吨，比 2007 年同期增加 5196 万吨，同比增长 34.9%；比 11 月末增加 300 万吨，上升 1.51%。

煤炭生产企业库存增加。12 月末，煤炭生产企业库存 5092 万吨，比 2007 年同期增加 1175 万吨，同比增长 30.0%；比 11 月增加 332 万吨，增长 6.97%。

重点煤炭消费企业煤炭库存增加。在主要用煤行业中，电力直供电厂 12 月末煤炭库存为 4332 万吨，比 2007 年同期增加 2062 万吨，同比增长 90.84%。

重点港口煤炭库存增加。12 月末，主要煤炭中转港口存煤为 1975 万吨，比 2007 年同期增加 562 万吨，增长 39.77%。其中，秦皇岛港口存煤 625.2 万吨，比 2007 年同期增加 112.2 万吨，同比增长 21.87%。

**【煤炭进出口】** 1. 煤炭出口完成情况。据来自 4 家煤炭出口公司的统计（表 4），12 月全国煤炭出口集港完成 425 万吨，同比减少了 49 万吨，下降 11.1%。比 11 月增加 60 万吨，上升 16.4%。

截至 12 月底，全国煤炭出口共完成 4559 万吨，同比减少了822万吨,下降15.3%(图4)。

2. 煤炭进口完成情况。煤炭进口量萎缩。12月,国内、国际煤炭市场受经济危机影响需求大幅下降,煤炭进口量萎缩。12月进口煤炭267万吨,比2007年同期减少163万吨,下降38%;2008年累计中国进口煤炭4040万吨,较2007年同期减少1074万吨,下降21%。

**表4　2008年1~12月全国及4家出口公司煤炭出口统计(单位:万吨、%)**

| | 11月 | | | | 年度累计 | | | |
|---|---|---|---|---|---|---|---|---|
| | 2008年度 | 2007年同期 | 增减量 | 增减/% | 2008年度 | 2007年同期 | 增减量 | 增减/% |
| 全国合计 | 425 | 474 | -49 | -10.3 | 4559 | 5381 | -822 | -15.3 |
| 中煤集团 | 115 | 184 | -73 | -38.8 | 1609 | 1916 | -307 | -16.0 |
| 神华集团 | 257 | 197 | 60 | 30.5 | 2229 | 2558 | -329 | -12.9 |
| 山煤集团 | 19 | 56 | -37 | -66.1 | 416 | 505 | -89 | -17.6 |
| 五矿集团 | 34 | 37 | -3 | -8.1 | 305 | 402 | -97 | -24.1 |

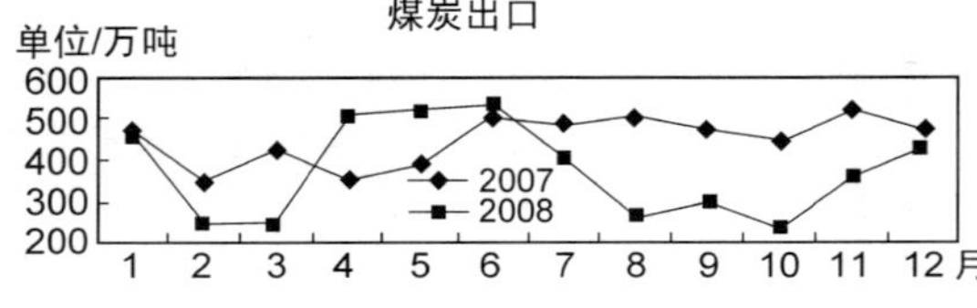


图4　2008年煤炭出口情况

**【动力煤市场交易价格及其变化】**　1. 主要产地煤炭出矿价格略有反弹。12月底,山西省大同、朔州等主要地区的煤炭出矿价格在经过探底(其中,发热量5800大卡/千克以上煤炭的"上站"价格最低降至430元/吨(含税价,下同),发热量5500大卡/千克以上煤炭的"上站"价格最低降至400元/吨回升之后,基本上在11月底的水平上趋于稳定,其中,发热量5800大卡/千克以上煤炭的"上站"价格至480~500元/吨,发热量5500大卡/千克以上煤炭的"上站"价格至420~440元/吨。

此前的煤炭销售价格"倒挂"现象也有所改善,有鉴于此,部分煤炭集运站(发运站)12月已经开始少量收购煤炭,也推动了重点地区煤炭出矿价格的回升和走稳局面。

2. 重点集散地区市场动力煤交易价格出现反弹。12月,秦皇岛、天津、唐山等重点煤炭集散地区市场动力煤交易价格全部止住了下滑局面。到12月底,秦皇岛港平仓的发热量5800大卡/千克市场动力煤的成交价格为640~660元/吨;5500大卡/千克市场动力煤的成交价格为590~610元/吨;5000大卡/千克市场动力煤的成交价格为510~530元/吨。上述各主要动力煤品种的交易价格普遍比11月底的水平有所提高。

3. 主要消费地区煤炭交易价格略有回升。12月底,发热量5500大卡/千克的优质动力煤,在宁波港的提货价格约在630~650元/吨之间,比11月底水平回升10元/吨左右;在广州港的提货价格约在680~700元/吨之间,比11月底水平回升20元/吨左右。

4. 海上煤炭运价出现小幅度回升。12月,受到此前运价跌破成本导致部分船舶停运、海上煤炭运输能力减少的影响,海上煤炭运价出现小幅度回升局面。

12月末,秦皇岛至上海和宁波方向2~3万吨船舶的煤炭运价为35~40元/吨;秦皇岛至广州方向3~4万吨船舶的煤炭运价降为45~50元/吨左右。上述各航线的海上煤炭运价,一般比11月底提高了10元/吨左右。

**【冶炼精煤市场价格变化】**　2008年冶炼精煤市场价格也经历了有史以来最大的涨幅变化,市场需求决定价格在冶金煤市场上得到体现。

2008年初,国内主流主焦煤、肥煤、1/3焦煤价格平均为900~1100元/吨左右,无烟煤价格为750~850元/吨左右;进入3、4月,随着市场对钢材需求的进一步加大,冶金煤价格开始了2008年的第一轮上涨,上涨幅度大约为150~200元/吨;6月,在市场需求的带动下开始了第二轮价格上涨,上涨幅度大约为200~300元/吨;第三轮涨价出现在8、9月,在此期间冶金煤价格继续大幅度上涨,上涨幅度达到250~300元/吨。2008年冶金煤价格最高的时候,主焦煤、肥煤、1/3焦煤均突破了2000元/吨,而其他煤种也在1650~1900元/吨不等,无烟煤在1300元/吨以上。9月以后,随着市场对冶金煤需求的减少,冶金煤价格开始下降,10、11月下降幅度更大,单月下降均在300元/吨,11月底主要煤种恢复到5月第一轮涨价的价格水平,而其他煤种的价格基本接近第一轮涨价前的价格水平。至12月,绝大多数煤炭企业冶金煤维持了11月的价格,只有少数企业的价格继续下滑。

**【煤炭行业收入和利润】**　1. 煤炭企业收入。2008年1~11月,全国规模以上煤炭企业主营业务收入为13621.03亿元,同比增加8337.02亿元,增长63.38%。据快报统计,2008年大型煤炭企业(集团)主营业务收入10253.08亿元,同比增加3230.45亿元,增长46.00%,增幅环比下降9.71个百分点。

2. 煤炭企业利润总额。2008年1~11月,全国规模以上煤炭企业补贴后实现利润总额2000.01亿元,同比增加1144.29亿元,增长133.72%。1~12月预计,全国规模以上煤炭企业补贴后实现利润总额2100

亿元。

据快报统计,2008 年大型煤炭企业(集团)补贴后实现利润总额 1163.47 亿元,占全国煤模以上利润总额的 55.46%;同比增加 445.31 亿元,增长 62.01%,增幅环比下降 21.48 个百分点。

**表 5　2008 年全国利润总额前 10 家企业**

| 排名 | 单位 | 利润总额/万元 |
|---|---|---|
| 1 | 神华集团 | 3997248.0 |
| 2 | 中煤集团 | 1129330.0 |
| 3 | 兖矿集团 | 720000.0 |
| 4 | 永城煤电集团 | 530000.0 |
| 5 | 山西焦煤集团 | 481265.2 |
| 6 | 新汶矿业集团 | 427709.0 |
| 7 | 晋城无烟煤集团 | 352047.0 |
| 8 | 潞安矿业集团 | 318960.0 |
| 9 | 平顶山煤业集团 | 300000.0 |
| 10 | 冀中能源集团 | 250000.0 |

大型企业中,实现利润最多的前三名与 2007 年、2006 年一致,第一是神华集团,利润是 399.72 亿元;第二是中煤集团,利润是 112.93 亿元;第三是兖矿集团,利润是 72 亿元。这前三家的利润合计为 584.65 亿元,占大型企业利润总额的 50.25%,占全国规模以上利润的 27.84%。前十家大型企业的利润总额为 850.66 亿元,占大型企业利润总额的 73.11%;占全国规模以上利润的 40.51%。因此,在煤炭行业利润中,大型企业利润所占的份额越来越大(表 5)。

3. 原煤单位成本上升,售价下降。各类煤炭企业成本费用同比继续上升。据快报统计,2008 年,大型煤炭企业原煤单位成本 339.86 元/吨,同比增加 96.48 元/吨,增长 39.64%,比 1 – 11 月增加 5.16 元/吨,增长 1.54%;原选煤单位成本 378.20 元/吨,同比增加 95.1 元/吨,增长 33.59%;比 1 ~ 11 月增加 2.6 元/吨,环比增长 0.69%。

2008 年,大型煤炭企业原煤平均售价 357.03 元/吨,同比增加 90.79 元/吨,增长 34.10%,比 1 ~ 11 月减少 2.17 元/吨,降低 0.60%;原选煤平均售价 467.55 元/吨,同比增加 133.95 元/吨,增长 40.15 %;比 1 ~ 11 月减少 5.65 元/吨,同比下降 1.19%。

4. 大型煤炭企业(集团)应收账款。据快报统计,2008 年末,大型煤炭企业(集团)应收账款达到 749.68 亿元,同比增加 342.06 亿元,增长 83.92%,增幅同比增长 76.07 个百分点。

**表 6　2008 年大型企业应收账款情况**

| 月份 | 1 ~ 2 | 1 ~ 3 | 1 ~ 4 | 1 ~ 5 | 1 ~ 6 | 1 ~ 7 | 1 ~ 8 | 1 ~ 9 | 1 ~ 10 | 1 ~ 11 | 1 ~ 12 |
|---|---|---|---|---|---|---|---|---|---|---|---|
| 应收账款净额/亿元 | 458.1 | 456.6 | 472.3 | 485.9 | 491.2 | 485.8 | 536.3 | 576.0 | 607.2 | 715.7 | 749.7 |
| 同比数/% | – 6.59 | 7.28 | 12.81 | 16.47 | 7.38 | 4.23 | 14.05 | 29.94 | 33.11 | 47.99 | 83.92 |

从表 6 中可以看出,2008 年上半年,大型企业应收账款一直较为平稳,从 7 月以后开始增加,而且增幅较大,12 月累计应收帐款净额是 7 月累计的 1.54 倍,增长 54.34%(图 5、图 6)。

**【煤炭固定资产投资】** 2008 年,煤炭开采及洗选业投资 2410.8 亿元,同比增加 598.2 亿元,增长 33.0%,增幅同比增长 9.3 个百分点(表 7、图 7、图 8)。

2008 年,全国煤矿企业生产事故死亡 3215 人,同比减少 571 人,下降 15.1%;其中原国有重点煤矿生产事故死亡 454 人,同比减少 21 人,下降 4.4%;国有地方煤矿生产事故死亡 401 人,同比减少 10 人,下降 2.4%;乡镇煤矿生产事故死亡 2360 人,同比减少 540 人,下降 18.6%。

**表 7　2008 年煤炭工业固定资产投资情况**

| 月份 | 1 ~ 2 | 1 ~ 3 | 1 ~ 4 | 1 ~ 5 | 1 ~ 6 | 1 ~ 7 | 1 ~ 8 | 1 ~ 9 | 1 ~ 10 | 1 ~ 11 | 1 ~ 12 |
|---|---|---|---|---|---|---|---|---|---|---|---|
| 投资额/亿元 | 52.5 | 176.7 | 339.3 | 526.7 | 823.2 | 1044.7 | 1263.9 | 1562.1 | 1772.6 | 1957.4 | 2410.8 |
| 同比数/% | 31.1 | 41.7 | 47.0 | 47.0 | 42.0 | 37.5 | 39.2 | 41.6 | 40.1 | 34.8 | 33.0 |

**【煤矿企业生产安全】** 2008 年,全国煤矿企业生产事故 1954 起,同比减少 467 起,下降 19.3%。其中国有重点生产事故 287 起,同比减少 28 起,下降 8.9%;国有地方生产事故 207 起,同比减少 139 起,下降 40.2%;乡镇煤矿生产事故 1460 起,同比减少 300 起,下降 17.0%。

2008 年,煤炭生产百万吨死亡率 1.182,同比下降 0.303。其中,原国有重点煤矿煤炭生产百万吨死亡率

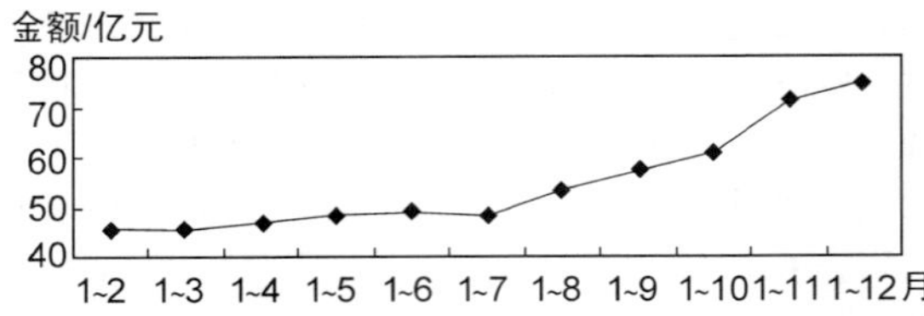


图5 2008年大型煤炭企业应收账款每月累计

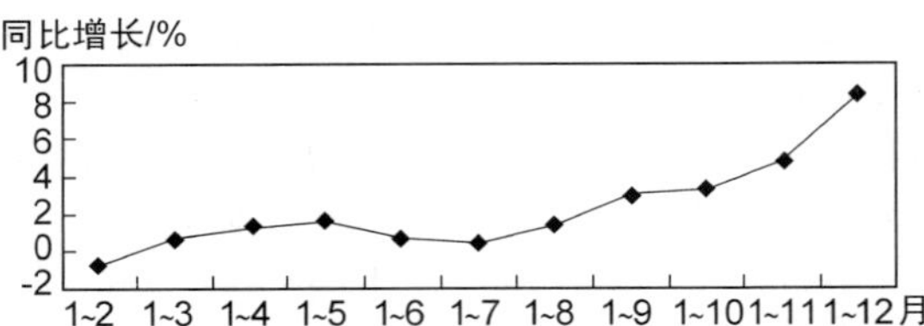


图6 2008年大型煤炭企业应收账款每月累计同比增长情况

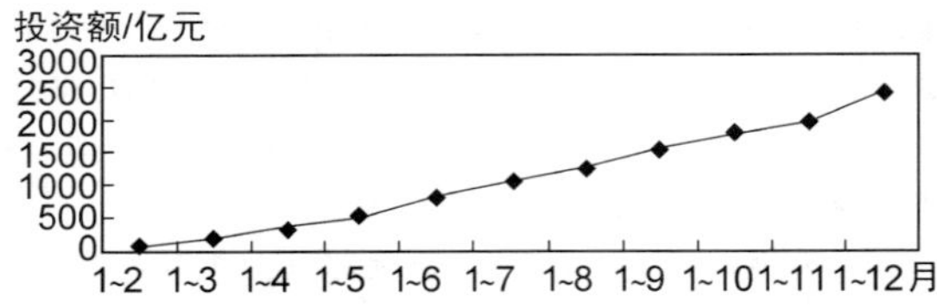


图7 2008年型煤工业每月累计固定资产投资额

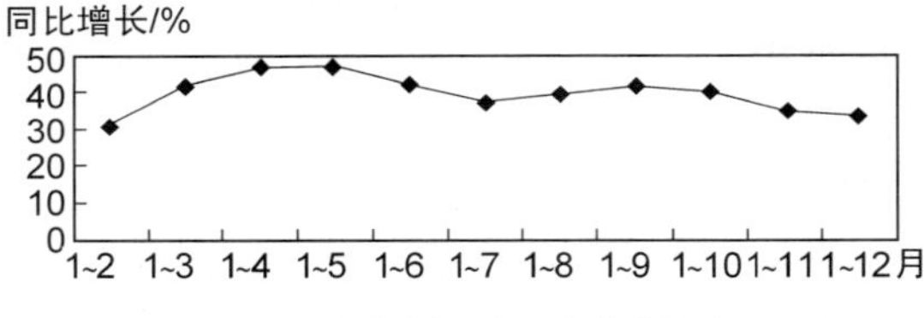


图8 2008年煤工业固定资产投资每月累计同比增长情况

0.330,同比下降0.053;原国有地方煤矿煤炭生产百万吨死亡率1.162,同比下降0.107;乡镇煤矿煤炭生产百万吨死亡率2.374,同比下降0.650。

(中国煤炭工业协会 解宏绪)

# 石油 天然气

**【概况】** 2008年全国石油天然气勘探获新突破。石油勘查新增探明地质储量11.27亿吨(包括原油、凝析油),是新中国成立以来第6次超过10亿吨的年份;新增探明地质储量大于1亿吨的大油田2个,分别为中国石化西北塔河油田和中国石油长庆姬塬油田。天然气勘查新增探明地质储量5326.13亿立方米(包括气层气、溶解气、二氧化碳气);新增探明地质储量大于300亿立方米的大气田5个,分别为中国石油长庆苏里格气田、中国石油西南合川气田、中国石油新疆克拉美丽气田、中国石油塔里木塔中Ⅰ号气田和中国石油新疆玛河气田。石油剩余技术可采储量28.91亿吨,天然气剩余技术可采储量346000.27亿立方米。石油产量1.98亿吨,天然气产量7774.87亿立方米。勘探与生产总产值8824.33亿元,销售收入8850.07亿元,利税总额5847.39亿元。

## 石 油

**【概况】** 2008年全国石油勘查新增探明地质储量11.27亿吨(表1、图1),同比下降8.5%,老油气田复算(核算)增加0.62亿吨,合计净增11.89亿吨;新增探明技术可采储量2.05亿吨,同比下降17.0%,老油气田复算(核算)增加0.28亿吨,合计净增2.33亿吨,其中新增探明经济可采储量1.82亿吨。原油产量1.78亿吨,凝析油产量0.03亿吨,外围产量0.08亿吨,合计1.89亿吨,同比增长1.9%。

表1 2008年全国石油新增探明储量 单位:万吨

| | 新增探明地质储量 | | 新增探明技术可采储量 | | 新增探明经济可采储量 | |
|---|---|---|---|---|---|---|
| | 储量 | 占总量/% | 储量 | 占总量/% | 储量 | 占总量/% |
| 全国 | 112737.55 | 100.0 | 20518.89 | 100.0 | 18249.56 | 100.0 |
| 其中:原油 | 110683.87 | 98.2 | 19931.30 | 97.1 | 17723.49 | 97.1 |
| 凝析油 | 2053.68 | 1.8 | 587.59 | 2.9 | 526.07 | 2.9 |

表2 2008年石油储量汇总表 单位:亿吨

| | 合计 | 其中:已开发 | | 未开发 | |
|---|---|---|---|---|---|
| | | 储量 | 占总量/% | 储量 | 占总量/% |
| 累计探明地质储量 | 289.29 | 203.33 | 70.3 | 85.96 | 29.7 |
| 其中:原油 | 286.85 | 202.22 | 70.5 | 84.63 | 29.5 |
| 凝析油 | 2.44 | 1.11 | 45.5 | 1.33 | 54.5 |
| 累计探明技术可采储量 | 79.11 | 63.76 | 80.6 | 15.35 | 19.4 |
| 其中:原油 | 78.38 | 63.43 | 80.9 | 14.95 | 19.1 |
| 凝析油 | 0.73 | 0.33 | 43.8 | 0.40 | 56.2 |
| 累计探明技术可采储量 | 72.49 | 61.41 | 85.9 | 10.08 | 14.1 |
| 其中:原油 | 70.88 | 61.12 | 86.2 | 9.76 | 13.8 |
| 凝析油 | 0.61 | 0.29 | 47.5 | 0.32 | 52.8 |
| 累计产量 | 50.20 | — | — | — | — |
| 剩余技术可采储量 | 28.91 | — | — | — | — |
| 剩余经济可采储量 | 21.29 | — | — | — | — |

截至2008年底,全国石油累计探明地质储量

289.29亿吨(表2),同比增长4.3%,其中已开发203.33亿吨,占总量的70.3%,未开发85.96亿吨,占总量的29.7%;累计探明技术可采储量79.11亿吨,同比增长3.1%,其中已开发63.76亿吨,占总量的80.6%,未开发15.35亿吨,占总量的19.4%。累计探明经济可采储量71.49亿吨,其中已开发61.41亿吨,占总量的85.9%,未开发10.08亿吨,占总量的14.1%。累计产量50.20亿吨,剩余技术可采储量为28.91亿吨(其中原油剩余技术可采储量为28.40亿吨,凝析油剩余技术可采储量为0.51亿吨),同比增长2.0%,剩余技术可采储量储采比15.3。剩余经济可采储量为21.29亿吨(其中原油剩余经济可采储量为20.90亿吨,凝析油剩余经济可采储量为0.39亿吨),同比增长1.6%,剩余经济可采储量储采比11.3。

**【原油新增探明储量】** 2008年全国原油勘查新增探明地质储量110683.87万吨(表3、图2),同比下降9.8%,老油气田复算(核算)增加6127.29万吨,合计净增116811.16万吨。新增探明技术可采储量19931.30万吨,同比下降18.9%,老油气田复算(核算)增加2824.81万吨,合计净增22756.11万吨。新增探明经济可采储量17723.49万吨,同比下降21.5%,老油气田复算(核算)增加2782.58万吨,合计净增20506.07万吨。产量17770.86万吨,同比增长1.4%。

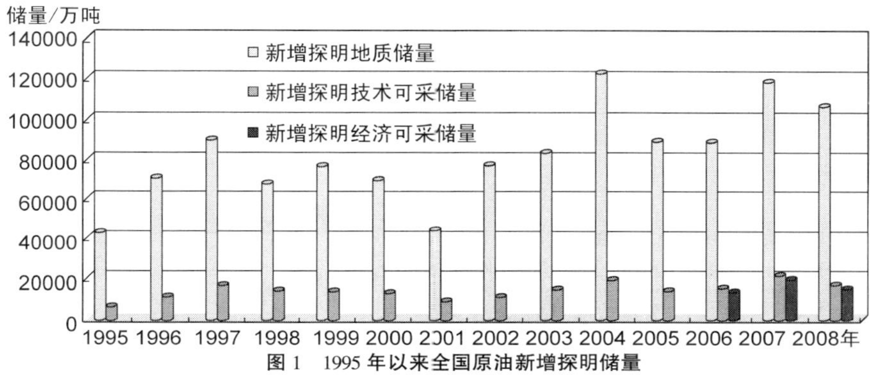

图1 1995年以来全国原油新增探明储量

**表3　2008年各石油公司原油新增探明储量　单位:万吨**

| | 新增探明地质储量 | | 新增探明技术可采储量 | | 新增探明经济可采储量 | |
|---|---|---|---|---|---|---|
| | 储量 | 占总量/% | 储量 | 占总量/% | 储量 | 占总量/% |
| 全国 | 110683.87 | 100.0 | 19931.30 | 100.0 | 17723.49 | 100.0 |
| 中国石油 | 62385.36 | 56.4 | 12076.20 | 60.6 | 1090.32 | 61.5 |
| 中国石化 | 29834.41 | 27.0 | 4550.27 | 22.8 | 3699.24 | 20.9 |
| 中国海油 | 11641.67 | 10.5 | 2573.78 | 12.9 | 2438.95 | 13.8 |
| 地方 | 6822.43 | 6.1 | 731.05 | 3.7 | 680.98 | 3.8 |

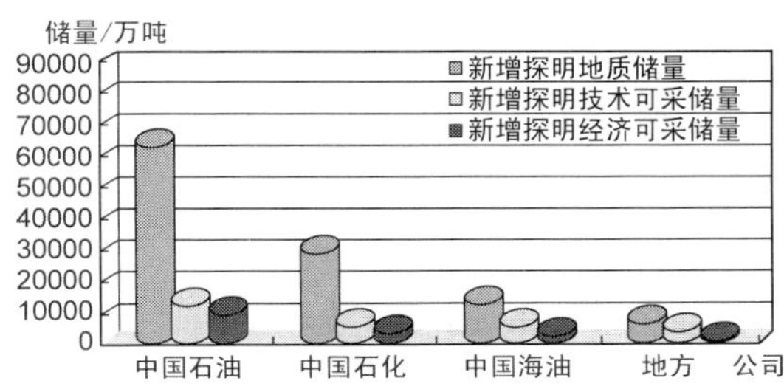

图2 2008年各石油公司原油新增探明储量

2008年全国原油新增探明地质储量前10位的分公司(表4、图3),合计新增探明地质储量为96821.38万吨,占87.5%;新增探明技术可采储量17495.52万吨,占87.8%;新增探明经济可采储量15623.30万吨,占88.2%。

**表4　2008年全国原油新增探明地质储量(前10位的分公司)　单位:万吨**

| 序号 | 公司名称 | 新增探明地质储量 | 新增探明技术可采储量 | 新增探明经济可采储量 |
|---|---|---|---|---|
| 1 | 中国石油长庆 | 20618.88 | 14764.22 | 12955.47 |
| 2 | 中国石油大庆 | 10408.04 | 8745.48 | 982.84 |
| 3 | 中国石化西北分公司 | 6822.43 | 6037.33 | 5366.47 |
| 4 | 中国石化胜利 | 3120.22 | 3938.80 | 2939.15 |
| 5 | 中国石油新疆 | 1165.99 | 2184.24 | 1928.89 |
| 6 | 中国石油吉林 | 1498.28 | 731.05 | 1562.80 |
| 7 | 延长 | 913.66 | 632.66 | 3511.27 |
| 8 | 中国海油天津 | 2638.97 | 1116.91 | 1629.56 |
| 9 | 中国石油吐哈 | 1811.63 | 1375.66 | 680.98 |
| 10 | 中国海油湛江 | 1488.19 | 764.68 | 605.45 |

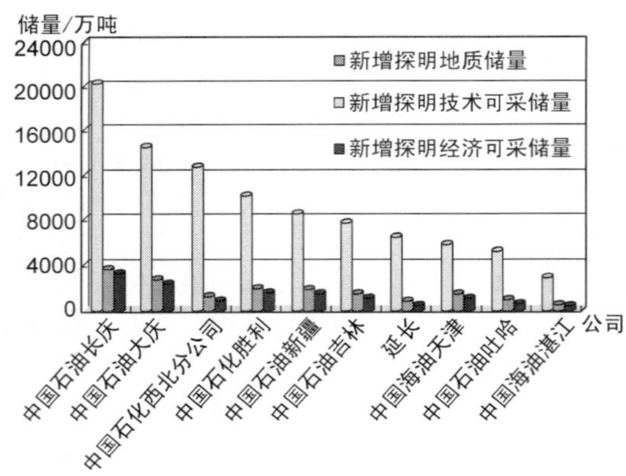


图3　2008年主要分公司原油新增探明储量

2008年全国原油新增探明地质储量大于5000万吨的省(区、市)有7个(表5、图4),合计新增探明地质储量为100050.62万吨,占90.4%;新增探明技术可采储量17830.14万吨,占89.5%;新增探明经济可采储量15742.11万吨,占88.8%。

表5　　2008年全国原油新增探明地质储量

(大于5000万吨的省(区、市))　单位:万吨

| 序号 | 省(区、市) | 新增探明地质储量 | 新增探明技术可采储量 | 新增探明经济可采储量 |
|---|---|---|---|---|
| 1 | 新疆 | 29640.19 | 4482.02 | 4137.47 |
| 2 | 陕西 | 27345.98 | 4651.94 | 4175.68 |
| 3 | 内蒙古 | 10814.21 | 2141.98 | 1851.51 |
| 4 | 山东 | 10749.80 | 2168.83 | 1568.82 |
| 5 | 海拉尔盆地 | 10604.06 | 2110.25 | 1823.03 |
| 6 | 准噶尔盆地 | 9031.03 | 2071.07 | 1954.41 |
| 7 | 南海海域 | 5604.34 | 1010.98 | 950.76 |

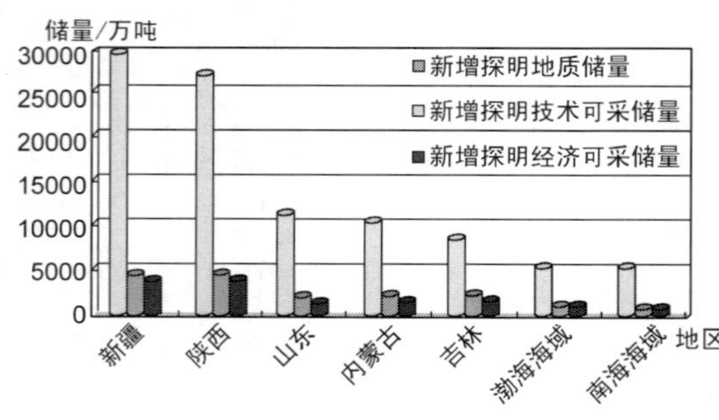


图4　2008年主要地区原油新增探明储量

2008年全国原油新增探明地质储量大于5000万吨的盆地有7个(表6、图5),合计新增探明地质储量为96855.10万吨,占87.5%;新增探明技术可采储量17491.85万吨,占87.8%;新增探明经济可采储量15540.13万吨,占87.7%。

表6　　2008年全国原油新增探明地质储量

(大于5000万吨的盆地)　单位:万吨

| 序号 | 盆地名称 | 新增探明地质储量 | 新增探明技术可采储量 | 新增探明经济可采储量 |
|---|---|---|---|---|
| 1 | 鄂尔多斯 | 27727.20 | 4726.59 | 4239.04 |
| 2 | 塔里木盆地 | 15353.84 | 1518.92 | 1434.20 |
| 3 | 渤海湾盆地 | 14082.71 | 2861.13 | 2215.64 |
| 4 | 松辽盆地 | 14018.93 | 2640.49 | 2385.62 |
| 5 | 海拉尔盆地 | 10604.06 | 2110.25 | 1823.03 |
| 6 | 准噶尔盆地 | 9031.03 | 2071.67 | 1954.41 |
| 7 | 渤海海域 | 6037.33 | 1562.80 | 1488.19 |

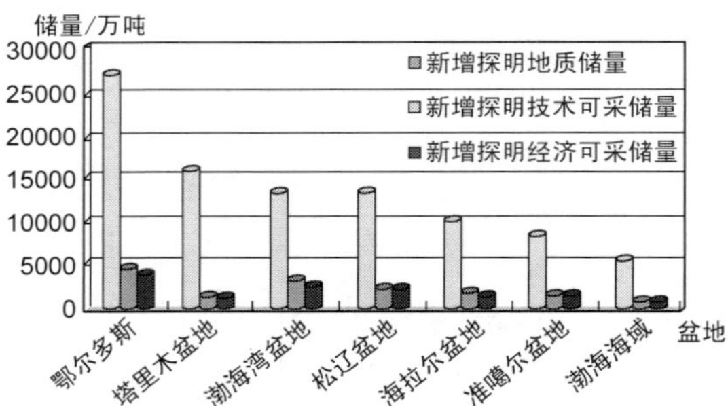


图5　2008年主要盆地原油新增探明储量

2008年全国原油新增探明地质储量大于2000万吨的油田有14个(表7、图6),合计新增探明地质储量为69602.88万吨,占62.9%;新增探明技术可采储量12168.96万吨,占61.1%;新增探明经济可采储量10997.78万吨,占62.1%。

表7　　2008年全国原油新增探明地质储量

(大于2000万吨的油田)　单位:万吨

| 序号 | 油田名称 | 新增探明地质储量 | 新增探明技术可采储量 | 新增探明经济可采领储量 |
|---|---|---|---|---|
| 1 | 中国石化西北分公司塔河 | 12955.47 | 1165.99 | 1116.91 |
| 2 | 中国石油长庆姬塬 | 11916.16 | 2238.66 | 2071.83 |
| 3 | 中国石油长庆靖安 | 6654.87 | 1289.17 | 1112.80 |
| 4 | 中国石油大庆贝尔 | 6591.15 | 1309.66 | 1140.62 |
| 5 | 中国石油吉林海坨子 | 5397.12 | 981.12 | 879.79 |
| 6 | 中国石油吐哈牛东 | 4315.14 | 647.28 | 534.90 |
| 7 | 中国石油大庆乌尔逊 | 4012.91 | 800.59 | 682.14 |
| 8 | 中国石油新疆乌尔禾 | 3413.38 | 685.01 | 589.14 |
| 9 | 中国石油吉林大安 | 2585.72 | 517.16 | 495.87 |

续表 7

| 序号 | 油田名称 | 新增探明地质储量 | 新增探明技术可采储量 | 新增探明经济可采领储量 |
|---|---|---|---|---|
| 10 | 中国海油<br>天津锦州 25－1 | 2574.03 | 704.07 | 680.27 |
| 11 | 中国石油大港<br>埕海油田张巨河 | 2509.10 | 504.49 | 484.82 |
| 12 | 中国海油<br>深圳流花 4－1 | 2484.12 | 378.32 | 345.31 |
| 13 | 中国石油<br>新疆风城 | 2145.86 | 536.47 | 536.47 |
| 14 | 中国石油<br>长庆安塞 | 2047.85 | 410.97 | 326.64 |

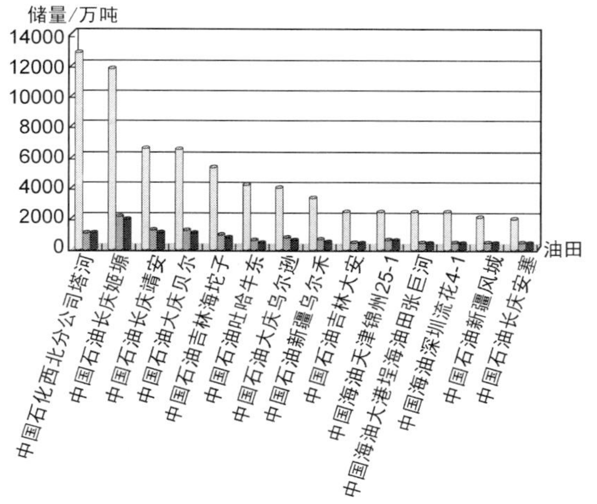


图 6　2008 年主要油田原油新增探明储量

2008 全国原油新增探明储量按深度分布主要为浅层和中深层，合计新增探明地质储量为 90976.24 万吨，占 82.2%；新增探明技术可采储量 17388.23 万吨，占 87.2%；新增探明经济可采储量 15259.10 万吨，占 86.1%(图 7)。

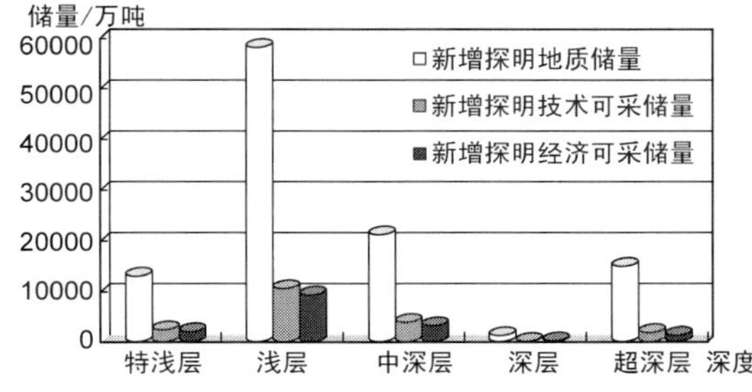


图 7　2008 年底全国原油新增储量埋藏深度分布

2008 年全国新探明油田 14 个(表 8)，新增探明地质储量为 20170.94 万吨，占 18.2%；新增探明技术可采储量 3740.75 万吨，占 18.8%；新增探明经济可采储量 3261.47 万吨，占 18.4%。

截至 2008 年底，全国原油累计探明地质储量 286.85 亿吨(表 9、图 8)，同比增长 4.2%，其中已开发 202.22 亿吨，占总量的 70.5%，未开发 84.63 亿吨，占总量的 29.5%。累计探明技术可采储量 78.38 亿吨，同比增长 3.1%，其中已开发 63.43 亿吨，占总量的 80.9%，未开发 14.95 亿吨，占总量的 19.1%。累计探明经济可采储量 70.88 亿吨，同比增长 3.0%，其中已开发 61.12 亿吨，占总量的 86.2%，未开发 9.76 亿吨，占总量的 13.8%。累计产量 49.98 亿吨。剩余技术可采储量 28.40 亿吨，同比增长 2.0%。剩余经济可采储量 20.90 亿吨，同比增长 1.6%(图 9、图 10)。

表 8　2008 年全国新探明油田新增储量　单位：万吨

| 序号 | 油田名称 | 新增探明地质储量 | 新增探明技术可采储量 | 新增探明经济可采储量 |
|---|---|---|---|---|
| 1 | 中国石油大庆贝尔 | 6591.15 | 1309.66 | 1140.62 |
| 2 | 中国石油吐哈牛东 | 4315.14 | 647.28 | 534.90 |
| 3 | 中国石油<br>大庆乌尔逊 | 4012.91 | 800.59 | 682.41 |
| 4 | 中国海油<br>天津垦利 3－2 | 1143.04 | 255.97 | 221.94 |
| 5 | 中国海油<br>湛江涠洲 11－2 | 1014.72 | 166.39 | 156.20 |
| 6 | 延长下寺湾 | 893.14 | 89.31 | 78.86 |
| 7 | 中国海油<br>湛江文昌 13－6 | 755.07 | 161.30 | 152.45 |
| 8 | 中国海油<br>湛江琼海 18－1 | 327.03 | 79.39 | 77.62 |
| 9 | 延长劳山 | 300.43 | 30.04 | 29.70 |
| 10 | 中国海油<br>天津渤中 34－6/7 | 192.91 | 35.18 | 33.46 |
| 11 | 中国石化江苏李堡 | 190.00 | 47.90 | 47.22 |
| 12 | 中国石油<br>吐哈七泉湖 | 169.66 | 59.38 | 59.38 |
| 13 | 中国石化<br>华北分公司宁东 | 154.59 | 36.13 | 30.89 |
| 14 | 中国石油<br>吐哈海石湾 | 111.15 | 22.23 | 15.82 |

表 9　2008 年原油储量汇总　单位：亿吨

| | 合计 | 其中：已开发 | | 未开发 | |
|---|---|---|---|---|---|
| | | 储量 | 占总量/% | 储量 | 占总量/% |
| 累计探明地质储量 | 286.85 | 202.22 | 70.5 | 84.63 | 29.5 |
| 累计探明技术可采储量 | 78.38 | 63.43 | 80.9 | 14.95 | 19.1 |
| 累计探明经济可采储量 | 70.88 | 61.12 | 86.2 | 9.76 | 13.8 |
| 累计产量 | 49.98 | — | — | — | — |
| 剩余技术可采储量 | 28.40 | — | — | — | — |
| 剩余经济可采储量 | 20.90 | — | — | — | — |

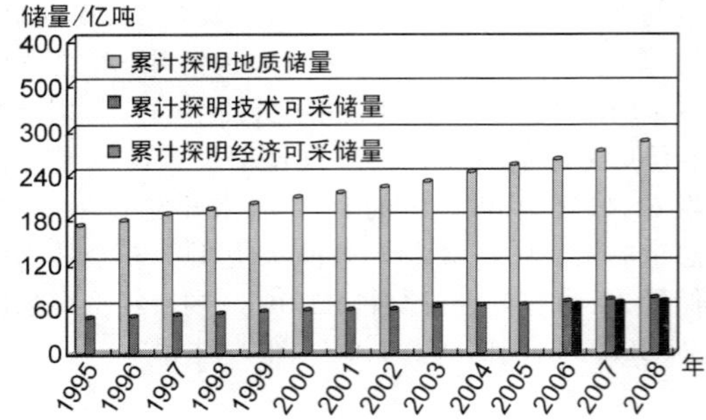


图8 全国原油历年累计探明储量

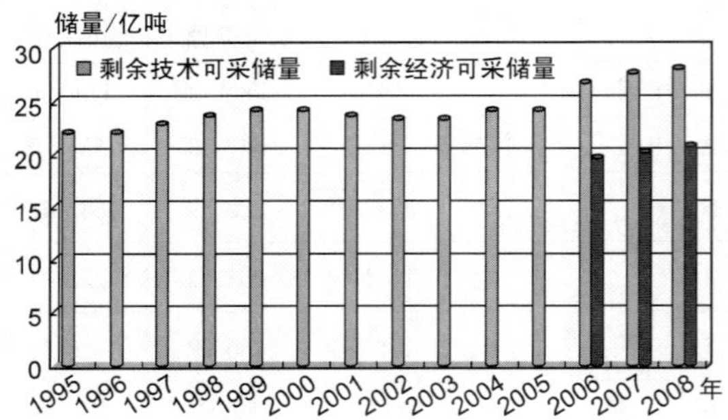


图9 全国原油历年剩余技术和剩余经济可采储量

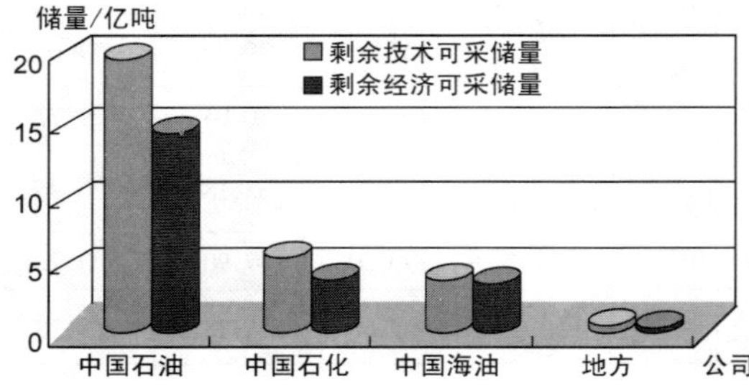


图10 2008年各公司原油剩余技术和剩余经济可采储量

注：图中未扣除各公司重复的剩余技术可采储量633.69万吨和剩余经济可采储量612.31万吨。

2008年全国原油剩余技术可采储量前10位的分公司(表10、图11)，合计剩余技术可采储量235173.00万吨，占82.8%；剩余经济可采储量173875.12万吨，占83.2%。

**表10　　2008年全国原油剩余技术可采储量**

**(前10位的分公司)　单位：万吨**

| 序号 | 分公司名称 | 剩余技术可采储量 | 剩余经济可采储量 |
|---|---|---|---|
| 1 | 中国石油大庆 | 60796.99 | 45938.35 |
| 2 | 中国石化胜利 | 32937.12 | 21732.28 |
| 3 | 中国海油天津 | 27648.69 | 24263.86 |
| 4 | 中国石油长庆 | 27102.19 | 20804.42 |
| 5 | 中国石油新疆 | 22930.72 | 15785.94 |
| 6 | 中国石油辽河 | 16761.51 | 8700.40 |
| 7 | 中国石油吉林 | 16632.37 | 12372.51 |
| 8 | 中国石油冀东 | 13131.29 | 11596.08 |
| 9 | 中国石油大港 | 9785.73 | 7111.29 |
| 10 | 中国石油华北 | 7446.39 | 5569.99 |

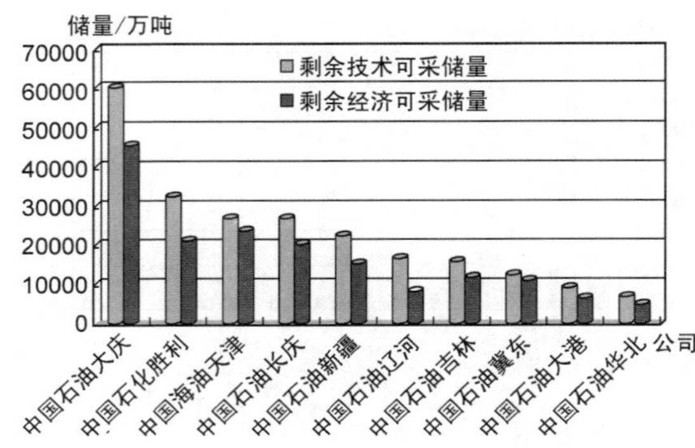


图11 2008年底主要分公司原油剩余技术和剩余经济可采储量

2008年全国原油剩余技术可采储量前10位的省(区、市)(表11、图12)，合计剩余技术可采储量258821.04万吨，占91.1%；剩余经济可采储量191400.41万吨，占91.6%。

**表11　　2008年全国原油剩余技术可采储量**

**(前10位的省(区、市))　单位：万吨**

| 序号 | 省(区、市) | 剩余技术可采储量 | 剩余经济可采储量 |
|---|---|---|---|
| 1 | 黑龙江 | 57474.31 | 43126.34 |
| 2 | 新疆 | 40245.89 | 27021.64 |
| 3 | 山东 | 33399.25 | 21772.24 |
| 4 | 渤海海域 | 27648.69 | 24263.86 |
| 5 | 河北 | 24621.91 | 20794.85 |
| 6 | 陕西 | 23046.80 | 18488.69 |
| 7 | 吉林 | 17777.82 | 12963.11 |
| 8 | 辽宁 | 15672.71 | 8304.32 |
| 9 | 南海海域 | 9819.33 | 8674.54 |
| 10 | 甘肃 | 9114.33 | 5990.82 |

2008年全国原油剩余技术可采储量前10位的盆地(表12、图13、图14)，合计剩余技术可采储量269054.36万吨，占94.8%；剩余经济可采储量197786.82万吨，占94.6%。

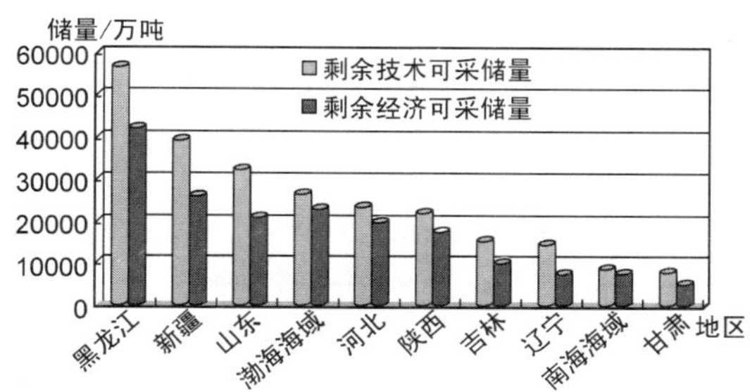


图 12　**2008 年底主要地区原油剩余技术和剩余经济可采储量**

**表 12　2008 年全国原油剩余技术可采储量**

**（前 10 位的盆地）　单位：万吨**

| 序号 | 盆地名称 | 剩余技术可采储量 | 剩余经济可采储量 |
|---|---|---|---|
| 1 | 渤海湾盆地 | 80102.27 | 55075.90 |
| 2 | 松辽盆地 | 75928.35 | 56144.87 |
| 3 | 鄂尔多斯 | 31078.41 | 23888.83 |
| 4 | 渤海海域 | 27648.69 | 24263.86 |
| 5 | 准噶尔盆地 | 23686.42 | 16151.57 |
| 6 | 塔里木盆地 | 10437.62 | 7275.39 |
| 7 | 珠江口盆地 | 7663.20 | 6769.91 |
| 8 | 吐鲁番-哈密盆地 | 4527.56 | 2299.42 |
| 9 | 海拉尔盆地 | 4046.72 | 3449.76 |
| 10 | 柴达木盆地 | 3935.12 | 2467.31 |

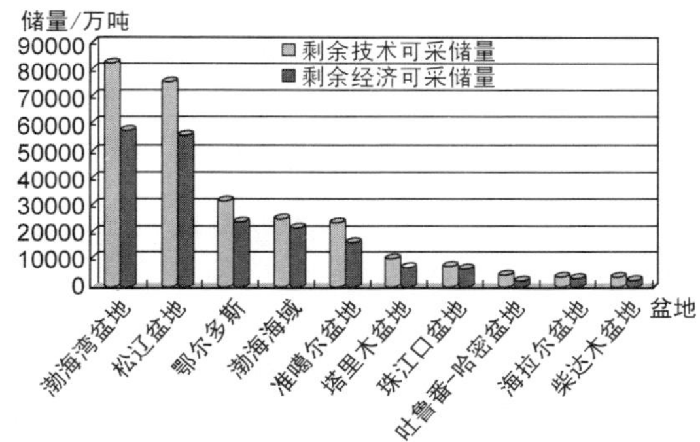


图 13　**2008 年底主要盆地原油剩余技术和剩余经济可采储量**

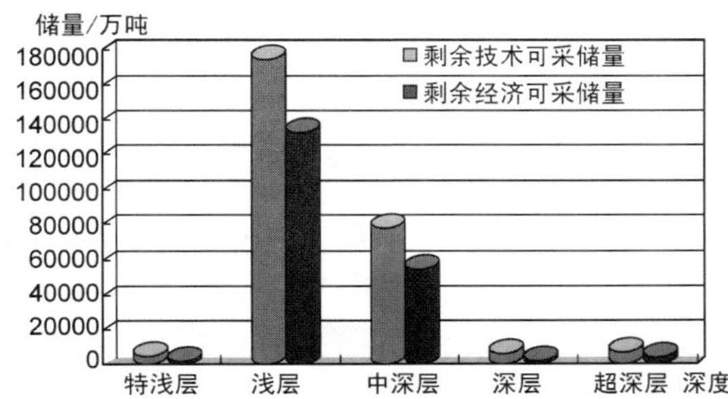


图 14　**2008 年底全国原油剩余技术和剩余经济可采储量埋藏深度分布**

2008 年全国原油剩余技术可采储量 10 大油田（表 13），合计剩余技术可采储量 79137.66 万吨，占 27.9%；剩余经济可采储量 68587.02 万吨，占 32.8%。

**表 13　2008 年全国原油剩余技术可采储量**

**（10 大油田）　单位：万吨**

| 序号 | 油田名称 | 剩余技术可采储量 | 乘余经济可采储量 |
|---|---|---|---|
| 1 | 中国石油大庆萨尔图 | 18899.89 | 18899.89 |
| 2 | 中国石油冀东南堡 | 9471.71 | 8654.76 |
| 3 | 中国石油新疆克拉玛依 | 8352.37 | 6656.79 |
| 4 | 中国石油大庆杏树岗 | 7245.82 | 7245.82 |
| 5 | 中国石化西北分公司塔河 | 7042.51 | 4717.73 |
| 6 | 中国石油长庆姬塬 | 7029.48 | 6432.47 |
| 7 | 中国海油天津蓬莱 19－3 | 5395.11 | 4960.32 |
| 8 | 中国石油长庆靖安 | 5351.88 | 4229.11 |
| 9 | 中国石化胜利埕岛 | 5211.12 | 3165.21 |
| 10 | 中国石油长庆安塞 | 5137.77 | 3624.92 |

**【凝析油勘查新增探明地质储量】**　2008 年全国凝析油勘查新增探明地质储量 2053.68 万吨（表 14），同比增长 398.2%。新增探明技术可采储量 587.59 万吨，同比增长 271.4%。新增探明经济可采储量 526.07 万吨，同比增长 289.8%。产量 323.77 万吨，同比增长 21.1%。

**表 14　2008 年各石油公司凝析油新增储量　单位：万吨**

| | 新增探明地质储量 | | 新增探明技术可采储量 | | 新增探明经济可采储量 | |
|---|---|---|---|---|---|---|
| | 储量 | 占总量% | 储量 | 点意量% | 储量 | 占总量% |
| 全国 | 2053.68 | 100.0 | 587.59 | 100.0 | 526.07 | 100.0 |
| 中国石油 | 1937.05 | 94.3 | 553.02 | 94.1 | 492.19 | 93.6 |
| 中国石化 | 100.32 | 4.9 | 28.08 | 4.8 | 28.00 | 5.3 |
| 中国海油 | 16.31 | 0.8 | 6.49 | 1.1 | 5.88 | 1.1 |

2008 年凝析油新增按地区分别为：

新疆新增探明地质储量 1733.63 万吨，占 84.4%。新增探明技术可采储量 498.77 万吨，占 84.9%。新增探明经济可采储量 456.23 万吨，占 86.7%。

重庆新增探明地质储量 182.85 万吨，占 8.9%。新增探明技术可采储量 51.19 万吨，占 8.7%。新增探明经济可采储量 38.57 万吨，占 7.3%。

2008 年凝析油新增按盆地分别为：

准噶尔盆地新增探明地质储量 1302.07 万吨，占 63.4%。新增探明技术可采储量 364.89 万吨，占 62.1%。新增探明经济可采储量 335.38 万吨，占 63.8%。

塔里木盆地新增探明地质储量 431.56 万吨，占

21.0%。新增探明技术可采储量133.88万吨,占22.8%。新增探明经济可采储量120.85万吨,占23.0%。

四川盆地新增探明地质储量258.48万吨,占12.6%。新增探明技术可采储量72.37万吨,占12.3%。新增探明经济可采储量54.53万吨,占10.4%。

2008年全国凝析油新增探明地质储量大于100万吨的油气田有5个(表15),合计新增探明地质储量1990.78万吨,占96.9%,新增探明技术可采储量570.88万吨,占97.2%,新增探明经济可采储量510.5万吨,占97.0%。

**表15　2008年全国凝析油新增探明地质储量**
**(大于100万吨的油田)　单位:万吨**

| 序号 | 油田名称 | 新增探明地质储量 | 新增探明技术可采储量 | 新增探明经济可采储量 |
|---|---|---|---|---|
| 1 | 中国石油新疆克拉美丽 | 874.11 | 257.98 | 239.51 |
| 2 | 中国石油新疆玛河 | 426.63 | 106.65 | 95.61 |
| 3 | 中国石油塔里木塔中I号气田 | 331.24 | 105.80 | 92.85 |
| 4 | 中国石油西南合川 | 258.48 | 72.37 | 54.53 |
| 5 | 中国石化西北塔河 | 100.32 | 28.08 | 28.00 |

截至2008年底,全国凝析油累计探明地质储量24352.25万吨(表16、图15、图16),同比增长9.2%,其中已开发11082.69万吨,占总量的45.5%,未开发13269.56万吨,占总量的54.5%。累计探明技术可采储量7294.64万吨,同比增长8.8%,其中已开发3248.42万吨,占总量的44.5%,未开发4046.22万吨,占总量的55.5%。累计探明经济可采储量6081.32万吨,同比增长9.5%,其中已开发2906.95万吨,占总量的47.8%,未开发3174.37万吨,占总量的52.2%。累计产量2209.01万吨。剩余技术可采储量5085.63万吨,同比增长5.3%。剩余经济可采储量3872.31万吨,同比增长5.2%。

**表16　2008年凝析油储量汇总　单位:万吨**

|  | 合计 | 其中:已开发 |  | 来开发 |  |
|---|---|---|---|---|---|
|  |  | 储量 | 占总量/% | 储量 | 占总量/% |
| 累计探明地质储量 | 24352.25 | 11082.69 | 45.5 | 13269.56 | 54.5 |
| 累计探明技术可采储量 | 7294.64 | 3248.42 | 44.5 | 4046.22 | 55.5 |

**续表16**

|  | 合计 | 其中:已开发 |  | 来开发 |  |
|---|---|---|---|---|---|
|  |  | 储量 | 占总量/% | 储量 | 占总量/% |
| 累计探明经济可采储量 | 6081.32 | 2906.95 | 47.8 | 3174.37 | 52.2 |
| 累计产量 | 2209.01 | — | — | — | — |
| 剩余技术可采储量 | 5085.63 | — | — | — | — |
| 剩余经济可采储量 | 3872.31 | — | — | — | — |

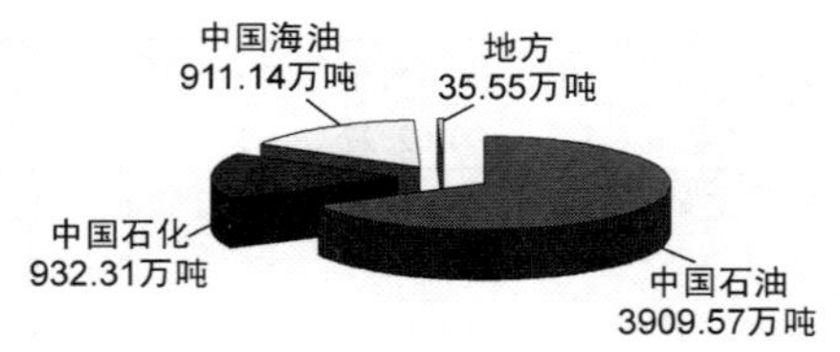


**图15　2008年底各公司凝析油剩余技术可采储量**

注:图中未扣除各公司重复的剩余技术可采储量702.94万吨。

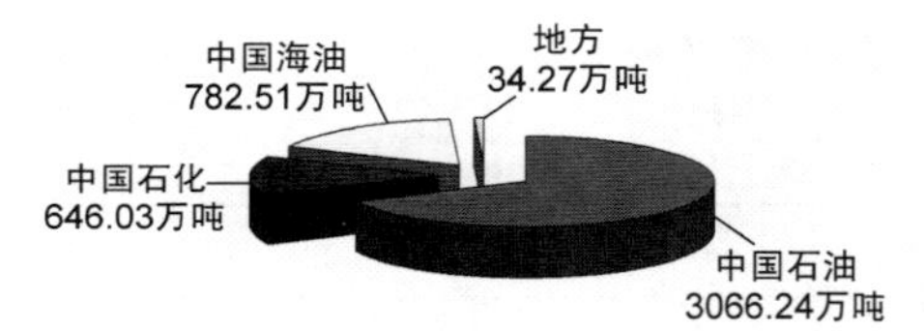


**图16　2008年底各公司凝析油剩余经济可采储量**

注:图中未扣除各公司重复的剩余经济可采储量656.74万吨。

全国凝析油剩余技术可采储量主要分布在新疆,剩余技术可采储量3397.32万吨,占66.8%;剩余经济可采储量2817.19万吨,占72.8%。

全国凝析油剩余技术可采储量主要分布在塔里木盆地,剩余技术可采储量2851.32万吨,占56.1%;剩余经济可采储量2332.96万吨,占60.2%。

## 天然气

**【概况】** 2008年全国天然气(包括气层气、溶解气、二氧化碳气)勘查新增探明地质储量5326.13亿立方米(表1),同比下降18.6%;老油气田复算(核算)减少2.80亿立方米,合计净增5323.33亿立方米,同比下降18.7%。新增探明技术可采储量2715.27亿立方米,同比下降14.3%,老油气田复算(核算)减少5.08亿立方米,合计净增2710.19亿立方米,同比下降14.5%。新增探明经济可采储量2029.20亿立方米,同比下降12.2%,老油气田复算(核算)减少0.76亿立方米,合计净增2028.44亿立方米,同比下降12.4%。气层气产量696.39亿立方米,溶解气产量78.48亿立方米,合计774.87亿立方米,同比增长10.9%。

截至2008年底,全国天然气累计探明地质储量79215.14亿立方米(表2),同比增长7.2%,其中已开发33413.93亿立方米,占总量的42.2%,未开发45801.21亿立方米,占总量的57.8%。累计探明技术可采储量43967.58亿立方米,同比增长6.6%,其中已开发18498.87亿立方米,占总量的42.1%,未开发25468.71亿立方米,占总量的57.9%。累计探明经济可采储量36261.76亿立方米,同比增长5.9%,其中已开发16611.62亿立方米,占总量的45.8%,未开发19650.14亿立方米,占总量的54.2%。累计产量9367.31亿立方米。剩余技术可采储量34600.27亿立方米(其中气层气32242.98亿立方米,溶解气1806.64亿立方米,二氧化碳气550.65亿立方米),同比增长5.9%。剩余经济可采储量26894.45亿立方米(其中气层气25662.78亿立方米,溶解气848.30亿立方米,二氧化碳气383.37亿立方米),同比增长4.9%。

表1　2008年全国天然气新增储量　单位:亿立方米

| | 新增探明地质储量 | | 新增探明技术可采储量 | | 新增探明经济可采储量 | |
|---|---|---|---|---|---|---|
| | 储量 | 占总量/% | 储量 | 占总量/% | 储量 | 占总量/% |
| 全国 | 5326.13 | 100.0 | 2715.27 | 100.0 | 2029.20 | 100.0 |
| 其中:气层气 | 4757.27 | 89.3 | 2596.84 | 95.6 | 1975.64 | 97.4 |
| 溶解气 | 541.68 | 10.2 | 102.00 | 3.8 | 50.58 | 2.5 |
| 二氧化碳气 | 27.18 | 0.5 | 16.43 | 0.6 | 2.98 | 0.1 |

表2　2008年天然气储量汇总　单位．亿立方米

| | 合计 | 其中:已开发 | | 未开发 | |
|---|---|---|---|---|---|
| | | 储量 | 占总量/% | 储量 | 占总量/% |
| 累计探明地质储量 | 79215.14 | 33413.93 | 42.2 | 45801.21 | 57.8 |
| 其中:气层气 | 63356.81 | 23084.65 | 36.4 | 40272.16 | 63.6 |
| 溶解气 | 14993.83 | 10329.28 | 68.9 | 4664.5 | 31.1 |
| 二氧化碳气 | 864.50 | 0.00 | 0.0 | 864.50 | 100.0 |
| 累计探明技术可采储量 | 43967.58 | 18498.87 | 42.1 | 25468.71 | 57.9 |
| 其中:气层气 | 38686.94 | 14736.76 | 38.1 | 23950.18 | 61.9 |
| 溶解气 | 4729.99 | 3762.11 | 79.5 | 967.88 | 20.5 |
| 二氧化碳气 | 550.65 | 0.00 | 0.0 | 550.65 | 100.0 |
| 累计探明经济可采储量 | 36261.76 | 16611.62 | 45.8 | 19650.14 | 54.2 |
| 其中:气层气 | 32106.74 | 13249.90 | 41.3 | 18856.84 | 58.7 |
| 溶解气 | 3771.65 | 3361.72 | 89.1 | 409.93 | 10.9 |
| 二氧化碳气 | 383.37 | 0.00 | 0.0 | 383.37 | 100.0 |
| 累计产量 | 9367.31 | — | — | — | — |
| 剩余技术可采储量 | 34600.27 | — | — | — | — |
| 剩余经济可采储量 | 26894.45 | — | — | — | — |

**【气层气勘查新增探明地质储量】**　2008年全国气层气勘查新增探明地质储量4757.27亿立方米(表3、图1、图2),同比下降8.0%。新增探明技术可采储量2596.84亿立方米,同比下降4.9%。新增探明经济可采储量1975.64亿立方米,同比下降3.2%。产量696.39亿立方米,同比增长14.9%。

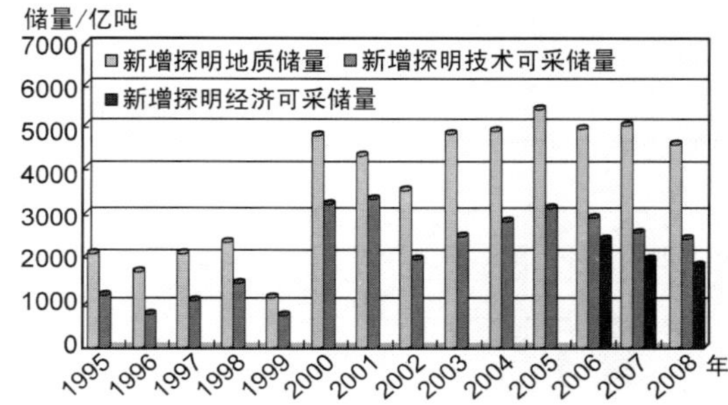


图1　1995年以来全国历年气层气新增探明储量

表3　2008年各石油公司气层气新增储量

单位:亿立方米

| | 新增探明地质储量 | | 新增探明技术可采储量 | | 新增探明经济可采储量 | |
|---|---|---|---|---|---|---|
| | 储量 | 占总量/% | 储量 | 占总量/% | 储量 | 占总量/% |
| 全国 | 4757.27 | 100.0 | 2596.84 | 100.0 | 1975.64 | 100.0 |
| 中国石油 | 4168.23 | 87.6 | 2258.45 | 87.0 | 1718.31 | 87.0 |
| 中国石化 | 511.88 | 10.8 | 291.33 | 11.2 | 219.80 | 11.1 |
| 中国海油 | 77.16 | 1.6 | 47.06 | 1.8 | 37.53 | 1.9 |

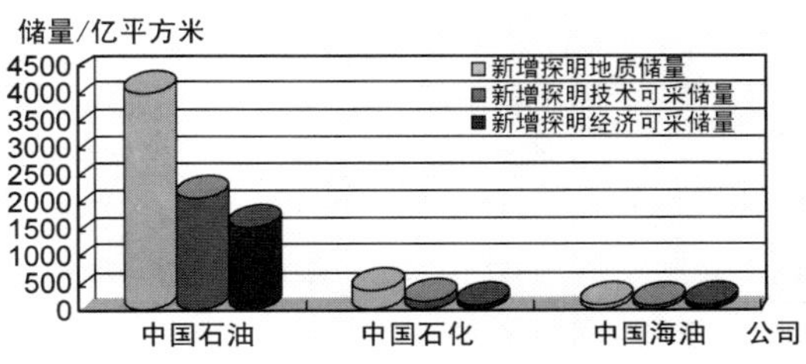


图2　2008年各公司气层气新增探明储量

2008年全国气层气新增探明地质储量前10位的分公司(表4、图3),合计新增探明地质储量4738.75亿

立方米，占 99.6%；新增探明技术可采储量 2587.82 亿立方米，占 99.7%；新增探明经济可采储量 1969.44 亿立方米，占 99.7%。

**表 4　2008 年全国气层气新增探明地质储量**
**（前 10 位的分公司）　单位：亿立方米**

| 序号 | 公司名称 | 新增探明地质储量 | 新增探明技术可采储量 | 新增探明经济可采储量 |
|---|---|---|---|---|
| 1 | 中国石油新疆 | 1348.35 | 819.85 | 725.82 |
| 2 | 中国石油长庆 | 1240.77 | 656.84 | 448.71 |
| 3 | 中国石油西南 | 1183.82 | 531.92 | 326.26 |
| 4 | 中国石油塔里木 | 381.27 | 242.98 | 211.32 |
| 5 | 中国石化华北分公司 | 229.26 | 114.65 | 61.64 |
| 6 | 中国石化勘探南方 | 219.31 | 142.55 | 132.50 |
| 7 | 中国海油深圳 | 56.80 | 34.08 | 34.08 |
| 8 | 中国石化东北分公司 | 42.78 | 21.39 | 15.40 |
| 9 | 中国海油天津 | 20.36 | 12.98 | 3.45 |
| 10 | 中国石化西北分公司 | 16.03 | 10.58 | 10.26 |

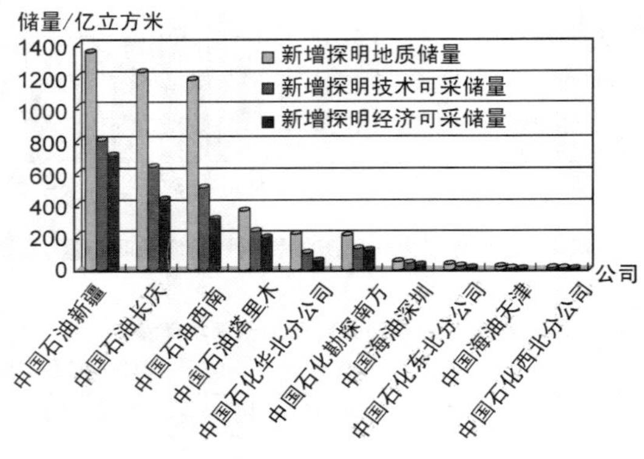


**图 3　2008 年各公司气层气新增探明储量**

2008 年全国气层气新增探明地质储量大于 100 亿立方米的省（区、市）有 5 个（表 5、图 4），合计新增探明地质储量 4618.81 亿立方米，占 97.1%；新增探明技术可采储量 2519.37 亿立方米，占 97.0%；新增探明经济可采储量 1916.51 亿立方米，占 97.0%。

**表 5　2008 年全国气层气新增探明地质储量**
**（大于 100 亿立方米的省（区、市））　单位：亿立方米**

| 序号 | 气田名称 | 新增探明地质储量 | 新增探明技术可采储量 | 新增探明经济可采储量 |
|---|---|---|---|---|
| 1 | 新疆 | 1745.65 | 1073.41 | 947.40 |
| 2 | 内蒙古 | 1352.92 | 712.85 | 478.63 |
| 3 | 重庆 | 837.43 | 376.28 | 230.80 |
| 4 | 四川 | 565.70 | 298.19 | 227.96 |
| 5 | 陕西 | 117.11 | 58.64 | 31.72 |

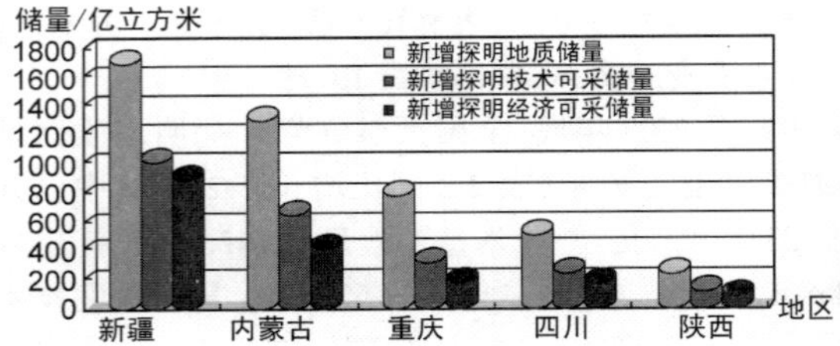


**图 4　2008 年主要地区气层气新增探明储量**

2008 年全国气层气新增探明地质储量大于 100 亿立方米的盆地有 4 个（表 6、图 5），合计新增探明地质储量 4618.81 亿立方米，占 97.1%；新增探明技术可采储量 2519.37 亿立方米，占 97.0%；新增探明经济可采储量 1916.51 亿立方米，占 97.0%。

**表 6　2008 年全国气层气新增探明地质储量**
**（大于 100 亿立方米的盆地）　单位：亿立方米**

| 序号 | 盆地名称 | 新增探明地质储量 | 新增探明技术可采储量 | 新增探明经济可采储量 |
|---|---|---|---|---|
| 1 | 鄂尔多斯 | 1470.03 | 771.49 | 510.35 |
| 2 | 四川盆地 | 1403.13 | 674.47 | 458.76 |
| 3 | 准噶尔盆地 | 1348.35 | 819.85 | 725.82 |
| 4 | 塔里木盆地 | 397.30 | 253.56 | 221.58 |

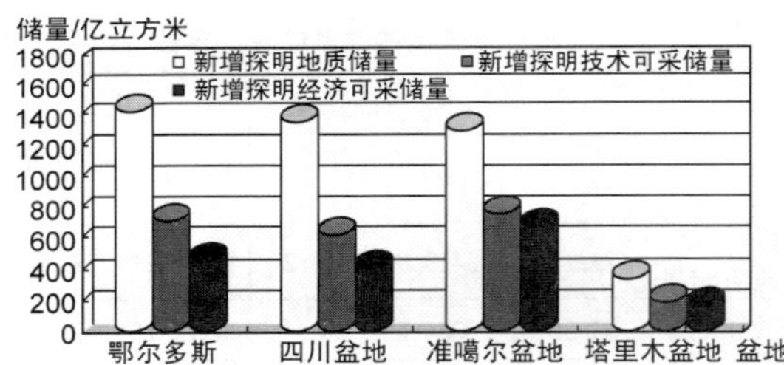


**图 5　2008 年主要盆地气层气新增探明储量**

2008 年全国新探明气田共 5 个（表 7、图 6），合计新增探明地质储量 2590.74 亿立方米，占 54.5%；新增探明技术可采储量 1386.27 亿立方米，占 53.4%；新增探明经济可采储量 1086.11 亿立方米，占 55.0%。

**表 7　2008 年全国新探明气田新增储量**
**单位：亿立方米**

| 序号 | 气田名称 | 新增探明地质储量 | 新增探明技术可采储量 | 新增探明经济可采储量 |
|---|---|---|---|---|
| 1 | 中国石油西南合川 | 1183.82 | 531.92 | 326.26 |
| 2 | 中国石油新疆克拉美丽 | 1033.14 | 614.83 | 539.75 |
| 3 | 中国石油新疆玛河 | 313.98 | 204.09 | 185.14 |
| 4 | 中国海油深圳番禺 35－2 | 56.80 | 34.08 | 34.08 |
| 5 | 中国石油大庆龙井 | 3.00 | 1.351 | 0.88 |

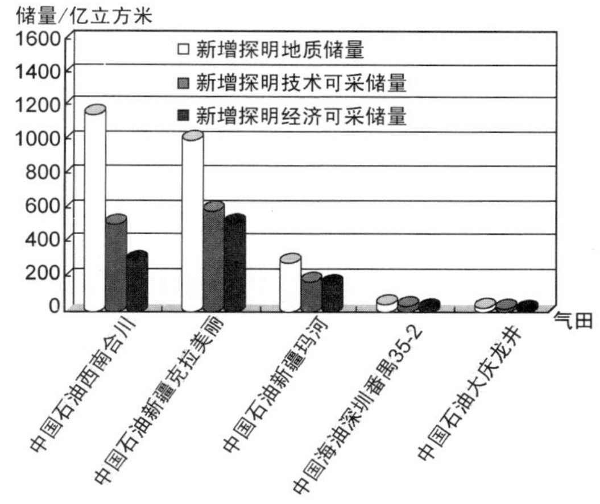


图6　2008年新探明气田气层气新增探明储量

2008年全国气层气新增探明地质储量大于50亿立方米的气田有8个(表8),合计新增探明地质储量4658.35亿立方米,占97.9%;新增探明技术可采储量2541.94亿立方米,占97.9%;新增探明经济可采储量1939.40亿立方米,占98.2%。

**表8　　2008年全国气层气新增探明地质储量(大于50亿立方米的气田)　单位:亿立方米**

| 序号 | 气田名称 | 新增探明地质储量 | 新增探明技术可采储量 | 新增探明经济可采储量 |
|---|---|---|---|---|
| 1 | 中国石油长庆苏里格 | 1240.77 | 656.84 | 448.71 |
| 2 | 中国石油西南合川 | 1183.82 | 531.92 | 326.26 |
| 3 | 中国石油新疆克拉美丽 | 1033.14 | 614.83 | 539.75 |
| 4 | 中国石油塔里木塔中I号气田 | 381.27 | 242.98 | 211.32 |
| 5 | 中国石油新疆玛河 | 313.98 | 204.09 | 185.14 |
| 6 | 中国石化华北分公司大牛地 | 229.26 | 114.65 | 61.64 |
| 7 | 中国石化勘探南方普光 | 219.31 | 142.55 | 132.50 |
| 8 | 中国海油深圳番禺35-2 | 56.80 | 34.08 | 34.08 |

截至2008年底,全国气层气累计探明地质储量为63356.81亿立方米(表9、图7~9),同比增长8.1%,其中已开发23084.65亿立方米,占总量的36.4%,未开发40272.16亿立方米,占总量的63.6%;累计探明技术可采储量38686.94亿立方米,同比增长7.2%,其中已开发14736.76亿立方米,占总量的38.1%,未开发23950.18亿立方米,占总量的61.9%。累计探明经济可采储量32106.74亿立方米,同比增长6.6%,其中已开发13249.90亿立方米,占总量的41.3%,未开发18856.84亿立方米,占总量的58.7%。累计产量6443.96亿立方米。剩余技术可采储量32242.98亿立方米,同比增长6.3%。剩余经济可采储量25662.78亿立方米,同比增长5.3%。

**表9　　2008年气层气储量汇总　单位:亿立方米**

|  | 合计 | 其中:已开发 |  | 未开发 |  |
|---|---|---|---|---|---|
|  |  | 储量 | 占总量/% | 储量 | 占总量/% |
| 累计探明地质储量 | 63356.81 | 23084.65 | 36.4 | 40272.16 | 63.6 |
| 累计探明技术可采储量 | 38686.94 | 14736.76 | 38.1 | 23950.18 | 61.9 |
| 累计探明经济可采储量 | 32106.74 | 13249.90 | 41.3 | 18856.84 | 58.7 |
| 累计产量 | 6443.96 | — | — | — | — |
| 剩余技术可采储量 | 32242.98 | — | — | — | — |
| 剩余经济可采储量 | 25662.78 | — | — | — | — |

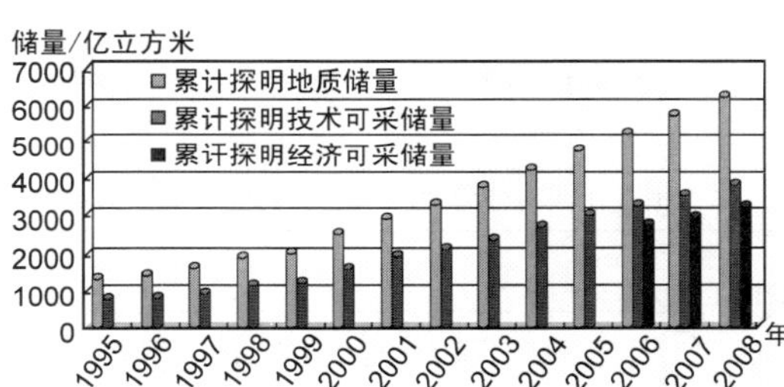


图7　全国气层气历年累计探明储量

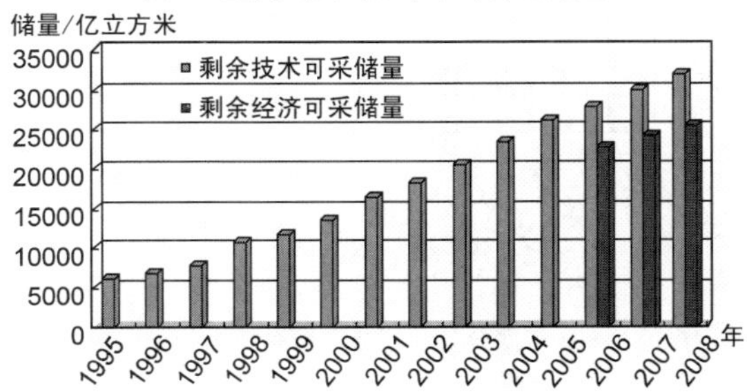


图8　全国气层气历年剩余技术和剩余经济可采储量

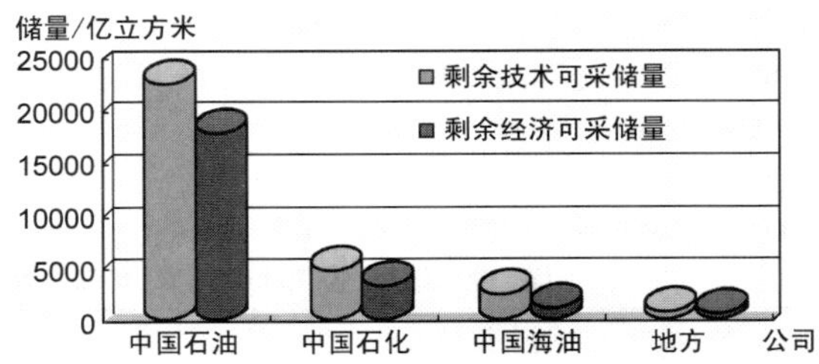


图9　2008年各公司气层气剩余技术和剩余经济可采储量

注:图中未扣除各公司重复的剩余技术可采储量406.12亿立方米和剩余经济可采储量389.42亿立方米。

2008年全国气层气剩余技术可采储量前10位的分公司(表10、图10),合计剩余技术可采储量29355.34亿立方米,占91.0%;剩余经济可采储量23722.57亿立方米,占92.4%。

**表10　　2008年全国气层气剩余技术可采储量**

**(前10位的分公司)　单位:亿立方米**

| 序号 | 分公司名称 | 剩余技术可采储量 | 剩余经济可采储量 |
|---|---|---|---|
| 1 | 中国石油长庆 | 9591.29 | 7939.22 |
| 2 | 中国石油塔里木 | 5354.59 | 4808.97 |
| 3 | 中国石油西南 | 4259.95 | 3095.30 |
| 4 | 中国石化勘探南方 | 2735.41 | 2347.85 |
| 5 | 中国石化华北分公司 | 1584.05 | 1022.24 |
| 6 | 中国海油湛江 | 1410.16 | 1001.25 |
| 7 | 中国石油青海 | 1401.47 | 1281.67 |
| 8 | 中国石油新疆 | 1246.46 | 1044.87 |
| 9 | 中国石油大庆 | 1193.48 | 802.30 |
| 10 | 中国石化西南分公司 | 578.48 | 378.90 |

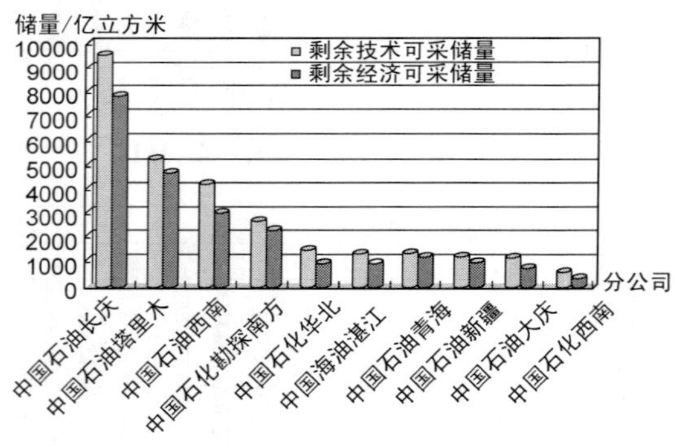


图10　2008年底分公司气层气剩余技术和剩余经济可采储量

2008年全国气层气剩余技术可采储量前10位的省(区、市)(表11、图11),合计剩余技术可采储量31385.89亿立方米,占97.3%,剩余经济可采储量25272.57亿立方米,占98.5%。

**表11　　2008年全国气层气剩余技术可采储量**

**(前10位的省(区、市))　单位:亿立方米**

| 序号 | 省(区、市) | 剩余技术可采储量 | 剩余经济可采储量 |
|---|---|---|---|
| 1 | 新疆 | 7192.89 | 6246.50 |
| 2 | 四川 | 6041.30 | 4684.63 |
| 3 | 内蒙古 | 5618.10 | 4376.15 |
| 4 | 陕西 | 5558.14 | 4586.23 |
| 5 | 南海海域 | 1746.97 | 1311.72 |
| 6 | 重庆 | 1558.82 | 1166.66 |
| 7 | 青海 | 1401.47 | 1281.67 |
| 8 | 黑龙江 | 1192.13 | 801.42 |
| 9 | 吉林 | 646.94 | 403.62 |
| 10 | 东海海域 | 429.13 | 413.97 |

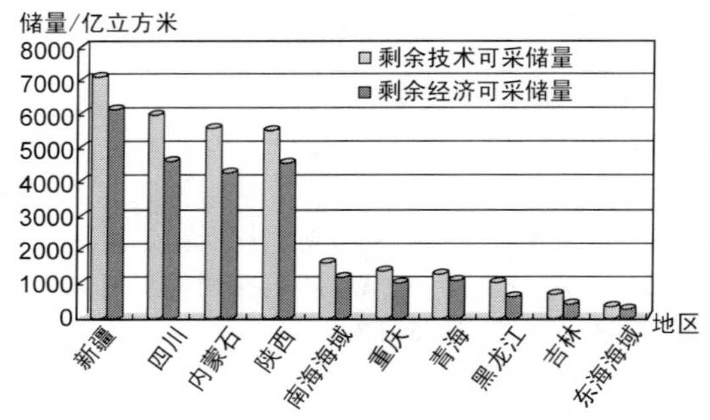


图11　2008年底主要地区气层气剩余技术和剩余经济可采储量

2008年全国气层气剩余技术可采储量前10位的盆地(表12、图12),合计剩余技术可采储量31318.61亿立方米,占97.1%,剩余经济可采储量24964.45亿立方米,占97.3%。

**表12　　2008年全国气层气剩余技术可采储量**

**(前10位的盆地)　单位:亿立方米**

| 序号 | 盆地名称 | 剩余技术可采储量 | 剩余经济可采储量 |
|---|---|---|---|
| 1 | 鄂尔多斯 | 11175.34 | 8961.46 |
| 2 | 四川盆地 | 7604.65 | 5853.76 |
| 3 | 塔里木盆地 | 5718.46 | 5068.81 |
| 4 | 松辽盆地 | 1837.45 | 1203.89 |
| 5 | 柴达木盆地 | 1401.47 | 1281.67 |
| 6 | 准噶尔盆地 | 1246.46 | 1044.87 |
| 7 | 莺歌海盆地 | 937.05 | 671.47 |
| 8 | 渤海湾盆地 | 568.65 | 180.83 |
| 9 | 东海盆地 | 429.13 | 413.97 |
| 10 | 琼东南盆地 | 399.95 | 283.72 |

2008年全国10大气田(表13),合计剩余技术可采储量17129.18亿立方米,占53.1%;剩余经济可采储

量 14300.95 亿立方米，占 55.7%。

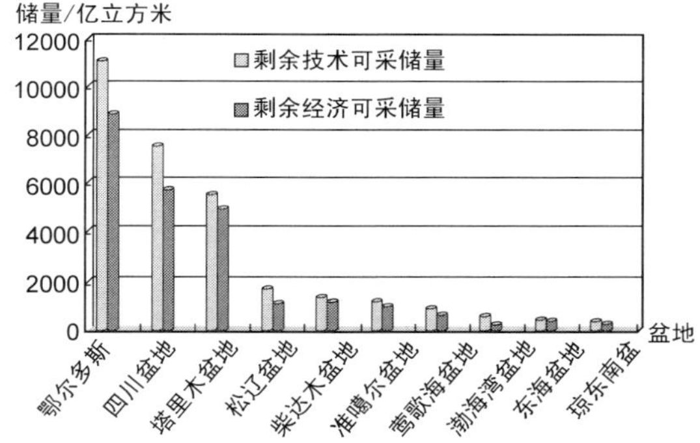


图 12　2008 年底主要盆地气层气剩余技术和剩余经济可采储量

表 13　　2008 年全国 10 大气田　　单位：亿立方米

| 序号 | 气田名称 | 剩余技术可采储量 | 剩余经济可采储量 |
|---|---|---|---|
| 1 | 中国石油长庆苏里格 | 3918.02 | 3077.06 |
| 2 | 中国石化勘探南方普光 | 2735.41 | 2347.85 |
| 3 | 中国石油长庆靖边 | 2655.59 | 2405.96 |
| 4 | 中国石油塔里木克拉 | 21782.03 | 1651.07 |
| 5 | 中国石化华北分公司大牛地 | 1584.05 | 1022.24 |
| 6 | 中国石油塔里木迪那 2 | 1138.92 | 1138.92 |
| 7 | 中国石油长庆榆林 | 1076.01 | 900.68 |
| 8 | 中国石油大庆徐深气田 | 934.05 | 650.73 |
| 9 | 中国石油长庆子洲气田 | 674.05 | 550.47 |
| 10 | 中国石油新疆克拉美丽 | 631.05 | 555.97 |

**【溶解气勘查新增探明地质储量】** 2008 年全国溶解气勘查新增探明地质储量 541.68 亿立方米（表 14、图 13），同比下降 43.0%，老油气田复算（核算）减少 2.80 亿立方米，合计净增 538.88 亿立方米。新增探明技术可采储量 102.00 亿立方米，同比下降 47.8%，老油气田复算（核算）减少 5.08 亿立方米，合计净增 96.92 亿立方米。新增探明经济可采储量 50.58 亿立方米，同比下降 63.9%，老油气田复算（核算）减少 0.76 亿立方米，合计净增 49.82 亿立方米。产量 78.48 亿立方米，同比下降 15.4%。

2008 年全国溶解气新增探明地质储量大于 50 亿立方米的省（区、市）有 2 个（表 15），合计新增探明地质储量 338.77 亿立方米，占 62.5%；新增探明技术可采储量 59.78 亿立方米，占 58.6%；新增探明经济可采储量 26.61 亿立方米，占 52.6%。

表 14　　2008 年各石油公司新增储量　单位：亿立方米

| | 新增探明地质储量 | 占总量/% | 新增探明技术可采储量 | 占总量/% | 新增探明经济可采储量 | 占总量/% |
|---|---|---|---|---|---|---|
| 全国 | 541.68 | 100.0 | 102.00 | 100.0 | 50.58 | 100.0 |
| 中国石油 | 391.61 | 72.3 | 73.45 | 72.0 | 37.47 | 74.1 |
| 中国石化 | 74.57 | 13.8 | 12.43 | 12.2 | 7.05 | 13.9 |
| 中国海油 | 65.80 | 12.1 | 15.08 | 14.8 | 6.06 | 12.0 |
| 地方 | 9.70 | 1.8 | 1.04 | 1.0 | 0.00 | 0.0 |

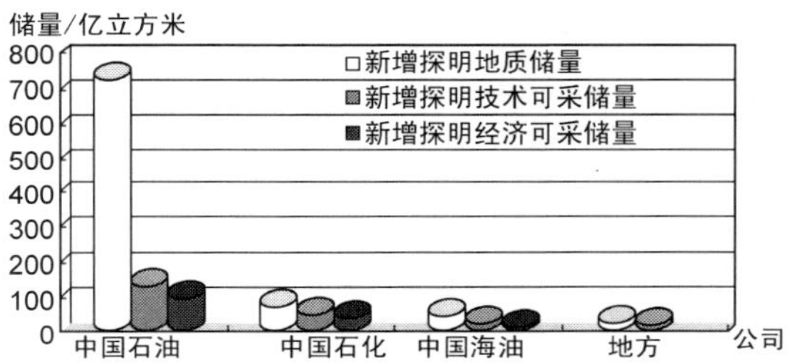


图 13　2008 年各公司溶解气新增探明储量

表 15　　2008 年全国溶解气新增探明地质储量
（大于 50 亿立方米的省（区、市））　单位：亿立方米

| 序号 | 省（区、市） | 新增探明地质储量 | 新增探明技术可采储量 | 新增探明经济可采储量 |
|---|---|---|---|---|
| 1 | 新疆 | 178.68 | 30.10 | 26.61 |
| 2 | 陕西 | 160.09 | 29.68 | 0.00 |

2008 年全国溶解气新增探明地质储量大于 50 亿立方米的盆地有 3 个（表 16、图 14），合计新增探明地质储量 344.98 亿立方米，占 63.7%；新增探明技术可采储量 57.52 亿立方米，占 56.4%；新增探明经济可采储量 18.65 亿立方米，占 36.9%。

表 16　　2008 年全国溶解气新增探明地质储量
（大于 50 亿立方米的盆地）　单位：亿立方米

| 序号 | 盆地名称 | 新增探明地质储量 | 新增探明技术可采储量 | 新增探明经济可采储量 |
|---|---|---|---|---|
| 1 | 鄂尔多斯 | 161.39 | 29.91 | 0.00 |
| 2 | 塔里木盆地 | 115.40 | 13.71 | 11.27 |
| 3 | 渤海湾盆地 | 68.19 | 13.90 | 7.38 |

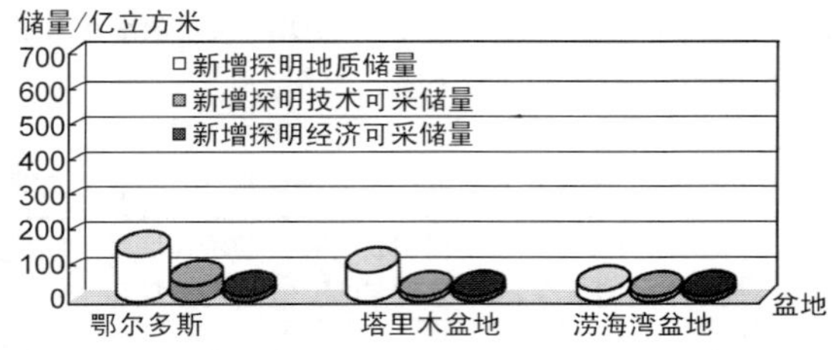


**图 14　2008 年主要盆地溶解气新增探明储量**

截至 2008 年底，全国溶解气累计探明地质储量 14993.83 亿立方米(表 17、图 15)，同比增长 3.7%，其中已开发 10329.28 亿立方米，占总量的 68.9%，未开发 4664.55 亿立方米，占总量的 31.1%。累计探明技术可采储量 4729.99 亿立方米，同比增长 2.1%，其中已开发 3762.11 亿立方米，占总量的 79.5%，未开发 967.88 亿立方米，占总量的 20.5%。累计探明经济可采储量 3771.65 亿立方米，同比增长 1.3%，其中已开发 3361.72 亿立方米，占总量的 89.1%，未开发 409.93 亿立方米，占总量的 10.9%。累计产量 2923.35 亿立方米。剩余技术可采储量 1806.64 亿立方米，同比增长 0.8%。剩余经济可采储量 848.30 亿立方米，同比下降 3.7%。

**表 17　　2008 年溶解气储量汇总　　单位：亿立方米**

| | 合计 | 其中：已情节发 | | 未开发 | |
|---|---|---|---|---|---|
| | | 储量 | 占总量/% | 储量 | 占总量/% |
| 累计探明地质储量 | 14993.83 | 10329.28 | 68.9 | 4664.55 | 31.1 |
| 累计探明技术可采储量 | 4729.99 | 3762.11 | 79.5 | 967.88 | 20.5 |
| 累计探明经济可采储量 | 3771.65 | 3361.72 | 89.1 | 409.93 | 10.9 |
| 累计产量 | 2923.35 | — | — | — | — |
| 剩余技术可采储量 | 1806.64 | — | — | — | — |
| 剩余经济可采储量 | 848.30 | — | — | — | — |

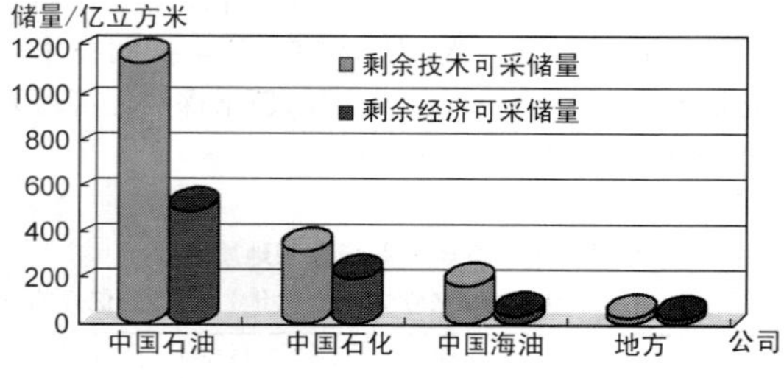


**图 15　2008 年底各公司溶解气剩余技术和剩余经济可采储量**

注：图中未扣除各公司重复的剩余技术可采储量 6.98 亿立方米和剩余经济可采储量 6.64 亿立方米。

2008 年全国溶解气剩余技术可采储量前 10 位的省(区、市)(表 18)，合计剩余技术可采储量 1646.60 亿立方米，占 91.1%；剩余经济可采储量 778.56 亿立方米，占 91.8%。

**表 18　　2008 年全国溶解气剩余技术可采储量**
**(前 10 位的省(区、市))　　单位：亿立方米**

| 序号 | 省(区、市) | 剩余技术可采储量 | 剩余经济可采储量 |
|---|---|---|---|
| 1 | 新疆 | 350.80 | 214.47 |
| 2 | 山东 | 218.13 | 169.34 |
| 3 | 河北 | 201.39 | 136.46 |
| 4 | 黑龙江 | 174.17 | 120.04 |
| 5 | 渤海海域 | 173.1 | 46.88 |
| 6 | 夹西 | 151.10 | －19.66 |
| 7 | 工宁 | 142.89 | 44.02 |
| 8 | 甘肃 | 106.13 | －12.01 |
| 9 | 天津 | 84.27 | 48.39 |
| 10 | 河南 | 44.58 | 30.63 |

2008 年全国溶解气剩余技术可采储量前 10 位的盆地(表 19)，合计剩余技术可采储量 1717.65 亿立方米，占 95.1%；剩余经济可采储量 787.60 亿立方米，占 92.8%。

**表 19　　2008 年全国溶解气剩余技术可采储量**
**(前 10 位的盆地)　　单位：亿立方米**

| 序号 | 盆地名称 | 剩余技术可采储量 | 剩余经济可采储量 |
|---|---|---|---|
| 1 | 渤海湾盆地 | 687.59 | 425.48 |
| 2 | 鄂尔多斯 | 230.50 | －11.94 |
| 3 | 松辽盆地 | 217.21 | 148.08 |
| 4 | 准噶尔盆地 | 177.32 | 127.35 |
| 5 | 渤海海域 | 173.14 | 46.88 |
| 6 | 塔里木盆地 | 130.17 | 78.02 |
| 7 | 吐鲁番-哈密盆地 | 31.17 | －0.54 |
| 8 | 酒西盆地 | 28.40 | －19.68 |
| 9 | 珠江口盆地 | 21.42 | 0.09 |
| 10 | 北部湾盆地 | 20.43 | －6.14 |

**【二氧化碳气探明地质储量】**　2008 年全国勘查新增二氧化碳气探明地质储量 27.18 亿立方米，同比下降 93.6%。新增探明技术可采储量 16.43 亿立方米，同比下降 93.2%。新增探明经济可采储量 2.98 亿立方米，同比下降 97.7%。

截至2008年底，全国二氧化碳气累计探明地质储量为864.50亿立方米，同比增长3.2%(图16)。累计探明技术可采储量550.65亿立方米，同比增长3.1%。累计探明经济可采储量383.37亿立方米，同比增长0.8%。剩余技术可采储量550.65亿立方米，同比增长3.1%。剩余经济可采储量383.37亿立方米，同比增长0.8%。探明的二氧化碳气均未开发。

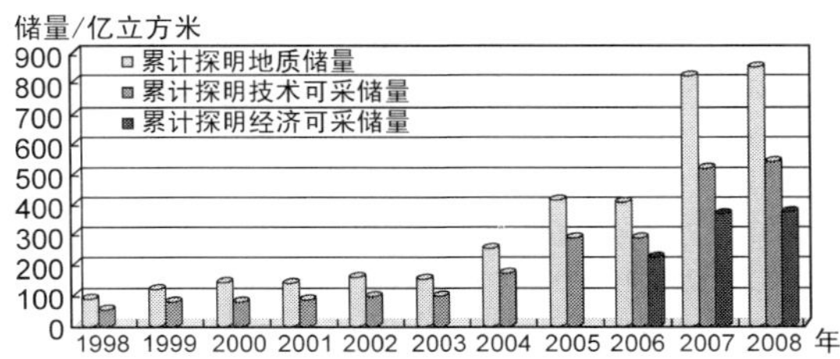


**图16　全国二氧化碳气历年累计探明储量**

## 煤层气

**【概况】** 2008年全国煤层气没有勘查新增探明地质储量。截至2008年底，全国累计探明地质储量1181.08亿立方米，累计探明技术可采储量548.24亿立方米。累计探明经济可采储量60.07亿立方米。累计产量2.93亿立方米。剩余技术可采储量545.31亿立方米。剩余经济可采储量57.14亿立方米。

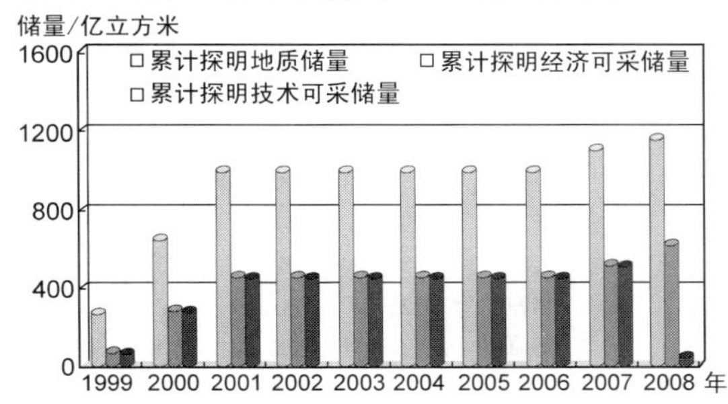


**图1　全国煤层气历年累计探明储量**

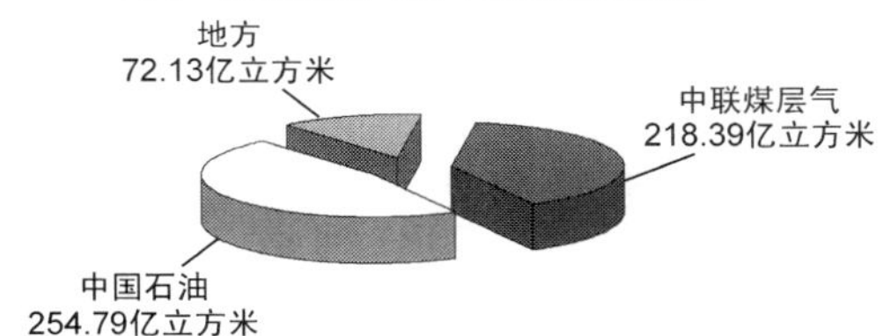


**图2　2008年底各公司煤层气剩余技术可采用储量**

附表1　**截至2008年底全国各类油气矿产剩余可采储量汇总**

| 序号 | 矿产名称 | 亚矿产名称 | 单位 | 当年产量 | 因勘查增减的储量 | | 剩余技术可采储量 | 剩余经济可采储量 |
|---|---|---|---|---|---|---|---|---|
| | | | | | 技术可采储量 | 经济可采储量 | | |
| 1 | 石油 | 合计 | 万吨 | 18094.63 | 23343.70 | 21032.14 | 289043.10 | 212881.02 |
| | | | 万立方米 | 20568.18 | 26644.98 | 23994.91 | 334327.01 | 247078.70 |
| | | 原油 | 万吨 | 17770.86 | 22756.11 | 20506.07 | 283957.47 | 209008.71 |
| | | | 万立方米 | 20149.19 | 25886.05 | 23315.17 | 327856.78 | 242146.96 |
| | | 凝析油 | 万吨 | 323.77 | 587.59 | 526.07 | 5085.63 | 3872.31 |
| | | | 万立方米 | 418.99 | 758.93 | 679.74 | 6470.22 | 4931.73 |
| 2 | 天然气 | 合计 | 亿立方米 | 774.87 | 2710.19 | 2028.44 | 34600.27 | 26894.45 |
| | | 气层气 | 亿立方米 | 696.39 | 2596.84 | 1975.64 | 32242.98 | 25662.78 |
| | | 溶解气 | 亿立方米 | 78.48 | 96.92 | 49.82 | 1806.64 | 848.30 |
| | | 一氧化碳气 | 亿立方米 | 0.00 | 16.43 | 2.98 | 550.65 | 383.373 |
| 3 | 煤层气 | 煤层气 | 亿立方米 | 0.00 | 0.00 | 0.00 | 545.31 | 57.14 |

**注:**石油的当年产量中未包括外围产量851.43万吨(1021.33万立方米)，合计全国石油产量18946.06万吨(21589.51万立方米)。

附表2　**2008年全国各公司石油天然气采出量统计**

| | | 石油 | | | | | | | | 天然气/亿立方米 | | | |
|---|---|---|---|---|---|---|---|---|---|---|---|---|---|
| | | 原油 | | 凝析油产量 | | 外围产量 | | 合计 | | 气层气产量 | 溶解气产量 | 外围气产量 | 合计 |
| | | 万立方米 | 万吨 | 万立方米 | 万吨 | 万立方米 | 万吨 | 万立方米 | 万吨 | | | | |
| 全国 | 总计 | 20149.19 | 17770.86 | 418.99 | 323.77 | 1021.33 | 851.43 | 21589.51 | 18946.06 | 696.39 | 78.48 | 1.03 | 774.87 |

**续附表 2**

| | | 石油 | | | | | | | | 天然气/亿立方米 | | | |
|---|---|---|---|---|---|---|---|---|---|---|---|---|---|
| | | 原油 | | 凝析油产量 | | 外围产量 | | 合计 | | 气层气产量 | 溶解气产量 | 外围气产量 | 合计 |
| | | 万立方米 | 万吨 | 万立方米 | 万吨 | 万立方米 | 万吨 | 万立方米 | 万吨 | | | | |
| 中国石油 | 大庆 | 4675.26 | 4020.01 | 0.00 | 0.00 | 0.00 | 0.00 | 4675.26 | 4020.01 | 6.16 | 20.94 | 0.00 | 27.10 |
| | 吉林 | 757.51 | 655.06 | 0.00 | 0.00 | 0.00 | 0.00 | 757.51 | 655.06 | 4.31 | 1.44 | 0.00 | 5.75 |
| | 辽河 | 1276.63 | 1192.85 | 0.22 | 0.16 | 0.00 | 0.00 | 1276.85 | 1193.01 | 2.73 | 5.98 | 0.00 | 8.71 |
| | 华北 | 494.98 | 434.47 | 9.17 | 7.24 | 0.00 | 0.00 | 504.15 | 441.71 | 3.37 | 2.16 | 0.00 | 5.53 |
| | 大港 | 554.41 | 501.10 | 6.91 | 5.91 | 0.00 | 0.00 | 561.32 | 507.01 | 2.27 | 3.27 | 0.00 | 5.54 |
| | 冀东 | 225.45 | 200.30 | 0.00 | 0.00 | 0.00 | 0.00 | 225.45 | 200.30 | 0.00 | 3.06 | 0.00 | 3.06 |
| | 新疆 | 1368.05 | 1202.28 | 23.92 | 18.42 | 0.0 | 0 0.00 | 1391.97 | 1220.70 | 23.11 | 11.13 | 0.00 | 34.24 |
| | 塔里木 | 562.83 | 488.61 | 195.07 | 156.39 | 0.00 | 0.00 | 757.90 | 645.00 | 167.17 | 6.66 | 0.00 | 173.83 |
| | 吐哈 | 223.83 | 186.99 | 17.48 | 13.01 | 0.00 | 0.00 | 241.31 | 200.00 | 9.60 | 5.50 | 0.00 | 15.10 |
| | 玉门 | 81.68 | 69.70 | 0.00 | 0.00 | 0.00 | 0.00 | 81.68 | 69.70 | 0.00 | 0.50 | 0.00 | 0.50 |
| | 青海 | 257.93 | 220.01 | 0.00 | 0.00 | 0.00 | 0.00 | 257.93 | 220.01 | 42.78 | 0.87 | 0.00 | 43.65 |
| | 长庆 | 1650.62 | 1378.35 | 0.00 | 0.00 | 0.00 | 0.00 | 1650.62 | 1378.35 | 142.35 | 1.44 | 0.00 | 143.79 |
| | 西南 | 13.45 | 11.27 | 3.18 | 2.43 | 0.00 | 0.00 | 16.63 | 13.70 | 146.79 | 1.54 | 0.00 | 148.33 |
| | 南方 | 0.69 | 0.58 | 14.82 | 11.86 | 0.00 | 0.00 | 15.51 | 12.44 | 2.32 | 0.00 | 0.00 | 2.32 |
| | 浙江 | 0.00 | 0.00 | 0.00 | 0.00 | 0.88 | 0.77 | 0.88 | 0.77 | 0.00 | 0 | 0.00 | 0.00 |
| | 小计 | 12143.32 | 10561.58 | 270.77 | 215.42 | 0.88 | 0.77 | 12414.97 | 10777.77 | 552.96 | 64.49 | 0.00 | 617.45 |
| 中国石化 | 胜利 | 3040.72 | 2774.02 | 0.00 | 0.00 | 0.00 | 0.00 | 3040.72 | 2774.02 | 0.96 | 6.74 | 0.00 | 7.70 |
| | 中原 | 337.07 | 288.94 | 15.19 | 11.36 | 0.00 | 0.00 | 352.26 | 300.30 | 6.51 | 4.10 | 0.00 | 10.61 |
| | 河南 | 202.32 | 179.61 | 1.04 | 0.90 | 0.00 | 0.00 | 203.36 | 180.51 | 0.20 | 0.41 | 0.00 | 0.61 |
| | 江汉 | 111.96 | 96.50 | 0.00 | 0.00 | 0.00 | 0.00 | 111.96 | 96.50 | 1.15 | 0.20 | 0.00 | 1.35 |
| | 江苏 | 196.19 | 171.01 | 0.00 | 0.00 | 0.00 | 0.00 | 196.19 | 171.01 | 0.43 | 0.15 | 0.00 | 0.58 |
| | 西北分公司 | 587.52 | 549.11 | 65.13 | 51.02 | 0.00 | 0.00 | 652.65 | 600.13 | 10.99 | 1.73 | 0.00 | 12.72 |
| | 西南分公司 | 2.68 | 2.30 | 0.91 | 0.71 | 0.00 | 0.00 | 3.59 | 3.01 | 26.98 | 0.07 | 0.00 | 27.05 |
| | 华东分公司 | 14.67 | 13.00 | 0.00 | 0.00 | 0.00 | 0.00 | 14.67 | 13.00 | 0.00 | 0.00 | 0.00 | 0.00 |
| | 东北分公司 | 28.43 | 24.72 | 0.00 | 0.00 | 0.00 | 0.00 | 28.43 | 24.72 | 1.35 | 0.05 | 0.00 | 1.40 |
| | 华北分公司 | 13.72 | 11.58 | 0.00 | 0.00 | 0.00 | 0.00 | 13.72 | 11.58 | 19.16 | 0.00 | 0.00 | 19.16 |
| | 上海分公司 | 0.00 | 0.00 | 0.50 | 0.37 | 6.69 | 5.14 | 7.19 | 5.51 | 0.78 | 0.00 | 1.03 | 1.81 |
| | 勘探南方 | 0.00 | 0.00 | 0.00 | 0.00 | 0.00 | 0.00 | 0.00 | 0.00 | 0.00 | 0.00 | 0.00 | 0.00 |
| | 小计 | 4535.28 | 4110.79 | 82.77 | 64.36 | 6.69 | 5.14 | 4624.74 | 4180.29 | 68.51 | 13.45 | 1.03 | 82.99 |
| 中国海油 | 天津 | 1574.18 | 1472.18 | 18.95 | 14.68 | 0.00 | 0.00 | 1593.13 | 1486.86 | 8.48 | 0.00 | 0.00 | 8.48 |
| | 深圳 | 1201.67 | 1044.94 | 30.03 | 16.36 | 0.00 | 0 00 | 1231.70 | 1061.30 | 6.80 | 0.00 | 0.00 | 6.80 |
| | 湛江 | 396.66 | 333.54 | 11.65 | 9.25 | 0.00 | 0.00 | 408.31 | 342.79 | 54.18 | 0.26 | 0.00 | 54.44 |
| | 上海 | 0.00 | 0.00 | 0.99 | 0.74 | 0.00 | 0.00 | 0.99 | 0.74 | 1.57 | 0.00 | 0.00 | 1.57 |
| | 小计 | 3172.51 | 2850.66 | 61.62 | 41.03 | 0.00 | 0.00 | 3234.13 | 2891.69 | 71.03 | 0.26 | 0.00 | 71.29 |
| 地方 | 延长 | 278.15 | 231.87 | 0.00 | 0.00 | 1020.45 | 850.66 | 1298.60 | 1082.53 | 0.00 | 0.00 | 0.00 | 0.00 |
| | 上海市 | 14.43 | 11.10 | 4.33 | 3.33 | 0.00 | 0.00 | 18.76 | 14.43 | 4.67 | 0.27 | 0.00 | 4.94 |
| | 齐齐哈尔市 | 1.94 | 1.80 | 0.00 | 0.00 | 0.00 | 0.00 | 1.94 | 1.80 | 0.00 | 0.00 | 0.00 | 0.00 |
| | 田东 | 3.56 | 3.06 | 0.00 | 0.00 | 0.00 | 0.00 | 3.56 | 3.06 | 0.00 | 0.01 | 0.00 | 0.01 |
| | 阳泉 | 0.00 | 0.00 | 0.00 | 0.00 | 0.00 | 0.00 | 0.00 | 0.00 | 0.00 | 0.00 | 0.00 | 0.00 |
| | 铁法 | 0.00 | 0.00 | 0.00 | 0.00 | 0.00 | 0.00 | 0.00 | 0.00 | 0.00 | 0.00 | 0.00 | 0.00 |
| | 小计 | 298.08 | 247.83 | 4.33 | 3.33 | 1020.45 | 850.66 | 1322.86 | 1101.82 | 4.67 | 0.28 | 0.00 | 4.95 |

**注**:1. 中国石化上海与中国海油上海填报的凝析油产量重复0.37万吨(0.50万立方米),填报的气层气产量重立方米),天然气产量重复1.03亿立方米,放在外围产量中。在全同总量中已扣除,但各总公司总量未扣除。

(选自《2008年全国油气矿产储量通报》)

# 冶　金

**【概况】** 2008年，全国粗钢、生铁、钢材产量分别为50048.8万吨、47067.41万吨和58177.3万吨，同比增长1.1%、0.2%和3.6%，粗钢增长率为1982年以来的最低水平。

铁矿石产量继续高速增长。2008年，全国规模以上铁矿企业生产铁矿石82401.11万吨，与2007年同期相比增加14153.14万吨，累计同比增长20.7%。

1. 从全国铁矿石产量区域分布的情况看。华北地区无疑是国内铁矿石的最为重要的产区。该区全年生产铁矿石50198.84万吨，占全国总量60.92%；东北地区生产铁矿石11914.98万吨，占全国总量14.46%；华东地区生产铁矿石6740.33万吨，占全国总量8.18%；中南地区生产铁矿石4119.28万吨，占全国总量5.0%；西南地区生产铁矿石7387.00万吨，占全国总量8.96%；西北地区生产铁矿石2039.68万吨，占全国总量2.48%。

华北和东北两大地区合计产矿62113.82万吨，占全国生产总量75.38%。其中河北省铁矿石产量最大，全年生产铁矿38097.21万吨，占全国总量的46.23%。同比增加9819.87万吨，增长34.73%。福建省产量达1785.37万吨，同比增长77.93%，是全国铁矿石产量同比增幅最大的省份。

2. 从全国铁矿石产量的增长趋势分析看。上半年高位平稳、三季度产量增长明显放缓，四季度产量略有增长后增速平稳。2008年1~6月各月铁矿石增量平均在1100万吨以上，但第三季度平均各月增量仅有232万吨，三季度平均每月产量比上半年月均产量少800万吨产量。进入10、11月产量有所增长，同比增加800万吨和850万吨。12月铁矿石原矿产量同比减少530.68万吨，下降8.0%，与11月相比减少1132.61万吨，环比下降15.65%。

**【铁矿石市场】** 2008年国内铁精粉市场，简略可以分为两个阶段：上半年铁精粉市场价格大幅飙升，最高涨幅达250~300元/吨。下半年铁精粉市场价格迅猛下跌，较全年最高点时下跌720~770元/吨。

2008年1~7月国内铁精矿市场价格保持攀升态势。但从8至10月，国内铁精矿市场由于资源流通性差及金融危机的席卷，铁精矿市场价格进入快速下滑通道，不断刷新历史新低位。10月铁矿石现价协7年来首度倒挂，较全年最高点下跌770元左右/吨。

11月铁精矿市场价格开始止跌企稳。12月市场价格继续保持稳中小幅上涨的趋势，较11月上涨80~100元/吨。

**【铁矿石进口量】** 2008年，我国进口铁矿石44356万吨，同比增加6056.41万吨，同比增长15.86%，仍保持较快增长。其中进口粗矿粉29822万吨，精矿粉3904万吨，块矿8586万吨，球团矿2044万吨。

1. 从全年各月进口量来看。2008年年初承袭2007年的强势，进口矿高开高走，并在4月这一传统需求旺季达到顶峰。随后因钢材市场走势趋弱、港口库存积压严重，进口矿逐渐转变为稳中趋弱态势。其中最低点的10月份3061.67万吨，与最高点4月进口矿石数量4284.58万吨相比减少进口1222.91万吨，下降28.54%。

2. 从进口矿来源看。2008年，中国从澳大利亚进口18341.83万吨，同比增长25.97%；从巴西进口10062.91万吨，同比增长3.07%；从印度进口9098.09万吨，同比增长14.63%；从南非进口1452万吨，同比增长18.72%。

3. 从各地区的铁矿石进口情况看。全国有28个省市进口铁矿，华东地区进口量最大，达到20216.59万吨，占全国进口量的45.57%，同比增长19.21%；其次华北地区进口量达到14973.54万吨，占全国进口量的33.75%，同比增长13.66%。山东省铁矿石进口量7163.07万吨，居各省市之首。

4. 从平均到岸价格来看。2008年我国进口矿平均到岸价格136.20美元/吨，比2007年同期上涨47.98美元/吨，涨幅54.39%。12月进口矿平均到岸价格下跌至2008年最低点，平均到岸价格为89.74美元/吨，其中块矿到岸价格为83.62美元/吨，环比下降最多，减少47.27美元/吨，球团矿到岸价格为146.33美元/吨，环比下降44.54美元/吨，粗粉和精矿12月的平均到岸价格分别为86.18美元/吨和103.69美元/吨，环比下降26.12%和19.32%。

5. 港口库存方面。从2008年年初开始国内各大港口的铁矿石库存持续上涨。据不完全统计，库存从原先的5000多万吨增加至最高8000多万吨，12月末仍然保持6000多万吨的港口库存量。

6. 受进口铁矿石的影响，国际铁矿石海运市场大幅震荡。从与中国相关的两条航线运费2008年走势情况来看，6月初达到历史最高点，巴西图巴朗至北仑/宝山港好望角型船铁矿石运价为108.746美元/吨；西澳至北仑/宝山好望角型船铁矿石运价为50.85美元/吨，分别与2008年历史最低点相比跌幅达到101.95美元和46.965美元，下降93.75%和92.36%。由于次贷危机引发的国际金融风暴，不仅使全球经济发展前景扑朔迷离，并迫使银行对干散货租船合约不再提供信贷支持,导致国际干散货市场雪上加霜。12月底,波罗的海国际干散货海运指数为774点,同比下跌91.4%,比最高时下跌93%。巴西和西澳－中国(北仑/宝山)的海运费分别为8.85美元/吨和5.5美元/吨,同比下跌89.0%和84.1%,比最高时下跌91.9%和89.2%。

【矿山固定资产投资】 2008年,随着鞍钢鲅鱼圈、首钢曹妃甸、湛江及防城港钢铁基地等大型项目陆续进入投资高峰期,我国钢铁投资增速呈加快趋势。据国家统计局统计,2008年全国城镇钢铁项目完成投资额3240.3亿元,同比增长23.8%,增幅同比提高11.6百分点。受钢铁投资增速的带动,国内铁矿石投资也保持快速增长。

1. *找矿力度加大*。2005～2008年全国开展铁矿勘查项目3000多个,投入资金30多亿元,新增查明铁矿资源量60亿吨以上。各企业结合实际,开展生产勘探,进行深部找矿,增加资源储量,为矿山建设和挖潜改造提供资源保证。

2. *矿山建设加快*。黑色金属矿产采选业固定资产投资2004年为132.99亿元,2005年282.00亿元,2006年356.51亿元,2007年427.19亿元,2008年达到680.5亿元,地方和民营企业投入铁矿开发的积极性提高,一批采选项目已经建成或正在建设中。

据国家统计局统计,2008年城镇黑色金属矿采选业完成投资额为680.5亿元,同比增长59.0%,增幅同比提高39.3个百分点。

【矿山企业面临形势】 2008年,受金融危机影响,全球经济增长明显减速,国内经济困难明显增加,经济下行压力加大,矿产品供需矛盾趋缓,从国内外铁矿石市场供求趋势看,按目前的生产规模和产量预测分析,今后一段时间全球铁矿供求关系将保持总体平衡并出现供大于求,冶金矿山生产发展将进入周期性调整的新阶段。受体制成本、生产成本、环境、安全成本增加和承担社会责任的支出增加的影响,矿山企业利润空间缩小已是必然趋势;矿山生产的扩展与资源环境压力加大的矛盾愈来愈突出,行业节能减排任务艰巨。对此,我们必须引起高度重视,希望重点把握和推进以下6个方面的工作:

第一,密切关注和冷静应对国际金融危机。

第二,加大改革的力度,增强企业活力。

第三,转变发展方式,提高发展质量。提高资源合理开发、综合利用、地质环境保护和矿区土地复垦水平。

第四,依靠科技进步,提升生产力发展水平。提高市场竞争力。

第五,推进企业管理和队伍建设,夯实发展基础。

第六,重视安全生产管理,防止重特大事故发生。

第七,关心职工生活,努力提高职工生活质量。

(中国冶金矿山企业协会　揭香萍)

## 有色金属工业

【概况】 1. *有色金属工业生产*。2008年十种有色金属总产量(初步统计数,下同)为2519万吨,同比增长6.72%,增幅比2007年回落16.72个百分点,是新世纪以来增幅最低的一年。其中,铜378万吨,同比增长8%;原铝1318万吨,同比增长4.9%;铅321万吨,同比增长16.3%;锌391万吨,同比增长5.4%;镍12.9万吨,同比增长11.2%;锡12.9万吨,同比下降14.7%;锑18.4万吨,同比增长20.1%;镁63.1万吨,同比增长0.5%;海绵钛4.4万吨,同比增长45.4%。

① 10种有色金属:2008年,产量超过100万吨的省区有9个,分别是:河南471.75万吨,同比增长10.18%,云南208.28万吨,同比下降5.61%,山东206.91万吨,同比增长7.17%,湖南184.93万吨,同比增长15.75%,甘肃165.14万吨,同比增长13.71%,内蒙古162.11万吨,同比增长22.83%,山西141.66万吨,同比下降9.74%,青海110.59万吨,同比增长8.20%,广西100.18万吨,同比增长23.59%。这9个省区的十种有色金属总产量为1751.56万吨,占全国总产量的69.53%。其中,河南占18.73%、云南占8.27%、山东占8.21%、湖南占7.34%、甘肃占6.56%、内蒙古占6.44%、山西占5.62%、青海占4.39%、广西占3.98%。

② 6种精矿:含量15万吨以上的省区有10个,分别是云南102.73万吨,内蒙古94.26万吨,湖南59.51万吨,四川39.13万吨,甘肃36.38万吨,广西31.23万吨,广东31.19万吨,江西25.70万吨,陕西18.56万吨,青海16.71万吨。这10个省区的6种精矿含量为455.41万吨,占全国总产量的83.41%。

2008年,氧化铝产量完成2278.41万吨,同比增长17.10%,增幅同比下降24.92个百分点。

铜、铝加工材产量继续增长,但增幅回落。2008年,铜材产量完成了748.60万吨,同比增长19.05%,增幅回落5.09个百分点;铝材产量完成1427.41万吨,同比增长21.38%,增幅回落22.95个百分点。2008年,规模以上企业生产6种精矿金属含量546.02万吨,同比增长15.35%,增幅同比下降3.33个百分点。

2. 有色金属行业实现利润。2008年有色金属工业企业实现利润大幅度下降,尤其是第四季度出现行业性亏损。预计2008年有色金属工业主营业务收入为21000亿元,同比增长10%;实现利税1650亿元左右,同比下降约28%;实现利润800亿元左右,同比下降约45%。第四季度73家协会重点联系企业盈亏相抵后亏损127.5亿元,亏损额呈逐月上升的态势。

**【有色金属产品进出口】** 2008年有色金属进出口贸易总额873.65亿美元,与2007年基本持平。其中:进口613.51亿美元,同比增长0.4%;出口260.14亿美元,同比降低1.2%。2008年有色金属进出口贸易逆差为353.37亿美元。第四季度有色金属产品进口额同比下降22.4%。

在2008年进口613.51亿美元中,铜进口总额357.19亿美元,占进口总额的58.22%;铝进口额97.34亿美元,占进口总额的15.86%。

在2008年出口260.14亿美元中,铜出口额50.33亿美元,占出口总额的19.34%;铝出口额85.72亿美元,占出口额的32.95%。

在2008年贸易逆差353.37亿美元中,铜产品贸易逆差为306.86亿美元,占全部进出口贸易逆差额的86.83%。

**【固定资产投资】** 2008年有色金属工业(不包括独立黄金企业,下同)完成固定资产投资2331.9亿元,同比增长40.9%;有色金属工业完成固定资产投资占全国城镇固定资产投资总额的比例为1.57%,增幅比全国城镇完成固定资产投资提高14.8个百分点。有色金属工业本年新开工项目投资额为2061.73亿元,比2007年增长18.05%,但增幅比2007年回落了41.04个百分点。新开工项目减少,有色冶炼投资热开始降温。

在2008年完成的固定资产投资总额中,有色金属矿山完成固定资产投资517.70亿元,同比增长34.18%,占全年投资总额的比例为22.20%,所占比例比2007年减少1.12个百分点;有色冶炼完成固定资产投资1107.27亿元,同比增长39.07%,占全年投资总额的比例为47.48%,所占比例比2007年减少了0.62个百分点;有色金属加工完成固定资产投资706.90亿元,同比增长49.47%,占全年投资总额的比例为30.31%,所占比例比2007年增长了1.74个百分点。

**【行业节能降耗】** 2008年铝锭综合交流电耗降到14323千瓦时/吨,比2007年下降118千瓦时/吨,节电16亿千瓦时;铜冶炼综合能耗降到380.9千克标煤/吨,同比下降8.5%;铅冶炼综合能耗降到472.9千克标煤/吨,同比下降5.6%;电锌冶炼综合能耗降到973.9千克标煤/吨,同比下降17.2%。由于单位产品能耗下降,2008年有色金属行业节能近100万吨标煤。

**【企业资本运作】** 有色金属企业通过利用资本市场直接融资,促进了有色金属工业发展。2008年,有色金属企业在沪深两地新上市企业4家,融资近200亿元人民币;在香港证券交易所上市企业1家,融资4.5亿港元。另外,发行企业债券融资106亿元人民币。

**【有色金属矿产资源境外开发】** 中国铝业公司积极实施资源战略,将通过建立合资公司和认购可转换债券向力拓集团投资195亿美元,这是中国企业在境外投资的最大项目。其中,出资72亿美元收购力拓集团发行的可转换债券,出资123亿美元获得力拓集团有关铁矿、铜矿和铝资源的部分股权,并分别成立合资公司。2008年2月,五矿集团以17亿美元收购澳大利亚第三大多金属矿业公司(OZ公司)。

2008年,五矿集团以现金方式收购德国HP硬质合金项目,与江西铜业联合收购加拿大北秘鲁铜业公司,从而获得了可靠的铜资源。中金岭南公司投资2亿元人民币,成功收购澳大利亚PEM公司50.1%股权,获得铅锌金属储量320万吨。另外,中国有色矿业集团赞比亚谦比西项目资源开发取得新进展,15万吨铜冶炼项目顺利投产。

**【有色金属工业关键技术成果】** 中铝西南铝、南山集团建成了具有世界先进水平的铝及铝合金现代化热连轧生产线,经过消化国外技术和再创新,生产出高精度铝板带;铝电解节能重大关键技术取得突破性进展,电耗大幅度下降;山东祥光铜业的“双闪”铜冶炼技术成功投产后,各项技术指标达到先进水平;东营方园“氧气底吹造锍捕金新工艺”投产以来,实现了金属的综合提取,具有原料适应性强,扩产潜力大,金属综合回收率高等优势,成为中小型炼铜和回收金银的最佳工艺选择之一;金川集团公司采用奥斯麦特技术在世界上首次用于炼镍;西藏玉龙铜矿一期工程湿法炼铜顺利投产,实现了规模化生产。

(中国有色金属工业协会　李宴武)

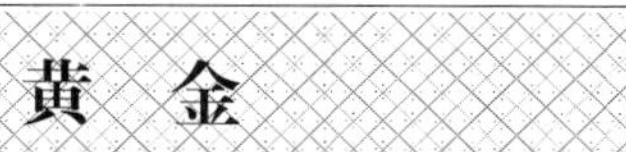

## 黄　金

**【概况】** 我国地域辽阔,黄金成矿地质条件优越,金矿类型繁多,金矿资源丰富。截至2008年底,已查明黄金资源储量为5951.79吨。其中,资源量为4083.39吨,基础储量为1868.40吨(其中储量为1038.89吨,见表1)。

**表1　2004～2008年中国黄金资源、产量变化一览表**

单位:吨

| 年度 | 储量 | 基础储量 | 资源量 | 查明资源储量 | 黄金产量 |
|---|---|---|---|---|---|
| 2004 | 1394.64 | 2092.50 | 2522.20 | 4614.70 | 212.35 |
| 2005 | 1240.29 | 1956.64 | 2795.52 | 4752.16 | 224.05 |
| 2006 | 1261.95 | 1995.02 | 3001.88 | 4996.90 | 240.08 |
| 2007 | 1126.06 | 1859.74 | 3681.60 | 5541.34 | 270.49 |
| 2008 | 1038.89 | 1868.40 | 4083.39 | 5951.79 | 282.01 |

**表2　2008年中国黄金储量一览表**　单位:吨

| 金矿资源 | 储量 | 基础储量 | 资源量 | 查明资源储量 |
|---|---|---|---|---|
| 岩金 | 727.2 | 1259.8 | 2767.8 | 4027.5 |
| 砂金 | 103.6 | 179.4 | 343.4 | 522.8 |
| 伴生金 | 208.1 | 429.2 | 972.3 | 1401.5 |
| 合计 | 1038.9 | 1868.4 | 4083.4 | 5951.8 |

在5951.8吨已查明资源储量中。其中:独立岩金查明资源储量为4027.5吨,所占比重为67.67%;砂金查明资源储量为522.8吨,所占比重为8.78%;伴生在铜、铅、锌等有色金属矿山中的伴生金为1401.5吨,所占比重为23.55%(表2)。

国际矿业界普遍看好我国黄金矿业资源,世界上比较成规模的黄金矿床类型在我国都有发现,目前我国金矿资源的开发已成为世界矿业界普遍关注的焦点。据不完全统计,截至2008年底,共有五十多家国外矿业公司在中国开展金矿的风险勘探工作。有些国外矿业公司已取得重大突破。

**【黄金生产经营】**　2008年,全国生产黄金282.007吨。与2007年相比,黄金产量增加11.516吨,同比增长4.26%。预计2009年全国黄金产量能够达到了300吨以上(图1)。

2008年,黄金企业矿产金(矿山产成品金+含量金)累计完成233.418吨,比2007年同期增加2.80%。其中各重点产金省(区)矿产金产量占全国矿产金产量的比重分别为:山东20.52%、河南10.52%、福建7.60%、内蒙古4.97%、湖南4.74%、陕西4.37%、辽宁3.72、贵州3.62%、新疆3.52%、甘肃3.04%。以上各重点产金省(区)矿产金产量约占全国矿产金产量的66.62%,其他省份约占33.38%。部分小型矿山生产的含量金直接销售给冶炼厂,未计入分省(区、市)产量。这部分产量累计约为31.03吨。

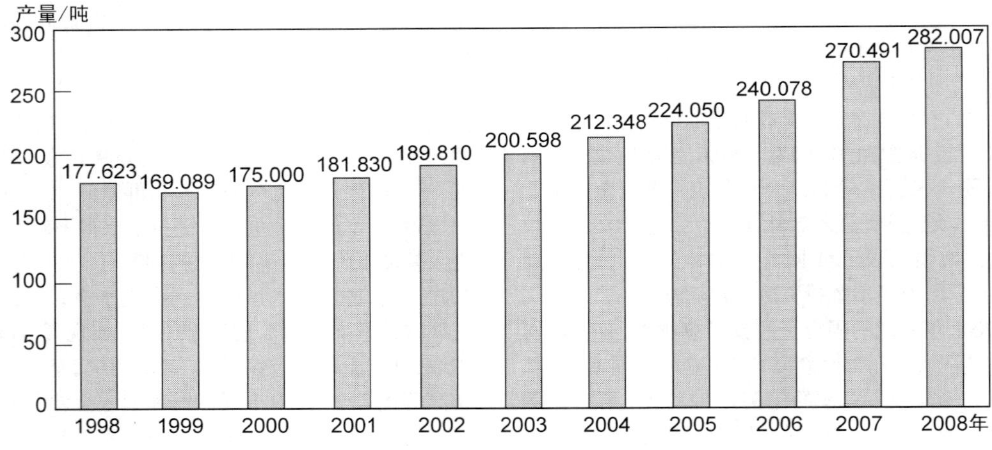


**图1　1998～2008年黄金产量一览图**

2008年,冶炼企业(有色金属冶炼企业+黄金冶炼企业)累计完成成品金134.755吨,比2007年同期增加2.62%。有色金属冶炼企业累计完成成品金53.456吨,比2007年同期增加9.92%。其中各重点有色金属冶炼企业黄金产量占全国有色金属冶炼企业黄金产量的比重分别为:江西铜业公司30.53%、云南铜业集团公司20.73%、安徽铜陵有色金属公司18.06%、湖北大冶有色金属公司10.31%、上海鑫冶铜业有限公司8.61%;以上重点有色金属冶炼企业黄金产量约占全国有色金属冶炼企业黄金产量的88.25%,其他有色金属冶炼企业约占11.75%。黄金冶炼企业累计完成成品金81.298吨,比2007年同期减少1.68%。其中各重点黄金冶炼企业黄金产量占全国黄金冶炼企业黄金产量的比重分别为:山东招金集团公司32.49%、河南灵宝黄金股份有限公司17.22%、中矿金业股份公司10.30%、河南中原黄金冶炼厂9.66%、山东恒邦冶炼股份公司9.59%;以上重点黄金冶炼企业黄金产量约占全国黄金冶炼企业黄金产量的79.26%,其他黄金冶炼企业约占20.74%。

表3　　2008年各省(区、市)成品金产量排名情况　　单位:千克

| 排名 | 单位 | 矿山产金累计完成 | | | 冶炼厂产金累计完成 | | | 品金合计 | 占全国比重/% |
|---|---|---|---|---|---|---|---|---|---|
| | | 合计 | 其中 | | 合计 | 其中 | | | |
| | | | 成品金 | 含量金 | | 有色冶炼厂 | 黄金冶炼厂 | | |
| | 全国合计 | 233417.977 | 147252.264 | 86165.713 | 134754.676 | 53456.193 | 81298.483 | 282006.940 | 100.00 |
| 1 | 山东省 | 47894.176 | 27617.698 | 20276.479 | 49702.215 | 321.162 | 49381.053 | 77319.913 | 27.42 |
| 2 | 河南省 | 24559.710 | 10627.740 | 13931.970 | 24008.500 | 0.000 | 24008.500 | 34636.240 | 12.28 |
| 3 | 江西省 | 3600.080 | 1175.380 | 2424.700 | 17709.730 | 16324.570 | 1385.160 | 18885.110 | 6.70 |
| 4 | 福建省 | 17740.940 | 17740.940 | 0.000 | 0.000 | 0.000 | 0.000 | 17740.940 | 6.29 |
| 5 | 云南省 | 6963.530 | 6343.210 | 620.320 | 11083.009 | 11083.009 | 0.000 | 17426.219 | 6.18 |
| 6 | 内蒙古区 | 11600.230 | 11600.230 | 0.000 | 0.000 | 0.000 | 0.000 | 11600.230 | 4.11 |
| 7 | 安徽省 | 4475.490 | 1124.150 | 3351.340 | 9814.000 | 9814.000 | 0.000 | 10938.150 | 3.88 |
| 8 | 湖南省 | 11061.630 | 9764.820 | 1296.810 | 1013.820 | 1013.820 | 0.000 | 10778.640 | 3.82 |
| 9 | 辽宁省 | 8684.930 | 6241.540 | 2443.390 | 3679.770 | 0.000 | 3679.770 | 9921.310 | 3.52 |
| 10 | 陕西省 | 10200.444 | 6550.849 | 3649.595 | 2844.000 | 0.000 | 2844.000 | 9394.849 | 3.33 |
| 11 | 甘肃省 | 7100.000 | 7100.000 | 0.000 | 2105.473 | 2105.473 | 0.000 | 9205.473 | 3.26 |
| 12 | 贵州省 | 8456.000 | 8456.000 | 0.000 | 0.000 | 0.000 | 0.000 | 8456.000 | 3.00 |
| 13 | 新疆区 | 8213.610 | 8027.610 | 186.000 | 0.000 | 0.000 | 0.000 | 8027.610 | 2.85 |
| 14 | 湖北省 | 4460.433 | 1890.000 | 2570.433 | 5514.000 | 5514.000 | 0.000 | 7404.000 | 2.63 |
| 15 | 吉林省 | 6633.235 | 4662.948 | 1970.287 | 0.000 | 0.000 | 0.000 | 4662.948 | 1.65 |
| 16 | 上海市 | 0.000 | 0.000 | 0.000 | 4605.159 | 4605.159 | 0.000 | 4605.159 | 1.63 |
| 17 | 河北省 | 4320.358 | 4041.358 | 279.000 | 0.000 | 0.000 | 0.000 | 4041.358 | 1.43 |
| 18 | 黑龙江省 | 3520.000 | 3520.000 | 0.000 | 0.000 | 0.000 | 0.000 | 3520.000 | 1.25 |
| 19 | 青海省 | 3628.360 | 3400.000 | 228.360 | 0.000 | 0.000 | 0.000 | 3400.000 | 1.21 |
| 20 | 四川省 | 3050.000 | 3050.000 | 0.000 | 0.000 | 0.000 | 0.000 | 3050.000 | 1.08 |
| 21 | 浙江省 | 423.512 | 423.512 | 0.000 | 2495.000 | 2495.000 | 0.000 | 2918.512 | 1.03 |
| 22 | 广西区 | 1905.000 | 1452.000 | 453.000 | 0.000 | 0.000 | 0.000 | 1452.000 | 0.51 |
| 23 | 海南省 | 1020.000 | 1020.000 | 0.000 | 0.000 | 0.000 | 0.000 | 1020.000 | 0.36 |
| 24 | 广东省 | 1183.167 | 972.389 | 210.778 | 0.000 | 0.000 | 0.000 | 972.389 | 0.34 |
| 25 | 山西省 | 1670.000 | 430.000 | 1240.000 | 0.000 | 0.000 | 0.000 | 430.000 | 0.15 |
| 26 | 宁夏区 | 0.000 | 0.000 | 0.000 | 180.000 | 180.000 | 0.000 | 180.000 | 0.06 |
| 27 | 江苏省 | 24.510 | 19.890 | 4.620 | 0.000 | 0.000 | 0.000 | 19.890 | 0.01 |
| 28 | 北京市 | 0.000 | 0.000 | 0.000 | 0.000 | 0.000 | 0.000 | 0.000 | 0.00 |
| 29 | 天津市 | 0.000 | 0.000 | 0.000 | 0.000 | 0.000 | 0.000 | 0.000 | 0.00 |
| 30 | 西藏区 | 0.000 | 0.000 | 0.000 | 0.000 | 0.000 | 0.000 | 0.000 | 0.00 |
| | 其他 | 31028.632 | 0.000 | 31028.632 | 0.000 | 0.000 | 0.000 | 0.000 | 0.00 |

**注:**部分小矿山生产的含量金直接销售给冶炼厂,未计入分省(区、市)产量。这部分产量约为31028.632千克。

近几年,黄金行业兼并重组的趋势非常明显,黄金行业结构调整取得重大进展,产业集中度进一步提高。通过资产重组、资源整合和淘汰落后生产能力,黄金行业"小而散"的局面开始改观。大集团、大公司发展迅

速,逐步成为主导我国黄金行业发展的中坚力量。2008年,以中国黄金集团公司为首的十家大型黄金企业共产金109吨,占黄金行业矿产金产量的46.8%;实现利润85亿元,占全行业的68.5%;查明黄金资源储量3500吨左右,占全国的60%左右。

2008年,全国黄金企业累计实现工业总产值1183.006亿元(现价),同比增长42.15%;累计实现利润124.038亿元,同比增长37.52%。

**【黄金价格及需求】** 1.黄金价格。2008年,在国际金融危机蔓延、美元持续疲软等因素的作用下,黄金投资需求的大幅增长使得黄金价格维持坚挺并且大幅震荡。

2008年全年平均金价871.96美元/盎司,同比增长25%,为历史最高水平。

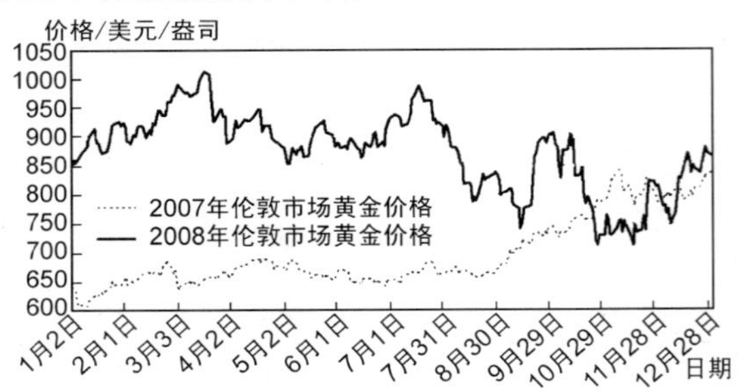


图2 2008年国际黄金价格走势图

2.制造业需求。2008年全球制造业共需黄金(含再生金)2850.2吨,比2007年3075.7吨下降7.3%,是1988年以来的最低水平。其中中国对黄金(含再生金)的需求是342.4吨,比2007年的327吨增长4.7%。

2008年全球首饰制造业用金(含再生金)2158.8吨,比2007年2404.4吨下降10.2%。其中中国首饰制造业对黄金(含再生金)的需求是315.7吨,比2007年297.1吨增长6.3%。

2008年全球黄金制造业整体需求下降,主要因为黄金价格高涨且剧烈波动导致成本增加以及全球经济下滑导致市场对黄金制品的需求减少。而中国黄金制造业需求的增长,主要是由于人民币的坚挺、中国经济的迅速增长和人们对黄金制品喜爱程度的进一步加强。

截至2008年底,我国是仅次于印度的全球第二大首饰消费国。

(中国黄金协会 王衍平)

## 建材

**【概况】** 2008年国际国内经济形势复杂多变。上半年,我国遭到了南方低温雨雪冰冻灾害及四川汶川地震的影响,下半年,由美国次贷危机引发了全球金融动荡,对世界金融市场形成了强烈的冲击,世界经济增长明显放缓。受世界金融危机直接与间接的影响,建材工业生产下滑,主要商品出口下降。针对严峻的形势,建材企业一方面通过加强管理,克服各种困难,应对危机挑战;另一方面练内功,消化各种不利因素,保证生产正常进行,尽管2008年建材工业生产和经济效益增长速度有较大幅度回落,但总体上仍保持了增长。初步核算,2008年建材工业完成增加值5240亿元,按可比价格计算比2007年增长20.7%,实现主营业务收入16300亿元,比2007年增长30%;实现利润总额950亿元,比2007年增长10%。

**【建材主要产品产量】** 2008年,受国际国内市场需求变化的影响,建材主要产品产量增速呈现回落或下降趋势。

1.水泥。全年全国水泥产量为14亿吨,比2007年增长3%,增速同比回落7个百分点,为2000年以来最低增长速度。尽管受上半年南方低温雨雪冰冻灾害和汶川地震的影响,2008年前7个月全国水泥产量同比仍增长5%,8月以后水泥产量增速明显减缓,8～11月份,全国月水泥产量同比仅增长了0.2%,12月虽有反弹,但增长率也仅为2.1%。显然,需求不足是导致水泥产量增速减缓的主要原因。

2.平板玻璃。全年全国平板玻璃产量为5.74亿重量箱,比2007年增长3.9%,增速同比回落10个百分点。上半年全国平板玻璃月产量同比增长13%。进入下半年,全国平板玻璃生产和销售形势急转直下,平板玻璃月产量同比下降4%。出口减缓、房地产市场的持续低迷是导致平板玻璃产量下滑的主要原因。受市场需求减缓的影响,部分浮法玻璃企业被迫停产或减产。2008年末全国停产浮法玻璃企业30多家,部分生产线停产的企业40多家,停产及半停产企业的总生产能力约1.2亿重量箱,占全国总生产能力的20%。到12月份末,河北沙河普通平板玻璃企业全部停产。

3.陶瓷砖。在连续6年保持较快增长之后,2008年陶瓷砖产量增速明显回落,全年全国陶瓷砖产量为61.9亿平方米,比2007年增长10.4%,增速同比回落5.8个百分点,这也是2002年以来陶瓷砖产量增长速度最低的一年。特别是主要产区产量下滑趋势明显,12月份当月广东、福建、山东和四川陶瓷砖产量分别下降了30%、38.5%、38.6%和12.3%。

4.卫生陶瓷。全国卫生陶瓷全年产量为1.55亿件,比2007年下降2.8%。从7月份开始全国卫生陶瓷产量增长率呈持续下降态势,其中广东佛山卫生陶瓷产量下降幅度较大,与2007年相比下降20.1%。这也是2000年以来全国卫生陶瓷产量增长率首次下降。产量下降的主要原因是出口减少和广东陶瓷业产业结构调整两方面的因素。

此外,2008年大理石板材和规模以上企业砖产量与2007年相比增速有所加快;花岗石板材、商品混凝土、水泥混凝土桩、石膏板、中空、钢化和夹层玻璃产量与2007年相比增速有所回落;规模以上企业瓦产量下降;玻璃纤维纱产量继续保持较快增长态势,为减少库存积压,缓解市场竞争压力,部分玻璃纤维生产企业采取提前冷修,新线延期点火等措施,第四季度玻璃纤维纱产量快速增长态势有所减缓(表1)。

**表1　2008年主要建材产品产量初步统计**

| 产品名称 | 计量单位 | 产量 | 增长率/% |
|---|---|---|---|
| 水泥熟料 | 亿吨 | 9.70 | 1.36 |
| 其中:预分解窑熟料 | 亿吨 | 5.96 | 15.73 |
| 水泥 | 亿吨 | 13.9 | 92.79 |
| 商品混凝土 | 万立方米 | 30179 | 20.03 |
| 水泥混凝土桩 | 万米 | 19881 | 1.07 |
| 砖(规模以上) | 亿块 | 14561 | 4.83 |
| 瓦(规模以上) | 亿片 | 49.7 | -17.30 |
| 大理石板材 | 万平方米 | 2547 | 6.44 |
| 花岗石板材 | 万平方米 | 2321 | 37.62 |
| 石膏板 | 亿平方米 | 11.38 | 4.42 |
| 平板玻璃 | 亿重量箱 | 5.74 | 3.91 |
| 其中:浮法 | 亿重量箱 | 4.80 | 5.49 |
| 中空玻璃 | 万平方米 | 2275 | 18.17 |
| 钢化玻璃 | 万平方米 | 11890 | 12.22 |
| 夹层玻璃 | 万平方米 | 3101 | 10.40 |
| 陶瓷砖 | 亿平方米 | 61.85 | 10.44 |
| 卫生陶瓷 | 亿件 | 1.55 | -2.75 |
| 玻璃纤维纱 | 万吨 | 234.95 | 46.20 |
| 其中:池窑 | 万吨 | 173.75 | 54.40 |

**【建材工业实现利润】**　2008年建材工业实现利润总额为950亿元,比2007年增长10%。虽然保持增长,但增速大幅回落,同比回落53个百分点。

利润总额保持增长主要得益于产品价格的上涨。全年建材产品出厂价格比2007年上涨8.4%。水泥出厂价格每吨比2007年上涨34.7元。价格上涨的背后是建材工业结构调整的结果。结构调整促进了大型企业集团的快速发展,提高了区域市场调控能力,抑制了不正当竞争,使原材料及动力涨价因素能够实现合理传导;此外,节能减排和发展循环经济又起到降低成本,增加利润的功效,多种因素叠加促进了利润总额的增长。

利润总额增速大幅回落主要是由于成本费用增速加快,降低了盈利空间。2008年1~11月建材工业主营业务成本增长了31.5%,高于主营业务收入增长率0.5个百分点。这就意味着建材产品价格的上升所产生的销售收入,未能完全消化成本上涨所增加的支出,未消化的成本将冲减主营业务利润,使主营业务利润率同比下降。2008年1~11月建材工业主营业务利润率为14.8%,比2007年同期下降2.2个百分点,盈利能力降低,企业利润总额减少。

从主要行业看,平板玻璃和卫生陶瓷制造业受到的冲击相对较大,利润总额同比下降。1~11月平板玻璃制造业实现利润总额为1.48亿元,比2007年同期下降94.3%,比1~5月份最高利润总额5.73亿元,减少了4.25亿元,累计销售利润率只有0.3%,已跌至全行业亏损边缘。1~11月卫生陶瓷制造业实现利润总额为11.6亿元,比2007年同期下降12.6%,主营业务成本增长高于主营业务收入增长4.3个百分点,成本的过快增长值得关注。

水泥制造业、建筑陶瓷制造业和玻璃纤维及制品制造业也受到了严重的冲击,利润总额增速同比分别下降了34%、30.3%和38.4%。此外,建筑用石装饰与加工制造业利润总额同比下降幅度也超过了20%。随着玻璃纤维纱价格的继续下降、以及销售的低迷、库存的增大、管理、财务和营业费用的快速增长,预计2009年第一季度玻璃纤维及制品制造业利润总额下降的可能性极大。

从经济类型看,经济效益增速回落最快的是国有控股企业。1~11月国有控股企业实现利润总额为90亿元,比2007年同期增长13.5%,增速同比回落84.8个百分点;私人控股企业实现利润总额为574亿元,比2007年同期增长36.3%,增速同比回落31.1个百分点;集体和外商控股企业利润总额增长速度,同比分别回落9.3个和23.1个百分点;港、澳、台商控股企业实现利润总额同比下降11.2%。

从地区看,经济效益增速回落最快的是中部地区,而西部地区继续保持增长态势。1~11月东部地区实现利润总额为470亿元,比2007年同期增长13.9%,增速同比回落33.2个百分点;中部地区实现利润总额为263亿元,比2007年同期增长33.1%,增速同比回落63.2个百分点,黑龙江和湖南利润总额同比回落幅度较大,分别回落了296个和101个百分点;西部地区实现利润总额比2007年同期增长67.5%,增速同比加快2.4个百分点。

**【建材产品出厂价格】** 2008年建材产品出厂价格呈现前升后降态势。前10个月建材产品出厂价格平稳上涨,后2个月连续下降,12月建材产品出厂价格环比指数降至99.5%,与11月相比下降0.5%。水泥出厂价格由1月的每吨257元,上涨到10月的每吨291元,11月和12月呈连续下降态势,12月份水泥出厂价格每吨为288元。浙江水泥出厂价格已低于山东和河北两省,是全国水泥价格最低的省份。浙江衢州水泥价格每吨仅为225元,比12月全国平均水平低63元。

平板玻璃出厂价格在波动中下降。前11个月平板玻璃出厂价格维持在每重量箱70元上下波动,12月降至2008年以来的最低点,每重量箱为65元,比11月下降4.4元。各档次平板玻璃均有不同程度的下降。价格出现大幅下降的原因主要有两方面:一是平板玻璃新增生产能力增长过快,2008年上半年新增生产线8条,新增生产能力3158万重量箱,随着市场需求的下降,供大于求的矛盾日益突出。2008年平板玻璃产销率为97.5%,比2007年下降了近1个百分点;二是10月以后重油、纯碱等原燃材料购进价格有所下降。在市场销售不好的情况下,企业为了扩大市场份额,尽快回笼资金,往往会采取降价的销售策略。

玻璃纤维纱出厂价格下降。2008年前4个月玻璃纤维纱价格呈现在波动中上升的趋势,且4月价格最高,达到了每吨7248元,5月开始价格在波动中下降,12月价格降至2008年1月以来的最低点,每吨平均为6727元。影响玻璃纤维纱价格下降的主要原因是新增生产能力集中释放,由于出口减缓,造成国内市场供大于求。

**【建材工业固定资产投资】** 受国家加大投资力度的影响,2008年建材工业固定资产投资继续保持较快增长态势,全年固定资产投资完成额达3604亿元,比2007年增长50.9%。其中水泥制造业固定资产投资完成额为964亿元,比2007年增长69.8%(表2),投资主要集中在水泥工业的结构调整,2008年全国共有50条新型干法水泥熟料生产线建成投产,形成水泥熟料生产能力6000万吨。

从地区看,2008年东部地区固定资产投资增长29.4%,增速同比回落10.6个百分点,北京、上海和广东固定资产投资完成额同比分别下降23.7%、22.2%和13.8%;中西部地区固定资产投资快速增长,与2007年相比,分别增长62.6%和70.3%,江西和宁夏固定资产投资完成额同比分别增长130.9%和298.6%。

**表2　主要行业固定资产投资完成额及增长率**

| 主要行业 | 投资完成额/亿元 | 增长率/% |
|---|---|---|
| 水泥制造 | 964 | 69.84 |
| 水泥制品制造 | 419 | 48.76 |
| 砖瓦及建筑砌块制造 | 384 | 67.09 |
| 建筑装饰用石开采与加工 | 228 | 25.11 |
| 建筑技术玻璃制造 | 225 | 35.98 |
| 建筑卫生陶瓷制品制造 | 203 | 5.28 |
| 玻璃纤维及制品制造 | 124 | 39.22 |

**【生产成本与产成品库存】** 2008年全年平均煤炭购进价格每吨比2007年上涨147元,电力每千瓦时上涨了0.04元,重油每吨上涨755元,天然气每立方米上涨0.23元,仅煤炭、电力、重油、天然气涨价增加成本支出约370亿元。此外,亏损企业亏损额增大,2008年1~11月亏损企业亏损额达到100亿元,比2007年同期增长40.3%。其中平板玻璃企业亏损面达30.6%,比2007年同期增加11.2个百分点,亏损企业亏损额达14.8亿元,是2007年同期的3.5倍。随着国际国内市场对建材产品需求的趋缓,企业经济效益将继续下滑,面临的经营压力会更大。

2008年建材产品销售率为97.8%,比2007年下降0.3个百分点,销售下降,导致库存增加。11月底,建材工业产成品资金占用达871亿元,比2007年同期增加184亿元,增长26.8%。玻璃纤维及制品和建筑技术玻璃制造业尤为突出,产成品库存资金同比分别增长81.4%和34.5%。从实物量上看,截至12月底,玻璃纤维纱库存超过20万吨,库存积压之大是历年从未有过的。平板玻璃库存达到3970万重量箱,比11月底增加170万重量箱,企业资金周转困难增大。

**【建材商品出口】** 2008年建材商品出口180.4亿美元,比2007年增长18.4%,剔除价格上涨因素后,实际出口数量仅增长了3.7%,是1997年亚洲金融风暴以来最低增长率。随着国际金融危机的不断加深,国际市场需求的减少,建材商品出口面临的形势会更加严峻,从月度出口情况看,月度出口额同比增长速度已由10月份的20.5%,下降到12月份的4.8%。纵观2008年建材工业出口情况,具有两个特点:

1. 主要出口商品下降或增速减缓。2008年水泥及水泥熟料、平板玻璃、玻璃纤维织物、花岗石类制品等主要商品出口量同比下降，分别出口2604万吨、2.5亿平方米、12.06万吨和810万吨，与2007年相比，分别下降21.1%、12.8%、11.7%和0.6%。2008年大理石类制品，卫生陶瓷和玻璃纤维纱等主要出口商品均保持了增长，但增长速度均有较大幅度的回落。2008年大理石类制品出口126万吨，比2007年增长2.9%，增速同比回落24.4个百分点；卫生陶瓷出口5632万件，比2007年增长1.9%，增速同比回落6.3个百分点；玻璃纤维纱出口69万吨，比2007年增长22.4%，增速同比回落17.3个百分点。

2. 出口多元化格局的形成，分散企业国际市场风险。随着美国、欧元区等西方主要经济体经济陷入衰退，2008年我国建材商品的出口格局发生了一些新的变化，对美国的出口下降，对欧盟的出口增速明显减缓，但对中东地区和俄罗斯等国家和地区的出口保持了较快增长，多元化的出口格局以及出口商品结构的改善分散了部分建材企业国际市场经营风险(表3)。

**表3　　2008年建材商品出口情况**

| 项目 | 单位 | 2008年 | 增长率/% |
|---|---|---|---|
| 出口总额 | 亿美元 | 180.38 | 18.3 |
| 水泥和水泥熟料 | 万吨 | 2604 | -21.1 |
| 建筑技术玻璃 | 亿美元 | 28.39 | 20.4 |
| 其中：平板玻璃 | 万平方米 | 25017 | -12.8 |
| 陶瓷砖 | 万平方米 | 67090 | 13.7 |
| 卫生陶瓷 | 万件 | 5632 | 1.9 |
| 玻璃纤维及制品 | 万吨 | 121.9 | -5.5 |
| 其中：玻璃纤维纱 | 万吨 | 69.05 | 22.34 |
| 建筑用石 | 万吨 | 1153 | -1.2 |

**【产业结构调整】** 经过全行业连续不断的努力，水泥、平板玻璃和玻璃纤维纱等主要产业结构继续改善。2008年新型干法水泥熟料产量同比增长15.7%，而立窑等其他水泥熟料的产量同比则下降15.1%，新型干法水泥熟料比重由2007年年底的51%提高到2008年年底的61%。浮法玻璃比例达到了83.5%；池窑玻璃纤维纱比例达到了74%。

行业集中度明显提高。2008年，年生产规模在1000万吨以上的水泥企业(集团)16家，其水泥熟料产量已占到全国水泥熟料产量的32%。年生产能力在3000万重量箱以上的平板玻璃企业(集团)8家，其平板玻璃产量已占到全国平板玻璃总产量的44%。巨石、泰山、重庆、必成、金晶5家企业(集团)玻璃纤维纱产量已占到全国玻璃纤维纱总产量的64%。泰山、北新、可耐福、拉法基、圣戈班、平邑中兴、南乐的津华和华泰8家企业(集团)石膏板产量已占到全国石膏板总产量的52%。

(中国建筑材料联合会　谷东玉)

**【概况】** 2008年非金属矿工业行业经济形势分两个阶段，2008年1～9月，在我国国民经济持续快速增长，固定资产投资增速加快，特别是我国建材、建筑、钢铁、耐火材料、造纸、塑料等工业部门，加大了对非金属矿产品的需求，内需的增加是各矿种产销增加的主要因素。尽管为了防止经济过热，国家采取了一系列宏观调控措施，我国非金属矿行业在克服了煤、电、油、运费涨价以及取消出口退税、加征出口关税和人民币升值等因素的不利影响的情况下，仍然表现了良好运行态势。

2008年第四季度始，由于发生世界性金融危机，中国国内和许多其他国家经济发展停滞或减缓，国内和国际市场对我国非金属矿物及其下游产品的需求减少，从而影响了我国非金属矿工业生产、消费和进出口贸易，特别是11～12月，这种负面影响更加明显。根据各专业委员会上报料以及国际成交价格水平来看，2008全年主要非金属矿生产及进出口变化较大，整个非金属矿行业前三季度发展平稳，价格快速上涨，年底生产消费和进出口贸易数量和价格环比有较大幅度下降。

据统计，2008年全年主要非金属矿产量，表现为有升有降。表1中所列的9种非金属矿产品产量菱镁矿、石棉、石膏和硅灰石有所下降，滑石持平，鳞片石墨、萤石、高岭土、石英等均有不同程度的增长。受优质资源的限制，一些非金属矿物的高品位、优质矿产品产量有所下降。随着科学技术的进步，有部分非金属矿山企业已逐步减少原矿石的销售，增加矿物加工制品的销售。

**表1　　2008年主要非金属矿产品产量　　单位：万吨**

| 产品名称 | 2007年 | 2008年 | 同比增减 |
|---|---|---|---|
| 鳞片石墨 | 53 | 65 | 24% |
| 高岭土 | 317 | 320 | 0.94% |
| 滑石 | 200 | 200 | 持平 |

续表 1

| 产品名称 | 2007 年 | 2008 年 | 同比增减 |
|---|---|---|---|
| 石膏 | 4865 | 4533 | -6.8% |
| 萤石 | 300 | 360 | 20% |
| 硅灰石 | 74.5 | 65 | -12.8% |
| 菱镁矿 | 1600 | 1500 | -5% |
| 石英砂(平板玻璃用) | 1800 | 1900 | 6% |
| 石棉 | 39.6 | 38 | -4% |

**【非金属矿市场价格】** 2008 年前三季度,受优质资源日益减少、市场需求旺盛以及原辅材料价格上涨,生产成本不断提高等因素的影响,2008 年主要非金属矿种价格同比均出现不同程度的增长,其中滑石、石膏、石墨、萤石等矿种部分产品增幅较大,但第四季度以来,受国际金融危机的影响,非金属矿工业整体来说,发生了国内外市场逐渐减缩,生产下降、价格开始大幅滑落的现象,国内非常明显,国际上稍有滞后,以大鳞片含碳 94% ~ 97%,+80 目石墨为例,2008 年 11 月 CIF 欧洲港口交货价每吨为 1390 ~ 1450 美元,12 月跌落到 900 ~ 1000 美元,跌幅达 31% ~ 35%;非金属矿物国内价格从 2007 ~ 2008 年也呈一个马鞍形,从 2007 年 10 月一路上涨,至 2008 年 11 ~ 12 月大幅回调,仍然以石墨为例,如山东平度生产的 -195 目鳞片石墨,2008 年 7 月价格为 2900 元/吨,到 12 月降至每吨 2600 元以下,2008 年第四季度石墨行业产量减少 14%,需求量减少 20%,出口下降29% ~ 30%;辽宁生产的电熔镁砂,2008 年 10 月以来销售价格平均下降近 200 元,制品每吨市场价格下降 200 ~ 500 元,环比下降 10% ~ 20%。表 2 ~ 表 7 是部分非金属矿物产品价格统计情况。

表 2　2008 年石墨产品国内市场价格

价格单位:元/吨

| 规格 | 1 ~ 3 季度 | | 第 4 季度 | |
|---|---|---|---|---|
| | 出厂价 | 同比增减 | 出厂价 | 同比增减 |
| -190 | 2100 | 30% | 1900 | -9.5% |
| -195 | 2900 | 40% | 2600 | -10.3% |
| -199 | 4100 | 30% | 3800 | -7.3% |
| -197 | 3300 | 30% | 3400 | -3% |
| -198 | 3800 | 40% | 3400 | -10.5% |
| -194 ~ 197 | 3300 | 40% | 3000 | 30% |

当然,有些非金属矿产品的质量好坏和产地不同,也是决定其价格的重要因素。比如,同一石膏产品的价格不同地域价格不一样,广东省石膏资源匮乏销售价格最高,山东湖北等石膏板、水泥大省石膏价格较高,而一些资源大省、需求相对偏少地区如内蒙古价格偏低。

表 3　部分地区 2008 年石膏国内市场价格

价格单位:元/吨

| 地区分布 | | | 山东 | 湖南 | 湖北 | 内蒙 |
|---|---|---|---|---|---|---|
| 产品分类 | | 级别 | 价格 | 价格 | 价格 | 价格 |
| 矿石 | 石膏 | 特级(纤维) | 500 | | 270 | 180 |
| | | 一级(雪花) | 240 | 250 | 280 | 180 |
| | | 二级 | 90 | 110 | 95 | 90 |
| | | 三级 | 68 | 66 | 75 | 75 |
| | | 四级 | 45 | 50 | 45 | 45 |
| | | 平均 | 56 | 62 | 66 | 61 |

表 4　滑石行业 2008 年产品国内市场价格

单位:元/吨

| 产品 | 产地 | 规格 | 1 ~ 3 季度 | | 第 4 季度 | |
|---|---|---|---|---|---|---|
| | | | 出厂价 | 同比增长% | 出厂价 | 同比增长% |
| 滑石块 | 山东平度 | 特级块,白度 90 以上 | 850 ~ 950 | 10% | 850 ~ 950 | 持平 |
| 滑石粉 | 山东平度 | 1250 目,白度 90 以上 | 1300 ~ 1500 | 持平 | 1300 ~ 1500 | 持平 |
| | 山东平度 | 2000 ~ 5000 目白度 90 以上 | 2200 ~ 5000 | 持平 | 2200 ~ 5000 | 持平 |
| | 山东平度 | 医药滑石粉 | 1300 ~ 1400 | 持平 | 1300 以上 | 略降 |
| 滑石粉 | 辽宁海城 | 医药滑石粉 | 1300 ~ 1400 | 持平 | 1300 以上 | 略降 |
| | 辽宁海城 | 2000 ~ 3000 目 | 2200 ~ 3000 | 持平 | 2200 ~ 3000 | 持平 |
| | 辽宁海城 | 5000 目 | 5000 | 持平 | 5000 | 持平 |

表 5 **2008 年菱镁矿产品国内市场价格统计**

价格单位：元/吨

| 序号 | 产品名称 | 牌号 | 内销 | |
|---|---|---|---|---|
| | | | 最低价 | 最高价 |
| 1 | 菱镁矿 | M47 | 80 | 110 |
| | | M46 | 50 | 90 |
| | | M44 | 35 | 60 |
| 2 | 轻烧氧化镁 | CBM94 | 550 | 600 |
| | | CBM90 | 500 | 550 |
| 3 | 重烧镁砂 | MS—9010 | 600 | 800 |
| | | MS—91 | 700 | 1000 |
| 3 | 重烧镁砂 | MS—9010 | 600 | 800 |
| | | MS—91 | 700 | 1000 |
| 4 | 中档镁砂 | MS—95 | 1200 | 1280 |
| 5 | 高纯镁砂 | MS—97 | 1000 | 1300 |
| | | MS—97.5 | 1500 | 1550 |
| 6 | 合成镁砂 | 镁钙砂 | 1800 | 2600 |
| 7 | 电熔镁砂 | FM—96 | 1500 | 2000 |
| | | FM—97 | 2000 | 2500 |
| | | FM—97.5 | 2500 | 3000 |
| 8 | 镁砖(标准型) | MZ—97A | 3200 | 4500 |
| | | MZ—91 | 2200 | 3400 |
| 9 | 镁铬砖(标准型) | MGe—8 | 2600 | 2900 |
| 10 | 平炉用镁铝砖(不分型) | ML—80A | 2600 | 2900 |
| 11 | 建材行业用直接结合镁铬砖(不分型) | DMC—4 | 3000 | 3700 |
| 12 | 镁碳砖(标准型) | MT18A | 6500 | 7000 |
| | | MT14A | 5500 | 6500 |
| | | MT10A | 4500 | 5000 |

表 6 **2008 年硅灰石产品国内市场价格 单位：元/吨**

| 产品 | 产地 | 规格 | 1～3 季度 | | 第 4 季度 | |
|---|---|---|---|---|---|---|
| | | | 出厂价 | 同比/% | 出厂价 | 同比增减/% |
| 硅灰石块 | 吉林梨树 | D 块， | 380 | | 380 | —— |
| 硅灰石粉 | 吉林梨树 | Y-325 | 450 | | 480 | 6.7 |
| 针状硅灰石粉 | 吉林梨树 | H-1250F | 3800 | | 3800 | —— |
| | 吉林梨树 | H800F | 3500 | | 3500 | |
| | 新余南方 | XA1250 | 1300 | | 1250 | －3.8 |
| 普通硅灰石粉 | 新余南方 | TA325 | 420 | | 400 | －4.8 |
| | 浙江长兴 | WD325 | 380 | | 450 | 18 |
| 针状硅灰石粉 | 大连环球 | G-60F | 1500 | | 1500 | |
| | 辽宁法库 | GT-100F | —— | —— | —— | —— |

表 7 **2008 年部分非金属矿产品第四季度价格变化表**

价格单位：元/吨

| 矿物名称 | 4 季度价格下降统计 | | | | 售量下降统计 |
|---|---|---|---|---|---|
| | 规格 | 价格 | 下降幅度 | 出口价格下降 | |
| 碳酸钙 | 1250 目 | 450 | －10% | | －40%～50% |
| | 2000 目 | 650 | －10% | | －40%～50% |
| 中碳石墨 | －185～－190 | 1600 | 400～500 元 | －50～80 $/吨 | 出口减 80% |
| 高碳石墨 | －190～－199 | | 650 元/吨 | | |
| 负级石墨 | ＋100 目 | | 400 元/吨 | －120 $/吨 | 出口减 73% |
| 石墨 | ＋50 目 | | 400 元/吨 | | 出口减 85% |
| 石墨 | | | | －150 $/吨 | 出口减 68% |
| 高岭土 | 原矿 | 200～300 | | | |
| | 造纸级 | 1000～1500 | | | |
| | 化工级 | 600 | | | |
| 膨润土 | 有机土 | 9000～25000 | 10% | | |
| | 钻井泥浆 | 350～450 | 10% | | |

续表 7

| 矿物名称 | 4季度价格下降统计 | | | | 售量下降统计 |
|---|---|---|---|---|---|
| | 规格 | 价格 | 下降幅度 | 出口价格下降 | |
| | 活性白土 | 1000~1500 | 10% | | |
| 菱镁矿 | 轻烧镁 | 400~500 | 10%~20% | | |
| | 重烧镁 | 600~700 | 10%~20% | | |
| | 电熔镁 | 1500-1600 | 10%-20% | | |
| 温石棉 | 三级 | 5500 | | | |
| | 四级 | 3900 | | | |
| | 五级 | 2500 | | | |
| | 六级 | 1200 | | | |
| | 七级(矿山交货) | 900 | | | |

**【非金属矿出口】** 2008年,前三季度,非金属矿物出口大部矿种数量有所增加,价格涨幅较大,第四季度出口量减价落;由于近两年国家取消矿产品出口退税,许多非金属矿产品又征收了出口税,遏制了非金属矿产品出口快速增长的势头,不过,由于国际市场供应来源短缺,大部分矿种出口有所增加,部分出口有所减少,总体来看增幅下降。

其中萤石出口和价格增幅较大,1~11月累计出口量53.5万吨,出口金额14861万美元,同比增长分别为13%和68.6%;滑石1~11月累计出口63.6万吨,同比增长5%,出口金额12031万美元,同比增长41%;石墨1~11月累计出口量54.2万吨,同比下降12%,出口金额14498.5万美元,同比增长54.5%;天然碳酸镁和氧化镁1~10月出口198.01万吨,金额4.25亿美元;出口数量减少0.2%,金额增加44.1%;重晶石出口1~10月出口295.54万吨,金额1.48亿美元,同比分别增长12.6%和30.3%;矾土等耐火黏土1~10月出口75.46万吨,金额2.19亿美元,同比数量减少18.7%,金额增加129.7%;花岗岩石材及制品1~10月出口105万吨,金额1.6亿美元,分别增1.7%和1.8%,均价有所下降;钻石1~10月出口7702千克,金额17.54亿美元,分别增长173.2%和11.8%。

1~10月部分非金属矿产品出口价格普遍上扬,有些产品增幅较大,根据英国工业矿物报导,中国酸级萤石滤饼CIF美国墨西哥湾交货价,每吨已达530~550美元,同比上涨近50%;而中国萤石实际出口均价达到278美元/吨,较2007年同期上涨也接近50%;中国滑石出口均价189.2美元/吨,同比上涨28%;石墨出口均价267.6美元/吨,较2007年同期均价148.46美元/吨上涨66.0%;1~10月菱镁矿和氧化镁出口均价214.68美元/吨,较2007年同期的148.74美元/吨上涨44.6%。

第四季度,根据工业矿物,大部分矿种国际市场价格有所回落:比如12月中国出口的山西耐火级倒焰窑矾土,规格88/1.6/3.25+ FOB新港交货价为每吨610~620美元,比11月的660~670美元下降了近8%;12月开始降价的还有石墨;但大部分矿种价格波动不大,个别品种如中国重烧镁、烧结菱镁矿还有小幅上浮。

进口方面,举例说明:1~10月花岗岩石材进口240.5万吨,金额5.18亿美元,同比增加8.4%和22.9%;钻石进口15000千克,金额26.02亿美元,同比数量减少0.8%,金额增加11.6%;两种商品价格均有所上涨。

**【非金属矿产品出口存在问题】** 1. 重要非金属矿产进出口贸易存在结构性问题。在世界科学技术进步快速的情况下,对于中国占世界重要地位的非金属矿产品,如重晶石、石墨、滑石、萤石、轻重烧镁、矾土等,虽然出口产品结构虽有改善,原矿或初加工产品所占比重仍然很大,几十年来一直是以“资源性”的产品形式出口,技术含量和附加值较低,而国家急需的高技术含量的矿物加工制品,则需要高价进口,有时,即使高价,也买不到,严重影响和制约了我国经济建设和国防建设。

2. 受国际市场波动影响大:由于世界性金融危机,我国目前非金属矿工业以出口为主的企业利润和盈利能力不断下降,影响这些企业的可持续发展和对科研项目的投入。

特别是2008年第三季度以来,由于国际金融风暴的影响,非矿产品主要进口国家需求下降,部分非金属矿产品2008年下半年以来出口订单逐渐减少。比如滑石订单进入10月持续下降。镁砂三季度订单较2007年下降40%。受国际金融风暴影响的美国、欧洲和韩国的订单下降幅度比较大。日本是辽宁滑石的最大用户，其订单略有下降，但价格呈下降趋势。据了解中小企业受影响较大。

【非金属矿行业存在问题】 1. 需求不振，生产减缩、价格下跌。在世界金融危机的大环境下，非金属矿行业在国内外需求紧缩，价格下跌的情况下，步履维艰。特别是进入2009年，预计我国钢产量下降幅度较大，这势必引起对有关原材料如：硅质原料、粘土原料、高铝质原料、白云石质原料、镁质原料以及萤石等的需求减少；另外，由于出口市场低迷，2009年在氟化工行业对萤石粉的需求量明显下降，萤石行业预测，2009年可能减产30%~50%；镁质行业，现在轻烧镁粉、重烧镁粉、电熔镁砂原料生产量大幅度下降，维持生产的产量不足正常生产的60%。

通常出口市场占1/3的生产量的鳞片石墨，从2008年10月开始，出口量呈下滑趋势。各石墨出口企业普遍反映出口贸易难做。2008年1~11月石墨累计出口54.2万吨，比2007年同期下降12%。硅质砂累计出口443.98万吨，比2007年同期下降56.2%，镁质材料产品出口量同比大约减少80%左右。

在价格方面：2008年下半年以来，由于市场供大于求，企业库存量增大，市场价格下滑。如山东平度生产的-195目鳞片石墨，2008年7月价格为2900元/吨，到12月降至2600元/吨以下。辽宁生产的电熔镁砂，2008年10月以来销售价格平均下降近200元，制品每吨市场价格下降200~500元，环比下降10%~20%。

另一方面，在市场价格下滑的情况下，而生产成本却不断增加：原材料、煤、电、运费、环保投入、人工工资等大幅度增加，以及中间环节大幅加价，均更加减少企业生存空间。如对某些矿山必用材料如火工用品，国家规定价5000余元/吨，经过中间环节，矿山企业拿到的价格1.2万~1.8万元/吨，使非金属矿企业生产成本大幅上升，各种税赋不断增加(资源税、增值税上调、出口关税增加等)，使矿山生产企业不堪重负，我国非金属矿一部分矿种出现不同亏损现象。

2. 企业停产，待业下岗职工增多。由于市场萎缩，迫使企业减产，甚至出现不少企业停产，半停产状态，萤石专委会2008年12月召开会议，企业代表一致要求，2009年将全部停产整顿，以维护价格和市场的稳定。11月以来，大多数石墨企业也都处于停产减产状态。

辽宁镁质企业减产、停产造成职业放假，失业，据不完全统计，预计达到1.5万人，是一个很严峻的社会问题。

【应对措施与建议】 1. 企业要苦练内功，严抓管理、降低成本，不断调整产品结构、提高产品附加值。要坚决防止采富弃贫，乱采滥挖、破坏资源、低价倾销的现象；要进一步做好资源和企业整合工作。危机也是机遇。非金属矿行业要对当前形势有充分认识，做好资源和企业的整合工作，提高产业集中度，提高企业市场竞争力和抗风险能力。

2. 进一步完善总量调控政策。国家应控制重要非金属矿产开采总量，制订行业准入条件，严格采矿权审批制度，从源头上防止生产能力膨胀。实现资源的可持续发展；对某些大宗出口的重要非金属矿产品，应在首先保障国内经济发展市场需求的原则下，适当地控制出口总量。

3. 建议暂缓执行非金属矿采选产品增值税率由13%恢复到17%的政策。截至2008年底，我国非金属矿企业已出现大面积亏损，在这种情况下，国家出台的政策自2009年1月1日起，非金属矿采选产品增值税率由13%恢复到17%，对非金属矿行业无疑是雪上加霜，建议国家暂缓执行这一政策。另外建议暂时免征或减征非金属矿产品出口关税。

（中国非金属矿工业协会　向　琦）

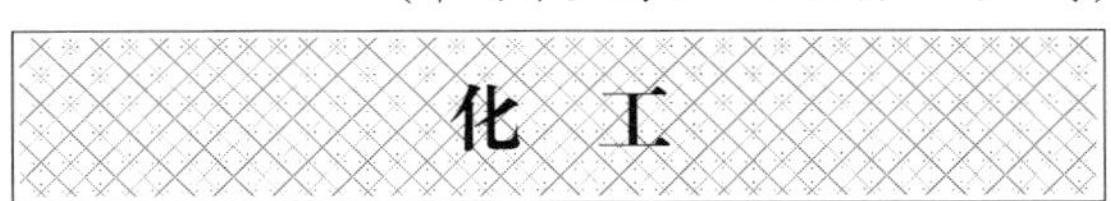

## 化　工

【概况】 化工地质矿山行业是以勘探和开发磷、硫、钾、硼、重晶石、萤石等27个矿种为主的资源性产业。其中，磷、硫、钾矿是制取磷肥、钾肥的主要矿物原料；重晶石、萤石、硼等矿产广泛用于石油、化工、冶金等多个领域。

2008年上半年，受国际石油价格飙升、农产品价格上涨，我国高浓度磷复肥产能扩张等多种因素影响，化学矿产品特别是涉农化学矿产品供需矛盾突出，价格大幅度上涨，产量快速增长；下半年，国家连续大幅度提高化肥及磷矿石出口关税，限制化肥和磷矿石出口，化肥及化学矿产品价格回落，产量逐月下降。特别是9月份以后，随着国际金融危机的加深和蔓延，，对化工矿业的影响彰现：增速明显放缓，价格急剧回落，效益呈现下滑，经营发生困难。

【化学矿业产量、产值】 据国家统计局统计，2008年化学矿采选业实现现价工业总产值201.3亿元，同比增长40.1%；钾肥制造业实现现价工业总产值169.3亿元，同比增长47.1%。累计生产磷矿石（折含 $P_2O_5$ 30%）5074.1万吨，同比增长8.9%；生产硫铁矿（折含S 35%）1243.5万吨，同比增长2.5%；生产钾肥（折 $K_2O$ 100%）277.5万吨，同比增长3.4%。相关化工产品磷肥累计生产（折 $P_2O_5$ 100%）1258.9万吨，同比增长

-3.3%;磷酸铵肥(实物量)1505.9万吨,同比增长-7.9%;硫酸5339.7万吨,同比增长-4.3%。磷矿、硫铁矿最大月产量均出现在5月,分别为515.3万吨和123.2万吨,而与比相对应的磷肥和磷酸铵肥月最高产量出现在3月,分别是130.7万吨和146.3万吨,硫酸最高月产量出现在4月,为483.1万吨。受国家化肥关税政策的影响,磷肥、磷酸铵肥、硫酸产量从5月同比开始下降,9月下降加快同比下降达两位数,11月达到峰值,磷肥、磷酸铵肥、硫酸产量同比分别下降23.9%、36.1%、26.2%。磷矿产量从10月出现负增长,11月下降加快,达到23%;硫铁矿产量负增长出现的更早,从8月硫铁矿就出现负增长,11月硫铁矿产量同比下降26.7%。2008年磷、硫、钾及相关化工产品分月产量见表1。

表1　**2008年磷、硫、钾及相关化工产品分月产量**　单位:万吨、±%

| 月份 | 磷矿<br>(折 $P_2O_5$ 30%) | 硫铁矿<br>(折含S 35%) | 钾肥<br>(折 $K_2O$ 100%) | 磷肥<br>(折 $P_2O_5$ 100%) | 磷酸铵肥<br>(实物量) | 硫酸 |
|---|---|---|---|---|---|---|
| 1 | 327.5 | 93.3 | 3.6 | 89.7 | 99.4 | 404.4 |
| 同比增减 | 58 | 6.7 | 38.5 | 13.5 | 9.2 | 10.34 |
| 2 | 232.7 | 77.2 | 4.3 | 87.4 | 99.9 | 392.6 |
| 同比增减 | -5.6 | 6.8 | -67.4 | -2.1 | -8.0 | -1.1 |
| 3 | 451.9 | 102.7 | 24.6 | 130.7 | 146.3 | 452.7 |
| 同比增减 | 29.5 | 9.7 | 30.9 | 24.4 | 13.2 | 7.8 |
| 4 | 505.2 | 110 | 31.3 | 128.2 | 131 | 483.1 |
| 同比增减 | 30.2 | -0.1 | 18.6 | 3.1 | 0.0 | 7.9 |
| 5 | 515.3 | 123.2 | 26.9 | 114.6 | 115.5 | 435.9 |
| 同比增减 | 27.4 | 8.1 | -5.6 | -1.6 | -8.7 | -4.2 |
| 6 | 449.8 | 100.4 | 34.2 | 107.9 | 121.4 | 456.1 |
| 同比增减 | -10.9 | 1.1 | 33.9 | -8.2 | -9.5 | -6.2 |
| 7 | 425.1 | 103.3 | 30.7 | 98.6 | 109.3 | 408.1 |
| 同比增减 | 9 | 11.2 | 6.7 | 4.0 | -9.0 | -4.5 |
| 8 | 452.4 | 98.6 | 36.4 | 106.9 | 117.8 | 421.1 |
| 同比增减 | 19 | -2.7 | 14.3 | 1.0 | -3.7 | -1.6 |
| 9 | 436 | 103.1 | 46.7 | 110 | 108.5 | 437.2 |
| 同比增减 | 6.5 | 0.3 | 54.8 | -16.5 | -22.7 | -12.2 |
| 10 | 421.2 | 95.5 | 25.1 | 92.4 | 85.9 | 368.1 |
| 同比增减 | -1.6 | -2.6 | -14.9 | -21.7 | -38.4 | -22.5 |
| 11 | 356.4 | 72.1 | 11.1 | 83.6 | 85.8 | 344.0 |
| 同比增减 | 23 | -26.7 | -38.3 | -23.9 | -36.1 | -26.2 |
| 12 | 390.4 | 99.1 | 8 | 108.2 | 136.8 | 429.1 |
| 同比增减 | -19.2 | 6.5 | -44.3 | -5.9 | 13.6 | -4.2 |
| 合计 | 5074.1 | 1243.5 | 277.5 | 1301.8 | 1505.9 | 5339.7 |
| 同比增减 | 8.9 | 2.5 | 3.4 | -3.3 | -7.9 | -4.3 |

**【化工矿产品价格运行】** 2008年化工矿产品价格总体运行平稳,前9个月化工矿产品价格一直处在上升通道,价格平稳上涨。从10月开始,受金融危机影响,化工矿产品价格开始回落。12月,化学矿产品价格指数(以2007年同月价格为100)为99.45,同比下降0.55个百分点。主要化工矿产品价格指数(以2007年同月价格为100),硫铁矿为97.88、磷矿为102.09、国产农用氯化钾163.2、硼矿为100.32、芒硝为117.14、明矾石为101.18、重晶石为117.18。值得特别关注的是涉农化工矿产品磷矿石由于国内资源得到保障,价格一直平稳;而对外依存度较高的硫、钾等,由于受国际价格影响,硫铁矿价格大起大落。硫磺价格从1月的3200元/吨,最高上涨至7月的5960元/吨,10月开始直线下落,降至12月的920元/吨。农用氯化钾价格快速上涨,国产氯化钾从1月的2280元/吨快速上涨至8月的4020元/吨,12月的价格仍维持在3900元/吨。

**【化学矿进出口】** 2008年,化学矿进口909.4万吨,金额40.43亿美元,与2007年同期相比分别增长-9.1%和193.3%。其中:硫铁矿进口16.1万吨,金额2806万美元,分别比2007年同期增长965.6%和6900.7%;硫磺进口841.5万吨,金额38.5亿美元,分别比2007年同期增长-12.8%和201.8%。氯化钾进口514.2万吨,金额28.3亿美元,分别比2007年同期增长

-45.4%和23.8%。

2008年,化学矿出口912.4万吨,金额13.7亿美元,与2007年同期相比分别增长13.7%和100.9%。其中:磷矿石出口179.7万吨,金额36017万美元,分别比2007年同期增长86.2%和320.1%;磷矿粉20.2万吨,金额4274万美元,分别比2007年同期增长2289.1%和5925.6%;硫铁矿出口2.6万吨,金额598万美元,分别比2007年同期增长38.0%和36.9%。氯化钾和硫磺进口量缩、价增;磷矿石出口量升、价升。

**【化工企业生产】** 2008年主要化工矿从事开采的企业,磷矿376个,其中,大型10个,中型50个,小型256个,小矿60个;硫铁矿350个,其中,大型4个,中型6个,小型195个,小矿145个;自然硫2个,小型1个;钾盐17个,其中,大型4个,中型9个,小型4个;硼矿66个,其中,大型3个,中型7个,小型51个,小矿5个;重晶石矿498个,其中,大型6个,中型19个,小型285个,小矿188个;萤石矿1196个,其中,大型2个,中型33个,小型615个,小矿546个。除钾盐外,其他主要矿产品基本满足了化肥、化工等行业对原料的需求。

据国家统计局统计,1~11月我国规模以上化学矿采选业企业290家,从业人员55280人,同比增长1.9%;实现利税55.2亿元,同比增长91.8%;实现利润29.5亿元,同比增长51.7%;其中亏损企业42家,同比增长10.5%;亏损额8142万元,同比增长57.2%。规模以上钾肥制造业企业87家,从业人员19757人,同比增长17.7%;实现利税总额67.4亿元,同比增长82%;实现利润42.7亿元,同比增长42.7%;其中亏损企业20家,同比增长11.1%,亏损额15384万元,同比增长234.4%。整体看,化学矿业整体经济效益继续向好,利润快速增长;同时亏损企业家数和亏损额也大幅度增加,经营成果出现分化。

**【化工矿业基本建设】** 2008年化学矿采选业计划投资131.5亿元,与2007年同期相比增长28.3%;实际完成52.5亿元,与2007年同期相比增长20.6%;施工项目147个,其中新开工项目101个,竣工项目76个。

**【产业结构调整】** 1.磷资源保障进一步提高。国务院下发《国务院关于加强地质工作的决定》国发(2006)4号文,全面推动地质勘查工作,进一步提升了资源找矿能力。据美国地质调查局统计,2008年世界磷矿石的储量为180亿吨,储量基础约为500亿吨。我国储量居世界第二位,储量基础居世界第二位。

2.行业产业集中度得到提高。2008年我国磷肥继续自给有余。国家开展危机矿山资源找矿磷矿项目逐项得到落实,取得实质性的成效。云南、贵州、湖北和四川四省多数大、中型企业磷矿的产量均创造了历史最高水平。未来几年,矿山行业产业集中度将更加得到提高。

3.科技进步大幅提高资源利用水平。2008年全行业科技带动生产力成绩显著。贵州开磷广磷石膏充填采矿技术获得国家科技进步二等奖;瓮福集团氟回收装置建成投产,提高了资源节约和综合利用水平。云浮硫铁矿企业集团40万吨硫铁矿制酸及烧渣回收工程建设,竞争力进一步增强;国投新疆罗布泊钾盐有限责任公司开工建设二期工程,盐湖集团利用溶采技术建设100万吨项目开工。

(中国化学矿业协会　袁俊宏)

## 中国石油陆上石油天然气勘查

**【概况】** 2008年度中国石油天然气股份有限公司共分层次设置油气勘探项目44个(含天然气勘探项目14个),其中重点勘探项目14个,计划单列项目5个。甩开预探取得6项重要发现,预探、评价相结合形成20个规模储量区块,积极探索新区新领域取得5项重要苗头共31项主要成果。

**【油气勘探重点工作】** 油气勘探工作立足八大盆地,坚持四新领域,深化地质研究,突出战略发现和14个重点预探项目及5个单列项目。包括:松辽盆地深层天然气勘探项目(包括盆地南部和北部)、冀东滩海油气勘探项目、大港歧口油气勘探项目、大庆海拉尔-塔木察格石油勘探项目、鄂尔多斯盆地中生界石油勘探项目、鄂尔多斯盆地苏里格天然气勘探项目、四川盆地川中须家河天然气勘探项目、四川盆地龙岗天然气勘探项目、准噶尔盆地西北缘精细勘探项目、准噶尔盆地天然气勘探项目、塔里木盆地库车天然气勘探项目、塔里木盆地塔中油气勘探项目、吐哈三塘湖石油勘探项目和青海柴西南石油勘探项目。其中,5个单列项目为海拉尔-塔木察格石油勘探项目、冀东滩海油气勘探项目、歧口凹陷油气勘探项目、苏里格地区天然气勘探项目、龙岗地区天然气勘探项目。

**【勘探工作量】** 全年累计完成二维地震41989千米、三维地震13782平方千米。探井试油交井880口,新获工业油气流井447口,当年探井成功率46.68%,综合探井成功率44.79%。2008年新增基本探明石油地质储量7.3958亿吨、基本探明天然气地质储量4168亿立方米,SEC准则储量评估石油储量替换率大于1;新增控制石油地质储量7.79亿吨,控制天然气地质储量8378亿立方米;新增预测石油地质储量9.1亿吨,预测天然气地质储量6037亿立方米。

(接下页)

**【油气主要勘探成果】** 1.东部地区。① 渤海湾盆地。歧口凹陷油气勘探取得重要进展和突破,新增三级石油地质储量3.15亿吨。辽河兴隆台潜山勘探取得新成果,兴隆台潜山勘探当年新增三级石油地质储量1.11亿吨。冀中坳陷文安斜坡文古3井寒武系潜山获高产油流,实现了华北油田潜山内幕新领域勘探的突破,展示了霸县凹陷深潜山及潜山内幕油气藏的良好勘探前景。辽河坳陷中央凸起南部赵古1井获高产工业油流,该井的突破进一步提高了辽河坳陷潜山油气成藏条件的整体认识,将对辽河探区的潜山油气藏勘探起到积极推动作用。

② 松辽盆地。北部三肇地区扶杨、葡萄花油层石油勘探取得新成果,全年新增探明石油地质储量4171万吨。北部古龙南黑帝庙、萨尔图、葡萄花油层石油勘探取得新进展,新增三级石油地质储量10078万吨。北部朝阳沟-长春岭地区扶余油层石油勘探取得新突破,新增预测石油地质储量1亿吨。南部海坨子地区石油勘探取得新成果,全年新增探明石油地质储量5140万吨。南部长春岭地区扶余油层石油勘探取得新进展,新增控制石油地质储量5145万吨。

2.中部地区。①鄂尔多斯盆地。姬塬地区石油勘探取得重要成果,新增探明石油地质储量1.19亿吨;苏里格地区天然气勘探取得重大进展,新增探明天然气地质储量1236亿立方米;华庆地区石油预探取得重大突破,新增控制和预测石油地质储量2.65亿吨。②四川盆地。龙岗地区中浅层油气勘探展现良好形势,有望形成龙岗地区新的勘探接替领域,展现出龙岗地区多层系立体勘探的良好前景;合川-潼南地区须家河组天然气勘探取得重要成果,须二气藏新增探明天然气地质储量1163.66亿立方米;龙岗地区礁滩体勘探6口井获工业气流,龙岗地区礁滩气藏勘探获重要进展;九龙山构造带龙17井在二叠系栖霞组获新发现,展示了川西北部地区海相碳酸盐岩具有良好的勘探前景。

3.西部地区。①准噶尔盆地。西北缘风城1井在风城组中途测试获高产工业油气流,西北缘风城组有望形成新的勘探领域。

西北缘精细勘探取得重要成果。2008年,西北缘精细勘探在乌尔禾油田三叠系、车排子油田新近系和石炭系、红山嘴地区石炭系至侏罗系多层系勘探均取得进展,当年新增探明石油地质储量6824万吨。

陆东-五彩湾地区石炭系天然气勘探取得重要进展,整体探明了克拉美丽气田。2008年克拉美丽气田石炭系整体提交探明天然气地质储量1058亿立方米。

②塔里木盆地。库车坳陷克深2井在白垩系获高产工业气流,进一步证实了克拉苏构造带五排"阶梯状"构造的地质模式,再次证实了库车地区深层天然气勘探的良好前景。塔中地区油气勘探取得新进展,新增探明石油地质储量2678万吨、天然气地质储量486亿立方米。

库车坳陷大北1气藏天然气勘探取得新突破。大北201井的成功,深化了大北地区的地质认识,扩大了大北1气田的含气规模。

③吐哈盆地。台北凹陷山前带显示较好的勘探前景。水西沟群天然气勘探获得重要进展,落实储量规模超过100亿立方米,展示了台北凹陷山前带较好的勘探前景。

④柴达木盆地。昆北断阶带、红柳泉和乌南绿草滩石油勘探取得重要进展,全年新增控制加预测石油地质储量4700万吨。

三湖凹陷天然气勘探取得新发现,老气田下发现新气藏,构造气藏外发现岩性气藏。勘探取得新认识和新发现,有望使三湖地区含气规模有较大幅度增长。

4.新区及其他。①海拉尔-塔木察格盆地。南贝尔凹陷东次凹北洼槽石油勘探取得重要发现,有望与贝中油田整体连片形成新的规模储量区。塔南、贝中、乌尔逊地区石油勘探取得重要成果,新增三级石油地质储量2.25亿吨。

②三塘湖盆地。牛东地区评价勘探和西峡沟地区石油预探取得新进展,全年新增探明石油地质储量4445万吨。

③二连盆地。赛汉塔拉和乌里雅斯太凹陷石油勘探获重要成果,进一步扩大含油范围。阿尔凹陷新钻3口井均获工业油流,发现了一个新的含油凹陷,证实阿尔凹陷具有丰富的油气资源和良好的勘探前景。

④伊通盆地。莫里青断陷西部断裂带伊59井在古近系获高产油流,拓展了伊通盆地石油勘探的新领域。

⑤依舒地堑。方正断陷方4井下第三系获日产96立方米的高产工业油流,方6井获得工业油流,展示了依舒地堑良好的石油勘探前景。

**【勘探科技成果】** 加强盆地综合研究、区带评价,风险及预探目标优选评价,为勘探部署和钻探目标优选提供了有力的技术支持。

1.松辽南部中浅层研究取得重要进展。东南隆起发现新的物源体系,突破了前人洪泛盆地的认识,新增砂体面积3500平方千米;葡萄花保乾大型三角洲体系、湖底扇和湖岸砂坝等新领域的发现,有效指导了生产,多口探井获得油气突破。

2.强化沉积体系、砂体分布和成藏综合研究及工业化制图,四川盆地须家河组勘探领域和范围逐步扩大。川中须家河总规模已达5400亿立方米。在须六、雷四段、侏罗系获工业油气流,二叠系茅口组和栖霞组新层系也获得突破,展现出多层系油气叠加连片的良好形势。

3.渤海湾盆地基岩油气藏认识深化,带来勘探领域的拓宽。从"寻山"转至"基岩圈闭",潜山储层裂缝发育存在"优势岩性"等认识的深化和思路的转变带来勘探领域的扩大,在辽河大民屯、兴隆台和华北都取得了很好的勘探效果。

4.鄂尔多斯盆地延长组下组合精细层序地层与砂体沉积体系研究取得很好效果。长7、8、9都有新发现,镇北、合水、华庆、姬塬等地区勘探领域迅速扩展。预计可发现5亿吨以上的储量规模,从而实现鄂尔多斯盆地中生界石油勘探的战略接替。

5.夯实研究基础,强化工业化应用,准噶尔盆地勘探效果显著。石炭系火山岩分布、期次、相带和成藏研究取得重要进展,为天然气勘探突破打下坚实基础,新增探明天然气储量1058亿立方米;西北缘风险井风城1井取得突破,打开了该区二叠系新层系新领域勘探的新局面。

6.塔里木盆地克深构造带建模和圈闭识别技术应用,有效指导了万亿立方米大气区的发现。库车克拉苏"四层楼"构造模式的建立,带动了一大批构造圈闭的发现,加快了大北-克深构造带万亿立方米大气区的发现进程。

(中国石油勘探与生产分公司　马新华　刘军平)

# 地　方　矿　业

## 黑龙江省

【矿产资源概况】　截至2008年底，黑龙江省已发现各类矿产132种(含亚种)，占全国已发现232种各类矿产的56.5%。发现的132种矿产，其重点矿种为：能源矿产有石油、天然气、煤、煤层气、油页岩、铀、地热等，金属矿产金、铜、铅、锌、钼、银、铁、铂等；非金属矿产有水泥用大理岩、石墨、硅线石、饰面用石材(花岗岩、花岗闪长岩、辉长岩)、陶粒用原料(页岩、板岩、黏土)、玻璃及冶金用脉石英、高岭土、硼等，水气矿产有地热、优质矿泉水等。丰富的矿产资源为矿业的发展提供了广阔的空间，几十年来，矿产资源的勘查开发与利用，有效地保障了全省经济社会快速发展对资源的需求。近年来，在《国务院关于加强地质工作的决定》(国发[2006]4号)的精神推动和鼓舞下，黑龙江省地质勘查工作发展势头强劲，并呈现出连年增强态势。

2008年，在国土资源部支持和省政府领导下，黑龙江省基础地质调查工作得到加强，矿产资源勘查取得重要进展，水工环地质调查评价稳步推进，地质工作社会化服务开创新局面，地质工作基础作用进一步显现，资源保障能力和服务功能进一步提高。2008年，全省共投入地质勘查工作资金达83387万元，其中基础地质调查28930万元，约占35%；矿产资源勘查51059万元，约占61%；水工环地质调查评价2988万元，约占3%；地质勘查科技研究410万元，约占1%。投资主体为：中央财政投入资金15593万元，约占19%；省财政投入资金32639万元，约占39%；社会资金投入35155万元，约占42%。

【矿产资源勘查】　1.矿产资源勘查的投资和工作量投入现状。①2008年矿产资源勘查投资和工作量投入现状。2008年，黑龙江省在加强基础地质工作的同时，加大了重点矿种(石油、天然气除外)和重点成矿区(带)矿产资源勘查工作的力度。本年度全省野外施工矿产勘查项目380个(预查76个，普查261个，详查28个，勘探15个)，仍以普查、预查为主，详查与勘探项目少量。

②矿产资源勘查矿种。以贵金属金、有色金属铜铅锌钼和能源矿产煤炭为主。380个项目中，能源矿产勘查54个(煤炭)，黑色金属矿产勘查14个(铁13个、锰1个)，有色金属矿产勘查126个(铜68个、铝1个、铅锌32个、镍2个、钨2个、钼20个、锑1个)，贵金属矿产勘查170个(金167个、银2个、铂钯1个)，化工建材及其他非金属矿产勘查10个(透辉石矿、磷钾矿、水泥用大理岩矿、陶粒页岩矿、硼矿、蛇纹石饰面石材矿、石墨矿、膨润土矿、硅石矿、水泥用灰岩矿各1个)，水气矿产勘查6个(地热4个、矿泉水1个)。

③矿产资源勘查投入资金达51059万元(图1)。其中中央财政投入4267万元(矿产资源补偿费45万元、中央地勘基金638万元、中央财政补贴70万元、危机矿山找矿资金2062万元、其他1452万元)，占8%；省财政投入12644万元(属地化地勘费1015万元、矿产资源补偿费10573万元、危机矿山找矿资金706万元、其他350万元)；占25%；社会资金投入34148万元(国有地勘单位投入6725万元，国内企业投入24423万元，个人投入1420万元，其他涉外企业投入146万元，其他1434万元)，占67%。

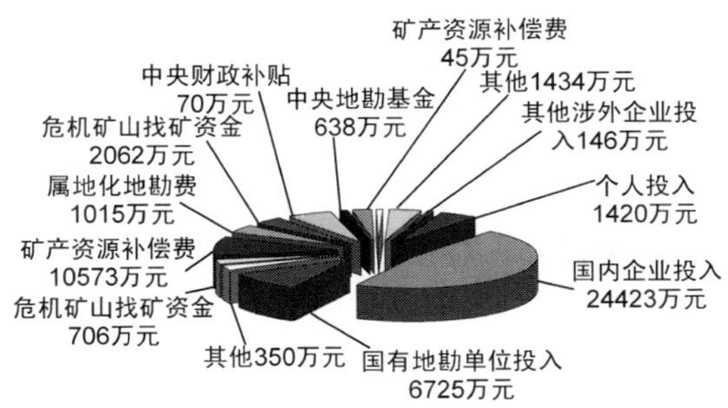


图1　黑龙江省2008年度矿产资源勘查资金投入结构图

④矿产资源勘查资金投入方向(图2、图3)。在全省各类矿产资源勘查投入资金中，能源矿产煤炭18070万元，占36%；黑色金属2134万元(铁2055万元、锰79万元)，占4%；有色金属12281万元(铜5509万元、铝44万元、铅锌3662万元、镍79万元、钨97万元、钼

2848 万元、锑 42 万元),占 24%;贵金属 15495 万元(金 15210 万元、银 55 万元、铂钯 230 万元),占 30%;化工建材及其他非金属 403 万元(透辉石矿 12 万元、磷钾矿 6 万元、水泥用大理岩矿 175 万元、陶粒页岩矿 77 万元、硼矿 73 万元、蛇纹石饰面石材矿 8 万元、石墨矿 38 万元、膨润土矿 5 万元、硅石矿 5 万元、水泥用灰岩矿 4 万元),占 1%;水气 2676 万元(地热 2510 万元、矿泉水 166 万元),占 5%。

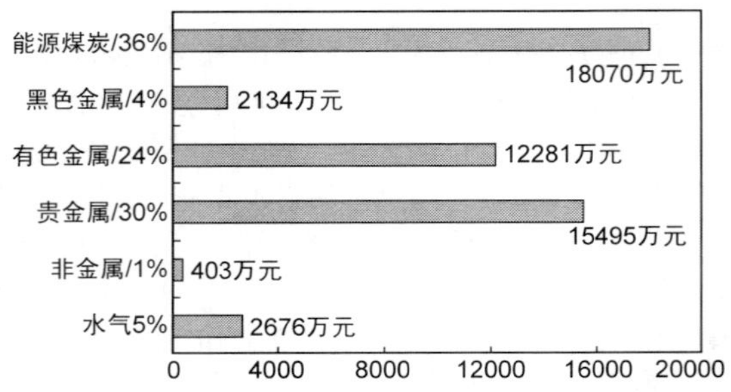


**图 2　黑龙江省 2008 年度矿产投入勘查资金结构图**

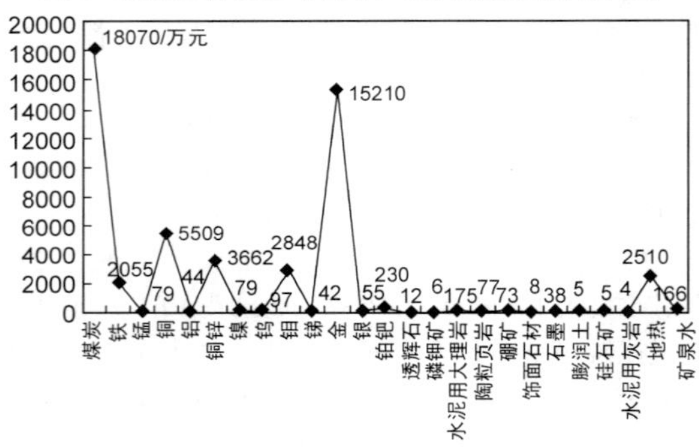


**图 3　黑龙江省 2008 年各类矿种勘查资金结构图**

从图 2、图 3 可以看出,黑龙江省 2008 年度矿产资源勘查资金投入方向主要为能源矿产和贵金属以及有色金属。能源矿产勘查主要投资于煤炭,共投资 18070 万元,其中社会资金投入 14209 万元(主要为企业投入)、中央财政 4267 万元(主要为危机矿山找矿资金)、省财政 2281 万元(主要为矿产资源补偿费);贵金属矿产勘查主要投资于岩金矿,共投资 15495 万元,其中社会资金投入 8566 万元(主要为企业投入)、省财政 4062 万元(主要为矿产资源补偿费)、中央财政投入 2582 万元(主要为危机矿山找矿资金和中央地勘基金);有色金属矿产勘查主要投资于铜、铅锌、钼矿,共投资铜矿 5509 万元、铅锌矿 3662 万元、钼矿 2848 万元,其中铜矿投入社会资金 4171 万元(主要为企业投入)、省财政 338 万元(主要为矿产资源补偿费),铅锌矿投入社会资金 2800 万元(主要为企业投入)、省财政 862 万元(主要为矿产资源补偿费),钼矿投入社会资金 2319 万元(主要为企业投入)、省财政 529 万元(主要为属地化地勘费)。

⑤矿产资源勘查投入主要实物工作量:钻探 347650 米,坑探 11899 米,槽探 97 万立方米,浅井 3409 米。

380 个矿产资源勘查项目,属地化地勘单位承担 217 个,占 57%(图 4);中央直属地勘单位承担 29 个,占 8%;其他地勘单位承担 134 个,占 35%(图 4)。

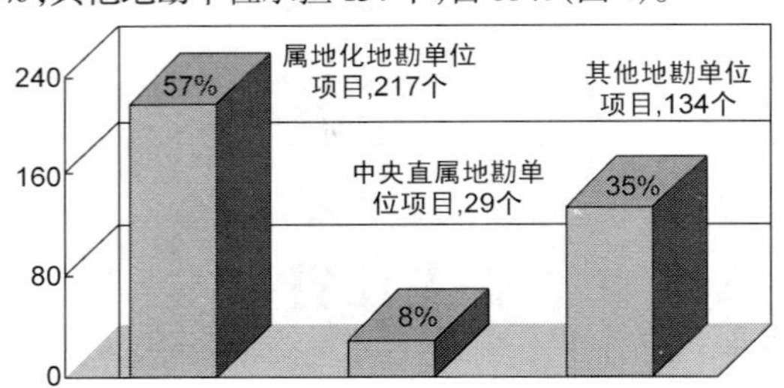


**图 4　黑龙江省 2008 年度矿产资源勘查项目承担单位结构图**

51059 万元矿产资源勘查项目资金分配:属地化地勘单位 39133 万元,占 77%;中央直属地勘单位 1592 万元,占 3%;其他地勘单位 10334 万元,占 20%(图 5)。

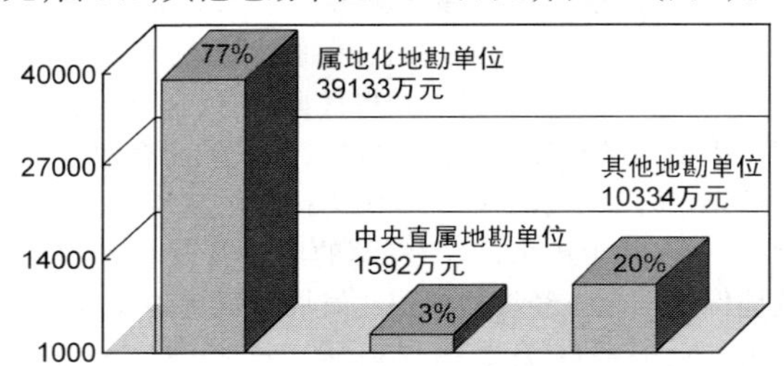


**图 5　黑龙江省 2008 年度矿产资源勘查项目资金分配结构图**

地勘单位完成主要实物工作量及完成比例情况见表 1:

**表 1　2008 年地勘单位完成的主要实物工作量情况**

| 实物工作量名称 | 完成总工作量 | 属地化地勘单位 | 中央直属地勘单位 | 其他地勘单位 |
|---|---|---|---|---|
| 钻探(米) | 347650 | 279746 | 11618 | 56286 |
| 占总工作量比例 | | 81% | 3% | 16% |
| 坑探(米) | 11899 | 9587 | 422 | 1890 |
| 占总工作量比例 | | 80% | 4% | 16% |
| 槽探(万米$^3$) | 97 | 66 | 7 | 24 |
| 占总工作量比例 | | 68% | 7% | 25% |

2006 年与 2007 年相比,矿产勘查项目数量连续两年明显增加,2007 年比 2006 年增加项目 120 个(增幅 37%),2008 年比 2007 年增加项目 52 个(增幅 14%),从预查—勘探项目均有增加,普查项目增幅明显(图 6)。

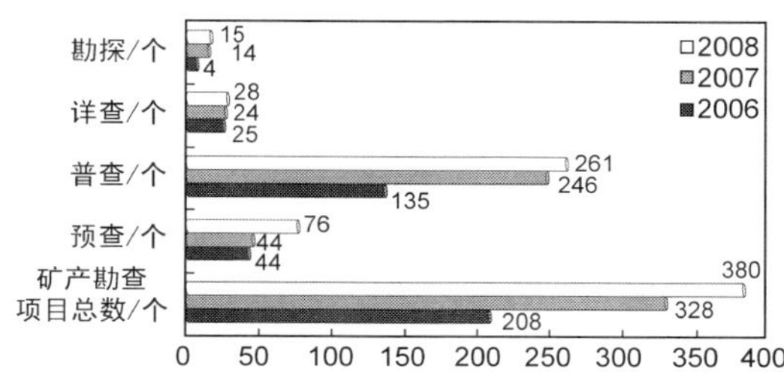


**图6 2006、2007、2008 年矿产资源勘查项目个数对比图**

相比2006年、2007年,矿产勘查资金投入总额连续两年大幅度增长(图6),2007年比2006年增长9189万元(增长27%),2008年比2007年增长16716万元(增长33%)。其中社会资金投入连续2年明显上升,2007年比2006年增长7457万元(增长38%),2008年比2007年增长14669万元(增长43%),社会资金投入增长幅度以国内企业增幅最大,其次国有地勘单位自筹资金增幅也较大;省财政资金投入2008年比2007年增长4627万元(增长37%)。

相比2006年、2007年,矿产勘查完成的主要实物工作量亦连续2年明显增加(图7),钻探2007年比2006年增加74628米(增加31%),2008年比2007年增加109795米(增加32%);坑探2007年比2006年增加3512米(增加56%),2008年比2007年增加5602米(增加47%);槽探2007年比2006年增加19万立方米(增加25%),2008年比2007年增加22万立方米(增加23%);浅井近两年略有减少。

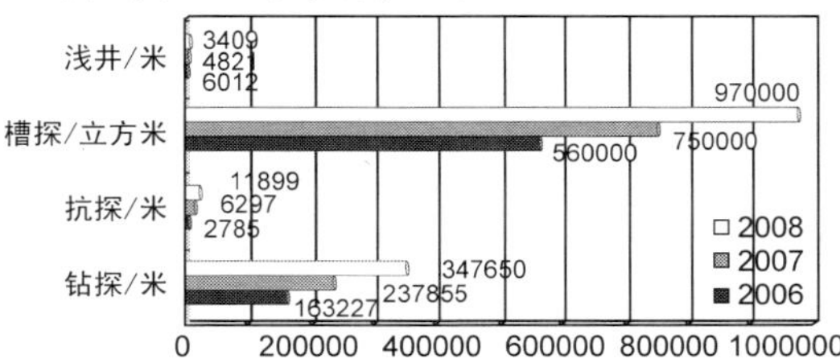


**图7 2006、2007、2008 年矿产勘查完成主要实物工作量对比图**

2.新发现矿产地和新增查明的矿产资源储量情况。2008年,完成阶段性勘查矿产地煤4个,其中大型1个(勘探)、中型1个(普查)、小型2个(详查1个、勘探1个);本年新发现矿产地煤7个(大型1个、中型1个、小型5个),钼2个(中型1个、小型1个);本年提高规模级别的矿产地煤4个(大型2个、中型2个)。新增查明(333)级及以上矿产资源储量为:煤738253千吨,其中已经资源储量评审备案256633千吨、已经地质勘查报告评审26550千吨、未经地质勘查报告评审455070千吨(伴生油页岩17400千吨);钼金属量18008吨(未经地质勘查报告评审);金金属量7107千克(未经地质勘查报告评审)。

**【危机矿山接替资源勘查成果】** 自2006年国家全面实施危机矿山找矿以来,黑龙江省共有8个国有大中型矿山开展了矿山接替资源找矿项目。2008年度实施危机矿山接替资源勘查项目6个,其中3个项目取得了显著的地质找矿成果。

1.黑龙江省鹤岗煤矿接替资源勘查。该矿为国有大型煤矿,经历年开发和补充勘探工作。在本项目实施前,保有(333)级及以上资源量153000万吨。2008年在矿区深部普查找矿,完成钻探工作量9118米,共见可采煤层16层,煤层真厚度0.74~8.76米,煤层总厚度42.25米;见天然焦(或变质煤)8层,天然焦真厚度0.69~4.98米,总厚18.18米;初步估算新增(333)+(334)级煤炭资源量31949万吨(未经地质勘查报告评审),其中(333)级及以上资源量10920万吨。可延长矿山服务年限9年,解决数万人就业,对鹤岗煤矿可持续发展和维护矿山稳定具有重大意义。2009年续作后,可预获(333)+(334)级煤炭资源量55000万吨。

2.黑龙江省鸡西煤矿接替资源勘查。2008年在矿区外围普查找矿,完成钻探工作量18969米。共见可采煤层15层,煤层真厚度0.70~1.49米,煤层总厚度13.17米,初步估算新增(333)+(334)级煤炭资源量30000万吨(未经地质勘查报告评审),其中(333)级及以上资源量10000万吨,为本年新发现大型矿产地之一。可拟建年产120万吨煤矿井两座,解决数万人就业,根据现有资料分析,在矿区深部及外围找矿潜力仍较大。

3.黑龙江省七台河煤矿接替资源勘查。2007年以来开展普查工作,本年完成钻探工作量3693米,估算新增(333)级及以上煤炭资源量3000万吨(未经地质勘查报告评审),为本年新发现小型矿产地之一。

4.黑龙江省宝清县老柞山金矿接替资源勘查。该勘查取得了较好的找矿成果。本矿为国有大型金矿山,原(333)级及以上资源量24400千克,经历年开发已开采殆尽,现保有储量700千克。2007年以来在矿区深部普查找矿,共完成钻探工作量9645米,2008年完成5702米;在主矿带的深部发现了延伸矿体及盲矿体10条,2008年初步估算新增(333)级及以上金资源量4000千克,可延长矿山服务年限7年,安排就业人数400人,解决了矿山燃眉之急;另外,通过2年工作,认为主矿床深部仍具有较大找矿潜力,矿区外围亦具有较好找矿远景。

**【煤炭资源勘查成果】** 除前述2个煤炭危机矿山接替资源勘查项目取得重大成果外,出现一批新发现矿产地和提高规模级别的矿产地。

1.黑龙江省依兰县依兰煤矿深部区勘探。原为小型煤矿,原有(333)级及以上煤炭资源量2241万吨。2005年以来在矿区深部开展详查、勘探工作,共完成钻探工作量18371米,2008年完成8675米。发现深部矿体长7000米、宽7000米、延深1500米,矿体真厚度10米,估算新增(333)级及以上煤炭资源量15622万吨(已经资源储量评审),为本年完成阶段性勘查和提高规模级别的大型矿产地之一。可拟建生产能力为150万吨/年矿井,可弥补哈尔滨燃气化总公司煤气厂气化、液化和煤化工原料的严重不足。

2.黑龙江省绥滨县福兴煤炭普查。原为中型煤矿,原有煤炭资源量为(334)级,经2007~2008年普查工作,估算新增(333)级及以上煤炭资源量7540万吨(已经资源储量评审备案),为2008年完成阶段性勘查和提高规模级别的中型矿产地之一。

3.黑龙江省宝清县元宝区煤炭普查。2008年开展普查工作,完成钻探工作量2527米,估算新增(333)级及以上煤炭资源量6000万吨(未经地质勘查报告评审),为2008年新发现中型矿产地之一。

4.黑龙江省七台河市马场区煤炭详查。原为中型煤矿,原有(333)级及以上煤炭资源量56392万吨。2004年以来开展普查、详查工作,完成钻探工作量21299米,估算新增(333)级及以上煤炭资源量4000万吨(未经地质勘查报告评审),为2008年提高规模级别的大型矿产地之一。

5.黑龙江省呼玛县鸥浦盆地362高地煤矿勘探。2007年以来开展勘探工作,完成钻探工作量1355米,估算新增(333)级及以上煤炭资源量2655万吨(已经地质勘查报告评审),为2008年完成阶段性勘查和新发现小型矿产地之一。

6.黑龙江省密山市太平煤炭普查。2005年以来开展普查工作,完成钻探工作量359米,估算新增(333)级及以上煤炭资源量2578万吨(未经地质勘查报告评审),为2008年新发现小型矿产地之一。

7.黑龙江省七台河市北山口煤炭详查。2007年以来开展详查工作,2008年完成钻探工作量280米,估算新增(333)级及以上煤炭资源量2501万吨(已经资源储量评审备案),为2008年完成阶段性勘查和新发现小型矿产地之一。

8.黑龙江省鸡东县宝泉参场西区煤炭详查。原为小型煤矿,原有(333)级及以上煤炭资源量2080万吨。2007年以来开展详查工作,2008年完成钻探工作量816米,估算新增(333)级及以上煤炭资源量2200万吨(已经资源储量评审备案)。

9.东宁县东宁煤田浪东沟矿区详查。2008年开展详查工作,2008年完成钻探工作量1077米,估算新增(333)级及以上煤炭资源量2029万吨(未经地质勘查报告评审),为2008年新发现小型矿产地之一。

10.黑龙江省鹿山煤矿二井区生产补充勘探。原为小型煤矿,原有(333)级及以上煤炭资源量4124万吨。2008年开展补充勘探,完成钻探工作量5146米,估算新增(333)级及以上煤炭资源量2000万吨(未经地质勘查报告评审),为2008年提高规模级别的中型矿产地之一。

**【金属资源勘查成果】** 金属资源勘查新发现一批矿产地和矿点。在小兴安岭-松嫩盆地边缘成矿带(Ⅲ级)孙吴有色金属成矿区(Ⅳ级)实施的2个钼矿勘查工作成果突出:

1.黑龙江省逊克县霍吉河钼多金属矿床详查。2008年开展详查工作,本年完成钻探工作量17621米,槽探14724立方米。估算新增(333)级及以上资源量钼金属量13008吨(未经地质勘查报告评审),为本年新发现中型矿产地之一。

2.黑龙江省孙吴县莲花山钼多金属矿普查。2008年开展详查工作,完成槽探工作量10000立方米。估算新增(333)级及以上资源量钼金属量5000吨(未经地质勘查报告评审),为2008年新发现小型矿产地之一。

3.黑龙江省东宁县金厂矿区及外围岩金普查。除前述危机矿山老柞山金矿接替资源勘查取得突出的找矿成果外,在佳木斯成矿带(Ⅲ级)东宁金铂铜成矿带(Ⅳ级)实施的黑龙江省东宁县金厂矿区及外围岩金普查成果也较为突出。该矿自1994年发现至2007年,已成为特大型金矿,(333)级金资源量已达63406千克。2008年继续开展普查工作,2008年完成钻探工作量7662米、坑探422米、槽探1526立方米,估算新增(333)级及以上资源量金金属量3107千克(未经地质勘查报告评审)。

**【矿山环境地质调查与评估】** 2008年,完成1:10000矿山环境地质调查项目2个,面积504平方千米,省财政投资24万元;完成1:5000矿山环境勘查评价项目1个,面积1平方千米,其他资金投入2万元;完成1:2000矿山环境勘查评价项目34个,面积18平方千米,其他资金投入90万元;完成1:1000矿山环境勘查评价项目15个,面积3平方千米,其他资金投入16万元。项目的实施,查明了各矿山地质环境状况,为矿山地质环境治理提供了重要依据。

**【矿产资源潜力评价】** 国土资源部和黑龙江省共同投资该项工作,项目实施时间2007~2009年,2007年中央政财政投入100万元,2008年中央政财政投入220万元。

该项目从开展成矿地质背景研究、成矿规律与预测研究、物化遥自然重砂综合信息研究和综合信息集成入手，以铁、铝土矿等矿产为重点，兼顾煤炭、铜、铅、锌、钾、金、磷等矿产，开展全省矿产预测工作。

2008年度黑龙江省完成了多宝山典型示范区工作方案、2009年度工作方案编制工作，评价工作基本按设计安排进度进行。

**【地质勘查科技研究】** 2008年，黑龙江省开展了4个地质勘查科技研究工作项目，投入资金410万元，其中中央财政投入220万元，社会资金投入190万元(为属地化地勘费140万元，矿业企业投入50万元)。

1.*成矿地质背景研究工作*。基本完成了基础地质资料的搜集和矿产勘查资料部分的搜集；初步完成了全省42幅1:25万实际材料图的矢量化和12幅(黑河、呼玛、卧都河、嫩江、兴隆、伊春、哈尔滨、虎林、虎头、嘉荫、太平沟、乌云幅)1:25万建造构造图的编制。

2.*成矿规律与预测研究*。初步划分了全省88个矿产预测类型，完成单矿种各预测类型分布范围图，初步完成了多宝山典型示范区多宝山铜钼矿床、三矿沟铜铁矿床、铜山铜矿床等18个典型矿床研究工作。

3.*成矿规律及勘查技术方法研究*。黑龙江省地质矿产勘查开发局投资并与吉林大学合作开展该项工作，项目实施时间2008~2009年，本年度投入资金100万元(为地勘局属地化地勘费)。

项目旨在全面总结大、小兴安岭地区基础地质调查和矿产勘查工作成果与资料，根据不同矿种选择不同代表性矿床，以成矿地质理论为指导，深入开展大、小兴安岭地区成矿规律研究；根据大、小兴安岭地区特殊的工作条件，结合目前先进的勘查技术工作方法，对比总结以往矿产勘查技术工作方法的经验教训，总结出大、小兴安岭地区合理有效的勘查技术工作方法。

该项目已完成室内外地质资料收集工作。

4.*嫩江县铜山铜矿床三维定量、定位预测研究*。黑龙江黑龙矿业股份有限公司投资，联合中国地质大学开展该项工作，项目实施时间2008年4~10月，本年度投入资金50万元(为黑龙江黑龙矿业股份有限公司自筹资金)。

项目目的：在系统收集整理已有的地质、地球物理、地球化学、遥感、矿产勘查及科研等方面资料的基础上，以现代成矿理论为指导，采用先进的技术手段，建立铜山铜矿的钻孔数据库和三维矿体模型，预测隐伏矿体，提出进一步找矿方向，评估勘查区资源潜力，为进一步勘查提供科学依据。

本年度根据ART神经网络，划分了两个铜矿有利靶区和金矿有利地段；根据3D-GIS预测分析，预测了研究区西部具有两个成矿异常地段，预测铜总资源量约400万吨，其中探明的为100万吨，潜在的300万吨预测资源量主要分布于Ⅲ号矿体及Ⅱ号矿体被铜山断层错掉的部分。

5.*贫铁矿资源开发利用技术研究及简要评价*。黑龙江省地质矿产勘查开发局投资开展该项工作，项目实施时间2008年6月至2009年5月，本年度投入资金40万元(为地勘局属地化地勘费)。项目旨在以有效的测试手段，全面研究贫铁矿采选冶方式方法，为贫铁矿的有效开发利用提供技术支撑。

**【地质工作社会化服务】** 为全面贯彻《国务院关于加强地质工作的决定》和《地质资料管理条例》的有关规定，加快全省地质资料社会化服务体系建设，提高其对社会经济发展服务能力，2008年主要完成了以下工作：

1.*全省成果地质资料汇交质量验收工作*。地质资料汇交、质量验收是《地质资料管理条例》赋予地质资料馆的职责，2008年完成的主要工作：①是共验收各类成果地质资料电子与纸质文档42档(A类地质资料)956件；②是对2000~2008年欠交地质资料进行全面清理工作，共涉及清理900多项成果地质资料；③是根据国土资源部[2008]44号文要求，清理黑龙江省欠交全国地质资料馆100余项成果地质资料。以上工作为贯彻《地质资料管理条例》及其“实施办法”，提高黑龙江省地质资料汇交数量与质量，促进地质资料汇交管理法制化、标准化起到了积极的保障作用。

2.*全省成果地质资料开发利用工作*。地质资料是地质工作的成果，是经济建设中的最基础的资料。地质资料馆全年共接待阅览者1280人次，阅览和利用地质资料3380档，67600件。接收入库成果地质资料231档；为贯彻国土资源部、国家保密局印发的《涉密地质资料管理条例》核发“涉密复制证”30个。为黑龙江省矿业经济发展提供了优质、高效的地质资料服务。

3.*全省地质资料信息化建设工作*。成果地质资料数字化建设是地质资料馆一项长期而又艰巨的工作任务，围绕着黑龙江省地质资料数字化建设的工作重点，做了以下几项工作：①是完成了地质资料图文数据库的整理1900档，调整资料目录83档，文字3350页，扫彩图2487张，刻录DVD光盘322张；②是完成实物地质资料目录检索数据库建设工作，并于3月在“黑龙江省地质资料管理与服务网站”正式向读者提供利用；③是完成电子阅览系统的数据导入，完善了建立电子阅览室数据系统；④是完成了《数字化地质博物馆建设》项目初步工作方案和预算的编制工作；⑤是制定了《黑龙江省地质博物馆(暨地质资料馆)涉密载体信息安全管理制度》;⑥是完成了全国地质资料馆合作的《地质资料转换与服务体系建设》项目500种黑龙江省成果地质资料制作任务。

**表2　　黑龙江省2008年度境外矿产资源勘查完成情况**

| 项目名称 | 出资人(公司等组织)名称 | 组建公司的勘查单位(地勘局、队等) | 投资额度(万元) | | | | 主要实物工作量 | | | | 床规模 | 新增资源储量 | | | | 备注 | | |
|---|---|---|---|---|---|---|---|---|---|---|---|---|---|---|---|---|---|---|
| | | | 合计 | 中央财政投入 | 省级财政投入 | 社会资金投入 | 钻探(万米) | 坑探(万米) | 槽探(万立方米) | 浅井(万米) | | 矿种 | 计量单位 | 333及以上 | 334 | 境外勘查国家名称 | 项目实施时间 | 是否经过储量评审 |
| 境外矿产资源勘查 | | | 4200 | 345 | | 3855 | 9193 | | 10 | | | | | | | | | |
| 俄罗斯哈巴罗夫斯克边疆区库顿岩金矿勘探 | 中俄合资“兰塔尔斯卡亚”采矿股份有限公司<br>中方:黑龙江紫金矿业投资有限公司[由黑龙江珲春紫金矿业有限公司(占88.46%股份)和黑龙江省地质科学研究所(占11.54%股份)共同出资组建]<br>俄方:俄罗斯哈巴罗夫斯克边疆区“阿穆尔”淘金人组合公司 | 黑龙江省地质科学研究所 | 2654 | | | 2654 | 7377 | | 10 | | 大型 | 岩金 | 千克 | 2500 | | 俄罗斯 | 2004年6月至2015年12月 | 否 |
| 俄罗斯阿穆尔州包姆斯基岩金矿普查 | 中俄合资《区域金2》有限责任公司<br>中方:黑龙江省晨龙矿业经贸有限公司(占50%股份)<br>俄方:俄罗斯哈巴罗夫斯克边疆区《区域金》有限责任公司(占50%股份) | 黑龙江省地质科学研究所 | 386 | 150 | | 236 | | | | | 未知 | 岩金 | 千克 | | | 俄罗斯 | 2008年5至11月 | 否 |
| 俄罗斯阿穆尔州杜格达河流域砂金矿普查 | 中俄合资《和平贵金属》有限责任公司<br>中方:黑龙江省晨龙矿业经贸有限公司(占50%股份)<br>俄方:俄罗斯哈巴罗夫斯克边疆区《区域金》有限责任公司(占50%股份) | 黑龙江省地质科学研究所 | 1000 | 120 | | 880 | 1816 | | 0 | | 未知 | 砂金 | 千克 | | | 俄罗斯 | 2008年5至11月 | 否 |
| 蒙古国保尔陶勒盖锌铜矿普查 | 黑龙江省矿业集团有限责任公司 | 黑龙江省矿业集团有限责任公司 | 85 | | | 85 | | | | | | 锌铜 | | | | 蒙古国 | 2008年7至8月 | |
| 俄罗斯滨海边疆区谢尔巴阔夫成矿区多金属预查及法索里铅锌矿普查 | 中央财政 | 黑龙江省有色金属地质勘查研究总院 | 75 | 75 | | | | | | | | 铅锌 | | | | 俄罗斯 | 2006至现在 | |

(选自《2008年黑龙江省地质勘查成果通报》)

# 江 苏 省

**【矿产资源概况】** 截至2008年底,江苏省已发现各类矿产133种(不含亚矿种,见表1),其中:查明资源储量66种;包括能源矿产4种,金属矿产19种,非金属矿产40种,水气矿产3种;已发现尚未查明资源储量的有67种。2008年新增上表矿区4个,新增矿产地8处,其中:铜矿2处、铁矿2处、芒硝矿1处、盐矿1处、水泥用灰岩矿1处、水泥配料用黏土矿1处。

**表1　　江苏省矿产种类一览表**

| 矿产类别 | 查明资源储量的矿种 | | 已发现尚未查明资源储量的矿种 | |
|---|---|---|---|---|
| | 矿种数 | 名称 | 矿种数 | 名称 |
| 能源矿产 | 4 | 煤、石油、天然气、地热 | 3 | 油页岩、煤成气、铀 |
| 金属矿产 | 19 | 铁、锰、钛、钒、铜、铅、锌、镁、钼、金、银、铌、钽、锆、锶、锗、铟、铼、镉 | 25 | 铬、铝土矿、镍、钴、锡、钨、铋、锂、铷、铯、钇、钆、铽、镝、铈、镧、镨、钕、钐、铕、镓、铪、硒、钪、碲 |
| 非金属矿产 | 40 | 金刚石、硫铁矿、蓝晶石、红柱石、硅灰石、云母、长石、蛭石、沸石、明矾石、芒硝、石膏、方解石、萤石、宝石、石灰岩、泥灰岩、白云岩、石英岩、天然石英砂、含钾砂页岩、高岭土、陶瓷土、耐火黏土、凹凸棒黏土、膨润土、其他黏土、蛇纹岩、玄武岩、辉绿岩、闪长岩、花岗岩、珍珠岩、凝灰岩、大理岩、泥炭、盐矿、硼矿、磷矿、绢云母 | 38 | 石墨、自然硫、水晶、刚玉、滑石、石棉、石榴子石、黄玉、叶蜡石、透辉石、透闪石、重晶石、天然碱、菱镁矿、玛瑙、颜料矿物、白垩、脉石英、粉石英、含钾岩石、硅藻土、页岩、海泡石黏土、伊利石黏土、累托石黏土、橄榄岩、角闪岩、安山岩、麦饭石、松脂岩、浮石、粗面岩、霞石正长岩、火山渣、板岩、片麻岩、钾盐、砷 |
| 水气矿产 | 3 | 地下水、矿泉水、二氧化碳气 | 1 | 氡气 |
| 合计 | 66 | | 67 | |

1.*矿产地及规模*。截至2008年底,全省已查明资源储量并列入《江苏省矿产资源储量表》的矿产地共591处,较2007年增加8处、注销13处。矿产地规模以中、小型为主,中、小型矿产地占矿产地总数的87%(表2)。

**表2　　江苏省矿产地矿床规模和矿产勘查程度统计**

| 矿产种类 | 矿产地数 | 矿床规模 | | | 勘查程度 | | |
|---|---|---|---|---|---|---|---|
| | | 大型 | 中型 | 小型 | 勘探 | 详查 | 普查 |
| 能源矿产(煤) | 128 | 5 | 17 | 106 | 86 | 11 | 31 |
| 黑色金属矿产 | 43 | 6 | 8 | 29 | 19 | 15 | 9 |
| 有色金属矿产 | 66 | | 9 | 57 | 33 | 19 | 14 |
| 贵金属矿产 | 21 | 1 | 5 | 15 | 7 | 12 | 2 |
| 稀有分散元素矿产 | 11 | 1 | | 10 | 8 | 2 | 1 |
| 冶金辅助原料矿产 | 25 | 6 | 3 | 16 | 9 | 3 | 13 |
| 化工原料非金属矿产 | 82 | 16 | 31 | 35 | 48 | 20 | 14 |
| 建材非金属矿产 | 215 | 40 | 60 | 115 | 84 | 68 | 63 |
| 全省合计 | 591 | 75 | 133 | 383 | 294 | 150 | 147 |
| 所占百分比(%) | 13 | 22 | 65 | 50 | 25 | 25 | |

2.*2008年江苏省新增矿产地*。2008年新增矿区4个,新增矿产地8处,其中:铜矿2处、铁矿2处、芒硝矿1处、盐矿1处、水泥用灰岩矿1处、水泥配料用黏土矿1处(表3)。

**表3　　江苏省2008年新增矿产地统计**

| 矿区编号 | 矿区名称 | 矿种 | 地质工作程度 |
|---|---|---|---|
| 320121030 | 南京市江宁区江宁镇高庄铜矿 | 铜矿 | 普查 |
| 320282026 | 宜兴市杨巷镇新芳矿区水泥用灰岩矿 | 水泥配料用黏土 | 详查 |
| 320481001 | 溧阳市上兴镇芳山矿区水泥用灰岩矿 | 水泥用灰岩 | 详查 |
| 321183030 | 句容市铜山铜钼矿区石砀山矿段 | 铁矿 | 详查 |
| 320423030 | 溧阳市周城中巷铁铜矿区 | 铁矿 | 检测 |
| 320423030 | 溧阳市周城中巷铁铜矿区 | 铜矿 | 检测 |
| 320804008 | 淮安市赵集矿区成长矿段 | 盐矿 | 勘探 |
| 320804008 | 淮安市赵集矿区成长矿段 | 芒硝 | 勘探 |

**表4 截至2008年底江苏省固体矿产资源储量潜在总值**

| 矿产名称及单位 | 资源储量 | 潜在总值/亿元 |
| --- | --- | --- |
| 煤炭(千吨) | 3517015 | 1795.08 |
| 铁矿(矿石 千吨) | 516646 | 202.53 |
| 锰矿(矿石 千吨) | 0 | |
| 钛矿(金红石 $TiO_2$吨) | 819800 | 48.37 |
| 钛矿(钛铁矿 矿物 吨) | 2139163 | 22.25 |
| 钛矿(金红石 矿物 吨) | 205000 | 12.10 |
| 钛矿(金红石砂矿物 吨) | 42200 | 2.49 |
| 钒矿($V_2O_5$吨) | 61109 | 37.74 |
| 铜矿(铜 吨) | 389037 | 20.62 |
| 铅矿(铅 吨) | 680795 | 2.86 |
| 锌矿(锌 吨) | 1468584 | 10.13 |
| 镁矿(矿石 千吨) | 14011 | 7.01 |
| 钼矿(钼 吨) | 4475 | 0.85 |
| 金矿(岩金)(金 千克) | 1298 | 0.39 |
| 金矿(伴生金)(金 千克) | 25197 | 7.56 |
| 银矿(银 吨) | 1810 | 9.05 |
| 铌钽矿($(Nb+Ta)_2O_5$吨) | 38440 | 36.59 |
| 铌矿(铌(钶)铁矿 吨) | 89 | 0.09 |
| 锆矿(锆英石 吨) | 124 | 0.01 |
| 锶矿(天青石 吨) | 555209 | 2.78 |
| 锗矿(锗 吨) | 82 | 6.58 |
| 铟矿(铟 吨) | 0 | |
| 铼矿(铼 吨) | 1 | |
| 镉矿(镉 吨) | 24 | 0.02 |
| 金刚石(金刚石 克) | 891 | |
| 硫铁矿(矿石 千吨) | 49612 | 38.20 |
| 硫铁矿(伴生硫 千吨) | 3659 | 14.86 |
| 蓝晶石(蓝晶石 吨) | 1485203 | 5.94 |
| 红柱石(红柱石 吨) | 993400 | 3.97 |
| 硅灰石(矿石 千吨) | 671 | 0.52 |
| 云母(工业原料云母 吨) | 353445 | 35.34 |
| 长石(矿石 千吨) | 374 | 0.09 |
| 蛭石(矿石 千吨) | 2044 | 3.68 |
| 沸石(矿石 千吨) | 2463 | 0.44 |
| 明矾石(明矾石 千吨) | 858 | 0.27 |
| 芒硝($Na_2SO_4$千吨) | 799657 | 2299.01 |
| 石膏(矿石 千吨) | 3204985 | 1922.99 |
| 方解石(矿石 万吨) | 3044 | 9.10 |
| 普通萤石($CaF_2$千吨) | 345 | 0.31 |
| 宝石(矿物 千克) | 8773 | |
| 制碱用灰岩(矿石 千吨 | 332371 | 66.47 |
| 熔剂用灰岩(矿石 千吨) | 436642 | 87.33 |
| 水泥用灰岩(矿石 万吨) | 301378 | 602.76 |
| 泥灰岩(矿石 万吨) | 980 | 1.96 |
| 冶金用白云岩(矿石 千吨) | 217111 | 43.42 |
| 冶金用石英岩(矿石 千吨) | 5170 | 1.55 |
| 玻璃用石英岩(矿石 万吨) | 183 | 0.92 |
| 玻璃用砂岩(矿石 万吨) | 5544 | 27.93 |

续表4

| 矿产名称及单位 | 资源储量 | 潜在总值/亿元 |
| --- | --- | --- |
| 水泥配料砂岩(矿石 万吨) | 9223 | 7.10 |
| 陶瓷用砂岩(矿石 千吨) | 136 | 0.07 |
| 玻璃用砂(矿石 万吨) | 4704 | 23.52 |
| 铸型用砂(矿石 千吨) | 4400 | 0.34 |
| 建筑用砂(矿石万立方米) | 13279 | 10.22 |
| 含钾砂页岩(矿石 千吨) | 2068408 | 20.68 |
| 高岭土(矿石 千吨) | 64582 | 35.52 |
| 陶瓷土(矿石 千吨) | 82521 | 45.39 |
| 耐火黏土(矿石 千吨) | 2107 | 1.05 |
| 凹凸棒石黏土(矿石千吨) | 93831 | 32.84 |
| 膨润土(矿石 千吨) | 180670 | 45.17 |
| 水泥配料用黏土(矿石万吨) | 21103 | 37.99 |
| 水泥配料用黄土(矿石万吨) | 1659 | 4.15 |
| 保温材料用黏土(矿石千吨) | 2815 | 0.51 |
| 熔剂用蛇纹岩(矿石 千吨) | 138727 | 22.10 |
| 化肥用蛇纹岩(矿石 千吨) | 11565 | 1.82 |
| 铸石用玄武岩(矿石 万吨) | 76 | 3.04 |
| 岩棉用玄武岩(矿石 万吨) | 2074 | 5.18 |
| 建筑用玄武岩(矿石万立方米) | 1559 | 26.97 |
| 水泥用辉绿岩(矿石 万吨) | 58 | 0.12 |
| 水泥混合材用闪长玢岩(矿石 万吨) | 22 | 0.04 |
| 建筑用花岗岩(万立方米) | 8 | 0.14 |
| 饰面用花岗岩(万立方米) | 22 | 0.88 |
| 珍珠岩(矿石 万吨) | 994 | 2.49 |
| 水泥用凝灰岩(矿石 万吨) | 610 | 0.43 |
| 饰面用大理岩(万立方米) | 3597 | 143.19 |
| 玻璃用大理岩(矿石 万吨) | 3415 | 6.83 |
| 泥炭(矿石 千吨) | 115 | 0.01 |
| 盐矿(NaCl 千吨) | 11384783 | 4269.69 |
| 硼矿($B_2O_3$千吨) | 0 | |
| 磷矿(矿石 千吨) | 111477 | 53.51 |
| 全部矿产合计 | | 12192.81 |

**【地质勘查投入与勘查】** 2008年全省地质勘查投入7166.31万元,其中中央财政拨款2157.25万元,地方财政拨款4485万元(其中使用矿产资源补偿费6.18万元),国内企事业投入524.06万元。机械岩心钻探工作量11312米,坑探工作量821米,年末勘查从业人员666人,其中技术人员483人,劳动报酬2230.7万元。地质勘查费用主要投入方向:金属矿产1516.31万元,占总投入的21.2%;投向不能分矿种矿产的费用为5380万元,占地勘总投入的75.1%。

**【矿产资源开发利用】** 矿产资源是自然资源的重要组成部分,是国民经济和社会发展的重要物质基础。2008年度全省各类矿山企业开发利用矿产共51种,形成了以建材、能源、冶金辅助原料化工原料及其他非金属为主的矿产资源特色和优势。

截至2008年底，全省共有矿山企业2416个，较2007年度减少300个，减少了11.05%。其中：国有企业104个，集体矿山企业616个，私营企业1318个，外资企业19个，其他企业（包括股份制、有限责任公司等）359个。

2008年度，全省各类矿山企业生产矿石总量2.13亿吨，比2007年度减少了9.75%。其中固体2.08亿吨，液体394.02万吨，气体55.66万吨。年产矿量列前5位的矿产分别为砖瓦用黏土（5129万吨）、水泥用灰岩（4186万吨）、建筑石料用灰岩（2360万吨）、煤（2346万吨）和建筑用花岗岩（1351万吨）（表4）。

2008年度，全省矿山企业工业总产值300.10亿元，比2007年增加50.91亿元，增长了20.43%；矿产品销售收入287.65亿元，比2007年增加51.71亿元，增长了21.92%。矿产品销售收入居前五位的矿产分别为煤炭（104.98亿元）、石油（81.21亿元）、砖瓦用黏土（37.60亿元）、铁矿（19.59亿元）和盐矿（11.11亿元）。

**【探矿权采矿权市场管理】** 1.颁发采矿、勘查许可证。截至2008年底，全省共颁发采矿许可证1430个，其中新立181个，变更登记212个，延续登记1037个；颁发勘查许可证121个，按不同经济类型企业获得勘查许可证情况分：国有企业74个、有限责任公司36个、股份有限公司5个、私营企业6个。

2.探矿权采矿权一级市场。2008年，全省采矿权出让880宗，其中挂牌672宗，协议出让208宗，成交价款2.27亿元；全省探矿权协议出让1宗，合同金额99.28万元。

3.探矿权采矿权二级市场。全省探矿权转让5宗，转让价款18151.2万元；采矿权转让4宗，为出售方式，转让价款8554万元。

**【矿产违法案件查处】** 2008年，全省共立案查处矿产资源违法案件40件，其中开采类39件、勘查类1件，已结案37件，罚没款584.92万元。

（江苏省国土资源厅）

## 浙 江 省

**【矿产资源概况】** 2008年，全省开发利用的矿产67种，其中能源矿产2种，金属矿产10种，非金属矿产36种（长石、云母、饰面用闪长岩和水泥用大理岩4个矿种处于持证停产状态），普通建筑用石、砂、土矿产17种（其中建筑用橄榄岩、建筑用辉石岩处于持证停产状态），水气矿产2种。较2007年减少铸型用砂岩、硅藻土和陶粒用黏土3种矿产，增加了玻璃用脉石英1种矿产。

**【矿产资源开发利用】** 2008年，浙江省各级国土资源管理部门深入贯彻落实科学发展观，全面完成整顿和规范矿产资源开发秩序工作及“回头看”行动各项任务，扎实开展矿产资源开发整合，全面推进绿色矿山创建。全省矿产资源开发秩序进一步规范，矿山布局进一步合理，矿山结构进一步优化，矿产资源开发利用水平进一步提高，矿山生态环境进一步改善。全省矿业克服了国际金融危机引发的需求萎缩、矿产品价格大幅下跌等诸多困难，基本保持平稳运行态势。

2008年度，全省矿山总数2738个（其中未包括部分建筑用砂矿山；43个工程性矿山除矿山规模、经济类型和生产状态外，其他各项矿业指标未列入统计），从业人员79718人，矿石采掘量44353.53万吨，实现矿业总产值897021.36万元，利润54138.27万元，税金93166.07万元。与2007年相比，矿山数和从业人员分别减少15.07%和21.9%，矿石采掘量减少1.7%，矿业总产值增长1.15%，利润减少21.04%，税金增长1.84%。2004～2008年间矿业主要指标趋势见图1、图2。

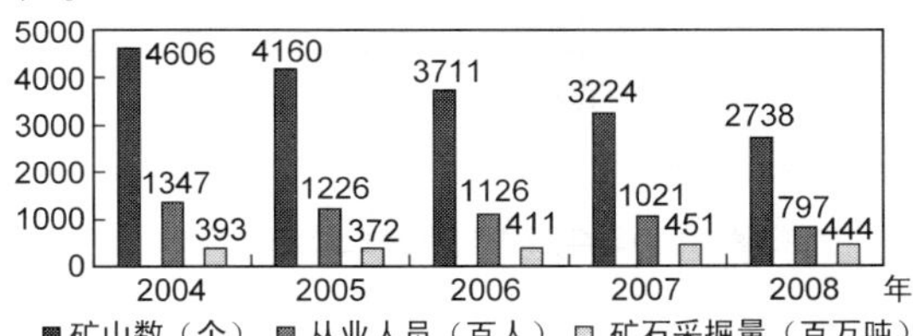


图1 2004～2008年浙江省主要矿业指标对比

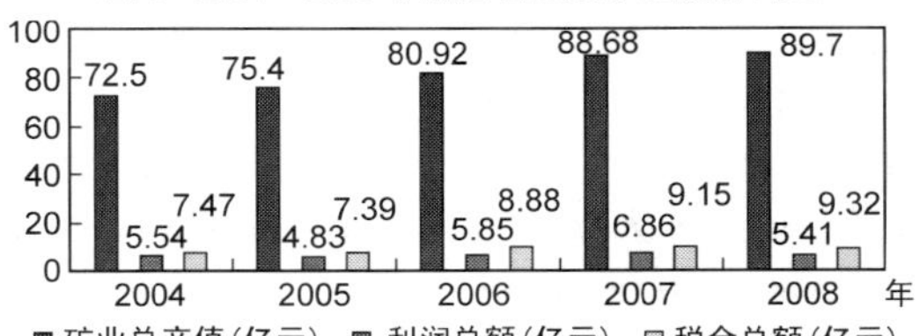


图2 2004～2008年浙江省主要矿业指标对比

1.矿业结构。2008年矿业结构与往年基本一致，即普通建筑用石、砂、土无论产量还是产值均居主导地位，非金属矿产次之，金属矿产再次之，能源矿产和水气矿产所占比重很小。与2007年相比，普通建筑用石、砂、土和非金属矿产产值占矿业总产值的比重分别为73.71%和15.61%，继续上升；金属矿产产值占矿业总产值的比重为9.99%，下降明显（图3～6）。

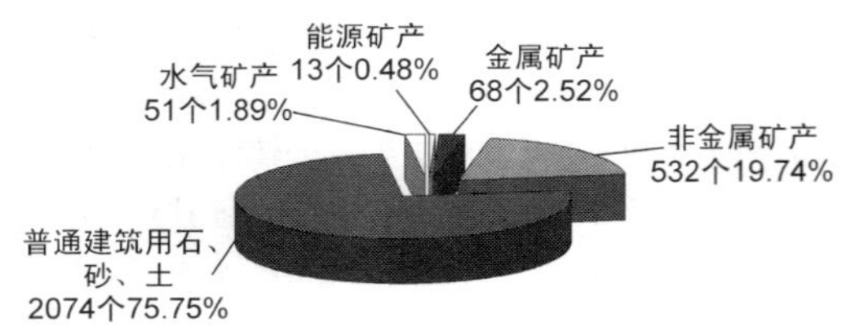


图3 2008年各类矿产矿山数构成

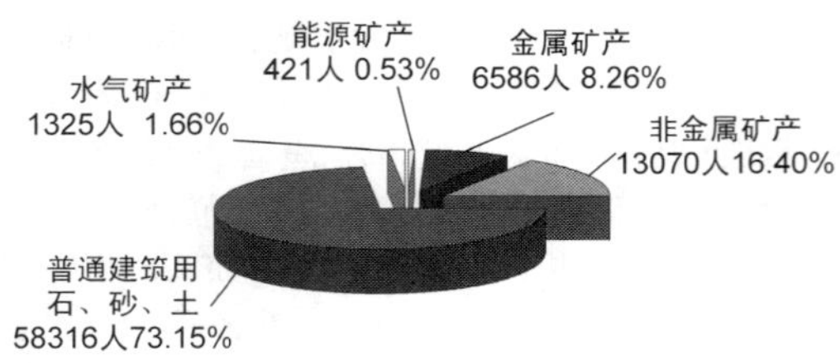


图4 2008年各类矿产从业人员构成

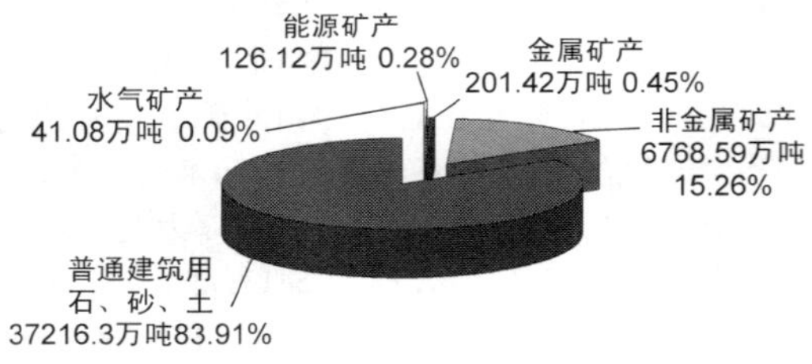


图5 2008年各类矿产矿石采掘量构成

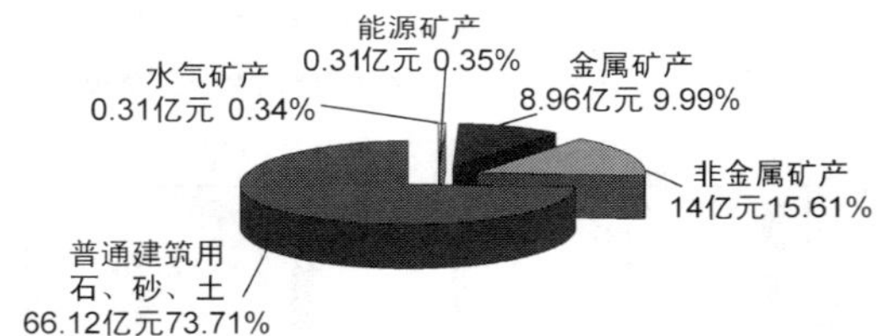


图6 2008年各类矿产矿业总产值构成

2.地区分布。全省矿产开发地区分布不平衡，以湖州市、杭州市、金华市、舟山市开发强度大，其矿业总产值居全省前列，分别占全省的24%、13.12%、10.04%、9.11%。矿山数以金华市最多，达453个；嘉兴市最少，仅44个。从业人员湖州市最多，达13414人；舟山市最少，为2857人。矿石采掘量以湖州市最高，达9686.41万吨；丽水市最低，仅285.02万吨。利润以杭州市最高，达1.42亿元；嘉兴市最低，仅248.65万元。税金以湖州市最高，达3.7多亿元；台州市最低，仅1319.66万元。人均采掘量以台州市最高，达到1.79万吨/人，而丽水市仅0.04万吨/人；人均产值以舟山市最高，达28.61万元/人，嘉兴市最低，为6.63万元/人(图7～10)。

3.矿山经济类型。浙江省矿山经济类型以私营企业、集体企业和有限责任公司为主，三类矿山数占总数的84.68%、矿石产量占总量的77.9%、矿业总产值占总量的76.86%；而国有企业矿山数仅占全省的2.34%、从业人员占11.61%、矿石采掘量占5.64%；外商投资企业各项指标均较低，表明浙江省矿业资本主要为民营资本和集体资本，产业外向度低，国有资本持有率低，这与浙江省整体经济面貌基本一致(图11～13)。

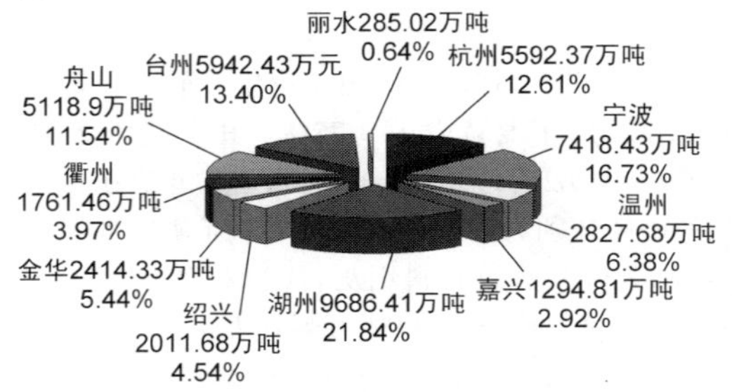


图7 2008年各市矿石采掘量构成

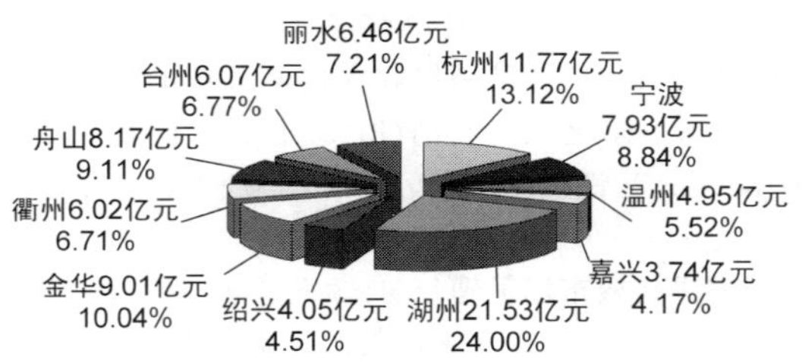


图8 2008年各市矿业总产值构成

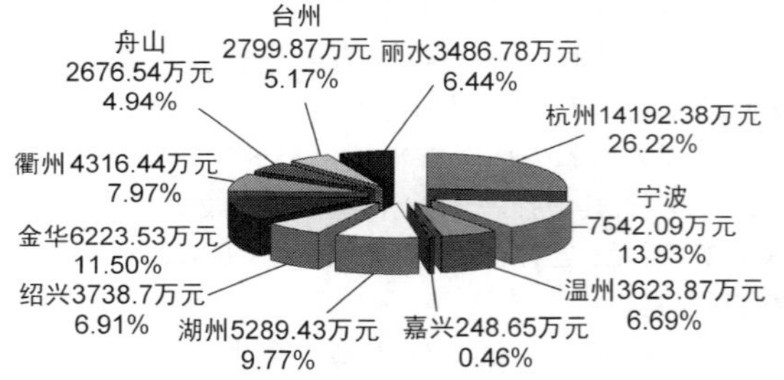


图9 2008年各市利润总额构成

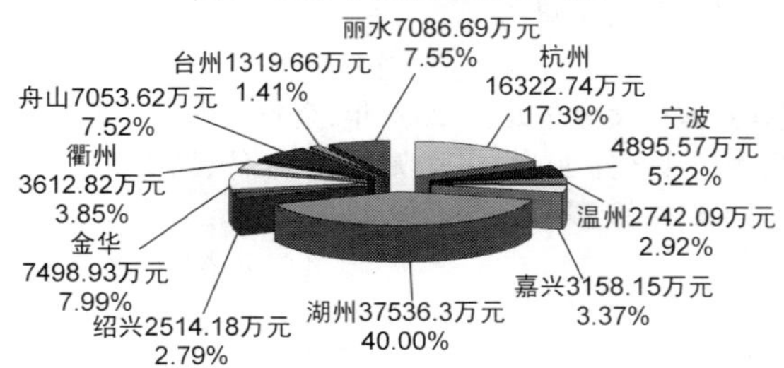


图10 2008年各市税金总额构成

4.矿山企业规模。2008年，全省有大型矿山911个，中型矿山332个，小型矿山949个，小矿546个。大、中型矿山矿石采掘量达37007.75万吨，矿业总产值551350.85万元，利润29289.2万元，分别占总量的83.44%、61.46%和54.1%(图14、图15)。

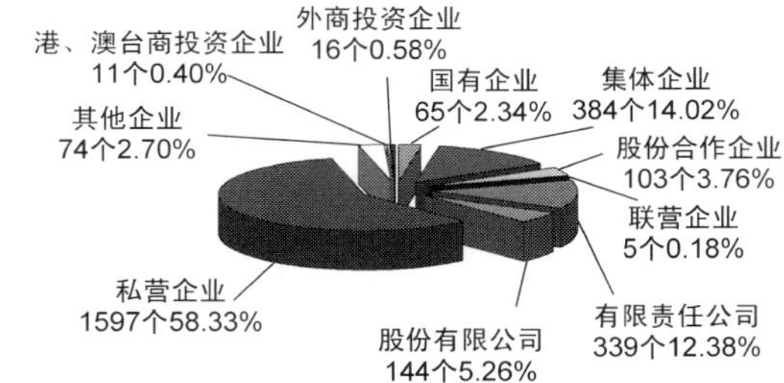


图 11　不同经济类型矿山企业矿山数构成

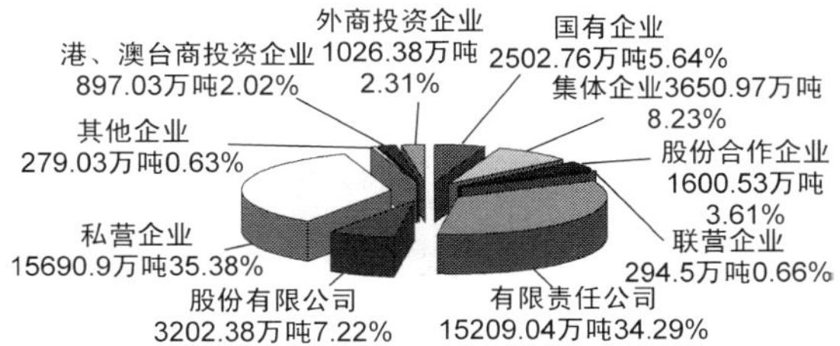


图 12　不同经济类型矿山企业矿石采掘量构成

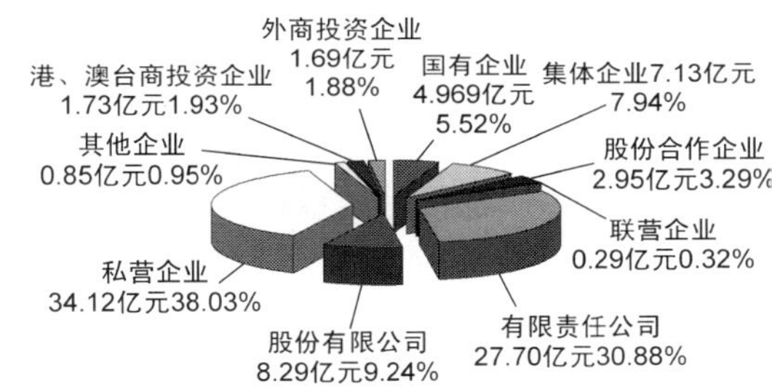


图 13　不同经济类型矿山企业矿业总产值构成

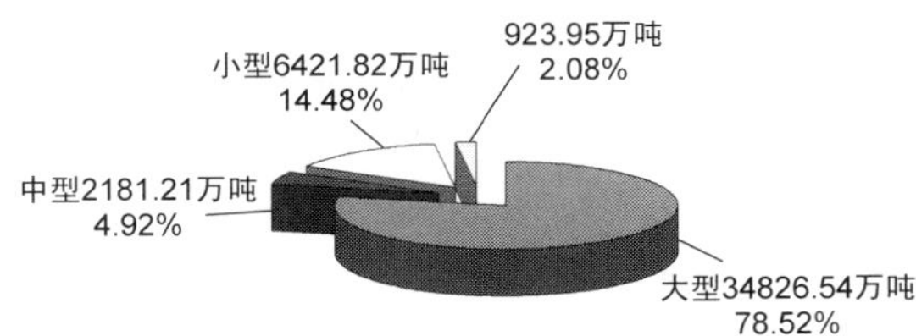


图 14　不同规模矿山企业矿石采掘量构成

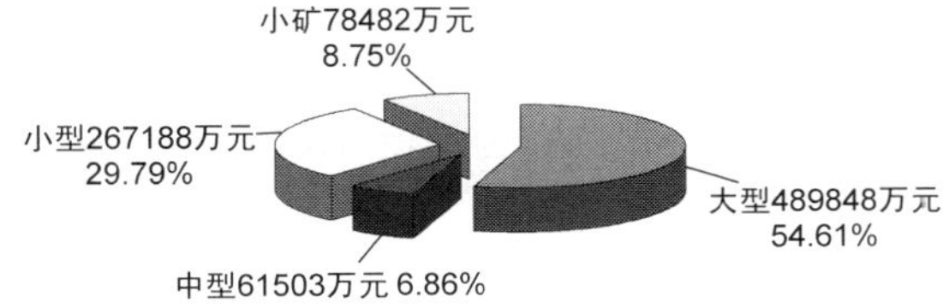


图 15　不同规模矿山企业矿业总产值构成

小型矿山人均产量、产值、利润和税金都比大型矿山低，其原因是大型矿山管理规范，技术先进，生产效率、资源利用水平较高(图 16)。

按照《国务院办公厅关于国土资源部等部门对矿产资源开发进行整合意见的通知》(国办发〈2006〉108号)的要求，浙江省积极推进矿产资源开发整合，将年开采规模在10万吨以下的建筑石料矿、石灰石矿和钼矿作为省级重点整合矿种，选定了15个省级重点整合矿区；各市、县(市、区)根据实际情况，亦相应确定了整合的重点矿种和整合矿区。通过全省各级有关部门两年多时间以来的共同努力，基本完成国办发[2006]108号文件所规定的整合工作任务，全省矿山平均生产规模由整合前的11.08万吨提升至16.46万吨，整合矿区采矿权减少198个，全省大型矿山所占比例由29.03%上升至32.8%。

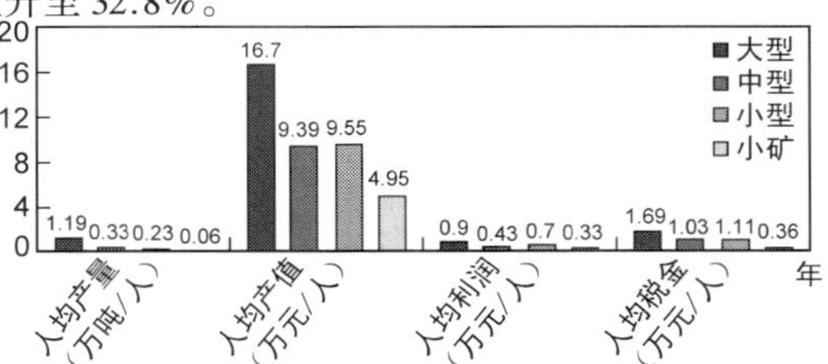


图 16　不同规模矿山企业人员效率情况

**【普通建筑用石、砂、土矿产开发利用】**　浙江省开发利用的普通建筑用石、砂、土矿产(以下简称乙类矿产)包括建筑用石料矿产13种，建筑用砂、砖瓦用砂岩、砖瓦用页岩、砖瓦用黏土各1种，共17种矿产。2008年浙江省乙类矿产有矿山2074个，从业人员58316人，矿石采掘量37216.3万吨，实现矿业总产值产产值均占总量的73%以上，利润和税金也占总量的60%以上，主导地位十分明显。与2007年相比，乙类矿产矿山数、从业人员、矿石采掘量分别减少15.21%、23.39%、8.40%，工业总产值、利润却分别增加5.59%、3.91%。2008年，席卷全球的金融危机对浙江省矿业特别是金属矿产产生较大冲击，受益于浙江省城市化进程和基础设施建设对乙类矿产需求稳中有升，乙类矿产价格动荡不大，基本维持了全省矿业总体水平的平稳发展。

乙类矿产总产值在全省国民生产总值中的比重虽只有0.31%，但其开发与本省经济建设关系密切，与全社会固定资产投资、建筑业增加值和房地产开发投资紧密相关。2008年，浙江省全社会固定资产投资完成9300亿元，同比增长10.4%，增幅比2007年回落0.5%；基础设施投资完成2370亿元，同比增长7%，增幅比2007年提高7.6%；房地产开发投资完成1999亿元，同比增长9.8%，增幅比2007年回落5.9%。2004~2008年间，乙类矿产矿业总产值由54.7亿元增加到66.12亿元，但其在国民生产总值中所占的比重却逐年下降，增长率小于建设指标增长率，反映浙江省经济发展对矿产资源消耗的依赖程度在降低(图 17)。

1.普通建筑用石料。2008年度开发的普通建筑用石料有凝灰岩、安山岩、灰岩、砂岩、花岗岩、玄武岩、页岩、大理岩、白云岩、辉绿岩、闪长岩等11个矿种,有矿山1291个,从业人员29261人,矿石采掘量33077.81万吨,实现矿业总产值472792.3万元,利润总额27530.89万元,其矿山数、从业人数占乙类矿产总量的62.25%和50.18%,产量、产值和利润分别占总量的88.88%、71.5%和70.93%,居绝对主导地位。与2007年相比,矿山数、从业人数、矿石采掘量分别减少了15%、16.45%、2.93%,工业总产值却增长了8.21%,利润大幅增长20.70%(图18)。

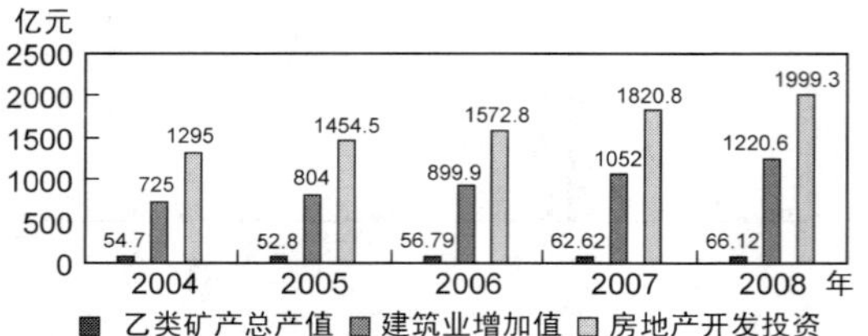


图17 2004~2008年乙类矿产开发与国民经济关系对比

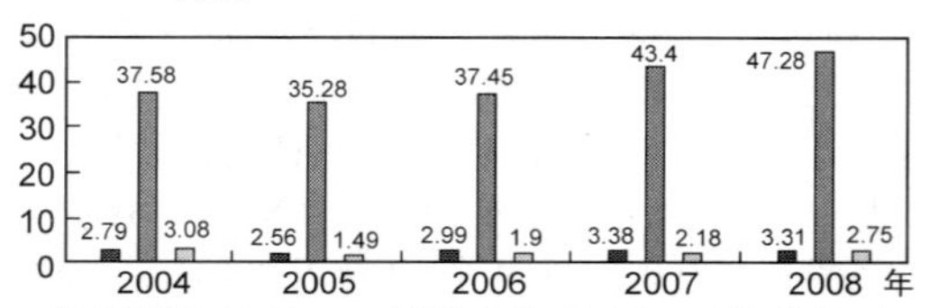


图18 2004~2008年普通建筑用石料主要生产指标对比

建筑石料作为基本建设的基础原料,其资源分布具普遍性,但开发地域性明显,杭州、宁波、温州、湖州、舟山、台州等经济发展水平高、交通便利的地区建筑石料开发程度较高,宁波市矿石采掘量居全省首位;湖州市矿业总产值和利税总额均居首位,约占全省的30.25%和58.06%;丽水市利润总额处于亏损状态;嘉兴市建筑石料矿山的平均规模达103.35万吨,明显高于其他地市(图19、图20)。

建筑石料是浙江省矿产资源开发整合的重点矿种,通过矿产资源规划的实施和近两年的矿产资源开发整合,浙江省已形成湖州、杭州外围、宁绍平原南缘、温台沿海平原内侧等大型石料开发基地,矿山布局渐趋合理,矿山企业规模化、集约化程度不断提高。2008年全省建筑石料有大型矿山842个,占全省建筑石料矿山总数的65.22%;产量、产值占总量比重达91.29%和87.60%,比2007年分别提高3.52%和2.71%(图21、图22);大型矿山无论从资源储量、矿石质量、生产技术、资源利用率、环保、安全生产诸多方面都具有较大优势。全省建筑用石料矿山平均生产规模由2007年的22.23万吨提升至26.50万吨;年产量100万吨以上矿山由2007年的47个增加至69个;年产量50万~100万吨矿山由2007年的95个增加至118个。

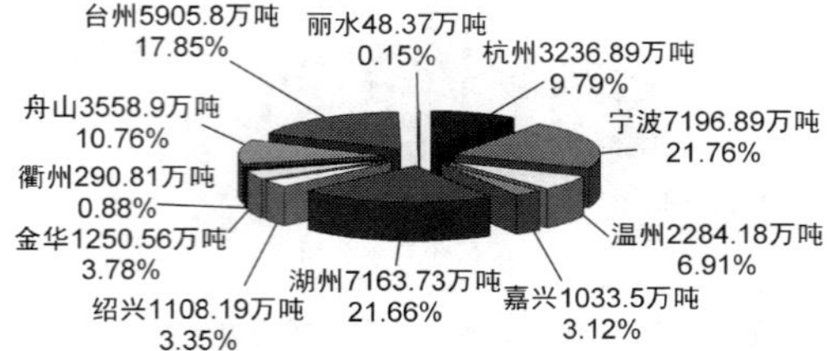


图19 各市普通建筑用石料矿石采掘量构成

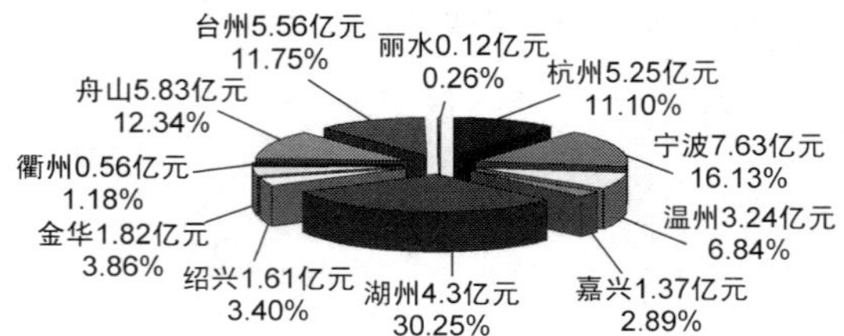


图20 各市普通建筑用石料矿业总产值构成

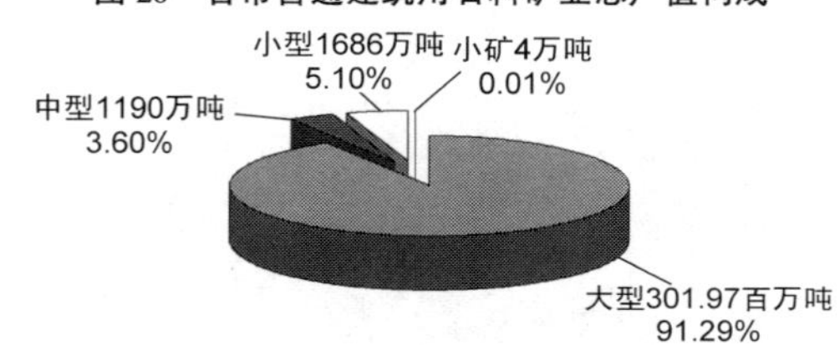


图21 不同规模建筑石料矿山企业采掘量占全省百分比

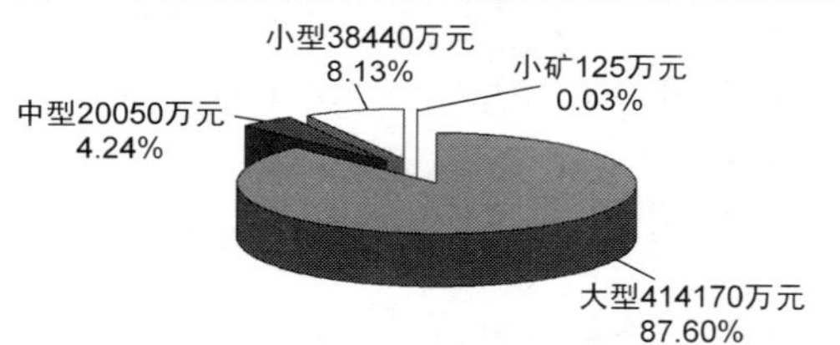


图22 不同规模建筑石料矿山企业矿业总产值占全省百分比

建筑石料矿山按其产品流向和用途可分以下三类:

①外销型矿山:宁波、湖州、嘉兴、舟山等地的部分石料开采基地凭借水陆交通之便利,产品销往上海、苏南等经济发达地区。其开采较规范、规模大、产量高。除了一般的碎石产品作建筑石料用外,部分品质优良的精品碎石产品,可用于高级公路路面。如上海F1国际赛车场赛道、大众汽车试验场的场地都采用这些碎石作基础夯实、路面材料。

②自用型矿山:满足本区域基础设施或当地基本建设、道路及房地产业的需求。近年以"新农村建设"和"甘泉工程"为契机,供农民建房、打井、铺路等用。一般开采时间短,用量有限。周边小范围的开采受地

域限制,其布局规模较难掌控。

③工程性矿山:以沿海及海岛围垦造地为主,包括用于国家大型储油基地、船坞、码头等重大工程建设项目,分布于宁波、温州、舟山、台州等地,该类矿山具有开采期限短、采掘量大的特点;此外,生态环境修复性治理类矿山亦归入此类。2008年,以"三个千亿"工程为龙头的省重点建设项目进展顺利,全年省重点建设完成投资978亿元,为年度计划的115%,一批重大工程相继开工建设。全省有各类工程性矿山150个,产量达9267.98万吨(湖州、舟山两市43个矿山未列入统计),占建筑石料总产量的28.02%,矿山平均规模达86.62万吨;开采强度以台州、宁波两市最大,矿石产量分别占全省总量的37.30%和35.81%。

2008年浙江省建筑石料产量33077.81万吨,矿山实际生产能力34876.63万吨,设计生产能力44369.21万吨,矿山实际、设计生产能力分别超过产量的5.44%和34.14%。浙江省建筑石料矿山一般均拥有较丰富的资源储量,一旦市场需求转旺,通过生产能力释放,基本可以满足基础设施投资增长对石料的需求。但现有矿山空间布局与基础设施建设项目空间布局会存在一定的偏差,应以矿产资源规划实施为契机,在局部地区通过布局调整,设置新的矿山以满足基础设施建设对建筑石料质量和数量的需求。

2.砖瓦用黏土、砂页岩。受浙江省积极发展新型墙体材料政策和房地产市场疲软双重影响,2008年全省砖瓦用黏土、砂页岩矿山数、从业人员、矿石采掘量、矿业总产值、利润、税金与2007年相比分别下降了14.19%、31.33%、16.08%、11.11%、25.26%、8.32%。砖瓦用黏土各项指标在总量中的比重继续下降,其矿山数、从业人员、矿石采掘量、矿业总产值、利润、税金分别由2007年的81.31%、83.67%、79.19%、75.91%、69.99%、83.55%下降至2008年的76.09%、78.10%、78.35%、74.21%、63.73%、80.80%;而砖瓦用砂页岩各项指标在总量中的比重则继续上升,反映出浙江省制造砖瓦用的原料结构进一步优化,保护耕地的各项政策措施进一步落实。

①砖瓦用黏土。2008年砖瓦用黏土生产延续了逐渐萎缩的势头,全省有矿山557个,从业人员21280人,矿石采掘量1478.06万吨,实现矿业总产值112706.27万元,利润总额6249.96万元,税金总额8008.73万元,各项指标分别较2007年下降了19.97%、35.90%、16.96%、13.10%、31.95%、11.35%。2004~2008年间,砖瓦用黏土各项指标总体亦呈急剧下滑趋势,其中矿山数、矿业总产值较最高的2004年分别下降了52.72%和31.53%,矿石采掘量较最高的2005年下降了54.37%(图23)。

在现有的557个矿山中,有90个矿山处于停产或关闭状态,年矿石采掘量为0;26个矿山利用各类基建工程产生的废土作为主要生产原料,外购矿石量大于自产矿石量,全省所有砖瓦用黏土矿山外购矿石量合计74.68万吨。

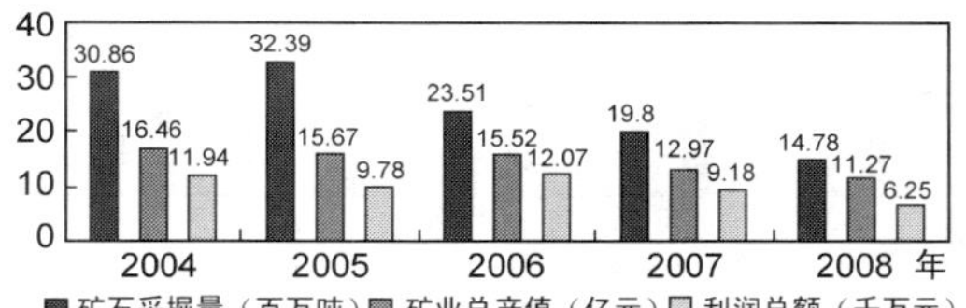


图23 2004~2008年砖瓦用黏土主要生产指标对比

在地区分布上,湖州、嘉兴、金华三市矿石采掘量居全省前列,其中金华市砖瓦用黏土产量、产值分别占全省的26.93%和37.09%(图24、图25)。金华市主要开采金衢盆地低丘黄土,不仅有助于保护耕地,还可变坡地、山地为平地,配合土地整理扩大耕地面积,提供建设用地。与2007年相比,杭州市、宁波市、丽水市矿山数和矿石采掘量下降幅度较大,杭州市已于2008年底全面禁止砖瓦用黏土的开采。

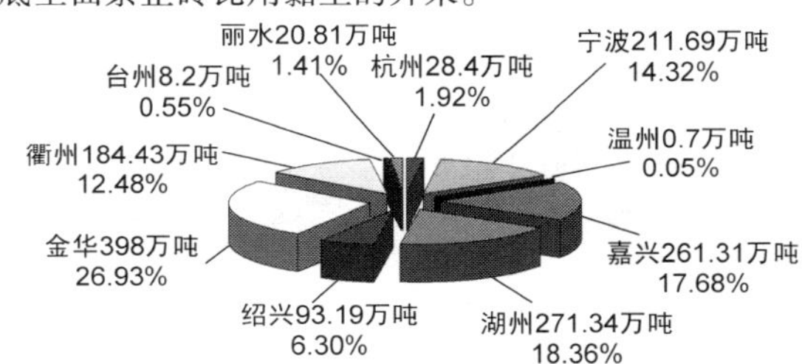


图24 各市砖瓦用黏土矿石采掘量构成

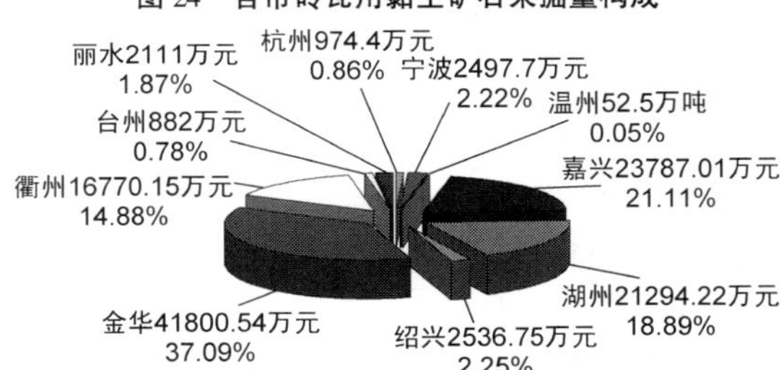


图25 各市砖瓦用黏土矿业总产值构成

②砖瓦用砂页岩。砖瓦用砂页岩包括砖瓦用砂岩、砖瓦用页岩两个矿种,开发以砖瓦用页岩占主导。2008年全省有砖瓦用砂页岩矿山175个,从业人员5968人,矿石采掘量408.43万吨,实现矿业总产值39166.35万元,利润总额3556.39万元,税金总额1903.01万元。2008年全省房地产市场持续低迷,砖瓦用砂页岩主要生产指标在连续几年大幅上升后出现回落,矿石采掘量和利润分别比2007年下降12.71%、9.67%,而矿山数增加了15个(图26)。

浙江省砖瓦用砂页岩的开发利用主要集中于杭

州、湖州、金华、衢州、丽水五个市，其中金华、衢州凭借金衢盆地特有的泥页岩资源，其砖瓦用砂页岩的产量、产值、利润分别占全省总量 56.47%、64.01% 和 58.82%(图 27、图 28)。

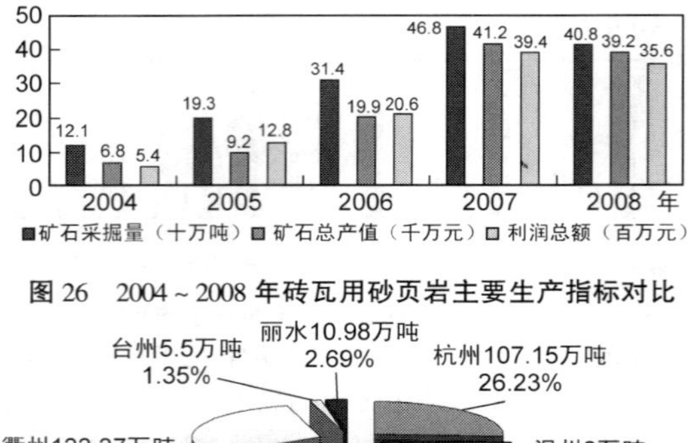


图 26　2004～2008 年砖瓦用砂页岩主要生产指标对比

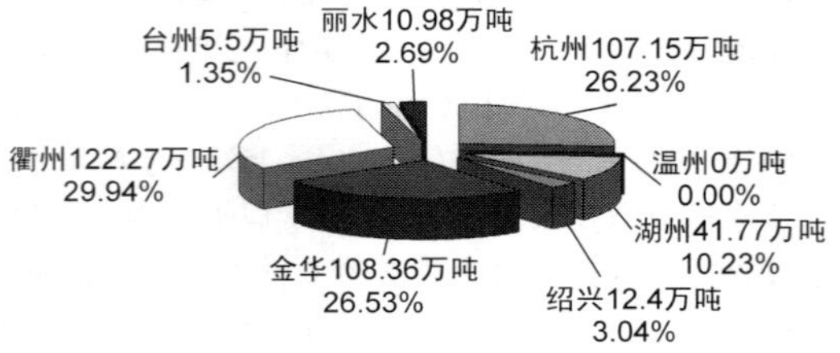

图 27　各市砖瓦用砂页岩矿石采掘量构成

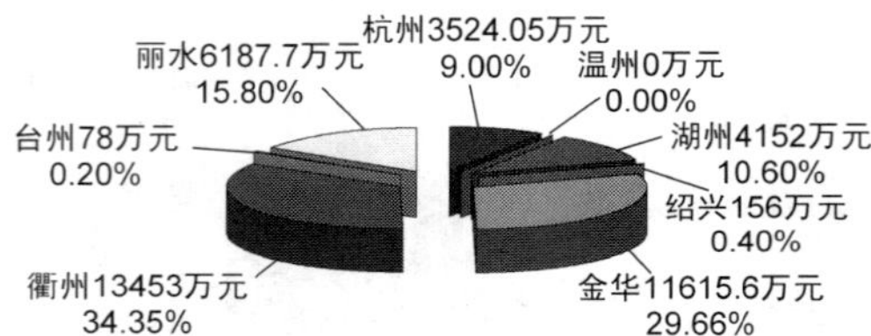


图 28　各市砖瓦用砂页岩矿业总产值构成

2008 年，全省砖瓦用砂页岩实际采矿能力已达 649.56 万吨，超过实际产量的 59.04%，生产能力明显过剩。2009 年，随着拉动内需保证民生工程、保障性安居工程等的逐步实施，市场对砖瓦产品需求将会有所加大，同时受政策控制黏土砖产量将进一步下降，砖瓦用砂页岩矿山生产能力将得到一定程度的释放。加强砖瓦用砂页岩的开发，能有效节省耕地资源，应继续加大政策扶持与推广力度。

为保护耕地，提高资源综合利用率，促进节能减排，浙江省积极实施墙体材料非黏土化发展战略。2007 年全省墙体材料总产量 279.3 亿块标砖，其中新型墙体材料产量 164.3 亿块标砖，占全部墙体材料产品产量的 58.8%，比 2007 年提高 13.2 个百分点；全年新型墙体材料建筑应用比例达到 61.5%，比 2007 年提高 6.9 个百分点；实心黏土砖产量 17.7 亿块标砖，比 2007 年减少 12.5 亿块标砖。全年因生产应用新型墙体材料，减少二氧化碳排放 4.1 万吨，节约土地 2880 公顷，节约标煤 162.1 万吨，综合利用工业废渣 3539.9 万吨。随着《浙江省发展新型墙体材料条例》的颁布实施，砖瓦用黏土在墙体材料中使用量将进一步减少，而利用尾矿等固体废弃物制造墙体材料的政策扶持力度将进一步加大。

2008 年浙江省矿山尾矿排放量 161.5 万吨，尾矿累计存放量已达 3395.93 万吨，尾矿库占地 1686.89 公顷。近年来绍兴平铜集团有限公司、遂昌金矿等企业相继开展了尾矿砂制砖的试验，取得了初步成效。利用尾矿砂制砖，治废利废，一举多得，今后应在充分调研的基础上，加大政策引导与扶持力度，在全省范围内推广。

**【非金属矿产开发利用】** 浙江省非金属矿产资源较丰富，叶蜡石、明矾石、萤石、伊利石、硅藻土、沸石、水泥用灰岩、膨润土、高岭土、珍珠岩、硅灰石、长石、玻璃用石英岩保有资源储量居全国前列，其中除萤石、水泥用灰岩外，总体开发程度较低。2008 年浙江省非金属矿产有矿山 532 个，从业人员 13070 人，矿石采掘量 6768.59 万吨，实现矿业总产值 139988.61 万元，利润总额 5869.97 万元，其矿山数量、从业人员、矿石采掘量、矿业总产值、利润、税金分别占总量的 19.43%、16.40%、15.26%、15.61%、10.84%和 24.42%。与 2007 年相比，非金属矿产矿山数、从业人员、矿石采掘量分别减少 14.33%、15.76%、2.88%，工业总产值、利润、税金却分别增长 7.14%、3.40%和 20.43%。

1.*石灰石*。浙江省石灰石主要分布在浙赣与沪杭铁路西北侧，为杭州、湖州、金华与衢州市所辖的富阳、桐庐、建德、淳安、长兴、兰溪、衢江、常山等县(市、区)，浙江东部绍兴、诸暨等地也有分布。主要赋矿层位为奥陶系上统三衢山组、石炭系中统黄龙组与上统船山组、三叠系下统青龙组，绍兴—诸暨一带主要利用寒武系灰岩，全省资源储量在 250 亿吨以上。

浙江省石灰岩目前的主要应用领域为水泥、建筑石料、饰面板材、制灰、冶金、脱硫及碳酸钙等(图 29)。

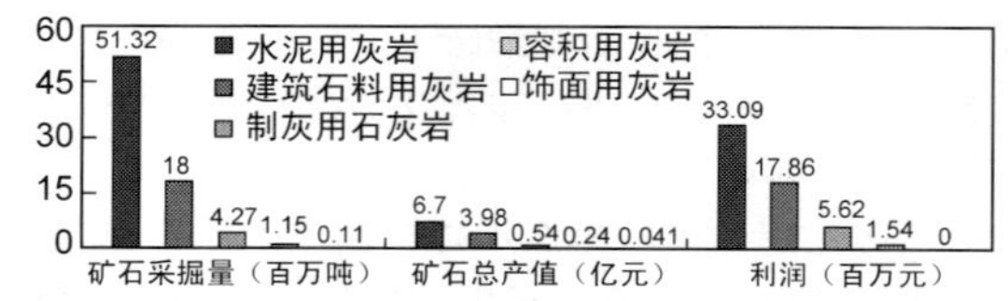


图 29　石灰石不同矿种主要生产指标对比

水泥用灰岩是浙江省重要优势矿产资源，开发强度一直很大，2008 年矿石采掘量和矿业总产值分别位居单矿种第二、第三位。2008 年全省有水泥用灰岩矿山 150 个，从业人员 3239 人，矿石采掘量 5132.44 万吨，矿业总产值 67062.37 万元，利润总额 3309.45 万元。与 2007 年相比，矿山数、从业人员下降了 10.71% 和 34.19%，矿石采掘量、矿业总产值微降 7.56% 和

2.57%，利润则上升了3.11%(图30)。

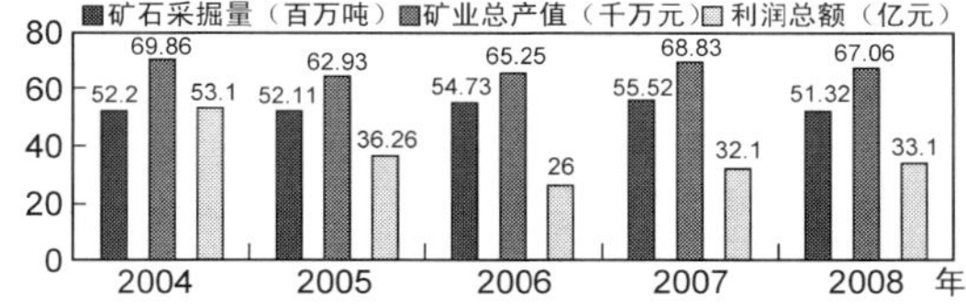


图30 2004~2008年水泥用灰岩主要生产指标对比

水泥用灰岩区域开发利用情况与资源分布一致，杭州、湖州两市矿石采掘量、工业总产值分别占全省总量的66.81%和67.02%。与其他地市相比，金华市水泥用灰岩矿山经济效益一直较差，2008年出现913万元亏损的主要原因是由于同业低价竞争和部分矿山进行开拓系统改造、暂时影响实际产能(图31、图32)。

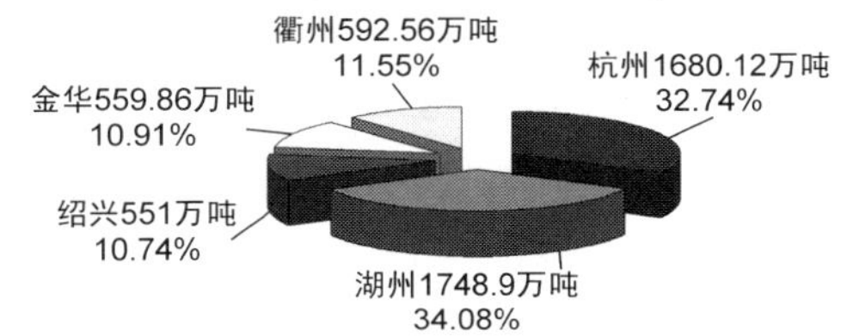


图31 各市水泥用灰岩矿石采掘量构成

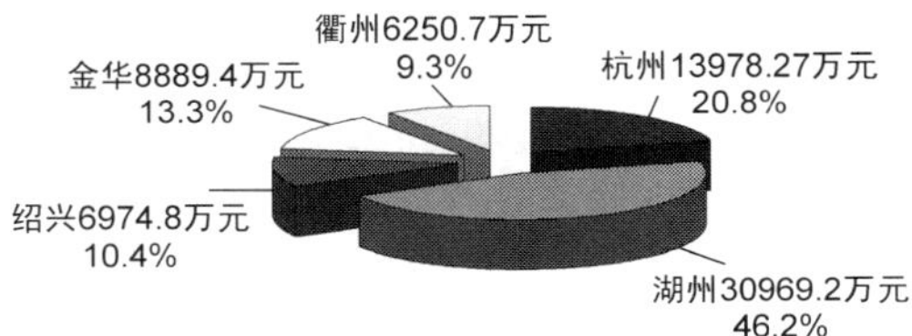


图32 各市水泥用灰岩矿业总产值构成

水泥用灰岩是浙江省矿产资源开发整合重点矿种，与2007年相比，2008年全省年产50万吨以上的水泥用灰岩矿山数、矿石采掘量、矿业总产量在总量中的比重分别由13.10%、55.36%、56.61%提升至16.67%、65.99%、62.7%，人均产量、人均总产值分别上升26.12%、23.52%，矿产资源开发整合成效显著(表1)。

表1 2008年浙江省水泥用灰岩矿山生产规模及劳动生产率统计

| 矿山规模(万吨/年) | 矿山数(个) | 从业人员(人) | 矿石采掘量(万吨) | 人均产量(万吨/人) | 矿业总产值(万元) | 人均总产值(万元/人) |
|---|---|---|---|---|---|---|
| 5.0~20.0 | 33 | 431 | 387.95 | 0.91 | 4635.02 | 10.75 |
| 20.0~50.0 | 43 | 908 | 1336.157 | 1.47 | 19952.61 | 21.97 |
| 50.0~100.0 | 13 | 496 | 917.14 | 1.85 | 16332.45 | 32.93 |
| >100.0 | 12 | 887 | 2469.86 | 2.78 | 25716.53 | 28.99 |

近年浙江省水泥行业发展迅速，涌现了以海螺、三狮、红狮、尖峰等为代表的一批大型骨干企业，产业集中度进一步提升。2008年全省水泥产量1.02亿吨，比2007年减少2.08%，区域分布见图33。

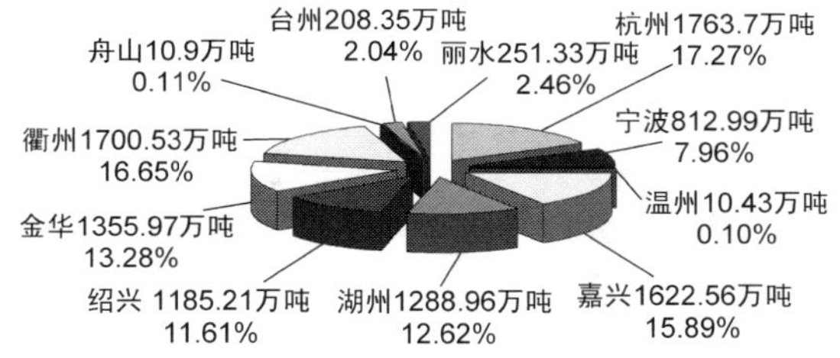


图33 各市水泥产量构成

浙江省近几年水泥用灰岩年报统计产量与水泥产量之间一直存在较大差距，按现在水泥生产工艺(1.1吨水泥用灰岩生产出1吨水泥)计算，2008年两者相差5545.06万吨。经初步分析，主要原因为：

①部分水泥用灰岩产量被纳入建筑石料用灰岩、制灰用灰岩统计。

②大部分优质水泥灰岩其剥离物及围岩均又掺入使用。

③部分水泥厂使用的熟料从邻近省购入。

④部分采矿权人在填报年报时存在少报、瞒报现象。

对比图31和图33可知，浙江省宁波、温州、嘉兴、舟山、台州、丽水6市不具备石灰岩的资源条件，其生产2916.54万吨水泥所需熟料需从省内或省外购入；杭州市、湖州市水泥用灰岩与水泥产量基本接近；绍兴市水泥产量1185.3万吨，其中具备石灰岩资源条件的诸暨市水泥产量642.1万吨，水泥用灰岩年报统计产量551万吨，但由于其所利用的寒武纪灰岩质量较差，需购买邻近地区的优质石灰岩矿石搭配利用，故两个统计数据亦较为接近；而浙江省水泥用灰岩资源较丰富的衢州市、金华市水泥用灰岩产量与水泥产量经折算相差2008.85万吨，其原因值得关注。

碳酸钙主要应用于塑料、橡胶、涂料、造纸等行业，近年浙江省轻、重碳酸钙加工业的快速发展极大地提高了优质石灰岩、方解石、大理岩的资源利用价值。浙江省碳酸钙加工业的布局和产品品种与资源分布密切相关：优质石灰岩分布区的常山县、江山市和衢江区以产轻钙粉为主，特别是常山辉埠一带的奥陶纪三衢山组灰岩纯度高、资源潜力大；有优质石灰岩、纯白大理岩与方解石矿分布的建德市，则重钙与轻钙齐头并进；长兴则利用优质方解石资源以产重钙粉为主。2004~2008年浙江省方解石主要生产指标变化情况见图34；而生产轻钙粉的优质石灰岩由于尚未建立省内统一适用的评价指标，在统计时多被归入制灰用灰岩和水泥用灰岩矿类，开发利用情况无法单独统计。2007年浙江省各类碳酸钙产品产量280万吨，其中重钙200万吨、轻钙80万吨，预计到2010年国内重钙需求量将达

1000万吨。建立符合碳酸钙加工业需求的优质石灰岩质量评价指标体系,查明其空间分布、储量、品位状况,并将其开发利用情况单列矿种统计,对浙江省碳酸钙工业的布局和发展具有十分重要的指导意义。

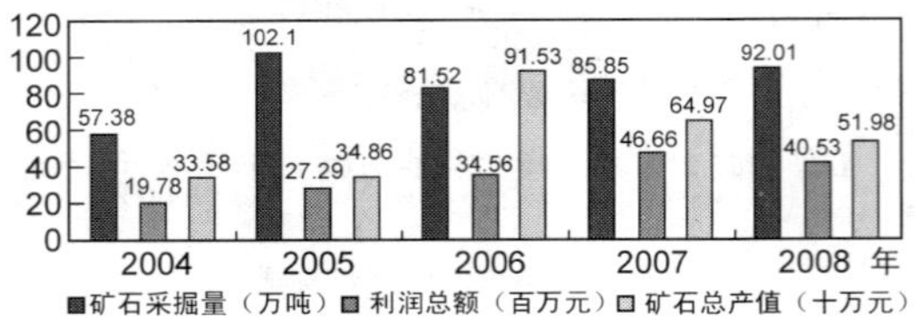


图34 2004~2008年方解石主要生产指标对比

2.普通萤石。萤石为浙江省传统优势矿产资源,储量位居全国第二。浙江省对萤石的开采强度一直较大,并一度为大宗出口产品,经济效益较好。为保护优势资源,浙江省已将萤石列入限采矿种。

2008年,全省有萤石矿山102个,从业人员2247人,矿石采掘量81.57万吨,实现矿业总产值19175.01万元,利润总额1017.21万元,税金总额2220.02万元。与2007年相比,矿山数、从业人数、产量、产值、利润分别减少16.39%、14.37%、11.57%、1.74%和23.34%,税金却增长了36.35%(图35)。

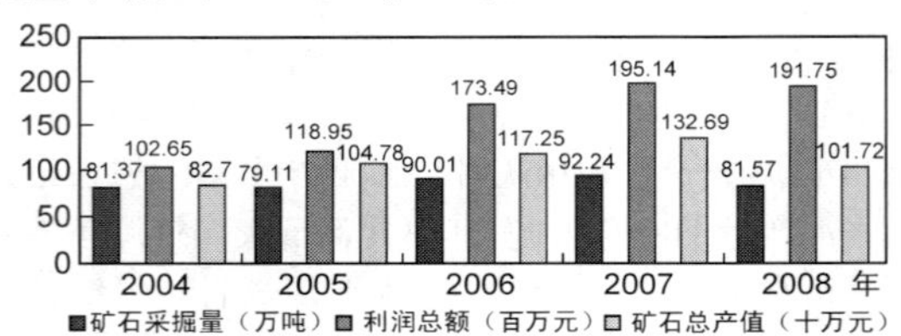


图35 2004~2008年萤石主要生产指标对比

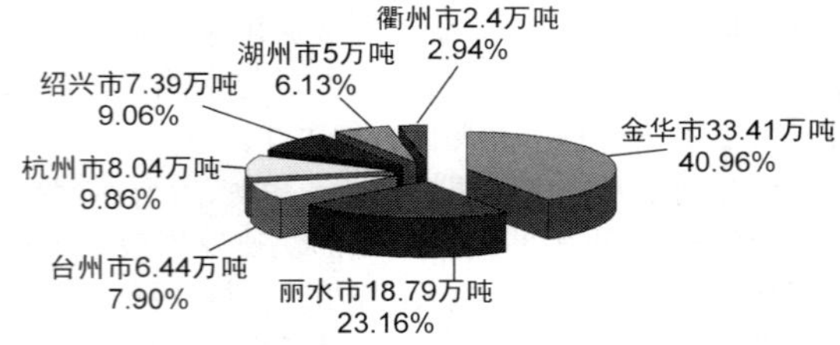


图36 各市萤石矿石采掘量构成

浙江省萤石开发分布于7个市,金华市各项指标除利润外均居首位,矿山数、矿石采掘量和矿业总产值分别占总量的30.39% 、40.96%和29.43%;利润总额以丽水最高,占总量的81.58%(图36、图37);杭州市利润呈亏损状态,因部分矿山正在筹建、尚未达产所致。萤石产业地区分布格局基本保持不变,与资源赋存条件一致。

浙江省萤石产业集中度较低,以小型矿为主,其矿山数、从业人员、矿石采掘量、矿业总产值、利润和税金都占全省萤石矿的85%以上(图38)。产量小于1万吨的矿山达82个,占总数的80.39%,还没有年产量超过10万吨的矿山,主要矿山年生产规模在2万~5万吨之间。

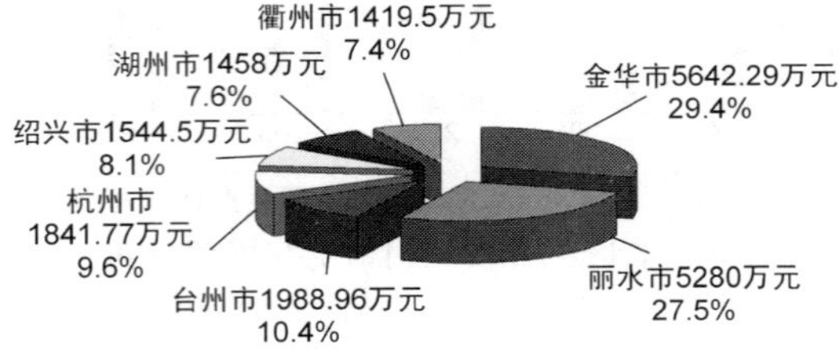


图37 各市萤石矿业总产值构成

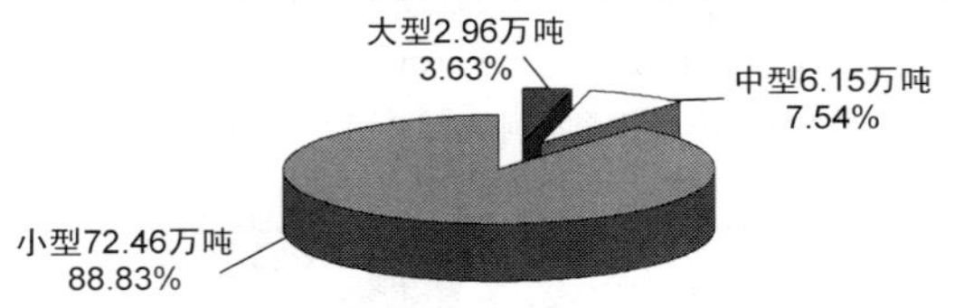


图38 不同规模萤石矿石采掘量构成

近年由于冶金和氟化工行业的快速发展,对萤石的需求日益增加,形成了供不应求的局面。萤石需求的长期增长和供应的长期紧张,决定了萤石的价格不断增长。2001~2007年之间,全球萤石粉价格由135美元/吨增长到270美元/吨,年平均增长速度大约为19.4%,中国萤石价格由320元/吨增长到900元/吨,年平均增长速度大约为21.9%。2008年上半年萤石粉的价格上涨更是创下了记录,全球价格高达450美元/吨,中国也高达1250元/吨(不含运费)。2008年8月份以来,受下游行业需求萎缩的影响,萤石价格回调至1000元/吨左右。

浙江省萤石市场流向主要集中于氟化工、国内钢铁企业和出口三方面。浙江衢化氟化学有限公司是国内最大的氟化工原料生产基地,金华市依托萤石资源也已建成一批氟化工企业,氟化工已成为浙江省萤石需求量最大的产业。

近几年国内厂家氢氟酸装置大批上马,造成氢氟酸供过于求。2008年12月1日开始,氟化铝出口征15%出口关税,氢氟酸的出口从2009年1月1日开始关税从15%提高到25%,这将导致氟化铝和氢氟酸出口成本的大幅上升,严重影响出口售量。同时,2009年中国钢产量将减少8%左右,对萤石块矿的需求亦将相应减少。因此,2009年对萤石的总需求将出现一定幅度的下降。从长远看,随着氟化工持续发展,对萤石的需求量将进一步增长,而根据目前资源状况,今后相当长时间内,萤石产量不会大幅增长,供应与需求之间存在的巨大缺口将为萤石中长期价格提供强有力的基本面支撑。

2008年,浙江省萤石资源勘查取得了丰硕的成果,在遂昌县柘岱口、诸暨市山岔岭等地找到两个大型萤石矿床、4个中型萤石矿床,共查明资源量 $CaF_2$ 矿物量467万吨。

当前省内萤石企业应适度控制产量,尽可能按市场实际需求量来安排生产,以达到维护合理的价格和正常贸易秩序的目的。作为氟化工企业,要加强分工协作,细分市场,建立竞合关系,营造合理有序、共存共荣的发展环境,并充分发挥行业协会的协调功能,加强经济技术交流与合作,优势互补,开展高端产品的研发,延长产业链,提高产品附加值,减少氢氟酸等低端产品和萤石原矿出口,有效应对经济危机的挑战,达到萤石资源保护与合理开发利用的目的。

3.*明矾石*。浙江省明矾石资源储量居全国第一,主要分布于温州、杭州等地。2008年全省明矾石矿山仅温州矾矿1个,从业人员1920人,矿石采掘量21.92万吨,较2007年增加了65.93%;矿业总产值5770.50万元,同比增加了32.02%;利润仍呈亏损状态,为-930.42万元,亏损额较2007年增加154.66万元;税金784.78万元,较2007年增长46.78%(图39)。

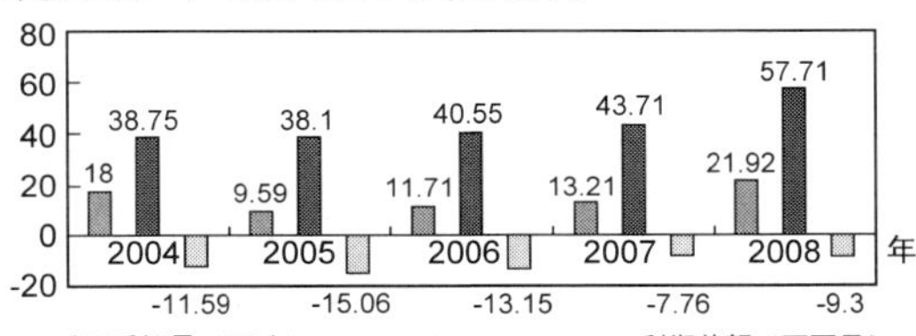


图39　2004~2008年明矾石主要生产指标对比

温州矾矿是一家集采矿、冶炼于一体的国有中型企业,主要产品有钾明矾、明矾石及综合利用系列产品(水泥膨化剂、聚合铝、铵明矾、泡打粉等),广泛应用于食品添加剂、水产品腌制、净水、制革、制药和食品添加剂等领域。由于仍沿用传统的水浸法工艺制矾,资源利用率、生产效率较低,已连续几年亏损。目前,在采的鸡笼山矿段可采资源已接近枯竭。

4.*玻璃用石英岩*。2008年浙江省有玻璃用石英岩矿山11个,从业人员834人,矿石采掘量124.34万吨,实现矿业总产值5231万元,利润总额194万元,税金总额1634.18万元。与2007年相比,矿石采掘量、矿业总产值、利润总额、税金总额分别增长18.8%、6.49%、34.91%和147.7%(图40)。矿山分布在杭州、湖州、绍兴三市,湖州市有玻璃用石英岩矿山8个,各项指标均占总量的65%以上。

2008年,我国玻璃制造业总体上虽然呈上升态势,但受国际国内市场需求变化的影响,从6月开始增长率持续下降,12月已降至5.1%,是2008年月度最低增长率。

5.*叶蜡石*。浙江省叶蜡石矿产资源丰富,查明储量居全国之首,主要分布于浙江东南部青田-平阳-苍南-泰顺一带,少数分布在浙江东北部上虞-嵊州—宁海-临海一带和云和、龙泉、常山、临安等地。

2008年,全省有叶蜡石矿山22个,从业人员870人,矿石采掘量76.95万吨,实现矿业总产值4933.79万元,利润总额189.36万元,税金总额531.96万元。与2007年相比,矿山数减少15.38%,从业人数、产量、产值、税金大幅增长69.59%、39.30%、43.28%和47.80%,利润大幅减少47%(图41)。

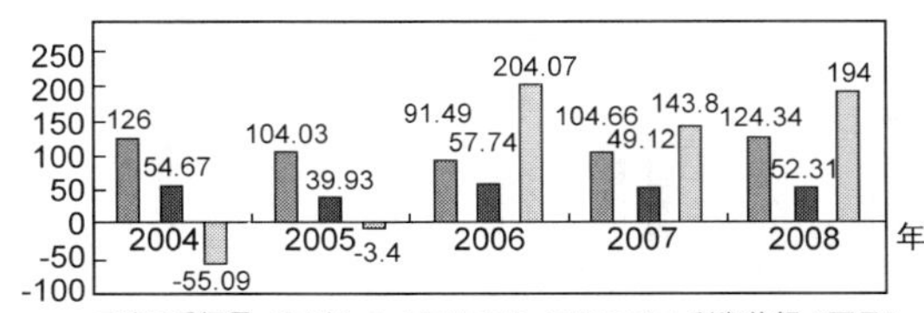


图40　2004~2008年玻璃用石英岩主要生产指标对比

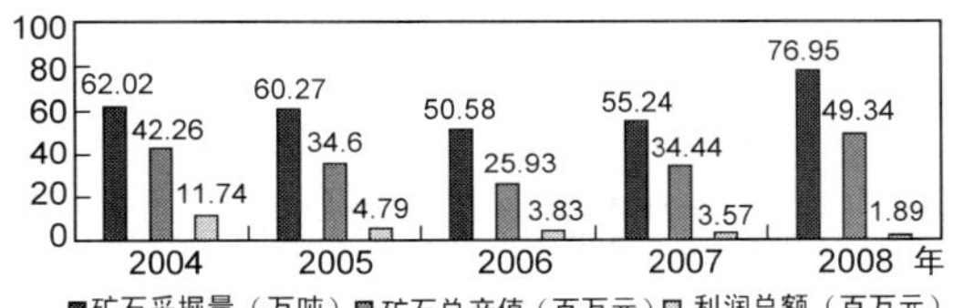


图41　2004~2008年叶腊石主要生产指标对比

浙江省叶蜡石主要应用于耐火材料、陶瓷、玻璃纤维、白水泥原料、橡胶、沥青添加剂、造纸、颜料、制药和塑料制品的充填料、表层涂料等工业原料及驰名中外的青田石雕等。超细粉碎、表面改性和人造金刚石传压介质等方面是今后浙江省叶蜡石深加工利用的努力方向。

2008年浙江省叶蜡石产量虽有大幅提升,利润却大幅下降。这主要是由于浙江省叶蜡石应用领域一直处于较落后的状态,产品附加值低,叶蜡石产品出口层次低,绝大部分为加工度较浅、技术含量不高的初级产品,出口的低端产品与国际市场对高端产品的巨大需求形成很大反差。许多高技术领域如超细粉碎、表面改性等方面研究程度不高,与美国、日本等叶蜡石开发利用发达国家还有相当大的差距。

随着国际市场非金属材料应用领域不断扩大,叶蜡石等非金属材料具有广阔的市场前景,因此加大叶蜡石工业应用的科研投入力度,尽快提升产品技术含量,调整产品结构,加大高附加值产品的生产和出口,是当前所有叶蜡石企业和有关部门面临的共同任务,也是促进行业持续稳定发展的关键。

全球金融危机使玻纤行业受到较大冲击,对2009年叶蜡石市场会造成一定影响。

2008年浙江省叶蜡石资源勘查取得重要成果,新发现大、中型矿床各一个,新增资源储量536.96万吨。

6.饰面用石材。2008年全省饰面用石材开采矿种有辉绿岩、花岗岩、板岩、大理岩、石灰岩、闪长岩等6种,有矿山45个,从业人员599人,矿石采掘量123.19万吨,实现矿业总产值11496.11万元,利润总额715.56万元,税金总额194.55万元。与2007年相比,矿山数减少7个,产量、产值、利润、税金分别增长19.67%、43.19%、13.54%和1.84%,各项指标均达历年之最(图42)。

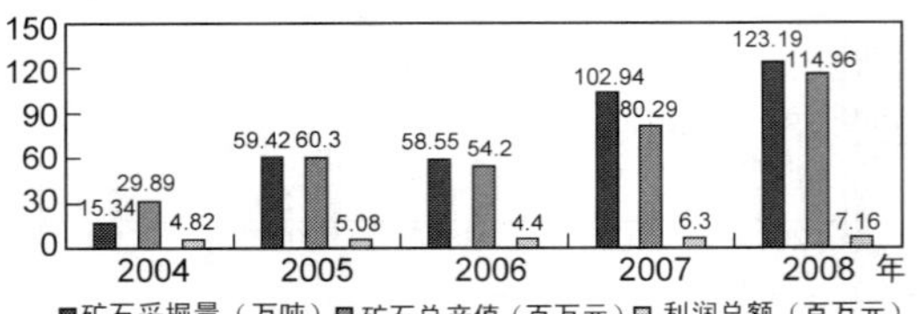


图42 2004~2008年饰面用石材主要生产指标对比

开采的6个矿种中,饰面用辉绿岩的产量居首位,饰面用板岩产值、利润居首位,饰面用闪长岩处于持证停产状态(图43)。

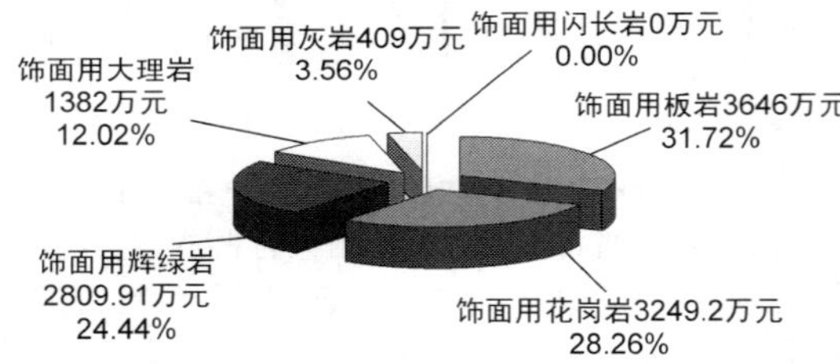


图43 2008年饰面用石材各矿种产值构成

浙江省饰面用石材开采分布在衢州、金华、杭州等7市(图44)。衢州市的矿业总产值、利润最高分别为6475.70万元、407.15万元,占全省总量的56.33%和56.9%,所占比例较2007年有所下降。

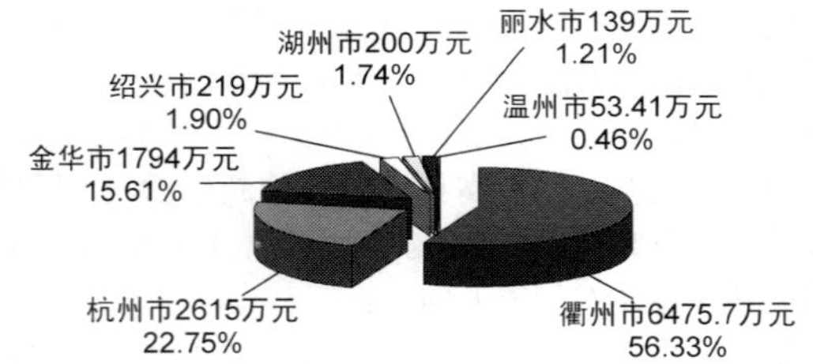


图44 2008年各市饰面用石材产值构成

浙江石材行业是外向型产业,受海外市场对于建筑石材整体需求减少的直接影响,2008年9月开始,石材出口增幅明显减少,期待近期对传统市场实现出口增幅上涨已不太可能。2009年,浙江省加大铁路、公路和机场等重大基础设施建设,加强农村基础设施建设,加快生态环境建设,为石材市场拓展带来新的机遇。另外,提升自主创新能力,研发具有高科技高附加值的产品,拓展国际市场,也是保障石材行业持续健康发展的有效手段。

7.高岭土。浙江省高岭土以地开石型为主,开采区集中于松阳、诸暨等地。2008年全省有高岭土矿山21个,从业人员228人,矿石产量40.34万吨,矿业总产值2629.49万元,利润总额359.25万元,税金总额475.69万元。与2007年相比,矿山数和从业人数减少27.59%、20.56%,产量、产值、利润、税金大幅增长了110.65%、51.80%、18.79%、34.65%(图45)。

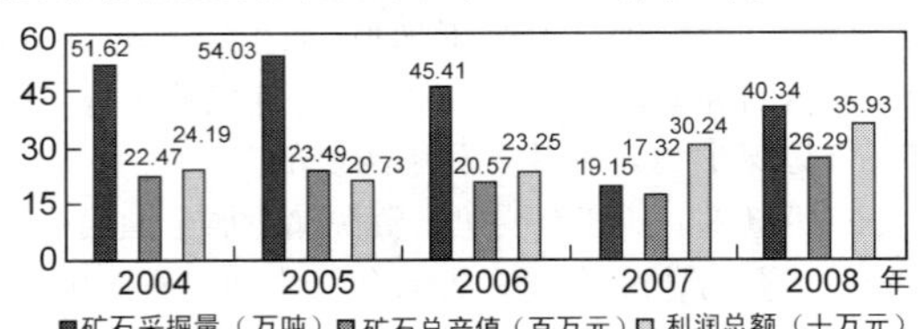


图45 2004~2008年高岭土主要生产指标对比

高岭土应用广泛,可应用于造纸、塑料、橡胶、油漆、石油化工、陶瓷、新型技术材料等行业。2008年,我国已掌握了高岭土的提纯、分选、煅烧、增白、降黏、改性等技术。

8.膨润土。2008年全省有膨润土矿山9个,从业人员97人,矿石产量16.19万吨,矿业总产值1769万元,利润总额498.6万元,税金总额358.1万元。与2007年相比,矿山数减少1个,从业人员减少100人,产量减少18.15%,产值、利润、税金分别增长30.24%、306.16%和9.15%(图46)。

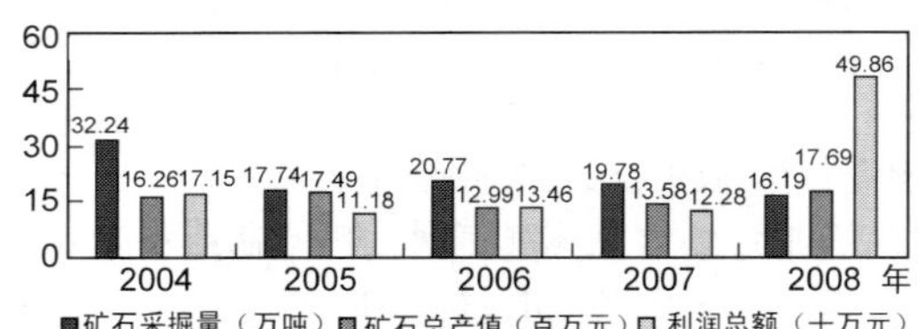


图46 2004~2008年膨润土矿主要生产指标对比

浙江膨润土资源量最大的两个矿区:临安平山和余杭仇山,前者因主矿体之上建成开发区压覆,已经关闭多年;后者已开采至杭宣铁路以下,产量下降,即将停采。目前主要产区在安吉县北部高禹等地。

膨润土广泛应用于冶金、机械铸造、钻井、石油化工、轻工、农林牧、建筑工程等领域。浙江省膨润土深加工技术在国内处于领先地位,今后浙江膨润土加工企业所需原矿,将主要依靠外省购入。

9.珍珠岩。浙江省珍珠岩开发一直很有限,2008年有矿山4个,从业人员58人,矿石产量5.37万吨,产值533.92万元,利润62.5万元,税金72.05万元,产量、产值、利润、税金均较2007年有较大幅度提高(图47)。2008年全省仅有缙云2个生产矿山,该2个矿山

2007年度处于停产状态，是导致该矿种矿业指标较2007年大幅回升的主要原因。

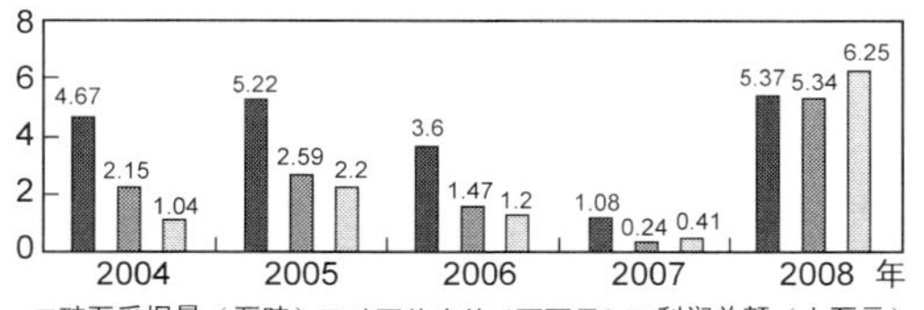


图47 2004～2008年珍珠岩主要生产指标对比

10.*硫铁矿*。浙江省硫铁矿生产逐步萎缩，近五年矿石产量、产值均处于低谷。2008年全省有矿山3个（其中生产矿山仅龙游黄铁矿1个），从业人员1195人，矿石采掘量4.37万吨，矿业总产值446.19万元，利润-1432.08万元，税金437.95万元（图48）。与2007年相比，矿石产量减少了39.39%，矿业总产值和税金却增长了23.84%、35.95%，应与2008年上半年硫酸价格高位运行有关。

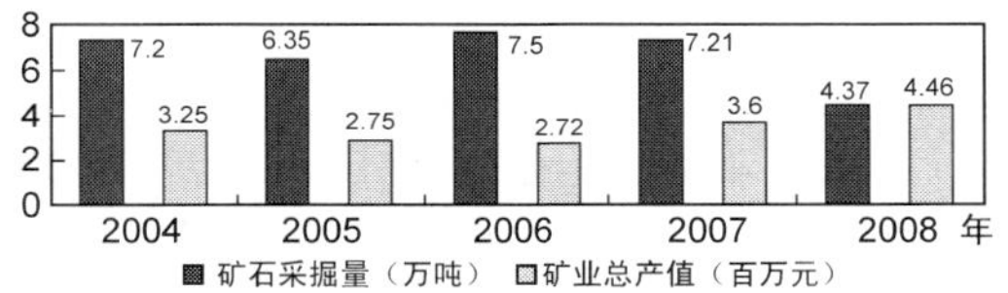


图48 2004～2008年硫铁矿主要生产指标对比

2008年，与大多数矿产品类似，国内市场硫酸价格亦经历了先扬后跌的“过山车”走势。1～7月，硫酸价格由1200元/吨上升至1900元/吨；8～12月，急剧下跌至200元/吨以下，低于2006年初的水平。省内矿山企业随即采取了停产、限产措施。

11.*伊利石黏土、硅藻土、沸石*。浙江省伊利石黏土、硅藻土、沸石资源储量分别全国第二、三、五位，由于加工应用研究未取得突破性进展，开发日趋萎缩，全省仅剩的4个硅藻土矿山均已关闭。

**【金属矿产开发利用】** 浙江省金属矿产资源短缺，以铁、铜、钼、铅锌、金、银、锡为主，多为小型矿床或矿点，仅个别达到大中型规模，且矿石组成复杂，共伴生多种元素。2008年，全省有金属矿山68个，从业人员6586人，矿石采掘量201.42万吨，实现矿业总产值89599.6万元，利润总额9220.06万元，税金总额12688.58万元。与2007年相比，金属矿产矿山数、矿石采掘量略有减少，矿业总产值、利润总额、税金总额分别大幅减少26.25%、62.68%、32.37%，产值、利润、税金在矿业构成中的比例由13.7%、36.03%、20.51%下降至9.99%、17.03%、13.62%，国际金融危机引发的全球矿产品需求趋缓、价格大幅下跌，对浙江省金属矿产开采业冲击巨大（图49）。

1.*铜矿*。2008年浙江省铜矿生产保持基本稳定，有矿山7个，从业人员1302人，矿石采掘量38.39万吨，实现矿业总产值35218.01万元，利润总额8017.5万元，税金总额5981.74万元。与2007年相比，矿石采掘量、产值、利润、税金分别减少1.44%、1.61%、24.72%和2.21%（图50）。全省铜矿生产以杭州建铜集团有限公司和绍兴铜都矿业有限公司为主，两矿山合计矿石产量和矿业产值均占全省总量的83%以上。2008年绍兴铜都矿业有限公司通过危机矿山接替资源勘查项目的实施，新增铜资源量(333)13258吨。

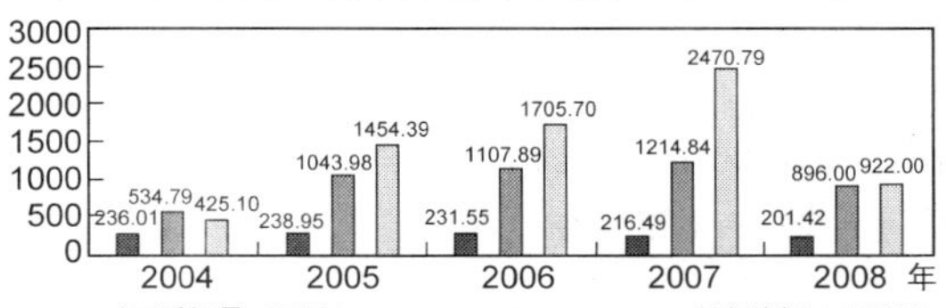


图49 2004～2008年金属矿产主要生产指标对比

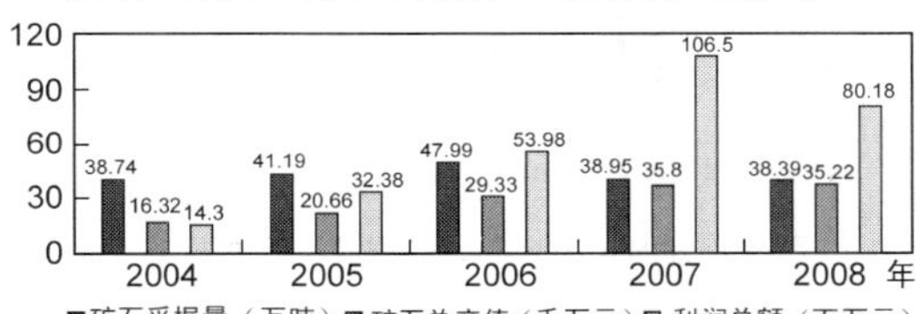


图50 2004～2008年铜矿主要生产指标对比

2008年1～10月，我国铜平均价格为61185.5元/吨，3月铜价创历史最高，达66375.2元/吨；10月起价格急剧下跌，至12月已跌至26203元/吨，导致铜矿山企业利润急剧下滑。2009年以来，国家确保经济增长的宏观调控措施、有色金属产业振兴规划、国家物资储备局增加金属储备等多重有利因素，为提升铜需求提供了支撑，铜价已回升至35000～40000元/吨的水平。

浙江省铜矿资源较少，而加工生产能力又比较强，金属铜需求量已达30万吨/年，接近全省金属铜资源储量。铜资源自给程度较低，极大部分需通过省外供应或国外进口。在当前国际市场需求放缓、价格理性回归的背景下，应从以下三方面提高铜资源保障程度：一是加大矿业勘查开发走出去的力度，鼓励向铜矿储量大的国家购买矿石、矿山、甚至是矿业公司，增加铜矿资源储备；二是以目前有色金属产业振兴规划的出台为推动力，进一步提升省内铜产能集中度，提高浙江省铜产业整体竞争力；三是铜矿山企业应立足保护现有珍贵的资源，采取适当限产措施，减少利润损失，加强机器检修，改进生产工艺，提高资源开发利用水平，加强生产勘探，增加资源储量。

2.*钼矿*。2008年，全省钼矿有矿山10个，从业人员1711人，矿石采掘量18.85万吨，实现矿业总产值

29126.32万元，利润总额－1032.13万元，税金总额3632.06万元。与2007年相比，在矿石采掘量增长37.59%的情况下，矿业总产值、利润、税金却大幅下降，分别减少了44.35%、109.57%、55.62%。2008年度浙江省矿业受国际金融危机冲击最大的是金属矿产，而钼矿又是金属矿产中受影响最大的矿种，许多矿山企业由前几年的巨额营利转为巨额亏损，经济损失惨重(图51)。

浙江省钼矿集中分布于丽水市青田、松阳、景宁等县，其中青田县钼矿矿石采掘量、矿业总产值分别占全省总量82.32%和77.42%。青田恒新钼业有限公司、青田鑫鸿钼业有限公司是全省规模最大的钼矿山企业，两家企业的矿石采掘量和矿业总产值分别占全省总量的79.53%和75%。

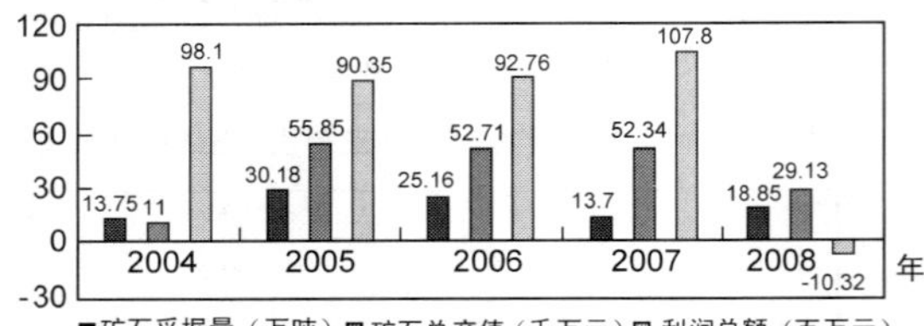


**图51 2004～2008年钼矿主要生产指标对比**

钼主要应用于钢铁行业，2008年全球经济持续低迷及钢铁行业减产，波及钼金属市场：国内市场2008年3月氧化钼价格一度高达4500元/吨度，目前维持在2000元/吨度水平；国际市场钼价格由33美元/磅(2008年前9个月的平均价格)跌至目前10美元/磅以下，并有继续下滑趋势。目前和今后一两年内钼矿山供应量将大于市场的需求量，倘若市场超量供应不能得到有效的遏制，钼价格非但不可能上涨，反而会进一步下跌至5～6美元/磅的水平。

2008年6月1日起，国务院关税税则委员会决定将钨、钼和稀土金属等国内稀缺的金属原矿产品实施15%的出口暂定关税；对氧化钼、钼酸铵、钼酸钠等产品开征5%～15%的出口关税，提高钨、稀土、钼等稀有金属产品的出口门槛，遏制超量开采，保护战略性资源不被过度快速消耗。

浙江省钼矿资源并不丰富，但矿质较优。近年来青田石平川一带钼矿勘查取得可喜成果，累计新增钼金属量(332＋333＋334)26210吨。在当前钼价格持继走低的市场背景下，矿山企业应采取相应的限产保价措施，最大限度地减少经济损失。

3.*金矿*。2008年，全省有金矿矿山8个，从业人员1719人，矿石采掘量4.13万吨，实现矿业总产值8511万元，利润总额1064.5万元，税金总额518.5万元。与2007年相比，矿石采掘量、矿业总产值、利润、税金分别减少13.96%、5.66%、37.38%和52.46%(图52)。2008年国际市场黄金价格基本保持稳定，金矿是金属矿产中受国际金融危机影响最小的矿种。

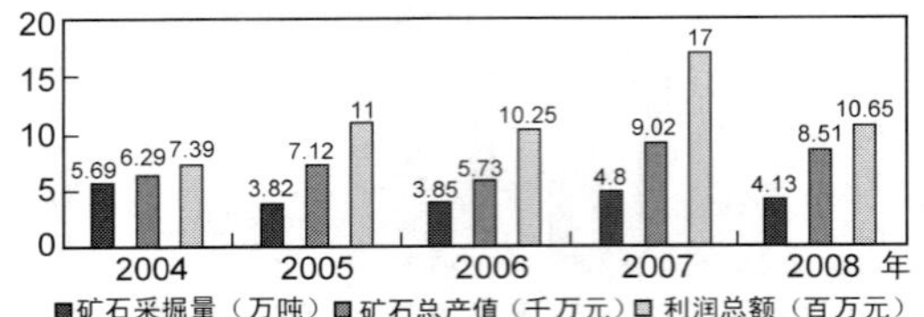


**图52 2004～2008年金矿主要生产指标对比**

浙江省金矿资源较少，主要分布于绍兴和丽水两地，2008年仅有生产矿山3个。浙江省遂昌金矿有限公司是省内规模最大的黄金矿山，其矿业总产值和利润分别占全省总量的96.48%、97.51%，历经数十年开采，保有资源储量日趋减少，矿山采取了限产、提高资源利用率、加快铅锌矿开发利用的前期工作，实现矿山由采选金银为主向采选铅锌为主的平稳过渡等相应措施。

4.*铅锌矿*。2008年，全省有铅锌矿山31个，从业人员943人，矿石采掘量19.37万吨，实现矿业总产值7614.49万元，利润总额402.28万元，税金总额941.17万元。矿山企业受金融危机影响巨大，经济效益巨幅下滑，与2007年相比，矿石采掘量仅减少6.65%，矿业总产值、利润、税金降幅却分别达47.08%、55.09%、57.97%(图53)。

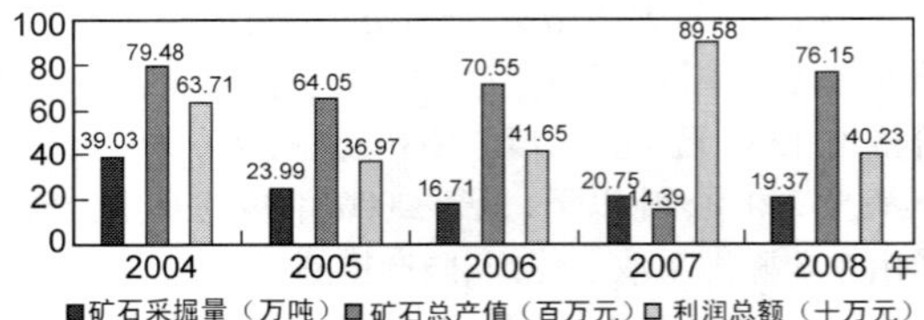


**图53 2004～2008年铅锌矿主要生产指标对比**

浙江省铅锌矿山规模较小，除2个小型矿山外，其余均为小矿，主要分布于绍兴、台州、丽水，浙江佳和矿业集团有限公司龙泉铅锌矿和浙江云雾山矿业有限公司铅锌矿是省内规模最大的铅锌矿山，2个矿山的矿石采掘量、矿业总产值、利润、税金分别占全省总量的68.20%、87.67%、91.98%和91.48%。

从2007年底开始，受国内供求失衡和国际金融危机的影响，铅锌产品价格出现大幅下跌，国内铅价由20000元最低跌至9000元，锌价由19000元最低跌至8500元，一年内的最大跌幅都达到了55%，特别是10月的跌幅达到35%。价格下跌速度之快、幅度之大是近年来少有的，造成矿山企业利润大幅下滑，省内铅锌矿山相继采取了限产、停产措施。

浙江省铅锌矿有一定资源储量，但以贫矿为主，开采受到一定程度限制，主要矿区黄岩五部铅锌矿因保护台州市水源地的需要，已关停多年。浙江省铅锌加工业较发达，资源自给程度较低，当前铅锌价格理性回归，应积极开拓省外、国外原材料市场，增加资源储备。同时，与其他金属矿产相比，浙江省铅锌矿尚具有较大的找矿潜力，应继续加大勘查投入，力争有新的突破。

5.铁矿。2008年全省有铁矿山7个，从业人员699人，矿石采掘量112.31万吨，实现矿业总产值6953.05万元，利润总额1170.41万元，税金总额1420.71万元。与2007年相比，矿石采掘量减少了12.57%，矿业总产值增长了8.89%，利润、税金大幅增长了70.88%和137.67%(图54)。出现这种情况的主要原因是2008年国内铁矿石价格高位运行，下游产业需求萎缩对上游产业影响具有滞后性。

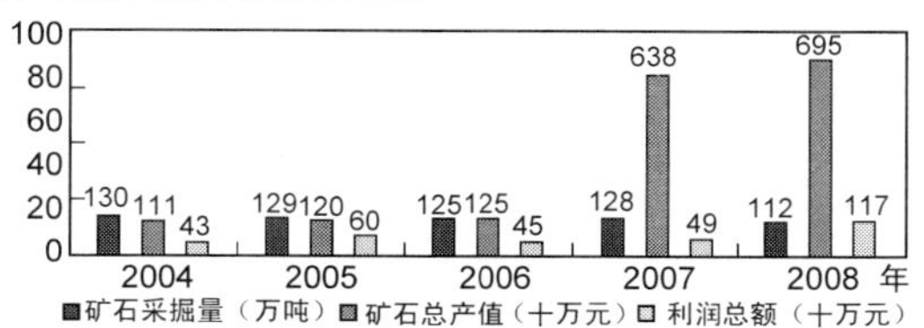


图54 2004~2008年铁矿主要生产指标对比

浙江省铁矿开采集中在绍兴、杭州、台州、丽水四市，浙江漓铁集团有限公司东西矿为全省第一大铁矿，其矿石采掘量占全省总量的90.53%，利润、税金却仅列全省铁矿山企业的第四位，出现该种强烈反差，一方面是由于其开采矿石品位较低，另一方面是由于矿山统计口径不一致、统计数据失实。

2008年下半年以来，随着国际金融危机的扩散和蔓延，我国钢铁产业受到严重冲击，出现了需求陡势下滑、价格急剧下跌、企业经营困难、全行业亏损的局面，钢铁产业稳定发展面临着前所未有的挑战。应当看到，钢铁产业在经历了长期粗放型扩张后，必然要进行一次大的调整。现阶段，我国城镇化、工业化任务依然繁重，内需潜力巨大，钢铁产业发展的基本面没有改变。

浙江省截至2008年底，钢铁生产能力已接近千万吨，省内铁矿资源有限，钢铁生产的原料供应今后主要还是依靠国内市场调剂和进口，特别是新增产能，铁矿石主要来自国外进口。

**【能源矿产开发利用】** 浙江省能源矿产极度匮乏，目前开发利用的仅石煤和地热2个矿种。

1.石煤。浙江省石煤资源储量列全国第一，2008有石煤矿山11个，从业人员211人，矿石采掘量120.3万吨，矿业总产值1222万元，利润120万元。与2007年相比，各项指标均大幅下降，其中矿山数缩减了60.71%，从业人数减少了41.55%，矿石采掘量减少了64.57%，矿业总产值减少了64.15%，利润减少了81.23%(图55)。全省石煤矿山主要分布于杭州、绍兴、衢州三市，杭州市已于2008年底停止石煤开采。

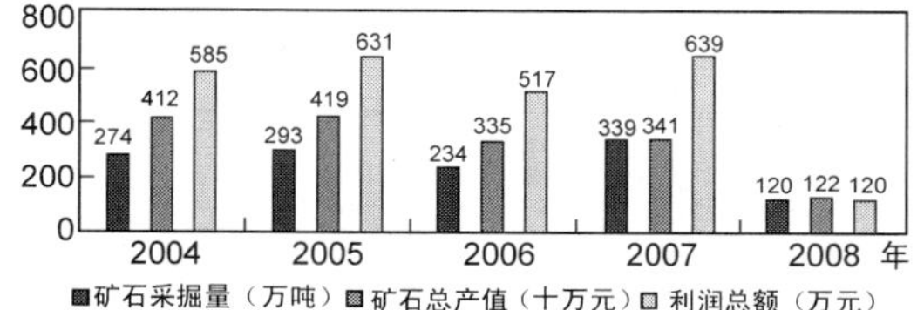


图55 2004~2008年石煤主要生产指标对比

近年来，随着生态省建设进程的加快，矿山企业环境准入门槛日益提高，石煤生产渐趋萎缩，即将彻底退出浙江省能源市场。

2.地热。2008年浙江省有地热矿山2个，分布于武义、泰顺两地，从业人员210人，热水开采量5.82万吨，实现矿业总产值1912.50万元。2008年浙江省杭嘉湖平原深部地热勘查工作取得突破性进展，位于嘉善县大云镇曹家村的嘉兴地热2号勘查井成功打出地热水，井口水温40℃，日可采水量255吨，为今后浙江省平原地区地热资源进一步勘查打下了良好的基础。在能源产品严重紧缺的局面下，大力开发地热资源、走能源消费多元化的道路，是保持区域经济可持续发展的有效途径。

3.水气。浙江省开发利用的水气矿产仅矿泉水(地下水)一种，2008年有矿山51个，分布在杭州、宁波、温州、湖州、金华和台州等地，从业人员1325人，产量41.08万吨，实现矿业总产值3087.69万元，利润总额162.9万元。与2007年相比，主要矿业指标基本保持稳定，利润大幅增长了44.27%。

**【矿产开发特点】** 1.矿业主要指标震荡调整。2008年，受国际金融危机、奥运会期间部分企业停产等诸多不利因素影响，浙江省矿石采掘量、矿产企业利润自2005年以来首次出现负增长，其中利润较2007年度降幅达21.04%；矿业总产值、税金较2007年度小幅增长，但增幅明显趋缓，分别由2007年的9.6%和2.98%下降至1.15%和1.84%。

2.矿山生产效率持续提升。矿产资源开发整合的实施，使浙江省矿山布局进一步合理，矿山结构持续优化，矿山企业生产效率稳步提升。2008年，浙江省矿山数量、从业人员继续减少，矿山平均矿石采掘量、平均矿业总产值、人均矿石采掘量及人均产值逐年增加，生产效率持续提升。与2007年相比，矿山平均矿石采掘量增长了17.66%，矿山平均矿业总产值增加了21.01%，人均矿石采掘量增长了27.27%，人均产值提高了29.46%，人均矿石采掘量、人均产值增幅均为历年之最(图56)。

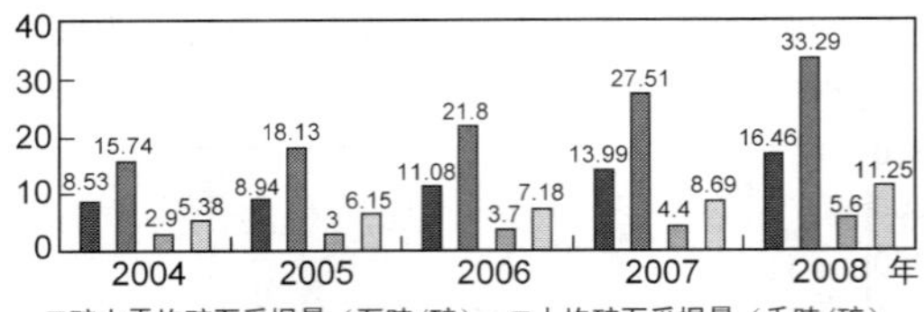


图56 全省2004～2008年矿业生产规模和生产效率对比

3.*矿业经济效益滑坡*。席卷全球的金融危机对浙江省矿业影响比较明显，矿业利润大幅下滑，部分企业停产限产。2008年全省矿业实现利润5.41亿元，较2007年减少1.44亿元，减幅21.04%。全省有141个矿山企业出现亏损，较2007年增加88个，累计亏损额达1.15亿元，6个矿山出现500万元以上的巨额亏损；524个矿山停产，较2007年增加15个。

矿业经济效益滑坡的主要原因是去年下半年以来金属矿产品价格的巨幅下跌。2008年浙江省金属矿产利润比2007年减少1.55亿元，下降了62.47%，占全省矿业利润减少额的107.64%。其中，钼矿采掘业所受冲击更为明显，2008年全省钼矿矿石采掘量较2007年增长37.59%，但矿业总产值却较2007年降低44.35%，利润由2007年的营利10779.8万元转为亏损1032.13万元。与此同时，浙江省矿业主体建筑石料等乙类矿产价格总体动荡不大，产值及矿山企业经济效益均有一定程度的增长，基本维持了浙江省矿业的平稳发展。

4.*矿业资源利用效率提高*。2004～2008年期间浙江省矿业在国民经济中的比重逐年下降，2008年全省矿业在国民经济中的比重从2007年的0.48%降为0.42 %。通过历年单位国民生产总值和矿石消耗量(产量)统计可知，浙江省创造单位国民生产总值消耗的矿石量正稳步减少，从2004年的3.37吨/万元减少到目前的2.06吨/万元，减幅达38.87%(图57)，反映资源利用效率在提高，经济发展对矿产资源的依赖程度在降低。

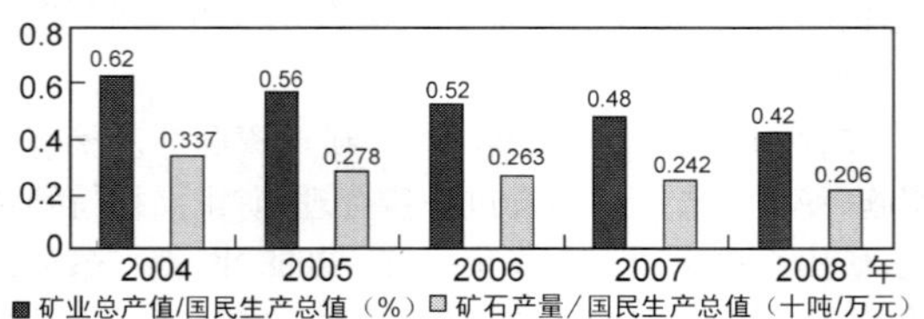


图57 2004～2008年矿业生产指标与国民生产总值变化

5.*矿业投资大幅上升*。2008年，全省矿业投资25.00亿元，较2007年增加6.86亿元，增幅达37.82%；与此同时，浙江省第二产业完成投资3936亿元，增幅仅8.8%。出现这种强烈反差的主要原因是由于前几年的矿业投资热在2008年上半年度集中释放，预计随着全球矿业需求萎缩，2009年矿业投资将急剧减少。

投资资金来源仍以民间为主，其中私营企业投资8.83亿元，有限责任公司投资4.86亿元，集体经济投资1.51亿元，以上三种经济类型投资额占全省的60.8%；投资方向主要集中在建筑用凝灰岩(8.54亿元)、水泥用灰岩(6.20亿元)和砖瓦用黏土(1.63亿元)上，三项占全省矿业总投资额的65.48%。

各地区矿业投资状况相差较大，2008年矿业投资排名前三位的为杭州、湖州和金华，三市合计占全省矿业总投资的57.68%。杭州市矿业投资及其增长幅度均居全省之首，达8.08亿元，较2007年提高了193.82%，绍兴市矿业投资降至0.68亿元，较2007年减少了47.29%，降幅最大(图58)。

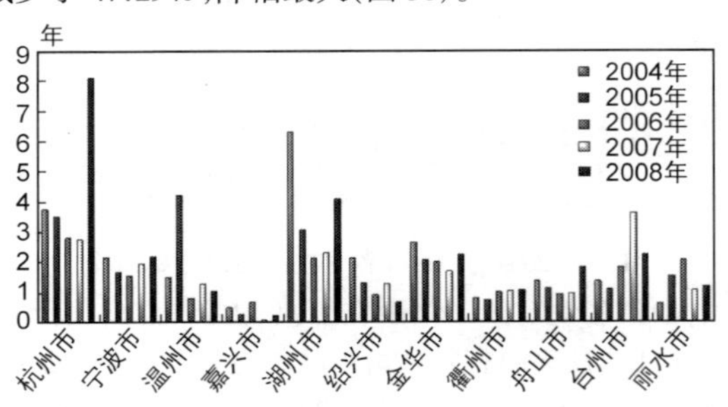


图58 2004～2008年各市矿业投资对比

6.*绿色矿山创建成效明显，矿山生态环境持续改善*。绿色矿山创建活动对有效提升浙江省矿产资源开发利用水平、进一步改善矿山自然生态环境、促进浙江省矿业经济与生态环境和谐发展、推进生态省建设具有重要意义。2008年，浙江省以"资源利用集约化、开采方法科学化、生产工艺环保化、企业管理规范化、闭坑矿区生态化"为内容的绿色矿山创建工作全面推进，杭州建铜集团有限公司建德铜矿等11座第二批省级绿色矿山创建工作顺利完成，市县绿色矿山创建活动全面启动。根据省政府"811"环境保护新三年行动实施方案，到2010年，全省将创建绿色矿山150座以上。

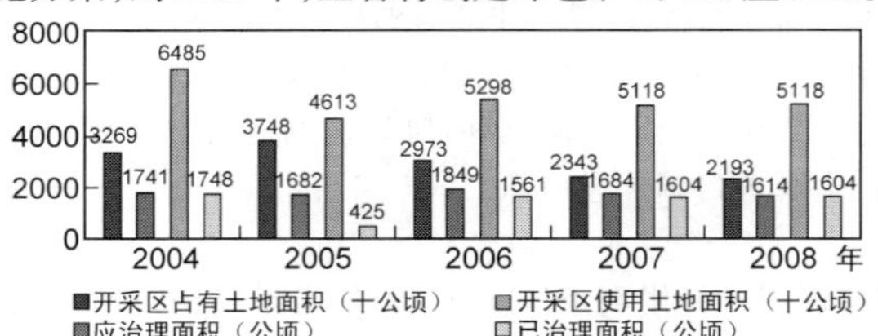


图59 2004～2008年矿山土地使用及治理情况对比

2008年，矿山开采区占有土地面积为21934.96公顷，实际使用土地面积16144.15公顷，闲置土地面积5790.81公顷，为占有土地面积的26.4%，分别比2007年减少6.37%、4.11%、12.15%，土地利用率比2007年提高1.74个百分点，矿山土地利用情况进一步改善。

应治理的矿山土地面积5117.57公顷，实际治理面积1604.28公顷，为应治理面积的34.35%，治理率比2007年提升4.89个百分点，为矿山生态环境治理“确保不欠新账”提供了保证(图59)。

2008年，全省废石堆场比2007年减少42个，但废石累计存放量比2007年增加47.87万吨，而当年处理量却有所减少，仅占累计存放量的9.96%；尾矿库数量比2007年减少4个，累计存放量、当年排放量和当年处理量均有所减少，当年处理量仅占累计存放量的1.8%，矿山固体废弃物综合利用程度偏低(表2)。

表2　　2004～2008年度固体废弃物排放及处理情况对比

| 年度 | 废石堆（个） | 累计存放量（万吨） | 当年排放量（万吨） | 当年处理量（万吨） | 尾矿库（个） | 累计存放量（万吨） | 当年排放量（万吨） | 当年处理量（万吨） |
|---|---|---|---|---|---|---|---|---|
| 2004年 | 256 | 961.44 | 114.2 | 116.17 | 63 | 212.1 | 36.68 | 75.32 |
| 2005年 | 289 | 1447.95 | 175.01 | 146.83 | 74 | 205.19 | 9.04 | 80.55 |
| 2006年 | 300 | 1086.41 | 242.04 | 126.57 | 76 | 226.3 | 7.68 | 74.49 |
| 2007年 | 239 | 741.66 | 116.05 | 99.83 | 87 | 3470.14 | 172.68 | 65.86 |
| 2008年 | 197 | 789.53 | 154.95 | 78.67 | 83 | 3395.93 | 161.5 | 61.21 |

**【存在问题】** 1.*矿山年报统计数据的准确性存在较多问题。*在各级矿山年报统计工作人员的共同努力下，浙江省矿山年报统计数据的准确性有较大幅度的提高，但年报统计数据的真实性、准确性仍存在一些突出的问题，集中表现在部分工程性矿山、年度内关闭矿山和建筑用砂矿山未纳入年报统计，影响了全省矿山年报统计数据的真实性、全面性；部分矿山年报产量、产值存在少报、瞒报现象，特别是水泥用灰岩统计产量比按浙江省水泥产量推算的石灰岩矿石需求量仍差5000多万吨；部分矿山企业按照当地国土资源主管部门核定的矿产资源补偿费填报产量、产值、利润，导致几年来主要矿业指标完全一致，数据明显失实。

2.*矿山年报统计数据的及时性有待提高。*按照现行矿山年报统计制度，矿山企业于次年1月底以前完成统计年报的填报，县(市、区)、市、省三级国土资源主管部门于次年3月底以前完成全省统计年报数据的逐级审核、汇总，反映全省矿产资源开发利用情况的年度主要数据一般要在次年3月以后才能提供，关键性指标的季报、半年报制度亦尚未建立，极大地降低了矿山统计数据为矿产资源管理决策提供参考的价值。

3.*矿山年报统计指标的有效性有待加强。*当前国际金融危机进一步蔓延，中央、省政府适时出台一系列宏观调控措施，对矿产资源管理部门参与宏观调控提出了更高的要求。新情况、新形势要求矿产资源管理部门及时掌握矿产资源市场动态，加强矿产资源经济形势分析，及时采取有效的管理措施，提升为扩内需、保增长、促转型提供资源保障的服务和监管水平。而现有的矿山年报统计系统尚未建立反映矿产品市场需求情况的关键性指标，还不能提供准确的矿产资源供需形势分析。

4.*小矿山管理不规范问题依然存在。*小矿山管理不规范、技术力量薄弱、生产设备陈旧、资源利用方式粗放、重产出、轻投入，只追求短期资源效益等问题还不同程度地存在，致使不少企业生产数据和技术资料不全，生产效率不高、采掘失调、经济效益不佳；少数矿山未严格执行开采设计和矿产资源开发利用方案，采矿方法不规范；个别的矿山存在越界开采、超量开采现象。

5.*矿产资源开发利用水平有待进一步提升。*明矾石、叶蜡石、硅藻土、沸石等优势非金属矿产深加工技术发展缓慢，研发投入不足，产品品种单一，档次低，价格低廉，资源浪费较严重。矿产资源综合利用水平有待进一步提升，低品位矿、共伴生矿、难选冶矿综合利用科研投入不足，利用率不高；矿山废石年处理率仅为50%、尾矿年处理率不足40%，利用尾矿砂制造新型墙体材料尚未推广应用。

6.*矿山年报统计人员素质有待进一步提高。*部分矿山企业统计人员没有经过相关业务培训，有些县(市、区)国土资源主管部门矿山开发的各项统计工作无专人负责，人员变动频繁，统计工作人员素质难以适应工作要求，极大地影响了矿山统计年报的准确性、真实性、可靠性和及时性。

表 3 浙江省 2008 年度矿产资源开发利用统计汇总

| 矿产名称 | 矿山总数（个） | 从业人员（人） | 矿石采掘量（万吨） | 矿业总产值（万元） | 销售收入（万元） | 利润总额（万元） | 税金总额（万元） | 产值排序 |
|---|---|---|---|---|---|---|---|---|
| 合计 | 2738 | 79718 | 44353.53 | 897021.36 | 807452 | 54138.27 | 93166.08 | |
| 石煤 | 11 | 211 | 120.3 | 1222 | 1221 | 120 | 87.7 | 37 |
| 地下热水 | 2 | 210 | 5.82 | 1901 | 1999 | -51 | 163.15 | 32 |
| 铁矿 | 7 | 699 | 112.31 | 6953.05 | 6667.46 | 1170.41 | 1420.71 | 15 |
| 铜矿 | 7 | 1302 | 38.39 | 35218.01 | 27013.91 | 8017.5 | 5981.74 | 7 |
| 铅矿 | 10 | 90 | 1.52 | 206.15 | 206.15 | 3 | 14 | 46 |
| 锌矿 | 21 | 853 | 17.85 | 7408.34 | 6571.79 | 399.28 | 927.17 | 14 |
| 钨矿 | 3 | 59 | 1.27 | 516.73 | 516.73 | -493.5 | 9.4 | 42 |
| 锡矿 | 1 | 15 | 0 | 0 | 0 | 0 | 0 | |
| 钼矿 | 10 | 1711 | 18.85 | 29126.32 | 27216.35 | -1032.13 | 3632.06 | 10 |
| 锑矿 | 1 | 16 | 0.03 | 25 | 0 | 0 | 0 | 59 |
| 金矿 | 6 | 1719 | 4.13 | 8511 | 8511 | 1064.5 | 518.5 | 13 |
| 银矿 | 2 | 122 | 7.07 | 1635 | 1635 | 91 | 185 | 34 |
| 普通萤石 | 102 | 2247 | 81.57 | 19175.01 | 19714.67 | 1017.21 | 2220.02 | 11 |
| 熔剂用灰岩 | 3 | 85 | 115 | 2427.36 | 2427.36 | 154.24 | 170.61 | 31 |
| 冶金用白云岩 | 9 | 151 | 74.9 | 2766.88 | 2651.63 | 35.2 | 346.4 | 28 |
| 冶金用石英岩 | 4 | 33 | 5.72 | 100.05 | 100.05 | 13 | 10 | 51 |
| 冶金用脉石英 | 1 | 15 | 1.5 | 105 | 105 | 0 | 6 | 50 |
| 耐火黏土 | 2 | 27 | 1.05 | 62.25 | 62.25 | 13 | 3.84 | 55 |
| 硫铁矿 | 3 | 1195 | 4.37 | 446.19 | 446.19 | -1432.08 | 437.95 | 43 |
| 明矾石 | 1 | 1920 | 21.92 | 5770.5 | 5265.45 | -930.42 | 784.78 | 16 |
| 硅灰石 | 3 | 108 | 6.3 | 1215 | 1215 | 102 | 182 | 38 |
| 云母 | 1 | 0 | 0 | 0 | 0 | 0 | 0 | |
| 长石 | 2 | 6 | 0 | 0 | 0 | 0 | 0 | |
| 叶蜡石 | 22 | 870 | 76.95 | 4933.79 | 4910.21 | 189.36 | 531.96 | 20 |
| 沸石 | 1 | 8 | 1.29 | 40 | 38.7 | 10 | 4.55 | 57 |
| 方解石 | 51 | 443 | 92.01 | 4052.55 | 4051.93 | 519.82 | 408.02 | 21 |
| 水泥用灰岩 | 150 | 3239 | 5132.44 | 67062.37 | 66015.85 | 3309.45 | 13916.57 | 3 |
| 建筑石料用灰岩 | 142 | 2371 | 1799.8 | 39841.84 | 39284.99 | 1786.21 | 5466.52 | 5 |
| 饰面用灰岩 | 3 | 20 | 11.1 | 409 | 409 | 0 | 9.3 | 44 |
| 制灰用石灰岩 | 32 | 373 | 426.7 | 5361.98 | 5053.98 | 562 | 501.77 | 17 |
| 建筑用白云岩 | 7 | 99 | 31.12 | 532.25 | 532.25 | 105.58 | 52.84 | 41 |
| 玻璃用石英岩 | 11 | 834 | 124.34 | 5231 | 4780.5 | 194 | 1634.18 | 18 |
| 水泥配料用砂岩 | 12 | 126 | 149.19 | 1453.4 | 1453.4 | 132.17 | 183.11 | 35 |
| 砖瓦用砂岩 | 10 | 357 | 2.3 | 5071 | 5071 | 926.8 | 140.45 | 19 |

**续表 3**

| 矿产名称 | 矿山总数（个） | 从业人员（人） | 矿石采掘量（万吨） | 矿业总产值（万元） | 销售收入（万元） | 利润总额（万元） | 税金总额（万元） | 产值排序 |
|---|---|---|---|---|---|---|---|---|
| 建筑用砂岩 | 106 | 2531 | 1878.84 | 31786.11 | 29859.44 | 758.86 | 5345.7 | 9 |
| 建筑用砂 | 51 | 1807 | 2252.03 | 36557.53 | 36557.53 | 1479.1 | 5135.25 | 6 |
| 玻璃用脉石英 | 1 | 5 | 0 | 0 | 0 | 0 | 0 | |
| 砖瓦用页岩 | 165 | 5611 | 406.13 | 34095.35 | 33310.31 | 2629.59 | 1762.56 | 8 |
| 水泥配料用页岩 | 18 | 185 | 221.13 | 2513.91 | 2512.91 | 226.01 | 187.61 | 30 |
| 建筑用页岩 | 12 | 549 | 23.79 | 2825 | 2825 | 130.5 | 141.4 | 26 |
| 高岭土 | 21 | 228 | 40.34 | 2629.49 | 2629.49 | 359.25 | 475.69 | 29 |
| 陶瓷土 | 7 | 57 | 3.39 | 140.7 | 140.7 | 32.2 | 2.88 | 47 |
| 伊利石黏土 | 2 | 25 | 0.6 | 84 | 84 | 15 | 2.52 | 52 |
| 膨润土 | 9 | 97 | 16.19 | 1769 | 1540 | 498.6 | 358.1 | 33 |
| 砖瓦用黏土 | 557 | 21280 | 1478.06 | 112706.27 | 104099.21 | 6249.96 | 8008.73 | 2 |
| 水泥配料用黏土 | 3 | 3 | 2 | 26 | 26 | 2 | 0.6 | 58 |
| 水泥配料用泥岩 | 2 | 17 | 27.48 | 396.01 | 395.31 | 29.7 | 106 | 45 |
| 建筑用橄榄岩 | 1 | 2 | 0 | 0 | 0 | 0 | 0 | |
| 建筑用辉石岩 | 1 | 10 | 0 | 0 | 0 | 0 | 0 | |
| 建筑用玄武岩 | 19 | 257 | 150.02 | 3188.18 | 3188.18 | 200.89 | 226.25 | 24 |
| 饰面用辉绿岩 | 14 | 124 | 65.84 | 2809.91 | 2744.56 | 69.66 | 64.35 | 27 |
| 建筑用辉绿岩 | 20 | 159 | 4.69 | 82.12 | 79.79 | 10.95 | 2.52 | 53 |
| 建筑用安山岩 | 11 | 1274 | 2673.28 | 58542.24 | 58437.34 | 1615.8 | 7087.08 | 4 |
| 建筑用闪长岩 | 3 | 21 | 0.3 | 72.39 | 72.39 | 29.4 | 0.25 | 54 |
| 饰面用闪长岩 | 1 | 1 | 0 | 0 | 0 | 0 | 0 | |
| 建筑用花岗岩 | 56 | 879 | 693.64 | 12535.46 | 12473 | 348.9 | 872.46 | 12 |
| 饰面用花岗岩 | 17 | 279 | 27.05 | 3249.2 | 3368.2 | 238.9 | 62.2 | 23 |
| 珍珠岩 | 4 | 58 | 5.37 | 533.92 | 533.92 | 62.5 | 72.05 | 40 |
| 水泥用凝灰岩 | 2 | 30 | 9.39 | 56.34 | 56.34 | 13.2 | 6 | 56 |
| 建筑用凝灰岩 | 910 | 21045 | 25813.36 | 322831.61 | 260422.24 | 22448.8 | 22972.61 | 1 |
| 饰面用大理岩 | 2 | 23 | 4.2 | 1382 | 1344 | 113 | 10 | 36 |
| 建筑用大理岩 | 3 | 64 | 8.97 | 555.1 | 555.1 | 95 | 22.5 | 39 |
| 水泥用大理岩 | 1 | 3 | 0 | 0 | 0 | 0 | 0 | |
| 玻璃用大理岩 | 7 | 83 | 4.26 | 139.8 | 106.55 | 27 | 7.8 | 48 |
| 饰面用板岩 | 8 | 152 | 15 | 3646 | 3480 | 294 | 48.7 | 22 |
| 矿泉水 | 49 | 1275 | 40.6 | 2975.69 | 1358.69 | 190.4 | 219.37 | 25 |
| 地下水 | 2 | 50 | 0.48 | 112 | 104 | -27.5 | 14.6 | 49 |

（浙江省国土资源厅矿管处　袁　航）

# 安徽省

**【矿产资源开发概况】** 2008年,安徽省已开发利用的矿产有96种,各种经济类型矿山5679个,其中部级发证32个,省级发证647个,市级发证904个,县级发证4096个。全省共有大型矿山270个,中型矿山260个,小型及以下矿山5149个,矿业从业人数39.66万人,年产矿石量41183.18万吨,工业总产值7053237.06万元,矿产品销售收入6683287.89万元,利润总额达874542.46万元。与2007年相比,矿山数量进一步减少,矿业从业人数不断下降,而矿石产量明显增加,矿业产值大幅增长。其主要原因是随着整顿和规范矿产开发秩序工作的深入进行和安徽省首批矿产资源开发整合任务的基本完成,近两年整合关闭的各类不符合要求的小矿山就有643个,矿山布局不合理的状况得到明显改善。全省大中型矿山占到矿山总数的1/10,较2005年底增加了69个,其年产矿石量占总量的60%,年工业总产值和矿产品销售收入分别占到总量的85%,年利润总额更是达到全省利润的92%以上。

安徽省矿产资源开发利用情况按能源矿产、黑色金属、有色金属、贵金属、冶金辅助原料非金属、化工原料非金属、建材及其他非金属和水气矿产等八大类矿种划分情况(表1)。

表1　　2008年矿产资源开发利用情况(八大类矿产)

| 矿类 | 矿山数(个) | 从业人员数(人) | 年产矿石量(万吨) | 年工业总产值(万元) | 综合利用产值(万元) | 销售收入(万元) |
|---|---|---|---|---|---|---|
| 总计 | 5679 | 396635 | 41183.18 | 7053237.06 | 820240.82 | 6683287.89 |
| 能源矿产 | 246 | 208508 | 12006.23 | 4656757.3 | 276671.34 | 4534293.83 |
| 黑色金属矿产 | 190 | 19805 | 1685.64 | 507668.53 | 124608.27 | 474840.42 |
| 有色金属矿产 | 153 | 15254 | 666.46 | 283173.3 | 45711.77 | 223005.47 |
| 贵重金属矿产 | 34 | 2662 | 109.55 | 91042.29 | 17751 | 42254.84 |
| 冶金辅助原料非金属矿产 | 149 | 3370 | 716.39 | 29938.44 | 3532 | 26055.42 |
| 化工原料非金属矿产 | 52 | 5059 | 470.79 | 152478.81 | 27890.92 | 113448.69 |
| 建材和其他非金属矿产 | 4842 | 141843 | 25503.78 | 1331900.4 | 324075.51 | 1269235.72 |
| 水气矿产 | 13 | 134 | 24.36 | 278.01 | 0 | 153.51 |

2008年,淮南市矿业工业总产值达244.58亿元,增长100多亿元;淮北市突破100亿元;芜湖、马鞍山、铜陵、安庆、滁州、阜阳、宿州、巢湖、六安、亳州、池州、宣城等12市矿业工业总产值均在10亿元以上。全省矿产资源开发利用情况分行政区汇总情况(表2)。

表2　　2008年矿产资源开发利用情况(分行政区汇总)

| 行政区名称 | 矿山数(个) | 从业人数(人) | 年产矿石量(万吨) | 工业总产值(万元) | 综合利用产值(万元) | 销售收入(万元) | 利润总额(万元) |
|---|---|---|---|---|---|---|---|
| 合肥市 | 365 | 10750 | 1736.21 | 51161.1 | 1382 | 45842 | 2677.9 |
| 芜湖市 | 284 | 7929 | 2995.07 | 101949.36 | 4051 | 94740.94 | 18490.22 |
| 蚌埠市 | 220 | 10521 | 473.15 | 38468.6 | 21649.5 | 28195.6 | 1904.31 |
| 淮南市 | 62 | 82277 | 6189.52 | 2456088.48 | 46546.5 | 2445772.49 | 155586.32 |
| 马鞍山市 | 92 | 10188 | 1203.79 | 188394.99 | 102794.67 | 181985.72 | 12893.95 |
| 淮北市 | 100 | 76547 | 3129.09 | 1107270.18 | 199105.64 | 1043541.33 | 115587.65 |
| 铜陵市 | 206 | 16075 | 2983.71 | 441438.03 | 97404.1 | 292606.6 | 94586.67 |
| 安庆市 | 489 | 10567 | 1983 | 417870.4 | 191254.8 | 410430.49 | 81327.4 |
| 黄山市 | 107 | 1401 | 246.19 | 4375.9 | 1470 | 4096.22 | 210.53 |
| 滁州市 | 480 | 16555 | 1576.98 | 127507.63 | 6491.98 | 108797.02 | 5158.26 |

续表 2

| 行政区名称 | 矿山数（个） | 从业人数（人） | 年产矿石量（万吨） | 工业总产值（万元） | 综合利用产值（万元） | 销售收入（万元） | 利润总额（万元） |
|---|---|---|---|---|---|---|---|
| 阜阳市 | 774 | 30597 | 2908.79 | 619920.89 | 3963.9 | 622727.79 | 144526.85 |
| 宿州市 | 504 | 42309 | 2728.47 | 520246.11 | 1 | 464665 | 50605.3 |
| 巢湖市 | 457 | 17496 | 4022.34 | 296665.52 | 88908.15 | 294825.7 | 65407.71 |
| 六安市 | 513 | 25665 | 2909.51 | 258569.44 | 24.25 | 238738.8 | 82061.33 |
| 亳州市 | 153 | 12709 | 973.91 | 196659.68 | 33337 | 194911.19 | 26306.59 |
| 池州市 | 323 | 8082 | 2339.93 | 100516.56 | 13101.03 | 94273.87 | 8325.59 |
| 宣城市 | 550 | 16967 | 2783.53 | 126134.19 | 8755.3 | 117137.14 | 8885.89 |

安徽省小型及小型以下的矿山占矿山总数的90%，建筑用砂石黏土矿山数量占矿山总数的73.29%。集体和私营经济类型的矿山企业在矿山数量上占绝对多数，达80.26%。大中型矿山企业在安徽省的矿业经济中仍占主导地位，大中型矿山数量仅占全省矿山总数的10%，其年工业总产值、综合利用产值、销售收入和利润总额分别占相应总量的84.69%、83.12%、85.82%、和92.08%（表3、图1、图2）。

表 3　　2008 年矿产资源开发利用情况（分经济类型汇总）

| 经济类型 | 矿山数（个） | 从业人数（人） | 年产矿石量（万吨） | 工业总产值（万元） | 销售收入（万元） | 利润总额（万元） |
|---|---|---|---|---|---|---|
| 总计 | 5679 | 396635 | 41183.18 | 7053237.06 | 6683287.89 | |
| 国有企业 | 135 | 174999 | 14140.89 | 4545558.4 | 4347210.61 | 374201.47 |
| 集体企业 | 1154 | 52281 | 3395.59 | 184208.95 | 173658.3 | 14255.69 |
| 股份制企业 | 358 | 39887 | 8[illegible]74.16 | 1087899.9 | 1003656.64 | 284078.48 |
| 私营企业 | 3404 | 92942 | 11387.63 | 572081.21 | 518048.91 | 48479.21 |
| 合资、外资企业 | 26 | 1424 | 145.06 | 19811.33 | 18348.33 | 1796.6 |
| 其他企业 | 602 | 35102 | 3939.85 | 643677.29 | 622365.1 | 151731.02 |

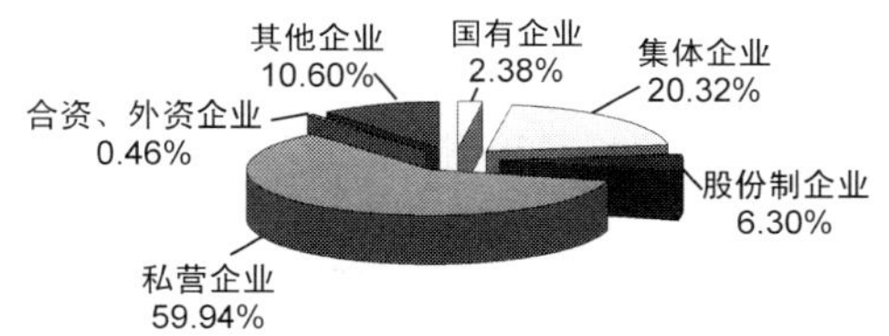


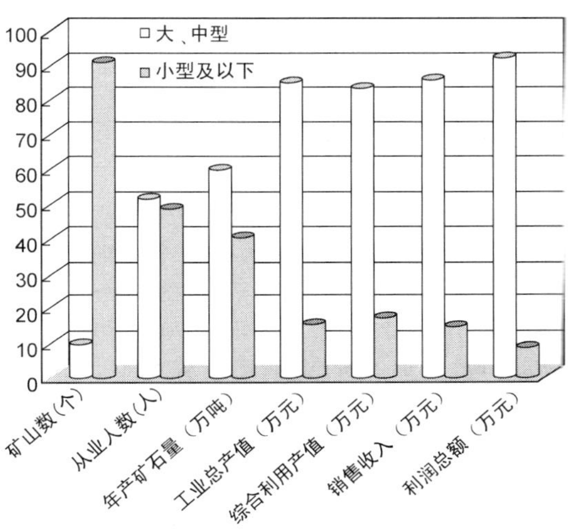


图 1　矿山企业类型比例

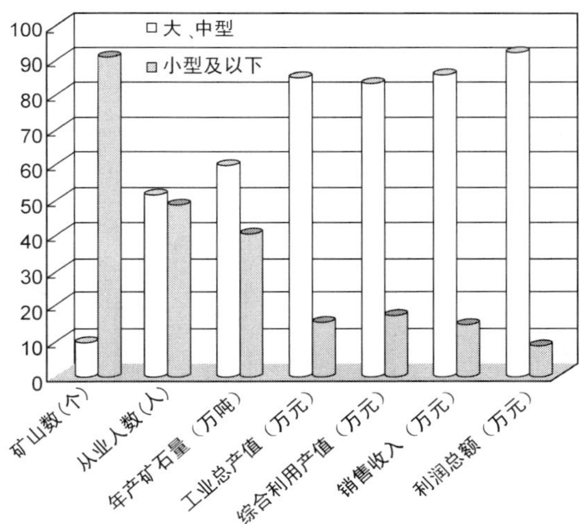


图 2　大、中型矿山与小型及小型以下矿山经济指标占总量百分比对照

2008 年，省厅收取采矿权使用费 16.12 万元，出让收取价款的采矿权项目 1 个，挂牌出让价款 3700 万元。

**【矿山生产能力】**　2008 年，安徽省矿业生产规模状况仍稳步提高，但是除煤炭和建材类企业外，大多数矿山企业的实际生产能力仍普遍低于设计生产能力。安徽省各类矿山主要矿种的生产能力情况见表4。

表4　　2008年矿山生产能力统计　　单位:万吨

| 矿产类别 | 设计生产能力 | | 实际生产能力 | |
|---|---|---|---|---|
| | 采矿 | 选矿 | 采矿 | 选矿 |
| 能源 | 10281.20 | 5870.20 | 12971.31 | 7154.68 |
| 煤矿 | 10137.20 | 5834.20 | 12896.51 | 7133.68 |
| 黑色金属 | 4322.90 | 3300.27 | 2426.41 | 2067.68 |
| 铁矿 | 4307.65 | 3300.27 | 2410.41 | 2067.68 |
| 有色金属 | 1257.8 | 981.36 | 821.40 | 641.15 |
| 铜矿 | 1119.28 | 874.31 | 723.69 | 584.35 |
| 贵金属 | 198.91 | 130.26 | 171.87 | 108.10 |
| 金矿 | 191.06 | 130.26 | 169.87 | 108.10 |
| 冶金辅助原料 | 1598.90 | 24.50 | 1163.26 | 25.55 |
| 萤石 | 99.30 | 24.50 | 62.63 | 25.55 |
| 熔剂用石灰岩 | 570.00 | 0.00 | 456.50 | 0.00 |
| 冶金用白云岩 | 845.00 | 0.00 | 624.03 | 0.00 |
| 化工原料 | 784.80 | 494.00 | 782.06 | 468.10 |
| 硫铁矿 | 371.80 | 242.00 | 342.56 | 226.10 |
| 岩盐 | 212.00 | 212.00 | 242.00 | 242.00 |
| 磷矿 | 71.50 | 40.00 | 23.00 | 0.00 |
| 建材及其他非金属 | 40217.38 | 3988.47 | 32618.52 | 2923.87 |
| 石膏 | 238.00 | 148.00 | 237.00 | 153.00 |
| 方解石 | 708.80 | 6.00 | 618.73 | 6.00 |
| 水泥用灰岩 | 8880.11 | 246.00 | 8913.02 | 92.70 |
| 玻璃用石英岩 | 851.30 | 75.00 | 215.45 | 8.00 |
| 高岭土 | 44.78 | 4.00 | 40.60 | 3.00 |
| 凹凸棒石黏土 | 57.00 | 13.50 | 55.00 | 13.50 |
| 膨润土 | 142.70 | 36.40 | 61.15 | 41.00 |

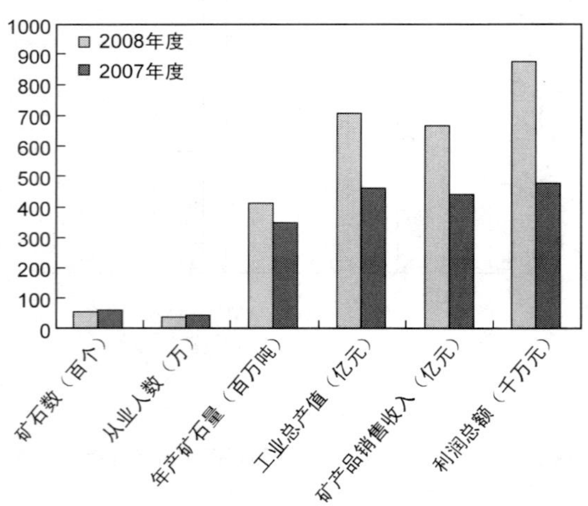


图3　2008年与2007年安徽省矿产资源开发利用情况主要指标对比

【矿产品产量】　2008年与2007年全省矿产资源开发利用情况主要指标对比情况见图3。受国际金融危机影响,安徽省当年度除煤矿和水泥用灰岩资源矿石产量年产量有较大幅度增长,黑色、有色金属以及冶金、化工原料等矿产资源年产量有较大幅度下降,其他矿种矿石产量基本持平见表5。

表5　安徽省2007年与2008年主要矿种矿石产量对比

| 序号 | 矿种名称 | 2007年产矿石量(万吨) | 2008年产矿石量(万吨) | 增(+)减(—)量(万吨) |
|---|---|---|---|---|
| 1 | 煤 | 8556.2 | 11625.8 | 3069.6 |
| 2 | 铁矿 | 1784.8 | 1685.64 | -99.16 |
| 3 | 锰矿 | 0.6 | 0 | -0.6 |
| 4 | 铜矿 | 619.13 | 617.88 | -1.25 |
| 5 | 铅矿 | 26.32 | 27.18 | 0.86 |
| 6 | 锌矿 | 13.8 | 15.62 | 1.82 |
| 7 | 锑矿 | 1.33 | 0.88 | -0.45 |
| 8 | 金矿 | 90.03 | 107.55 | 17.52 |
| 9 | 银矿 | 2 | 2 | 0 |
| 10 | 萤石(普通) | 35.75 | 31.11 | -4.64 |
| 11 | 硫铁矿 | 107.2 | 177.02 | 69.82 |
| 12 | 盐矿 | 121.8 | 121.8 | 0 |
| 13 | 磷矿(主矿、共生矿) | 5.7 | 4.6 | -1.1 |
| 14 | 石膏 | 109 | 49.3 | -59.7 |
| 15 | 方解石 | 260.37 | 253.83 | -6.54 |
| 16 | 水泥用灰岩 | 6063.91 | 8713.61 | 2649.7 |
| 17 | 玻璃用石英岩 | 198.31 | 189.57 | -8.74 |
| 18 | 建筑用砂 | 650.5 | 588.74 | -61.76 |
| 19 | 高岭土 | 9.31 | 10.75 | 1.44 |
| 20 | 凹凸棒石黏土 | 6.5 | 6.5 | 0 |
| 21 | 膨润土 | 15.56 | 40.5 | 24.94 |

2008年,省政府确定的68个矿产资源整合项目已完成65个,整合区内采矿权数从849个减少到261个,压减率达69.26%。在已经投入生产的51个整合项目中,矿石产量从2005年底的不足7000万吨提高到10798万吨,增加54%;矿业产值从40亿元提高到68.85亿元,提高72%;利税从4亿元增加到11.24亿元,增加181%。

安徽省2008年矿石产量较2007年增加6425.92万吨,增幅为18.5%;年工业总产值增长2448799.73万元,矿产品销售收入增长2298969.44万元,增幅均超过

50%；年利润总额较2007年度增加398303.05万元，增幅达83.6%。占全省矿山总数1/10的大中型矿山年产矿石量占总量的60%，年工业总产值和矿产品销售收入分别占总量的85%以上，年利润总额更是达到全省利润的92%。国有矿山企业（主要包括淮南、淮北、国投、皖北、马钢、铜陵有色等国有矿业集团）年产矿石量、年工业总产值、矿产品销售收入及年利润总额分别占全省矿业经济总量的34.3%、64.4%、65.0%和42.8%。此外，安徽海螺水泥股份有限公司所属矿山2008年产矿石量达6423.8万吨、工业总产值476166.27万元、矿产品销售收入468282.57万元、利润总额突破10亿元。

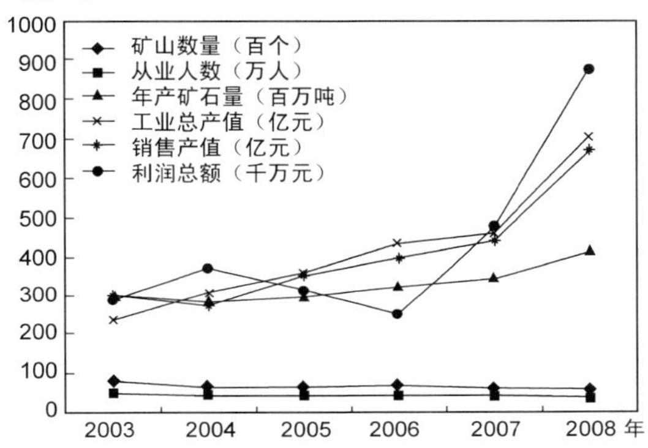


**图4　2003～2008年安徽省矿产资源开发利用情况主要经济指标趋势**

（安徽省国土资源厅　孔繁茂）

# 福 建 省

**【矿产资源勘查】** 1.*矿产资源勘查的投入和工作量投入现状*。2008年度福建省共有勘查许可证1031本，比2007年减少3本，批准登记面积10829.3平方公里，矿产资源勘查投入46547.44万元，比2007年增长30%以上。其中中央财政投入975万元，占2.09%，比2007年有所下降；地方财政投入8530.04万元，占18.33%，比2007年略有减少；社会资金投入37042.4万元，占79.58%。社会资金投入比2007年增长1倍，在矿产勘查投入中占有绝对优势。国内企业投入29426.64万元，比2007年增加了300%左右。机械岩心钻探工作量499717.4米，比2007年增加221%，坑探工作量40327米，比2007年增加25.8%，槽探16.1619万立方米，与2007年基本持平，浅井417.9米，比2007年有所下降。预计2009年全省地质勘查投入有所下降，中央财政投入基本持平，地方财政投入略有下降，社会资金投入下降5%以上。

2.*新增查明的矿产资源储量情况*。2008年全省新发现矿产地29处，其中中型11处、小型18处；完成阶段性勘查的矿产地118处，其中普查67个、详查34个。新增查明主要矿种的矿产资源储量（333及以上）：煤137263千吨，铁15379万吨，锰555千吨；铜金属量29.2803万吨，铅金属量178233吨，锌金属量502044吨，金金属量10538千克，钼金属量236704吨，石墨1052千吨，叶腊石1190千吨。其中经储量评审提交的主要矿种新增查明的矿产资源储量（333及以上）：煤68110千吨，铁4002.1万吨，锰435千吨；铜金属量290803万吨，铅金属量120001吨，锌金属量382320吨，金金属量6086.5千克，钼金属量208362吨。

**【地质勘查科技研究】** 1.*矿产勘查及基础调查方法及手段研究*。加快推进地质工作信息化，继续实施数字国土工程，广泛应用地理信息系统、全球定位系统和遥感技术等现代信息技术，加快对地观测、深部探测和分析测试等高新技术的开发与应用。继续建设全省地质灾害空间数据库，提高灾害预警水平。加强地质测试分析实验室、工程技术研究中心、野外长期观测站网等科技平台的建设，全面提升地质勘查技术和装备水平。中央投入240万元，省级财政配套50万元开展福建省（含台湾）矿产资源潜力评价。

2.*区域重点成矿区带成矿规律及成矿预测研究*。加强福建省前寒武纪和中生代火山岩含矿地层划分对比和地质时代及其含矿性研究；进一步开展闽西南石炭纪岩相古地理研究；加强对龙岩—大田一带推覆构造的系统总结，研究推覆构造的几何学、运动学、动力学特征，着重探讨推覆构造、滑脱构造的控矿作用；重视对中生代火山断陷盆地的研究。这些研究为寻找大、中型隐伏矿床提供基础地质依据。

3.*典型矿床解剖及找矿模型研究与实践*。加强对武夷成矿带区域成矿地质条件、成矿系列、典型矿床、区域找矿模型及区域成矿规律的研究，建立区域矿产资源评价体系和不同类型矿床深部预测模型，用模式找矿。对面上重要远景区进行系统调查、收集分析已有地、物、化、遥等资料，加强综合研究及找矿预测。

4.*区域重大疑难地质问题研究与解决*。随着地质找矿工作的不断深入，许多出露地表和近地表矿床已被发现，尤其是在地质研究程度较高地区。因此，矿产资源勘查面临着严峻的形势，找矿已经进入查找隐伏矿阶段，寻找隐伏矿床成为当前福建省地质勘查人员的一项重要而亟待解决的难题。在深部隐伏矿床勘查中必须依靠科技进步，加大探测深度和提高分辨率，形成地质、物化遥探等综合手段相互补充与协调的找矿能力。重视物、化、遥综合方法在找矿中的应用，加强攻深找盲的技术方法总结与研究。对面上重要远景区进行系统调查、收集分析已有地、物、化、遥等资料，采用新的理论，利用新的程序，重新进行处理、分析研究，探索出适合本省特点有效的“地物化遥”找矿集成技术方法，实现矿产勘查找矿突破。

加强物探等基础工作，设法解决覆盖区、地形高差变化大给数据合理解释带来的难题，不断总结评价方法和技术开展物探技术方法研究，探索出一套像中大比例尺化探工作那样有效的中大比例尺物探工作方法。加强协同攻关和深入的探讨和交流。注重提高、引进消化深部探矿工程技术，加紧寻找深部隐伏矿床。就矿找矿，综合预测，大胆验证，深部找矿。

**【地质工作社会化服务】** 1.地质资料数据中心建设。福建省国土资源档案馆累计制作了各类地质资料光盘2700份，2008年采集1300余份新汇交成果地质资料的3万多项目录数据，并检查验收各类汇交地质资料154份，其中A类57份，B类97份。完成地质资料目录数据库补充建设，按部的标准将近年来新汇交的1300多种成果地质资料的目录数据补充采集入库。

2.地质资料信息共享和社会化服务体系。一是建立地质资料管理与服务栏目。在福建厅网站上建立“福建省地质资料管理与服务”栏目，栏目下设：成果地质资料目录、公益性地质资料、法规与规定等栏目。通过省国土资源厅网站提供网上检索查询服务，促进地质资料全社会共享；二是积极开展地质资料社会化服务工作，认真做好日常的地质资料借阅利用服务工作，2008年提供借阅量805人次，2350份次，为全省地质勘查、矿产开发、基础建设、矿政管理、环境保护、防灾救灾及教学科研等方面提供了各类翔实的地质资料依据和有关信息服务；三是利用已建成的成果地质资料目录数据库和基础建成的重要成果地质资料图文数据库、涉密地质资料管理数据库，建立地质资料电子查阅服务系统，并对社会开放提供使用。

3.地质资料的开发利用。为贯彻落实《地质资料管理条例》，成立工作小组进一步开展涉密地质资料第二轮复查工作。根据国土资源部和国家保密局重新修订后的技术标准，重新对福建省的10500多份地质成果资料进行复查清理。重点加强福建省成矿区带和优势矿种地质资料研究和开发利用，完善地质成果资料目录网上公开查询系统，加快推进地质资料的数字化、网络化、社会化服务进程。目前累计完成4010种重要成果地质资料的数字化，占馆藏重要成果地质资料的80%。2008年完成500种重要地质资料的图文扫描数字化。

（选自《福建省2008年度地质勘查成果通报》）

## 江　西　省

**【矿产资源概况】** 2008年，矿产勘查项目的实施，取得了较好的找矿效果，新发现小型矿产地8处。完成阶段性勘查25处，其中普查2处，详查23处。

主要矿种新增查明的矿产资源储量（333及以上）：煤1850.9千吨、铁矿石量131384千吨，铜金属量2344905吨，铅金属量702521吨、锌金属量880535吨、锰矿石量425.3万吨、钨氧化物21360.5吨、锡金属量9657吨、钼金属量25670.3吨、银金属量1065吨、金金属量47757千克、岩盐74059.22万吨，钒金属量158744吨，萤石矿石量648万吨，水泥用石灰岩508550千吨。

**【矿产资源勘查】** 全省2008年共实施矿产资源勘查项目266个，较2007年增长了29个。投入资金总额27171.45万元，与2007年相比，增加了1756.82万元，增长幅度为9.91%。其中中央财政投入4357.98万元（占16%），与2007年相比减少了595.02万元，减少幅度12%；地方财政投入4347.13万元（占16%），与2007年相比减少了383.37万元，减少幅度8.10%；社会资金投入18466.34万元（占68%），与2007年相比增加了2187.36万元，增加幅度13.44%；其中国有地勘单位投入1671.90万元，国内企业投入10526.85万元，个人投入1030.5万元，港、澳、台企业投入600万元，其他投入4637.09万元。

全省矿产资源勘查工作共计完成钻探20.83万米，较2007年的22.17万米减少了6%；坑探2.85万米，较2007年的2.68万米增加了6.34%；槽探22.62万立方米，较2007年的24.88万立方米减少了9.08%；浅井0.10万米，较2007年的0.29万米减少了65.52%。按矿类分，其中能源矿产（煤）投入钻探3613米；黑色金属投入钻探17188.44米，坑探1181.8米，槽探3.09万立方米；有色金属投入钻探123930.8米，坑探19452.67米，槽探10.07万立方米；贵金属投入钻探55301.8米，坑探7829.1米，槽探7.29万立方米；化工建材及其他非金属投入钻探3231.9米，坑探38.5米，槽探2.17万立方米，浅井0.10万米；水气投入钻探5017米。

**【矿产资源勘查重要成果】** 1.清江岩盐矿床戈家矿段南区段岩盐补充详查。完成钻探1117米。属沉积型矿床。以往工作程度为普查。2005~2008年进行补充详查并提交报告。探获的资源储量：提交NaCl资源量74059.2万吨，其中：预可采储量（122）14356.9万吨，经济的基础储量（122b）71784.3万吨；资源量（333）2274.9

万吨，钙芒硝($Na_2SO_4$)333资源量为3593.6万吨。达大型规模。

2.江西省德安县张十八铅锌矿阶段性详查。累计完成钻探11531.23米，坑探508.95米，槽探13734.5立方米。以往工作程度为普查。属层控叠改型矿床。新增332+333 Pb 380094吨，Zn 526026吨，伴生Ag 581吨。规模达到大型，矿体分布面积较大，仍有较大的找矿潜力。

3.江西省兴国县城岗萤石矿普查。累计完成钻探1497米、槽探2300立方米。以往工作程度为普查。属中低温热液充填型矿床。本次探获的资源储量：矿石量2654.3千吨，$CaF_2$量1483.9千吨资源量，规模达大型，其中333类矿石量为1116.3千吨、$CaF_2$量628.6千吨，仍有继续扩大资源储量的潜力，估算矿区内333+334资源量矿石量可达11668千吨、$CaF_2$5638千吨，达大型规模。

4.江西省于都县金鸡山矿区水泥用灰岩矿详查。投入的主要实物工作量为钻探975.32米，槽探474.0立方米，1:2000地质填图2.1平方千米。矿区属大型浅海相碳酸盐沉积矿床。2008年7月，受江西省国兴实业集团有限公司的委托，中国建材江西总队对矿区进行了普查和详查。探获矿石Ⅰ级品资源量(333+334)459571.54万吨，其中推断的内蕴经济的资源量(333)219166.18万吨，预测的内蕴经济的资源量(334)240405.36万吨。达大型规模。

5.江西省弋阳县曹溪矿区优质灰岩普查。项目投入主要实物工作量：钻探2420.96米，槽探8964.89立方米，1:5000地形测量11.50平方千米，1:10000地形测量12.70平方千米。矿区属大型浅海相碳酸盐沉积矿床。以往工作程度为普查。经本次勘查地质工作，求得矿石Ⅰ级品资源量(333+334)459571.54万吨，其中推断的内蕴经济的资源量(333)219166.18万吨，预测的内蕴经济的资源量(334)240405.36万吨。达大型规模，并仍有进一步扩大资源远景的潜力。

6.南昌市新建县流湖东岗桥地热水勘查。项目投入主要实物工作量：施工“南热1井”钻孔，孔深1311米。以往工作程度为普查。1972~1973年在地热普查中进行了钻孔系统测温、抽水试验和水化学分析，首次获得了南昌市地温资料。1982~1984地热普查，进行了地球物理测井、测温。1989~1990年，施工CR401孔(设计孔深1500米)，由中国科学院测定了岩石导热率，计算了大地热流值。1999~2005年，确定了3个可供选择的勘查靶区。基本查清了东岗桥地区红层盖层的厚度，分析推断了红层下伏地层的岩性和构造特征，了解了热储层的分布及热异常。2007~2008年实施本项目。根据“南热1井”实际出水量、井内的水位变化，结合热储层类型等情况判断：本区地热水开采模数(第一层热水)可达400立方米/平方千米以上，据此初步保守估算东岗桥地区的地热水可采资源可达总量达5000~10000立方米/天。根据深部物探试验成果分析，类似于“南热1井”地质条件的面积至少在20平方千米以上，开发利用前景较好。

**【地质勘查科技研究】** 全省2008年共投入100万元，开展了5个科研项目。其中“江西金溪熊家山及外围钼铜成矿规律研究及靶区预测”项目利用GIS平台与数字模拟技术，针对现有的地质、地球物理、地球化学等资料及控矿因素与矿床成因等研究成果，建立了研究区钼(铜)资源潜力评价系统，达到了预测矿区未知矿体或隐伏矿体和外围成矿预测的目的。

1.矿产勘查及基础调查方法及手段研究。江西省地质矿产勘查开发局投入20万元，由江西省地质调查研究院承担的“江西省地球化学调查省级监控样的研制”项目，计划通过参考本省已有的资料，选择本省一些大的岩性单元(如碎屑岩区、泥质岩区、各类岩浆岩区、变质岩区、碳酸盐岩区)，挑选元素组合比较复杂的各种矿区或异常区的边缘采集高背景或弱异常样品进行分析研究，制备出一套(6个)覆盖53种元素的省级水系沉积物监控样。实物工作量为采集、加工4组大样，样品均匀性检查分析60个，样品分析72个。现已完成样品采集加工，样品正在分析当中。

2.典型矿床解剖及找矿模型研究与实践。江西省地质矿产勘查开发局投入40万元，由下属九一二大队与东华理工大学合作开展了2个项目。

①冷水坑地区多元地学信息GIS集成与融合分析(续作，20万元)：旨在建立“冷水坑地区地学专题GIS”系统，使冷水坑矿田及周边地区成矿地质研究和成矿预测定量化、可视化，提供该区大型银铅锌矿找矿远景一二处。

②江西金溪熊家山及外围钼铜成矿规律研究及靶区预测(新开，20万元)：以熊家山钼(铜)矿床为研究重点，系统采集该矿床不同岩石与不同矿石类型的样品，开展物质组成研究、同位素示踪研究、成矿物质化学条件研究(探讨成矿流体来源及其演化)、成岩成矿时代研究。研究成果对于指导找矿具有较重要的意义。

3.其他。①江西省地质矿产勘查开发局投入10万元，由江西省地质调查研究院承担的“ICP—MS法测定地质样品中铼含量分析方法研究”项目，要求在方法调研的基础上详细进行分析方法研究，确定样品前处理程序、分析步骤、仪器工作条件，测量分析方法的准确度、精密度及检出限等各项分析方法质量参数，编写分析方法研究报告。计划提交《ICP—MS法测定地质样品中铼含量分析方法研究报告》，对地质样品中铼的测定准确度、精密度、检出限(灵敏度)达到国内领先水平。项目正在实施过程当中。

②江西省地质矿产勘查开发局投入10万元、江西省地质调查研究院配套20万元开展的“富硒土壤资源开发利用试验与示范研究”(2006~2007)于2008年8月通过专家验收,在多目标区域地球化学调查成果的基础上,优选富硒土壤试验区,研究富硒土壤的理化性质,选择适宜的农作物品种进行对比和盆栽试验,为大面积种植富硒农作物提供了技术支撑。

**【地质工作社会化服务】** 1.建设地质资料数据中心。2008年,江西省地质资料档案馆按照全国地质资料馆的要求,认真组织开展了全省图文地质资料数据库建设工作,通过对地质资料的介质转换,实现地质成果资料的数字化,建立重要图文地质资料数据库,推进数字地质资料馆建设,为社会化服务提供数据基础。截至2008年底,共完成400余份报告的扫描制作及验收工作并送交全国馆审查验收,退回修改率仅为3%,属完成情况较好的省份之一。

2.建立健全地质资料信息共享和社会化服务体系。健全完善了各项规章制度,认真贯彻执行《涉密地质资料管理细则》,在全省范围内开展涉密地质资料清理工作,积极做好社会化服务工作,使全省馆藏地质资料管理机构工作进入程序化、规范化轨道。全年共收到各类成果地质资料共计约191份,清点入库地质报告128份,复制部份文字及图件589份。接待借阅人员612人/次,借阅地质报告1763份,图件9910件。

3.开展地质资料开发利用的基础工作。完成了现有的一、二库资料的清理登记及标注工作,建立了馆藏地质资料目录数据库,同时对资料的破损情况进行了摸底登记,完成了7249个档案号的资料清理和建库工作,为地质资料的开发利用奠定了坚实的基础。

**【危机矿山接替资源找矿项目】** 2008年,江西省共实施了以钨、铜铅锌、铁、金为找矿目标的8个危机矿山接替资源找矿项目,投入资金总额为9450万元,其中中央财政投资4005万元,省财政投资720万元,企业自筹资金4725万元,共探获资源量$WO_3$8万吨,Fe2500万吨,Cu金属量30万吨,Au金属量40吨,Pb+Zn金属量10万吨。其中江西省德兴市银山铜铅锌矿接替资源勘查项目探获资源量:Cu金属量30万吨,并有望扩大到50万吨。Pb+Zn金属量15万吨,Au金属量50吨,江西省安福县浒坑钨矿接替资源勘查探获资源量$WO_3$大于5万吨。危机矿山接替资源勘查的实施,使部分老矿山摆脱了资源枯竭的困境,延长了矿山的服务年限,安置一批从业人员,对稳定地方社会经济具有重要的现实意义。

**【地质勘查基金试点项目】** 2008年,经江西省政府批准,以省级财政收取的矿产资源补偿费和探矿权采矿权价款收入为资金来源,建立了资金规模为3亿元的省地质勘查基金,第一批资金1.3亿元已到位。出台了《江西省地质勘查基金(周转金)管理暂行办法》,成立了江西省地质勘查基金管理中心,正式下发了《江西省地质勘查基金(周转金)项目管理暂行办法》(赣国土资发[2008]22号文)和《江西省地质勘查基金(周转金)立项指南》(赣国土资发23号文),制定了相关的管理制度,建立了专家库和勘查项目库,初步筛选了具有进一步工作价值的远景区40余处。根据省委省政府提出的“紧缺和优势矿产资源保障工程”决策,于2008年12月,启动了以煤、瓷石为主的第一批(试点)项目,标志着江西省地勘基金项目已正式开始运作。

(选自《2008年江西省地质勘查成果通报》)

## 山东省

**【矿产资源开发利用概况】** 2008年山东省共有各类矿山企业5933个(油气按一个企业统计),开发利用的矿产80种(含亚矿种),从业人员71.3万人,年产矿石总量5.03亿吨(不含天然气),天然气7.7亿立方米,工业总产值2327.8亿元,综合利用产值18.4亿元,矿产品销售收入2188.48亿元,利润总客751.5亿元。

1.矿山企业数量。2008年度,全省共有各类矿山企业5933个(油气按1个企业统计),比2007年度减少2515个,减少29.8%(主要是资源整合关闭的矿山)。按矿山企业规模统计,大型矿山企业312家,占矿山企业总数的5.26%;中型矿山企业714家,占矿山企业总数的12.03%;小型矿山企业3565家,占矿山企业总数的60.09%;小矿1342家,占矿山企业总数的22.62%。

2.年产矿量。2008年全省各类矿山企业年产矿石总量(原矿量)5.03亿吨(不含天然气),天然气7.7%亿立方米。固体矿产4.66亿吨,其中煤炭1.4亿吨,金矿石1356.47万吨,铁矿石1961.23万吨;液体矿立3785.97万吨,其中石油2774万吨,地热734.77万吨,矿泉水277.2万吨。与2007年相比,固体矿产产量增加2454.7万吨,其中煤炭产量增加257.76万吨,铁矿产量增加396.86万吨,金矿产量增加247.3万吨,建筑用花岗岩产量增加606.82万吨,建筑石料用灰岩产量增加1356.76万吨,液体矿产产量减少149.9万吨,其中地热产量减少26.47万吨,矿泉水产量减127.33万吨;天然气产量减少1000万立方米。

3.工业总产值。2008年全省矿业工业总产值2327.8亿元,比2007年度增加656.3亿元,增长了39.26%。其中,油气工业总产值1205.2亿元,增加339.8亿元,增长了39.26%;煤炭工业总产量814.7亿元,增加270.15亿元,增长了47.27%;铁矿工业总产值93.1亿元,增加33.7亿元,增长了56.69%;金矿工业总产值66.6亿元,增加8.5亿元,增长了14.7%;水泥用灰岩工业总产值34.3亿元,增加5.3亿元,增长了18.23%;矿泉水工业总产值7.2%亿元,增加3.3亿元,增长了87.85%。

4.利润总额。2008年全省矿产资源开发利用利润总额751.5亿元,比2007年度增加253.9亿元,增长了51.03%。其中,油气矿产利润总额增加144.6亿元,增长39.42%;煤炭利润总额增加83.5亿元,增长87.81%;金矿利润总额增加8.07亿元,增长60.09%;铁矿利润总额增加15.3亿元,增长120.66%。利润增长的主要原因是奥运会之前矿产品价格极高。

5.从业人员。2008年度全省矿山企业从业人员71.3万人。其中油气从业人员10.5万人,煤矿从业人员37.8万人,铁矿从业人员2.35万人,钼矿从业人员868人,金矿从业人员4.3万人,轻稀土金属矿产从业人员527人,菱镁矿从业人员1117人,耐火黏土矿从业人员3650人,盐矿从业人员2.05万人,澳矿从业人员3592人,石膏矿从业人员1万人,水泥用灰岩矿从业人员5645人,建筑石料用灰岩矿从业人员1.96万人,建筑用花岗岩从业人员9414人,矿泉水从业人员4508人。2008年山东省矿业人均产值32.67万元,比2007年度增长49.09%。

**表1　2008年度山东省矿产资源开发利用情况(按行政区分列)**

| 名称 | 矿山企业数(个) | | | | | 从业人员(人) | 年产矿量 | | 工业总产值(万元) | 综合利用产值(万元) | 矿产品销售收入(万元) | 利润总额(万元) |
|---|---|---|---|---|---|---|---|---|---|---|---|---|
| | 合计 | 大型 | 中型 | 小型 | 小矿 | | 万吨 | 万立方米 | | | | |
| 合计 | 5933 | 312 | 714 | 3565 | 1342 | 712601 | 50337.63 | 77000 | 23278308.78 | 184063.36 | 21884759.03 | 7515416.18 |
| 济南市 | 313 | 4 | 9 | 259 | 41 | 23602 | 2326.87 | 0 | 313177.02 | 6605.53 | 164055.12 | 28973.3 |
| 青岛市 | 201 | 45 | 70 | 83 | 3 | 7113 | 1169.21 | 0 | 125908.56 | 50 | 98123.23 | 10878.7 |
| 淄博市 | 317 | 11 | 29 | 198 | 79 | 33585 | 2413.34 | 0 | 522989.7 | 14915.7 | 500663.5 | 144520.67 |
| 枣庄市 | 283 | 13 | 32 | 222 | 16 | 77461 | 4419.67 | 0 | 1280866.72 | 0 | 1114983.29 | 242740.74 |
| 东营市 | 12 | 1 | 1 | 7 | 3 | 105855 | 2845.46 | 77000 | 12054035 | 0 | 12395158 | 5114501.08 |
| 烟台市 | 954 | 15 | 27 | 794 | 118 | 60609 | 4571.12 | 0 | 888538.98 | 6426.9 | 884324.22 | 234144.04 |
| 潍坊市 | 527 | 16 | 48 | 376 | 87 | 36686 | 4534.92 | 0 | 277947.67 | 48870.9 | 257712.02 | 31841.59 |
| 济宁市 | 494 | 18 | 50 | 265 | 161 | 153147 | 10470.71 | 0 | 5290076.67 | 31565 | 4157959.71 | 1195818.68 |
| 泰安市 | 305 | 21 | 31 | 240 | 13 | 97874 | 4455.15 | 0 | 1301698.09 | 21 | 1191868.69 | 256813.84 |
| 威海市 | 376 | 40 | 215 | 109 | 12 | 9276 | 2155.3 | 0 | 75514.63 | 0 | 65140.23 | 13610.77 |
| 日照市 | 465 | 28 | 46 | 377 | 14 | 5497 | 1537.08 | 0 | 68975.75 | 5317 | 68342.09 | 17944 |
| 莱芜市 | 145 | 3 | 14 | 97 | 31 | 21198 | 1121.78 | 0 | 511464.68 | 13053.68 | 436368.33 | 124025.82 |
| 临沂市 | 634 | 62 | 136 | 378 | 58 | 29351 | 5682.51 | 0 | 398491.38 | 13401.85 | 391442 | 81936.04 |
| 德州市 | 351 | 22 | 3 | 118 | 208 | 19306 | 962.19 | 0 | 49602.93 | 682 | 48456.27 | 3133.19 |
| 聊城市 | 219 | 0 | 1 | 23 | 195 | 8986 | 590.66 | 0 | 29206.24 | 181 | 29147.04 | 1670.03 |
| 滨州市 | 165 | 6 | 1 | 6 | 152 | 8188 | 402.77 | 0 | 22444.79 | 1484.8 | 19496.09 | 1932.4 |
| 菏泽市 | 172 | 7 | 1 | 13 | 151 | 14867 | 678.9 | 0 | 67369.97 | 41488 | 61519.2 | 10931.28 |

表 2　　2008 年度山东省矿产资源开发利用情况(按矿种分列)

| 矿　种 | 矿山企业数(个) | | | | | 从业人员(人) | 年产矿量 | | 工业总产值(万元) | 综合利用产值(万元) | 矿产品销售收入(万元) | 利润总额(万元) |
|---|---|---|---|---|---|---|---|---|---|---|---|---|
| | 合计 | 大型 | 中型 | 小型 | 小矿 | | 万吨 | 万立方米 | | | | |
| 合计 | 5933 | 312 | 714 | 3565 | 1342 | 712601 | 50337.63 | 77000 | 23278308.78 | 184063.36 | 21884759.03 | 7515416.18 |
| 煤炭 | 247 | 26 | 64 | 143 | 14 | 378442 | 14046.61 | 0 | 8417135.49 | 75853.2 | 6948124.49 | 1786085.01 |
| 油气 | 1 | 1 | | | | 105020 | 2774 | 77000 | 12051700 | | 12392850 | 5114161 |
| 地下热水 | 67 | 23 | 4 | 38 | 2 | 1796 | 734.77 | 0 | 13431.64 | 0 | 13245.44 | 972.86 |
| 铁矿 | 191 | 10 | 25 | 124 | 32 | 23503 | 1961.23 | 0 | 931088.08 | 20529.71 | 845484.2 | 279655.69 |
| 铜矿 | 4 | 0 | 1 | 2 | 1 | 407 | 55.19 | 0 | 6683 | 5000 | 6683 | 988.5 |
| 铅矿 | 1 | 0 | 0 | 1 | 0 | 2 | 0 | 0 | 0 | 0 | 0 | 0 |
| 铝土矿 | 6 | 0 | 0 | 6 | 0 | 90 | 3.91 | 0 | 235 | 0 | 235 | 12 |
| 钼矿 | 2 | 0 | 0 | 2 | 0 | 868 | 5.4 | 0 | 1377 | 195 | 1182 | 350 |
| 金矿 | 221 | 9 | 22 | 140 | 50 | 42777 | 1356.47 | 0 | 665510.72 | 19095.75 | 647729.33 | 215031.55 |
| 银矿 | 1 | 0 | 0 | 1 | 0 | 20 | 0 | 0 | 0 | 0 | 0 | 0 |
| 轻稀土矿 | 1 | 0 | 0 | 1 | 0 | 527 | 4 | 0 | 1643 | 0 | 1643 | 13 |
| 菱镁矿 | 12 | 1 | 0 | 2 | 9 | 1117 | 52.13 | 0 | 8738.5 | 0 | 8738.5 | 240.93 |
| 普通萤石 | 8 | 0 | 0 | 8 | 0 | 307 | 4.81 | 0 | 776 | 0 | 774 | 135.5 |
| 熔剂用灰岩 | 4 | 1 | 3 | 0 | 0 | 570 | 192.28 | 0 | 10691.62 | 92 | 3713.65 | 241.57 |
| 冶金用白云岩 | 14 | 1 | 0 | 13 | 0 | 267 | 53.1 | 0 | 1527.9 | 202 | 1435.9 | 178 |
| 冶金用石英岩 | 1 | 0 | 0 | 1 | 0 | 8 | 1 | 0 | 50 | 0 | 50 | 8 |
| 铸型用砂岩 | 1 | 0 | 0 | 1 | 0 | 8 | 6 | 0 | 360 | 0 | 360 | 10 |
| 铸型用砂 | 3 | 0 | 0 | 1 | 2 | 32 | 1 | 0 | 28 | 0 | 28 | 18 |
| 耐火黏土 | 60 | 1 | 0 | 59 | 0 | 3650 | 98.31 | 0 | 16045.48 | 2 | 11375.65 | 509.7 |
| 熔剂用蛇纹岩 | 2 | 2 | 0 | 0 | 0 | 196 | 29.74 | 0 | 559.69 | 0 | 559.69 | 128.7 |
| 重晶石 | 7 | 0 | 1 | 6 | 0 | 152 | 2.1 | 0 | 270 | 0 | 270 | 26 |
| 电石用灰岩 | 1 | 0 | 0 | 1 | 0 | 77 | 17 | 0 | 588 | 0 | 541 | 62 |
| 含钾岩石 | 3 | 0 | 0 | 3 | 0 | 21 | 5.1 | 0 | 51 | 0 | 28.2 | 4.48 |
| 盐矿 | 148 | 11 | 10 | 114 | 13 | 20459 | 1466.59 | 0 | 156534.13 | 31433.3 | 142952.13 | 17310.9 |
| 溴矿 | 49 | 0 | 0 | 16 | 33 | 3592 | 85.04 | 0 | 57530 | 12765 | 55038 | 6911 |
| 金刚石 | 2 | 2 | 0 | 0 | 0 | 257 | 9.99 | 0 | 1468 | 0 | 1468 | 300 |
| 石墨 | 8 | 6 | 0 | 2 | 0 | 121 | 15 | 0 | 1760 | 0 | 1760 | 5 |
| 滑石 | 11 | 0 | 3 | 7 | 1 | 900 | 29.04 | 0 | 10152.3 | 0 | 3453.3 | 639 |
| 长石 | 64 | 1 | 3 | 50 | 10 | 1255 | 108.98 | 0 | 5261.8 | 109 | 4719.35 | 676.16 |
| 透辉石 | 7 | 0 | 1 | 6 | 0 | 305 | 31.41 | 0 | 1804 | 0 | 1410.8 | 224 |
| 石膏 | 47 | 15 | 31 | 1 | 0 | 10046 | 679.63 | 0 | 30341.46 | 0 | 29118.89 | 3624.44 |
| 方解石 | 2 | 0 | 0 | 2 | 0 | 20 | 1.5 | 0 | 150 | 0 | 150 | 10 |
| 水泥用灰岩 | 212 | 21 | 23 | 143 | 25 | 5645 | 5946.61 | 0 | 343366.88 | 493 | 255844.29 | 18346.34 |

**续表 2－1**

| 矿　种 | 矿山企业数(个) | | | | | 从业人员(人) | 年产矿量 | | 工业总产值(万元) | 综合利用产值(万元) | 矿产品销售收入(万元) | 利润总额(万元) |
|---|---|---|---|---|---|---|---|---|---|---|---|---|
| | 合计 | 大型 | 中型 | 小型 | 小矿 | | 万吨 | 万立方米 | | | | |
| 建筑石料用灰岩 | 1185 | 3 | 6 | 1016 | 160 | 19648 | 8053.93 | 0 | 85352.79 | 1641 | 78194.73 | 14021.9 |
| 饰面用灰岩 | 1 | 0 | 0 | 1 | 0 | 9 | 10 | 0 | 200 | 0 | 200 | 80 |
| 制灰用石灰岩 | 36 | 0 | 0 | 32 | 4 | 491 | 173.88 | 0 | 12903.83 | 0 | 12840.23 | 211 |
| 泥灰岩 | 1 | 0 | 0 | 1 | 0 | 14 | 2 | 0 | 24 | 0 | 24 | 2 |
| 玻璃用白云岩 | 2 | 0 | 0 | 1 | 1 | 45 | 5 | 0 | 360 | 0 | 360 | 38 |
| 建筑用白云岩 | 12 | 0 | 0 | 12 | 0 | 198 | 128 | 0 | 3394.8 | 0 | 3389.8 | 546.6 |
| 玻璃用石英岩 | 13 | 0 | 1 | 10 | 2 | 254 | 53.97 | 0 | 1274.9 | 8.6 | 1234.9 | 226.7 |
| 玻璃用砂岩 | 38 | 0 | 27 | 11 | 0 | 579 | 232.47 | 0 | 14935.5 | 0 | 14635.5 | 1954 |
| 水泥配料用砂岩 | 5 | 0 | 1 | 4 | 0 | 67 | 28.5 | 0 | 828 | 0 | 821 | 136.3 |
| 陶瓷用砂岩 | 4 | 0 | 1 | 3 | 0 | 62 | 19 | 0 | 785 | 0 | 785 | 78 |
| 建筑用砂岩 | 32 | 0 | 1 | 31 | 0 | 397 | 83.8 | 0 | 1778.25 | 0 | 1632.25 | 471.96 |
| 玻璃用砂 | 1 | 1 | 0 | 0 | 0 | 140 | 38 | 0 | 1574.4 | 0 | 1574.4 | 80 |
| 建筑用砂 | 92 | 1 | 6 | 53 | 32 | 934 | 890.83 | 0 | 11949.38 | 100 | 11629.12 | 3695.81 |
| 砖瓦用砂 | 1 | 0 | 0 | 0 | 1 | 10 | 0 | 0 | 0 | 0 | 0 | 0 |
| 玻璃用脉石英 | 1 | 0 | 1 | 0 | 0 | 6 | 10 | 0 | 400 | 0 | 400 | 6 |
| 硅藻土 | 1 | 0 | 0 | 1 | 0 | 42 | 0.9 | 0 | 100 | 12 | 77 | 5 |
| 砖瓦用页岩 | 123 | 1 | 55 | 66 | 1 | 3913 | 579.85 | 0 | 23822.32 | 15 | 22919.62 | 2845.7 |
| 水泥配料用页岩 | 2 | 0 | 0 | 2 | 0 | 9 | 2.8 | 0 | 20 | 0 | 19.6 | 3 |
| 建筑用页岩 | 1 | 0 | 0 | 1 | 0 | 11 | 5 | 0 | 200 | 0 | 200 | 60 |
| 高岭土 | 11 | 1 | 3 | 7 | 0 | 367 | 43.67 | 0 | 1705.8 | 0 | 1435.8 | 166.2 |
| 陶瓷土 | 22 | 1 | 6 | 15 | 0 | 564 | 56.86 | 0 | 2233 | 0 | 2223 | 238.14 |
| 膨润土 | 22 | 0 | 4 | 17 | 1 | 182 | 31.5 | 0 | 548 | 5 | 541.2 | 94.2 |
| 砖瓦用黏土 | 1069 | 0 | 0 | 169 | 900 | 51732 | 2226.81 | 0 | 111342.62 | 12623.8 | 106252.69 | 10398.12 |
| 陶粒用黏土 | 4 | 0 | 4 | 0 | 0 | 21 | 4.95 | 0 | 67.25 | 0 | 46.55 | 6.3 |
| 水泥配料用黏土 | 4 | 0 | 0 | 3 | 1 | 60 | 12 | 0 | 170 | 0 | 170 | 13 |
| 水泥配料用红土 | 1 | 0 | 0 | 1 | 0 | 1 | 0 | 0 | 0 | 0 | 0 | 0 |
| 建筑用橄榄岩 | 1 | 1 | 0 | 0 | 0 | 98 | 5.93 | 0 | 116.2 | 0 | 116.2 | 4.45 |
| 饰面用玄武岩 | 1 | 0 | 0 | 1 | 0 | 30 | 5.78 | 0 | 549 | 0 | 549 | 18 |
| 建筑用玄武岩 | 42 | 15 | 7 | 19 | 1 | 605 | 292.54 | 0 | 3968.74 | 0 | 3478.92 | 449.33 |
| 建筑用角闪岩 | 1 | 1 | 0 | 0 | 0 | 130 | 15 | 0 | 300 | 0 | 300 | 100 |

续表 2－2

| 矿种 | 矿山企业数(个) | | | | | 从业人员(人) | 年产矿量 | | 工业总产值(万元) | 综合利用产值(万元) | 矿产品销售收入(万元) | 利润总额(万元) |
|---|---|---|---|---|---|---|---|---|---|---|---|---|
| | 合计 | 大型 | 中型 | 小型 | 小矿 | | 万吨 | 万立方米 | | | | |
| 建筑用辉绿岩 | 4 | 1 | 2 | 1 | 0 | 96 | 12 | 0 | 112 | 0 | 112 | 22 |
| 建筑用安山岩 | 40 | 16 | 7 | 17 | 0 | 467 | 366.86 | 0 | 1694.7 | 0 | 1566.1 | 210.9 |
| 建筑用闪长岩 | 31 | 3 | 18 | 10 | 0 | 654 | 216.31 | 0 | 3117 | 0 | 3117 | 719 |
| 饰面用闪长岩 | 3 | 0 | 0 | 3 | 0 | 70 | 3.4 | 0 | 360 | 0 | 260 | 40 |
| 建筑用二长岩 | 1 | 0 | 0 | 1 | 0 | 25 | 1.3 | 0 | 60 | 0 | 60 | 3 |
| 建筑用花岗岩 | 744 | 115 | 326 | 293 | 10 | 9414 | 3899.81 | 0 | 58489.44 | 60 | 54591.64 | 6191.76 |
| 饰面用花岗岩 | 597 | 4 | 23 | 551 | 19 | 9859 | 1018.77 | 0 | 105611.14 | 3772 | 104102.14 | 17318.3 |
| 铸石用粗面岩 | 1 | 0 | 1 | 0 | 0 | 15 | 7 | 0 | 66 | 0 | 60 | 2 |
| 建筑用凝灰岩 | 69 | 1 | 15 | 53 | 0 | 1427 | 562.92 | 0 | 7001.4 | 0 | 5844.9 | 1429.9 |
| 饰面用大理岩 | 10 | 0 | 0 | 10 | 0 | 176 | 7.18 | 0 | 495.5 | 0 | 495.5 | 81.4 |
| 建筑用大理岩 | 152 | 10 | 3 | 134 | 5 | 2045 | 920.69 | 0 | 6703.55 | 0 | 6614.95 | 1122.65 |
| 水泥用大理岩 | 9 | 0 | 0 | 9 | 0 | 87 | 74.9 | 0 | 677 | 0 | 675 | 98.2 |
| 饰面用板岩 | 1 | 0 | 0 | 1 | 0 | 18 | 2.5 | 0 | 100 | 0 | 100 | 45 |
| 片麻岩 | 20 | 1 | 4 | 13 | 2 | 278 | 109.05 | 0 | 3382.5 | 0 | 3350 | 645.7 |
| 矿泉水 | 98 | 5 | 1 | 82 | 10 | 4508 | 277.2 | 0 | 71574.22 | 0 | 55913.72 | 4608.53 |
| 其他矿产 1 | 4 | 0 | 0 | 4 | 0 | 140 | 2 | 0 | 220 | 56 | 78 | 30 |
| 其他矿产 2 | 12 | 0 | 0 | 12 | 0 | 246 | 64.82 | 0 | 881.86 | 0 | 801.76 | 18.8 |

（山东省国土资源厅　胡智勇）

## 河南省

**【矿产资源概况】** 1.*矿产地数及规模*。全省矿产资源主要分布在京广线以西和豫南、豫北山区丘陵，豫北、豫东平原上仅有中原油田和永夏煤田。煤炭资源集中分布在京广线以西；钼矿资源主要集中分布在洛阳市栾川县、汝阳县境内，豫南信阳市钼矿勘查工作已取得重大突破，显现了豫西、豫南连片的发展前景；石油、天然气资源集中分布在豫东北－濮阳市和豫西南－南阳市；铝土矿集中分布在郑州以西到三门峡一带。截至 2008 年末，全省已发现矿种 127 种，查明资源储量的矿种共计 75 种；已开发利用的为 90 种，其中能源矿产 7 种，金属矿产 20 种，非金属矿产 61 种，水气矿产 2 种。矿业产值连续多年处于全国前 5 位，是我国重要的矿业大省。

截至 2008 年底，载入河南省矿产资源储量简表（矿产资源储量数据库）的矿产共 90 种，当年新增矿区 166 个，矿区数为 1783 个；矿产产地共 1122 个，新增矿区矿产地 407 个。其中：主要矿产产地（含单一矿产产地）1124 个；共生、伴生矿产产地 661 个。按矿床规模划分，在 1783 个矿区中：大型的有 231 个（含特大型）；中型的有 347 个；小型的有 1199 个；暂无规模指标的 1 个（安阳县九龙山霞石正长岩矿区）；不清楚的 5 个。已利用矿区数为 1256 个；未利用矿区数为 527 个。

2.*矿产保有查明资源储量在全国的位次*。全省在已探明储量的矿产资源中，居全国首位的有钛矿（金红石矿物）、镁矿、钼矿、蓝晶石、红柱石、天然碱、化肥用橄榄岩、玻璃用灰岩、水泥配料用黏土、水泥混合材用玄武岩、伊利石黏土、建筑用灰岩、建筑用页岩、饰面用安山岩、珍珠岩 15 种，前 5 位的有 47 种，居前 10 位有 85 种（表 1）。

表 1　　2008 年底河南省矿产保有查明资源储量在全国的位次

| 位次 | 矿　　种 | 矿种数 |
|---|---|---|
| 1 | 钛矿(金红石矿物)、镁矿、钼矿、蓝晶石、红柱石、天然碱、化肥用橄榄岩、玻璃用灰岩、水泥配料用黏土、水泥混合材用玄武岩、伊利石黏土、建筑用灰岩、建筑用页岩、饰面用安山岩、珍珠岩 | 15 |
| 2 | 铝土矿、铸型用砂岩、耐火黏土、含钾岩石、玻璃用凝灰岩、水泥用大理岩、建筑用白云岩、建筑用砂岩、蓝石棉、天然油石 | 10 |
| 3 | 钨矿、镓矿、铼矿、铁矾土、耐火用橄榄岩、方解石、水泥用灰岩、泥灰岩、水泥配料用黄土、建筑用凝灰岩、建筑用玄武岩、建筑用闪长岩 | 12 |
| 4 | 普通萤石(矿石)、熔剂用灰岩、建筑用砂、建筑用角闪岩、建筑用安山岩 | 5 |
| 5 | 玻璃用石英岩、海泡石黏土、片麻岩、石墨(晶质)、岩棉用玄武岩、 | 5 |
| 6 | 钛矿(金红石 $TiO_2$)、金矿、锂矿($Li_2O$)、铯矿($Cs_2O$)、玉石、硅灰石、滑石、陶瓷用砂岩、水泥用凝灰岩、建筑用辉绿岩、建筑用花岗岩、饰面用灰岩 | 12 |
| 7 | 铷 $Rb_2O$、冶金用石英岩、电石用灰岩、含钾砂页岩、盐矿(NaCl)、饰面用大理岩、饰面用板岩、陶粒用黏土 | 8 |
| 8 | 玻璃用脉石英、砖瓦用页岩、石墨(隐晶质)、蛭石、沸石、铸石用玄武岩 | 6 |
| 9 | 煤炭、石煤、钛矿原生钛(磁)铁矿 $TiO_2$、铍矿(BeO)、轻稀土矿(稀土氧化物)、铟矿、石榴子石、制灰用灰岩、建筑用大理岩、透辉石 | 10 |
| 10 | 普通萤石(萤石矿物或 $CaF_2$)、饰面用辉绿岩 | 2 |
| 11 | 油页岩、铁矿、钽矿($Ta_2O_5$)、菱镁矿、冶金用白云岩、硫铁矿、叶腊石、水泥配料用砂岩 | 8 |
| 12 | 石油、锑矿、重晶石、石膏 | 4 |
| 13 | 钒矿、铌矿($Nb_2O_5$)、长石 | 3 |
| 14 | 铅矿、锗矿、冶金用脉石英、化肥用蛇纹岩、砖瓦用黏土 | 5 |
| 15 | 银矿、玻璃用白云岩 | 2 |
| 16 | 天然气、锌矿、磷矿、饰面用花岗岩、云母 | 5 |
| 17 | 镉矿、压电水晶、高岭土 | 3 |
| 18 | 砷、熔炼水晶 | 2 |
| 19 | 锰矿、膨润土 | 2 |
| 20 | 钴矿 | 1 |
| 21 | 玻璃用砂岩 | 1 |
| 23 | 铜 | 1 |
| 24 | 陶瓷土 | 1 |

**资料来源**:《截至 2008 年底全国矿产资源储量汇总表》。

3.优势矿产。储量与开发具有较大优势的矿产有煤、石油、天然气、铝土矿、钼、金、银、炼镁用白云岩、耐火黏土、萤石、水泥灰岩、玉石、天然碱等,其中煤、铝土矿、耐火黏土、钼、金等矿产采选加工业在全国占有重要地位,对河南省社会经济的发展具有重大影响。

优势矿产可归纳为煤、石油、天然气三大能源矿产;钼、金、铝、银“四大金属矿产”;天然碱、盐矿、耐火黏土、蓝石棉、珍珠岩、水泥灰岩、石英砂岩等“七大非金属矿产”。但部分矿种资源缺乏,铁矿 95% 为贫矿;磷矿资源贫乏;锰、镍、金刚石等矿产严重不足;铜、铅、锌的资源比较紧张。

4.主要矿种资源储量及消耗情况。2008 年河南省矿产因开采造成资源储量消耗较大的矿种有:建筑用储矿、锑矿、铌矿、铍矿、铷矿、金矿、蛭石、铯矿、钽矿、银矿、玻璃用白云岩、铜矿、云母、石榴子石、制灰用石灰岩、镉矿、玻璃用石英岩、石墨、普通萤石、铅矿、岩棉用玄武岩、钨矿、锂矿、玉石等。开采消耗的资源储量均占累计查明总量的 20% 以上。特别是锗矿、锑矿、铌矿、铍矿、普通萤石、铷矿、金矿、蛭石、铯矿、钽矿、银矿、玻璃用白云岩、铜矿,资源储量消耗的比例分别高达 40% 以上,后备资源严重不足,属于强力开发。煤和铝土矿的资源储量消耗比例虽只有 14.22% 和 10.40%,但储采比(保有储量/历年开采量)高于全国平均水平,亦属强力开发。铝土矿的保有资源储量总量大,但富矿石所剩不多,据氧化铝实际产量判断,每年的铝土矿实际消耗量远大于年度矿石统计量(表2)。

**表2　2008年底河南省主要矿种资源储量及消耗情况统计**

| 矿种 | 查明资源储量 | | | | | 有储量全国位次(2008年底) |
|---|---|---|---|---|---|---|
| | 单位 | 累计查明 | 历年开来消耗 | 消耗占累查百分率 | 2008年底保有 | |
| 煤炭 | 千吨 | 31576072.5 | 4489806.41 | 14.22 | 27086266.09 | 9 |
| 铁矿 | 矿石 千吨 | 1424962.34 | 112937.14 | 7.93 | 1312025.2 | 9 |
| 铜矿 | 铜 吨 | 479874.02 | 194160.47 | 40.46 | 285713.55 | 23 |
| 铅矿 | 铅 吨 | 1539480.3 | 386347.84 | 25.10 | 1153132.46 | 14 |
| 锌矿 | 锌 吨 | 1999558.16 | 363553.57 | 18.18 | 1636004.59 | 16 |
| 铝土矿 | 矿石 千吨 | 777201.39 | 80806.34 | 10.40 | 696395.05 | 2 |
| 钼矿 | 钼 吨 | 3809468.15 | 178382.8 | 4.68 | 3631085.35 | 1 |
| 金矿 | 金 千克 | 868140.5 | 567730.1 | 65.40 | 300410.4 | 6 |
| 银矿 | 银 吨 | 7587.69 | 4158.21 | 54.80 | 3429.48 | 15 |
| 普通萤石 | $CaF_2$千吨 | 7436.51 | 5118.74 | 68.83 | 2317.77 | 4 |
| 熔剂用灰岩 | 矿石 千吨 | 990802.1 | 198003.58 | 19.98 | 792798.52 | 4 |
| 耐火黏土 | 矿石 千吨 | 294940.5 | 40967.56 | 13.89 | 253972.94 | 2 |
| 硫铁矿 | 矿石 千吨 | 144201.37 | 12423.48 | 8.62 | 131777.89 | 11 |
| 天然碱 | 矿石 千吨 | 100832.0 | 8687.0 | 8.62 | 92145.0 | 1 |
| 电石用灰岩 | 矿石 千吨 | 191219.0 | 10307 | 5.39 | 180912 | 7 |
| 化肥用蛇纹岩 | 矿石 千吨 | 66455.3 | 1216 | 1.83 | 65239.3 | 14 |
| 盐矿 | NaCl 千吨 | 8069288.8 | 57525.8 | 0.71 | 8011763.0 | 7 |
| 玉石 | 矿石 吨 | 23827.46 | 5024.0 | 21.08 | 18803.46 | 6 |
| 水泥用灰岩 | 矿石 千吨 | 6231132.94 | 295364.9 | 4.74 | 5935768.04 | 3 |
| 玻璃用石英岩 | 矿石 千吨 | 118795.72 | 31645.11 | 26.64 | 87150.61 | 5 |
| 膨润土 | 矿石 千吨 | 18879.8 | 368.74 | 1.95 | 18511.06 | 19 |
| 珍珠岩 | 矿石 千吨 | 140570.0 | 26472.0 | 18.83 | 114098.0 | 1 |
| 饰面用大理岩 | 矿石 千立方米 | 47169.42 | 3252.35 | 6.90 | 43917.07 | 7 |
| 水泥用大理岩 | 矿石 千吨 | 443871.3 | 30420.7 | 6.85 | 413450.6 | 2 |

**【矿产地质勘查】** 1.*勘查队伍*。1998年,国家对地勘队伍的管理体制实行改革,从事矿产地质的勘查队伍实行属地化管理,石油天然气地质队伍划归全国性行业集团公司。目前在河南省境内从事矿产勘查的地质队伍有地矿、石油、煤炭、有色、化工、建材、核工业、武警黄金系统等。2006年以来从事常年矿产地质勘查人员4200人左右。

2.*探矿权办理情况*。2008年度共办理勘查登记项目649件。收取探矿权价款13.5亿元,收取探矿权使用费159.3万元、探矿权登记费4.2万元。按照省政府豫政办[2008]60号文件要求,自2008年9月1日起停止受理自然文化保护区范围内的探矿权申请。

3.*地质勘查资金投入情况*。2008年野外施工的各类矿产勘查项目290项,投入资金60022万元(较2007年减少46649万元),其中,中央财政投入8324万元,地方财政投入32681万元,社会资金投入19107万元。各项出资比例为:中央财政13.87%,地方财政54.45%,社会资金31.80%。

2008年全省形成工作量的地质勘查投入,按矿种分:煤炭23358万元、地热1499万元、铁8735万元、钒216万元、铜2900万元、铝土7108万元、铅锌2624万元,钼3205万元,锑378万元、金8690万元、银332万元,水泥灰岩160万元,正长细晶岩158万元、陶瓷黏土146万元、地下水504万元(表3)。

表3　　河南省2008年勘查资金和主要工作量完成情况

| 矿产类别 | 勘查项目个数 | 投入资金总额(万元) | | | | 主要实物工作量 | | | |
|---|---|---|---|---|---|---|---|---|---|
| | | 中央财政投入 | 地方财政投入 | 社会资金投入 | 合计 | 钻探(米) | 坑探(米) | 槽探(万立方米) | 浅井(米) |
| 一、能源 | 56 | | 23948 | 909 | 56 | 91990 | 28699 | 0.25 | |
| 煤炭 | 52 | | 22449 | 909 | 23358 | 89607 | | 0.25 | 208 |
| 地热 | 4 | | 1499 | | 1499 | 2383 | | | |
| 二、黑色金属 | 63 | 419 | 2158 | 6374 | 8951 | 90239 | 2989 | 1.6 | 3067 |
| 铁 | 61 | 419 | 2158 | 6158 | 8735 | 88418 | 2989 | 1.37 | 3067 |
| 钒 | 2 | | | 216 | 216 | 1821 | | 0.23 | |
| 三、有色金属 | 101 | 2513 | 4657 | 9045 | 16215 | 125239 | 4047 | 5.75 | 3681 |
| 铜 | 13 | 1663 | 521 | 716 | 2900 | 7212 | 242 | 0.6 | |
| 铝 | 30 | 750 | 1873 | 4485 | 7108 | 82121 | | 0.69 | |
| 铅锌 | 36 | 100 | 1150 | 1374 | 2624 | 15872 | 2456 | 1.8 | 1855 |
| 钼 | 20 | | 1113 | 2092 | 3205 | 18280 | 401 | 2.62 | 1526 |
| 锑 | 2 | | | 378 | 378 | 1754 | 948 | 0.04 | 300 |
| 四、贵金属 | 62 | 5302 | 1268 | 2452 | 9022 | 39389 | 14733 | 1.72 | 3268 |
| 金 | 56 | 5243 | 1221 | 2226 | 8690 | 37582 | 14324 | 1.52 | 3268 |
| 银 | 6 | 59 | 47 | 226 | 332 | 1807 | 409 | 0.2 | |
| 五、化工建材及其他非金属 | 6 | | 146 | 327 | 473 | 4197 | | 0.96 | |
| 水泥灰岩 | 3 | | | 160 | 160 | 1203 | | 0.81 | |
| 石墨 | 1 | | | | | | | 0.02 | |
| 正长细晶岩 | 1 | | | 158 | 158 | 1494 | | 0.08 | |
| 陶瓷黏土矿 | 1 | | 146 | | 146 | 1500 | | 0.05 | |
| 六、水气 | 2 | | 504 | | 504 | | | | |
| 地下水 | 2 | | 504 | | 504 | | | | |
| 合计 | 290 | 60022 | 8323 | 32681 | 19107 | 351054 | 21769 | 10.28 | 10016 |

**【地质勘查成果】** 2008年,全省地质勘查及找矿工作取得了新进展,新发现矿产地29处,其中,大型13处、中型8处。新增查明矿产资源储量分别为:煤1492435千吨,铁214275矿石千吨,铜133655金属吨,铝109411矿石千吨,铅465699金属吨,锌173478金属吨,钼矿112918金属吨,金50417金属千克,银248478金属千克,锑4007金属吨,正长细晶岩12644矿石千吨,钒($V_5O_2$)8矿石千吨。(表4)。

表4　　河南省2008年主要矿产新增查明矿产资源储量和新发现矿产地况

| 矿种 | 计量单位 | 资源储量 | | | 2008年新发现矿产地 | | | |
|---|---|---|---|---|---|---|---|---|
| | | 基础储量 | 资源量 | 合计 | 大型 | 中型 | 小型 | 合计 |
| 煤 | 千吨 | 586300 | 906136 | 1492436 | 7 | 3 | 3 | 13 |
| 铁 | 矿石千吨 | 980 | 213295 | 214275 | | | 2 | 2 |
| 铜 | 金属吨 | 9500 | 124155 | 133655 | | | 3 | 3 |
| 铝 | 矿石千吨 | 21114.1 | 88297 | 109411 | 1 | | | 1 |
| 铅 | 金属吨 | | 465699 | 465699 | | | | |
| 锌 | 金属吨 | | 173478 | 173478 | | | | |
| 钼 | 金属吨 | 30949.18 | 81969 | 112918 | | 1 | | 1 |
| 金 | 金属千克 | 6826.2 | 43591 | 50417 | | 3 | | 3 |
| 银 | 金属千克 | 159 | 248319 | 248478 | | 1 | | 1 |
| 锑 | 金属吨 | | 4007 | 4007 | | | | |
| 正长细晶岩 | 矿石千吨 | | 12644 | 12644 | | | | |
| 钒($V_5O_2$) | 矿石千吨 | | 8 | 8 | | | | |

【矿产资源开发利用】 1.采矿权办理情况。2008年审查各类采矿登记报件600余件，办结548件，办结率为91.3%；办理采矿许可证临时延续登记手续217件；组织采矿权挂牌出让7个矿区，成交价款11002万元。省级采矿权价款和使用费征缴入库18.5亿元。完成采矿权价款年度征缴计划15亿元的120%。采矿权价款评估备案137项，评估值16.33亿元。

2.矿山企业数及从业人数。2008度河南省共有4488个各类经济性质的独立核算采矿单位从事矿业生产活动，开发利用矿产数为103种(含亚矿种)。国有矿山企业数193个，其他经济类型矿山(点)为4295个。生产矿山(点)为2040个，筹建矿山434个，停产矿山1757个，关闭矿山102个。

2008年度全省从事矿业生产人数为41万人，比2007年减少11.8万人。国有矿山企业为11.75万人，占28.5%，其他经济类型矿山(点)为29.25万人，占71.5%。石油、天然气开采业36366人，比2007年增加1444人。

3.固、液体矿石产量。2008年度，全省固、液体矿石产量为30005.74万吨，比2007年增加6299万吨。其中：国有矿山企业固体矿产年产量6866.16万吨；其他经济类型矿山(点)固体矿产年产量为23139.58万吨。原油年产量480.81万吨，比2007年减少4.2万吨；天然气年产量11.22亿立方米，比2007年减少4.28亿立方米。

2008年河南省固体矿产矿石总产量约为3.0亿吨，产量大于100万吨的矿产为煤、铁、铅、铝土矿、钼矿、金矿、熔剂用灰岩、天然碱、盐矿、水泥用灰岩、建筑石料用灰岩、建筑用白云岩、建筑用砂、砖瓦用黏土、建筑用花岗岩、饰面用花岗岩、建筑用大理岩、水泥用大理岩、珍珠岩等19种，其中煤矿、钼矿、水泥用灰岩、建筑石料用灰岩产量达千万吨以上(表5)。

表5　**2008年度河南省矿产资源开发利用情况统计汇总(按矿产种分列)**

| 序号 | 矿种 | 矿山企业(个) | 从业人员(人) | 年产矿量 | | 业总产值 | 矿产品销售收入 | 利润总额 |
|---|---|---|---|---|---|---|---|---|
| | | | | (万吨) | (万立方米) | (万元) | (万元) | (万元) |
| 1 | 煤炭 | 796 | 316887 | 14387.39 | 0 | 6180837.13 | 5732357.36 | 975638 |
| 2 | 石煤 | 1 | 83 | 0 | 0 | 0 | 0 | 0 |
| 3 | 地下热水 | 4 | 275 | 60.96 | 0 | 2029.6 | 257 | 155.05 |
| 4 | 铁矿 | 215 | 8386 | 605.1 | 0 | 283004.21 | 170620.21 | 49990.29 |
| 5 | 锰矿 | 1 | 20 | 0.9 | 0 | 180.4 | 180.4 | 42 |
| 6 | 钛矿 | 2 | 36 | 5 | 0 | 250 | 250 | -67 |
| 7 | 钒矿 | 3 | 69 | 2 | 0 | 200 | 200 | 19 |
| 8 | 铜矿 | 13 | 387 | 13.95 | 0 | 5651 | 5023 | 86 |
| 9 | 铅矿 | 134 | 2592 | 638.48 | 0 | 65392.8 | 65270.4 | 32918.18 |
| 10 | 锌矿 | 16 | 233 | 0.8 | 0 | 50 | 50 | 28.4 |
| 11 | 铝土矿 | 69 | 4824 | 398.32 | 0 | 54923.02 | 53357.02 | 2351 |
| 12 | 钼矿 | 29 | 9884 | 1846.41 | 0 | 1297622.8 | 718703.95 | 275043 |
| 13 | 锑矿 | 4 | 150 | 2.91 | 0 | 1102 | 1102 | 78 |
| 14 | 金矿 | 80 | 13491 | 286.09 | 0 | 187920.14 | 172927.44 | 24397.82 |
| 15 | 银矿 | 4 | 432 | 27.39 | 0 | 10367.8 | 10223.78 | 165 |
| 16 | 锂矿 | 3 | 30 | 0 | 0 | 0 | 0 | 0 |
| 17 | 蓝晶石 | 2 | 282 | 2 | 0 | 1345 | 1153.5 | 86 |
| 18 | 矽线石 | 1 | 5 | 0 | 0 | 0 | 0 | 0 |
| 19 | 红柱石 | 1 | 256 | 0 | 0 | 0 | 0 | 0 |
| 20 | 普通萤石 | 262 | 3370 | 72.89 | 0 | 17618.3 | 15883.3 | 2404.6 |
| 21 | 熔剂用灰岩 | 17 | 549 | 202.22 | 0 | 6068.5 | 26906.5 | 687.14 |
| 22 | 冶金用白云岩 | 13 | 350 | 24.96 | 0 | 262 | 259 | 123 |
| 23 | 冶金用石英岩 | 8 | 39 | 0.15 | 0 | 0.9 | 0.75 | 0 |
| 24 | 冶金用脉石英 | 11 | 77 | 0.52 | 0 | 51 | 51 | 0 |
| 25 | 耐火黏土 | 24 | 226 | 6.39 | 0 | 585.2 | 569.9 | 31 |
| 26 | 铁矾土 | 24 | 324 | 2.43 | 0 | 121 | 121 | -35 |
| 27 | 耐火用橄榄岩 | 1 | 16 | 0 | 0 | 0 | 0 | 0 |
| 28 | 硫铁矿 | 12 | 1181 | 29.3 | 0 | 3450.75 | 3350.74 | 276 |
| 29 | 重晶石 | 20 | 266 | 5.01 | 0 | 240.57 | 239.32 | 31.2 |

**续表 5－1**

| 序号 | 矿种 | 矿山企业(个) | 从业人员(人) | 年产矿量 | | 业总产值(万元) | 矿产品销售收入(万元) | 利润总额(万元) |
|---|---|---|---|---|---|---|---|---|
| | | | | (万吨) | (万立方米) | | | |
| 30 | 天然碱 | 2 | 1038 | 144.45 | 0 | 133281 | 115322 | 29649 |
| 31 | 含钾岩石 | 4 | 38 | 0.3 | 0 | 5 | 5 | 0.15 |
| 32 | 化肥用蛇纹岩 | 3 | 38 | 0 | 0 | 0 | 0 | 0 |
| 33 | 盐矿 | 5 | 3238 | 415.9 | 0 | 74215 | 63189.95 | 3038.88 |
| 34 | 石墨 | 15 | 260 | 2.57 | 0 | 126.9 | 105.9 | 29 |
| 35 | 硅灰石 | 2 | 13 | 0 | 0 | 0 | 0 | 0 |
| 36 | 滑石 | 4 | 60 | 0 | 0 | 0 | 0 | 0 |
| 37 | 云母 | 2 | 5 | 0 | 0 | 0 | 0 | 0 |
| 38 | 长石 | 19 | 222 | 2 | 0 | 145 | 145 | 28.5 |
| 39 | 叶腊石 | 4 | 22 | 0 | 0 | 0 | 0 | 0 |
| 40 | 蛭石 | 1 | 15 | 0 | 0 | 0 | 0 | 0 |
| 41 | 沸石 | 2 | 0 | 0 | 0 | 0 | 0 | 0 |
| 42 | 石膏 | 8 | 90 | 2 | 0 | 70 | 70 | 5 |
| 43 | 方解石 | 9 | 76 | 0 | 0 | 0 | 0 | 0 |
| 44 | 光学萤石 | 1 | 15 | 0 | 0 | 0.9 | 0 | 0 |
| 45 | 宝石 | 1 | 18 | 0 | 0 | 10 | 10 | 2 |
| 46 | 玉石 | 1 | 92 | 0.01 | 0 | 151 | 120 | 44.12 |
| 47 | 玻璃用灰岩 | 7 | 59 | 8.48 | 0 | 102.5 | 102 | 0 |
| 48 | 水泥用灰岩 | 183 | 5386 | 1859.43 | 0 | 117008.5 | 98688.12 | 5374.3 |
| 49 | 建筑石料用灰岩 | 1674 | 22019 | 6654.8 | 0 | 59395.89 | 48332.54 | 5349.58 |
| 50 | 饰面用灰岩 | 4 | 10 | 0 | 0 | 0 | 0 | 0 |
| 51 | 制灰用石灰岩 | 43 | 426 | 85.74 | 0 | 5088 | 4974 | 149.28 |
| 52 | 泥灰岩 | 12 | 98 | 0 | 0 | 0 | 0 | 0 |
| 53 | 玻璃用白云岩 | 5 | 31 | 0.8 | 0 | 16.4 | 15.5 | 1.25 |
| 54 | 建筑用白云岩 | 61 | 742 | 161.82 | 0 | 2551 | 1546 | 403.3 |
| 55 | 玻璃用石英岩 | 64 | 870 | 37.46 | 0 | 2987.1 | 2977 | －47.1 |
| 56 | 玻璃用砂岩 | 4 | 14 | 0.3 | 0 | 30 | 30 | 10 |
| 57 | 水泥配料用砂岩 | 23 | 13 | 7.45 | 0 | 217.92 | 183.62 | 10 |
| 58 | 砖瓦用砂岩 | 3 | 20 | 0 | 0 | 0 | 0 | 0 |
| 59 | 陶瓷用砂岩 | 1 | 30 | 10.1 | 0 | 50 | 30 | 5 |
| 60 | 建筑用砂岩 | 15 | 201 | 8.98 | 0 | 248 | 113 | 65.5 |
| 61 | 建筑用砂 | 83 | 1395 | 619.17 | 0 | 4800.9 | 3581.4 | 632.29 |
| 62 | 玻璃用脉石英 | 16 | 168 | 3.63 | 0 | 405 | 285 | 68.2 |
| 63 | 粉石英 | 1 | 14 | 1 | 0 | 120 | 30 | 5 |
| 64 | 天然油石 | 1 | 2 | 0 | 0 | 0 | 0 | 0 |
| 65 | 砖瓦用页岩 | 25 | 310 | 28.85 | 0 | 624.2 | 509.2 | 128.84 |
| 66 | 建筑用页岩 | 14 | 836 | 58.7 | 0 | 1425 | 1365 | 166.4 |
| 67 | 高岭土 | 14 | 181 | 0 | 0 | 0 | 0 | 0 |
| 68 | 陶瓷土 | 3 | 12 | 0 | 0 | 0 | 0 | 0 |
| 69 | 伊利石黏土 | 1 | 4 | 0 | 0 | 0 | 0 | 0 |
| 70 | 膨润土 | 8 | 86 | 13.1 | 0 | 402 | 440 | 37.2 |
| 71 | 砖瓦用黏土 | 19 | 989 | 194.8 | 0 | 5575 | 5338.8 | 1107.88 |
| 72 | 陶粒用黏土 | 7 | 34 | 3.5 | 0 | 38 | 17.5 | 3.8 |
| 73 | 水泥配料用黏土 | 1 | 856 | 0 | 0 | 0 | 0 | 0 |
| 74 | 建筑用辉石岩 | 2 | 21 | 0 | 0 | 0 | 0 | 0 |
| 75 | 水泥混合材玄武岩 | 1 | 3 | 0 | 0 | 0 | 0 | 0 |
| 76 | 建筑用玄武岩 | 16 | 222 | 56.67 | 0 | 1374 | 739 | 176.2 |
| 77 | 饰面用角闪岩 | 1 | 10 | 12.6 | 0 | 135 | 135 | 8 |

续表 5-2

| 序号 | 矿种 | 矿山企业(个) | 从业人员(人) | 年产矿量 | | 业总产值 | 矿产品销售收入 | 利润总额 |
|---|---|---|---|---|---|---|---|---|
| | | | | (万吨) | (万立方米) | (万元) | (万元) | (万元) |
| 78 | 饰面用辉绿岩 | 3 | 65 | 0.61 | 0 | 20 | 20 | 8.3 |
| 79 | 建筑用辉绿岩 | 3 | 7 | 0 | 0 | 0 | 0 | 0 |
| 80 | 建筑用辉长岩 | 1 | 3 | 0 | 0 | 0 | 0 | 0 |
| 81 | 饰面用安山岩 | 1 | 3 | 0 | 0 | 0 | 0 | |
| 82 | 建筑用安山岩 | 8 | 138 | 58.69 | 0 | 471 | 430 | 77.4 |
| 83 | 建筑用闪长岩 | 1 | 46 | 0 | 0 | 0 | 0 | 0 |
| 84 | 建筑用花岗岩 | 83 | 1057 | 164.83 | 0 | 4577.3 | 3108.3 | 547.9 |
| 85 | 饰面用花岗岩 | 43 | 584 | 120.55 | 0 | 3662 | 2560.7 | 550 |
| 86 | 珍珠岩 | 4 | 777 | 125 | 0 | 10400 | 10400 | 2146 |
| 87 | 建筑用流纹岩 | 1 | 4 | 0 | 0 | 0 | 0 | 0 |
| 88 | 浮石 | 1 | 0 | 0 | 0 | 0 | 0 | 0 |
| 89 | 霞石正长岩 | 1 | 60 | 0.6 | 0 | 12 | 12 | 1 |
| 90 | 水泥用凝灰岩 | 5 | 25 | 0 | 0 | 0 | 0 | 0 |
| 91 | 建筑用凝灰岩 | 18 | 213 | 48.49 | 0 | 1540 | 1365 | 81.5 |
| 92 | 火山渣 | 1 | 3 | 0.5 | 0 | 15 | 5 | 2 |
| 93 | 饰面用大理岩 | 56 | 377 | 13.8 | 0 | 465.5 | 465.5 | 97.3 |
| 94 | 建筑用大理岩 | 68 | 668 | 235.23 | 0 | 4115.3 | 3287.8 | 549.7 |
| 95 | 水泥用大理岩 | 3 | 488 | 125.1 | 0 | 980 | 901 | 171 |
| 96 | 玻璃用大理岩 | 1 | 5 | 0 | 0 | 0 | 0 | 0 |
| 97 | 饰面用板岩 | 1 | 3 | 2.8 | 0 | 30 | 10 | 2 |
| 98 | 片石 | 5 | 43 | 2.24 | 0 | 3 | 3 | 2 |
| 99 | 片麻岩 | 4 | 91 | 1.48 | 0 | 148 | 148 | 20 |
| 100 | 矿泉水 | 6 | 165 | 12.4 | 0 | 198 | 108 | 43.25 |
| 101 | 其他矿产 1 | 4 | 38 | 77.1 | 0 | 102 | 30.72 | 0 |
| 102 | 其他矿产 2 | 1 | 30 | 0.16 | 0 | 120 | 120 | 20 |
| 合计 | | 4488 | 410025 | 30005.74 | 8556732.43 | 0 | 7350433.11 | 1415131.36 |

4.矿山企业现价工业总产值。2008 年度全省矿山企业采选工业总产值 8556732.43 万元,比 2007 年度减少了 368410.12 万元。矿山企业工业总产值中,国有企业为 2580946.81 万元,占全省矿业总产值的 30.16%,其他经济类型矿山(点)为 5975785.62 万元,占 69.84%。石油、天然气开采业现价工业总产值为 2683764 万元。

5.省辖各市矿产开发状况。2008 年,省辖各市矿业总产值前 10 位的行政区分别为:平顶山市、洛阳市、濮阳市、郑州市、南阳市、商丘市、三门峡市、鹤壁市、焦作市、许昌市。

煤炭产业基地平顶山工业总产值 206.64 亿元,高居全省第一;洛阳市矿业工业总产值较 2007 年有较大幅度增长,为 170.39 亿元,为全省第二位;豫北濮阳市(主要是石油、天然气)矿业总产值 169.08 亿元,为全省第三位。

省会郑州市 2008 年矿业总产值 150.30 亿元,较 2007 年有大幅度增长,矿业总产值继续保持全省第四位。南阳市矿业总产值 115.87 亿元居全省第五位(表 6)。

表6　　2008年度河南省、固体矿产开发情况

| 行政区名称 | 矿山个数 | 从业人员(人) | 年产矿量 | | 业总产值(万元) | 综合利用产值(万元) | 矿产品销售收入(万元) | 利润总额(万元) |
|---|---|---|---|---|---|---|---|---|
| | | | (万吨) | (亿立方米) | | | | |
| 合计 | 4488 | 410025 | 30005.74 | 0 | 8556732.43 | 534361.17 | 7350433.11 | 1415131.36 |
| 郑州市 | 692 | 118773 | 6058.77 | 0 | 1503046.32 | 160634.86 | 1487934.36 | 155618.26 |
| 洛阳市 | 723 | 39618 | 3768.62 | 0 | 1703868.75 | 42403.75 | 1065488.15 | 350528.61 |
| 平顶山市 | 403 | 103676 | 5437.49 | 0 | 2066404.68 | 48247.26 | 1861272.51 | 276390.66 |
| 安阳市 | 243 | 8047 | 934.42 | 0 | 137172.1 | 18881.7 | 103017.06 | 34480.08 |
| 鹤壁市 | 196 | 21880 | 1109.77 | 0 | 473979.23 | 113.4 | 412686.27 | 35699.33 |
| 新乡市 | 190 | 3681 | 1804.83 | 0 | 38326.84 | 923.0 | 32394.28 | 1837.05 |
| 焦作市 | 158 | 7018 | 1462.48 | 0 | 317688.54 | 4129.26 | 292339.92 | 7019.16 |
| 济源市 | 120 | 8316 | 347.76 | 0 | 39948.6 | 12205.9 | 486.638 | 3386.35 |
| 许昌市 | 386 | 26653 | 1605.62 | 0 | 250946.94 | 0 | 250661.61 | 49152.75 |
| 三门峡市 | 279 | 31551 | 2212 | 0 | 611808.92 | 11845.44 | 476671.17 | 63268.23 |
| 南阳市 | 366 | 8272 | 1086.09 | 0 | 165762.42 | 1141.8 | 144029.97 | 33454.92 |
| 商丘市 | 8 | 19623 | 1451.91 | 0 | 1158395.19 | 231383 | 1112445.12 | 392602.64 |
| 信阳市 | 261 | 7052 | 1005.23 | 0 | 40620.5 | 1426.6 | 39749 | 7303.42 |
| 驻马店市 | 463 | 5865 | 1720.75 | 0 | 48763.4 | 1025.2 | 33257.1 | 4389.9 |

**【矿产品供销形势分析】** 1.*矿产采选及加工业在经济中的地位*。2008年全省规模以上矿产采选企业共1431个,当年完成工业增加值1188.56亿元;矿产原料加工制品业共有限额以上工业企业4594个,当年完成工业增加值2971.73亿元。矿产原料加工制品业共有限额以上工业企业4594个,当年完成工业增加值2971.73亿元。矿产采选和矿产加工制品业合计限额以上企业6025个,共完成工业增加值3630.70亿元,占全省规模以上工业企业工业增加值的49.69%。

2008年全省分行业全部矿产采选企业当年完成工业增加值1149.60亿元;矿产原料加工制品业当年完成工业增加值2971.73亿元。矿产采选和矿产加工制品业合计共完成工业增加值4421.33亿元,占全省工业企业工业增加值的46.31%。矿产采选及矿产加工制品业在全省工业中仍占有重要地位。

2008年全省矿业企业和后续加工产业工业增加值继续呈现整体上涨势头,非金属矿物制品业以1146.65亿元位列第一。煤炭开采和洗选业较2007年增加了243.47亿元,达到736.96亿元,居表中第二。黑色金属冶炼及压延加工业排名第三(表7)。

对比表7和表8可看出,规模以上工业企业是全省矿业工业经济的主导力量,规模以上工业企业年度创造的工业增加值占全部矿业经济工业增加值的81.9%。其中,规模以上矿产采选业创造工业增加值占全部矿产采选业工业增加值的82.1%。

表7　　2007年河南省分行业工业增加值

| 行　　业 | 增加值(亿元) | 指数(2007年=100) |
|---|---|---|
| 一、矿产采选业合计 | 1449.60 | |
| 1. 煤炭开采和洗选业 | 736.96 | 113.2 |
| 2. 石油和天然气开采业 | 169.48 | 99.4 |
| 3. 黑色金属矿采选业 | 52.35 | 118.1 |
| 4. 有色金属矿采选业 | 266.49 | 135.7 |
| 5. 非金属矿采选业 | 223.38 | 117.0 |
| 6. 其他采选业 | 0.92 | 111.7 |
| 二、矿产原料加工制品业合计 | 2971.73 | |
| 1. 石油加工、炼焦业及核燃料加工业 | 180.64 | 102.7 |
| 2. 化学原料及化学制品制造业 | 416.62 | 110.5 |
| 3. 非金属矿物制品业 | 1146.65 | 112.1 |
| 4. 黑色金属冶炼及压延加工业 | 520.61 | 105.8 |
| 5. 有色金属冶炼及压延加工业 | 481.75 | 119.9 |
| 6. 金属制品业 | 201.08 | 121.3 |
| 7. 煤气生产和供应业 | 13.08 | 136.7 |
| 8. 水的生产和供应业 | 11.3 | 100.9 |
| 总计 | 4421.33 | |

**资料来源:**《河南统计年鉴2009》。

表8 2008年河南省规模以上工业企业分行业单位数、增加值

| 行业 | 单位数(个) | 增加值(亿元) | 指数 |
|---|---|---|---|
| 一、矿产采选业合计 | 1431 | 1188.56 | |
| 1.煤炭采选业和洗选业 | 697 | 675.40 | 113.5 |
| 2.石油和天然气开采业 | 5 | 169.45 | 99.4 |
| 3.黑色金属矿采选业 | 131 | 34.70 | 131.9 |
| 4.有色金属矿采选业 | 328 | 231.30 | 141.2 |
| 5.非金属矿采选业 | 269 | 77.29 | 134.7 |
| 6.其他采选业 | 1 | 0.42 | 115.7 |
| 二、矿产原料加工制品业合计 | 4594 | 2442.14 | |
| 1.石油加工、炼焦业及核燃料加工业 | 86 | 173.80 | 102.5 |
| 2.化学原料及化学制品制造业 | 958 | 374.12 | 112.3 |
| 3.非金属矿物制品业 | 2242 | 776.85 | 119.8 |
| 4.黑色金属冶炼及压延加工业 | 278 | 510.92 | 106.0 |
| 5.有色金属冶炼及压延加工业 | 440 | 466.29 | 120.4 |
| 6.金属制品业 | 504 | 120.35 | 131.7 |
| 7.煤气生产和供应业 | 26 | 12.31 | 139.9 |
| 8.水的生产和供应业 | 60 | 7.50 | 104.3 |
| 总计 | 6025 | 3630.70 | |

**资料来源:**《河南统计年鉴2009》。

2.矿产品及加工制品产量。产量居前十位的为:原煤、润滑油、天然气、生铁、钢材、浓硝酸、纯苯、化学农药(原药)、水泥、平板玻璃(表9)。

表9 2008年河南省主要矿产品及矿产加工制品产量统计

| 产品名称 | 产量 | 单位 |
|---|---|---|
| 原煤 | 20888.27 | 万吨 |
| 焦炭 | 2041.66 | 万吨 |
| 原油 | 475.80 | 万吨 |
| 原油加工量 | 663.86 | 万吨 |
| 汽油 | 159.42 | 万吨 |
| 柴油 | 247.49 | 万吨 |
| 润滑油 | 124865.1 | 吨 |
| 天然气 | 143971 | 万立方米 |
| 铁矿石(原矿量) | 807.31 | 万吨 |
| 铁合金 | 136.74 | 万吨 |
| 生铁 | 1715.97 | 万吨 |
| 钢材 | 2570.77 | 万吨 |
| 十种有色金属 | 475.12 | 万吨 |
| 铜材 | 43.52 | 万吨 |
| 原铝 | 327.53 | 万吨 |
| 氧化铝 | 856.58 | 万吨 |
| 硫铁矿(生产量) | 10.72 | 万吨 |
| 硫酸 | 177.02 | 万吨 |
| 浓硝酸 | 217028 | 吨 |
| 纯碱 | 226.50 | 万吨 |
| 烧碱 | 118.03 | 万吨 |
| 原盐 | 247.55 | 万吨 |
| 电石(折合量) | 17.39 | 万吨 |
| 纯苯 | 83931 | 吨 |
| 合成氨 | 532.7 | 万吨 |
| 农用化肥(折纯量) | 536.04 | 万吨 |
| 化学农药(原药) | 69711.4 | 吨 |
| 水泥 | 10227.04 | 万吨 |
| 平板玻璃 | 3208.93 | 万重量箱 |

**资料来源:**河南省统计局《河南统计年鉴2009》。

**【地质环境管理】** 1.地质灾害。2008年全省共发生地质灾害15起,其中地面塌陷12起、滑坡2起、崩塌1起,造成直接经济损失80.35万元,无人员伤亡。2008年和2007年相比,全省地质灾害发生数量下降6%、直接经济损失减少255.81万元。2008年,组织专家对全省23个重要地质灾害隐患点进行了现场核查,并逐个编制了地质灾害防治工程可行性研究报告。完成了卫辉、博爱等42个县(市、区)地质灾害调查与区划项目的评审验收工作。2008年对146个工程建设项目和新建矿山地质灾害危险性评估报告进行了备案。

2.矿山环境治理项目。2008年中央财政安排项目10个,投入治理资金3950万元;地方财政和矿山企业投入617万元,治理项目48个。2008年共恢复土地面积2197公顷(32955亩),治理矸石山61座、崩塌42处、滑坡22处、泥石流18处、地面塌陷73处、地裂缝174处,搬迁村庄33个8700户15198人。

3.地质公园建设和地质遗迹保护。2008年嵩山、云台山2个世界地质公园作为中国第一批接受联合国教科文组织进行四年一次中评估的试点,顺利通过专家实地检查评估确认,并由联合国教科文组织批准继续作为世界地质公园。批准建立了关山国家地质公园、郑州黄河国家地质公园;批准建立了嵩县白云山、汝阳恐龙化石群、汝州大红寨和河南红旗渠——林虑山省级地质公园。全省累计完成洛阳黛眉山等11处地质遗迹保护项目,面积15113平方千米。

(河南省矿业协会 张德桢)

# 湖 北 省

**【矿产资源概况】** 1.矿产资源种类多，总量较丰富，资源禀赋居全国中游。截至2008年底，湖北省已发现150个矿种(表1)、187个亚矿种，分别占全国已发现的171种矿种和229种亚矿种数的87.72%和81.66%。全省有查明资源储量的矿种共计92种(其中石油、天然气、地热、铀、钍、地下水、矿泉水等未列入省矿产资源储量表，增加方解石)，亚矿种110种。还有58(亚)种矿产虽已被发现，并且有的已被开采利用，但均属尚未查明资源储量或未开展正规的矿产地质勘查工作的矿产。已查明资源储量矿产种类构成见图1。

表1 湖北省2008年矿产种类一览表

| 矿产大类 | 有查明资源储量的矿种 | | 已发现或已开发利用但尚未查明资源储量的矿种 | |
|---|---|---|---|---|
| | 矿种数 | 名称 | 矿种数 | 名称 |
| 能源矿产 | 7 | 煤、石煤、石油、天然气、地热、铀、钍 | 2 | 油页岩、油砂 |
| 金属矿产 | 40 | 铁、锰、铬、钒、钛、铜、铅、锌、铝土矿、镍、钴、钨、钼、汞、锑、镁、金、银、铌、钽、锂、锆、锶、铷、铯、镧、铈、镨、钕、钐、铕、钇、镓、铟、铊、锗、铼、镉、硒、碲 | 9 | 锡、铂、钯、钌、锇、铱、铑、铍、铪 |
| 非金属矿产 | 43 | 萤石、石灰岩、白云岩、石英岩、砂岩、脉石英、天然石英砂、耐火黏土、硫铁矿、芒硝、重晶石、含钾砂页岩、橄榄岩、蛇纹岩、泥炭、岩盐、碘、溴、硼、磷、石墨、硅灰石、滑石、云母、长石、石榴子石、透辉石、透闪石、石膏、硬石膏、方解石、玉石、泥灰岩、页岩、高岭土、陶瓷土、累托石黏土、膨润土、其他黏土、辉绿岩、花岗岩、大理岩、板岩 | 47 | 钾盐、宝石、金刚石、自然硫、刚玉、叶蜡石、蓝晶石、硅线石、红柱石、石棉、蓝石棉、蛭石、沸石、毒重石、冰洲石、菱镁矿、玛瑙、粉石英、天然油石、硅藻土、凹凸棒石黏土、海泡石黏土、铁钒土、玄武岩、珍珠岩、黑曜岩、松脂岩、凝灰岩、安山岩、浮石、霞石正长岩、火山灰、片麻岩、角闪岩、闪长岩、镁盐、砷、粗面岩、湖盐、天然卤水、含钾岩石、水晶、电气石、明矾石、颜料矿物、白垩、伊利石黏土 |
| 水气矿产 | 2 | 地下水、矿泉水 | | |
| 合计 | 92 | | 58 | |

在全省查明资源储量的矿产中，有7种矿产的资源储量居全国同类矿产资源储量之首，其中钛矿(金红石 $TiO_2$)、累托石黏土、碘、溴、石榴子石(矿石)、饰面用蛇纹岩等矿产在全国同类矿产查明资源储量中占有50%以上的绝对优势(图2)，并且累托石黏土仅湖北省有查明资源储量；有29种(亚种)矿产的资源储量居全国同类矿产资源储量之2－5位；有32种(亚种)矿产资源储量居全国同类矿产资源储量之6～10位(表2)。磷矿由于近几年开发效益显著，市场活跃，社会资金投入勘查的项目多，新增资源储量大，由原来的第三位，上升到第二位；钛矿是铁矿(钛磁铁矿)的伴生矿产，由于近几年铁矿开发效益显著，鄂西北地区钛磁铁矿社会资金投入勘查的项目增多，新增铁矿资源储量的同时，伴生钛矿资源储量也大为增加，由原来的第六位，上升到第一位。

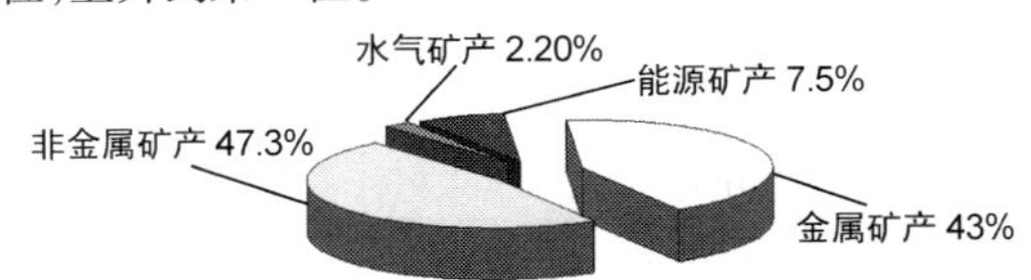


图1 湖北省已查明资源储量矿产构成图

表2 截至2008年底湖北省保有资源储量在全国排序

| 矿 种 | 单位 | 保有资源储量 | 占全国比重% | 排序 | 矿 种 | 单位 | 保有资源储量 | 占全国比重% | 排序 |
|---|---|---|---|---|---|---|---|---|---|
| 煤炭 | 亿吨 | 7.47 | 0.06 | 25 | 钛矿(原生钛铁矿) | $TiO_2$ 万吨 | 1032.60 | 1.56 | 4 |
| 石油 | 万吨 | 14011 | 0.48 | 16 | 钛矿(金红石) | 矿物万吨 | 0.14 | 0.03 | 8 |
| 天然气 | 亿 $m^3$ | 45.99 | 0.06 | 19 | 钛矿(金红石) | $TiO_2$ 万吨 | 576.30 | 59.97 | 1 |
| 石煤 | 亿吨 | 3.21 | 6.36 | 4 | 钛矿(钛铁砂矿) | 矿物万吨 | 0.23 | 0.004 | 12 |
| 铁矿 | 矿石亿吨 | 28.93 | 4.64 | 9 | 碘 | 碘吨 | 110975 | 75.36 | 1 |
| 锰矿 | 矿石万吨 | 1599.18 | 1.89 | 8 | 轻稀土矿(独居石) | 矿物万吨 | 2.17 | 3.26 | 5 |

**续表 2－1**

| 矿　种 | 单位 | 保有资源储量 | 占全国比重% | 排序 | 矿　种 | 单位 | 保有资源储量 | 占全国比重% | 排序 |
|---|---|---|---|---|---|---|---|---|---|
| 铬矿 | 矿石万吨 | 17.20 | 1.46 | 8 | 电石用灰岩 | 矿石万吨 | 11534.8 | 2.72 | 10 |
| 钒矿 | $V_2O_5$ 万吨 | 257.55 | 6.65 | 5 | 含钾砂页岩 | 矿石万吨 | 43133.8 | 8.93 | 5 |
| 铜矿 | 铜万吨 | 208.04 | 2.70 | 12 | 化肥用橄榄岩 | 矿石万吨 | 3979.80 | 35.0 | 2 |
| 铅矿 | 铅万吨 | 33.02 | 0.73 | 23 | 化肥用蛇纹岩 | 矿石亿吨 | 1.48 | 1.24 | 7 |
| 锌矿 | 锌万吨 | 107.67 | 1.04 | 19 | 锶矿(天青石) | 天青石万吨 | 426.36 | 9.71 | 4 |
| 铝土矿 | 矿石万吨 | 963.10 | 0.32 | 12 | 锆矿(锆英石) | 矿物万吨 | 0.01 | 0.002 | 12 |
| 镁矿 | 矿石万吨 | 1848.70 | 3.20 | 10 | 水泥配料用泥岩 | 矿石万吨 | 1053.00 | 1.56 | 10 |
| 镍矿 | 镍万吨 | 11.86 | 1.43 | 10 | 熔剂用灰岩 | 矿石亿吨 | 5.83 | 4.47 | 8 |
| 钴矿 | 钴万吨 | 2.70 | 4.23 | 10 | 冶金用白云岩 | 矿石亿吨 | 8.12 | 8.67 | 5 |
| 钨矿 | $WO_3$ 万吨 | 5.49 | 0.98 | 11 | 冶金用石英岩 | 矿石万吨 | 2588.80 | 2.50 | 10 |
| 钼矿 | 钼万吨 | 6.00 | 0.49 | 21 | 冶金用砂岩 | 矿石万吨 | 2668.10 | 12.93 | 3 |
| 锑矿 | 锑万吨 | 1.31 | 0.52 | 13 | 冶金用脉石英 | 矿石万吨 | 35.40 | 0.95 | 13 |
| 汞矿 | 汞万吨 | 0.13 | 1.64 | 9 | 玉石 | 矿石万吨 | 0.01 | 0.003 | 11 |
| 金矿 | 金吨 | 151.66 | 2.55 | 16 | 硅灰石 | 矿石万吨 | 457.67 | 2.87 | 8 |
| 银矿 | 银吨 | 6937.66 | 4.33 | 5 | 滑石 | 矿石万吨 | 44.90 | 0.17 | 17 |
| 铌矿 | $Nb_2O_5$ 吨 | 931754 | 24.06 | 2 | 长石 | 矿石万吨 | 3256.70 | 5.38 | 6 |
| 钽矿 | $Ta_2O_5$ 吨 | 1037 | 0.88 | 8 | 高岭土 | 矿石万吨 | 1369.84 | 0.67 | 14 |
| 锂矿 | $Li_2O$ 万吨 | 1.69 | 0.70 | 7 | 陶瓷土 | 矿石万吨 | 174.00 | 0.19 | 26 |
| 锂矿 | LiCl 万吨 | 309.09 | 14.80 | 2 | 玻璃用砂岩 | 矿石万吨 | 2513.10 | 3.09 | 10 |
| 泥炭 | 矿石万吨 | 324.88 | 1.16 | 12 | 玻璃用脉石英 | 矿石万吨 | 143.20 | 2.50 | 9 |
| 盐矿 | NaCl 亿吨 | 257.53 | 1.98 | 3 | 水泥用灰岩 | 矿石亿吨 | 33.99 | 3.93 | 10 |
| 铷矿 | $Rb_2O$ 吨 | 22716 | 1.91 | 6 | 泥灰岩 | 矿石万吨 | 2879.00 | 31.24 | 2 |
| 铯矿 | $Cs_2O$ 吨 | 12232 | 3.16 | 3 | 水泥配料用砂岩 | 矿石万吨 | 19940.2 | 10.18 | 2 |
| 锗矿 | 锗吨 | 32 | 0.56 | 13 | 水泥配料用砂 | 矿石万吨 | 1465.00 | 14.63 | 4 |
| 镓矿 | 镓吨 | 2052 | 1.50 | 8 | 水泥配料用页岩 | 矿石万 $m^3$ | 1139.80 | 1.02 | 15 |
| 铟矿 | 铟吨 | 10 | 0.10 | 14 | 水泥配料用黏土 | 矿石万吨 | 7624.60 | 3.30 | 15 |
| 铊矿 | 铊吨 | 13 | 0.08 | 8 | 水泥配料用黄土 | 矿石万吨 | 69.00 | 0.21 | 11 |
| 重稀土矿 | 稀土氧化物万吨 | 3.06 | 3.86 | 3 | 普通萤石 | 萤石矿物 $CaF_2$ 万吨 | 109.30 | 0.73 | 14 |
| 轻稀土矿 | 稀土氧化物万吨 | 121.51 | 30.61 | 2 | 云母(片云母) | 原料云母矿物吨 | 85.00 | 0.02 | 20 |
| 重晶石 | 矿石万吨 | 407.42 | 1.05 | 10 | 累托石黏土 | 矿石万吨 | 761.00 | 100 | 1 |
| 耐火黏土 | 矿石万吨 | 12156.85 | 5.12 | 6 | 膨润土 | 矿石万吨 | 12016.3 | 4.30 | 9 |
| 硫铁矿 | 矿石万吨 | 16777.44 | 3.13 | 10 | 建筑用砂 | 矿石万 $m^3$ | 2415.0 | 5.64 | 5 |
| 伴生硫 | 硫万吨 | 677.61 | 1.52 | 16 | 建筑用灰岩 | 矿石万 $m^3$ | 9875.70 | 9.80 | 4 |
| 磷矿 | 矿石亿吨 | 30.39 | 17.11 | 2 | 建筑用辉绿岩 | 矿石万 $m^3$ | 2387.18 | 44.45 | 1 |
| 铼矿 | 铼吨 | 1 | 0.39 | 9 | 建筑用花岗岩 | 矿石万 $m^3$ | 1558.42 | 3.60 | 6 |
| 镉矿 | 镉吨 | 1779 | 0.53 | 18 | 饰面用花岗岩 | 矿石万 $m^3$ | 1349.00 | 0.65 | 20 |
| 硒矿 | 硒吨 | 1280 | 8.76 | 4 | 饰面用蛇纹岩 | 矿石万 $m^3$ | 1355.00 | 51.14 | 1 |
| 碲矿 | 碲吨 | 48 | 0.40 | 7 | 饰面用大理岩 | 矿石万 $m^3$ | 1608.99 | 1.29 | 17 |
| 芒硝 | $Na_2SO_4$ 亿吨 | 20.64 | 3.91 | 3 | 饰面用板岩 | 矿石万 $m^3$ | 155.00 | 3.54 | 5 |
| 溴 | 溴万吨 | 390.76 | 92.43 | 1 | 石墨(晶质) | 矿物千吨 | 1507.62 | 7.68 | 3 |
| 硼矿 | $B_2O_3$ 万吨 | 524.90 | 7.36 | 4 | 水泥用大理岩 | 矿石万吨 | 74.00 | 0.02 | 18 |
| 石榴子石 | 矿石万吨 | 25428.9 | 85.89 | 1 | 透辉石 | 矿石万吨 | 241.60 | 0.64 | 8 |

**续表 2-2**

| 矿　种 | 单位 | 保有资源储量 | 占全国比重% | 排序 | 矿　种 | 单位 | 保有资源储量 | 占全国比重% | 排序 |
|---|---|---|---|---|---|---|---|---|---|
| 石榴子石 | 矿物万吨 | 49.23 | 31.09 | 2 | 透闪石 | 矿石万吨 | 60.40 | 7.29 | 4 |
| 方解石 | 矿石万吨 | 6.00 | 0.007 | 15 | 石膏 | 矿石亿吨 | 21.18 | 3.04 | 8 |

**资料来源**：全国矿产资源储量汇总表、湖北省国土资源厅《截至2008年底湖北省矿产资源储量表》。

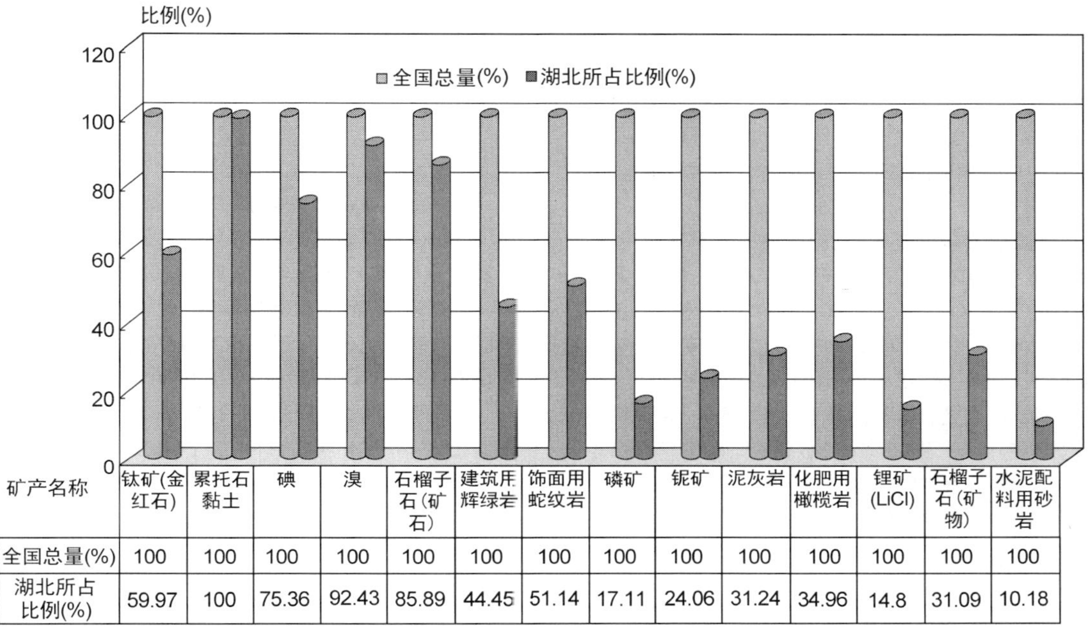


| 矿产名称 | 钛矿(金红石) | 累托石黏土 | 碘 | 溴 | 石榴子石(矿石) | 建筑用辉绿岩 | 饰面用蛇纹岩 | 磷矿 | 铌矿 | 泥灰岩 | 化肥用橄榄岩 | 锂矿(LiCl) | 石榴子石(矿物) | 水泥配料用砂岩 |
|---|---|---|---|---|---|---|---|---|---|---|---|---|---|---|
| 全国总量(%) | 100 | 100 | 100 | 100 | 100 | 100 | 100 | 100 | 100 | 100 | 100 | 100 | 100 | 100 |
| 湖北所占比例(%) | 59.97 | 100 | 75.36 | 92.43 | 85.89 | 44.45 | 51.14 | 17.11 | 24.06 | 31.24 | 34.96 | 14.8 | 31.09 | 10.18 |

**图2　查明资源储量在全国比重较大的前15种矿产在全国的比重示意图**

**注**：带*者列为国民经济建设中占主导地位的45种矿产之一。

2.化工、建材及部分冶金辅助原料矿产丰富，能源等矿产短缺。磷、岩盐、石膏、水泥用灰岩等为湖北省优势矿产；高磷赤铁矿、芒硝、钛、钒、累托石黏土等为湖北省潜在优势矿产；铁、铜等资源较为丰富，但对湖北省经济和社会发展需求的保证程度总体较低；水泥配料、玻璃硅质原料、冶金辅助原料、建筑用花岗岩、饰面石材资源前景较好；镁、铌、钽、铷、铯、锂、铊、稀土、硒、锶、金、银、铅、锌、溴、碘、硼、石墨、化工用白云岩、膨润土、耐火黏土、石墨、石榴子石、化肥用橄榄岩、建筑用辉绿岩等矿产和地热、矿泉水资源潜力较大。但湖北省缺煤、少油、乏气，铝、钨、锡、钼、锑等资源前景不容乐观，铂族金属、钾盐、铬铁矿等资源严重短缺。

3.资源分布广泛，区域特色明显。全省13个市(州)和4个省直管行政区均有矿产资源分布。其中富铁、富铜和金、钨、钼、钴、锶等矿产集中分布于鄂东南地区；磷矿主要分布在湖北省西部；硫、铁、煤等矿产主要分布于鄂西、鄂西南地区；重稀土、钛、萤石、重晶石、云母、长石等矿产主要分布于鄂中北和鄂东北地区；石油、岩盐、石膏、芒硝、溴、碘、硼、铷、铯、锂等矿产主要分布于鄂中南地区；绿松石主要分布于鄂西北地区；菊花石、百鹤玉主要分布于鄂西南地区；银、金、钒、轻稀土等矿产在鄂西北地区占据重要地位(图2)。

4.共伴生矿多，主要矿产资源集中度高。全省70%以上的金属矿床为共生矿床，80%以上的金属矿床伴生多种有用组分。石墨、磷、硫、芒硝、石膏、水泥用灰岩、岩盐等主要矿产的80%以上的资源储量相对集中大中型矿床中，有利于建立较完备的、规模化的矿山及矿产品加工业体系。

5.矿床规模总体偏小，中贫矿、难采选矿多。全省共发现非油气类矿产地1534处，其中大型131处，中型300处，小型(含小矿)1103处，所占比例见图3。

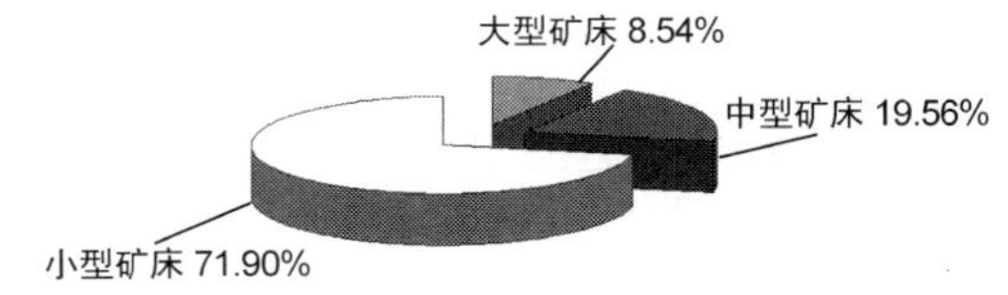


**图3　湖北省矿产地规模比例图**

全省中贫矿多，富矿少，矿石质量差。省内煤矿层薄、面广、质差；高磷赤铁矿、铝土矿、钛(金红石)矿、稀土矿等矿产有害杂质含量高、矿物嵌布粒度细、矿石质量差;开发利用难度大、成本高。

全省查明资源储量的矿产中,磷、岩盐、芒硝、水泥用灰岩、石膏及冶金辅助原料类矿产资源储量大、开发利用条件好,为湖北省的优势矿产;银、铅、锌、钒、石墨、重晶石、饰面石材、化肥用橄榄岩与蛇纹岩、玻璃用硅质原料等矿产资源储量较大或有资源潜力;铁(高磷赤铁矿)、钛、银、钒、铌、钽、锂、锶、稀土、铯、铷、硒、溴、碘、硼、累托石粘土等为湖北省潜在优势矿产;金矿可进一步查明的资源及开发能力均有限;煤、石油、天然气、铁、铜、硫等矿产自给程度不断下降,供需缺口逐渐上升;铬、铝、铂族金属、钾盐等矿产仍属省内短缺资源。

**【矿产资源储量年度变化情况】** 1.上表矿区数量变化情况。截至2008年底,全省有查明矿产资源储量的上表矿区总数为1113个,比2007年新增39个(表3),增加数与2007年度持平(图4)。涉及20个矿种,其中煤矿-硫铁矿2处、铁矿8处、钼矿3处、金矿2处、磷矿6处、石膏矿2处,泥炭、铁铜金、铁铜矿、铁钛矿、钒矿、铜矿、铜金矿、铜铅锌矿、金银矿、硫铁矿、膨润土矿、重晶石矿、高岭土、熔剂用灰岩、饰面大理岩、水泥配料用砂岩各1处。39处新查明矿产资源储量矿区中,规模达大型3处、中型8处、小型(小矿)28处;地质勘查工作程度达到勘探8处、详查9处、普查20处、检测2处。

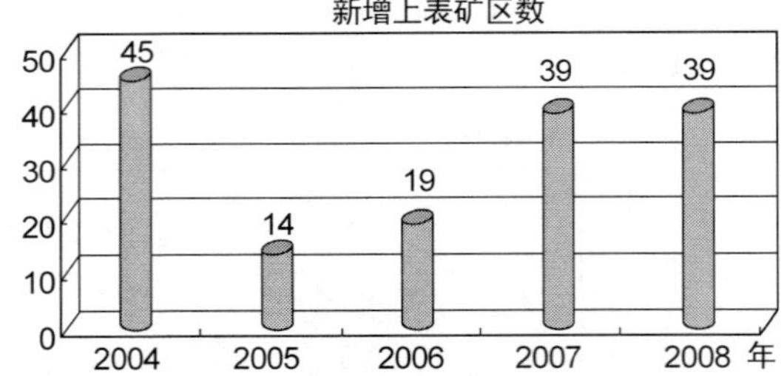


**图4 2004~2008年新查明矿产资源储量矿区数对比图**

2008年,39处新查明矿产资源储量矿区中,查明资源储量煤炭1825千吨、铁矿石202484.6千吨、钒矿($V_2O_5$)9330吨、钼矿1852.06吨、铜12417.28吨、钛矿(钛铁矿 $TiO_2$)10321千吨、铅2184.2吨、锌2090.68吨、磷矿石124237千吨、硫铁矿石1494千吨、泥炭971千吨、金矿石2601.79千克、银2.44吨、石膏26362千吨、膨润土3344千吨、重晶石107千吨、高岭土9921.4千吨、熔剂用灰岩58707千吨、饰面大理岩4432.4千立方米、水泥配料用砂岩16713千吨(表3)。

**表3 湖北省2008年新增上表矿区一览表**

| 序号 | 矿区名称 | 矿种 | 矿床规模 | 单位 | 勘查程度 | 查明资源储量 |
|---|---|---|---|---|---|---|
| 1 | 阳新县两剑桥钼矿 | 钼矿 | 小型 | 钼 吨 | 普查 | 469 |
| 2 | 阳新县张家湾矿区铜矿 | 铜矿 | 小型 | 铜 吨 | 勘探 | 2468 |
| 3 | 阳新县内湾矿区熔剂石灰岩矿 | 熔剂用灰岩 | 大型 | 矿石千吨 | 详查 | 58707 |
| 4 | 大冶市大箕铺镇腊林山矿区铜矿 | 铜矿 | 小型 | 铜 吨 | 勘探 | 6316 |
| | | 金矿 | | 金 千克 | | 184 |
| 5 | 大冶市王豹山矿区外围铁矿 | 铁矿 | 小型 | 矿石千吨 | 普查 | 366 |
| 6 | 大冶市港山矿区铜铁矿 | 铁矿 | 小型 | 矿石千吨 | 勘探 | 123.8 |
| | | 铜矿 | | 铜 吨 | | 2485 |
| | | 金矿 | | 金 千克 | | 78.6 |
| 7 | 郧西县杜家湾矿区铁矿 | 铁矿 | 小型 | 矿石千吨 | 普查 | 9638 |
| 8 | 郧西县顺利沟矿区铁矿 | 铁矿 | 小型 | 矿石千吨 | 普查 | 964 |
| 9 | 郧西县老庄沟铜多金属矿 | 铜矿 | 小型 | 铜 吨 | 普查 | 394.28 |
| | | 铅矿 | | 铅 吨 | | 2184.2 |
| | | 锌矿 | | 锌 吨 | | 2090.68 |
| 10 | 郧西县南沟矿区铁铜矿 | 铁矿 | 小型 | 矿石千吨 | 勘探 | 726.5 |
| | | 铜矿 | | 铜 吨 | | 754 |
| 11 | 宜昌磷矿区莫家垭矿段 | 磷矿 | 中型 | 矿石千吨 | 普查 | 7448 |
| 12 | 宜昌市夷陵区川心店矿区钼矿 | 钼矿 | 小型 | 钼 吨 | 勘探 | 44.06 |
| 13 | 宜昌市夷陵区花岩矿区钼多金属矿 | 钼矿 | 小型 | 钼 吨 | 勘探 | 1339 |
| 14 | 夷陵区宜昌磷矿仓屋垭矿区 | 磷矿 | 中型 | 矿石千吨 | 普查 | 43510 |
| 15 | 远安县宜昌磷矿晒旗河矿区 | 磷矿 | 中型 | 矿石千吨 | 详查 | 47490 |
| 16 | 远安县苏家坡磷矿 | 磷矿 | 中型 | 矿石千吨 | 普查 | 12903 |
| 17 | 兴山县宜昌磷矿树崆坪矿区后坪矿段 | 磷矿 | 中型 | 矿石千吨 | 普查 | 12565 |

**续表 3**

| 序号 | 矿区名称 | 矿种 | 矿床规模 | 单位 | 勘查程度 | 查明资源储量 |
|---|---|---|---|---|---|---|
| 18 | 长阳县野竹山矿区泥炭矿 | 煤炭 | 小型 | 千吨 | 详查 | 353 |
| | | 泥炭 | | 矿石千吨 | | 971 |
| 19 | 宜都市风鼓洞硫铁矿区 | 煤炭 | 小型 | 千吨 | 检测 | 356 |
| | | 硫铁矿 | | 矿石千吨 | | 376 |
| 20 | 南漳县范家岭铁矿 | 铁矿 | 小型 | 矿石千吨 | 普查 | 1633 |
| 21 | 谷城县银洞山铁矿区兴隆观矿段 | 铁矿 | 大型 | 矿石千吨 | 详查 | 184672.3 |
| | | 钛矿 | | 钛铁矿 $TiO_2$ 吨 | | 10321000 |
| 22 | 鄂州市细王冲铁矿 | 铁矿 | 小型 | 矿石千吨 | 普查 | 533 |
| 23 | 鄂州市梁子湖矿区周家湾矿段膨润土矿 | 膨润土 | 小型 | 矿石千吨 | 详查 | 3344 |
| 24 | 荆门市麻城矿区横店矿段石膏矿 | 石膏 | 中型 | 矿石千吨 | 普查 | 24974 |
| 25 | 荆门市掇刀区麻城铺矿区鲁冲石膏矿 | 石膏 | 小型 | 矿石千吨 | 普查 | 1388 |
| 26 | 大悟县大坡顶金矿 | 金矿 | 小型 | 金　千克 | 普查 | 1879 |
| | | 银矿 | | 银　吨 | | 2.44 |
| 27 | 松滋市戴家坡重晶石矿 | 重晶石 | 小型 | 矿石千吨 | 普查 | 107 |
| 28 | 英山县方家山矿区铁矿 | 铁矿 | 小型 | 矿石千吨 | 勘探 | 202 |
| 29 | 浠水县郭家大湾矿区金矿 | 金矿 | 小型 | 金　千克 | 勘探 | 442.27 |
| 30 | 崇阳县正源岭矿区钒矿 | 钒矿 | 小型 | $V_2O_5$　吨 | 详查 | 9330 |
| 31 | 通山县地堂大理石矿区 | 饰面用大理岩 | 中型 | 矿石　千立立米 | 检测 | 4432.4 |
| 32 | 赤壁市望江楼矿区粉砂岩矿 | 水泥配料用砂岩 | 中型 | 矿石千吨 | 普查 | 16713 |
| 33 | 随州市覃家门铁矿 | 铁矿 | 小型 | 矿石千吨 | 普查 | 1151 |
| 34 | 随州市吴家庄　高庄金矿 | 金矿 | 小型 | 金　千克 | 普查 | 17.92 |
| 35 | 恩施市花石板矿区高岭土矿 | 高岭土 | 大型 | 矿石千吨 | 详查 | 9921.4 |
| 36 | 建始县天鹅池煤矿区宝塔岩煤矿 | 煤炭 | 小型 | 千吨 | 普查 | 1116 |
| | | 硫铁矿 | | 矿石千吨 | | 194 |
| 37 | 巴东县刘家湾铁矿 | 铁矿 | 小型 | 矿石千吨 | 普查 | 2475 |
| 38 | 鹤峰县中营岩屋硫铁矿区 | 硫铁矿 | 小型 | 矿石千吨 | 检测 | 924 |
| 39 | 神农架林区园岭矿区磷矿 | 磷矿 | 小型 | 矿石千吨 | 普查 | 321 |

**资料来源**：湖北省国土资源厅矿产资源储量管理处(截至日期为 2008 年 12 月 31 日)。

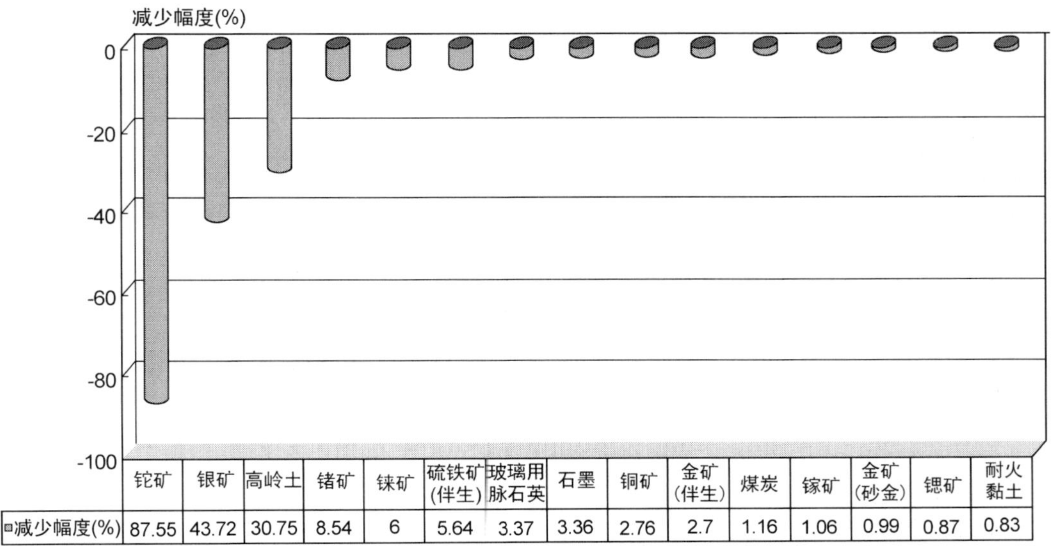


图 5　2008 年度保有资源储量减少幅度较大的矿产对比图

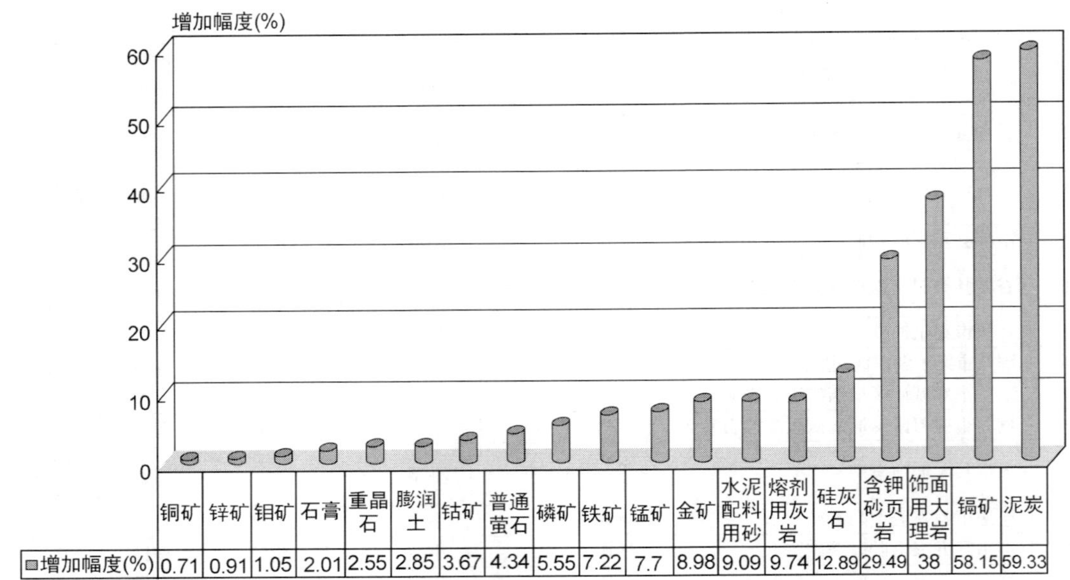


**图 6　2008 年度保有资源储量增加幅度较大的矿产对比图**

**注:**因考虑能显示出较低增长率矿种的增长情况,新增矿种方解石和增加量较大的钛矿(钛铁矿)未上此图。

2.保有资源储量变化情况。通过矿产勘查、矿产资源储量核查检测、矿山开发等成果资料统计,2008 年度,湖北省一些矿产的保有资源储量与 2007 年度相比有不同程度的增减(表 1、表 2)。

以 2008 年度湖北省矿产资源储量统计表为依据,与 2007 年相比,保有资源储量减少幅度较大的依次有铊矿、高岭土、锗矿、铼矿、硫铁矿(伴生)、玻璃用脉石英、硫铁矿、铜矿、金矿(伴生)、煤炭、银矿、镓矿(图 5),主要为开采量大于勘查增加量所致。

与 2007 年相比保有资源储量增加幅度较大的矿产依次有方解石、钛矿(钛铁矿)、泥炭、镉矿、饰面用大理岩、含钾砂页岩、硅灰石、熔剂用灰岩、水泥配料用砂岩、金矿、锰矿、铁矿、磷矿、普通萤石、钴矿、膨润土、重晶石、石膏、钼矿、锌矿、石墨(图 6)。其中方解石为新增查明资源储量的矿种;钛矿(钛铁矿)因谷城县银洞山钛磁铁矿区兴隆观矿段详查报告,提交伴生钛矿($TiO_2$)1032 万吨,是此次增加资源储量幅度最大的矿种。

保有资源储量增加幅度较大的矿产多数是目前矿业市场较好、市场勘查投入相对较多和储量核查检测新增资源储量较多的矿种。

3.2008 年湖北省重要矿产资源状况。根据矿产资源在湖北省国民经济中的地位与作用、开发利用现状及保有资源储量等综合分析,重要程度排前列的矿产是铁、铜、金、银、铅、锌、钨、磷、岩盐、芒硝、石膏、硫铁矿、煤、水泥用灰岩、熔剂用灰岩及建筑用石料、饰面用石材等。重要矿产的查明资源储量、保有资源储量、分布地域及保有资源储量与消耗资源储量对比情况见表 4 和图 7,重要矿产的储量结构见图 8,近五年来湖北省重要矿产查明资源储量与保有资源储量变化情况见图 9。

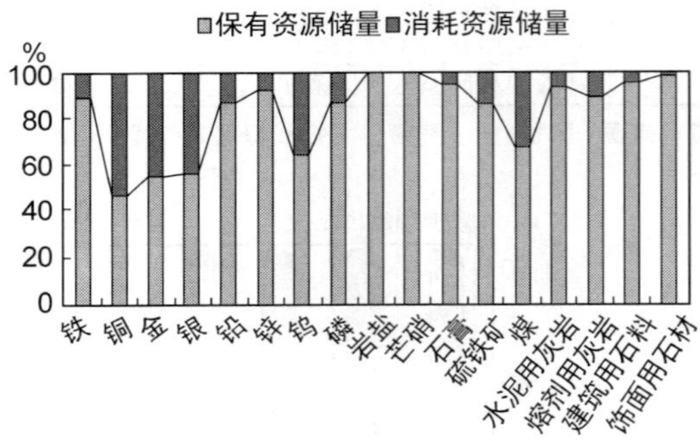


**图 7　2008 年度重要矿产保有资源储量与消耗资源储量对比图**

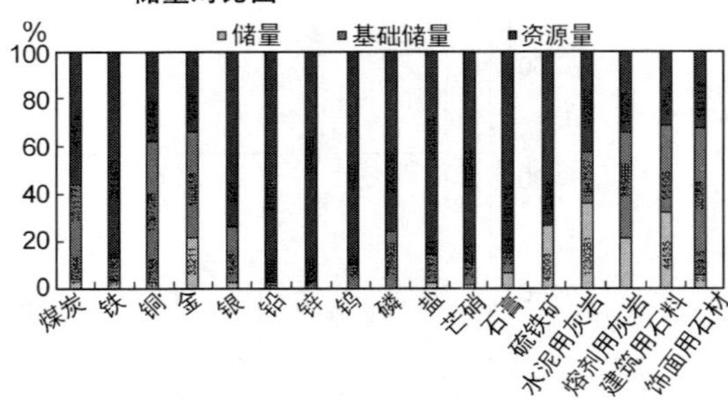


**图 8　2008 年湖北省重要矿产资源储量结构示意图**

表 4 **2008 湖北省重要矿产资源储量统计**

| 矿 种 | 单位 | 保有资源储量 | 查明资源储量 | 分 布 的 主 要 地 域 |
|---|---|---|---|---|
| 铁 | 矿石 千吨 | 2893075 | 3278199 | 鄂东黄石－鄂州，鄂西宜昌－恩施 |
| 铜 | 铜 吨 | 2080438 | 4517146 | 黄石市、鄂州市 |
| 金 | 金 千克 | 151655 | 278059 | 大冶市、阳新县、嘉鱼县、夷陵区、秭归县 |
| 银 | 银 吨 | 6938 | 12459 | 黄石市、宜昌市、十堰市 |
| 铅 | 铅 吨 | 330257 | 383311 | 阳新县、武穴市、竹山县、当阳市等地 |
| 锌 | 锌 吨 | 1076765 | 1179945 | 阳新县、武穴市、竹山县、当阳市、神农架林区等地 |
| 钨 | $WO_3$吨 | 54923 | 86192 | 大冶市和阳新县 |
| 磷 | 矿石 千吨 | 3039136 | 3512954 | 宜昌市、神农架、荆门市、襄樊市、孝感市 |
| 盐 | NaCl 千吨 | 25753161 | 25918935 | 云梦县、应城市、天门市、潜江市 |
| 芒硝 | $Na_2SO_4$ 千吨 | 2064889 | 2081490 | 云梦县、应城市及天门市、潜江市一带 |
| 石膏 | 矿石 千吨 | 2117897 | 2245900 | 荆门市、武汉江夏区、孝感应城市和云梦县、宜昌当阳市 |
| 硫铁矿 | 矿石 千吨 | 167774 | 195542 | 宜昌市、恩施州、鄂州市、襄樊市等地 |
| 煤 | 矿石 千吨 | 747246 | 1118568 | 宜昌市、恩施州、荆门市、黄石市等地 |
| 水泥用灰岩 | 矿石 千吨 | 3398549 | 3659787 | 荆门市、宜昌市、黄石市、黄冈市、咸宁市、襄樊市 |
| 熔剂用灰岩 | 矿石 千吨 | 582940 | 654980 | 宜都市、长阳县、大冶市、武汉市江夏区等地 |
| 建筑用石料 | 千立方米 | 138213 | 146160 | 广泛分布全省除江汉平原的区域 |
| 饰面用石材 | 千立方米 | 44680 | 45779 | 宜昌市、黄石市、襄樊市、十堰市等地 |

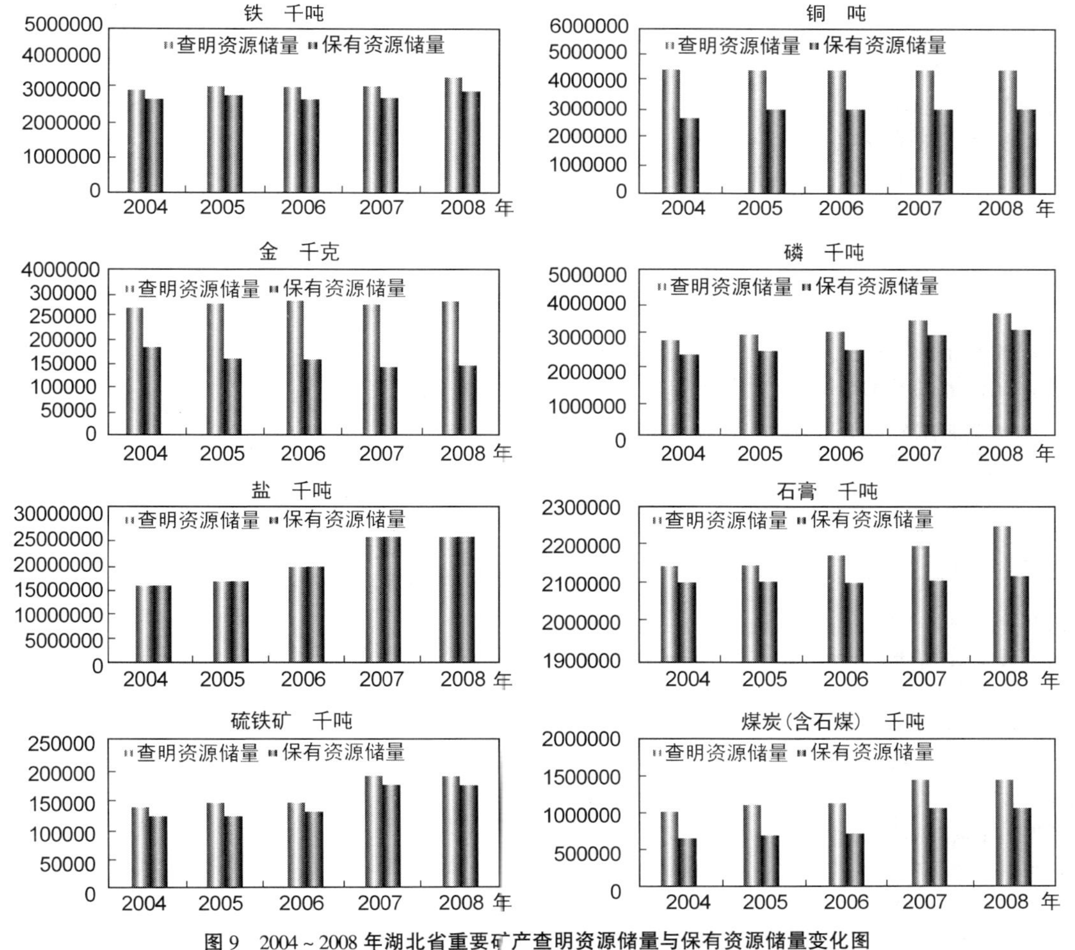


图 9 2004～2008 年湖北省重要矿产查明资源储量与保有资源储量变化图

【矿产资源储量管理】 1.*矿山矿产资源储量动态监管*。2008年继续开展矿山年度地质测量工作，建立了矿山储量动态监管制度。通过以矿区为单元进行储量核查检测，不仅较为准确地掌握了全省矿产资源家底和开发利用现状，其成果也为矿产资源规划、矿业权设置、矿产资源补偿费征管和矿业权有偿化处置提供了翔实的资料和依据，使资源储量的年度统计有了更加客观、准确可靠的数据来源，为全面开展矿产资源储量动态监管工作奠定了基础。

组织580余人参加了国土资源部举办的《矿山储量动态管理要求》视频培训；审查年度矿山地质测量报告134份，其中：能源矿产（煤）82份、黑色金属矿产12份、贵金属矿产2份、有色金属矿产3份、化工原料矿产24份、建材及其他矿产11份。

2.*矿产资源储量评审备案*。2008年评审备案矿产资源储量报告75份，其中：能源矿产（煤）14份、有色金属矿产13份、黑色金属矿产19份、贵金属矿产5份、化工原料矿产14份、建材及其他矿产9份、地热1份。

3.*矿产资源储量的登记统计*。2008年度办理各类矿产资源储量登记149个。其中，查明登记46个，占用登记99个，压覆登记4个。

完成了《2007年度矿产资源年报》、《2007年湖北省矿产资源储量表》的编制工作。结合矿产资源储量核查、评审备案等工作，进一步提高了《矿产资源储量表》、《矿产资源年报》等统计资料的时效性、准确性、完整性。

4.*建设项目压覆矿产资源调查*。2008年受理工程建设用地预审项目压覆矿产审查报件111份，审查压覆矿产调查评价报告50份，办理压覆矿产资源登记项目4个，登记批准压覆的矿产资源储量见表5。

**表5　2008年湖北省登记被压覆的矿产资源储量统计**

| 矿　种 | 资源储量单位 | 被压覆的查明资源储量 |
|---|---|---|
| 煤矿 | 矿石千吨 | 58.65(122b) |
| 磷矿 | 矿石千吨 | 3441(333+334) |
| 石膏 | 矿石千吨 | 30070.5(122b+333) |

5.*矿业权评估管理*。2008年共进行了3次公开遴选矿业权评估机构的活动，对137个矿业权价款评估项目进行了公开委托。完成探矿权价款评估审查备案18宗，备案价款9636.16万元，与2007年度比较，减少了10宗，备案价款减少了20966.25万元；采矿权价款评估审查备案178宗，备案价款32249.92万元，与2007年度比较，增加了41宗，备案价款增加了17610.55万元。

6.*地质资料管理和利用*。2008年，完成了全省涉密成果地质资料清理工作并通过审查验收，接收全省汇交地质资料135份，向国土资源部转交了34份地质资料。在汇交的135份地质资料中，从事地勘工作的主管部门及地勘单位汇交了54份，各行政地区汇交了81份，其中黄石19份、十堰7份、宜昌19份、襄樊10份、鄂州1份、荆门5份、黄冈9份、咸宁3份、恩施4份、随州2份、神农架林区2份。汇交的地质资料中按工作性质分，矿产勘查成果资料87份，水、工、环地质报告7份，地质科研报告19份，其他22份(图10)。

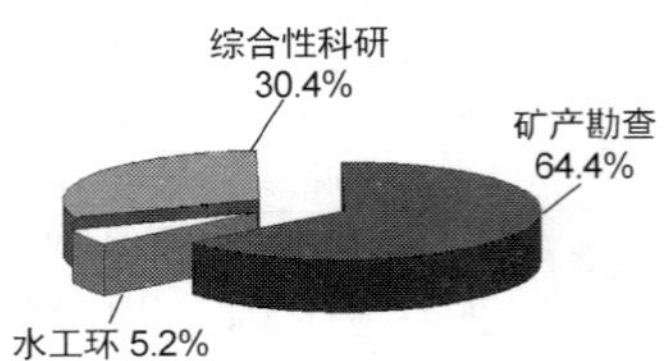


**图10　2008年湖北省各类地质资料汇交比例图**

2008年，加大成果地质资料图文数字化工作的力度，完成成果地质资料图文数字化1000档。目前湖北省成果地质资料图文数字化累计已完成了2431档，占馆藏成果地质资料图文数字化的58.8%。对湖北省地质资料管理与服务网的栏目及时更新，及时向社会发布有关湖北省地质资料管理工作的动态及信息、馆藏成果地质资料借阅利用505人次/3304份次及51451件次，构建了省国土资源厅与社会交流共享信息资源的窗口和服务的平台。

7.*矿产资源储量利用情况调查*。协助全国矿产资源利用现状调查项目办完成了矿产资源利用现状调查技术方案的编写、数据库的建模等工作。同时，编制了《湖北省矿产资源利用现状调查实施方案》和《湖北省矿产资源利用现状调查成果数据库建设技术要求》，在完成了3个矿区的（一个磷矿、两个铁矿）的核查数据建库和成果汇总试点工作后，制定了《2008年度全省铁、磷矿资源储量核查数据库建设具体实施方案》，并举办了全省铁、磷矿资源储量核查建库技术要求培训班，16个地质测量机构的80余人参加了培训。截至12月底，完成了全省238个铁、磷矿区的资源储量核查成果数据库建库及成果汇总，基本摸清了湖北省铁、磷资源储量的分布、结构、品质、利用状况，并对开发利用布局提出了建议。

8.*资源评价与政策研究工作*。为全面了解湖北省矿产资源利用情况与矿业发展趋势，对资源安全和矿产资源可持续供应能力等做出综合评估，通过调查研究和分析，提出矿产资源开发利用布局与对策。配合矿山储量动态监管和全省资源储量利用情况调查，开展了“湖北省盐矿资源开发利用研究”等4个专题研究。

为适应湖北省盐矿资源勘查、开采设计、生产技术管理需要，在原《湖北省云应地区盐矿资源管理暂行规定》基础上，组织完成了盐矿“三项规程”研究工作，正式颁发了《湖北省盐矿地质勘查、开采设计、生产技术管理等三项规程(试行)》(鄂土资发[2008]4号)。该成果对湖北省盐矿资源的保护与开发利用将会起到积极的作用。

**【地质矿产勘查】** 1.地质勘查行业队伍基本情况。截至2008年12月,湖北省内已取得地质勘查资质的地勘单位有45个,与2007年比较增加2个,其中:具有甲级资质的单位有27个,具有乙级资质的单位有2个,具有丙级资质的单位有16个(表6)。

**表6　2008年湖北省不同级别地质勘查单位统计**

| 单位类别 | ≥1类甲级资质的单位(个) | ≥1类乙级资质的单位(个) | ≥1类丙级资质的单位(个) |
|---|---|---|---|
| 中央直属的地勘单位 | 6 | | |
| 属地化管理的地勘单位 | 17 | 1 | |
| 科研院所(校) | 3 | | |
| 矿业公司 | 1 | 1 | 16 |
| 其他单位 | | | |
| 总计 | 27 | 2 | 16 |

**资料来源**:湖北省国土资源厅地勘处;截至时间:2008年12月31日。

全省地质勘查单位拥有各类单项资质总数为156个,其中甲级资质63个,乙级资质53个,丙级资质40个。资质类别及甲、乙、丙级的数量见表7。

按隶属关系统计,中央直属的地勘单位6家、省内属地化管理的国有地勘单位18家、科研院所(校)3家、矿业公司18家。各地勘单位地勘单位名称、业务范围及资质等级见表6。

**表7　湖北省不同类别及不同级别地质勘查资质统计**

| 资质类别＼资质级别 | 甲级(个) | 乙级(个) | 丙级(个) | 合计(个) |
|---|---|---|---|---|
| 区域地质调查 | 4 | 10 | | 14 |
| 水文地质、工程地质、环境地质调查 | 10 | 7 | 8 | 25 |
| 固体矿产勘查 | 17 | 5 | 15 | 37 |
| 液体矿产勘查 | 4 | 2 | 4 | 10 |
| 气体矿产勘查 | 1 | | | 1 |
| 地球物理勘查 | 5 | 6 | 6 | 17 |
| 地球化学勘查 | 3 | 2 | 2 | 7 |
| 遥感地质调查 | 2 | 2 | | 4 |
| 勘查工程施工 | 12 | 6 | 3 | 21 |
| 岩矿鉴定与岩矿测试 | 3 | 11 | 2 | 16 |
| 选矿加工试验 | 2 | 2 | | 4 |
| 合计 | 63 | 53 | 40 | 156 |

**资料来源**:湖北省国土资源厅2008年地勘单位登记资料。

截至2008年底,全省地勘单位职工总人数为16309人。2008年全省从事地质勘查工作的总人数5510人,全省地勘单位地质勘查从业人员中(不含油气行业)工程技术人员4370人。

2.地质勘查项目登记。截至2008年12月31日,全省有效探矿权数639家。而2008年全省审批登记的矿产勘查项目313项(不含石油、天然气),其中新上项目12项、延续项目243项、保留项目19项、变更项目36项。登记项目中,预查16项、普查261项、详查32项、勘探4项,各类项目所占比例见图11。各类矿产探矿权数见图12。已发勘查许可证的企业和个人有244个(表7)。

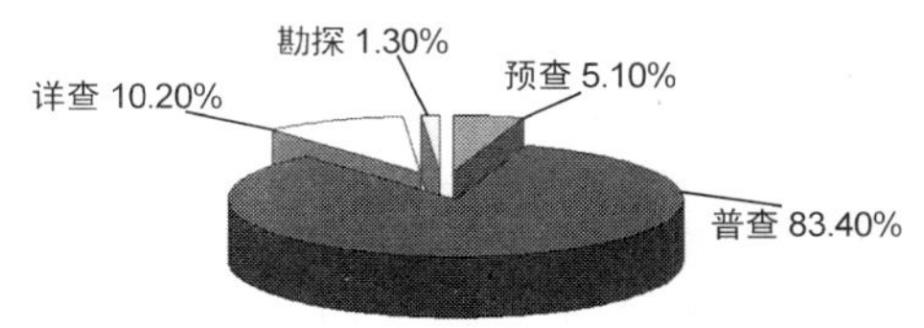


**图11　2008年各类勘查项目登记数比例图**

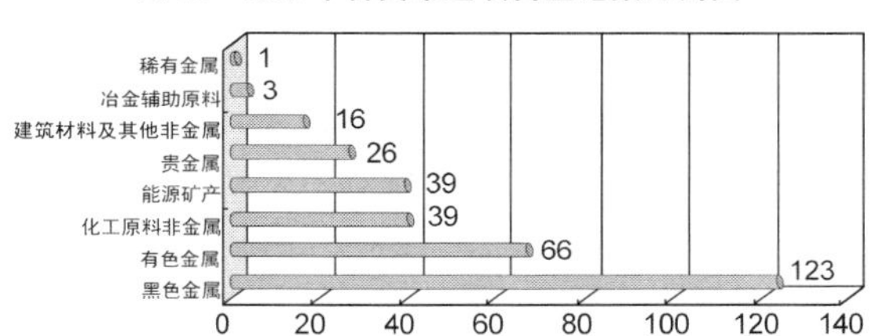


**图12　2008年各类矿产探矿权数图**

3.地质勘查投入。2008年全省投入地质勘查资金64358.28万元(含石油天然气),比2007年度略有减少。其中基础地质调查投入4421万元,较2007年大幅增长;矿产资源勘查投入23481.02万元,较2007年有所减少;石油天然气勘查投入33400万元,较2007年略有减少;地质环境调查投入1302万元,较2007年明显减少;地质勘查科技与信息化建设投入549.26万元,比2007年度有所减少;其他工作投入1205万元。各类投入比例及增减变化见图13、14。

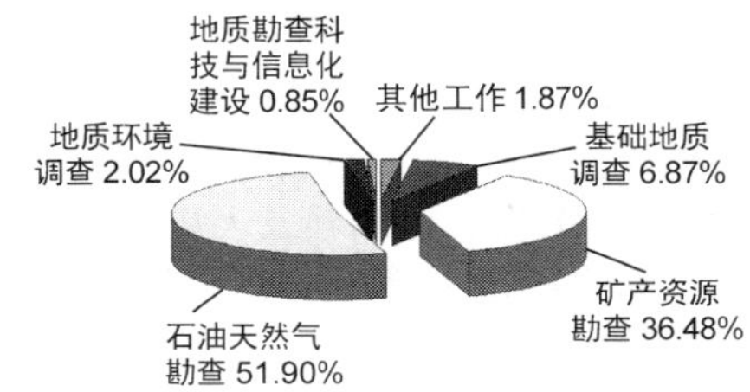


**图13　2008年度分类投入比例示意图**

2008年全省矿产勘查(含石油天然气)总投资56881.02万元。按资金来源分,中央财政投入6345万元,地方财政投入2712万元,社会资金投入47824.02万元,不同投资来源所占比例见图15。按投入矿产领

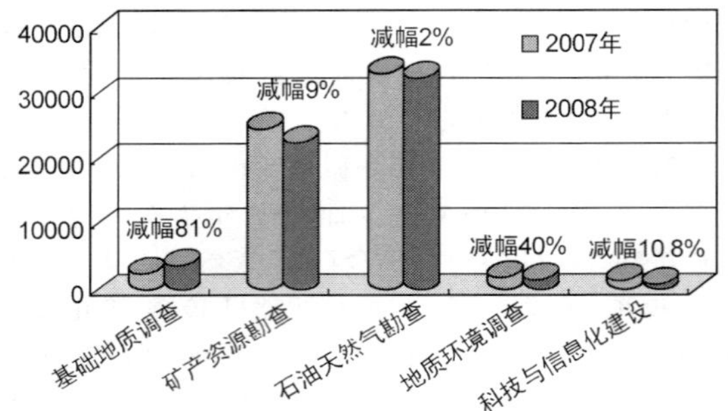


图14 2007~2008年地质勘查投入数量及增减比例图

域统计，能源矿产勘查38179万元，黑色金属矿产勘查4751.43万元，有色金属矿产勘查9831.08万元，贵金属矿产勘查547.41万元，化工建材及其他矿产勘查3572.1万元，所占比例见图16。与2007年度相比能源矿产勘查投入略有增长，有色金属矿产勘查投入有大幅增长，化工建材和非金属矿产勘查投入有大幅降低。

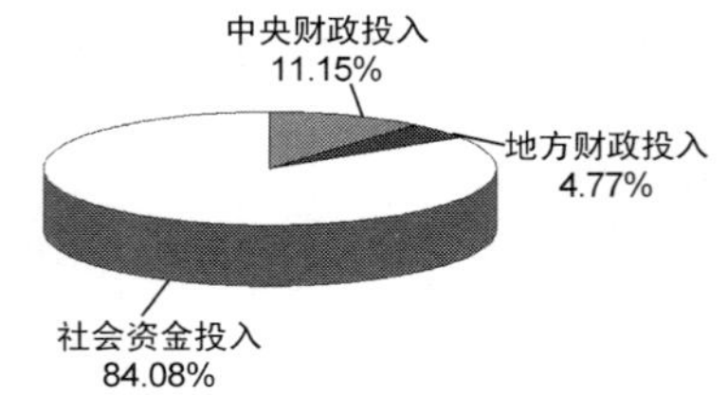


图15 2008年度不同投资来源所占比例示意图

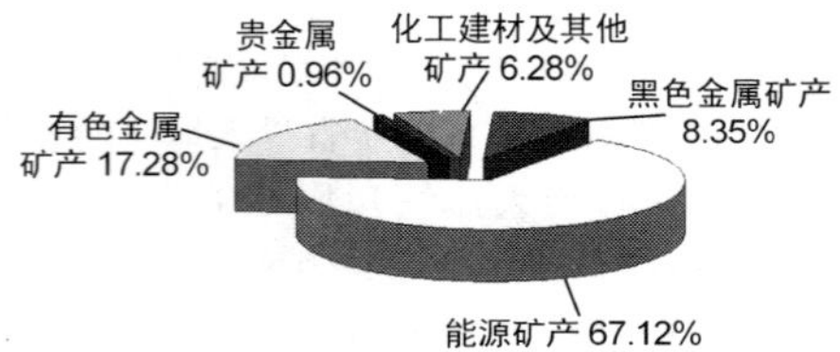


图16 2008年度不同类矿产勘查投入比例图

2008年全省矿产勘查投入钻探工作量211845米，坑探38391米，槽探10.4万立方米，浅井4.8米。

**【勘查成果】** 1.区域地质调查工作稳步推进。2008年完成1:50000区域地质矿产调查面积2134平方千米，涉及长阳、高家堰、金牛、高桥、教场坝、猫儿观、屯堡、松庄坪、莲沱、三斗坪10个图幅；完成1:50000区域地质调查面积3542平方千米，涉及火烧坪、贺家坪、资丘、都镇湾、分乡场、宜昌市等8个图幅；完成1:50000汉阳县、武汉市、阳逻镇、金口镇、武昌县、豹子解等幅城市经济区区域地质调查面积1000平方千米；完成钟祥—宜城地区多目标区域地球化学调查3000平方千米；完成1:100000利川—慈利—五峰走廊大剖面油气地质调查3000平方千米；完成1:200000巫溪幅、神农架幅重力调查面积7170平方千米。

2.矿产勘查新发现矿产地5处。2008年度，全省新发现矿产地5处：宜昌磷矿仓屋垭矿区磷矿（矿石61490千吨）、十堰市郧西县马鞍镇金家湾铁矿（矿石1000万吨）、保康县城关镇头道峡萤石矿（矿石19万吨）、神农架林区松柏镇应家山-铁炉沟磷矿（矿石667.1万吨）、嘉鱼县杨家山-梅山石灰岩矿（矿石9462万吨）。

3.危机矿山勘查取得重大进展。2008年度，全省实施的危机矿山勘查项目11项，取得了重大进展。其中：黄石市武钢大冶铁矿接替资源勘查，新增333类铁矿石资源量1924万吨，334类铁矿石资源量5238万吨；大冶市大冶有色铜绿山铜铁矿接替资源勘查，新增333铜金属资源量19.44万吨，铁矿石量1102.25万吨，伴生金资源量10.18吨；大冶市鸡冠咀铜金矿接替资源勘查，新增金金属量3.31吨；樟村坪磷矿接替资源勘查，新增磷矿石333资源量5994万吨，其中富矿占35%。湖北省铜绿山铜铁矿深部找矿及湖北省宜昌磷矿深部勘查取得重大突破，两大找矿成果被评为2008年度全国十大地质找矿成果。

**【地质勘查科技研究】** 1.矿产勘查和基础调查方法及手段研究。开展了V8多功能电测系统深部找矿方法应用研究，较为充分掌握V8多功能电法仪的各方法的使用情况，在方法原理、野外使用等环节，已达到可以根据地质目的进行野外作业设计的初步水平。

2.区域重点成矿区带成矿规律及矿产预测研究。①全省重要矿产资源潜力评价：明确了铁、铝、磷、铜、铅锌、金、稀土、煤、锑、钨等11个矿种预测工作区范围，初步进行了成矿区带划分、区域成矿规律总结；开展了与铁、铝、磷预测相关的各类图件编制；完成了矿产地数据库、地质工作程度数据库、航磁数据库、重力数据库、化探数据库和地理底图数据库的维护工作。②湖北省大冶市铜绿山铜铁矿深部地球化学找矿预测：建立了矿床构造叠加晕模式，确定了盲矿预测标志；用模式和标志预测，提出了金铜盲矿靶位。③鄂西北贫磁铁矿成矿地质条件研究及找矿靶区筛选：初步总结了铁矿类型与成矿规律，圈定了8处找矿远景区和10多处找矿靶区，提供普查基地1处。

3.区域重大疑难地质问题研究与解决。湖北省银钒矿综合利用研究：围绕矿石的矿物组成、矿石构造及嵌布关系进行研究，通过重磁浮联合流程获得银精矿和钒精矿产品，研究其他有用元素（如钼等元素）回收的可能性。采用三种工艺技术开展试验，银综合回收率大于85%，钒综合回收率大于80%。

**【油气勘探】** 2008年共完成二维地震413.74千米，三维地震280平方千米；完成钻探井12口，钻探进尺3.75万米，完成钻探井6口，进尺1.87万米。新查明含油区块5个，新增探明含油面积4.52平方千米，探明石油地质储量424.87万吨，可采储量79.09万吨；新增控制含油区块1个，含油面积2.0平方千米，控制石油地质储量303.7万吨，可采储量60.74万吨；新增预测含油区块2个，含油面积14.95平方千米，预测石油地质储量696.24万吨，可采储量139.02万吨。

**【矿产资源开发利用】** 2008年，湖北省开发利用的矿种在2007年97种的基础上停采了2种（颜料矿物、饰面用安山岩），增加了9种（钨矿、冶金用脉石英、制碱用灰岩、水泥用辉绿岩、饰面用辉绿岩、饰面用闪长岩、建筑用正长岩、珍珠岩、其他矿产），共有104种，涉及的矿产类别和矿种较广（表8）。

**表8　湖北省2008年度开发利用矿产统计**

<table>
<tr><th>矿产类别（种数）</th><th>矿 产 名 称</th><th>矿产类别（种数）</th><th>矿 产 名 称</th></tr>
<tr><td>水气矿产（3）</td><td>地下水、矿泉水、地下热水</td><td rowspan="3">冶金辅助原料矿产（8）</td><td rowspan="3">普通萤石、熔剂用灰岩、冶金用白云岩、冶金用石英岩、铸型用砂岩、冶金用脉石英、耐火粘土、熔剂用蛇纹岩</td></tr>
<tr><td>能源矿产（4）</td><td>煤、石煤、石油、天然气</td></tr>
<tr><td>黑色金属矿产（4）</td><td>铁矿、锰矿、钛矿、钒矿</td></tr>
<tr><td>有色金属矿产（7）</td><td>铜矿、铅矿、锌矿、铝土矿、钨矿、钼矿、锑矿</td><td rowspan="3">化工原料非金属矿产（11）</td><td rowspan="3">硫铁矿、重晶石、电石用灰岩、制碱用灰岩、化工用白云岩、化肥用石英岩、化肥用橄榄岩、化肥用蛇纹岩、泥炭、盐矿、磷矿</td></tr>
<tr><td>贵金属矿产（2）</td><td>金矿、银矿</td></tr>
<tr><td>稀有分散元素矿产（1）</td><td>锶矿（天青石）</td></tr>
<tr><td>建筑材料及其他非金属矿产（64）</td><td colspan="3">石墨、硅灰石、滑石、长石、石榴子石、透辉石、透闪石、蛭石、石膏、方解石、光学萤石、玉石、玻璃用灰岩、水泥用灰岩、建筑石料用灰岩、饰面用灰岩、制灰用石灰岩、白垩、玻璃用白云岩、建筑用白云岩、玻璃用石英岩、玻璃用砂岩、水泥配料用砂岩、砖瓦用砂岩、建筑用砂岩、建筑用砂、水泥配料用砂、砖瓦用砂、玻璃用脉石英、陶粒页岩、砖瓦用页岩、水泥配料用页岩、建筑用页岩、高岭土、陶瓷土、伊利石黏土、累托石黏土、膨润土、砖瓦用黏土、陶粒用黏土、水泥配料用黏土、水泥配料用红土、饰面用蛇纹岩、水泥配料用泥岩、建筑用玄武岩、建筑用角闪岩、建筑用辉绿岩、建筑用安山岩、建筑用闪长岩、建筑用花岗岩、饰面用花岗岩、建筑用凝灰岩、饰面用大理岩、建筑用大理岩、水泥用大理岩、饰面用板岩、水泥配料用板岩、片麻岩、水泥用辉绿岩、饰面用辉绿岩、饰面用闪长岩、建筑用正长岩、珍珠岩、其他矿产</td></tr>
</table>

1.矿山企业。据统计，2008年湖北省各类矿山企业4388家（未包括油、气、水）；从事矿业生产人员160842人，较2007年的189337人减少了28495人，减幅为17.72%。资料统计显示，湖北省矿山企业数自2001～2008年总体呈缓慢下降趋势，从业人员自2001到2008年一直呈下降趋势（图17）；2008年全省（非油气）矿石产量14273.83万吨，矿业总产值1437120.73万元，2001～2003年及2005～2007年矿石产量总体呈上升态势，而2004年和2008年矿石产量下降；矿业总产值2001～2007年年增长率都大于10%，而2008年较2007年仅略有增长（图18）。

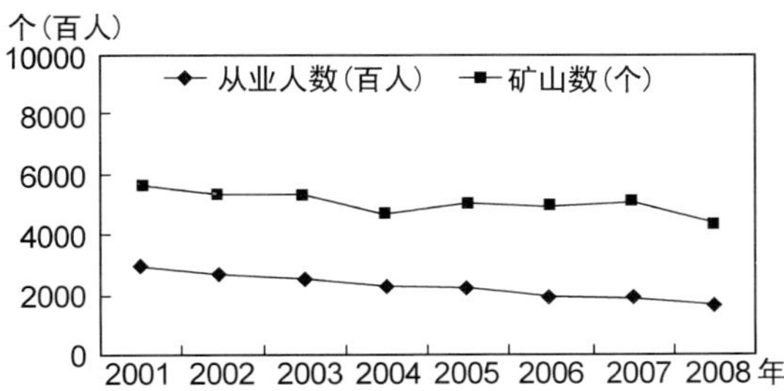


**图17　湖北省2001～2008年矿山数及从业人员变化趋势**

按地区统计，矿山数量>400家的依次是恩施州、宜昌市、黄冈市、黄石市；从业人员>20000人的地区有黄石市和宜昌市，从业人员10000～20000人之间的依次为孝感市、荆州市、恩施州；矿业总产值位于前五位的依次为黄石市、宜昌市、鄂州市、黄冈市、孝感市；利润总额位于前五位的依次为黄石市、宜昌市、鄂州市、咸宁市、孝感市（表9）。

**表9　2008年湖北省（非油气）矿山企业按地区统计**

| 地　区 | 矿山数（个） | 从业人员（人） | 矿业总产值（万元） | 利润总额（万元） |
|---|---|---|---|---|
| 武汉市 | 130 | 2861 | 8130.00 | 872.50 |
| 黄石市 | 412 | 35012 | 466071.24 | 113008.48 |
| 十堰市 | 321 | 6464 | 28263.25 | 4723.30 |
| 宜昌市 | 609 | 26614 | 226359.52 | 50505.24 |
| 襄樊市 | 260 | 7537 | 63214.10 | 9006.50 |
| 鄂州市 | 80 | 6018 | 177476.56 | 37975.03 |
| 荆门市 | 299 | 9929 | 31552.85 | 4791.51 |
| 孝感市 | 216 | 13784 | 68167.86 | 10547.76 |
| 荆州市 | 257 | 13249 | 59290.09 | 5444.00 |
| 黄冈市 | 541 | 9508 | 129927.39 | 6115.07 |
| 咸宁市 | 318 | 6376 | 54341.77 | 13507.52 |
| 随州市 | 116 | 2771 | 8110.00 | 1048.80 |
| 恩施州 | 718 | 12368 | 53781.77 | 8908.64 |
| 省直辖行政单位 | 111 | 8351 | 62434.33 | 4469.21 |
| 总　计 | 4388 | 160842 | 1437120.73 | 270923.56 |

**资料来源：**湖北省矿山企业矿产资源开发利用情况统计年报（2008）（未含油、气）。

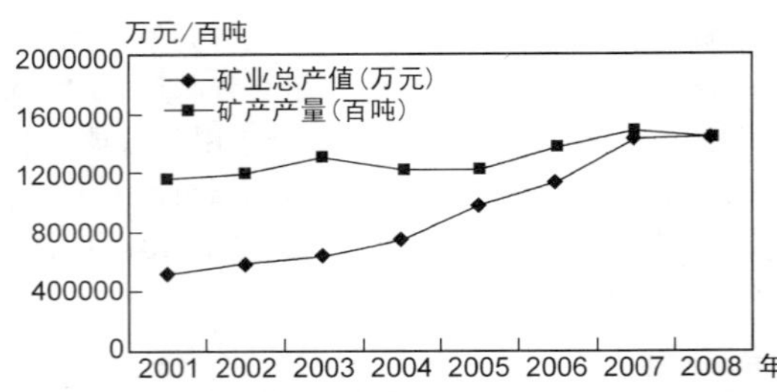


图18 湖北省2001~2008年矿石产量及矿业总产值变化趋势

矿山企业规模：大型企业33家，占全省矿山总数的0.75%，中型企业113家，占全省矿山总数的2.58%；小型企业4242家，占96.67%。

从所有制结构看，国有企业108家，国内其他所有制形式企业4268家，港澳台及外资企业18家，依次占全省矿山企业总数的2.46%、97.13%和0.41%。其经济类型和行业类型对比情况见表10、表11。

**表10　2008年湖北省(未包括油、气、水)矿业结构一览表(按经济类型划分)**

| 经济类型 | 矿山数(个) | 从业人数(人) | 年产矿量(万吨) | 工业总产值(万元) | 矿产品销售收入(万元) | 利润总额(万元) |
|---|---|---|---|---|---|---|
| 国有企业 | 108 | 29879 | 1909.97 | 453176.23 | 413587.99 | 108943.74 |
| 集体企业 | 683 | 28273 | 1766.94 | 107046.02 | 89005.35 | 13663.56 |
| 股份合作企业 | 32 | 1476 | 130.6 | 13648.62 | 13210.62 | 637.34 |
| 联营企业 | 34 | 747 | 207.62 | 4117.74 | 3939.72 | 203.60 |
| 有限责任公司 | 546 | 31448 | 2322.64 | 310027.33 | 289045.40 | 50420.78 |
| 股份有限公司 | 242 | 15122 | 2541.18 | 268588.73 | 207597.55 | 59150.91 |
| 私营企业 | 2583 | 50757 | 4993.21 | 249696.68 | 221782.94 | 27046.22 |
| 港、澳、台企业 | 6 | 1005 | 191.09 | 26179.60 | 26083.60 | 10555.20 |
| 外商投资企业 | 12 | 316 | 14.98 | 1185.00 | 1185.00 | -124.50 |
| 其他企业 | 142 | 1819 | 195.59 | 3454.80 | 3278.80 | 426.70 |
| 合计 | 4388 | 160842 | 14273.83 | 1437120.73 | 1268716.97 | 270923.56 |

**资料来源**：湖北省矿山企业矿产资源开发利用情况统计年报(2008年，未含油、气)。

**表11　2008年湖北省矿业结构一览表(按行业类型划分)**

| 经济类型 | 矿山数(个) | 从业人数(人) | 年产矿量(万吨/亿方) | 工业总产值(万元) | 矿产品销售收入(万元) | 利润总额(万元) |
|---|---|---|---|---|---|---|
| 能源矿产 | 501 | 39149 | 1068.19/1.15 | 557977.25 | 527907.97 | 86229.57 |
| 黑色金属 | 112 | 22465 | 834.75 | 398450.32 | 353730.28 | 78534.74 |
| 有色金属 | 58 | 9745 | 407.86 | 139677.5 | 139621.47 | 42112.68 |
| 贵金属 | 25 | 3385 | 293.38 | 110934.6 | 82851.39 | 39885 |
| 稀土稀有金属 | 2 | 135 | 6 | 1080 | 1047 | -294.38 |
| 冶金辅料非金属 | 70 | 1742 | 106.83 | 4449.2 | 4289.2 | 490.05 |
| 化工原料非金属 | 228 | 19266 | 1966.85 | 291538.31 | 253777.38 | 59826.37 |
| 建筑材料及其它 | 3415 | 71798 | 9656.84 | 327892.12 | 274130.03 | 27867.76 |
| 水气矿产 | 7 | 122 | 12.33 | 559.44 | 491.25 | 54.77 |
| 总　计 | 4418 | 167807 | 14353.03/1.15 | 1832558.75 | 1637845.97 | 334678.07 |

**资料来源**：2008年湖北省矿产资源开发利用情况统计年报，江汉油田管理局年报(含油、气)。

2.矿业投入。2008年度，湖北省矿业投资情况见表12。其中：矿业固定资产投资为102.21亿元，较

2007年的79.19亿元增加了29.07%(图18);矿业基本建设投资40.70亿元,较2007年的30.50亿元增加了33.44%(图19);技术改造投资49.66亿元,较2007年的43.35亿元增长了14.56%(图20)。

**表12　湖北省2002~2008年矿业投资一览表**

| 投资类别 | 年份 | 全省 | 煤炭采选业 | 石油和天然气开采业 | 黑色金属矿采选业 | 有色金属矿采选业 | 非金属矿采选业 | 其他 |
|---|---|---|---|---|---|---|---|---|
| 固定资产 | 2002 | 15.89 | 1.39 | 12.79 | 0.97 | 0.15 | 0.59 | |
| | 2003 | 14.72 | 1.25 | 10.36 | 2.06 | 0.25 | 0.80 | |
| | 2004 | 33.68 | 3.48 | 11.80 | 7.76 | 1.72 | 8.64 | 0.28 |
| | 2005 | 50.40 | 7.11 | 12.85 | 13.84 | 2.20 | 13.63 | 0.77 |
| | 2006 | 58.44 | 7.68 | 17.88 | 11.16 | 5.06 | 15.61 | 1.05 |
| | 2007 | 79.19 | 8.38 | 30.19 | 16.97 | 3.70 | 18.72 | 1.23 |
| | 2008 | 102.22 | 13.61 | 31.21 | 16.09 | 5.26 | 32.85 | 3.19 |
| 基本建设 | 2002 | 7.62 | 0.25 | 6.36 | 0.10 | 0.30 | 0.61 | |
| | 2003 | 8.23 | 0.58 | 5.93 | 0.29 | 0.31 | 1.12 | |
| | 2004 | 17.77 | 1.46 | 5.81 | 5.53 | 0.28 | 4.69 | |
| | 2005 | 33.27 | 2.28 | 12.24 | 10.71 | 0.70 | 6.68 | 0.66 |
| | 2006 | 21.93 | 2.57 | 1.72 | 8.08 | 2.07 | 6.49 | 1.00 |
| | 2007 | 30.50 | 2.67 | 4.18 | 10.63 | 1.87 | 9.97 | 1.18 |
| | 2008 | 40.70 | 3.73 | 4.66 | 6.79 | 1.40 | 20.91 | 3.03 |
| 技术改造 | 2002 | 10.05 | 0.73 | 6.43 | 1.43 | 0.53 | 0.93 | |
| | 2003 | 10.56 | 0.94 | 4.52 | 3.21 | 0.40 | 1.49 | |
| | 2004 | 14.12 | 1.84 | 5.99 | 1.63 | 0.84 | 3.56 | 0.26 |
| | 2005 | 13.06 | 4.52 | 0.61 | 2.54 | 0.49 | 4.81 | 0.09 |
| | 2006 | 32.38 | 4.84 | 16.15 | 2.68 | 1.64 | 7.00 | 0.06 |
| | 2007 | 43.35 | 4.61 | 26.02 | 5.05 | 1.05 | 6.57 | 0.05 |
| | 2008 | 49.66 | 9.31 | 25.77 | 4.56 | 2.38 | 7.47 | 0.16 |

**资料来源:**《湖北统计年鉴(2009)》。

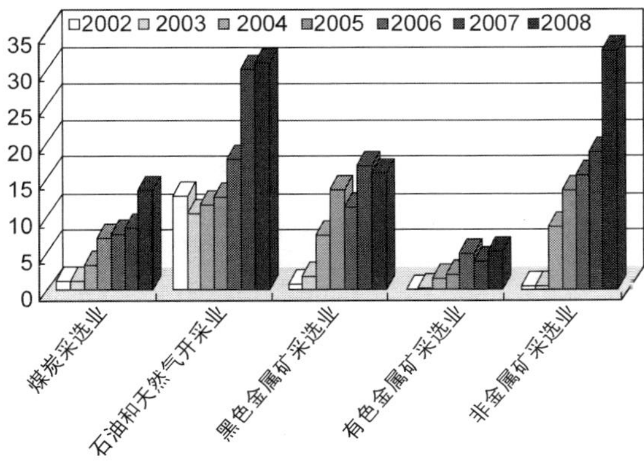


**图19　湖北省2002~2008年矿业固定资产投资变化图(单位:亿元)**

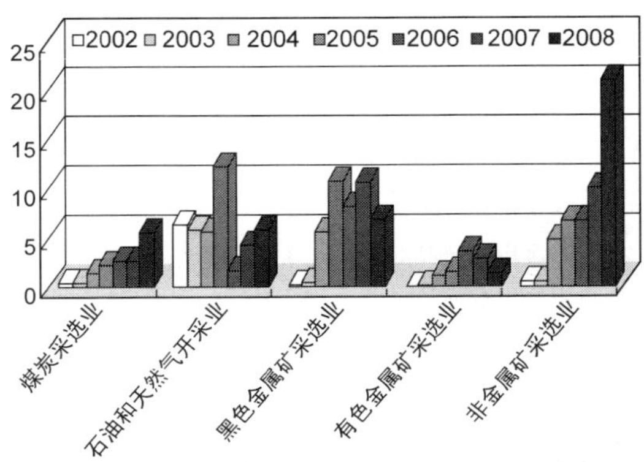


**图20　湖北省2002~2008年矿业基本建设投资变化图(单位:亿元)**

3.矿业开发主要技术经济指标。湖北省2008年度主要矿种技术经济指标见表13。

①产值。2008年度,全省矿山开采矿石(含油、气、水)的工业总产值达到1832558.73万元,较2007年度的1964162.23万元下降了6.70%,人均产值达到10.95万元,较2007年度的10.006万元增长了9.13%(表14)。

2008年度工业总产值在1亿元以上的矿产有11种,计171.47亿元,依次为铁矿(386883.57万元)、石油(386141万元)、磷矿(228442.8万元)、煤炭(155803.36万元)、铜矿(137107.9万元)、水泥用灰岩(114507.19万元)、金矿(108282.6万元)、砖瓦黏土(78812.46万元)、岩盐(56930.16万元)、建筑石料用灰岩(49968.17万元)、石膏(11777.53万元)(图21)。

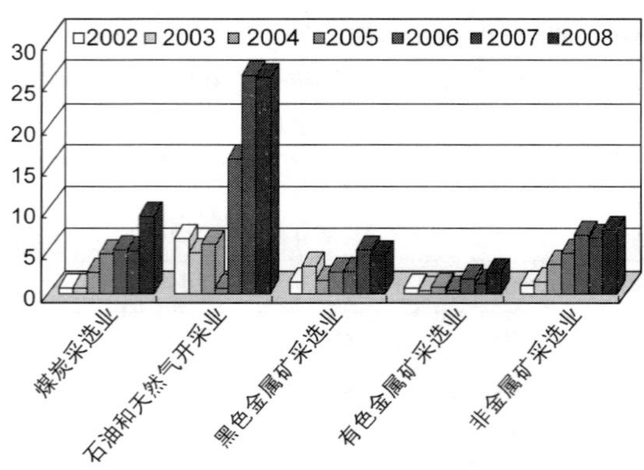


**图21 湖北省2002~2008年矿业技术改造投资变化图(单位:亿元)**

表13

**2008年湖北省主要矿种技术经济指标汇总简表**

| 序号 | 矿产名称 | 矿山数(个) | 从业人数(人) | 年产矿量(万吨) | 工业总产值(万元) | 工业销售收入(万元) | 利润总额(万元) | 人均产值(万元) |
|---|---|---|---|---|---|---|---|---|
| 1 | 煤炭 | 430 | 31195 | 644.89 | 155803.36 | 152295.28 | 21601.08 | 4.9945 |
| 2 | 石煤 | 24 | 174 | 2.30 | 200.00 | 200.00 | -26.00 | 1.1494 |
| 3 | 石油 | 29 | 6526 | 79.20 | 386141.00 | 359892.00 | 66000.00 | 59.1700 |
| 4 | 天然气 | 1 | 439 | 1.15亿方 | 9297.00 | 9237.00 | -2217.00 | 21.1800 |
| 5 | 地下热水 | 17 | 815 | 341.80 | 6535.89 | 6283.69 | 871.49 | 8.0195 |
| 6 | 铁矿 | 96 | 20922 | 793.39 | 386883.57 | 342313.53 | 76798.44 | 18.4917 |
| 7 | 锰矿 | 5 | 820 | 31.94 | 9813.00 | 9813.00 | 1541.00 | 11.9671 |
| 8 | 钛矿 | 4 | 370 | 4.42 | 500.00 | 350.00 | 150.00 | 1.3514 |
| 9 | 钒矿 | 7 | 353 | 5.00 | 1253.75 | 1253.75 | 45.30 | 3.5517 |
| 10 | 铜矿 | 44 | 9149 | 379.51 | 137107.90 | 137051.87 | 43190.48 | 14.9861 |
| 11 | 铅矿 | 2 | 25 | 0 | 0 | 0 | 0 | 0 |
| 12 | 锌矿 | 4 | 161 | 18.22 | 596.00 | 596.00 | -164.00 | 3.7019 |
| 13 | 铝土矿 | 1 | 1 | 0 | 0 | 0 | 0 | 0 |
| 14 | 钨矿 | 1 | 190 | 6.00 | 1150.00 | 1150.00 | -1000.00 | 6.0526 |
| 15 | 钼矿 | 3 | 175 | 4.13 | 823.60 | 823.60 | 86.20 | 4.7063 |
| 16 | 锑矿 | 3 | 44 | 0 | 0 | 0 | 0 | 0 |
| 17 | 金矿 | 23 | 3001 | 282.04 | 108282.60 | 81490.59 | 39939.00 | 36.0822 |
| 18 | 银矿 | 2 | 384 | 11.34 | 2652.00 | 1360.80 | -54.00 | 6.9063 |
| 19 | 锶矿 | 2 | 135 | 6.00 | 1080.00 | 1047.00 | -294.38 | 8.0000 |
| 20 | 普通萤石 | 33 | 390 | 5.40 | 1002.00 | 842.00 | 86.30 | 2.5692 |
| 21 | 熔剂用灰岩 | 4 | 1028 | 49.00 | 710.00 | 710.00 | 46.64 | 0.6907 |
| 22 | 冶金用白云岩 | 3 | 52 | 20.00 | 250.00 | 250.00 | 13.00 | 4.8077 |
| 23 | 冶金用石英岩 | 17 | 129 | 14.15 | 736.70 | 736.70 | 13.51 | 5.7109 |
| 24 | 铸型用砂岩 | 2 | 11 | 0.28 | 15.50 | 15.50 | 2.10 | 1.4091 |
| 25 | 冶金用脉石英 | 7 | 68 | 4.10 | 92.00 | 92.00 | 20.00 | 1.3529 |
| 26 | 耐火黏土 | 2 | 22 | 1.90 | 143.00 | 143.00 | 28.5. | 6.5000 |
| 27 | 熔剂用蛇纹岩 | 2 | 42 | 12.00 | 1500.00 | 1500.00 | 280.00 | 35.7143 |
| 28 | 硫铁矿 | 10 | 188 | 1.23 | 228.00 | 227.36 | 15.60 | 1.2128 |
| 29 | 重晶石 | 80 | 1001 | 34.28 | 4019.95 | 3731.15 | 438.00 | 4.0159 |

续表 13－1

| 序号 | 矿产名称 | 矿山数（个） | 从业人数（人） | 年产矿量（万吨） | 工业总产值（万元） | 工业销售收入（万元） | 利润总额（万元） | 人均产值（万元） |
|---|---|---|---|---|---|---|---|---|
| 30 | 电石用灰岩 | 3 | 130 | 41.80 | 836.00 | 836.00 | 125.40 | 6.4308 |
| 31 | 制碱用灰岩 | 1 | 50 | 2.08 | 25.00 | 25.00 | 1.00 | 0.5000 |
| 32 | 化工用白云岩 | 2 | 20 | 0.06 | 1.20 | 1.20 | 0.10 | 0.0600 |
| 33 | 化肥用石英岩 | 5 | 20 | 0.20 | 11.00 | 11.00 | 2.00 | 0.5500 |
| 34 | 化肥用橄榄岩 | 1 | 8 | 2.90 | 110.20 | 72.20 | 0.60 | 13.7750 |
| 35 | 化肥用蛇纹岩 | 2 | 39 | 1.35 | 38.00 | 38.00 | 2.00 | 0.9744 |
| 36 | 泥炭 | 16 | 215 | 7.96 | 896.00 | 891.50 | 73.00 | 4.1674 |
| 37 | 盐矿 | 11 | 3786 | 672.80 | 56930.16 | 41697.46 | 950.47 | 15.0370 |
| 38 | 磷矿 | 97 | 13809 | 1202.19 | 228442.8 | 206246.51 | 58218.20 | 16.5430 |
| 39 | 石墨 | 2 | 292 | 7.88 | 799.92 | 707.90 | 0 | 2.7395 |
| 40 | 硅灰石 | 37 | 590 | 24.73 | 2039.60 | 1907.60 | 356.10 | 3.4569 |
| 41 | 滑石 | 9 | 106 | 2.34 | 160.00 | 144.00 | 20.86 | 1.5094 |
| 42 | 长石 | 8 | 82 | 3.26 | 128.00 | 73.00 | 53.20 | 1.5610 |
| 43 | 石榴子石 | 3 | 120 | 0.75 | 10.50 | 10.50 | －6.47 | 0.0875 |
| 44 | 透辉石 | 2 | 14 | 1.74 | 64.55 | 64.55 | 9.40 | 4.6107 |
| 45 | 蛭石 | 4 | 32 | 0.50 | 60.00 | 60.00 | 11.00 | 1.875 |
| 46 | 透闪石 | 1 | 58 | 0.80 | 340.00 | 340.00 | －120.00 | 5.8621 |
| 47 | 石膏 | 40 | 3527 | 155.28 | 11777.53 | 12597.53 | 490.90 | 3.3392 |
| 48 | 方解石 | 104 | 958 | 39.13 | 1798.85 | 1727.18 | 185.05 | 1.8777 |
| 49 | 光学萤石 | 1 | 1 | 0 | 0 | 0 | 0 | 0 |
| 50 | 玉石 | 2 | 12 | 0 | 25.00 | 0 | 0 | 2.0833 |
| 51 | 玻璃用灰岩 | 2 | 10 | 1.00 | 50.00 | 50.00 | 10.00 | 5.000 |
| 52 | 水泥用灰岩 | 113 | 3421 | 2511.30 | 114507.19 | 83149.09 | 4993.26 | 33.4719 |
| 53 | 建筑石料用灰岩 | 1165 | 11931 | 3085.90 | 49968.17 | 48722.02 | 6077.10 | 4.1881 |
| 54 | 饰面用灰岩 | 12 | 146 | 4.68 | 286.50 | 226.50 | 27.60 | 1.9623 |
| 55 | 制灰用石灰岩 | 66 | 1078 | 249.00 | 6974.50 | 7235.50 | 534.40 | 6.4699 |
| 56 | 白垩 | 1 | 10 | 0.35 | 20.00 | 19.25 | 1.00 | 2.0000 |
| 57 | 玻璃用白云岩 | 3 | 56 | 7.30 | 92.00 | 92.00 | 6.00 | 1.6429 |
| 58 | 建筑用白云岩 | 115 | 1618 | 445.51 | 6800.40 | 6714.68 | 650.20 | 4.2030 |
| 59 | 玻璃用石英岩 | 8 | 71 | 9.27 | 1035.00 | 1005.00 | 67.40 | 14.5775 |
| 60 | 玻璃用砂岩 | 6 | 112 | 21.50 | 345.00 | 365.00 | 79.00 | 3.0804 |
| 61 | 水泥配料用砂岩 | 19 | 313 | 27.25 | 326.00 | 326.00 | 48.70 | 1.0415 |
| 62 | 砖瓦用砂岩 | 6 | 85 | 5.50 | 67.50 | 67.50 | 22.00 | 0.7941 |
| 63 | 建筑用砂岩 | 41 | 574 | 220.29 | 1516.80 | 1046.80 | 274.50 | 2.6425 |
| 64 | 建筑用砂 | 77 | 1168 | 340.17 | 5514.90 | 5010.90 | 1024.00 | 4.7217 |
| 65 | 水泥配料用砂 | 2 | 75 | 0.40 | 15.00 | 12.00 | 4.00 | 0.2000 |
| 66 | 砖瓦用砂 | 13 | 355 | 18.60 | 383.00 | 220.80 | 47.10 | 1.0789 |
| 67 | 玻璃用脉石英 | 16 | 162 | 22.60 | 2402.00 | 2402.00 | 620.10 | 14.8272 |
| 68 | 陶粒页岩 | 2 | 130 | 4.00 | 850.00 | 220.00 | 0 | 6.5385 |
| 69 | 砖瓦用页岩 | 49 | 778 | 39.13 | 2423.40 | 1968.40 | 172.50 | 3.1149 |
| 70 | 水泥配料用页岩 | 49 | 493 | 49.20 | 1169.55 | 1086.00 | 190.66 | 2.3723 |
| 71 | 建筑用页岩 | 4 | 45 | 5.39 | 206.75 | 206.75 | 19.00 | 4.5944 |
| 72 | 高岭土 | 40 | 824 | 37.33 | 2001.60 | 1935.81 | 365.10 | 2.4291 |

续表 13－2

| 序号 | 矿产名称 | 矿山数（个） | 从业人数（人） | 年产矿量（万吨） | 工业总产值（万元） | 工业销售收入（万元） | 利润总额（万元） | 人均产值（万元） |
|---|---|---|---|---|---|---|---|---|
| 73 | 陶瓷土 | 8 | 90 | 10.50 | 880.00 | 710.00 | 115.00 | 9.7778 |
| 74 | 伊利石黏土 | 1 | 10 | 0.50 | 25.00 | 25.00 | 0 | 2.5000 |
| 75 | 累托石黏土 | 1 | 125 | 0 | 0 | 0 | 0 | 0 |
| 76 | 膨润土 | 18 | 156 | 65.70 | 129.00 | 124.80 | －10.25 | 0.8269 |
| 77 | 砖瓦用黏土 | `599 | 31856 | 1305.45 | 78812.46 | 64928.13 | 7857.13 | 2.4740 |
| 78 | 陶粒用黏土 | 2 | 123 | 0.70 | 140.00 | 140.00 | 24.00 | 1.1382 |
| 79 | 水泥配料用黏土 | 1 | 10 | 1.00 | 10.00 | 10.00 | 1.00 | 1.0000 |
| 80 | 水泥配料用红土 | 5 | 24 | 0.30 | 60.00 | 60.00 | 18.00 | 2.5000 |
| 81 | 水泥配料用泥岩 | 2 | 32 | 3.00 | 60.00 | 60.00 | 15.00 | 1.8750 |
| 82 | 饰面用蛇纹岩 | 1 | 1 | 0 | 0 | 0 | 0 | 0 |
| 83 | 建筑用玄武岩 | 14 | 316 | 35.97 | 1396.50 | 1171.50 | 134.40 | 4.4193 |
| 84 | 建筑用角闪岩 | 6 | 92 | 8.06 | 192.56 | 187.40 | 11.90 | 2.0930 |
| 85 | 水泥用辉绿岩 | 1 | 14 | 0 | 56.00 | 0 | 0 | 4.000 |
| 86 | 饰面用辉绿岩 | 2 | 24 | 0 | 0 | 0 | 0 | 0 |
| 87 | 建筑用辉绿岩 | 50 | 613 | 117.40 | 2930.50 | 2825.50 | 264.10 | 4.7806 |
| 88 | 建筑用安山岩 | 6 | 34 | 0.27 | 10.00 | 5.40 | 1.94 | 0.2941 |
| 89 | 建筑用闪长岩 | 15 | 207 | 21.70 | 391.00 | 368.00 | 66.40 | 1.8889 |
| 90 | 饰面用闪长岩 | 1 | 3 | 0 | 0 | 0 | 0 | 0 |
| 91 | 建筑用正长岩 | 1 | 12 | 1.82 | 72.00 | 72.00 | 4.00 | 6.000 |
| 92 | 建筑用花岗岩 | 208 | 2404 | 372.49 | 7549.40 | 6424.70 | 724.90 | 3.1403 |
| 93 | 饰面用花岗岩 | 154 | 2433 | 59.85 | 7975.00 | 6555.50 | 680.45 | 3.2778 |
| 94 | 珍珠岩 | 1 | 6 | 0.03 | 3.00 | 1.35 | 0.60 | 0.5000 |
| 95 | 建筑用凝灰岩 | 3 | 20 | 0.15 | 5.50 | 3.00 | 1.55 | 0.2750 |
| 96 | 饰面用大理岩 | 74 | 908 | 7.37 | 3951.00 | 2892.00 | 616.29 | 4.3513 |
| 97 | 建筑用大理岩 | 45 | 625 | 78.39 | 2756.50 | 2664.50 | 329.10 | 4.4104 |
| 98 | 水泥用大理岩 | 4 | 88 | 29.00 | 1151.00 | 511.00 | 21.00 | 13.0796 |
| 99 | 饰面用板岩 | 53 | 696 | 56.32 | 2173.00 | 2165.00 | 289.70 | 3.1221 |
| 100 | 水泥配料用板岩 | 1 | 5 | 0 | 0 | 0 | 0 | 0 |
| 101 | 片麻岩 | 115 | 1591 | 137.79 | 3003.50 | 2511.00 | 467.90 | 1.8878 |
| 102 | 矿泉水 | 6 | 101 | 12.24 | 409.44 | 371.25 | 43.77 | 4.0539 |
| 103 | 地下水 | 1 | 21 | 0.09 | 150.00 | 120.00 | 11.00 | 7.1429 |
| 104 | 其他矿产 | 1 | 33 | 0 | 0 | 0 | 0 | 0 |
| 合计 | | 4418 | 167807 | 14353.03 | 1832558.75 | 1637845.98 | 334678.07 | 10.92 |

**资料来源：**湖北省矿山企业矿产资源开发利用情况统计年报（2008年）、江汉油田勘探处（矿石产量合计未包括天然气）。

**表14　2000～2008年湖北省矿山企业工业总产值变化**

| 年份 | 从业人员（人） | 工业总产值（万元） | 人均产值（万元） |
|---|---|---|---|
| 2000 | 328830 | 701670.00 | 2.134 |
| 2001 | 316196 | 630239.51 | 1.993 |
| 2002 | 284203 | 707495.33 | 2.489 |
| 2003 | 266739 | 775240.46 | 2.906 |
| 2004 | 238283 | 915832.10 | 3.843 |
| 2005 | 229222 | 123243.72 | 5.293 |
| 2006 | 200286 | 1432107.57 | 5.831 |
| 2007 | 196302 | 1964162.23 | 10.006 |
| 2008 | 167807 | 1832558.75 | 10.92 |

工业总产值在0.2亿～1亿元间的有19个矿种，依次为锰矿、天然气、饰面用花岗岩、建筑用花岗岩、制灰用石灰岩、建筑用白云岩、地下热水、建筑用砂、重晶石、饰面用大理岩、片麻岩、建筑用辉绿岩、建筑用大理岩、银矿、砖瓦用页岩、玻璃用脉石英、饰面用板岩、硅灰石、高岭土等。

人均产值居前10位的依次为：石油（59.17万元）、金矿（36.08万元）、熔剂用蛇纹岩（35.71万元）、水泥用灰岩（33.47万元）、天然气（21.18万元）、铁矿（18.49万元）、磷矿（16.54万元）、盐矿（15.04万元）、铜矿（14.99万元）、玻璃用脉石英（14.83万元）（表13）。

②利润。2008年度矿业利润总额为33.47亿元，利润总额排前10位的依次有铁矿（76798.44万元）、石

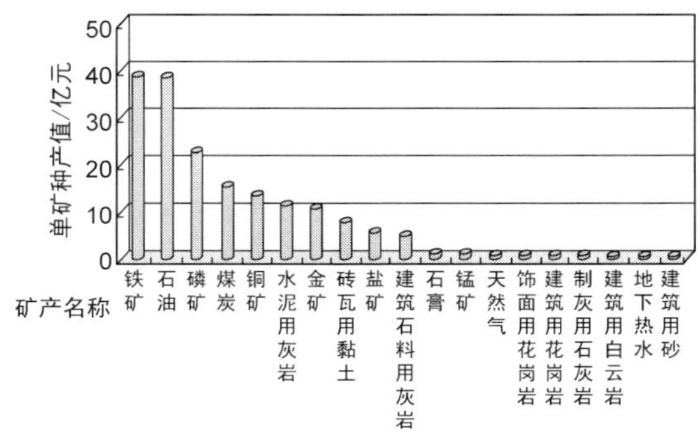


图22　湖北省2008年单矿种总产值对比图(单位:亿元)

油(66000万元)、磷矿(58218.2万元)、铜矿(43190.48万元)、金矿(39939万元)、煤(21601.08万元)、砖瓦用黏土(7857.13万元)、建筑石料用灰岩(6077.13万元)、水泥用灰岩(4993.26万元)、锰矿(1541.00万元)。出现亏损的矿种依次为天然气、钨矿、锶矿、锌矿、透闪石、银矿、石煤、膨润土、石榴子石(表13)。

**【矿产资源开发管理】**　2008年,矿产开发管理工作仍以整顿和规范矿产资源开发秩序为重点,大力推进矿产资源开发整合和矿业权核查工作,加强制度建设,规范矿业权管理,严格准入,强化监管。

1.*整顿和规范矿产资源开发秩序*。①完成整顿规范矿产资源开发秩序"回头看"及其检查验收工作。按照国务院九部委《关于开展整顿和规范矿产资源开发秩序"回头看"行动的通知》(国土资发[2008]40号)精神和省政府统一部署,开展整顿和规范矿产资源开发秩序"回头看"行动。全省查处无证或持过期失效许可证进行勘查开采61起,持勘查许可证采矿12起,开采矿种与采矿许可证不符4起,停产整顿期间擅自采矿7起,已关闭矿山"死灰复燃"9起,超越批准矿区范围采矿45起,非法转让探矿权采矿权4起。纠正地方国土资源管理等部门违反法定权限和程序审批和登记矿业权2起,纠正乡镇政府和村委会招商引资擅自同意他人采矿9起。现场取缔非法零星采矿点321处。该项工作,得到了国家九部委的充分肯定并顺利通过检查验收。

②全力推进并基本完成矿产资源开发整合工作。根据省政府批准的整合方案,在深入推进磷、煤等矿种整合的同时,将工作重点转向东部地区,全面启动和推进铁、铜、金、水泥用灰岩、建筑石料等矿种的整合工作。制定下发了《关于加强矿产资源开发整合期间采矿登记与监督管理的通知》,规范和加强矿山采矿权管理。到2008年底,磷、煤、盐、地热、金及部分建材类矿种整合工作已基本完成,磷矿由148家整合为110家,煤炭矿山由695家整合为438家,地热企业由32家整合到18家。黄石、大冶等地铁铜矿整合取得了明显进展;其他建材非金属等矿种大部分矿山整合工作已完成。全省矿山总数(不含油气矿山)由整合前的5928家减少到4388家,压减率达26%,超额完成国家规定的20%压减任务。

③稳步推进矿业权实地核查工作。根据国土资源部《关于开展全国矿业权实地核查工作的通知》(国土资发〔2008〕59号)要求,成立了专题工作领导小组,相继制定下发了《关于开展全省矿业权实地核查工作的通知》、《关于要求报送探矿权相关材料的通知》和《湖北省矿业权实地核查工作总体方案》,全面开展了探矿权采矿权实地核查前期资料整理,组织完成了大冶、夷陵和咸丰等地的核查试点工作,召开了全省矿业权核查工作会议,研究制定了《湖北省矿业权实地核查工作实施方案》。

④加强制度建设,进一步规范矿业权管理。一是抓矿产资源开发管理政策措施的落实。印发了《关于加强矿产资源开发整合期间探矿权采矿权管理的通知》、《关于立即停止煤炭勘查项目坑探施工的通知》、《关于调整泥炭矿审批发证权限的通知》等文件,进一步加大了湖北省矿产资源开发管理的力度。二是对历史遗留下来的探矿权报件进行了进一步清理,讨论确定了分类处置政策。三是进一步落实矿业权设置方案制度,推进矿业权设置方案编制工作。启动了矿业权设置方案编制单元划分研究,组织编制和审查了11个矿区矿业权设置方案。四是实行了矿业权项目处内集中审查制度。在完善处内矿业权报件多岗位交叉审查的同时,自9月开始推行矿业权项目处内集中审查制度,在厅集中会审之前,对拟上会项目逐一进行综合审查,修正综合审查意见,堵塞审查漏洞。

2.*矿业权出让及采矿权管理*。2008年进一步开展矿业权出让情况清理工作,基本摸清省、部级发证矿业权出让情况,在此基础上,建立了矿业权出让管理信息系统和数据库;严格实行矿产资源分类管理和矿业权有偿取得制度。通过招拍挂等方式,全年共签署探矿权出让合同8份,出让探矿权合同价款17540.07万元(含过去已发证但未完成有偿化处置项目);全年共签署采矿权出让合同129份,采矿权合同价款21106.7万元。

2008年,采矿权新建矿山划定矿区范围16宗(省级,下同),变更范围预审127宗,新立矿山登记7宗,变更登记48宗,矿山企业延续登记275宗,矿山企业转让登记15宗,采矿权抵押备案41宗,注销采矿权66宗。

3.*开发利用的监督管理*。2008年组织开展了全省采矿权探矿权年检、坑探施工项目监督检查和矿产督察工作,年检率均达到100%;加大了对开发利用方案执行情况的检查力度,对年检不合格的矿山企业提出了停产整顿和限期整改要求,有效地加强了矿山监督管理工作;如期完成2008年全省矿产资源开发利用情况统计汇总工作,并顺利通过部会审;配合执法处和执法总队,做好矿产违法情况调查和处理工作,及时处理违法采矿举报件36起;配合省安监、公安等部门开展了矿山安全检查、尾矿库安全大检查、矿区社会秩序整治等专项行动;配合完成了5项人大代表建议和政协委员提案的办理工作,其中,省民革关于"湖北磷矿资源开采现状及建议"的提案,由省政协主席到宜昌市远安县现场督办,办理结果得到了省政协的高度评价。

4.*矿产资源补偿费征收管理*。进一步加强了矿产资源补偿费征管队伍建设和征收管理工作,规范征管行为,定期开展对矿山企业缴费的核查,加大了对欠费漏缴矿山企业的追缴力度,将资源补偿费征收列入各市(州)国土资源部门年度考核目标,保证了资源补偿费征收工作的顺利开展。2008年度全省矿产资源补偿费征收入库达到5576.97万元,超额完成了年初制定的4500万元征收入库目标任务,为年计划的123.9%,比2007年增长17.5%。

按照国务院150号令的有关规定,2008年度批准中石化江汉油田、湖北省鸡笼山金矿、大冶有色金属公司丰山铜矿、铜录山铜铁矿等矿山企业减免矿产资源补偿费1252.82万元。

根据《矿产资源补偿费征收部门补助经费使用管理暂行办法》的有关规定,2008年度下拨矿产资源补偿费征收部门补助经费645万元(其中:中央财政下拨385万元;省级财政下拨260万元)。

**【矿产品产供销形势分析】** 1.*矿业在湖北省经济中的地位*。从1990年起,湖北省矿业及相关原材料加工制品业在全省工业总产值中的比例均高于30%,2008年达到最高值36.73%。

**表15　　2008年湖北省矿业及相关原材料加工制品业产值统计**

| 类别 | | 工业总产值(当年价)(亿元) | | |
|---|---|---|---|---|
| | | 2008年 | 2007年 | 增减(%) |
| 采选业 | 煤炭采选业 | 36.69 | 16.97 | 116.21 |
| | 石油和天然气开采业※ | 161.26 | 117.62 | 37.10 |
| | 黑色金属矿采选业 | 122.74 | 73.36 | 67.31 |
| | 有色金属矿采选业 | 34.12 | 23.06 | 47.96 |
| | 非金属矿采选业 | 116.95 | 85.38 | 36.98 |
| | 其他采矿业 | 0.48 | 0.45 | 6.67 |
| | 小计 | 472.24 | 316.84 | 49.05 |
| 相关原材料加工业 | 煤气生产和供应业 | 23.29 | 13.50 | 72.52 |
| | 石油加工、炼焦业及核燃料加工业 | 450.28 | 393.88 | 14.32 |
| | 黑色金属冶炼及压延加工业 | 1684.68 | 925.72 | 81.99 |
| | 有色金属冶炼及压延加工业 | 425.83 | 369.28 | 15.31 |
| | 金属制品业 | 301.83 | 190.66 | 58.31 |
| | 非金属矿物制品业 | 592.09 | 384.41 | 54.03 |
| | 化学原料及化学制品制造业 | 992.27 | 689.85 | 43.84 |
| | 小计 | 4470.27 | 2967.30 | 50.65 |
| 采选业及相关原材料加工制品业合计 | | 4942.51 | 3284.14 | 50.50 |
| 全省工业总产值 | | 13454.94 | 9601.52 | 40.13 |
| 采选业占全省工业的比例(%) | | 3.51 | 3.30 | 0.21 |
| 相关原材料加工制品业占全省工业的比例(%) | | 33.22 | 30.90 | 2.32 |
| 采选业及相关原材料加工制品业占全省工业的比例(%) | | 36.73 | 34.20 | 2.53 |

**资料来源**:《湖北统计年鉴(2009)》(综合);※ 包括服务业产值。

2008年,全省实现采选业总产值472.24亿元(采矿业与选矿业两者总产值之和),占全省工业总产值的3.51%,同比提高0.21%;与矿业相关原材料加工制品业总产值4470.27亿元,占全省工业总产值的33.22%,同比提高2.32%(表15)。全年,采矿业及相关原材料加工制品业产值4942.51亿元,占全省工业总产值的36.73%,同比提高2.53%(图23)。

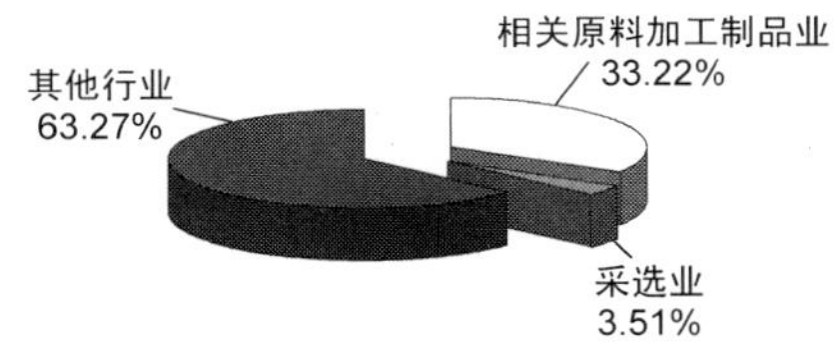


图23　采选业及相关原料加工制品业实现总产值占全省比重

2.*主要矿产矿石和相关产品产量*。据湖北省矿山企业矿产资源开发利用情况统计年报(2008)、湖北省经济委员会煤炭管理处年报(2008年)和《湖北统计年鉴(2009)》等资料,全省2008年生产固体矿产矿石量14261.5万吨,液体矿产433.33万吨,气体矿产11500.00万立方米,与2007年相比固体矿产有明显下降,液体矿产和气体矿产有明显增长(表16、图24)。

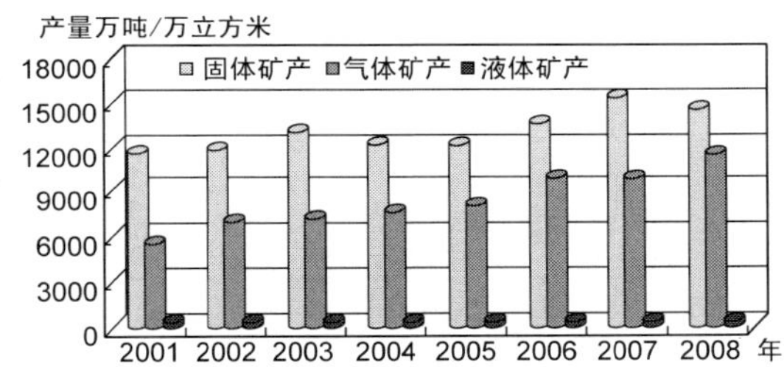


图24　2001~2008年矿石年总产量变化图

表16　2001~2008年矿石总产量

| 年份 | 固体矿产(万吨) | 液体矿产(万吨) | 气体矿产(万立方米) |
|---|---|---|---|
| 2001 | 11682.37 | 252.18 | 5576.20 |
| 2002 | 11946.30 | 386.18 | 7005.00 |
| 2003 | 13129.01 | 392.91 | 7182.00 |
| 2004 | 12212.94 | 303.82 | 7653.00 |
| 2005 | 12232.50 | 303.73 | 8026.00 |
| 2006 | 13638.36 | 304.12 | 10000.00 |
| 2007 | 15388.88 | 304.59 | 10000.00 |
| 2008 | 14261.5 | 433.33 | 11500.00 |

2008年湖北省主要矿种矿石及相关加工产品产量(表17)中,矿石及相关加工产品产量增幅较大的依次有饰面用板岩、水泥用灰岩、平板玻璃、磷肥、砖瓦用页岩、饰面花岗岩、天然气、成品钢材、生铁、钢、水泥、硫酸、烧碱、岩盐、建筑石料用灰岩、纯碱,其产量增长幅度为3.63%~55.97%;减幅较大的主要为建筑用白云岩、饰面用大理岩、片麻岩、水泥配料用砂岩、铜矿石、建筑用辉绿岩、硫铁矿、建筑用花岗岩、钼矿石、砖瓦用粘土、重晶石、石膏、建筑用砂岩、原煤,产量减少幅度为10.33%~98.57%。2008年主要矿种相关加工产品产量与2003~2008年相比的变化趋势见图25。

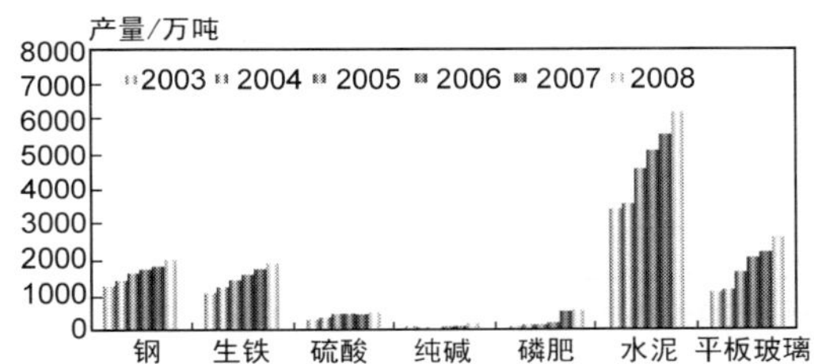


图25　湖北省2003~2008年主要矿种相关加工产品产量变化图

表17　2008年湖北省主要矿种矿石及相关加工产品产量

| 序号 | 名称 | 计量单位 | 产量 | | |
|---|---|---|---|---|---|
| | | | 2008年 | 2007年 | 增减(%) |
| 1 | 原煤 | 万吨 | 1012.82 | 1129.48 | -10.33 |
| 2 | 原油 | 万吨 | 79.20 | 78.97 | 0.29 |
| 3 | 天然气 | 万立方米 | 11500.00 | 10000.00 | 15.00 |
| 4 | 铁矿石 | 万吨 | 793.39 | 818.37 | -3.05 |
| 5 | 生铁 | 万吨 | 1893.36 | 1679.41 | 12.74 |
| 6 | 钢 | 万吨 | 1991.47 | 1776.08 | 12.13 |
| 7 | 成品钢材 | 万吨 | 2150.84 | 1878.89 | 14.47 |
| 8 | 锰矿石 | 万吨 | 31.94 | 32.00 | -0.19 |
| 9 | 铜矿石 | 万吨 | 419.37 | 814.70 | -48.52 |
| 10 | 钼矿石 | 万吨 | 4.13 | 5.43 | -23.94 |
| 11 | 金矿石 | 万吨 | 282.04 | 300.43 | -6.12 |
| 12 | 银矿石 | 万吨 | 11.34 | 11.95 | -5.10 |
| 13 | 重晶石 | 万吨 | 34.28 | 42.50 | -19.34 |

续表 17

| 序号 | 名称 | 计量单位 | 产量 | | |
|---|---|---|---|---|---|
| | | | 2008 年 | 2007 年 | 增减(%) |
| 14 | 岩 盐 | 万 吨 | 672.80 | 641.17 | 4.93 |
| 15 | 纯 碱 | 万 吨 | 90.27 | 87.11 | 3.63 |
| 16 | 烧 碱 | 万 吨 | 47.57 | 44.91 | 5.92 |
| 17 | 硫铁矿 | 万 吨 | 1.23 | 2.10 | -41.43 |
| 18 | 硫 酸 | 万 吨 | 527.00 | 477.14 | 10.45 |
| 19 | 磷矿石 | 万 吨 | 1202.19 | 1288.13 | -6.67 |
| 20 | 磷肥(折含 $P_2O_5$100%) | 万 吨 | 589.85 | 494.21 | 19.35 |
| 21 | 石膏 | 万 吨 | 155.28 | ? 175.09 | -11.31 |
| 22 | 水泥 | 万 吨 | 6211.95 | 5563.06 | 11.66 |
| 23 | 水泥用灰岩 | 万 吨 | 2511.30 | 2023.25 | 24.12 |
| 24 | 建筑石料用灰岩 | 万 吨 | 3086.90 | 2943.43 | 4.87 |
| 25 | 制灰用石灰岩 | 万 吨 | 249.00 | 268.64 | -7.31 |
| 26 | 建筑用白云岩 | 万 吨 | 5.00 | 348.59 | -98.57 |
| 27 | 水泥配料用砂岩 | 万 吨 | 27.25 | 54.15 | -49.68 |
| 28 | 建筑用砂岩 | 万 吨 | 220.29 | 246.84 | -10.76 |
| 29 | 建筑用砂 | 万 吨 | 340.17 | 367.81 | -7.51 |
| 30 | 砖瓦用页岩 | 万 吨 | 39.13 | 33.21 | 17.83 |
| 31 | 高岭土 | 万 吨 | 37.33 | 40.37 | -7.53 |
| 32 | 砖瓦用黏土 | 万 吨 | 1305.45 | 1625.64 | -19.70 |
| 33 | 建筑用辉绿岩 | 万立方米 | 117.40 | 212.30 | -44.70 |
| 34 | 建筑用花岗岩 | 万立方米 | 372.49 | 516.11 | -27.83 |
| 35 | 饰面花岗岩 | 万立方米 | 59.85 | 51.90 | 15.32 |
| 36 | 饰面用大理岩 | 万立方米 | 7.37 | 26.74 | -72.44 |
| 37 | 建筑用大理岩 | 万立方米 | 78.39 | 82.36 | -4.82 |
| 38 | 饰面用板岩 | 万立方米 | 56.32 | 36.11 | 55.97 |
| 39 | 片麻岩 | 万立方米 | 137.79 | 343.61 | -59.90 |
| 40 | 平板玻璃 | 万重量箱 | 2601.62 | 2178.34 | 19.43 |

**资料来源**:1.《湖北统计年鉴(2009)》;2. 湖北省矿山企业矿产资源开发利用情况统计年报(2008)。

**【矿产品进出口贸易】** 2008 年湖北省矿产品进出口贸易总额为 29.50 亿美元,比 2007 年的 21.29 亿美元,增加了 38.56%。其中进口总额为 27.90 亿美元、出口总额为 1.60 亿美元,进口总额增加 33.46%、出口总额增加 332.43%。

2008 年湖北省出口额较大的矿产品依次是磷灰石(未碾磨与已碾磨)、5-7 号燃料油、轻柴油、石蜡、盐(食用盐、其他盐、纯氯化钠)、石膏(生石膏、硬石膏及以石膏为主的混合制品)、萤石、板岩、石英、天然硫酸钡(重晶石)、凡士林、建材(大理岩与石灰华、花岗岩及相关制品)、水泥(硅酸盐、水凝、白水泥、水泥熟料)、磷酸铝钙或磷酸盐白垩、溶剂油(橡胶溶剂油、油漆溶剂油、抽提溶剂油)、装饰卵石(卵石、砾石及碎石,圆石子及燧石)等优势非金属矿种;与 2007 年相比新增出口品种有:天然石墨、膨润土、其他黏土、磷酸铝钙或磷酸盐白垩、火泥及第纳斯土、硅灰石、长石、锆矿砂及其精矿、煤类、萘、润滑油、重油、矿渣、矿物焦油;与 2007 年相比出口减少幅度较大的品种主要有:以天然沥青等为基本成分的沥青混合物、水泥(硅酸盐、水凝、白水泥、水泥熟料)、硅藻土、溶剂油、红柱石、蓝晶石及硅线石、凡士林、氧化镁、5-7 号燃料油、板岩、微晶石蜡、天然硫酸钡(重晶石);与 2007 年相比完全未出口的有:未焙烧的黄铁矿、硅砂及石英砂、其他天然砂、石英岩、其他硅质化石粗粉及类似的硅质土、砂岩、油类的残渣。

2008 年湖北省进口额较大的矿产品依次是铜矿砂及其精矿、硫磺(升华、沉淀及胶态硫磺除外)、已烧结的铁矿砂及其精矿、石油沥青、5-7 号燃料油、轻柴油、萘、其他贵金属矿砂及其精矿、润滑油、原状云母及劈开的云母片等;与 2007 年相比新增进口品种有:已烧结的铁矿砂及其精矿、锰矿砂及其精矿、其他冶炼钢铁所产生的粒状矿渣(熔渣砂)、已煅烧石油焦(含硫量小于 0.8%)、气态石油及其他烃类气、板岩、未碾磨磷灰石与已碾磨磷灰石、钛矿砂及其精矿;与 2007 年相比未进口的品种有:天然石墨、磨料(刚玉岩、天然刚玉砂和石榴石及其他天然磨料)、装饰卵石(卵石、砾石及碎石,圆石子及燧石)、石膏(生石膏、硬石膏及以石膏为主的混合制品)、镍矿砂及其精矿、其他钼矿砂及其精矿、润滑油基础油、其他液化丁烷(见表18)。

据2004~2008年进、出口矿产品贸易总额统计(表19),近五年来湖北省进口矿产品贸易数量和品种均有大幅度增加,而五年来湖北省出口矿产品贸易仅2007年度减少幅度较大外,前4年基本保持在一个水平,仅从矿产品进、出口贸易情况来看,2008年矿产品进出口贸易受金融危机的影响不大。

**表18　　湖北省2008年度部分矿产品进出口情况与2007年度对比统计**

| 序号 | 矿产品名称 | 出口 | | 进口 | |
|---|---|---|---|---|---|
| | | 2008年出口金额(美元) | 较2007年度增减率(%) | 2008年进口金额(美元) | 较2007年度增减率(%) |
| 1 | 盐(食用盐、其他盐、纯氯化钠) | 5072934 | 56.45 | 7590 | 163.08 |
| 2 | 未焙烧的黄铁矿 | 0 | -100.00 | 1577 | -88.38 |
| 3 | 各种硫磺,升华、沉淀及胶态硫磺除外 | | | 337867549 | 280.48 |
| 4 | 磷片天然石墨 | 19268 | 32.86 | 27917 | -46.79 |
| 5 | 其他粉末或粉片天然石墨 | 446357 | 263.42 | 17059 | -45.72 |
| 6 | 天然石墨(粉末或粉片除外) | 255 | 新增 | 0 | -100.00 |
| 7 | 硅砂及石英砂 | 0 | -100.00 | 29897 | -61.05 |
| 8 | 其他天然砂 | 0 | -100.00 | 12904 | -12.83 |
| 9 | 石英 | 336183 | 132.24 | 79 | 1216.67 |
| 10 | 石英岩 | 0 | -100.00 | | |
| 11 | 高岭土 | 15357 | 647.66 | 276664 | 10.68 |
| 12 | 膨润土 | 1172 | 新增 | 8746 | -36.32 |
| 13 | 耐火黏土 | | | 21064 | 26.39 |
| 14 | 其他黏土 | 507660 | 新增 | 1320 | 33.40 |
| 15 | 红柱石、蓝晶石及硅线石 | 5449 | -71.80 | 54875 | 250.68 |
| 16 | 未碾磨磷灰石与已碾磨磷灰石 | 69205897 | 1460.07 | 1038 | 新增 |
| 17 | 磷酸铝铝钙或磷酸盐白垩 | 182950 | 新增 | | |
| 18 | 天然硫酸钡(重晶石) | 257331 | -24.34 | 3110 | -54.24 |
| 19 | 硅藻土 | 100 | -94.86 | 73070 | 8.19 |
| 20 | 其他硅质化石粗粉及类似的硅质土 | 0 | -100.00 | | |
| 21 | 浮石 | | | 4810 | -94.66 |
| 22 | 刚玉岩、天然刚玉砂和石榴石及其他天然磨料 | 8643 | 20.08 | 0 | -100.00 |
| 23 | 板岩 | 486617 | -36.92 | 1553 | 新增 |
| 24 | 大理岩与石灰华、花岗岩及相关制品 | 190576 | 1157.84 | 41049 | 1251.18 |
| 25 | 砂岩 | 0 | -100.00 | | |
| 26 | 卵石、砾石及碎石,圆石子及燧石 | 153941 | 38.24 | 0 | -100.00 |
| 27 | 火泥及第纳斯土 | 21491 | 新增 | | |
| 28 | 氧化镁 | 928 | -46.82 | 29899 | -73.36 |
| 29 | 生石膏、硬石膏及以石膏为主的混合制品 | 3612965 | 47.06 | 0 | -100.00 |
| 30 | 生石灰、熟石灰 | 3205 | 408.73 | 17974 | 67.61 |
| 31 | 水泥(硅酸盐、水凝、白水泥、水泥熟料) | 183073 | -95.48 | 99055 | -51.40 |
| 32 | 原状云母及劈开的云母片 | | | 3098084 | 76.20 |
| 33 | 硅灰石 | 2392 | 新增 | 13316 | 69.89 |
| 34 | 云母粉 | 9953 | 307.58 | 5532 | -57.41 |
| 35 | 已破碎或已研粉的滑石 | | | 7812 | -36.17 |

续表 18－1

| 序号 | 矿产品名称 | 出口 | | 进口 | |
|---|---|---|---|---|---|
| | | 2008年出口金额(美元) | 较2007年度增减率(%) | 2008年进口金额(美元) | 较2007年度增减率(%) |
| 36 | 长石 | 19320 | 新增 | | |
| 37 | 按重量计氟化钙含量在97%以上的萤石 | 3091948 | 32.31 | 6962 | 427.82 |
| 38 | 未膨胀的蛭石、珍珠岩石 | 4187 | 24.02 | 30486 | 297.11 |
| 39 | 未列名矿产品 | 512805 | 16.74 | 1253 | 13822.2 |
| 40 | 平均粒度小于08毫米的 | 16 | 新增 | 334831827 | 0.96 |
| 41 | 平均粒度不小于08毫米,但不大于63毫米 | | | 1181705207 | 31.81 |
| 42 | 其他 | 135 | 新增 | 366726967 | 79.57 |
| 43 | 铜矿砂及其精矿 | | | 363039363 | －26.91 |
| 44 | 镍矿砂及其精矿 | | | 0 | －100.00 |
| 45 | 锌矿砂及其精矿 | | | 61257 | －85.82 |
| 46 | 铬矿砂及其精矿 | | | 487900 | 61.48 |
| 47 | 其他钼矿砂及其精矿 | | | 0 | －100.00 |
| 48 | 锆矿砂及其精矿 | 26 | 新增 | 32381 | －12.82 |
| 49 | 其他贵金属矿砂及其精矿 | | | 5826958 | 2378.1 |
| 50 | 煤类(炼焦煤、焦炭及半焦炭、泥煤等) | 20477 | 新增 | 5830 | 54.51 |
| 51 | 钛矿砂及其精矿 | | | 753 | 新增 |
| 52 | 萘 | 3775 | 新增 | 7289676 | －29.88 |
| 53 | 沥青 | | | 433 | －60.92 |
| 54 | 橡胶溶剂油、油漆溶剂油、抽提溶剂油 | 161168 | －79.05 | 25614 | 50.41 |
| 55 | 其他煤油馏分 | | | 254081 | 53.53 |
| 56 | 轻柴油 | 14651010 | 924.96 | 18764902 | 654.02 |
| 57 | 5－7号燃料油 | 51508831 | －42.44 | 50378204 | 580.38 |
| 58 | 润滑油 | 537 | 新增 | 4526083 | 39.04 |
| 59 | 润滑脂 | | | 248830 | －37.30 |
| 60 | 润滑油基础油 | | | 0 | －100.00 |
| 61 | 液体石蜡和重质液体石蜡 | | | 27098 | －39.12 |
| 62 | 其他重油;以上述油为基础成分未列名制品 | 2504 | 新增 | 27252 | 77.38 |
| 63 | 液化丙烷 | 3403 | 34.19 | | |
| 64 | 其他液化丁烷 | | | 0 | －100.00 |
| 65 | 凡士林 | 207768 | －53.33 | 11332 | 282.97 |
| 66 | 石蜡,按重量计含油量小于0.75% | 6304729 | －13.96 | 164693 | 981.73 |
| 67 | 微晶石蜡 | 2545864 | －31.26 | 35044 | 546.33 |
| 68 | 其他石蜡、矿物蜡及合成方法制得类似产品 | 331475 | 205.45 | 64549 | 1217.6 |
| 69 | 已煅烧石油焦、含硫量小于0.8% | | | 4723 | 新增 |
| 70 | 其他已煅烧石油焦 | 6315 | 357.61 | | |
| 71 | 石油沥青 | | | 56429646 | 83.69 |
| 72 | 其他石油或从沥青矿物提取油类的残渣 | 0 | －100.00 | | |
| 73 | 以天然沥青等为基本成分的沥青混合物 | 270 | －96.92 | 148986 | 125.23 |
| 74 | 已烧结的铁矿砂及其精矿 | 45 | 新增 | 56453872 | 新增 |
| 75 | 锰矿砂及其精矿 | | | 966980 | 新增 |

续表 18－2

| 序号 | 矿产品名称 | 出口 | | 进口 | |
|---|---|---|---|---|---|
| | | 2008 年出口金额(美元) | 较 2007 年度增减率(%) | 2008 年进口金额(美元) | 较 2007 年度增减率(%) |
| 76 | 其他冶炼钢铁所产生的粒状矿渣(熔渣砂) | | | 10844 | 新增 |
| 77 | 气态石油及其它烃类气 | | | 3835 | 新增 |
| 78 | 其他矿渣及矿灰,包括海藻灰(海草灰) | 112 | 新增 | | |
| 79 | 从煤、褐煤或泥煤蒸馏所得焦油等矿物焦油 | 401 | 新增 | | |

**注:**湖北省 2007 年铁矿进口量数据,因涉及商业机密,海关未提供其具体数据。
**资料来源:**湖北省商务厅。

表 19　　2004～2008 年度进出口总额统计

| 年份＼金额 | 出口总额(亿美元) | 进口总额(亿美元) |
|---|---|---|
| 2004 年 | 0.75 | 7.90 |
| 2005 | 0.77 | 12.39 |
| 2006 | 0.70 | 14.36 |
| 2007 | 0.37 | 20.92 |
| 2008 | 1.60 | 27.90 |

(湖北省矿业联合会　陈千汉)

# 湖南省

**【矿产资源概况】**　2008 年主要矿种新增查明的矿产资源储量:煤 161208 千吨、铁矿 30409 千吨、锰矿 2898 千吨、铜矿 100790 吨、铅锌矿 501808 吨、锑矿 162794 吨、金矿 16636 千克。

全年新发现矿产地 5 处,其中煤矿 1 处,预测资源量为 4000 万吨;金矿 1 处,预测资源量 1306 千克;钨矿 2 处,预测资源量 35241 吨。

**【矿产资源储量管理】**　加强储量评审备案工作,全年省本级评审备案矿产资源储量报告 403 个(小型以上矿山 115 个,零星分散矿 288 个),其中煤矿 275 个,非煤矿山 128 个。全年依法汇交成果地质资料 352 套。

**【地质勘查管理】**　2008 年,全省地质勘查总投入 30013.7 万元,其中中央财政拨款 4924.6 万元,比 2007 年减少了 34.2%,地方财政拨款 9471.4 万元,比 2007 年减少了 2.91%,企事业资金投入 14318.3 万元,比 2007 年减少了 2.3%。全省批准登记勘查许可证 89 个,其中能源矿产 17 个(煤 17 个),黑色金属矿产 19 个,有色金属 36 个,贵金属矿 16 个,非金属 1 个,批准登记面积 479.75 平方千米比 2007 年(2368.61 平方千米)减少 79.7%,收取矿业权使用费 4.88 万元,同比(30.14)减少 83.8%。从获得勘查许可证的企业经济类型看,私营企业(33 个)和有限责任公司(36 个)为主要勘查力量,分别占到持证总数的 37.07% 和 40.5%,国有企业(1 个)、股份有限公司(6 个)、股份合作企业(9 个)、联营企业 4 个。

**【矿业权市场】**　2008 年,湖南省矿产资源有偿使用制度改革不断深化,对原无偿取得的矿权全部实行有偿处置,对新设矿权原则上实行招拍挂出让,矿业权市场健康发展。

1. 探矿权交易。2008 年,全省探矿权 100% 实行招标拍卖挂牌出让,共计出让 53 宗(金矿 5 宗、铁矿 4 宗、锰矿 5 宗、锑矿 9 宗、建筑石料用灰岩 13 宗),出让价款 36195 万元。其中,拍卖 9 宗,价款 12594 万元,挂牌 31 宗,价款 23601 万元。

2. 采矿权交易。全年共出让采矿权 1915 宗、价款 69017.34 万元,出让宗数比 2007 年减少了 14%,价款减少了 1.26%。出让的采矿权中,行政审批 1424 宗,金额 58059.94 万元;拍卖 39 宗,价款 7349.1 万元;挂牌 438 宗,价款 3426.52 万元。招标拍卖挂牌出让共 491 宗,占总宗数的 25.6%,出让价款 10957.4 万元,占总价款的 15.9%。

**【矿产开发管理】**　2008 年,全省矿产资源开发秩序整顿规范进一步深化,初步建立完善了目标管理责任体系,努力构建矿产资源管理长效机制。省政府出台了《违反矿产资源管理规定责任追究办法》,这是全国第一部矿产资源管理责任追究方面的地方政府规章。扎实开展整顿和规范工作"回头看"行动,加大对违法行为打击力度。全省共开展重点矿区集中整治行动 127 次,查处违法行为 783 起,关闭非法矿点 454 处,追究刑事责任 31 人。全力推进矿产开发整合,完成了 11 个重要矿种、103 个重点矿区的资源整合工作,矿产资源整顿规范工作顺利通过国务院验收。

截至 2008 年底,全省累计批准登记采矿许可证 6285 个,其中非金属矿产 4602 个(化工矿产 45 个),能源矿产 978 个，黑色金属 277 个，有色金属 366 个，贵金属 50 个（金矿 49 个），稀有稀土矿 5 个，水气矿产 7 个。批准登记面积 6725.9 平方千米，采矿权使用费 845.85 万元，比 2007 年（4517.51 万元）减少了 81.3%。

从开采矿产的企业经济类型看，以私营企业和集体企业为主，分别为 4230 个和 878 个；其余为：国有企业 224 个、股份合作企业 172 个、股份有限公司 150 个、有限责任公司 417 个、联营企业 24 个、独资经营企业 1 个、外资企业 3 个、其他企业 186 个。

**【矿产违法案件查处】** 2008 年，全省矿产资源违法案件共立案 913 件，比 2007 年（1210 件）减少 24.54%，其中勘查类违法案件 31 件，占 3.39%；开采类违法案件 882 件，占 96.6%。全年共收取罚款 2405.2 万元。从违法主体看，企事业单位 194 件，集体 103 件，个人 616 人。另有 2007 年未结案件 184 件。本年结案 1027 件，比 2007 年（1123 件）减少 8.5%，其中勘查 31 件，开采 882 件，处理 2007 年未结案 184 件。全年吊销勘查许可证 2 件。

2008 年立案查处的矿产违法案件中，以开采类违法行为最突出，全年共查处 882 起，占本年立案的 96.68%，其中无证开采、越界开采共查处 867 起，占本年查处的开采类违法案件的 98.29%。开采类违法中个人违法案件 591 件，占全年查处案件总数的 64.73%。

**【地质环境保护】** 1.地质灾害情况。全年共发生各类地质灾害 5648 起，其中达到部颁统计标准的地质灾害 1159 处，因灾死亡 15 人，失踪 3 人，受伤 12 人，直接经济损失约 5.68 亿元。与 2007 年比较，死亡和失踪人数减少 4 人，下降 11.86%，经济损失增加了 24572 万元，增加了 76.24%。

2.地质灾害预警预报与调查。全省成功避让地质灾害 69 起，转移群众 9047 人，避免伤亡 1665 人，避免财产损失 3201 万元，因灾伤亡人数创近十年最低。完成了 79 个县市区地质灾害调查与区划工作，调查各类地质灾害隐患点 7516 处。

落实矿山地质环境治理备用金制度，省本级收存地质环境治理备用金近 12 亿元。大力实施矿山地质环境恢复治理工程，改善了矿山生态环境和矿区居民生产生活条件。湖南省国土资源厅先后获得全省应急管理工作目标管理优秀单位、环保三年行动计划组织奖和全国国土资源系统抗震救灾先进单位称号。

组织专业技术队伍赴四川地震灾区开展地质灾害调查，圆满完成了国土资源部安排的调查任务。

（湖南省国土资源厅）

## 广东省

**【地质勘查投入与勘查结果】** 2008 年全省地质勘查投入资金约 21385 万元；其中，基础地质调查投入 4120 万元，占总投入的 19%；矿产资源勘查投入约 13814 万元，占总投入的 65%；地质环境调查投入 3151 万元，占总投入的 15%；地质勘查科技及其他投入 300 万元，占总投入的 1%。与 2007 年相比，2008 年全省地质勘查投入资金同比增加 3478 万元，增长幅度 16%。

全省新发现矿产地 18 处。重要矿种中新发现矿产地数量排名前 5 位的次序是：高岭土（6 处），石灰岩（4 处），锡（3 处），银（2 处），铜、地热、建筑用花岗岩（各 1 处）。

**【矿产资源开发利用】** 全省已发现矿产 148 种（含亚矿种），已查明有资源储量的矿产 101 种，全省矿产资源开发利用矿种 89 个，矿产地 1821 多处，矿山数 2476 个，矿山从业人员 76147 人，工业总产值 130.62 亿元，利润 26.999 亿元。

地热。全省已有地热田（点）390 处，允许可开采资源量大于 19014 万立方米/年。2008 年开采利用 54 处，开采量为 525.92 万立方米/年；新勘查评价地热田（点）16 处，新增地热允许开采量 764 万立方米/天。

矿泉水。截至 2008 年底，全省已勘查发现饮用天然矿泉水水源地 369 处，允许开采量 4737 万立方米/年。其中，2008 年开发利用的 123 处，年度开采量 250.20 万立方米/年。2008 年新发现饮用天然矿泉水水源地 4 处，新增矿泉水允许开采量2396 万立方米/天。2008 年完成 93 家饮用天然矿泉水水源地年度检查，年度检查和登记注册率为 85%，合格率 100%。

**【勘查许可证和采矿许可证颁发】** 2008 年全省颁发勘查许可证 222 个，比 2007 年度减少 14%；其中：能源矿产 12 个，黑色金属矿产 48 个，有色金属矿产 112 个，贵金属矿产 25 个，非金属矿产 22 个，水气矿产 3 个。批准登记面积 2133 平方千米，收取探矿权使用费 41 万元。按不同经济类型企业获得勘查许可证情况：国有企业 83 个，集体企业 4 个，股份合作企业 4 个，有限责任公司 65 个，股份有限公司 4 个，私营企业 41 个，其他企业 19 个，中外合资经营企业 2 个。

全省颁发采矿许可证 2476 个，比 2007 年度减少 1.39%，批准开采登记面积 598.48 平方千米，收取采矿权使用费 124 万元。按不同经济类型企业获得采矿许可证情况：国有企业 65 个，集体企业 222 个，股份合作企业 21 个，联营企业 23 个，有限责任公司 143 个，股份有限公司 74 个，私营企业 1769 个，其他企业 121 个，港、澳、台商投资企业 28 个，外商投资企业 10 个。

**【矿山地质环境问题】** 2008 年，因矿产资源开采诱发的地质灾害主要有地面塌陷、地裂缝、山体崩塌、滑坡、泥石流等，其次为矿山废水、废渣、废液等“三废”排放，造成矿区周边环境污染、水土流失、土地沙化等问题。矿山地质环境问题实例：

①平远县东石镇洋背岗小山村地面塌陷，2008 年 4 月 4 日，梅州市平远东石镇洋背岗小山村，因井下开采石灰岩，造成透水诱发地面塌陷，塌陷面积达 5000 平方米，造成 9 户村民房屋倒塌，县道损坏约 200 米，直接经济损失约 15 万元。

②阳山县七拱镇、英德市西牛镇因采矿诱发山体滑坡，阳山县七拱镇合上村丁心塘组，英德市西牛镇花塘村坪江组两个自然村因开采铁矿诱发山体滑坡。

**【矿山地质环境整治与保护】** 2008 年，查处无证勘查、开采矿产资源 3393 起，超层越界开采 160 起，非法转让矿业权 10 起，关闭矿山 1520 个和选矿场 99 处。

1. *矿山地质环境保护*。2008 年，全省关闭采石矿山 1421 个，累计投入资金 12.23 亿元，其中深圳市 2008 年筹措资金 3.3 亿元对采石场生态环境进行复绿；全省投入 5.666 亿元进行矿山地质环境保护和恢复治理，恢复治理面积 1265 公顷。先后开展了广东凡口铅锌矿、阳春石录铜矿、锡山钨锡矿、茂名矿务局姑占岭煤矿、大宝山多金属矿等矿山地质环境恢复治理项目。

2. *矿山公园建设*。①韶关芙蓉山国家矿山公园博物馆峻工，揭碑开园各项准备工作已经就绪；②深圳鹏茜国家矿山公园，按照“做大做强，打造精品”的开发思路，在原有总体规划的基础上，编制了《鹏茜国家矿山公园及周边地区详细蓝图》，初步确定公园占地面积约为 42.7 公顷，计划总投资 18 亿元人民币，进一步明确了项目的发展定位、开发策略、建设周期、投资概算、运营概算、经济效益等。相关成果已提交深圳市规划局审批；③深圳凤凰山国家矿山公园由龙岗区平湖街道办作为项目建设单位，计划分三期开发建设，总投资约 1.13 亿元。一期揭碑开园工程正在组织实施，公园标志碑、博物馆、入口广场主体工程基本竣工。

**表 1　广东省 2008 年矿产资源勘查许可证及采矿许可证发证情况（按地区分列）**

| | 批准登记发证数（个） | | | | | | | | | | | | | | | | 批准登记面积（平方千米） | 探矿权采矿权使用费（万元） |
|---|---|---|---|---|---|---|---|---|---|---|---|---|---|---|---|---|---|---|
| | 合计 | 能源矿产 | | | | | 黑色金属矿产 | | 有色金属矿产 | 贵金属矿产 | | 稀有、稀散稀土矿产 | 非金属矿产 | | | 水气矿产 | | |
| | | | 煤 | 煤层气 | 石油天然气 | 地热 | | 铁矿 | | | 金矿 | | | 水泥灰岩 | 化工矿产 | | | |
| 采矿许可证 | 1919 | 45 | | | | 40 | 65 | 62 | 68 | 6 | 4 | 4 | 1612 | 195 | 75 | 119 | 550.16 | 84.16 |
| 广东省 | 1919 | 45 | | | | 40 | 65 | 62 | 68 | 6 | 4 | 4 | 1612 | 195 | 75 | 119 | 550.16 | 84.16 |
| 勘查许可证 | 221 | 12 | | | | 12 | 54 | 46 | 23 | 90 | 24 | 9 | 30 | 3 | 2 | 3 | 2132.31 | 21.53 |
| 广东省 | 221 | 12 | | | | 12 | 54 | 46 | 23 | 90 | 24 | 9 | 30 | 3 | 2 | 3 | 2132.31 | 21.53 |
| 总计 | 2140 | 57 | | | | 52 | 119 | 108 | 91 | 96 | 28 | 13 | 1642 | 198 | 77 | 122 | 2682.48 | 105.69 |

**表 2　广东省 2008 年矿产资源勘查许可证及采矿许可证发证情况（按登记类别分列）**

| | 批准登记发证数（个） | | | | | | | | | | | | | | | | 批准登记面积（平方千米） | 探矿权采矿权使用费（万元） |
|---|---|---|---|---|---|---|---|---|---|---|---|---|---|---|---|---|---|---|
| | 合计 | 能源矿产 | | | | | 黑色金属矿产 | | 有色金属矿产 | 贵金属矿产 | | 稀有、稀散稀土矿产 | 非金属矿产 | | | 水气矿产 | | |
| | | | 煤 | 煤层气 | 石油天然气 | 地热 | | 铁矿 | | | 金矿 | | | 水泥灰岩 | 化工矿产 | | | |
| 总计 | 2140 | 57 | 0 | 0 | 0 | 52 | 119 | 108 | 91 | 96 | 28 | 13 | 1642 | 198 | 77 | 122 | 2682.48 | 105.69 |
| 变更 | 135 | 6 | 0 | 0 | 0 | 6 | 24 | 22 | 6 | 20 | 5 | 3 | 61 | 14 | 1 | 15 | 389.78 | 6.08 |
| 其他 | 1050 | 38 | 0 | 0 | 0 | 33 | 45 | 44 | 53 | 4 | 2 | 2 | 810 | 107 | 69 | 98 | 347.24 | 39.67 |
| 新立 | 270 | 5 | 0 | 0 | 0 | 5 | 5 | 5 | 5 | 22 | 3 | 3 | 227 | 22 | 1 | 3 | 620.61 | 23.76 |
| 延续 | 685 | 8 | 0 | 0 | 0 | 8 | 45 | 37 | 27 | 50 | 18 | 5 | 544 | 55 | 6 | 6 | 1324.85 | 36.18 |

表 3　　广东省 2008 年矿产资源勘查许可证及采矿许可证发证情况(按许可证和登记类别分列)

| | 批准登记发证数(个) | | | | | | | | | | | | | | | | 批准登记面积(平方千米) | 探矿权采矿权使用费(万元) |
|---|---|---|---|---|---|---|---|---|---|---|---|---|---|---|---|---|---|---|
| | 合计 | 能源矿产 | | | | | 黑色金属矿产 | | 有色金属矿产 | 贵金属矿产 | | 稀有、稀散稀土矿产 | 非金属矿产 | | | 水气矿产 | | |
| | | | 煤 | 煤层气 | 石油天然气 | 地热 | | 铁矿 | | | 金矿 | | | 水泥灰岩 | 化工矿产 | | | |
| 总计 | 2140 | 57 | 0 | 0 | 0 | 52 | 119 | 108 | 91 | 96 | 28 | 13 | 1642 | 198 | 77 | 122 | 2682.48 | 105.69 |
| 采矿许可证 | 1919 | 45 | 0 | 0 | 0 | 40 | 65 | 62 | 68 | 6 | 4 | 4 | 1612 | 195 | 75 | 119 | 550.16 | 84.16 |
| 变更 | 84 | 3 | 0 | 0 | 0 | 3 | 9 | 8 | 5 | 1 | 1 | 1 | 51 | 13 | 1 | 14 | 19.33 | 2.30 |
| 其他 | 1046 | 36 | 0 | 0 | 0 | 31 | 44 | 43 | 53 | 4 | 2 | 2 | 809 | 106 | 69 | 98 | 320.35 | 39.33 |
| 新立 | 239 | 4 | 0 | 0 | 0 | 4 | 4 | 4 | 2 | 0 | 0 | 0 | 226 | 22 | 1 | 3 | 149.93 | 19.04 |
| 延续 | 550 | 2 | 0 | 0 | 0 | 2 | 8 | 7 | 8 | 1 | 1 | 1 | 526 | 54 | 4 | 4 | 60.55 | 23.49 |
| 勘查许可证 | 221 | 12 | 0 | 0 | 0 | 12 | 54 | 46 | 23 | 90 | 24 | 9 | 30 | 3 | 2 | 3 | 2132.31 | 21.53 |
| 变更 | 51 | 3 | 0 | 0 | 0 | 3 | 15 | 14 | 1 | 19 | 4 | 2 | 10 | 1 | 0 | 1 | 370.45 | 3.78 |
| 其他 | 4 | 2 | 0 | 0 | 0 | 2 | 1 | 1 | 0 | 0 | 0 | 0 | 1 | 1 | 0 | 0 | 26.89 | 0.34 |
| 新立 | 31 | 1 | 0 | 0 | 0 | 1 | 1 | 1 | 3 | 22 | 3 | 3 | 1 | 0 | 0 | 0 | 470.68 | 4.72 |
| 延续 | 135 | 6 | 0 | 0 | 0 | 6 | 37 | 30 | 19 | 49 | 17 | 4 | 18 | 1 | 2 | 2 | 1264.29 | 12.69 |

表 4　　广东省 2008 年矿产资源勘查许可证及采矿许可证发证情况(按许可证和经济类别分列)

| | 批准登记发证数(个) | | | | | | | | | | | | | | | | 批准登记面积(平方千米) | 探矿权采矿权使用费(万元) |
|---|---|---|---|---|---|---|---|---|---|---|---|---|---|---|---|---|---|---|
| | 合计 | 能源矿产 | | | | | 黑色金属矿产 | | 有色金属矿产 | 贵金属矿产 | | 稀有、稀散稀土矿产 | 非金属矿产 | | | 水气矿产 | | |
| | | | 煤 | 煤层气 | 石油天然气 | 地热 | | 铁矿 | | | 金矿 | | | 水泥灰岩 | 化工矿产 | | | |
| 总计 | 2140 | 57 | | | | 52 | 119 | 108 | 91 | 96 | 28 | 13 | 1642 | 198 | 77 | 122 | 2682.48 | 105.69 |
| 采矿许可证 | 1919 | 45 | | | | 40 | 65 | 62 | 68 | 6 | 4 | 4 | 1612 | 195 | 75 | 119 | 550.16 | 84.16 |
| 国有企业 | 69 | 3 | | | | 3 | 10 | 10 | 10 | 1 | 1 | 1 | 31 | 6 | 2 | 13 | 68.39 | 0.81 |
| 集体企业 | 207 | 5 | | | | 2 | 15 | 14 | 20 | | | 1 | 143 | 20 | 2 | 23 | 31.88 | 6.50 |
| 股份合作企业 | 4 | | | | | | | | | | | | 2 | | | 2 | 1.31 | 0.10 |
| 联营企业 | 9 | 1 | | | | 1 | | | 2 | | | | 4 | 1 | 1 | 2 | 2.94 | 0.05 |
| 有限责任公司 | 293 | 25 | | | | 24 | 14 | 14 | 11 | 4 | 3 | 2 | 200 | 53 | 7 | 37 | 280.23 | 16.68 |
| 股份有限公司 | 37 | 2 | | | | 2 | 2 | 2 | | | | | 28 | 2 | 1 | 5 | 14.77 | 1.35 |
| 私营企业 | 1232 | 5 | | | | 4 | 24 | 22 | 25 | 1 | | | 1149 | 105 | 59 | 28 | 125.24 | 56.17 |
| 其他企业 | 43 | | | | | | | | | | | | 43 | 5 | 3 | | 5.29 | 2.30 |

**续表 4**

| | 批准登记发证数（个） | | | | | | | | | | | | | | | | 批准登记面积（平方千米） | 探矿权采矿权使用费（万元） |
|---|---|---|---|---|---|---|---|---|---|---|---|---|---|---|---|---|---|---|
| | 合计 | 能源矿产 | | | | | 黑色金属矿产 | | 有色金属矿产 | 贵金属矿产 | | 稀有、稀散稀土矿产 | 非金属矿产 | | | 水气矿产 | | |
| | | | 煤 | 煤层气 | 石油天然气 | 地热 | | 铁矿 | | | 金矿 | | | 水泥灰岩 | 化工矿产 | | | |
| 合资经营企业（港或澳、台资） | 4 | | | | | | | | | | | | 4 | 1 | | | 2.20 | 0.05 |
| 合作经营企业（港或澳、台资） | 1 | | | | | | | | | | | | | | | 1 | 0.07 | |
| 港、澳、台商独资经营企业 | 5 | | | | | | | | | | | | 3 | 1 | | 2 | 5.46 | 0.05 |
| 港、澳、台商投资股份有限公司 | 1 | 1 | | | | 1 | | | | | | | | | | | 1.24 | |
| 中外合资经营企业 | 7 | 1 | | | | 1 | | | | | | | 2 | 1 | | 4 | 4.18 | 0.10 |
| 中外合作经营企业 | 5 | 2 | | | | 2 | | | | | | | 3 | | | | 4.29 | |
| 外资企业 | 1 | | | | | | | | | | | | | | | 1 | 0.39 | |
| 外商投资股份有限公司 | 1 | | | | | | | | | | | | | | | 1 | 2.28 | |
| 勘查许可证 | 221 | 12 | | | | 12 | 54 | 46 | 23 | 90 | 24 | 9 | 30 | 3 | 2 | 3 | 2132.31 | 21.53 |
| 国有企业 | 83 | 4 | | | | 4 | 6 | 3 | 15 | 44 | 14 | 3 | 11 | 1 | | | 1147.08 | 11.54 |
| 集体企业 | 4 | | | | | | | | | 4 | 3 | | | | | | 188.12 | 1.89 |
| 股份合作企业 | 4 | | | | | | 1 | 1 | | 1 | | | 2 | | | | 3.79 | 0.04 |
| 有限责任公司 | 65 | 5 | | | | 5 | 25 | 21 | 3 | 16 | 2 | 3 | 11 | | 2 | 2 | 377.22 | 3.79 |
| 股份有限公司 | 4 | | | | | | | | | 2 | 1 | | 2 | | | | 58.65 | 0.61 |
| 私营企业 | 40 | 2 | | | | 2 | 15 | 14 | 3 | 15 | 3 | 1 | 3 | 1 | | 1 | 279.56 | 2.85 |
| 其他企业 | 19 | | | | | | 7 | 7 | 2 | 8 | 1 | 2 | | | | | 73.49 | 0.75 |
| 中外合资经营企业 | 2 | 1 | | | | 1 | | | | | | | 1 | 1 | | | 4.41 | 0.06 |

**表 5** 广东省 2008 年探矿权、采矿权出让情况(按地区分列) 单位:宗、万元

| | 探矿权 | | | | | | | | | | 采矿权 | | | | | | | | | |
|---|---|---|---|---|---|---|---|---|---|---|---|---|---|---|---|---|---|---|---|---|
| | 小计 | | 申请审批 | | 招标 | | 拍卖 | | 挂牌 | | 小计 | | 申请审批 | | 招标 | | 拍卖 | | 挂牌 | |
| | 宗数 | 合同金额 | 宗数 | 合同金额 | 宗数 | 合同金额 | 宗数 | 合同金额 | 宗数 | 合同金额 | 宗数 | 合同金额 | 宗数 | 合同金额 | 宗数 | 合同金额 | 宗数 | 合同金额 | 宗数 | 合同金额 |
| 总计 | 33 | 3120.00 | 31 | | 1 | 3000.00 | | | 1 | 120.00 | 505 | 85036.03 | 355 | 8546.53 | 0 | 0.00 | 1 | 58600.00 | 149 | 17889.50 |
| 广东省 | 33 | 3120.00 | 31 | | 1 | 3000.00 | | | 1 | 120.00 | 505 | 85036.03 | 355 | 8546.53 | 0 | 0 | 1 | 58600.00 | 149 | 17889.5 |
| 省国土资源厅 | 33 | 3120.00 | 31 | | 1 | 3000.00 | | | 1 | 120.00 | 27 | 62814.47 | 19 | 3680.28 | 0 | 0.00 | 1 | 58600.00 | 7 | 534.19 |
| 韶关市 | | | | | | | | | | | 32 | 848.29 | 18 | 507.89 | | | | | 14 | 340.40 |
| 汕头市 | | | | | | | | | | | 2 | 60.00 | | | | | | | 2 | 60.00 |
| 湛江市 | | | | | | | | | | | 31 | 385.58 | 29 | 301.84 | | | | | 2 | 83.74 |
| 茂名市 | | | | | | | | | | | 163 | 761.69 | 153 | 140.08 | | | | | 10 | 621.61 |
| 肇庆市 | | | | | | | | | | | 34 | 2207.55 | 24 | 1028.40 | | | | | 10 | 1179.15 |
| 惠州市 | | | | | | | | | | | 30 | 12079.25 | | | | | | | 30 | 12079.25 |
| 梅州市 | | | | | | | | | | | 73 | 2379.37 | 60 | 1925.46 | | | | | 13 | 453.91 |
| 汕尾市 | | | | | | | | | | | 1 | 200.00 | | | | | | | 1 | 200.00 |
| 河源市 | | | | | | | | | | | 34 | 1332.11 | 13 | 310.46 | | | | | 21 | 1021.65 |
| 阳江市 | | | | | | | | | | | 3 | 135.00 | | | | | | | 3 | 135.00 |
| 清远市 | | | | | | | | | | | 61 | 1475.19 | 29 | 474.79 | | | | | 32 | 1000.40 |
| 潮州市 | | | | | | | | | | | 10 | 173.13 | 9 | 149.13 | | | | | 1 | 24.00 |
| 揭阳市 | | | | | | | | | | | 2 | 56.40 | 1 | 28.20 | | | | | 1 | 28.20 |
| 云浮市 | | | | | | | | | | | 2 | 128.00 | | | | | | | 2 | 128.00 |

**表 6** 广东省 2008 年探矿权、采矿权出让情况(按矿种分列) 单位:宗、万元

| | 探矿权 | | | | | | | | | | 采矿权 | | | | | | | | | |
|---|---|---|---|---|---|---|---|---|---|---|---|---|---|---|---|---|---|---|---|---|
| | 小计 | | 申请审批 | | 招标 | | 拍卖 | | 挂牌 | | 小计 | | 申请审批 | | 招标 | | 拍卖 | | 挂牌 | |
| | 宗数 | 合同金额 | 宗数 | 合同金额 | 宗数 | 合同金额 | 宗数 | 合同金额 | 宗数 | 合同金额 | 宗数 | 合同金额 | 宗数 | 合同金额 | 宗数 | 合同金额 | 宗数 | 合同金额 | 宗数 | 合同金额 |
| 总计 | 33 | 3120 | 31 | 0 | 1 | 3000 | 0 | 0 | 1 | 120 | 505 | 85036.03 | 355 | 8546.53 | 0 | 0 | 1 | 58600 | 149 | 17889.5 |
| 地热 | 2 | 120 | 1 | 0 | 0 | 0 | 0 | 0 | 1 | 120 | 13 | 762.44 | 12 | 733.81 | 0 | 0 | 0 | 0 | 1 | 28.63 |
| 铁矿 | 11 | 3000 | 10 | 0 | 1 | 3000 | 0 | 0 | 0 | 0 | 7 | 2145.5 | 4 | 1967.17 | 0 | 0 | 0 | 0 | 3 | 178.33 |
| 铅矿 | 0 | 0 | 0 | 0 | 0 | 0 | 0 | 0 | 0 | 0 | 1 | 0 | 1 | 0 | 0 | 0 | 0 | 0 | 0 | 0 |
| 铅锌矿 | 0 | 0 | 0 | 0 | 0 | 0 | 0 | 0 | 0 | 0 | 3 | 29.31 | 1 | 5 | 0 | 0 | 0 | 0 | 2 | 24.31 |
| 钼矿 | 0 | 0 | 0 | 0 | 0 | 0 | 0 | 0 | 0 | 0 | 1 | 58600 | 0 | 0 | 0 | 0 | 1 | 58600 | 0 | 0 |
| 银矿 | 0 | 0 | 0 | 0 | 0 | 0 | 0 | 0 | 0 | 0 | 2 | 1060.53 | 1 | 979.3 | 0 | 0 | 0 | 0 | 1 | 81.23 |
| 萤石(普通) | 0 | 0 | 0 | 0 | 0 | 0 | 0 | 0 | 0 | 0 | 9 | 277.99 | 6 | 147.16 | 0 | 0 | 0 | 0 | 3 | 130.83 |

**续表 6－1**　　单位:宗、万元

| | 探矿权 | | | | | | | | | | 采矿权 | | | | | | | | | |
|---|---|---|---|---|---|---|---|---|---|---|---|---|---|---|---|---|---|---|---|---|
| | 小计 | | 申请审批 | | 招标 | | 拍卖 | | 挂牌 | | 小计 | | 申请审批 | | 招标 | | 拍卖 | | 挂牌 | |
| | 宗数 | 合同金额 | 宗数 | 合同金额 | 宗数 | 合同金额 | 宗数 | 合同金额 | 宗数 | 合同金额 | 宗数 | 合同金额 | 宗数 | 合同金额 | 宗数 | 合同金额 | 宗数 | 合同金额 | 宗数 | 合同金额 |
| 熔剂用石灰岩 | 0 | 0 | 0 | 0 | 0 | 0 | 0 | 0 | 0 | 0 | 2 | 63.1 | 2 | 63.1 | 0 | 0 | 0 | 0 | 0 | 0 |
| 冶金用白云岩 | 0 | 0 | 0 | 0 | 0 | 0 | 0 | 0 | 0 | 0 | 2 | 35.79 | 2 | 35.79 | 0 | 0 | 0 | 0 | 0 | 0 |
| 冶金用石英岩 | 0 | 0 | 0 | 0 | 0 | 0 | 0 | 0 | 0 | 0 | 1 | 44.46 | 0 | 0 | 0 | 0 | 0 | 0 | 1 | 44.46 |
| 冶金用砂岩 | 0 | 0 | 0 | 0 | 0 | 0 | 0 | 0 | 0 | 0 | 1 | 18.5 | 0 | 0 | 0 | 0 | 0 | 0 | 1 | 18.5 |
| 铸型用砂岩 | 0 | 0 | 0 | 0 | 0 | 0 | 0 | 0 | 0 | 0 | 1 | 11.35 | 0 | 0 | 0 | 0 | 0 | 0 | 1 | 11.35 |
| 冶金用脉石英 | 0 | 0 | 0 | 0 | 0 | 0 | 0 | 0 | 0 | 0 | 2 | 43.18 | 0 | 0 | 0 | 0 | 0 | 0 | 2 | 43.18 |
| 耐火黏土 | 0 | 0 | 0 | 0 | 0 | 0 | 0 | 0 | 0 | 0 | 135 | 158.2 | 134 | 66.2 | 0 | 0 | 0 | 0 | 1 | 92 |
| 制碱石灰岩 | 0 | 0 | 0 | 0 | 0 | 0 | 0 | 0 | 0 | 0 | 1 | 198 | 1 | 198 | 0 | 0 | 0 | 0 | 0 | 0 |
| 含钾岩石 | 0 | 0 | 0 | 0 | 0 | 0 | 0 | 0 | 0 | 0 | 1 | 41.35 | 0 | 0 | 0 | 0 | 0 | 0 | 1 | 41.35 |
| 云母 | 0 | 0 | 0 | 0 | 0 | 0 | 0 | 0 | 0 | 0 | 1 | 98.93 | 0 | 0 | 0 | 0 | 0 | 0 | 1 | 98.93 |
| 长石 | 0 | 0 | 0 | 0 | 0 | 0 | 0 | 0 | 0 | 0 | 1 | 40.5 | 0 | 0 | 0 | 0 | 0 | 0 | 1 | 40.5 |
| 方解石 | 0 | 0 | 0 | 0 | 0 | 0 | 0 | 0 | 0 | 0 | 1 | 10.61 | 0 | 0 | 0 | 0 | 0 | 0 | 1 | 10.61 |
| 水泥用灰岩 | 0 | 0 | 0 | 0 | 0 | 0 | 0 | 0 | 0 | 0 | 45 | 9574.33 | 25 | 1122.18 | 0 | 0 | 0 | 0 | 20 | 8452.15 |
| 建筑石料用灰岩 | 0 | 0 | 0 | 0 | 0 | 0 | 0 | 0 | 0 | 0 | 13 | 3544.13 | 3 | 87.43 | 0 | 0 | 0 | 0 | 10 | 3456.7 |
| 制灰用灰岩 | 0 | 0 | 0 | 0 | 0 | 0 | 0 | 0 | 0 | 0 | 4 | 163.62 | 3 | 142.15 | 0 | 0 | 0 | 0 | 1 | 21.47 |
| 砖瓦用砂岩 | 0 | 0 | 0 | 0 | 0 | 0 | 0 | 0 | 0 | 0 | 1 | 24.68 | 0 | 0 | 0 | 0 | 0 | 0 | 1 | 24.68 |
| 陶瓷用砂岩 | 0 | 0 | 0 | 0 | 0 | 0 | 0 | 0 | 0 | 0 | 12 | 1006.03 | 4 | 455 | 0 | 0 | 0 | 0 | 8 | 551.03 |
| 玻璃用脉石英 | 0 | 0 | 0 | 0 | 0 | 0 | 0 | 0 | 0 | 0 | 6 | 174.68 | 2 | 60.15 | 0 | 0 | 0 | 0 | 4 | 114.53 |
| 砖瓦用页岩 | 0 | 0 | 0 | 0 | 0 | 0 | 0 | 0 | 0 | 0 | 12 | 49.4 | 12 | 49.4 | 0 | 0 | 0 | 0 | 0 | 0 |
| 高岭土 | 0 | 0 | 0 | 0 | 0 | 0 | 0 | 0 | 0 | 0 | 3 | 158.4 | 0 | 0 | 0 | 0 | 0 | 0 | 3 | 158.4 |
| 陶瓷土 | 0 | 0 | 0 | 0 | 0 | 0 | 0 | 0 | 0 | 0 | 83 | 1780.56 | 54 | 665.33 | 0 | 0 | 0 | 0 | 29 | 1115.23 |

续表 6－2　　　　单位:宗、万元

| | 探矿权 | | | | | | | | | | 采矿权 | | | | | | | | | |
|---|---|---|---|---|---|---|---|---|---|---|---|---|---|---|---|---|---|---|---|---|
| | 小计 | | 申请审批 | | 招标 | | 拍卖 | | 挂牌 | | 小计 | | 申请审批 | | 招标 | | 拍卖 | | 挂牌 | |
| | 宗数 | 合同金额 | 宗数 | 合同金额 | 宗数 | 合同金额 | 宗数 | 合同金额 | 宗数 | 合同金额 | 宗数 | 合同金额 | 宗数 | 合同金额 | 宗数 | 合同金额 | 宗数 | 合同金额 | 宗数 | 合同金额 |
| 膨润土 | 0 | 0 | 0 | 0 | 0 | 0 | 0 | 0 | 0 | 0 | 1 | 38.43 | 0 | 0 | 0 | 0 | 0 | 0 | 1 | 38.43 |
| 砖瓦用黏土 | 20 | 0 | 20 | 0 | 0 | 0 | 0 | 0 | 0 | 0 | 27 | 159.55 | 26 | 149.75 | 0 | 0 | 0 | 0 | 1 | 9.8 |
| 陶粒用黏土 | 0 | 0 | 0 | 0 | 0 | 0 | 0 | 0 | 0 | 0 | 6 | 612 | 0 | 0 | 0 | 0 | 0 | 0 | 6 | 612 |
| 水泥配料用黏土 | 0 | 0 | 0 | 0 | 0 | 0 | 0 | 0 | 0 | 0 | 1 | 8 | 0 | 0 | 0 | 0 | 0 | 0 | 1 | 8 |
| 水泥配料用泥岩 | 0 | 0 | 0 | 0 | 0 | 0 | 0 | 0 | 0 | 0 | 4 | 40 | 0 | 0 | 0 | 0 | 0 | 0 | 4 | 40 |
| 建筑用安山岩 | 0 | 0 | 0 | 0 | 0 | 0 | 0 | 0 | 0 | 0 | 1 | 88.85 | 0 | 0 | 0 | 0 | 0 | 0 | 1 | 88.85 |
| 花岗岩 | 0 | 0 | 0 | 0 | 0 | 0 | 0 | 0 | 0 | 0 | 15 | 694.08 | 9 | 149.13 | 0 | 0 | 0 | 0 | 6 | 544.95 |
| 建筑用花岗岩 | 0 | 0 | 0 | 0 | 0 | 0 | 0 | 0 | 0 | 0 | 68 | 2291.34 | 48 | 1214.4 | 0 | 0 | 0 | 0 | 20 | 1076.94 |
| 饰面用花岗岩 | 0 | 0 | 0 | 0 | 0 | 0 | 0 | 0 | 0 | 0 | 4 | 317.89 | 0 | 0 | 0 | 0 | 0 | 0 | 4 | 317.89 |
| 霞石正长岩 | 0 | 0 | 0 | 0 | 0 | 0 | 0 | 0 | 0 | 0 | 1 | 13.8 | 1 | 13.8 | 0 | 0 | 0 | 0 | 0 | 0 |
| 大理石 | 0 | 0 | 0 | 0 | 0 | 0 | 0 | 0 | 0 | 0 | 7 | 157.02 | 1 | 5.28 | 0 | 0 | 0 | 0 | 6 | 151.74 |
| 建筑用大理石 | 0 | 0 | 0 | 0 | 0 | 0 | 0 | 0 | 0 | 0 | 3 | 253.5 | 2 | 237 | 0 | 0 | 0 | 0 | 1 | 16.5 |
| 矿泉水 | 0 | 0 | 0 | 0 | 0 | 0 | 0 | 0 | 0 | 0 | 3 | 246 | 1 | 0 | 0 | 0 | 0 | 0 | 2 | 246 |
| 不能分矿种 | 20 | 0 | 20 | 0 | 0 | 0 | 0 | 0 | 0 | 0 | 0 | 0 | 0 | 0 | 0 | 0 | 0 | 0 | 0 | 0 |

表 7　　　　**广东省 2008 年探矿权、采矿权转让情况(按地区分列)**　　　　单位:宗、万元

| | 探矿权 | | | | | | | | 采矿权 | | | | | | | |
|---|---|---|---|---|---|---|---|---|---|---|---|---|---|---|---|---|
| | 小计 | | 出售 | | 作价出资 | | 其他 | | 小计 | | 出售 | | 作价出资 | | 其他 | |
| | 宗数 | 价款 | 宗数 | 价款 | 宗数 | 价款 | 宗数 | 价款 | 宗数 | 价款 | 宗数 | 价款 | 宗数 | 价款 | 宗数 | 价款 |
| 广东省 | 24 | 3378.21 | 24 | 3378.21 | 0 | 0.00 | 0 | 0.00 | 1 | 100.00 | 1 | 100.00 | 0 | 0.00 | 0 | 0.00 |
| 省国土资源厅 | 24 | 3378.21 | 24 | 3378.21 | 0 | 0.00 | 0 | 0.00 | 0 | 0.00 | 0 | 0.00 | 0 | 0.00 | 0 | 0.00 |
| 梅州市 | 0 | 0.00 | 0 | 0.00 | 0 | 0.00 | 0 | 0.00 | 1 | 100.00 | 1 | 100.00 | 0 | 0.00 | 0 | 0.00 |

表 8　　广东省 2008 年年探矿权、采矿权转让情况(按矿种分列)　　单位:宗、万元

| | 探矿权 | | | | | | | | 采矿权 | | | | | | | |
|---|---|---|---|---|---|---|---|---|---|---|---|---|---|---|---|---|
| | 小计 | | 出售 | | 作价出资 | | 其他 | | 小计 | | 出售 | | 作价出资 | | 其他 | |
| | 宗数 | 价款 | 宗数 | 价款 | 宗数 | 价款 | 宗数 | 价款 | 宗数 | 价款 | 宗数 | 价款 | 宗数 | 价款 | 宗数 | 价款 |
| 总计 | 24 | 3378.21 | 24 | 3378.21 | 0 | 0.00 | 0 | 0.00 | 1 | 100.00 | 1 | 100.00 | 0 | 0.00 | 0 | 0.00 |
| 铁矿 | 9 | 1443.85 | 9 | 1443.85 | 0 | 0.00 | 0 | 0.00 | 0 | 0.00 | 0 | 0.00 | 0 | 0.00 | 0 | 0.00 |
| 铜矿 | 1 | 750.00 | 1 | 750.00 | 0 | 0.00 | 0 | 0.00 | 0 | 0.00 | 0 | 0.00 | 0 | 0.00 | 0 | 0.00 |
| 铅锌矿 | 7 | 409.36 | 7 | 409.36 | 0 | 0.00 | 0 | 0.00 | 0 | 0.00 | 0 | 0.00 | 0 | 0.00 | 0 | 0.00 |
| 多金属矿 | 1 | 200.00 | 1 | 200.00 | 0 | 0.00 | 0 | 0.00 | 0 | 0.00 | 0 | 0.00 | 0 | 0.00 | 0 | 0.00 |
| 锡矿 | 1 | 180.00 | 1 | 180.00 | 0 | 0.00 | 0 | 0.00 | 0 | 0.00 | 0 | 0.00 | 0 | 0.00 | 0 | 0.00 |
| 钼矿 | 1 | 60.00 | 1 | 60.00 | 0 | 0.00 | 0 | 0.00 | 0 | 0.00 | 0 | 0.00 | 0 | 0.00 | 0 | 0.00 |
| 金矿 | 1 | 25.00 | 1 | 25.00 | 0 | 0.00 | 0 | 0.00 | 0 | 0.00 | 0 | 0.00 | 0 | 0.00 | 0 | 0.00 |
| 萤石(普通) | 1 | 10.00 | 1 | 10.00 | 0 | 0.00 | 0 | 0.00 | 0 | 0.00 | 0 | 0.00 | 0 | 0.00 | 0 | 0.00 |
| 水泥用灰岩 | 1 | 180.00 | 1 | 180.00 | 0 | 0.00 | 0 | 0.00 | 0 | 0.00 | 0 | 0.00 | 0 | 0.00 | 0 | 0.00 |
| 陶瓷土 | 1 | 120.00 | 1 | 120.00 | 0 | 0.00 | 0 | 0.00 | 1 | 100.00 | 1 | 100.00 | 0 | 0.00 | 0 | 0.00 |

(选自《2008 年广东省矿产资源年报》)

## 广西壮族自治区

**【矿产资源勘查】** 2008 年矿产资源勘查工作得到进一步加强,勘查资金投入和完成实物工作量都有大幅度增长,一批老矿山外围及深部取得较好找矿成果。

1.矿产资源勘查投资和完成主要工作量情况。①矿产资源勘查投资。本年度共实施矿产资源勘查项目 371 个,投入勘查资金 31982.68 万元,比 2007 年增加 9014.08 万元,增幅达 39.25%,是近年增幅最大的一年。中央财政投入 3976.68 万元(图 1),比 2007 年减少 544.32 万元;地方财政投入 5213.67 万元,比 2007 年增加 1678.77 万元,表明地方政府对矿产地质勘查工作的支持力度加大;社会资金投入 22792.67 万元,比 2007 年增加 7879.98 万元,增幅达 52.84%,反映了社会资金对矿产勘查投资热情高涨,表明地方政府对矿产地质勘查工作的支持力度加大。在社会资金中,地勘单位自筹 3845.33 万元用于矿产勘查,比 2007 年增加 2271.89 万元,增幅达 144.39%;国内企业投入 16132.56 万元,比 2007 年增加 7500.32 万元,增幅高达 86.88%;个人投入 1952.78 万元,较 2007 年减少 2292.86 万元,减幅 54%,其他涉外企业投入比 2007 年 516 万元大幅度下降,只有 25 万元。投资勘查的矿产类别以有色金属为主(图 2),其次是贵金属,化工建材及其他非金属及黑色金属投入勘查资金较少。

②完成主要工作量。钻探 167208.85 米,比 2007 年增加 61280.49 米;坑探 41899.34 米,比 2007 年增加 3742.94 米;槽探 25.661 万立方米,比 2007 年增加 2.09 万立方米,浅井 49116.6 米,比 2007 年增加 20517 米。

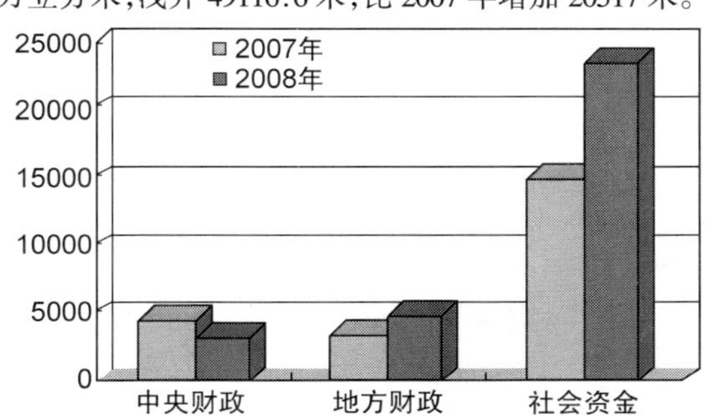


图 1　矿产资源勘查资金来源构成

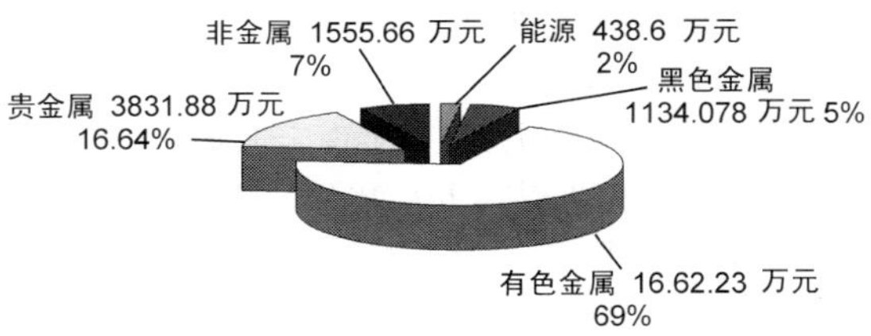


图 2　投资勘查矿产种类示意图

2.新增查明矿产资源储量情况。本年度新增查明资源储量:铁矿 2046.8 万吨,铜 2506.9 吨,铝土矿 12219.6 万吨,铅锌 982485.9 吨,锰矿 2122.2 万吨,钨 60386 吨,锡 22610.7 吨,钼 262 吨,金 25.2 吨,银

1318.4吨,重晶石317.09万吨,钛铁矿(矿物量)41.84万吨,高岭土8304.6万吨;粉石英1215.4万吨,硅灰石117万吨,水泥灰岩22971万吨。

**【矿产资源勘查重要成果】** 1.新发现矿产地基本情况。本年度全区新发现重要的矿产地有10个:广西扶绥-崇左铝土矿区,广西横县校椅高铁三水铝土矿区,广西合浦县洪湾-塘亚高岭土矿区,广西昭平县古袍矿区大王顶矿段金矿,广西三江县十二盘铅锌银多金属矿区,广西天峨县那弱金银矿区,广西博白县飞鹅岭铅锌银多金属矿区,广西象州县小腊矿区重晶石矿区,广西田阳县在漂钛铁矿矿区,广西百色市右江区百伟钛铁矿矿区。

①广西扶绥-崇左铝土矿区普查。该矿产地位于扶绥县柳桥-东门-岜羊一带。自治区地质勘查专项经费投入420万元,由广西地质勘查总院和第六地质队实施勘查;查明堆积型铝土矿净矿石资源量(333)3000万吨,预测资源量(334)2000万吨,达到大型矿床规模。本年度矿产资源勘查重大成果之一。

②横县校椅三水铝土矿区普查。为中央财政、自治区专项资金和地勘单位共同投入的地质勘查项目,由广西第六地质队承担。2008年续作,投入总费用217.48万元,完成井探1611.5米。该矿区含矿层位为第四系红土层,新增高铁三水铝土矿资源量(333)5257万吨,达大型矿床规模。本年度矿产资源勘查重大成果之一。

③广西合浦县洪湾-塘亚高岭土矿区详查。广西第三地质队和广西恒盛工贸有限公司共同投资244.12万元进行勘查。已基本完成详查地质工作,施工钻探4567米,槽探929立方米。已圈定高岭土矿体3个,矿体长4780~4940米,宽340~1520米,展布面积约2.93~5.68平方千米;厚2.00~32.40米,平均9.57米,属风化残余残积型砂质高岭土矿床。查明高岭土矿石资源储量共8304.61万吨(未进行储量评审),为大型矿床。本年度矿产资源勘查重大成果之一。

④广西昭平县古袍矿区大王顶矿段金矿。2006年12月至2008年6月,由冶金南宁地质调查所投资868.58万元(本年度投资764.79万元)进行勘查,详查地质报告已评审。累计完成槽探1558.05立方米,坑道322.6米,钻探8502.66米。金矿体赋存于花岗斑岩内及内、外接触带构造破碎蚀变带中,矿石类型为黄铁绢英岩型金矿石和石英脉型金矿石。查明资源储量(332+333)7.07吨,矿石平均品位Au3.31×$10^{-6}$。本矿床的发现,对桂东大瑶山一带寻找新矿床类型取得新突破,属本年度矿产资源勘查重大成果之一。

⑤广西三江侗族自治县十二盘矿区铅锌银多金属矿。由广西三江县繁盛矿冶有限公司投资40万元,桂林工学院承担勘查工作。初步查明资源量(333):铅1.1万吨,锌1.5万吨;银179.9吨。

⑥广西天峨县那弱金银矿。自治区地质勘查专项资金项目,广西区域地质调查院承担普查工作。初步查明资源量(333+334),金1.95吨,银350.51吨,达中型矿床规模。

⑦广西博白县飞鹅岭铅锌银多金属矿区。矿区位于博白县城南东方向直距约45千米。2006年8月至2008年8月,广西博白县澳通矿业有限公司投入资金291万元,由广西第六地质队普查、广西第一地质队承担详查工作。累计完成钻探856.06米,坑探1915.2米。已圈定矿体3个,呈似层状、透镜状分布于矽卡中。查明资源储量:银99吨,平均品位Ag124.93×$10^{-6}$;铅0.45万吨,锌1.44万吨,铜0.12万吨。属小型矿床,详查地质报告已评审。

⑧广西象州县小腊重晶石矿区。广西地球物理勘察院自筹资金58万元勘查,完成钻探714米,坑探1340米。圈定工业矿体9个,平均品位$BaSO_4$68.23%,Pb2.96%,Zn2.30%。查明资源储量(332+333):重晶石290.65万吨,铅3.39万吨,锌0.25万吨。

⑨广西田阳县在漂钛铁矿砂矿区。2008年4~8月,由田阳县瑞盟矿业有限责任公司投资47.61万元,广西矿通地质勘查有限责任公司承担详查工作。圈定钛铁矿砂矿体2个,产于辉绿岩风化带及第四系残坡积层中。矿体长3000米,宽度270~530米,矿体平均厚度5.47~6.11米,钛铁矿物含矿率22.19~42.62千克/立方米;精矿平均品位:$TiO_2$50%;$TFe_3$4.94%。估算钛铁矿物量(332+333)21.45万吨。中型矿床,详查地质报告已评审。

⑩广西百色市右江区百伟钛铁矿砂矿区。为个人投资98.54万元详查,由广西矿通地质勘查有限责任公司勘查,2008年4~9月开展野外工作。矿体赋存于辉绿岩氧化带残坡积层中,矿体长1850米,宽度70~300米,平均厚度13.70米。钛铁矿含矿率38.04千克/立方米,净矿平均品位$TiO_2$49.11%;$TFe_3$2.07%。查明资源储量(332+333)矿物量20.3427万吨。属中型矿床,详查地质报告已评审。

2.取得重要进展的项目。取得重要进展的勘查项目5个:广西靖西县新圩铝土矿Ⅶ号矿体群及外围勘探,广西恭城栗木锡矿接替资源勘查,广西钟山县珊瑚钨锡矿接替资源勘查,广西岑溪市佛子冲铅锌矿接替资源勘查,广西凌云县明山—凤山县那林金矿详查。其中,3个矿山接替资源勘查新增资源储量均达到中、大型矿床规模,对延长矿山寿命具有重要意义。

①广西靖西县新圩铝土矿Ⅶ号矿体群及外围勘

探。勘查区包括靖西县渠洋古立铝土矿和靖西县大品铝土矿勘探。由广西地质矿产勘查开发局和百色市工业投资开发有限责任公司共同投资共1672.67万元，广西二七四地质队和广西第四地质队实施。2008年6月完成野外工作，施工浅井20363.75米、竖井314.4米。矿体赋存于岩溶洼地第四系红土层中，矿体长100~3575米，宽10~2675米，平均厚度6.74米，平均含矿率841千克/立方米，矿石平均品位$Al_2O_3$53.56%，$SiO_2$7.35%，$Fe_2O_3$22.41%，铝硅比7.29。矿石类型为一水型铝土矿，以Ⅱ级品、级外品为主。查明资源储量，铝土矿净矿石量5606.73万吨，本年新增铝土矿资源量(333)3962.56万吨。

②广西恭城栗木锡矿接替资源勘查。为国土资源部下达的资源危机矿山接替资源勘查2008年续作项目，工作经费588.2万元。累计完成工作量：钻探8673.1米，槽探3670.6立方米，1:250000高精度磁测42.88平方千米；1:250000地球化学测量112千米，1:250000氡气剖面测量67千米。2008年新增资源储量(333)：锡1.56万吨，Sn 0.424%；钨($WO_3$)1.06万吨，品位($WO_3$)0.2386%。

③广西钟山县珊瑚钨锡矿接替资源勘查。为国土资源部下达的资源危机矿山接替资源勘查项目，2008年工作经费1060万元，由桂林矿产地质研究院承担勘查。经物、化探测量和钻探验证，发现长营岭主采区深部和珊瑚矿区南部木根桥－镰刀湾一带找矿潜力较大。2008年度新增资源储量(333)，矿石量113.13万吨，钨($WO_3$)1.56万吨($WO_3$ 0.06%~7.36%)、锡0.32万吨(Sn 0.05%~2.57%)。

④广西岑溪市佛子冲铅锌矿接替资源勘查。为国土资源部下达的资源危机矿山接替资源勘查项目，2008年工作经费1540.79万元，由广西区域地质调查研究院承担勘查。完成钻探10795.17米，坑探906.84m，槽探2000立方米；在佛子冲背斜轴部附近发现层状、似层状、透镜状矽卡岩型矿体。矿体长200~700米，厚1~6米(最厚达14.58米)；矿石平均品位：Pb4.58%、Zn4.36%、Cu0.27%、Ag56.82×$10^{-6}$。新增资源量(333)：铅17.85万吨，锌20.66万吨、铜0.78万吨、Ag311.89吨。新增铅锌资源量已达中型矿床规模，可望达大型规模。

⑤广西凌云县明山—凤山县那林金矿床详查。凤山县宏益矿业有限责任公司投资750万元，由广西煤炭地质一五O勘探队勘查，工作时间为2007年9月至2008年10月。广西煤炭地质一五O勘探队在原广西第二地质队普查工作成果基础上，钻探进一步揭露控制中深部金矿体，完成钻孔58个，共15450.13米。本年度新增资源量金8308千克，详查地质报告待评审。

**【地质勘查科技研究】** 1.地质勘查方法及手段研究。桂林工学院、桂林矿产地质研究院分别开展地质勘查方法及手段研究，科研经费共112.5万元。

①桂林工学院承担完成的“低电压偶极地电提取装置”，获国家实用新型专利。该技术适合在残坡积覆盖区、厚层基岩覆盖区及厚层洪冲积覆盖区寻找隐伏金属矿体和找矿预测，在找矿预测研究实践中获得很好的效果。

②桂林工学院得到广西科技厅27.5万元科研经费支持，在河池、南丹大厂、百色市等地开展有色及贵金属隐伏矿床成矿理论与找矿模型、深层探测地球物理技术的研究，取得了一定成果。

③湘黔桂邻区铅锌金矿产三维精细勘查技术与深部找矿示范。该项目由桂林矿产地质研究院承担，工作时间为2006年1月至2008年12月，本年度工作经费85万元。项目在总结湘黔桂邻区成矿规律、划分矿化类型和建立区域预测条件的基础上，圈定成矿预测区10个。经对桂北龙喉金矿区进行钻探、槽探初步评价验证，探获预测资源量(334)金约21吨，矿体平均厚度为5.55米，品位Au3×$10^{-6}$。

2.其他地质科研项目。广西煤炭资源赋存情况及开发利用对策研究。为中国煤炭地质总局2008年度科技发展资金项目，项目经费35万元，由广西煤炭地质一五O勘探队承担完成。主要成果：总结分析广西煤炭资源赋存基本条件和勘查、开发利用现状；对主要煤田的开采技术条件进行评价；对各煤田深部、边部以及以往研究程度低的区域进行煤炭资源预测；采用综合优度评价法，提出煤炭资源勘查的靶区和合理开发利用的建议。

**【地质资料工作社会化服务】** 积极推进馆藏地质资料的转化应用，地质勘查成果综合集成进一步加强，地质资料社会化服务水平不断提高。

1.建设地质资料数据中心。①国家基础地质数据库更新与维护。受中国地质调查局宜昌地调中心委托，完成419处矿产地数据库综合的建库任务；部分完成(53幅)1:200000地质图空间数据库的元数据库的建库，目前工作还在进行。

②开展1:50000区域地质图空间数据库建设。中国地质调查局下达的公益性地质大调查项目，项目经费48万元。本年度完成24个国际分幅的空间数据、属性数据及元数据库建库。项目成果可作为编绘小于1:50000地质图基础资料，为区域矿产资源和环境的分析研究、地质矿产和环境地质勘查工作的规划部署以

及建立矿产资源勘查区块登记计算机网络系统提供图件资料。

2.建立健全地质资料信息共享和社会化服务体系。进一步完善地质资料信息共享和社会化服务工作,加大地质资料向公众服务力度,除国家保密范围内和保护期内的地质资料外,其他地质资料一律向全社会公开并提供利用。公益性地质资料面向社会无偿提供;1:200000 区域地质图、1:200000 水文地质图、1:50000区域地质图、1:500000地质图及部分矿区地质资料经过技术处理后实行有偿提供。

(选自《广西壮族自治区 2008 年度地质勘查成果通报》)

## 海南省

**【矿产资源概况】** 截至 2008 年底,海南省共发现各类矿产 88 种;经评价有工业储量的矿产 70 种。其中,已探明列入资源储量统计的矿产有 55 种、产地 471 处;已列入《2008 年海南省矿产资源储量表》的有固体矿产 50 种(硫铁矿和伴生硫合为一种),矿区 214 个,产地 308 处。其中,金属矿产 18 种,矿区 97 个,产地 172 处;非金属矿产 32 种,矿区 117 个,产地 136 处。

海南省矿产资源种类比较齐全且资源储量相对丰富。在探明储量的 55 种矿产中,保有资源储量列全国前十位的矿产有:玻璃用砂(1)、钛铁矿砂矿(1)、锆英石砂矿(1)、饰面用花岗岩(3)、油页岩(4)、宝石(4)、天然气(5)、富铁矿(6)独居石、高岭土(9)、红柱石(9)、铝土矿(10)等。此外,还有丰富的饮用天然矿泉水、医疗热矿水等;具有优势的矿产资源主要有海洋石油、海洋天然气、富铁矿、锆英石砂矿、钛铁矿砂矿、玻璃用砂、黄金、钴、饰面用花岗岩、饮用天然矿泉水、医疗热矿水等;具特色和比较优势的矿产资源有高岭土、玻璃用脉石英、蓝宝石、油页岩、石墨等。

**【地质勘查工作】** 2008 年海南省开展地质勘查单位共有 23 个,其中国有地勘单位 19 家,隶属于海南省地质矿产勘查开发局、海南省地质勘查局(原海南省有色地质勘查局)、海南省核工业地质大队等 3 支属地化国有地勘队伍和中国人民武装警察部队黄金第九支队;其他地勘单位 4 家。现有在职人员约 1872 人,其中地质勘查从业人员有 1147 人。具有地质勘查资质的单位有 14 家,其中,甲级资质单位 6 家,乙级资质单位 6 家,丙级资质单位 2 家。2008 年全省地质勘查投入资金 26505.42 万元。其中基础地质调查投入 3762.92 万元,矿产资源勘查投入 22111.2 万元,水工环地质调查 631.3 万元。

1.基础地质调查。2008 年共投入资金 3762.92 万元。其中,中央财政投入 2159 万元,省级财政投入 1603.92 万元。

①区域地质调查。1:250000 区域地质调查:累计完成 6 个图幅,调查面积 33920 平方千米,覆盖比例为 100%。

1:50000 区域地质调查:累计完成 38 个图幅,调查面积 14269 平方千米,覆盖比例为 42%。2008 年度实施中央财政续作项目 2 个,投入资金 365 万元,继续开展昌洒市、文昌县、清澜港、铜鼓咀、兴隆、陵水县、什玲市、吊罗山幅区域地质调查工作。

②区域地球物理调查。1:200000 区域重力调查:累计完成 11 个图幅,面积 33920 平方千米,覆盖比例 100%。2008 年新开海南岛 1:100000 高精度航磁测量项目 1 个,省级财政投入资金 400 万元。

③区域地球化学调查。1:200000 水系沉积物测量:累计完成 11 个图幅,面积 33920 平方千米,覆盖比例 100%。

④航空遥感地质调查。1:250000 国土资源遥感综合调查:累计完成 6 个图幅,面积 33920 平方千米,覆盖比例 100%。2008 年新开海南非金属矿集区遥感地质综合调查项目 1 个,中央财政投入资金 300 万元。

⑤区域海洋地质调查。海南省琼州海峡多目标区域地球化学调查:累计完成 1:100000 图幅 10 个,面积 4200 平方千米。

⑥1:50000 区域地质矿产调查。1:50000 矿产远景调查:累计完成 4 个图幅,面积 1948 平方千米,覆盖比例 6%。本年度实施项目 1 个,2 个图幅,面积 900 平方千米,中央财政投入资金 300 万元。

⑦海南岛生态地球化学调查:为省部合作项目,累计完成 1:250000 多目标地球化学调查 6 个图幅,调查面积 33920 平方千米,覆盖比例 100%。本年度主要实施海南岛生态地球化学综合评价、海南省土地质量地球化学评估及海南省典型市县土地质量评估,中央财政投入资金 773 万元。

2.矿产资源潜力评价。海南省 2008 年度,主要开展成矿规律、成矿预测研究和部分基础图件、预测区图件及典型矿床图件编制工作。投入资金 581.8 万元,其中中央财政 180 万元,省级财政 401.8 万元。

3.矿业权实地核查。海南省 2008 年度主要完成项目矿业权统计及分类、核查实施方案编写和实地核查试点等工作。投入资金 312.7 万元,其中中央财政 11 万元,省级财政 301.7 万元。

4.矿产资源储量利用现状调查。海南省 2008 年度主要完成人员组织、确定本省调查的矿种、矿区统计及分类、设计书编写以及开展二甲金矿矿区、石门山钼矿区、万宁保定锆钛砂矿区的调查工作。投入资金600.42万元,其中中央财政100万元,省级财政500.42万元。

**【矿产资源勘查】** 1.*矿产资源勘查的投资和工作量投入*。2008年,全省开展矿产勘查项目(不含油气)459个(其中黑色金属7个,有色金属273个,贵金属155个,非金属19个,其他5个),比2007年度增加244个,增长幅度为113%;勘查面积8572平方千米,比2007年度增加5511平方千米,增长幅度为180%。全年共投入勘查资金22111.2万元,与2007年相比,增加了8584.2万元,增长幅度63.46%。其中,中央财政投入697万元(占投入资金总额的3.15%),较2007年减少809万元,减少幅度53.72%;省级财政投入5435.3万元,约占整个勘查投入的24.58%,与2007相比,增加了3552.58万元,增加幅度达188.69%;社会资金投入15978.9万元,约占整个勘查投入的72.27%,与2007年相比,增加了5839.90万元,增加幅度达57.6%。地方财政和社会资金投入较2007年有较大幅度增长。

按投入勘查矿种分类,黑色金属类矿产勘查投入3085万元,约占整个勘查投入的13.95%;有色金属类矿产勘查投入10504.36万元,约占整个勘查投入的47.51%;贵金属类矿产勘查投入6605.0万元,约占整个勘查投入的29.87%;非金属类矿产勘查投入1820.84万元,约占整个勘查投入的8.23%,其他类矿产勘查投入96万元,约占整个勘查投入的0.43%。

全省矿产资源勘查全年完成机械岩心钻探121398.7米,坑探3312米,槽探25486立方米,浅井112米。与2007年相比,钻探增加74644.7米,增加幅度159.65%;坑探增加2123.8米,增加幅度178.74%;槽探减少16531立方米,减少幅度39.34%;浅井减少47.2米,减少幅度29.65%。

2.*新增的探明矿产资源储量*。2008年,全省新发现矿产地24处,其中黑色金属矿产6处,有色金属矿产9处,贵金属矿产1处,非金属矿产8处。完成阶段性勘查28处,其中预查4处,普查9处,详查15处。

新增的查明矿产资源储量(333及以上):铁4000万吨(矿石)、铜12457吨(金属)、铅22500吨(金属)、锌99200吨(金属)、钨1530吨(金属)、钼194140吨(金属)、金2157千克(金)、锆英石604587吨(矿物)、钛铁矿2791729吨(矿物)、高岭土948万吨(矿石);水泥用灰岩25388万吨(矿石)、石英砂5389万吨(矿石)。其中,经储量评审的新增查明矿产资源储量(333及以上):钨1530吨(金属)、钼192411吨(金属)、金2157千克(金)、锆英石604587吨(矿物)、钛铁矿2791729吨(矿物)、高岭土948万吨(矿石);水泥用灰岩25388万吨(矿石)、石英砂5389万吨(矿石)。

**【矿产资源勘查重要成果】** 2008年,海南省保亭县罗葵洞钼矿区详查、海南省万宁市保定海矿区锆钛砂矿详查、海南省昌江县石碌铁矿接替资源补充勘查、海南省乐东县后万岭钼铅锌矿详查、海南东北文昌－屯昌地区高岭土矿普查、海南省东方市东南部地区水泥灰岩矿地质普查、海南岛东南沿海陆地石英砂锆钛砂矿资源预查等7个项目取得了重要成果。

1.*海南省保亭县罗葵洞钼矿区详查*。该项目为商业性勘查项目,2007年转入详查工作,2008年9月经储量评审备案。勘查区面积29.33平方千米。累计投入工作量:施工岩心钻孔48个,总进尺31444.42米;槽探414.60立方米。该钼矿赋存在隐伏似斑状花岗岩顶部及其外带火山岩中,为一受中浅成侵入岩及火山机构联合控制的大型斑岩型钼矿床。全区共探获资源储量:(122b+332+333+2S22)钼资源量254346吨,其中工业矿333以上钼资源量221196吨(平均品位0.055%),2008年新增查明矿产资源储量(333及以上)192411吨。矿床规模为超大型。

2.*海南省万宁市保定海矿区锆钛砂矿详查*。该项目为省财政出资勘查项目,2007~2008年开展详查工作,2008年8月经储量评审备案。勘查区面积38.51平方千米。累计投入工作量:施工岩心钻孔91个,总进尺953.65米。矿床类型:滨、浅海相沉积锆英石钛铁矿砂矿床类型。全区共探获资源储量:(331+332+333)锆英石52.9323万吨(平均品位1.86千克/立方米)、钛铁矿223.9879万吨(平均品位7.87千克/立方米),其中探明的内蕴经济资源量(331)锆英石1.2269万吨(平均品位1.53千克/立方米)、钛铁矿5.9256万吨(平均品位7.4千克/立方米),控制的内蕴经济资源量(332)锆英石16.5876万吨(平均品位1.77千克/立方米)、钛铁矿68.1193万吨(平均品位7.29千克/立方米),推断的内蕴经济资源量(333)锆英石35.1178万吨(平均品位1.92千克/立方米)、钛铁矿149.9430万吨(平均品位8.18千克/立方米)。矿床规模为大型。

3.*海南省昌江县石碌铁矿接替资源补充勘查*。该项目为2006年危机矿山接替资源项目,2008年由企业出资开展补充详查工作,详查区面积43.5平方千米,投入资金2350万元。累计投入工作量:钻孔总进尺19795.00米;槽探8000立方米。矿床类型:沉积变质型矿床。估算新增资源储量:(333)铁4000万吨,TFe矿石平均品位:42.75%。

4.*海南省乐东县后万岭钼铅锌矿详查*。该项目为商业性勘查项目,2006年开展详查工作,勘查区面积

10.58平方千米。累计投入工作量:施工岩心钻孔66个,总进尺13778.57米;槽探5541立方米。本矿区共圈出铅锌(铜)矿体10余个。矿石品位:铅平均0.5%;锌平均2.1%;伴生铜平均0.30%,伴生Ag平均为12克/吨。据初步估算整个矿区有望求得Pb+Zn资源储量:(121b+122b+333)20万吨,伴生Cu资源储量约1万吨,伴生Ag资源储量约100吨。

5.海南东北文昌-屯昌地区高岭土矿普查。该项目为省财政出资勘查项目,2007~2008年开展普查详查工作,勘查区划分龙楼镇兵坡村普查区,面积8.71平方千米;抱罗镇的湖塘村普查区,面积7.7平方千米;南和-福朝村详查区,面积19.35平方千米;三阳村详查区,面积16.45平方千米。2008年10月经储量评审备案。矿床类型:风化残积亚型砂质高岭土。累计投入工作量:施工钻孔1047个,总进尺7164.9米。共探获高岭土矿资源储量(332+333)高岭土21508千吨,其中控制的内蕴经济资源量(332)3853千吨,推断的内蕴经济资源量(333)17655千吨。矿床规模为大型。

6.海南省东方市东南部地区水泥灰岩矿地质普查。该项目为省财政出资勘查项目,2007~2008年开展普查工作,勘查区面积264平方千米。2008年10月经储量评审备案。累计投入工作量:施工岩心钻孔10个,总进尺2048.22米;槽探3000立方米。矿床类型:早二叠世浅海相碳酸盐沉积矿床。矿石均为Ⅰ级品。矿石主要化学成分含量CaO品位一般50%~54%,MgO含量一般在0.9%~2.26%。全区共探获水泥用灰岩矿石资源储量:(333+334)42575.81万吨,其中,推断的内蕴经济资源量(333)25291.40万吨,预测资源量(334)17284.41万吨。矿床规模为大型。

7.海南岛东南沿海陆地石英砂锆钛砂矿资源预查。该项目为省财政出资勘查项目,2007~2008年开展预查工作,预查区面积3855平方千米。累计投入工作量:施工钻孔64个,总进尺687.8米。矿床类型:滨海沉积型砂矿床。通过钻探揭露控制,在现有矿权外,新圈定锆钛砂矿矿段11个、石英砂矿矿段6个。全区求获预测的内蕴经济资源量:(334)锆英石88万吨,钛铁矿近310万吨,石英砂9.3亿吨。

**【水工环地质调查评价】** 2008年度,海南省开展水文地质、环境地质和地质灾害调查评价项目65个,投入资金631.3万元。其中中央财政投入60万元,省级财政316.6万元,其他资金投入254.7万元。

1.水文地质调查评价。2008年度,海南省省级财政投入资金30万元,实施了海南省地下水监测项目。同时,其他资金投入139.7万元,实施了1:250000供水水文地质勘查项目1个,调查面积80平方千米;1:10000供水水文地质勘查项目3个,调查面积42.9平方千米。

2.环境地质调查评价。2008年度,海南省环境地质调查评价工作共投入资金288.5万元,其中,省级财政投入137万元实施了海南省废弃矿井调查与治理规划项目,调查面积1487平方千米;省级财政投入60.5万元,其他资金投入79万元实施了1:2000环境地质调查项目20个,调查面积16.04平方千米;其他资金投入12万元实施了1:10000环境地质调查项目2个,调查面积32.9平方千米。

3.地质灾害调查。2008年,由中央财政投入资金60万元,开展了东方、陵水、临高3市县的地质灾害调查与区划工作,调查面积4701平方千米;省级财政投入资金89.1万元,实施了1:50000工程地质调查项目1个、地质灾害评估项目30个,调查面积分别为150平方千米和55.45平方千米;其他资金投入24万元,实施了1:2000工程地质调查项目4个,调查面积54.22平方千米。

**【地质勘查科技研究】** 2008年度主要是在海南省矿产资源潜力评价项目中开展区域重点成矿区带成矿规律及成矿预测研究、典型矿床解剖和找矿规律研究,以及在石碌铁矿危机矿山接替资源找矿项目中开展成矿规律研究。同时,2008年中央财政投入资金130万元,继续开展1:250000系列数字地质图编制及数据库建设。

**【地质工作社会化服务】** 继续建立完善地质资料网络服务体系,按时完成“地质资料信息目录”等所有数据的更新。在网站主页设立地质资料管理与服务栏目,按部里要求增加、完善地质资料网络服务的子栏目。至2008年底,共有1305条地质资料目录数据库(含内容提要)上网提供查询。累计上网查询671311人次。

**【矿产资源开发利用】** 2008年度主要完成人员组织、确定本省调查的矿种、矿区统计及分类、设计书编写以及开展二甲金矿矿区、石门山钼矿区、万宁保定锆钛砂矿区的调查工作。投入资金600.42万元,其中中央财政100万元,省级财政500.42万元。

海南省2008年共有各类持证开采矿山企业451家(不含油气、地热、矿泉水,下同),其中国有企业12个,集体企业8个,股份合作企业7个,联营企业2个,有限责任公司37个,股份有限公司5个,私营企业337个,其他企业40个,港、澳台商投资企业1个,外商投资企业2个。按矿山规模统计,大型96家,中型61家,小型175家,小矿119家。分别占矿山总数的21.29%、13.53%、38.80%、26.38%。与2007年相比,海南省持证开采矿山企业数量增加83家,大型、中型、小型矿山数有所增加，小矿数量显著减少。

2008年全年开采26种矿产，采掘原矿总量8303.30万吨，其中，铁矿石370.66万吨、钛铁矿砂矿原矿1093.89万吨、锆英石砂矿原矿4604.04万吨，金矿13.74万吨，水泥用灰岩（含水泥用大理岩）矿石777.02万吨，玻璃用砂矿115.68万吨，海南省固体矿产矿石量较2007年增加了1329.30万吨，增长19.06%。

2008年海南省持证开采矿山企业完成工业总产值295064.63万元（现价），较2007年增长了46.95%。其中能源矿产（煤炭）总产值202.00万元，黑色金属开发总产值236205.44万元（铁矿总产值229269.20万元），有色金属开发总产值717.53万元，贵金属开发总产值9436.96万元，稀有稀土金属矿产开发总产值12541.19万元，冶金辅助原料非金属矿产开发总产值44.85万元，化工原料非金属矿产开发总产值341.16万元，建材及其他非金属矿产开发总产值35575.5万元。

2008年海南省持证开采矿山企业从业人员12776人，其中能源矿产（煤炭）从业人员240人，黑色金属开发从业人员5244人，有色金属矿产开发从业人员93人，贵金属开发从业人员742人，稀有稀土金属矿产开发从业人员1012人，冶金辅助原料非金属矿产开发从业人员88人，化工原料非金属矿产开发从业人员34人，建材及其他非金属矿产开发从业人员5323人。

2008年海南省持证开采矿山企业年利润127513.89万元，其中，能源矿产（煤炭）年利润-65万元，黑色金属矿产年利润118260.37万元，有色金属矿产年利润80万元，贵金属矿产年利润429.1万元，稀有、稀土和分散元素矿产年利润843.15万元，冶金辅助原料矿产年利润6.80万元，化工原料矿产年利润66.10万元，建材及其他非金属矿产年利润7893.37万元。与2007年相比，海南省持证开采矿山企业年利润增加59635.92万元，增长了87.86%。

为了保护和合理利用矿产资源，提高资源利用效益，近年海南省开展了整顿和规范矿产资源开发秩序工作，编制了矿产资源开发利用规划，积极稳妥地推进矿产资源开发整合工作。至今，海南省矿业秩序治理整顿已初见成效，关闭了部分无采矿许可证的小矿，海南省小矿数量2008年显著减少，各类矿产资源开发利用经济效益较大提高。

**【矿产资源监督管理】** 2008年，海南省按照《国务院关于加强地质工作的决定》（国发[2006]4号）以及《国务院关于全面整顿和规范矿产资源开发秩序的通知》（国发[2005]28号）的要求和总体部署，学习和实践科学发展观，贯彻落实省委五届三次会议精神，认真审视地质勘查和矿产开发中存在的主要问题，按照年初确定的总体工作思路、工作部署以及国土资源部有关工作的安排，努力开拓，不断创新，推进整顿和规范矿产资源开发秩序、矿业权市场建设及矿产资源潜力调查评价等地质勘查和矿产开发管理工作。

**【矿产资源开发秩序整顿和规范】** 2008年3月，海南省按照国土资源部等九部委《关于开展整顿和规范矿产资源开发秩序"回头看"行动的通知》（国土资发〔2008〕40号）的部署，及时开展了以查处无证勘查开采和越界开采等违法违规行为为重点的整顿和规范矿产资源开发秩序"回头看"行动。下半年海南省还开展了整顿和规范矿产资源开发秩序"后督察"行动，进一步巩固了整顿和规范工作成果。2008年7月底，海南省整顿和规范工作及"回头看"行动通过国家九部委的检查验收，得到了国家九部委的肯定，认为海南省各级人民政府高度重视，按照国务院及国土资源部等九部门的统一部署，贯彻落实，围绕治乱、治散、治本，全面整顿矿产资源开发秩序，扎实推进矿产资源开发整合，积极探索建立长效监督管理机制，整顿规范工作及"回头看"行动取得了明显成效。

1.健全组织领导机构，全面开展"回头看"行动。按照国土资源部等九部委的部署，起草了《海南省开展整顿和规范矿产资源开发秩序"回头看"行动实施方案》，并以省整规办名义及时印发，对全省"回头看"行动进行部署。同时针对最近一段时间省整规工作领导小组成员变动较大的情况，及时向省政府建议调整了领导小组成员，进一步充实和健全组织领导机构，确保"回头看"行动顺利开展。

2.加强宣传教育，创造良好的舆论氛围。积极配合宣教中心做好"回头看"行动的宣传工作，及时召开了新闻媒体协调会，向省内新闻媒体通报了"回头看"行动的意义、任务和要求，并组织记者跟踪采访了"回头看"检查行动，及时宣传报道好的经验和正面典型，也对违法违规案件进行曝光。通过开展形式多样的新闻宣传工作，为"回头看"行动的顺利开展提供强有力新闻舆论支持，确保"回头看"行动的各项任务完成。

3.督察指导，全面推进"回头看"行动。省国土环境资源厅加强对各市县开展"回头看"行动的督察和指导，重点督察和指导文昌市锆钛砂矿矿区和海口文昌玄武岩石材矿矿区的专项整治工作。各市县结合动态巡查，加强了重点矿区的动态巡查和监控，进一步落实和完善了省国土环境资源监察总队、市（县）、重点乡镇、重点村委会四级动态巡查制度，继续保持打击无证勘查开采行为的高压态势，对非法采矿做到及时发现，及时查处，现场取缔；结合矿山年检、勘查项目年检和储量动态核查，对每个矿区、矿山（点）、勘查项目和选矿厂（加工厂）进行逐一清理，全面掌握矿产资源勘查开发的基本情况和违法违规情况，做到全面清理，不留死角；结合省人大对全省《矿产资源法》和《海南省矿产资源管理条例》执法检查行动，强化对各级地方政府和各有关职能部门履行矿产资源管理法定职责的监督，进一步深化整顿和规范工作。

自开展“回头看”行动以来，海南省加大了对无证勘查开采、越界开采、破坏污染环境等违法违规行为的查处力度，全省共清查处理无证开采89起、越界开采24起，组织对非法采矿破坏矿产资源价值鉴定4起，查处不符合安全生产条件的矿山11个、未及时恢复治理矿山地质环境的矿山5个，取缔无照经营的锆钛砂矿选矿厂2家、玄武岩石材加工厂13家，并对未依法办理有关手续的62家锆钛砂矿选矿厂和39家玄武岩石材加工厂责令停产整顿或限期整改；全面推进了矿产资源开发整合工作，目前已完成3个矿种和5个矿区的整合任务，全省已有259家选矿厂（加工厂）和166个矿山参与整合，经整合，选矿厂（加工厂）减少了99家，矿山减少了81个，减少的幅度分别为38%和49%，矿山布局不合理的状况得到明显改善，矿产资源开发利用规模化、集约化程度明显提高，进一步巩固和扩大了整顿和规范工作成果。

4.*“回头看”行动检查验收工作*。2008年5月，及时起草了《海南省整顿和规范矿产资源开发秩序“回头看”行动检查验收方案》，经省整规工作领导小组第七次办公会议批准，以省整规办名义印发了检查验收通知，对全省“回头看”行动检查验收进行部署。同时，还与有关单位协调落实检查组人员，准备相关材料，研究现场检查重点，制订检查验收程序，确保检查验收工作顺利开展、完成。检查验收结束后，编写了海南省“回头看”行动总结，向部整规办做了报告，并向各市县和有关省直部门通报了全省检查验收情况。

5.*整规工作检查验收工作*。一方面做好前期准备工作，编写了《海南省整顿和规范矿产资源开发秩序及“回头看”行动工作总结报告》，编辑、印制了《海南省整顿和规范矿产资源开发秩序工作文件资料汇编》，指导文昌、昌江、琼中等重点市县做好迎接国家九部委检查的准备工作，并配合宣教中心编制海南省整顿和规范工作新闻汇集、相册、展板、视频等材料。另一方面配合厅办公室、省政府办公厅做好国家九部委在琼检查验收的组织安排工作，确保检查验收顺利进行。

6.*推进整顿矿产资源开发秩序“后督察”工作*。“后督察”以整顿和规范工作三年来已立案但未结案的矿产资源开发管理中的各类违法违规案件为督察对象，以文昌市、万宁市锆钛砂矿无证采矿及选矿厂专项整治，海口市、文昌市玄武岩石材矿及加工厂专项整治，昌江县石碌矿区无证采矿及铁矿加工厂专项整治等为督察重点，加强对各市县特别是文昌市、海口市、万宁市和昌江县的督促和指导，确保整顿和规范工作任务全面完成。同时积极配合省人大开展矿法执法活动。经对海口、文昌、万宁、昌江等9个重点市县进行检查，省人大检查组认为全省无证勘查开采、越界开采、偷挖盗采矿产资源等违法行为得到有效遏制，探矿权采矿权市场初步建立，矿产资源开发规范有序，矿山生态环境保护措施基本得到落实。

**【矿业权市场建设】** 矿业权管理是地矿行政管理的核心工作，按照《国务院关于加强地质工作的决定》对矿业权分类管理的要求和社会主义市场经济公开、公平、公正的“三公”原则，在2007年探矿权调研的基础上，积极开展采矿权管理等相关调研工作，认真审视近几年海南省矿业权管理中存在的问题，积极稳妥地推进海南省矿业权市场建设工作。

1.*严格执行矿产资源规划，合理设置矿业权*。积极推进海南省第二轮矿产资源总体规划、省级地质勘查专项规划和市县级矿产资源规划的编制和实施工作。争取财政资金逐步开展海南省优势矿种和市县建筑用砂石黏土资源矿业权设置方案的编制工作，严格执行矿产资源规划，合理设置矿业权，提高矿产资源开发规模化集约化程度。目前海南岛东部沿海陆地锆钛砂矿和全岛沿海陆地石英砂矿矿业权设置方案已编制完成；市县砂石黏土资源调查和矿业权设置项目的财政资金已经到位，全省砂石黏土资源调查工作已全面铺开。

2.*进一步完善矿业权登记制度，加强矿业权管理*。在2007年调研的基础上，起草、印发了《关于进一步加强探矿权采矿权管理的若干规定》，加强和规范对矿业权的管理。一是规范矿业权申请人资格审查制度，规定探矿权采矿权申请人必须具有与申请项目相适应的资金、技术和设备。二是建立探矿权采矿权出让转让公示制度，及时公告矿产资源调查评价区域、矿产地清理结果和矿业权出让转让审批结果，审批结果公示10天后无异议的再发证。三是实行矿业权合同管理制度，以招拍挂方式或协议方式出让的矿业权要签订出让协议，明确政府有关勘查、开发的要求，特别是对地热、矿泉水等与当地经济社会发展密切相关的矿产资源，以及石英砂、锆钛砂矿等具有省内深加工优势的矿产资源的勘查开发。四是实行勘查区块审查退出机制。提高勘查项目年度最低投入标准，严格探矿权延续条件，延续探矿权须提高地质勘查程度，并由专家论证缩减勘查面积,杜绝探矿权“圈而不探”的情况。

3.编制年度矿业权出让计划,推进矿业权市场建设,促进矿产资源集约化开发利用。根据海南省国民经济发展的需要以及市场的需求,编制了2008年度省厅矿业权出让计划,并按照该计划委托地勘单位开展矿业权出让的前期工作。2008年,全省矿业权出让成交价款7731.33万元,其中:省厅以协议方式出让探矿权、采矿权各1宗,出让价款分别是2250万元、120万元;以合同管理方式出让探矿权2宗(报部发证),出让价款880万元;各市县以招拍挂方式出让采矿权98宗,成交价款4561.33万元。目前,还有2个新设探矿权和4个采矿权拟以招拍挂方式出让,出让前期工作已基本完成,特别是万宁市保定海锆钛砂矿采矿权挂牌出让已经省政府批准同意,近期将以在海南进行锆钛深加工为前提条件公开竞争出让,促进海南省矿产资源深加工,尽快将资源优势转化为经济优势。

4.做好探矿权采矿权价款征收工作。海南省按照探矿权采矿权价款管理的有关规定和征收计划,严格把关,按规定应一次性缴纳的价款在颁发勘查或采矿许可证前征收,按规定可分期缴纳的价款按计划征收。2008年海南省按计划实际收缴矿业权价款3.26亿元,其中:采矿权价款0.16亿元,探矿权价款3.1亿元。全省按计划实际共收缴矿业权价款3.72亿元。同时,按照国土资源部的部署,全面开展了采矿权有偿处置工作,经清理,22个采矿权属于无偿取得国家出资探明矿产地的情形,目前已经评估15个采矿权,采矿权评估价值4920万元,并下发了交纳采矿权价款的通知。

5.做好勘查开采登记工作。2008年全年共受理勘查登记342宗,发证268宗,其中新立223宗,变更23宗(转让17宗),延续22宗。受理新立采矿权申请9宗,发证9宗;受理划定矿区范围申请7宗,批复7宗;受理转让变更采矿权10宗,办理10宗;受理采矿权延续1宗。

按照部开展采矿权统一配号工作,12月13~14日举办了全省采矿权统一配号培训班,指导和督促全省18个市县建立了采矿权管理系统,全面开展采矿权数据库的核实工作,为2009年全国采矿权统一配号工作打好基础。

6.开展矿山年检、勘查项目年检和矿产督察工作。严格执行矿山年检、勘查项目年检和矿产督察工作制度。在矿山年检中,对重点矿山重点矿种进行实地抽查,抽查内容主要包括矿山企业的开发利用方案或年度开采设计实施情况、越界采矿情况、采矿权转让情况、矿区复垦与环境保护情况和开采回采率、选矿回收率等情况。2008年全省有证矿山445个(不含油气、地热、矿泉水),应检矿山394个,实检389个,抽检363个,年检不合格的矿山40个,并对年检不合格的矿山都责令了整改。同时,组织开展了矿产资源开发利用情况统计工作。

开展了2008年度勘查项目年检,重点对“圈而不探”、“以采代探”、不按勘查设计施工等情形进行检查。2008年应检探矿权163个,实检163个,抽检33个。各受检探矿权人都较好地履行了探矿权人义务,均通过年度检查。全年全省勘查投入13527万元,其中中央财政投入1506万元,省级财政投入1882万元,社会资金投入10139万元,约占整个勘查投入的75%;全年完成机械岩心钻探41202米,坑探10350米,槽探1万立方米,浅井3581米。大多数的勘查项目工作都取得了进展。

矿产督察工作结合矿山年检和勘查项目年检工作进行,在抽查矿山及勘查项目时,矿产督察员一起到实地检查,既检查矿业权人履行矿业权人义务情况,也对矿业权人提供矿山开发和资源勘查方面的技术指导。

**【地质勘查行业和地质勘查项目管理】** 按照《国务院关于加强地质工作的决定》(国发[2006]4号)和《海南省人民政府关于加强地质工作决定的实施意见》要求,以科学发展观为指导,以为地方社会经济发展提供基础支撑和资源保障为目的,不断完善机制,增强地质勘查行业活力,加大地质找矿力度,促进矿业经济持续发展。

1.做好地质勘查行业和地质勘查资质管理工作。按照国土资源部的要求和部署,组织2008年度省内地质勘查行业发展情况调查统计工作。调查表明,2008年度,海南省地勘队伍发展状况良好,比较往年,技术人员结构有了明显改观,高学历技术人员比例稳步提高,国有地勘单位经济效益有了较大提高,公益性战略性地质勘查工作的范围、领域不断拓宽,财政投入逐步增加。

完善地质勘查成果通报制度,通过向社会发布公益性与商业性地质勘查成果信息,促进地质行业的交流和联系,引导和调控地质勘查投资和布局,促进地质勘查行业健康发展。2008年上半年,海南省对2008年度全省地质勘查成果进行整理汇总,并及时予以通报。

进一步加强和完善地质勘查资质管理。上半年对全省地质勘查资质进行全面清理,重点对勘查单位勘查技术人员资格、设备、资产、管理制度和有否违规情况进行清查。经清查,全省具有地质勘查资质的地勘单位14家,其中具有甲级资质的6家,14家勘查单位的勘查能力与现有的资质类别和资质登记相符合。下半年按照国土资源部的部署开展地质勘查资质注册登记工作，组织省内申报甲级勘查资质材料报送国土资源部审批（共批准12项），并组织对省内申报乙级及以下资质材料的审查、审批，颁发了13个勘查单位地质勘查资质证书。

2. *积极争取资金开展基础性公益性地质工作*。贯彻落实《国务院关于加强地质工作的决定》精神，支持和指导海南省基础性公益性地质调查及矿产调查评价项目的立项和实施工作，为海南社会经济发展提供基础支撑和资源保障。

在基础地质调查方面，积极争取中央财政资金在海南省继续开展1:5万兴隆、陵水县、什玲市、吊罗山、昌洒市、文昌县、清澜港、铜鼓咀等8个图幅区域地质调查，以及海南岛生态地球化学调查、海南省土地质量地球化学评估、海南省典型市县级土地质量评估增量项目，海南非金属矿集区遥感地质综合调查等项目，2008年度中央财政共投入资金1438万元。通过开展基础地质工作，为海南省社会经济建设提供地质基础支撑。

3. *进一步改善商业性矿产资源勘查环境，引导和拉动商业性勘查，加强地质找矿力度*。按照《海南省人民政府关于加强地质工作决定的实施意见》的要求，与省财政厅联合印发了《海南省地质勘查基金管理暂行办法》，设立海南省地质勘查基金，并组织实施，引导和拉动商业性矿产勘查投资，形成滚动发展的良性投入机制。

执行矿业权分类管理制度。按照《海南省国土环境资源厅矿业权出让方式管理暂行规定》，规范矿业权出让方式。对勘查空白区内勘查风险高的第一类探矿权以行政审批方式出让，提高行政效率；对勘查风险程度较低的第二类矿产探矿权及国家出资探明矿产地的矿业权，根据市场需求有计划地公开竞争出让；积极争取中央和省财政资金开展矿产勘查评价工作，通过招拍挂出让这些矿权，积极引导社会资金投入矿产资源勘查。鼓励各类社会资本、国有矿业企业、国有地勘单位等参与除国家明令限制以外的商业性矿产资源勘查开发，承担投资风险、享受投资权益，促进商业性矿产勘查投资主体多元化。目前，海南省商业性勘查投资明显增加，2008年达1.5亿元。初步形成了公益性地质调查与商业性地质勘查两者相互促进、协调发展的新格局。

4. *地质找矿取得重大突破，矿业经济稳步提升*。通过加大公益性基础性地质工作的财政投入，吸引和拉动商业性勘查；实行重要成矿带整装勘查开发机制，加大对琼西戈枕－尖峰和琼南同安岭－牛腊岭这两个重要的成矿带资源调查评价，实施戈枕金矿成矿带整装勘查项目，以吸引社会资金，进行规模勘查开发。随着海南省地质找矿力度不断加大，2008年海南省实现从陆地找矿到海域找矿、从浅部找明矿体到“攻深找盲”的突破，地质找矿取得成果，新增了一批矿产地，新增加资源储量钼30万吨、铁4000万吨，金30多吨，锆英石99万吨、钛铁矿344万吨、石英砂4亿吨，其中省财政出资勘查的万宁市保定海锆钛砂矿探获资源储量锆英石52.93万吨、钛铁矿223.99万吨，为海南省近岸浅水海区探明的第一个大型锆钛砂矿矿床，可进行整装开发；国家和省财政共同出资的石碌矿区铁多金属矿接替资源勘查项目探获铁矿4000万吨；社会资金投入也在保亭罗葵洞地区探明了大型钼矿床，钼金属储量25万吨，位列全国前十位。同时地质找矿的突破也为海南省矿业经济持续发展提供了坚实的物质基础，万宁市保定海锆钛砂矿和保亭县罗葵洞钼矿开发，将加快海南省矿产资源深加工产业的发展。

**【矿产资源调查评价项目】** 开展矿产资源潜力调查评价是贯彻落实《国务院关于加强地质工作的决定》精神的一项主要举措，目的是科学评估矿产资源潜力，摸清资源家底，促进地质找矿，推进矿产资源合理开发利用，确保矿产资源对国民经济健康发展的保障能力。

1. *加大财政投入，完善管理制度，加强海南省矿产资源调查评价工作*。2008年，海南省争取中央财政共投入资金590万元，开展了海南保亭同安岭－尖峰岭地区铜金矿远景调查、海南省重要矿产资源潜力评价、海南省矿业权实地核查等项目。积极争取省财政资金，多方位开展矿产勘查调查评价项目。其中2007年度预算安排的6个跨年度项目总预算2663.92万元，除海南省戈枕断裂带中深部金矿资源潜力调查评价和海南省西部抱板－公爱地区中深部金矿勘查评价2项目分别完成设计工作量的30%左右，其余4个项目目前已基本完成；2008年度安排的15个项目总预算6577.91万元，其中上半年下达的7个项目中，《海南省昌江县海尾－南罗石英砂矿勘查》、《海南岛东北部（文昌）锆钛砂矿勘查》、《海南省东南部琼海、万宁沿海锆钛砂矿、石英砂矿普查》3个已完成野外工作，《海南省海口市东北部玄武岩石材矿勘查》即将完成野外工作，其余11个正在组织实施中。同时，我处起草了《海南省国土环境资源厅地质勘查项目管理办法》（有待颁发执行），加强对财政投资的勘查找矿项目的管理，以进一步提高找矿效果，提高财政资金的效率。

2. *加强领导，加快推进重点调查评价项目*。重要矿产资源潜力评价和矿业权实地核查这两个项目均为部2008年重点项目。按照国土资源部的要求和部署，海南省成立了领导小组，确定了项目承担单位，稳步推进这两项工作。

3.重要矿产资源潜力评价项目。2008年中央财政经费投入项目经费180万元,省财政配套经费投入401.80万元。2008年完成项目工作方案的修编工作,先后完成了海南岛4个1:250000图幅实际材料图、1:250000全省建造构造图、1:500000全省大地构造相图、工作程度图、地质图、矿产地分布图、预测及方法类型分布图,以及物探化探遥感自然重砂相关图件的编制工作;完成了全岛铁、铝资源评价的基础工作,完成石碌铁矿、红石铁矿、蓬莱铝土等3个典型矿床的研究和这3个典型矿床成矿模式图、成矿要素图、预测要素图编制工作。

4.矿业权实地核查项目。2008年5月,海南省地调院编制完成了《海南省矿业权实地核查实施方案》,并根据部有关文件要求和实施方案,编制了《海南省矿业权实地核查实施项目申报书》,经组织专家审查通过后,向省财政厅申请地方配套资金。2008年11月,省财政厅已下达项目该地方配套资金301.70万元。目前,配套资金已拨付项目承担单位,项目正在实施中。

**表1　　2008年度海南省矿产资源开发利用情况(按矿种分列)**

| 矿　种 | 矿山企业数(个) | | | | | 从业人员(人) | 年产矿量(万吨) | 工业总产值(万元) | 综合利用产值(万元) | 矿产品销售收入(万元) | 利润总额(万元) |
|---|---|---|---|---|---|---|---|---|---|---|---|
| | 大型 | 中型 | 小型 | 小矿 | 合计 | | | | | | |
| 煤炭 | 1 | 0 | 0 | 0 | 1 | 240 | 2.78 | 202 | 202 | 202 | -65 |
| 铁矿 | 1 | 0 | 1 | 1 | 3 | 4700 | 370.66 | 229269.2 | 91 | 231419.63 | 116965.02 |
| 钛铁矿 | 12 | 0 | 0 | 0 | 12 | 544 | 1093.89 | 6936.24 | 2567.24 | 6919.74 | 1295.35 |
| 钴矿 | 0 | 0 | 1 | 0 | 1 | 13 | 10.1 | 717.53 | 0 | 717.53 | 80 |
| 钼矿 | 0 | 0 | 1 | 0 | 1 | 80 | 0 | 0 | 0 | 0 | 0 |
| 金矿 | 0 | 0 | 6 | 1 | 7 | 742 | 13.74 | 9436.96 | 0 | 9436.96 | 429.1 |
| 锆英石 | 20 | 2 | 0 | 0 | 22 | 1012 | 4604.04 | 12541.19 | 3422 | 11386.02 | 843.15 |
| 红柱石 | 1 | 0 | 0 | 0 | 1 | 23 | 0 | 0 | 0 | 0 | 0 |
| 普通萤石 | 1 | 0 | 0 | 0 | 1 | 50 | 0 | 0 | 0 | 0 | 0 |
| 冶金用白云岩 | 1 | 0 | 0 | 0 | 1 | 15 | 1.3 | 44.85 | 0 | 44.85 | 6.8 |
| 重晶石 | 1 | 0 | 0 | 0 | 1 | 15 | 0.5 | 23 | 0 | 23 | 12 |
| 化工用白云岩 | 0 | 0 | 1 | 0 | 1 | 19 | 3.28 | 318.16 | 0 | 317.19 | 54.1 |
| 水泥用灰岩 | 2 | 1 | 11 | 3 | 17 | 304 | 776.02 | 7704.4 | 3 | 7704.4 | 1785.6 |
| 建筑石料用灰岩 | 0 | 0 | 1 | 5 | 6 | 51 | 14.43 | 149.4 | 0 | 149.4 | 16.9 |
| 玻璃用砂 | 3 | 5 | 0 | 0 | 8 | 323 | 115.68 | 5507.7 | 0 | 5317.3 | 2305.22 |
| 建筑用砂 | 0 | 0 | 27 | 23 | 50 | 380 | 136.21 | 1779.7 | 0 | 1779.7 | 359.15 |
| 水泥配料用页岩 | 0 | 1 | 2 | 0 | 3 | 27 | 2.9 | 37.4 | 0 | 37.4 | 5.9 |
| 高岭土 | 0 | 1 | 0 | 0 | 1 | 13 | 0 | 0 | 0 | 0 | 0 |
| 砖瓦用黏土 | 0 | 0 | 2 | 85 | 83 | 1306 | 119.4 | 8280.31 | 0 | 8073.46 | 1240.57 |
| 水泥配料用黏土 | 0 | 0 | 2 | 0 | 2 | 15 | 31.2 | 400 | 0 | 227.8 | 101.3 |
| 水泥配料用红土 | 0 | 0 | 1 | 0 | 1 | 2 | 0 | 0 | 0 | 0 | 0 |
| 饰面用辉石岩 | 0 | 1 | 0 | 0 | 1 | 21 | 5.69 | 187.77 | 0 | 187.77 | 46 |
| 建筑用玄武岩 | 35 | 21 | 54 | 1 | 111 | 1428 | 528.83 | 5594.67 | 0 | 5463.57 | 1252.71 |
| 建筑用正长岩 | 0 | 0 | 1 | 0 | 1 | 15 | 1.01 | 20.3 | 0 | 20.3 | 4 |
| 建筑用花岗岩 | 18 | 29 | 64 | 1 | 112 | 1418 | 470.64 | 5898.85 | 39.5 | 5781.76 | 766.02 |
| 水泥用大理岩 | 1 | 0 | 0 | 0 | 1 | 20 | 1 | 15 | 0 | 15 | 10 |
| 总计 | 96 | 61 | 175 | 119 | 451 | 12776 | 8303.3 | 295064.63 | 6324.74 | 295224.78 | 127513.89 |

(海南省国土环境资源厅　陈　冠)

# 重　庆　市

**【矿产资源概况】**　2008年，重庆市已发现矿产68种，查明资源储量排全国前10位的矿产17种(表1)，重要矿产有天然气、煤、地热、铁、锰、铝、锶、钡、岩盐、粉石英、汞等10余种，集中分布于城口锰、钡成矿带，巫山铁、煤成矿带，云阳－开县粉石英成矿远景区，长寿－万州天然气、岩盐、铁成矿远景区，渝中地热、煤、铁成矿远景区，渝西锶、煤成矿带，渝南铝、煤、硫成矿带，渝东南锰、汞、铅锌多金属成矿带等8大成矿区带或成矿远景区。其中渝东南锰、汞、铅锌多金属成矿带处于全国16个重要成矿区带之一"鄂西湘西多金属成矿带"西部，市域属四川含油气岩盐盆地和渝东－湘鄂西含油气构造的一部分，渝南铝、煤成矿带属黔北成矿带的北延部分，渝东北城口锰、钡成矿带处于川陕渝鄂成矿带中段，以及渝西锶矿带等，均在全国占有较重要的地位。

**【矿产资源勘查】**　*1.基础地质研究程度不断提高，为经济社会发展提供基础地学数据。*市域1∶200000区调全覆盖，近年来完成了1∶50000区调8幅、1∶200000化探6幅、长江沿线经济带1∶250000生态地球化学调查以及锰、铅锌、铝土矿、锶等战略性矿产资源调查评价和红层、岩溶地区地下水勘查工作，为城镇规划建设、地质找矿、农业产业发展规划及人畜饮水和石漠化治理等提供了基础成果资料及示范。

*2.探明一批大中型矿产地，为资源加工业的形成和发展奠定了基础。*市域探明提交了以煤、铝、锰、锶、钡等重要矿产为主的矿产勘查成果。全市已查明矿产地415处，其中大中型矿床129处。全市年度勘查投入逐年增加，从2003年的500多万元上升至2007年的2亿多元，累计投入勘查资金8.8亿元，实现主要资源增量20.27亿吨，其中新增铝土矿资源703万吨，铁矿资源4300万吨，锰矿948万吨，炼镁白云岩5.55亿吨，粉石英矿1775万吨，煤炭资源11.67亿吨，铅锌金属量16.11万吨，水泥用灰岩2.28亿吨，为重庆市重要资源加工业的形成和发展起到了重要作用。

**【地质矿产勘查项目招标工作】**　开展了2007年度地方地质矿产勘查项目的招标工作，安排勘查项目50个，资金12312万元；编制了《重庆市2008年度地方地质矿产勘查项目计划》，论证地质矿产勘查项目80个，项目总金额达3亿多。

开展万盛南桐煤矿、綦江同华、打一煤矿、天府磨心坡煤矿、丰节青龙矿区和巫山田家煤矿等7个国有大中型危机矿山接替资源勘查项目，新增炼焦用煤1亿多吨，优质电力煤2.5亿吨。

开展綦江县篆塘、巫山县桃花、邓家铁矿资源勘查，促进重庆铁资源加工业的健康发展；组织开展奉节县、巫山、巫溪和开县等地的铜铅锌资源勘查，解决库区产业空虚局势；组织开展合川、涪陵、渝北、忠县、江津、石柱、云阳等地水泥用石灰石勘查，促进重庆市引进拉法基、海螺、昌兴、华新等重要水泥生产企业；强化煤炭资源勘查，组织开展合川保合煤田、綦江大罗、马村、南川水溪、苏家湾等煤炭资源勘查；组织开展城口高燕、修齐矿区锰矿勘查；组织开展巫溪、秀山钼钒矿资源勘查，为建立新的资源加工产业开发奠定基础；

2008年，煤、铁、粉石英、锰、钼钒等重要优势矿产勘查获得重大进展和突破。全市大部分矿种储量呈增长趋势，其中煤炭资源保有资源储量达到35.72亿吨，资源储量达到43.01亿吨，新增2.17亿吨；铁矿查明资源储量达到27373.46万吨，新增探明资源1349万吨；新增铁钒土矿石资源量506万吨；新增锰矿石资源量342万吨；新增地热水1处，新增地热资源储量2800$m^3$/d；新增耐火黏土矿石资源量369万吨；新增钼钒矿石量339万吨、硫铁矿资源572万吨，新增水泥用灰岩9165万吨。

批准开展合作项目和区县垫资项目26个，涉及煤、铜、铅锌、硫铁、铁、炼镁白云岩和石英砂等矿产资源，支持了区县政府招商引资、发展资源加工产业。

安排资金1100万元，组织实施重庆市矿产资源潜力评价和储量现状调查工作，目前，评价方案设计已经通过审查，涉及矿种13个、项目17个。启动年度地方矿产勘查项目50个。

**【矿产资源储量管理】**　*1.学习贯彻《国务院关于加强地质工作的决定》精神。*制定了贯彻落实《决定》的工作方案，起草了《重庆市人民政府关于贯彻国务院关于加强地质工作的决定的实施意见》(代拟稿)，与市发改委共同起草了《重庆市人民政府关于规范矿产资源开发和发展加工型产业的意见》，两个《意见》已分别以渝府发〔2007〕6号文和渝府发(2006)152号文正式印发实施，成为指导全市地质矿产工作的纲领性文件。

*2.完善勘查准入机制。*在渝府发〔2006〕152号文的指导下开展了商业性勘查项目清理整顿，代市政府起草了《关于加强地热资源管理的意见》，明确了提高资源开发准入门槛，引进优势企业，推进资源勘查、开采、加工一体化的改革思路，提出了加强地热资源勘查、开发和保护的具体措施。

*3.研究出台《重庆市国土房管局关于贯彻落实重*

庆市人民政府关于规范矿产资源开发和发展加工型产业的意见 加强探矿权管理进一步推进矿产勘查工作的通知》,为进一步加大矿产资源勘查开发,支持区县经济发展,探索了新的国家出资矿产勘查的方式,明确了应由中央和市级矿产勘查专项资金投资以外的其他区域或矿种的勘查,市国土房管局还将采取与国有大中型企业合作、与区县政府共同投资、支持区县政府垫资推进等方式开展矿产勘查工作。

4.继续夯实矿产资源储量管理基础。严格建设项目压覆矿产资源的审查审批,将建设项目压矿审查纳入建设用地预审程序,列为审批和上报建设用地的必备条件;严格矿产资源储量登记,将占用矿产资源储量登记列入了受理审批采矿权申请的办理程序,将探明矿产资源储量登记列入了勘查项目验收和储量评审备案的办理程序;严格矿产资源储量评审备案,将储量评审备案列入了勘查项目验收、采矿权审批和储量登记的前置条件;严格地质资料汇交,将地质资料汇交列入了勘查项目尾款划拨、领取储量评审认定书、办理登记统计、采矿权申请等相关手续的条件。

5.全面实行储量动态管理。将矿政管理的其他工作职能有机结合联系起来,并用矿山储量变动核心内容统筹安排相关矿政业务管理工作,通过矿山实行占用储量年度指标管理,规范了矿山企业行为和矿产资源管理秩序,杜绝了大矿小开、采富弃贫、乱挖滥采的问题,促进了资源保护和合理利用。

全面开展储量核查检测和储量动态管理,开展区县达100%,实施储量核查检测的矿山达100%,储量动态管理矿山达100%。

严格采矿许可证、扩大矿区范围、新增开采储量、储量登记统计、储量审查(评审)等工作,完成储量评审备案462件,储量登记298件。

做好煤炭资源储量审查备案,配合开发处完成全市煤矿整合工作,目前,已经完成整合矿井煤炭资源储量备案309件,储量登记256件。

对市能投集团所辖的29对矿井开展了年度动用储量核实,为重庆市骨干矿井资源储量台账的建立和完善奠定了基础。

**【矿产资源开发管理】** 2008年重庆市整规工作以全面推进矿产资源开发整合为重点,克服了资源赋存条件差、矿权分散、资源整合工作矛盾大、任务重等困难,完成了整顿和规范矿产资源开发秩序工作及"回头看"行动工作任务。

1.严格执行国家矿产资源开发整合政策。根据《国务院办公厅转发国土资源部等部门对矿产资源开发进行整合意见的通知》(国办发[2006]108号)精神,重庆市及时启动了重要矿种和重点矿区资源整合工作。各区县(自治县)按照《重庆市矿产资源整合总体方案》要求,完成了煤矿、锶矿、铝土矿、锰矿、地热、黄桷垭地区建筑石料用灰岩等重点矿种整合实施方案的编制审查工作。整顿规范第二阶段工作开展以来,重庆市加快推进了矿产资源开发整合工作,完善了整合实施方案,将影响大矿统一规划开采的小矿,一矿多开、大矿小开的矿区,小矿密集区,位于地质环境脆弱区范围内的矿区都纳入了整合范围,落实了整合矿种、整合矿区、参与整合的矿业权名单和整合后拟设置矿业权方案。

2.重要矿种和5个重点矿区的资源开发整合工作。2008年完成3个重要矿种和5个重点矿区的资源开发整合工作任务。重点矿种整合:一是完成了铝土矿的资源开发整合,初步形成了以中铝公司南川80万吨氧化铝加工项目为龙头,南川博赛矿业集团甑子岩铝土矿、重庆鼎泰拓源氧化铝公司为辅助的铝土矿开发加工一体化产业;二是完成了锶矿的资源开发整合,大足县、铜梁县的锶矿矿山分别整合为由各县的龙头企业开采;三是完成了建筑石料用灰岩的资源开发整合,形成了重庆拉法基水泥有限公司、重庆巨成石材有限公司等一批"规模化、工厂化、环保型"的采石企业。通过对主城周边的采碎石场实施关闭整合,促进了重庆市主城区空气质量的进一步好转。

重点矿区的资源开发整合:完成了包括黄桷椏地区建筑石料用灰岩矿区、铜梁–大足锶矿区和南川铝土矿区、渝西煤炭矿区、奉节煤炭矿区等5个重点矿区的资源开发整合工作。

3.煤矿资源开发整合工作。为加快推进煤矿整合工作步伐,代市政府拟定了《重庆市人民政府关于实施煤矿整合的通知》和《重庆市人民政府办公厅关于加快推进煤矿整合工作的通知》,经市政府批准后,分别以渝府发(2007)128号、渝办发(2008)237号文件印发。明确了重庆市煤矿整合工作的目标任务和实施办法。制定出台了《关于实施煤矿整合做好煤矿区地勘工作的通知》、《关于煤炭矿山企业资源资产整合中采矿登记有关问题的通知》等文件,简化了办事程序,为加快煤炭资源整合工作起到了积极的推动作用。

**【采矿权市场建设】** 深化矿产资源有偿使用制度改革,全面推行采矿权招标拍卖挂牌出让,以市场方式配置资源。市级审批的采矿权继续全面推行以招标拍卖挂牌等市场方式出让,深化矿产资源有偿使用制度改革,采矿权市场建设进一步规范。2008年,市级征收采矿权出让综合价款(含地质勘查周转金)、矿产资源补偿费及使用费共计29492.66万元,其中市级办理采矿登记576宗，出让采矿权195宗，征收采矿权出让价款12929.91万元(采矿权价款9624.28万元，采矿权出让综合成本3305.63万元)；征收采矿权使用费109.10万元；加大了矿产资源补偿费征收工作力度，将能投集团等国有大矿欠缴矿产资源补偿费作为工作重点，采取召开专题会议，查账催收等多种形式，矿产资源补偿费征收工作取得了显著成效。截至2008年12月31日，全市共计征收入库矿产资源补偿费16447.12万元，其中，市级征收9685.014万元。自2005年以来，已连续4年创征收入库数额新高。

**【矿产资源开发监管责任体系完善】** 2008年，完善了矿产资源开发利用年度检查制度、储量动态监督管理制度和矿产督察员工作制度。各区县(自治县)以矿产开发整顿规范为契机，充实了矿政管理和执法监察队伍，进一步落实了监管责任，建立起了分级负责、联合执法的责任机制和查处涉矿违法行为的快速反应机制，加强了矿山执法动态巡查工作，对重点矿山、重点矿种进行重点督查，有效地预防和打击了矿产资源违法违规行为。

加强了与有关职能部门的工作协调与配合。为配合安全检察部门全面提高矿山安全生产水平，防止矿山资源开发中安全事故发生，制定并印发了《关于配合矿山安全专项整治工作的紧急通知》(渝国土房管发〈2008〉647号)，对国土资源管理部门积极主动配合煤炭安全生产行业行政管理部门、煤矿安全监管部门、安监、煤监分局(工作站)做好矿山安全生产的监督管理工作提出了具体要求。

**【煤矿整合采矿权审批制度】** 完善了整合煤矿采矿权审批制度，全面推进煤矿整合工作。制定并印发了关闭整合煤矿采矿许可证办理程序和要求的通知，明确了整合煤矿办理采矿许可证的具体程序、时限、材料要求以及有关问题的处理原则等，多次召开了整合工作专题会议，加强对区县国土资源管理部门的业务培训和工作指导，规范整合煤矿采矿权审批行为，全面推进煤矿关闭整合工作。

编制了重庆市矿业权实地核查工作实施方案。按照国土资源部有关文件要求，完成了《重庆市矿业权实地核查工作实施方案》(送审稿)的编制工作，现正按照局长办公会议审定意见和核查试点经验对送审稿进行修改完善。

**【南川区矿业权核查试点工作】** 南川区为国土资源部确定的矿业权核查试点区县，根据中国地质调查局发展研究中心委托，组织重庆地质矿产研究院、南川区国土房管局编制了《重庆市南川区矿业权实地核查试点2008年度工作方案》，根据该工作方案要求，项目承担单位现已完成矿业权现场实测工作，转入资料室内整理和报告编写阶段，将于2008年内提交核查试点成果报告。

**【采矿权统一配号工作】** 按照国土资源部采矿权统一配号专题会议的部署，于2008年12月5日印发了《关于做好采矿许可证统一配号工作有关问题的通知》(渝国土房管发〈2008〉786号)，对做好采矿许可证统一配号工作提出了具体要求。

2008年12月15~16日，召开了采矿许可证统一配号培训会议，全市各区县(自治县)国土资源管理部门分管局长、地矿科长和经办人员等150余人参加了培训会议。参训人员集中学习了采矿权管理信息系统软件操作和部采矿许可证统一配号有关文件精神，并练习了通过网络与部采矿许可证统一配号系统联机配号，较熟练地掌握了矿权管理信息系统的使用和采矿许可证统一配号的具体操作，为2009年1月1日起实行统一配号奠定了基础。

表1　　重庆市2008年度矿产资源开发利用情况(按矿种分列)

| 矿种 | 矿山企业数(个) | | | | | 从业人员(人) | 年产矿量(万吨) | 实际采矿能力(万吨/年) | 工业总产值(万元) | 综合利用产值(万元) | 矿产品销售收入(万元) | 利润总额(万元) |
|---|---|---|---|---|---|---|---|---|---|---|---|---|
| | 合计 | 大型 | 中型 | 小型 | 小矿 | | | | | | | |
| 合计 | 3229 | 13 | 135 | 1958 | 1123 | 196456 | 10844.02 | 12360.48 | 1258739.85 | 171388.42 | 1181811.69 | 105924.16 |
| 煤炭 | 1109 | 2 | 9 | 185 | 913 | 136420 | 2958.25 | 3296.04 | 856833.01 | 100230.89 | 809704.96 | 67952.4 |
| 地下热水 | 4 | 0 | 1 | 3 | 0 | 154 | 85 | 0 | 345.5 | 0 | 345.5 | 49.6 |
| 铁矿 | 6 | 0 | 1 | 2 | 3 | 132 | 2.5 | 5.5 | 330 | 35 | 330 | 14 |
| 锰矿 | 51 | 0 | 8 | 43 | 0 | 5711 | 143.08 | 138.43 | 120758.33 | 5372 | 119061.27 | 9712.6 |
| 锌矿 | 7 | 0 | 0 | 0 | 7 | 595 | 0.79 | 3.8 | 600 | 0 | 496 | 185 |

**续表 1－1**

| 矿种 | 矿山企业数(个) | | | | | 从业人员(人) | 年产矿量(万吨) | 实际采矿能力(万吨/年) | 工业总产值(万元) | 综合利用产值(万元) | 矿产品销售收入(万元) | 利润总额(万元) |
|---|---|---|---|---|---|---|---|---|---|---|---|---|
| | 合计 | 大型 | 中型 | 小型 | 小矿 | | | | | | | |
| 铝土矿 | 1 | 0 | 0 | 1 | 0 | 312 | 9 | 9 | 829 | 0 | 691 | －492 |
| 汞矿 | 2 | 0 | 0 | 1 | 1 | 107 | 1 | 2.51 | 372 | 70 | 123.74 | 1 |
| 锶矿 | 12 | 0 | 0 | 2 | 10 | 573 | 16.3 | 16.2 | 5865.3 | 83 | 5865.3 | 1724.2 |
| 普通萤石 | 44 | 0 | 8 | 33 | 3 | 286 | 33.37 | 36.57 | 3109.6 | 50 | 2999.1 | 888.3 |
| 熔剂用灰岩 | 5 | 0 | 1 | 4 | 0 | 1005 | 93.54 | 87.4 | 4551.49 | 1783.77 | 2559.55 | 375.23 |
| 冶金用白云岩 | 3 | 0 | 0 | 3 | 0 | 256 | 25.46 | 25.46 | 1084.35 | 37.3 | 1075.85 | －390.73 |
| 冶金用石英岩 | 5 | 0 | 0 | 2 | 3 | 55 | 1.6 | 5 | 154 | 0 | 154 | 38.76 |
| 冶金用砂岩 | 13 | 0 | 0 | 7 | 6 | 169 | 3.49 | 6.28 | 387.8 | 108 | 313.8 | 46.81 |
| 铸型用砂岩 | 2 | 0 | 0 | 2 | 0 | 30 | 3.5 | 3.5 | 107.5 | 0 | 107.5 | 16 |
| 铸型用砂 | 4 | 0 | 0 | 3 | 1 | 47 | 2.2 | 2.2 | 139.28 | 0 | 136.66 | 1.1 |
| 耐火黏土 | 4 | 0 | 1 | 2 | 1 | 38 | 1.45 | 11.45 | 87 | 0 | 87 | 17.97 |
| 硫铁矿 | 10 | 0 | 0 | 10 | 0 | 219 | 1.75 | 34.65 | 413 | 0 | 413 | 16 |
| 重晶石 | 26 | 0 | 0 | 26 | 0 | 97 | 3 | 6.9 | 386 | 0 | 386 | 88.4 |
| 毒重石 | 14 | 0 | 2 | 12 | 0 | 897 | 16.92 | 16.72 | 4441.8 | 1779.8 | 4441.8 | 252.48 |
| 电石用灰岩 | 4 | 0 | 0 | 1 | 3 | 21 | 4 | 5 | 153 | 0 | 140 | 28.5 |
| 化工用白云岩 | 2 | 0 | 0 | 2 | 0 | 42 | 1.6 | 1.6 | 29.3 | 0 | 29.3 | 4 |
| 含钾岩石 | 1 | 0 | 0 | 1 | 0 | 12 | 1 | 1 | 40 | 3 | 40 | 8 |
| 泥炭 | 1 | 0 | 0 | 0 | 1 | 10 | 0.4 | 0.4 | 24 | 4 | 24 | 2 |
| 盐矿 | 3 | 2 | 0 | 1 | 0 | 1689 | 48.92 | 48.9 | 20151.13 | 13768 | 19738.78 | 936.54 |
| 硅灰石 | 1 | 0 | 0 | 1 | 0 | 34 | 0.52 | 0.52 | 26 | 25 | 25 | 1.5 |
| 石膏 | 35 | 0 | 1 | 31 | 3 | 698 | 68.65 | 173.75 | 2281.44 | 49 | 2261.44 | 396.8 |
| 方解石 | 17 | 0 | 0 | 12 | 5 | 111 | 7.1 | 9.1 | 342.5 | 16 | 332.5 | 120.5 |
| 玻璃用灰岩 | 1 | 0 | 0 | 1 | 0 | 7 | 0 | 0 | 0 | 0 | 0 | 0 |
| 水泥用灰岩 | 202 | 4 | 5 | 179 | 14 | 4889 | 1743.21 | 2331.04 | 86757.01 | 11034.6 | 69170.98 | 9693.57 |
| 建筑石料用灰岩 | 595 | 1 | 4 | 529 | 61 | 16887 | 3139.69 | 3560.86 | 57843.89 | 11768.3 | 55338.92 | 5064.87 |
| 饰面用灰岩 | 4 | 0 | 0 | 2 | 2 | 12 | 5 | 0 | 5 | 300 | 300 | 96 |
| 制灰用石灰岩 | 20 | 0 | 0 | 11 | 9 | 320 | 53.5 | 91.5 | 1492 | 153.5 | 1475 | 190.8 |
| 玻璃用白云岩 | 1 | 0 | 0 | 0 | 1 | 8 | 0.5 | 0.5 | 20 | 0 | 20 | 3 |
| 建筑用白云岩 | 1 | 0 | 0 | 0 | 1 | 15 | 1 | 1 | 55 | 0 | 55 | 10 |
| 玻璃用石英岩 | 18 | 0 | 1 | 17 | 0 | 394 | 24.14 | 52.4 | 907.8 | 101 | 872.8 | 125.17 |
| 玻璃用砂岩 | 10 | 0 | 2 | 8 | 0 | 60 | 3.7 | 8.7 | 204 | 0 | 192 | 30.5 |
| 水泥配料用砂岩 | 18 | 0 | 0 | 14 | 4 | 204 | 42.58 | 78.18 | 602.02 | 72.82 | 598.37 | 114.5 |

续表 1-2

| 矿种 | 矿山企业数(个) | | | | | 从业人员(人) | 年产矿量(万吨) | 实际采矿能力(万吨/年) | 工业总产值(万元) | 综合利用产值(万元) | 矿产品销售收入(万元) | 利润总额(万元) |
|---|---|---|---|---|---|---|---|---|---|---|---|---|
| | 合计 | 大型 | 中型 | 小型 | 小矿 | | | | | | | |
| 砖瓦用砂岩 | 2 | 0 | 0 | 2 | 0 | 68 | 2.61 | 2.61 | 136.3 | 0 | 135.5 | 1.7 |
| 陶瓷用砂岩 | 5 | 0 | 0 | 5 | 0 | 83 | 5 | 8.5 | 198 | 30 | 198 | 45 |
| 建筑用砂岩 | 112 | 1 | 7 | 91 | 13 | 1554 | 243.96 | 319.6 | 5167.91 | 2392.4 | 4950.95 | 396.24 |
| 玻璃用砂 | 4 | 0 | 0 | 4 | 0 | 84 | 3 | 6 | 312 | 0 | 290 | 69 |
| 建筑用砂 | 28 | 0 | 0 | 7 | 21 | 376 | 70.17 | 53.29 | 661.48 | 1.3 | 678.43 | 109.11 |
| 水泥配料用砂 | 7 | 0 | 0 | 1 | 6 | 54 | 6.5 | 8.6 | 194.75 | 0 | 190.86 | 36.8 |
| 陶粒页岩 | 1 | 0 | 0 | 1 | 0 | 5 | 1 | 1 | 500 | 0 | 500 | 30 |
| 砖瓦用页岩 | 654 | 1 | 68 | 571 | 14 | 17544 | 1626.85 | 1588.98 | 68644.19 | 19468.14 | 64494.67 | 7004.39 |
| 水泥配料用页岩 | 10 | 0 | 0 | 9 | 1 | 195 | 15.2 | 19.2 | 463.27 | 182 | 293.27 | 31.54 |
| 建筑用页岩 | 89 | 0 | 6 | 76 | 7 | 2874 | 226.85 | 168.88 | 7571.5 | 2579.6 | 7361.5 | 676.45 |
| 高岭土 | 2 | 0 | 0 | 2 | 0 | 44 | 4 | 4 | 120 | 28 | 120 | 18 |
| 陶瓷土 | 7 | 0 | 0 | 7 | 0 | 93 | 2.12 | 5 | 58.6 | 0 | 58.6 | 6 |
| 伊利石黏土 | 3 | 0 | 1 | 0 | 2 | 29 | 3 | 1.4 | 124 | 0 | 119 | 3.1 |
| 累托石黏土 | 1 | 0 | 0 | 1 | 0 | 21 | 1 | 1 | 100 | 0 | 100 | 20 |
| 陶粒用黏土 | 11 | 1 | 1 | 8 | 1 | 189 | 11.27 | 16.04 | 304.5 | 72 | 276 | 26.2 |
| 水泥配料用黄土 | 1 | 0 | 0 | 0 | 1 | 6 | 0.3 | 0.3 | 4.8 | 0 | 4.8 | 2.46 |
| 水泥用凝灰岩 | 1 | 0 | 0 | 0 | 1 | 25 | 0.2 | 0.2 | 15 | 1 | 15 | 1 |
| 饰面用大理岩 | 1 | 0 | 1 | 0 | 0 | 2 | 0 | 5 | 0 | 0 | 0 | 0 |
| 建筑用大理岩 | 1 | 0 | 1 | 0 | 0 | 20 | 5 | 5 | 300 | 0 | 300 | 10 |
| 饰面用板岩 | 3 | 0 | 1 | 2 | 0 | 16 | 0.2 | 1.2 | 12.8 | 0 | 12.8 | 3 |
| 片石 | 11 | 1 | 5 | 5 | 0 | 251 | 44.95 | 46.65 | 890.5 | 68 | 870 | 7.6 |
| 砚石 | 3 | 0 | 0 | 0 | 3 | 28 | 0.05 | 0.15 | 15 | 0 | 15 | 2 |
| 矿泉水 | 6 | 0 | 0 | 5 | 1 | 134 | 5.57 | 0 | 257.4 | 0 | 257.4 | 26.9 |
| 其他矿产 | 10 | 0 | 0 | 10 | 0 | 245 | 17.02 | 20.82 | 663.8 | 21 | 663.8 | 74.3 |

表 2　　重庆市 2008 年度矿产资源开发利用情况(按经济类型分列)

| 企业经济类型 | 矿山企业数(个) | | | | | 从业人员(人) | 年产矿量(万吨) | 实际采矿能力(万吨/年) | 工业总产值(万元) | 综合利用产值(万元) | 矿产品销售收入(万元) | 利润总额(万元) |
|---|---|---|---|---|---|---|---|---|---|---|---|---|
| | 合计 | 大型 | 中型 | 小型 | 小矿 | | | | | | | |
| 合计 | 3229 | 13 | 135 | 1958 | 1123 | 196456 | 10844.02 | 12360.48 | 1258739.85 | 171388.42 | 1181811.69 | 105924.16 |
| 一、内资企业 | 3217 | 11 | 134 | 1952 | 1120 | 195769 | 10605.75 | 11903.79 | 1233911.65 | 167328.42 | 1161871.49 | 101461.29 |
| 国有企业 | 47 | 0 | 10 | 31 | 6 | 21724 | 576.5 | 575.05 | 147962.64 | 8894.32 | 136967.53 | 6186.74 |

**续表 2**

| 企业经济类型 | 矿山企业数(个) | | | | | 从业人员(人) | 年产矿量(万吨) | 实际采矿能力(万吨/年) | 工业总产值(万元) | 综合利用产值(万元) | 矿产品销售收入(万元) | 利润总额(万元) |
|---|---|---|---|---|---|---|---|---|---|---|---|---|
| | 合计 | 大型 | 中型 | 小型 | 小矿 | | | | | | | |
| 集体企业 | 315 | 0 | 8 | 141 | 166 | 19139 | 618.88 | 682.12 | 94563.06 | 8485.55 | 91740.89 | 10285.44 |
| 股份合作企业 | 128 | 1 | 4 | 87 | 36 | 8201 | 533.58 | 567.2 | 49927.86 | 6626.8 | 49007.26 | 5542.35 |
| 联营企业 | 11 | 0 | 1 | 9 | 1 | 140 | 20.6 | 44.45 | 369 | 223 | 369 | 74.79 |
| 有限责任公司 | 154 | 5 | 9 | 88 | 52 | 26029 | 1194.59 | 1527.91 | 208102.8 | 86845.56 | 194001.67 | 7115.38 |
| 股份有限公司 | 96 | 1 | 7 | 71 | 17 | 12568 | 629.54 | 617.63 | 135786.34 | 18470.53 | 117881.68 | 8897.74 |
| 私营企业 | 2175 | 4 | 92 | 1280 | 799 | 101235 | 6310.96 | 7007.5 | 558359.72 | 36235.66 | 533649.46 | 56696.34 |
| 其他企业 | 291 | 0 | 3 | 245 | 43 | 6733 | 721.01 | 881.93 | 38840.23 | 1547 | 38254 | 6662.51 |
| 二、港、澳、台商投资企业 | 2 | 0 | 0 | 0 | 2 | 176 | 3.68 | 3.08 | 820 | 0 | 790 | 20.7 |
| 三、外商投资企业 | 10 | 2 | 1 | 6 | 1 | 511 | 234.6 | 453.61 | 24008.2 | 4060 | 19150.2 | 4442.17 |

**表 3　　重庆市 2008 年度矿产资源开发利用情况(按主矿种/经济类型/矿山企业规模分列)**

| 矿种 | 企业经济类型 | 矿山企业规模 | 矿山企业数(个) | 从业人员(人) | 年产矿量(万吨) | 实际采矿能力(万吨/年) | 工业总产值(万元) | 综合利用产值(万元) | 矿产品销售收入(万元) | 利润总额(万元) |
|---|---|---|---|---|---|---|---|---|---|---|
| 总计 | | | 3229 | 196456 | 10844.02 | 12360.48 | 1258739.85 | 171388.42 | 1181811.69 | 105924.16 |
| 煤炭 | 合计 | | 1109 | 136420 | 2958.25 | 3296.04 | 856833.01 | 100230.89 | 809704.96 | 67952.4 |
| | 国有企业 | 中型 | 6 | 9077 | 178.88 | 175.1 | 54611.42 | | 54210.5 | 855.25 |
| | | 小型 | 20 | 10639 | 252.37 | 267.2 | 83945.3 | 5856 | 74393.18 | 4338.28 |
| | | 小矿 | 6 | 503 | 7.3 | 12 | 1019 | 725 | 1011.5 | 271 |
| | 集体企业 | 小型 | 21 | 3467 | 65.8 | 79.48 | 16497.61 | 163 | 16176.26 | 966.15 |
| | | 小矿 | 144 | 10186 | 191.2 | 201.02 | 50390.53 | 2433 | 48306.27 | 5321.63 |
| | 股份合作企业 | 小型 | 9 | 1487 | 36.26 | 36 | 10821.08 | 218 | 10664.08 | 639.2 |
| | | 小矿 | 30 | 2253 | 46.77 | 53.37 | 12797.8 | 651 | 12145.8 | 2187.84 |
| | 有限责任公司 | 大型 | 2 | 5333 | 256.21 | 310 | 48239.48 | 21121 | 47156.5 | 160.23 |
| | | 中型 | 3 | 6941 | 219.49 | 305 | 52449.11 | 48113 | 51796.8 | 143.86 |
| | | 小型 | 21 | 6822 | 186.35 | 200.2 | 64178.93 | 11983 | 55111.15 | 1545.08 |
| | | 小矿 | 43 | 4543 | 87.48 | 93.76 | 28867.4 | 1136 | 26845.43 | 3353.29 |
| | 股份有限公司 | 小型 | 18 | 7082 | 137.6 | 142.8 | 63119.5 | 445 | 60194 | 4702 |
| | | 小矿 | 14 | 1672 | 34.41 | 31.47 | 15064.18 | 20 | 14293 | 1497 |
| | 私营企业 | 小型 | 94 | 18469 | 340.1 | 383.38 | 117384.54 | 432 | 108326.37 | 15859.43 |
| | | 小矿 | 660 | 45408 | 858.09 | 936.17 | 220428.13 | 6854.89 | 212605.11 | 22704.96 |
| | 其他企业 | 小型 | 2 | 930 | 32.5 | 32.5 | 10480 | 15 | 10480 | 2417 |
| | | 小矿 | 13 | 1172 | 23.75 | 30.5 | 5719 | 65 | 5199 | 969.5 |
| | 港、澳、台商投资企业 | 小矿 | 2 | 176 | 3.68 | 3.08 | 820 | | 790 | 20.7 |
| | 外商投资企业 | 小矿 | 1 | 260 | | 3 | | | | |

**续表 3－1**

| 矿种 | 企业经济类型 | 矿山企业规模 | 矿山企业数（个） | 从业人员（人） | 年产矿量（万吨） | 实际采矿能力（万吨/年） | 工业总产值(万元) | 综合利用产值（万元） | 矿产品销售收入(万元) | 利润总额（万元） |
|---|---|---|---|---|---|---|---|---|---|---|
| 地下热水 | 合计 | | 4 | 154 | 85 | | 345.5 | | 345.5 | 49.6 |
| | 国有企业 | 中型 | 1 | 7 | 3 | | 10 | | 10 | 3 |
| | | 小型 | 1 | 32 | 7 | | 40 | | 40 | 3.6 |
| | 股份有限公司 | 小型 | 2 | 115 | 75 | | 295.5 | | 295.5 | 43 |
| 铁矿 | 合计 | | 6 | 132 | 2.5 | 5.5 | 330 | 35 | 330 | 14 |
| | 股份合作企业 | 小型 | 1 | 5 | | 3 | | | | |
| | | 小矿 | 1 | 3 | | | | | | |
| | 有限责任公司 | 中型 | 1 | 19 | | | | | | |
| | 私营企业 | 小矿 | 2 | 85 | 2.5 | 2.5 | 330 | 35 | 330 | 14 |
| | 其他企业 | 小型 | 1 | 20 | | | | | | |
| 锰矿 | 合计 | | 51 | 5711 | 143.08 | 138.43 | 120758.33 | 5372 | 119061.27 | 9712.6 |
| | 国有企业 | 中型 | 1 | 213 | 8.12 | 8.12 | 2436 | 370 | 2436 | 260 |
| | 集体企业 | 中型 | 2 | 340 | 13 | 12.71 | 3900 | 500 | 3900 | 200 |
| | | 小型 | 6 | 1064 | 27.48 | 27.58 | 8294 | 978 | 8294 | 1640 |
| | 股份合作企业 | 中型 | 1 | 183 | 6.77 | 6.55 | 2098.7 | 500 | 2098.7 | 100 |
| | | 小型 | 15 | 1817 | 40.17 | 43.88 | 11881.6 | 2004 | 11881.6 | 1548.32 |
| | 有限责任公司 | 小型 | 1 | 1 | | | | | | |
| | 股份有限公司 | 小型 | 2 | 273 | 5.42 | 5.42 | 4155 | 300 | 4130 | 296 |
| | 私营企业 | 中型 | 4 | 406 | 13.85 | 13.1 | 21909 | 600 | 21829 | 2572.44 |
| | 其他企业 | 小型 | 18 | 1258 | 25.27 | 18.07 | 65184.03 | 63591.97 | 2749.84 | |
| | | 小型 | 1 | 156 | 3 | 3 | 900 | 120 | 900 | 346 |
| 锌矿 | 合计 | | 7 | 595 | 0.79 | 3.8 | 600 | | 496 | 185 |
| | 集体企业 | 小矿 | 3 | 355 | 0.22 | 2.8 | 200 | | 154 | 15 |
| | 有限责任公司 | 小矿 | 4 | 240 | 0.57 | 1 | 400 | | 342 | 170 |
| 铝土矿 | 合计 | | 1 | 312 | 9 | 9 | 829 | | 691 | －492 |
| | 私营企业 | 小型 | 1 | 312 | 9 | 9 | 829 | | 691 | －492 |
| 汞矿 | 合计 | | 2 | 107 | 1 | 2.51 | 372 | 70 | 123.74 | 1 |
| | 国有企业 | 小型 | 1 | 97 | 0.9 | 2.5 | 132 | 10 | 122 | 1 |
| | 私营企业 | 小矿 | 1 | 10 | 0.1 | 0.01 | 240 | 60 | 1.74 | |
| 锶矿 | 合计 | | 12 | 573 | 16.3 | 16.2 | 5865.3 | 83 | 5865.3 | 1724.2 |
| | 国有企业 | 小型 | 1 | 100 | 4 | 4 | 1600 | 6 | 1600 | 500 |
| | 集体企业 | 小矿 | 7 | 243 | 7.6 | 7.5 | 2584 | 72 | 2584 | 684 |
| | 有限责任公司 | 小矿 | 1 | 80 | 2 | 2 | 800 | 5 | 800 | 300 |
| | 股份有限公司 | 小型 | 1 | 50 | | | | | | |
| | | 小矿 | 2 | 100 | 2.7 | 2.7 | 881.3 | | 881.3 | 240.2 |

**续表 3－2**

| 矿种 | 企业经济类型 | 矿山企业规模 | 矿山企业数（个） | 从业人员（人） | 年产矿量（万吨） | 实际采矿能力（万吨/年） | 工业总产值（万元） | 综合利用产值（万元） | 矿产品销售收入（万元） | 利润总额（万元） |
|---|---|---|---|---|---|---|---|---|---|---|
| 普通萤石 | 合计 | | 44 | 286 | 33.87 | 36.57 | 3109.6 | 50 | 2999.1 | 888.3 |
| | 国有企业 | 小型 | 2 | 4 | | | | | | |
| | 集体企业 | 小型 | 1 | 37 | 1.5 | 1.5 | 120 | | 120 | 5 |
| | 股份有限公司 | 中型 | 2 | 20 | 10 | 10 | 850 | 50 | 850 | 135 |
| | | 小型 | 5 | 48 | 16 | 16 | 1400 | | 1320 | 520 |
| | 私营企业 | 中型 | 5 | 7 | | | | | | |
| | | 小型 | 9 | 69 | 2.2 | 4.9 | 242 | | 227.5 | 75.9 |
| | | 小矿 | 1 | 12 | 0.2 | 0.2 | 56 | | 40 | 6 |
| | 其他企业 | 中型 | 1 | 1 | | | | | | |
| | | 小型 | 16 | 81 | 3.67 | 3.67 | 408.6 | | 408.6 | 131 |
| | | 小矿 | 2 | 7 | 0.3 | 0.3 | 33 | | 33 | 15.4 |
| 熔剂用灰岩 | 合计 | | 5 | 1005 | 93.54 | 87.4 | 4551.49 | 1783.77 | 2559.55 | 375.23 |
| | 国有企业 | 中型 | 1 | 205 | 38 | 30 | 1178 | | 1178 | 320 |
| | | 小型 | 2 | 532 | 27.4 | 27.4 | 1403.77 | 1403.77 | 594.26 | 22.09 |
| | 有限责任公司 | 小型 | 1 | 266 | 28.14 | 30 | 1969.72 | 380 | 787.29 | 33.14 |
| | 私营企业 | 小型 | 1 | 2 | | | | | | |
| 冶金用白云岩 | 合计 | | 3 | 256 | 25.46 | 25.46 | 1084.35 | 37.3 | 1075.85 | －390.73 |
| | 国有企业 | 小型 | 1 | 214 | 25 | 25 | 1045.6 | | 1045.6 | －392.68 |
| | 私营企业 | 小型 | 1 | 30 | 0.36 | 0.36 | 37.3 | 37.3 | 28.8 | 1.9 |
| | 其他企业 | 小型 | 1 | 12 | 0.1 | 0.1 | 1.45 | | 1.45 | 0.05 |
| | 合计 | | 5 | 55 | 1.6 | 5 | 154 | | 154 | 38.76 |
| | 股份合作企业 | 小矿 | 1 | 12 | 0.2 | 0.8 | 14 | | 14 | 5.86 |
| | 私营企业 | 小型 | 2 | 33 | 1 | 3 | 60 | | 60 | 12.9 |
| | | | 小矿 | 1 | 2 | | 0.8 | | | |
| | 其他企业 | 小矿 | 1 | 8 | 0.4 | 0.4 | 80 | | 80 | 20 |
| 冶金用砂岩 | 合计 | | 13 | 169 | 3.49 | 6.28 | 387.8 | 108 | 313.8 | 46.81 |
| | 集体企业 | 小矿 | 2 | 10 | 0.18 | 0.18 | 10.8 | | 10.8 | 6.6 |
| | 股份合作企业 | 小型 | 1 | 8 | | 1 | | | | |
| | | 小矿 | 1 | 5 | | 0.2 | | | | |
| | 联营企业 | 小型 | 2 | 16 | 1.2 | 1.2 | 28 | | 28 | 9.09 |
| | 私营企业 | 小型 | 4 | 84 | 1.51 | 2.4 | 211 | | 167 | 19 |
| | | 小矿 | 3 | 46 | 0.6 | 1.3 | 138 | 108 | 108 | 12.12 |

续表 3－3

| 矿种 | 企业经济类型 | 矿山企业规模 | 矿山企业数（个） | 从业人员（人） | 年产矿量（万吨） | 实际采矿能力（万吨/年） | 工业总产值(万元) | 综合利用产值（万元） | 矿产品销售收入(万元) | 利润总额（万元） |
|---|---|---|---|---|---|---|---|---|---|---|
| 铸型用砂岩 | 合计 | | 2 | 30 | 3.5 | 3.5 | 107.5 | | 107.5 | 16 |
| | 私营企业 | 小型 | 1 | 20 | 1.5 | 1.5 | 67.5 | | 67.5 | 6 |
| | 其他企业 | 小型 | 1 | 10 | 2 | 2 | 40 | | 40 | 10 |
| 铸型用砂 | 合计 | | 4 | 47 | 2.2 | 2.2 | 139.28 | | 136.66 | 1.1 |
| | 私营企业 | 小型 | 1 | 20 | 0.5 | 0.5 | 46.28 | | 45.66 | 0.4 |
| | | 小矿 | 1 | 7 | 0.5 | 0.5 | 39 | | 39 | 0.2 |
| | 其他企业 | 小型 | 2 | 20 | 1.2 | 1.2 | 54 | | 52 | 0.5 |
| 耐火黏土 | 合计 | | 4 | 38 | 1.45 | 11.45 | 87 | | 87 | 17.97 |
| | 私营企业 | 中型 | 1 | 5 | | 10 | | | | |
| | | 小型 | 2 | 26 | 1.3 | 1.3 | 81 | | 81 | 15 |
| | | 小矿 | 1 | 7 | 0.15 | 0.15 | 6 | | 6 | 2.97 |
| 硫铁矿 | 合计 | | 10 | 219 | 1.75 | 34.65 | 413 | | 413 | 16 |
| | 股份有限公司 | 小型 | 1 | 10 | | | | | | |
| | 私营企业 | 小型 | 9 | 209 | 1.75 | 34.65 | 413 | | 413 | 16 |
| 重晶石 | 合计 | | 26 | 97 | 3 | 6.9 | 386 | | 386 | 88.4 |
| | 有限责任公司 | 小型 | 9 | 24 | 1.2 | 1.2 | 162 | | 162 | 38.5 |
| | 私营企业 | 小型 | 16 | 71 | 1.8 | 5.7 | 224 | | 224 | 49.9 |
| | 其他企业 | 小型 | 1 | 2 | | | | | | |
| 毒重石 | 合计 | | 14 | 897 | 16.92 | 16.72 | 4441.8 | 1779.8 | 4441.8 | 252.48 |
| | 有限责任公司 | 中型 | 1 | 120 | 1.8 | 1.8 | 630 | | 630 | |
| | | 小型 | 1 | 120 | 4.2 | 4 | 1470 | 1470 | 1470 | |
| | 股份有限公司 | 中型 | 1 | 165 | 1.5 | 1.5 | 638 | | 638 | |
| | 私营企业 | 小型 | 11 | 492 | 9.42 | 9.42 | 1703.8 | 309.8 | 1703.8 | 252.48 |
| 电石用灰岩 | 合计 | | 4 | 21 | 4 | 5 | 153 | | 140 | 28.5 |
| | 私营企业 | 小型 | 1 | 12 | 4 | 4 | 140 | | 140 | 28 |
| | | 小矿 | 3 | 9 | | 1 | 13 | | | 0.5 |
| 化工用白云岩 | 合计 | | 2 | 42 | 1.6 | 1.6 | 29.3 | | 29.3 | 4 |
| | 集体企业 | 小型 | 1 | 7 | 0.3 | 0.3 | 15 | | 15 | 2 |
| | 私营企业 | 小型 | 1 | 35 | 1.3 | 1.3 | 14.3 | | 14.3 | 2 |
| 含钾岩石 | 合计 | | 1 | 12 | 1 | 1 | 40 | 3 | 40 | 8 |
| | 股份有限公司 | 小型 | 1 | 12 | 1 | 1 | 40 | 3 | 40 | 8 |
| 泥炭 | 合计 | | 1 | 10 | 0.4 | 0.4 | 24 | 4 | 24 | 2 |
| | 私营企业 | 小矿 | 1 | 10 | 0.4 | 0.4 | 24 | 4 | 24 | 2 |

**续表 3-4**

| 矿种 | 企业经济类型 | 矿山企业规模 | 矿山企业数（个） | 从业人员（人） | 年产矿量（万吨） | 实际采矿能力（万吨/年） | 工业总产值（万元） | 综合利用产值（万元） | 矿产品销售收入（万元） | 利润总额（万元） |
|---|---|---|---|---|---|---|---|---|---|---|
| 盐矿 | 合计 | | 3 | 1689 | 48.92 | 48.9 | 20151.13 | 13768 | 19738.78 | 936.54 |
| | 有限责任公司 | 大型 | 1 | 12 | | | | | | |
| | 股份有限公司 | 大型 | 1 | 1283 | 35 | 36 | 14328 | 13768 | 14328 | 507 |
| | | 小型 | 1 | 394 | 12 92 | 12.9 | 5823.13 | | 5410.78 | 429.54 |
| 硅灰石 | 合计 | | 1 | 34 | 0.52 | 0.52 | 26 | 25 | 25 | 1.5 |
| | 集体企业 | 小型 | 1 | 34 | 0.52 | 0.52 | 26 | 25 | 25 | 1.5 |
| 石膏 | 合计 | | 35 | 698 | 68.65 | 173.75 | 2281.44 | 49 | 2261.44 | 396.8 |
| | 股份合作企业 | 小型 | 1 | 8 | 1.05 | 1.05 | 39.44 | 3 | 39.44 | 0.4 |
| | 有限责任公司 | 小型 | 2 | 52 | 7 | 7 | 295 | | 295 | 30 |
| | 私营企业 | 中型 | 1 | 80 | 6.5 | 10 | 195 | | 195 | 32 |
| | | 小型 | 26 | 495 | 51.7 | 52.3 | 1673 | 33 | 1653 | 319.9 |
| | 其他企业 | 小矿 | 2 | 33 | 1.2 | 1.2 | 36 | 4 | 36 | 5 |
| | | 小型 | 2 | 20 | 1 | 102 | 35 | 9 | 35 | 8 |
| | | 小矿 | 1 | 10 | 0.2 | 0.2 | 8 | | 8 | 1.5 |
| 方解石 | 合计 | | 17 | 111 | 7.1 | 9.1 | 342.5 | 16 | 332.5 | 120.5 |
| | 有限责任公司 | 小型 | 2 | 4 | | | | | | |
| | 私营企业 | 小型 | 5 | 41 | 1.2 | 3.2 | 40 | 16 | 40 | 6 |
| | | 小矿 | 1 | 10 | 0.2 | 0.2 | 30 | | 20 | 3 |
| | 其他企业 | 小型 | 5 | 25 | 2.8 | 2.8 | 133.5 | | 133.5 | 47.9 |
| | | 小矿 | 4 | 31 | 2.9 | 2.9 | 139 | | 139 | 63.6 |
| 玻璃用灰岩 | 合计 | | 1 | 7 | | | | | | |
| | 私营企业 | 小型 | 1 | 7 | | | | | | |
| 水泥用灰岩 | 合计 | | 202 | 4889 | 1743.21 | 2331.04 | 86757.01 | 11034.6 | 69170.98 | 9693.57 |
| | 集体企业 | 小型 | 19 | 285 | 42.25 | 84.7 | 1345.03 | 15 | 1345.03 | 298.5 |
| | | 小矿 | 3 | 66 | 9.2 | 7.5 | 91 | | 91 | 9.1 |
| | 股份合作企业 | 小型 | 17 | 786 | 174.21 | 220.87 | 7093.32 | 2276 | 7086.32 | 560.23 |
| | 联营企业 | 小型 | 2 | 4 | | | | | | |
| | 有限责任公司 | 大型 | 1 | 1 | | | | | | |
| | | 小型 | 16 | 321 | 113.6 | 239.6 | 3468.06 | 78.06 | 3468 | 1038.7 |
| | | 小矿 | 2 | 51 | 8 | 8 | 200 | 13 | 200 | 23 |
| | 股份有限公司 | 中型 | 2 | 55 | 65 | 65 | 21000 | | 8500 | |
| | | 小型 | 18 | 342 | 162.1 | 202.9 | 2805 | 112 | 2693 | 191.6 |
| | 私营企业 | 大型 | 1 | 56 | 236.23 | 236.23 | 3224.54 | 3224.54 | 3224.54 | 12 |
| | | 中型 | 2 | 198 | 77 | 78 | 8277 | 10 | 8277 | 2164 |
| | | 小型 | 98 | 2316 | 596.04 | 734.63 | 14773.23 | 1155 | 14664.25 | 890.87 |
| | | 小矿 | 8 | 99 | 10.99 | 16 | 275.13 | 6 | 275.13 | 23.5 |
| | 其他企业 | 小型 | 6 | 67 | 13.5 | 16.5 | 166.5 | 84 | 166.5 | 39.9 |
| | | 小矿 | 1 | 19 | 2.5 | 2.5 | 50 | 1 | 50 | 5 |
| | 外商投资企业 | 大型 | 2 | 64 | 126.6 | 256.61 | 15064.2 | 4000 | 10206.2 | 2222.43 |
| | | 中型 | 1 | 45 | 39 | 40 | 585 | 60 | 585 | 120 |
| | | 小型 | 3 | 114 | 67 | 122 | 8339 | | 8339 | 2094.74 |

**续表 3－5**

| 矿种 | 企业经济类型 | 矿山企业规模 | 矿山企业数（个） | 从业人员（人） | 年产矿量（万吨） | 实际采矿能力（万吨/年） | 工业总产值(万元) | 综合利用产值（万元） | 矿产品销售收入(万元) | 利润总额（万元） |
|---|---|---|---|---|---|---|---|---|---|---|
| 建筑石料用灰岩 | 合计 | | 595 | 16887 | 3139.69 | 3560.86 | 57843.89 | 11768.3 | 55338.92 | 5064.87 |
| | 国有企业 | 小型 | 1 | 40 | 23.73 | 23.73 | 523.55 | 523.55 | 308.49 | 4.2 |
| | 集体企业 | 小型 | 18 | 410 | 97.7 | 114.98 | 1654.05 | 1027.55 | 1492.21 | 139.48 |
| | | 小矿 | 1 | 55 | 4 | 4 | 40 | | 40 | 10 |
| | 股份合作企业 | 小型 | 11 | 263 | 90.06 | 94.11 | 1240.04 | 361 | 1239.04 | 99.5 |
| | 联营企业 | 小型 | 3 | 51 | 5 | 25 | 75 | 75 | 75 | 18 |
| | 有限责任公司 | 小型 | 19 | 478 | 158.67 | 193.49 | 1900 | 140 | 1895.4 | 68 |
| | | 小矿 | 1 | 26 | | 3 | | | | |
| | 股份有限公司 | 小型 | 11 | 257 | 40.82 | 45.82 | 1057.3 | 544.3 | 832.3 | 53.6 |
| | 私营企业 | 大型 | 1 | 166 | 150 | 150 | 1500 | 1500 | 1500 | |
| | | 中型 | 4 | 184 | 113.5 | 113.5 | 2371.68 | 993 | 2234.68 | 149.65 |
| | | 小型 | 377 | 12788 | 2020 | 2324.55 | 34493.47 | 6395.9 | 32803.48 | 2982.87 |
| | | 小矿 | 49 | 661 | 72.56 | 82.69 | 1575.5 | 5 | 1523.5 | 203.05 |
| | 其他企业 | 小型 | 89 | 1386 | 344.86 | 365.98 | 10565.71 | 203 | 10547.23 | 1260.82 |
| | | 小矿 | 10 | 122 | 18.8 | 20 | 847.6 | | 847.6 | 75.7 |
| 饰面用灰岩 | 合计 | | 4 | 12 | 5 | 5 | 300 | | 300 | 96 |
| | 私营企业 | 小型 | 2 | 9 | 5 | 5 | 300 | | 300 | 96 |
| | | 小矿 | 1 | 2 | | | | | | |
| | 其他企业 | 小矿 | 1 | 1 | | | | | | |
| 制灰用石灰岩 | 合计 | | 20 | 320 | 53.5 | 91.5 | 1492 | 153.5 | 1475 | 190.8 |
| | 有限责任公司 | 小矿 | 1 | 19 | 3 | 3 | 90 | 20 | 90 | 8 |
| | 私营企业 | 小型 | 10 | 154 | 34.3 | 72.3 | 991 | 64 | 974 | 129.8 |
| | | 小矿 | 6 | 115 | 10.7 | 10.7 | 323 | 67.5 | 323 | 37 |
| | 其他企业 | 小型 | 1 | 6 | 4 | 4 | 48 | | 48 | 12 |
| | | 小矿 | 2 | 26 | 1.5 | 1.5 | 40 | 2 | 40 | 4 |
| 玻璃用白云岩 | 合计 | | 1 | 8 | 0.5 | 0.5 | 20 | | 20 | 3 |
| | 集体企业 | 小矿 | 1 | 8 | 0.5 | 0.5 | 20 | | 20 | 3 |
| 建筑用白云岩 | 合计 | | 1 | 15 | 1 | 1 | 55 | | 55 | 10 |
| | 其他企业 | 小矿 | 1 | 15 | 1 | 1 | 55 | | 55 | 10 |
| 玻璃用石英岩 | 合计 | | 18 | 394 | 24.14 | 52.4 | 907.8 | 101 | 872.8 | 125.17 |
| | 集体企业 | 小型 | 1 | 15 | 0.58 | 3 | 23.2 | | 23.2 | －1.35 |
| | 有限责任公司 | 小型 | 1 | 22 | 0.38 | 1 | 21.6 | | 21.6 | 5 |
| | 私营企业 | 中型 | 1 | 50 | | 10 | | | | |
| | | 小型 | 13 | 275 | 21.18 | 36.4 | 643 | 101 | 608 | 56.52 |
| | 其他企业 | 小型 | 2 | 32 | 2 | 2 | 220 | | 220 | 65 |

**续表 3-6**

| 矿种 | 企业经济类型 | 矿山企业规模 | 矿山企业数（个） | 从业人员（人） | 年产矿量（万吨） | 实际采矿能力（万吨/年） | 工业总产值(万元) | 综合利用产值（万元） | 矿产品销售收入(万元) | 利润总额（万元） |
|---|---|---|---|---|---|---|---|---|---|---|
| 玻璃用砂岩 | 合计 | | 10 | 60 | 3.7 | 8.7 | 204 | | 192 | 30.5 |
| | 集体企业 | 小型 | 1 | 10 | 2 | 2 | 40 | | 40 | 15 |
| | 有限责任公司 | 中型 | 1 | 1 | | | | | | |
| | | 小型 | 1 | 1 | | | | | | |
| | 股份有限公司 | 小型 | 1 | 12 | 1 | 1 | 40 | | 40 | 5 |
| | 私营企业 | 中型 | 1 | 2 | | | | | | |
| | | 小型 | 4 | 33 | 0.7 | 5.7 | 124 | | 112 | 10.5 |
| | 其他企业 | 小型 | 1 | 1 | | | | | | |
| 水泥配料用砂岩 | 合计 | | 18 | 204 | 42.58 | 78.18 | 602.02 | 72.82 | 598.37 | 114.5 |
| | 有限责任公司 | 小型 | 1 | 25 | 5 | 5 | 50 | | 50 | 20 |
| | 股份有限公司 | 小型 | 2 | 25 | 7.5 | 7.5 | 52.5 | | 52.5 | 2 |
| | 私营企业 | 小型 | 6 | 52 | 19 79 | 21.29 | 366 | 60 | 366 | 79 |
| | | 小矿 | 4 | 63 | 7.79 | 7.39 | 106.02 | 12.82 | 102.37 | 7.5 |
| | 其他企业 | 小型 | 2 | 11 | 0.5 | 5 | 7.5 | | 7.5 | 1 |
| | 外商投资企业 | 小型 | 3 | 28 | 2 | 32 | 20 | | 20 | 5 |
| 砖瓦用砂岩 | 合计 | | 2 | 68 | 2.61 | 2.61 | 136.3 | | 135.5 | 1.7 |
| | 私营企业 | 小型 | 1 | 58 | 1.61 | 1.61 | 128.8 | | 128 | 0.7 |
| | 其他企业 | 小型 | 1 | 10 | 1 | 1 | 7.5 | | 7.5 | 1 |
| 陶瓷用砂岩 | 合计 | | 5 | 83 | 5 | 8.5 | 198 | 30 | 198 | 45 |
| | 私营企业 | 小型 | 5 | 83 | 5 | 8.5 | 198 | 30 | 198 | 45 |
| 建筑用砂岩 | 合计 | | 112 | 1554 | 243.96 | 319.6 | 5167.91 | 2392.4 | 4950.95 | 396.24 |
| | 国有企业 | 中型 | 1 | 30 | | | | | | |
| | | 小型 | 1 | 21 | | | | | | |
| | 集体企业 | 中型 | 1 | 2 | | | | | | |
| | | 小型 | 5 | 63 | 11.45 | 10.25 | 208 | 2 | 200 | 24 |
| | 股份合作企业 | 小型 | 3 | 54 | 7.4 | 7.5 | 190 | | 190 | 60.28 |
| | 联营企业 | 小矿 | 1 | 6 | 0.4 | 0.25 | 10 | 10 | 10 | 0.3 |
| | 有限责任公司 | 大型 | 1 | 120 | 76 | 76 | 1900 | 1900 | 1900 | 50 |
| | | 小型 | 2 | 14 | 2.24 | 1.4 | 42 | | 42 | |
| | 私营企业 | 中型 | 5 | 92 | 20.7 | 31 | 300 | | 275 | 21.5 |
| | | 小型 | 66 | 869 | 90.43 | 137.89 | 1687.66 | 204 | 1580.1 | 144.05 |
| | | 小矿 | 12 | 105 | 4.1 | 3.31 | 158.24 | 102.4 | 84.84 | 1.51 |
| | 其他企业 | 小型 | 14 | 178 | 31.24 | 52 | 672 | 174 | 669 | 94.6 |
| 玻璃用砂 | 合计 | | 4 | 84 | 3 | 6 | 312 | | 290 | 69 |
| | 私营企业 | 小型 | 4 | 84 | 3 | 6 | 312 | | 290 | 69 |

续表 3-7

| 矿种 | 企业经济类型 | 矿山企业规模 | 矿山企业数(个) | 从业人员(人) | 年产矿量(万吨) | 实际采矿能力(万吨/年) | 工业总产值(万元) | 综合利用产值(万元) | 矿产品销售收入(万元) | 利润总额(万元) |
|---|---|---|---|---|---|---|---|---|---|---|
| 建筑用砂 | 合计 | | 28 | 376 | 70.17 | 53.29 | 661.48 | 1.3 | 678.43 | 109.11 |
| | 集体企业 | 小矿 | 1 | 7 | 0.46 | 0.29 | 15.31 | | 15.31 | 0.11 |
| | 股份合作企业 | 小矿 | 1 | 15 | 0.96 | 0.6 | 15 | 0.3 | 15 | 1 |
| | 私营企业 | 小型 | 5 | 120 | 40.1 | 30 | 167.5 | | 167.5 | 40.6 |
| | | 小矿 | 19 | 210 | 20.64 | 14.4 | 268.67 | 1 | 285.62 | 52.4 |
| | 其他企业 | 小型 | 2 | 24 | 8 | 8 | 195 | | 195 | 15 |
| 水泥配料用砂 | 合计 | | 7 | 54 | 6.5 | 8.6 | 194.75 | | 190.86 | 36.8 |
| | 股份有限公司 | 小型 | 1 | 7 | 2 | 3 | 123 | | 120 | 34 |
| | 私营企业 | 小矿 | 6 | 47 | 4.5 | 5.6 | 71.75 | | 70.86 | 2.8 |
| 陶粒页岩 | 合计 | | 1 | 5 | 1 | 1 | 500 | | 500 | 30 |
| | 股份有限公司 | 小型 | 1 | 5 | 1 | 1 | 500 | | 500 | 30 |
| 砖瓦用页岩 | 合计 | | 654 | 17544 | 1626.85 | 1588.98 | 68644.19 | 19468.14 | 64494.67 | 7004.39 |
| | 集体企业 | 中型 | 3 | 410 | 8.37 | 8.37 | 2876 | 2424 | 2797 | 279 |
| | | 小型 | 59 | 1742 | 114.7 | 99.5 | 5754.38 | 611 | 5634.16 | 628.92 |
| | | 小矿 | 2 | 44 | 0.55 | 0.58 | 20.85 | | 20.85 | 4.6 |
| | 股份合作企业 | 大型 | 1 | 60 | 10.5 | 15 | 260 | 26 | 260 | 12 |
| | | 中型 | 3 | 206 | 27.3 | 15.2 | 828 | | 808 | 88 |
| | | 小型 | 26 | 733 | 65.05 | 55.27 | 2154.18 | 204.5 | 2070.58 | 215.09 |
| | | 小矿 | 1 | 17 | 0.63 | 0.3 | 11 | | 11 | 2 |
| | 联营企业 | 小型 | 2 | 43 | 7 | 8 | 158 | 138 | 158 | 47.4 |
| | 有限责任公司 | 中型 | 2 | 97 | 9.77 | 9.77 | 113 | 23 | 90 | 1 |
| | | 小型 | 10 | 264 | 23.6 | 26.7 | 856.5 | 463.5 | 848.5 | 127.58 |
| | 股份有限公司 | 中型 | 2 | 389 | 7.02 | 17.02 | 3108.23 | 3108.23 | 2358 | 186 |
| | | 小型 | 4 | 98 | 5.2 | 11.5 | 244.7 | | 238.3 | 7.8 |
| | | 小矿 | 1 | 78 | 0.4 | 0.4 | 121 | 120 | 27 | 3 |
| | 私营企业 | 中型 | 56 | 1959 | 306.69 | 287.83 | 8530.9 | 955 | 7768.9 | 697.62 |
| | | 小型 | 385 | 9234 | 840.69 | 834.5 | 36822.63 | 10409.91 | 34672.31 | 3791.94 |
| | | 小矿 | 9 | 161 | 5.75 | 3.82 | 349.82 | 124 | 339.82 | 25 |
| | 其他企业 | 中型 | 2 | 39 | 10 | 10 | 620 | | 620 | 55 |
| | | 小型 | 85 | 1945 | 183.13 | 184.73 | 5797 | 861 | 5754.25 | 827.53 |
| | | 小矿 | 1 | 25 | 0.5 | 0.5 | 18 | | 18 | 4.91 |
| 水泥配料用页岩 | 合计 | | 10 | 195 | 15.2 | 19.2 | 463.27 | 182 | 293.27 | 31.54 |
| | 集体企业 | 小型 | 1 | 19 | 1 | 1 | 12 | | 12 | 0.5 |
| | 私营企业 | 小型 | 7 | 161 | 13.7 | 17.7 | 449 | 182 | 279 | 31 |
| | 其他企业 | 小型 | 1 | 11 | 0.3 | 0.3 | 0.87 | | 0.87 | -1.2 |
| | | 小矿 | 1 | 4 | 0.2 | 0.2 | 1.4 | | 1.4 | 1.24 |

**续表 3-8**

| 矿种 | 企业经济类型 | 矿山企业规模 | 矿山企业数（个） | 从业人员（人） | 年产矿量（万吨） | 实际采矿能力（万吨/年） | 工业总产值（万元） | 综合利用产值（万元） | 矿产品销售收入（万元） | 利润总额（万元） |
|---|---|---|---|---|---|---|---|---|---|---|
| 建筑用页岩 | 合计 | | 89 | 2874 | 226.35 | 168.88 | 7571.5 | 2579.6 | 7361.5 | 676.45 |
| | 集体企业 | 中型 | 1 | 130 | 8.59 | 5 | 286.3 | 200 | 286.3 | 16 |
| | | 小型 | 4 | 55 | 5 | 2.66 | 71.4 | 31 | 71.4 | 3 |
| | | 小矿 | 1 | 20 | | 0.5 | | | | |
| | 股份合作企业 | 小型 | 3 | 125 | 16.3 | 8 | 403.7 | 303 | 403.7 | 20.63 |
| | | 小矿 | 1 | 161 | 9.45 | 4.5 | 80 | 80 | 80 | 2 |
| | 有限责任公司 | 小型 | 1 | 10 | | | | | | |
| | 股份有限公司 | 小型 | 1 | 36 | 1.2 | 1.2 | 80 | | 80 | 7 |
| | 私营企业 | 中型 | 5 | 201 | 27.55 | 23.36 | 475 | 257 | 475 | 34.1 |
| | | 小型 | 65 | 2025 | 144.56 | 112.48 | 5204.1 | 1568.6 | 5064.1 | 492.3 |
| | | 小矿 | 5 | 63 | 3.7 | 1.17 | 171 | 140 | 101 | 1.42 |
| | 其他企业 | 小型 | 2 | 48 | 10 | 10 | 800 | | 800 | 100 |
| 高岭土 | 合计 | | 2 | 44 | 4 | 4 | 120 | 28 | 120 | 18 |
| | 私营企业 | 小型 | 2 | 44 | 4 | 4 | 120 | 28 | 120 | 18 |
| 陶瓷土 | 合计 | | 7 | 93 | 2.12 | 5 | 58.6 | | 58.6 | 6 |
| | 集体企业 | 小型 | 1 | 6 | 0.5 | 1 | 13.5 | | 13.5 | 3.5 |
| | 私营企业 | 小型 | 6 | 87 | 1.62 | 4 | 45.1 | | 45.1 | 2.5 |
| 伊利石黏土 | 合计 | | 3 | 29 | 3 | 1.4 | 124 | | 119 | 3.1 |
| | 私营企业 | 中型 | 1 | 20 | 2 | 1 | 78 | | 75 | 1 |
| | | 小矿 | 2 | 9 | 1 | 0.4 | 46 | | 44 | 2.1 |
| 累托石黏土 | 合计 | | 1 | 21 | 1 | 1 | 100 | | 100 | 20 |
| | 其他企业 | 小型 | 1 | 21 | 1 | 1 | 100 | | 100 | 20 |
| 陶粒用黏土 | 合计 | | 11 | 189 | 11.27 | 16.04 | 304.5 | 72 | 276 | 26.2 |
| | 私营企业 | 大型 | 1 | 10 | | | | | | |
| | | 中型 | 1 | 15 | 2 | 8 | 90 | 50 | 90 | 3 |
| | | 小型 | 8 | 119 | 9.23 | 8 | 212.7 | 22 | 184.2 | 22.6 |
| | | 小矿 | 1 | 45 | 0.04 | 0.04 | 1.8 | | 1.8 | 0.6 |
| 水泥配料用黄土 | 合计 | | 1 | 6 | 0.3 | 0.3 | 4.8 | | 4.8 | 2.46 |
| | 其他企业 | 小矿 | 1 | 6 | 0.3 | 0.3 | 4.8 | | 4.8 | 2.46 |
| 水泥用凝灰岩 | 合计 | | 1 | 25 | 0.2 | 0.2 | 15 | 1 | 15 | 1 |
| | 其他企业 | 小矿 | 1 | 25 | 0.2 | 0.2 | 15 | 1 | 15 | 1 |
| 饰面用大理岩 | 合计 | | 1 | 2 | | 5 | | | | |
| | 有限责任公司 | 中型 | 1 | 2 | | 5 | | | | |
| 建筑用大理岩 | 合计 | | 1 | 20 | 5 | 5 | 300 | | 300 | 10 |
| | 私营企业 | 中型 | 1 | 20 | 5 | 5 | 300 | | 300 | 10 |

续表 3-9

| 矿种 | 企业经济类型 | 矿山企业规模 | 矿山企业数（个） | 从业人员（人） | 年产矿量（万吨） | 实际采矿能力（万吨/年） | 工业总产值（万元） | 综合利用产值（万元） | 矿产品销售收入（万元） | 利润总额（万元） |
|---|---|---|---|---|---|---|---|---|---|---|
| 饰面用板岩 | 合计 | | 3 | 16 | 0.2 | 1.2 | 12.8 | | 12.8 | 3 |
| | 集体企业 | 中型 | 1 | 10 | 0.2 | 0.2 | 12.8 | | 12.8 | 3 |
| | 私营企业 | 小型 | 2 | 6 | | 1 | | | | |
| 片石 | 合计 | | 11 | 251 | 44.95 | 46.65 | 890.5 | 68 | 870 | 7.6 |
| | 集体企业 | 小型 | 1 | 10 | 3 | 1.2 | 4.5 | 4 | 4 | 1 |
| | 联营企业 | 中型 | 1 | 20 | 7 | 10 | 98 | | 98 | |
| | 股份有限公司 | 小型 | 1 | 40 | 3.75 | 1.5 | 60 | | 60 | |
| | 私营企业 | 大型 | 1 | 2 | | | | | | |
| | | 中型 | 4 | 84 | 23.25 | 29.45 | 394 | | 393 | 0.6 |
| | | 小型 | 2 | 50 | 5.75 | 2.3 | 100 | 64 | 81 | 3 |
| | 其他企业 | 小型 | 1 | 45 | 2.2 | 2.2 | 234 | | 234 | 3 |
| 砚石 | 合计 | | 3 | 28 | 0.05 | 0.15 | 15 | | 15 | 2 |
| | 其他企业 | 小矿 | 3 | 28 | 0.05 | 0.15 | 15 | | 15 | 2 |
| 矿泉水 | 合计 | | 6 | 134 | 5.57 | | 257.4 | | 257.4 | 26.9 |
| | 国有企业 | 小型 | 1 | 10 | 0.8 | | 18 | | 18 | 1 |
| | 集体企业 | 小矿 | 1 | 9 | 0.12 | | 16.8 | | 16.8 | -0.1 |
| | 私营企业 | 小型 | 4 | 115 | 4.65 | | 222.6 | | 222.6 | 26 |
| 其他矿产 | 合计 | | 10 | 245 | 17.02 | 20.82 | 663.8 | 21 | 663.8 | 74.3 |
| | 集体企业 | 小型 | 1 | 20 | 0.9 | 1.3 | 20 | | 20 | 6.3 |
| | 私营企业 | 小型 | 4 | 92 | 5.72 | 8.22 | 316 | 9 | 316 | 35.9 |
| | 其他企业 | 小型 | 5 | 133 | 10.4 | 11.3 | 327.8 | 12 | 327.8 | 32.1 |

**【地热与矿泉水开发】** 市域内已查明的中低温地热水107处，温泉总水量21.13万立方米/日，水温25℃～62℃，其中：天然温泉26处，坑道温泉16处，钻井温泉65处。

全市已开发的矿泉水水源地有11处，经年检均符合国家饮用天然矿泉水标准要求。矿泉水类型有锶饮用天然矿泉水，偏硅酸饮用天然矿泉水，锂、锶饮用天然矿泉水，锶、偏硅酸优质饮用天然矿泉水，含偏硅酸的锶饮用天然矿泉水和含锶偏硅酸饮用天然矿泉水等六种类型。

表4　重庆市2008年年检合格矿泉水

| 矿泉水名称 | 达到并超过矿泉水标准的项目 | 开发单位 |
|---|---|---|
| 庆龙矿泉水 | 锶0.6毫克/升、偏硅酸37.7毫克/升 | 重庆啤酒(集团)有限责任公司 |
| 金刀峡矿泉水 | 锶0.719毫克/升、偏硅酸30.77毫克/升、锂0.32毫克/升 | 重庆合川区华蓥山矿泉饮料厂 |
| 巴岳山矿泉水 | 偏硅酸70.42毫克/升 | 重庆市巴岳山天然矿泉水饮料厂 |
| 缙云山矿泉水 | 锶1.54毫克/升、偏硅酸33.7毫克/升 | 重庆市缙云山饮料食品厂 |
| 雅佳康矿泉水 | 偏硅酸31.69毫克/升 | 重庆程凯工贸有限公司雅佳康天然饮品分公司 |
| 人头山矿泉水 | 偏硅酸35.8毫克/升 | 重庆新天泉实业有限公司 |
| 汇森矿泉水 | 偏硅酸39.39毫克/升 | 重庆万州汇森天然矿泉水厂 |

续表 4

| 矿泉水名称 | 达到并超过矿泉水标准的项目 | 开发单位 |
|---|---|---|
| 雄鹰矿泉水 | 锶 1.74 毫克/升、偏硅酸 33.7 毫克/升 | 重庆雄鹰矿泉水有限公司 |
| 小三峡矿泉水 | 锂 0.24 毫克/升、锶 0.35 毫克/升 | 重庆古泉食品饮料有限公司 |
| 中梁山矿泉水 | 偏硅酸 67.08 毫克/升 | 重庆中梁山饮品有限公司 |
| 芙蓉洞矿泉水 | 锶 0.52 毫克/升 | 重庆市武隆县芙蓉洞矿泉水有限责任公司 |

**【地质公园建设】** 截至 2008 年底，全市经批准的国家级地质公园有 4 处，省(市)级地质公园有 2 处。

表 5 重庆市地质公园一览表

| 序号 | 保护区名称 | 级别 | 所在位置 | 面积(平方千米) | 批准时间(年) | 揭碑开园时间(年) |
|---|---|---|---|---|---|---|
| 1 | 武隆岩溶国家地质公园 | 国家级 | 武隆县仙女山、天生三桥、芙蓉洞和芙蓉江 | 454.7 | 2004 | 2005 |
| 2 | 长江三峡国家地质公园(重庆段) | 国家级 | 奉节、巫山和巫溪县域的瞿塘峡、巫峡、天坑地缝、大宁河河谷一带 | 12500 | 2004 | |
| 3 | 黔江小南海国家地质公园 | 国家级 | 黔 江 区 | 197 | 2004 | 2005 |
| 4 | 云阳龙缸国家地质公园 | 国家级 | 云 阳 县 | 296 | 2005 | 2007 |
| 5 | 綦江木化石 – 恐龙足迹地质公园 | 省(市)级 | 綦 江 县 | 173.02 | 2007 | |
| 6 | 万盛区黑山谷和石林地质公园 | 省(市)级 | 万 盛 区 | | 2008 | |

(重庆市地质矿产协会　郝祖梁)

# 四 川 省

**【矿产资源概况】** 2007 年末，四川省煤炭开采和洗选业，石油和天然气开采业，黑色、有色、非金属矿采选业，其他采矿业中全部国有及规模以上非国有工业企业共有 1033 家，较 2007 年增加 192 家；其工业总产值达到 760.8 亿元，较 2007 年增加 180.14 亿元。其工业总产值占当年全省国内生产总产值的 7.43%，占全省工业总产值(按三次产业分，不包括建筑业)3913.92 亿元的 19.95%，占全省全部国有及规模以上非国有 10709家工业企业工业总产值 11 047.04 亿元的 7.07%。矿业是四川省经济和社会发展的重要产业。

1. *查明资源储量矿种*。根据国土资源部的最新统计资料，到 2007 年底，我国已发现矿产 171 种，计算亚矿种 237 种；具有查明资源储量的矿产 159 种，亚矿种 226 种(《2007 年全国矿产资源储量通报》)。四川省有矿区有查明资源储量的(亚)矿种为 98 种，分为：

①能源矿产 4 种：煤炭、石油、天然气、铀。

②金属矿产 34 种：铁矿、锰矿、铬矿、钛矿、钒矿、铜矿、铅矿、锌矿、铝土矿、镁矿、镍矿、钴矿、钨矿、锡、钼矿、汞矿、锑矿、铂族金属(铂族金属、铂矿、钯矿)、金矿、银矿、铌矿、钽矿、铍矿、锂矿、锆矿、铷矿、铯矿、稀土(重稀土矿、轻稀土矿)、锗矿、镓矿、铟矿、镉矿、硒矿。

③非金属矿产 58 种：菱镁矿、萤石(普通萤石、光学萤石)、石灰岩(熔剂用灰岩、电石用灰岩、化肥用灰岩、水泥用灰岩)、白云岩(冶金用白云岩、玻璃用白云岩)、石英岩(冶金用石英岩)、砂岩(冶金用砂岩、铸型用砂岩、玻璃用砂岩、水泥配料用砂岩、砖瓦用砂岩)、天然石英砂(铸型用砂)、脉石英(冶金用脉石英、玻璃用脉石英)、蛇纹岩(熔剂用蛇纹岩、化肥用蛇纹岩)、耐火黏土、硫铁矿、芒硝、重晶石、毒重石、含钾砂页岩、含钾岩石、盐矿、钾盐、碘矿、溴矿、砷矿、硼矿、磷矿、石墨、水晶(压电水晶、熔炼水晶)、滑石、石棉、蓝石棉、云母、长石、石榴子石、石膏、玉石、白垩、硅藻土、页岩(水泥配料用页岩)、高岭土、陶瓷土、海泡石黏土、膨润土、其他黏土(水泥配料用黏土、水泥配料用泥岩)、玄武岩(建筑用玄武岩)、花岗岩(饰面用花岗岩)、霞石正长岩、大理岩(饰面用大理岩)。

④水气矿产 2 种：地下热水、矿泉水。

四川省已有查明矿产资源储量的(亚)矿种按以上 4 大类划分，其构成见图 1。

2. *四川省 43 种矿产查明资源储量排全国前五位*。根据国土资源部 2007 年全国矿产资源储量通报，四川省除石油、水气矿产外，包括天然气，具有查明资源储量的(亚)矿产中，有 29 种在全国同类矿产中居前三

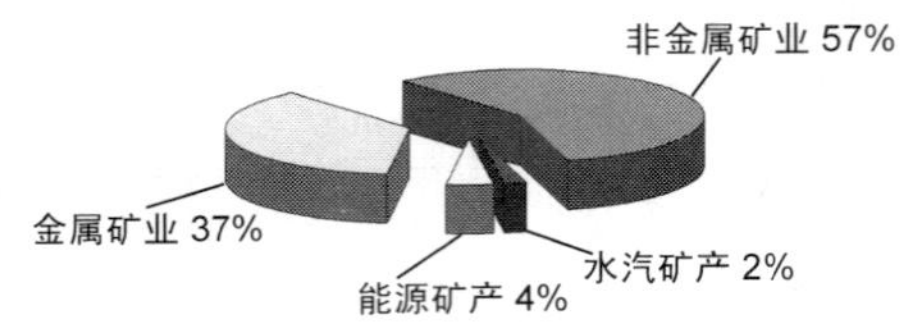


**图 1　四川省查明资源储量矿产种类构成**

位，有 43 种居前五位。这些矿产是：

第 1 位：钒矿、钛矿、锂矿、硫铁矿、轻稀土矿、铸型用砂岩、芒硝、盐矿（矿石）、熔炼水晶、光学萤石、玻璃用脉石英、白垩，共 12 种。

第 2 位：铁矿、钴矿、铂钯矿（未分）、铍矿（绿柱石）、锆矿、镉矿、化肥用灰岩、碘矿、石榴子石、砖瓦用砂岩、石墨、石棉，共 12 种。

第 3 位：天然气、铂族金属、熔剂用灰岩、毒重石、含钾岩石，共 5 种。

第 4 位：镍矿、铷矿、熔剂用蛇纹岩、蓝石棉、云母、玻璃用白云岩、海泡石黏土，共 7 种。

第 5 位：钼矿、铯矿、锗矿、磷矿、钾盐，霞石正长岩、冶金用砂岩，共 7 种。

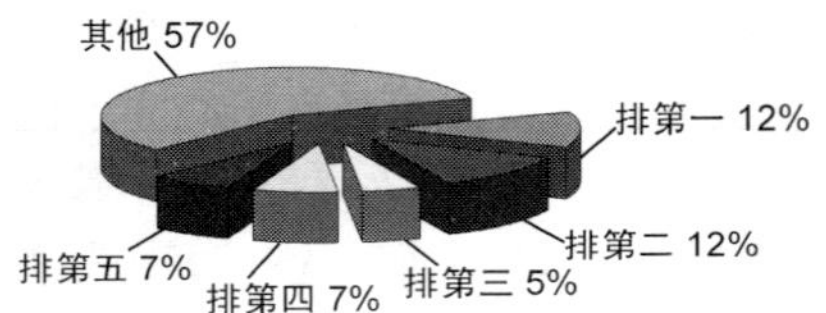


**图 2　四川省排全国前五位矿产占该省查明资源储量矿种比例**

四川省排全国前五位矿种占省内矿种数百分比如图 2、占全国比例见图 3、构成见图 4。

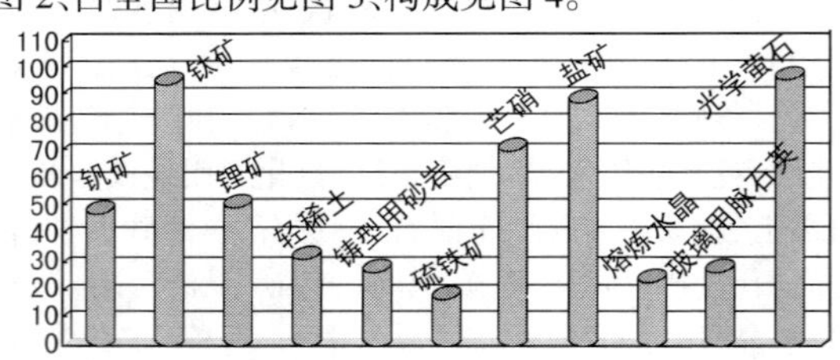


**图 3　四川省在全国排第一位（亚）矿种资源储量占全国总资源储量百分比**

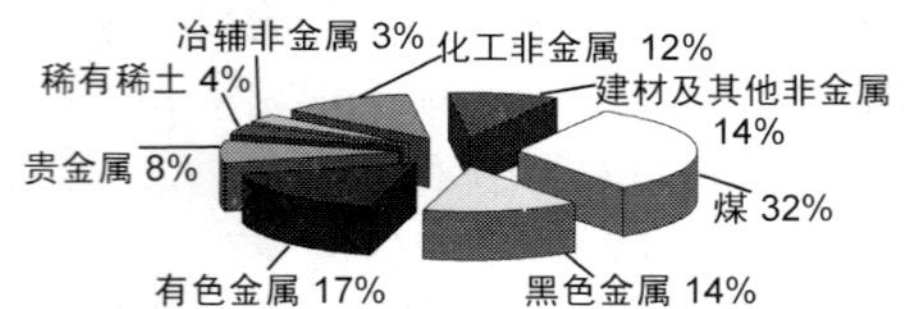


**图 4　四川省查明资源储量矿产地类别数量构成**

此外，查明资源储量在全国排第六位的矿种有：富铬矿、铅矿、铂矿、重稀土矿、硒矿、菱镁矿、硼矿、玻璃用砂岩、水泥配料用黏土、水泥配料用泥岩、硅藻土、饰面用大理岩。排第七位的矿种有：锰矿、富铜矿、锌矿、金矿、铌矿、溴矿、压电水晶。排第八位的有：镁矿（炼镁白云岩）、锡矿、水泥配料用砂岩、饰面花岗岩。

**【矿产资源年度变化】** 根据统计，四川省大部分矿产保有的资源储量在 2008 年都有明显增加，也有少部分矿产的资源储量因重算等原因，其保有的资源储量有所减少。煤、铁、锰、钛、钒、铜、铅、锌、铂族金属、锂、金、银、轻稀土、盐矿、芒硝矿、硫铁矿、磷矿、水泥用灰岩、晶质石墨矿等是四川省重要的、且有较多查明资源储量的矿产，其年度变化情况如图 5～22。

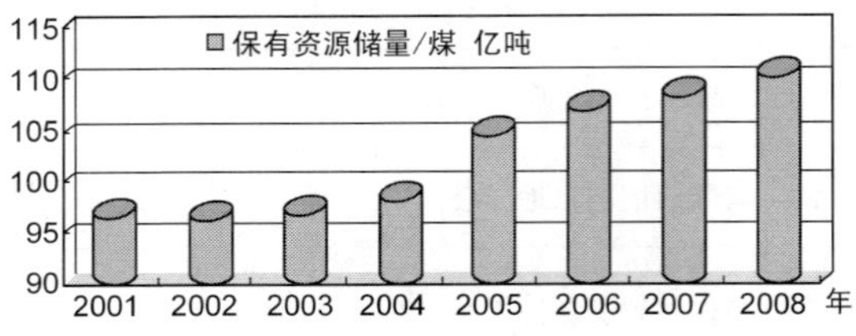


**图 5　煤**

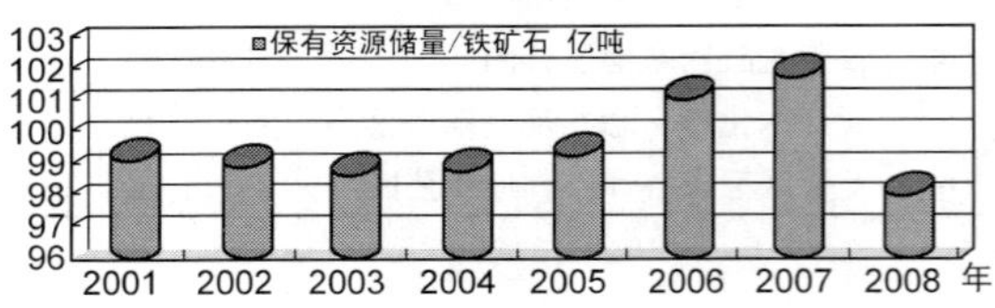


**图 6　铁**

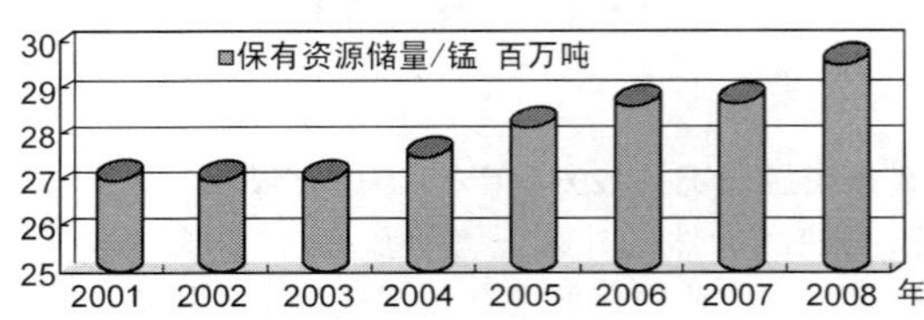


**图 7　锰**

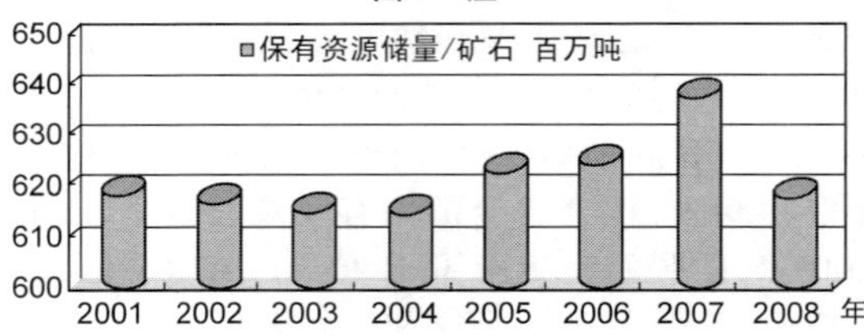


**图 8　钛（矿石 $TiO_2$）**

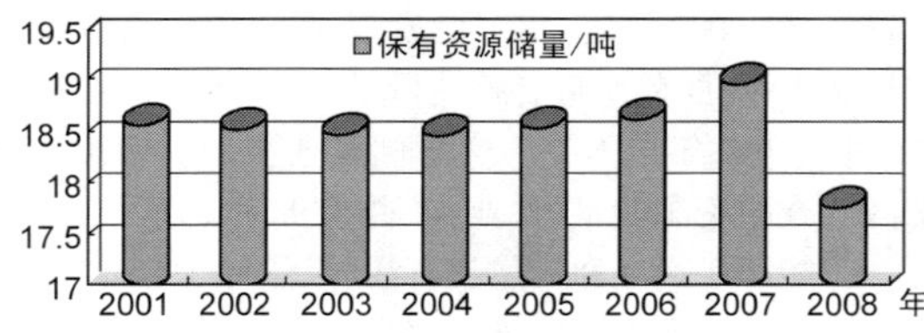


**图 9　钒（$V_2O_5$）**

以上矿产中，煤、锰、铜、铅锌、金、银、稀土、水泥用灰岩等矿产到 2008 年底，保有资源储量比 2007 年有明

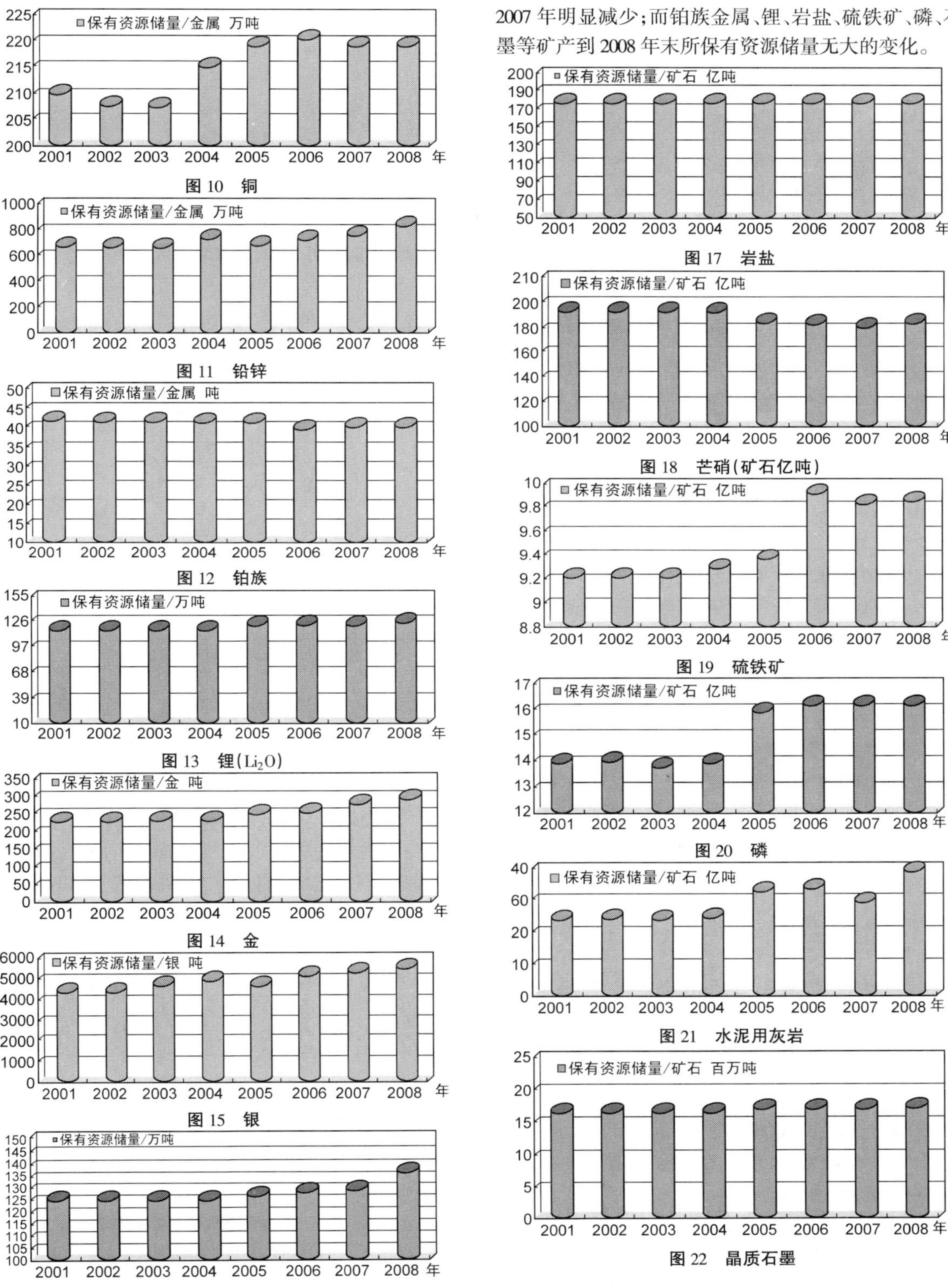


图 10 铜

图 11 铅锌

图 12 铂族

图 13 锂($Li_2O$)

图 14 金

图 15 银

图 16 轻稀土(氧化物)

图 17 岩盐

图 18 芒硝(矿石亿吨)

图 19 硫铁矿

图 20 磷

图 21 水泥用灰岩

图 22 晶质石墨

显的增加；铁、钛、钒矿产到2008年末保有资源储量较2007年明显减少；而铂族金属、锂、岩盐、硫铁矿、磷、石墨等矿产到2008年末所保有资源储量无大的变化。

**【矿产资源分布及特点】** 1.形成了三大资源集中区。①盆地和盆周地区：盆地内以能源、非金属矿产为主，如煤矿、天然气、石油、盐、芒硝、石膏、玻璃用砂岩、水泥用灰岩及配料、膨润土等;盆地周边地区以化工、有色金属矿产为主,如磷矿、硫铁矿、砂金、岩金、锰矿、铝矿、铅锌矿、铜矿及非金属矿产萤石、石棉、钾长石、花岗岩、大理岩等矿产。

②攀西地区:以黑色、有色金属矿产为主,如钒钛磁铁矿、铅锌矿、铜矿、锡矿、岩盐、石墨、冶金辅助原料、稀有金属、稀土等矿产。

③川西高原地区:以贵金属、稀有金属矿产为主,如金矿、银矿、铂族金属、镍矿、锂矿、铌矿、钽矿、铀矿、铅锌矿、铜矿、锡矿、汞矿,还有褐煤、泥炭及非金属矿产水晶、云母、石棉、石膏等。

2.*矿产资源的特点*。①矿种齐全、总量丰富,但部分矿产人均资源占有量低。能源、黑色、有色、稀有、贵金属、化工、建材矿产均有分布,其中天然气、钛矿、钒矿、硫铁矿、芒硝、盐矿等资源储量巨大;煤、铜、铅、锌、镍、汞6种主要有色金属及贵金属人均占有量低于全国平均水平;石油、铝、铜、钾等查明的资源储量则明显不足。

②大型、特大型矿床分布集中,有利于形成综合性的矿物原料基地。矿产资源多分布在盆地及盆周交通方便地区,配套程度较高,有利于开发建设。如攀西的铁、钒、钛、轻稀土、铜、铅、锌;川南的盐、无烟煤、磷矿;成都及相邻地区的芒硝、磷矿、石材;川西高原的有色、稀有金属;四川盆地的天然气等,为建立各具特色的区域经济提供了资源条件。

③共、伴生矿产多,有综合利用价值,但采矿和选冶有一定难度。黑色、有色、稀有、贵金属矿床60%以上伴生有多种有益元素或共生矿产,如攀西地区的钒钛磁铁矿、川西高原的银多金属矿,川南的煤、硫、高岭土、黏土矿共生等。综合开发利用这些矿产将大大提升矿产业的的经济效益,但也增加了采矿和选冶工艺难度。

④重要矿产富矿不足,但具有良好的找矿前景。部分重要矿产富矿查明资源储量占总量的比例为:富铁矿,0.79%;富锰矿,15.17%;富硫铁矿($S>35\%$),0.08%;富磷矿($P_2O_5>30\%$),6.35%;低硫煤及炼焦用煤仅占煤查明资源储量的四分之一。但四川成矿地质条件优越,有关单位和部门对省内煤、天然气、铁、铜、铅锌、金等20种重要矿产的研究预测认为,这些矿产具有良好的资源潜力。

**【地质报告评审、备案、登记】** 1.*报告评审、备案*。2008年,全年共完成各类矿产资源储量勘查(核实)报告评审备案407份,其中有煤炭资源整合资源储量核实报告264份,其他各类资源储量报告143份。同时,对7个违法开采矿山(点)破坏矿产资源的资源储量调查报告按程序进行了合规性审查。

在2008年度完成的407份评审报告中,有各类资源储量核实报告有288份,新勘查矿区地质报告46份,压覆矿产资源调查报告43份,违法采矿技术鉴定报告8份,各类咨询项目报告22份(图23)。在288份资源储量核实报告中属大型的有5个,中型2个,绝大部分为小型或小矿,有281个(图24)。评审的新勘查矿区地质报告46份中,有大型7个,中型5个,小型和小矿34个(图25)。

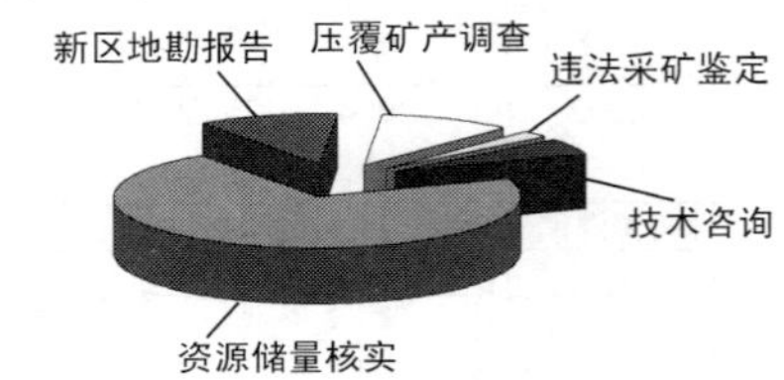


图23　评审报告类别构成

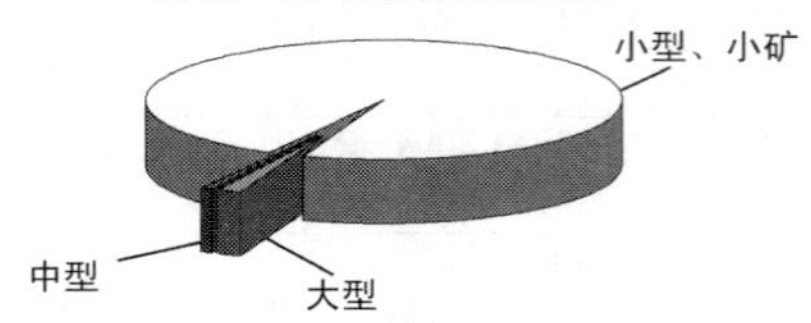


图24　核实报告矿产规模构成

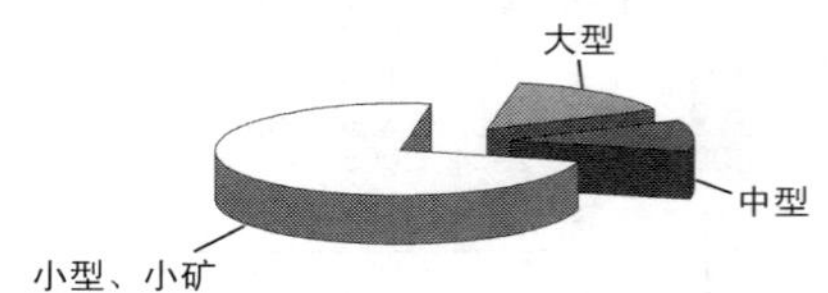


图25　新矿区地勘报告矿产规模构成

2.*资源储量的登记、统计*。2008年,四川省完成矿产资源储量登记236件,其中查明38件,占用198件。在查明的38处矿产地中,煤矿10处,有色金属8处,贵金属4处,稀有、稀土1处,黑色金属3处,建材非金属11处,水气矿产1处;根据规模分类:大型4处,中型9处,小型22处,小矿3处;如按工作程度划分,勘探的有8处,详查的25处,普查5处(图26~28)。

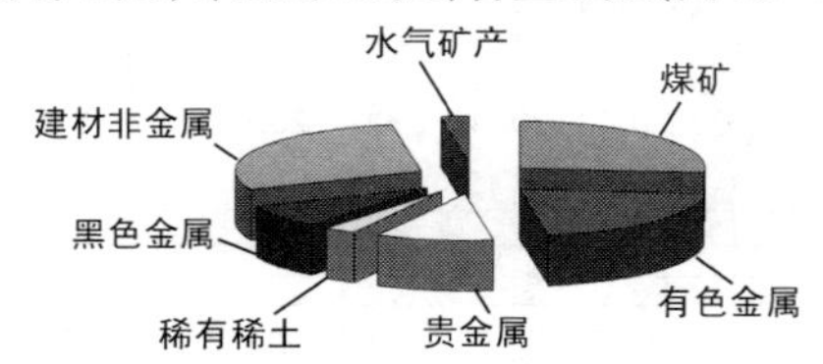


图26　查明矿产地矿产类别构成

占用矿产资源的198个矿山中,有:煤158个,有色金属9个,贵金属5个,稀有、稀土1个,黑色金属9个,建材非金属2个,化工原料非金属7个,水气矿产7个(图29~31)。按矿山规模分,有大型8家、中型9

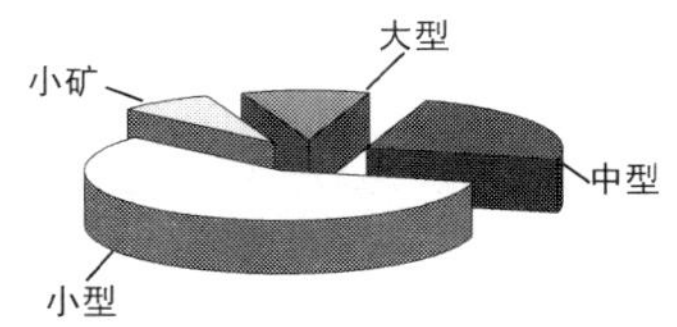


图 27　查明矿产地规模构成

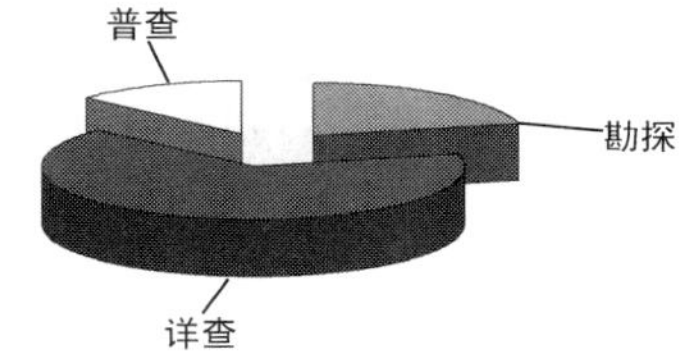


图 28　查明矿产地勘查程度构成

家，小型 169 家，小矿 12 家。按登记性质划分：申请采矿权 16 家，采矿权延续 27 家，涉及矿产资源整合的 155 家。

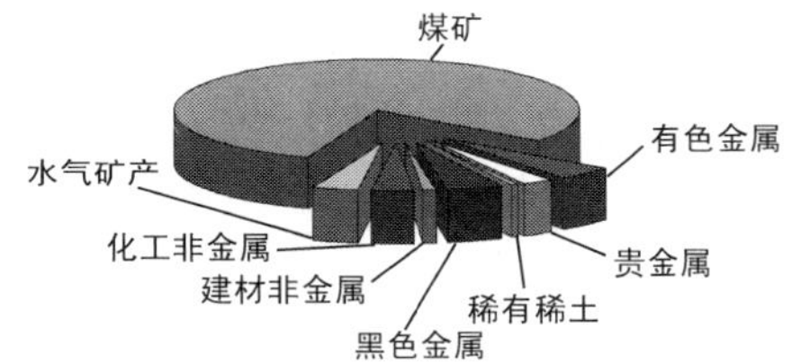


图 29　矿山占用矿产资源类别构成

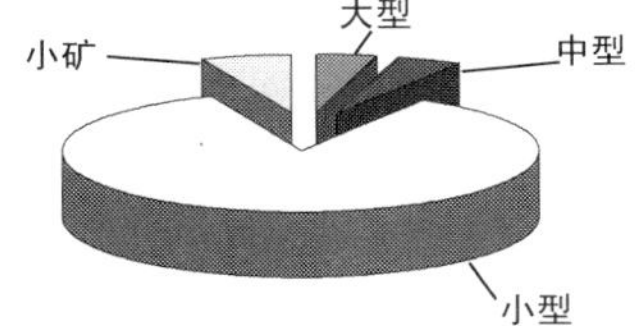


图 30　占用矿产资源矿山规模构成

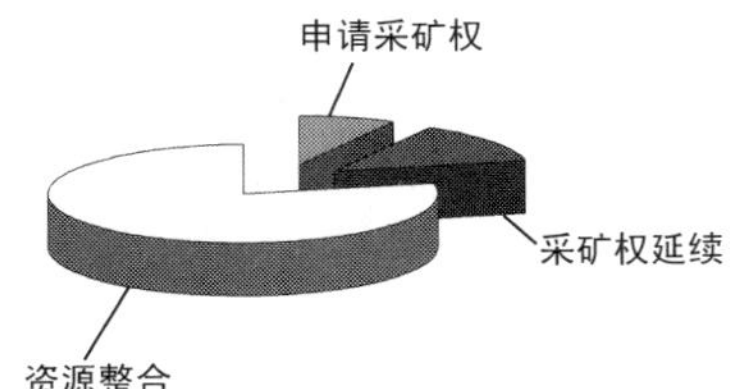


图 31　占用矿产资源矿山用途构成

3.建设项目压覆矿产资源调查和审批。全年共受理建设项目压覆矿产资源情况调查报告 338 宗，其中：水电站 198 宗，公路 27 宗，工厂 45 宗，大型建设物（建筑群）12 宗、输电线路 3 宗，其他 18 宗（图 32）。

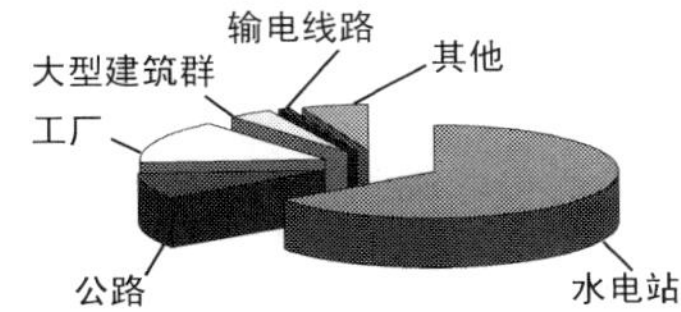


图 32　受理建设项目压覆矿产资源报告性质结构

**【地质资料管理】**　1.把为地震灾后重建服务作为工作的重点。5.12 汶川地震后，立即启动《地质资料管理与服务应急预案》，积极服务于抗震救灾和次生地质灾害排查和灾后重建。只要是抗震救灾需要，无论孤份资料、备用资料或绝版资料，均在第一时间无条件提供。据统计，汶川地震发生后，资料馆先后接待了 146 个单位，372 人次，无偿提供了各类地质资料 4 768 件次和近 20 万元的原版地质资料，为四川省抗震救灾、灾后次生地质灾害排查和重建赢得了宝贵时间。

2.进一步落实《地质资料管理条例》。以地质资料汇交为工作重点，进一步贯彻落实了《地质资料管理条例》，全年共接收各类成果地质资料 397 份。其中，A 类资料 70 种，占总数的 15%，B 类资料 327 种，占总数的 85%。向全国地质资料馆汇交成果地质资料 60 份，全部验收合格，汇交量是 2007 年的三倍。

3.涉密地质资料清理。按国土资源部、国家保密局《关于开展涉密地质资料清理工作的通知》（国土资发〈2006〉314 号）的要求，会同省保密委对国土资源资料馆提交的地质资料密级确定意见和清单进行了审查，完成了 14610 档，约 190 余万件成果地质资料及 3500 余种模糊破损资料的清理登记、定密、标注等工作，按上级部门要求完成了任务。

4.清理欠交的地质资料。根据国土资源部办公厅《关于限期汇交地质资料的通知》（国土资厅发〈2008〉44 号）要求，清理核实属于四川省欠交的地质资料，共清理欠交成果地质资料 172 份，按时向部上报了《四川省汇交人欠交资料信息表》。

5.建立了三个成果地质资料数据库。按照国土资源部关于“地质资料管理现代化，馆藏机构标准化，地质资料数字化、社会服务网络化”的要求，先后建立了三个成果地质资料数据库：图文地质资料数据库；成果地质资料目录数据库和按件管理的成果地质资料涉密清理数据库，数据总量达到 320GB。图文地质资料数据库已完成 3900 份成果地质资料数字化，占馆藏地质资料总数的 26.5%；目录数据库有数据 14457 条，占馆藏总数的 98%；涉密数据有数据 14415 条。成果地质资料目录已进入省国土资源厅门户网站，可开展上网查询。

6.实物地质资料基地建设。根据部《实物地质资料管理办法》（国土资发[2008]8 号要求，拟定四川省实物地质资料管理方案，对实物地质资料基地选址正抓紧进行。

7.日常管理和服务。截至 2008 年 12 月底，四川省馆馆藏各类成果地质资料 16 295 种（含矿产资源储量核实报告 1600 种)。全年共提供地质找矿、矿业开发、矿业权管理、地质灾害防治、红层找水等成果地质资料的查阅利用 850 余人次,2 468 份次,9.2 万件次。截至 2008 年底,成果地质资料图文数字化累计完成 4050 种,其中本年度完成 600 种;成果地质资料目录数据库累计完成 14 310 种,其中本年度完成 7055 种(表 1)。

表 1　　2008 年地质资料管理情况统计

| 地质资料汇交情况 | | | | | | | | |
|---|---|---|---|---|---|---|---|---|
| 年度 | 区调地质 | 矿产地质 | 水文工程 | 环境地质 | 物化遥 | 地质科研 | 其他 | 合计 |
| 2007 | 5 | 41 | 19 | 14 | | 8 | 104 | 191 |
| 2008 年度 | 6 | 32 | 13 | 19 | | 10 | 327 | 397 |

| 地质资料馆藏及利用情况 | | | | | | | |
|---|---|---|---|---|---|---|---|
| 年度 | 成果地质资料馆藏情况 | | | | 地质资料利用情况 | | |
| | 总数 | 其中 | | | 利用人次 | 利用份次 | 利用件次 |
| | | 公益性 | 保护 | 保密 | | | |
| 2007 | 16006 | 786 | 374 | 1659 | 2147 | 4389 | 197500 |
| 2008 年度 | 16295 | 869 | 374 | 1756 | 850 | 2468 | 91800 |

| 截至 2007 年底资料图文数字化情况 | | | | |
|---|---|---|---|---|
| 地质资料总量(种) | 已数字化数量(种) | 当年数字化数量(种) | 累计投入数字化资金(万元) | 当年投入数字化资金(万元) |
| 16295 | 4050 | 600 | 120 | 30 |

| 地质资料电子网络化建设情况 | | | |
|---|---|---|---|
| 电子阅览室 | 目录数据库 上网 更新 | 资料管理系统 | 资料服务系统 |
| 正式启用 | 截至 2007 年底,已有 6300 余条上网进行单机查询 | 未用 | 未用 |

【地质勘查工作】 在实施 2007 年《四川省地质勘查规划》、《关于建立重要矿产资源开发新模式的意见》、《进一步规范矿产资源勘查工作的通知》基础上,省厅 2008 年度出台《重点规划勘查区优选矿产勘查项目专家审查及确定工作细则》、《重点规划勘查区优选矿产勘查项目审查纪律规定》及《关于加强探矿权审批行政效能建设的通知》。

通过贯彻《四川省地质勘查规划》,指导各市、州国土资源部门组织力量对本辖区地质工作和矿业开发情况进行系统调查证论基础上,于 2008 年 4 月、6 月、10 月分三批在省厅网站发布拟招拍挂出让、国家财政出资(地勘基金)进行勘查的预留区块。预留了探矿权区块 500 个,其中:拟招拍挂出让的 385 个,国家投资(地勘基金)勘查项目 95 个,国土资源大调查发现矿产地 20 个(图 33)。

2008 年,四川省有效探矿权共 1282 个,勘查面积达 20487.51 平方千米。2008 年先后完成总计 1082 个探矿权审批登记。其中:新立 476 个,面积 10467.51 平方千米;变更 143 个,面积 1946.011 平方千米;延续 426 个(其他 237 个)。共收取探矿权使用费 369.3384 万元。

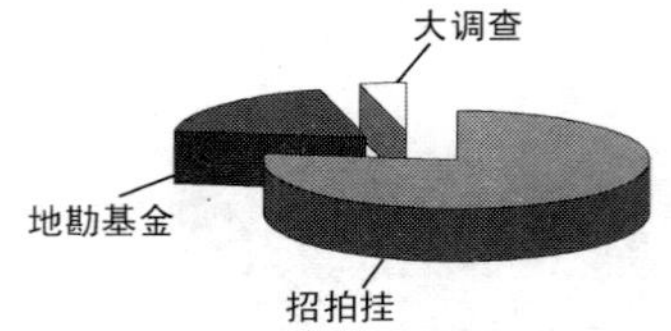


图 33　预留探矿权区块类别构成

【地质工作成果】 2008 年,四川省新发现矿产地 15 处、探明大型规模矿床 8 处,新增了一批矿产资源储量,其中煤 91 419 万吨、铁 3462.8 万吨(矿石)、铜 4.7 万吨、铅锌 63.52 万吨、锰 765.9 万吨(矿石)、镍 9.8 万吨等;开展了全省铁、铝矿产资源的潜力评价,为铁、铝矿产勘查提供了靶区;开辟绿色通道,支持灾后重建水泥用石灰岩矿等建材矿产的地质勘查工作,为灾后重建提供了资源保障;完成了一批具有代表性的"金土地工程"土地整理区的农业地质调查评价,为生态农业、环境保护提供了基础地质资料,为灾区重建、搬迁、地质灾害防治提供了科学依据。

2008 年四川省新发现矿产地有 15 个。其中,铁矿 1 个(小型);铜矿 3 个(大中型 2 个,小型 1 个);铅锌矿 6 个(中型 1、小型 4 个);金矿 3 个(中型 1、小型 2 个);磷矿 1 个(小型);碳质泥岩 1 个(小型)。

2008 年完成阶段性勘查评价矿产地 73 个。其中,煤炭 8 个(普查 2 个、详查 3 个、勘探 3 个);铁矿 9 个(预查 1 个、普查 4 个,详查 4 个);铜矿 15 个(预查 4 个,普查 6 个、详查 4 个、勘探 1 个);铝土矿 1 个(预查);铅锌矿 11 个(预查 3 个,普查 3 个、详查 3 个、勘探 2 个);铌钽矿普查 1 个;锰矿 3 个(普查);镍矿普查 1 个;金矿 12 个(预查 4 个,普查 6 个、详查 2 个);盐矿普查 1 个;锂普查 1 个;磷矿 3 个(普查 2 个、详查 1 个);石灰岩矿 6 个(普查 1 个、详查 3、勘探 2 个);高钾卤水勘探 1 个。

1.地勘基金项目找矿。2008 年共实施 16 个地勘基金项目。

①川南煤田重点勘查区古蔺石宝、筠连蒿坝、叙永河坝、筠连大雪山矿段累计探获煤炭资源储量约 13 亿吨,硫铁矿 7 亿吨。

②内江资威煤田铁佛场矿段初步探获煤炭资源储量 2.6 亿吨。

③攀西重点规划区雷波县小沟磷矿初步探获磷矿资源储量约 2 亿吨,米易马槟郎矿段钒钛磁铁矿探获

资源储量约 4000 万吨。木里梭椤沟大型金矿外围发现了博科金矿，探获金资源量约 2.8 吨

④黑水——松潘铁锰重要成矿区，探获黑水姑俄夸小型锰矿 1 处，资源储量约 60 万吨。

⑤仁寿松峰煤炭普查，新发现 2 层可采煤层，累计探明资源量 6 450 万吨。

⑥广元羊木探获了一个资源量约为 245 万吨的中型耐火黏土矿，广元朝天大滩铜铅锌矿探获铅锌资源量约 10.5 万吨。

2.社会投资找矿。①甘洛县尔呷地吉铅锌矿查明铅锌资源储量金属量近 50 万吨，伴生银 0.167 吨。

②甘洛县沙俄祖铅锌矿查明铅锌矿资源储量，金属量约 5.4 万吨。

③会理县大隘口镍矿勘探查明资源储量镍金属量 103.66 万吨，伴生钴金属量 1.972 万吨。

④峨边县杨河铅锌矿详查查明铅锌资源储量金属量约 4 万吨。

⑤若尔盖县邛莫铜金矿、阿西金矿详查查明资源储量金 10.274 万吨，铜 7.446 万吨。

⑥平武县虎牙铁锰矿区大坪子矿段详查查明资源储量锰矿 4263 万吨，铁矿 2212 万吨。

⑦马尔康县地拉秋锂辉石矿查明资源储量 $Li_2O$ 3.65 万吨，伴生铌 295 吨、钽 149 吨。

⑧南江县马家垭、沙子岭磁铁矿详查，查明铁矿资源储量 278 万吨。

⑨为地震灾后重建，加强水泥用石灰石勘查，在省内 8 个石灰石矿山共查明石灰石资源储量 10.7887 亿吨。

3.国有危机矿山接替资源找矿。共实施危机矿山接替资源勘查项目 12 项。

①攀枝花宝鼎矿区勘查基本结束，新增煤炭资源储量 3.26 亿吨，被评为年度全国十大地质找矿成果。

②盐源平川铁矿和冕宁县泸沽铁矿，在中部及外围找矿，发现较厚大的磁铁矿富矿体。平川铁矿初获铁矿石(333)资源量约 800 万吨；泸沽铁矿初获铁矿石(333)资源量约 700 万吨，并发现了锡矿体。

③南江竹坝铁矿新探获磁铁矿石(333)资源储量约 300 万吨。

④犍为嘉阳煤炭新发现 K6 煤层，可采面积达 9 平方米，获煤炭资源量 5554 万吨。

⑤广安绿水洞煤矿初步探获煤炭资源储量 9515 万吨。

**【探矿权市场建设】** 1.探矿权的有偿出让。①探矿权的拍卖，2008 年，共拍卖挂牌出让探矿权 38 个，成交价款为 44885.62 万元。其中拍卖 21 个，成效价款为 32496.2万元；挂牌 17 个，成交金额为 12389.42 万元。

②探矿权的转让，2008 年，受理探矿权转让申请 79 个，经审查，对符合转让条件的 69 个予以批准，转让价款 57507.04 万元。转让的探矿权中，38 个为出售，19 个为作价出资，6 个为出售及作价出资。合计出售 44430.98 万元，作价出资为 13076.06 万元。

川南煤田古叙矿区石屏二矿和观文矿段煤炭勘探项目协议出让、转让给川煤集团，促进了四川省国有大型煤炭企业的发展，古叙矿区的尽快开发，为四川省煤电产业的发展提供了资源保障。

2008 年，全省拍卖、挂牌和批准转让的探矿权数和价款的比例见图 34、图 35。

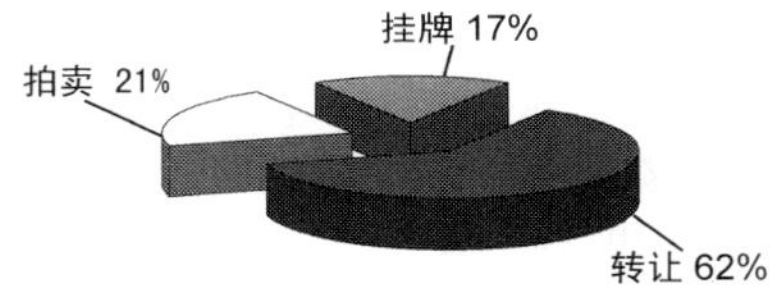


图 34 探矿权拍卖、挂牌、转让数量比较

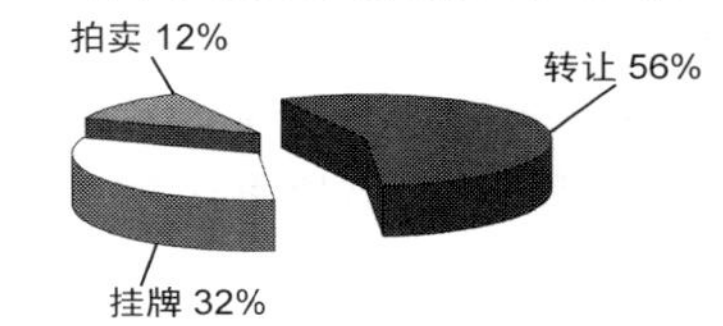


图 35 探矿权拍卖、挂牌、转让价款比较

**【地质勘查工作趋势分析】** 1.矿产勘查投入形势。2006 年以来，四川省矿产勘查投入总体呈增长趋势。2006 年地质勘查投入资金 3.87 亿元；2007 年勘查投入资金 6.1 亿元；2008 年全省地质勘查投入资金 9 亿多元。

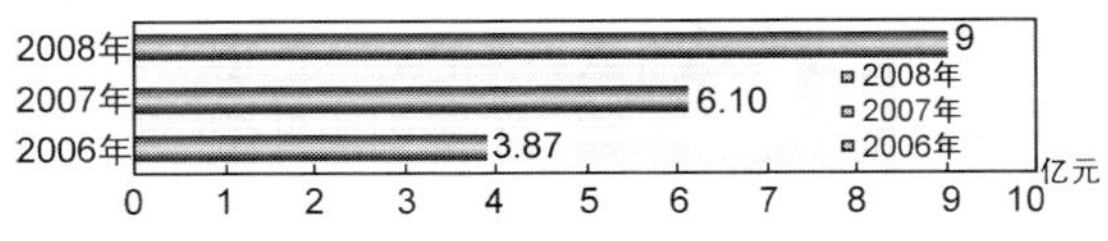


图 36 矿产勘查投入趋势

2008 年，社会经济稳步快速增长，矿产资源市场需求强劲，全省矿产勘查继续保持良好发展势头，经费投入大幅增加，再创近几年来矿产勘查投入新高。

2008 年全省共投入各类矿产资源勘查资金 6.89 亿元。与 2007 年投入 5.38 亿元相比，矿产资源勘查投入资金增加 1.51 亿多元，同比增加 37.5%。

从矿产勘查投入的资金来源分布来看，2008 年全省共投入各类矿产资源勘查资金 6.89 亿元，其中：中央财政：0.72 亿元，占矿产勘查总投入的 10.45%；地方财政：2.01 亿元，占 29.17%；社会资金：4.16 亿元，是矿产勘查投入的资金主流，占 60.38%。与 2007 年相比，矿产资源勘查投入资金增加 1.88 亿多元，同比增加 37.5%。

从矿产勘查投入的勘查类别分布来看，按勘查类别分，矿产资源远景调查（含1:50000区域地质矿产调查）1195万元，占总量的1.71%；矿产资源调查评价和矿产勘查投入68931.32万元，占总量的98.29%，绝对优势。

从矿产勘查投入的矿产类型结构分布来看，在能源煤炭、黑色金属、有色金属、贵金属、化工建材及其他非金属及水气和稀有金属七大类矿种中，煤炭和有色金属投入较高，两者占总投入的64%。勘查投入的主要矿种分布情况充分体现了“突出能源矿产在地质勘查中的首要位置，加强非能源重要矿产勘查，以国内急缺的重要矿产资源为主攻矿种，兼顾部分优势矿产资源”的矿产勘查部署思路。

2.*矿产勘查投入多元化的格局进一步巩固*。2008年，矿产勘查投入多元化格局进一步巩固。中央财政投入占总量的10.45%，主要来源于矿产资源补偿费、中央地勘基金、中央财政补贴、危机矿山找矿资金、国土资源大调查等；地方财政投入占总量29.17%，主要来源于属地化地勘费、矿产资源补偿费、省级地勘基金、危机矿山找矿资金等；社会资金投入占总量的60.38%，主要来源于国有地勘单位、国内企业、个人、外商企业等。在矿种分布上，有色、贵金属主要矿种勘查的投资继续呈现社会资金占绝对主导局面，矿产勘查投入逐渐向良性循环迈进。

3.*境外矿产勘查投入需要国家各方共同支持*。随着全球经济一体化和我国矿产资源供给面临的严峻形式，加快实施矿产资源走出去战略，利用两种资源、开拓两个市场，开展境外矿产勘查开发与合作，建立稳定、多元、安全的境外资源供应基地，已成为我国乃至四川省矿产资源勘查开发工作的重中之重。当前，矿产资源走出去的势头虽趋于强劲，但四川省因起步晚，行业特殊性等众多原因，境外矿产勘查投入偏低，2008年度境外项目投入社会资金仅为136万元。因此，需要政府各部门共同支持。

4.*四川省矿床的共、伴生矿产多，具有重要的综合利用价值，但增加了采矿和选冶工艺难度*。四川省的黑色、有色、稀有、贵金属矿床60%以上伴生有多种有益元素或共生矿产，如攀西地区的钒钛磁铁矿、川西高原的银多金属矿，川南的煤、硫、高岭土、黏土矿共生等，如果综合开发利用这些共、伴生矿产将大大提高矿产开发利用的经济价值，但也增加了采矿和选冶工艺难度，应加强投入研究。

5.*四川省具有较好的找矿潜力*。四川省能源、黑色、有色、稀有、贵金属、化工、建材矿产均有分布，范围遍及省内多数地区。从成矿地质背景分析来看，成矿条件良好，具有较子的找矿潜力。

**【矿产资源开发概况】** 矿产资源的开发利用，使四川形成了许多以矿业开采加工为基础的大型工矿企业和众多中、小矿山。矿产资源采、选及加工已构成支撑四川省石油、天然气、煤炭、冶金、有色、化工、盐业、建材等相关产业的基础。

1.*矿山及矿业产值*。受国家和四川省矿产资源管理的政策影响，省内矿山的数量在2003年以前逐年增长，2003年达到8202个，此后矿山数量逐年减少，2007年为7550个，到2008年底为7520个，比2007年减少了30个。不管矿山总数增加或减少，全省矿山工业总产值总体继续保持逐年增加势头（图37、图38）。

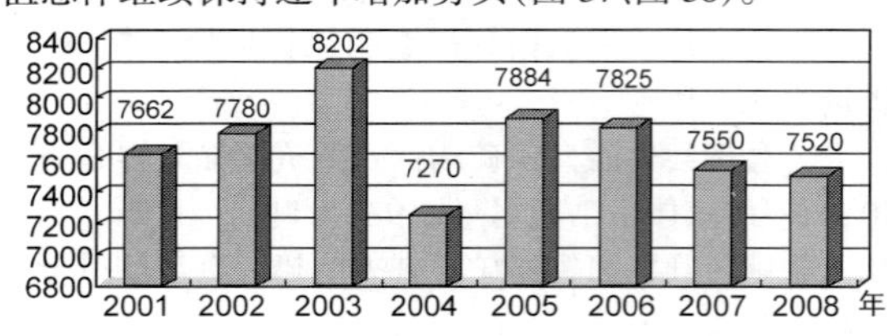


**图37 四川省矿山总数(个)年变化**

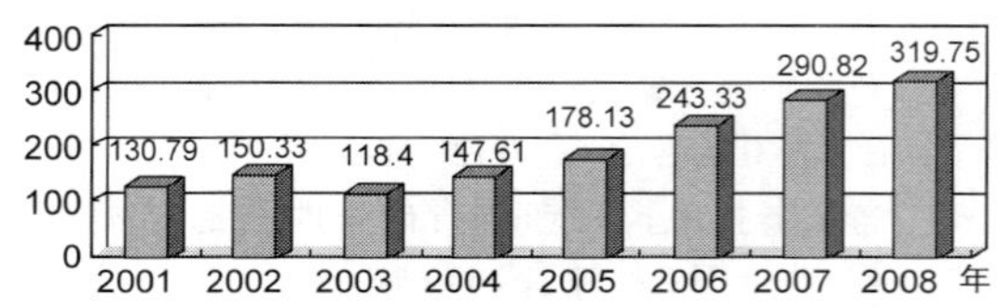


**图38 四川省矿山工业总产值(亿元)年变化**

2008年，四川省采矿业从业人员总计约43.09万人，较2007年的42.55万人约有增加。近三年，四川省市州矿业从业人员数量的总体情况没有大的变化。

2.*四川矿山企业的性质及结构*。2008年底，四川省共有矿山企业7520个，其中，内资企业7482个，占全省矿山总数的99.49%，港、澳、台及外资企业只有38家，占的比例很小。

在7482个内资企业中，国有139个，集体764个，股份合作104个，联营32个，有限责任公司500个，股份有限公司288个，私营5591个，其他64个（图39）。私营企业占了矿山总数的74.35%，数量占有绝对优势；省内139个国有矿山企业，仅占全省矿山总数的1.85%。

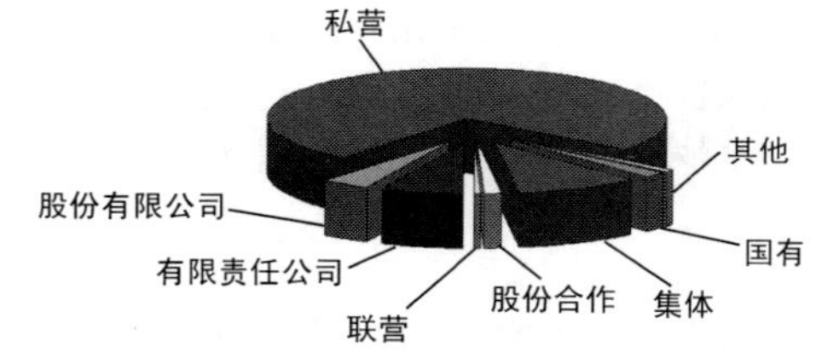


**图39 四川省内资矿山企业性质构成**

3.各类矿山企业对四川省矿业经济的贡献。各类矿山企业对四川省矿业经济的贡献(图 40)。四川省矿山工业总产值中,经济贡献超过 10%的分别是私营、国有和有限责任公司,股份有限公司接近 10%,其分别占四川省矿山工业总值的 37.0%、24.7%、15.6%和 9.8%;私营和国有矿山企业的工业总值总量占四川省矿山工业总产值的 61.7%。

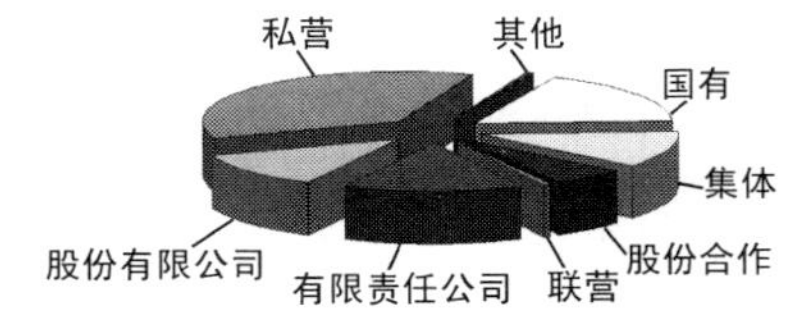


图 40 内资矿山企业对全省矿业经济的贡献

【矿种开发及矿山规模】 四川开发利用的矿种见表 2。

表 2 2008 年四川省矿产资源开发利用情况(按矿产种类分列)

| 矿 种 | 矿山企业数(个) | | | | | 从业人员(人) | 年产矿量(万吨) | 实采矿能力(万吨/年) | 工业总产值(万元) | 综合利用产值(万元) | 矿产品销售收入(万元) | 利润总额(万元) |
|---|---|---|---|---|---|---|---|---|---|---|---|---|
| | 合计 | 大型 | 中型 | 小型 | 小矿 | | | | | | | |
| 合计 | 7520 | 84 | 378 | 3906 | 3152 | 430890 | 21662.14 | 25722.44 | 3197466.66 | 128177.52 | 2909002.33 | 453088.17 |
| 煤炭(包括石煤) | 1498 | 7 | 15 | 601 | 875 | 233558 | 4887.35 | 6277.57 | 1467020.72 | 42118.17 | 1314435.76 | 146231.04 |
| 天然沥青 | 4 | 0 | 0 | 0 | 4 | 45 | 0 | 3.75 | 0 | 0 | 0 | 0 |
| 地下热水 | 23 | 11 | 4 | 7 | 1 | 678 | 204.12 | 0 | 15854.44 | 0 | 15215.97 | 266.4 |
| 铁矿 | 104 | 6 | 4 | 49 | 45 | 22068 | 3346.66 | 3298.89 | 577168.55 | 18545.89 | 532147.4 | 124183.65 |
| 锰矿 | 12 | 1 | 0 | 8 | 3 | 508 | 6.56 | 15.03 | 2136.75 | 50 | 719.05 | 120.6 |
| 铜矿 | 30 | 1 | 3 | 19 | 7 | 5147 | 377.73 | 379.91 | 146482.72 | 27580.32 | 143773.87 | 65546.6 |
| 铅矿 | 45 | 0 | 2 | 26 | 17 | 4061 | 68.78 | 72.35 | 75109.37 | 1471.75 | 63163.57 | 14105.13 |
| 锌矿 | 54 | 0 | 2 | 24 | 28 | 7078 | 101.99 | 123.84 | 89427.56 | 1207.5 | 86964.04 | 19325.36 |
| 铝土矿 | 6 | 0 | 0 | 1 | 5 | 107 | 0.43 | 3.6 | 55 | 0 | 55 | 6 |
| 镁矿 | 1 | 0 | 0 | 0 | 1 | 5 | 0 | 0 | 0 | 0 | 0 | 0 |
| 镍矿 | 5 | 0 | 0 | 5 | 0 | 1473 | 25.4 | 25.4 | 23813.1 | 144.85 | 23813.1 | 3788 |
| 钨矿 | 1 | 0 | 0 | 1 | 0 | 5 | 0 | 0 | 0 | 0 | 0 | 0 |
| 锡矿 | 4 | 0 | 0 | 2 | 2 | 133 | 2.66 | 2.66 | 623.5 | 20 | 573.5 | 29.75 |
| 钼矿 | 2 | 0 | 0 | 2 | 0 | 20 | 0 | 0 | 0 | 0 | 0 | 0 |
| 锑矿 | 1 | 0 | 0 | 0 | 1 | 40 | 0.43 | 0.43 | 105 | 70 | 105 | 10 |
| 金矿 | 52 | 0 | 4 | 18 | 30 | 2644 | 105.56 | 127.87 | 44443.2 | 2232.4 | 44194.8 | 9504 |
| 银矿 | 2 | 1 | 0 | 0 | 1 | 655 | 55 | 55 | 40800 | 2833 | 40800 | 13800 |
| 锂矿 | 3 | 0 | 1 | 1 | 1 | 609 | 19 | 19 | 2700 | 1800 | 2690.67 | 270.33 |
| 轻稀土矿 | 18 | 0 | 2 | 6 | 10 | 1295 | 15.67 | 15.68 | 7971 | 550 | 7740.56 | 882 |
| 碲矿 | 2 | 0 | 0 | 0 | 2 | 33 | 0 | 0.4 | 10 | 0 | 0 | 0 |
| 菱镁矿 | 1 | 1 | 0 | 0 | 0 | 33 | 0.75 | 0 | 60 | 10 | 60 | 15 |
| 熔剂用灰岩 | 9 | 1 | 0 | 5 | 3 | 1284 | 104.93 | 105.5 | 22667.97 | 0 | 20481.01 | 5013.5 |
| 冶金用白云岩 | 8 | 0 | 1 | 6 | 1 | 231 | 23.1 | 66.2 | 2308.97 | 67 | 2272.81 | 12 |
| 冶金用石英岩 | 47 | 0 | 1 | 36 | 10 | 503 | 16.32 | 38.46 | 599.84 | 32.4 | 539.84 | 21.92 |
| 冶金用砂岩 | 3 | 0 | 0 | 2 | 1 | 24 | 0.8 | 0.8 | 52 | 5 | 52 | 3 |

续表 2－1

| 矿　种 | 矿山企业数(个) | | | | | 从业人员(人) | 年产矿量(万吨) | 实采矿能力(万吨/年) | 工业总产值(万元) | 综合利用产值(万元) | 矿产品销售收入(万元) | 利润总额(万元) |
|---|---|---|---|---|---|---|---|---|---|---|---|---|
| | 合计 | 大型 | 中型 | 小型 | 小矿 | | | | | | | |
| 铸型用砂岩 | 2 | 0 | 0 | 2 | 0 | 5 | 0 | 0 | 0 | 0 | 0 | 0 |
| 铸型用砂 | 8 | 0 | 0 | 5 | 3 | 64 | 2.52 | 5.72 | 255 | 0 | 173 | 5.1 |
| 冶金用脉石英 | 33 | 0 | 0 | 29 | 4 | 544 | 8.38 | 24.08 | 1380.61 | 30 | 766.61 | 96 |
| 耐火黏土 | 28 | 0 | 0 | 19 | 9 | 604 | 16.29 | 31.66 | 748.33 | 0 | 748.33 | 74.43 |
| 硫铁矿 | 94 | 0 | 0 | 32 | 62 | 3542 | 133.4 | 191.37 | 41482.62 | 640 | 30903.04 | 4766.88 |
| 芒硝 | 21 | 8 | 13 | 0 | 0 | 6230 | 1262.53 | 1433.29 | 112234.1 | 1000 | 99177.04 | 3030.81 |
| 重晶石 | 8 | 0 | 0 | 4 | 4 | 74 | 1.58 | 2.48 | 469.9 | 0 | 468.5 | 18.1 |
| 电石用灰岩 | 2 | 0 | 0 | 0 | 2 | 45 | 3 | 3 | 36 | 0 | 36 | 2 |
| 化肥用灰岩 | 11 | 0 | 0 | 11 | 0 | 185 | 13.9 | 55 | 139 | 0 | 139 | 7.6 |
| 化工用白云岩 | 5 | 0 | 0 | 5 | 0 | 50 | 3.5 | 15.6 | 48.4 | 0 | 46.4 | 3 |
| 化肥用石英岩 | 6 | 0 | 0 | 1 | 5 | 134 | 4.5 | 19 | 188.5 | 13 | 188.5 | 25 |
| 化肥用砂岩 | 4 | 0 | 0 | 2 | 2 | 46 | 2 | 2 | 68 | 3 | 67 | 7 |
| 含钾岩石 | 2 | 0 | 1 | 0 | 1 | 15 | 0 | 0 | 0 | 0 | 0 | 0 |
| 化肥用蛇纹岩 | 1 | 0 | 0 | 1 | 0 | 37 | 2.5 | 2.5 | 35 | 0 | 35 | 3.59 |
| 盐矿 | 19 | 3 | 7 | 9 | 0 | 2371 | 1035.36 | 307.61 | 21391.44 | 3178.5 | 19978.99 | 3160.79 |
| 磷矿 | 47 | 1 | 10 | 34 | 2 | 7408 | 251.28 | 410.86 | 38402.96 | 5804.7 | 34001.72 | 4314.76 |
| 石墨 | 4 | 2 | 0 | 1 | 1 | 100 | 1.68 | 1.68 | 805 | 408 | 397 | 5 |
| 硅灰石 | 12 | 0 | 1 | 5 | 6 | 342 | 3.69 | 29.69 | 381.81 | 0 | 308.31 | 11.5 |
| 石棉 | 1 | 1 | 0 | 0 | 0 | 450 | 18 | 18 | 580 | 50 | 580 | 0 |
| 云母 | 3 | 0 | 0 | 2 | 1 | 25 | 0 | 0 | 0 | 0 | 0 | 0 |
| 长石 | 26 | 0 | 1 | 15 | 10 | 567 | 13.67 | 47.57 | 875.97 | 0 | 875.97 | 52.6 |
| 蛭石 | 1 | 0 | 0 | 1 | 0 | 8 | 0.23 | 0.23 | 11.5 | 0 | 11.5 | 0 |
| 透闪石 | 2 | 0 | 0 | 0 | 2 | 9 | 0 | 0 | 0 | 0 | 0 | 0 |
| 石膏 | 48 | 0 | 2 | 38 | 8 | 1132 | 69.88 | 102.25 | 3123.06 | 194.2 | 2605.41 | 160.42 |
| 方解石 | 16 | 0 | 0 | 1 | 15 | 106 | 6.34 | 5.04 | 410.5 | 0 | 237.16 | 21.3 |
| 水泥用灰岩 | 388 | 6 | 10 | 177 | 195 | 9315 | 2296.99 | 3057.86 | 56873.15 | 5974.89 | 52182.99 | 4631.34 |
| 建筑石料用灰岩 | 646 | 0 | 2 | 200 | 444 | 8898 | 927.7 | 1615.62 | 19234.94 | 142.8 | 17207.44 | 1906.45 |
| 饰面用灰岩 | 13 | 1 | 2 | 9 | 1 | 283 | 34.15 | 34.65 | 1293.5 | 0 | 1293.5 | 12.75 |
| 制灰用石灰岩 | 58 | 0 | 0 | 14 | 44 | 923 | 94.02 | 119.26 | 3785.25 | 22 | 2673.1 | 269.71 |
| 玻璃用白云岩 | 7 | 0 | 0 | 2 | 5 | 162 | 5.6 | 7.1 | 74.5 | 10 | 74.5 | 6 |
| 建筑用白云岩 | 16 | 0 | 0 | 5 | 11 | 140 | 15.68 | 29.83 | 166.25 | 0 | 163.6 | 24.8 |
| 玻璃用石英岩 | 47 | 1 | 2 | 31 | 13 | 1190 | 104.73 | 76.51 | 4386.4 | 2.1 | 3518.6 | 144.8 |

**续表 2-2**

| 矿　种 | 矿山企业数(个) | | | | | 从业人员(人) | 年产矿量(万吨) | 实采矿能力(万吨/年) | 工业总产值(万元) | 综合利用产值(万元) | 矿产品销售收入(万元) | 利润总额(万元) |
|---|---|---|---|---|---|---|---|---|---|---|---|---|
| | 合计 | 大型 | 中型 | 小型 | 小矿 | | | | | | | |
| 玻璃用砂岩 | 17 | 0 | 0 | 9 | 8 | 203 | 16.97 | 20.32 | 658.24 | 10 | 638.24 | 26.85 |
| 水泥配料用砂岩 | 21 | 1 | 1 | 11 | 8 | 413 | 56.33 | 145.61 | 537.01 | 48.5 | 459.92 | 65.96 |
| 砖瓦用砂岩 | 22 | 0 | 1 | 12 | 9 | 268 | 8.78 | 40.77 | 332.55 | 3 | 265.55 | 34.94 |
| 陶瓷用砂岩 | 25 | 0 | 0 | 17 | 8 | 318 | 14.71 | 22.91 | 285.93 | 9 | 252.93 | 37.86 |
| 建筑用砂岩 | 298 | 0 | 4 | 110 | 184 | 2872 | 163.8 | 295.81 | 5722.62 | 565.85 | 4559.32 | 547.1 |
| 玻璃用砂 | 11 | 0 | 0 | 1 | 10 | 113 | 10.56 | 16.56 | 492.15 | 0 | 492 | 11.35 |
| 建筑用砂 | 131 | 4 | 4 | 57 | 66 | 2190 | 345.9 | 765.22 | 6689.7 | 7.6 | 6439.6 | 405.21 |
| 水泥标准砂 | 1 | 0 | 0 | 0 | 1 | 5 | 0 | 0 | 0 | 0 | 0 | 0 |
| 砖瓦用砂 | 1 | 0 | 0 | 1 | 0 | 6 | 3.5 | 3.5 | 68 | 0 | 68 | 1 |
| 玻璃用石英岩 | 1 | 0 | 0 | 0 | 1 | 5 | 0 | 0 | 0 | 0 | 0 | 0 |
| 玻璃用脉石英 | 13 | 0 | 0 | 4 | 9 | 91 | 0.09 | 4.3 | 7.6 | 7 | 7.6 | 7 |
| 水泥配料用脉石英 | 2 | 0 | 0 | 2 | 0 | 25 | 3.5 | 3.5 | 260 | 100 | 180 | 17 |
| 陶粒页岩 | 4 | 0 | 1 | 2 | 1 | 83 | 9.93 | 9.93 | 291.9 | 0 | 275.4 | 0 |
| 砖瓦用页岩 | 2906 | 2 | 235 | 1918 | 751 | 84938 | 3972.23 | 5381.35 | 313252.65 | 10553.6 | 293599.44 | 24038.08 |
| 水泥配料用页岩 | 12 | 0 | 0 | 8 | 4 | 120 | 6.07 | 15.33 | 169.9 | 2 | 167.9 | 7.34 |
| 建筑用页岩 | 74 | 0 | 6 | 49 | 19 | 1829 | 55.3 | 96.7 | 3220 | 149 | 2977.92 | 371.22 |
| 高岭土 | 13 | 0 | 4 | 8 | 1 | 1076 | 19.71 | 35.78 | 1907.2 | 0.4 | 1892.8 | 86.31 |
| 陶瓷土 | 11 | 0 | 0 | 10 | 1 | 141 | 3.83 | 14.05 | 187.45 | 20 | 187.45 | 13.3 |
| 伊利石黏土 | 31 | 0 | 2 | 26 | 3 | 469 | 9.71 | 19.51 | 397.08 | 0 | 397.08 | 46.22 |
| 膨润土 | 34 | 0 | 1 | 33 | 0 | 473 | 17.52 | 18.71 | 3685 | 22 | 3187.08 | 142.7 |
| 砖瓦用黏土 | 97 | 0 | 0 | 4 | 93 | 2480 | 113.09 | 125.73 | 5200.85 | 149.4 | 4900.9 | 521.04 |
| 陶粒用黏土 | 35 | 1 | 2 | 12 | 20 | 467 | 15.99 | 40.84 | 1051.1 | 100.4 | 936.18 | 72.36 |
| 水泥配料用黏土 | 4 | 0 | 0 | 3 | 1 | 55 | 2.81 | 11.94 | 72.2 | 0 | 20 | 2 |
| 水泥配料用泥岩 | 4 | 1 | 1 | 0 | 2 | 34 | 10.31 | 110.4 | 355.3 | 0 | 58.39 | 21.5 |
| 保温材料用黏土 | 2 | 0 | 0 | 2 | 0 | 105 | 0 | 0 | 0 | 0 | 0 | 0 |
| 白云母黏土矿 | 2 | 0 | 0 | 2 | 0 | 20 | 0.02 | 0.02 | 4.5 | 0 | 3.6 | 2 |
| 建筑用辉石岩 | 3 | 1 | 0 | 1 | 1 | 64 | 13 | 13 | 236 | 0 | 236 | 20 |
| 水泥混合材玄武岩 | 2 | 1 | 0 | 1 | 0 | 62 | 11.9 | 17 | 400.47 | 28 | 372.47 | -10 |
| 建筑用玄武岩 | 27 | 1 | 3 | 16 | 7 | 474 | 45.16 | 58.19 | 1170.9 | 23.7 | 1101.3 | 161.99 |
| 饰面用辉绿岩 | 2 | 0 | 0 | 2 | 0 | 38 | 0.3 | 3.5 | 105 | 0 | 90 | 2 |
| 建筑用辉绿岩 | 1 | 0 | 0 | 1 | 0 | 13 | 0.2 | 5 | 12 | 0 | 2 | 0.1 |

续表 2－3

| 矿　种 | 矿山企业数(个) | | | | | 从业人员(人) | 年产矿量(万吨) | 实采矿能力(万吨/年) | 工业总产值(万元) | 综合利用产值(万元) | 矿产品销售收入(万元) | 利润总额(万元) |
|---|---|---|---|---|---|---|---|---|---|---|---|---|
| | 合计 | 大型 | 中型 | 小型 | 小矿 | | | | | | | |
| 建筑用辉长岩 | 4 | 0 | 0 | 3 | 1 | 40 | 5.34 | 5.34 | 84.36 | 32 | 52.36 | 12 |
| 建筑用闪长岩 | 5 | 1 | 0 | 1 | 3 | 68 | 2 | 2 | 10 | 0 | 10 | 1 |
| 建筑用正长岩 | 2 | 0 | 0 | 2 | 0 | 36 | 0 | 2 | 0 | 0 | 0 | 0 |
| 建筑用花岗岩 | 10 | 0 | 0 | 8 | 2 | 146 | 6.09 | 26.04 | 968 | 16.7 | 837 | 86.5 |
| 饰面用花岗岩 | 48 | 4 | 1 | 27 | 16 | 584 | 6.12 | 40.3 | 1128.87 | 11.9 | 888.27 | 165.59 |
| 霞石正长岩 | 1 | 0 | 0 | 0 | 1 | 148 | 1.5 | 1.5 | 59.85 | 0 | 59.85 | 0.3 |
| 建筑用凝灰岩 | 4 | 1 | 0 | 1 | 2 | 46 | 0 | 0.3 | 0 | 0 | 0 | 0 |
| 饰面用大理岩 | 40 | 0 | 4 | 30 | 6 | 832 | 24.23 | 29.62 | 3226.48 | 103 | 2045.83 | 86.97 |
| 建筑用大理岩 | 6 | 1 | 0 | 4 | 1 | 88 | 11.97 | 13.47 | 462.02 | 0 | 385.88 | 24.4 |
| 饰面用板岩 | 23 | 2 | 8 | 7 | 6 | 397 | 0.99 | 12.99 | 173.64 | 0 | 173.64 | 31 |
| 片石 | 4 | 0 | 0 | 1 | 3 | 67 | 6 | 8.7 | 188 | 0 | 184.8 | 45.65 |
| 砚石 | 3 | 0 | 0 | 2 | 1 | 59 | 2.9 | 2.9 | 55.1 | 3 | 55.1 | 1.08 |
| 矿泉水 | 49 | 11 | 10 | 24 | 4 | 1688 | 967.42 | 0 | 16045.67 | 0 | 11884.39 | 85.23 |

1. *矿山规模*。2008 年，四川省矿山总数从 2007 年的 7550 减少到 7520 个；其中，大型矿山从 95 个减少到 84 个，中型矿山从 384 个增加到 378 个，小型矿山从 4555 个减少到 3906 个，小矿从 2516 个增加到 3152 个。在矿山总数上，小型矿山和小矿在数量上仍占有绝对的优势(表 2、图 41)。

2. *开发矿种*。四川省开发利用的一百多种矿产品中，除煤以外，黑色金属(以铁为主)、有色金属、贵金属、稀有稀土金属、化工原料等对采矿业工业总产值的贡献见图 42、图 43。四川省经济效益较好的除煤炭以外的铁、锰、铜等 15 种金属及非金属矿产的主要经济指标见表 2。

四川省天然气、原煤、磷矿、硫铁矿、岩盐、钙芒硝、石棉、花岗石、铅精矿、锌精矿及轻稀土矿的产量名列全国前茅。天然气、煤炭、铁矿、铜矿、水泥灰岩等矿产的开发在全省的工业生产中占有很重要的地位。

四川省采矿业生产及发展过程中，除国有矿山企业外，集体、股份制、私营等矿山企业在矿业经济中逐渐占有重要的地位。天然气、锌矿、熔剂用石灰岩、冶金用白云岩、金矿等矿产在规模矿山企业中经济效益较好。小型的民营矿山主要以开采零星的煤炭资源，砖瓦用页岩、建筑用砂岩、建筑用砂砾石等矿产资源为主。

2008 年，四川省矿产开发工业总产值超过亿元的矿产有煤、铁、铜、铅、锌、镍、金、银、熔剂用灰岩、硫铁矿、芒硝、盐、磷、水泥用灰岩、建筑石材用灰岩、砖瓦用页岩及地下热水、矿泉水等，它们对四川省矿业经济的发展作出了贡献。

煤开发的工业总产值占全省采矿业工业总产值的 45.8%，铁矿占 18.1%，两者的工业生产总值相加为 63.9%，占四川省 2008 年采矿业工业总产值总额的一半以上。煤炭和铁矿的开发是四川省矿业经济的支柱。

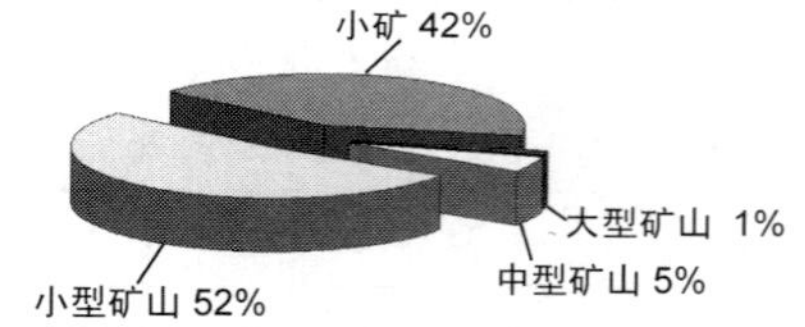


图 41　矿山规模构成比例

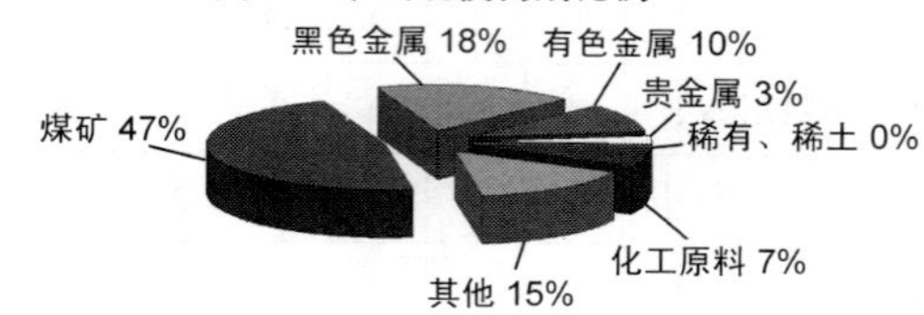


图 42　矿种工业总产值构成

3. *矿山从业人员的分布*。四川省从事采矿业生产的人员中，54.1%集中在煤矿山中，在各类矿产中的分布情况见图 43。

【资源性矿产品产量】　根据四川省统计年鉴最新资料，2007 年四川省全部国有及规模以上非国有工业企业的资源性产品的产量见表 3。其中，原煤、水泥较 2007 年增长超过了两成，生铁、钢、铁合金、焦炭、碳酸钠(纯碱)的增长超过了一成，而浓硝酸较 2007 年减少

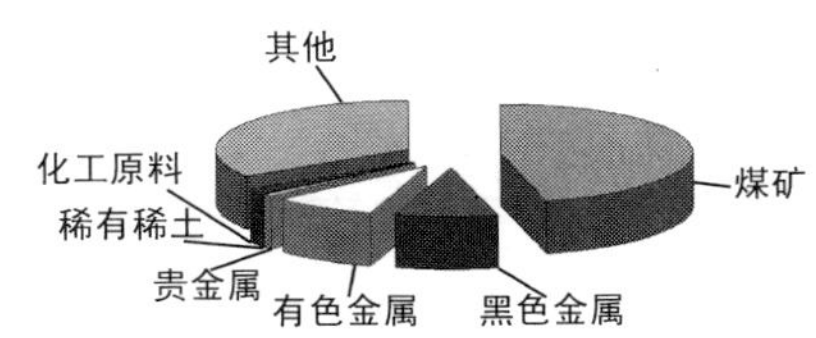


图 43 矿业从业人员各类矿种中的分布

了 15.86%。

表 4、图 44 是四川省 2003～2007 年部分矿产品日产量。可以看出，该期间除原盐和天然气没有明显增长外，所统计的其他资源性产品逐年都有较为明显的增长。

表 3 2008 年国有及规模以上工业企业部分资源性产品总量与增长指标

| 序号 | 产品名称 | 计算单位 | 产量 | 较 2008 年增长(%) |
|---|---|---|---|---|
| 1 | 原煤 | 万吨 | 7758.80 | 21.9 |
| 2 | 原油 | 万吨 | 18.14 | 4.79 |
| 3 | 天然气 | 亿立方米 | 160.40 | 0.25 |
| 4 | 原盐 | 万吨 | 666.40 | 7.11 |
| 5 | 生铁 | 万吨 | 1464.73 | 10.71 |
| 6 | 钢 | 万吨 | 1411.90 | 13.18 |
| 7 | 铁合金 | 万吨 | 140.86 | 13.82 |
| 8 | 焦炭 | 万吨 | 1038.52 | 10.63 |
| 9 | 水泥 | 万吨 | 6214.20 | 21.14 |
| 10 | 硫酸 | 万吨 | 360.00 | 9.31 |
| 11 | 浓硝酸 | 万吨 | 3.91 | －15.86 |
| 12 | 碳酸钠（纯碱） | 万吨 | 124.50 | 13.37 |
| 13 | 氢氧化钠（烧碱） | 万吨 | 93.85 | 1.47 |
| 14 | 合成氨 | 万吨 | 396.99 | 4.23 |
| 15 | 农用氮，磷，钾肥 | 万吨 | 375.17 | 0.74 |
| 16 | 电石(碳化钙) | 万吨 | 76.07 | 4.23 |

表 4 2003～2007 年部分矿产品日产量

| 年份 | 原盐(万吨) | 原煤(万吨) | 天然气(亿立方米) | 生铁(万吨) | 钢(万吨) | 钢材(万吨) | 水泥(万吨) |
|---|---|---|---|---|---|---|---|
| 2003 | 0.8 | 8.59 | 0.29 | 2.21 | 2.30 | 2.19 | 10.25 |
| 2004 | 0.97 | 12.14 | 0.32 | 2.52 | 2.71 | 2.77 | 10.47 |
| 2005 | 1.13 | 14.30 | 0.37 | 2.91 | 3.00 | 3.21 | 11.49 |
| 2006 | 1.70 | 17.43 | 0.44 | 3.58 | 3.36 | 3.61 | 13.43 |
| 2007 | 1.83 | 21.26 | 0.44 | 4.01 | 3.87 | 4.35 | 17.03 |

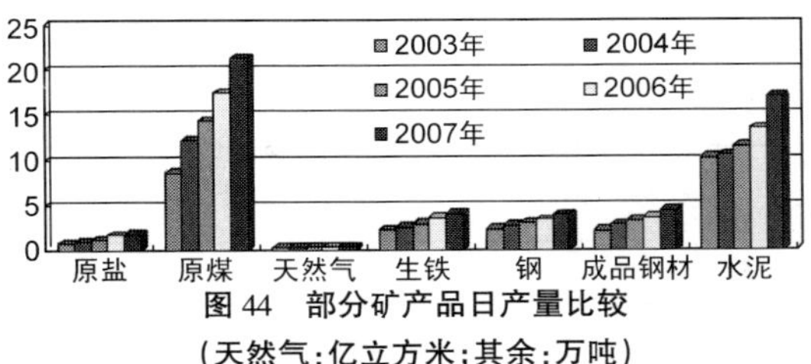


图 44 部分矿产品日产量比较
（天然气：亿立方米；其余：万吨）

【矿产品进出口贸易】 根据四川省统计局最新资料，2002 年四川省矿产品进口贸易总额为 8044 万美元，出口为 291 万美元，进出口矿产品贸易总额比为 28。2003 年，四川省进口矿产品贸易总额为 14505 万美元，出口为 545 万美元，两者约比 2007 年翻了一番；而进出口比例为 27。2004 年，四川省进出口总额又较 2007 年翻了一番多，但矿产品进出口比例仍是 28 倍。2005 年，四川省进口矿产品为 38853 万美元，出口矿产品为 1910 万美元，进出口贸易总额的增速明显放缓，进出口比例为 20 倍。2006 年，四川省矿产品进口 32912 万美元，出口 1318 万美元，进出口贸易总额明显回落，进出口比例为 25 倍。2007 年，四川省矿产品进口 45209 万美元，出口 969 万美元，进口贸易额明显增大，出口贸易额却显著减少，进出口额比例扩大为约 47 倍，说明四川省经济发展对外部资源的依赖程度明显增加。

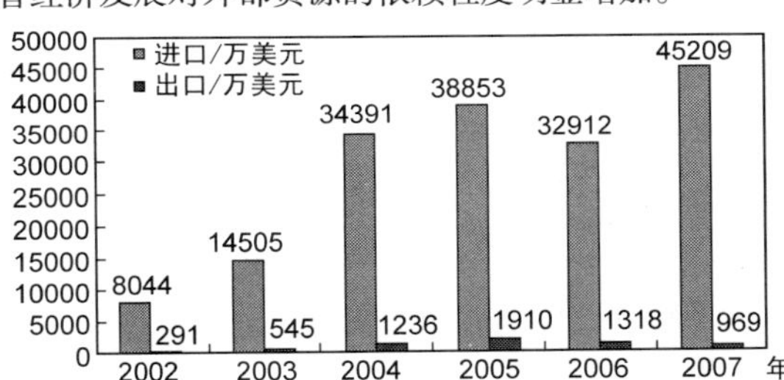


图 45 矿产品 2002～2008 年进出口贸易情况

（四川省矿业协会 曾令新）

【矿产资源概况】 贵州省至 2008 年，已发现矿种（含亚矿种）不同程度的查明有资源储量，共计产地（矿区、矿段或井田）2729 处。煤、磷、铝土、锑、金、锰、重晶石、水泥原料、砖瓦原料以及各种用途的石灰岩、砂岩和白云岩等矿产资源，是贵州的优势矿产。不仅资源丰富，而且现实经济优势明显，是贵州矿业的主体，所创经济价值高。截止至 2008 年底，贵州有 42 种矿产资源储量排名全国前十位。其中，煤炭资源储量达 549 亿吨，铝土矿保有资源储量 5.1 亿吨，磷矿资源储量 20.86 亿

吨，锰矿保有资源储量7205.49万吨，重晶石保有资源储量1.09亿吨。

**表1** **2008年贵州省矿产资源储量情况**

| 序号 | 矿种名称 | 资源储量单位 | 产地数 | 资源储量 | 产地数 | 储量 | 基础储量 | 资源量 | 资源储 | 全国排名 | 变化情况 |
|---|---|---|---|---|---|---|---|---|---|---|---|
| 1 | 煤炭 | 亿吨 | 639 | 527.86 | 858 | 81.58 | 150.05 | 398.95 | 549 | 5 | ↑ |
| 2 | 铁矿 | 亿吨 | 152 | 7.57 | 168 | 0.36 | 0.51 | 7.23 | 7.74 | 15 | ↑ |
| 3 | 锰矿 | 万吨 | 28 | 7981.49 | 33 | 1734.27 | 2496.74 | 7205.49 | 9702.23 | 3 | ↑ |
| 4 | 钒矿 | 万吨 | 14 | 59 | 19 | | | 75.26 | 75.26 | 8 | ↑ |
| 5 | 铜矿 | 万吨 | 14 | 8.11 | 17 | 0.24 | 034 | 10.49 | 1083 | | ↑ |
| 6 | 铅矿 | 万吨 | 63 | 46.63 | 82 | 0.92 | 5.98 | 48.69 | 54.67 | 17 | ↑ |
| 7 | 锌矿 | 万吨 | 89 | 120.68 | 118 | 3.3 | 14.73 | 130.16 | 144.89 | 18 | ↑ |
| 8 | 铝土矿 | 亿吨 | 91 | 4.74 | 102 | 1.43 | 2.05 | 3.05 | 5.1 | 4 | ↑ |
| 9 | 镁(炼镁白云岩) | 万吨 | 10 | 5365.41 | 10 | 1496.8 | 1906 | 3459.41 | 5365.41 | 5 | |
| 10 | 镍矿 | 吨 | 12 | 98907.34 | 18 | | | 148712.34 | 148712.3 | 9 | ↑ |
| 11 | 钨矿 | 吨 | 2 | 7890 | 3 | | | 10538.84 | 10538.84 | 16 | ↑ |
| 12 | 锡矿 | 吨 | 2 | 9194 | 2 | | | 9194 | 9194 | 11 | ↑ |
| 13 | 铝矿 | 吨 | 19 | 178567.1 | 26 | 1248 | 1783 | 226181.53 | 2277964.5 | 14 | ↓ |
| 14 | 汞矿 | 万吨 | 67 | 3.06 | 67 | 0.7 | 1.11 | 1.93 | 3.04 | 1 | ↓ |
| 15 | 锑矿 | 万吨 | 22 | 19.87 | 25 | 1.07 | 1.29 | 25.43 | 26.72 | 4 | ↑ |
| 16 | 金矿(岩金) | 吨 | 44 | 249.27 | 55 | 5.61 | 31.24 | 207.31 | 238.55 | 10 | ↓ |
| | 砂金 | 千克 | 1 | 99 | 1 | | | 99 | 99 | | |
| 17 | 银矿 | 吨 | 9 | 307.55 | 9 | 22 | 120 | 187.55 | 307.55 | | |
| 18 | 铌钽矿 | 吨 | 1 | 146 | 1 | | | 146 | 146 | 4 | |
| 19 | 锂矿 | $Li_2O$ 吨 | 69188 | 1 | | | 69188 | 69188 | 4 | | |
| 20 | 稀土矿 | 万吨 | 1 | 149.79 | 1 | | | 149.79 | 149.79 | 2 | |
| 21 | 锗矿 | 吨 | 3 | 161 | 3 | | 139 | 22 | 161 | 7 | |
| 22 | 镓矿 | 吨 | 34 | 27230.21 | 41 | 40 | 247 | 28184.8 | 24831.75 | 2 | ↑ |
| 23 | 铟矿 | 吨 | 4 | 64 | 4 | | 13 | 51 | 64 | 10 | |
| 24 | 铼矿 | 砘 | 1 | 2 | 1 | | | 2 | 2 | 8 | |
| 25 | 镉矿 | 吨 | 4 | 4555.43 | 4 | 537 | 1047 | 3508.43 | 4555.43 | 12 | |
| 26 | 硒矿 | 吨 | 9 | 382 | 9 | | | 382 | 382 | 7 | |
| 27 | 碲矿 | 吨 | 1 | 9 | 1 | | | 9 | 9 | 12 | |
| 28 | 普通萤石(萤石) | 万吨 | 20 | 257.4 | 26 | | 20.5 | 272.52 | 293.02 | 6 | ↑ |
| 20 | 熔剂用灰岩 | 万吨 | 15 | 23590.82 | 15 | 11310.3 | 14090.2 | 9500 | 23590.82 | 29 | |
| 30 | 冶金用白云岩 | 万吨 | 7 | 9542.65 | 7 | 3096.44 | 3867.85 | 5674.5 | 9542.35 | | ↑ |
| 31 | 冶金用砂岩 | 万吨 | 2 | 8238 | 6 | 4072.5 | 5597.5 | 2698.42 | 8295.92 | 1 | ↑ |
| 32 | 铸型用砂岩 | 万吨 | 2 | 1734 | 2 | 514.8 | 572 | 1162 | 1734 | 3 | |

**续表 1－1**

| 序号 | 矿种名称 | 资源储量单位 | 产地数 | 资源储量 | 产地数 | 储量 | 基础储量 | 资源量 | 资源储 | 全国排名 | 变化情况 |
|---|---|---|---|---|---|---|---|---|---|---|---|
| 33 | 冶金用脉石英 | 万吨 | 2 | 71.42 | 4 | | | 111.85 | 111.85 | 11 | ↑ |
| 34 | 耐火黏土 | 万吨 | 21 | 4818.8 | 22 | 866.84 | 1026.4 | 4587.81 | 5614.21 | 10 | ↑ |
| 35 | 硫铁矿 | 亿吨 | 79 | 6.2 | 93 | 0.28 | 0.57 | 5.74 | 6.31 | 3 | ↓ |
| | 伴生硫铁矿 | 万吨 | 5 | 63.82 | 6 | 6.7 | 9.6 | 42.53 | 52.13 | | ↓ |
| 36 | 重晶石 | 万吨 | 33 | 11881.8 | 68 | 1327.4 | 1742.01 | 10932.32 | 12674.33 | 1 | ↑ |
| 37 | 电石用灰岩 | 万吨 | 9 | 7209.54 | 9 | 4342.6 | 4824.6 | 3511.79 | 8336.39 | 14 | ↑ |
| 38 | 化工用白云岩 | 万吨 | 4 | 2417 | 4 | 418.5 | 760 | 1657 | 2417 | 3 | |
| 39 | 化肥用砂岩 | 万吨 | 3 | 10596.7 | 3 | 145.8 | 183.3 | 101413.4 | 10596.7 | 1 | |
| 40 | 含钾砂页岩 | 万吨 | 7 | 4831.1 | 7 | | | 4829.5 | 4829.5 | 8 | ↓ |
| 41 | 含钾岩石 | 万吨 | 1 | 63.79 | 1 | | | 63.79 | 63.79 | 6 | |
| 42 | 泥炭 | 万吨 | 4 | 203.63 | 4 | | 134 | 69.53 | 203.53 | 16 | ↓ |
| 43 | 碘矿 | 吨 | 5 | 9710 | 5 | | | 9710 | 9710 | 4 | |
| 44 | 砷矿 | 吨 | 4 | 11850 | 4 | | | 11850 | 11850 | 2 | |
| 45 | 磷矿 | 亿吨 | 63 | 27.73 | 70 | 5.02 | 7.17 | 20.86 | 28.03 | 3 | ↑ |
| 46 | 金刚石 | 克 | 1 | 755 | 1 | | | 755 | 755 | 5 | |
| 47 | 压电水晶 | 千克 | 13 | 6201 | 13 | 155 | 291 | 5910 | 6201 | 8 | |
| 48 | 熔炼水晶 | 吨 | 11 | 1110 | 11 | 89 | 160 | 950 | 1110 | 3 | |
| 49 | 光学水晶 | 千克 | 3 | 175 | 3 | | 3 | 172 | 175 | 1 | |
| 50 | 硅灰石 | 万吨 | 5 | 109.18 | 6 | | | 260.33 | 260.33 | 10 | ↑ |
| 51 | 石棉 | 万吨 | 2 | 0.9 | 2 | | | 0.9 | 0.9 | 14 | |
| 52 | 沸石 | 万吨 | 6 | 114.6 | 6 | | | 109.9 | 109.9 | 16 | ↓ |
| 53 | 石膏 | 万吨 | 9 | 9805.3 | 9 | 6.2 | 7.8 | 9797.48 | 9805.27 | 20 | ↑ |
| 54 | 方解石 | 万吨 | 6 | 244.18 | 7 | | | 453.84 | 453.84 | 8 | ↑ |
| 55 | 玻璃用灰岩 | 万吨 | 1 | 38.7 | 1 | 27 | 30 | 8.7 | 38.7 | 3 | |
| 56 | 水泥用灰岩 | 亿吨 | 100 | 17.19 | 102 | 8.89 | 10.71 | 7.57 | 18.28 | 20 | ↑ |
| 57 | 建筑石料用灰岩 | 万立方米 | 465 | 17680.79 | 485 | 1133.43 | 1378.8 | 16838.64 | 18217.44 | 2 | ↑ |
| 58 | 饰面用灰岩 | 万立方米 | 22 | 3693.1 | 22 | 945.3 | 1049.3 | 2658.6 | 3707.9 | 2 | ↑ |
| 59 | 制灰用石灰岩 | 万吨 | 5 | 4832.95 | 5 | 169 | 188 | 4637.85 | 4825.85 | 4 | ↓ |
| 60 | 玻璃用白云岩 | 万吨 | 2 | 280 | 2 | 215 | 238 | 42 | 280 | 11 | |
| 61 | 建筑用白云岩 | 万立方米 | 59 | 3634 | 60 | 1024.76 | 1265.2 | 2386.5 | 3651.7 | 3 | ↑ |
| 62 | 玻璃用砂岩 | 万吨 | 7 | 5122.83 | 7 | 1954.47 | 2172.47 | 2950.36 | 5122.83 | 7 | |
| 63 | 水泥配料用砂岩 | 万吨 | 21 | 9506.58 | 21 | 3620.48 | 4173.18 | 5333.4 | 9506.58 | 9 | |
| 64 | 砖瓦用砂岩 | 万立方米 | 5 | 1760 | 6 | 1223 | 1359 | 414.48 | 1773.48 | 1 | ↑ |
| 65 | 陶瓷用砂岩 | 万吨 | 2 | 1042.5 | 2 | 30.5 | 33.9 | 1008.6 | 1042.5 | 2 | |
| 66 | 建筑用砂 | 万立方米 | 118 | 3585.37 | 136 | 213.77 | 595.68 | 4115.15 | 4710.83 | 3 | ↑ |
| 67 | 玻璃用脉石英 | 万吨 | 1 | 1.4 | 1 | 0.9 | 1.4 | | 1.4 | 19 | |

续表 1－2

| 序号 | 矿种名称 | 资源储量单位 | 产地数 | 资源储量 | 产地数 | 储量 | 基础储量 | 资源量 | 资源储 | 全国排名 | 变化情况 |
|---|---|---|---|---|---|---|---|---|---|---|---|
| 68 | 砖瓦用页岩 | 万立方米 | 123 | 4704.89 | 127 | 38.4 | 412.71 | 4419.81 | 4832.52 | 4 | ↑ |
| 69 | 水泥配料用页岩 | 万吨 | 10 | 2687.35 | 10 | 900.8 | 1000.8 | 1676.64 | 2677.44 | 11 | ↓ |
| 70 | 高岭土 | 万吨 | 22 | 562.48 | 23 | 7.2 | 10.4 | 568.46 | 578.46 | 19 | ↑ |
| 71 | 陶瓷土 | 万吨 | 16 | 1409.76 | 16 | 72.2 | 85.2 | 1323.56 | 1408.76 | 13 | ↓ |
| 72 | 砖瓦用黏土 | 万立方米 | 12 | 1639.67 | 12 | 870.5 | 970.4 | 669.27 | 1639.67 | 5 | |
| 73 | 水泥配料用黏土 | 万吨 | 49 | 10779.56 | 49 | 5398 | 6020.2 | 4758.94 | 10779.14 | 7 | ↑ |
| 74 | 饰面用辉绿岩 | 万立方米 | 3 | 455.96 | 3 | 264 | 293 | 162.96 | 455.96 | 1 | |
| 75 | 饰面用花岗岩 | 万立方米 | 2 | 352 | 2 | 14 | 16 | 336 | 352 | | |
| 76 | 饰面用大理岩 | 万立方米 | 3 | 34 | 4 | 9.9 | 19 | 34 | 53 | | ↑ |

**【矿业权市场规范】** 2008 年，全省有效勘查许可证 2117 个（新立 283 个）。全省有效采矿许可证 7969 个（新立 725 个）。矿产资源有偿使用制度进一步深化，2008 年全省招标拍卖挂牌出让探矿权 5 宗，出让价款 15056 万元。全省招标拍卖挂牌出让采矿权 422 宗，出让价款 13.95 亿元。

表 2 **2008 年贵州省矿产资源勘查许可证及采矿许可证发证情况**

| 登记类别 | 批准登记发证数（个） | | | | | | | | | | | | | | 批准登记面积（平方千米） | 探矿权采矿权使用费（万元） |
|---|---|---|---|---|---|---|---|---|---|---|---|---|---|---|---|---|
| | 合计 | 能源矿产 | | | 黑色金属矿产 | | 有色金属矿产 | 贵金属矿产 | | 非金属矿产 | | | 水气矿产 | | |
| | | 小计 | 煤 | 地热 | 小计 | 铁矿 | | 小计 | 金矿 | 小计 | 水泥灰岩 | 化工矿产 | | | |
| 总计 | 10086 | 1509 | 1479 | 30 | 356 | 195 | 1487 | 335 | 335 | 6381 | 610 | 459 | 18 | 35327.2405 | 856.89 |
| 采矿许可证 | 7969 | 1289 | 1286 | 3 | 101 | 44 | 225 | 76 | 76 | 6260 | 607 | 366 | 18 | 4814.2705 | 551.85 |
| 变更 | 509 | 239 | 239 | | 3 | 1 | 2 | | | 265 | 40 | 12 | | 562.7366 | 76.76 |
| 其他 | 5248 | 672 | 669 | 3 | 84 | 36 | 206 | 69 | 69 | 4199 | 266 | 186 | 18 | 2701.6424 | 265.97 |
| 新立 | 725 | 87 | 87 | | 8 | 5 | 8 | 3 | 3 | 619 | 79 | 40 | | 786.1684 | 76.87 |
| 延续 | 1487 | 291 | 291 | | 6 | 2 | 9 | 4 | 4 | 1177 | 222 | 128 | | 763.7231 | 132.25 |
| 勘查许可证 | 2117 | 220 | 193 | 27 | 255 | 151 | 1262 | 259 | 259 | 121 | 3 | 93 | | 30512.97 | 305.04 |
| 变更 | 220 | 45 | 45 | 0 | 37 | 27 | 75 | 45 | 45 | 18 | | 15 | | 2743.07 | 27.41 |
| 其他 | 751 | 27 | 18 | 9 | 52 | 34 | 594 | 53 | 53 | 25 | 1 | 17 | | 11549.23 | 115.47 |
| 新立 | 283 | 1 | | 1 | 12 | 3 | 251 | 13 | 13 | 6 | | 6 | | 3632.34 | 36.3 |
| 延续 | 863 | 147 | 130 | 17 | 154 | 87 | 342 | 148 | 148 | 72 | 2 | 55 | | 12588.33 | 125.86 |

表 3 **2008 年贵州省有效矿产资源勘查许可证及采矿许可证发证情况**

| 登记类别 | 批准登记发证数（个） | | | | | | | | | | | | | | 批准登记面积（平方千米） | 探矿权采矿权使用费（万元） |
|---|---|---|---|---|---|---|---|---|---|---|---|---|---|---|---|---|
| | 合计 | 能源矿产 | | | 黑色金属矿产 | | 有色金属矿产 | 贵金属矿产 | | 非金属矿产 | | | 水气矿产 | | |
| | | 小计 | 煤 | 地热 | 小计 | 铁矿 | | 小计 | 金矿 | 小计 | 水泥灰岩 | 化工矿产 | | | |
| 贵州省 | 10086 | 1509 | 1479 | 30 | 356 | 195 | 1487 | 335 | 335 | 6381 | 610 | 459 | 18 | 35327.2405 | 856.89 |

续表3

| 登记类别 | 批准登记发证数(个) | | | | | | | | | | | | | | 批准登记面积(平方千米) | 探矿权采矿权使用费(万元) |
|---|---|---|---|---|---|---|---|---|---|---|---|---|---|---|---|---|
| | 合计 | 能源矿产 | | | 黑色金属矿产 | | 有色金属矿产 | 贵金属矿产 | | 非金属矿产 | | | 水气矿产 | | | |
| | | 小计 | 煤 | 地热 | 小计 | 铁矿 | | 小计 | 金矿 | 小计 | 水泥灰岩 | 化工矿产 | | | | |
| 采矿许可证 | 7969 | 1289 | 1286 | 3 | 101 | 44 | 225 | 76 | 76 | 6260 | 607 | 366 | 18 | | 4814.2705 | 551.85 |
| 省国土资源厅 | 1833 | 1289 | 1285 | 3 | 101 | 44 | 225 | 76 | 76 | 124 | 3 | 113 | 18 | | 3937.3166 | 191.75 |
| 贵阳市 | 328 | | | | | | | | | 328 | | | | | 12.3124 | 7.13 |
| 六盘水市 | 619 | | | | | | | | | 619 | 8 | 3 | | | 59.68 | 20.15 |
| 遵义市 | 1448 | | | | | | | | | 1448 | 259 | 10 | | | 76.8737 | 50.25 |
| 安顺市 | 265 | | | | | | | | | 265 | 164 | 3 | | | 24.0573 | 22.48 |
| 黔南州 | 849 | | | | | | | | | 849 | 99 | 155 | | | 189.7161 | 85.04 |
| 黔东南州 | 232 | | | | | | | | | 232 | 50 | 9 | | | 31.5086 | 229 |
| 黔西南自治州 | 687 | | | | | | | | | 687 | 11 | 9 | | | 42.609 | 34.95 |
| 铜仁地区 | 798 | | | | | | | | | 798 | 2 | 36 | | | 105.9033 | 43.85 |
| 毕节地区 | 910 | | | | | | | | | 910 | 11 | 28 | | | 334.2935 | 63.35 |
| 勘查许可证 | 2117 | 220 | 193 | 27 | 255 | 151 | 1262 | 259 | 259 | 121 | 3 | 93 | | | 3512.97 | 305.04 |
| 省国土资源厅 | 2117 | 220 | 193 | 27 | 255 | 151 | 1262 | 259 | 259 | 121 | 3 | 93 | | | 3512.97 | 305.04 |

表4 **2008年贵州省各地、州、市矿业经济指标情况**

| 名称 | 矿山企业数(个) | | | | | 矿山从业人员(人) | 年产矿量(万吨) | 实际采矿能力(万吨/年) | 工业总产值(万元) | 综合利用产值(万元) | 矿产品销售收入(万元) | 利润总额(万元) |
|---|---|---|---|---|---|---|---|---|---|---|---|---|
| | 合计 | 大型 | 中型 | 小型 | 小矿 | | | | | | | |
| 全省合计 | 7073 | 24 | 100 | 3265 | 3684 | 249992 | 16976.7 | 22314.57 | 3455233.55 | 561271.36 | 2759574.87 | 433588.55 |
| 贵阳市 | 533 | 2 | 11 | 285 | 235 | 17100 | 1871.07 | 2145.35 | 280813.89 | 123542.44 | 225798.04 | 25274.13 |
| 六盘水市 | 349 | 8 | 10 | 144 | 187 | 55131 | 2281.7 | 2470.94 | 1392700.43 | 118975.1 | 917097.07 | 80115.83 |
| 遵义市 | 1188 | 2 | 9 | 548 | 629 | 31551 | 2035.48 | 2099.48 | 118295.35 | 8499.42 | 109391.85 | 13511.28 |
| 安顺市 | 511 | 2 | 3 | 249 | 357 | 17078 | 1544.31 | 1575.35 | 275582.64 | 22955.93 | 255102.45 | 48778.01 |
| 黔南州 | 1213 | 1 | 11 | 518 | 683 | 23047 | 2456.6 | 4835.37 | 199764 | 1745.25 | 179801.58 | 37408.98 |
| 黔东南州 | 404 | 2 | 10 | 217 | 175 | 11494 | 832.44 | 853.22 | 81555.09 | 24561.3 | 64008.55 | 12474.71 |
| 黔西南州 | 415 | 1 | 8 | 323 | 83 | 21033 | 15948 | 2391.79 | 421269.43 | 134752.24 | 384533 | 58005.04 |
| 毕节地区 | 1545 | 4 | 26 | 585 | 930 | 63827 | 3454.68 | 4794.54 | 631200.65 | 106984.68 | 558370.15 | 144012.71 |
| 铜仁地区 | 814 | 2 | 12 | 395 | 405 | 9521 | 904.12 | 1048.62 | 64960.09 | 19145 | 64366.17 | 1400587 |

表 5　　2008 年贵州省矿产资源开发利用情况

| 企业经济类型 | 矿山企业数(个) | | | | | 矿山从业人员(人) | 年产矿量(万吨) | 实际采矿能力(万吨/年) | 工业总产值(万元) | 综合利用产值(万元) | 矿产品销售收入(万元) | 利润总额(万元) |
|---|---|---|---|---|---|---|---|---|---|---|---|---|
| | 合计 | 大型 | 中型 | 小型 | 小矿 | | | | | | | |
| 全省合计 | 7073 | 24 | 100 | 3265 | 3684 | 249992 | 16976.7 | 22314.57 | 3455233.55 | 561271.36 | 2759574.87 | 433588.55 |
| 一、内资企业 | 7054 | 22 | 100 | 3259 | 3683 | 248445 | 16759.7 | 22092.67 | 3440758.6 | 541268.36 | 2734099.9 | 433031.05 |
| 国有企业 | 184 | 10 | 15 | 120 | 39 | 35740 | 1903.24 | 20533 | 728803.73 | 44054.34 | 377989.48 | 54175.22 |
| 集体企业 | 207 | | 2 | 104 | 101 | 7555 | 645.88 | 317.3 | 89026.53 | 16157 | 69016.15 | 14984.42 |
| 股份合作企业 | 73 | | 3 | 45 | 25 | 3712 | 187.45 | 264.2 | 36785.15 | 4264.7 | 30805.63 | 3872.68 |
| 联营企业 | 69 | | 3 | 45 | 20 | 1343 | 140.25 | 227.64 | 22295 | 848 | 19355.8 | 2032.45 |
| 有限责任公司 | 202 | 9 | 20 | 112 | 51 | 14724 | 1091.46 | 1269.55 | 262526.65 | 10915.75 | 212225.58 | 37543.94 |
| 股份有限公司 | 152 | 2 | 12 | 79 | 59 | 21937 | 103431 | 1150.58 | 665005.25 | 29370 | 641032.25 | 33665.28 |
| 私营企业 | 5695 | 1 | 43 | 2517 | 3134 | 159065 | 11075.89 | 15613.6 | 15958703 | 337002.97 | 1345453.2 | 281574.52 |
| 其他企业 | 482 | | 2 | 236 | 244 | 4259 | 680.2 | 686.51 | 39455 | 645.6 | 38211.8 | 5182.54 |
| 二、港、澳、台商投资企业 | 4 | | | 3 | 1 | 426 | 17 | 22 | 4525 | 1 | 4525 | 504.5 |
| 三、外商投资企业 | 5 | 2 | | 3 | | 1121 | 200 | 200 | 20950 | 20002 | 20950 | 53 |

表 6　　2008 年贵州省矿业经济指标情况

| 矿种 | 矿山企业数(个) | | | | | 矿山从业人员(人) | 年产矿量(万吨) | 实际采矿能力(万吨/年) | 工业总产值(万元) | 综合利用产值(万元) | 矿产品销售收入(万元) | 利润总额(万元) |
|---|---|---|---|---|---|---|---|---|---|---|---|---|
| | 合计 | 大型 | 中型 | 小型 | 小矿 | | | | | | | |
| 全省合计 | 7073 | 24 | 100 | 3265 | 3684 | 249992 | 16976.7 | 22314.57 | 3455233.55 | 561271.36 | 2759574.87 | 433588.55 |
| 煤炭 | 1655 | 12 | 36 | 1031 | 576 | 16700 | 7454.37 | 10096.43 | 2838624.19 | 399754.01 | 2227653.21 | 337348.05 |
| 地下热水 | 2 | | | 2 | | 73 | 19.25 | 1 | 220 | | 20 | 19 |
| 铁矿 | 41 | | 1 | 22 | 18 | 1548 | 98.28 | 143.31 | 12291.23 | 2395 | 5331.11 | 1528 |
| 锰矿 | 64 | 3 | 4 | 53 | 4 | 2733 | 85.91 | 84.71 | 31118.3 | 9554 | 27428.09 | 4390.67 |
| 铜矿 | 3 | | | 3 | 0 | 115 | 4 | 3.65 | 2100 | 10 | 1880 | 110 |
| 铅矿 | 18 | | | 6 | 12 | 2484 | 6.6 | 10.34 | 759.13 | 152 | 679.13 | －98 |
| 锌矿 | 87 | | | 30 | 57 | 2840 | 29.59 | 224.84 | 15618.54 | 1191 | 8964.54 | 456.98 |
| 铝土矿 | 92 | | 2 | 50 | 40 | 1712 | 93.52 | 126.05 | 12049.08 | 2971 | 8208.65 | 1172.1 |
| 镍矿 | 1 | | | | 1 | 80 | | | | | | |
| 钼矿 | 9 | | | 7 | 2 | 1530 | 1.09 | 1.09 | 770 | | 770 | |
| 汞矿 | 28 | | | 19 | 9 | 684 | 5.65 | 35.6 | 1943 | 180 | 1640 | 34 |
| 锑矿 | 8 | | | 4 | 4 | 917 | 9.59 | 12.04 | 3677.72 | 56 | 3667.72 | 536.9 |
| 金矿 | 58 | 1 | 1 | 22 | 34 | 2514 | 159.29 | 161.11 | 85861.54 | 20644.24 | 72733.39 | 19883.85 |
| 普通萤石 | 35 | | 2 | 21 | 12 | 731 | 11.04 | 27.3 | 2388.55 | 1487 | 2317.55 | 612.6 |

**续表 6–1**

| 矿种 | 矿山企业数(个) | | | | | 矿山从业人员(人) | 年产矿量(万吨) | 实际采矿能力(万吨/年) | 工业总产值(万元) | 综合利用产值(万元) | 矿产品销售收入(万元) | 利润总额(万元) |
|---|---|---|---|---|---|---|---|---|---|---|---|---|
| | 合计 | 大型 | 中型 | 小型 | 小矿 | | | | | | | |
| 熔剂用灰岩 | 4 | | | 3 | 1 | 370 | 71.25 | 76 | 435 | 100 | 435 | 130 |
| 冶金用白云岩 | 1 | | | 1 | | 6 | | | | | | |
| 冶金用石英岩 | 41 | | 1 | 25 | 15 | 439 | 0.92 | 50.3 | 105.6 | 11.01 | 85.6 | 9 |
| 冶金用砂岩 | 4 | | | 4 | | 59 | | | 0.02 | | | |
| 冶金用脉石英 | 9 | | | 6 | 3 | 192 | 3.25 | 25.6 | 297 | | 267 | 19.1 |
| 自然硫 | 1 | | | | | 1 | 5 | | | | | |
| 硫铁矿 | 49 | | | 32 | 17 | 721 | 33.17 | 69.3 | 61.57 | 172 | 5984.6 | 1056.5 |
| 重晶石 | 151 | 2 | 10 | 91 | 48 | 2688 | 117.96 | 273.1 | 15261.43 | 3181.7 | 15040.43 | 3184.71 |
| 电石用灰岩 | 8 | | | 1 | 7 | 88 | 6.46 | 53 | 175.3 | 30.1 | 121.8 | 18.05 |
| 化肥用石英岩 | 3 | | | 2 | 1 | 11 | 1.15 | 6.1 | 18.45 | | 18.45 | 13 |
| 化肥用砂岩 | 1 | | | 1 | | 3 | | 5 | | | | |
| 泥炭 | 3 | | | 1 | 2 | 32 | 0.7 | 0.1 | 30 | 2 | 30 | 13 |
| 砷矿 | 2 | | | 1 | 1 | 15 | 1 | 5 | 54.5 | 10 | 54 | 18 |
| 磷矿 | 70 | 3 | 5 | 50 | 12 | 6287 | 1126.28 | 791.58 | 269122.51 | 97821.75 | 228476.93 | 31851.2 |
| 硅灰石 | 21 | | 1 | 17 | 3 | 370 | 13.64 | 21.44 | 383.95 | | 377.95 | 55.45 |
| 长石 | 1 | | | 1 | | 5 | | | | | | |
| 沸石 | 6 | | | | 6 | 11 | | | | | | |
| 石膏 | 4 | | | 3 | 1 | 90 | 2 | 2 | 300 | 300 | 300 | 60 |
| 方解石 | 17 | | | 11 | 6 | 216 | 11.07 | 43.7 | 736.8 | 67 | 676.8 | 122.89 |
| 玉石 | 1 | | | 1 | | 2 | | | | | | |
| 建筑石料用灰岩 | 1 | | | | 1 | 5 | | | | | | |
| 水泥用灰岩 | 112 | | 5 | 76 | 31 | 3714 | 627.47 | 626.72 | 30049.35 | 5297.6 | 20793.13 | 3917.77 |
| 建筑石料用灰岩 | 1950 | 1 | 3 | 470 | 1476 | 18611 | 2785.78 | 4004.53 | 45099 | 7657.68 | 41830.94 | 9857.14 |
| 饰面用灰岩 | 13 | | | 5 | 8 | 89 | 4.65 | 28.59 | 117.7 | 12 | 117.7 | 16.8 |
| 制灰用灰岩 | 17 | | | 4 | 13 | 229 | 25.38 | 51 | 411.13 | 33 | 411.13 | 84.4 |
| 建筑用白云岩 | 231 | | 2 | 127 | 102 | 2343 | 477.73 | 834.85 | 5441.9 | 621.55 | 4936.95 | 1008.58 |
| 玻璃用石英岩 | 2 | | | | 2 | 35 | 15 | 15 | 100 | 15 | 70 | 43 |
| 水泥配料用砂岩 | 1 | | | | | 1 | 3 | | | | | |
| 砖瓦用砂岩 | 9 | | | 9 | | 201 | 31.6 | 32.6 | 513.05 | 21 | 513.05 | 72.2 |
| 陶瓷用砂岩 | 1 | | | | | 1 | 2 | | 5 | 0.18 | | 0.18 |
| 建筑用砂岩 | 399 | | 4 | 241 | 154 | 3426 | 540.6 | 603.45 | 10384.16 | 873.57 | 9397.98 | 1815.35 |
| 建筑用砂 | 1064 | | 1 | 351 | 712 | 10980 | 1543.27 | 2137.38 | 31547.4 | 2074.84 | 28739.58 | 6098.7 |
| 建筑石料用灰岩 | 5 | | | | | 5 | 25 | | | | | |

续表 6－2

| 矿种 | 矿山企业数(个) | | | | | 矿山从业人员(人) | 年产矿量(万吨) | 实际采矿能力(万吨/年) | 工业总产值(万元) | 综合利用产值(万元) | 矿产品销售收入(万元) | 利润总额(万元) |
|---|---|---|---|---|---|---|---|---|---|---|---|---|
| | 合计 | 大型 | 中型 | 小型 | 小矿 | | | | | | | |
| 砖瓦用砂 | 116 | | | 25 | 91 | 1761 | 232 | 318.3 | 3480 | | 3480 | 10 |
| 水泥配料用脉石英 | 1 | | | | 1 | 10 | 0.5 | 0.5 | 15.28 | 1.7 | 11 | 7 |
| 粉石英 | 6 | | 1 | 4 | 1 | 48 | 43 | 21.2 | 245 | 129 | 245 | 67 |
| 砖瓦用灰岩 | 341 | 1 | 16 | 248 | 76 | 7173 | 752.6 | 831.61 | 23133.54 | 2041.7 | 22160.17 | 5060.11 |
| 水泥配料用页岩 | 2 | | | | 2 | 12 | 1 | 1 | 6 | | 6 | 1.58 |
| 建筑用页岩 | 228 | | 5 | 141 | 82 | 3741 | 492.61 | 540.45 | 11807.74 | 2021.5 | 10435.28 | 2517.76 |
| 高岭土 | 22 | 1 | | 15 | 6 | 126 | 0.54 | 41.3 | 70.41 | | 70.41 | 2.1 |
| 陶瓷土 | 2 | | | 2 | 7 | | | | | | | |
| 砖瓦用黏土 | 14 | | | 6 | 8 | 172 | 23.22 | 24.2 | 509.32 | 4 | 479.32 | 79.2 |
| 砖瓦用页岩 | 1 | | | | 1 | 35 | 1 | 1 | 100 | 100 | 100 | 25 |
| 陶粒用黏土 | 6 | | | 5 | 1 | 175 | 8.7 | 9.7 | 1310 | 22 | 1310 | 107 |
| 水泥配料用黏土 | 3 | | | 2 | 1 | 31 | 1.2 | 9 | 12.03 | | 10.03 | 5 |
| 建筑用玄武岩 | 1 | | | | 1 | 22 | 3 | 3 | 270 | | 270 | 18 |
| 建筑用辉岩 | 1 | | | 1 | | 2 | | | | | | |
| 建筑用聚灰岩 | 3 | | | 3 | | 11 | 5.67 | 0.98 | 9.45 | | 9.45 | |
| 饰面用大理岩 | 2 | | | 2 | 6 | 106 | 10.14 | 10.5 | 248.8 | 15.1 | 193.12 | 38 |
| 建筑用大理岩 | 3 | | | 2 | 1 | 82 | 26 | 26 | 108.3 | 10.3 | 107.5 | 21.5 |
| 饰面用板岩 | 9 | | | 5 | 4 | 149 | 17.5 | 6.3 | 340 | 215 | 305 | 42 |
| 矿泉水 | 1 | | | 1 | | 10 | 0.4 | 3 | 200 | 30 | 200 | 110 |
| 其他矿产 | 2 | | | 1 | 1 | 25 | 1.2 | 1.12 | 220 | 5 | 210 | 30 |

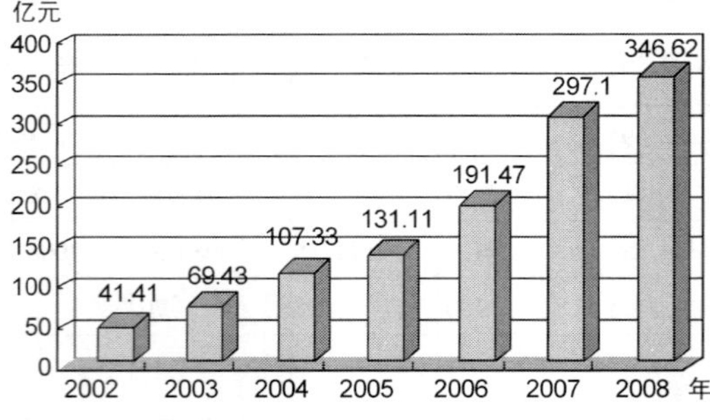


图1　2002～2008年贵州省矿业产值情况

【地质勘查投入及成果】　贵州省共有从事地质勘查的单位50个，从业人员8460人，主要分属于地矿、有色、煤田、核工业等部门。

全面加强工程、水文、环境、农业、城市地质工作，2009年全省投入地质勘查业费（除国土资源大调查项目）共42012.53万元，其中，中央财政拨款2153.09万元，地方财政拨款7259.85万元，企事业单位投入21128.62万元，其他投入11470.97万元，在全省地质经费投入中煤矿占42.9%。

加大矿产资源勘查力度，特别是煤、铝、磷、锰、重晶石、钒、金等优势矿种勘查。

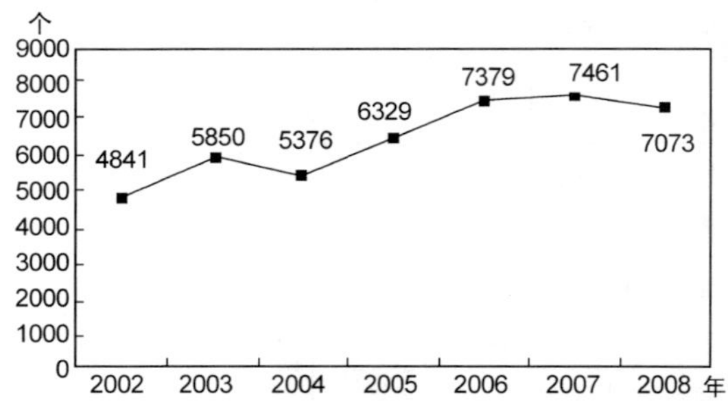


图2　2002～2008年贵州省矿山企业个数变化趋势

加快矿产资源事例,以实现整装勘查和集约开发,形成大型资源基地。

完成机械岩心钻探工作量421759米,坑探工作量1491米。开展地质勘查工作的矿种有16种,主要矿种有:煤矿、地热、铁矿、锰矿、金矿、钒矿;其中锰矿为中型矿床。

新增查明矿产资源储量:煤矿60142千吨、锰矿1464矿石万吨、铝土矿1396.12矿石万吨、铅锌矿42254金属吨、铜矿26078金属吨、金矿22812金属千克、钒矿16.26五氧化二钒万吨、磷矿50390矿石千吨。

加大地下水勘查力度,解决70万农村人口、35万头大牲畜饮用水和近10万调农田灌溉提供水源保障。

**【矿产资源补偿费征收管理】** 矿产资源有偿使用制度改革进一步深化,煤炭资源有偿使用制度改革稳步推进。

矿业权价款收缴方式进一步理顺,矿产资源补偿费征收管理工作日趋规范。

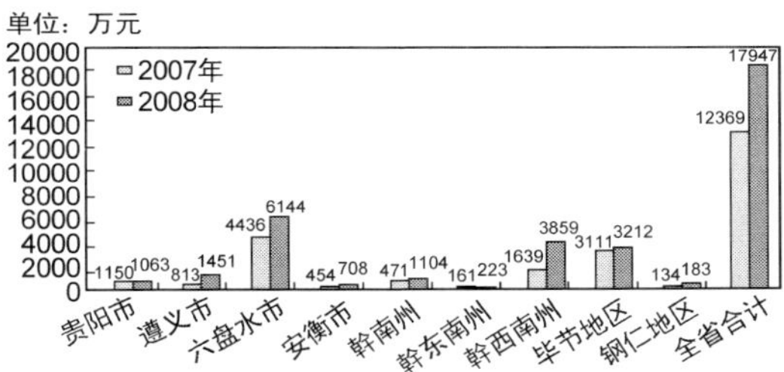


**图3 2007~2008年贵州省矿产资源补偿费征收入情况**

**【地质找矿进展情况】** 1.贵州张维-五指山地区铅锌矿评价。估算获铅+锌资源量200.29万吨。

2.贵州务川-正安-道真地区铝土矿评价。报告评审通过并获优秀,初步估算获铝土矿石资源量2937万吨。

3.贵州小赛-耿家屯地区矿产远景调查。预计可提交2处矿产地,新增资源量1处,新发现了铜铅锌矿(化)点14处。

4.贵州唐房-舍居乐地区矿产远景调查。基本查明了铅、锌、铜等多金属矿区域成矿地质条件,通过工作,新发现铅锌矿产地1处,提交铅锌资源量11.45万吨,铅2.40万吨;远景评价铅锌预测资源量262.52万吨,其中铅预测资源量174.68万吨,锌预测资源量87.64万吨。

5.贵州以那架-小猫场地区矿产远景调查。初步查清各重点工作区主要矿产分布规律及产出特征,提交矿产地3处,其中铅锌1处,钼矿1处,磷矿1处。矿产分布规律及产出特征,交矿产地3处,其中铅锌1处,钼矿出处,磷矿出处。

6.贵州艾家坪-水城地区矿产远景调查。通过地、物、化、遥及矿产综合地质找矿方法,提交4个矿产地,其中3个铅锌矿产地、1个铜矿产地。

7.全国重要矿产资源潜力评价。全面部署和启动了铁、铜、铝、铅、锌、金、煤、磷8个矿种的潜力评价工作,其中重点是完成铁、铝二矿种的潜力评价工作,尤其是务正道铝土矿典型示范区的工作。

8.贵州省矿产资源利用现状调查。全面对贵州省优势矿产煤炭、铁、锰、铜、铅、锌、银、铝土矿、钨、锡、镍、钼、锑、金、汞、钒、磷(稀土)、硫、铁矿、重晶石、萤石、冶镁白云岩22个矿种的资源储量进行核查及综合汇总及专题研究。

9.贵州遵义地区铝土矿远景调查。通过矿产地质填图,在通书窝及双河等地发现多处铝土矿含量较高的地段,为2009年在区内开展矿产调查工作提供了新的靶区。

**【地质环境保护与地质灾害防治】** 2008年贵州省国土资源厅,严格执行《贵州省矿山环境保护与治理规划》和《贵州省矿山环境治理恢复保证金管理暂行办法》,建立了地质灾害预警预报、群测群防、巡查排查制度和应急处置机制。

成功避让7起重大地质灾害,避免人员伤亡700余人;完成全省受地质灾害威胁农村中小学的排查工作;全面启动地质灾害威胁农房和69所学校的治理搬迁工作,强化监测预警和群测群防,推进防治机构和应急系统建设;强化矿山环境治理保证金缴存、使用和监管;加大地质遗迹的保护,组织编制《贵州省地质遗迹保护规划》。

**表7** **2008年贵州省矿山环境保护** 单位:个、公顷、万元

| 项目/地区 | 合计 | 矿山占用破坏土地 | | | 矿山环境恢复治理 | | | | |
|---|---|---|---|---|---|---|---|---|---|
| | | 尾矿堆放 | 露天采亢 | 采矿塌陷 | 项目 | 恢复面积 | 投入资金 | | |
| | | | | | | | 中央财政 | 地方财政 | |
| 全省合计 | 8131.23 | 918.51 | 1580.08 | 5623.11 | 62 | 7426.21 | 6276.81 | 932 | 1194.99 |
| 贵阳市 | 2638.86 | 500.5 | 1072.92 | 1065.4 | 3 | 677 | 350 | 327 | 5.8 |

续表 7

| 项目<br>地区 | 合计 | 矿山占用破坏土地 | | | 矿山环境恢复治理 | | | | |
|---|---|---|---|---|---|---|---|---|---|
| | | 尾矿堆放 | 露天采坑 | 采矿塌陷 | 项目 | 投入资金 | | | |
| | | | | | | 恢复面积 | 中央财政 | 地方财政 | |
| 六盘水市 | 4871 | 278 | 112 | 4481 | 2 | 570 | 570 | | |
| 遵义市 | 39.21 | 8 | 7.84 | 23.37 | 7 | 1600.81 | 1186.81 | 414 | 98.84 |
| 安顺市 | 28 | 6 | 17 | 5 | 1 | 900 | 900 | | |
| 黔南自治州 | 253 | 59.08 | 180.31 | 14.11 | 40 | 387.4 | 370 | | 1006.55 |
| 黔东南自治州 | | | | | 1 | 200 | | | |
| 黔西南自治州 | 216.3 | 38.5 | 175 | 2.8 | 4 | 710 | 700 | 10 | 83 |
| 毕节地区 | 56.86 | 16.43 | | 40.43 | 2 | 1681 | 1500 | 181 | 2.8 |
| 铜仁地区 | 28 | 13 | 15 | | 2 | 700 | 700 | | |

表 8　**2008 年贵州省地质公园建设**　单位:个、公顷、万元

| | 地质公园 | | 地质公园面积 | | 地质公园类别(个) | | | 建设投资 | |
|---|---|---|---|---|---|---|---|---|---|
| | | 国家级 | | 国家级 | 地质构造、剖面和形迹 | 古生物化石 | 地质地貌景观 | | 本年投资 |
| 全省合计 | 11 | 6 | 2354.54 | 1739.60 | 2 | 1 | 8 | 18892.5 | 5340 |
| 贵阳市 | 2 | | 18500 | | 1 | | 1 | 75 | |
| 六盘水市 | 1 | 1 | 38800 | 38800 | | | 1 | 730 | 220 |
| 遵义市 | 1 | 1 | 31860 | 31860 | | | 1 | 7090 | 1320 |
| 安顺市 | 1 | 1 | 2600 | 2600 | | 1 | | 2140 | 740 |
| 黔南自治州 | 2 | 1 | 38600 | 35000 | 1 | | 1 | 5929 | 2000 |
| 黔东南自治州 | 1 | | 35800 | | | | 1 | 500 | 500 |
| 黔西南自治州 | 1 | 1 | 35000 | 35000 | | | 1 | 1208.5 | 300 |
| 毕节地区 | 1 | 1 | 30700 | 30700 | | | 1 | 700 | |
| 铜仁地区 | 1 | | 3594 | | | | 1 | 520 | 260 |

(贵州省国土资源厅　赵振海)

# 云　南　省

【矿产资源概况】　截至 2008 年底,云南省共发现各类矿产 142 种,占全国已发现矿种(171)的 83%,在已发现的矿产中,列入《云南省矿产资源储量简表》的有 86 种,其中能源矿产 2 种,金属矿产 39 种,非金属矿产 45 种;上表矿区 1253 个,其中大型矿区 113 个,中型矿区 276 个,小型矿区 864 个;按单矿种统计,全省共有上表矿区 1896 处,其中能源 375 处,金属 1083 处,非金属 431 处,已探明矿产资源储量潜在经济价值达 9.4 万亿元。

截至 2008 年底,云南省有 62 种矿产保有资源储量排在全国前十位,其中能源矿产 1 种,金属矿产 29 种,非金属矿产 32 种(表 1),24 种排在前三位,磷、铅、锌、锡、铜、铟、锗、镍、铂族金属、银、钛铁砂矿是云南省的优势矿种。

表 1　**云南省矿产资源储量列全国前十位的矿产**

| 位次 | 矿产名称 | 矿种数 |
|---|---|---|
| 1 | 铅、锌、锡、铟、铊、镉、磷、蓝石棉 | 8 |
| 2 | 钛铁砂矿、镍、铂族金属、硅灰石、硅藻土 | 5 |
| 3 | 铜、银、钴、锶、锗、钾盐、砷、芒硝矿石、化肥用蛇纹岩、霞石正长岩、水泥配料用砂岩 | 11 |
| 4 | 锰、铋、金、铍、锑、重稀土矿(磷钇矿矿物)、锆(锆英石矿物)、轻稀土矿(独居石矿物)、普通萤石、泥灰岩、水泥用凝灰岩、盐矿、压电水晶 | 13 |
| 5 | 镓、铝土矿、硫铁矿、电石用灰岩、石棉、水泥配料用页岩 | 6 |
| 6 | 铁、铸石用玄武岩、伴生硫 | 3 |
| 7 | 煤、水泥配料用泥岩、熔炼水晶、玻璃用白云岩 | 4 |

续表 1

| 位次 | 矿产名称 | 矿种数 |
|---|---|---|
| 8 | 钛铁矿($TiO_2$)钨、汞、饰面用大理岩 | 4 |
| 9 | 碲、长石、晶质石墨、建筑用砂、砖瓦用黏土 | 5 |
| 10 | 铌、高岭土、重晶石 | 3 |

**资料来源**:2008 年全国矿产资源储量汇总表,国土资源部。

云南的矿产资源禀赋得天独厚,具有资源配置组合关联度好、开发利用条件好和资源价值高、找矿潜力大的特点:

1. *矿产资源配置组合关联度好*。云南钢铁、有色金属、磷化工、非金属、建材等矿产,品种齐全,资源配套,资源基本自成体系,总的资源组合关联度好,有发展深加工的优势和潜力。加之云南水电潜能巨大(居全国第二位),具有“矿电结合”的良好条件。“矿电结合”,既可开发云南矿产资源、降低矿产品成本,提高矿产品竞争能力,又能开拓电力市场,使电力与矿业同步发展。

2. *矿产资源富集区相对集中*。云南省矿产种类与矿产资源分布具有明显的区域性、成带性,反映了区域地质条件的差异和勘查程度的不同。如滇中和滇东,集中了全省绝大多数磷、铁、煤、优质玻璃石英砂岩、钛铁矿等矿产;锡、铅、锌、锑、汞等矿产主要分布在滇东南和滇西地区;金矿分布在鹤庆—镇沅—墨江—金平一带和滇东南。

3. *非金属矿质优,开采条件较好*。云南省探明的非金属矿品位高、储量大,资源相对富集,多数具有良好的开采条件,开发价值较高。如磷矿、优质石英砂岩、硅藻土、硅灰石、高岭土、水泥用灰岩、硅石等。

4. *稀有、分散元素高度富集,共伴生形式成矿多*。稀有、分散元素在地壳中的丰度值较低,在自然界中很难富集成矿。云南独特的地质环境和良好的地质构造环境为稀有、分散元素的高试用富集成矿创造了条件,造就了一批共伴生于其他矿床中的稀有、分散元素矿床。如兰坪金顶铅锌矿中的铊、镉、锶等,会泽铅锌矿中的锗、镉,个旧锡矿区中的铋、铌、铍、铟,蒙自白牛厂多金属矿和马关都龙多金属矿中的铟,文山铝土矿中的镓等。

5. *新的资源富集区潜力大*。云南省地质构造复杂,处于扬子板块西缘,环太平洋成矿带与西马拉雅成矿带的结合部位。独特的地质环境,奠定了优越的成矿地质条件。仅 2006 年至 2008 年,全省共投入地质勘查资金 25.9 亿元,新增主要矿种资源储量为:煤 20.26 亿吨、磷矿石 1.77 亿吨、铁矿石 5311 万吨、铜 149 万吨、铝土矿 4232 万吨、银 1630 吨、金 60 吨。发现大型矿产地 3 个、中型矿产地 20 个,充分证明了云南省具有广阔的找矿前景和巨大的找矿潜力。

**【矿产资源开发利用】** 截至 2008 年底,全省共有各类矿山 8897 个,其中内资矿山 8858 个,外商 39 个(含港澳台 14 个),按开采规模划分:大型矿山 13 个,中型矿山 76 个,小型及以下 8808 个;按开采矿种划分:煤炭矿山 1577 个,黑色金属矿山 370 个,有色金属矿山 710 个,贵金属矿山 73 个,化工矿山 125 个,建筑材料矿山 5576 个,其他矿山 466 个。开发利用的矿产有 99 种,开采矿石量 24647.89 万吨,其中煤炭 5441.25 万吨,铁矿石 1722.71 万吨,磷矿石 1508.12 万吨,铜、铅、锌、镍、钨、钼、锑等有色金属 3136.81 万吨,其他矿产 12839 万吨。

矿业企业完成工业总产值达 468.04 亿元,较 2008 年增加 67.16 亿元,增长 13.71%;矿产品销售收入 383.01 亿元,较上年 67.05 亿元,增长 16.79%;利润总额 56.78 亿元。在 468.04 亿元的总产值中,能源矿产 147.42 亿元,黑色金属矿产 54.68 亿元,有色金属 168.04 亿元,贵金属 9.2 亿元,稀有、稀土和分散元素矿产 0.18 亿元,冶金辅料 7.36 亿元,化工原料矿产 34.89 亿元,建材及其他非金属矿产 45.41 亿元,矿泉水、地热水 0.83 亿元。

全省矿山企业直接从业人员 43.8 万人,加上选、冶等环节,全省矿业直接和间接从业人员达上百万人,占全省第二产业从业人员的一半以上。

**【地勘队伍和矿业企业】** 云南省矿业经过多年的历史积淀,培育了一支工种齐全、装备优良、经验丰富,经济技术实力雄厚的矿产勘查开发队伍和矿业企业。全省有甲级地勘资质单位 25 家,乙级 30 家,丙级 23 家,共有地勘从业人员 12977 人,其中具有中、高级技术职称的 3762 人。这些地勘单位能从事各种地质工作,满足矿业权人的各种地质勘查和地质灾害防治的需求。云南有云南锡业股份有限公司、云南铜业集团股份公司、云南冶金集团公司、昆明钢铁集团公司、云天化集团公司等销售收入上 100 亿元,能从事勘查、采、选、冶的大型矿业联合企业,在全国乃至世界范围内均有较大影响。这些地质勘查单位和矿山企业正尝试到省外和国外开展矿产资源勘查开发各领域的合作和投资。

**【矿业产业优化升级】** 正确认识形势,抓住国家振兴产业、调整布局的机遇,充分发挥云南省资源、能源、产业技术、产能基础等优势,加快矿业产业结构调整,推动矿业产业优化升级,全面提升产业竞争力,具体采取以下措施。

1. *加大勘查力度,提高资源保障能力*。积极争取中央财政勘查资金和扩大矿业对外开放,吸引、引导省外资金、国外资金进入云南省风险地质勘查领域,加大新区找矿和勘查力度,继续挖掘现有矿山深部及周边资源的勘查潜力,增强可持续发展的后备资源。实施云南找矿计划,省财政安排专项资金开展矿产勘查工作,以期实现找矿重大突破。

2. 实施"走出去"战略,利用国际国内两个市场两种资源。鼓励并支持有条件的企业到省外国外开展矿产资源勘查、开发和技术合作,拓宽资源供给渠道。

3. 加大资源整合力度,促进战略合作。进一步加快资源整合力度,促进优势资源向优势企业集中,推进矿业规模化、集约化经营;积极引进战略合作伙伴,推动行业重组,发展精深加工,延长产业链,壮大产业集群。重点引进推动云南省矿业产业升级,提高产业竞争力、有技术、有实力的大型企业集团,提升企业的核心竞争力。

4. 依靠科技进步,综合利用矿产资源。依靠科技进步,开发利用低品位、难选冶矿和尾矿,加强对共伴生矿的研发和综合利用,不断提高资源综合利用率。

5. 促进电矿结合,整合资源优势。依托云南省水电和矿产资源优势,推进多种形式的矿电结合,降低矿产品成本,提高矿产品竞争能力,促进矿电共同发展。

(云南省国土资源厅　马家龙)

## 西藏自治区

**【矿产资源概况】** 由于西藏自治区独特的地理环境,具有优越成矿条件,矿产资源丰富,成矿作用多样,是基础地质研究、成矿理论研究及寻找矿产资源极具潜力的地区。截至2008年底,西藏境内发现的矿种有101种,有查明资源储量的矿种41种(含矿泉水、地热),上表矿区135个。其中大型27个、中型18个、小型90个。勘查成果表明,位于全国前十位的优势矿产有铬、铜、硼、锂、地热等17种,此外,金、铅锌、钼、铁、铂族金属以及矿泉水、油气等非金属矿产也都具有广阔的勘查前景。

2008年,西藏国土资源系统以科学发展观为统领,贯彻《国务院关于加强地质工作的决定》和全区经济工作会议精神,履行自治区政府赋予工作职能,围绕自治区"一产上水平、二产抓重点、三产大发展"的经济发展战略,全面提升地勘工作质量和水平,地质找矿工作取得了较大进展,矿产资源管理工作得到了进一步加强。

**【地质勘查】** 2008年,鼓励和引导区内外有实力的企业参与西藏地质勘查工作,全年共投入勘查资金39505.09万元。国家针对西藏重点成矿区、优势矿产、成矿远景区,实施了青藏高原地质矿产调查与评价专项,新发现矿产地11个;铜、铅、锌等3个矿种新增加了一批矿产资源储量,其中铜30670吨、铅453491吨、锌503460吨。通过2008年的工作,全区基础性、公益性、战略性地质勘查工作进一步得到了加强,矿产勘查成绩显著,取得了可喜的找矿成果。班公湖–怒江铜成矿带上,以驱龙、多龙为代表的铜矿勘查又有了新的找矿进展,初步估算储量超过上千万吨,规模为大型(超大型)矿。甲玛铜多金属矿区、昂仁县朱诺矿集区、亚桂拉铅锌银、木乃铜银、昂张铅锌等重要矿区普查,都取得了新进展。香卡山、罗布莎铬铁矿危机矿山找矿项目取得良好成果。

**【矿政管理】** 西藏自治区国土资源厅严格探矿权、采矿权管理。完成了对全区探矿权、采矿权的清查工作,清理了探矿权采矿权管理信息系统数据库,全区有效探矿权为1025件,有效采矿权为210件。根据《矿产资源勘查区块登记管理办法》、《矿产资源开采登记管理办法》、《关于规范勘查许可证采矿权许可证权限有关问题的通知》(国土资发〈2005〉200号)和《关于进一步规范矿业权出让管理的通知》(国土资发〈2006〉12号)规定,按照自治区人民政府制定的《整顿和规范矿产资源开发秩序期间探矿权采矿权申请审查报批的暂行规定》,进一步严格探矿权采矿权申请审批程序和审批权限、合理有序地开展了探矿权采矿权审批登记工作。

加强资源整合工作。年度完成了墨竹工卡县甲玛铜多金属矿区的资源整合工作;对革吉县扎仓茶卡矿区进行了部分资源整合,使扎仓茶卡硼镁矿资源开发迈出了良性发展的步伐。对阿里、那曲、日喀则三地区进行了联合检查,坚决杜绝盗采砂金行为。国务院9部委联合检查验收组对西藏自治区整顿和规范矿产资源开发秩序工作及"回头看"行动给予了充分肯定和高度评价。通过一手抓资源整合,一手抓规范管理,提高了资源开发利用的经济效益、环境效益、社会效益。

开展西藏自治区矿产资源潜力评价和矿业权实地核查工作,努力实现一张图管理。贯彻落实《关于加强全国矿产资源潜力评价与储量利用调查组织管理工作的通知》(国土资发〈2007〉193号)和《关于开展全国矿业权实地核查工作的通知》(国土资发〈2008〉59号)的精神,切实加强组织领导,全面系统部署矿产资源潜力评价和矿业权实地核查工作,加强沟通协调和项目监督管理,确保核查工作顺利实施。利用潜力评价、储量利用调查和矿业权核查成果,绘制矿业权分布及其相关基础信息图,为分析矿产资源形势、研究矿业权配置等管理政策提供基础支撑。依法推行矿产资源补偿费征收入库制度。继续加大对矿产资源补偿费的征缴力度,全年超额完成160万元的征收任务。

**【矿政执法监察】** 按照国土资源部的统一部署,2008年开展了整顿和规范矿产资源开发秩序“回头看”行动，着力解决整顿规范工作中遗留的问题。依法查处以采代探3起、无证开采2起；关闭8处破坏环境、资源利用效率低的矿山；责令12家企业限期完善采矿手段；关闭了所有砂铁矿开采点；联合自治区监察厅、公安厅、环保局等有关部门对阿里、那曲、日喀则3个地区进行了检查，依法查处了盗采砂金行为。

**【地质灾害防治】** 加强地质灾害防治工作，确保人民生命财产安全。开展了地质灾害巡检和应急调查工作，建立和完善了巡查、应急调查、灾情速报、汛期值班、预警预报、群测群防、危险性评估等制度，有效保护了人民群众的生命财产安全。全区年内发生突发性地质灾害125起，未造成人员伤亡。完成了“十一五”期间实施的11个矿山迹地生态恢复工程可行性研究报告、施工图设计和招标工作。截至2008年底，地质灾害调查与区划工作已覆盖全区73个县(市、区)，开展了亚东口岸地质灾害综合勘察评价工作，在樟木口岸建立了西藏自治区第一个地质灾害自动监测站，为西藏的防灾减灾工作打下了基础。在全国率先施行矿山地质环境恢复保证金制度，收取了矿山地质环境恢复保证金1815万元。矿山地质环境恢复保证金总计达5900万元，为开采后的矿山地质环境恢复工作提供了强有力的保障。积极开展地质遗迹保护工作，批准羊八井为自治区级地质公园，实施了易贡、札达土林国家地质公园地质遗迹保护项目；申报落实了10个矿山地质环境治理项目，2个地质遗迹保护项目。

(西藏自治区国土资源厅　崔成多吉)

## 陕西省

**【矿产资源概况】** 陕西地质成矿条件优越，陕北蕴藏优质钠盐、煤、石油、天然气等矿产；关中有煤、钼、金、建材、地热等矿产；陕南有色金属、贵金属、黑色金属及各类非金属矿产。截至2008年底，全省已发现各类矿产138种(含亚矿种，下同)。已列入陕西矿产资源储量表的有87个矿种，未列入矿产资源储量表的矿种6种，已发现但没有查明资源储量的矿种45种。其中查明有资源储量的93种(能源矿产6种、黑色金属矿产5种、有色金属矿产10种、贵金属矿产2种、稀有稀土及放射性矿产10种、冶金辅助原料非金属矿产9种、化工原料非金属矿产13种、建材及其他非金属矿产36种、水气矿产2种)。

列入陕西矿产资源储量表的87种矿产，分布于726个矿区(未含共伴生矿区、地热和矿泉水矿区)。其中大型矿床131处(占矿区的18.04%)，中型矿床172(占矿区的23.69%)处，小型矿床409(占矿区的56.34%)处，暂无矿床规模划分指标的14处(占矿区的1.93%)，中小型矿床占整个矿区数的80.03%。

据2008年国土资源部统计，陕西有62个矿种的保有资源储量列全国前十位：第一位6种、第二位8种、第三位13种、第四位5种、第五位10种、第六位3种、第七位3种、第八位7种、第九位1种、第十位4种。与2007年相比，天然气、金矿、钒矿、铼矿、石棉、伴生硫、化肥用蛇纹岩、铅矿、锰矿等位次有所下降。

在全国15种主要矿产中，陕西省保有资源储量居全国前列的矿种有盐矿(第一位)，水泥用灰岩(第二位)天然气(第三位)，煤炭(第四位)，石油(第六位)，磷矿(第七位)，铅矿、金矿(第八位)，锌矿(第十位)，铝土矿(第十一位)，铁矿(第十六位)，铜矿(第十七位)，银矿、硫铁矿(第二十位)。

全省已开发利用的101种矿产中，煤、石油、天然气、地热、铁、锰、铅、锌、钼、汞、锑、金、银、钒、萤石、磷、重晶石、石膏、花岗岩、大理石、石灰岩、石英岩、瓦板岩、建筑用砂及砖瓦黏土等为主要开发利用矿产，其中煤、石油、天然气、金、钼、铅、锌、汞、锑、水泥用灰岩、玻璃用石英岩等矿产为陕西省优势矿产。

**【矿产资源开发利用】** 1.开发利用基本情况。2008年全省共有4629(其中石油、天然气为2个矿山)个矿山企业(点)填报了矿产资源开发利用情况统计年报表，其中生产矿山3154个，筹建矿山324个，停产矿山1151个。

2008年度全省开发利用的矿产101种，其中能源矿产6种、黑色金属矿产4种、有色金属矿产8种、贵金属矿产2种、冶金辅助原料非金属矿产9种、化工原料非金属矿产11种、建材非金属及其他矿产61种。与2007年度相比减少了芒硝、化肥用石英岩、玻璃用砂岩、伊利石黏土、水泥配料用红土等5种矿产；增加了泥灰岩、建筑用安山岩、饰面用闪长岩、千枚岩等4种矿产。

全省矿山企业形成年采矿设计生产能力3.4亿吨，年选矿设计生产能力8353.35万吨，全年生产矿石总量29215.66万吨(以上不含石油、天然气、液体矿产)。

2008年度全省矿业完成工业总产值1656.21亿元，占全省规模以上企业工业总产值7322.92亿元的22.62%。全省矿山企业全年实现销售收入1555.96亿元；实现利税923.83亿元。

全省2008年度矿业从业人数为320765人，较2007年度增加85651人，其中国有矿山企业从业人员148217人，非国有矿山企业从业人数172548人。

2.矿产开发主要指标与2007年度同比变化情况。2008年生产矿石总量31851.07万吨，较2007年度增加

6179.11万吨,同比增长24.07%;其中固体矿产29215.66万吨,较2007年度同比增长24.32%;液体矿产2961.55万吨,同比增长20.12%;气体矿产162.95亿立方米,同比增加92.25%。单一主要矿种生产矿石量增长幅度较大的有:煤炭增加3312.28万吨,同比增长21.15%;铁矿增加78.36万吨,同比增长18.60%;钼矿增加207.03万吨,同比增长17.16%;水泥用灰岩增加568.97万吨,同比增长35.92%;建筑石料用灰岩增加427.84万吨,同比增长69.90%;建筑用砂岩增加92.03万吨,同比增长134.57%;建筑用砂增加17.45万吨,同比增长11.35%;砖瓦用黏土增加303.76万吨,同比增长14.07%。

2008年较2007年度矿业完成工业总产值1656.21亿元,同比增加620.44亿元,同比增长59.90%。其中增幅度较大的有石油(天然气)增加360.18亿元,同比增长51.33%;煤炭增加2318718.52万元,同比增长110.26%;铁矿增加37109.07万元,同比增长49.95%;钒矿增加18998.1万元,同比增长63.99%;铅矿增加1219.36万元,同比增长20.94%;钼矿增加120031.8万元,同比增长22.04%;汞矿增加3434万元,同比增长37.59%;红柱石增加176万元,同比增长400%;耐火用橄榄岩增加983.4万元,同比增长1061.99%;重晶石增加647.4万元,同比增长27.77%;电石用灰岩增加126万元,同比增长163.64%;制碱用灰岩增加56万元,同比增长160%;磷矿增加1076.51万元,同比增长80.73%;石墨增加949万元,同比增长462.93%;水泥用灰岩增加103953.11万元,同比增长59.11%;建筑石料用灰岩增加13403.1万元,同比增长116.94%;玻璃用石英岩增加480.28万元,同比增长21.26%;砖瓦用黏土增加32573.65万元,同比增长32.32%;饰面用花岗岩增加3138.75万元,同比增长192.38%;饰面用大理岩增加607.12万元,同比增长91.03%;矿泉水增加290.60万元,同比增长63.30%。

3.*矿山企业结构*。①矿业结构。陕西省共有各类矿山企业(点)4629个。按行业划分统计:能源矿山761个(煤炭矿山657个,石油、天然气开采企业2个、其他矿山102个),黑色金属矿山123个,有色金属矿山147个,贵金属矿山104个,冶金辅助原料非金属矿山46个,化工原料矿山112个,建材及其他非金属矿山3317个,水气矿产19个。按生产规模统计:大、中型矿山企业166个,占矿山总数的3.59%,小型(小矿)矿山企业(点)4463个,占矿山总数的96.41%。

②矿山企业所有制结构。陕西省矿山企业按不同经济类型统计:国有、国有独资公司矿山企业195家,占矿山总数的4.21%;集体矿山企业688家,占矿山总数的14.86%;私营矿山企业2929家,占矿山总数的63.28%;股份合作、联营、有限责任公司、股份有限公司等现代企业制度矿山612家,占矿山总数的13.22%;中外合作、合资(港或澳、台资)经营矿山企业22个,占矿山总数的0.48%;其他矿山企业175个,占矿山总数的3.78%。在612家以现代企业制度运营的矿山企业中,股份有限公司167家,有限责任公司347家,股份合作企业76家、联营企业30家。

矿山企业数量统计,集体、私营矿山企业3617家,占企业总数的78.14%;集体、私营和股份合作、股份有限、联营、有限责任公司矿山企业4229家,占企业总数的91.36%。

4.*矿山企业经济效益*。2008年度,正遇全球金融危机,对矿业矿产品价格冲击力度较大,使得全省的矿产品市场持续低靡,但陕西省的石油(天然气)企业较2007年度产值、利润等增幅很大,带动全省矿山企业年产矿石总量、销售收入、实现利润、税金同比2007年度都有较大幅度增长。

①矿山企业的产值、利润、税金。全省矿山企业2008年度共完成工业总产值1656.21亿元,较2007年度同比增长59.90%。全省矿山企业实现销售收入1555.96亿元,较2007年度同比增长64.77%;实现利税923.83亿元,较2007年度同比增长65.74%。

2008年度陕西省实现矿业总产值超亿元的矿种依次为:石油、煤、钼矿、天然气、水泥用灰岩、金矿、砖瓦用黏土、锌矿、铁矿、钒矿、银矿、汞矿、建筑石料用灰岩。据统计,全省矿山企业工业总产值超过亿元的有97家,年产矿石总量共20724.39万吨,完成工业产值1521.07亿元,实现利税873.49亿元。在97家产值超亿元的矿山企业中,国有企业41家,国有独资企业1家,中外合资经营企业1家,外资企业1家,有限公司10家,集体、集体联营企业9家,股份有限公司9家,股份合作企业8家,私营企业17家,这97家矿山企业对陕西省矿业经济发展起着决定性的作用。

国有(含国有控股)矿山企业仍为陕西省矿业开发的主体,在矿业经济中起主导地位。国有(含国有控股)矿山企业195家,数量虽少,但机械化开采水平较高,年产矿石量16048.77万吨、完成产值1359.18亿元,分别占全省矿石总产量、总产值的50.39%、82.07%;实现利税822.29亿元,占全省利税总额的89.01%。2008年度股份制矿山企业数量243家,年产矿石量3399.9万吨,占全省总产量的10.67%;完成产值93.85亿元、矿产品销售收入87.38亿元,分别占全省总产值和销售收入总额的5.67%、5.62%;实现利税265685.69万元,占全省利税总额的2.88%。集体矿山数量688家,较2007年度减少161家,在全省矿业开发中占有一定的地位,年产矿石量2490.2万吨、完成产值43.12亿元,分别占全省总产量和总产值的7.82%和2.60%。私营矿山数量2929

家，较 2007 年度增加 297 家，占全省矿山总数的 63.28%，年产矿石量 6636.25 万吨，完成产值 94.48 亿元，分别占全省总产量和总产值的 20.84% 和 5.70%。众多的集体、私营矿山企业规模较小，年实际生产能力大多在 3 万吨至 1 万吨。

2008 年度全省共有 433 家矿山企业亏损，其中国有矿山 22 家，非国有矿山 411 家，亏损总额为 44999.61 万元。全省亏损总额超过 800 万元的矿山企业有 14 家；亏损总额在 200 万 ~ 1500 万元的矿山企业有 18 家，亏损额为 9437.30 万元，占全省矿山亏损总额的 20.97%；亏损总额在 100 万 ~ 200 万元的矿山企业有 15 家，亏损额为 2277.08 万元，占全省矿山亏损总额的 5.06%。与 2007 年度相比，全省亏损矿山企业数量有所增加，其中韩城市矿务局下峪口煤矿亏损 12143.50 万元。全省矿山企业盈亏相抵后，净实现利润 186.28 亿元(不含石油、天然气)。

②矿业人均产值。全省 2008 年度矿业完成工业总产值 1656.21 亿元，矿业从业人数 320765 人，全省矿业人均产值 51.63 万元。按不同行业统计人均产值计算：石油 143.70 万元、有色金属矿产 45.46 万元、能源矿产 41.54 万元、贵金属矿产 8.93 万元、黑色金属矿产 14.66 万元、建材及其他非金属矿产 4.94 万元、化工原料矿产 1.88 万元、冶金辅助原料矿产 1.74 万元、水气矿产 1.26 万元。

全省矿山企业，从产值、利润以及税金分析来看，能源矿山企业中石油钻采、天然气行业位居榜首，各项比重值占 50% 以上，其中利税比重高达 71.17%，其次依次是煤炭、建材行业、有色金属和贵金属行业都占居一定份额，其他行业所占比例不是很明显。各行业矿产资源开发利用情况。

**【能源矿产开发利用】** 全省 2008 年度开发利用的能源矿产有煤、油页岩、石油、天然气、地热、石煤 6 种矿产。全省共有能源矿山 761 个，从业人数 180605 人，2008 年生产矿石量 22043.62 万吨，完成产值 1505.17 亿元，实现销售收入 1420.71 亿元，实现利税 851.60 亿元，后四项指标分别占全省总数的 69.21%、90.88%、91.31%、92.18%，能源矿产开发占陕西省矿产资源开发的主导地位，其中以石油钻采、天然气及煤炭企业所占比例较大。

1.煤。全省有煤炭矿山 657 个，较 2007 年度减少了 105 家，主要原因是陕西省通过资源整合关闭了一些小型(小矿)山所造成。全省煤炭矿山 2008 年度共生产原煤 18973.02 万吨，较 2007 年度生产的 15660.74 万吨增加 3312.28 万吨，同比增长 21.15%。其中国有煤矿 81 个，共生产原煤 11858.33 万吨，比 2007 年度生产的 9116.49 万吨增加 2741.84 万吨；完成产值 227.89 亿元，比 2007 年度生产的 119.98 亿元增加 107.91 亿元，同比增长 89.94%；利润 87.86 亿元，比 2007 年度生产的 30.99 亿元增加 56.87 亿元，同比增长 183.51%(盈亏相抵后)，比 2007 年度有大幅度的提高。集体和私营等其他经济类型煤矿 576 个，共生产原煤 7114.69 万吨，比 2007 年度生产的 6544.25 万吨增加 570.44 万吨，同比增长 8.72%；完成产值 214.28 亿元，比 2007 年度生产的 90.31 亿元增加 123.97 亿元，同比增长 137.27%；实现利润 58.02 亿元，比 2007 年度生产的 29.15 亿元增加 28.87，同比增长 99.04%。

陕西省煤炭矿山主要分布在渭北、彬长和陕北地区。在全省 657 个煤炭矿山中，大、中型煤矿 53 个，占全省煤矿总数的 8.07%，其余均为小型(小矿)煤矿。

从经济效益方面分析，在全省 81 个国有煤矿中，仍有 13 个煤矿亏损，亏损面为 16.05%。总体上由于煤炭市场价格较 2007 年度有所下降，但产量有所增加，实现利润 145.88 亿元。

2.石油、天然气。陕西省石油、天然气集中分布在陕北延安、榆林两市，石油钻采企业有中国石油股份公司长庆分公司和陕西省延长石油管理局。2008 年度全省共生产原油 2472.46 万吨，与 2007 年相比，陕西省石油产量比 2007 年的 1976.37 万吨增加 496.09 万吨，比增长 25.10%；年产天然气 162.95 亿立方米，比 2007 年的 84.7 亿立方米增加 78.25 亿立方米，同比增长 92.38%；陕西省石油(天然气)产业完成产值 1061.92 亿元，比 2007 年的 701.74 亿元增加 360.18 亿元，同比增长 51.33%，占全省矿业总产值的 64.12%；实现销售收入 1000.50 亿元，比 2007 年的 630.57 亿元增加 369.93 亿元，同比增长 58.67%，占全省销售收入的 64.30%；实现利税 657.46 亿元，比 2007 年的 284.98 亿元增加 372.48 亿元，同比增长 130.70%，占全省利税总额的 71.17%。石油(天然气)的矿业产值及利税为陕西省矿业经济的龙头产业。

3.地热。陕西省地热资源主要分布在西安、咸阳、宝鸡、渭南等市，开发利用主要集中在西安市区、临潼、长安、咸阳市区、兴平市、宝鸡市区、眉县、渭南市区、蒲城县等地。2008 年统计地热矿山 21 家，其中咸阳市 20 家，汉中市 1 家，2008 年地热开采量 401.13 万吨，完成产值 6328 万元，实现销售收入 5755 万元，实现利润 2202 万元。

**【黑色金属矿产开发利用】** 陕西省开发利用的黑色金属矿产有铁矿、锰矿、钒矿、钛矿，以铁矿、钒矿、锰矿开采为主。黑色金属矿山 2008 年共生产矿石总量 582.92 万吨，完成产值 165428.58 万元，上缴税金 19877.33 万元，实现利润 9957.81 万元。自产矿石量方面,锰矿产量较2007年产量有所减少,铁矿和钒矿比2007年度都有一定的增长,其中铁矿增加78.36万吨、矾矿增加28.59万吨,其工业总产值、利税、销售收入都有一定的增长。

1.铁矿。陕西省有铁矿山61个,其中国有铁矿山3个,集体和私营铁矿山32个,其它经济类型铁矿山26个,从业人数6521人。2008年铁矿石产量499.64万吨,比2007年生产的421.28万吨增加78.36万吨,实现利税19783.74万元,较2007年度的18417.43万元增加1366.31万元,同比增长7.42%。其中国有铁矿山年产铁矿石62.21万吨,占全省铁矿产量的12.45%。

2.钒矿。陕西省钒矿山开采主要集中在山阳中村至商南一带,有钒矿山企业40个,从业人数2949人,2008年产钒矿石产量68.77万吨,比2007年生产的40.18万吨增加28.59万吨,同比增长71.15%;完成产值46685万元,比2007年的27686.90万元增加18998.1万元,同比增长68.62%;实现利税6991万元,比2007年的8128.7万元减少1137.7万元,同比减少14%。其中,16家有限责任公司生产矿石量57.45万吨,占全省钒矿产量的83.54%;完成产值38596万元,占全省钒矿产值的82.67%。

3.锰矿。锰矿开采主要集中在汉中市的宁强、汉台、镇巴等县(区),安康、商洛地区也有少数矿山在开采,但开采规模很小。全省有锰矿山18个,年产矿石量14.51万吨,从业人员1729人,完成产值7341万元,占全省黑色金属矿产的4.44%。锰矿自产矿石量较2007年减少4.83万吨,产值较2007年度增加936.90万元,同比增长14.63%;实现利税3050.9万元,较2007年度增加1334.6万元,同比增长77.76%。

**【有色及贵金属矿产开发利用】** 陕西省主要开发利用的有色金属矿产有:铜矿、铅矿、锌矿、铝土矿、镍矿、钼矿、汞矿和锑矿。2008年度全省有色金属矿山生产原矿产量1629.68万吨,比2007年生产的1455.59万吨增加174.09万吨,同比增长11.96%;完成产值75.95亿元,比2007年的65.93亿元增加10.02亿元,同比增长15.20%;上缴税金27.66亿元,比2007年的12.78亿元增加14.88亿元,同比增长116.43%;实现利润30.21亿元,比2007年的38.88亿元减少8.67亿元,同比减少22.30%。较2007年度相比,产量、产值、税金都有所增长,利润却有所减少,主要原因本年度有色金属板块市场不景气所造成,锌矿、钼矿利润均有所减少,拖动有色金属板块利润有所下滑。

1.铜矿。开采主要集中汉中、商洛、安康市,全省有铜矿山18个,其中目前正在生产的矿山5个,其余因各种原因处于停产状态。全省铜矿均为小型矿山,采选规模最大的年产矿石20万吨,2008年共生产铜矿石23.80万吨,较2007年度生产的30.95万吨减少7.15万吨,同比减少23.10%;完成产值4410万元,较2007年度的5258.75万元减少848.75万元,同比减少16.14%;实现销售收入3405.95万元,较2007年度的4793.75万元减少1387.8万元,同比减少28.95%。

2.铅锌矿。陕西省铅、锌矿产主要分布在凤县—太白、山阳—柞水、镇安—旬阳及小秦岭地区。全省有铅锌矿山93个,2008年产矿石量185.57万吨,比2007年生产的203.89减少18.32万吨,同比减少8.99%;完成产值77216.4万元,比2007年的100288.31万元减少23071.91万元,同比减少23.01%;实现利税18050.61万元,比2007年的46716.23万元减少28665.62万元,同比减少61.36%。其中国有矿山8个,铅矿1家,锌矿7家,这8家国有矿山中,除1家铅矿停产,产量及产值都为0外,其余7家锌矿年产矿石量62.44万吨,完成产值34635万元,占全省锌矿石总量、总产值的41.64%、49.35%;上缴税金3408.8万元,实现利润3605万元,分别占全省锌矿的51.44%、36.59%。

3.钼矿。陕西省钼矿资源主要集中分布在渭南市和商洛市的华县金堆城—洛南县黄龙铺地区。陕西省钼业在全国占有重要地位,拥有全国最大钼采、选、冶联合企业—金堆城钼业公司。全省有钼矿山企业19个,其中国有矿山2个。2008年全省生产钼矿1413.85万吨,完成产值66.47亿元,比2007年的54.47亿元增加12亿元,同比增长22.03%;上缴税金26.69亿元,比2007年的10.89亿元增加15.8亿元,同比增长145.09%;实现利润28.83亿元,比2007年的35.51亿元减少6.68亿元,同比减少18.81%。其中金堆城钼业公司年产矿石量1085.20万吨,占全省钼矿产量的76.75%,居全国第一位;完成产值617449.90万元,占全省钼矿产值的92.89%,较2007年度增加104495.9万元,同比增长20.37%;实现利税543315万元,较2007年度增加85540万元,同比增长18.69%,占全省钼矿利税的97.86%。由于产量和2007年基本持平,国际市场钼价的下滑,企业经济效益较2007年度有一定的减少。

4.汞、锑矿。主要分布在安康和商洛市的旬阳公馆、青铜沟和镇安丁家山—马家沟矿区。全省有汞、锑矿山企业11个,其中以陕西青铜沟汞锑矿业有限责任公司生产规模最大,2008年产矿石量13.17万吨,完成产值13058万元。

5.金矿。全省有黄金矿山101个,其中岩金矿山98个,其余3个砂金矿山均为停产。2008年生产原矿量321.78万吨,比2007年生产的383.56万吨减少

61.78万吨，同比减少16.11%，完成产值96997.31万元，上缴税金12722.82万元，实现利润6928.66万元。2008年全省年产黄金13204.23千克。

6.银矿。全省有银矿山3个，2008年生产矿石量36.81万吨，工业总产值10186万元，销售收入8931万元，实现利税2403.67万元；其中以国有陕西银矿为主，其他矿山开采规模很小。陕西银矿2008年生产矿石量31.80万吨，完成产值7136万元，实现销售收入7117万元，实现利税2024万元。

**【冶金原料非金属矿产开发利用】** 陕西省目前开发利用冶金原料非金属矿产有：红柱石、萤石（普通）、冶金用白云岩，冶金用石英岩，耐火黏土等9种。全省冶金原料非金属矿产开采规模较小，现有矿山46个，均为小型矿山；年产矿石量、产值、利润均在全省矿业中所占比例最小。各主要冶金辅助原料非金属矿产开发利用详细情况。

**【化工原料非金属矿产开发利用】** 陕西省化工原料非金属矿产目前主要开发利用的有硫铁矿、重晶石，毒重石、电石用灰岩，制碱用灰岩、化工用白云岩、含钾砂页岩、含钾岩石、泥炭、盐矿、磷矿11种，全省有矿山企业112个，均为小型矿山，2008年产矿石量93.87万吨。陕西省电石用灰岩、制碱用灰岩保有储量居全国的前列，但目前开发利用程度较低，开采规模较小，未发挥优势矿产的作用。各主要化工原料非金属开发利用情况详见表。

**【建材及其他非金属矿产开发利用】** 全省已开发利用的建材及其他非金属矿产62种，主要有：石墨、长石、水泥用灰岩、建筑石料用灰岩、建筑用白云岩、玻璃用石英岩、建筑用砂、玻璃用脉石英、砖瓦用黏土、水泥用黏土、水泥配料用黄土、饰面用蛇纹岩、建筑用花岗岩、饰面用花岗岩、饰面用大理石、建筑用大理石等矿产。全省有建材非金属矿山3317个，2008年度生产矿石量7032.96万吨，完成产值469142.05万元，分别占全省矿石总量、矿业总产值的22.08%、2.83%。在陕西省建材非金属矿产开发利用领域，一般性建材非金属矿产如水泥用灰岩、建筑石料用灰岩、砖瓦用黏土、建筑用砂等是陕西省开发利用最普遍的建材非金属矿产，而且在开发利用中所占的比例很大。在全省建材非金属矿山中，水泥灰岩、建筑用砂、建筑石料用灰岩、砖瓦用黏土、水泥配料用黄土矿山共有2310个，年产矿石量7032.96万吨，完成产值469142.05万元，分别占全省建材非金属矿山总数、矿石量和产值的49.90%、22.08%、2.83%。由于陕西省非金属采选、加工工业发展较慢，在非金属开发利用许多方面还落后于沿海发达省和其他省区，陕西省大多数非金属矿产未能得到充分开发利用，而且在开发利用中存在着开采规模小、技术装备水平较低，在矿产品深加工方面没有形成自己的特色，产业、产品结构单一，使陕西省建材非金属矿产优势未能转化为产业优势和经济优势。

2008年度参与统计的矿泉水矿山有19个，主要分布在咸阳、宝鸡、西安一带，完成产值749.65万元，自产矿量87.96万吨，销售收入583.35万元，利润51.58万元，税金48.47万元。

（陕西省国土资源厅　张发旺）

## 甘　肃　省

**【矿产资源勘查】** 1.矿产资源勘查投资和工作量投入。全省实施矿产资源勘查项目328项，投入资金52510万元，其中，中央财政投入3928万元，包括中央地勘基金、中央财政补贴、危机矿山接替资源找矿和国土资源大调查经费；地方财政投入7257万元，包括属地化地勘费、省级矿产资源补偿费、省级地勘基金及其他地方财政资金等；社会资金投入41325万元，包括国有地勘单位投入、国内企业投入、个人投入和其他涉外企业投入。

按矿种类别分，能源（煤）22419万元，黑色金属2572万元，有色金属7122万元，贵金属18931万元，化工建材及其他非金属675万元，其他（科研）791万元。

矿产勘查工作完成钻探328183米，坑探35619米，浅井1238米，槽探21.15万立方米。

2.矿产远景调查项目。①《甘肃省肃北县塔尔沟地区矿产远景调查（其中4幅）》项目，该项目是国家资源大调查项目，工作周期从2007～2009年12月。总投入资金595.27万元。省级财政364.98万元（包括在表1中1:50000矿产地质专项调查中）。本年度1:50000遥感地质构造解译工作已初步完成1600平方千米，已完成矿产地质测量100平方千米、1:50000地球化学测量707平方千米、高精度磁测400平方千米、钻探640米，槽探500立方米。

②矿产远景调查安排资金2345万元，其中，中央财政投入1430万元，涉及11个1:50000图幅；地方财政投入915万元，涉及4.26个1:50000图幅。其中《甘肃省五个泉子达坂－大道尔基铬矿1:50000矿产远景调查》中央财政基础性调查项目资金500万元，两权价款经费250万元，完成1:50000遥感解译和遥感异常提取，1:50000矿产地质测量800平方千米，1:50000水系沉积物测量1834平方千米，1:50000高精度磁法测量800平方千米。《甘肃省当金山－雁丹图1:50000矿产

远景调查》是省两权价款项目,经费 300 万元。完成 1:50000地质测量 800 平方千米,1:50000 水系沉积物测量 658 平方千米,1:50000 遥感解译 1994 平方千米。发现一条铁矿化带,延伸 1000 米,宽约 10 米左右,主要为磁铁矿。圈出一铜、金、锌异常,金峰值达 $0.1\times10^{-6}$,铜 $800\times10^{-6}$。《甘肃成县—临潭地区铜钨金矿产远景调查》中央财政投入 700 万元。完成 4 个图幅的 1:50000 化探扫面共计 1720 平方千米,1:50000 13 个图幅的遥感解译及矿化蚀变信息的提取,已完成解译图幅面积 5590 平方千米。通过地质剖面的测制和部分路线填图,对区内出露地层和构造特征有了初步了解,根据地层岩石组合特征初步划分了地层填图单位等。

3.新增查明矿产资源储量。2008 年,全省有新增探明资源储量的金属矿产主要有金、银、铅、锌、镍、铜。完成阶段性勘查的矿产地 22 处,其中:大型 8 处、中型 5 处、小型 9 处。本年新发现矿产地 5 处,其中:中型矿产地 1 处;小型矿产地 4 处。本年度完成 3 个大型矿区详查。主要矿种新增查明矿产资源储量(333 及以上)情况如下:煤 163360.4 万吨、铜 163205 吨、铅 45503 吨、锌 47477 吨、镍 332853 吨、银 675.929 吨、钨 1422 吨、锑 12655 吨、金 32283 千克、海泡石 11.1 万吨。

**表 1　　甘肃省 2008 年度基础地质调查完成情况**

| 工作类别 | 累计完成 | | | 本年完成 | | 本年实施 | | | | | | 备注 |
|---|---|---|---|---|---|---|---|---|---|---|---|---|
| | 图幅数(幅) | 面积(平方千米) | 覆盖比例(%) | 图幅数(幅) | 面积(平方千米) | 图幅数(幅) | 面积(平方千米) | 投入资金总额(万元) | 其中 中央财政(万元) | 省级财政(万元) | 其他资金(万元) | |
| 一、区域地质调查 | | | | | | | | | | | | |
| 1:250000 区域地质调查 | 21 | 183263 | 40.01 | | | | | | | | | |
| 1:50000 区域地质调查 | 215 | 87421 | 19.09 | 10 | 1732 | 10 | 1732 | 650 | 650 | | | |
| 二、区域地球物理调查 | | | | | | | | | | | | |
| 1:200000 区域重力调查 | 16 | 114999 | 25.11 | | | | | | | | | |
| 三、区域地球化学调查 | | | | | | | | | | | | |
| 1:200000 区域地球化学调查 | 80 | 363200 | 79.3 | | | | | | | | | 精确计算结果 |
| 四、航空遥感地质调查 | | | | | | | | | | | | |
| 1:250000 区域遥感地质调查 | 2 | 27750 | 6.06 | | | | | | | | | |
| 五、区域海洋地质调查 | | | | | | | | | | | | |
| 六、1:50000 区域地质矿产调查 | | | | | | | | | | | | |
| 1:50000 矿产地质专项调查 | 42.26 | 16835 | 3.68 | 15.26 | 5767 | 15.26 | 5767 | 2345.27 | 1430.29 | 914.98 | | |

**续表 1**

| 工作类别 | 累计完成 | | | 本年完成 | | 本年实施 | | | | | | 备注 |
|---|---|---|---|---|---|---|---|---|---|---|---|---|
| | | | | | | | | | 其中 | | | |
| | 图幅数（幅） | 面积（平方千米） | 覆盖比例（%） | 图幅数（幅） | 面积（平方千米） | 图幅数（幅） | 面积（平方千米） | 投入资金总额（万元） | 中央财政（万元） | 省级财政（万元） | 其他资金（万元） | |
| 七、其他（含农业地质和城市地质等） | | | | | | | | | | | | |
| 1:250000 多目标农业地球化学调查 | 2 | 26064 | 5.7 | 1 | 6064 | 1 | 6064 | 273 | 273 | | | |
| 甘肃省矿产资源潜力评价 | | | | | | | | 660 | 240 | 420 | | |
| 合　　计 | 378.26 | 819532 | 178.95 | 26.26 | 13563 | 26.26 | 13563 | 3928.27 | 2593.29 | 1334.98 | | |

**表 2**　　**甘肃省 2008 年度主要矿种新增查明矿产资源储量和新发现矿产地情况**

| 矿种 | 新增查明矿产资源储量(333 及以上) | | | | 本年完成阶段性勘查的矿产地(个) | | | | | | | | | | | | | | | 本年新增矿产地(个) | | | | | | |
|---|---|---|---|---|---|---|---|---|---|---|---|---|---|---|---|---|---|---|---|---|---|---|---|---|---|---|
| | 计量单位 | 合计 | 已提交 | 已控制 | 合计 | | | 预查 | | | 普查 | | | 详查 | | | 勘探 | | | 本年新发现矿产地 | | | | 本年提高规模级别的矿产地 | | |
| | | | | | 大型 | 中型 | 小型 | 大型 | 中型 | 小型 | 大型 | 中型 | 小型 | 大型 | 中型 | 小型 | 大型 | 中型 | 小型 | 合计 | 大型 | 中型 | 小型 | 合计 | 大型 | 中型 |
| 煤 | 千吨 | 1633604 | 1622074 | 11530 | 4 | | 3 | | | | | | 2 | 3 | | 1 | 1 | | | 2 | | | 2 | 1 | 1 | |
| 铜 | 金属吨 | 163204.7 | | 163204.7 | | | | | | | | | | | | | | | | | | | | | | |
| 银 | 金属吨 | 675.93 | 675.93 | | 1 | | | | | | | | | 1 | | | | | | | | | | 1 | 1 | |
| 锌 | 金属吨 | 49218 | 49218 | | | 1 | | | | | | | | | 1 | | | | | | | | | | | |
| 铅 | 金属吨 | 45503 | 45503 | | | 1 | | | | | | | | | 1 | | | | | | | | | | | |
| 镍 | 金属吨 | 332852.6 | | 332852.6 | 1 | | | | | | | | | | | | 1 | | | | | | | 1 | 1 | |
| 钨 | 氧化物吨 | 1442 | | 1442 | | | | | | | | | | | | | | | | | | | | | | |
| 海泡石 | 万吨 | 11.1 | 11.1 | | | | 1 | | | | | | 1 | | | | | | | | | | | | | |
| 锑 | 金属吨 | 12655 | 12655 | | | 1 | | | | | | | | | 1 | | | | | | | | | | | |
| 金 | 金属千克 | 33133 | 850 | 32283 | 2 | 2 | 5 | | | | | | 5 | 2 | 2 | | | | | 3 | | 1 | 2 | | | |
| 本省区其他优势或主要矿种 | | | | | | | | | | | | | | | | | | | | | | | | | | |

**【矿产资源勘查成果】** 矿产资源勘查新发现成果取得重大进展的勘查项目有："甘肃省环县砂井子中部煤矿区详查"、"甘肃省环县砂井子中部煤矿区马福川井田勘探"、"甘肃省灵台县邵寨勘查区煤炭详查"、"甘肃省环县甜水堡南部煤炭详查"、"甘肃省肃北县石硐沟银多金属矿区勘查"和"甘肃省金川铜镍矿Ⅳ矿区勘探"等。

1.环县沙井子中部煤矿区详查。投入主要实物工作量：2007 年度完成钻孔 38 个，总进尺 26490 米；完成 1:10000 地质填图 15 平方千米；工程测量钻孔 57 个；常规测井 38 孔，计 26373.31 米。2008 年度完成 1:25000地质及水文地质填图 130 平方千米；完成钻孔 16 个，进尺 13322.56 米；工程测量钻孔 16 个；常规测井 16 孔，计 13141.00 米；采取各类样品 728 个(组)。

以往工作程度：2005 年甘肃煤田地质局一四六队在系统分析该区资料后认为该区有赋存煤炭资源的条

件，西安天竣能源投资管理有限公司通过竞拍取得了该区的探矿权，并于2006年委托甘肃煤田地质局一四六队进行普查工作，共投入机械岩心钻探16个孔，计进尺12397.22米，提交煤炭资源量16.48亿吨，报告已通过国土资源部矿产资源储量评审中心评审，国土资源部备案，工作程度为普查。

取得的重大进展：2007年进行详查后，煤层平均总厚18.44米。其中主要可采煤5－1层厚度在1.49～19.91米之间，平均厚度6.04米，煤层分布较稳定，可采煤层以厚－特厚煤层为主，煤质优良，提交煤炭资源量20.53亿吨。

新增资源储量及远景：比原普查报告新增查明矿产资源量（333及以上）4.63亿吨。根据现有资料分析，在详查区DF2断层以西煤层埋藏浅，倾角较小，厚度较稳定，煤炭资源赋存较好，并向西稳定延展，预测向详查区西边界以西延伸3.5千米左右。

2．*环县沙井子中部煤矿区马福川井田勘探*。投入主要实物工作量：钻孔65个，计53028.07米（包括水文、探煤两用孔1个，683.02米）；完成1∶10000地质和水文地质填图84平方千米；工程测量钻孔65个；常规测井65孔，计52743.87米；采集各类样品855个（组）；地震试验物理点794个。

以往工作程度：甘肃煤田地质局一四六队于2006年在该区开展普查，2007～2008年又相继进行了详查工作，为本次勘探工作奠定了基础。

取得的重大进展：经本年度勘探后提交煤炭资源量108738万吨，其中探明的资源量（331）23032万吨，控制的资源量（332）24557万吨，推断的资源量（333）61149万吨，报告已由国土资源部矿产资源储量评审中心评审，国土资源部备案。

新增资源储量：经勘探后新增探明的、控制的和推断的资源量共计13280万吨。

3．*灵台县邵寨勘查区煤炭详查*。投入主要实物工作量：1∶10000地质及水文地质填图22.51平方千米，钻孔11个，计12693.73米，常规测井11孔，计12607.86米，采集各类样品92个（组）。

以往工作程度：2005年4月至2005年12月，甘肃煤田地质局149队完成了该区的煤炭普查工作。

取得的重大进展：查明详查区煤炭资源量25554.41万吨，其中控制的内蕴经济资源量6510.61万吨，推断的内蕴经济资源量15296.53万吨。预测的资源量3746.97万吨。甘肃省矿产资源储量评审中心于2008年10月28日评审通过，省国土资源厅备案。

新增资源储量：详查较普查新增查明矿产资源量（333及以上）14465.14万吨。

4．*环县甜水堡南部煤炭资源详查*。投入主要实物工作量：探煤孔10个，总进尺6192.13米；水文孔2个，进尺514.05米，抽水试验2层次；常规测井10孔，计6133米；各种采样测试76个。

以往工作程度：甘肃煤田地质局146队曾于1980年3月至1981年10月在该区开展过找煤工作，工作程度达普查。

取得的重大进展：获煤炭资源量26707.6万吨，其中：控制的内蕴经济的资源量（332）5844.4万吨，推断的内蕴经济的资源量（333）15594万吨，预测的资源量（334）5269.2万吨。报告经甘肃省矿产资源储量评审中心评审，省国土资源厅备案。

新增资源储量：详查较普查新增查明矿产资源量（333及以上）21214.4万吨。

5．*肃北县石硐沟银多金属矿区勘查*。2008年投入（实际完成）的工作量钻探970米，岩矿分析72件。该矿床是20世纪90年代发现的，通过近几年国家资源补偿费项目的实施和引进风险勘查，资源可靠程度提高，矿体向东规模加大、品位提高，资源/储量增加。矿床类型为中低温热液交代矿床。

石硐沟银多金属矿为一大型银铅锌矿床，2008年经甘肃省矿产资源储量评审中心专家评审，获得332＋333＋334矿石量535.35万吨，银金属量964.9661吨，铅金属量70776吨，锌金属量72086吨。其中332类矿石量137.56万吨，银金属量252.031吨，铅金属量17587吨，锌金属量16508吨；333类矿石量205.75万吨，银金属量423.898吨，铅金属量27916吨，锌金属量30969吨；334类矿石量192.04万吨，银金属量289.037吨，铅金属量25273吨，锌金属量24609吨。矿床平均品位银175.19克/吨，铅1.42%，锌1.49%。矿床规模达大型。

6．*金川铜镍矿Ⅳ矿区勘探*。该项目勘探时间2005年8月至2008年3月。勘探投资860.39万元，其探矿成果归属于金川集团有限公司。

金川Ⅳ矿区为超基性岩型硫化铜镍矿，主矿体长约1150米，最宽94米，向下延深500～700米。主要矿石矿物有：镍黄铁矿、紫硫镍铁矿、黄铜矿、方黄铜矿。矿区以贫矿为主，矿区平均镍品位0.49%，铜品位0.24%。1973年11月，甘肃省地质局中心实验室完成了矿石可选性试验，一段浮选镍精矿品位5.78%，回收率67.40%。

2005年8月至2008年3月，完成Ⅳ矿区勘探地质评价。完成勘探钻孔22个，计11042.41米。经估算提交资源量（331＋332＋333）：矿石量6835.0万吨，镍金属333384.1吨，镍品位0.49%，共生铜金属163448.2吨，铜品位0.24%。较初步勘探报告新增矿石量1794万吨，镍金属98400吨，铜金属40600吨。

表3　　甘肃省2008年度重要矿产勘查重要成果汇总

| 项目名称 | 投资额度(万元) | | | | 主要实物工作量 | | | | 规模 | 新增矿产资源储量 | | | | | 备注 |
|---|---|---|---|---|---|---|---|---|---|---|---|---|---|---|---|
| | 合计 | 中央财政投入 | 省级财政投入 | 社会资金投入 | 钻探(米) | 坑探(米) | 槽探(立方米) | 浅井(米) | | 矿种 | 计量单位 | 合计 | 333及以上 | 334 | |
| 甘肃省环县砂井子中部煤矿区详查 | 1730.77 | | | 1730.77 | 13322.56 | | | | 大型 | 煤 | 万吨 | 40500 | 46300 | | |
| 甘肃省环县砂井子中部煤矿区马福川井田勘探 | 5709.47 | | | 5709.47 | 53028.07 | | | | 大型 | 煤 | 万吨 | 13280 | 13280 | | |
| 甘肃省灵台县邵寨勘查区煤炭详查 | 1000 | | | 1000 | 12693.73 | | | | 大型 | 煤 | 万吨 | 5293 | 14465 | | |
| 甘肃省环县甜水堡南部煤炭详查 | 596.75 | | | 596.75 | 6706.18 | | | | 大型 | 煤 | 万吨 | 7366.6 | 21214.4 | | |
| 甘肃省肃北县石硐沟银多金属矿区勘查 | 133 | | | 133 | 970 | | | | 大型 | 银 | 吨 | 964.9661 | 675.929 | 289.037 | 该矿床银达大型，铅锌达中、小型规模 |
| | | | | | | | | | | 铅 | 吨 | 70776 | 45503 | 25273 | |
| | | | | | | | | | | 锌 | 吨 | 72086 | 47477 | 24609 | |
| 甘肃省金川铜镍矿Ⅳ矿区勘探 | 860.39 | | | 860.39 | 11042.41 | | | | | 镍 | 金属吨 | 332852.6 | 332852.6 | | |
| | | | | | | | | | | 铜 | 金属吨 | 163204.7 | 163204.7 | | |
| 合　　计 | 10030.38 | | | 10030.38 | 97762.95 | | | | | | | | | | |

**【矿产资源开发秩序整顿和规范】**　2008年，全省全面整顿和规范矿产资源开发秩序工作在国土资源部和省委、省政府的领导下，开展整顿规范矿产资源开发秩序“回头看”行动，全面完成了整顿和规范矿产资源开发秩序的各项工作任务。

1.组织开展“回头看”行动。根据国务院九部门“回头看”行动的要求，印发了《关于印发甘肃省整顿和规范矿产资源开发秩序“回头看”行动实施方案的通知》，通过电台、报纸等新闻媒体进行广泛宣传和报道，有力地推动了“回头看”行动的顺利开展。据统计，在“回头看”行动中，全省共清查和处理违法违规行为214起，其中，无证勘查开采189起，越界开采8起，非法转让矿业权2起，污染破坏矿山环境15起。全省“回头看”行动达到了预期的目的，得到国务院九部门联合督查组的充分肯定。

2.推进矿产资源开发整合工作。按照《国务院办公厅转发国土资源部等部门对矿产资源开发进行整合意见的通知》要求和省政府的安排部署，制定了《甘肃省矿产资源开发整合总体方案》，确定了煤炭、铅锌和黄金为整合重要矿种、8个市州为整合重点地区。截至2008年底，煤矿资源已完成52个矿区的整合任务，减少采矿权69个；铅锌资源完成了5个矿区的整合任务，减少采矿权8个；黄金资源完成了7个矿区的整合任务，减少采矿权7个。通过整合，重点矿区共减少84个采矿权。

**【矿补费征收】**　2008年，全省下达征收矿产资源补偿费1.4亿元，年底上缴国库3.14亿元，完成全年矿产资源补偿费征收任务的224%。其中，省国土资源厅征收上缴2.98亿元，14个市州征收上缴0.16亿元，全部超额完成征收任务，征收面达到100%，征收率达到80%以上。在完成收缴矿产资源补偿费的同时，下拨省留矿产资源补偿费征收部门补助经费 1906 万元，主要用于补助征收部门管理及人员经费。中央安排甘肃省的 357 万元部门补助经费也全部下拨市州，经费的下拨在缓解市县征管机构经费紧张、稳定征管队伍和解决矿产资源补偿费占用问题方面收到积极效果。

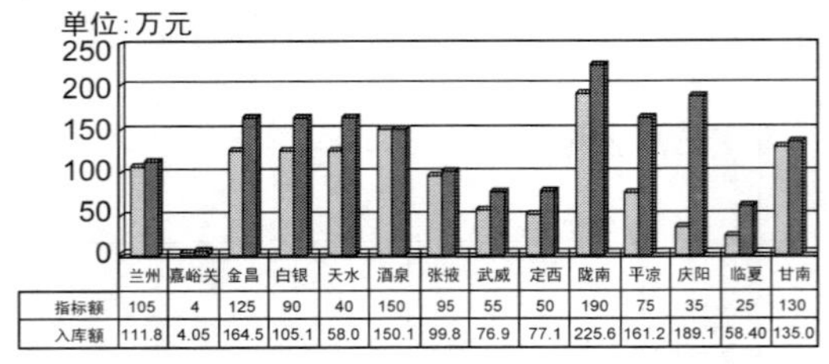


| | 兰州 | 嘉峪关 | 金昌 | 白银 | 天水 | 酒泉 | 张掖 | 武威 | 定西 | 陇南 | 平凉 | 庆阳 | 临夏 | 甘南 |
|---|---|---|---|---|---|---|---|---|---|---|---|---|---|---|
| 指标额 | 105 | 4 | 125 | 90 | 40 | 150 | 95 | 55 | 50 | 190 | 75 | 35 | 25 | 130 |
| 入库额 | 111.8 | 4.05 | 164.5 | 105.1 | 58.0 | 150.1 | 99.8 | 76.9 | 77.1 | 225.6 | 161.2 | 189.1 | 58.40 | 135.0 |

**图 1　2008 年度甘肃省各市州矿产资源补偿费征收入库情况**

**【矿山地质环境治理】** 2008 年，《甘肃省矿山环境恢复治理保证金管理暂行办法》经省政府同意发布实施后，陇南、定西、临夏三市、州已开始收缴工作，据不完全统计，242 家企业建立了保证金存储专户，缴纳保证金总额 814 万元。

2007 年开展的 7 个矿山地质环境恢复治理项目通过竣工验收。

2008 年，兰州阿干矿区、白银市露天矿、华亭安口杨家沟煤矿等 11 个矿山地质环境恢复与治理项目获国家批准立项，争取国家投入治理经费 4710 万元。

兰州红古窑街煤矿、白银平川区煤矿塌陷区等 6 个矿区地质环境恢复治理项目，省财政补助治理经费 800 万元。

**【地热资源与地质遗迹调查评价】** 1.甘肃省秦安县于夫子沟地下热水资源可利用研究。实测 500 米深井，地下热水出口水温 27℃，孔底温度为 38.5℃，推算地热增温梯度为 5.6℃/100 米，增温梯度比较高，异常明显，存在较好地热资源开发前景。

2.甘肃省宁县长庆桥地热资源调查。完成 1:50000水文地质测绘 20 平方千米，完成 AB = 2000 ~ 6000 米物探电测深剖面 6 条，总长度 10 千米，完成与地热有关的地热调查点 51 处，井(泉)测温点 31 个。初步确定第一热储较可靠温度为 35 ~ 42℃，第二热储较可靠温度 55 ~ 62℃。预测开采第一热储可获得温度 31 ~ 39℃、单井涌水量 1500 立方米/小时的热水资源，开采第二热储可获得温度 49 ~ 56℃、单井涌水量接近 400 立方米/小时的热水资源；混合开采可获得温度 36 ~ 41℃、单井涌水量 1500 立方米/小时以上的热水资源。

3.临夏盆地古生物化石群地质遗迹调查。基本查清了临夏盆地古生物化石的分布状况，调查面积 3000 平方千米，调查点 62 处。

**【地质勘查科技研究】** 2008 年度甘肃省科研项目是以“甘肃省矿产资源潜力评价”项目为主，总金费 660 万元，其中年中央财政(大调查专项)投入 240 万元，甘肃省矿产资源补偿费地质矿产勘查项目投入经费 420 万元。开展了 1:250000 实际材料图、构造建造图和预测底图的编制。其中甘肃北山地区 3 幅 1:250000 在西宁会议上被列为典型示范图幅。完成了全省所需的信息数据收集，补充了重力数据库的内容。修编了省级 1:500000布格重力异常图和 1:500000 剩余重力异常图。编制了 3 个预测区(红石山 – 狼娃山、朱藏沟 – 铁成沟 – 栏门石、石板沟 – 大台子 – 王店)、布格重力异常图。试编了甘肃省航磁 ΔT 异常等值线平面图；正在编制北山典型示范区 1:250000ΔT 异常等值线平面图、ΔT 化磁极等值线平面图、ΔT 化磁极垂向一阶等值线平面图、ΔT 剖面平面图；狼娃山典型矿床磁测区(1:10000)按 100 × 20 测网原磁测 ΔZ 数据正在录入中。完成甘肃北山地区自然重砂铁异常图编制。系统收集整理区域地球化学数据(1:200000 及 1:50000)，采用 Geoexpl 软件编制全省地球化学图。已全面开展铁、铝、铜、铅、锌、金、钾盐、磷等矿种的典型矿床研究工作。已初步开展钨、锡、钼、重晶石、菱镁矿、萤石、凹凸棒石等矿种典型矿床资料收集与研究工作。

**【地质工作社会化服务】** 2008 年，建立健全地质资料信息共享和社会化服务体系。贯彻执行《地质资料管理条例》及其《实施办法》，加强地质资料汇交管理工作。为国家地质资料馆完成了 600 多份地质资料图文数字化工作，在全国地质资料数字化建设方面处于领先地位，完成了省级图文地质资料数字化 400 份，完成了全省 6582 条地质资料目录数据修改和网上发布。在资料馆内为社会提供地质资料查阅服务人次 441 人次、874 份、42620 件；复制利用资料 402 份、1941 件，汇交资料 290 种 426 份，编号入库资料 345 份。

(选自《甘肃省 2008 年度地质勘查成果通报》)

## 青　海　省

**【矿产资源开发利用概况】** 1.矿山数。截至 2008 年底，青海省共有各类矿山企业 887 家，其中生产 634 家，停产 142 家，筹建 111 家。上报了统计基础表的矿山企业 887 家，统计基础表上报率 100%。与 2007 年相比，2008 年矿山数增加了 22 家。各地矿山数排序为：海西州 250 个、海东地区 216 个、西宁 210 个、海北州94个、海南州67个、黄南州31个、玉树州14个、果洛州5个。

2.从业人数。全省从事矿业开发的总人数为78290人,其中,内资矿山企业73668人,港、澳、台商投资矿山317人,外商投资矿山4305人。比2007年增加了10551人。从业人员增加的主要原因:因矿山增加而增加了从业人员。

3.开发利用矿种及年产矿石量。全省开发利用矿产72种,年产矿石总量6343.0783万吨(其中固体矿5768.97万吨,液体矿226.2983万吨,气体矿436507万立方米合347.81万吨),比2007年减少950.3497万吨。年产矿石量增加量50万吨以上的矿产依次是:铜矿增加116.94万吨,钾盐增加101.59万吨,天然气增加96319万立方米合76.75万吨,煤炭增加307.71万吨,砖瓦用黏土增加68.66万吨,制碱用灰岩增加59.47万吨,以上矿产合计增加731.12万吨;年产矿石量减少50万吨以上的矿产依次是:锂矿减少1580.85万吨,镁盐减少70万吨,以上矿产合计减少1650.85万吨。年产矿石量100万吨以上的矿产有14种,依次是钾盐、煤炭、天然气、盐矿、建筑用砂、水泥用灰岩、铜矿、砖瓦用黏土、石棉、石油、锂矿、铅矿、制碱用灰岩、金矿。

年产矿石量大幅度减少的主要是锂矿,从而造成全省年产矿石总量的减少。主要原因是:经盐湖管理局复核,青海中信国安科技发展有限公司西台吉乃尔湖锂矿因改进生产工艺而提高了光卤石品位,减少了光卤石生产量;同时改进矿产品生产工艺而减少了光卤石用量。

4.矿业总产值。全省实现矿业总产值3287600.57万元,较2007年增加1284194.20万元。总产值10000万元以上的矿产有13种,依次是石油、天然气、钾盐、煤炭、铅锌、铜矿、金矿、锂矿、水泥用灰岩、盐矿、石棉、砖瓦用黏土、水泥用大理岩。矿业总产值增加10000万元以上的矿产是:石油天然气增加718572.80万元,钾盐增加407293.24万元,水泥用灰岩增加60641.4万元,煤炭增加136653.01万元,铜矿增加45342.98万元,锂矿增加34641.5万元,水泥用大理岩增加13100.19万元,以上矿产共增加矿业总产值1416245.12万元。

全省矿业总产值增加的主要原因是石油、天然气、煤炭、钾盐和铜矿等重要矿产价格上涨而增加矿业总产值。

全省矿业年人均产值41.99万元/人,全省各地区年人均产值排序情况如下:果洛87.06万元/人,海西65.22万元/人,海南10.34万元/人,西宁6.84万元/人、玉树6.10万元/人、海东4.42万元/人、海北2.48万元/人、黄南1.41万元/人。

5.矿业增加值。全省实现矿业增加值2027751.08万元。其中,矿业增加值实现10000万元以上的矿产依次是石油天然气、钾盐、煤炭、铜矿、金矿、水泥用灰岩、铅矿、锂矿、盐矿、石棉。

6.利润总额。全省实现矿业利润总额1128406.41万元,实现利润1000万元以上的矿产依次是:石油天然气578201.00万元,钾盐265944.01万元,金矿38561.88万元,铜矿37245.46万元,锂矿30073.11万元,煤炭54841.93万元,铅锌矿109452.38万元。

7.企业规模和经济类型。全省有大型矿山27家,中型矿山29家,小型矿山238家,小矿593家;内资企业872家,港、澳、台商投资企业7家,外商投资企业8家。

**【矿产资源开发利用情况简析】** 1.全省矿业总产值突破300亿元大关。全省实现矿业总产值3287600.57万元,比2007年增加1284194.20万元,增长率39.06%。石油天然气、钾盐、铜等重要矿产持续增长,带动全省矿产经济保持了良好的发展势头,并再创新高,突破300亿元大关。

2.全省矿山规模结构仍然没有改变。全省大型矿山有27家、中型矿山29家、小型矿山238家、小矿593家,分别占全省矿山总数的3.04%、3.27%、26.83%、66.86%,与2007年的统计数据基本一致,说明全省矿山规模结构仍然没有改变。

3.少数规模矿山企业支撑着全省矿业经济。全省实现矿产总产值500万元以上的矿山只有72家,占全省矿山总数的8.1%,72家矿山企业中,大部分矿山企业具有一定规模、开采的矿产价值较高和有产业延伸,年产矿石总量5388.5083万吨(其中固体矿4820.69万吨,液体矿220.0083万吨,气体矿436507.00万立方米合347.81万吨),占全省矿石总量的84.95%,实现矿业总产值3249619.85万元,占全省矿业总产值的98.94%,实现矿业增加值2010597.34万元,占全省矿业增加值的99.15%,实现利润1125169.62万元,占全省利润的99.71%。可见,具有一定规模、开采的矿产价值较高和有产业延深的矿山企业虽然数量较少,但支撑着全省矿业经济。

4.小矿山多,但对全省矿业经济的发展贡献不大。全省小矿593家,占全省矿山企业的66.85%,年产矿石量631.98万吨,占全省年产矿石总量的9.96%,实现矿业总产值39885.69万元,占全省矿业总产值的1.21%,实现矿业增加值19239.16万万元,占全省矿业增加值的0.95%,可见,全省小矿山多,但对全省矿业经济的发展贡献不大。

表 1　　2008 年度青海省矿产资源开发利用情况(按矿种统计)

| 序号 | 矿　种 | 矿山数(个) | 从业人数(人) | 年产矿石量 | | | 工业总产值(万元) | 工业增加值(万元) | 综合利用产值(万元) | 销售收入(万元) | 利润(万元) |
|---|---|---|---|---|---|---|---|---|---|---|---|
| | | | | 固体矿(万吨) | 液体矿(万吨) | 气体矿(万立方米) | | | | | |
| 1 | 石油 | 1 | 22360 | 0 | 220.0083 | 0 | 1736900 | 1166100 | 0 | 923126.17 | 578201 |
| 2 | 天然气 | | | 0 | 0 | 436507 | | | 0 | 128724.51 | |
| 3 | 煤炭 | 55 | 10613 | 933.43 | 0 | 0 | 261528.62 | 181776.17 | 1500 | 241419.89 | 54841.93 |
| 4 | 地下热水 | 3 | 55 | 0 | 1.07 | 0 | 149 | 18.3 | 0 | 115.6 | 18.5 |
| 5 | 铁矿 | 31 | 2429 | 71.11 | 0 | 0 | 9619.47 | 4265.54 | 0 | 9607.77 | 1850.78 |
| 6 | 锰矿 | 6 | 120 | 1.09 | 0 | 0 | 229.5 | 133.58 | 0 | 229.5 | 45.03 |
| 7 | 铬矿 | 1 | 30 | 0.16 | 0 | 0 | 150 | 30 | 0 | 148.4 | 13.5 |
| 8 | 铜矿 | 17 | 2491 | 261.36 | 0 | 0 | 95179.99 | 46764.66 | 300 | 85513.16 | 37245.46 |
| 9 | 铅矿 | 27 | 1345 | 10.13 | 0 | 0 | 6338.2 | 2912.92 | 382.42 | 6334.62 | 720.63 |
| 10 | 锌矿 | 5 | 1365 | 162.41 | 0 | 0 | 148099.86 | 22430.7 | 612 | 124342.5 | 108731.75 |
| 11 | 镍矿 | 4 | 190 | 0.24 | 0 | 0 | 43 | 3.6 | 0 | 43 | 1.5 |
| 12 | 钨矿 | 1 | 46 | 0 | 0 | 0 | 0 | 0 | 0 | 0 | 0 |
| 13 | 锑矿 | 1 | 40 | 0 | 0 | 0 | 0 | 0 | 0 | 0 | 0 |
| 14 | 金矿 | 20 | 2149 | 103.39 | 0 | 0 | 68008.57 | 42550.12 | 5 | 68008.57 | 38561.88 |
| 15 | 锂矿 | 2 | 1951 | 219.15 | 0 | 0 | 66661.2 | 23331.42 | 48409.5 | 51361.61 | 30073.11 |
| 16 | 锶矿 | 2 | 27 | 4.5 | 0 | 0 | 810 | 500 | 0 | 630 | 56.36 |
| 17 | 普通萤石 | 9 | 181 | 0.53 | 0 | 0 | 66 | 38.16 | 0 | 66 | 6.9 |
| 18 | 熔剂用灰岩 | 1 | 5 | 0 | 0 | 0 | 0 | 0 | 0 | 0 | 0 |
| 19 | 冶金用白云岩 | 6 | 132 | 5.43 | 0 | 0 | 89.5 | 36.2 | 0 | 89.5 | 15.7 |
| 20 | 冶金用石英岩 | 54 | 1370 | 56.27 | 0 | 0 | 1442.79 | 607.81 | 0 | 1442.79 | 165.2 |
| 21 | 自然硫 | 1 | 30 | 0 | 0 | 0 | 0 | 0 | 0 | 0 | 0 |
| 22 | 芒硝 | 5 | 90 | 0.14 | 0 | 0 | 47.15 | 13.23 | 0 | 47.15 | 3 |
| 23 | 天然碱 | 2 | 13 | 0 | 0 | 0 | 0 | 0 | 0 | 0 | 0 |
| 24 | 制碱用灰岩 | 11 | 694 | 144.47 | 0 | 0 | 3900.72 | 1878.41 | 0 | 3900.72 | 234.04 |
| 25 | 含钾岩石 | 4 | 70 | 0.31 | 0 | 0 | 5.2 | 0.52 | 0 | 5.2 | 0.2 |
| 26 | 盐矿 | 17 | 2347 | 293.53 | 0 | 0 | 46192.74 | 15527.68 | 0 | 38882.37 | 3874.72 |
| 27 | 镁盐 | 4 | 518 | 45 | 0 | 0 | 800 | 425.02 | 0 | 630.4 | 99.03 |
| 28 | 钾盐 | 14 | 5305 | 2168.09 | 0 | 0 | 712538 | 453586.1 | 0 | 489307.82 | 265944.01 |
| 29 | 硼矿 | 1 | 360 | 7.71 | 0 | 0 | 2210.5 | 813 | 0 | 1650 | 182 |
| 30 | 石墨 | 2 | 3 | 0 | 0 | 0 | 0 | 0 | 0 | 0 | 0 |
| 31 | 硅灰石 | 1 | 5 | 0 | 0 | 0 | 0 | 0 | 0 | 0 | 0 |
| 32 | 滑石 | 1 | 23 | 0 | 0 | 0 | 0 | 0 | 0 | 0 | 0 |
| 33 | 石棉 | 8 | 2007 | 235.51 | 0 | 0 | 18720 | 11366.36 | 0 | 17611.74 | 2056.95 |
| 34 | 云母 | 1 | 12 | 0 | 0 | 0 | 0 | 0 | 0 | 0 | 0 |

**续表 1－1**

| 序号 | 矿种 | 矿山数（个） | 从业人数（人） | 年产矿石量 | | | 工业总产值（万元） | 工业增加值（万元） | 综合利用产值（万元） | 销售收入（万元） | 利润（万元） |
|---|---|---|---|---|---|---|---|---|---|---|---|
| | | | | 固体矿（万吨） | 液体矿（万吨） | 气体矿（万立方米） | | | | | |
| 35 | 长石 | 4 | 83 | 0.07 | 0 | 0 | 4.62 | 1.6 | 0 | 4.62 | 0 |
| 36 | 石榴子石 | 2 | 27 | 0 | 0 | 0 | 0 | 0 | 0 | 0 | 0 |
| 37 | 石膏 | 14 | 199 | 9.93 | 0 | 0 | 259 | 73.1 | 0 | 259 | 34.27 |
| 38 | 方解石 | 2 | 34 | 0.5 | 0 | 0 | 20 | 3 | 0 | 20 | 1.4 |
| 39 | 玉石 | 4 | 156 | 0.24 | 0 | 0 | 1807 | 919.08 | 557 | 1571 | －182 |
| 40 | 水泥用灰岩 | 30 | 2123 | 268.29 | 0 | 0 | 66056 | 32586.8 | 0 | 65930 | 1026.79 |
| 41 | 建筑石料用灰岩 | 11 | 145 | 11.33 | 0 | 0 | 204.75 | 74.35 | 0 | 204.75 | 11.1 |
| 42 | 饰面用灰岩 | 1 | 15 | 0 | 0 | 0 | 0 | 0 | 0 | 0 | 0 |
| 43 | 制灰用石灰岩 | 13 | 376 | 6.28 | 0 | 0 | 508.2 | 198.28 | 0 | 268.2 | 61 |
| 44 | 玻璃用白云岩 | 4 | 34 | 1.8 | 0 | 0 | 54 | 16.36 | 0 | 54 | 7.4 |
| 45 | 建筑用白云岩 | 6 | 65 | 2.55 | 0 | 0 | 30 | 9.2 | 0 | 30 | 3.2 |
| 46 | 玻璃用石英岩 | 5 | 108 | 0 | 0 | 0 | 0 | 0 | 0 | 0 | 0 |
| 47 | 砖瓦用砂岩 | 1 | 56 | 0.23 | 0 | 0 | 21 | 5.1 | 0 | 5.2 | 3 |
| 48 | 建筑用砂岩 | 1 | 26 | 0.96 | 0 | 0 | 28 | 10 | 0 | 27 | 3 |
| 49 | 建筑用砂 | 155 | 2819 | 273.61 | 0 | 0 | 3864.02 | 1365.05 | 0 | 3683.09 | 511.29 |
| 50 | 砖瓦用砂 | 2 | 118 | 9.3 | 0 | 0 | 649.5 | 379.45 | 0 | 560 | 40.2 |
| 51 | 玻璃用脉石英 | 1 | 27 | 0 | 0 | 0 | 0 | 0 | 0 | 0 | 0 |
| 52 | 陶粒页岩 | 1 | 30 | 1 | 0 | 0 | 25 | 5 | 0 | 25 | 2.5 |
| 53 | 高岭土 | 1 | 3 | 0 | 0 | 0 | 0 | 0 | 0 | 0 | 0 |
| 54 | 膨润土 | 1 | 12 | 0 | 0 | 0 | 0 | 0 | 0 | 0 | 0 |
| 55 | 砖瓦用黏土 | 224 | 10677 | 257.53 | 0 | 0 | 16352.19 | 8002.55 | 0 | 15499.87 | 1508.64 |
| 56 | 陶粒用黏土 | 3 | 46 | 0.22 | 0 | 0 | 35 | 8.2 | 0 | 35 | 6.6 |
| 57 | 水泥配料用黏土 | 7 | 207 | 39.4 | 0 | 0 | 534 | 306.83 | 0 | 534 | 12.3 |
| 58 | 水泥配料用红土 | 1 | 18 | 0.38 | 0 | 0 | 15 | 3 | 0 | 15 | 1.5 |
| 59 | 建筑用橄榄岩 | 1 | 23 | 0 | 0 | 0 | 0 | 0 | 0 | 0 | 0 |
| 60 | 饰面用蛇纹岩 | 16 | 194 | 0.03 | 0 | 0 | 116.25 | 34.79 | 0 | 35.74 | －13 |
| 61 | 建筑用玄武岩 | 1 | 36 | 0 | 0 | 0 | 0 | 0 | 0 | 0 | 0 |
| 62 | 饰面用辉绿岩 | 1 | 27 | 0 | 0 | 0 | 0 | 0 | 0 | 0 | 0 |
| 63 | 建筑用辉长岩 | 3 | 66 | 40.5 | 0 | 0 | 288 | 123.45 | 0 | 288 | 20 |
| 64 | 建筑用花岗岩 | 24 | 771 | 73.38 | 0 | 0 | 1576.1 | 744.99 | 0 | 1554.1 | 54.58 |
| 65 | 饰面用花岗岩 | 6 | 140 | 0.29 | 0 | 0 | 137 | 21 | 0 | 134 | 11 |
| 66 | 建筑用凝灰岩 | 1 | 17 | 0 | 0 | 0 | 0 | 0 | 0 | 0 | 0 |

续表 1-2

| 序号 | 矿种 | 矿山数（个） | 从业人数（人） | 年产矿石量 | | | 工业总产值（万元） | 工业增加值（万元） | 综合利用产值（万元） | 销售收入（万元） | 利润（万元） |
|---|---|---|---|---|---|---|---|---|---|---|---|
| | | | | 固体矿（万吨） | 液体矿（万吨） | 气体矿（万立方米） | | | | | |
| 67 | 饰面用大理岩 | 8 | 205 | 9.52 | 0 | 0 | 1820 | 642.29 | 0 | 1820 | 7.8 |
| 68 | 建筑用大理岩 | 4 | 81 | 0 | 0 | 0 | 0 | 0 | 0 | 0 | 0 |
| 69 | 水泥用大理岩 | 3 | 757 | 37.37 | 0 | 0 | 13383.4 | 7076.75 | 0 | 13383.1 | 2327.46 |
| 70 | 水泥配料用板岩 | 1 | 10 | 0.3 | 0 | 0 | 7.5 | 1.5 | 0 | 7.5 | 0.8 |
| 71 | 片麻岩 | 1 | 5 | 0 | 0 | 0 | 0 | 0 | 0 | 0 | 0 |
| 72 | 矿泉水 | 5 | 178 | 0 | 5.22 | 0 | 75.03 | 29.86 | 0 | 37.5 | 2.4 |
| 合计 | | 887 | 78290 | 5768.97 | 226.2983 | 436507 | 3287600.57 | 2027751.08 | 51765.92 | 2299224.66 | 1128406.41 |

表 2 2008年度青海省矿产资源开发利用情况(按经济类型统计)

| 序号 | 经济类型 | 矿山数（个） | 从业人数（人） | 年产矿石量 | | | 工业总产值（万元） | 工业增加值（万元） | 综合利用产值（万元） | 销售收入（万元） | 利润（万元） |
|---|---|---|---|---|---|---|---|---|---|---|---|
| | | | | 固体矿（万吨） | 液体矿（万吨） | 气体矿（万立方米） | | | | | |
| 1 | 国有企业 | 35 | 31949 | 624.11 | 225.3783 | 436507 | 1822868.8 | 1212120 | 1500 | 1129035.29 | 590564.83 |
| 2 | 集体企业 | 102 | 5378 | 124.2 | 0.72 | 0 | 9617.9 | 5063.15 | 300 | 9322.95 | 683.47 |
| 3 | 股份合作企业 | 18 | 2601 | 1375.51 | 0 | 0 | 529460.96 | 371869.56 | 0 | 344435.22 | 201454.15 |
| 4 | 其他联营企业 | 4 | 92 | 1.26 | 0 | 0 | 239.5 | 94.27 | 0 | 239.5 | 21.03 |
| 5 | 国有独资公司 | 2 | 124 | 91 | 0 | 0 | 13641 | 7933.01 | 0 | 13641 | 402.1 |
| 6 | 其他有限责任公司 | 132 | 9408 | 1275.31 | 0 | 0 | 304982.57 | 165102.25 | 562 | 281602.31 | 82017.41 |
| 7 | 股份有限公司 | 34 | 6692 | 958.99 | 0 | 0 | 282551.67 | 160013.76 | 48439.5 | 227031.34 | 85288.45 |
| 8 | 私营独资企业 | 353 | 9690 | 463.63 | 0 | 0 | 18906.02 | 8397.29 | 280 | 18455.42 | 2126.72 |
| 9 | 私营合伙企业 | 38 | 934 | 30.53 | 0 | 0 | 1127.09 | 390.25 | 0 | 904.79 | 160.4 |
| 10 | 私营有限责任公司 | 107 | 5162 | 250.84 | 0.2 | 0 | 34255.03 | 14047.05 | 72.42 | 33198.37 | 6026.57 |
| 11 | 私营股份有限公司 | 12 | 842 | 74.31 | 0 | 0 | 2825.1 | 1384.62 | 0 | 2821.1 | 137.38 |
| 12 | 其他企业 | 35 | 796 | 19.47 | 0 | 0 | 628.19 | 256.63 | 0 | 618.19 | 77.66 |
| 13 | 合资经营企业（港或澳、台资） | 4 | 255 | 31.07 | 0 | 0 | 1864.2 | 785.85 | 0 | 1864.2 | 122.88 |
| 14 | 合作经营企业（港或澳、台资） | 1 | 1 | 0 | 0 | 0 | 0 | 0 | 0 | 0 | 0 |
| 15 | 港、澳、台商独资经营企业 | 2 | 61 | 20 | 0 | 0 | 200 | 102.43 | 0 | 30.4 | 12.3 |

续表 2-1

| 序号 | 经济类型 | 矿山数（个） | 从业人数（人） | 年产矿石量 | | | 工业总产值（万元） | 工业增加值（万元） | 综合利用产值（万元） | 销售收入（万元） | 利润（万元） |
|---|---|---|---|---|---|---|---|---|---|---|---|
| | | | | 固体矿（万吨） | 液体矿（万吨） | 气体矿（万立方米） | | | | | |
| 16 | 中外合资经营企业 | 3 | 1109 | 67.25 | 0 | 0 | 27142.05 | 10083.82 | 0 | 24316.7 | 9883.95 |
| 17 | 中外合作经营企业 | 2 | 1140 | 90.49 | 0 | 0 | 67009.63 | 42085.72 | 0 | 67009.63 | 38505.55 |
| 18 | 外商投资股份有限公司 | 3 | 2056 | 271 | 0 | 0 | 170280.86 | 28021.42 | 612 | 144698.25 | 110921.56 |
| | 合　计 | 887 | 78290 | 5768.97 | 226.2983 | 436507 | 3287600.57 | 2027751.08 | 51765.92 | 2299224.66 | 1128406.41 |

表 3　　2008 年度青海省矿产资源开发利用（按规模统计）

| 序号 | 矿山规模 | 矿山数（个） | 从业人数（人） | 年产矿石量 | | | 工业总产值（万元） | 工业增加值（万元） | 综合利用产值（万元） | 销售收入（万元） | 利润（万元） |
|---|---|---|---|---|---|---|---|---|---|---|---|
| | | | | 固体矿（万吨） | 液体矿（万吨） | 气体矿（万立方米） | | | | | |
| 1 | 大型 | 27 | 38257 | 2716.85 | 220.0083 | 436507 | 2708412.77 | 1706060.5 | 50521.5 | 1785933.6 | 992242.03 |
| 2 | 中型 | 29 | 7995 | 1636.43 | 0.2 | 0 | 440494.73 | 252695.87 | 0 | 383462.54 | 125518.62 |
| 3 | 小型 | 238 | 13998 | 783.71 | 6.09 | 0 | 98807.38 | 49755.55 | 357.42 | 95478.85 | 6483.39 |
| 4 | 小矿 | 593 | 18040 | 631.98 | 0 | 0 | 39885.69 | 19239.16 | 887 | 34349.67 | 4162.37 |
| | 合　计 | 887 | 78290 | 5768.97 | 226.2983 | 436507 | 3287600.57 | 2027751.08 | 51765.92 | 2299224.66 | 1128406.41 |

表 4　　2008 年度青海省矿产资源开发利用情况（按地区统计）

| 序号 | 地　区 | 矿山数（个） | 从业人数（人） | 年产矿石量 | | | 工业总产值（万元） | 工业增加值（万元） | 综合利用产值（万元） | 销售收入（万元） | 利润（万元） |
|---|---|---|---|---|---|---|---|---|---|---|---|
| | | | | 固体矿（万吨） | 液体矿（万吨） | 气体矿（万立方米） | | | | | |
| 1 | 西宁市 | 210 | 13028 | 721.23 | 0 | 0 | 89142.97 | 49844.09 | 1500 | 88712.65 | 2270.17 |
| 2 | 海东地区 | 216 | 7935 | 270.53 | 0.2 | 0 | 35084.47 | 17561.7 | 305 | 34895.54 | 3286.69 |
| 3 | 海北州 | 94 | 5210 | 150.69 | 0 | 0 | 12899.18 | 6102.88 | 85 | 11001.6 | 1447.59 |
| 4 | 黄南州 | 31 | 1006 | 15.42 | 0 | 0 | 1414.18 | 213.58 | 57.42 | 1136.7 | 128.83 |
| 5 | 海南州 | 67 | 3277 | 146.29 | 1.07 | 0 | 33890.54 | 12879.41 | 0 | 30499.34 | 10456.05 |
| 6 | 果洛州 | 5 | 663 | 175.24 | 0 | 0 | 57721.34 | 31386.79 | 0 | 52383.76 | 25844.53 |
| 7 | 玉树州 | 14 | 325 | 1.94 | 0 | 0 | 1984.45 | 945.1 | 0 | 569.25 | -19.3 |
| 8 | 海西州 | 250 | 46846 | 4287.63 | 225.0283 | 436507 | 3055463.44 | 1908817.53 | 49818.5 | 2080025.82 | 1084991.85 |
| | 合　计 | 887 | 78290 | 5768.97 | 226.2983 | 436507 | 3287600.57 | 2027751.08 | 51765.92 | 2299224.66 | 1128406.41 |

表 5　　2008 年度青海省工业总产值 500 万元以上的矿山企业统计

| 序号 | 矿山名称 | 矿山数（个） | 从业人数（人） | 年产矿石量 | | | 工业总产值（万元） | 工业增加值（万元） | 综合利用产值（万元） | 销售收入（万元） | 利润（万元） |
|---|---|---|---|---|---|---|---|---|---|---|---|
| | | | | 固体矿（万吨） | 液体矿（万吨） | 气体矿（万立方米） | | | | | |
| 1 | 青海油田分公司 | 1 | 22360 | 0 | 220.0083 | 436507 | 1736900 | 1166100 | 0 | 1051850.68 | 578201 |

**续表 5－1**

| 序号 | 矿山名称 | 矿山数（个） | 从业人数（人） | 年产矿石量 | | | 工业总产值（万元） | 工业增加值（万元） | 综合利用产值（万元） | 销售收入（万元） | 利润（万元） |
|---|---|---|---|---|---|---|---|---|---|---|---|
| | | | | 固体矿（万吨） | 液体矿（万吨） | 气体矿（万立方米） | | | | | |
| 2 | 青海盐湖工业集团股份有限公司别勒滩钾镁盐矿 | 1 | 812 | 900 | 0 | 0 | 394374 | 283080 | 0 | 291436 | 184878 |
| 3 | 西部矿业股份有限公司锡铁山铅锌矿 | 1 | 956 | 150 | 0 | 0 | 146459.36 | 21576.42 | 612 | 122948.25 | 108546.56 |
| 4 | 青海盐湖钾肥股份有限公司察尔汗盐湖钾镁盐矿 | 1 | 1075 | 402.44 | 0 | 0 | 132506 | 87562.45 | 0 | 50748.26 | 16378.54 |
| 5 | 青海木里煤业有限公司聚乎更矿区二井田首采区 | 1 | 751 | 327.7 | 0 | 0 | 114695 | 83977 | 0 | 114695 | 24567.6 |
| 6 | 青海木里煤业有限公司聚乎更矿区一露天煤矿首采区 | 1 | 274 | 154 | 0 | 0 | 74436 | 58113 | 0 | 60982 | 25164 |
| 7 | 青海中信国安科技发展有限公司西台吉乃尔盐湖锂盐矿 | 1 | 1586 | 219.15 | 0 | 0 | 66661.2 | 23331.42 | 48409.5 | 51361.61 | 30073.11 |
| 8 | 海西中航三钾硅业有限公司马海钾矿 | 1 | 500 | 282.45 | 0 | 0 | 61784 | 37450.96 | 0 | 36751 | 19087 |
| 9 | 青海威斯特铜业有限责任公司德尔尼铜矿 | 1 | 562 | 175 | 0 | 0 | 57661.34 | 31361.16 | 0 | 52323.76 | 25838.23 |
| 10 | 青海大柴旦矿业有限公司滩间山金矿 | 1 | 570 | 54.46 | 0 | 0 | 40205.78 | 26453.36 | 0 | 40205.78 | 23102.61 |
| 11 | 青海省茫崖海丰钾肥开发有限责任公司大浪滩梁中钾矿 | 1 | 179 | 150 | 0 | 0 | 37633 | 1896.36 | 0 | 35280 | 15632.14 |
| 12 | 青海水泥股份有限公司石灰石矿 | 1 | 142 | 88 | 0 | 0 | 29200 | 14016.56 | 0 | 29200 | 71.2 |
| 13 | 青海赛什塘铜业有限责任公司赛什塘铜矿 | 1 | 880 | 66.83 | 0 | 0 | 27129.45 | 10076.02 | 0 | 24304.1 | 9881.95 |

**续表 5－2**

| 序号 | 矿山名称 | 矿山数（个） | 从业人数（人） | 年产矿石量 | | | 工业总产值（万元） | 工业增加值（万元） | 综合利用产值（万元） | 销售收入（万元） | 利润（万元） |
|---|---|---|---|---|---|---|---|---|---|---|---|
| | | | | 固体矿（万吨） | 液体矿（万吨） | 气体矿（万立方米） | | | | | |
| 14 | 青海大柴旦矿业有限公司青龙沟金矿 | 1 | 570 | 36.03 | 0 | 0 | 26803.85 | 15632.36 | 0 | 26803.85 | 15402.94 |
| 15 | 青海煤业集团有限责任公司 | 1 | 4327 | 119.7 | 0 | 0 | 24669 | 18000 | 1500 | 24666 | 400 |
| 16 | 北京昆龙伟业格尔木有限公司察尔汗盐湖镁盐矿 | 1 | 138 | 100 | 0 | 0 | 21654 | 12232 | 0 | 23074 | 9500 |
| 17 | 青海省地矿集团有限公司察尔汉盐湖霍布逊区段钾矿 | 1 | 131 | 70 | 0 | 0 | 17500 | 7398 | 0 | 15382 | 5548 |
| 18 | 青海省茫崖石棉矿 | 1 | 1750 | 215.3 | 0 | 0 | 16972 | 10639 | 0 | 16972 | 2012 |
| 19 | 青海省盐业股份有限公司柯柯盐厂 | 1 | 600 | 71 | 0 | 0 | 14327 | 3195 | 0 | 14327 | 1586 |
| 20 | 义马煤业集团青海省义海能源有限责任公司大煤沟煤矿 | 1 | 94 | 90 | 0 | 0 | 13581 | 7896.56 | 0 | 13581 | 400 |
| 21 | 青海晶鑫钾肥有限公司尕斯库勒钾矿 | 1 | 362 | 90 | 0 | 0 | 13248 | 7248 | 0 | 4331 | 3224 |
| 22 | 冷湖滨地钾肥有限责任公司昆特依钾矿大盐滩矿床 | 1 | 115 | 87 | 0 | 0 | 13207 | 4080 | 0 | 13207 | 3454.99 |
| 23 | 青海昆仑矿业有限责任公司察尔汗盐湖钾镁矿 | 1 | 1586 | 53 | 0 | 0 | 12360 | 7865.74 | 0 | 10826.56 | 6496.34 |
| 24 | 兰州大通河水泥股份有限公司民和北山大理岩矿 | 1 | 372 | 31.92 | 0 | C | 12129.9 | 6307.39 | 0 | 12129.6 | 2315.46 |
| 25 | 青海省盐业股份有限公司茶卡制盐分公司 | 1 | 500 | 50 | 0 | 0 | 9494.5 | 3250 | 0 | 7327 | 789 |

续表 5-3

| 序号 | 矿山名称 | 矿山数（个） | 从业人数（人） | 年产矿石量 | | | 工业总产值（万元） | 工业增加值（万元） | 综合利用产值（万元） | 销售收入（万元） | 利润（万元） |
|---|---|---|---|---|---|---|---|---|---|---|---|
| | | | | 固体矿（万吨） | 液体矿（万吨） | 气体矿（万立方米） | | | | | |
| 26 | 青海煤业鱼卡有限责任公司鱼卡煤田尕秀区段 | 1 | 392 | 77.86 | 0 | 0 | 9470.52 | 1569.36 | 0 | 8380.99 | 1906 |
| 27 | 青海碱业有限公司盐湖东部盐矿 | 1 | 150 | 90 | 0 | 0 | 9000 | 4800 | 0 | 9000 | 73.55 |
| 28 | 格尔木盐化(集团)有限责任公司察尔汗盐矿 | 1 | 437 | 31.6 | 0 | 0 | 8164.99 | 2776.32 | 0 | 4395 | 406.66 |
| 29 | 青海海湖水泥有限责任公司巴汉石灰岩矿 | 1 | 30 | 23 | 0 | 0 | 7860 | 3896.99 | 0 | 7860 | 300 |
| 30 | 青海乐都华夏水泥有限公司迭尔沟石灰岩矿 | 1 | 120 | 30 | 0 | 0 | 7500 | 3870.45 | 0 | 7500 | 3.1 |
| 31 | 青海昆源矿业有限公司高泉昆源煤矿 | 1 | 211 | 60 | 0 | 0 | 7500 | 3500 | 0 | 5500 | 214.36 |
| 32 | 青海第二水泥厂石山石灰石矿 | 1 | 320 | 40 | 0 | 0 | 7200 | 3528.96 | 0 | 7200 | 210 |
| 33 | 格尔木胜华矿业有限责任公司索拉吉尔铜矿 | 1 | 279 | 13 | 0 | 0 | 6774 | 3472.35 | 0 | 6774 | 1336 |
| 34 | 青海省冷湖昆湖钾肥有限责任公司昆特依钾镁湖钾矿 | 1 | 80 | 20 | 0 | 0 | 5600 | 3200 | 0 | 5600 | 785 |
| 35 | 都兰县多金属矿业有限责任公司白石崖7号铅锌矿 | 1 | 240 | 11 | 0 | 0 | 4400 | 2000 | 0 | 4400 | 1649 |
| 36 | 都兰县双庆矿业有限责任公司双庆铅锌矿 | 1 | 206 | 6 | 0 | 0 | 4330 | 2316.39 | 240 | 4570 | 704 |

**续表 5－4**

| 序号 | 矿山名称 | 矿山数（个） | 从业人数（人） | 年产矿石量 | | | 工业总产值（万元） | 工业增加值（万元） | 综合利用产值（万元） | 销售收入（万元） | 利润（万元） |
|---|---|---|---|---|---|---|---|---|---|---|---|
| | | | | 固体矿（万吨） | 液体矿（万吨） | 气体矿（万立方米） | | | | | |
| 37 | 青海大通水泥有限责任公司石灰岩矿 | 1 | 348 | 17.2 | 0 | 0 | 4224 | 2492.16 | 0 | 4224 | 86.97 |
| 38 | 青海鼓楼特种水泥有限责任公司柏木峡白石头沟石灰岩矿 | 1 | 339 | 15.4 | 0 | 0 | 3875 | 1860 | 0 | 3875 | 20 |
| 39 | 青海省西海煤炭开发有限责任公司柴达尔矿 | 1 | 656 | 30.19 | 0 | 0 | 3802.13 | 1953.22 | 0 | 3327.27 | 613.48 |
| 40 | 青海省国营格尔木农场马海农工商公司大柴旦老高泉北露天煤矿 | 1 | 200 | 6 | 0 | 0 | 3600 | 1985.96 | 0 | 600 | 320.69 |
| 41 | 青海金圆水泥股份有限公司互助县柏木峡石灰岩矿 | 1 | 43 | 7.8 | 0 | 0 | 2730 | 1337.7 | 0 | 2730 | 158.45 |
| 42 | 青海省海西州莫河畜牧场茶卡盐湖盐矿 | 1 | 97 | 26 | 0 | 0 | 2730 | 1213.24 | 0 | 1861 | 783 |
| 43 | 青海省西海煤炭开发有限责任公司海塔尔矿 | 1 | 315 | 18.28 | 0 | 0 | 2430.87 | 1248.78 | 0 | 2376.53 | 392.22 |
| 44 | 青海昆仑碱业有限公司柯柯盐矿 | 1 | 120 | 23 | 0 | 0 | 2300 | 230 | 0 | 1700.12 | 210.21 |
| 45 | 青海中天硼锂矿业有限公司大柴旦湖硼矿 | 1 | 360 | 7.71 | 0 | 0 | 2210.5 | 813 | 0 | 1650 | 182 |
| 46 | 青海江河源水泥有限责任公司巴汉石灰岩矿 | 1 | 40 | 6 | 0 | 0 | 2160 | 1057.54 | 0 | 2160 | 32 |

续表 5－5

| 序号 | 矿山名称 | 矿山数（个） | 从业人数（人） | 年产矿石量 | | | 工业总产值（万元） | 工业增加值（万元） | 综合利用产值（万元） | 销售收入（万元） | 利润（万元） |
|---|---|---|---|---|---|---|---|---|---|---|---|
| | | | | 固体矿（万吨） | 液体矿（万吨） | 气体矿（万立方米） | | | | | |
| 47 | 大柴旦行委大头羊煤矿大头羊工区一矿 | 1 | 143 | 10.18 | 0 | 0 | 1840.3 | 686.95 | 0 | 1840.3 | 335.94 |
| 48 | 海南州水泥有限责任公司沟后吾口大理岩矿 | 1 | 132 | 9.52 | 0 | 0 | 1820 | 642.29 | 0 | 1820 | 7.8 |
| 49 | 青海海西化工建材股份有限公司柏树山石灰岩矿 | 1 | 150 | 58.28 | 0 | 0 | 1573.56 | 736.03 | 0 | 1573.56 | 94.41 |
| 50 | 大柴旦行委大头羊煤矿大头羊工区二矿 | 1 | 117 | 8.32 | 0 | 0 | 1505.7 | 762.05 | 0 | 1505.7 | 274.86 |
| 51 | 兴海县鹏飞有色金属采选有限公司兴海县什多龙铅锌矿 | 1 | 300 | 10.93 | 0 | 0 | 1505 | 785.89 | 0 | 1258.75 | 160.89 |
| 52 | 治多县加吉矿产资源开发公司尕龙格玛含铜多金属矿 | 1 | 55 | 1.42 | 0 | 0 | 1415.2 | 687.69 | 0 | 0 | 0 |
| 53 | 冷湖开源钾肥有限责任公司牛郎织女湖钾矿 | 1 | 31 | 6 | 0 | 0 | 1352 | 786.63 | 0 | 1352 | 200 |
| 54 | 格尔木昆仑宝玉石有限责任公司纳赤台地区三岔口软玉矿 | 1 | 89 | 0.16 | 0 | 0 | 1327 | 665.62 | 557 | 1301 | －242 |
| 55 | 青海昆海源化工有限公司巴伦马海钾盐矿 | 1 | 110 | 7.2 | 0 | 0 | 1320 | 785.96 | 0 | 1320 | 760 |
| 56 | 浙江蒲峰集团民和水泥有限公司楼子沟－三岔沟石灰岩矿 | 1 | 330 | 5.45 | 0 | 0 | 1253.5 | 769.36 | 0 | 1253.5 | 12 |

续表 5－6

| 序号 | 矿山名称 | 矿山数（个） | 从业人数（人） | 年产矿石量 | | | 工业总产值（万元） | 工业增加值（万元） | 综合利用产值（万元） | 销售收入（万元） | 利润（万元） |
|---|---|---|---|---|---|---|---|---|---|---|---|
| | | | | 固体矿（万吨） | 液体矿（万吨） | 气体矿（万立方米） | | | | | |
| 57 | 青海碱业有限公司柏树山石灰岩矿 | 1 | 140 | 40 | 0 | 0 | 1080 | 546.37 | 0 | 1080 | 64.8 |
| 58 | 青藏铁路格尔木伏龙经营开发贸易公司南山口东花岗岩矿 | 1 | 56 | 20 | 0 | 0 | 1000 | 498.69 | 0 | 1000 | 4.5 |
| 59 | 青海金瑞矿业发展股份有限公司大风山锶矿 | 1 | 22 | 4.5 | 0 | 0 | 810 | 500 | 0 | 630 | 56.36 |
| 60 | 青海省祁连纤维材料有限公司小八宝石棉矿 | 1 | 123 | 8 | 0 | 0 | 800 | 320 | 0 | 245 | 23.6 |
| 61 | 青海祁连纤维材料有限责任公司双岔沟石棉矿 | 1 | 20 | 6 | 0 | 0 | 795.5 | 356.12 | 0 | 245 | 4.35 |
| 62 | 青海西旺矿业开发有限公司都兰县白石崖铁矿区外围铁矿 | 1 | 44 | 12.2 | 0 | 0 | 732 | 321.96 | 0 | 732 | 66.5 |
| 63 | 德令哈市柴达木防沙治沙有限责任公司陶斯图石灰岩矿 | 1 | 40 | 26.24 | 0 | 0 | 708.5 | 321.56 | 0 | 708.5 | 42.51 |
| 64 | 青海省循化县谢坑铜金矿 | 1 | 256 | 1.7 | 0 | 0 | 700 | 365.89 | 300 | 700 | 65.98 |
| 65 | 青海大柴旦腾达矿业有限责任公司新高泉煤矿 | 1 | 83 | 2 | 0 | 0 | 640 | 345.36 | 0 | 640 | 54.63 |
| 66 | 贵德县水泥有限公司 | 1 | 30 | 1.2 | 0 | 0 | 624 | 256.39 | 0 | 624 | 56.32 |
| 67 | 青海鑫光矿贸有限公司祁连县二珠龙铜矿 | 1 | 20 | 1.1 | 0 | 0 | 600 | 312.69 | 0 | 557 | 12 |

续表 5－7

| 序号 | 矿山名称 | 矿山数（个） | 从业人数（人） | 年产矿石量 | | | 工业总产值（万元） | 工业增加值（万元） | 综合利用产值（万元） | 销售收入（万元） | 利润（万元） |
|---|---|---|---|---|---|---|---|---|---|---|---|
| | | | | 固体矿（万吨） | 液体矿（万吨） | 气体矿（万立方米） | | | | | |
| 68 | 青海省海西州开源煤矿 | 1 | 132 | 3.4 | 0 | 0 | 589.6 | 321.63 | 0 | 589.6 | 12.3 |
| 69 | 青海西旺矿业开发有限公司小卧龙铁矿 | 1 | 60 | 9.6 | 0 | 0 | 576 | 236.96 | 0 | 576 | 32.69 |
| 70 | 青海西旺矿业开发有限公司都兰县海寺铁矿 | 1 | 115 | 9.27 | 0 | 0 | 556.2 | 226.93 | 0 | 556.2 | 23.69 |
| 71 | 都兰宏源实业有限公司大海滩铁矿 | 1 | 38 | 9 | 0 | 0 | 542.4 | 233.69 | 0 | 540 | 23.5 |
| 72 | 青海昆仑镁盐有限责任公司察尔汗盐湖团结湖镁盐矿 | 1 | 253 | 5 | 0 | 0 | 500 | 263.45 | 0 | 500 | 84.63 |
| | 合　　计 | 72 | 49064 | 4820.69 | 220.0083 | 436507 | 3249619.85 | 2010597.34 | 51618.5 | 2263545.47 | 1125169.62 |

表 6

**2008 年度青海省大型矿山企业统计**

| 序号 | 矿山名称 | 规模 | 从业人数（人） | 年产矿石量 | | | 工业总产值（万元） | 工业增加值（万元） | 综合利用产值（万元） | 销售收入（万元） | 利润（万元） |
|---|---|---|---|---|---|---|---|---|---|---|---|
| | | | | 固体矿（万吨） | 液体矿（万吨） | 气体矿（万立方米） | | | | | |
| 1 | 青海油田分公司 | 大型 | 22360 | 0 | 220.0083 | 436507 | 1736900 | 1166100 | 0 | 1051850.68 | 578201 |
| 2 | 青海盐湖工业集团股份有限公司别勒滩钾镁盐矿 | 大型 | 812 | 900 | 0 | 0 | 394374 | 283080 | 0 | 291436 | 184878 |
| 3 | 西部矿业股份有限公司锡铁山铅锌矿 | 大型 | 956 | 150 | 0 | 0 | 146459.36 | 21576.42 | 612 | 122948.25 | 108546.56 |
| 4 | 青海盐湖钾肥股份有限公司察尔汗盐湖钾镁盐矿 | 大型 | 1075 | 402.44 | 0 | 0 | 132506 | 87562.45 | 0 | 50748.26 | 16378.54 |
| 5 | 青海中信国安科技发展有限公司西台吉乃尔盐湖锂盐矿 | 大型 | 1586 | 219.15 | 0 | 0 | 66661.2 | 23331.42 | 48409.5 | 51361.61 | 30073.11 |

**续表 6 – 1**

| 序号 | 矿山名称 | 规模 | 从业人数（人） | 年产矿石量 | | | 工业总产值（万元） | 工业增加值（万元） | 综合利用产值（万元） | 销售收入（万元） | 利润（万元） |
|---|---|---|---|---|---|---|---|---|---|---|---|
| | | | | 固体矿（万吨） | 液体矿（万吨） | 气体矿（万立方米） | | | | | |
| 6 | 青海威斯特铜业有限责任公司德尔尼铜矿 | 大型 | 562 | 175 | 0 | 0 | 57661.34 | 31361.16 | 0 | 52323.76 | 25838.23 |
| 7 | 青海大柴旦矿业有限公司滩间山金矿 | 大型 | 570 | 54.46 | 0 | 0 | 40205.78 | 26453.36 | 0 | 40205.78 | 23102.61 |
| 8 | 青海大柴旦矿业有限公司青龙沟金矿 | 大型 | 570 | 36.03 | 0 | 0 | 26803.85 | 15632.36 | 0 | 26803.85 | 15402.94 |
| 9 | 青海煤业集团有限责任公司 | 大型 | 4327 | 119.7 | 0 | 0 | 24669 | 18000 | 1500 | 24666 | 400 |
| 10 | 青海茫崖石棉矿 | 大型 | 1750 | 215.3 | 0 | 0 | 16972 | 10639 | 0 | 16972 | 2012 |
| 11 | 青海省盐业股份有限公司柯柯盐厂 | 大型 | 600 | 71 | 0 | 0 | 14327 | 3195 | 0 | 14327 | 1586 |
| 12 | 冷湖滨地钾肥有限责任公司昆特依钾矿大盐滩矿床 | 大型 | 115 | 87 | 0 | 0 | 13207 | 4080 | 0 | 13207 | 3454.99 |
| 13 | 青海省盐业股份有限公司茶卡制盐分公司 | 大型 | 500 | 50 | 0 | 0 | 9494.5 | 3250 | 0 | 7327 | 789 |
| 14 | 青海碱业有限公司盐湖东部盐矿 | 大型 | 150 | 90 | 0 | 0 | 9000 | 4800 | 0 | 9000 | 73.55 |
| 15 | 格尔木盐化（集团）有限责任公司察尔汗盐矿 | 大型 | 437 | 31.6 | 0 | 0 | 8164.99 | 2776.32 | 0 | 4395 | 406.66 |
| 16 | 青海省西海煤炭开发有限责任公司柴达尔矿 | 大型 | 656 | 30.19 | 0 | 0 | 3802.13 | 1953.22 | 0 | 3327.27 | 613.48 |
| 17 | 青海昆仑碱业有限公司柯柯盐矿 | 大型 | 120 | 23 | 0 | 0 | 2300 | 230 | 0 | 1700.12 | 210.21 |

续表 6－2

| 序号 | 矿山名称 | 规模 | 从业人数（人） | 年产矿石量 | | | 工业总产值（万元） | 工业增加值（万元） | 综合利用产值（万元） | 销售收入（万元） | 利润（万元） |
|---|---|---|---|---|---|---|---|---|---|---|---|
| | | | | 固体矿（万吨） | 液体矿（万吨） | 气体矿（万立方米） | | | | | |
| 18 | 青海中天硼锂矿业有限公司大柴旦湖硼矿 | 大型 | 360 | 7.71 | 0 | 0 | 2210.5 | 813 | 0 | 1650 | 182 |
| 19 | 青海碱业有限公司柏树山石灰岩矿 | 大型 | 140 | 40 | 0 | 0 | 1080 | 546.37 | 0 | 1080 | 64.8 |
| 20 | 青海省祁连纤维材料有限公司小八宝石棉矿 | 大型 | 123 | 8 | 0 | 0 | 800 | 320 | 0 | 245 | 23.6 |
| 21 | 青海祁连纤维材料有限责任公司双岔沟石棉矿 | 大型 | 20 | 6 | 0 | 0 | 795.5 | 356.12 | 0 | 245 | 4.35 |
| 22 | 祁连县八宝镇综合开发公司小八宝联营石棉矿 | 大型 | 12 | 0.2 | 0 | 0 | 14 | 2.7 | 0 | 13.4 | 0.4 |
| 23 | 大通县城市投资建设开发有限责任公司宝库乡大三岔长石矿 | 大型 | 40 | 0.07 | 0 | 0 | 4.62 | 1.6 | 0 | 4.62 | 0 |
| 24 | 格尔木庆华矿业有限责任公司肯德可克铁矿 | 大型 | 161 | 0 | 0 | 0 | 0 | 0 | 0 | 0 | 0 |
| 25 | 青海地矿集团公司共和县吾口大理岩矿 | 大型 | 2 | 0 | 0 | 0 | 0 | 0 | 0 | 0 | 0 |
| 26 | 青海省第一地质矿产勘查大队都兰县五龙沟矿区红旗沟－深水潭金矿 | 大型 | 217 | 0 | 0 | 0 | 0 | 0 | 0 | 0 | 0 |
| 27 | 青海玉珠峰矿泉水饮品有限公司玉珠峰矿泉水水源 | 大型 | 36 | 0 | 0 | 0 | 0 | 0 | 0 | 0 | 0 |
| 合　计 | | | 38257 | 2716.85 | 220.0083 | 436507 | 2708412.77 | 1706060.5 | 50521.5 | 1785837.6 | 992242.03 |

表 7　　**2008 年度青海省中型矿山企业统计**

| 序号 | 矿山名称 | 规模 | 从业人数（人） | 年产矿石量 固体矿（万吨） | 液体矿（万吨） | 气体矿（万立方米） | 工业总产值（万元） | 工业增加值（万元） | 综合利用产值（万元） | 销售收入（万元） | 利润（万元） |
|---|---|---|---|---|---|---|---|---|---|---|---|
| 1 | 青海木里煤业有限公司聚乎更矿区二井田首采区 | 中型 | 751 | 327.7 | 0 | 0 | 114695 | 83977 | 0 | 114695 | 24567.6 |
| 2 | 青海木里煤业有限公司聚乎更矿区一露天煤矿首采区 | 中型 | 274 | 154 | 0 | 0 | 74436 | 58113 | 0 | 60982 | 25164 |
| 3 | 海西中航三钾硅业有限公司马海钾矿 | 中型 | 500 | 282.45 | 0 | 0 | 61784 | 37450.96 | 0 | 36751 | 19087 |
| 4 | 青海省茫崖海丰钾肥开发有限责任公司大浪滩梁中钾矿 | 中型 | 179 | 150 | 0 | 0 | 37633 | 1896.36 | 0 | 35280 | 15632.14 |
| 5 | 青海水泥股份有限公司石灰石矿 | 中型 | 142 | 88 | 0 | 0 | 29200 | 14016.56 | 0 | 29200 | 71.2 |
| 6 | 青海赛什塘铜业有限责任公司赛什塘铜矿 | 中型 | 880 | 66.83 | 0 | 0 | 27129.45 | 10076.02 | 0 | 24304.1 | 9881.95 |
| 7 | 北京昆龙伟业格尔木有限公司察尔汗盐湖镁盐矿 | 中型 | 138 | 100 | 0 | 0 | 21654 | 12232 | 0 | 23074 | 9500 |
| 8 | 青海省地矿集团有限公司察尔汉盐湖霍布逊区段钾矿 | 中型 | 131 | 70 | 0 | 0 | 17500 | 7398 | 0 | 15382 | 5548 |
| 9 | 青海晶鑫钾肥有限公司尕斯库勒钾矿 | 中型 | 362 | 90 | 0 | 0 | 13248 | 7248 | 0 | 4331 | 3224 |
| 10 | 青海昆仑矿业有限责任公司察尔汗盐湖钾镁矿 | 中型 | 1586 | 53 | 0 | 0 | 12360 | 7865.74 | 0 | 10826.56 | 6496.34 |
| 11 | 兰州大通河水泥股份有限公司民和北山大理岩矿 | 中型 | 372 | 31.92 | 0 | 0 | 12129.9 | 6307.39 | 0 | 12129.6 | 2315.46 |

续表 7－1

| 序号 | 矿山名称 | 规模 | 从业人数（人） | 年产矿石量 | | | 工业总产值（万元） | 工业增加值（万元） | 综合利用产值（万元） | 销售收入（万元） | 利润·（万元） |
|---|---|---|---|---|---|---|---|---|---|---|---|
| | | | | 固体矿（万吨） | 液体矿（万吨） | 气体矿（万立方米） | | | | | |
| 12 | 青海煤业鱼卡有限责任公司鱼卡煤田尕秀区段 | 中型 | 392 | 77.86 | 0 | 0 | 9470.52 | 1569.36 | 0 | 8380.99 | 1906 |
| 13 | 青海省海西州莫河畜牧场茶卡盐湖盐矿 | 中型 | 97 | 26 | 0 | 0 | 2730 | 1213.24 | 0 | 1861 | 783 |
| 14 | 青海省西海煤炭开发有限责任公司海塔尔矿 | 中型 | 315 | 18.28 | 0 | 0 | 2430.87 | 1248.78 | 0 | 2376.53 | 392.22 |
| 15 | 青海海西化工建材股份有限公司柏树山石灰岩矿 | 中型 | 150 | 58.28 | 0 | 0 | 1573.56 | 736.03 | 0 | 1573.56 | 94.41 |
| 16 | 青海昆海源化工有限公司巴伦马海钾盐矿 | 中型 | 110 | 7.2 | 0 | 0 | 1320 | 785.96 | 0 | 1320 | 760 |
| 17 | 青海西旺矿业开发有限公司都兰县白石崖铁矿区外围铁矿 | 中型 | 44 | 12.2 | 0 | 0 | 732 | 321.96 | 0 | 732 | 66.5 |
| 18 | 青海西海煤电有限责任公司默勒二分矿 | 中型 | 160 | 2.4 | 0 | 0 | 204 | 113 | 0 | 204 | 14 |
| 19 | 青海香江盐湖开发有限公司团结湖镁盐矿 | 中型 | 56 | 20 | 0 | 0 | 200 | 102.43 | 0 | 30.4 | 12.3 |
| 20 | 青藏高原特色资源开发有限责任公司昂思多2号泉矿泉水 | 中型 | 65 | 0 | 0.2 | 0 | 59.23 | 23.56 | 0 | 23.6 | 2.3 |
| 21 | 乌兰建伟矿业发展有限公司乌兰县沙柳泉钾长石矿 | 中型 | 10 | 0.31 | 0 | 0 | 5.2 | 0.52 | 0 | 5.2 | 0.2 |
| 22 | 中国科学院青海盐湖研究所东台吉乃尔盐湖锂盐矿 | 中型 | 365 | 0 | 0 | 0 | 0 | 0 | 0 | 0 | 0 |

续表 7－2

| 序号 | 矿山名称 | 规模 | 从业人数（人） | 年产矿石量 固体矿（万吨） | 液体矿（万吨） | 气体矿（万立方米） | 工业总产值（万元） | 工业增加值（万元） | 综合利用产值（万元） | 销售收入（万元） | 利润（万元） |
|---|---|---|---|---|---|---|---|---|---|---|---|
| 23 | 冷湖滨地钾肥有限责任公司昆特依钾矿大盐滩矿床 | 中型 | 60 | 0 | 0 | 0 | 0 | 0 | 0 | 0 | 0 |
| 24 | 都兰宏源实业有限公司清水河铁矿 | 中型 | 55 | 0 | 0 | 0 | 0 | 0 | 0 | 0 | 0 |
| 25 | 青海民镁科技股份有限公司团结湖镁盐矿 | 中型 | 120 | 0 | 0 | 0 | 0 | 0 | 0 | 0 | 0 |
| 26 | 青海海鑫矿业有限公司门源松树南沟金矿西矿区 | 中型 | 103 | 0 | 0 | 0 | 0 | 0 | 0 | 0 | 0 |
| 27 | 青海省奥凯煤业发展集团有限责任公司江仓矿区一井田 | 中型 | 158 | 0 | 0 | 0 | 0 | 0 | 0 | 0 | 0 |
| 28 | 青海西海煤电有限责任公司祁连县默勒二矿 | 中型 | 200 | 0 | 0 | 0 | 0 | 0 | 0 | 0 | 0 |
| 29 | 青海西海煤电有限责任公司默勒三矿 | 中型 | 220 | 0 | 0 | 0 | 0 | 0 | 0 | 0 | 0 |
| 合　计 | | | 7995 | 1636.43 | 0.2 | 0 | 440494.73 | 252695.87 | 0 | 383462.54 | 125518.62 |

（青海省国土资源厅　任国佐）

## 新疆维吾尔自治区

**【矿产资源概况】** 截至2008年底，新疆发现的矿种有138种，查明有资源储量的矿种94种（亚种119种），其中：能源矿产6种，金属矿产31种（亚种32种），非金属矿产57种（亚种80种）。在查明的资源储量中，有41种矿产探明资源储量居全国前十位，其中：居首位的7种（天然气、天然沥青、铍、钠硝石、芒硝、白云母、蛭石），居第二位的8种（石油、镍、铯、钯、自然硫、钾盐、镁盐、膨润土），居第三位的2种（煤、铂）。

**表1　2008年新疆维吾尔自治区主要矿产地分布情况**

| 矿种名称 | 矿产地分布情况 |
|---|---|
| 石油、天然气 | 分布于准噶尔、塔里木、吐哈三个大中型富油气盆地 |
| 煤炭 | 分布于准东、吐哈、库拜、伊犁煤口 |
| 铁矿 | 主要矿床有富蕴县蒙库，哈密市天湖、磁海，鄯善县帕尔岗、梧桐沟，和静县莫托沙拉、查岗诺尔，阿克陶县契列克其，新源县式可布台等铁矿 |

续表1

| 矿种名称 | 矿产地分布情况 |
|---|---|
| 铜镍矿 | 主要矿床有哈巴河县阿舍勒、哈密市土屋一延东等铜矿,富蕴县喀拉通克、哈密市黄山和黄山东等铜镍矿,哈密市图拉尔根镍矿 |
| 铅锌 | 主要矿床有鄯善县彩霞山、富蕴县可可塔勒、阿图什市霍什布拉克等铅锌矿 |
| 金 | 主要矿床有伊宁县阿希、托里县哈图、哈巴河县多拉纳萨依、鄯善县石英滩、康古尔、昌吉市萨日达拉一冰峰、哈密市马庄山、金窝子等金矿 |
| 稀有金属 | 主要为可可托海稀有金属矿床 |
| 钾盐 | 主要为若羌县罗北凹地钾盐矿区 |
| 盐矿 | 主要为和布克赛尔县玛纳斯一达巴松诺尔、吐鲁番市乌勇布拉克、托克逊县乌尔喀什布拉克、哈密市七角井、石英滩、磁海、乌鲁木齐市盐湖、若羌县罗北凹地等盐矿 |
| 蛭石 | 主要为尉犁县且干布拉克蛭石矿 |
| 膨润土 | 主要为和布克赛尔县乌兰格林-日月雷、托克逊县柯尔碱、巴里坤县拉伊格莱克等膨润土矿区 |
| 石棉 | 主要为若羌县依吞布拉克石棉矿 |
| 石灰岩 | 主要为乌鲁木齐市艾维尔沟、吐鲁番市桃树吲子、和静县艾勒沟口、拜城县老虎台、乌恰县黑孜书、莎车县喀拉吐孜、伊宁县喀山齐等矿区 |

表2 2008年主要矿产保有资源储量较2007年增减情况

| 矿产名称 | 保有资源储量变化趋势 | 矿产名称 | 保有资源储量变化趋势 |
|---|---|---|---|
| 天然气 | ↑ | 铍矿 | 未变 |
| 石油 | ↑ | 芒硝 | ↓ |
| 煤炭 | ↑ | 盐矿 | ↓ |
| 铁矿 | ↑ | 钾盐 | ↓ |
| 铬矿 | ↓ | 云母 | 未变 |
| 铜矿 | ↑ | 蛭石 | ↓ |
| 镍矿 | ↓ | 石棉 | ↓ |
| 金矿 | ↑ | 膨润土 | ↓ |
| 银矿 | ↓ | 水泥用灰岩 | ↑ |

**【探矿权采矿权管理】** 截至2008年底,自治区颁发有效勘查许可证6307个,其中新颁发证2107个。有偿出让探矿权52个,比2007年的12个同比增加333%;合同价款1.33亿元,比2007年的3901.77万元同比增加240%,其中委托阿勒泰、吐鲁番、哈密等地州市以招标拍卖挂牌方式出让探矿权37个,合同价款9288万元。

截至2008年底,自治区颁发有效采矿许可证2958个(含地、州、县(市)发证),较2007年有效采矿许可证2718个增加240个。其中:自治区级颁发有效采矿许可证1134个(其中新立187个)。能源矿产410个,黑色金属150个,有色金属矿产102个,贵金属矿产92个,稀有稀土矿产5个,非金属矿产2197个(含地州市颁发砂石黏土有效采矿许可证1824个),水气矿产2个。(其中自治区级发证:能源矿产410个,黑色金属150个,有色金属矿产102个,贵金属矿产92个,非金属矿产373个,稀有稀土矿产5个,水气矿产2个)。

2008年,自治区共出让采矿权842个,评估价款14.13亿元。其中自治区级出让采矿权264个,评估价款13.82亿元。

2008年,自治区级有效采矿许可证办理延续149个,变更238个(含转让),注销采矿许可证及政策关闭矿山56个。

2008年,自治区矿产资源补偿费征收入库171894.04万元,较2007年征收入库134479.15万元增长27.82%。其中:自治区级征收入库146355.55万元,较2007年征收入库119,428.54万元增长22.55%。

**【矿产资源开发利用与监督管理】** 截至2008年底,自治区实现矿业产值1544.56亿元,为工业总产值4639.02亿元的33.2%,其中:原油、天然气产值1350.13亿元,较2007年原油、天然气产值增加了227.24亿元,增幅20.23%;非油气矿业产值194.43亿元,较2007年非油气矿业产值145.88亿元增加了48.55亿元,增幅33.28%。2008年自治区矿山企业数减少17个,矿石产量较上年增加2531.38万吨,矿业发展增速明显。2008年全疆部分非油气矿产资源开发利用情况见下表3。

表3 2008年全疆部分非油气矿产资源开发利用情况

| 名称 | 矿山企业数 | | | | | 年产矿量 | | 工业总产值 | | 利润总额 | |
|---|---|---|---|---|---|---|---|---|---|---|---|
| | 合计 | 大型 | 中型 | 小型 | 小矿 | 万吨 | 较上年增长 | 实际完成(万元) | 较上年增长 | 实际完成(万元) | 较上年增长 |
| 合计 | 3156 | 35 | 151 | 2552 | 418 | 14148.46 | 21.79% | 1944268.35 | 33.28% | 478388.35 | 38.49% |
| 煤炭 | 436 | 3 | 20 | 395 | 18 | 5520.1 | 22.07% | 766854.64 | 34.83% | 99185.83 | 46.84% |
| 铁矿 | 139 | 2 | 7 | 85 | 45 | 1571.85 | 49.06% | 542864.35 | 130.17% | 195350.93 | 339.68% |

续表 3

| 名称 | 矿山企业数 | | | | | 年产矿量 | | 工业总产值 | | 利润总额 | |
|---|---|---|---|---|---|---|---|---|---|---|---|
| | 合计 | 大型 | 中型 | 小型 | 小矿 | 万吨 | 较上年增长 | 实际完成（万元） | 较上年增长 | 实际完成（万元） | 较上年增长 |
| 锰矿 | 18 | 0 | 1 | 16 | 1 | 6.19 | 91.64% | 2252.47 | 144.56% | 199.01 | 31.79% |
| 铜矿 | 61 | 3 | 1 | 37 | 20 | 231.47 | 18.92% | 220744.15 | 22.92% | 115815.38 | 4.40% |
| 铅矿 | 20 | 0 | 0 | 12 | 8 | 24.91 | 14.95% | 12729.42 | 10.33% | 1299.87 | -62.00% |
| 锌矿 | 11 | 1 | 0 | 4 | 6 | 83.66 | 78.53% | 18921.5 | -44.80% | 965.89 | -91.54% |
| 镍矿 | 14 | 1 | 2 | 9 | 2 | 113.3 | -3.05% | 42468.04 | -70.72% | 10565.3 | -86.57% |
| 金矿 | 115 | 2 | 4 | 79 | 30 | 199.32 | 10.15% | 71842.88 | -11.27% | 12198.31 | 58.84% |
| 钠硝石 | 4 | 1 | 0 | 2 | 1 | 5.1 | 22.60% | 1018.96 | -92.71% | 57 | |
| 盐矿 | 21 | 4 | 1 | 14 | 2 | 87.37 | -8.19% | 10291.13 | 22.35% | 1196.88 | 56.48% |
| 钾盐 | 2 | 1 | 0 | 1 | 0 | 53.77 | -78.64% | 46242 | 124.90% | 25000 | 285.80% |
| 石棉 | 7 | 2 | 3 | 2 | 0 | 300.74 | 2.22% | 6412.93 | 6.05% | -106.01 | -122.01% |
| 蛭石 | 4 | 0 | 0 | 4 | 0 | 7.77 | -68.02% | 4033.79 | -3.38% | 1090.62 | 645.72% |
| 水泥用灰岩 | 122 | 2 | 4 | 94 | 22 | 1096.93 | 23.73% | 21546.38 | 20.19% | 908.06 | -39.11% |

表 4　2005～2008 年全疆主要矿种产量增减变化情况

| 矿种 | 单位 | 2005 年 | 2006 年 | 2007 年 | 2008 年 | 增减变化 |
|---|---|---|---|---|---|---|
| 煤炭 | 万吨 | 2863.37 | 3450.9 | 4522.12 | 5520.1 | ↑ |
| 铁矿 | 万吨 | 521.81 | 758.05 | 1054.5 | 1571.85 | ↑ |
| 铜矿 | 万吨 | 78.45 | 168.55 | 194.64 | 231.47 | ↑ |

2008 年，整顿和规范矿产资源开发秩序成效显著。通过矿山年度检查，取缔非法采矿 23 个，注销采矿许可证 56 个，吊销采矿许可证 3 个，处罚越界开采 38 个，追征矿产资源补偿费 5857.9228 万元，收缴罚没款 350.6385 万元，没收矿石 6.39 万吨。完成了 7 个自治区重点整合矿区的整合方案的编制和整合任务。

**【地质基础管理与服务】**　2008 年初召开了全疆矿产资源储量登记统计汇审会，完成了 2007 年度的各地州市资源储量统计汇审。截至 2008 年，共完成矿产资源储量登记 394 份，其中查明 210 份，占用 184 份。

2008 年，受理各类储量评审备案 351 份，其中：部评审备案 12 份，地质报告备案 248 份，分割报告备案 17 份，矿产资源压覆报告 74 份。

2008 年，接收汇交地质资料 410 份，借阅 1723 人次、4268 份次。

2008 年，强化了基础地质调查评价，全面启动了矿产资源储量利用现状调查工作；继续开展地质资料清理，加强了实物地质资料的研究和管理；加强了矿山储量动态监测工作的力度。

**【地质环境管理】**　1. *地质灾害防治*。2008 年，自治区共发生有一定规模的崩塌、滑坡、泥石流、地面塌陷等地质灾害 21 起，未造成人员伤亡，直接经济损失 363.8 万元。与 2007 年相比，地质灾害发生的次数减少 9 起，造成的直接经济损失减少 54.2 万元。

2008 年，安排了 18 个县（市）地质灾害调查与区划、地质灾害专项勘查和防治工程等项目，项目总经费 1765 万元。

2. *矿山地质环境保护*。2008 年 5 月 8 日，《自治区地质环境治理恢复保证金管理办法》经自治区第十一届人民政府第 2 次常务会议讨论通过，以自治区人民政府第 155 号令发布，并于 10 月 1 日起施行。

2008 年，安排了 14 个矿山地质环境治理前期勘查、8 个矿山地质环境治理项目，项目总经费 2659 万元。通过项目的开展，治理恢复土地面积 422 公顷（6330 亩），矿山地质环境有较大的改善。

3. *地质遗迹保护*。2008 年，完成了新疆喀纳斯国家地质公园、可可托海国家地质公园、奇台硅化木一恐龙国家地质公园的揭碑开园工作。

2008 年，安排了新疆硅化木地质遗迹资源勘查和新疆可可托海 3 号脉采坑等 4 个地质遗迹保护项目，项目总经费 1200 万元。基本查明了硅化木、采矿遗迹等地质遗迹的分布、范围、特征以及保护与开发利用，为新疆地质遗迹保护和合理开发利用奠定了基础。

**【地质勘查管理】**　2008 年，外省（区）在自治区境内从事地质勘查工作已备案的资质单位171家,涉及11个资质类别,419个甲级资质。

截至2008年底,新疆地质勘查单位具有甲级资质单位共26家,涉及9个资质类别,42个资质;乙级资质单位共45家,涉及10个资质类别,65个资质;丙级资质单位共36家,涉及6个资质类别,46个资质。地质勘查资金投入及项目管理

2008年7月11日,国土资源部与自治区人民政府签订了《关于加快开展新疆公益性地质调查和重要矿产勘查合作协议》,启动了"358"项目,编制了《新疆公益性地质调查及重要矿产勘查实施方案》。

新疆矿产资源勘查(非油气)持续升温。全年投入地质勘查资金18.54亿元,其中:中央财政拨款1.42亿元、自治区财政拨款1.56亿元、社会资金投入15.56亿元。

2008年由自治区国土资源厅管理的48个地质勘查项目(非油气)资金预算共计17466.05万元,2008年下达8086.49万元。

2008年完成了1∶50000区域地质矿产调查面积3.2万平方千米。新发现重要矿产地35处,已完成阶段性勘查的大型矿产地22处,钠硝石、煤、铁、铜、铅、锌等矿产资源勘查取得重要成果,新增一批查明储量的矿产资源,其中:煤216亿吨、铁矿石7200万吨。

完成《自治区金属矿产调查评价与勘查规划研究》等9个专题研究,编制《自治区矿产资源总体规划(2008－2015年)》,已报国土资源部预审。

**【地质科技成果与对外交流合作】** 1.科技成果。新疆地矿局第九地质大队李景宏同志、新疆地矿局第三地质大队樊卫东同志获第四届黄汲清青年地质科学技术奖。

地矿局第九地质大队完成的《神华新疆能源有限责任公司六道湾煤矿资源调查报告》,获2008年全国主要固体矿产大中型矿山资源潜力调查工作优秀矿山调查报告奖。

2.国际交流与合作。完成了《中亚矿产资源勘查开发指南》的编写送审工作。

落实中国国土资源部与哈萨克斯坦能源与矿产部签署的《关于在地质和矿产利用领域的合作协议》,积极推进"中哈接壤地区1∶1000000比例尺地质成矿图及矿产预测的评价研究"工作,中哈双方制图工作进展顺利。

2008年,新疆有色地质勘查局、新疆塔城国际资源有限公司、紫金矿业集团西北有限公司等在吉尔吉斯斯坦、塔吉克斯坦等周边国家开展金、铜、铁、油气等矿产的地质勘查和开发工作。境外投资项目10余个,总投资3亿美元。

(新疆矿业联合会　梁伟超)

# 矿 业 协 会

## 中国矿业联合会

【概况】 2008年,中国矿业联合会(简称“中矿联”)以提高执行力为重点,加强职工队伍建设。坚持集体领导、民主科学决策,完善总部各项管理制度、工作制度、建立员工考核制度,加强员工培训,不断提高员工整体素质。

建立和完善各项管理制度。在2007年常务理事会通过的工作制度的基础上,进一步完善各项规章制度的操作细则,制定总部公文处理办法、会议管理办法、考勤管理规定、日常费用报销规定、项目经费管理办法、收入分配办法、外事工作管理办法等7项内部管理规定。启用财务管理信息系统,实行预算管理,财务工作取得较大突破。强化了坚持重大事情会议研究、集体决策的会议制度。调整了会领导分工,落实了工作职责,用制度管人,用制度管权,用制度管事。

制定“中国矿业联合会社会责任实施方案”,履行社会责任。除积极倡导矿山企业履行社会责任,定期发布社会责任报告外,在全会积极提倡公益活动,承担社会责任。

加强会员服务与管理。建立会员管理信息系统,2008年新增会员150个。会费收入总规模已达420万元,收费率近90%,创历史新高。

加强分支机构组织建设。成立核地矿专业委员会;完成了地质矿产勘查分会换届;整合了对外办事机构,加强统一管理;理顺《中国矿业》杂志社的经营管理体系。经过整合,发挥总部、直属单位和分支机构的作用,使各项工作得到有序开展。

2008年,中矿联按照中央的统一部署和国土资源部要求,结合中矿联工作实际,开展为时5个月的深入学习实践科学发展观活动。总部全体员工学习科学发展观的基本理论,提高用科学发展观指导中矿联工作的认识。就进一步解放思想、改革创新,摒弃不适应科学发展观要求的做法,在全会上下展开学习大讨论,促进观念和作风转变。

中矿联领导多次分别带队深入矿山调研,征求会员单位意见,研究解决新形势下中矿联发展中存在的问题,探索强化协会服务功能的新思路,为政府的决策和重大政策实施当好参谋助手,为企业做好服务。

【专题调研】 2008年,受国土资源部、国家发改委等部委的委托,完成了《我国大宗尾矿废石资源化对策研究》、《矿产资源开发利用总量调控政策研究》、《矿产资源领域循环经济发展研究》、《我国资源型(矿业)城市基本情况及建议的报告》、《矿产资源规划关于限制开采矿种的报告》和《关于2009年有关矿种关税调整的建议》等大量调研项目。为国土资源部编制全国矿产资源规划作了大量调研和论证工作。

【绿色矿山建设推进】 为推进绿色矿业,中矿联联合11家全国性矿业行业协会、有关矿业企业联合发起制订《中国矿业联合会绿色矿业公约(草案)》,该公约按照国土资源部党组的要求,以贯彻实践科学发展观为指导,规范企业行为、加强行业自律,推进绿色矿山建设。

【矿产资源法修改研讨会】 在国土资源部开发司和“两法”修改办的指导下,组织开展对《矿产资源法》修改的调研。2008年8月在黑河市举办了“矿产资源法修改研讨会”,从不同的角度和层次,就矿产资源法修改提出了许多宝贵意见和建议。地勘分会还向“两法办”报送了《准确把握探矿权属性,做好矿产资源法修改》的专题报告,提出了对探矿权属性的五点再认识和修改《矿法》的八点建议。

【采矿用地制度研讨】 中矿联从总结推广广西平果铝土矿的采矿用地试点经验为切入点,探索解决矿山用地的有效途径。与中铝公司共同组建专题调研工作组,认真研究、积极推进。调研组分别到中国铝业公司广西平果铝矿区,重庆、贵州、河南、山西等地铝矿山进行用地现状、存在问题等实地调研。11月下旬在广西南宁市召开了以“矿业 - 土地”为主题的“2008中国矿业循环经济论坛”。

这次会议以研究讨论采矿用地制度创新为重点。广西壮族自治区党委书记郭声琨、自治区政府主席马飚和老领导曹伯纯、孙文盛等亲莅会议,听取论坛情况汇报,并对论坛作了重要指示。会长李元和副主席李金早作了重要讲话。国土资源部矿政、土地管理的9个司局的负责人参加了论坛。大家一致认为论坛抓往了当前亟需研究解决的关键问题,是中矿联在国土资源部党组领导下,践行科学发展观、贯彻落实党的十七届三中全会精神的具体行动。

平果铝土矿租地采矿的做法是一个重要的创新,有利于企业发展,有利于保护当地农民利益,有利于矿产资源和耕地的合理利用,值得大力推广。会后,中矿联及时向国土资源部报告了有关情况,建议部在平果铝土矿采矿用地试点工作已经取得阶段性成果的基础上,做好试点总结验收,选择具备条件的矿区扩大试点范围,不断探索、总结,逐步规范与完善采矿租地行为。

**【矿业企业维权服务】** 2008年,中矿联及时地反映矿业企业的诉求,积极维护矿山的权益,向财政部、工业与信息化部、人力资源与社会保障部等有关部委提出了"调整矿山维持简单再生产费用标准和调整非煤矿山井下艰苦岗位津贴的建议"、"关于2009年有关矿种关税调整的建议",尤其是近期,就开征燃油税对矿山企业的影响,向财政部税政司做了专题报告,建议国家在开征燃油税时,比照农业、林业、渔业等行业对矿山企业给予财政补贴政策,或实行先征后返政策。

2008年6月,北京紧张备战奥运之时,一些媒体报导称矿泉水中溴酸盐含量高,长期饮用会致癌,造成很多普通老百姓的恐慌。包括凤凰卫视、新华网、搜狐网等在内的电视台和大型网站的转载和专题报导,影响范围很广,这些负面报导对矿泉水产业形成了巨大威胁。中矿联紧急报告国土资源部环境司,立即召开国家天然矿泉水技术评审组会议,并迅速通报中宣部、国务院相关部门和北京奥组委,使事态得到了有效控制。中矿联及时反应情况,让广大消费者了解了真相,维护了矿泉水企业的正常经营,避免了对奥运会的召开造成不良影响。

**【交流服务平台】** 2008年,中矿联与有关方面合作,成功举办了一系列会议,为矿业行业的信息沟通,经验交流,问题研究搭建了有效平台。其中反响较大的会议有:"2008中国矿业界新春团拜会"、"第24届国际矿物加工大会"、"2008中国矿业循环经济论坛"、"中国矿产勘查开发与融资上市高峰论坛"、"中国企业在澳大利亚矿业投资与服务壁垒座谈会"、"2008年地质与矿山装备产品交易会"、"全国百家地质队(院)座谈会和经验交流会"、"第二届中国矿业跨国投资研讨会"、"2008首届中非矿业项目投资洽谈会"、"2008第二届中国矿业投融资峰会"、"中华温泉文化国际专题论坛","2008年会员单位工作座谈会"、"2008年夏季联谊活动暨四届四次主席团扩大会议",以及与台湾有关协会在台北联合成功举办了"2008海峡两岸矿业合作研讨会"。

**【2008中国国际矿业大会】** 2007年8月,国土资源部正式授权中矿联承办"2008中国国际矿业大会",在部党组的直接领导下,李元会长亲自部署,联合13家全国性矿业协会,精心组织,细致服务,顺利、成功地完成了任务。参会注册嘉宾2400多名,加上特邀嘉宾,参会人数超过3200人;展台245家,规模超过往年。参会人员主要来自全球49个主要矿产国的政府、矿业企业和矿业投资机构(包括勘查、开采、选冶、技术及其设备和法律服务等)。大会、部长论坛和两次主旨论坛、40个分论坛,发言人超过200人,国内发言者占50%,是历届发言人数最多、分论坛听众最多的一次大会。

参会人员反映,副总理李克强的致辞让全球矿业界体会到中国政府是负责任的政府;徐绍史部长的讲话增强了矿业界的希望和信心。会长李元的讲话为在新形势下如何发挥行业组织的作用,做出了具体部署。与会人员对大会的主题、大会人气、会议形式和内容都给予很高评价。以"迎接新挑战,推动矿业持续繁荣"为大会主题,既实事求是,又明确了矿业发展方向。国外参会人员对中国经济与矿业发展趋势给予极大关注和希望,国内参会人员增强了矿业迎接新挑战的勇气。面对矿产品价格下降的现实,这次大会让世界矿业界、金融界看到了中国应对世界金融风暴的信心,矿业在全球经济社会发展中的基础地位没有改变,中国在世界社会经济发展中的重要地位在不断提高。

在矿业大会期间,国土资源部领导与参会的8国矿业部长分别进行了会谈,有的签署了双边合作协议。中矿联也与参会的各国矿业协会分别加强了交流合作。在大会前,我们先后组织"金融海啸与矿业投资高层论坛"及澳大利亚、加拿大、南非矿业投资项目推介等专场会议;大会期间,帮助一些主要矿产国的省级政府举办了多次专场项目推介活动。大会得到包括新华社、人民日报、中央电视台在内的90多家媒体的150多名记者对2008中国国际矿业大会进行了报道。路透社、道琼斯通讯社等国际媒体对大会进行了正面报道。宣传规模和效果都超过历届大会。中国矿业网提供了参会所有展台的基本信息,便于随时查询。

**【技术培训与咨询服务】** 积极组织专业技术培训,提高矿山技术水平。针对部分矿山存在地质人员缺乏,技术力量薄弱等实际问题,中矿联组织编写了《固体矿产地质勘查、储量报告编制文件及规范解读》,地勘协会举办了"地质技术规范和质量标准、钻探工程技术"等六期培训班,培训技术人员800多名。

做好咨询服务工作。地热专业委员会组织专家对全国地热资源勘查、地热钻井技术咨询服务。矿泉水专业委员会开展健康饮水活动,举办的"汶川大地震与四川矿泉水环境"新闻发布会,消除了因地震造成灾区矿泉水污染传言导致的心理恐慌,取得良好的社会效益。

**【名牌矿城命名和相关评审鉴定工作】** 中矿联在严格评审的基础上,2008年组织开展了名牌矿城命名和国家级天然矿泉水评审鉴定工作。2008年,先后授予四川省攀枝花市"中国钒钛之都"和南京汤山"全国温泉开发利用示范区"、吉林辉南"中国矿泉水之乡"等9个名牌矿业城市。组织专家对江西省资溪县大觉山等矿泉水源地进行了评审,为地方经济发展发挥了积极作用。

**【对外合作与交流】** 2008年,中矿联完成赴加拿大、美国、菲律宾等国家的出访及赴台湾交流活动的组织工作。组织矿业企业代表团赴加拿大参加第76届PDAC大会。期间,中矿联驻加拿大办事处与加方有关方面举办一系列矿业合作论坛、讲座等,得到参会人员的赞许。

组团参加了由美国国家矿业协会主办的4年一度的特大型矿业展览盛会"2008美国国际矿业展览会",同期与美国矿业协会和有关矿业公司进行了交流,为我国矿业企业学习世界先进矿业技术,进行合作提供了交流平台。

2008年,中矿联组织矿山企业参加了亚洲矿业大会、中国－南非建交十周年庆祝活动、中加双边贸易合作圆桌论坛、气候变化和能源利用中德会议等。特别是在奥运会期间,矿业联合会领导利用各种国际交流场合,宣传我国矿业发展形势,收到了良好效果。

**【信息服务】** 2008年,围绕科学发展观学习实践活动、抗震救灾、奥运宣传、纪念改革开放30周年及国土资源部建部10周年,中国矿业报社、中国矿业杂志社、中国矿业网组织了大量的宣传报道,效果甚佳。

《中国矿业报》以为信息量大、对重大事件反应快,在国内外矿业界的影响越来越大,得到了国土资源部领导的高度关注、受到矿业界的不断好评。2007中国矿业十大新闻评选推出,《中国矿业2007》电视专题片摄制播出。《中国矿业》杂志作为我国矿业核心期刊,内容和质量不断提高。《中国矿业年鉴》如期出版,《中国矿业信息》恢复出刊,各分支机构的多种内部刊物,以及每天更新200多条信息的中英文双语中国矿业网站等等,使中矿联信息服务形式越来越多,内容越来越丰富多彩,在矿业界的影响力也越来越大。

**【投资企业管理】** 2008年,开展了清理和规范投资办企业工作,进一步完善和规范对投资企业的管理。从2007年10月至2008年底,基本完成了对中矿联所办公司的清理工作。注销2个公司,核销两个多年欠款挂账的公司,一个长期亏损参股企业进入清算、解散阶段。保留了4个实体,其中全资企业1个、参股企业3个,注册资本共计8670万元,其中中矿联权益1220万元。与保留的全资公司签订了工作目标责任书。对保留投资参股公司明确股东代表、派出董事,规范公司经营活动,维护并履行中矿联的出资人权益。公司清理工作基本完成。

**【抗震救灾】** 2008年5月,四川汶川大地震发生后,及时与四川省矿业协会取得联系,了解灾情,并在第一时间通过四川省矿业协会向地震灾区发去慰问信,号召全行业支援灾区抗震救灾。全体工作人员也主动积极向灾区捐款捐物。发出抗震救灾倡议、发布矿业企业对灾区的援助和支持信息。天然矿泉水专业委员会得知灾区饮用水紧缺,通过多种形式组织会员单位向灾区捐赠矿泉水。据不完全统计,中矿联职工累计向地震灾区捐款76520元,捐赠矿泉水7000多万瓶,以及棉衣、棉被等救灾物资。

(中国矿业联合会)

## 中国煤炭工业协会

**【工作概况】** 2008年,中国煤炭工业协会加强法律知识学习,运用法律手段维护正当的利益。加强协会统计信息、技术咨询、经济运行、政策研究、人才培训与新闻宣传工作,不断强化协会基础工作。在实际工作中突出重点,减少文字与形式主义,依托社会力量共同抓好行业大事。加强党风廉政建设,坚持财务会计制度,加强审计工作。健全手段、完善机制,加强协会自身支撑体系建设,增强协会自我发展能力和经济实力。

通过加强协会工作,推进行业改革发展,促进煤炭工业平稳较快发展。研究探索新时期煤炭工业改革发展思路。加强与政府有关部门沟通与合作,高质量地完成政府委托的重大课题研究任务,主动参与相关政策出台前的研究工作,反映行业诉求。加快协会法律研究与咨询体系建设,开展行业法律咨询服务,参与相关法律制修订工作,努力改善行业发展的外部环境。

协会为加强煤矿基础设施建设,实现煤矿质量标准化、生产机械化、系统自动化，改善作业环境，减轻矿工劳动强度做出努力；积极推进煤矿劳动保护用品的研发，不断提高劳动保护水平；做好煤矿尘肺病等职业病的防治工作，保护矿工身心健康；贯彻落实《工伤保险条例》，维护矿工的合法权益。煤炭企业要根据效益增长情况，不断提高职工收入水平；继续加大矿区危房、棚户区改造力度，提高煤矿工人的生活质量。

**【行业改革推进】** 1.*确立了“煤为基础，多元发展”的能源发展方针*。党中央国务院出台了一系列促进煤炭工业健康发展的政策措施，确立了“煤为基础，多元发展”的能源发展方针。煤炭经济虽然进入下行周期，但也为加大结构调整，转变经济发展方式创造了机遇和条件，全行业干部职工一定要抓住机遇、应对挑战，进一步增强政治责任感和历史使命感，牢固树立和落实科学发展观，坚持节约发展、清洁发展、安全发展和可持续发展，推进经济发展方式转变，加快走资源利用率高、安全有保障、经济效益好、环境污染少的新型煤炭工业发展之路，实现平稳较快发展。

2.*坚持走大基地、大集团发展之路，提高煤炭工业规模化水平*。推进大型煤炭基地建设，努力构建以大型煤炭基地为基础的产业集群。坚持以资源、资本为纽带，培育和发展跨地区、跨行业、跨所有制、跨国经营的大型煤炭企业集团，走资本联合、企业联合、产业联合的新型发展模式，促进煤炭组织结构、产业结构、产品结构和技术结构调整，提升大型煤炭企业的经济主体地位，逐渐突破资源、环境制约，促进矿区与区域经济和社会协调发展。

3.*加快转变煤炭经济发展方式，提高发展质量和效益*。遵循煤炭资源可持续利用的理念，按照稳定东部、加大中部、保护西部的原则调整煤炭开发布局。科学制定煤炭资源开发规划，实现合理有序开发。控制东部经济发达地区的煤炭开发规模，提高长期稳定供应能力；加大中部资源富集地区开发规模，提高全国煤炭供应保障能力；保护优质和稀缺煤炭资源，鼓励和引导按品种对路消费，提高资源的利用效率；加快大型煤炭基地建设，整合资源、优化煤炭生产结构，建设大型现代化煤矿。围绕企业成本控制、技术管理、劳动组织等，不断完善企业经济运行机制，切实由数量、速度型的发展方式转到提高内涵发展的质量上来。进一步完善反映煤炭市场供求关系、煤炭资源稀缺和开发程度、环境与安全损害成本的生产要素和资源价格形成机制，实现煤炭资源的有序开发。遵循“减量化、再利用、再循环”的原则，加大矿井废水、煤矸石、煤泥、粉煤灰、塌陷地等资源的利用力度，变废为宝，循环利用，实现以煤为基础的多元协调发展。加强煤炭产业基础设施建设，构建协调发展的现代煤炭物流管理体系，提高煤炭供应效率。

**【科技创新】** 协会注重建立和完善以企业为主体，市场为导向、产学研相结合的煤炭工业技术创新体制和机制，引导和支持大专院校、科研院所等创新要素向优势企业集聚，促进煤炭科研成果向现实生产力转变。坚持信息化与工业化相融合、以信息化带动工业化，加大科技投入，重点围绕大功率采煤机、岩巷掘进机、露天开采设备、大型运输提升和洗选设备等组织科研攻关，积极推进重大装备国产化，组织千万吨级的综采配套装备攻关；推行一个矿井一个工作面，建设安全高效矿井，提高煤炭工业的核心竞争能力。依靠科技进步，坚持自主创新，不断提升煤炭工业生产力发展水平。

研究健全技术委员会工作机制，组织开展技术推介、专家下基层等活动，推广煤矿先进适用技术与装备，推进煤矿现代化建设，提高煤矿资源综合利用、生态环境保护水平和经济效益。组织实施煤炭重大科技项目，协调煤炭科研机构、高等院校和重点煤炭企业参与“十一五”国家重大科技攻关计划实施，组织申报并争取重大科技项目列入国家重点科技支撑项目。推动煤机产业结构调整和自主创新，推进煤矿技术装备现代化。

**【煤矿安全管理】** 协会通过强化煤矿安全管理，加大安全投入，全国煤矿安全生产形势实现了稳步好转。但是，煤矿安全管理是一项长期的任务，必须建立煤矿安全长效机制，长抓不懈。必须认真贯彻“安全第一、预防为主、综合治理”的方针，进一步强化企业的安全生产责任主体，落实企业法人代表负责制；加大安全投入，深化隐患排查治理；加强安全培训，提高矿工安全素质；推广应用安全可靠技术，推进安全质量标准化建设和本质安全型矿井建设；认真贯彻落实瓦斯治理“12字方针”，坚持先抽后采、不抽不采，做到抽、掘、采平衡，深化瓦斯治理，有效遏制重特大事故，实现安全生产状况的稳定好转，为煤炭工业的又好又快发展提供前提、基础和保障。

**【调查研究】** 2008年，协会进一步加强调查研究，加强与主要用煤行业联系与交流，定期召开经济运行分析会，及时预测煤炭经济形势的发展和变化，及时分析影响经济稳定运行主要矛盾和突出问题。根据形势发展需要，适时安排煤炭经济运行调研工作，通过深入煤炭企事业单位，了解企业发展情况，宣传国家促进煤炭工业健康发展的政策措施，推广企业改革发展经验，准确反映行业发展面临的矛盾和问题，适时提出政策建议，协助政府做好经济运行调节工作，努力维护煤炭经济平稳运行。

**【煤矿安全标准化推进】** 引导行业牢固树立安全发展理念,把安全生产作为一项前置条件,纳入行业重大科技成果评定、评先树优和企业信用评价标准。抓紧研究提出《煤炭工业技术装备政策导向》,规范办矿标准,提高煤炭产业整体水平。以煤炭工业技术委员会为平台,组织会员单位开展煤矿安全技术研究与攻关。组织开展煤矿安全质量标准化调研和技术交流,做好煤矿安全标准化管理制度、工作标准和规范研究与制订工作。协助安监总局和煤监局开展好煤矿标准、规范修订和宣贯工作。做好矿产资源开发利用方案、煤矿安全项目安全评价专家意见评审、煤矿生产能力核定专家评审等工作,从源头把好安全评审关。继续做好煤矿安全重大经济政策研究与跟踪调研,为煤矿安全发展提供良好政策环境。

(中国煤炭工业协会　解宏绪)

## 中国冶金矿山企业协会

**【工作概况】** 2008年,中国冶金矿山企业协会在国际金融危机仍在扩散和蔓延,对我国社会经济的影响更加明显,冶金矿山行业的发展面临着历史性的挑战和机遇的形势下,以冶金矿山改革发展事业为己任,贯彻落实科学发展观,切实履行职责,践行服务宗旨,维护行业和企业利益,发挥桥梁和纽带作用,为推进冶金矿山可持续发展做出了积极努力。

2008年,围绕协会总体工作目标,合理设置分支机构,各专业委员会结合自己特点开展丰富多彩的专业活动,增强了协会健康发展的生命力、向心力和凝聚力。贯彻落实《国务院办公厅关于加快推进行业协会商会改革和发展的若干意见》,组织开展了协会职能定位、发展战略、内部管理、激励和约束机制等重大问题研究,梳理完善了协会内部管理制度。协会的各项工作得到会员的信任、政府部门认可和全社会的广泛关注。

**【调查研究】** 协会围绕冶金矿山改革发展实践,积极开展了一系列重大问题研究,及时提出政策建议,努力为政府决策和行业、企业发展服务。

一些研究成果已经成为政府决策依据、国家产业政策制定和国家产业规划编制的基础。对我国可持续发展铁锰铬等矿产资源战略和我国钢铁工业铁矿石资源保障战略的研究成果,为制定《钢铁产业调整振兴规划》提供了基础素材。冶金矿产资源规划研究、冶金矿产资源综合利用规划研究、最低开采规模标准研究、矿产资源开发利用总量控制研究提出的建议,为《全国矿产资源规划(2008～2015年)》编制提供重要依据。开展的关于冶金矿山企业税收负担研究、冶金矿山安全生产费用提取及使用办法研究、资源型企业建立可持续发展准备金制度及其提取和使用管理办法研究等得到了国家有关部门的重视。积极参与了相关法律法规和政策规范的修订和论证工作,提出的意见和建议部分已经成为相关法律和政策规范的依据。

**【科技创新】** 2008年,协会围绕构建冶金矿山科技创新体系,完善行业技术标准,组织重大项目攻关等,开展一系列技术咨询与协调服务工作。召开了全国冶金矿山科学技术工作会议,明确了冶金矿山科技工作发展思路和重点。开展了矿产资源技术政策研究,参与了《矿产资源技术政策要点》的编制工作。积极开展了新技术、新工艺、新产品的技术交流和推广活动,组织了全国性技术研讨、交流和推广活动,对促进行业的科技进步,提高自主创新能力起到了重要作用。组织多项科技创新成果鉴定,组织和参与完成了多项矿产资源开发利用方案和矿区采矿权设置方案、多项资源保护和地质环境治理项目的可行性论证、多个重大项目的论证和咨询工作。

**【冶金矿山结构优化升级】** 协会始终以大局为重,贯彻中央宏观调控政策,配合政府有关部门做好行业经济运行协调工作。贯彻落实《钢铁产业发展政策》、《国务院关于全面整顿和规范矿产资源开发管理秩序的通知》、《国务院关于加强地质工作的决定》、《国务院关于加快循环经济的若干意见》、《国务院关于落实科学发展观加强环境保护的决定》等产业政策和有关决定,深入企业调查研究,了解相关政策落实过程中出现的问题,积极向政府有关部门提出意见和建议,帮助企业协调解决生产建设中遇到的资源、土地、综合利用、安全环保等方面的具体问题。协调各方面的关系,提出了许多有利于解决铁矿资源供需矛盾的意见和建议。推动冶金矿产资源整合和合理利用,促进冶金矿产资源向优势企业集中,引导行业健康发展。开展了规范小型铁矿健康发展政策研究,推动小矿联合改造。召开行业节能减排、循环经济研讨会,提出了行业节能减排和发展循环经济思路。鼓励和支持优势企业运用市场机制,通过产权制度改革、资源整合和资产重组,组建大型企业集团,提高生产集中度。积极为冶金矿山企事业单位搭建合作与交流平台,为开发和利用境外铁矿资源创造条件。

**【"对标挖潜"活动】** 协会与中国钢铁工业协会共同开展了第三届全国冶金矿山"十佳厂矿"和"十佳厂矿长"

的推荐评选活动，总结经验，表彰先进，树立典型，引导企业进行现代企业制度改革和企业管理创新。参与全国矿产资源合理开发利用先进矿山企业评选活动，一批冶金矿山先进企业得到国家的表彰。

组织行业深入开展“对标挖潜”活动，成立了“对标挖潜”工作指导小组和办公室，对反映企业现状的主要技术经济指标每月进行排序、分析研究，开展“对标挖潜”创“十佳”活动，帮助企业有效地抓住薄弱环节，进一步加强管理，降低成本，提高效益。

**【全国冶金矿山行业“对标挖潜”工作会议】** 中国冶金矿山企业协会与中国价格协会冶金矿山价格研究会共同组织的第五届(2008年)全国冶金矿山行业“对标挖潜”工作会议，于2008年10月14至16日在江西省南昌市召开。来自全国重点矿山企业及部分地方矿山企业的代表参加了会议。

中国价格协会冶金矿山价格研究会秘书长关维仲同志主持会议，中国钢铁工业协会信息统计部副主任陈国康同志应邀出席并讲话。

会上，中国冶金矿山企业协会的高级顾问董稼祥作了题为《落实科学发展观、提升企业综合竞争力、为振兴冶金矿山作出更大贡献》的工作报告；中国冶金矿山企业协会信息咨询部主任揭香萍代表中国冶金矿山企业协会与中国价格协会冶金矿山价格研究会宣读了《关于表彰“对标挖潜十佳企业”和先进个人的决定》；获奖单位鞍钢矿业公司、马钢集团公司、攀钢矿业公司、武钢矿业公司的代表分别介绍了本单位在开展“对标挖潜”工作方面的经验。

董稼祥的报告全面系统地总结了冶金矿山行业近年来开展“对标挖潜”工作的情况。冶金矿山行业的“对标挖潜”工作，在各级领导的重视和支持下，取得显著成效，各项技术经济指标有所提高，企业的市场竞争力进一步增强。通过“对标挖潜”活动，促进矿山企业由粗放型管理向精细型管理的转变，提升矿山管理水平；推动矿山建设资源节约型、环境友好型企业的工作。报告客观地审视了冶金矿山行业发展面临的新形势，强调做好冶金矿山行业“对标挖潜”工作需着力解决的几个重要问题，明确了目前冶金矿山行业“对标挖潜”工作的重点。

会上，与会代表提议今后要开展多种形式的经验交流，组织考察团进行企业间互访，推广典型经验。另外，从会议交流的形式到各单位的先进经验得到了与会代表的认可和普遍欢迎。

**【中国冶金矿山企业协会科学技术奖】** 2008年度中国冶金矿山企业协会科学技术奖评审工作，在国家科学技术奖励工作办公室指导下，经过半年多紧张有序的工作，完成了申报、预审、初审、综合评审、终审以及奖励委员会核准等所有程序。从35项申报项目中最终推选出获奖项目22项。其中一等奖3项；二等奖7项；三等奖12项。

一等奖：首钢矿业公司《首钢矿业公司矿山数字化》；河北理工大学《冀东鞍山式磁铁矿石粉碎能耗合理分布研究》；首钢矿业公司《链篦机－回转窑－环冷机工艺热工操作优化研究》。

二等奖：北京科技大学、武汉钢铁集团矿业有限责任公司程潮铁矿、中国恩菲工程技术有限公司和武汉钢铁集团矿业有限责任公司合作的《程潮铁矿井下泥石流诱发机理及防治对策研究》；上海梅山矿业有限公司《梅山铁矿尾矿综合利用工业性试验》；长沙矿冶研究院和酒泉钢铁(集团)有限责任公司合作的《酒钢选矿厂浓缩系统扩能高效化改造工程》；鞍钢集团矿业公司、长沙矿冶研究院、中国矿业大学、武汉理工大学和东大自动化有限公司合作的《浮选柱提纯磁铁精矿工艺技术研究》；青岛理工大学、济南钢城矿业有限公司合作的《大水铁矿床“三下”无废开采及安全保障综合技术研究》；北京矿咨信矿业技术研究有限公司《尾矿库安全监测预警系统》；鞍钢集团矿业设计院《鞍千矿业有限责任公司胡家庙子采选联合企业工程设计》。

**【中国冶金矿山企业协会第五次会员代表大会】** 中国冶金矿山企业协会第五次会员代表大会于2009年2月28日在北京召开，来自全国冶金矿山企事业单位的代表和嘉宾出席会议。

会议分别由中国冶金矿山企业协会首席顾问董稼祥和中国冶金矿山企业协会常务副秘书长杨家声主持。中国矿业联合会会长李元、中国钢铁工业协会党委书记刘振江、中国冶金矿山企业协会名誉会长徐大铨出席会议并讲话。

中国冶金矿山企业协会第四届理事会会长邹健作了《以服务为宗旨 切实履行职责 努力推进冶金矿山行业又好又快发展》的工作报告。与会代表进行了认真审议，一致认为中国冶金矿山企业协会第四次会员代表大会召开以来的四年间，中国冶金矿山企业协会切实履行职责，践行服务宗旨，维护行业和企业利益，发挥桥梁和纽带作用，为推进冶金矿山可持续发展做出了积极努力，赢得了会员单位的信赖、政府的认可和社会的支持。工作报告切合行业与协会四年来的工作实际，对行业发展新形势的分析深入透彻，强调了行业改革发展的思路、目标和工作重点。报告中所提出的下一届协会工作的思路和建议是必要与可行的。会议表决通过了第四届理事会提交的工作报告。

中国冶金矿山企业协会常务副秘书长杨家声作了关于《中国冶金矿山企业协会章程》修改意见的说明及《中国冶金矿山企业协会第四届理事会会费收支情况报告》。

中国冶金矿山企业协会副会长王德敏作了关于推选第五届理事会理事候选人的说明；中国冶金矿山企业协会副会长郝树华作了关于推选第五届理事会常务理事及协会领导成员候选人的说明。全体与会代表一致表决通过了新一届理事会，选举产生了会长、副会长、秘书长，审议通过了名誉会长、首席顾问、常务副秘书长、副秘书长。

会议期间，表彰了第三届全国冶金矿山“十佳厂矿”、“优秀厂矿”、“十佳厂矿长”，“十佳厂矿”单位进行了典型经验交流。

最后，中国冶金矿山企业协会第五届理事会会长邵安林作总结讲话。

（中国冶金矿山企业协会　揭香萍）

## 中国有色金属工业协会

**【工作概况】** 2008年，中国有色金属工业协会面对国际金融危机对有色金属工业的影响，积极向国家有关部门反映情况，提出政策建议。

2008年下半年，受国际金融危机影响，我国有色金属工业面临全球有色金属消费疲软、价格大幅度下跌，企业出口形势日趋严峻、生产经营困难的不利形势，协会非常关注行业发展状况，及时深入企业调查研究，加强与企业的沟通与联系，按金属品种多次召开了电解铝、铜、铅锌等企业座谈会、研讨会和进出口形势分析会等，统一思想，坚定信心，研究对策，共克时艰。建立并完善了协会内部定期进出口工作联席会议制度和分金属品种的行业形势定期会商制度。

同时，面对金融危机对有色金属工业的冲击，及时向国务院领导上报了《世界金融危机对我国有色金属工业的影响及对策建议》的报告。国务院总理温家宝、副总理李克强做出重要批示，副总理张德江主持召开专门研究有色复金属工业问题的会议，落实温家宝总理重要批示。会议决定采取综合政策措施，支持有色色金属工业持续稳定发展，主要内容是：调整有色金属产品进出口税收政策，鼓励高附加值产品出口；适当增加有色金属战略储备，采取国家收储与企业商储相结合方式，适时收储一定数量的有色金属；扩大直供电试点，鼓励买施铝苣联营；加大金融、财政支持力度，支持专项技改和海外资源开发；支持有色金属企业发展，落实有关扶持政策；发挥行业协会作用。提高行业整体素质。

根据国务院第37次总理办公会议精神和国家有关部门部署协会配合国家发改委、工信部编制有色金属工业振兴规划工作，从全国32家有色金属企业上报的136个铜、铝、铅锌、镍项目中筛选确定并上报推荐了77个项目，为政府决策提供了依据。为了应对金融危机对铝行业造成的冲击，2008年下半年，协会组织20家电解铝骨干企业向全国同行发出主动减少产量5%～10%的倡议，并协调铝加工企业通过了“中国铝挤压行业自律公约”。

**【行业节能减排工作】** 2008年，协会把开展能效对标活动作为推进有色金属行业节能减排工作进展的重点任务和抓手，制定了《有色金属行业重点用能企业能效水平对标工作方案》；召开了企业对标工作座谈会，分品种成立了对标工作专家组，制定了工作方案，编写了《有色金属行业重点用能企业能效对标活动指南》。9月19日，协会与国家发展和改革委员会、工业和信息化部联合召开了全国有色金属工业重点用能企业能效对标启动大会，对今后一个时期全行业能效对标活动进行了动员部署。截至2008年底，协会已与有关企业和部门签订对标工作协议39项。

2008年，协会组织有关人员对国家发改委《重点用能企业能源利用状况调查报告》提出了具体修改意见；参与组织有色金属工业污染物排放标准的制定和审查工作，对粗铅冶炼、铅电解、氧化铝等清洁生产标准提出修改意见；向环保部提出了有色金属行业“十一五”减排目标、措施和方案；召开了全国电解铝节能减排技术与经验交流会和重有色金属冶炼企业污水处理现场经验交流会等。

根据亚太清洁生产和应对气侯变化合作项下铝工业PFC(全氟化碳)减排工作安排，组织了国际铝协、美铝、加铝及联合国环境署等参加的关于减少PFC排放问题的讨论会，考察了企业PFC减排情况；与亚太七国(APP)合作开展了电解铝厂PFC检测，已完成对伊川豫港龙泉等6家企业现场PFC测量。

组织企业向国家发改委上报《2009年有色金属工业重大节能示范项目》，协会推荐的底吹炼铅等5项技术已列入国家第一批节能技术目录；编制了《有色金属工业节能金属推广专项规划》，推荐上报了17项重点节能技术推广专项，“低温低电压铝电解新技术”项目已进入科技部“节能减排”科技工作快速启动专项。科技部委托的有色金属领域节能减排调研和“有色金属工业节能减排科技支撑战略研究”工作进展顺利；完成了国家有关部门委托的“有色金属工业实现节能减排目标的政策措施研究”和“再生有色金属工业二噁英类POPs减排规划研究”，开展了“镁冶及镁合金制备过程节能减排关键技术研究”项目的立项工作。

**【有色金属工业改革开放30周年系列纪念活动】** 为了全面总结和广泛宣传我国有色金属工业改革开放以来取得的成就,贯彻落实科学发展观,激励全行业干部职工走中国特色新型工业化道路,协会在全行业部署和组织了纪念我国有色金属工业改革开放30周年系列活动。

2008年12月召开了中国有色金属工业改革开放30周年纪念大会。康义会长做了题为“认真总结改革开放30周年经验,着力推进有色金属工业科学发展”的报告,全面总结我国有色金属工业改革开放30年来取得的巨大成就和成功经验。评选出的30名有影响力人物在大会上受到表彰,同时还评选出改革开放30年来对有色金属工业发展具有重大影响的30件大事。

协会组织编辑了《中国有色金属工业改革开放30年》一书,并在《中国有色金属报》、《中国有色金属》杂志、《中国有色金属工业》网站等行业主要媒体上刊登一批我国有色金属工业改革开放30周年纪念文章,宣传一批成功企业、先进人物和先进典型。

推进全国有色金属行业先进集体、劳动模范和先进工作者评选表彰工作,全面启动全国有色金属行业企业社会责任工作。

2008年,协会把做好全国有色金属行业劳动模范评选表彰工作作为重点工作之一,始终坚持公开、公正、公平的原则,坚持以工作突出的实绩和贡献作为衡量标准,坚持征求各方面意见,严格把关、优中选优。评选审查工作已经基本完成,即进入公示和审批,全行业共上报符合申报条件的企业近400余家,其中先进集体200余家、劳动模范和先进工作者400余人。

为倡导和推动有色金属行业企业履行社会责任,建立社会责任体系,协会在征求意见的基础上制定《中国有色金属工业企业社会责任指南》,召开全国有色金属工业企业社会责任启动大会,正式发布了《中国有色金属工业企业社会责任指南》。

**【法律法规、产业政策、行业准入条件制订和修订】** 2008年,协会参与国家有关法律法规、产业政策、行业准入条件的制修订和加工贸易进出口管理工作。

协助国家发改委对国家产业技术政策征求意见稿(有色金属部分)进行了修改,对《产业结构调整指导目录(2008年本)》提出了行业意见,提交了《关于建议将铅精矿列入鼓励进口和产品目录的报告》和将符合《铜冶炼行业准入条件》(第一批)的企业列为铜精矿进口加工贸易试点单位的政策建议;上报了《皮江法炼镁企业准入条件》(修订稿);向工信部报送了2009~2010年有色金属行业技术改造投资重点内容,为制定《工业和通信业技术改造投资指南》提出了意见建议。

参加了国家发改委等八部门组织的国务院开展清理高耗能高污染行业专项大检查后回头看的复查工作,参与了国土资源部组织的整顿和规范矿产资源开发秩序以及锑、锡矿山开采总量控制指标制定工作,对《矿山安全法》、《保护性开采的特定矿种勘查开采管理办法》等提出了具体修改意见;协助有关部门对符合铅锌冶炼行业准入条件企业进行了公告的复核及重点审查;向全国人大执法检查组报送了有色金属行业关于环境评价法实施五年来的意见与建议。继续开展有色金属行业企业信用等级评价工作,进一步修改完善了总体方案和实施细则,发布了2008年度企业信用等级评价结果。

**【产品税制调整和进出口贸易协调工作】** 协会坚持定期召开有色金属市场贸易形势分析和协商对策的制度。积极参与国家有关部门的税制调整工作,提出主要铝材出口退税、关税调整,恢复铜精矿加工贸易和恢复部分铜加工产品出口退税率的政策建议,提交《关于铅锌产品进出口情况及政策建议》、《2008年商品编码调整的建议》、《2009年进出口许可证管理目录的调整方案》等,完成了《中国企业在澳大利亚矿业投资与服务壁垒情况调查的函》的说明,协调企业做好落实国家发改委等部门《关于老长贸合同使用出口退税政策的通知》的工作。

经过协会的努力,有色金属产品税目增列的工作取得进展,国务院税则办采纳了协会提出的2009年有色金属产品税目增列及暂定关税调整的意见,新增税目12个。在财政部公布的《2009年版税则和进出口税率》中协会提出的细化税目、降低出口关税等建议也得到了采纳。商务部、海关总署联合发布了(2008)120、121号公告,铜、镍、钴、铝材等24种有色金属产品恢复了加工贸易。

**【出口企业资质管理工作】** 协会参与商务部产业联系机制工作,进行了出口企业资质管理工作,协会组织制定的锡出口企业资质标准已由商务部公布实施。参与商务部钨、锑企业供货资格及铟、钼企业出口资质的年审工作。在解决中土铝箔、铝板贸易纠纷中发挥了协会特有作用,受到商务部表扬。

参与了海关总署协调制度管理委员会暨原产地协调管理委员会的工作,对协调制度目录和自贸区原产地规则中有色金属产品部分提出意见和建议;开展了有色金属行业单耗标准制定方法与规律研究,为海关确定加工单耗标准的提供了依据。

【产业咨询和行业协调工作】 2008年,继续开展了有色金属实物质量认定和中国有色金属工业企业管理现代化成果、优秀论文的评审,组织对《铜及铜合金管材产品生产许可证实施细则》的补充修订,对生产企业进行实地核查,向产品合格企业发放了生产许可证。

根据环保部的要求,开展有色金属工业当前污染物排放总量调查;主持云南锡业、铜陵有色等申请上市或再融资上市公司的环境保护核查;组织中南大学、北京矿冶研究总院等编制重金属冶炼厂工业废水污染治理技术材料,向工信部推荐了生化法、膜法重金属工业废水治理技术。

根据国土资源部委托,组织有关专家完成对煎茶岭镍矿、吉林长白山钴矿、黑龙江多宝山铜矿等矿产资源开发利用方案进行了项目评审。

受国家有关部门委托,开展了《我国主要有色金属产品国际贸易中的技术壁垒-标准的研究》,完成了《中国铜工业发展战略研究》、《中国铝工业发展预测分析报告》、《中国氧化铝问题研究》、《再生有色金属(铜、铝、铅、锌)产业技术政策研究》、《美国等发达国家铜、铝消费结构及循环利用趋势研究》和《有色金属能耗标准研究》等课题;完成了财政部委托的《有色金属工业经济运行情况分析研究报告》;发布了《2007年中国有色金属工业发展报告》。

【信息统计工作】 2008年,协会履行政赋予的行业统计职能,完成了有色金属工业信息统计任务,及时向国家发改委、国家统计局、财政部、商务部、工信部等报送有色金属生产、经营和市场信息;努力为企业提供统计信息服务,指导企业建立和规范统计业信息统计工作会议;根据国家统计局的总体部署,编写《改革开放30年有色金属工业历史资料汇编》。

2008年,继续加强了与国际有色金属行业组织的信息交流工作,完成了国资委布置的《美国等发达国家铜、铝消费结构及循环利用趋势研究》、《2008年有色金属工业国有经济发展报告》、《2008年有色金属工业运行情况、存在的问题及政策建议》,以及财政部委托的季度《有色金属工业经济运行情况分析研究报告》。

【产业技术创新战略联盟建设】 推动产业技术创新战略联盟建设,高效节能铝电解技术和钨及硬质合金创新战略联盟取得较大进展;国外有色金属矿产资源开发与综合利用产业技术创新战略联盟已确定项目规划及重点科技任务;组织申报的先进铝加工技术研究开发等4个“十一五”国家科技支撑项目已通过国家科技部审核;组织实施的镁及镁合金关键技术开发与利用等6个项目进展顺利。

继续协助企业和科研院所开展国家企业技术中心认定、国家重点(工程)实验室的立项申报和有关国家工程研究中心的评价工作。大冶有色公司、南山集团等8个企业技术中心获国家批准,目前全行业国家认定的企业技术中心已达32个;中南大学“难冶有色金属资源高效利用”、中科院过程所“湿法冶金清洁生产”、洛阳中硅高科技公司“多晶硅材料制备技术”、西部超导材料公司“超导材料制备”等4个国家工程实验室获得批准,至此全行业已有6个国家工程实验室;中国铝业公司等9家企业获首批国家创新型企业称号,中国有色矿业集团等10家企业进入第二批国家创新型试点企业行列。

【科技成果鉴定】 全年共开展科技成果鉴定145项,其中东北大学冯乃祥教授发明的新型阴极结构电解槽节能技术经企业试验表明,吨铝节电1112千瓦时,专家鉴定认为该技术属国内外首创,整体技术达到国际领先水平;继续开展了2008年有色金属行业科技奖的评审和国家科技奖推荐上报,全行业有8项成果获国家科学技术奖,其中铝及铝合金现代热连轧技术与工艺开发获国家科技进步一等奖;协会推荐的西北有色金属研究院奚正平院长获得2008年度何梁何利科学与技术创新奖。

【国际合作与交流】 继续加强与国际铝协、国际锌协、国际镍协、国际锡协、国际镁协、国际铜协、国际回收局和美国铝协、欧洲铝协等国际同业组织在统计信息、环保、健康与安全、标准和再生金属等领域的友好合作,为企业和科研院所对外合作提供服务。

组团出席了世界铝工业协会领导人会议、国际铝业论坛、第65届世界镁业大会、亚太7国清洁生产特别工作组会议(APP)以及联合国铜、铅锌和镍研究组大会;召开了中芬有色金属工作组第23次会议;组织中国PFC减排考察小组赴澳大利亚进行考察和技术交流;组织再生金属企业参加了美国废料回收工业协会成立20周年及国际回收局2008年春季会议;主办了“2008中国国际有色金属矿业论坛”、“2008年铝工业展鉴会暨铝加工高层论坛”、“2008国际铅锌年会”和“世界第三届贵金属会议”等国际会议。

接待了来自美国、澳大利亚、日本、俄罗斯、乌克兰等国家的多个代表团来访交流,积极推进国内企业与外国公司的合作,为企业引进技术和聘请专家提供服务。

【协会自身建设】 2008年,协会召开第二届二次会员代表大会暨二届三次理事会,全面总结了2007年度的协会工作,对2008年任务做了全面部署,增选了副会长、秘书长,较好地完成了协会领导班子的新老交替;

协会本部增设了市场贸易部，对部分所属单位领导班子及代管协会、专业分会负责人进行了调整、补充，从组织上加强了协会的自身建设。

为了加快协会及所属单位改革和发展进程，协会进行了(2008～2010年)发展规划的制定；完成了协会工作管理制度的修订与汇编工作；开展了干部聘任和全员聘用合同的签订，根据《国资委所属事业单位岗位设置管理实施意见》开展了所属事业单位的岗位设置工作。

综合信息工作进一步加强，《中国有色金属工业》网发布的协会工作、行业动态等信息，协会编发的《有色简讯》、《有色简报》、《会员通讯》得到了国家有关部门和企业的关注和好评。各项管理工作不断得到加强，召开了协会共青团第一次代表大会，选举产生了第一届团委会；组织了各类专题业务学习和讲座，不断提高职工队伍素质；协会已连续八年被评为中央国家机关文明单位。

**【抗灾工作】** 2008年初，我国南方部分地区发生雨雪冰冻灾害后，协会迅速做出反应，紧急行动，向贵州、湖南、江西、四川等地受低温雨雪冰冻灾害的54家有色金属企业发出了慰问信，会长康义亲自带队到受灾严重的湖南、贵州等地有色金属企业调研慰问，与地方政府负责人共商灾后恢复生产的措施，并及时向国家有关部门汇报情况，反映受灾企业需求。

四川汶川强烈地震灾情发生后，协会积极响应党中央国务院号召，发出了《关于行动起来，全力支持四川等灾区抗震救灾工作的紧急通知》，向全体会员单位和全行业职工发出紧急呼吁。与受灾地区企业沟通联系，了解灾情。5月23～25日，会长康义又带队到四川德阳、阿坝等重灾区有色金属受灾企业慰问，调研受灾情况，听取企业需要协调解决的问题，与企业共商抗灾自救、恢复生产的有效措施，并及时向国家有关部门报送了《关于受四川汶川地震影响有色金属行业受灾情况的报告》，配合国家有关部门编制《“5·12”地震灾区有色金属工业布局及产业调整专项规划》；对国家发改委《汶川地震灾后重建产业政策》提出具体修改意见；参加工信部组织的专家组赴灾区开展灾后重建规划工作，同时还组织部分专家开展咨询会商，组织铅锌、铝企业为受灾企业实施对口支援，多方面支持受灾企业的重建工作；2008年下半年，组织协调多家电解铝企业为阿坝铝厂进行专业技术人员的岗位培训(9个专业技术岗位、为期3个月的免费培训156人次)，为该厂12月12日顺利启动电解槽、恢复生产奠定基础。据统计，协会及所属单位向四川受灾地区总计捐款143.2万元。其中，职工个人捐款22.9万元，全体党员自愿缴纳特殊党费58.3万元。

(中国有色金属工业协会　李宴武)

# 中国钨业协会

**【工作概况】** 2008年，中国钨业协会自我约束，规范运作，各项规章制度健全，信息统计、业务例会、专业会议、文秘档案、财务管理、劳动工资、年审登记、期刊出版、会员管理和分会监管等各项工作运行良好，各项业务工作不断向正规化、标准化、制度化的目标迈进，协会的凝聚力和影响力进一步得到了提升。

按照中国有色金属工业协会《关于编制协会三年发展规划(2008～2010年)有关事项的通知》(中色协办字〈2008〉084号)的要求，结合《中国钨工业“十一五”发展规划》和协会主席团第十九次会议、四届理事会第七次会议决定精神，编制上报了中国钨业协会《2008～2010年三年发展规划》，明确了协会今后的指导思想和发展目标。

根据国务院国资委和有色金属工业协会深入学习实践科学发展观活动领导小组的部署和要求，结合协会及行业实际，制定了《中国钨业协会深入学习实践科学发展观活动工作方案》，开展学习实践科学发展观活动，以科学发展观统领、指导和推进协会各项工作。

协会组织学习贯彻国资委和有色协会的有关文件精神，加强协会的业务建设和党风廉政建设。坚决贯彻党中央、国务院的方针政策，自觉接受主管部门国家国资委和代管单位中国有色金属工业协会的领导以及民政部等的指导和监督，协会总部、各分会均未出现违纪和违反协会章程的行为。

深入学习实践科学发展观，坚持“为政府服务、为行业服务、为企业服务”的宗旨，在控制总量，稳定市场；服务行业，服务企业；自我约束，规范运作等方面积极开展各项服务工作。

面对国际金融危机对钨行业的冲击，协会及时召开有关会议研究、分析形势，制定应对错施。就钨开采总量控制、下调出口关税上调出口退税、钨战略资源储备和完善有关行业政策等问题分别上书国家6个有关部委和有色金属工业协会，提出了具体的措施建议，并积极与有关部委和部门联系与沟通，努力帮助企业渡过难关，保持钨业经济的平稳发展。

**【中国钨业协会第五次会员代表大会暨五届一次理事会】** 2008年12月2日，在北京召开。会员单位代表、协会领导和顾问、特邀嘉宾以及新闻界朋友等共计160余人参加了大会。中国有色金属工业协会常务副会长高德柱出席会议并发表了重要讲话；原中国有色金属工业总公司总经理费子文，中国工程院院士孙传尧等老领导和专家亲临会议指导和祝贺；国家有关部委领导和有关兄弟协会的领导到会并讲话和祝贺；周菊秋会长在会上作了致辞和总结讲话。大会听取和审议了常务副会长孔昭庆同志代表第四届理事会所作的《始终坚持服务宗旨，发挥桥梁纽带作用，为实现我国钨工业可持续发展而奋斗》的工作报告。经过民主协商，大会选举产生了由65个单位组成的第五届理事会理事和协会新一届领导机构；选举产生了五届理事会主席团，推举了第一任执行主席；重新聘请了协会名誉会长、高级顾问、顾问；调整了分会机构，聘任了协会副秘书长。审议通过了修改后的《中国钨业协会章程》和《中国钨业协会会费管理办法》，实现了协会顺利平稳换届。

**【中国钨业协会换届】** 为完成协会换届各项工作，协会对换届的各项准备工作作了精心安排，通过召开会议、重点走访了钨主产地的企业以及大专院校，并以通讯等方式广泛征求对协会换届工作的意见和建议。

2008年6月5日，在长沙市召开主席团第十九次会议和四届七次理事会议研究审议协会换届工作方案。会议认真研究和审议了《中国钨业协会换届筹备工作建议方案》、《关于修改〈会费缴纳办法和会费管理规定〉的建议方案》、《关于〈中国钨业协会章程〉修改的建议方案》、《关于理事替换的建议》和《关于发展协会会员的建议》等有关协会换届工作方案和建议。协会秘书处按规定程序及时将代表大会的召开、章程修改和协会领导推荐意见等报送主管部门和登记机关审批。

**【信息统计工作】** 继续开展行业统计报表工作，及时进行企业报表和行业信息的统计分析，并反馈给会员单位，不断提升协会的影响力和服务工作水平。

2008年3月18日，在昆明召开了第三次信息统计工作会议，总结了协会2007年信息统计工作，部署了协会2008年信息统计工作，并表彰了优秀信息统计员。

组织《中国钨工业年鉴》(2008年)和《中国钨业》、《硬质合金》等刊物编辑出版工作，为会员单位发布重要行业信息和市场信息，为政府决策提供可靠的行业信息。通过报刊、网络等媒体广泛宣传行业发展动态，为培育和引导市场，稳定市场价格营造了较好的舆论氛围。

**【行业企业调研】** 2008年协会配合政府各有关部门做好行业协调的各项工作，完成政府部门委托的有关行业发展与协调的各项任务。

参与国家九部委开展整顿和规范矿产资源开发秩序"回头看"行动督查工作，重点对湖南等省区整顿和规范钨矿资源开发秩序进行了督查。并分别到江西、福建、甘肃等地考察调研了有关钨企业，了解企业应对危机、自主创新、产品升级和企业发展情况。

根据国土资源部矿产开发管理司《关于对〈保护性开采的特定矿种勘查开采管理办法(征求意见稿)〉征求意见的函》和《关于矿产资源开发利用领域发展循环经济的若干意见》，协会结合调研和行业发展情况，研究并提出了对钨矿勘查开采管理的修改补充建议，对钨矿资源整合、钨矿开采秩序、开采总量控制和发展循环经济等热点、难点问题提出了政策措施意见和建议。

根据国务院关税税则委员会办公室《关于征求2009年关税调整意见的函》(税委办[2008]40号)的要求，协会征求钨品出口企业的意见，提出调整和完善钨品进出口暂定关税的意见和建议。

组织对2009年钨品国营贸易出口企业资格和出口供货企业资格年审和上报。

**【协会主席团第十八次会议暨2008年钨市场形势分析与展望研讨会】** 2008年3月28日，在北京召开。会议邀请了专家就有关宏观经济政策调控与进出口贸易形势、钨矿总量控制现状与对策建议作专题报告。呼吁广大钨企业适应宏观政策调控的形势变化，进一步加强行业自律，切实落实钨开采总量控制的各项措施，加快产品升级，优化产业结构，稳定市场，稳定钨价，构建和谐钨业，巩固和保持钨业经济平稳、快速发展势头。

**【协会主席团第二十次会议和钨矿山节能减排经验交流会暨钨市场分析会】** 2008年10月26日，在大连市召开。会议分析研究了钨市场形势，就积极应对国际金融危机，稳定钨市场，保持钨业稳定、健康发展提出了许多好的意见和建议。

**【对外交流】** 2008年，协会组织企业参加国际钨协9月份在厦门召开的第二十一届年会。协会领导与国际钨协主席、执委及有关国外企业负责人开展了交流和沟通。我国钨业再度成为会议的热点，到会的国家和人数规模空前，与会的国外代表对我国钨业发展取得的成就和2007年的钨业百年庆典给予高度评价。部分代表分别参观了潮州翔鹭钨业有限公司和福建宁化行洛坑钨矿有限责任公司，增进了相互的了解和友谊。

**【信息服务】** 协会增强服务意识，转变工作作风，服务行业，服务企业，为会员单位办实事，办好事，做到能办的事立即就办，提高办事效率。组织专家对福建金鑫钨业有限公司的硬质合金技改项目进行论证，为辰州矿业股份有限公司、湖南世纪特种合金有限公司和内蒙古太仆寺旗钨矿等会员单位的采矿证变更等事宜提供业务上的指导和帮助。及时向企业提供急需的有关资料和行业信息，提高协会的服务和协调行业的能力和水平。

（中国钨业协会　刘良先）

## 中国建筑材料联合会

**【工作概况】** 2008年，联合会注重加强队伍的思想建设、组织建设和作风建设，在关键时刻突显共产党员的先锋模范带头作用。在冰雪灾害和汶川地震发生后，联合会系统党员干部响应党的号召，踊跃捐款捐物，向受灾地区的同胞献爱心、送温暖，以实际行动帮助灾区人民克服困难，恢复生产和生活。

在组织建设方面进一步完善了联合会内部的人事管理。制定了《管理人员职务晋升暂行办法》，根据管理办法的相关条件，安排一些非领导职务人员晋级。同时按照审计部门的意见，完善和改进了联合会直属单位领导班子年度考核奖惩办法，改变对专业协会的人事考核等办法，指导督促专业协会和分会做好换届工作。

在财务管理方面重点加强了制度建设和审计工作。在不断完善各项规章制度的基础上，注重抓好财经法规的学习贯彻和各项规章制度的执行。积极配合审计署和社会中介机构对联合会系统单位开展年度审计和专项审计工作，对审计中发现的问题，及时进行整改。制度建设的不断加强和审计工作的不断深入，对规范各单位的经济行为，提升在财政资金管理、国有资产管理、政府采购、增收节支和会计核算等方面的管理水平，起到了积极地促进作用。

为对建材行业改革开放30年来经过的历程、取得的成就等情况进行系统回顾总结，联合会组织开展了建材行业改革开放30年代表人物评选、纪念建材改革开放座谈会，以及“纪念建材行业改革开放30年征文活动”等一系列纪念活动。

**【灾区重建工作】** 2008年年初，我国南方部分地区遭受严重低温冰冻雨雪灾害，联合会及时向全行业发出“抗冰冻、防灾害、保平安”紧急倡议，呼吁全行业和会员单位精心做好安全生产，做好抗灾救灾的建材产品供应，并开展捐款捐物活动，组织员工向灾区人民伸出援助之手，献出一份爱心。5月12日，四川汶川发生8.0级大地震。联合会于5月13日上午紧急召开驻会会长办公会，立即组织向灾区捐款并向全行业发出《建材行业开展抗震救灾活动倡议书》，号召全国建材行业企业立即行动起来，投入到抗震救灾的行动当中，切实搞好重要建材产品的生产，保证随时满足抗震救灾和灾后重建的需要，全力做好安全生产工作。

联合会系统各单位和个人捐款近100万元，个人捐款超过30万元。同时，联合会还参加了国务院召开的抗震救灾有关紧急工作会议，及时了解受灾建材企业的情况，向商务部、工业和信息化部、国家发改委反映，并提出了抗震救灾及灾后重建建议。按照国务院抗震救灾生产恢复组的统一部署，赴灾区参加了四川工矿企业灾情及恢复生产调研工作。

按照工业和信息化部的要求，联合会会同中国水泥协会、中国建材规划研究院等单位参与了地震灾区工业生产力布局和产业调整规划中水泥、新型建材规划的编制工作。本着科学规划、远近结合、聚集发展、优化结构、企业主导的基本原则，注重恢复重建与调整产业结构相结合，与促进企业技术进步相结合，向政府有关部门提出应优先支持大企业集团的发展，支持符合产业政策的项目建设，优化产业结构；支持受灾企业重建项目在立项审批、环保、安评、消防等方面简化审批程序，缩短流程；对已批项目特事特办，加快建设进度等意见。这些意见，均与国务院有关部门和当地政府有关部门及相关企业形成了多方面的共识。水泥和新型建材规划的编制受到了工信部的表扬。

**【调查研究】** 2008年，受国际金融危机的冲击和国内相关产业和经济形势变化的影响，我国建材工业出现了较大的起伏。联合会加大了对建材工业发展走势、变化的关注力度，加强了调查研究。结合学习和实践科学发展观活动，由会领导带队，先后到浙江、江苏、安徽、北京、上海、河北、山东、广东等省市，对建材大企业集团、外资企业以及中小企业生产经营等情况进行深入调研；分别召开了由地方和全国性专业协会、重点行业企业参加的经济运行形势分析会、信息交流座谈会等多个会议，多方面了解有关地区和重点产业、重点企业当前生产经营情况、面临的困难和问题，对促进行业健康发展的政策建议等等，对有关涉及行业发展的重大问题经疏理后及时向政府有关部门沟通汇报，一些建议得到政府部门的重视和采纳。如，加工玻璃、石材等产品的出口退税率得到了调整。

**【信息服务】** 2008年，加强了对行业经济运行分析及数据细微变化背后的信息捕捉，及时发布了《玻璃纤维纱产量激增销量下降》、《卫生陶瓷产量和出口量下降》、《市场需求呈现下降征兆，水泥产量增速下降》、《建材工业增长速度继续下滑》和《水泥产量增速下行趋势更加明显》等信息和分析文章，并向国务院研究室、国家发改委、财政部、工信部等政府部门进行了通报，同时在《中国建材统计网》、《建材纵横》、《建材工业统计(水泥企业版)》、《中国建材报》等媒体、网络上登载，为省市区建材管理部门和企业提供有效的信息服务，引导企业积极应对经济形势的变化。

**【行业结构调整推进】** 为配合做好对《国民经济和社会发展第十一个五年规划纲要》关于“产业结构优化升级”目标的中期评估，总结建材产业在产业结构、产品结构、企业结构调整和自主创新方面取得的进展，分析存在的问题，向工信部报送“十一五”以来建材行业产业结构优化升级的有关情况，提出以节能减排为中心，推广先进成熟的节能技术的建材行业技术改造投资重点。

在征求各有关专业协会和专家意见的基础上，会同工信部产业政策司，组织召开《产业结构调整指导目录(2008年本)》(征求意见稿)建材行业专家座谈论证会，对有关条目进行研究论证，提出了具体的修改意见和建议。

结合《政府核准的投资项目目录》的修订，在深入调查研究和听取企业意见建议的基础上，针对平板玻璃行业发展现状和产能潜在过剩实际，以及个别地区新建水泥项目存在盲目性和区域性规划缺失指导等问题，建议新建平板玻璃项目列入《政府核准的投资项目目录》的意见。水泥投资项目管理建议增加报备国家行业主管部门的内容，并建议政府部门牵头组织研究制定重点区域水泥工业发展规划和省(市、区)水泥工业发展规划，督促各地有关部门严格执行。

为应对国际金融危机，保障建材工业平稳较快发展，以中国建材、中国中材、金隅、海螺和冀东等建材大型企业集团为重点，结合市场需求，筛选一批符合国家产业政策和行业规划，对行业发展有较强带动作用的技术改造和产业升级项目，向工信部等政府有关部门上报推荐。

**【节能减排和资源综合利用指导】** 2008年年初，召开了以节能减排为主题的会长全体会议，结合行业和企业的实际，针对建材行业在节能减排工作中面临的问题和要求，探讨了建材行业在形成节约能源资源和保护生态环境的产业结构、发展方式、消费模式的对策和措施，对全行业节能减排工作发挥了积极的指导作用。

联合会执行《关于加强建材工业节能减排的工作意见》，按照《意见》提出的节能减排目标、实现目标的主要途径、工作重点和措施，组织各专业协会和各地建材主管部门及协会进行逐项落实，为实现“十一五”建材节能目标打好基础。并在此基础上完成了国家发改委、财政部下达的“建材工业实现‘十一五’节能减排目标的研究”课题。

在国家奖励的节能项目上，争取到国家发改委的认可，给予行业协会单列推荐项目的渠道。这是自2001年协会改革重组以来，首次向国家直接推荐项目。

多次参加国家发改委、财政部组织的国家财政奖励节能项目的评审工作，共参与评审地方申报的建材行业类项目近1000项(占全部审报项目约1/4)，主要集中在余热余压利用工程、燃煤锅炉(窑炉)改造工程和资源综合利用(循环经济)项目等方面，其中水泥窑纯低温余热发电项目占1/4左右。通过评审工作，尽力争取国家有关部门支持建材类项目。同时，积极参与了国家发改委组织的《国家重点节能技术推广目录(第一批)》的制订，一批成熟适用的建材节能新技术被推荐列入《节能技术推广目录》。

为了给建材行业的节能减排提供扎实的基础数据，联合会参与了节能量计算规则的编写和审核工作。完成了“十一五”节能工程余热余压利用节能项目节能量计算规则的编写和修改工作；参加并完成了“企业节能标准体系编制通则”等六项国家能耗标准通则的编制修改工作。完成了发改委等政府有关部门下达的水泥、玻璃、建筑卫生陶瓷等三项国家能源消耗限额标准及国内外能效水平比较研究的课题研究工作。上述三项能耗标准已由国家标准化委员会作为国家强制性标准发布执行。在国家发改委的指导下，启动了《节能建材及其应用技术的调研和推广(B33项目)》的工作。配合国家环保部，参与了《建材行业高污染高风险产品名录》的编制工作。

**【行业规范指导】** 2008年，针对建材行业，尤其是水泥行业中外资兼并、企业重组的热潮，经过近一年的调查研究，系统分析，联合会完成了《建材产业兼并重组战略及对策研究》课题，对建材产业的兼并重组形势进行了分析，并提出对策和措施。

按照全国整顿和规范市场经济秩序领导小组办公室和国资委行业协会办的要求，报送了《关于开展建材行业信用评价试点的申请报告》，联合会成为全国信用评价工作第二批试点的行业协会。结合建材行业不同规模企业信用管理的特点，联合评价机构共同研究确定了适合建材行业的信用评价指标体系、评价标准和相关管理制度。

继续推进建材品牌建设。预应力钢筒混凝土管、轻钢龙骨、水泥工业用篦冷机、水泥工业用选粉机、纤维缠绕增强塑料贮罐、装饰石材、建筑陶瓷等7个建材产品被列入2008年中国名牌产品评价目录。

**【产业安全维护】** 根据国务院法制办公室的要求，组织有关企业对《国务院关于经营者集中申报的规定(征求意见稿)》提出修改意见；参与国土资源部等9部委组织的“整顿和规范矿产资源开发秩序督查”工作；及时了解建材产品国际贸易有关信息，跟踪反倾销案件，向行业通报韩国对原产于中国的浮法玻璃提起的反倾销调查案件终裁情况。参与“行业协会应对国际贸易摩擦的作用研究”的课题研究；完成了商务部布置的建材行业的季度产业安全分析报告。

为了建材工业的发展和产业安全，向财政部和国务院税则办提出对2008年和2009年“海关进出口税则”中有关建材商品的税目和税率的修改意见，已部分被采纳。向海关总署提出对产品原产地规则案、原产地标准和“中国－秘鲁自由贸易区原产地标准”中有关建材商品的意见；“中美第四次战略经济对话”中有关建材商品的谈判要价以及对亚太四国——印度、韩国、孟加拉和斯里兰卡的要价单中建材商品降税幅度和降税范围的意见等。向商务部提出自由贸易区关税减让的意见和加工贸易禁止类和限制类税目调整行业意见等。

**【建材科学技术奖评选】** 2008年，完成了第五届建筑材料科学技术奖评选，经专家评审和媒体公示，共评出获奖项目35个。同时，向国家推荐7项国家级科技进步奖、3项发明奖、1项自然科学奖，其中秦皇岛玻璃工业设计研究院的“浮法玻璃逐级澄清与熔窑大型化成套工程技术开发及应用”获2008年度国家科技进步二等奖。

全国“建材行业技术革新奖”评奖活动受到企业和广大职工的欢迎。在已有20个省开展评奖活动的基础上，扩大活动的覆盖面，考察了获得“建材行业技术革新奖”的有关企业，总结先进经验，加强与各省市建材主管部门、行业协会和产业工会的联系与信息交流。经全国各地、各大企业集团和行业协会申报推荐，专家评审，媒体公示，评选出2008年度全国建材行业技术革新奖107项，与全总机冶建材全委会在人民大会堂联合召开了表彰大会。

经联合会推荐，郑州金龙水泥股份有限公司秦立明和江西万年青水泥股份有限公司洪新卫获全国技术能手称号。天津海泰环保科技发展有限公司的“废轮胎胶粉改性沥青及加工工艺和成套设备”项目，天津恩海科技发展有限公司的“混凝土基层表面研磨钢化处理工艺”项目参加了第三届海峡两岸职工创新成果展的评选活动，并双获金奖。

**【科技成果评审鉴定工作】** 对巨石集团有限公司的“年产十万吨玻璃纤维池窑拉丝生产技术与关键装备的研发及应用”等14个项目进行科技成果和新产品鉴定。同时做好行业职工培训，提高职工素质工作。为企业培养生产、应用技术及管理人才，是协会的一项长期的工作。组织召开了4个职业标准的审定会，完成了《水泥生料制备工》等教材的编写任务，建设了“玻璃熔化工”等2个工种的技能鉴定题库。已有近1.5万人取得职业资格证书。经推荐，中国中材集团已被人社部批准为全国第一批建材行业技能人才评价试点企业。同时举办2期地坪施工人员技术培训、粉体技术专项培训等培训活动。

**【标准修订与质量管理】** 2008年是国家标准制修订任务最多的一年，按照国家标准化管理委员会的要求，组织归口标委会和起草单位，通过实行标准项目月报制度，对每一项标准项目进度进行跟踪监督检查，全年完成389项国家标准的制修订任务，受到国标委通报表扬。同时，复审上报了42项国家标准和104项行业标准，基本保证了标准正常有效地运行。

2008年也是国际标准化工作的创新年，在我国成为国际标准化组织常任理事国的同时，建材行业也在国际标准的制订工作中实现了零的突破。工业陶瓷标委会和绝热材料标委会提出并承担了ISO/WG42《精细陶瓷粘接强度的测定方法》和ISO/PWI12655《建筑能源消耗数据标准表述方法》国际标准，为行业参与国际标准化工作起到了带头作用。积极开展国际标准化交流与合作，玻璃纤维、建筑卫生陶瓷标委会分别组织了国际标准化年会。

为争取扩大建材行业标准化工作的业务领域，一方面与相关部门和行业进行大量协商工作，进一步明确了各行业的工作分工和业务领域。在国家发改委工业司牵头组织“行业2008～2010年资源节约与综合利用标准发展规划”项目的编制中，为建材行业争取28个标准项目。另一方面加紧标准体系的建设。全年共向国标委新申报36个全国专业标准化技术委员会（组），其中22个技术委员会（分技术委员会、工作组）获得批准成立。

2008年是全国质量小组活动30周年，各地建材企业的质量管理小组活动活跃。为进一步激发广大基层质量管理人员和职工的积极性，召开全国建材工业第23次质量管理活动代表会议，通过质量管理活动经验交流，QC小组活动成果发表，努力推动建材行业质量管理水平的提高。

批复成立建筑材料工业摩擦密封材料产品质量监督检验中心、砂石产品质量监督检验中心、卫生洁具质量监督检验中心等质检机构，加强了建材质检方面的力量。组织申报了建材行业国家标准创新奖项目，其中“陶瓷砖”等2个国家标准获得创新三等奖。

**【行业企业服务】** 2008年，联合会系统各单位结合各自优势和特点，开展各种为行业企业的服务活动。中硅会发挥学术优势，围绕建材行业的节能、降耗、环保等热点，组织开展“玻璃熔窑节能减排技术研讨会”等

6个学术、技术交流活动。粉体技术分会在清华大学主办粉体周,集中举办了2008北京国际粉体技术与应用论坛、全国粉体产品与设备应用技术交流大会等活动和超细粉体(纳米)的应用、大型粉磨设备节能降耗、粉体技术进展等系列座谈会。

为进一步扩展联合会服务范围,在原有工作的基础上加强了建材流通领域方面的工作,举办了"第八届中国建材家居市场高峰论坛",并通过评定"规范化建材家居市场"和"星级建材市场"支持流通行业的龙头企业创新发展,推进建材流通业规范化和现代化。组织建材家居市场和流通企业,成立了物流暨市场分会,增强了联合会在建材流通领域的协调与服务能力,促进了联合会在建材行业整体服务水平的提高。

联合会系统成功举办改革开放30年成就展,国际建筑展,中国国际玻璃工业技术展览会,国际建筑材料贸易博览会暨中国国际绿色建材展览会,玻璃纤维复合材料展览会等一批国内知名展览。这些展览为企业成为自主创新主体,增强企业的核心竞争力和国际竞争力提供了技术交流、贸易洽谈及宣传平台。同时还组织企业参加了美、欧、亚等国际展览,为建材产品走向国际市场创造了条件。

(中国建筑材料联合会　谷东玉)

## 中国非金属矿工业协会

**【工作概况】** 2008年,协会积极参加政府和其他有关部门召集的会议和活动,按照国家的政策和政府各有关部门的指示,完成各项工作。

参加商务部办公厅在"全国产业损害调查与维护产业安全工作会议暨全国重点行业维护产业安全工作会议"。每季度一次,主要总结、交流各地、各重点行业开展产业损害调查与维护产业安全工作的情况。

参加国土资源部的各种会议。对《全国矿产资源规划》(征求意见稿)提出意见,就非金属矿行业的现状及对国民经济发展的重要性进行阐述,写出书面材料,得到国土资源部的认可;及时向矿产司通报了行业受损情况。

协会提交的"锂离子二次充电电池负极材料球型石墨"作为第一序号得到海关总署关税司的批复:"原则同意给与优惠出口政策。该商品的归类尚需进一步确认。2008年底,海关已经制发商品归类决定将该商品归入税目2504项下"(国家海关总署关税征管司以[2008]署税便字第148号文)。此项工作是协会在为会员单位服务方面的最好体现。

年内,召开"第五届二次常务理事扩大会议暨《手册》修订工作用款计划会议"。同时做好部分专委会换届工作。

**【温石棉专题研究会】** 2008年,由工业和信息化部联合7部委和建材联合会,在北京召开。近年来,由石棉引发的安全和健康问题一直是国际国内争论的热点,受到国家领导人的高度重视。为此,原国家发改委在征求有关部门意见的基础上专门向国务院提交了"国家发改委关于促进温石棉安全生产和合理使用的报告"(发改运行[2007]9号),特举办此研究会。协会作为行业代表在会上作了"有关国内外温石棉研究成果"的重要报告,供会议参考。

**【中国非金属矿工业大会暨会员代表大会】** 2008年10月10日在北京召开。会上根据国务院有关对行业协会商会换届选举的规定,在经过中国建筑材料联合会同意后,采用投票选举方式,通过了中国非金属矿工业协会第五届理事会副理事长以上推荐人选,毛小兵当选为理事长,王文利当选为秘书长,秦定惠、张铁英等32位行业精英当选为副理事长。

**【第五届中国(上海)国际非金属矿工业展览会】** 2008年10月9日,在上海光大会展中心隆重开幕。展会有100家企业参加,展位110个,展出面积3500平方米,是历届之最,展览观众1000人次以上。展会突出了地方政府参与非金属矿开发,推广本地区丰富资源的特色;矿产品生产企业比历届增加50%,并有大买家观展,举办4个论坛等形式,得到参展及参会代表的赞赏。

**【非金属矿产品及制品标准制定与修订】** 2008年,完成《硅藻土助滤剂》的制定,并通过全国非金属矿产品及制品标准化技术委员会审查、通过,将由全国非金属矿产品及制品标准化技术委员会上报国家标准委员会发布。

**【抗震救灾工作】** 2008年5月12日,四川汶川发生8.0级特大地震,协会立即与灾区的会员单位联系,询问人员安全与当地受灾情况,代表行业全体同仁向他们表示慰问,并再三嘱咐注意余震影响,确保人员安全。在协会网上发表告《会员的公开信》,号召在这场重大自然灾害面前,在我们的骨肉同胞遭受大难的时刻,所有会员单位都要发扬中华民族一方有难八方支援的传统美德,有钱出钱,有力出力,努力工作,搞好经营,尽己所能支援灾区。协会总部全体工作人员向四川汶川地震灾区捐款3000元,捐物折合人民币4000元。

(中国非金属矿工业协会　向　琦)

## 中国化学矿业协会

【工作概况】 2008年是化工矿业发展不平凡的一年，在国资委和中国石油和化学工业协会的领导下，在会员单位的共同努力下，协会全体职工，践行“三个代表”，按照协会职能和工作范围，围绕“三个服务”宗旨，克服来自多方面的困难，较好地完成了各项工作。

1.加大政策调研力度，为行业发展服务。参与制订第二轮全国矿产资源规划；参与制订化肥工业指南，承担磷、硫专项规划；协助整规办、推动生产秩序整顿；做好矿权设置和开发利用方案的评审工作；承担国家规划矿区设置的调研工作；开展宜昌地区磷资源发展规划。

2.履行协会职能，为行业发展营造良好环境。协助矿山企业做好资源补偿费、地质灾害治理项目的立项；积极向财政部呼吁，调整化学矿山企业维简费；承担钾肥制造业的污染源系数核算工作；总结企业先进技术，推进行业自主创新；协助政府积极开展节能减排工作；运用国家政策，规范磷矿出口，推动行业资源节约；及时反映诉求，努力为困难企业献爱心；努力为企业解决生产经营中的实际问题；做好行业生产经营信息服务；开展国际交流。

3.加强协会自身建设。根据民政部和国资委的要求，按章程规定业务和各项规章制度运作，顺利通过了2007年度网上年审；安照协会章程，召开了协会第五次会员大会暨一届理事会。完成了新一届理事、常务理事、副理事长、理事长和秘书长的换届工作；完善了协会党建工作，建立党支部，并配备兼职书记；努力拓宽业务，开展信息咨询工作，得到了广大会员单位的大力支持。

协会注重开展学习和实践科学发展观活动和党的十七届三中全会精神，解放思想，转变观念，不断提高政治素质。在工作中，开展调查研究，解决化工地质矿山改革和发展中遇到的实际问题，坚持资源开发与节约并举，把资源节约放在首位，提高化工矿产资源利用率，长期树立服务宗旨，增强服务意识、团结意识和大局意识，确保了各项工作开展。

（中国化学矿业协会　袁俊宏）

## 河南省矿业协会

【工作概况】 2008年省矿协结合学习《国务院办公厅关于加快推进行业协会商会改革和发展的若干意见》（国务院36号文），按照党的十七大对行业协会规范发展提出的明确要求，总结经验，研究探讨行业协会改革发展的意见及实施计划，坚持服务宗旨，深入调研，积极反映行业和会员诉求，向政府建言献策，发挥桥梁纽带作用；把服务重点转向广大会员单位，维护行业和会员的合法权益；同时，根据形势发展，拓展协会服务内容，提高服务质量和水平，增强协会的凝聚力，使矿业协会适应新形势发展的要求。

按照协会章程，于2008年3月以通讯形式召开了三届三次理事会，通报了三届二次理事会以来的工作，调整、补充了部分理事、常务理事和副会长。省矿协在完成2008年各项工作任务的同时，也为2009年换届做了相应的准备工作。

河南省矿协秘书处、各专业委员会、各办事处，从实际情况出发，开展协会工作，在为矿业服务、热情宣传矿业、为会员单位服务、发展会员、收缴会费等方面都做了不少实际工作。如灵宝办事处主动为黄金投资公司解决后备资源，并申报获得项目扶持费600万元，杨战谋、张灵伍两位主任亲自出面协调矿山企业与林业部门的关系，远赴新疆、四川、甘肃、陕西等地为矿山企业联系寻找后备资源，深受矿山企业的好评。

【会长联席会议暨第七次秘书长会议】 2008年1月18日，河南省矿业协会会长联席会议暨第七次秘书长会议在郑州召开。通报了2007年工作情况及2008年工作要点；传达学习了国土资源部党组副书记、副部长李元在中矿联四届三次常务理事会上的讲话；研究了协会2008年工作。省国土资源厅主管副厅长张和儒和部分名誉会长、高级顾问、正副会长、正副秘书长、各专业委员会、各办事处负责人、省厅有关处（室）、地质博物馆负责人、市级矿协负责人、中国矿业报社负责人等共50人参加了会议。

【矿业宣传】 编辑《河南省矿业概要》。在省国土资源厅的领导和重视下，搜集资料，经过十多位专家将近一年的努力，基本完成了编撰工作，目前正在进一步征求意见和修改，积极进行出版前的准备工作。

编辑《中国矿业年鉴》和《河南工业年鉴》（河南地矿业部分）。受业务主管部门委托完成了编辑上报工作。这项工作已经成为省矿协工作的重要组成部分，也为省矿协积累了宝贵的资料。

进一步提高内部资料《河南矿业》的编辑印刷质量，扩大了免费赠阅范围；发挥《中国矿业报》记者站挂靠省矿协的作用，扩大报纸订阅范围，同时组织河南省矿业企事业单位及报社在河南省的记者、通讯员热情宣传了河南省矿业经济发展，全省1～12月见报稿件不完全统计达105篇，其中一版29篇。

**【重要活动参与】** 参加了中矿联在厦门召开的会员工作座谈会、在黑龙江召开的矿法修改座谈会,在广西南宁召开的全国矿业循环经济论坛,在西安召开的第二届地温资源开发与地源热泵技术推广应用论坛;参加了省工经联召开的秘书长联席会议和评选先进的活动。

受省国土资源厅委托,具体组织了河南省国土资源系统、矿山企事业单位、地勘单位30多人参加了由国土资源部主办、中矿联承办的2008年北京中国国际矿业大会。灵宝市金矿企业在大会期间布置了展位。通过会议,对宣传、展示河南矿业,促使河南矿业走向全国、走向世界,让兄弟省和世界矿业界了解河南起到了积极作用。

(河南省矿业协会　张德桢)

## 重庆市地质矿业协会

**【协会组织建设】** 2008年重庆市地质矿业协会发展单位会员6个,使协会单位会员达84个。按时召开协会常务理事会、理事会和秘书处工作会议;制订各部门工作职责和各类会议制度,完善了协会内部管理制度;制定了行业自律公约。

**【技术咨询服务】** 以煤矿整合为重点,开展以组织审查矿山技术报告为中心的技术咨询服务。承担矿产资源开发利用行政许可前的划定矿区范围申请报告、占用储量报告、开发利用方案以及储量核查检测报告、资源潜力调查等各项技术资料的评审工作。

2008年8月,受市国土资源和房屋管理局委托,贯彻落实市政府渝府发[2007]128号文和市政府渝办发[2008]237号文、市局渝国土房管发(359)号文,积极做好煤矿整合后采矿权登记审批前的技术报告的审查,为实现全市小型煤矿整合提供技术保证。

根据渝国土房管发[2008]173号文、379号文要求,在市局储量处指导下,完成了全市23个区县的煤炭矿山整合方案的审查工作。

制定《技术报告评审机构工作职责》、《技术报告编制单位和编制人员职责》、《技术报告评审专家职责》、《技术报告评审工作流程图》等报告评审管理体系。

下发了《关于规范矿产资源储量核实报告编制工作的通知》、《关于印发矿产资源储量核实报告评审意见书编写提纲的通知》、《关于印发天然饮用矿泉水和地热水资源储量核实报告编写提纲的通知》、《关于印发划定矿区范围申请报告编写提纲的通知》、《关于印发小型煤矿开发利用方案编写提纲的通知》等规范性文件,全面规范了矿产资源开采前期技术报告的编制和评审工作。

**【业务培训】** 为进一步提高矿产资源开发利用方案、储量核实报告的编制质量,规范报告资料的编制和评审工作,先后举办了储量评估师和储量评审专家、编制单位及编制人员培训班6期,共培训专家40余人,编制人员及业务骨干240余人。

根据煤矿整合需要,补充各类技术报告评审专家40余名,并结合工作需要,对其进行了有针对性培训,基本满足了技术报告审查工作的需要。

**【业务合作】** 与中国地调局发展研究中心签订合作协议,并在市局储量处指导下,组织完成了天府矿区磨心坡煤矿、松藻矿区同华煤矿、奉节县青龙矿区、巫山县田家矿区等4个重庆市危机矿山接替资源找矿项目的监审工作,其中同华煤矿已通过了部有关专家组的野外工作验收。

根据国土资源部要求,结合重庆市具体情况,在市局开发处的指导下,组织人员,自筹经费,实施了《重庆市主要矿产品供需形势分析调查》项目,已完成了资料搜集汇总和调查报告的编制。

**【学术交流】** 2008年年初,召开全市地勘年会,广泛征集学术论文,在会上进行论文交流,表彰优秀论文,印制年会论文集300册。发至全市地勘行业、会员单位、区县地矿行政主管部门,并与全国同业协会、学会进行互换;2008～2009年度地勘年会正筹备中,已征集论文50余篇,计划表彰优秀论文18篇。会议于2009年一季度召开。

**【对外联络】** 协会加强与中国矿业联合会、中国地质学会以及各省、市、自治区间同业协会交流。2008年,参加了中国矿业联合会召开的会员单位坐谈会、中国地质学会秘书长会议等,了解全国协会、学会的工作动态,明确协会的工作方向,并与全国各省市区同业协会、学会一起,交流工作经验,开阔工作思路,为做好协会工作打下了基础。

每年向中国矿业联合会、中国地质学会报送工作总结。作为中国地质学会的省级学会,参与中国地质学会工作,多项工作受到中国地质学会肯定,2007年被中国地质学会授予“社会服务工作先进单位”称号。

接待中国矿业权评估师协会对我会开展的矿产资源储量评估工作的检查,检查组对我会储量评估工作给与了基本肯定。

4月,协会会长王伯清、副会长兼秘书长任明华、副会长胡涛等在重庆市两江丽景酒店五楼贵宾厅会见了英国材料、矿物和采矿学会副执行官伍裘先生，双方就有关业务合作问题进行了洽谈。

**【信息交流】** “重庆市地质矿业协会 .CN”网站建设已取得一定成功，并得到会员单位的支持，稿件来源已在逐步扩大。2008 年发布各类资料、信息近 50 多篇(条)。

参与《中国矿业年鉴》和《重庆市国土资源年鉴》和《中国矿业 20 年》的编辑工作，向有关编辑部提供重庆市相关资料。

2008 年《重庆地质矿产》印制出版 4 期共计 2200 册，发放到市级有关部门，区县主管部门及全体会员单位和个人会员。并与 40 余个兄弟省市同业协会、学会进行了资料交换。

**【抗震救灾】** 2008 年 5 月汶川地震期间，积极支持会员单位参与抗震救灾活动，秘书处工作人员每人均进行了捐款，协会通过红十字会向灾区捐款 1 万元；为受灾会员单位重庆博赛集团发了慰问信，向该企业因灾死亡职工家属和受伤职工表示慰问，并捐赠 1 万元慰问金。

（重庆市地质矿业协会　郝祖梁）

## 四川省矿业协会

**【协会概况】** 四川省矿业协会，至 2008 年底有团体会员 159 家，个人会员 521 人，下设若干个专业委员会，拥有各类专家、学者 200 余人。

**【《中华人民共和国矿产资源法》修改工作】** 2008 年协会先后召开 3 次座谈会，经过询问、走访、收集、整理等，综合整理部分地勘、矿政管理、矿山企业对修改《中华人民共和国矿产资源法》的意见和建议计四十五条，呈报国土资源部矿产开发管理司《矿法》修改办公室，同时送省国土厅领导和有关处室。

**【四川省矿协被 2008 年中国国际矿业大会组委会授予“最佳服务奖”称号】** 2008 年中国国际矿业大会 11 月在北京召开。省矿协受厅委托组织四川省矿业代表 23 人参展参会，创办展位 1 个，省国土厅厅长宋光齐亲临四川矿业代表住地接见全体参会代表并作了讲话。参展参会的四川矿业代表向大会代表发了宣传资料。对提升“天府之国”声誉，起了积极的促进作用。四川省国土资源厅长期以来树立为矿业发展服务的观点，推动矿产资源的内、外合作，成绩显著，受到大会的表彰。厅长宋光齐代表四川省国土资源厅上台，接授 2008 年中国国际矿业大会组委会授予“最佳服务奖”的光荣称号。

**【攀枝花市为“中国钒钛之都”推荐工作】** 四川省攀枝花市钒、钛资源得天独厚。辖区内已探明钒、钛磁铁矿 73.37 亿吨。钛资源($TiO_2$ 按平均品位计算)53853 万吨，占全国钛资源的 75%，占世界的 35%，名列全国第一、世界第一。钒资源($V_2O_5$ 按平均品位计算)1547 万吨，占四川钒资源的 82%，占全国的 61%，占世界 11%，名列全国第一、世界第三。

根据中矿联有关文件要求，2008 年初，四川矿业协会授理了四川省攀枝花市申请“中国钒钛之都”的报告。省矿协立即组织专家审阅申报材料，走访查阅相关文件，前后三次邀请申报单位有关同志交换意见，及时调整报告内容并提出修改意见，按时派出以刘玉书(教授级高工、李四光野外地质工作奖获得者)为组长的专家组一行五人，亲赴攀枝花市实地考察五天，两度与攀枝花市政府有关部门负责人座谈，在此基础上由专家组集体研究讨论，写出《四川省攀枝花市申报“中国钒钛之都”专家组初审意见》，经四川省矿业协会组织审定，省矿协同意推荐四川省攀枝花市为“中国钒钛之都”并写出专报呈送中国矿业联合会审批。从省矿协授理四川省攀枝花市申报“中国钒钛之都”到四川省矿业协会组织审定，最后撰写了《推荐四川省攀枝花市为“中国钒钛之都”的报告》历时近 5 个月，最后由中国矿业联合会组织国家级专家评审，同意授予四川省攀枝花市为“中国钒钛之都”的称号。

**【矿产资源开发利用方案审查】** 遵照部、省有关矿产资源开发利用的文件要求，认真履行省国土资源厅交办的工作，坚持技术可行，安全可靠，资源利用合理的原则，积极组织专家对矿产资源开发利用方案的评审工作，2008 年度授理矿产资源开发利用方案审评 170 个。审结完成 170 个，审结率 100%。

四川省矿业协会接受四川省国土资源厅、四川省财政厅委托组织专家完成四川省盐源县平川铁矿露天采场东北方界外矿回收工程、会理县金天爱沙铜业有限公司鹿厂铜银矿 1725 ~ 1765 中段残矿回收工程等七项矿产资源保护项目可行性研究报告及立项评审的组织工作。

**【《四川矿业信息》编辑出版】** 全年编辑《四川省矿业信息》12 期，先后接待来人来访(含电话)了解四川矿业政策、矿产分布现状、矿产市场动态计 98 人次，推荐矿山企业、地勘单位、工程技术人员参加全国矿产资源形势分析勘查规范，深部找矿预测培训讲座。

（四川省矿业协会　曾令新）

# 政 策 法 规

## 中华人民共和国国务院令

第520号

现公布《地质勘查资质管理条例》,自2008年7月1日起施行。

总 理 温家宝

2008年3月3日

## 地质勘查资质管理条例

### 第一章 总 则

**第一条** 为了加强对地质勘查活动的管理,维护地质勘查市场秩序,保证地质勘查质量,促进地质勘查业的发展,制定本条例。

**第二条** 从事地质勘查活动的单位,应当依照本条例的规定,取得地质勘查资质证书。

**第三条** 国务院国土资源主管部门和省、自治区、直辖市人民政府国土资源主管部门依照本条例的规定,负责地质勘查资质的审批颁发和监督管理工作。市、县人民政府国土资源主管部门依照本条例的规定,负责本行政区域地质勘查资质的有关监督管理工作。

**第四条** 地质勘查资质分为综合地质勘查资质和专业地质勘查资质。

综合地质勘查资质包括区域地质调查资质,海洋地质调查资质,石油天然气矿产勘查资质,液体矿产勘查资质(不含石油),气体矿产勘查资质(不含天然气),煤炭等固体矿产勘查资质和水文地质、工程地质、环境地质调查资质。

专业地质勘查资质包括地球物理勘查资质、地球化学勘查资质、航空地质调查资质、遥感地质调查资质、地质钻(坑)探资质和地质实验测试资质。

**第五条** 区域地质调查资质、海洋地质调查资质、石油天然气矿产勘查资质、气体矿产勘查资质(不含天然气)、航空地质调查资质、遥感地质调查资质和地质实验测试资质分为甲级、乙级两级;其他地质勘查资质分为甲级、乙级、丙级三级。

**第六条** 任何单位和个人对违反本条例规定从事地质勘查活动的行为,都有权向国土资源主管部门进行举报。接到举报的国土资源主管部门应当依法调查处理,并为举报人保密。

### 第二章 申请与受理

**第七条** 申请地质勘查资质的单位,应当具备下列基本条件:

(一)具有企业或者事业单位法人资格;

(二)有与所申请的地质勘查资质类别和资质等级相适应的具有资格的勘查技术人员;

(三)有与所申请的地质勘查资质类别和资质等级相适应的勘查设备、仪器;

(四)有与所申请的地质勘查资质类别和资质等级相适应的质量管理体系和安全生产管理体系。

不同地质勘查资质类别和资质等级的具体标准与条件,由国务院国土资源主管部门规定。

**第八条** 下列地质勘查资质,由国务院国土资源主管部门审批颁发:

(一)海洋地质调查资质、石油天然气矿产勘查资质、航空地质调查资质;

(二)其他甲级地质勘查资质。

本条第一款规定之外的地质勘查资质,由省、自治区、直辖市人民政府国土资源主管部门审批颁发。

**第九条** 申请地质勘查资质的单位,应当向审批机关提交下列材料:

(一)地质勘查资质申请书;

（二）法人资格证明文件；

（三）勘查技术人员名单、身份证明、资格证书和技术负责人的任职文件；

（四）勘查设备、仪器清单和相应证明文件；

（五）质量管理体系和安全生产管理体系的有关文件。

申请单位应当对申请材料的真实性负责。

**第十条** 地质勘查资质申请的受理，依照《中华人民共和国行政许可法》的有关规定办理。

## 第三章 审查与决定

**第十一条** 审批机关应当自受理地质勘查资质申请之日起20个工作日内完成审查。

经审查符合条件的，审批机关应当予以公示，公示期不少于10个工作日。公示期满无异议的，予以批准，并在10个工作日内颁发地质勘查资质证书；有异议的，应当在10个工作日内通知申请单位提交相关说明材料。

经审查不符合条件的，审批机关应当书面通知申请单位，并说明理由。

**第十二条** 审批机关应当将颁发的地质勘查资质证书及时向社会公告，并为公众查阅提供便利。

**第十三条** 地质勘查资质证书主要包括下列内容：

（一）单位名称、住所和法定代表人；

（二）地质勘查资质类别和资质等级；

（三）有效期限；

（四）发证机关、发证日期和证书编号。

地质勘查资质证书式样，由国务院国土资源主管部门规定。

**第十四条** 地质勘查单位变更单位名称、住所或者法定代表人的，应当自工商变更登记或者事业单位变更登记之日起20个工作日内，到原审批机关办理地质勘查资质证书变更手续。

地质勘查单位因合并、分立或者其他原因变更地质勘查资质证书规定的资质类别或者资质等级的，应当依照本条例的规定重新申请资质。

**第十五条** 地质勘查单位因解散或者其他原因终止从事地质勘查活动的，应当自终止之日起10个工作日内，到原审批机关办理地质勘查资质证书注销手续。逾期不办理的，审批机关予以注销。

**第十六条** 取得甲级地质勘查资质的单位，可以从事本类别所有的地质勘查活动。

取得乙级和丙级地质勘查资质的单位，可以从事的地质勘查活动的范围由国务院国土资源主管部门规定。

**第十七条** 地质勘查资质证书有效期为5年。

地质勘查资质证书有效期届满，地质勘查单位继续从事地质勘查活动的，应当于地质勘查资质证书有效期届满3个月前，向原审批机关提出延续申请。

审批机关应当在地质勘查资质证书有效期届满前做出是否准予延续的决定；逾期未做决定的，视为准予延续。

## 第四章 监督管理

**第十八条** 县级以上人民政府国土资源主管部门应当加强对地质勘查活动的监督检查。

县级以上人民政府国土资源主管部门进行监督检查，可以查阅或者要求地质勘查单位提供与地质勘查资质有关的材料。

地质勘查单位应当如实提供有关材料，不得拒绝和阻碍监督检查。

**第十九条** 监督检查人员进行监督检查，应当出示证件，为被检查单位保守技术秘密和业务秘密，并对监督检查的内容、发现的问题以及处理情况做出记录，由监督检查人员和被检查单位的有关负责人签字确认。被检查单位的有关负责人拒绝签字的，监督检查人员应当将有关情况记录在案。

**第二十条** 审批机关应当建立、健全地质勘查单位的执业档案管理制度。执业档案应当记录地质勘查单位的执业经历、工作业绩、职业信誉、检查评议、社会投诉和违法行为等情况。

**第二十一条** 审批机关在监督检查中发现地质勘查单位不再符合地质勘查资质证书规定的资质类别或者资质等级相应条件的，应当责令其限期整改。

**第二十二条** 有下列情形之一的，审批机关应当撤销地质勘查资质证书：

（一）审批机关工作人员滥用职权、玩忽职守颁发地质勘查资质证书的；

（二）超越法定职权颁发地质勘查资质证书的；

（三）违反法定程序颁发地质勘查资质证书的；

（四）对不符合本条例规定条件的申请单位颁发地质勘查资质证书的。

**第二十三条** 地质勘查单位遗失地质勘查资质证书的，应当在全国范围内公告，公告期不少于30日。公告期满后，方可到原审批机关办理补证手续。

**第二十四条** 地质勘查单位不得超越地质勘查资质证书规定的资质类别或者资质等级从事地质勘查活动，不得出具虚假地质勘查报告。

地质勘查单位不得转包其承担的地质勘查项目，不得允许其他单位以本单位的名义从事地质勘查活动。

地质勘查单位在委托方取得矿产资源勘查许可

证、采矿许可证前，不得为其进行矿产地质勘查活动。

任何单位和个人不得伪造、变造、转让地质勘查资质证书。

## 第五章　法律责任

**第二十五条**　县级以上人民政府国土资源主管部门及其工作人员违反本条例规定，有下列情形之一的，对直接负责的主管人员和其他直接责任人员依法给予处分；直接负责的主管人员和其他直接责任人员构成犯罪的，依法追究刑事责任：

(一)对不符合本条例规定条件的申请单位颁发地质勘查资质证书，或者超越法定职权颁发地质勘查资质证书的；

(二)对符合本条例规定条件的申请单位不予颁发地质勘查资质证书，或者不在法定期限内颁发地质勘查资质证书的；

(三)发现违反本条例规定的行为不予查处，或者接到举报后不依法处理的；

(四)在地质勘查资质审批颁发和监督管理中有其他违法行为的。

**第二十六条**　地质勘查单位在资质申请过程中隐瞒真实情况或者提供虚假材料的，审批机关不予受理或者不予颁发地质勘查资质证书，并给予警告。

地质勘查单位以欺骗、贿赂等不正当手段取得地质勘查资质证书的，由原审批机关予以撤销，处2万元以上10万元以下的罚款；构成犯罪的，依法追究刑事责任。

**第二十七条**　未取得地质勘查资质证书，擅自从事地质勘查活动，或者地质勘查资质证书有效期届满，未依照本条例的规定办理延续手续，继续从事地质勘查活动的，由县级以上人民政府国土资源主管部门责令限期改正，处5万元以上20万元以下的罚款；有违法所得的，没收违法所得。

**第二十八条**　地质勘查单位变更单位名称、住所或者法定代表人，未依照本条例规定办理地质勘查资质证书变更手续的，由原审批机关责令限期改正；逾期不改正的，暂扣或者吊销地质勘查资质证书。

**第二十九条**　地质勘查单位有下列行为之一的，由县级以上人民政府国土资源主管部门责令限期改正，处5万元以上20万元以下的罚款；有违法所得的，没收违法所得；逾期不改正的，由原审批机关吊销地质勘查资质证书：

(一)不按照地质勘查资质证书规定的资质类别或者资质等级从事地质勘查活动的；

(二)出具虚假地质勘查报告的；

(三)转包其承担的地质勘查项目的；

(四)允许其他单位以本单位的名义从事地质勘查活动的；

(五)在委托方取得矿产资源勘查许可证、采矿许可证前，为其进行矿产地质勘查活动的。

**第三十条**　地质勘查单位在接受监督检查时，不如实提供有关材料，或者拒绝、阻碍监督检查的，由县级以上人民政府国土资源主管部门责令限期改正；逾期不改正的，由原审批机关暂扣或者吊销地质勘查资质证书。

**第三十一条**　地质勘查单位被责令限期整改，逾期不整改或者经整改仍不符合地质勘查资质证书规定的资质类别或者资质等级相应条件的，由原审批机关暂扣或者吊销地质勘查资质证书。

**第三十二条**　伪造、变造、转让地质勘查资质证书的，由县级以上人民政府国土资源主管部门收缴或者由原审批机关吊销伪造、变造、转让的地质勘查资质证书，处5万元以上20万元以下的罚款；有违法所得的，没收违法所得；构成违反治安管理行为的，由公安机关依法给予治安管理处罚；构成犯罪的，依法追究刑事责任。

**第三十三条**　违反本条例规定被依法吊销地质勘查资质证书的单位，自吊销之日起1年内不得重新申请地质勘查资质。

## 第六章　附　则

**第三十四条**　本条例施行前，已经依法取得地质勘查资质证书的单位，应当在原地质勘查资质证书有效期届满30个工作日前，依照本条例的规定重新申请地质勘查资质。逾期不办理的，不得继续从事地质勘查活动。

**第三十五条**　建设工程勘察资质管理，依照《建设工程勘察设计管理条例》的有关规定执行。

**第三十六条**　本条例自2008年7月1日起施行。

# 关于进一步明确矿井关闭监管职责分工的通知

中央机构编制委员会办公室文件　　中央编办发(2008)4号

国土资源部、发展改革委、安全监管总局、环保总局：

为切实加强矿井关闭监管和废弃矿井治理工作，经国务院和中央编委领导同志同意，现就有关职责分工问题进一步明确如下：

各类矿山企业是矿井关闭的责任主体,应对按规定予以关闭的矿井关闭到位,并对关闭后可能引起的危害采取预防措施。县级以上地方人民政府是本地矿井关闭的监管责任主体。各省(自治区、直辖市)人民政府应加强对矿井关闭的监管,将本区域未彻底关闭的废弃矿井组织关闭到位,消除安全隐患,防止发生事故。国务院相关部门职责分工是:

国土资源部负责对无采矿许可证和超层越界开采、资源接近枯竭、不符合矿产资源规划和矿业权设置方案等矿井关闭工作及关闭是否到位情况进行监督和指导。

发展改革委负责对不符合有关矿山工业发展规划和矿区总体规划、不符合产业政策、布局不合理等矿井关闭及关闭是否到位情况进行监督和指导。

安全监管总局负责对不具备安全生产条件的矿井关闭及关闭是否到位情况进行监督和指导。

环保总局负责对破坏生态环境、污染严重、未进行环境影响评价的矿井关闭及关闭是否到位情况进行监督和指导。

发展改革委、安全监管总局、环保总局等部门要将相关矿井关闭与监督情况及时抄送国土资源部。国土资源部牵头,会同发展改革委、安全监管总局、环保总局等相关部门组织指导并监督检查全国废弃矿井的治理工作。

各部门要按照上述职责分工,认真履行职能,强化监管措施,加强协调配合,做好落实工作。

中央机构编制委员会办公室

2008 年 1 月 17 日

# 关于印发《实物地质资料管理办法》的通知

国土资发(2008)8 号

各省、自治区、直辖市国土资源厅(国土环境资源厅、国土资源局、国土资源和房屋管理局、房屋土地资源管理局):

根据《地质资料管理条例》(以下简称《条例》)及其实施办法的规定,部组织制定了《实物地质资料管理办法》(以下简称《办法》),现印发你们,请严格按《办法》的规定,做好实物地质资料的汇交、保管和利用工作。

未建省级实物地质资料库房的省(区、市),应尽快落实建设计划,在新建库房投入使用前,应采取租借等方式保证有符合保管条件的库房,确保《条例》和《办法》得到全面贯彻实施。

2008 年 1 月 11 日

# 实物地质资料管理办法

**第一条** 为加强实物地质资料管理,充分发挥实物地质资料作用,根据《地质资料管理条例》及其实施办法,制定本办法。

**第二条** 实物地质资料的汇交、保管和利用,适用本办法。

**第三条** 国土资源部负责全国实物地质资料汇交、保管和利用的监督管理。

省级国土资源行政主管部门负责本行政区域内实物地质资料汇交、保管和利用的监督管理。

市、县级国土资源行政主管部门协助上级主管部门和实物地质资料馆藏机构做好实物地质资料筛选采集工作。

**第四条** 国土资源部负责国家级实物地质资料馆藏机构(以下简称“国家级馆藏机构”)建设,馆藏建设和运行费用列入中央财政预算。

省级国土资源行政主管部门负责省级实物地质资料馆藏机构(以下简称“省级馆藏机构”)建设,馆藏建设和运行费用列入地方财政预算。

国家和省级馆藏机构,可根据需要设立实物地质资料分库。

受国土资源行政主管部门委托的实物地质资料保管单位(以下简称“受委托保管单位”)负责本单位实物地质资料馆藏建设。

从事地质工作的单位,负责本单位实物地质资料库房建设,馆藏建设和运行费用自行解决。

**第五条** 实物地质资料馆藏机构和受委托保管单位履行下列职责:

(一)筛选、采集、验收、整理、保管实物地质资料;

(二)建立健全馆藏实物地质资料保管、利用制度;

(三)向社会提供实物地质资料服务;

(四)省级以上国土资源行政主管部门规定的其他职责。

**第六条** 下列实物地质资料,由汇交人向国土资源部汇交:

(一)科学钻探、大洋调查、极地考察、航天考察等国家重大调查项目和科研项目的实物地质资料;

（二）国家重大工程、标志性建筑的实物地质资料；

（三）石油、天然气、煤层气和放射性矿产的实物地质资料；

（四）中央财政安排的项目形成的实物地质资料。

前款规定以外的实物地质资料，由汇交人向国土资源部和地质工作项目所在地的省级国土资源行政主管部门汇交。

**第七条** 汇交人应在野外地质工作结束之后，汇交成果地质资料之前，将本办法第六条第一款（受国土资源部委托保管的除外）的实物地质资料目录清单（附件1，包括纸质和电子版）报送国家级馆藏机构，将其他实物地质资料目录清单（包括纸质和电子版）分别报送国家和省级馆藏机构。

**第八条** 国家级馆藏机构在收到实物地质资料目录清单后，依据筛选细则和汇交细目（附件2），筛选确定应向国土资源部汇交的实物地质资料汇交清单，在15个工作日内，向汇交本办法第六条第一款（受国土资源部委托保管的除外）实物地质资料的汇交人下达汇交通知书，并将汇交清单抄送相关省级馆藏机构。

省级馆藏机构在收到实物地质资料目录清单后，在30个工作日内，依据筛选细则、汇交细目和国家级馆藏机构的汇交清单，确定应向本省（区、市）国土资源行政主管部门汇交的实物地质资料汇交清单，并向汇交人下达应向国土资源部和本省（区、市）国土资源行政主管部门汇交的实物地质资料的汇交通知书。

**第九条** 实物地质资料馆藏机构，在下达汇交通知书之日起30个工作日内，到实物地质资料暂时保管地接收、验收汇交人汇交的实物地质资料，验收合格的，出具验收合格单。

验收合格的资料中，特别珍贵、有特别重要交流和保管价值的，由馆藏机构运到国家或省级实物地质资料库房保管，其余有重要价值的由汇交人运到自己的库房保管，剩余有价值的由汇交人按规定建简易存放点就地埋藏好，并将记录有埋藏地点和埋藏情况的材料交到场验收的馆藏机构管理人员。

**第十条** 汇交人在履行地质资料汇交义务后，由负责接收地质资料的国土资源行政主管部门，或受其委托的馆藏机构向其出具地质资料汇交凭证。

**第十一条** 省（区、市）国土资源行政主管部门应在验收合格后90日内，将汇交人汇交的实物地质资料目录报国土资源部备案。

**第十二条** 馆藏实物地质资料的保管和利用，执行《地质资料管理条例》和《地质资料管理条例实施办法》的有关规定。

**第十三条** 未依照本办法规定汇交实物地质资料或在汇交中弄虚作假的，依照《地质资料管理条例》第二十条和第二十一条的规定进行处罚。

**第十四条** 本办法自发布之日起施行。

**附件1**

**表1** **实物地质资料目录清单**

<table>
<tr><td>项目名称</td><td colspan="3"></td></tr>
<tr><td>项目来源</td><td>□ 中央财政安排项目</td><td>□ 地方财政安排项目</td><td>□ 其他资金安排项目</td></tr>
<tr><td>所在行政区名称</td><td>省（区、市）</td><td>市（地）</td><td>县（市）</td></tr>
<tr><td>汇交人</td><td colspan="3"></td></tr>
<tr><td rowspan="2">汇交人联系方式</td><td colspan="2">通讯地址：</td><td>邮政编码：</td></tr>
<tr><td>联系人：</td><td>联系电话：</td><td>电子信箱：</td></tr>
<tr><td>工作区地理位置</td><td colspan="3">经度：　度　分　秒　纬度：　度　分　秒<br>至　度　分　秒　至　度　分　秒</td></tr>
<tr><td>工作性质</td><td colspan="3">□ 区调　□ 矿产　□ 海洋　□ 水工环　□ 科研　□ 其他</td></tr>
<tr><td rowspan="2">工作程度</td><td colspan="3">比例尺：<br>□ 小于1:100万　□ 1:100万　□ 1:50万　□ 1:25万　□ 1:20万<br>□ 1:10万　□ 1:5万　□ 1:2.5万　□ 1:1万　□ 大于1:1万</td></tr>
<tr><td colspan="3">工作阶段：　□ 预查　□ 普查　□ 详查　□ 勘探　□ 开发</td></tr>
</table>

**续表 1**

<table>
<tr><td rowspan="3">地质简况</td><td colspan="3">大地构造位置:(填至三级)</td></tr>
<tr><td colspan="3">成矿带:(填至三级)</td></tr>
<tr><td>主要矿种:</td><td>成因类型:</td><td>成矿时代:</td></tr>
<tr><td>主要成果简述</td><td colspan="3"></td></tr>
<tr><td rowspan="3">实物数量(详见表二、表三)</td><td>标本: 块</td><td colspan="2">样品(副样): 袋</td></tr>
<tr><td>光片: 件</td><td colspan="2">薄片: 件</td></tr>
<tr><td>其他:</td><td colspan="2"></td></tr>
<tr><td colspan="2">汇交人盖章<br>年 月 日</td><td colspan="2">备注:<br><br>说明:表中属于选项栏的,只需在方框口中打“√”。所有项目均应填报此表。</td></tr>
</table>

填表人: 年 月 日

**表 2** **实物地质资料目录清单**

| 序号 | 钻孔名称 | 钻孔位置 | | 总进尺(米) | 取心数量(米) | 岩屑(袋) | 见矿深度范围(米) | 备注 |
|---|---|---|---|---|---|---|---|---|
| | | 经度 | 纬度 | | | | | |
| | | | | | | | | |
| | | | | | | | | |
| | | | | | | | | |
| | | | | | | | | |
| | | | | | | | | |
| | | | | | | | | |
| | | | | | | | | |
| | | | | | | | | |
| | | | | | | | | |
| | | | | | | | | |
| | | | | | | | | |
| | | | | | | | | |

经度纬度说明:有钻探工程的项目除填报表一外,还应填报此表。

表 3

**实物地质资料目录清单**

| 序号 | 图幅名称 | 实测剖面名称 | 标本数量(块) | 光片数量(件) | 薄片数量(件) | 重要发现 | 副样数量(袋) | 备注 |
|---|---|---|---|---|---|---|---|---|
| | | | | | | | | |
| | | | | | | | | |
| | | | | | | | | |
| | | | | | | | | |
| | | | | | | | | |
| | | | | | | | | |
| | | | | | | | | |
| | | | | | | | | |
| | | | | | | | | |
| | | | | | | | | |
| | | | | | | | | |
| | | | | | | | | |
| | | | | | | | | |

说明:区调项目除填报表一外,还应填报此表。

**附件 2**

## 实物地质资料汇交细目

### 一、区域地质调查资料

产自图幅区(或区调项目)的各类层型剖面及代表性主干剖面上的系列岩矿石标本及光薄片,系统的古生物标本,其他反映特殊地质构造特征的标本。区域地球化学调查副样。

### 二、矿产地质资料

石油、天然气、煤层气勘查项目的参数井、区域探井、评价井、发现井的岩心、岩屑、油气样。

铁、锰、铬、钛、铜、铅、锌、铝土矿、镍、钴、锡、钨、钼、锑、金、银、铂族金属、锶、稀土金属、稀有金属、金刚石、菱镁矿、硫、磷、钾盐、晶质石墨、优质高岭土、硼、萤晶石、萤石、芒硝、硅藻土、硅灰石、膨润土、石棉、石膏、滑石、钠盐、煤、油页岩等主要矿种的大型、重要中型矿床和新发现矿种、其他具有特殊意义矿产地的重要实物地质资料,包括主干勘探线上的代表性钻孔岩矿心,矿区主要坑探、槽探工程中产生的岩石、矿物、矿石标本及光薄片。

### 三、海洋地质资料

海洋钻井工程产生的岩心、岩屑、光薄片;海岸带调查、海岛调查、近海底质调查的底质样品;远洋地质调查的海底样品、标本。

### 四、水文地质、工程地质、环境地质资料

地下水勘查项目代表性钻孔岩心,大型含水盆地基准孔和典型水文钻孔岩心。工程地质勘查项目代表性钻孔岩心,大型水电站、跨海大桥、过海隧道等重大工程地质勘查工作中的深孔岩心、特殊钻孔岩心。环境地质勘查项目代表性钻孔岩心。

### 五、地质科学研究资料

具有特殊意义、重大研究价值或采于特殊地点的各类古生物标本、岩石矿物标本、构造标本、同位素年龄样等;科学钻探工程产生的岩心、软泥心、冰心等;国家重大地质研究专项、极地考察、天体地质等产生的各类标本;其他地质工作,如第四纪地质、火山地质、冰川地质、旅游地质等,产生的各类有重要意义的标本。

# 关于开展全国矿业权实地核查工作的通知

国土资发(2008)59号

各省、自治区、直辖市国土资源厅(国土环境资源厅、国土资源局、国土资源和房屋管理局、房屋土地资源管理局):

根据部对全国矿产资源储量利用调查工作的总体部署,为加强矿业权科学管理、维护矿业权人合法利益、推进矿管政务公开、规范矿产资源勘查开发秩序提供基础支撑,现就全国矿业权实地核查工作要求通知如下:

**一、工作目标**

对全国范围内的矿业权(不包括石油、天然气、煤层气,下同)现状进行实地核查,核准矿业权实际范围,摸清矿业权分布现状及规律,及时纠正核查中发现的问题,更新探矿权、采矿权登记数据库,使矿业权管理水平得到较大提升。

**二、工作内容**

矿业权实地核查工作包括:核查准备、野外实测、问题处理、成果验收4个阶段。根据矿业权核查工作室内数据核实整理的成果,确定矿业权实地核查的基准数据;通过实测探矿权勘查工程空间分布和采矿权开拓工程空间分布,获取矿业权人勘查开采活动的二维或三维坐标,与勘查许可证、采矿许可证上的坐标进行对比核实,同时,对矿业权其他相关数据一并核查;对核查中发现的矿业权交叉、重叠等问题及时处理或报告;对实地核查阶段形成的数据进行综合和验收。

**三、工作要求**

(一)本次实地核查范围为2008年6月30日前设置的有效矿业权。

(二)以室内核实整理后的探矿权、采矿权登记数据库的数据为基础,以单个探矿权、采矿权为实地核查对象。

(三)实地核查内容分为重点核查内容和一般核查内容。重点核查内容要通过现场实测进行核实。区块范围和矿区范围、开采标高、主采矿种应列入重点核查内容。一般核查内容可通过现场查阅资料或询问矿业权人进行核查。对于已经做过现场实测的矿业权,如果实测工作符合本次矿业权实地核查技术要求,可直接提交实测结果。

(四)实地核查的工作重点是室内核实整理中发现的有交叉、重叠的矿业权。核查中要实地测量重叠矿业权的范围、核实发证时间、发证机关等信息。

(五)实地核查时要引入2~3个测量控制点,以此测量勘查工程分布坐标或开拓工程分布坐标及开采标高。

(六)将实测的勘查工程或开拓工程分布范围投影到平面图上,与勘查许可证或采矿许可证上标定的范围进行套合,形成勘查工程实际材料图或开拓工程平面图,分析核实矿业权人实际活动范围。

(七)对于经过实地核查的矿业权内容,应按照探矿权、采矿权登记数据库的格式建立探矿权、采矿权核查数据库,并对有问题的内容进行标注。

(八)对于矿业权人实际勘查开采活动范围与勘查许可证、采矿许可证的坐标不一致的,应及时处理。属矿业权人超越界限的,必须依法处理并及时纠正;属勘查许可证、采矿许可证登记有误的,应由矿业权人提出申请,发证机关及时变更;属矿业权人之间存在争议且一时难以协调处理的,应将实地核查数据客观记录到探矿权、采矿权核查数据库中,分析问题并提出解决方案。对经过依法变更的矿业权内容,应及时更新探矿权、采矿权登记数据库。

(九)对于核查无误的露天采矿权,应按照法律规定设桩标界。

(十)国土资源主管部门要对测量单位提交的核查成果进行验收。

**四、组织实施**

在部的统一领导下开展全国矿业权实地核查工作。按照“统一组织、统一方法、统一标准、统一进度”的要求,在部领导小组办公室下设全国矿业权核查专题工作组,负责核查工作的组织领导,制定技术标准和要求,监督检查工作进展,汇总、验收全国核查成果。

各省(区、市)国土资源主管部门应成立矿业权核查专题工作组,负责组织开展本行政区域矿业权的实地核查工作,编制矿业权实地核查工作实施方案。涉及部登记发证的,由部提供相关数据,由所在省(区、市)一并组织核查。核查中新发现跨省级行政区域的矿业权,要及时向部报告。跨省级行政区域的矿业权核查工作由部指定的单位进行核查。各省(区、市)可选择核查试点,总结经验,再行推广。

省级国土资源主管部门可通过招标等形式委托符合资质条件的勘查或测量单位承担实地核查工作。煤炭、金属、重点非金属矿种的实地核查工作,应由具有固体矿产勘查或测绘乙级(含)以上资质的单位承担。

各省(区、市)应于2008年12月31日前,完成本行政区域探矿权实地核查工作，并于2009年6月30日前完成探矿权成果汇总和上报工作；2009年6月30日前完成本行政区域采矿权实地核查工作，并于2010年6月30日前完成采矿权成果汇总和上报工作。部将于2008年5月组织对承担实地核查单位的相关人员进行技术培训。

**五、工作成果**

各省(区、市)国土资源主管部门在完成矿业权实地核查工作后，应按《矿业权实地核查工作技术要求》(见附件)汇总上报以下工作成果：

(一)逐个采矿权开拓工程平面图(电子版)。

(二)逐个探矿权勘查工程实际材料图(电子版)。

(三)省级行政区域矿业权分布图(电子版和纸质版)。

(四)省级行政区域矿业权和矿产资源分布综合图(电子版和纸质版)。

(五)更新后的探矿权、采矿权登记数据库。

(六)矿业权实地核查工作总结报告(电子版和纸质版)。内容包括矿业权设置基本情况、工作经验及做法、存在问题与建议等。

**六、经费保障**

全国矿业权核查工作经费由中央和地方共同分担。中央资金负担全国矿业权核查总体实施方案的编制、技术要求制定与培训、试点示范、成果汇总和总结工作，并对省级矿业权核查工作给予一定经费补助。省级国土资源主管部门应将本行政区矿业权核查工作列入年度工作计划，结合矿产资源及其管理实际，统筹安排，申请地方财政资金，保证矿业权核查工作的顺利完成。

请各省(区、市)于2008年4月底前将矿业权核查专题工作组成员名单报部备案；2008年5月15日前将核查实施方案和确定的实地核查单位报部备案。

国土资源部

2008年3月19日

**附件：**

## 矿业权实地核查工作技术要求

**一、技术要求**

(一)坐标、投影系统及精度要求。坐标系统采月1980西安坐标系，高程采用1985国家高程基准。投影采用高斯—克吕格3°带投影，采用当地实际中央子午线。椭球采用1975年IUGG推荐椭球(国际大地测量协会1975)西安80坐标系基准椭球(a = 6378140m b = 6356755.2881575m a = 0.0033528131778)。精度要求：测点点位中误差为±0.10米，高程中误差±0.10米。

(二)控制测量。可根据地形用RTK或全站仪在保持精度的情况下灵活掌握，全站仪放样时应在控制点上进行，困难地区允许发展一级支站，支站不得超过后视距离。RTK点校正测量时应测量3个以上控制点。

(三)露天采矿权拐点放样及界桩埋设要求。依据实地核查后的露天采矿权拐点坐标进行实地放样，标定拐点的地面位置。原则上所有露天采矿权拐点必须埋设界桩，因地形地貌因素无法埋设界桩的，也应作标记。界桩要按顺时针方向编号。

(四)井下测量作业技术要求。井下平面控制导线的布设，按照“高级控制低级”的原则进行。井下高程测量的目的就是通过测定井下各种测点高程，建立一个与地面统一的高程系统，确定各种巷道、硐室在竖直方向上的位置及相互关系。井下高程控制网可采用水准测量方法或三角高程测量方法敷设。

**二、图件要求**

(一)内容要求

1.单个探矿权勘查工程实际材料图(电子版)，比例尺1:2000或1:5000，主要内容包括主要地理要素，探矿权边界，钻孔、槽探、坑探、填图范围等勘探工程分布等。

2.单个采矿权开拓工程平面图或开发利用图(电子版)，比例尺1:2000或1:5000，主要内容包括主要地理要素，采矿权边界，巷道、采区、采空区等开拓工程布置等。

3.省级行政区域矿业权分布图(电子版和纸质版)，比例尺1:50万或1:100万，主要内容包括主要地理要素、矿业权位置和名称等。

4.省级行政区域矿业权和矿产资源分布综合图(电子版和纸质版)，比例尺1:50万或1:100万，主要内容包括矿业权位置和名称、矿产资源分布等。

(二)编制要求

矿业权分布图以地理图为底图，矿业权和矿产资源分布图以地质图为底图。地理底图参照《1:5万地质图地理底图编绘规范》(Dz/ T 0157 – 95)和《1:5万/1:100万省(市、区)地质图地理底图编绘规范》(Dz/ T 0159-95)执行。1:50万和1:100万地质底图由中国地质调查局发展研究中心统一提供。

(三)空间数据提交格式

空间数据提交格式为ArcGIS(E00、Coverage)或Auto-CAD(DXF)。各省(区、市)负责图件数字化。中国地质调查局发展研究中心负责汇总及转换到统一的数据库管理系统中。

# 国土资源部关于贯彻实施《地质勘查资质管理条例》有关问题的通知

国土资发（2008）131号

各省、自治区、直辖市国土资源厅(国土环境资源厅、国土资源局、国土资源和房屋管理局、房屋土地资源管理局)：

2008年3月3日，国务院公布了《地质勘查资质管理条例》(国务院令第520号，以下简称《条例》)，《条例》自2008年7月1日起施行。为认真做好《条例》的学习宣传和贯彻实施工作，现就有关问题通知如下：

## 一、充分认识贯彻实施《条例》的重要意义

《条例》的颁布实施，是贯彻落实《国务院关于加强地质工作的决定》(国发〔2006〕4号)的重要举措，对于加强地质勘查活动管理，严格地质勘查市场准入，维护地质勘查市场秩序，保证地质勘查工作质量，促进地质勘查业发展，都具有十分重要的意义。

## 二、认真做好《条例》的学习宣传和培训工作

省级国土资源管理部门要认真制定并组织实施《条例》的学习、宣传和培训计划，充分利用报纸、电视、网络等媒体，采用多种方式和手段，广泛深入地学习、宣传《条例》，把思想认识真正统一到《条例》的要求上来。

省级国土资源管理部门要在2008年7月5日前，完成对辖区内的地勘单位及所属主管部门、市(地)、县(市)级国土资源管理部门有关领导和工作人员的业务培训。

国土资源部将择时对省级国土资源管理部门地质勘查资质管理人员、中央管理的地勘单位有关人员开展培训，具体时间、地点另行通知。

## 三、切实做好地质勘查资质受理审批工作

**(一)总体安排**

地质勘查资质主要采取集中受理审批的方式进行。2008年，部、省两级国土资源管理部门分别集中受理审批1次地质勘查资质。

2009年以后，为提高地质勘查资质审批效率，依照《条例》要求，除对地质勘查单位资质变更采取日常受理审批外，其余均采取集中受理审批的方式。每年集中受理审批2次，部每年1月和7月、省每年4月和10月为接收报件时间(节假日除外)，报件接收后次月第一个工作日开始，依法集中受理审批。由申请单位直接向审批机关报送申请材料(包括纸质材料、报盘数据)。

**(二)2008年工作安排**

2008年下半年，部和省级国土资源管理部门各集中受理审批1次地质勘查资质。

1.部受理审批

①受理时间：2008年7月20日至7月25日。

②受理范围：海洋地质调查、石油天然气矿产勘查、航空地质调查资质和其他甲级地质勘查资质。

③受理地点：北京市昌平区十三陵国土资源部培训中心。

④受理方式：由省级国土资源管理部门将符合受理范围的申请材料(包括纸质材料、报盘数据)和本省(区、市)报盘汇总数据集中报部。

⑤审批时间：2008年7月26日至9月30日。

2.省级受理审批

①受理时间：2008年10月8日至12日。

②受理地点：由省级国土资源管理部门自行规定。

③受理范围：部受理范围以外的乙级、丙级地质勘查资质。

④受理方式：申请单位直接向所在地的省级国土资源管理部门报送申请材料(包括纸质材料、报盘数据)。

⑤审批时间：2008年10月13日至12月15日。

## 四、有关规定和要求

(一)省级国土资源管理部门应在政府门户网站或有关媒体上公布《条例》、《地质勘查资质分类分级标准》、地质勘查资质申请办事指南、地质勘查资质审批结果公示和审批结果公告等。

(二)省级国土资源管理部门对地质勘查资质清理检查工作中发现重复使用高、中级勘查技术人员情况的，应要求所涉及的申请单位先整改，待整改完成后再受理申请。向部申请的，申请单位整改后应经所在地的省级国土资源管理部门核准后申报。

(三)申请单位申请时应统一使用“地质勘查资质数据报盘管理软件”。申请单位同时向部、向省申请不

同资质类别和资质等级的，除申请书中申请业务范围的资质类别和资质等级不同外，申请材料的其他内容应一致。

（四）石油天然气矿产勘查可分别申请海洋石油天然气矿产勘查、陆地石油天然气矿产勘查单项资质；地质钻（坑）探可分别申请地质钻探、地质坑探单项资质；地质实验测试可分别申请岩矿鉴定、岩矿测试、岩土试验、选冶试验单项资质。

（五）省级国土资源管理部门应按照《条例》的有关规定和《地质勘查资质分类分级标准》的要求，坚持公平、公正、公开的原则，廉洁自律，对申请单位的法人资格、勘查技术人员、勘查设备仪器、质量管理体系和安全生产管理体系等进行严格审查，坚持标准，依法审批。

（六）截至2008年12月底，原地质勘查资质证书有效期届满，未依法取得新地质勘查资质证书的单位，不得继续从事地质勘查活动。

省级国土资源管理部门应按照本通知的要求，加强组织领导，落实工作经费，把握工作进度，保证工作质量，认真做好各项工作，并于每年1月底前，向部勘查司报送上一年度的地质勘查资质管理工作总结（包括电子版）。

国土资源部

2008年6月21日

# 国土资源部关于印发《地质勘查资质分类分级标准》的通知

国土资发〔2008〕137号

各省、自治区、直辖市国土资源厅（国土环境资源厅、国土资源局、国土资源和房屋管理局、房屋土地资源管理局）：

根据《地质勘查资质管理条例》（国务院令第520号）的有关规定，部组织制定《地质勘查资质分类分级标准》，现予印发。

国土资源部

2008年6月26日

## 地质勘查资质分类分级标准

**第一条** 为科学合理地对地质勘查资质进行分类分级，根据《地质勘查资质管理条例》（国务院令第520号）的有关规定，制定本标准。

**第二条** 勘查技术人员主要包括高、中级勘查技术人员的专业和数量。

（一）高、中级勘查技术人员为单位在编或在册的，事业单位的与其上级主管部门认定的本年度在编或在册“单位职工花名册”一致，企业单位的与其本年度“单位职工花名册”一致。高、中级勘查技术人员须为全职聘用，且仅受聘于该技术人员所在资质申请单位。

（二）申请地质勘查资质时，高、中级勘查技术人员男性年龄不大于60周岁，女性年龄不大于55周岁。

（三）高、中级勘查技术人员具有省部级人事部门颁发或认可（省部级人事部门批准的厅局级人事部门颁发）的专业技术职称/职务资格证书或批准文件。

（四）高、中级勘查技术人员的专业技术职称/职务资格证书或批准文件未填写专业名称、专业名称不明确的，以勘查技术人员的主要勘查工作经历及业绩认定。

（五）高、中级勘查技术人员取得多个专业技术职称/职务资格证书的，在申请地质勘查资质时，只能使用其中一个专业。

（六）同一单位申请多项资质类别时，同一专业的高、中级勘查技术人员可以重复计算。高、中级勘查技术人员不同地质勘查资质类别和资质等级的具体标准与条件见附件1。

**第三条** 勘查设备、仪器主要包括种类、数量和技术参数。

（一）规定配备的勘查设备、仪器，须出具购置发票或调拨单；允许租赁的勘查设备、仪器，应出具租赁合同等证明材料。

（二）替代规定配备的勘查设备、仪器，应出具相应的说明书等证明材料。

（三）同一单位申请多项资质类别时，同一勘查设备、仪器可以重复计算。

勘查设备、仪器不同地质勘查资质类别和资质等级的具体标准与条件见附件2。

**第四条** 质量管理体系主要包括管理机构、管理制度、质量体系认证和勘查质量等。质量管理体系不同地质勘查资质类别和资质等级的具体标准与条件见附件 3。

**第五条** 安全生产管理体系主要包括管理机构和管理制度。

安全生产管理体系不同地质勘查资质类别和资质等级的具体标准与条件见附件 4。

**第六条** 只申请海洋石油天然气矿产勘查资质的，对规定的陆地石油天然气矿产勘查的高、中级勘查技术人员和勘查设备、仪器不作要求。只申请陆地石油天然气矿产勘查资质的，对规定的海洋石油天然气矿产勘查的高、中级勘查技术人员和勘查设备、仪器不作要求。

**第七条** 只申请地质钻探资质的，对规定的高、中级坑探技术人员和坑探设备、仪器不作要求。只申请地质坑探资质的，对规定的高、中级钻探技术人员和钻探设备、仪器不作要求。

**第八条** 只申请岩矿鉴定、岩矿测试、岩土试验、选冶试验单项资质的，对规定的该单项以外高、中级地质实验测试技术人员和地质实验测试设备、仪器不作要求。

**第九条** 本标准自 2008 年 7 月 1 日起施行。

附件 1 高、中级勘查技术人员条件要求

附件 2 勘查设备、仪器条件要求

附件 3 质量管理体系条件要求

附件 4 安全生产管理体系条件要求

**附件 1**

**高、中级勘查技术人员条件要求**

| 序号 | 资质类别 | 专业要求 | 甲级 | | 乙级 | | 丙级 | |
|---|---|---|---|---|---|---|---|---|
| | | | 高级（人） | 中级（人） | 高级（人） | 中级（人） | 高级（人） | 中级（人） |
| （一） | 区域地质调查 | 区域地质 60%及以上，固体矿产地质、地球物理、地球化学、遥感地质、水文地质 40%以下 | 15 | 30 | 7 | 14 | | |
| （二） | 海洋地质调查 | 海洋地质 | 15 | 30 | 7 | 14 | | |
| （三） | 石油天然气矿产勘查 | 总数 | 200/3000 | 500/5000 | 100/100 | 200/200 | | |
| | | 石油地质（海洋/陆地） | 70/1300 | 160/1500 | 40/50 | 70/100 | | |
| | | 地球物理（海洋/陆地） | 100/1100 | 220/1500 | 30/20 | 50/30 | | |
| | | 钻井工程（海洋/陆地） | 30/600 | 120/2000 | 30/30 | 80/70 | | |
| （四） | 液体矿产勘查 | 水文地质或盐矿地质 | 15 | 30 | 7 | 14 | 2 | 4 |
| （五） | 气体矿产勘查 | 石油地质或煤田地质 | 15 | 30 | 7 | 14 | | |
| （六） | 固体矿产勘查 | 固体矿产地质 60%及以上，区域地质、地球物理、地球化学、遥感地质、水文地质 40%以下 | 15 | 30 | 7 | 14 | 2 | 4 |
| （七） | 水文地质、工程地质、环境地质调查 | 水文地质或工程地质、环境地质 | 15 | 30 | 7 | 14 | 2 | 4 |
| （八） | 地球物理勘查 | 地球物理 | 10 | 20 | 5 | 10 | 2 | 4 |
| （九） | 地球化学勘查 | 地球化学 | 10 | 20 | 5 | 10 | 2 | 4 |
| （十） | 航空地质调查 | 总数 | 15 | 30 | 7 | 14 | | |
| | | 地球物理 | 8 | 16 | 4 | 8 | | |
| | | 遥感地质 | 5 | 10 | 2 | 4 | | |
| | | 航空摄影 | 2 | 4 | 1 | 2 | | |
| （十一） | 遥感地质调查 | 遥感地质 | 5 | 10 | 3 | 6 | | |
| （十二） | 地质钻（坑）探 | 总数 | 7 | 14 | 3 | 6 | 1 | 2 |
| | | 钻探 | 4 | 8 | 2 | 4 | 1 | 1 |
| | | 坑探 | 3 | 6 | 1 | 2 | | 1 |

**续附件 1**

| 序号 | 资质类别 | 专业要求 | 甲级 | | 乙级 | | 丙级 | |
|---|---|---|---|---|---|---|---|---|
| | | | 高级（人） | 中级（人） | 高级（人） | 中级（人） | 高级（人） | 中级（人） |
| （十三） | 地质实验测试 | 总数 | 14 | 28 | 6 | 12 | | |
| | | 岩矿鉴定 | 2 | 4 | 1 | 2 | | |
| | | 岩矿测试 | 5 | 10 | 2 | 4 | | |
| | | 岩土试验 | 2 | 4 | 1 | 2 | | |
| | | 选冶试验 | 5 | 10 | 2 | 4 | | |

**附件 2**

**勘查设备、仪器条件要求**

| 序号 | 设备仪器名称 | 甲级 | | | 乙级 | | | 丙级 | | |
|---|---|---|---|---|---|---|---|---|---|---|
| | | 技术参数 | 数量 | 单位 | 技术参数 | 数量 | 单位 | 技术参数 | 数量 | 单位 |
| （一）区域地质调查 | | | | | | | | | | |
| 1 | 野外数据采集器 | 掌上电脑 + 内置 GPS | 24 | 台 | 掌上电脑 + 内置 GPS | 12 | 台 | | | |
| 2 | 数码照像机 | 500 万像素及以上 | 12 | 台 | 500 万像素及以上 | 6 | 台 | | | |
| 3 | 便携式计算机 | | 24 | 台 | | 12 | 台 | | | |
| 4 | 双目立体镜 | | 2 | 台 | | 1 | 台 | | | |
| 5 | 偏光显微镜 | 高精度 | 3 | 台 | 高精度 | 2 | 台 | | | |
| 6 | 反光显微镜 | 高精度 | 3 | 台 | 高精度 | 2 | 台 | | | |
| 7 | 显微照像设备 | | 1 | 台 | | | | | | |
| 8 | 区调数据处理软件 | 中国地质调查局认定 | 2 | 套 | 中国地质调查局认定 | 1 | 套 | | | |
| （二）海洋地质调查 | | | | | | | | | | |
| 1 | 海洋调查船※ | 适航 1、2 类海区 | 2 | 艘 | 适航 3 类及 3 类以下海区 | 1 | 艘 | | | |
| 2 | 导航 GPS 系统※ | 中远程独立实时差分 | 2 | 套 | 中近程独立实时差分 | 1 | 套 | | | |
| 3 | 地震仪 | 48 道及以上；数字缆 | 1 | 台 | | | | | | |
| | | 单道；数字缆 | 1 | 台 | 单道；模拟缆 | 1 | 台 | | | |
| 4 | 浅层剖面仪 | 数字；适用深海 | 2 | 台 | 数字；适用浅海 | 1 | 台 | | | |
| 5 | 磁力仪 | 质子或光泵磁力仪；分辨率 0.1nT 及以下 | 1 | 台 | 分辨率 0.1nT 及以下 | 1 | 台 | | | |
| 6 | 重力仪 | 精度优于 ±0.04 毫伽 | 1 | 台 | | | | | | |
| 7 | 测深仪 | 多波束 | 1 | 台 | | | | | | |
| | | 单波速 | 1 | 台 | 单波速 | 1 | 台 | | | |
| 8 | 温盐深测量仪 | 高精度 | 1 | 台 | | | | | | |
| 9 | 声纳 | 高灵敏度 | 2 | 台 | 高灵敏度 | 1 | 台 | | | |
| 10 | 海洋地质浅钻※ | 100 米及以上 | 1 | 台 | | | | | | |
| 11 | 柱状取样器 | 震动活塞、重力活塞、重力 | 各 1 | 台 | 震动活塞、重力活塞、重力 | 其中 2 类各 1 | 台 | | | |
| 12 | 表层沉积物取样器 | 抓斗、箱式、拖网、自返式 | 各 1 | 台 | 抓斗、箱式、拖网 | 各 1 | 台 | | | |
| 13 | 深海照相系统※ | 300 万像素及以上 | 1 | 套 | | | | | | |
| （三）石油天然气矿产勘查 | | | | | | | | | | |
| 1 | 地球物理勘查船 | 4 缆及以上 | 4 | 艘 | 2 缆及以上 | 4 | 艘 | | | |
| 2 | 钻井船 | 自升式钻井平台，作业能力 6000 米及以上，作业水深 5～120 米 | 12 | 艘 | 自升式或半潜式等，钻井能力 4000 米及以上 | 6 | 艘 | | | |
| | | 半潜式钻井平台，作业能力 6000 米及以上，作业水深 30～450 米 | 3 | 艘 | | | | | | |

续附件 2－1

| 序号 | 设备仪器名称 | 甲级 | | | 乙级 | | | 丙级 | | |
|---|---|---|---|---|---|---|---|---|---|---|
| | | 技术参数 | 数量 | 单位 | 技术参数 | 数量 | 单位 | 技术参数 | 数量 | 单位 |
| 3 | 海况调查船 | 包括工程物探船，工程地质调查船，工程物探/工程地质综合调查船，多功能勘查检测工程船。具 120 米及以上钻孔液压取芯和钻孔、CPT 原位测试、水深测量、海底地貌探测、高分辨浅－中深度（0～150 米）地层剖面探测、数字地震探测等能力 | 4（其中至少有1艘深水工程钻探船） | 艘 | | | | | | |
| 4 | 海洋石油工程作业船舶 | 包括：三用工作船（拖带、起抛锚、供应）；平台供应船；油田守护船；倒班船。具有起抛锚、拖航、运输、护航、消防、倒班、油污染作业等能力 | 80 | 艘 | 起抛锚、拖航、运输、护航、消防、倒班、油污染作业等 | 15 | 艘 | | | |
| 5 | 绿色环保无烟燃烧系统 | 原油处理量 2000 方及以上/天，符合行业防硫标准 | 10 | 套 | | | | | | |
| 6 | 水下试油树 | 压力 10K 及以上，适用水深 300 米及以上，内径 3”及以上，符合行业防硫标准 | 2 | 套 | | | | | | |
| 7 | 综合录井仪 | 采集、处理、传输系统 | 30 | 台 | 采集、处理、传输系统 | 20 | 台 | | | |
| 8 | DST 井下工具 | APR 压力 10K 及以上，温度 170℃及以上，适用的套管井范围包括 13－3/8”，9－5/8”，7”，5－1/2”，5”，符合行业防硫标准 | 6 | 套 | APR 压力 10K 及以上，温度 170℃及以上，适用的套管井范围包括 13－3/8”，9－5/8”，7”，5－1/2”，5”，符合行业防硫标准 | 4 | 套 | | | |
| 9 | 试油(气)设备 | 压力 10K 及以上，气体处理量 170 万方及以上/天，液体处理量 1900 方及以上/天，符合行业防硫标准 | 10 | 套 | 压力 10K 及以上，气体处理量 170 万方及以上/天，液体处理量 1900 方及以上/天，符合行业防硫标准 | 5 | 套 | | | |
| 10 | 综合井下测量系统 | 数控测井、核磁共振、VSP、成像、随钻测量、地层测试 | 90 | 套 | 数控测井、核磁共振、VSP、成像、随钻测量、地层测试 | 50 | 套 | | | |

**续附件 2-2**

| 序号 | 设备仪器名称 | 甲级 | | | 乙级 | | | 丙级 | | |
|---|---|---|---|---|---|---|---|---|---|---|
| | | 技术参数 | 数量 | 单位 | 技术参数 | 数量 | 单位 | 技术参数 | 数量 | 单位 |
| 11 | 数据处理设备 | PC 集群(PC-CLUSTER)(海洋/陆地) | 1600/10000 | 个 CPU | PC 集群(PC-CLUSTER) | 1000 | 个 CPU | | | |
| | | 计算机工作站(海洋/陆地) | 30/150 | 个 | 计算机工作站(海洋/陆地) | 20/10 | 个 | | | |
| 12 | 地球物理数据处理解释系统 | 处理、反演、解释(海洋/陆地) | 10/50 | 套 | 处理、反演、解释(海洋/陆地) | 5/3 | 套 | | | |
| 13 | 资源/储量数据处理软件 | 国土资源部认定(海洋/陆地) | 2/5 | 套 | 国土资源部认定(海洋/陆地) | 1/1 | 套 | | | |
| 14 | 数字地震仪 | 2000 道及以上 | 50 | 台 | | | | | | |
| 15 | 震源车 | | 10 | 套 | | | | | | |
| 16 | 地震钻机 | | 400 | 台 | | | | | | |
| 17 | 钻机 | 4000 米及以上 | 300 | 台 | 4000 米及以上 | 3 | 台 | | | |
| | | 1000 米及以上至 4000 米以下 | 260 | 台 | 1000 米及以上至 4000 米以下 | 100 | 台 | | | |
| | | 顶驱装置 | 70 | 套 | | | | | | |
| 18 | 随钻测量装置 | MWD/LWD | 150/30 | 套 | | 3 | 套 | | | |
| 19 | 综合录井 | 综合录井仪 | 300 | 台 | 综合录井仪 | 3 | 台 | | | |
| | | 远程数据传输系统(卫星站) | 50 | 套 | 远程数据传输系统(卫星站) | 6 | 套 | | | |
| 20 | 测井设备 | 数控/成像 | 200/40 | 套 | 数控 | 6 | 套 | | | |
| 21 | 测试设备 | APR、PCT | 20 | 套 | APR、PCT | 10 | 套 | | | |
| 22 | 酸化、压裂及配套设备 | 1400 型及以上 | 20 | 套 | 1000 型及以上 | 6 | 套 | | | |
| 23 | 修井设备 | 4000 米及以上井深 | 120 | 套 | 4000 米及以上井深 | 3 | 套 | | | |
| (四)液体矿产勘查 | | | | | | | | | | |
| 1 | 手持 GPS | 精度优于 10 米 | 6 | 台 | 精度优于 10 米 | 3 | 台 | 精度优于 10 米 | 1 | 台 |
| 2 | 数码照像机 | 500 万像素及以上 | 6 | 台 | 500 万像素及以上 | 3 | 台 | 500 万像素及以上 | 1 | 台 |
| 3 | 电阻率法仪 | | 1 | 台 | | 1 | 台 | | 1 | 台 |
| 4 | 激电仪 | 数字 | 1 | 台 | 数字 | 1 | 台 | 数字 | 1 | 台 |
| 5 | 磁力仪 | 质子或光泵;分辨率 0.1nT 及以下 | 1 | 台 | 分辨率 0.1nT 及以下 | 1 | 台 | | | |
| 6 | 重力仪※ | 精度优于 ±0.04 毫伽 | 1 | 台 | | | | | | |
| 7 | 浅震仪 | 12 道及以上;数字;高分辨率 | 1 | 台 | 12 道及以上;数字;高分辨率 | 1 | 台 | | | |
| 8 | 核磁共振仪(或 EH-4 电导率剖面仪)※ | | 1 | 台 | | | | | | |
| 9 | 测井仪 | 含自然电位、电阻率、充电率、放射性和声波等参数 | 1 | 套 | | | | | | |
| 10 | 资源/储量数据处理软件 | 国土资源部认定 | 2 | 套 | 国土资源部认定 | 1 | 套 | | | |

续附件 2-3

| 序号 | 设备仪器名称 | 甲级 | | | 乙级 | | | 丙级 | | |
|---|---|---|---|---|---|---|---|---|---|---|
| | | 技术参数 | 数量 | 单位 | 技术参数 | 数量 | 单位 | 技术参数 | 数量 | 单位 |
| (五)气体矿产勘查 | | | | | | | | | | |
| 1 | 手持 GPS | 精度优于 10 米 | 6 | 台 | 精度优于 10 米 | 3 | 台 | | | |
| 2 | 数码照像机 | 500 万像素及以上 | 6 | 台 | 500 万像素及以上 | 3 | 台 | | | |
| 3 | 地震仪 | 48 道及以上;高分辨率 | 1 | 台 | 多道;高分辨率 | 1 | 台 | | | |
| 4 | 重力仪※ | 精度优于 ±0.04 毫伽 | 1 | 台 | | | | | | |
| 5 | 气测仪 | 数字;高精度 | 1 | 台 | 数字;高精度 | 1 | 台 | | | |
| 6 | 测井仪 | 含自然电位、电阻率、充电率、放射性和声波等参数 | 1 | 套 | | | | | | |
| 7 | 资源/储量数据处理软件 | 国土资源部认定 | 2 | 套 | 国土资源部认定 | 1 | 套 | | | |
| (六)固体矿产勘查 | | | | | | | | | | |
| 1 | 手持 GPS | 精度优于 10 米 | 6 | 台 | 精度优于 10 米 | 3 | 台 | 精度优于 10 米 | 1 | 台 |
| 2 | 数码照像机 | 500 万像素及以上 | 6 | 台 | 500 万像素及以上 | 3 | 台 | 500 万像素及以上 | 1 | 台 |
| 3 | 电阻率法仪 | | 1 | 台 | | 1 | 台 | | 1 | 台 |
| 4 | 激电仪 | 数字 | 1 | 台 | 数字 | 1 | 台 | 数字 | 1 | 台 |
| 5 | 磁力仪 | 质子或光泵;分辨率 0.1nT 及以下 | 1 | 台 | 分辨率 0.1nT 及以下 | 1 | 台 | 分辨率 0.1nT 及以下 | 1 | 台 |
| 6 | 重力仪※ | 精度优于 ±0.04 毫伽 | 1 | 台 | 精度优于 ±0.04 毫伽 | 1 | 台 | | | |
| 7 | 测井仪※ | 含磁、激电、自然电位、电阻率、充电率、放射性等参数 | 1 | 套 | | | | | | |
| 8 | 放射性测量仪 | 高精度 | 1 | 台 | 高精度 | 1 | 台 | | | |
| 9 | 取样钻 | | 2 | 台 | | 1 | 台 | | | |
| 10 | 刻槽取样机 | | 2 | 台 | | 1 | 台 | | | |
| 11 | 岩心切割机 | | 3 | 台 | | 2 | 台 | | 1 | 台 |
| 12 | 双目立体镜 | 高精度 | 2 | 台 | 高精度 | 1 | 台 | | | |
| 13 | 偏光显微镜 | 高精度 | 2 | 台 | 高精度 | 1 | 台 | | | |
| 14 | 反光显微镜 | 高精度 | 2 | 台 | 高精度 | 1 | 台 | | | |
| 15 | 显微照像设备 | | 1 | 台 | | | | | | |
| 16 | 资源/储量数据处理软件 | 国土资源部认定 | 2 | 套 | 国土资源部认定 | 1 | 套 | | | |
| (七)水文地质、工程地质、环境地质调查 | | | | | | | | | | |
| 1 | 手持 GPS | 精度优于 10 米 | 6 | 台 | 精度优于 10 米 | 3 | 台 | 精度优于 10 米 | 1 | 台 |
| 2 | 数码照像机 | 500 万像素及以上 | 6 | 台 | 500 万像素及以上 | 3 | 台 | 500 万像素及以上 | 1 | 台 |
| 3 | 电阻率法仪 | | 1 | 台 | | 1 | 台 | | 1 | 台 |
| 4 | 激电仪 | 数字 | 1 | 台 | 数字 | 1 | 台 | 数字 | 1 | 台 |
| 5 | 磁力仪 | 质子或光泵;分辨率 0.1nT 及以下 | 1 | 台 | 分辨率 0.1nT 及以下 | 1 | 台 | | | |
| 6 | 浅震仪 | 12 道及以上;数字;高分辨率 | 1 | 台 | 12 道及以上;数字;高分辨率 | 1 | 台 | | | |

**续附件 2－4**

| 序号 | 设备仪器名称 | 甲级 | | | 乙级 | | | 丙级 | | |
|---|---|---|---|---|---|---|---|---|---|---|
| | | 技术参数 | 数量 | 单位 | 技术参数 | 数量 | 单位 | 技术参数 | 数量 | 单位 |
| 7 | 地质雷达※ | A/D 16 位及以上 | 1 | 台 | | | | | | |
| 8 | 核磁共振仪（或 EH－4 电导率剖面仪）※ | | 1 | 台 | | | | | | |
| 9 | 测井仪 | 含自然电位、电阻率、充电率、放射性和声波等参数 | 1 | 套 | | | | | | |
| 10 | 取样钻 | | 2 | 台 | | 1 | 台 | | | |
| 11 | 双目立体镜 | 高精度 | 2 | 台 | 高精度 | 1 | 台 | | | |
| 12 | 偏光显微镜 | 高精度 | 2 | 台 | 高精度 | 1 | 台 | | | |
| 13 | 反光显微镜 | 高精度 | 2 | 台 | 高精度 | 1 | 台 | | | |
| （八）地球物理勘查 | | | | | | | | | | |
| 1 | GPS 测量定位仪 | | 3 | 台 | | 2 | 台 | | 1 | 台 |
| 2 | 电阻率法仪 | | 3 | 台 | | 2 | 台 | | 1 | 台 |
| 3 | 激电仪 | 数字 | 3 | 台 | 数字 | 2 | 台 | 数字 | 1 | 台 |
| 4 | 磁力仪 | 质子或光泵；分辨率 0.1nT 及以下 | 6 | 台 | 质子或光泵；分辨率 0.1nT 及以下 | 4 | 台 | 分辨率 0.1nT 及以下 | 2 | 台 |
| 5 | 重力仪 | 精度优于 ±0.04 毫伽 | 2 | 台 | 精度优于 ±0.04 毫伽 | 1 | 台 | | | |
| 6 | 地质雷达（或瞬变电磁仪或可控源大地电磁测量仪）※ | | 1 | 台 | | | | | | |
| 7 | 浅震仪 | 12 道及以上；数字；高分辨率 | 1 | 台 | 12 道及以上；数字；高分辨率 | 1 | 台 | | | |
| 8 | 地震仪※ | 48 道及以上；数字；高分辨率 | 1 | 台 | 24 道及以上；数字；高分辨率 | 1 | 台 | | | |
| 9 | γ 能谱仪 | 高精度 | 1 | 台 | | | | | | |
| 10 | 放射性测量仪 | 高精度 | 1 | 台 | 高精度 | 1 | 台 | | | |
| 11 | 测温仪 | 高精度 | 1 | 台 | | | | | | |
| 12 | 测井仪 | 含磁、激电、自然电位、电阻率、充电率、放射性和声波等参数 | 1 | 套 | 含磁、激电、自然电位、电阻率、充电率、放射性和声波等参数 | 1 | 套 | | | |
| 13 | 磁化率仪 | | 2 | 台 | | 1 | 台 | | 1 | 台 |
| 14 | 物探数据处理软件 | 中国地质调查局认定 | 2 | 套 | 中国地质调查局认定 | 1 | 套 | | | |
| （九）地球化学勘查 | | | | | | | | | | |
| 1 | 手持 GPS | 精度优于 10 米 | 12 | 台 | 精度优于 10 米 | 6 | 台 | 精度优于 10 米 | 3 | 台 |
| 2 | 塞曼测汞仪 | 高精度 | 1 | 台 | 高精度 | 1 | 台 | | | |
| 3 | 放射性测量仪 | 高精度 | 1 | 台 | 高精度 | 1 | 台 | | | |
| 4 | 化探数据处理软件 | 中国地质调查局认定 | 2 | 套 | 中国地质调查局认定 | 1 | 套 | | | |
| （十）航空地质调查 | | | | | | | | | | |
| 1 | 航调飞机※ | 适用 | 1 | 架 | 适用 | 1 | 架 | | | |
| 2 | 差分 GPS | 精度优于 10 米 | 2 | 台 | 精度优于 10 米 | 2 | 台 | | | |
| 3 | 航空磁力测量系统（含磁力仪、补偿仪、日变站） | 高精度 | 2 | 套 | 高精度 | 1 | 套 | | | |

**续附件 2－5**

| 序号 | 设备仪器名称 | 甲级 | | | 乙级 | | | 丙级 | | |
|---|---|---|---|---|---|---|---|---|---|---|
| | | 技术参数 | 数量 | 单位 | 技术参数 | 数量 | 单位 | 技术参数 | 数量 | 单位 |
| 4 | 航空伽玛能谱测量系统(含探测器、控制接口、能谱仪) | 多道 | 1 | 套 | | | | | | |
| 5 | 航空电磁系统 | 高精度 | 1 | 套 | | | | | | |
| 6 | 数字收录系统 | 智能化 | 2 | 套 | 智能化 | 1 | 套 | | | |
| 7 | 雷达高度计 | 高精度 | 2 | 套 | 高精度 | 1 | 套 | | | |
| 8 | 气压高度计 | 高精度 | 2 | 套 | 高精度 | 1 | 套 | | | |
| 9 | GPS＋惯导(IMU) | 高精度 | 2 | 套 | 高精度 | 2 | 套 | | | |
| 10 | 航空摄影仪 | 高精度 | 2 | 套 | 高精度 | 1 | 套 | | | |
| 11 | 航空数字相机 | 高精度 | 1 | 套 | | | | | | |
| 12 | 航空摄影冲洗系统 | 高性能 | 1 | 套 | | | | | | |
| 13 | 数码成像仪 | 高性能 | 1 | 台 | | | | | | |
| 14 | 航片印像机 | 高清晰度 | 1 | 台 | 高清晰度 | 1 | 台 | | | |
| 15 | 影像扫描仪 | 高精度 | 1 | 台 | | | | | | |
| 16 | 地面波谱测试仪 | 高精度 | 1 | 台 | 高精度 | 1 | 台 | | | |
| (十一)遥感地质调查 | | | | | | | | | | |
| 1 | 手持 GPS | 精度优于 10 米 | 6 | 台 | 精度优于 10 米 | 3 | 台 | | | |
| 2 | 地面波谱测试仪 | 测量范围：350～2500 纳米；光谱分辨率：4～10 纳米 | 2 | 台 | 测量范围：350～2500 纳米；光谱分辨率：4～10 纳米 | 1 | 台 | | | |
| 3 | 大型工作站/服务器 | 内存 16GB 及以上；硬盘 300GB 及以上 | 1 | 套 | 内存 8GB 及以上；硬盘 300GB 及以上 | 1 | 套 | | | |
| 4 | 双目立体镜 | 高精度 | 2 | 台 | 高精度 | 1 | 台 | | | |
| 5 | 遥感图像处理软件 | 中国地质调查局认定 | 2 | 套 | 中国地质调查局认定 | 1 | 套 | | | |
| (十二)地质钻(坑)探 | | | | | | | | | | |
| 1 | 岩心钻机 | 1500 米及以上 | 1 | 台 | | | | | | |
| | | 1000 米 | 2 | 台 | 1000 米 | 1 | 台 | | | |
| | | 600 米 | 2 | 台 | 600 米 | 1 | 台 | | | |
| | | 300 米 | 2 | 台 | 300 米 | 1 | 台 | 300 米 | 1 | 台 |
| 2 | 水井钻机 | 1000 米及以上 | 1 | 台 | 600 米 | 1 | 台 | 300 米 | 1 | 台 |
| 3 | 工程钻机 | 100 米及以上 | 1 | 台 | 30 米 | 1 | 台 | 30 米 | 1 | 台 |
| 4 | 锚杆钻机 | | 2 | 台 | | 1 | 台 | | | |
| 5 | 空气钻进钻具 | 300 米及以上 | 2 | 套 | 300 米及以上 | 1 | 套 | | | |
| 6 | 绳索取心钻具 | 600 米及以上 | 5 | 套 | 600 米及以上 | 2 | 套 | | | |
| 7 | 测斜仪 | | 2 | 台 | | 1 | 台 | | 1 | 台 |
| 8 | 凿岩台车 | 多臂液压 | 1 | 台 | | 1 | 台 | | | |
| 9 | 空压机 | 12 个压力及以上；20 立方米及以上 | 2 | 台 | 12 个压力及以上；20 立方米及以上 | 1 | 台 | | | |
| (十三)地质实验测试 | | | | | | | | | | |
| 1 | 偏反光显微镜 | 高精度 | 1 | 台 | 高精度 | 1 | 台 | | | |
| 2 | 折光仪 | 高精度 | 1 | 台 | 高精度 | 1 | 台 | | | |
| 3 | 差热分析仪 | | 1 | 台 | | 1 | 台 | | | |
| 4 | 粒度分析仪 | | 1 | 台 | | | | | | |
| 5 | X 射线衍射分析仪 | | 1 | 台 | | | | | | |
| 6 | 电子探针 X 射线分析仪※ | | 1 | 台 | | | | | | |
| 7 | 红外光谱仪※ | | 1 | 台 | | | | | | |

**续附件 2－6**

| 序号 | 设备仪器名称 | 甲级 | | | 乙级 | | | 丙级 | | |
|---|---|---|---|---|---|---|---|---|---|---|
| | | 技术参数 | 数量 | 单位 | 技术参数 | 数量 | 单位 | 技术参数 | 数量 | 单位 |
| 8 | 拉曼探针光谱※ | | 1 | 台 | | | | | | |
| 9 | 质谱分析仪※ | | 1 | 台 | | | | | | |
| 10 | 白度测定仪 | | 1 | 台 | | | | | | |
| 11 | 气相色谱仪 | | 1 | 台 | | | | | | |
| 12 | 原子吸收分光光度计 | | 1 | 台 | | 1 | 台 | | | |
| 13 | 紫外－可见分光光度计 | | 1 | 台 | | 1 | 台 | | | |
| 14 | X 射线荧光光谱仪 | | 1 | 台 | | | | | | |
| 15 | 原子荧光光谱仪 | | 2 | 台 | | 1 | 台 | | | |
| 16 | 等离子体光谱仪 | | 1 | 台 | | | | | | |
| 17 | 光栅摄谱仪 | 2 米 | 1 | 台 | | 1 | 台 | | | |
| 18 | 碳硫测定仪 | | 1 | 台 | | 1 | 台 | | | |
| 19 | 离子色谱仪 | | 1 | 台 | | | | | | |
| 20 | 总有机碳分析仪 | | 1 | 台 | | | | | | |
| 21 | 三轴剪力仪 | | 1 | 台 | | | | | | |
| 22 | 固结仪 | 高压 | 2 | 台 | | 1 | 台 | | | |
| 23 | 压力机 | | 1 | 台 | | 1 | 台 | | | |
| 24 | 渗透仪 | | 1 | 台 | | 1 | 台 | | | |
| 25 | 击实仪 | | 1 | 台 | | 1 | 台 | | | |
| 26 | 碎矿机 | | 2 | 套 | | 1 | 套 | | | |
| 27 | 磨矿机 | | 3 | 套 | | 1 | 套 | | | |
| 28 | 浮选机 | | 3 | 套 | | 1 | 套 | | | |
| 29 | 磁选机 | 强磁场 | 1 | 台 | | | | | | |
| | | 弱磁场 | 1 | 台 | | 1 | 台 | | | |
| 30 | 摇床 | | 2 | 套 | | 1 | 套 | | | |
| 31 | 离心机 | | 2 | 台 | | 1 | 台 | | | |
| 32 | 高温马弗炉 | | 2 | 台 | | 1 | 台 | | | |
| 33 | 浸出搅拌机 | | 2 | 台 | | 1 | 台 | | | |
| 34 | 高压釜 | | 1 | 台 | | | | | | |

**注**：1．带“※”标记的勘查设备仪器，允许租赁。

2．石油天然气矿产勘查中，序号 1～13 为海洋石油天然气矿产勘查设备仪器；序号 11～23 为陆地石油天然气矿产勘查设备仪器。

3．地质钻（坑）探中，序号 1～7 为钻探设备仪器；序号 8～9 为坑探设备仪器。

4．地质实验测试中，序号 1～10 为岩矿鉴定设备仪器；序号 11～20 为岩矿测试设备仪器；序号 21～25 为岩土试验设备仪器；序号 26～34 为选冶试验设备仪器。

**附件 3**

**质量管理体系条件要求**

| 等级／项别 | 甲级 | 乙级 | 丙级 |
|---|---|---|---|
| 管理机构 | 内设机构中有地质勘查管理和质量管理部门 | 内设机构中有地质勘查管理部门，地质勘查管理和质量管理分别有专人负责 | 地质勘查管理和质量管理有专人负责 |
| 管理制度 | 地质勘查管理制度和质量管理制度齐全 | 地质勘查管理制度和质量管理制度齐全 | 地质勘查管理制度和质量管理制度齐全 |

续附件 3　　质量管理体系条件要求

| 项别＼等级 | 甲级 | 乙级 | 丙级 |
|---|---|---|---|
| 质量管理体系认证 | 按 GB/T 19001－2000 质量管理体系要求，建立并运行质量管理体系。通过国家质量认证认可监督委员会批准的认证机构的第三方认证或通过国土资源部地质勘查项目主管部门的第二方认证 | 按 GB/T 19001－2000 质量管理体系要求，建立并运行质量管理体系 | 建立并运行质量管理体系 |
| 勘查质量 | 项目设计、野外施工、室内作业、报告编写等符合有关规范要求，项目质量合格率 100%，财政出资项目成果质量优良率 85% 及以上，无重大质量责任事故 | 项目设计、野外施工、室内作业、报告编写等符合有关规范要求，项目质量合格率 100%，财政出资项目成果质量优良率 75% 及以上，无重大质量责任事故 | 项目设计、野外施工、室内作业、报告编写等符合有关规范要求，项目质量合格率 100%，无重大质量责任事故 |
| 注：1. 地质实验测试资质：甲级，还应通过国家级实验室资质认定；乙级，还应通过省级及以上实验室资质认定。<br>2. 区域地质调查、海洋地质调查、石油天然气矿产勘查、液体矿产勘查（不含石油）、气体矿产勘查（不含天然气）、固体矿产勘查、水文地质工程地质环境地质调查、地球化学勘查和地质钻（坑）探资质：甲级，还应有符合有关规定的实物地质资料库 | | | |

附件 4　　安全生产管理体系条件要求

| 项别＼等级 | 甲级 | 乙级 | 丙级 |
|---|---|---|---|
| 管理机构 | 内设机构中有地质勘查安全生产管理部门 | 地质勘查安全生产管理有专人负责 | 地质勘查安全生产管理有人兼管 |
| 管理制度 | 建立了地质勘查安全生产规章制度 | 建立了地质勘查安全生产规章制度 | 建立了地质勘查安全生产规章制度 |

# 关于加强废弃矿井治理工作的通知

国土资源部、国家发展和改革委员会、环境保护部、国家安全生产监督管理总局

国土资发(2008)154 号

各省、自治区、直辖市国土资源厅（国土环境资源厅、国土资源局、国土资源和房屋管理局、房屋土地资源管理局）、发展和改革委员会、环境保护局（厅）、安全生产监督管理局：

我国长期的矿产资源开采，形成了数量众多的废弃矿井，有些存在着严重的安全和环境隐患。党中央、国务院高度重视废弃矿井监管工作，2008 年 1 月，中央机构编制委员会办公室专门下发了《关于进一步明确矿井关闭监管职责分工的通知》（中央编办发［2008］4 号），进一步明确了矿山企业、各级政府及有关部门在废弃矿井监管方面的责任。为做好废弃矿井监管工作，切实保障人民生命财产安全，现就加强废弃矿井治理工作的有关事项通知如下：

## 一、明确职责，密切合作

县级以上地方人民政府是本地区废弃矿井治理的监管责任主体，应加强对废弃矿井治理的监管，消除安全隐患，防止发生事故。

各级国土资源行政主管部门会同同级发展改革、环境保护、安全监管等相关部门，指导和监督检查废弃矿井治理，组织开展本地区废弃矿井治理规划的编制和实施。

各级发展改革部门负责废弃矿井治理工程的立项，对治理工程是否符合规划进行监督。

各级环境保护部门对废弃矿井的生态环境保护、污染防治等方面进行监督和指导。

各级安全监管部门负责对废弃矿井治理的有关安全生产情况进行监督和指导。

地方各级有关部门应依据职责分工，认真履行职能，强化监管措施，加强协调配合，共同做好废弃矿井治理的监督和指导。发展改革、环境保护、安全监察等部门要将废弃矿井的监督情况及时抄送同级国土资源行政主管部门。

## 二、认真部署，抓好落实

地方各级国土资源、发展改革、环境保护、安全监

管部门要认真研究,周密部署,落实责任,采取有力措施,切实做好以下几项工作:

(一)开展全面调查。地方各级国土资源行政主管部门应会同同级发展改革、环境保护、安全监管等部门立即组织开展本地区废弃矿井调查工作,并按照统一格式填写调查表,要全面掌握废弃矿井基本情况,建立废弃矿井基本情况数据库,并实行动态信息跟踪管理,为做好废弃矿井治理和监管工作打好基础。2008年10月底前,各省(区、市)国土资源行政主管部门要将调查成果上报国土资源部,并抄报发展改革委、环境保护部、安全监管总局。

(二)及时消除隐患。在全面调查的基础上,对发现的废弃矿井安全隐患,地方各级国土资源部门要会同同级发展改革、环境保护、安全监管等相关部门及时组织指导有关责任人划定隐患区、设立警示标志;对出现严重险情的应划定危险区,采取紧急避让、工程治理等措施,限期消除险情,避免发生人员伤亡事故。

(三)编制治理规划。各省一(区、市)国土资源行政主管部门要会同发展改革、环境保护、安全监管等部门依据调查成果,组织开展废弃矿井治理规划编制工作。2009年3月底以前,各省(区、市)要将编制的废弃矿井治理规划报国土资源部、发展改革委、环境保护部、安全监管总局。

(四)推进治理工作。各省(区、市)国土资源主管部门要会同发展改革、环境保护、安全监管等部门认真组织开展废弃矿井治理规划实施工作。按照轻重缓急,合理安排废弃矿井治理工程。建立废弃矿井治理示范工程,推广应用成熟的废弃矿井治理技术;强化治理效果,确保工程质量。

(五)加强监督检查和验收。国土资源部、发展改革委、环境保护部、安全监管总局将组织督查组,适时对各地废弃矿井治理工作进展情况进行检查。地方人民政府及有关部门应加强废弃矿井治理的监管力度,对废弃矿井的治理进度和工程质量等进行监督检查,并组织验收。

## 三、建立废弃矿井治理的长效机制

按照《国务院关于全面整顿和规范矿产资源开发秩序的通知》(国发〔2005〕28号)以及《财政部国土资源部环保总局关于逐步建立矿山环境治理和生态恢复责任机制的指导意见》(财建〔2006〕215号)的规定,地方各级国土资源、发展改革、财政、环境保护、安全监管等部门应抓紧建立健全并落实好矿山环境治理和生态恢复责任机制,积极推进矿山环境治理恢复保证金制度,为废弃矿井治理提供资金保障,避免造成新的遗留问题。对财建〔2006〕215号文发布前的废弃矿井治理,按照企业和政府共同负担的原则加大投入力度;对于历史原因造成的不属于企业职责或者无法落实责任人的废弃矿井治理,以地方政府为主,依据财力,区分主次,逐步落实。

2008年7月15日

# 中华人民共和国商务部 中华人民共和国国土资源部 令

2008年第4号

《外商投资矿产勘查企业管理办法》已经2008年2月27日商务部第73次部务会议和国土资源部审议通过,现予公布,自2008年8月20日起施行。

商务部部长:陈德铭

国土资源部部长:徐绍史

2008年7月18日

# 外商投资矿产勘查企业管理办法

**第一条** 为进一步扩大矿产资源勘查领域的对外开放,规范外商投资矿产勘查企业的审批和管理,根据《中华人民共和国中外合资经营企业法》、《中华人民共和国中外合作经营企业法》、《中华人民共和国外资企业法》、《中华人民共和国矿产资源法》及其他法律、行政法规,制定本办法。

**第二条** 本办法所指外商投资矿产勘查企业是指依照有关法律在中国境内注册的从事矿产(石油、天然气、煤层气除外,下同)勘查投资及相关活动的外商投资企业。

**第三条**　外国企业、个人或其他经济组织(以下称外国投资者)独资或与中国企业和其他经济组织(以下称中国投资者)合资、合作在中国境内设立外商投资矿产勘查企业,遵守本办法。在中国境内注册的依法从事经营活动的地质勘查单位可以作为中国投资者。

**第四条**　外商投资矿产勘查企业应遵守中华人民共和国法律、行政法规及相关规章,其正当的矿产勘查活动及合法权益受中国法律的保护。国家鼓励有矿产勘查经验或者矿业融资能力的外国投资者投资矿产勘查活动,鼓励外商投资矿产勘查企业利用高新技术手段从事矿产勘查活动,鼓励外商投资矿产勘查企业在矿产行业可持续发展方面发挥积极作用。

**第五条**　各级商务主管部门、国土资源管理部门依法对外商投资矿产勘查企业的经营活动进行监督和管理。

**第六条**　中国投资者可以以合法拥有的探矿权和与该探矿权相关的地质勘查资料作为出资或合作条件。中国投资者以国家出资形成的探矿权作为出资或合作条件的,应符合有关规定。

**第七条**　从事属于《外商投资产业指导目录》限制类的外商投资矿产勘查企业由商务部负责设立审批和管理;其他矿产勘查企业由各省、自治区、直辖市和计划单列市商务主管部门(以下称省级商务主管部门)负责设立审批和管理。

**第八条**　设立外商投资矿产勘查企业,应向商务主管部门报送以下文件:

(一)申请书;

(二)投资各方签署的项目可行性报告;

(三)合同、章程(外资企业只报送章程);

(四)董事会成员名单及各方董事委派书;

(五)工商行政管理机关出具的企业名称预核准通知书;

(六)中外投资者的注册登记文件及资信证明文件;

(七)中国投资者以探矿权出资或提供合作条件的,需提交探矿权设立及勘查投入等有关情况的说明、探矿权评估报告和勘查许可证复印件;

(八)外国投资者的经营情况说明;

(九)审批机关要求的其他文件。

项目可行性研究报告中,除项目基本情况外,还应对勘查技术手段、经济效益、资源利用、环境保护、安全保障、人力资源使用等方面进行充分阐述。

**第九条**　申请设立外商投资矿产勘查企业,应符合有关外商投资法律和行政法规的规定,并按照以下程序办理:

(一)向省级商务主管部门报送本办法第八条规定的文件。

(二)省级商务主管部门自收到全部申报文件5个工作日内征求同级国土资源管理部门意见,国土资源管理部门同意后,省级商务主管部门应在45个工作日内做出同意或不同意的决定,经审查批准的,颁发《外商投资企业批准证书》;不予批准的,书面说明理由。根据本办法第七条规定及其他外商投资法律法规规定应报商务部批准的,省级商务主管部门应对申报文件进行初审,并在收到全部申报文件一个月内直接上报商务部。

(三)商务部自收到全部申报文件5个工作日内征求国土资源部意见,国土资源部同意后,商务部应在45个工作日作出同意或不同意的决定,经审查批准的,颁发《外商投资企业批准证书》;不予批准的,书面说明理由。

(四)中国投资者以探矿权作为出资或合作条件的,商务部门应征求军事管理机关的意见。

**第十条**　申请人应当自收到批准证书之日起一个月内,凭《外商投资企业批准证书》,向工商行政管理部门办理登记手续。

**第十一条**　外商投资矿产勘查企业应按照国家有关规定,凭《外商投资企业批准证书》和营业执照向国土资源管理部门申领勘查许可证。依法设立的外商投资矿产勘查企业可根据勘查项目情况申请勘查许可证,申请勘查许可证不受该企业注册地域范围的限制。

外商投资矿产勘查企业在住所地以外取得勘查许可证的,企业根据勘查项目情况,依法向工商行政管理部门登记分支机构。

**第十二条**　外商投资矿产勘查企业结合勘查项目的进展情况申请增加投资总额和注册资本的,除向审批机关依法报送有关法律文件外,还应在增资申请书中对于增资用途、资金来源、作业情况、勘查许可证使用及有关费用缴付等情况做出说明。审批机关应在收到全部增资申请文件45天内做出批准或不批准的决定。不批准的,应书面说明理由。

外商投资勘查企业增资后改变原勘查设计的,还应将改变后的设计报送原勘查许可证的登记机关批准。

**第十三条**　中外合作矿产勘查企业应依法约定权益分配比例,从事两个以上勘查项目的,可以分别约定权益分配比例。

**第十四条**　中国投资者为国有地质勘查单位的,如以其下属地质勘查单位持有的探矿权作为出资或合作条件的,应提供该下属地质勘查单位负责人签署并盖公章的同意函。国有地质勘查单位以其持有的探矿权作为出资或合作条件的,应提交其上级主管部门同意转让的文件。

**第十五条** 外商投资勘查企业在申请并取得地质勘查资质证书后,方可从事与资质相应的地质勘查活动。

**第十六条** 外商投资矿产勘查企业应在每年三月份前向审批机关书面报送以下情况:

(一)勘查作业情况(同时向勘查许可证审批机关备案);

(二)税费上缴情况;

(三)环境保护情况;

(四)土地使用情况;

(五)参加外商投资企业联合年检情况。

**第十七条** 外商投资矿产勘查企业应按照国家有关规定,仅在允许外国人进入的区域从事勘查经营活动。

**第十八条** 外国投资者以其在中国境内的矿产勘查成果在境外上市的,应将上市情况向商务部、国土资源部书面备案。

**第十九条** 外商投资矿产勘查企业转让探矿权的,应依法向国土资源管理部门办理有关审批手续,并向商务部门备案。

**第二十条** 外商投资矿产勘查企业发现可供开采的矿产资源,其主矿种符合《外商投资产业指导目录》,拟自行进行开采的,应按国家有关规定办理,依法申领采矿许可证,并到原审批机关申请变更经营范围,经批准后,向工商行政管理部门申请变更登记。

**第二十一条** 外商投资矿产勘查企业的投资者可以另行依法设立从事矿产开采的外商投资企业,并依法办理探矿权转让手续,或由上述从事矿产开采的外商投资企业直接依法申领采矿许可证。

**第二十二条** 外商投资矿产勘查企业探明的主矿种属于《外商投资产业指导目录》规定禁止外商勘查开采的,可将探矿权转让;探明的共伴生矿属于禁止外商勘查开采的,外国投资者需和主矿种一并勘查开采的,由国土资源部、商务部批准后,按规定办理相应的变更登记。

**第二十三条** 台湾地区、香港特别行政区和澳门特别行政区的投资者在内地投资设立矿产勘查企业,参照本办法执行。

**第二十四条** 本办法由商务部、国土资源部在各自职权范围内负责解释。

**第二十五条** 本办法自2008年8月20日起施行。

# 国土资源部关于印发《矿山储量动态管理要求》的通知

国土资发(2008)163号

各省、自治区、直辖市国土资源厅(国土环境资源厅、国土资源局、国土资源和房屋管理局、房屋土地资源管理局):

为进一步加强矿山储量动态监督管理工作,规范和统一矿山储量动态管理要求,部组织制定了《矿山储量动态管理要求》。现印发给你们,请遵照执行,执行中的问题及时报部。

中华人民共和国国土资源部

2008年8月13日

# 矿山储量动态管理要求

## 1 总则

1.1 矿山储量动态管理的目的

矿山储量动态管理的目的是适时、准确掌握矿山资源储量保有、变化情况及变化的原因,促进矿山资源储量的有效保护和合理利用。

1.2 矿山储量动态管理的任务

1.2.1 根据矿山建设生产的不同阶段,结合矿床地质条件、资源储量保有程度、矿山开采顺序,研究提升资源储量类别和探求各类生产矿量的方案,为矿山建设生产提供技术依据。

1.2.2 做好各阶段的资源储量的变动分析,核实变动的原因,落实资源储量变动的具体地段和部位。

1.2.3 及时掌握和分析资源储量的利用状况,查清资源储量损失的原因和地段,提出降低开采损失的意见。

1.2.4 适时测定与修订资源储量估算参数,优化各类参数,做到既能有效保护和合理利用资源,又能保证矿山企业的经济效益。

1.2.5 及时更新资源储量估算图纸与管理台账。

1.2.6 按照国家统一要求,按时编报矿产资源储量报表,履行矿产资源储量报销手续。

## 2 矿山地质测量

2.1 矿山地质测量机构

大、中型矿山必须建立矿山地质测量机构。小型矿山必须配备地质测量人员。

矿山地质测量机构的职责是依据国家有关技术规

范、要求，承担矿山生产有关的矿山测量、矿山地质等工作，负责矿山储量管理，建立矿山储量台帐，编制矿山生产有关图件及《矿山储量年报》。

2.2　矿山测量

2.2.1　矿山测量是矿山企业的基础性技术工作，其主要工作内容是在矿山建设和生产过程中进行地上、地下工程施工测量，测绘采掘（剥）工程图，绘制矿体几何图，对采掘工程的数量和质量、采矿量和矿石损失贫化等进行统计和监督。必要时测绘矿区大比例尺地形图。

2.2.2　矿山测量统一采用北京坐标系或西安坐标系和黄海高程系。

2.2.3　矿山控制测量和工程测量的方法、精度和误差执行相应矿种矿山测量规程的有关规定，如《煤矿测量规程》（原能源部1989年制定发布）、《岩金矿山测量规范》（原国家黄金管理局1989年制定发布）等。没有相应矿种测量规程（范）的可参照《采矿手册》（第一册）（冶金工业出版社，1988年）中矿山测量部分执行。

2.3　矿山地质

2.3.1　矿山生产勘探的方法、手段和技术要求执行相关矿种地质勘查规范。没有地质勘查规范的矿种在固体矿产勘查总则的指导下，参照相近矿种的勘查规范执行。

2.3.2　凡与资源储量估算有关的采掘、勘查工程应进行地质编录，并绘制相应图件。其内容和格式按照国家有关标准、规范执行，没有标准、规范的，可参照《采矿手册》（第一册）（冶金工业出版社，1988年）中矿山地质部分执行。

2.3.3　按照相关矿种采样工作的一般要求采集各类样品，相关矿种没有规定的可参照《采矿手册》（第一册）（冶金工业出版社，1988年）中矿山取样部分执行。

2.3.4　样品测试分析一般应有分析化验资质的实验室承担，并按要求进行内、外检。

**3　资源储量分类**

3.1　资源储量的分类应严格执行《固体矿产资源/储量分类》（GB/T17766－1999）和国土资源部印发的相关文件。

3.2　生产矿山设计开采范围内的探明和控制的资源储量为基础储量；设计开采范围以外的查明资源量为内蕴经济资源量。未进行正规设计的正在开采矿山，采矿许可范围内查明资源量视为基础储量。

**4　资源储量估算**

4.1　资源储量估算必须严格执行国家有关标准、规范和技术要求。

4.2　当地质勘查报告采用垂直断面将矿体划分成若干个矿块并估算其资源储量时，矿山须改用水平断面将矿体分层并估算其资源储量；当地质勘查报告矿块划分与开采方案不一致时，应按照开采方案划分的矿块重新估算资源储量。因重算引起的资源储量变化，记入重算增减。

4.3　矿山基建时应根据井巷工程所揭露的地质情况修编有关图件，若矿体资源储量估算参数（厚度、面积、品位等）发生变化，变化部分应重新估算资源储量。基建坑道带矿量应从资源储量中扣除。

4.4　矿山应按照开拓水平将资源储量划分为开拓或未开拓两部分。若没有增加探矿工程，未开拓部分资源储量一般不变；若增加了探矿工程，应重新估算资源储量，其变化量记入勘查增减。因生产勘探或开采等发生储量变化，应按照矿山开采的实际情况，适时估算资源储量。当矿山开拓新水平时，新开拓阶段（或台阶）的资源储量应从未开拓部分转入开拓部分，以避免开拓部分各类储量误差推移积累到未开拓部分。

矿山开拓矿量与相应的勘查资源储量相对误差计算以开拓矿量为基数，金属、非金属矿山一般允许范围如下：

①矿山开拓矿量与相应的勘查探明的经济基础储量的相对误差≤20%；

②矿山开拓矿量与相应的勘查控制的经济基础储量的相对误差≤30%。

4.5　矿床工业指标。矿山储量动态管理中估算资源储量一般沿用地质勘查报告使用的工业指标，因矿山内、外部条件或市场发生重大变化需要改变工业指标的，应由具有设计资质的单位进行论证，出具论证报告，并按照《固体矿产资源储量核实报告编写规定》（国土资发〔2007〕26号）的要求编写核实报告，履行评审备案手续，进行占用矿产资源储量变更登记。

4.6　露天开采矿山应每年在矿山资源储量估算图上估算年度采掘范围内矿体采空部位的资源储量，并填记资源储量表与台账。

地下（井工）开采矿山应在分段（分层、工作面）回采结束后，及时进行分层（工作面）的回采地测编录和资源储量损失计算，估算结果记入相应台账。

4.7　矿山闭坑应在开采活动结束的前一年，根据《固体矿产勘查/矿山闭坑地质报告编写规范》（DZ/T0033－2002）等编制闭坑地质报告，履行评审备案程序，进行残留（停办）矿产资源储量登记。

**5　资源储量损失**

5.1　矿山资源储量损失率是反映矿山资源利用、生产管理水平的重要指标，矿山应正确测量、统计、计算矿山资源储量及损失量的情况。

5.2　资源储量损失的计算范围，一般指从采场开采至回采结束，将矿石运出坑口（露天采场）的整个采、出矿过程。

5.3 资源储量损失的计算单位，坑采一般以采场（矿块）为基本估算单位，并按同一采矿方法进行估算和汇总；露天开采应按开采台阶、分工作面进行估算和汇总。

5.4 矿山资源储量损失分为正常损失、非正常损失。

5.4.1 正常损失包括：①根据开采设计所确定的损失率指标，在其允许范围内的资源储量损失；②按设计不予采出的资源储量损失。

5.4.2 非正常损失包括：①因地质、水文、工程地质条件、安全条件等不能开采的资源储量损失。②矿井设计或生产设计不合理造成的资源储量损失。

5.5 金属、非金属矿山资源储量分类及损失率的计算见附件1；煤矿资源储量损失分类及损失率计算见附件2。

**6 回采率**

6.1 回采率是矿山开采过程中资源储量开采消耗情况的直接反映，是考核矿山企业资源开发利用、开采技术和管理水平的重要标准。

6.2 回采率与损失率的关系是：回采率（%）=1-损失率（%）。

矿山应通过正确计算损失率来计算回采率。资源储量动态监测过程中，不能直接用产量/动用储量来计算回采率。

6.3 金属非金属矿山以矿块作为回采率考核单元；煤炭矿山以采区作为回采率考核单元。以经法定程序批准的矿山设计或矿产资源开发利用方案确定的回采率或国土资源主管部门核定的回采率为考核标准。

**7 资源储量报销**

7.1 根据资源储量损失的分类，其报销程序按照有关规定执行。

7.2 属于正常损失报销的，每年随矿山储量年报，报国土资源行政主管部门核销。

7.3 属于非正常损失报销的，在中段（阶段、采区）结束前，应按有关规定及时呈报国土资源主管部门，并附资源储量损失报销材料。未获批准前，矿山不得废除坑道及其他工程和设备。

矿山报销非正常损失应提供以下材料：

①拟报销资源储量分布地段开采情况与地质勘查对比资料；

②拟报销资源储量的巷道或采场塌落、涌水或其他情况的说明；

③资源储量损失的详细原因说明；

④拟报销资源储量分布地段的平面、剖面地质图、资源储量估算图及其他有关图件；

⑤申请报销资源储量估算表。

**8 矿山资源储量台账**

8.1 矿山资源储量台帐是全面、准确反映矿山企业资源储量情况的基础资料，是矿山储量动态管理的基础。矿山企业必须有专人负责，及时修改、更新台账的各项内容。

8.2 查明资源储量台账

查明资源储量台账应将地质勘查提交的资源储量详细登记。经多次进行地质勘查的矿床，应依次分别登记各次勘查的资源储量增减及累计查明资源储量；不同矿石（工业、自然）类型、矿石品级、煤类的各类基础储量、资源量亦应分别登记；附记各次勘查的范围（拐点坐标）、标高、工程间距、采用的工业指标和资源储量估算参数。

查明资源储量台账的格式可参照附件3制定。

8.3 开采设计资源储量台账

开采设计台账是根据矿山开采设计编制的，应按设计期次依次登记，并依照设计计算的详细程度，按资源储量类型、矿石类型、品级或煤类以及阶段（中段）、矿块、设计境界内、外资源储量分别登记。附记境界范围（平面坐标和标高）、设计时间、所依据的勘查报告、设计批准单位等。

开采设计资源储量台账的格式可参照附件4制定。

8.4 资源储量变动台账

资源储量变动台账是基于国家固体矿产资源储量报表编制的，要求全面记录保有、开采、损失、查明以及重算引起的各类资源储量的变化情况，并按开采单元和开采年限分别建立资源储量变动台账，记录阶段（终端、片盘）的、矿块（房）的、矿体和矿床的资源储量变动情况及历年的资源储量变动情况。不同矿石类型、品级或煤类应分别登记。资源储量变动台账的格式可参照附件5制定。

8.5 开采结束资源储量比较台账

一个开采单元开采结束，应计算其采空部位的地质矿量，编制资源储量比较台账。该台账是对“查明资源储量”、“设计资源储量”、“实际资源储量”和报销资源储量进行比较的综合资料，是探采对比与资源储量最终核实的基础。

开采结束资源储量比较台账的格式可参照附件6制定。

8.6 资源储量损失统计台账

资源储量损失统计台账是矿石损失管理工作的成果，是矿山开采过程中资源储量利用程度的基础信息资料,也是核定、考核矿山回采率指标的基础资料。资源储量损失统计台账分别按月、季、年进行统计,并分别对采场、阶段(终端)、采区(坑口)和矿区的矿石损失率的计划与完成情况进行统计。

矿石损失统计台账的基本内容和格式可参照附件7制定。

**9　矿山储量年报**

9.1　《矿山储量年报》正文内容应包括:

①累计查明资源资源(储量、基础储量、资源量);

②保有查明资源资源(储量、基础储量、资源量);

③当年动用(采出和损失)资源储量;

④当年勘查增减及重新计算增减的资源储量;

⑤矿石质量变化情况;

⑥下一年度计划动用的资源储量;

⑦其他与矿山企业储量管理及国土资源主管部门资源储量管理有关的问题。

9.2　《矿山储量年报》附图(资源储量估算图)内容应包括:

①矿山储量开采现状;

②当年采空区分布;

③下一年度计划动用的资源储量分布地段;

④保有资源储量及类型分布。

9.3　矿山按照规定填报的《矿产资源统计基础表》中相关矿山储量数据,应与《矿山储量年报》中的数据一致。

**10　附则**

10.1　小矿的矿山储量动态管理技术要求可适当简化,但至少应满足下列要求:

10.1.1　没有地质测量机构的小矿应当聘请有资质的矿山地质测量机构对矿山年度资源储量动用情况开展地质测量工作。

10.1.2　每年至少施测一次。对于顶、底板不稳定或采用充填法采矿、全面垮落法处理采空区的矿山以及其它不及时施测就难以取得地质测量数据的矿山,应及时施测。

10.1.3　矿山控制测量,主、副井和主要运输大巷测量应用全仪器法,其他采矿工程可用半仪器法测量。无论用何种方法,其测量精度必须满足有关矿种测量规程的要求。

10.1.4　当年的探采矿工程应进行编录,并采测必要的样品,为准确估算资源储量奠定基础。

10.1.5　资源储量估算至少应包括累计查明资源储量、本年度动用资源储量、采出资源储量和损失资源储量。

10.1.6　矿山储量年报内容可适当简化,至少应附资源储量估算图、采剥(露天开采)或采掘(井下开采)现状图和固体矿产资源报表。

10.2　省级国土资源主管部门可根据上述要求,结合当地实际制定小矿的矿山储量动态管理技术要求具体实施办法。

10.3　矿山企业可根据本要求、结合企业的实际情况制定实施细则。

**附件1**

## 金属、非金属矿山资源储量损失分类和损失率计算

**1　资源储量损失**

1.1　资源储量损失指采矿过程中,采下或未采下损失在矿坑或露天采场内的资源储量。

1.2　资源储量损失率指资源储量损失量和动用地段内资源储量比值的百分数。

1.3　资源储量损失分类

1.3.1　开采损失

开采损失指在采矿过程中与采矿方法、采准、回采和出矿作业质量有关损失的资源储量。分为:

①未采下损失:回采范围内未能采下和不能回采的资源储量;

②采下损失:已落矿但未能放出或运出采场的资源储量。

1.3.2　非开采损失

非开采损失指与采矿方法和采矿作业质量无关损失的资源储量。主要包括:

①因地质条件、开采技术条件和安全条件等不能开采的资源储量;

②因保护地面和地下工程设施的永久性保安矿柱。

**2　损失计算的基本要求**

2.1　资源储量损失的计算范围,包括从采场采准切割开始,经回采、充填到放矿结束,将矿石运出坑口(或露天采场),整个过程的资源储量损失。

2.2　地下开采以采场为计算单元。采场出矿结束后,累计历次各分层计算结果,按回采步骤,分矿房、矿柱计算、汇总整个采场的损失率。露天开采按回采工作面分别计算损失率,再按矿段和阶段计算、汇总损失率。

2.3　取准、取全损失率计算的原始数据,保证原始数据的准确性和代表性。

2.3.1　采场地质品位、地质矿量和其他地质参

数，应以该采场地质储量计算参数为准。

2.3.2 采用直接法计算时，应以采场地测实测验收、地质取样和地质编录为依据，按采场回采编录，计算采下的矿石量、废石量及未采下损失的矿石量。

2.3.3 采用间接法计算时，应以采场出矿取样（采场底部结构工程出矿取样、矿车取样）和出矿计量（直接计量、矿车计量）的连续统计数据，求得出矿品位和出矿量。出矿量应按月与选厂实际处理矿量进行校正。当围岩有品位时，围岩品位应参加计算。

2.4 矿山地测机构应随着回采工作，在分段（分层）回采结束后，及时进行分层的回采地测编录和矿产损失计算（一般不超过5米回采高度）。并将回采界线、资源储量损失计算边界、计算时间，标明在采场或其他综合编录图纸上。

2.5 共生矿产应分别计算；伴生矿产只计算主矿产的损失率。

2.6 矿山应按不同的采矿方法、回采步骤，分中段（阶段）、坑口（采区），分别按季度、年度汇总损失率。

**3 损失率的计算方法**

3.1 直接法计算

$P=(D_1+D_2)/Q\times100\%$

$P$——资源储量损失率；$D_1$——采场未采下损失量；$D_2$——采场采下损失量；$Q$——采场地质矿量。

3.2 间接法计算

$P_{间}=[1-T/Q\times(C-C_2)/(C_1-C_2)]\times100\%$

$P_{间}$——间接资源储量损失率；$T$——采场出矿石总量；$Q$——采场地质矿量；$C$——采场地质品位；$C_1$——采场出矿品位；$C_2$——采场围岩品位。

**附件2**

# 煤炭储量损失及损失率计算

**1 煤炭储量损失的分类**

1.1 煤炭储量损失分为设计损失及实际损失两种。根据各有关部门对储量损失分析和计算上的不同，它又可以从以下几个方面进行分类。

1.1.1 按损失发生的区域分类，可分为：

①工作面损失；

②采区损失；

③全矿井损失。

1.1.2 按损失发生的原因分类，可分为：

①与采煤方法和装备水平有关的损失；

②由于不正确开采引起的损失；

③落（放）煤损失；

④地质及水文地质损失；

⑤设计规定的煤柱损失；

⑥受开采技术条件限制而造成的损失。

1.1.3 按损失的形态分类，分为：

①面积损失；

②厚度损失；

③落煤损失。

1.2 设计损失是指根据煤层赋存条件、不同的采煤方法，为了保证开采工作的安全经济，在开采设计时，规定允许永久遗留在地下的那部分资源储量。设计损失分为：

1.2.1 设计工作面损失，包括：

①设计规定的与采煤方法和装备水平有关的损失；

②落（放）煤损失。

1.2.2 设计采区损失，包括：

①设计工作面损失；

②设计上规定的与采煤方法和采区巷道布置有关的损失。

1.2.3 设计全矿井损失，包括：

①设计采区损失；

②设计地质及水文地质损失；

③设计全矿性永久煤柱损失。

1.3 实际损失，是指在开采过程中实际发生的损失量。

1.3.1 实际工作面损失，包括：

①实际发生的与采煤方法有关的损失，包括：

(A)面积损失：

(a)按设计规定实际留设的小块煤柱和煤垛；

(b)刀柱式采煤时，按规定实际留设的煤柱；

(c)长壁式采煤时，按规定实际留设的带间煤柱。

(B)厚度损失：

(a)工作面内实际留设的护顶、护底煤；

(b)因煤层顶、底板条件或设备支护高度限制，而丢失的顶、底煤；

(c)综合机械化采煤时，在设备支护高度范围外实际丢失顶、底煤，保护最小支护高度的整层煤和大于最大支护的顶、底煤；

(d)分层开采时，在设计规定范围内实际留设的煤皮假顶煤；

(e)采用放顶煤采煤方法时，其工作面初采、末采及上下端头“三角区”的顶、底煤。

②实际发生的落煤损失，指工作面在回采过程

中遗留在老塘内的煤量。

③实际发生的由于不正确开采引起的损失(即不合理损失):

(A)面积损失:

(a)工作面内因冒顶另开切眼造成的损失;

(b)工作面内由于水、火等灾害造成的损失;

(c)工作面内未按规定的开采顺序开采造成的损失;

(d)工作面未采至终止线造成的损失;

(e)刀柱、掩护支架等采煤方法,煤柱实际尺寸超过规定部分的损失。

(B)厚度损失:

(a)工作面内未规定留设而实际留设的护顶煤;

(b)分层开采时,未按层位开采而丢失的煤;

(c)具备分层条件,但未按设计规定分层开采而整分层丢失的煤量;

(d)工作面未达到规定的采高而丢失的顶、底煤。

1.3.2 实际采区损失,包括:

①实际工作面损失。

②实际发生的与采煤方法(指采区巷道布置)有关的损失,指采用某种采区巷道布置方式时,为了运输、通风、安全的需要,允许损失掉的资源储量。包括:

(A)面积损失:

(a)由于某种原因,采取措施也无法采出的采区巷道(如运输巷、回风巷、上、下山、中间巷、溜煤眼等)保护煤柱;

(b)由于某种原因,采取措施也无法采出的采区之间的隔离煤柱和采区内阶段之间留设的煤柱。

(B)厚度损失,主要指采区巷道顶、底部丢失的煤量。

③ 实际发生的由于不正确开采引起的采区损失。

(A)面积损失:

(a)采区内由于违反开采程序造成的损失;

(b)各类煤柱超过规定尺寸的损失;

(c)采区内巷道冒顶造成的损失;

(d)采区内因水、火等灾害所造成的损失

(e)设计未作规定或已规定必须采出,但没有充分理由而放弃不采的块段。

(B)厚度损失:

(a)采区巷道内超过规定尺寸的顶、底煤;

(b)未按设计规定分层开采,在采区巷道内遗留下来的煤量。

1.3.3 实际全矿损失

①实际采区损失。

②实际地质及水文地质损失,指由于地质构造及水文地质条件复杂,目前技术水平确实无法开采的局部地区的资源储量。包括;

(A)在开拓范围内,因以下情况而无法开采的煤层或块段:

(a)地质构造极为复杂;

(b)煤层极不稳定或处于临界最低可采厚度的不稳定的薄煤层;

(c)水文地质条件极复杂。

(B)开采范围内,由于地质及水文地质条件的影响,在设计或作业规程中规定留设的安全煤柱或狭小块段,包括:

(a)遇到影响开采的断层或褶曲,需要留设的煤柱煤量;

(b)煤层顶、底板有含水层或含水小窑并有突水危险,经采取措施仍无法解决,从而留设的防水安全煤柱;

(c)由于岩浆岩侵入、古河床冲蚀、陷落柱、自燃烧变区等的影响,使局部煤层受到破坏或煤质变差,不能开采,从而留设的煤柱资源储量;

(d)断层密集带、断层间的狭长块段或断层三角煤。

③实际全矿性永久煤柱损失,包括:

(A)设计规定不回收的工业广场煤柱;

(B)设计规定不回收的主井、副井、风井井筒保护煤柱;

(C)设计规定不回收的为全矿井或为一个以上采区服务的大巷(集中运输大巷、主要运输大巷、总回风道、中央石门、集中下山等)保护煤柱;

(D)设计规定的永久性“三下”煤柱;

(E)井田边界等安全隔离煤柱;

(F)地面水系及冲积层或积水老窑的防水煤柱;

(G)断层、封孔质量较差的钻孔附近的防水煤柱。

**2 损失率**

2.1 损失率是指在某开采范围内,损失的资源储量,占该范围内全部资源储量的百分比。

2.2 损失率分为设计损失率和实际损失率。设计损失率是根据设计规定的损失量所计算的损失率;实际损失率是根据开采过程中实际发生的损失量所计算的损失率。设计损失率和实际损失率,都可以分为工作面损失率、采区损失率和全矿井损失率。

2.3 损失率计算方法

2.3.1 实际工作面损失率

①实际工作面损失率应根据实测数据计算:

工作面损失率(%)=工作面损失量/(工作面采出量+工作面损失量)×100%

②当采用垛式、仓房式采煤方法时,以下式计算:

工作面损失率(%)=工作面损失量/工作面动用储量×100%

2.3.2　实际采区损失率

①实际采区损失率根据实测数据计算：

采区损失率(%)=采区损失量/(采区采出量+采区损失量)×100%

②当采用垛式、仓房式采煤方法时，以下式计算：

采区损失率(%)=采区损失量/采区动用储量×100%

2.3.3　实际全矿井损失率

①实际全矿井损失率根据实测数据计算：

全矿井损失率(%)=全矿井损失量/(全矿井采出量+全矿井损失量)×100%

②当采用垛式、仓房式采煤方法时，以下式计算：

全矿井损失率(%)=全矿井损失量/全矿井动用储量×100%

**附件3**

**矿山查明资源储量台账(表)格式**

所属矿区名称：　所属矿区(井田)-矿山编号：　组织机构代码：　采矿许可证号：　矿种：　资源储量单位：

| 第　次勘查 | | 勘查时间 | | 勘查性质 | | 勘查单位： | | | 审批单位： | |
|---|---|---|---|---|---|---|---|---|---|---|
| 矿区(矿体) | 阶段(中段) | 矿石类型 | 资源储量总量 | 探明的 | | 控制的 | | 推断的 | 品位 | 备注 |
| | | | | 基础储量 | 资源量 | 基础储量 | 资源量 | 资源量 | | |
| | | | | | | | | | | |
| | | | | | | | | | | |
| | | | | | | | | | | |
| | | | | | | | | | | |
| | | | | | | | | | | |
| | | | | | | | | | | |
| | | | | | | | | | | |
| 合计 | | | | | | | | | | |
| 与前次比较增减 | | | | | | | | | | |
| 累计查明 | | | | | | | | | | |

| 勘查范围 | |
|---|---|
| 水平 | 垂直 |
| | |
| 工程间距 | |
| 探明的 | 控制的 |
| | |
| 工业指标 | |
| 可采品位 | 可采厚度 |
| | |
| 计算参数 | |
| 品位 | 体重 |
| | |

计算机文件名称：　制作人：　年　月　日

**附件4**

**设计资源储量台账(表)格式**

所属矿区名称：　所属矿区(井田)-矿山编号：　组织机构代码：　矿种：　资源储量单位：

| 第　期设计 | | 设计时间 | | 设计性质： | | | 设计单位： | | | 审批单位： | |
|---|---|---|---|---|---|---|---|---|---|---|---|
| 矿区(矿体) | 阶段(中段) | 矿石类型 | 资源储量总量 | 探明的 | | | 控制的 | | | 品位 | 备注 |
| | | | | 储量 | 基础储量 | 资源量 | 储量 | 基础储量 | 资源量 | | |
| | | | | | | | | | | | |
| | | | | | | | | | | | |
| | | | | | | | | | | | |
| | | | | | | | | | | | |
| 合计 | | | | | | | | | | | |
| 设计依据的勘查报告： | | | | | 境界范围： | | | | 境外量： | | |
| 资源储量计算参数： | | | | | 工业指标： | | | | | | |

计算机文件名称：

制表人：　年　月　日

附件 5

## 矿山资源储量变动台账(表)格式

所属矿区名称：　所属矿区(井田)－矿山编号：　组织机构代码：　采矿许可证号：　矿种：　资源储量单位：

| 部位或时间 | 矿石类型 | 类别 | 编码 | 年初保有 | 年初累计 | 开采量 | 损失量 | 勘查增减 | 重算增减 | 年末保有 | 年末累计 | 备注 |
|---|---|---|---|---|---|---|---|---|---|---|---|---|
| | | 储量 | | | | | | | | | | |
| | | | | | | | | | | | | |
| | | 基础储量 | | | | | | | | | | |
| | | | | | | | | | | | | |
| | | | | | | | | | | | | |
| | | 资源量 | | | | | | | | | | |
| | | | | | | | | | | | | |
| | | | | | | | | | | | | |
| | | 储量 | | | | | | | | | | |
| | | | | | | | | | | | | |
| | | 基础储量 | | | | | | | | | | |
| | | | | | | | | | | | | |
| | | | | | | | | | | | | |
| | | 资源量 | | | | | | | | | | |
| | | | | | | | | | | | | |
| | | | | | | | | | | | | |
| | | | | | | | | | | | | |

计算机文件名称：
制表人：　年　月　日

附件 6

## 开采结束资源储量比较台账(表)格式

所属矿区名称：　所属矿区(井田)－矿山编号：　组织机构代码：　矿种：　资源储量单位：

| 部位 | 开采时间 | 矿石类别 | 勘探查明资源储量 | | 开采设计资源量 | | 实际消耗资源储量 | | | | 品位 | 备注 |
|---|---|---|---|---|---|---|---|---|---|---|---|---|
| | | | 品位 | 资源储量 | 品位 | 资源储量 | 品位 | 开采量 | 损失量 | 合计 | | |
| | | | | | | | | | | | | |
| | | | | | | | | | | | | |
| | | | | | | | | | | | | |
| | | | | | | | | | | | | |
| | | | | | | | | | | | | |
| | | | | | | | | | | | | |
| | | | | | | | | | | | | |
| | | | | | | | | | | | | |
| | | | | | | | | | | | | |

计算机文件名称：
制表人：　年　月　日

**附件 7**

**矿石损失统计台账格式**

所属矿区名称：　　　采矿许可证号：　　　矿种：　　　资源储量单位：

| 统计月份 | 采矿部位 | 矿石类型、品级 | 计划指标/% | 实际完成 | | | 与计划比(±) |
|---|---|---|---|---|---|---|---|
| | | | | 地质矿量/t | 损失量/t | 损失率/% | |
| | | | | | | | |
| | | | | | | | |
| 备注： | | | | | | | |

**附件** 8

# 矿山储量年报编写格式

**一、封面、扉页**

(一)报告名称：××省××县(区、市)××矿×××××年储量年报

(二)报告扉页：报告提交单位、单位负责人、单位技术负责人、报告编写单位、编写人、审查人；报告提交日期

(三)报告文字目录、附表目录、附图目录、附件目录

**二、正文要求**

(一)矿山概况

矿山概况：包括矿山采矿权设置、开拓方式、生产能力、主要生产技术指标等。

矿山地质测量工作方法、工作量及质量。

年度生产计划和完成情况。

(二)探采对比

简述矿山开拓、采准后，矿体形态、空间位置、矿体厚度、矿石品位以及水文地质、工程地质和其他开采技术条件等的变化情况。

(三)资源储量估算

简要说明圈矿工业指标、计算方法、计算参数、矿山资源储量圈定与外推原则等。

统计累计查明资源储量，估算当年动用资源储量(开采量、损失量)、重算和勘查增减资源储量、保有资源储量(列表)。

资源储量计算需说明的其他问题。

(四)结论

简述资源储量测量结果，存在的问题及建议等。

**三、附图、附表要求**

(一)附图

1.主要图件：

(1)采剥(露天开采)或采掘(井下开采)现状(包括下一年度计划动用的资源储量分布地段)平面图；

(2)井上、井下工程对照图；

(3)资源储量估算图。

2.附图应包括以下主要内容(可参照不同矿种有关矿山地质测量技术规范作相应调整)

(1)坐标网(水平投影图)或坐标线与标高水平线(垂直投影图)，矿界范围；

(2)矿体(层)露头线及编号，构造线及断层编号，剖面线及钻孔编号，主要巷道工程，采空区范围及开采时间，地表重要建筑物，不可采范围，保安矿柱；

(3)见矿点真厚度、品位，资源储量计算块段划分界线，以圆圈或表格形式表示出计算块段的编号、编码、矿层厚度、倾角、面积、矿石量和金属量或矿物量；

(4)对薄而结构复杂的矿层和煤层，应在各见矿工程点旁附绘 1:50～1:200 的矿层或煤层小柱状图；

(5)当矿区有两个以上矿体(层)或不同的矿体(层)时，应分别编制投影图；

(6)与储量计算有关的其他图件。

(二)附表

截至××××年底固体矿产资源/储量报表

**四、附件要求**

(1)矿山地质测量机构企业法人营业执照复印件；

(2)采矿许可证副本复印件；

(3)矿山地质测量委托合同/协议书(未设矿山地测机构的矿山)；

(4)占用矿产资源储量登记书。

**五、矿山储量年报封面、扉页及有关表格样式**

(封面样式)

××省××县(区、市)××矿××××年度
矿山储量年报

采矿权人名称：
年报编写单位：
年　　月　　日

（扉页样式）

报告提交单位：

单位负责人：

单位技术负责人：

报告编写单位：

单位负责人：

报告编写人：

报告审查人：

报告提交日期：

附表（略）

**附表** 矿山企业名称截至 年底固体矿产资源/储量报表

| 所属矿区（井田）名称 | | | | 所属矿区（井田）－矿山编号： | | | | 行政区代码 | | | | 采矿许可证号码 | | | |
|---|---|---|---|---|---|---|---|---|---|---|---|---|---|---|---|
| 矿产名称（矿产组合） | 统计对象 | 资源储量单位 | 矿石工业类型 | 品级（牌号） | 矿石主要组分及实际生产工业指标 | 查明资源储量及年度变化情况 | | | | | | | | | 备注 |
| | | | | | | 类型编码 | 年初保有 | 开采量 | 损失量 | 勘查增减 | 重算增减 | 年末保有 | 累计查明 | 资源储量利用水平 | |
| 1 | 2 | 3 | 4 | 5 | 6 | 7 | 8 | 9 | 10 | 11 | 12 | 13 | 14 | 15 | 16 |
| | | | | | | | | | | | | | | 损失率：<br>核定回采率：<br>实际回采率<br>伴生综合回收率 | |
| | | | | | | | | | | | | | | 损失率：<br>核定回采率：<br>实际回采率<br>伴生综合回收率 | |
| | | | | | | | | | | | | | | 损失率：<br>核定回采率：<br>实际回采率<br>伴生综合回收率 | |

# 国土资源部关于印发《矿业权评估管理办法(试行)》的通知

国土资发(2008)174号

各省、自治区、直辖市国土资源厅(国土环境资源厅、国土资源局、国土资源和房屋管理局、房屋土地资源管理局):

为规范矿业权评估管理,促进矿业权评估行业健康发展,现印发《矿业权评估管理办法(试行)》,请遵照执行。

国土资源部

2008年8月23日

# 矿业权评估管理办法(试行)

## 第一章 总 则

**第一条** 为规范探矿权、采矿权(以下称矿业权)评估管理,维护国家、社会公众和当事人合法权益,保障和促进矿业权评估行业健康发展,制定本办法。

**第二条** 矿业权评估是指具有矿业权评估师执业资格的人员和矿业权评估资质的机构基于委托关系,对约定矿业权的价值进行评价、估算,并通过评估报告的形式提供咨询意见的市场服务行为。

**第三条** 在中华人民共和国境内进行下列与矿业权评估有关的从业活动和管理适用本办法:

(一)法律法规和国务院有关部门规定的矿业权评估;

(二)其他需要的矿业权评估。

**第四条** 国家实行矿业权评估师资格管理制度、矿业权评估机构资质管理制度。从事矿业权评估的个人、机构应当取得相应的资格、资质。

**第五条** 国土资源部是全国矿业权评估行政主管部门,负责全国矿业权评估行业的监督管理,监督中国矿业权评估师协会的自律管理,负责矿业权审批权限内的矿业权评估报告备案和依法需要国家进行矿业权评估的委托。

**第六条** 各省、自治区、直辖市国土资源行政主管部门负责本辖区内第五条规定以外的矿业权评估报告备案和依法需要国家进行矿业权评估的委托,协助国土资源部进行矿业权评估行业监督管理。

**第七条** 中国矿业权评估师协会应当依据国家有关法律法规、协会章程和本办法规定实施矿业权评估行业的自律管理,指导和监督矿业权评估师和矿业权评估机构的从业活动,制定矿业权评估准则,建设技术服务体系,开展矿业权评估管理制度和评估准则体系的宣传和培训。按照国土资源部要求进行矿业权评估资格资质管理。

**第八条** 矿业权评估师和矿业权评估机构开展评估业务,应当遵循国家法律法规及国务院相关部门的有关规定、国家标准和行业规程规范,执行矿业权评估准则,遵守客观、公平、公正、诚信、胜任的基本从业原则。

**第九条** 矿业权评估师、矿业权评估机构执业不受地域限制。

**第十条** 矿业权评估师在依据、参考或引用其他有相应资格的单位出具的地质报告、评审意见书和其他研究、设计、论证报告、矿山企业生产经营指标等的数据和结论时,应当对所引用资料的信任程度、满足评估目的需要程度、遵守现行规范标准等做出客观、独立的评述,并对评估方法和参数的采用、评估结果的合理性负责。

**第十一条** 矿业权评估机构提供矿业权评估报告应当经法定代表人和执业矿业权评估师签字。矿业权评估机构和矿业权评估师应当对矿业权评估报告的独立、客观、公正、真实性承担法律责任。

## 第二章 矿业权评估师

**第十二条** 矿业权评估师资格报考人员应当符合人力资源和社会保障部、国土资源部规定的条件,考试通过经公示无异议后,取得矿业权评估师资格。

**第十三条** 矿业权评估师执业应当专职受聘于一个矿业权评估机构,成为中国矿业权评估师协会会员,并在该协会办理执业注册。

**第十四条** 对于取得矿业权评估师资格的下列人员,不得办理执业注册:

(一)国家公务人员;

(二)事业单位公职人员;

(三)社会团体专职人员;

(四)不具有完全民事行为能力的人员;

(五)其他法律法规另有规定的人员。

**第十五条** 矿业权评估师应当参加继续教育,未按照规定参加继续教育的不得办理执业注册或再注册。

**第十六条** 执业矿业权评估师有下列行为之一的，由注册机构撤销执业注册，并不予再次办理注册：

（一）同时受聘于两个以上评估机构执业的；

（二）以个人名义受理评估业务的；

（三）将资格证书或执业证书转借他人使用或允许他人以本人名义执业的；

（四）对其执业能力进行虚假宣传的；

（五）从事矿业权评估项目期间买卖涉及评估对象的股票、债券等有价证券，参与买卖矿业权或购买委托人的其他财产的；

（六）接受委托人或其他相关当事人对评估方法、参数和评估结果授意的；

（七）签署虚假或有重大差错或遗漏评估报告的；

（八）其他违法违规行为。

**第十七条** 已取得矿业权评估师资格的人员，因本人申请或按照有关规定应当取消其资格，由注册机构注销执业注册，并公告其资格无效。

## 第三章 矿业权评估机构

**第十八条** 申报登记矿业权评估机构资质应当同时具备以下条件：

（一）经工商行政管理机关登记的合伙制或公司制的中介机构；

（二）合伙制中介机构中执业矿业权评估师不得少于3名，合伙人中执业矿业权评估师不得少于2名；

公司制中介机构中执业矿业权评估师不得少于4名，出资人中执业矿业权评估师不得少于3名；

（三）中介机构专职从业人员中应当有采矿、选冶、地质、经济、法律专业人员。专业人员应当有中级以上职称或本科以上学历。

**第十九条** 符合第十八条规定条件的中介机构申报登记矿业权评估资质，由中国矿业权评估师协会核准并公示无异议后，办理登记手续，取得矿业权评估资质。

**第二十条** 申报登记矿业权评估机构资质的中介机构不得与政府机关、事业单位和社会团体存在人事挂靠或附属关系。

**第二十一条** 矿业权评估机构应当建立和完善质量控制、档案管理、学习培训、人事管理和财务管理等制度。

**第二十二条** 矿业权评估机构应当保证其矿业权评估师的继续教育，严格管理聘用的评估师和从业人员，接受和配合政府管理机关、相关行业自律组织的监督管理。

**第二十三条** 矿业权评估机构承担矿业权评估业务应当与委托人签订评估合同书，合理收取评估费用。

**第二十四条** 矿业权评估机构有下列行为之一的，由登记机构撤销登记，并不予再次办理登记：

（一）利用执行业务之便谋取不正当利益的；

（二）冒用其他机构名义执业的；

（三）以恶性压价、给予回扣等不正当竞争手段承揽业务的；

（四）对自身执业能力进行虚假宣传的；

（五）受理与评估对象、委托人或其他相关当事人有利害关系评估业务的；

（六）出具虚假或有重大差错或遗漏评估报告的；

（七）包庇、隐瞒本机构评估从业人员执业过错的；

（八）其他违法违规行为。

**第二十五条** 已取得矿业权评估资质的机构，因本机构申请或按照有关规定应当取消其资质，由登记机构注销登记，并公告其资质无效。

## 第四章 评估委托人和评估委托

**第二十六条** 国土资源行政主管部门出让矿业权的矿业权评估应当采用公开公平方式选择具有矿业权评估资质的评估机构承担，并支付评估费用。转让、延续矿业权等涉及应向国家缴纳矿业权价款的，其他涉及国家利益或公众利益的矿业权评估也应当采用公开公平方式选择具有矿业权评估资质的评估机构承担。

**第二十七条** 矿业权评估委托人应当向评估机构提供评估对象的法律权属证明、评估所需要的地质资料、财务会计信息以及其他有关文件和资料，配合评估机构开展必要工作及提供其他必要的协助。不得授意评估结果或评估结论，提出委托合同之外的要求。矿业权评估委托人应当对其提供资料的真实性、完整性和合法性负责，按照有关规定正确使用评估报告和评估结果。国土资源行政主管部门进行矿业权评估委托，应当对评估报告进行公示。

**第二十八条** 国土资源行政主管部门或中国矿业权评估师协会对矿业权评估师、矿业权评估机构进行监督检查和调查时，相关委托人应当协助配合。

## 第五章 监督管理

**第二十九条** 国土资源行政主管部门对按照第二十六条规定委托的矿业权评估报告，进行合规性审查、公示后，验收、备案。国土资源行政主管部门应当对矿业权评估机构按照有关规定提交的除前款之外的其他矿业权评估报告清单，进行备案。矿业权评估报告备案结果应当向社会公开。

**第三十条** 中国矿业权评估师协会应当加强自律监督管理，对矿业权评估报告进行合规性及合理性抽查，对矿业权评估机构进行年度检查及不定期执业行为检查。

**第三十一条** 监督检查的结果应当及时告知评估机构，并向社会公布。对违反有关法律法规、矿业权评估准则和本办法规定的评估师和评估机构，应当追究责任。

## 第六章 附 则

**第三十二条** 本办法自公布之日起施行。

# 国土资源部关于规范矿业权出让评估委托有关事项的通知

国土资发(2008)181号

各省、自治区、直辖市国土资源厅(国土环境资源厅、国土资源局、国土资源和房屋管理局、房屋土地资源管理局)：

为推进政务公开，规范矿业权价款评估委托，根据《矿业权评估管理办法(试行)》(国土资发[2008]174号)，就有关事项通知如下：

一、国土资源行政主管部门新设立矿业权需要进行矿业权价款评估的项目，应按矿业权审批管理权限由国土资源部或省级国土资源行政主管部门采用公开公平公正方式选择和委托有矿业权评估资质的评估机构承担。

二、对拟以竞争方式出让矿业权的矿业权价款评估，所需地质资料应按矿业权审批管理权限由国土资源行政主管部门负责准备，并提供给受委托的评估机构。

对拟以协议方式出让矿业权的，由矿业权申请人申请矿业权价款评估，并提供以下资料：

(一)有相应勘查资格的地勘单位按现行规范和规定编制的地质勘查报告或矿产资源储量核实报告；

(二)报告编制单位的地质资料真实性、完整性的承诺书；

(三)经备案的矿产储量评审意见书；

(四)根据评估需要，探矿权价款评估还应提供有地质勘查资格的单位所做的后续勘查设计。采矿权价款评估还应提供可行性研究报告、开发利用方案、煤矿建设项目核准文件等。

评估所需其他必要资料由承担评估的机构补充收集。

三、国土资源行政主管部门在门户网公告已完成评估资料准备的矿业权价款评估项目(以下简称“评估项目”)和以下信息：

(一)拟委托评估项目的基本信息及评估费；

(二)对评估机构资质、专业条件、评估业绩、从业信用记录和评估报告质量评价记录的要求。

四、符合前述三(二)要求的评估机构在公告发布后5个工作日内，按公告要求向国土资源行政主管部门报送相关书面材料，报名材料一次报送齐全的为有效报名。

五、报名截止日后3个工作日内，国土资源行政主管部门公布有效报名机构名单和公开选择评估机构的时间、地点及程序。对公布的有效报名机构名单有异议的，可在4日内提出，国土资源行政主管部门核实解决。

六、名单公布5个工作日后国土资源行政主管部门按公告的时间和地点以摇号等公开公平公正的方式选择评估机构，并于当日公告选择结果。被选定的评估机构应在5个工作日内与国土资源行政主管部门签订评估合同书(基本格式见附件)。被选定的评估机构若放弃承担评估项目，应在公告后的3日内书面告知国土资源行政主管部门，被放弃的评估项目延至下次选择评估机构承担，或在公开选择评估机构时选出候补机构接替承担评估。

七、国土资源行政主管部门发现评估机构报送材料不真实者，应取消其当次参加公开选择的资格和结果，或终止已委托的评估，记入信用档案并向社会公布。

八、被选定的矿业权评估机构应按有关规定组织评估，按合同要求按时提交评估报告。

九、国土资源行政主管部门依据委托合同书、公告及有关规定对评估报告进行合规性审查、公示、验收和备案。

十、国土资源行政主管部门对备案的评估报告按合同书约定支付评估费后，双方即完成评估合同的履行。

十一、出让矿业权时的矿业权价款评估应由国土资源行政主管部门支付评估费。国土资源行政主管部门应根据《探矿权采矿权使用费和价款管理办法》(财综字〔1999〕74号)和《关于进一步加强探矿权采矿权价款管理的通知》(国土资发〔2004〕97号)研究制定本辖区一定时期内的矿业权价款评估付费标准。评估付费标准的测算应根据《中介服务收费管理办法》(计价格〔1999〕2255号)考虑评估对象的基本需要工时、成本、法定税金、合理利润、项目的复杂程度及责任和风险。评估付费标准不应与评估结果的数值联动,也不能引导压价竞争。

十二、矿产资源储量为中型以上规模的矿业权评估按单个项目选择评估机构,小型规模的矿业权评估项目捆绑“打包”原则上不应超过两个项目。

十三、国土资源行政主管部门不应对进入本辖区从业的矿业权评估机构做出非针对具体评估项目需要的限制,不应设置增加评估机构工作成本的程序,选择评估机构不应收取任何费用。

附件:《矿业权价款评估合同书》格式

国土资源部

2008年9月4日

**附件:**

合同编号:(部或省简称)国土资矿评合字〔200 〕第XX号

# 矿业权价款评估合同书

签字时间:二〇XX年XX月XX日

签字地点:(XXX.XXXX)

鉴于:

1.XXXXX拟出让XXX采(探)矿权,按照国家现行相关法律法规规定,需要对该采(探)矿权进行价款评估。

2.XXX公司(事务所)具有探矿权采矿权评估资质(评估资格证书编号:矿权评资字[200X]XXX号),并已于20XX年X月X日经XXXXX以公开方式选择为承担XXX采(探)矿权评估咨询的机构。

按照《中华人民共和国合同法》、《矿业权评估管理办法(试行)》和《关于规范矿业权出让评估有关事项的通知》规定,订立合同如下,以兹信守。

**一、甲方和乙方**

1. 甲方:XXXXX

通讯地址:

法定代表人:

授权负责人:

电话:

邮政编码:

2. 乙方:XXX公司(事务所)

法定代表人:

注册地址:

通讯地址:

邮政编码:

电话:

传真:

开户银行:

账号:

**二、约定事项**

甲方要求乙方对XXX采(探)矿权进行价款评估,出具评估报告书,并正式提交甲方。

**三、评估范围**

XXX采(探)矿权,矿区范围由以下拐点圈定:

开采标高:

面积:XXXX平方公里。

**四、评估目的**

本合同所约定XXXX采(探)矿权评估的目的是为XXXXX出让XXX采(探)矿权提供价款参考意见。

**五、评估基准日**

本合同为该项XXX采(探)矿权评估所定基准日为200年 月 日。

**六、评估期限**

本合同所约定的采(探)矿权评估报告,自本合同生效并乙方获得甲方提供的本合同所约定的基础资料之日起60个工作只内完成并正式提交。但由于不可抗力等原因影响而超时限,可由双方重新议定评估期限。

**七、评估费**

评估费是甲方为乙方完成并正式提交本合同第二项下所述事项所付报酬,采(探)矿权评估报告正式提交给甲方并经甲方验收之日起15日内甲方支付乙方人民币XXXX元(人民币大写XX万元整)。

**八、双方的权利与义务**

(一)甲方:

1.按照现行相关法律法规和规范性文件要求,甲方为该合同所约定的采(探)矿权评估提供以下资料:

(1)《XXXX(资源储量核实)报告》和已经备案的矿产资源储量评审意见书;

(2)本级矿业权审批机关出具的载明评估对象坐标、面积、标高、生产规模等信息的文件复印件;

(3)后续勘查设计;

(4)煤炭矿井生产规模核准文件;

(5)矿产资源开发利用方案;

(6)可行性研究报告;

(7)选冶报告。

2. 负责对评估对象现场核查事宜的协调联系。

3. 按照本合同规定向乙方支付评估费用。

4. 对评估过程和结果提出质询,并要求书面说明。

5. 对评估报告的所有权和使用权。在甲方未公开评估结果之前,乙方不得将评估结果透露给第三方。

(二)乙方:

1.按照现行相关法律法规、规范性文件、中国矿业权评估准则体系和有关专业技术标准及评估项目公告的评估要求(见附件1)进行评估操作,独立、客观、公正和科学地进行评估。

2.充分进行市场调查和信息收集分析。

3.对甲方提出的询问进行书面解答说明。

4.根据甲方的要求保守秘密。

5.按照本合同规定获得相关资料和评估费用的权利。

**九、违约责任**

(一)若乙方提交的评估报告有违规、造假等行为的,或以后查出此类问题的,甲方有权不支付或者追回评估费。

(二)若乙方未经甲方同意终止履行本合同,甲方不支付评估费,并且乙方将失去再次承担甲方评估项目的机会。

(三)若甲方来经乙方同意终止本合同,乙方有权终止评估并可按本合同约定评估费用的50%~100%收取评估费用。

(四)若合同中任何一方违反本合同,应根据《中华人比共和国合同法》的有关规定,向对方支付违约金,违约金额度按评估费用的50%计算。造成经济损失的,还应按合同约定评估费壹倍的赔偿。若乙方违反本合同"八、(二)4"约定的,甲方可以不再选择乙方承担其评估项目。

**十、争议的解决**

双方应严格遵守本合同。执行过程中如出观争议应协商解决或按法律程序解决。

**十一、其他**

1.本合同未尽事宜.应经双方共同协商后另行签订补充协议,补充协议与本合同具有同等法律效力。

2.本合同经甲方行政负责人授权的代表人和乙方法定代表人或其授权代表人签字、加盖甲方"矿业权评估专用章"和乙方单位公章或合同专用章之日生效。

3.本合同一式两份,双方各执一份,具有同等法律效力。

甲方:XXXXX
法定代表人:
或授权代表人: 盖章:
日期:

乙方:XXXX评估有限公司
法定代表人:
或授权代表人: 盖章:
日期:

# 国土资源部关于规范矿业权评估报告备案有关事项的通知

国土资发(2008)182号

各省、自治区、直辖市国土资源厅(国土环境资源厅、国土资源局、国土资源和房屋管理局、房屋土地资源管理局):

为落实国务院关于取消和调整行政审批项目的有关决定,进一步规范矿业权评估报告备案管理,根据《矿业权评估管理办法(试行)》(国土资发[2008]174号),现就有关事项通知如下:

一、探矿权和采矿权价款评估(以下统称"矿业权价款评估")实行统一的评估报告备案监督管理。

二、矿业权评估机构向国土资源行政主管部门报送矿业权价款评估报告,须提交以下材料:

(一)矿业权价款评估报告报送备案函(见附件1)。

(二)矿业权价款评估报告原件及有关附件、附表、附图。

三、国土资源行政主管部门对矿业权价款评估报告进行合规性审查,填写内部审查责任表(见附件2)。如确需专家协助的,专家意见仅供评估管理机关参考,不能替代评估管理机关的审查意见。评估机构可以拒绝非书面形式的评估要求和审查意见。

(一)审查依据。

1.现行有关法律、行政法规、规定。

2.相关的现行标准规范。

3. 现行的矿业权评估准则及相关技术规定(以下简称"评估准则及规定")。

(二)合规性审查要点及要求。

1.报告的评估对象与探矿权采矿权许可证载明的或划定矿区范围批复的及矿业权评估合同书中约定的评估对象的名称、范围一致。

2.评估目的表述准确。

3.评估报告提交人与矿业权评估合同书中约定的受委托人一致。

4.矿业权评估机构法定代表人签字、在该机构注册并负责该评估报告的评估师签字和评估机构印章清晰。

5.评估基准日表述正确。

6.评估依据列述全面、准确。

7.以往矿业权评估史(包括评估时间、评估目的、评估范围、评估机构和评估结果等)表述清楚。

8.现场核实考察和市场调查情况陈述清楚,主要包括核实的时间、地点、人员及陪同人员、内容及核实基本情况。如果没有进行现场核实考察的,需说明理由。

9.评估对象的地质勘查和开发史陈述清楚,包括时间、工作内容、成果等。

10.评估方法及参数的选取符合现行的评估准则及规定,并有选择理由的论述。所选择的评估方法或参数选取不在现行的评估准则及规定中的,陈述了依据和理由。引用其他成果的,要评述对该成果的采信程度,同时附有相关材料。

11.有开发利用方案合理性与否的评述,对开发利用方案涉及必要参数做出调整时,要做出说明。

12.评估结论明确。

13.评估报告书写格式符合现行评估准则及规定,附件、附表、附图齐全、清晰。

14.评估人员的专业和实际工作经验必须能胜任该评估项目。每位评估人员(评估师、其他专业人员)的自述材料附于报告之中,内容包括:

①姓名,性别,年龄,专业教育背景,与矿产勘查、储量评审、矿山采矿、选矿、矿山设计、矿业经济研究有关的实际工作经历(时间、单位、参与的工作项目),矿业权评估实际工作经历;

②各类有关资格、职称;

③胜任的评估领域;

④在该评估项目中负责的部分;

⑤与所评估项目无任何可能导致评估失去公正性的利害关系的声明;

⑥签字。

四、对未通过合规性审查的矿业权价款评估报告,国土资源行政主管部门将存在的问题书面通知评估机构,要求在规定时间内做出书面解释或补充。

对同一份矿业权价款评估报告或同一评估机构提交的评估报告被多次要求书面解释补充的,应予以记录。

五、对通过合规性审查的矿业权价款评估报告,国土资源行政主管部门将评估报告正文、附表、附件目录和评估合同书在门户网站公示10天,无异议的予以验收,向评估机构出具备案证明(格式见附件3),并在网上公布。

六、评估报告公示期间有社会公众提出意见的,国土资源行政主管部门将意见(格式见附件4)汇总后,书面通知评估机构,要求在规定时间内做出书面答复。国土资源行政主管部门根据答复的情况进行验收或要求修改评估报告。予以验收的,向评估机构出具备案证明,并在网上公布。

七、其他矿业权评估报告,每年一月份由矿业权评估机构按矿业权审批权限和矿业权属地向国土资源行政主管部门分别提交上一年度报告清单(格式见附件5),直接网上备案,不出具备案证明。

八、评估管理机关要将备案的矿业权评估报告、相关材料以及审查过程有关记录整理归档。

**附件**:1.《矿业权价款评估报告报送备案函》格式

2.《矿业权价款评估报告审查责任表》格式

3.《矿业权评估报告备案证明》格式

4.《评估报告公示公众意见表》格式

5.《矿业权评估报告报送备案表》格式

国土资源部

2008年9月4日

**附件**1:

(评估公司或事务所)文件

(文号)

关于报送(矿业权价款评估报告名称)备案的函

国土资源部或省(区、市)国土资源厅(局):

你部(厅、局)(或探(采)矿权人____公司)为出让(转让、延续探矿权或采矿权)委托我公司(事务所)对____探(采)矿权进行价款评估。现将《______评估报告》及有关材料报上,请予以审查备案。

联系人:(姓名、电话)

(评估机构印章)

年　月　日

评估机构通讯地址:　邮编:　传真:　电话:

**附件 2：**

矿业权价款评估报告审查责任表(格式)

备案号：XX 资探评备〔 〕 号

| 评估报告名称 | |
|---|---|
| 矿业权人或出让人 | |
| 评估委托人 | |
| 评估机构名称 | |
| 评估结果(人民币万元) | |
| 审查意见：<br>根据现行有关规定进行合规性审查，报告存在以下问题，需评估机构做出书面补充说明或修改评估报告：<br>1.<br>2.<br>3.<br>审查人： 年 月 日 | |
| 审核意见：<br>审查人： 年 月 日 | |
| 复查意见：<br>审查人： 年 月 日 | |
| 复核意见：<br>经复核、修改的评估报告或补充说明已符合合规性审查要求，建议验收、备案。<br>复核人 年 月 日 | 签发：<br>年 月 日 |

**附件 3：**

(公文头)

(部或省简称)国土资矿评备字〔20XX〕第 XX 号

## 矿业权评估报告备案证明

(矿业权评估机构)：

你公司(事务所)提交的 XXXXX 评估报告已经备案。

(备案机关)备案专用章

年 月 日

抄送：(申请人等有关单位)

**附件 4：** 评估报告公示公众意见表

| 公示报告名称 | | | |
|---|---|---|---|
| 意见人姓名或意见单位名称 * | | | |
| 工作单位 * | | | |
| 详细通讯地址 * | | | |
| 邮政编码 * | | 固定电话 | |
| 移动电话 * | | 传真 | |
| 与公示报告相应矿业权的关系 * | | | |
| | | | |
| 对报告的具体意见，请诸条列述，准确表达：(详细内容可另附页)<br>1.<br>2.<br>3. | | | |
| 上述意见的依据，请诸项列述，准确表达：(需逐件附文字材料)<br>1.<br>2.<br>3. | | | |
| 声明：<br>上述意见不存在恶意，本人对可能的后果负责。<br>意见人个人签名 意见单位法定人签字并加盖公章<br>年 月 日 | | | |

**附件 5：**

二〇XX 年矿业权评估报告报送备案表

| 序号 | 评估报告名称 | 评估机构 | 评估师 | 主要矿种 | 评估目的 | 评估方法 | 评估基准日 | 评估结果 | 报送时间 |
|---|---|---|---|---|---|---|---|---|---|
| | | | | | | | | | |
| | | | | | | | | | |
| | | | | | | | | | |
| | | | | | | | | | |
| | | | | | | | | | |
| | | | | | | | | | |
| | | | | | | | | | |

**注：**“评估目的”：出让、转让、延续价款评估，首发上市、股市信息披露评估，抵押、企业资产重组评估，转让评估，其他目的评估。

# 关于印发《中央地质勘查基金(周转金)项目监理暂行办法》的通知

国土基金(2008)36号

中央地质勘查基金各项目监理部:

经国土资源部批准,现将《中央地质勘查基金(周转金)项目监理暂行办法》印发试行。

2008年9月18日

# 中央地质勘查基金(周转金)项目监理暂行办法

## 第一章　总　则

**第一条**　为加强中央地质勘查基金(周转金)项目(以下简称基金项目)的监督管理,保证项目实施的工作进度、工作质量及勘查经费的合理有效使用,根据财政部、国土资源部《中央地质勘查基金(周转金)管理暂行办法》(财建[2006]342号)等有关规定,制定本办法。

**第二条**　本办法适用于中央地质勘查基金(周转金)(以下简称地勘基金)全额投资及合作投资的项目。

**第三条**　本办法所称项目监理,是指监理单位受国土资源部中央地质勘查基金管理中心(以下简称基金中心)委托,根据监理合同规定的内容和权限,代表基金中心对基金项目施工的质量、工期、经费、成果等目标实施监督管理的全过程。

**第四条**　监理的依据是基金中心出具的勘查设计书、项目合同、委托监理合同,以及国家有关法律、法规,勘查规范、规程和技术标准等。

## 第二章　监理组织

**第五条**　基金中心是基金项目监理的主管机构,负责基金项目监理的组织、协调以及对监理单位监理业务的管理与指导。其主要职责是:

(一)贯彻执行基金项目监理工作的有关规定;

(二)负责与监理单位签订监理合同,监督检查委托监理合同的履行情况,对监理人员进行业务培训、指导,负责基金项目监理资格的审查与管理;

(三)对基金项目监理业务进行监督,调处监理争议,查处重大监理事故和违法监理行为;

(四)受理、审查监理单位提交的项目监理报告并按规定做出相关处理;

(五)负责与基金项目监理有关的其他管理工作。

**第六条**　基金项目监理实行合同管理,由基金中心与监理单位签订委托监理合同,委托监理合同根据基金项目实际情况,可以采取一个项目签订一个合同的方式进行委托,也可以采取多个项目签订一个合同的方式进行委托。委托监理合同的主要内容应当包括:监理的范围和内容,双方的权利和义务,监理费的计取和支付,违约责任,双方约定的其他事项等。

**第七条**　承担基金项目的勘查单位应当服从监理单位的监督管理,建立健全自身的质量保证体系,完善各级质量管理责任制度,配备专职质量检查人员,配合监理单位搞好监理工作。

## 第三章　监理单位、机构与资质要求

**第八条**　监理单位和监理人员应按照严格监理、恪守公正、认真负责、实事求是的原则,做好项目的监理工作。

**第九条**　监理单位应当具备相应的项目监理资质,由基金中心按照市场竞争方式确定或根据实际情况指定。

**第十条**　监理单位应当成立专门的项目监理办公室,配备相应的人员和设备,按照委托监理合同和本办法的规定,独立、公正、有效地开展项目监理工作。

**第十一条**　项目监理办公室人员的构成,以能对被监理项目各施工环节实施有效控制为原则,合理配备。监理办公室设总监理工程师(简称总监)1名,同时,根据项目实际需要,配备地质勘查相关专业工程师若干名,人员专业领域应当包括地质、钻探、物探、化探、测试、地质经济等不同类别。

**第十二条**　监理工程师由监理单位聘任,报基金中心审核备案。监理工程师应当符合下列条件:

(一)具有高级专业技术职务资格;

(二)在地质勘查或相关经济工作专业岗位工作10年以上,担任过矿产勘查项目的技术负责或勘查工作中相关专业的技术负责,或者在地勘局、地质队从事过矿产勘查的组织管理工作;

(三)熟悉本专业技术标准或规范;

(四)身体健康,胜任野外工作,年龄一般不超过65岁。

**第十三条**　基金项目监理实行总监负责制。总监是项目监理的总负责人,代表监理单位对基金中心委托的监理项目负责,对项目监理结果负有全面责任。

监理过程中必须由监理单位签字的应当由项目总监签字,并对签字负责。发现项目施工单位有影响工程质量和违规操作行为,需要立即予以纠正的,项目总监有权先下达停工令后再行报告。

## 第四章　职责权利与义务

**第十四条**　监理的职责权限与义务在基金中心与监理单位签订的委托监理合同中明确。

**第十五条**　监理工程师的职责是按照勘查合同及技术规范、规程要求对项目的施工质量、勘查技术方法手段、勘查设备使用、数据采集与分析、工程进度、工作量完成及经费使用等方面进行全面监督管理,参与项目的野外验收及成果报告审查工作。

**第十六条**　监理单位及其监理工程师享有下列权力:

(一)参加项目设计变更的审查、年度项目评估、野外验收和成果报告编制的审查;

(二)查阅项目任务书、设计书、专家审查意见、设计批复等有关技术资料;

(三)查阅项目的野外工程施工纪录及阶段性总结成果,检查项目取样、送样及样品分析结果,纠正不符合技术规程要求和设计要求的勘查工作行为;

(四)查阅项目经费使用的财务报告,纠正不符合财务要求的资金使用行为;

(五)监督勘查单位施工计划的实施,勘查工程未按计划进行的,有权要求项目勘查单位采取必要的措施加快施工进度,确保工作量按设计要求完成;

(六)监督检查项目勘查单位技术人员数量及构成、勘查设备、技术方法、外协施工质量要求与勘查合同有关约定是否相符,对不符合约定的有关事项有权提出整改要求;

(七)督促项目勘查单位及时履行合同规定的责任事项和法定承诺。

**第十七条**　监理单位及其监理工程师应当履行下列义务:

(一)提出年度监理计划;

(二)按项目工种和工作阶段跟踪报告项目监理工作进展及总体情况、建立项目监理档案;

(三)根据监理情况,向基金中心就调整项目施工方案、项目施工终止、制定整改措施、调整项目经费拨付方案、项目续作意见等方面提出意见和建议;

(四)按照规定的时限及要求向基金中心报送监理报告;

(五)接受基金中心的业务检查与指导;

(六)严格遵守职业道德规范,对基金项目有关技术数据负有保密义务,除按规定向基金中心及国土资源主管部门报告外,不得向其他方泄露项目技术资料。

## 第五章　监理程序及内容

**第十八条**　监理工作应当按下列程序进行:

(一)监理单位制定监理计划,研究基金中心提供的项目有关技术文件(任务书、批准的设计及审查意见书、批复、合同等),制定监理方案;

(二)基金中心在项目勘查开工前书面通知项目勘查单位,告知监理单位、监理人员及监理权限等事项,并报送项目所在地的省级国土资源主管部门备案;

(三)监理单位实施野外现场监理前,应当提前10天书面通知被监理项目的勘查单位,提出有关监理工作要求,并报基金中心备案;

(四)项目勘查单位收到监理单位发出的监理通知书后,应当按照要求准备有关技术文件及材料,并为监理工作人员提供必要的工作、生活条件;

(五)监理工程师采取听取项目工作汇报、查阅资料、抽查样品、野外实地监督检查等方式开展监理工作;

(六)实地监理工作结束后,监理单位向项目勘查单位提出书面监理意见,勘查单位对监理结论签署意见;

(七)监理单位向基金中心提交监理报告,同时报送项目所在地的省级国土资源主管部门。

**第十九条**　监理工作应当包括下列主要内容:

(一)审查施工进度和施工方案,监督项目工作任务的执行情况;

(二)抽查勘查工作质量,检查工程质量保障措施落实情况;

(三)检查年度预算执行情况,核实合作项目匹配资金到位情况,检查项目工作量完成情况和资金使用情况,按规定的项目进度提出阶段性资金支付意见;

(四)监督检查项目科学管理、文明施工、安全环保措施及目标的落实情况;

(五)核实地质找矿成果;

(六)根据阶段性成果控制监理情况,适时提出项目续做或终止的监理意见;

(七)按项目工种、工作阶段或时间进度提交监理工作报告。

**第二十条**　监理单位每次开展项目监理的监理工程师的人数应当不少于2人,监理工作应当覆盖项目实施的野外和室内工作各环节,涉及工作质量的抽样检查应当不低于5%。

## 第六章　监理过程中重大事项的处理

**第二十一条**　项目勘查实施过程中,因野外地质、地貌或者施工现场环境、施工技术条件等因素发生变化，项目勘查单位提出变更设计，或者项目监理工程师根据勘查工作需要，提出调整施工方案建议的，监理单位应当组织有关专家和项目勘查单位进行必要的研究论证和现场踏勘，确认变更内容，制定变更方案。组织实施变更的权限如下：

（一）经确认属于合理变更且不引起经费变化的，监理单位可直接签发变更同意书并报基金中心备案。

上述变更包括但不限于对轻型山地工程的调整，重型工程在规范允许范围内挪位，工程施工顺序的局部调整，钻孔的提前终孔或加深等情况。

（二）凡涉及技术及经济上的重要变更，对施工质量、预期成果、安全环保及经费引起重大变化的，变更方案应当报基金中心审定同意后再组织实施。

## 第七章　管理监督及纠纷处理

**第二十二条**　监理单位必须严格履行委托监理合同，接受基金中心及各级国土资源主管部门的监督管理。

**第二十三条**　监理单位在执行监理任务过程中与项目勘查单位或者与基金中心就有关监理事项发生争议的，争议各方应当按照勘查合同、委托监理合同及国家有关法律法规、技术规程规范的规定友好协商解决，协商不成的，依法申请仲裁。

**第二十四条**　监理单位或者监理工程师与被监理的项目勘查单位存在事实上或者潜在的利益关系的，该监理单位或者监理工程师应当回避；涉及监理单位回避的，由基金中心视情况进行调整。

**第二十五条**　监理工作人员不得收取项目勘查单位的额外津贴、补贴以及其他任何可能影响公正执行监理任务的利益。

**第二十六条**　从事监理活动的工作人员，玩忽职守，滥用职权，徇私舞弊的，由其所在单位给予纪律处分；构成犯罪的，依法追究刑事责任。

**第二十七条**　监理单位应当按照有关财务管理的规定，严格对监理工作费用的管理，做到专款专用，不得挪用和截留。对违反财务管理规定，截留、挪用监理工作费用的责任人，依法追究责任。

## 第八章　监理取费

**第二十八条**　监理取费通过委托监理合同确定，在基金组织实施费中列支，由基金中心支付。

**第二十九条**　项目监理费纳入项目预算，按年度拨付。监理取费具体标准见附录。

## 第九章　附　则

**第三十条**　本办法由基金中心负责解释。

**第三十一条**　本办法自2008年9月18日起施行。

**附录：**　**基金项目监理取费表**

| 级别 | 项目预算额 | 监理费率(%) | 备注 |
|---|---|---|---|
| 1 | 不超过500万元 | 4.0 | |
| 2 | 超过500万元到1000万元部分 | 3.5 | |
| 3 | 超过1000万元到5000万元部分 | 3.0 | |
| 4 | 超过5000万元到10000万元部分 | 2.5 | |
| 5 | 超过10000万元部分 | 2.0 | |

**注：**监理费率调整系数：煤炭勘查项目为0.8，磷、重晶石、萤石、高岭土、钾盐等矿种为1，其他矿种为1.2。

# 国土资源部关于实行全国采矿权统一配号的通知

国土资发(2008)292号

各省、自治区、直辖市国土资源厅（国土环境资源厅、国土资源局、国土资源和房屋管理局、规划和国土资源管理局）：

为进一步提高采矿权管理的科学化水平，完善矿业权信息系统建设，推进应用信息化手段加强矿业权管理，按照《关于加强矿业权管理信息化建设工作的道知》（国土资发[2007]137号）的要求，在全面实行全国探矿权统一配号的基础上，自2008年6月1日起，部确定江苏、浙江、山东和云南4省国土资源厅（四川省因遭受地震灾害，试点工作暂停，增加江苏省为试点省）开展了全国采矿权统一配号试点工作。4个试点省经过近半年的努力，采矿权统一配号试点工作取得了明显成效，截至2008年12月3日，共计统一配号采矿权1503个，工作进展顺利，为在全国实施采矿权统一配号积累了宝贵的经验。2008年11月25日至27日，部在北京专门举办了培训班，对统一配号工作进行了培训和交流。目前实施全国采矿权统一配号工作时机已经成熟，部决定，在全国范围内实行采矿权统一配号。现就有关事项通知如下：

## 一、采矿许可证号编码规则

新的采矿许可证证号在原13位的基础上调整为

23位,为永久证号,编码规则如下:

表(略)

各号位定义说明:

(一)第1位为全国统一采矿权配号代码:C。

(二)第2至7为行政区号国标代码,部代码为100000,各级发证机关按其省(区、市)、市(地)、县(市、区)级别分别使用相应的代码。

(三)第8~13位为发证(首次发证或换证日期)年月:8~11位为年、12、13位为月。

(四)第14位为矿类代码(见表1)。

(五)第15位为矿种共伴生类型:单一矿种为1,有共伴生矿种的为2。

(六)第16位为采矿权取得方式:探转采为1、协议(含延续转有偿)为2、招拍挂为3(尚未进行有偿处置的采矿权取2,并在采矿许可证副本上注明"采矿权未有偿处置")。

(七)第17~23位为采矿权统一配号的顺序号。

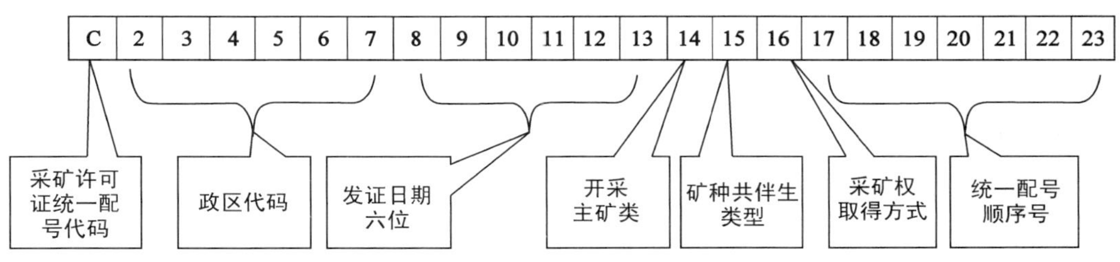


采矿许可证配号方案

## 二、配号条件

(一)数据符合规范的填写要求。

登记管理机关对采矿权申请依照法定程序审查批准后,在发证前须向配号系统提交规范填写的采矿权申请登记书内容,配号系统自动检查数据,并向数据合格的采矿权申请发送配号数据。

其中,采矿权新立项目提交数据为采矿权申请登记书全部内容;采矿权变更项目提交数据为采矿权变更申请登记书全部内容,如果为转让而发生名称变更的,还需同时提交采矿权转让申请登记书内容;采矿权延续项目提交数据为采矿权延续申请登记书全部内容;采矿权注销项目提交数据为采矿权注销申请登记书全部内容。

(二)权限符合法律法规及文件要求。

**表1　　矿类代码分类**

| 代码 | 矿类 |
|---|---|
| 1 | 能源矿产 |
| 2 | 黑色金属矿产 |
| 3 | 有色金属矿产 |
| 4 | 贵金属、铂族金属矿产 |
| 5 | 稀有稀土及分散元素矿产 |
| 6 | 非金属矿产 |
| 7 | 建材类矿产 |
| 8 | 水气矿产 |

1. 发证权限。

符合《矿产资源开采登记管理办法》(中华人民共和国国务院令第241号)和《关于规范勘查许可证采矿许可证权限有关问题的通知》(国土资发[2005]200号)规定的发证权限。

市县级人民政府国土资源行政主管部门发证权限按照省(区、市)人民代表大会常务委员会制定的办法管理。

2. 出让方式。

符合《关于进一步规范矿业权出让管理的通知》(国土资发[2006]12号)规定的采矿权出让要求。

3. 其他要求。

符合部按照产业政策作出的某一时期内有关的政策要求。

## 三、配号流程

配号操作流程如图1所示。

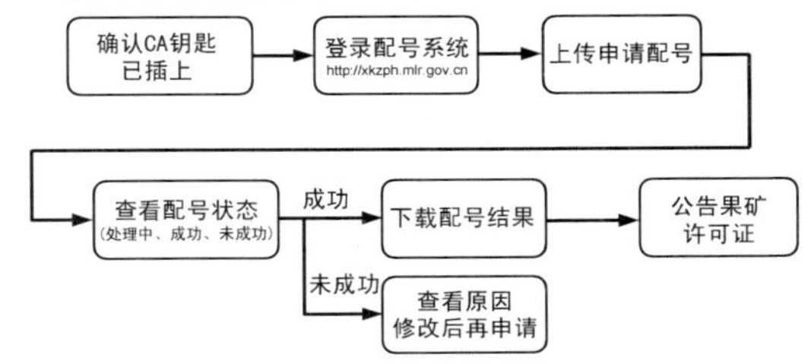


**图1　采矿权统一配号流程**

各级采矿权登记管理机关操作权限的区别在于:

(一)上级登记管理机关可以查看下级登记管理机关从处理中到已公告的全部申请项目信息。

(二)下级登记管理机关可以查看(下载)上级登记

管理机关在本行政区域内已公告设置的采矿权项目。

（三）省级登记管理机关依据本省的有关规定，对本辖区市、县级登记管理机关发证配号条件进行设置和管理。市县级登记管理机关的申请配号项目通过省级登记管理部门审核后，向配号系统申请配号。省级登记管理机关可实时掌控全省（区、市）已设置和正在设置的采矿权情况，实时查看本级和下级申请配号信息，实时获取部在本行政区内设置采矿权信息，实现对全省（区、市）采矿权登记信息的实时统计。

## 四、几点说明

（一）自2009年1月1日起，所有采矿权新立、变更、延续等申请项目，采矿权登记管理机关在准予登记后，必须通过采矿权统一配号系统（以下简称配号系统）提交登记数据，获取统一配发的采矿许可证号。凡未通过统一配号系统配号颁发的采矿许可证视为无效。

采矿权注销申请在采矿权登记管理机关审查批准后，需通过互联网向配号系统提交采矿权注销数据。采矿许可证号为永久证号，采矿许可证注销后，证号随之废止不再启用。

（二）已取得统一配号的采矿权，在办理变更、延续等手续并经批准后，采矿登记管理机关仍须将有关登记信息上报配号系统进行确认备案。

（三）已取得统一配号的采矿权，在办理采矿权分立时，其中一个沿用原采矿许可证号，其余配发新证号；办理多个采矿权合并的，按照部、省（区、市）、市、县发证机关的顺序取采矿许可证号作为合并后的证号，同级机关颁发的采矿许可证取登记时间在前的采矿许可证证号作为合并后的采矿许可证证号。

（四）采矿权登记管理机关在获得配号系统配发的采矿许可证证号后，应及时进行确认和公告。30天内未确认和公告的配号，系统将自动进行公告。

（五）各省（区、市）可通过配号系统实时查询、下载国土资源部在本省（区、市）区域内设置的采矿权基本信息。

（六）为尽快推进全国采矿许可证号的统一，要求在2009年底前完成对所有采矿许可证号的更新工作，更新程序按照采矿权管理信息系统中采矿权变更登记操作，变更内容为“采矿权统一配号”。各省级采矿登记管理机关要组织好对本省（区、市）辖区内采矿许可证证号的更新工作，简化更新程序，原则上采矿权人凭原采矿许可证原件即可即时办理更新证号手续。

（七）采矿权统一配号系统的网址是：http://xkzph.mlr.gov.cn。

## 五、相关工作要求

（一）各省（区、市）于2008年12月底前，提交核实整理后的全省（区、市）采矿权登记数据库，作为实施采矿权统一配号的底数。具体要求见《关于加强矿业权管理信息化建设工作的通知》（国土资发[2007]137号）和《关于矿业权数据核实整理工作有关问题的通知》（国土资厅发[2007]169号）。

（二）省级国土资源管理部门信息中心负责对本省（区、市）各级登记管理机关统一配号的应用技术支持。

（三）使用自主开发采矿权审批系统的，按照统一配号要求自行完成系统改造。

实行采矿权统一配号工作涉及面广，情况复杂，各省（区、市）国土资源主管部门要高度重视，认真组织实施。工作中遇到问题及时报部。

# 统 计 资 料

## 2008年全国省、市、县级国土资源管理机构数

表1　　计量单位：个

| 地　区 | 合　计 | 省　级 | 市(地)级 | 县(区)级 |
|---|---|---|---|---|
| **全　国** | **3344** | **32** | **454** | **2858** |
| 北　京 | 20 | 1 | 17 | 2 |
| 天　津 | 15 | 1 | 11 | 3 |
| 河　北 | 188 | 1 | 12 | 175 |
| 山　西 | 141 | 1 | 15 | 125 |
| 内蒙古 | 106 | 1 | 11 | 94 |
| 辽　宁 | 120 | 1 | 14 | 105 |
| 吉　林 | 88 | 1 | 9 | 78 |
| 黑龙江 | 107 | 1 | 14 | 92 |
| 上　海 | 20 | 1 | 19 | |
| 江　苏 | 99 | 1 | 8 | 90 |
| 浙　江 | 97 | 1 | 13 | 83 |
| 安　徽 | 107 | 1 | 20 | 86 |
| 福　建 | 90 | 1 | 8 | 81 |
| 江　西 | 136 | 1 | 12 | 123 |
| 山　东 | 151 | 1 | 16 | 134 |
| 河　南 | 174 | 1 | 18 | 155 |
| 湖　北 | 128 | 1 | 12 | 115 |
| 湖　南 | 125 | 1 | 15 | 109 |
| 广　东 | 128 | 1 | 38 | 89 |
| 广　西 | 96 | 1 | 14 | 81 |
| 海　南 | 19 | 1 | 6 | 12 |
| 重　庆 | 44 | 1 | 22 | 21 |
| 四　川 | 198 | 1 | 21 | 176 |
| 贵　州 | 104 | 1 | 18 | 85 |
| 云　南 | 149 | 1 | 16 | 132 |
| 西　藏 | 75 | 1 | 8 | 66 |
| 陕　西 | 137 | 1 | 11 | 125 |
| 甘　肃 | 102 | 1 | 17 | 84 |
| 青　海 | 43 | 1 | 7 | 35 |
| 宁　夏 | 24 | 1 | 5 | 18 |
| 新　疆 | 313 | 2 | 27 | 284 |

# 2008年地质勘查新发现矿产地——按地区分列

**表 2**　　计量单位：处

| | 合计 | 属地化单位 | 冶金部门 | 武警黄金 | 石油天然气 | 海洋石油 | 石油化工 | 煤炭部门 | 核工业部门 | 化工部门 | 建材部门 | 有色部门 | 中国地质调查局 |
|---|---|---|---|---|---|---|---|---|---|---|---|---|---|
| **全　国** | **257** | **149** | **1** | **5** | **6** | **4** | **17** | **1** | | **11** | **62** | **1** | |
| 北　京 | | | | | | | | | | | | | |
| 天　津 | 6 | 2 | | | | 4 | | | | | | | |
| 河　北 | 9 | 7 | | | | | | | | | 2 | | |
| 山　西 | 10 | 8 | | | | | | 1 | | | 1 | | |
| 内蒙古 | 9 | 5 | | | 2 | | | | | | 1 | 1 | |
| 辽　宁 | 13 | 9 | | | | | | | | | 4 | | |
| 吉　林 | 20 | 15 | | | | | 2 | | | | 3 | | |
| 黑龙江 | 1 | | | 1 | | | | | | | | | |
| 上　海 | | | | | | | | | | | | | |
| 江　苏 | 4 | 1 | | | | | 2 | | | | 1 | | |
| 浙　江 | 5 | 2 | | | | | | | | 3 | | | |
| 安　徽 | 1 | 1 | | | | | | | | | | | |
| 福　建 | 5 | 2 | | | | | | | | 1 | 2 | | |
| 江　西 | | | | | | | | | | | | | |
| 山　东 | 10 | 6 | | 1 | | | 2 | | | 1 | | | |
| 河　南 | 17 | 6 | | | | | 4 | | | 2 | 5 | | |
| 湖　北 | 10 | 3 | | | | | 2 | | | 1 | 4 | | |
| 湖　南 | 12 | 5 | | 1 | | | | | | 3 | 3 | | |
| 广　东 | 8 | 4 | | | | | | | | | 4 | | |
| 广　西 | 10 | 4 | | | | | | | | | 6 | | |
| 海　南 | 7 | 7 | | | | | | | | | | | |
| 重　庆 | 11 | 10 | | | 1 | | | | | | | | |
| 四　川 | 13 | 8 | | | | | 2 | | | | 3 | | |
| 贵　州 | 7 | 3 | | | | | | | | | 4 | | |
| 云　南 | 14 | 6 | | | | | 1 | | | | 7 | | |
| 西　藏 | 2 | 2 | | | | | | | | | | | |
| 陕　西 | 3 | 1 | | | | | | | | | 2 | | |
| 甘　肃 | 7 | 4 | | 1 | | | | | | | 2 | | |
| 青　海 | 11 | 3 | | | | | | | | | 8 | | |
| 宁　夏 | 4 | 4 | | | | | | | | | | | |
| 新　疆 | 27 | 21 | | 1 | 3 | | 2 | | | | | | |
| 海　域 | | | | | | | | | | | | | |
| 国　外 | 1 | | 1 | | | | | | | | | | |

# 2008年地质勘查新发现矿产地——按矿种分列(一)

**表 3** 计量单位：处

| 矿种 | 合计 | 属地化单位 | 冶金部门 | 武警黄金 | 石油天然气 | 海洋石油 | 石油化工 | 煤炭部门 | 核工业部门 | 化工部门 | 建材部门 | 有色部门 | 中国地质调查局 |
|---|---|---|---|---|---|---|---|---|---|---|---|---|---|
| **总计** | **257** | **149** | **1** | **5** | **6** | **4** | **17** | **1** | | **11** | **62** | **1** | |
| 煤 | 35 | 34 | | | | | | 1 | | | | | |
| 油页岩 | 1 | 1 | | | | | | | | | | | |
| 陆地石油 | 13 | | | | 3 | | 10 | | | | | | |
| 海域石油 | 2 | | | | | 2 | | | | | | | |
| 天然气 | 12 | | | | 3 | 2 | 7 | | | | | | |
| 石煤 | 2 | 2 | | | | | | | | | | | |
| 地热 | 2 | 2 | | | | | | | | | | | |
| 铁矿 | 20 | 18 | 1 | | | | | | | | 1 | | |
| 锰矿 | 3 | 3 | | | | | | | | | | | |
| 钛矿 | 3 | 3 | | | | | | | | | | | |
| 铜矿 | 3 | 3 | | | | | | | | | | | |
| 铅矿 | 5 | 3 | | | | | | | | 2 | | | |
| 锌矿 | 5 | 4 | | | | | | | | 1 | | | |
| 铅锌矿 | 8 | 8 | | | | | | | | | | | |
| 铝土矿 | 7 | 7 | | | | | | | | | | | |
| 镍矿 | 3 | 2 | | | | | | | | | | 1 | |
| 钴矿 | 1 | 1 | | | | | | | | | | | |
| 钨矿 | 5 | 4 | | 1 | | | | | | | | | |
| 锡矿 | 1 | 1 | | | | | | | | | | | |
| 钼矿 | 5 | 5 | | | | | | | | | | | |
| 锑矿 | 2 | 1 | | | | | | | | | 1 | | |
| 金矿 | 23 | 17 | | 4 | | | | | | 2 | | | |
| 银矿 | 1 | 1 | | | | | | | | | | | |
| 锂矿 | 1 | 1 | | | | | | | | | | | |
| 锆矿 | 3 | 3 | | | | | | | | | | | |
| 蓝晶石 | 1 | | | | | | | | | | 1 | | |
| 菱镁矿 | 1 | 1 | | | | | | | | | | | |
| 萤石(普通) | 3 | 3 | | | | | | | | | | | |

# 2008年地质勘查新发现矿产地——按矿种分列(二)

**续表 3** 计量单位：处

| 矿种 | 合计 | 属地化单位 | 冶金部门 | 武警黄金 | 石油天然气 | 海洋石油 | 石油化工 | 煤炭部门 | 核工业部门 | 化工部门 | 建材部门 | 有色部门 | 中国地质调查局 |
|---|---|---|---|---|---|---|---|---|---|---|---|---|---|
| 萤石(氟化钙) | 1 | | | | | | | | | 1 | | | |
| 冶金用白云岩 | 1 | 1 | | | | | | | | | | | |
| 钠硝石 | 1 | 1 | | | | | | | | | | | |
| 重晶石 | 1 | 1 | | | | | | | | | | | |
| 电石石灰岩 | 1 | | | | | | | | | | 1 | | |
| 化工用大理石 | 1 | | | | | | | | | 1 | | | |
| 含钾岩石 | 1 | 1 | | | | | | | | | | | |
| 岩盐 | 1 | 1 | | | | | | | | | | | |
| 硼矿 | 1 | 1 | | | | | | | | | | | |
| 磷矿 | 5 | 3 | | | | | | | | 2 | | | |
| 石墨 | 2 | 1 | | | | | | | | | 1 | | |
| 硅灰石 | 1 | 1 | | | | | | | | | | | |
| 滑石 | 1 | 1 | | | | | | | | | | | |
| 叶蜡石 | 1 | 1 | | | | | | | | | | | |
| 玉石 | 3 | 1 | | | | | | | | | 2 | | |
| 水泥用灰岩 | 45 | 3 | | | | | | | | 1 | 41 | | |
| 建筑石料用灰岩 | 1 | | | | | | | | | | 1 | | |
| 玻璃用石英岩 | 1 | | | | | | | | | | 1 | | |
| 水泥配料用砂 | 1 | | | | | | | | | | 1 | | |
| 硅藻土 | 2 | 2 | | | | | | | | | | | |
| 陶粒页岩 | 1 | 1 | | | | | | | | | | | |
| 膨润土 | 2 | | | | | | | | | | 2 | | |
| 水泥配料用黏土 | 2 | | | | | | | | | | 2 | | |
| 饰面用蛇纹岩 | 3 | | | | | | | | | | 3 | | |
| 建筑用花岗岩 | 1 | | | | | | | | | | 1 | | |
| 饰面用板岩 | 1 | | | | | | | | | | 1 | | |
| 水泥用大理石 | 1 | | | | | | | | | | 1 | | |
| 化工用石灰岩 | 1 | | | | | | | | | 1 | | | |
| 饰面用花岗岩 | 1 | | | | | | | | | | 1 | | |
| 地下水 | 1 | 1 | | | | | | | | | | | |

# 2008年坑探工作量——按矿种和部门分列

表 4　　计量单位：米

| 矿　种 | 合计 | 属地化单　位 | 冶金部门 | 有色部门 | 中国地质调查局 | 武警黄金 | 化工部门 | 建材部门 |
|---|---|---|---|---|---|---|---|---|
| 总　计 | 962670 | 914240 | 31153 | 5372 | | 6064 | 4689 | 1152 |
| 煤 | 94354 | 94354 | | | | | | |
| 铁矿 | 81948 | 76811 | 4927 | | | | | 210 |
| 锰矿 | 22157 | 13599 | 8558 | | | | | |
| 铬铁矿 | 2900 | 2900 | | | | | | |
| 钒矿 | 9282 | 9282 | | | | | | |
| 铜矿 | 125868 | 120391 | 2377 | 3100 | | | | |
| 镍矿 | 4364 | 4364 | | | | | | |
| 铅矿 | 2436 | 1930 | | | | | | 506 |
| 锌矿 | 153 | 153 | | | | | | |
| 铝土矿 | 3602 | 3592 | 10 | | | | | |
| 钨矿 | 15397 | 15397 | | | | | | |
| 锡矿 | 9913 | 9526 | 387 | | | | | |
| 钼矿 | 36689 | 35644 | 1045 | | | | | |
| 锑矿 | 10016 | 10016 | | | | | | |
| 铅锌矿 | 202515 | 193763 | 8234 | | | | 518 | |
| 多金属矿 | 46680 | 46480 | 200 | | | | | |
| 铂矿 | 2700 | 2700 | | | | | | |
| 金矿 | 242601 | 232526 | 3039 | 972 | | 6064 | | |
| 银矿 | 19277 | 15601 | 2376 | 1300 | | | | |
| 铌钽矿 | 132 | 132 | | | | | | |
| 锂矿 | 385 | 385 | | | | | | |
| 萤石(普通) | 1171 | 1057 | | | | | 114 | |
| 冶金用白云岩 | 1945 | 1945 | | | | | | |
| 耐火黏土 | 248 | 248 | | | | | | |
| 磷矿 | 3916 | 757 | | | | | 3159 | |
| 石墨 | 892 | 696 | | | | | | 196 |
| 硅灰石 | 6 | 6 | | | | | | |
| 滑石 | 35 | | | | | | | 35 |
| 石榴子石 | 15 | | | | | | | 15 |
| 宝石 | 3810 | 3810 | | | | | | |
| 水泥用灰岩 | 4458 | 4458 | | | | | | |
| 陶粒用黏土 | 3450 | 3450 | | | | | | |
| 花岗岩 | 700 | 700 | | | | | | |
| 地下水 | 656 | 656 | | | | | | |
| 其他 | 7999 | 6911 | | | | | 898 | 190 |

# 2008年地质勘查新查明矿产资源

表 5

| 矿种 | 计量单位 | 总计 | | |
|---|---|---|---|---|
| | | 基础储量 | | 资源量 |
| | | | 储量 | |
| 煤 | 千吨 | 2830582 | 70447 | 23037315 |
| 油页岩 | 千吨 | | | 330000 |
| 陆地石油 | 原油千吨 | 941570 | 45502 | |
| 海域石油 | 原油千吨 | 54062 | 177853 | |
| 天然气 | 万立方米 | 48474500 | 3648200 | |
| 石煤 | 千吨 | | | 738080 |
| 地热 | 万立方米 | | | 7310 |
| 铁矿 | 矿石万吨 | 14775 | 12209 | 126552 |
| 锰矿 | 矿石万吨 | | | 2307 |
| 钛矿 | 氧化钛吨 | 770261 | | 1616387 |
| 钒矿 | 五氧化二钒吨 | 426 | | 77564085 |
| 铜矿 | 金属吨 | 9444 | 1922 | 8160302 |
| 铅矿 | 金属吨 | 513000 | 228300 | 2188539 |
| 锌矿 | 金属吨 | 26208 | | 2530330 |
| 铅锌矿 | 金属吨 | 63625 | | 1509978 |
| 铝土矿 | 矿石万吨 | | | 46620 |
| 镍矿 | 金属吨 | 835 | 591 | 996 |
| 钴矿 | 金属吨 | | | 2420 |
| 钨矿 | 三氧化钨吨 | | | 150477 |
| 锡矿 | 金属吨 | | | 29153 |
| 钼矿 | 金属吨 | 199103 | 190773 | 744514 |
| 锑矿 | 金属吨 | | | 66613 |
| 铂矿 | 金属千克 | | | 130 |
| 金矿 | 金属千克 | 110596 | 105483 | 370022 |
| 银矿 | 金属吨 | | | 6849 |
| 锆矿 | 锆英石吨 | 185668 | | 381413 |
| 蓝晶石 | 矿物万吨 | | | 108 |
| 菱镁矿 | 矿石万吨 | | | 19700 |
| 萤石(普通) | 矿石万吨 | 45 | | 209 |
| 熔剂用石灰岩 | 矿石万吨 | | | 7357 |
| 冶金用白云岩 | 矿石万吨 | 1357 | 1289 | 1664 |
| 耐火黏土 | 矿石万吨 | | | 833 |
| 铁矾土 | 矿石万吨 | | | 506 |

## ——按矿种分列(一)

| 属地化单位 | | | 地勘行业部门、中国地质调查局 | | |
|---|---|---|---|---|---|
| 基础储量 | | 资源量 | 基础储量 | | 资源量 |
| | 储量 | | | 储量 | |
| 927415 | 70447 | 21969511 | 1903167 | | 1067804 |
| | | 330000 | | | |
| | | | 941570 | 45502 | |
| | | | 54062 | 177853 | |
| | | | 48474500 | 3648200 | |
| | | 738080 | | | |
| | | 7310 | | | |
| 14775 | 12209 | 125078 | | | 1474 |
| | | 2307 | | | |
| 770261 | | 1616387 | | | |
| 426 | | 77564085 | | | |
| 9444 | 1922 | 7746753 | | | 413549 |
| 508500 | 228300 | 2172508 | 4500 | | 16031 |
| 5400 | | 2489555 | 20808 | | 40775 |
| 63625 | | 1509978 | | | |
| | | 45337 | | | 1283 |
| 835 | 591 | 996 | | | |
| | | 2420 | | | |
| | | 150477 | | | |
| | | 29153 | | | |
| 199103 | 190773 | 685892 | | | 58622 |
| | | 53770 | | | 12843 |
| | | 130 | | | |
| 110596 | 105483 | 234536 | | | 135486 |
| | | 6849 | | | |
| 185668 | | 381413 | | | |
| | | | | | 108 |
| | | 19700 | | | |
| 45 | | 187 | | | 22 |
| | | 6724 | | | 633 |
| | | | 1357 | 1289 | 1664 |
| | | 833 | | | |
| | | 506 | | | |

# 2008年地质勘查新查明矿产资源

续表 5

| 矿种 | 计量单位 | 总计 | | |
|---|---|---|---|---|
| | | 基础储量 | | 资源量 |
| | | | 储量 | |
| 硫铁矿 | 矿石万吨 | | | 572 |
| 芒硝（含钙芒硝） | 硫酸钠万吨 | 35589 | | 33573 |
| 重晶石 | 矿石万吨 | 521 | 5 | 210 |
| 毒重石 | 矿石万吨 | | | 2304 |
| 电石石灰岩 | 矿石万吨 | | | 98 |
| 含钾岩石 | 矿石万吨 | 257 | 232 | 220 |
| 磷矿 | 矿石千吨 | 29954 | | 130241 |
| 硅灰石 | 矿物万吨 | 69 | | 70177 |
| 滑石 | 矿石万吨 | | | 14287 |
| 石榴子石 | 矿物吨 | | | 1601300 |
| 叶腊石 | 矿石万吨 | | | |
| 石膏 | 矿石万吨 | 76 | 61 | 23342 |
| 方解石 | 矿石万吨 | | | 207 |
| 玉石 | 矿石千吨 | | | 1 |
| 水泥用灰岩 | 矿石万吨 | 64560 | 25698 | 527494 |
| 建筑石料用灰岩 | 矿石万吨 | | | 50049 |
| 泥灰岩 | 矿石万吨 | 10 | 9 | 38 |
| 玻璃用白云岩 | 矿石万吨 | | | 430 |
| 水泥配料用砂 | 矿石万吨 | | | 1672 |
| 硅藻土 | 矿石万吨 | 311 | 232 | 828 |
| 陶粒页岩 | 矿石万吨 | 599 | 569 | 10112 |
| 砖瓦用页岩 | 矿石万立方米 | | | 16222 |
| 高岭土 | 黏土量万吨 | 738 | | 8732 |
| 海泡石黏土 | 矿石万吨 | | | 50 |
| 伊利石黏土 | 矿石万吨 | | | 4 |
| 膨润土 | 矿石万吨 | 137 | | 198 |
| 建筑用花岗岩 | 矿石万立方米 | 566 | 566 | 12315 |
| 火山渣 | 矿石万吨 | 499 | 399 | 130 |
| 水泥用大理石 | 矿石万吨 | | | 4146 |
| 矿泉水 | 方／日 | | 394 | |
| 地下水 | 方／日 | 55000 | | |
| 其他 | 金属吨 | | | 20088 |

## ——按矿种分列(二)

| 属地化单位 | | | 地勘行业部门、中国地质调查局 | | |
|---|---|---|---|---|---|
| 基础储量 | | 资源量 | 基础储量 | | 资源量 |
| | 储量 | | | 储量 | |
| | | 572 | | | |
| 35589 | | 33573 | | | |
| 521 | 5 | 210 | | | |
| | | 2304 | | | |
| | | 98 | | | |
| 257 | 232 | 220 | | | |
| 29954 | | 130241 | | | |
| | | 70130 | 69 | | 47 |
| | | 14160 | | | 127 |
| | | | | | 1601300 |
| | | | | | |
| 76 | 61 | 7531 | | | 15811 |
| | | | | | 207 |
| | | | | | 1 |
| | | 9715 | 43072 | 5285 | 470219 |
| | | | | | 50049 |
| | | | 10 | 9 | 38 |
| | | 430 | | | |
| | | | | | 1672 |
| | | | 311 | 232 | 828 |
| 599 | 569 | 2018 | | | 8094 |
| | | 6840 | | | 9382 |
| 374 | | 6429 | 364 | | 2303 |
| | | | | | 50 |
| | | 4 | | | |
| | | | 137 | | 198 |
| 566 | 566 | 566 | | | 11749 |
| | | | 499 | 399 | 130 |
| | | 82 | | | 4064 |
| | 394 | | | | |
| 55000 | | | | | |
| | | 624 | | | 19464 |

# 2008年地质勘查新查明矿产资源

表 6

| 矿种／地区 | 计量单位 | 总计 | | |
|---|---|---|---|---|
| | | 基础储量 | | 资源量 |
| | | | 储量 | |
| **煤** | **千吨** | **2830582** | **70447** | **23037315** |
| 河　北 | 千吨 | 270700 | | |
| 山　西 | 千吨 | 1245642 | | 620094 |
| 内蒙古 | 千吨 | | | 2585000 |
| 吉　林 | 千吨 | 20963 | 7435 | 48236 |
| 江　苏 | 千吨 | 19254 | | |
| 安　徽 | 千吨 | | | 1111000 |
| 福　建 | 千吨 | | | 71850 |
| 山　东 | 千吨 | 87150 | 61980 | 158300 |
| 河　南 | 千吨 | 7298 | | 443720 |
| 重　庆 | 千吨 | 42750 | | 398925 |
| 四　川 | 千吨 | 1032 | 1032 | 381392 |
| 贵　州 | 千吨 | | | 660762 |
| 云　南 | 千吨 | 345700 | | 451694 |
| 甘　肃 | 千吨 | | | 3723480 |
| 青　海 | 千吨 | 49533 | | 217570 |
| 宁　夏 | 千吨 | 740560 | | 421490 |
| 新　疆 | 千吨 | | | 11743802 |
| **油页岩** | **千吨** | | | **330000** |
| 河　北 | 千吨 | | | 330000 |
| **陆地石油** | **原油千吨** | **941570** | **45502** | |
| 河　北 | 原油千吨 | 25544 | | |
| 内蒙古 | 原油千吨 | 106041 | | |
| 吉　林 | 原油千吨 | 98587 | 3133 | |
| 黑龙江 | 原油千吨 | 41602 | | |
| 江　苏 | 原油千吨 | 11583 | 2179 | |
| 山　东 | 原油千吨 | 104080 | 21842 | |
| 河　南 | 原油千吨 | 25037 | 4881 | |
| 湖　北 | 原油千吨 | 9330 | 1807 | |
| 重　庆 | 原油千吨 | 1829 | | |
| 四　川 | 原油千吨 | 756 | | |
| 陕　西 | 原油千吨 | 206189 | | |
| 甘　肃 | 原油千吨 | 1112 | | |
| 新　疆 | 原油千吨 | 309880 | 11660 | |
| **海域石油** | **原油千吨** | **54062** | **177853** | |
| 渤　海 | 原油千吨 | 15842 | 53750 | |
| 南　海 | 原油千吨 | 38220 | 124103 | |
| **天然气** | **万立方米** | **48474500** | **3648200** | |
| 渤　海 | 万立方米 | 649100 | 201000 | |
| 河　北 | 万立方米 | 110200 | | |

## ——按矿种和地区分列(一)

| 属地化单位 | | | 地勘行业部门、中国地质调查局 | | | 备注 |
|---|---|---|---|---|---|---|
| 基础储量 | | 资源量 | 基础储量 | | 资源量 | |
| | 储量 | | | 储量 | | |
| **927415** | **70447** | **21969511** | **1903167** | | **1067804** | **中冶地勘总局** |
| | | | 270700 | | | 中煤地质总局 |
| | | | 1245642 | | 620094 | 中煤地质总局 |
| | | 2585000 | | | | |
| 9293 | 7435 | 25116 | 11670 | | 23120 | 中建地勘中心 |
| | | | 19254 | | | 中煤地质总局 |
| | | 1111000 | | | | |
| | | 71850 | | | | |
| 87150 | 61980 | 100280 | | | 58020 | 中冶地勘总局 |
| | | 443720 | 7298 | | | 中煤地质总局 |
| 42750 | | 398925 | | | | |
| 1032 | 1032 | 381392 | | | | |
| | | 660762 | | | | |
| 345700 | | 451694 | | | | |
| | | 3723480 | | | | |
| | | | 49533 | | 217570 | 中煤地质总局 |
| 441490 | | 421490 | 299070 | | | 中煤地质总局 |
| | | 11594802 | | | 149000 | 中冶地勘总局 |
| | | **330000** | | | | |
| | | 330000 | | | | |
| | | | **941570** | **45502** | | **中石化公司** |
| | | | 25544 | | | 中石油集团 |
| | | | 106041 | | | 中石油集团 |
| | | | 98587 | 3133 | | 中石化公司 |
| | | | 41602 | | | 中石油集团 |
| | | | 11583 | 2179 | | 中石化公司 |
| | | | 104080 | 21842 | | 中石化公司 |
| | | | 25037 | 4881 | | 中石化公司 |
| | | | 9330 | 1807 | | 中石化公司 |
| | | | 1829 | | | 中石油集团 |
| | | | 756 | | | 中石油集团 |
| | | | 206189 | | | 中石油集团 |
| | | | 1112 | | | 中石油集团 |
| | | | 309880 | 11660 | | 中石化公司 |
| | | | **54062** | **177853** | | **中海油总公司** |
| | | | 15842 | 53750 | | 中海油总公司 |
| | | | 38220 | 124103 | | 中海油总公司 |
| | | | **48474500** | **3648200** | | **中石化公司** |
| | | | 649100 | 201000 | | 中海油总公司 |
| | | | 110200 | | | 中石油集团 |

## 2008年地质勘查新查明矿产资源

**续表 6**

| 矿种／地区 | 计量单位 | 总计 | | |
|---|---|---|---|---|
| | | 基础储量 | | 资源量 |
| | | | 储量 | |
| 内蒙古 | 万立方米 | 12254700 | | |
| 吉　林 | 万立方米 | 540500 | 255300 | |
| 山　东 | 万立方米 | 45000 | 21600 | |
| 河　南 | 万立方米 | 2292600 | 1146500 | |
| 南　海 | 万立方米 | 752500 | 369600 | |
| 重　庆 | 万立方米 | 8374300 | | |
| 四　川 | 万立方米 | 3463900 | | |
| 云　南 | 万立方米 | 2382200 | 1548400 | |
| 陕　西 | 万立方米 | 153000 | | |
| 新　疆 | 万立方米 | 17456500 | 105800 | |
| **石煤** | **千吨** | | | **738080** |
| 湖　南 | 千吨 | | | 738080 |
| **地热** | **万立方米** | | | **7310** |
| 江　西 | 万立方米 | | | 2200 |
| 重　庆 | 万立方米 | | | 5110 |
| **铁矿** | **矿石万吨** | **14775** | **12209** | **126552** |
| 河　北 | 矿石万吨 | 13011 | 10871 | 34231 |
| 山　西 | 矿石万吨 | | | 7046 |
| 内蒙古 | 矿石万吨 | | | 598 |
| 辽　宁 | 矿石万吨 | | | 2582 |
| 吉　林 | 矿石万吨 | 1468 | 1286 | 1504 |
| 安　徽 | 矿石万吨 | | | 7218 |
| 福　建 | 矿石万吨 | | | 195 |
| 江　西 | 矿石万吨 | | | 96 |
| 山　东 | 矿石万吨 | 296 | 52 | 59358 |
| 湖　北 | 矿石万吨 | | | 3178 |
| 湖　南 | 矿石万吨 | | | 1318 |
| 广　东 | 矿石万吨 | | | 1123 |
| 重　庆 | 矿石万吨 | | | 26 |
| 四　川 | 矿石万吨 | | | 3542 |
| 云　南 | 矿石万吨 | | | 513 |
| 甘　肃 | 矿石万吨 | | | 17 |
| 青　海 | 矿石万吨 | | | 3063 |
| 新　疆 | 矿石万吨 | | | 944 |
| **锰矿** | **矿石万吨** | | | **2307** |
| 福　建 | 矿石万吨 | | | 44 |
| 湖　南 | 矿石万吨 | | | 50 |
| 重　庆 | 矿石万吨 | | | 342 |
| 四　川 | 矿石万吨 | | | 209 |
| 贵　州 | 矿石万吨 | | | 1444 |

## ——按矿种和地区分列(二)

| 属地化单位 | | | 地勘行业部门、中国地质调查局 | | | |
|---|---|---|---|---|---|---|
| 基础储量 | | 资源量 | 基础储量 | | 资源量 | 备注 |
| | 储量 | | | 储量 | | |
| | | | 12254700 | | | 中石油集团 |
| | | | 540500 | 255300 | | 中石化公司 |
| | | | 45000 | 21600 | | 中石化公司 |
| | | | 2292600 | 1146500 | | 中石化公司 |
| | | | 752500 | 369600 | | 中海油总公司 |
| | | | 8374300 | | | 中石油集团 |
| | | | 3463900 | | | 中石油集团 |
| | | | 2382200 | 1548400 | | 中石化公司 |
| | | | 153000 | | | 中石油集团 |
| | | | 17456500 | 105800 | | 中石化公司 |
| | | **738080** | | | | |
| | | 738080 | | | | |
| | | **7310** | | | | |
| | | 2200 | | | | |
| | | 5110 | | | | |
| **14775** | **12209** | **125078** | | | **1474** | **中冶地勘总局** |
| 13011 | 10871 | 34231 | | | | |
| | | 7046 | | | | |
| | | 598 | | | | |
| | | 2582 | | | | |
| 1468 | 1286 | 1504 | | | | |
| | | 7218 | | | | |
| | | 195 | | | | |
| | | 96 | | | | |
| 296 | 52 | 59358 | | | | |
| | | 3178 | | | | |
| | | 1318 | | | | |
| | | 1123 | | | | |
| | | 26 | | | | |
| | | 3542 | | | | |
| | | | | | 513 | 中冶地勘总局 |
| | | | | | 17 | 中建地勘中心 |
| | | 3063 | | | | |
| | | | | | 944 | 中冶地勘总局 |
| | | **2307** | | | | |
| | | 44 | | | | |
| | | 50 | | | | |
| | | 342 | | | | |
| | | 209 | | | | |
| | | 1444 | | | | |

## 2008年地质勘查新查明矿产资源

**续表 6**

| 矿种／地区 | 计量单位 | 总计 | | |
|---|---|---|---|---|
| | | 基础储量 | | 资源量 |
| | | | 储量 | |
| 甘　肃 | 矿石万吨 | | | 218 |
| **钛矿** | **氧化钛吨** | **770261** | | **1616387** |
| 海　南 | 氧化钛吨 | 770261 | | 1616387 |
| **钒矿** | **五氧化二钒吨** | **426** | | **77564085** |
| 江　西 | 五氧化二钒吨 | | | 44197 |
| 湖　南 | 五氧化二钒吨 | 426 | | 2853036 |
| 重　庆 | 五氧化二钒吨 | | | 33852 |
| 四　川 | 五氧化二钒吨 | | | 3000 |
| 贵　州 | 五氧化二钒吨 | | | 74630000 |
| **铜矿** | **金属吨** | **9444** | **1922** | **8160302** |
| 吉　林 | 金属吨 | 1173 | 1056 | 1582 |
| 安　徽 | 金属吨 | | | 50000 |
| 福　建 | 金属吨 | | | 3313 |
| 江　西 | 金属吨 | | | 21514 |
| 山　东 | 金属吨 | | | 2763 |
| 湖　北 | 金属吨 | 1578 | | 9590 |
| 湖　南 | 金属吨 | | | 33885 |
| 四　川 | 金属吨 | | | 133874 |
| 云　南 | 金属吨 | 6693 | 866 | 51243 |
| 西　藏 | 金属吨 | | | 7471334 |
| 甘　肃 | 金属吨 | | | 4 |
| 青　海 | 金属吨 | | | 171200 |
| 新　疆 | 金属吨 | | | 210000 |
| **铅矿** | **金属吨** | **513000** | **228300** | **2188539** |
| 内蒙古 | 金属吨 | 17500 | 6300 | 18800 |
| 安　徽 | 金属吨 | | | 88000 |
| 江　西 | 金属吨 | | | 238930 |
| 山　东 | 金属吨 | 491000 | 222000 | 723000 |
| 湖　北 | 金属吨 | 4500 | | 16031 |
| 广　东 | 金属吨 | | | 2793 |
| 四　川 | 金属吨 | | | 30737 |
| 西　藏 | 金属吨 | | | 583315 |
| 甘　肃 | 金属吨 | | | 86933 |
| 青　海 | 金属吨 | | | 400000 |
| **锌矿** | **金属吨** | **26208** | | **2530330** |
| 安　徽 | 金属吨 | | | 310000 |
| 江　西 | 金属吨 | | | 465854 |
| 湖　北 | 金属吨 | 20808 | | 40775 |
| 广　东 | 金属吨 | | | 3042 |
| 四　川 | 金属吨 | | | 46487 |

## ——按矿种和地区分列(三)

| 属地化单位 | | | 地勘行业部门、中国地质调查局 | | | |
|---|---|---|---|---|---|---|
| 基础储量 | | 资源量 | 基础储量 | | 资源量 | 备注 |
| | 储量 | | | 储量 | | |
| | | 218 | | | | |
| **770261** | | **1616387** | | | | |
| 770261 | | 1616387 | | | | |
| **426** | | **77564085** | | | | |
| | | 44197 | | | | |
| 426 | | 2853036 | | | | |
| | | 33852 | | | | |
| | | 3000 | | | | |
| | | 74630000 | | | | |
| **9444** | **1922** | **7746753** | | | 413549 | 中冶地勘总局 |
| 1173 | 1056 | 1582 | | | | |
| | | 50000 | | | | |
| | | 3313 | | | | |
| | | 21514 | | | | |
| | | 2763 | | | | |
| 1578 | | 9590 | | | | |
| | | 33885 | | | | |
| | | 133874 | | | | |
| 6693 | 866 | 51243 | | | | |
| | | 7267785 | | | 203549 | 中冶地勘总局 |
| | | 4 | | | | |
| | | 171200 | | | | |
| | | | | | 210000 | 中冶地勘总局 |
| **508500** | **228300** | **2172508** | **4500** | | **16031** | **中冶地勘总局** |
| 17500 | 6300 | 18800 | | | | |
| | | 88000 | | | | |
| | | 238930 | | | | |
| 491000 | 222000 | 723000 | | | | |
| | | | 4500 | | 16031 | 中冶地勘总局 |
| | | 2793 | | | | |
| | | 30737 | | | | |
| | | 583315 | | | | |
| | | 86933 | | | | |
| | | 400000 | | | | |
| **5400** | | **2489555** | **20808** | | **40775** | **中冶地勘总局** |
| | | 310000 | | | | |
| | | 465854 | | | | |
| | | | 20808 | | 40775 | 中冶地勘总局 |
| | | 3042 | | | | |
| | | 46487 | | | | |

**续表 6**

| 矿种／地区 | 计量单位 | 总计 | | |
|---|---|---|---|---|
| | | 基础储量 | | 资源量 |
| | | | 储量 | |
| 西　藏 | 金属吨 | | | 547935 |
| 甘　肃 | 金属吨 | 5400 | | 166237 |
| 青　海 | 金属吨 | | | 950000 |
| **铅锌矿** | **金属吨** | **63625** | | **1509978** |
| 福　建 | 金属吨 | | | 407900 |
| 湖　南 | 金属吨 | | | 316592 |
| 广　西 | 金属吨 | 63625 | | 302400 |
| 四　川 | 金属吨 | | | 345331 |
| 云　南 | 金属吨 | | | 73455 |
| 西　藏 | 金属吨 | | | 64300 |
| **铝土矿** | **矿石万吨** | | | **46620** |
| 山　西 | 矿石万吨 | | | 24615 |
| 广　西 | 矿石万吨 | | | 20722 |
| 国　外 | 矿石万吨 | | | 1283 |
| **镍矿** | **金属吨** | **835** | **591** | **996** |
| 吉　林 | 金属吨 | 657 | 591 | 804 |
| 湖　南 | 金属吨 | 178 | | 192 |
| **钴矿** | **金属吨** | | | **2420** |
| 四　川 | 金属吨 | | | 263 |
| 青　海 | 金属吨 | | | 2157 |
| **钨矿** | **三氧化钨吨** | | | **150477** |
| 吉　林 | 三氧化钨吨 | | | 113459 |
| 安　徽 | 三氧化钨吨 | | | 15000 |
| 江　西 | 三氧化钨吨 | | | 550 |
| 湖　南 | 三氧化钨吨 | | | 17922 |
| 广　西 | 三氧化钨吨 | | | 3546 |
| **锡矿** | **金属吨** | | | **29153** |
| 湖　南 | 金属吨 | | | 1037 |
| 广　东 | 金属吨 | | | 27268 |
| 广　西 | 金属吨 | | | 848 |
| **钼矿** | **金属吨** | **199103** | **190773** | **744514** |
| 河　北 | 金属吨 | | | 4027 |
| 内蒙古 | 金属吨 | | | 100000 |
| 吉　林 | 金属吨 | 198722 | 190773 | 46374 |
| 浙　江 | 金属吨 | | | 1800 |
| 福　建 | 金属吨 | | | 4180 |
| 江　西 | 金属吨 | | | 2039 |
| 山　东 | 金属吨 | | | 6822 |
| 河　南 | 金属吨 | | | 93700 |
| 湖　北 | 金属吨 | | | 455 |

## ——按矿种和地区分列(四)

| 属地化单位 | | | 地勘行业部门、中国地质调查局 | | | |
|---|---|---|---|---|---|---|
| 基础储量 | 储量 | 资源量 | 基础储量 | 储量 | 资源量 | 备注 |
| | | 547935 | | | | |
| 5400 | | 166237 | | | | |
| | | 950000 | | | | |
| **63625** | | **1509978** | | | | |
| | | 407900 | | | | |
| | | 316592 | | | | |
| 63625 | | 302400 | | | | |
| | | 345331 | | | | |
| | | 73455 | | | | |
| | | 64300 | | | | |
| | | **45337** | | | **1283** | **中建地勘中心** |
| | | 24615 | | | | |
| | | 20722 | | | | |
| | | | | | 1283 | 中建地勘中心 |
| **835** | **591** | **996** | | | | |
| 657 | 591 | 804 | | | | |
| 178 | | 192 | | | | |
| | | **2420** | | | | |
| | | 263 | | | | |
| | | 2157 | | | | |
| | | **150477** | | | | |
| | | 113459 | | | | |
| | | 15000 | | | | |
| | | 550 | | | | |
| | | 17922 | | | | |
| | | 3546 | | | | |
| | | **29153** | | | | |
| | | 1037 | | | | |
| | | 27268 | | | | |
| | | 848 | | | | |
| **199103** | **190773** | **685892** | | | **58622** | **武警黄金** |
| | | 4027 | | | | |
| | | 100000 | | | | |
| 198722 | 190773 | 46374 | | | | |
| | | 1800 | | | | |
| | | 4180 | | | | |
| | | 2039 | | | | |
| | | | | | 6822 | 中冶地勘总局 |
| | | 41900 | | | 51800 | 武警黄金 |
| | | 455 | | | | |

## 2008年地质勘查新查明矿产资源

续表 6

| 矿种／地区 | 计量单位 | 总计 | | |
|---|---|---|---|---|
| | | 基础储量 | | 资源量 |
| | | | 储量 | |
| 湖　南 | 金属吨 | 381 | | 728 |
| 海　南 | 金属吨 | | | 38373 |
| 重　庆 | 金属吨 | | | 2418 |
| 西　藏 | 金属吨 | | | 356398 |
| 青　海 | 金属吨 | | | 87200 |
| **锑矿** | **金属吨** | | | **66613** |
| 西　藏 | 金属吨 | | | 53770 |
| 甘　肃 | 金属吨 | | | 12843 |
| **铂矿** | **金属千克** | | | **130** |
| 内蒙古 | 金属千克 | | | 130 |
| **金矿** | **金属千克** | **110596** | **105483** | **370022** |
| 河　北 | 金属千克 | | | 1961 |
| 内蒙古 | 金属千克 | | | 16139 |
| 辽　宁 | 金属千克 | | | 119 |
| 吉　林 | 金属千克 | | | 3820 |
| 黑龙江 | 金属千克 | | | 4446 |
| 安　徽 | 金属千克 | | | 20131 |
| 山　东 | 金属千克 | 105483 | 105483 | 182700 |
| 河　南 | 金属千克 | | | 151 |
| 湖　北 | 金属千克 | | | 8472 |
| 湖　南 | 金属千克 | | | 10802 |
| 广　东 | 金属千克 | | | 1810 |
| 广　西 | 金属千克 | | | 7803 |
| 四　川 | 金属千克 | | | 12914 |
| 贵　州 | 金属千克 | | | 22812 |
| 云　南 | 金属千克 | 168 | | 13110 |
| 陕　西 | 金属千克 | 4945 | | 10004 |
| 甘　肃 | 金属千克 | | | 24717 |
| 青　海 | 金属千克 | | | 20000 |
| 新　疆 | 金属千克 | | | 8111 |
| **银矿** | **金属吨** | | | **6849** |
| 江　西 | 金属吨 | | | 679 |
| 湖　北 | 金属吨 | | | 280 |
| 广　东 | 金属吨 | | | 3 |
| 西　藏 | 金属吨 | | | 4492 |
| 甘　肃 | 金属吨 | | | 1395 |
| **锆矿** | **锆英石吨** | **185668** | | **381413** |
| 海　南 | 锆英石吨 | 185668 | | 381413 |
| **蓝晶石** | **矿物万吨** | | | **108** |
| 云　南 | 矿物万吨 | | | 108 |

## ——按矿种和地区分列(五)

| 属地化单位 | | | 地勘行业部门、中国地质调查局 | | | |
|---|---|---|---|---|---|---|
| 基础储量 | | 资源量 | 基础储量 | | 资源量 | 备注 |
| | 储量 | | | 储量 | | |
| 381 | | 728 | | | | |
| | | 38373 | | | | |
| | | 2418 | | | | |
| | | 356398 | | | | |
| | | 87200 | | | | |
| | | **53770** | | | **12843** | **中建地勘中心** |
| | | 53770 | | | | |
| | | | | | 12843 | 中建地勘中心 |
| | | **130** | | | | |
| | | 130 | | | | |
| **110596** | **105483** | **234536** | | | 135486 | **武警黄金** |
| | | | | | 1961 | 武警黄金 |
| | | | | | 16139 | 武警黄金 |
| | | 119 | | | | |
| | | 166 | | | 3654 | 武警黄金 |
| | | | | | 4446 | 武警黄金 |
| | | 20131 | | | | |
| 105483 | 105483 | 123625 | | | 59075 | 中冶地勘总局 |
| | | 151 | | | | |
| | | 8472 | | | | |
| | | 82 | | | 10720 | 武警黄金 |
| | | 1810 | | | | |
| | | 1576 | | | 6227 | 中冶地勘总局 |
| | | 12914 | | | | |
| | | 22812 | | | | |
| 168 | | 13110 | | | | |
| 4945 | | 8320 | | | 1684 | 武警黄金 |
| | | 1248 | | | 23469 | 武警黄金 |
| | | 20000 | | | | |
| | | | | | 8111 | 武警黄金 |
| | | **6849** | | | | |
| | | 679 | | | | |
| | | 280 | | | | |
| | | 3 | | | | |
| | | 4492 | | | | |
| | | 1395 | | | | |
| **185668** | | **381413** | | | | |
| 185668 | | 381413 | | | | |
| | | | | | **108** | **中建地勘中心** |
| | | | | | 108 | 中建地勘中心 |

# 2008年地质勘查新查明矿产资源

续表 6

| 矿种／地区 | 计量单位 | 总计 基础储量 | 储量 | 资源量 |
|---|---|---|---|---|
| **菱镁矿** | **金属吨** | | | **19700** |
| 辽　宁 | 金属吨 | | | 19700 |
| **萤石(普通)** | **矿石万吨** | **45** | | **209** |
| 浙　江 | 矿石万吨 | 45 | | 152 |
| 福　建 | 矿石万吨 | | | 15 |
| 江　西 | 矿石万吨 | | | 38 |
| 广　东 | 矿石万吨 | | | 4 |
| **熔剂用石灰岩** | **矿石万吨** | | | **7357** |
| 山　西 | 矿石万吨 | | | 633 |
| 湖　北 | 矿石万吨 | | | 6724 |
| **冶金用白云岩** | **矿石万吨** | **1357** | **1289** | **1664** |
| 吉　林 | 矿石万吨 | 1357 | 1289 | 1664 |
| **耐火黏土** | **矿石万吨** | | | **833** |
| 重　庆 | 矿石万吨 | | | 383 |
| 四　川 | 矿石万吨 | | | 450 |
| **铁矾土** | **矿石万吨** | | | **506** |
| 重　庆 | 矿石万吨 | | | 506 |
| **硫铁矿** | **矿石万吨** | | | **572** |
| 重　庆 | 矿石万吨 | | | 572 |
| **芒硝(含钙芒硝)** | **硫酸钠万吨** | **35589** | | **33573** |
| 湖　南 | 硫酸钠万吨 | 35589 | | 33573 |
| **重晶石** | **矿石万吨** | **521** | **5** | **210** |
| 河　南 | 矿石万吨 | 204 | 5 | 210 |
| 广　西 | 矿石万吨 | 317 | | |
| **毒重石** | **矿石万吨** | | | **2304** |
| 重　庆 | 矿石万吨 | | | 2304 |
| **电石石灰岩** | **矿石万吨** | | | **98** |
| 广　东 | 矿石万吨 | | | 98 |
| **含钾岩石** | **矿石万吨** | **257** | **232** | **220** |
| 吉　林 | 矿石万吨 | 257 | 232 | 220 |
| **磷矿** | **矿石千吨** | **29954** | | **130241** |
| 湖　北 | 矿石千吨 | 29954 | | 119834 |
| 四　川 | 矿石千吨 | | | 10137 |
| 陕　西 | 矿石千吨 | | | 270 |
| **硅灰石** | **矿物万吨** | **69** | | **70177** |
| 辽　宁 | 矿物万吨 | | | 70130 |
| 广　西 | 矿物万吨 | 69 | | 47 |
| **滑石** | **矿石万吨** | | | **14287** |
| 河　北 | 矿石万吨 | | | 124 |
| 辽　宁 | 矿石万吨 | | | 14160 |

## ——按矿种和地区分列(六)

| 属地化单位 | | | 地勘行业部门、中国地质调查局 | | | |
|---|---|---|---|---|---|---|
| 基础储量 | | 资源量 | 基础储量 | | 资源量 | 备注 |
| | 储量 | | | 储量 | | |
| | | **19700** | | | | |
| | | 19700 | | | | |
| **45** | | **187** | | | **22** | **中建地勘中心** |
| 45 | | 152 | | | | |
| | | 15 | | | | |
| | | 16 | | | 22 | 中建地勘中心 |
| | | 4 | | | | |
| | | **6724** | | | **633** | **中建地勘中心** |
| | | | | | 633 | 中建地勘中心 |
| | | 6724 | | | | |
| **1357** | **1289** | **1664** | | | | |
| 1357 | 1289 | 1664 | | | | |
| | | **833** | | | | |
| | | 383 | | | | |
| | | 450 | | | | |
| | | **506** | | | | |
| | | 506 | | | | |
| | | **572** | | | | |
| | | 572 | | | | |
| **35589** | | **33573** | | | | |
| 35589 | | 33573 | | | | |
| **521** | **5** | **210** | | | | |
| 204 | 5 | 210 | | | | |
| 317 | | | | | | |
| | | **2304** | | | | |
| | | 2304 | | | | |
| | | **98** | | | | |
| | | 98 | | | | |
| **257** | **232** | **220** | | | | |
| 257 | 232 | 220 | | | | |
| **29954** | | **130241** | | | | |
| 29954 | | 119834 | | | | |
| | | 10137 | | | | |
| | | 270 | | | | |
| | | **70130** | **69** | | **47** | **中建地勘中心** |
| | | 70130 | | | | |
| | | | 69 | | 47 | 中建地勘中心 |
| | | **14160** | | | **127** | **中建地勘中心** |
| | | | | | 124 | 中建地勘中心 |
| | | 14160 | | | | |

## 2008年地质勘查新查明矿产资源

续表 6

| 矿种 / 地区 | 计量单位 | 总计 | | |
|---|---|---|---|---|
| | | 基础储量 | | 资源量 |
| | | | 储量 | |
| 广　西 | 矿石万吨 | | | 3 |
| **石榴子石** | **矿物吨** | | | **1601300** |
| 河　北 | 矿物吨 | | | 1601300 |
| **叶蜡石** | **矿石万吨** | | | **537** |
| 浙　江 | 矿石万吨 | | | 537 |
| **石膏** | **矿石万吨** | **76** | **61** | **23342** |
| 吉　林 | 矿石万吨 | 76 | 61 | 171 |
| 山　东 | 矿石万吨 | | | 15811 |
| 湖　北 | 矿石万吨 | | | 2632 |
| 湖　南 | 矿石万吨 | | | 4728 |
| **方解石** | **矿石万吨** | | | **207** |
| 吉　林 | 矿石万吨 | | | 207 |
| **玉石** | **矿石千吨** | | | **1** |
| 新　疆 | 矿石千吨 | | | 1 |
| **水泥用灰岩** | **矿石万吨** | **64560** | **25698** | **527494** |
| 山　西 | 矿石万吨 | | | 2048 |
| 吉　林 | 矿石万吨 | 46129 | 25698 | 97102 |
| 江　苏 | 矿石万吨 | | | 3315 |
| 浙　江 | 矿石万吨 | | | 1440 |
| 安　徽 | 矿石万吨 | | | 138344 |
| 福　建 | 矿石万吨 | | | 10013 |
| 河　南 | 矿石万吨 | | | 13038 |
| 广　东 | 矿石万吨 | | | 90841 |
| 广　西 | 矿石万吨 | 18431 | | 4540 |
| 重　庆 | 矿石万吨 | | | 9165 |
| 四　川 | 矿石万吨 | | | 7608 |
| 贵　州 | 矿石万吨 | | | 22206 |
| 云　南 | 矿石万吨 | | | 9494 |
| 陕　西 | 矿石万吨 | | | 76311 |
| 甘　肃 | 矿石万吨 | | | 10926 |
| 宁　夏 | 矿石万吨 | | | 5340 |
| 国　外 | 矿石万吨 | | | 25763 |
| **建筑石料用灰岩** | **矿石万吨** | | | **50049** |
| 云　南 | 矿石万吨 | | | 50049 |
| **泥灰岩** | **矿石万吨** | **10** | 9 | **38** |
| 吉　林 | 矿石万吨 | 10 | 9 | 38 |
| **玻璃用白云岩** | **矿石万吨** | | | **430** |
| 福　建 | 矿石万吨 | | | 430 |
| **水泥配料用砂** | **矿石万吨** | | | **1672** |
| 湖　北 | 矿石万吨 | | | 1672 |

## ——按矿种和地区分列(七)

| 属地化单位 | | | 地勘行业部门、中国地质调查局 | | | |
|---|---|---|---|---|---|---|
| 基础储量 | | 资源量 | 基础储量 | | 资源量 | 备注 |
| | 储量 | | | 储量 | | |
| | | | | | 3 | 中建地勘中心 |
| | | | | | **1601300** | **中建地勘中心** |
| | | | | | 1601300 | 中建地勘中心 |
| | | **537** | | | | |
| | | 537 | | | | |
| **76** | **61** | **7531** | | | **15811** | **中建地勘中心** |
| 76 | 61 | 171 | | | | |
| | | | | | 15811 | 中建地勘中心 |
| | | 2632 | | | | |
| | | 4728 | | | | |
| | | **207** | | | | |
| | | 207 | | | | |
| | | | | | **1** | **中建地勘中心** |
| | | | | | 1 | 中建地勘中心 |
| **21488** | **20413** | **57275** | **43072** | **5285** | **470219** | **中建地勘中心** |
| | | | | | 2048 | 中建地勘中心 |
| 21488 | 20413 | 47560 | 24641 | 5285 | 49542 | 中建地勘中心 |
| | | | | | 3315 | 中建地勘中心 |
| | | | | | 1440 | 中建地勘中心 |
| | | | | | 138344 | 中建地勘中心 |
| | | | | | 10013 | 中建地勘中心 |
| | | | | | 13038 | 中建地勘中心 |
| | | 550 | | | 90291 | 中建地勘中心 |
| | | | 18431 | | 4540 | 中建地勘中心 |
| | | 9165 | | | | |
| | | | | | 7608 | 中建地勘中心 |
| | | | | | 22206 | 中建地勘中心 |
| | | | | | 9494 | 中建地勘中心 |
| | | | | | 76311 | 中建地勘中心 |
| | | | | | 10926 | 中建地勘中心 |
| | | | | | 5340 | 中建地勘中心 |
| | | | | | 25763 | 中建地勘中心 |
| | | | | | **50049** | **中建地勘中心** |
| | | | | | 50049 | 中建地勘中心 |
| **10** | **9** | **38** | | | | |
| 10 | 9 | 38 | | | | |
| | | **430** | | | | |
| | | 430 | | | | |
| | | | | | **1672** | **中建地勘中心** |
| | | | | | 1672 | 中建地勘中心 |

## 2008年地质勘查新查明矿产资源

续表 6

| 矿种／地区 | 计量单位 | 总计 | | |
|---|---|---|---|---|
| | | 基础储量 | | 资源量 |
| | | | 储量 | |
| **硅藻土** | **矿石万吨** | **311** | **232** | **828** |
| 吉　林 | 矿石万吨 | 311 | 232 | 828 |
| **陶粒页岩** | **矿石万吨** | **599** | **569** | **10112** |
| 吉　林 | 矿石万吨 | 599 | 569 | 2018 |
| 青　海 | 矿石万吨 | | | 8094 |
| **砖瓦用页岩** | **矿石万立方米** | | | **16222** |
| 天　津 | 矿石万立方米 | | | 6840 |
| 河　北 | 矿石万立方米 | | | 9382 |
| **高岭土** | **黏土量万吨** | **738** | | **8732** |
| 河　北 | 黏土量万吨 | | | 3536 |
| 内蒙古 | 黏土量万吨 | 364 | | 1754 |
| 吉　林 | 黏土量万吨 | | | 6 |
| 湖　北 | 黏土量万吨 | 302 | | 691 |
| 湖　南 | 黏土量万吨 | 72 | | 942 |
| 广　东 | 黏土量万吨 | | | 104 |
| 广　西 | 黏土量万吨 | | | 1699 |
| **海泡石黏土** | **矿石万吨** | | | **50** |
| 甘　肃 | 矿石万吨 | | | 50 |
| **伊利石黏土** | **矿石万吨** | | | **4** |
| 浙江省 | 矿石万吨 | | | 4 |
| **膨润土** | **矿石万吨** | **137** | | **198** |
| 湖　北 | 矿石万吨 | 137 | | 198 |
| **建筑用花岗岩** | **矿石万立方米** | **566** | **566** | **12315** |
| 广　东 | 矿石万立方米 | 566 | 566 | 12315 |
| **火山渣** | **矿石万吨** | **499** | **399** | **130** |
| 吉　林 | 矿石万吨 | 499 | 399 | 130 |
| **水泥用大理石** | **矿石万吨** | | | **4146** |
| 福　建 | 矿石万吨 | | | 82 |
| 甘　肃 | 矿石万吨 | | | 4064 |
| **矿泉水** | **方/日** | | **394** | |
| 广　东 | 方/日 | | 394 | |
| **地下水** | **方/日** | **55000** | | |
| 天　津 | 方/日 | 55000 | | |
| **其他** | **金属吨** | | | **20088** |
| 内蒙古 | 金属吨 | | | 15900 |
| 江　西 | 金属吨 | | | 583 |
| 甘　肃 | 金属吨 | | | 478 |
| 青　海 | 金属吨 | | | 41 |
| 宁　夏 | 金属吨 | | | 483 |
| 新　疆 | 金属吨 | | | 2603 |

## ——按矿种和地区分列(八)

| 属地化单位 | | | 地勘行业部门、中国地质调查局 | | | |
|---|---|---|---|---|---|---|
| 基础储量 | | 资源量 | 基础储量 | | 资源量 | 备注 |
| | 储量 | | | 储量 | | |
| **311** | **232** | **828** | | | | |
| 311 | 232 | 828 | | | | |
| **599** | **569** | **2018** | | | **8094** | **中建地勘中心** |
| 599 | 569 | 2018 | | | | |
| | | | | | 8094 | 中建地勘中心 |
| | | **6840** | | | **9382** | **中建地勘中心** |
| | | 6840 | | | | |
| | | | | | 9382 | 中建地勘中心 |
| **374** | | **6429** | **364** | | **2303** | **中建地勘中心** |
| | | 3536 | | | | |
| | | | 364 | | 1754 | 中建地勘中心 |
| | | 6 | | | | |
| 302 | | 691 | | | | |
| 72 | | 393 | | | 549 | 中建地勘中心 |
| | | 104 | | | | |
| | | 1699 | | | | |
| | | | | | **50** | **中建地勘中心** |
| | | | | | 50 | 中建地勘中心 |
| | | **4** | | | | |
| | | 4 | | | | |
| | | | **137** | | **198** | **中建地勘中心** |
| | | | 137 | | 198 | 中建地勘中心 |
| **566** | **566** | **566** | | | **11749** | **中建地勘中心** |
| 566 | 566 | 566 | | | 11749 | 中建地勘中心 |
| **499** | **399** | **130** | | | | |
| 499 | 399 | 130 | | | | |
| | | **82** | | | **4064** | **中建地勘中心** |
| | | 82 | | | | |
| | | | | | 4064 | 中建地勘中心 |
| | **394** | | | | | |
| | 394 | | | | | |
| **55000** | | | | | | |
| 55000 | | | | | | |
| | | **624** | | | **19464** | |
| | | | | | 15900 | |
| | | 583 | | | | |
| | | | | | 478 | |
| | | 41 | | | | |
| | | | | | 483 | |
| | | | | | 2603 | |

# 2008年机械岩心钻探工作量

表 7

| 地区 | 合计 | 属地化单位 | 冶金部门 | 有色部门 | 中国地质调查局 | 武警黄金 | 煤炭部门 |
|---|---|---|---|---|---|---|---|
| **总　计** | **20129743** | **13466106** | **445092** | **71975** | **12378** | **91291** | **646310** |
| 北　京 | 71692 | 11380 | | | | | 60312 |
| 天　津 | 255974 | 11380 | | | | | |
| 河　北 | 1131594 | 226652 | 49010 | 5883 | | | 380953 |
| 山　西 | 914239 | 804695 | 31164 | | | | |
| 内蒙古 | 2853313 | 2080584 | 28699 | 21509 | 7273 | 35058 | |
| 辽　宁 | 828801 | 610822 | | | | 1006 | |
| 吉　林 | 880876 | 623451 | | | | | |
| 黑龙江 | 583332 | 168965 | | | | 15420 | |
| 上　海 | | | | | | | |
| 江　苏 | 171406 | 14146 | | 160 | 1600 | | 119755 |
| 浙　江 | 96207 | 79928 | 5270 | | | | |
| 安　徽 | 625041 | 590173 | 6648 | | | 2102 | |
| 福　建 | 350413 | 326981 | 1845 | | | | |
| 江　西 | 283946 | 213417 | | | | | |
| 山　东 | 1264439 | 1134951 | 111065 | | | 6882 | |
| 河　南 | 594771 | 585802 | | | | 2993 | |
| 湖　北 | 176639 | 89031 | 43171 | | 800 | | |
| 湖　南 | 437724 | 352283 | 6694 | 2214 | | 3604 | |
| 广　东 | 299731 | 155948 | | 165 | | | |
| 广　西 | 208814 | 152209 | 28195 | | | | 16605 |
| 海　南 | 59525 | 58686 | | | | 839 | |
| 重　庆 | 160907 | 156837 | | | | | |
| 四　川 | 441578 | 194429 | 3512 | | | | |
| 贵　州 | 565219 | 527432 | 3505 | | | | |
| 云　南 | 602807 | 555002 | 31654 | 3514 | | 1061 | |
| 西　藏 | 145304 | 133793 | 11511 | | | | |
| 陕　西 | 1295333 | 627041 | 6780 | | 1337 | 1573 | |
| 甘　肃 | 960957 | 380161 | 3342 | | | 14459 | |
| 青　海 | 393574 | 232822 | 3112 | 6100 | | | 68685 |
| 宁　夏 | 648527 | 553494 | | | | | |
| 新　疆 | 2827060 | 1813611 | 69915 | 32430 | 1368 | 6294 | |

## ——按地区和部门分列

计量单位：米

| 石　油<br>天然气 | 海洋<br>石油 | 石油<br>化工 | 核工业<br>部　门 | 化工<br>部门 | 建材<br>部门 | 中　联<br>煤层气 |
|---|---|---|---|---|---|---|
| **4275534** | **201241** | **6394** | **497569** | **142088** | **177351** | **96414** |
| | | | | | | |
| | | | | | | |
| 157023 | 87571 | | | | | |
| 438328 | | | | 27318 | 3450 | |
| 6186 | | | | | 5000 | 67194 |
| 440775 | | | 188689 | 27431 | 23295 | |
| | | | | | | |
| 191011 | | | 9104 | 890 | 15968 | |
| 247022 | | 457 | | | 9946 | |
| 398244 | | | | | 703 | |
| | | | | | | |
| | | | | | | |
| 33822 | | 520 | | | 1403 | |
| | | | | 6682 | 4327 | |
| | | | | | 15518 | 10600 |
| | | | | 9284 | 12303 | |
| | | | 61622 | | 4941 | 3966 |
| | | 398 | | 5767 | 1326 | 4050 |
| | | | | | | |
| | | 2695 | | 345 | 690 | 2246 |
| | | 200 | | 40140 | 3297 | |
| | | | 56464 | 2050 | 14415 | |
| | 113670 | | 19069 | | 10879 | |
| | | | | 925 | 10880 | |
| | | | | | | |
| | | | | | | |
| 4070 | | | | | | |
| 229066 | | 1420 | 9561 | | 3590 | |
| | | | | 18436 | 15846 | |
| | | | | 1822 | 4423 | 5331 |
| | | | | | | |
| | | | | | | |
| 584639 | | | 67704 | | 3232 | 3027 |
| 560636 | | | | | 2359 | |
| 80353 | | | | | 2502 | |
| 93623 | | | | | 1410 | |
| 810736 | | 704 | 85356 | 998 | 5648 | |

# 2008年机械岩心钻探工作量

**表 8**

| 矿　种 | 合计 | 属地化单　位 | 冶金部门 | 有色部门 | 中国地质调查局 | 武警黄金 | 煤炭部门 |
|---|---|---|---|---|---|---|---|
| **总　计** | **20129743** | **13466106** | **445092** | **71975** | **12378** | **91291** | **646310** |
| 煤 | 6654170 | 6014505 | 32071 | | | | 596856 |
| 油页岩 | 14431 | 14431 | | | | | |
| 陆地石油 | 4302297 | 20369 | | | | | |
| 海域石油 | 201241 | | | | | | |
| 煤层气 | 159652 | 63238 | | | | | |
| 石煤 | 1142 | 1142 | | | | | |
| 地热 | 8177 | 8177 | | | | | |
| 铁矿 | 1640492 | 1493191 | 134644 | | | | |
| 锰矿 | 108581 | 95641 | 11164 | 999 | 777 | | |
| 铬铁矿 | 3828 | 3828 | | | | | |
| 钛矿 | 1321 | 1219 | 102 | | | | |
| 钒矿 | 7530 | 6650 | 880 | | | | |
| 铜矿 | 1163794 | 1077786 | 39286 | 43725 | | | |
| 铅矿 | 19023 | 19023 | | | | | |
| 锌矿 | 10174 | 9112 | | | | | |
| 铝土矿 | 290941 | 285071 | 5870 | | | | |
| 镁矿 | 619 | 619 | | | | | |
| 镍矿 | 79803 | 73640 | 1332 | 4367 | | | |
| 钨矿 | 146618 | 130330 | 11288 | | 5000 | | |
| 锡矿 | 84272 | 83774 | | | | | |
| 钼矿 | 502439 | 475219 | 11029 | 11993 | | | |
| 铋矿 | 841 | 841 | | | | | |
| 汞矿 | 412 | 412 | | | | | |
| 锑矿 | 19936 | 9405 | | | | | |
| 铅锌矿 | 1232950 | 1203670 | 24459 | 1369 | 247 | | |
| 多金属矿 | 112961 | 91458 | 20382 | | 1121 | | |
| 铂矿 | 1399 | 1399 | | | | | |
| 金矿 | 1433098 | 1170773 | 131752 | 9019 | | 91291 | 9438 |
| 银矿 | 791905 | 783049 | 7553 | 503 | 800 | | |
| 铌钽矿 | 1010 | 1010 | | | | | |
| 锂矿 | 920 | 920 | | | | | |
| 铼矿 | 2142 | | | | | | |
| 硒矿 | 2 | 2 | | | | | |
| 蓝晶石 | 497 | | | | | | |
| 菱镁矿 | 198 | 198 | | | | | |
| 萤石(普通) | 14589 | 6162 | 598 | | | | |
| 熔剂用石灰岩 | 652 | 434 | | | | | |
| 冶金用白云岩 | 3775 | | | | | | |
| 耐火黏土 | 405 | 405 | | | | | |
| 自然硫 | 2363 | 61 | | | | | |
| 硫铁矿 | 5761 | 961 | | | | | 4016 |
| 钠硝石 | 306 | 306 | | | | | |
| 芒硝(含钙芒硝) | 98 | 98 | | | | | |
| 重晶石 | 263 | 263 | | | | | |

## ——按矿种和部门分列(一)

计量单位：米

| 石　油<br>天然气 | 海洋<br>石油 | 石油<br>化工 | 核工业<br>部　门 | 化工<br>部门 | 建材<br>部门 | 中　联<br>煤层气 |
|---|---|---|---|---|---|---|
| **4275534** | **201241** | **6394** | **497569** | **142088** | **177351** | **96414** |
| | | | | 2540 | 8198 | |
| | | | | | | |
| 4275534 | | 6394 | | | | |
| | 201241 | | | | | |
| | | | | | | 96414 |
| | | | | | | |
| | | | | | | |
| | | | | 11379 | 1278 | |
| | | | | | | |
| | | | | | | |
| | | | | | | |
| | | | | | | |
| | | | 614 | 2383 | | |
| | | | | | | |
| | | | | 1062 | | |
| | | | | | | |
| | | | | | | |
| | | | | | 464 | |
| | | | | | | |
| | | | | 498 | | |
| | | | | | 4198 | |
| | | | | | | |
| | | | | | | |
| | | | | | 10531 | |
| | | | | 3205 | | |
| | | | | | | |
| | | | | | | |
| | | | | 20825 | | |
| | | | | | | |
| | | | | | | |
| | | | | | | |
| | | | 2142 | | | |
| | | | | | | |
| | | | | | 497 | |
| | | | | | | |
| | | | | 5920 | 1909 | |
| | | | | | 218 | |
| | | | | | 3775 | |
| | | | | | | |
| | | | | 2302 | | |
| | | | | 784 | | |

# 2008年机械岩心钻探工作量

续表 8

| 矿 种 | 合计 | 属地化单位 | 冶金部门 | 有色部门 | 中国地质调查局 | 武警黄金 | 煤炭部门 |
|---|---|---|---|---|---|---|---|
| 电石石灰岩 | 5138 | 37 | | | | | |
| 化肥用石灰岩 | 1250 | 227 | | | | | |
| 含钾砂页岩 | 73 | 73 | | | | | |
| 岩盐 | 38279 | 1463 | | | | | 36000 |
| 钾盐 | 1993 | 1374 | | | | | |
| 硼矿 | 1278 | 388 | | | | | |
| 磷矿 | 97030 | 14015 | 2402 | | | | |
| 金刚石 | 177 | 177 | | | | | |
| 石墨 | 5453 | 373 | | | | | |
| 硅灰石 | 1263 | 1263 | | | | | |
| 滑石 | 3639 | 50 | | | | | |
| 长石 | 475 | | | | | | |
| 石榴子石 | 750 | | | | | | |
| 叶蜡石 | 1122 | | | | | | |
| 透辉石 | 450 | | | | | | |
| 透闪石 | 55 | 55 | | | | | |
| 石膏 | 11554 | 5504 | | | | | |
| 方解石 | 58 | 58 | | | | | |
| 宝石 | 298 | 298 | | | | | |
| 玉石 | 509 | 509 | | | | | |
| 水泥用灰岩 | 107467 | 5863 | 1315 | | | | |
| 泥灰岩 | 609 | 609 | | | | | |
| 建筑用白云岩 | 2680 | | 2680 | | | | |
| 玻璃用石英岩 | 310 | 310 | | | | | |
| 玻璃用砂岩 | 421 | 421 | | | | | |
| 玻璃用砂 | 55 | 55 | | | | | |
| 建筑用砂 | 708 | | | | | | |
| 玻璃用脉石英 | 46 | 46 | | | | | |
| 粉石英 | 925 | | | | | | |
| 硅藻土 | 1999 | 370 | | | | | |
| 陶粒页岩 | 757 | 757 | | | | | |
| 高岭土 | 18220 | 1864 | | | | | |
| 陶瓷土 | 51 | 51 | | | | | |
| 海泡石黏土 | 430 | | | | | | |
| 膨润土 | 565 | 446 | | | | | |
| 砖瓦用黏土 | 671 | 671 | | | | | |
| 玄武岩 | 530 | 530 | | | | | |
| 建筑用花岗岩 | 1308 | | | | | | |
| 饰面用花岗岩 | 984 | 230 | | | | | |
| 大理石 | 892 | 133 | | | | | |
| 水泥用大理岩 | 1127 | | | | | | |
| 建筑用大理岩 | 34 | 34 | | | | | |
| 矿泉水 | 668 | 668 | | | | | |
| 地下水 | 25498 | 24938 | | | 560 | | |
| 其他 | 764916 | 253454 | 6285 | | 3873 | | |

## ——按矿种和部门分列(二)

计量单位：米

| 石油<br>天然气 | 海洋<br>石油 | 石油<br>化工 | 核工业<br>部门 | 化工<br>部门 | 建材<br>部门 | 中联<br>煤层气 |
|---|---|---|---|---|---|---|
| | | | | | 5101 | |
| | | | | 1023 | | |
| | | | | | | |
| | | | | 816 | | |
| | | | | 518 | 101 | |
| | | | | 890 | | |
| | | | | 80613 | | |
| | | | | | | |
| | | | | 2982 | 2098 | |
| | | | | | | |
| | | | | | 3589 | |
| | | | | | 475 | |
| | | | | | 750 | |
| | | | | 222 | 900 | |
| | | | | | 450 | |
| | | | | | | |
| | | | | | 6050 | |
| | | | | | | |
| | | | | | | |
| | | | | | | |
| | | | | 711 | 99578 | |
| | | | | | | |
| | | | | | | |
| | | | | | | |
| | | | | | | |
| | | | | | | |
| | | | | | 708 | |
| | | | | | | |
| | | | | 925 | | |
| | | | | | 1629 | |
| | | | | | | |
| | | | | | 16356 | |
| | | | | | | |
| | | | | | 430 | |
| | | | | | 119 | |
| | | | | | | |
| | | | | | | |
| | | | | | 1308 | |
| | | | | | 754 | |
| | | | | 759 | | |
| | | | | | 1127 | |
| | | | | | | |
| | | | | | | |
| | | | | | | |
| | | | 494813 | 1731 | 4760 | |

# 2008年地质勘查投入情况

表 9

| 地区 | 地质勘查经 | | | | | | |
|---|---|---|---|---|---|---|---|
| | 合计 | 中央财政拨款 | | 地方财政拨款 | | 企事业投入 | |
| | | | 矿产资源补偿费 | | 矿产资源补偿费 | | 国内企事业 |
| 总　计 | **7357583.93** | **351500.00** | **23550.50** | **572400.00** | **86432.40** | **6433683.93** | **6329514.23** |
| 北　京 | 66866.67 | 19109.10 | 93.57 | 90.34 | | 46282.93 | 43396.93 |
| 天　津 | 393337.25 | 1653.36 | 1000.92 | 3622.97 | 3610.46 | 427894.44 | 422567.44 |
| 河　北 | 563756.15 | 15623.60 | 2501.86 | 40689.53 | 34311.86 | 556072.55 | 549774.80 |
| 山　西 | 124629.22 | 4670.11 | | 71980.87 | 7689.54 | 56243.47 | 36563.19 |
| 内蒙古 | 971357.91 | 19177.80 | 894.80 | 110540.36 | 632.41 | 380692.11 | 380032.72 |
| 辽　宁 | 231490.27 | 17684.02 | 7026.73 | 7747.94 | 572.68 | 234266.20 | 233078.66 |
| 吉　林 | 266206.12 | 3878.67 | 45.50 | 28034.81 | | 272888.27 | 263543.98 |
| 黑龙江 | 265053.31 | 7787.11 | 827.95 | 15541.37 | 10559.93 | 222266.29 | 221550.68 |
| 上　海 | 19174.76 | 521.14 | | 2432.63 | | 16053.79 | 16023.88 |
| 江　苏 | 130807.54 | 4417.52 | 12.94 | 6914.48 | | 118710.78 | 118710.78 |
| 浙　江 | 25648.86 | 1390.91 | 33.59 | 3637.87 | 1033.58 | 17928.68 | 17691.71 |
| 安　徽 | 79214.38 | 3740.59 | 718.54 | 22461.82 | | 45487.50 | 42016.90 |
| 福　建 | 44677.86 | 4899.95 | | 13618.79 | | 25942.63 | 25106.63 |
| 江　西 | 37902.37 | 16058.30 | 1320.76 | 4586.07 | 306.66 | 13525.35 | 11209.85 |
| 山　东 | 413686.96 | 17652.15 | 271.77 | 10109.61 | 8191.90 | 494056.46 | 493945.51 |
| 河　南 | 199565.33 | 4505.16 | 4.09 | 38902.91 | 996.53 | 172700.95 | 172286.22 |
| 湖　北 | 94036.33 | 7723.10 | 523.21 | 5510.84 | | 76412.86 | 76077.86 |
| 湖　南 | 49165.60 | 12696.13 | 277.07 | 14967.04 | | 18687.03 | 16752.63 |
| 广　东 | 353765.99 | 27032.53 | 253.57 | 11720.86 | | 364054.03 | 362737.94 |
| 广　西 | 40642.56 | 3781.38 | 1046.88 | 9400.44 | | 39730.51 | 38250.03 |
| 海　南 | 23060.32 | 542.96 | | 1304.02 | | 5509.16 | 5509.16 |
| 重　庆 | 35076.24 | 3249.26 | 136.49 | 24075.66 | 8491.45 | 13564.57 | 12009.59 |
| 四　川 | 857065.97 | 13113.96 | 363.06 | 24560.69 | | 861887.59 | 859860.07 |
| 贵　州 | 47280.69 | 2645.82 | 3.03 | 11192.44 | 250.12 | 37218.69 | 24386.79 |
| 云　南 | 104601.90 | 8828.09 | 2999.10 | 38732.76 | | 78095.46 | 76625.46 |
| 西　藏 | 42075.97 | 4921.29 | 19.26 | 35.84 | | 16900.27 | 16900.27 |
| 陕　西 | 262128.64 | 12210.09 | 459.97 | 1238.29 | 153.64 | 268779.87 | 267094.91 |
| 甘　肃 | 229159.34 | 4192.52 | | 11064.21 | 2592.69 | 229143.21 | 222753.46 |
| 青　海 | 151377.17 | 6995.85 | 136.49 | 24168.96 | 261.18 | 131094.56 | 122993.86 |
| 宁　夏 | 51997.72 | 593.86 | 333.64 | 3330.05 | | 53161.82 | 52607.82 |
| 新　疆 | 1105733.40 | 23162.56 | 2245.71 | 10185.53 | 6777.77 | 1138431.90 | 1127454.50 |
| 其　他 | 77041.11 | 77041.11 | | | | | |

## ——按地区分列

| 费（万元） | | | 机械岩心钻探工作量（米） | 坑探工作量（米） | 勘查人员（人） | | | 劳动报酬（万元） |
|---|---|---|---|---|---|---|---|---|
| | | 其他投入 | | | 年末从业人员 | | 平均从业人员 | |
| 港、澳、台商 | 外商 | | | | | 技术人员 | | |
| **7564.43** | **35651.16** | **60954.11** | **20129743** | **962670** | **351096** | **171498** | **342443** | **1222292.04** |
| 231.00 | 2626.00 | 29.00 | 71692 | | 10496 | 7623 | 9920 | 28757.80 |
| | 5327.00 | | 255974 | | 12631 | 4466 | 12413 | 82127.66 |
| 4163.00 | 358.00 | 1776.75 | 1131594 | 26576 | 31631 | 12563 | 31257 | 121900.39 |
| | 18028.52 | 1651.76 | 914239 | 44595 | 9041 | 5222 | 9080 | 15567.59 |
| | | 659.39 | 2853313 | 1695 | 11488 | 4406 | 11503 | 11890.27 |
| | | | | | | | | |
| | 74.50 | 1113.04 | 828801 | 5449 | 17134 | 7120 | 14814 | 76983.19 |
| | | 9344.29 | 880876 | 1533 | 26289 | 8456 | 26469 | 170834.03 |
| | | 715.61 | 583332 | 1033 | 21261 | 6875 | 20919 | 50277.53 |
| | | | | | | | | |
| | 29.91 | | | | 1361 | 766 | 1299 | 5846.20 |
| | | | 171406 | 821 | 11907 | 5432 | 10350 | 28220.86 |
| | 150.00 | 86.97 | 96207 | 7227 | 3331 | 2561 | 3434 | 4036.77 |
| | 2612.60 | 858.00 | 625041 | 400 | 8468 | 5263 | 8120 | 11062.41 |
| | | 836.00 | 350413 | 8018 | 5476 | 3659 | 5745 | 7263.27 |
| | 1621.60 | 693.90 | 283946 | 7457 | 10296 | 6879 | 10042 | 7288.92 |
| | | 110.95 | 1264439 | 2289 | 27531 | 13457 | 26907 | 70192.04 |
| | | | | | | | | |
| | | 414.73 | 594771 | 6083 | 25035 | 12376 | 23504 | 60071.30 |
| | 335.00 | | 176639 | 2909 | 10358 | 6034 | 9423 | 21495.62 |
| 350.00 | | 1584.40 | 437724 | 24632 | 7836 | 5205 | 6723 | 8274.61 |
| 407.00 | 889.09 | 20.00 | 299731 | 1051 | 7947 | 6073 | 7773 | 11805.49 |
| 1078.00 | 402.48 | | 208814 | 7473 | 4366 | 3144 | 4249 | 10420.11 |
| | | | 59525 | | 1147 | 1065 | 1154 | 1260.23 |
| | | | | | | | | |
| | | 1554.98 | 160907 | 22648 | 2704 | 1838 | 2453 | 9111.50 |
| | 82.00 | 1945.52 | 441578 | 45101 | 24513 | 10799 | 23380 | 86920.23 |
| 1335.43 | 25.50 | 11470.97 | 565219 | 1611 | 4075 | 2716 | 4400 | 10761.96 |
| | 1470.00 | | 602807 | 1974181 | 6430 | 5006 | 6065 | 16816.34 |
| | | | 145304 | 4334 | 745 | 700 | 823 | 4316.54 |
| | | | | | | | | |
| | 1195.96 | 489.00 | 1295333 | 53939 | 19288 | 8835 | 19499 | 78926.19 |
| | | 6389.75 | 960957 | 39799 | 7267 | 3504 | 7252 | 83870.22 |
| | | 8100.70 | 393574 | 11559 | 3185 | 2376 | 2970 | 12674.41 |
| | 423.00 | 131.00 | 648527 | 562 | 1781 | 1242 | 1688 | 1908.71 |
| | | 10977.40 | 2827060 | 8343 | 16078 | 5837 | 18815 | 111409.65 |

# 2008年地质勘查投入情况

**表 10**

| 部门 | 地质勘查 | | | | | | |
|---|---|---|---|---|---|---|---|
| | 合计 | 中央财政拨款 | | 地方财政拨款 | | 企事业投入 | |
| | | | 矿产资源补偿费 | | 矿产资源补偿费 | 小计 | 国内企事业 |
| **总　计** | 7357583.93 | 351500.00 | 23550.50 | 572400.00 | 86432.40 | 6433683.93 | 6329514.23 |
| 属地化单位 | 2189779.48 | 220530.69 | 18654.68 | 550240.56 | 80742.14 | 1422893.30 | 1358861.23 |
| 冶金部门 | 51651.21 | 9729.70 | 1402.20 | 5739.17 | 3155.99 | 35007.22 | 35007.22 |
| 有色部门 | 9513.00 | 1925.00 | | 1006.00 | | 6452.00 | 6452.00 |
| 中国地质调查局 | 59530.41 | 54169.81 | 2517.80 | 968.50 | | 4392.10 | 4392.10 |
| 武警黄金 | 11800.00 | 6500.00 | | 5300.00 | 463.40 | | |
| 煤炭部门 | 104657.00 | 3485.00 | | 3601.00 | | 97571.00 | 90551.00 |
| 石油天然气 | 3003204.00 | | | | | 3003204.00 | 3003204.00 |
| 海洋石油 | 533104.00 | | | | | 533104.00 | 527459.00 |
| 石油化工 | 1275328.00 | | | | | 1275328.00 | 1275328.00 |
| 核工业部门 | 49421.00 | 46439.00 | 502.00 | 531.00 | 357.00 | 2451.00 | 2093.00 |
| 化工部门 | 12393.90 | 2177.02 | 138.82 | 1338.77 | 637.87 | 8480.23 | 8480.23 |
| 建材部门 | 26983.00 | 5180.00 | 335.00 | 3675.00 | 1076.00 | 15946.00 | 14518.00 |
| 中联煤层气 | 30218.93 | 1363.80 | | | | 28855.13 | 3168.45 |

## ——按部门分列

| 费　（万 元） | | | 机械岩心钻探工作量（米） | 坑探工作量（米） | 勘查人员（人） | | | 劳动报酬（万元） |
|---|---|---|---|---|---|---|---|---|
| | | 其他投入 | | | 年末从业人员 | | 平均从业人员 | |
| 港、澳、台商 | 外商 | | | | | 技术人员 | | |
| 7564.43 | 35651.16 | 60954.11 | 20129743 | 962670 | 351096 | 171498 | 342443 | 1222292.04 |
| 1742.43 | 1335.48 | 57028.85 | 13466106 | 914240 | 179270 | 109619 | 176889 | 320555.08 |
| | | 1215.38 | 445092 | 31153 | 7878 | 7878 | 7773 | 7356.76 |
| | | 130.00 | 71975 | 5372 | 392 | 288 | 387 | 1027.00 |
| | | | 12378 | | 4507 | 1240 | 4447 | 7946.40 |
| | | | 91291 | 6064 | 4077 | 4051 | 4023 | |
| 4394.00 | 2626.00 | | 646310 | | 7732 | 4421 | 7629 | 19610.00 |
| | | | 4275534 | | 92434 | 21662 | 90998 | 635034.00 |
| | 5645.00 | | 201241 | | 1693 | 1238 | 1586 | 15760.89 |
| | | | 6394 | | 44583 | 16331 | 40290 | 192746.00 |
| | 358.00 | | 497569 | | 2020 | 1816 | 1993 | 10199.33 |
| | | 397.88 | 142088 | 4689 | 2327 | 1597 | 2296 | 3090.14 |
| 1428.00 | | 2182.00 | 177351 | 1152 | 3914 | 3125 | 3862 | 7148.00 |
| | 25686.68 | | 96414 | | 269 | 93 | 269 | 1818.44 |

# 2008年地质勘查投入情况

表 11

| 矿　种 | 地质勘查费 | | | | | | |
|---|---|---|---|---|---|---|---|
| | 合计 | 中央财政拨款 | | 地方财政拨款 | | 企事业资金 | |
| | | | 矿产资源补偿费 | | 矿产资源补偿费 | 小计 | 国内企事业 |
| **总　计** | **7357583.93** | **351500.00** | **23550.50** | **572400.00** | **86432.40** | **6433683.93** | **6329514.23** |
| **一、能源矿产** | **5687153.4** | **514225.4** | **1562.26** | **252740.05** | **24095.2** | **5382990.8** | **5324587.2** |
| 煤 | 786762.84 | 23048.98 | 449.87 | 245736.20 | 23054.91 | 517977.68 | 491630.09 |
| 油页岩 | 3700.83 | 43.50 | 65.97 | 2786.33 | | 871.00 | 671.00 |
| 陆地石油 | 4287477.48 | 2683.90 | | | | 4284793.58 | 4284793.58 |
| 海域石油 | 545356.10 | 12252.10 | | | | 533104.00 | 527459.00 |
| 天然气 | 1466.60 | 1453.00 | | | | 13.60 | 13.60 |
| 煤层气 | 45500.38 | 1487.35 | | 1258.93 | | 42754.10 | 16893.11 |
| 石煤 | 460.40 | | | | | 460.40 | 159.40 |
| 地热 | 7084.23 | 1109.20 | 1046.42 | 2958.61 | 1040.29 | 3016.42 | 2967.42 |
| 天然气水合物 | 9344.51 | 9344.51 | | | | | |
| **二、金属矿产** | **1316339.00** | **130143.19** | **9244.04** | **195856.00** | **39809.74** | **990340.22** | **953084.97** |
| **黑色金属矿产** | **241229.30** | **16849.41** | **837.53** | **44165.50** | **21119.62** | **180214.37** | **171995.59** |
| 铁矿 | 216311.23 | 14489.00 | 687.00 | 41067.21 | 20199.49 | 160755.02 | 152590.47 |
| 锰矿 | 17286.88 | 1560.00 | 136.49 | 1499.72 | 382.40 | 14227.16 | 14172.93 |
| 铬铁矿 | 2403.17 | 791.15 | | | | 1612.02 | 1612.02 |
| 钛矿 | 494.56 | | | 375.08 | | 119.48 | 119.48 |
| 钒矿 | 4733.43 | 9.26 | 14.04 | 1223.48 | 537.73 | 3500.69 | 3500.69 |
| **有色金属矿产** | **779329.50** | **70255.03** | **6162.41** | **102695.00** | **8381.20** | **606379.20** | **589191.71** |
| 铜矿 | 202178.59 | 27733.20 | 1813.34 | 24106.05 | 3695.48 | 150339.34 | 145137.22 |
| 铅矿 | 4634.86 | 128.05 | | 1170.74 | | 3336.07 | 3276.39 |
| 锌矿 | 1608.09 | 573.30 | | 232.04 | 85.88 | 802.75 | 802.75 |
| 铅锌矿 | 372473.80 | 14508.43 | 821.06 | 18642.70 | 1427.31 | 339322.67 | 336496.06 |
| 多金属矿 | 59374.23 | 13580.43 | 2223.93 | 29605.81 | 1386.66 | 16187.99 | 14850.61 |

## ——按矿种分列(一)

| （万 元） | | | 机械岩心钻探工作量（米） | 坑探工作量（米） | 勘查人员（人） | | | 劳动报酬（万元） |
|---|---|---|---|---|---|---|---|---|
| | | 其他投入 | | | 年末从业人员 | | 平均从业人员 | |
| 港、澳、台商 | 外商 | | | | | 技术人员 | | |
| **7564.43** | **35651.16** | **60954.11** | **20129743** | **962670** | **351096** | **171498** | **342443** | **1222292.04** |
| **4694.89** | **33957.68** | **19751.01** | **11341110** | **94354** | **202770** | **71028** | **225344** | **966751.52** |
| 4694.89 | 2626.00 | 19026.70 | 6654170 | 94354 | 57345 | 29383 | 48416 | 112458.94 |
| | | 200.00 | 14431 | | 844 | 312 | 598 | 1601.58 |
| | | | 4302297 | | 138479 | 38286 | 171102 | 827945.85 |
| | 5645.00 | | 201241 | | 2412 | 1424 | 2448 | 17297.09 |
| | | | | | 44 | 13 | 18 | 64.00 |
| | 25686.68 | 174.31 | 159652 | | 1470 | 205 | 1326 | 2998.34 |
| | | 301.00 | 1142 | | 108 | 39 | 54 | 120.00 |
| | | 49.00 | 8177 | | 1086 | 1119 | 827 | 2054.72 |
| | | | | | 982 | 247 | 555 | 2211.00 |
| **1009.96** | **1349.62** | **34895.70** | **7657011** | **839015** | **105644** | **65044** | **83308** | **181204.79** |
| **167.00** | | **8051.78** | 1761752 | **116287** | **29268** | **13317** | **22606** | **55740.92** |
| 167.00 | | 7997.55 | 1640492 | 81948 | 27161 | 11708 | 21227 | 52990.19 |
| | | 54.23 | 108581 | 22157 | 1276 | 995 | 772 | 1222.76 |
| | | | 3828 | 2900 | 181 | 89 | 140 | 455.00 |
| | | | 1321 | | 82 | 53 | 44 | 110.24 |
| | | | 7530 | 9282 | 568 | 472 | 423 | 962.73 |
| **842.96** | **264.14** | **16080.40** | **3664783** | **457633** | **50893** | **33301** | **39393** | **85829.27** |
| | 150.00 | 5052.12 | 1163794 | 125868 | 12370 | 8077 | 10093 | 24253.36 |
| | | 59.68 | 19023 | 2436 | 1068 | 794 | 778 | 1587.85 |
| | | | 10174 | 153 | 214 | 215 | 172 | 474.90 |
| 240.00 | | 2586.61 | 1232950 | 202515 | 10237 | 7320 | 7878 | 17406.01 |
| | | 1337.38 | 112961 | 46680 | 8768 | 5939 | 6359 | 14942.95 |

## 2008年地质勘查投入情况

续表 11

| 矿　种 | 地质勘查费 | | | | | | |
|---|---|---|---|---|---|---|---|
| | 合计 | 中央财政拨款 | | 地方财政拨款 | | 企事业资金 | |
| | | | 矿产资源补偿费 | | 矿产资源补偿费 | 小计 | 国内企事业 |
| 铝土矿 | 31788.36 | 2325.00 | 121.32 | 11973.46 | 493.17 | 17489.90 | 16870.64 |
| 镍矿 | 12329.92 | 2106.33 | 404.01 | 974.57 | 276.54 | 9249.02 | 8936.88 |
| 镁矿 | 294.94 | | | 238.60 | 366.58 | 56.34 | 56.34 |
| 钴矿 | 28.60 | | | | | 28.60 | 28.60 |
| 钨矿 | 21888.46 | 6005.59 | 617.54 | 7011.38 | | 8871.49 | 8871.49 |
| 锡矿 | 10732.54 | 1740.00 | 74.31 | 1899.40 | 144.42 | 7093.14 | 7093.14 |
| 铋矿 | 124.50 | | | 120.00 | | 4.50 | 4.50 |
| 钼矿 | 58700.98 | 1019.90 | | 6681.60 | 505.16 | 50999.48 | 44169.18 |
| 汞矿 | 202.20 | | | | | 202.20 | 202.20 |
| 锑矿 | 2969.41 | 534.80 | 86.90 | 38.90 | | 2395.71 | 2395.71 |
| **贵金属矿产** | **293738.70** | **42776.83** | **2210.86** | **48055.30** | **10308.92** | **202906.57** | **191235.80** |
| 铂矿 | 1067.82 | | | 171.52 | | 896.30 | 814.30 |
| 金矿 | 281649.29 | 42491.83 | 2201.49 | 45196.08 | 10186.13 | 193961.38 | 183198.61 |
| 银矿 | 11021.59 | 285.00 | 9.37 | 2687.70 | 122.79 | 8048.89 | 7222.89 |
| **稀有金属矿产** | **1532.95** | **240.00** | | **507.87** | | **785.08** | **606.87** |
| 铌钽矿 | 778.87 | | | 480.00 | | 298.87 | 298.87 |
| 铍矿 | 77.87 | | | 27.87 | | 50.00 | 50.00 |
| 锂矿 | 676.21 | 240.00 | | | | 436.21 | 258.00 |
| **稀土金属矿产** | **64.00** | **9.00** | **13.65** | | | **55.00** | **55.00** |
| 轻稀土矿 | 64.00 | 9.00 | 13.65 | | | 55.00 | 55.00 |
| **稀散元素矿** | **444.92** | **12.92** | **19.59** | **432.00** | | | |
| 铼矿 | 171.00 | | | 171.00 | | | |
| 硒矿 | 273.92 | 12.92 | 19.59 | 261.00 | | | |

## ——按矿种分列(二)

| （万 元） | | | 机械岩心钻探工作量（米） | 坑探工作量（米） | 勘查人员（人） | | | 劳动报酬（万元） |
|---|---|---|---|---|---|---|---|---|
| | | 其他投入 | | | 年末从业人员 | | 平均从业人员 | |
| 港、澳、台商 | 外商 | | | | | 技术人员 | | |
| 602.96 | | 16.30 | 290941 | 3602 | 1394 | 1122 | 1102 | 2671.91 |
| | 114.14 | 198.00 | 79803 | 4364 | 2635 | 1148 | 1899 | 2135.65 |
| | | | 619 | | 137 | 138 | 123 | 42.80 |
| | | | | | 72 | 107 | 58 | 13.50 |
| | | | 146618 | 15397 | 3127 | 2072 | 2350 | 3398.85 |
| | | | 84272 | 9913 | 708 | 586 | 488 | 1457.49 |
| | | | 841 | | 8 | 13 | 3 | 4.10 |
| | | 6830.30 | 502439 | 36689 | 6657 | 4354 | 5391 | 12139.31 |
| | | | 412 | | 10 | 5 | 9 | 31.50 |
| | | | 19936 | 10016 | 3488 | 1411 | 2690 | 5269.09 |
| | | | | | | | | |
| | **1085.48** | **10585.30** | **2226402** | **264578** | **25211** | **18148** | **21060** | **39077.91** |
| | 82.00 | | 1399 | 2700 | 105 | 115 | 93 | 213.67 |
| | 402.48 | 10360.29 | 1433098 | 242601 | 20870 | 15781 | 17602 | 32237.58 |
| | 601.00 | 225.00 | 791905 | 19277 | 4236 | 2252 | 3365 | 6626.66 |
| | | | | | | | | |
| | | **178.21** | **1930** | **517** | **237** | **243** | **216** | **478.50** |
| | | | 1010 | 132 | 97 | 82 | 83 | 277.00 |
| | | | | | 5 | 8 | 5 | 20.20 |
| | | 178.21 | 920 | 385 | 135 | 153 | 128 | 181.30 |
| | | | | | | | | |
| | | | | | **7** | **5** | **4** | **9.80** |
| | | | | | 7 | 5 | 4 | 9.80 |
| | | | | | | | | |
| | | | **2144** | | **28** | **30** | **29** | **68.39** |
| | | | 2142 | | 12 | 11 | 20 | 45.00 |
| | | | 2 | | 16 | 19 | 9 | 23.39 |

# 2008年地质勘查投入情况

**续表 11**

| 矿　种 | 地质勘查费 | | | | | | |
|---|---|---|---|---|---|---|---|
| | 合计 | 中央财政拨款 | | 地方财政拨款 | | 企事业资金 | |
| | | | 矿产资源补偿费 | | 矿产资源补偿费 | 小计 | 国内企事业 |
| **三、非金属矿产** | **57769.48** | **8298.11** | **1585.62** | **14628.00** | **2592.98** | **34843.36** | **31858.90** |
| **冶金辅助材料** | **5259.55** | **694.26** | **420.31** | **1429.65** | **411.35** | **3135.64** | **2976.64** |
| 蓝晶石 | 77.00 | 77.00 | 116.77 | | | | |
| 矽线石 | 8.00 | | | | | 8.00 | 8.00 |
| 菱镁矿 | 90.94 | | | | | 90.94 | 90.94 |
| 萤石(普通) | 3584.55 | 609.26 | 303.54 | 1139.75 | 411.35 | 1835.54 | 1765.54 |
| 熔剂用石灰岩 | 205.50 | 8.00 | | | | 197.50 | 136.50 |
| 冶金用白云岩 | 793.41 | | | 217.90 | | 575.51 | 575.51 |
| 冶金用石英岩 | 258.15 | | | | | 258.15 | 230.15 |
| 冶金用砂岩 | 72.00 | | | 72.00 | | | |
| 耐火黏土 | 170.00 | | | | | 170.00 | 170.00 |
| **化工原料矿产** | **24209.65** | **3676.16** | **642.09** | **7208.99** | **484.16** | **13324.50** | **13227.90** |
| 自然硫 | 65.25 | 49.12 | 74.49 | 1.13 | 1.74 | 15.00 | 15.00 |
| 硫铁矿 | 447.68 | 23.68 | | 120.00 | | 304.00 | 304.00 |
| 钠硝石 | 93.00 | | | | | 93.00 | |
| 芒硝(含钙芒硝) | 44.80 | | | 13.80 | | 31.00 | 31.00 |
| 重晶石 | 158.64 | 87.81 | | | | 70.83 | 70.83 |
| 电石石灰岩 | 184.80 | | | 178.00 | | 6.80 | 6.80 |
| 化肥用石灰岩 | 86.99 | | | 50.00 | | 36.99 | 36.99 |
| 化肥用石英岩 | 4.00 | | | 4.00 | 6.14 | | |
| 含钾岩石 | 84.00 | | | 84.00 | 46.09 | | |
| 含钾砂页岩 | 70.00 | | | | | 70.00 | 70.00 |
| 岩盐 | 8413.39 | | | 2558.73 | | 5854.66 | 5854.66 |
| 钾盐 | 3537.92 | 620.00 | | 2897.92 | 322.64 | 20.00 | 20.00 |
| 硼矿 | 640.50 | 350.00 | 530.79 | 158.50 | | 132.00 | 132.00 |
| 磷矿 | 10378.68 | 2545.55 | 36.81 | 1142.91 | 107.55 | 6690.22 | 6686.62 |

## ——按矿种分列(三)

| (万 元) | | | 机械岩心钻探工作量(米) | 坑探工作量(米) | 勘查人员(人) | | | 劳动报酬(万元) |
|---|---|---|---|---|---|---|---|---|
| | | 其他投入 | | | 年末从业人员 | | 平均从业人员 | |
| 港、澳、台商 | 外商 | | | | | 技术人员 | | |
| **1428.00** | | **1556.46** | **340540** | **20646** | **9796** | **6866** | **7440** | **13724.12** |
| | | **159.00** | **20116** | **3364** | **761** | **657** | **578** | **1197.40** |
| | | | 497 | | 4 | 6 | 5 | 23.00 |
| | | | | | 3 | 4 | 1 | 0.90 |
| | | | 198 | | 76 | 84 | 56 | 16.80 |
| | | 70.00 | 14589 | 1171 | 432 | 346 | 334 | 830.67 |
| | | 61.00 | 652 | | 110 | 123 | 82 | 89.76 |
| | | | 3775 | 1945 | 67 | 49 | 60 | 149.82 |
| | | 28.00 | | | 8 | 3 | 14 | 53.45 |
| | | | | | 24 | 22 | 7 | 15.00 |
| | | | 405 | 248 | 37 | 20 | 19 | 18.00 |
| | | | | | | | | |
| | | **96.60** | **153832** | **3916** | **3633** | **2220** | **2684** | **4749.30** |
| | | | 2363 | | 31 | 23 | 16 | 28.60 |
| | | | 5761 | | 218 | 193 | 155 | 136.02 |
| | | 93.00 | 306 | | 3 | 5 | 5 | 26.00 |
| | | | 98 | | 32 | 21 | 16 | 29.50 |
| | | | 263 | | 39 | 34 | 23 | 64.39 |
| | | | 5138 | | 19 | 21 | 56 | 36.00 |
| | | | 1250 | | 13 | 10 | 9 | 27.40 |
| | | | | | 2 | 2 | 1 | 2.85 |
| | | | | | 29 | 21 | 19 | 39.28 |
| | | | 73 | | 19 | 8 | 8 | 23.00 |
| | | | 38279 | | 362 | 121 | 272 | 775.07 |
| | | | 1993 | | 317 | 107 | 231 | 312.42 |
| | | | 1278 | | 300 | 152 | 221 | 179.50 |
| | | 3.60 | 97030 | 3916 | 2249 | 1502 | 1652 | 3069.27 |

## 2008年地质勘查投入情况

续表 11

| 矿种 | 地质勘查费 | | | | | | |
|---|---|---|---|---|---|---|---|
| | 合计 | 中央财政拨款 | | 地方财政拨款 | | 企事业资金 | |
| | | | 矿产资源补偿费 | | 矿产资源补偿费 | 小计 | 国内企事业 |
| **特种非金属** | **186.00** | **76.00** | | **96.00** | **147.49** | **14.00** | **14.00** |
| 金刚石 | 186.00 | 76.00 | | 96.00 | 147.49 | 14.00 | 14.00 |
| **建材及其他非金属** | **28114.28** | **3851.69** | **523.22** | **5893.37** | **1549.98** | **18369.22** | **15640.36** |
| 石墨 | 1321.77 | 555.70 | 45.50 | 271.00 | 81.43 | 495.07 | 495.07 |
| 硅灰石 | 497.00 | | | 398.00 | | 99.00 | 99.00 |
| 滑石 | 478.50 | 190.00 | 288.15 | 233.00 | 357.97 | 55.50 | 18.00 |
| 石棉(温石棉) | 7.00 | | | | | 7.00 | 7.00 |
| 长石 | 83.00 | | | 70.00 | 107.55 | 13.00 | 13.00 |
| 电气石 | 20.00 | | | | | 20.00 | 20.00 |
| 石榴子石 | 72.00 | | | 72.00 | 110.62 | | |
| 叶蜡石 | 60.00 | | | | | 60.00 | 60.00 |
| 透辉石 | 58.00 | 30.00 | 45.50 | | | 28.00 | 28.00 |
| 透闪石 | 20.00 | | | | | 20.00 | 20.00 |
| 石膏 | 1344.80 | 13.00 | | 251.80 | 24.58 | 1080.00 | 1063.00 |
| 方解石 | 22.60 | | | | | 22.60 | 22.60 |
| 宝石 | 276.35 | | | 160.00 | 122.91 | 116.35 | 116.35 |
| 玉石 | 258.50 | | | 186.50 | | 72.00 | 18.00 |
| 水泥用灰岩 | 15757.68 | 2092.00 | | 3008.81 | 400.99 | 10656.87 | 8274.87 |
| 建筑石料用灰岩 | 369.00 | | | | | 369.00 | 369.00 |
| 泥灰岩 | 180.00 | | | | | 180.00 | 180.00 |
| 建筑用白云岩 | 105.26 | | | | | 105.26 | 105.26 |
| 玻璃用石英岩 | 97.00 | 80.00 | 121.32 | | | 17.00 | 17.00 |
| 玻璃用砂岩 | 83.60 | | | | | 83.60 | 83.60 |
| 陶瓷用砂岩 | 46.00 | | | | | 46.00 | 46.00 |
| 玻璃用砂 | 28.00 | | | | | 28.00 | 28.00 |
| 建筑用砂 | 112.00 | | | | | 112.00 | 112.00 |
| 玻璃用脉石英 | 89.20 | | | 80.00 | | 9.20 | 9.20 |

## ——按矿种分列(四)

| （万 元） | | | 机械岩心钻探工作量（米） | 坑探工作量（米） | 勘查人员（人） | | | 劳动报酬（万元） |
|---|---|---|---|---|---|---|---|---|
| | | 其他投入 | | | 年末从业人员 | | 平均从业人员 | |
| 港、澳、台商 | 外商 | | | | | 技术人员 | | |
| | | | **177** | | **16** | **26** | **14** | **33.60** |
| | | | 177 | | 16 | 26 | 14 | 33.60 |
| | | | | | | | | |
| **1428.00** | | **1300.86** | **166415** | **13366** | **5386** | **3963** | **4164** | **7743.82** |
| | | | 5453 | 892 | 158 | 154 | 109 | 342.61 |
| | | | 1263 | 6 | 18 | 25 | 14 | 46.00 |
| | | 37.50 | 3639 | 35 | 71 | 44 | 48 | 110.20 |
| | | | | | 18 | 22 | 13 | 12.00 |
| | | | 475 | | 47 | 32 | 29 | 40.00 |
| | | | | | 3 | 4 | 1 | 3.71 |
| | | | 750 | 15 | 18 | 11 | 10 | 19.00 |
| | | | 1122 | | 23 | 12 | 12 | 24.48 |
| | | | 450 | | 16 | 8 | 10 | 25.00 |
| | | | 55 | | 54 | 38 | 44 | 12.00 |
| | | 17.00 | 11554 | | 163 | 140 | 122 | 276.77 |
| | | | 58 | | 19 | 5 | 18 | 12.70 |
| | | | 298 | 3810 | 27 | 13 | 27 | 107.00 |
| | | 54.00 | 509 | | 94 | 105 | 73 | 91.06 |
| 1428.00 | | 954.00 | 107467 | 4458 | 2718 | 1828 | 2113 | 4489.89 |
| | | | | | 47 | 46 | 34 | 97.70 |
| | | | 609 | | 6 | 3 | 6 | 18.00 |
| | | | 2680 | | 29 | 15 | 9 | 30.48 |
| | | | 310 | | 14 | 20 | 10 | 19.30 |
| | | | 421 | | 13 | 13 | 9 | 28.32 |
| | | | | | 9 | 11 | 8 | 28.00 |
| | | | 55 | | 3 | 5 | 3 | 8.04 |
| | | | 708 | | 50 | 24 | 31 | 68.00 |
| | | | 46 | | 37 | 23 | 27 | 8.47 |

# 2008年地质勘查投入情况

续表 11

| 矿 种 | 地质勘查费 | | | | | | |
|---|---|---|---|---|---|---|---|
| | 合计 | 中央财政拨款 | | 地方财政拨款 | | 企事业资金 | |
| | | | 矿产资源补偿费 | | 矿产资源补偿费 | 小计 | 国内企事业 |
| 粉石英 | 37.00 | | | | | 37.00 | 37.00 |
| 硅藻土 | 453.00 | 119.00 | | 105.00 | | 229.00 | 229.00 |
| 陶粒页岩 | 290.00 | | | | | 290.00 | 240.00 |
| 砖瓦用页岩 | 131.00 | | | 131.00 | 156.71 | | |
| 水泥配料用页岩 | 41.00 | | | 40.00 | 61.45 | 1.00 | 1.00 |
| 高岭土 | 2718.18 | 449.00 | 22.75 | 220.34 | 4.61 | 2048.84 | 2044.68 |
| 陶瓷土 | 74.99 | | | 28.99 | | 46.00 | 46.00 |
| 海泡石黏土 | 80.00 | | | | | 80.00 | 80.00 |
| 膨润土 | 596.94 | 322.99 | | 78.86 | 121.16 | 195.09 | 195.09 |
| 砖瓦用黏土 | 130.00 | | | 130.00 | | | |
| 陶粒用黏土 | 13.00 | | | 13.00 | | | |
| 水泥配料用黏土 | 7.00 | | | | | 7.00 | 7.00 |
| 饰面用蛇纹岩 | 57.00 | | | | | 57.00 | |
| 玄武岩 | 417.27 | | | 322.27 | | 95.00 | 95.00 |
| 花岗岩 | 333.35 | | | | | 333.35 | 333.35 |
| 建筑用花岗岩 | 405.58 | | | | | 405.58 | 405.58 |
| 饰面用花岗岩 | 482.20 | | | | | 482.20 | 380.00 |
| 火山渣 | 3.78 | | | | | 3.78 | 3.78 |
| 大理石 | 163.93 | | | 73.00 | | 90.93 | 90.93 |
| 饰面用大理岩 | 19.80 | | | 19.80 | | | |
| 建筑用大理岩 | 40.00 | | | | | 40.00 | 40.00 |
| 水泥用大理岩 | 232.00 | | | | | 232.00 | 207.00 |
| **四、水汽矿产** | **22754.81** | **1375.74** | | **7333.22** | **654.49** | **14045.85** | **14045.85** |
| 矿泉水 | 165.00 | | | | | 165.00 | 165.00 |
| 地下水 | 22589.81 | 1375.74 | | 7333.22 | 654.49 | 13880.85 | 13880.85 |
| **五、其他** | **273566.96** | **160260.42** | **11158.58** | **101843** | **19279.99** | **11463.72** | **5937.31** |

## ——按矿种分列(五)

| （万 元） | | | 机械岩心钻探工作量（米） | 坑探工作量（米） | 勘查人员（人） | | | 劳动报酬（万元） |
|---|---|---|---|---|---|---|---|---|
| | | 其他投入 | | | 年末从业人员 | | 平均从业人员 | |
| 港、澳、台商 | 外商 | | | | | 技术人员 | | |
| | | | 925 | | 13 | 6 | 6 | 22.30 |
| | | | 1999 | | 232 | 170 | 172 | 116.00 |
| | | 50.00 | 757 | | 259 | 182 | 207 | 135.00 |
| | | | | | 33 | 37 | 25 | 33.00 |
| | | | | | 27 | 19 | 17 | 21.90 |
| | | 4.16 | 18220 | | 265 | 234 | 242 | 502.94 |
| | | | 51 | | 11 | 13 | 10 | 35.97 |
| | | | 430 | | 13 | 11 | 9 | 33.00 |
| | | | 565 | | 83 | 92 | 60 | 181.51 |
| | | | 671 | | 24 | 15 | 18 | 42.00 |
| | | | | 3450 | 3 | 3 | 1 | 5.00 |
| | | | | | 3 | 5 | 1 | 4.00 |
| | | 57.00 | | | | 16 | 10 | 34.00 |
| | | | 530 | | 75 | 82 | 61 | 23.70 |
| | | | | 700 | 56 | 66 | 45 | 95.30 |
| | | | 1308 | | 72 | 76 | 78 | 191.74 |
| | | 102.20 | 984 | | 260 | 135 | 201 | 140.00 |
| | | | | | | 2 | 1 | 3.20 |
| | | | 892 | | 32 | 45 | 23 | 78.53 |
| | | | 1127 | | 5 | 5 | 3 | 5.00 |
| | | | 34 | | 178 | 51 | 144 | 23.00 |
| | | 25.00 | | | 87 | 97 | 50 | 98.00 |
| | | | **26166** | **656** | **2589** | **1169** | **2189** | **4184.62** |
| | | | 668 | | 18 | 20 | 14 | 16.00 |
| | | | 25498 | 656 | 2571 | 1149 | 2175 | 4168.62 |
| **431.58** | **343.86** | **4750.97** | **764916** | **7999** | **30297** | **27391** | **24162** | **56426.99** |

# 2008年地质勘查费用

表 12

| 地　区 | 合计 | 属地化单位 | 冶金部门 | 有色部门 | 中国地质调查局 | 武警黄金 | 煤炭部门 |
|---|---|---|---|---|---|---|---|
| **总　计** | **7357583.93** | **2189779.48** | **51651.21** | **9513.00** | **11800.00** | **59530.41** | **104657.00** |
| 北　京 | 66866.67 | 9050.11 | | | 202.00 | 14151.57 | 9663.00 |
| 天　津 | 393337.25 | 2554.92 | | | | 1289.32 | |
| 河　北 | 563756.15 | 52600.94 | 4061.64 | 579.00 | 312.00 | 1026.66 | 59969.00 |
| 山　西 | 124629.22 | 94816.50 | 6906.50 | | | 12.70 | |
| 内蒙古 | 971357.91 | 673073.87 | 4282.27 | 2550.00 | 4978.00 | 1325.13 | |
| 辽　宁 | 231490.27 | 50593.99 | | | 285.50 | 690.27 | |
| 吉　林 | 266206.12 | 54426.65 | | | 95.00 | | |
| 黑龙江 | 265053.31 | 65070.10 | | | 1483.00 | 68.22 | |
| 上　海 | 19174.76 | 4505.85 | | | | | |
| 江　苏 | 130807.54 | 21392.59 | | 30.00 | | 1027.36 | 20519.00 |
| 浙　江 | 25648.86 | 17248.44 | 541.33 | | | 12.40 | 2006.00 |
| 安　徽 | 79214.38 | 73361.93 | 462.39 | | 137.00 | 262.47 | |
| 福　建 | 44677.86 | 42557.71 | 204.84 | | | | |
| 江　西 | 37902.37 | 30095.94 | 39.30 | | 16.00 | 95.52 | |
| 山　东 | 413686.96 | 68604.96 | 7177.88 | | 417.00 | 11802.98 | |
| 河　南 | 199565.33 | 58860.59 | | | 392.50 | 319.08 | |
| 湖　北 | 94036.33 | 23510.81 | 3881.45 | | 46.00 | 4450.52 | |
| 湖　南 | 49165.60 | 41756.61 | 508.06 | 130.00 | 329.60 | 107.03 | |
| 广　东 | 353765.99 | 21198.25 | | 321.00 | 59.00 | 15276.65 | |
| 广　西 | 40642.56 | 33748.57 | 1377.53 | | | 104.63 | 3959.00 |
| 海　南 | 23060.32 | 22894.32 | | | 166.00 | | |
| 重　庆 | 35076.24 | 28913.24 | | | | | |
| 四　川 | 857065.97 | 74985.11 | 132.38 | | 166.00 | 3122.49 | |
| 贵　州 | 47280.69 | 44739.38 | 168.26 | | | | |
| 云　南 | 104601.90 | 95036.27 | 5097.15 | 930.00 | 550.00 | 303.58 | |
| 西　藏 | 42075.97 | 37660.52 | 3507.63 | | | 907.83 | |
| 陕　西 | 262128.64 | 63986.40 | 1545.80 | | 261.00 | 1729.54 | |
| 甘　肃 | 229159.34 | 54093.81 | 608.53 | 229.00 | 1322.00 | | |
| 青　海 | 151377.17 | 48672.40 | 103.40 | 440.00 | 84.00 | 894.23 | 8541.00 |
| 宁　夏 | 51997.72 | 29325.72 | | | | | |
| 新　疆 | 1105733.40 | 173401.87 | 11044.89 | 4304.00 | 498.40 | 550.24 | |
| 其　他 | 77041.11 | 77041.11 | | | | | |

## ——按地区和部门分列

计量单位：万元

| 石油天然气 | 海洋石油 | 石油化工 | 核工业部门 | 化工部门 | 建材部门 | 中联煤层气 |
|---|---|---|---|---|---|---|
| **3003204.00** | **533104.00** | **1275328.00** | **49421.00** | **12393.90** | **26983.00** | **30218.93** |
| | | | | | | |
| 26390.00 | | 4757.00 | 2166.00 | | 487.00 | |
| 179260.00 | 210233.00 | | | | | |
| 436233.00 | | | 6107.00 | 2111.90 | 755.00 | |
| 3003.00 | | | | | 904.00 | 18986.52 |
| 267314.00 | | | 12901.00 | 2118.64 | 2815.00 | |
| | | | | | | |
| 176999.00 | | | 1442.00 | 63.50 | 1297.00 | 119.00 |
| 128584.00 | | 80423.00 | | 148.47 | 2529.00 | |
| 197550.00 | | | | 20.00 | 862.00 | |
| | | | | | | |
| | 10300.91 | 4368.00 | | | | |
| 14679.00 | | 73027.00 | | 40.59 | 92.00 | |
| 4761.00 | | | | 675.69 | 404.00 | |
| | | | | | 1478.00 | 3512.60 |
| | | | | 909.31 | 1006.00 | |
| | | | 5690.00 | | 344.00 | 1621.60 |
| | | 323722.00 | | 1363.15 | 249.00 | 350.00 |
| | | | | | | |
| | | 138671.00 | | 491.16 | 500.00 | 331.00 |
| | | 58875.00 | | 1539.54 | 1398.00 | 335.00 |
| | | | 4935.00 | 246.30 | 1153.00 | |
| | 312570.09 | | 3341.00 | | 1000.00 | |
| | | | | 96.84 | 1356.00 | |
| | | | | | | |
| | | | | | | |
| 6163.00 | | | | | | |
| 435700.00 | | 339401.00 | 1686.00 | | 1873.00 | |
| | | | | 1337.05 | 1036.00 | |
| | | | | 362.11 | 812.00 | 1510.80 |
| | | | | | | |
| | | | | | | |
| 185219.00 | | | 4554.00 | 489.50 | 1314.00 | 3029.41 |
| 172227.00 | | | | | 679.00 | |
| 91187.00 | | | | 230.15 | 1225.00 | |
| 21943.00 | | | | | 306.00 | 423.00 |
| 655992.00 | | 252084.00 | 6599.00 | 150.00 | 1109.00 | |

# 2008年地质勘查费用

表 13

| 矿　种 | 合计 | 属地化单位 | 冶金部门 | 有色部门 | 中国地质调查局 | 武警黄金 | 煤炭部门 |
|---|---|---|---|---|---|---|---|
| **总　计** | **7357583.93** | **2189779.50** | **51651.21** | **9513.00** | **59530.41** | **11800.00** | **104657.00** |
| 煤 | 786762.84 | 698199.96 | 2771.10 | | 142.10 | | 84584.00 |
| 油页岩 | 3700.83 | 3653.73 | | | 47.10 | | |
| 陆地石油 | 4287477.48 | 6261.58 | | | 2683.90 | | |
| 海域石油 | 545356.10 | | | | 12252.10 | | |
| 天然气 | 1466.60 | | | | 1466.60 | | |
| 煤层气 | 45500.38 | 15281.45 | | | | | |
| 石煤 | 460.40 | 301.00 | | | 159.40 | | |
| 地热 | 7084.23 | 7084.23 | | | | | |
| 天然气水合物 | 9344.51 | | | | 9344.51 | | |
| 铁矿 | 216311.23 | 199891.27 | 14801.60 | 210.00 | 79.50 | | |
| 锰矿 | 17286.88 | 14745.92 | 2385.96 | 100.00 | 52.00 | | |
| 铬铁矿 | 2403.17 | 2271.17 | 126.00 | | 6.00 | | |
| 钛矿 | 494.56 | 416.08 | 78.48 | | | | |
| 钒矿 | 4733.43 | 4400.33 | 205.00 | | 101.00 | | |
| 铜矿 | 202178.59 | 186772.06 | 7245.68 | 5570.00 | 916.80 | | |
| 铅矿 | 4634.86 | 4432.18 | | | | | |
| 锌矿 | 1608.09 | 1514.95 | | | 21.00 | | |
| 铝土矿 | 31788.36 | 31230.79 | 528.57 | | | | |
| 镁矿 | 294.94 | 294.94 | | | | | |
| 镍矿 | 12329.92 | 11006.38 | 151.14 | 1100.00 | | | |
| 钴矿 | 28.60 | 28.60 | | | | | |
| 钨矿 | 21888.46 | 20109.58 | 835.45 | | 942.20 | | |
| 锡矿 | 10732.54 | 10504.62 | 70.00 | | 81.00 | | |
| 钼矿 | 58700.98 | 56556.61 | 884.37 | 777.00 | | | |
| 铋矿 | 124.50 | 124.50 | | | | | |
| 汞矿 | 202.20 | 202.20 | | | | | |
| 锑矿 | 2969.41 | 2346.41 | | | | | |

## ——按矿种和部门分列(一)

计量单位：万元

| 石油<br>天然气 | 海洋<br>石油 | 石油<br>化工 | 核工业<br>部门 | 化工<br>部门 | 建材<br>部门 | 中联<br>煤层气 |
|---|---|---|---|---|---|---|
| **3003204.00** | **533104.00** | **1275328.00** | **49421.00** | **12393.90** | **26983.00** | **30218.93** |
| | | | | | | |
| | | | | 127.68 | 938.00 | |
| | | | | | | |
| 3003204.00 | | 1275328.00 | | | | |
| | 533104.00 | | | | | |
| | | | | | | |
| | | | | | | 30218.93 |
| | | | | | | |
| | | | | | | |
| | | | | | | |
| | | | | 753.86 | 575.00 | |
| | | | | | 3.00 | |
| | | | | | | |
| | | | | | | |
| | | | | 27.10 | | |
| | | | 96.00 | 1428.05 | 150.00 | |
| | | | | 26.68 | 176.00 | |
| | | | | 72.14 | | |
| | | | | 29.00 | | |
| | | | | | | |
| | | | | 63.40 | 9.00 | |
| | | | | | | |
| | | | | 1.23 | | |
| | | | | 76.92 | | |
| | | | | | 483.00 | |
| | | | | | | |
| | | | | | | |
| | | | | | 623.00 | |

## 2008年地质勘查费用

**续表 13**

| 矿　种 | 合计 | 属地化单位 | 冶金部门 | 有色部门 | 中国地质调查局 | 武警黄金 | 煤炭部门 |
|---|---|---|---|---|---|---|---|
| 铅锌矿 | 372473.80 | 368945.77 | 2469.89 | 275.00 | 429.00 | | |
| 多金属矿 | 59374.40 | 54965.28 | 4141.70 | | 247.40 | | |
| 铂矿 | 1067.82 | 1067.82 | | | | | |
| 金矿 | 281649.12 | 256566.89 | 9914.78 | 1060.00 | 369.20 | 11588.00 | 424.00 |
| 银矿 | 11021.59 | 9852.30 | 618.19 | 421.00 | 130.10 | | |
| 轻稀土矿 | 64.00 | 55.00 | | | 9.00 | | |
| 铌钽矿 | 778.87 | 778.87 | | | | | |
| 锂矿 | 676.21 | 676.21 | | | | | |
| 铍矿 | 77.87 | 77.87 | | | | | |
| 铼矿 | 171.00 | | | | | | |
| 硒矿 | 273.92 | 261.00 | | | | | |
| 蓝晶石 | 77.00 | | | | | | |
| 矽线石 | 8.00 | | 8.00 | | | | |
| 菱镁矿 | 90.94 | 90.94 | | | | | |
| 萤石(普通) | 3584.55 | 3136.84 | 60.00 | | | | |
| 熔剂用石灰岩 | 205.50 | 129.50 | 7.00 | | | | |
| 冶金用白云岩 | 793.41 | 348.00 | 27.41 | | | | |
| 冶金用砂岩 | 72.00 | 72.00 | | | | | |
| 冶金用石英岩 | 258.15 | | | | | | |
| 耐火黏土 | 170.00 | 170.00 | | | | | |
| 自然硫 | 65.25 | 15.00 | | | | | |
| 硫铁矿 | 447.68 | 266.00 | | | | | 126.00 |
| 钠硝石 | 93.00 | 93.00 | | | | | |
| 芒硝(含钙芒硝) | 44.80 | 13.80 | | | | | |
| 重晶石 | 158.64 | 70.83 | | | | | |
| 电石石灰岩 | 184.80 | 6.80 | | | | | |
| 化肥用石灰岩 | 86.99 | 50.00 | | | | | |
| 化肥用石英岩 | 4.00 | | | | | | |

## ——按矿种和部门分列(二)

计量单位：万元

| 石油天然气 | 海洋石油 | 石油化工 | 核工业部门 | 化工部门 | 建材部门 | 中联煤层气 |
|---|---|---|---|---|---|---|
| | | | | 354.14 | | |
| | | | | 35.02 | | |
| | | | | | | |
| | | | | 1244.25 | 482.00 | |
| | | | | | | |
| | | | | | | |
| | | | | | | |
| | | | | | | |
| | | | | | | |
| | | | 171.00 | | | |
| | | | | 12.92 | | |
| | | | | | 77.00 | |
| | | | | | | |
| | | | | | | |
| | | | | 59.71 | 328.00 | |
| | | | | | 69.00 | |
| | | | | | 418.00 | |
| | | | | | | |
| | | | | 230.15 | 28.00 | |
| | | | | | | |
| | | | | 50.25 | | |
| | | | | 55.68 | | |
| | | | | | | |
| | | | | | 31.00 | |
| | | | | 87.81 | | |
| | | | | | 178.00 | |
| | | | | 36.99 | | |
| | | | | 4.00 | | |

# 2008年地质勘查费用

续表 13

| 矿　种 | 合计 | 属地化单位 | 冶金部门 | 有色部门 | 中国地质调查局 | 武警黄金 | 煤炭部门 |
|---|---|---|---|---|---|---|---|
| 含钾岩石 | 84.00 | 54.00 | | | | | |
| 含钾砂页岩 | 70.00 | 70.00 | | | | | |
| 岩盐 | 8413.39 | 2558.73 | | | | | 5702.00 |
| 钾盐 | 3537.92 | 3180.00 | | | | | |
| 硼矿 | 640.50 | 577.00 | | | | | |
| 磷矿 | 10378.68 | 6377.66 | 480.36 | | | | |
| 金刚石 | 186.00 | 186.00 | | | | | |
| 石墨 | 1321.77 | 467.77 | | | | | |
| 硅灰石 | 497.00 | 398.00 | | | | | |
| 滑石 | 478.50 | 37.50 | 10.00 | | | | |
| 石棉(温石棉) | 7.00 | | | | | | |
| 长石 | 83.00 | | 13.00 | | | | |
| 电气石 | 20.00 | | 20.00 | | | | |
| 石榴子石 | 72.00 | | | | | | |
| 叶蜡石 | 60.00 | | | | | | |
| 透辉石 | 58.00 | | | | | | |
| 透闪石 | 20.00 | 20.00 | | | | | |
| 石膏 | 1344.80 | 999.80 | | | | | |
| 方解石 | 22.60 | 22.60 | | | | | |
| 宝石 | 276.35 | 276.35 | | | | | |
| 玉石 | 258.50 | 204.50 | | | | | |
| 水泥用灰岩 | 15757.68 | 2521.28 | 80.00 | | | | |
| 建筑石料用灰岩 | 369.00 | 318.00 | | | | | |
| 建筑用白云岩 | 105.26 | 5.00 | 100.26 | | | | |
| 玻璃用石英岩 | 97.00 | 97.00 | | | | | |
| 玻璃用砂岩 | 83.60 | 83.60 | | | | | |
| 陶瓷用砂岩 | 46.00 | | | | | | |
| 玻璃用砂岩 | 28.00 | 28.00 | | | | | |

## ——按矿种和部门分列(三)

计量单位：万元

| 石油天然气 | 海洋石油 | 石油化工 | 核工业部门 | 化工部门 | 建材部门 | 中联煤层气 |
|---|---|---|---|---|---|---|
| | | | | 30.00 | | |
| | | | | | | |
| | | | | 152.66 | | |
| | | | | 147.92 | 210.00 | |
| | | | | 63.50 | | |
| | | | | 3520.66 | | |
| | | | | | | |
| | | | | 248.00 | 606.00 | |
| | | | | | 99.00 | |
| | | | | | 431.00 | |
| | | | | | 7.00 | |
| | | | | | 70.00 | |
| | | | | | | |
| | | | | | 72.00 | |
| | | | | 30.00 | 30.00 | |
| | | | | | 58.00 | |
| | | | | | | |
| | | | | 16.00 | 329.00 | |
| | | | | | | |
| | | | | | | |
| | | | | | 54.00 | |
| | | | | 33.40 | 13123.00 | |
| | | | | | 51.00 | |
| | | | | | | |
| | | | | | | |
| | | | | | | |
| | | | | | 46.00 | |

# 2008年地质勘查费用

续表 13

| 矿 种 | 合计 | 属地化单位 | 冶金部门 | 有色部门 | 中国地质调查局 | 武警黄金 | 煤炭部门 |
|---|---|---|---|---|---|---|---|
| 建筑用砂 | 112.00 | 7.00 | | | | | |
| 玻璃用脉石英 | 89.20 | 89.20 | | | | | |
| 粉石英 | 37.00 | | | | | | |
| 硅藻土 | 453.00 | 121.00 | | | | | |
| 陶粒页岩 | 290.00 | 240.00 | | | | | |
| 砖瓦用页岩 | 131.00 | 29.00 | | | | | |
| 水泥配料用页岩 | 41.00 | 1.00 | | | | | |
| 高岭土 | 2718.18 | 595.18 | | | 43.00 | | |
| 陶瓷土 | 74.99 | 74.99 | | | | | |
| 海泡石黏土 | 80.00 | | | | | | |
| 膨润土 | 596.94 | 260.03 | | | | | |
| 砖瓦用黏土 | 130.00 | 130.00 | | | | | |
| 陶粒用黏土 | 13.00 | 13.00 | | | | | |
| 水泥配料用黏土 | 7.00 | 7.00 | | | | | |
| 饰面用蛇纹岩 | 57.00 | | | | | | |
| 泥灰岩 | 180.00 | 180.00 | | | | | |
| 玄武岩 | 417.27 | 417.27 | | | | | |
| 花岗岩 | 333.35 | 333.35 | | | | | |
| 建筑用花岗岩 | 405.58 | 155.58 | | | | | |
| 饰面用花岗岩 | 482.20 | 242.20 | | | | | |
| 火山渣 | 3.78 | | | | | | |
| 大理石 | 163.93 | 108.83 | | | | | |
| 饰面用大理岩 | 19.80 | 19.80 | | | | | |
| 水泥用大理岩 | 232.00 | | | | | | |
| 建筑用大理岩 | 40.00 | 40.00 | | | | | |
| 矿泉水 | 165.00 | 165.00 | | | | | |
| 地下水 | 22589.81 | 14184.11 | | | 194.70 | | 8211.00 |
| 其他 | 273566.95 | 178557.89 | 3617.27 | | 29812.8 | 212 | 5610 |

## ——按矿种和部门分列（四）

计量单位：万元

| 石油<br>天然气 | 海洋<br>石油 | 石油<br>化工 | 核工业<br>部门 | 化工<br>部门 | 建材<br>部门 | 中联<br>煤层气 |
|---|---|---|---|---|---|---|
| | | | | | 105.00 | |
| | | | | | | |
| | | | | 37.00 | | |
| | | | | | 332.00 | |
| | | | | | 50.00 | |
| | | | | | 102.00 | |
| | | | | | 40.00 | |
| | | | | | 2080.00 | |
| | | | | | | |
| | | | | | 80.00 | |
| | | | | 140.91 | 196.00 | |
| | | | | | | |
| | | | | | | |
| | | | | | | |
| | | | | | 57.00 | |
| | | | | | | |
| | | | | | | |
| | | | | | | |
| | | | | | 250.00 | |
| | | | | | 240.00 | |
| | | | | 3.78 | | |
| | | | | 55.10 | | |
| | | | | | | |
| | | | | | 232.00 | |
| | | | | | | |
| | | | | | | |
| | | | | | | |
| | | | 49154 | 3137.99 | 3465 | |

# 2008年地质勘查年末从业人员

表 14

| 地　区 | 合计 | 属地化单位 | 冶金部门 | 有色部门 | 中国地质调查局 | 武警黄金 | 煤炭部门 |
|---|---|---|---|---|---|---|---|
| **总　计** | **351096** | **179270** | **7878** | **392** | **4507** | **4077** | **7732** |
| 北　京 | 10496 | 6684 | | | 786 | 27 | 4911 |
| 天　津 | 12631 | 2230 | | | 137 | | |
| 河　北 | 31631 | 10815 | 761 | 13 | 133 | 31 | 31 |
| 山　西 | 9041 | 7234 | 1454 | | 5 | | |
| 内蒙古 | 11488 | 8591 | 790 | 123 | 106 | 555 | |
| 辽　宁 | 17134 | 5498 | | | 115 | 132 | |
| 吉　林 | 26289 | 6686 | | | | 34 | |
| 黑龙江 | 21261 | 12471 | | | 5 | 648 | |
| 上　海 | 1361 | 564 | | | | | |
| 江　苏 | 11907 | 4247 | | 10 | 118 | | 121 |
| 浙　江 | 3331 | 2776 | 147 | | 2 | | 155 |
| 安　徽 | 8468 | 8134 | 29 | | 42 | 111 | |
| 福　建 | 5476 | 5115 | 50 | | | | |
| 江　西 | 10296 | 9975 | 7 | | 25 | 21 | |
| 山　东 | 27531 | 12939 | 757 | | 172 | 283 | |
| 河　南 | 25035 | 11522 | | | 44 | 129 | |
| 湖　北 | 10358 | 4753 | 380 | | 135 | 16 | |
| 湖　南 | 7836 | 6979 | 83 | 7 | 17 | 282 | |
| 广　东 | 7947 | 5667 | | 9 | 1669 | 44 | |
| 广　西 | 4366 | 3708 | 208 | | 22 | | 319 |
| 海　南 | 1147 | 946 | | | | 201 | |
| 重　庆 | 2704 | 2704 | | | | | |
| 四　川 | 24513 | 10744 | 36 | | 400 | 92 | |
| 贵　州 | 4075 | 3833 | 29 | | | | |
| 云　南 | 6430 | 4952 | 922 | 36 | 49 | 300 | |
| 西　藏 | 745 | 420 | 269 | | 56 | | |
| 陕　西 | 19288 | 9974 | 136 | | 339 | 129 | |
| 甘　肃 | 7267 | 4365 | 162 | 7 | | 657 | |
| 青　海 | 3185 | 1798 | 7 | 13 | 69 | 34 | 433 |
| 宁　夏 | 1781 | 1568 | | | | | |
| 新　疆 | 16078 | 1378 | 1651 | 174 | 61 | 351 | |

## ——按地区和部门分列

计量单位：人

| 石油天然气 | 海洋石油 | 石油化工 | 核工业部门 | 化工部门 | 建材部门 | 中联煤层气 |
|---|---|---|---|---|---|---|
| **92434** | **1693** | **44583** | **2020** | **2327** | **3914** | **269** |
| 196 | 205 | 1534 | 120 | | 151 | |
| 9196 | 1068 | | | | | |
| 14147 | | | 219 | 479 | 122 | |
| | | | | | 162 | 186 |
| 156 | | | 635 | 300 | 232 | |
| | | | | | | |
| 11167 | | | 74 | 5 | 133 | 10 |
| 19143 | | 204 | | 26 | 196 | |
| 7985 | | | | 21 | 131 | |
| | | | | | | |
| | 56 | 741 | | | | |
| | | 6321 | | 52 | 38 | |
| | | | | 89 | 162 | |
| | | | | | 144 | 8 |
| | | | | 135 | 176 | |
| | | | 144 | | 118 | 6 |
| | | 13009 | | 206 | 158 | 7 |
| | | | | | | |
| | | 12998 | | 89 | 244 | 9 |
| | | 4726 | | 248 | 92 | 8 |
| | | | 143 | 224 | 101 | |
| | 364 | | 106 | | 88 | |
| | | | | 39 | 70 | |
| | | | | | | |
| | | | | | | |
| | | | | | | |
| 8700 | | 4216 | 86 | | 239 | |
| | | | | 156 | 57 | |
| | | | | 78 | 79 | 14 |
| | | | | | | |
| | | | | | | |
| 8323 | | | 147 | 133 | 92 | 15 |
| 1907 | | | | | 169 | |
| 564 | | | | 16 | 251 | |
| | | | | | 207 | 6 |
| 10950 | | 834 | 346 | 31 | 302 | |

# 2008年地质勘查年末从业人员

表 15

| 矿　种 | 合计 | 属地化单位 | 冶金部门 | 有色部门 | 中国地质调查局 | 武警黄金 | 煤炭部门 |
|---|---|---|---|---|---|---|---|
| **总　计** | **351096** | **179270** | **7878** | **392** | **4507** | **4077** | **7732** |
| 煤 | 57345 | 50481 | 305 | | 5 | | 6331 |
| 油页岩 | 844 | 834 | | | 10 | | |
| 陆地石油 | 138479 | 1334 | | | 128 | | |
| 海域石油 | 2412 | | | | 719 | | |
| 天然气 | 44 | | | | 44 | | |
| 煤层气 | 1470 | 1201 | | | | | |
| 石煤 | 108 | 103 | | | 5 | | |
| 地热 | 1086 | 1086 | | | | | |
| 天然气水合物 | 982 | | | | 982 | | |
| 铁矿 | 27161 | 24911 | 1915 | 8 | 20 | | |
| 锰矿 | 1276 | 1013 | 231 | 7 | 20 | | |
| 铬铁矿 | 181 | 156 | 17 | 3 | 5 | | |
| 钛矿 | 82 | 65 | 17 | | | | |
| 钒矿 | 568 | 497 | 41 | | 15 | | |
| 铜矿 | 12370 | 10353 | 1369 | 275 | 145 | | |
| 铅矿 | 1068 | 1038 | | | | | |
| 锌矿 | 214 | 181 | | | 5 | | |
| 铝土矿 | 1394 | 1282 | 95 | | | | |
| 镁矿 | 137 | 137 | | | | | |
| 镍矿 | 2635 | 2431 | 47 | 28 | | | |
| 钴矿 | 72 | 72 | | | | | |
| 钨矿 | 3127 | 2971 | 78 | | 76 | | |
| 锡矿 | 708 | 662 | 14 | | 17 | | |
| 钼矿 | 6657 | 6498 | 95 | 26 | | | |
| 铋矿 | 8 | 8 | | | | | |
| 汞矿 | 10 | 10 | | | | | |

## ——按矿种和部门分列(一)

计量单位：人

| 石油天然气 | 海洋石油 | 石油化工 | 核工业部门 | 化工部门 | 建材部门 | 中联煤层气 |
|---|---|---|---|---|---|---|
| **92434** | **1693** | **44583** | **2020** | **2327** | **3914** | **269** |
| | | | | | | |
| | | | | 43 | 180 | |
| | | | | | | |
| 92434 | | 44583 | | | | |
| | 1693 | | | | | |
| | | | | | | |
| | | | | | | 269 |
| | | | | | | |
| | | | | | | |
| | | | | | | |
| | | | | 159 | 148 | |
| | | | | | 5 | |
| | | | | | | |
| | | | | | | |
| | | | | 15 | | |
| | | | 8 | 184 | 36 | |
| | | | | 12 | 18 | |
| | | | | 28 | | |
| | | | | 10 | 7 | |
| | | | | | | |
| | | | | 113 | 16 | |
| | | | | | | |
| | | | | 2 | | |
| | | | | 15 | | |
| | | | | | 38 | |

# 2008年地质勘查年末从业人员

续表 15

| 矿　种 | 合计 | 属地化单位 | 冶金部门 | 有色部门 | 中国地质调查局 | 武警黄金 | 煤炭部门 |
|---|---|---|---|---|---|---|---|
| 锑矿 | 3488 | 3479 | | | | | |
| 铅锌矿 | 10237 | 9616 | 515 | 12 | 49 | | |
| 多金属矿 | 8768 | 8219 | 522 | | 22 | | |
| 铂矿 | 105 | 105 | | | | | |
| 金矿 | 20870 | 15095 | 1400 | 25 | 17 | 4046 | 11 |
| 银矿 | 4236 | 4068 | 136 | 8 | 24 | | |
| 轻稀土矿 | 7 | 2 | | | 5 | | |
| 铌钽矿 | 97 | 97 | | | | | |
| 锂矿 | 135 | 135 | | | | | |
| 铍矿 | 5 | 5 | | | | | |
| 铼矿 | 12 | | | | | | |
| 硒矿 | 16 | 11 | | | | | |
| 蓝晶石 | 4 | | | | | | |
| 矽线石 | 3 | | 3 | | | | |
| 菱镁矿 | 76 | 76 | | | | | |
| 萤石(普通) | 432 | 272 | 14 | | | | |
| 熔剂用石灰岩 | 110 | 64 | 10 | | | | |
| 冶金用白云岩 | 67 | 35 | 3 | | | | |
| 冶金用砂岩 | 8 | 8 | | | | | |
| 冶金用石英岩 | 24 | | | | | | |
| 耐火黏土 | 37 | 37 | | | | | |
| 自然硫 | 31 | 13 | | | | | |
| 硫铁矿 | 218 | 175 | | | | | 15 |
| 钠硝石 | 3 | 3 | | | | | |
| 芒硝(含钙芒硝) | 32 | 16 | | | | | |
| 重晶石 | 39 | 11 | | | | | |
| 电石石灰岩 | 19 | 5 | | | | | |
| 化肥用石灰岩 | 13 | 6 | | | | | |

## ——按矿种和部门分列(二)

计量单位：人

| 石油天然气 | 海洋石油 | 石油化工 | 核工业部门 | 化工部门 | 建材部门 | 中联煤层气 |
|---|---|---|---|---|---|---|
| | | | | | 9 | |
| | | | | 45 | | |
| | | | | 5 | | |
| | | | | | | |
| | | | | 159 | 117 | |
| | | | | | | |
| | | | | | | |
| | | | | | | |
| | | | | | | |
| | | | | | | |
| | | | 12 | | | |
| | | | | 5 | | |
| | | | | | 4 | |
| | | | | | | |
| | | | | | | |
| | | | | 20 | 126 | |
| | | | | | 36 | |
| | | | | | 29 | |
| | | | | | | |
| | | | | 15 | 9 | |
| | | | | | | |
| | | | | 18 | | |
| | | | | 28 | | |
| | | | | | | |
| | | | | | 16 | |
| | | | 28 | | | |
| | | | | 14 | | |
| | | | 7 | | | |

# 2008年地质勘查年末从业人员

续表 15

| 矿　种 | 合计 | 属地化单位 | 冶金部门 | 有色部门 | 中国地质调查局 | 武警黄金 | 煤炭部门 |
|---|---|---|---|---|---|---|---|
| 化肥用石英岩 | 2 | | | | | | |
| 含钾岩石 | 29 | 16 | | | | | |
| 含钾砂页岩 | 19 | 19 | | | | | |
| 岩盐 | 362 | 111 | | | | | 241 |
| 钾盐 | 317 | 182 | | | | | |
| 硼矿 | 300 | 295 | | | | | |
| 磷矿 | 2249 | 1618 | 92 | | | | |
| 金刚石 | 16 | 16 | | | | | |
| 石墨 | 158 | 25 | | | | | |
| 硅灰石 | 18 | 13 | | | | | |
| 滑石 | 71 | 5 | 3 | | | | |
| 石棉(温石棉) | 18 | | | | | | |
| 长石 | 47 | | 7 | | | | |
| 电气石 | 3 | | 3 | | | | |
| 石榴子石 | 18 | | | | | | |
| 叶蜡石 | 23 | | | | | | |
| 透辉石 | 16 | | | | | | |
| 透闪石 | 54 | 54 | | | | | |
| 石膏 | 163 | 119 | | | | | |
| 方解石 | 19 | 19 | | | | | |
| 宝石 | 27 | 27 | | | | | |
| 玉石 | 94 | 80 | | | | | |
| 水泥用灰岩 | 2718 | 974 | 17 | | | | |
| 建筑石料用灰岩 | 47 | 43 | | | | | |
| 泥灰岩 | 6 | 6 | | | | | |
| 建筑用白云岩 | 29 | 2 | 27 | | | | |
| 玻璃用石英岩 | 14 | 14 | | | | | |
| 玻璃用砂岩 | 13 | 13 | | | | | |

## ——按矿种和部门分列(三)

计量单位：人

| 石油天然气 | 海洋石油 | 石油化工 | 核工业部门 | 化工部门 | 建材部门 | 中联煤层气 |
|---|---|---|---|---|---|---|
| | | | 2 | | | |
| | | | 13 | | | |
| | | | | | | |
| | | | | 10 | | |
| | | | | 83 | 52 | |
| | | | | 5 | | |
| | | | | 539 | | |
| | | | | | | |
| | | | | 48 | 85 | |
| | | | | 5 | | |
| | | | | 63 | | |
| | | | | 18 | | |
| | | | | 40 | | |
| | | | | | | |
| | | | | 18 | | |
| | | | 5 | 18 | | |
| | | | | | 16 | |
| | | | | | | |
| | | | | 3 | 41 | |
| | | | | | | |
| | | | | | | |
| | | | | | 14 | |
| | | | | 15 | 1712 | |
| | | | | | 4 | |
| | | | | | | |
| | | | | | | |
| | | | | | | |
| | | | 3 | | | |

# 2008年地质勘查年末从业人员

续表 15

| 矿　种 | 合计 | 属地化单位 | 冶金部门 | 有色部门 | 中国地质调查局 | 武警黄金 | 煤炭部门 |
|---|---|---|---|---|---|---|---|
| 陶瓷用砂岩 | 9 | | | | | | |
| 玻璃用砂 | 3 | 3 | | | | | |
| 建筑用砂 | 50 | 3 | | | | | |
| 玻璃用脉石英 | 37 | 37 | | | | | |
| 粉石英 | 13 | | | | | | |
| 硅藻土 | 232 | 209 | | | | | |
| 陶粒页岩 | 259 | 245 | | | | | |
| 砖瓦用页岩 | 33 | 11 | | | | | |
| 水泥配料用页岩 | 27 | 2 | | | | | |
| 高岭土 | 265 | 83 | | | | | |
| 陶瓷土 | 11 | 11 | | | | | |
| 海泡石黏土 | 13 | | | | | | |
| 膨润土 | 83 | 33 | | | | | |
| 砖瓦用黏土 | 24 | 24 | | | | | |
| 陶粒用黏土 | 3 | 3 | | | | | |
| 水泥配料用黏土 | 3 | 3 | | | | | |
| 玄武岩 | 75 | 75 | | | | | |
| 花岗岩 | 56 | 56 | | | | | |
| 建筑用花岗岩 | 72 | 54 | | | | | |
| 饰面用花岗岩 | 260 | 231 | | | | | |
| 大理石 | 32 | 22 | | | | | |
| 饰面用大理岩 | 5 | 5 | | | | | |
| 水泥用大理岩 | 87 | | | | | | |
| 建筑用大理岩 | 178 | 178 | | | | | |
| 矿泉水 | 18 | 18 | | | | | |
| 地下水 | 2571 | 2035 | | | 56 | | 480 |
| 其他 | 30297 | 23401 | 902 | | 2136 | 31 | 654 |

## ——按矿种和部门分列(四)

计量单位：人

| 石油天然气 | 海洋石油 | 石油化工 | 核工业部门 | 化工部门 | 建材部门 | 中联煤层气 |
|---|---|---|---|---|---|---|
| | | | | | 9 | |
| | | | | | | |
| | | | | | 47 | |
| | | | | | | |
| | | | | 13 | | |
| | | | | | 23 | |
| | | | | | 14 | |
| | | | | | 22 | |
| | | | | | 25 | |
| | | | | | 180 | |
| | | | | | | |
| | | | | | 13 | |
| | | | | 23 | 27 | |
| | | | | | | |
| | | | | | | |
| | | | | | | |
| | | | | | | |
| | | | | | | |
| | | | | | 18 | |
| | | | | | 29 | |
| | | | | 10 | | |
| | | | | | | |
| | | | | | 87 | |
| | | | | | | |
| | | | | | | |
| | | | | | | |
| | | | 2000 | 647 | 526 | |

## 2008年地质勘查技术人员

表 16

| 地 区 | 合计 | 属地化单位 | 冶金部门 | 有色部门 | 中国地质调查局 | 武警黄金 | 煤炭部门 |
|---|---|---|---|---|---|---|---|
| **总 计** | **171498** | **109619** | **6017** | **288** | **1240** | **4051** | **4421** |
| 北 京 | 7623 | 5850 | | | 227 | 109 | 83 |
| 天 津 | 4466 | 1636 | | | 43 | | |
| 河 北 | 12563 | 4608 | 654 | 12 | 35 | 68 | 3003 |
| 山 西 | 5222 | 3716 | 1262 | | 2 | | |
| 内蒙古 | 4406 | 2144 | 678 | 114 | 33 | 624 | |
| 辽 宁 | 7120 | 3983 | | | 36 | 100 | |
| 吉 林 | 8456 | 3825 | | | | 32 | |
| 黑龙江 | 6875 | 4864 | | | 2 | 624 | |
| 上 海 | 766 | 458 | | | | | |
| 江 苏 | 5432 | 3042 | | 6 | 38 | | 720 |
| 浙 江 | 2561 | 2223 | 119 | | 1 | | 77 |
| 安 徽 | 5263 | 5001 | 12 | | 13 | 91 | |
| 福 建 | 3659 | 3344 | 45 | | | | |
| 江 西 | 6879 | 6574 | 4 | | 8 | 46 | |
| 山 东 | 13457 | 7087 | 534 | | 51 | 200 | |
| 河 南 | 12376 | 7116 | | | 12 | 59 | |
| 湖 北 | 6034 | 4045 | 193 | | 23 | 46 | |
| 湖 南 | 5205 | 4614 | 45 | 7 | 3 | 219 | |
| 广 东 | 6073 | 5090 | | 8 | 412 | 14 | |
| 广 西 | 3144 | 2640 | 123 | | 7 | | 275 |
| 海 南 | 1065 | 978 | | | | 87 | |
| 重 庆 | 1838 | 1838 | | | | | |
| 四 川 | 10799 | 7276 | 17 | | 120 | 201 | |
| 贵 州 | 2716 | 2531 | 8 | | | | |
| 云 南 | 5006 | 3749 | 678 | 8 | 16 | 415 | |
| 西 藏 | 700 | 477 | 206 | | 17 | | |
| 陕 西 | 8835 | 5636 | 123 | | 101 | 96 | |
| 甘 肃 | 3504 | 2185 | 136 | 7 | | 583 | |
| 青 海 | 2376 | 1496 | | 11 | 21 | 59 | 263 |
| 宁 夏 | 1242 | 1039 | | | | | |
| 新 疆 | 5837 | 554 | 1180 | 115 | 19 | 378 | |

## ——按地区和部门分列

计量单位：人

| 石油天然气 | 海洋石油 | 石油化工 | 核工业部门 | 化工部门 | 建材部门 | 中联煤层气 |
|---|---|---|---|---|---|---|
| **21662** | **1238** | **16331** | **1816** | **1597** | **3125** | **93** |
| 59 | 205 | 906 | 130 | | 54 | |
| 2128 | 659 | | | | | |
| 3454 | | | 264 | 349 | 116 | |
| | | | | | 195 | 47 |
| 63 | | | 339 | 213 | 198 | |
| | | | | | | |
| 2834 | | | 102 | 4 | 57 | 4 |
| 4296 | | 114 | | 19 | 170 | |
| 1234 | | | | 13 | 138 | |
| | | | | | | |
| | 56 | 252 | | | | |
| | | 1550 | | 41 | 35 | |
| | | | | 71 | 70 | |
| | | | | | 141 | 5 |
| | | | | 105 | 165 | |
| | | | 198 | | 46 | 3 |
| | | 5328 | | 164 | 89 | 4 |
| | | | | | | |
| | | 5008 | | 73 | 103 | 5 |
| | | 1551 | | 56 | 114 | 6 |
| | | | 110 | 164 | 43 | |
| | 318 | | 134 | | 97 | |
| | | | | 26 | 73 | |
| | | | | | | |
| | | | | | | |
| | | | | | | |
| 1758 | | 1193 | 99 | | 135 | |
| | | | | 90 | 87 | |
| | | | | 64 | 68 | 8 |
| | | | | | | |
| | | | | | | |
| 2466 | | | 165 | 110 | 130 | 8 |
| 501 | | | | | 92 | |
| 244 | | | | 11 | 271 | |
| | | | | | 200 | 3 |
| 2625 | | 429 | 275 | 24 | 238 | |

# 2008年地质勘查技术人员

表 17

| 矿　种 | 合计 | 属地化单位 | 冶金部门 | 有色部门 | 中国地质调查局 | 武警黄金 | 煤炭部门 |
|---|---|---|---|---|---|---|---|
| **总　计** | **171498** | **109619** | **6017** | **288** | **1240** | **4051** | **4421** |
| 煤 | 29383 | 25218 | 226 | | 2 | | 3810 |
| 油页岩 | 312 | 309 | | | 3 | | |
| 陆地石油 | 38286 | 255 | | | 38 | | |
| 海域石油 | 1424 | | | | 186 | | |
| 天然气 | 13 | | | | 13 | | |
| 煤层气 | 205 | 112 | | | | | |
| 石煤 | 39 | 38 | | | 1 | | |
| 地热 | 1119 | 1119 | | | | | |
| 天然气水合物 | 247 | | | | 247 | | |
| 铁矿 | 11708 | 10176 | 1307 | | 6 | | |
| 锰矿 | 995 | 771 | 206 | 7 | 5 | | |
| 铬铁矿 | 89 | 87 | | | 2 | | |
| 钛矿 | 53 | 36 | 17 | | | | |
| 钒矿 | 472 | 414 | 41 | | 4 | | |
| 铜矿 | 8077 | 6647 | 1048 | 134 | 45 | | |
| 铅矿 | 794 | 761 | | | | | |
| 锌矿 | 215 | 192 | | | 1 | | |
| 铝土矿 | 1122 | 1016 | 99 | | | | |
| 镁矿 | 138 | 138 | | | | | |
| 镍矿 | 1148 | 1029 | 4 | 32 | | | |
| 钴矿 | 107 | 107 | | | | | |
| 钨矿 | 2072 | 2005 | 41 | | 24 | | |
| 锡矿 | 586 | 557 | 12 | | 4 | | |
| 钼矿 | 4354 | 4198 | 74 | 44 | | | |
| 铋矿 | 13 | 13 | | | | | |
| 汞矿 | 5 | 5 | | | | | |

## ——按矿种和部门分列(一)

计量单位：人

| 石油天然气 | 海洋石油 | 石油化工 | 核工业部门 | 化工部门 | 建材部门 | 中联煤层气 |
|---|---|---|---|---|---|---|
| **21662** | **1238** | **16331** | **1816** | **1597** | **3125** | **93** |
| | | | | | | |
| | | | | 30 | 97 | |
| 21662 | | 16331 | | | | |
| | 1238 | | | | | |
| | | | | | | |
| | | | | | | 93 |
| | | | | | | |
| | | | | | | |
| | | | | | | |
| | | | | | | |
| | | | | 116 | 103 | |
| | | | | | 6 | |
| | | | | | | |
| | | | | | | |
| | | | | 13 | | |
| | | | 9 | 151 | 43 | |
| | | | | 11 | 22 | |
| | | | | 22 | | |
| | | | | 7 | | |
| | | | | | | |
| | | | | 75 | 8 | |
| | | | | | | |
| | | | | 2 | | |
| | | | | 13 | | |
| | | | | | 38 | |

# 2008年地质勘查技术人员

续表 17

| 矿　种 | 合计 | 属地化单位 | 冶金部门 | 有色部门 | 中国地质调查局 | 武警黄金 | 煤炭部门 |
|---|---|---|---|---|---|---|---|
| 锑矿 | 1411 | 1397 | | | | | |
| 铅锌矿 | 7320 | 6831 | 427 | 16 | 14 | | |
| 多金属矿 | 5939 | 5452 | 477 | | 6 | | |
| 铂矿 | 115 | 115 | | | | | |
| 金矿 | 15781 | 10605 | 937 | 41 | 5 | 3923 | 10 |
| 银矿 | 2252 | 2112 | 119 | 14 | 7 | | |
| 轻稀土矿 | 5 | 3 | | | 2 | | |
| 铌钽矿 | 82 | 82 | | | | | |
| 锂矿 | 153 | 153 | | | | | |
| 铍矿 | 8 | 8 | 4 | | | | |
| 铼矿 | 11 | | | | | | |
| 硒矿 | 19 | 15 | 17 | | | | |
| 蓝晶石 | 6 | | 12 | | | | |
| 矽线石 | 4 | | 4 | | | | |
| 菱镁矿 | 84 | 84 | | | | | |
| 萤石(普通) | 346 | 258 | | | | | |
| 熔剂用石灰岩 | 123 | 68 | | | | | |
| 冶金用白云岩 | 49 | 23 | | | | | |
| 冶金用砂岩 | 3 | 3 | | | | | |
| 冶金用石英岩 | 22 | | | | | | |
| 耐火黏土 | 20 | 20 | | | | | |
| 自然硫 | 23 | 8 | | | | | |
| 硫铁矿 | 193 | 163 | | | | | 6 |
| 钠硝石 | 5 | 5 | | | | | |
| 芒硝（含钙芒硝） | 21 | 5 | | | | | |
| 重晶石 | 34 | 15 | | | | | |
| 电石石灰岩 | 21 | 5 | | | | | |
| 化肥用石灰岩 | 10 | 3 | | | | | |

## ——按矿种和部门分列(二)

计量单位：人

| 石油天然气 | 海洋石油 | 石油化工 | 核工业部门 | 化工部门 | 建材部门 | 中联煤层气 |
|---|---|---|---|---|---|---|
| | | | | | 14 | |
| | | | | 32 | | |
| | | | | 4 | | |
| | | | | | | |
| | | | | 114 | 146 | |
| | | | | | | |
| | | | | | | |
| | | | | | | |
| | | | | | | |
| | | | | | | |
| | | | 11 | | | |
| | | | | 4 | | |
| | | | | | 6 | |
| | | | | | | |
| | | | | | | |
| | | | | 17 | 54 | |
| | | | | | 43 | |
| | | | | | 22 | |
| | | | | | | |
| | | | | 11 | 11 | |
| | | | | | | |
| | | | | 15 | | |
| | | | | 24 | | |
| | | | | | | |
| | | | | | 16 | |
| | | | | 19 | | |
| | | | | | 16 | |
| | | | | 7 | | |

# 2008年地质勘查技术人员

续表 17

| 矿　种 | 合计 | 属地化单位 | 冶金部门 | 有色部门 | 中国地质调查局 | 武警黄金 | 煤炭部门 |
|---|---|---|---|---|---|---|---|
| 化肥用石英岩 | 2 | | | | | | |
| 含钾岩石 | 21 | 10 | | | | | |
| 含钾砂页岩 | 8 | 8 | | | | | |
| 岩盐 | 121 | 38 | | | | | 74 |
| 钾盐 | 107 | 41 | | | | | |
| 硼矿 | 152 | 148 | | | | | |
| 磷矿 | 1502 | 1131 | 74 | | | | |
| 金刚石 | 26 | 26 | | | | | |
| 石墨 | 154 | 31 | | | | | |
| 硅灰石 | 25 | 20 | | | | | |
| 滑石 | 44 | 5 | 4 | | | | |
| 石棉(温石棉) | 22 | | | | | | |
| 长石 | 32 | | 8 | | | | |
| 电气石 | 4 | | 4 | | | | |
| 石榴子石 | 11 | | | | | | |
| 叶蜡石 | 12 | | | | | | |
| 透辉石 | 8 | | | | | | |
| 透闪石 | 38 | 38 | | | | | |
| 石膏 | 140 | 105 | | | | | |
| 方解石 | 5 | 5 | | | | | |
| 宝石 | 13 | 13 | | | | | |
| 玉石 | 105 | 89 | | | | | |
| 水泥用灰岩 | 1828 | 393 | 17 | | | | |
| 建筑石料用灰岩 | 46 | 41 | | | | | |
| 泥灰岩 | 3 | 3 | | | | | |
| 建筑用白云岩 | 15 | 3 | 12 | | | | |
| 玻璃用石英岩 | 20 | 20 | | | | | |
| 玻璃用砂岩 | 13 | 13 | | | | | |

## ——按矿种和部门分列(三)

计量单位：人

| 石油天然气 | 海洋石油 | 石油化工 | 核工业部门 | 化工部门 | 建材部门 | 中联煤层气 |
|---|---|---|---|---|---|---|
| | | | | 2 | | |
| | | | | 11 | | |
| | | | | | | |
| | | | | 9 | | |
| | | | | 39 | 27 | |
| | | | | 4 | | |
| | | | | 297 | | |
| | | | | | | |
| | | | | 39 | 84 | |
| | | | | | 5 | |
| | | | | | 35 | |
| | | | | | 22 | |
| | | | | | 24 | |
| | | | | | | |
| | | | | | 11 | |
| | | | | 4 | 8 | |
| | | | | | 8 | |
| | | | | | | |
| | | | | 2 | 33 | |
| | | | | | | |
| | | | | | 16 | |
| | | | | 11 | 1407 | |
| | | | | | 5 | |

## 2008年地质勘查技术人员

续表 17

| 矿　种 | 合计 | 属地化单位 | 冶金部门 | 有色部门 | 中国地质调查局 | 武警黄金 | 煤炭部门 |
|---|---|---|---|---|---|---|---|
| 陶瓷用砂岩 | 11 | | | | | | |
| 玻璃用砂 | 5 | 5 | | | | | |
| 建筑用砂 | 24 | 5 | | | | | |
| 玻璃用脉石英 | 23 | 23 | | | | | |
| 粉石英 | 6 | | | | | | |
| 硅藻土 | 170 | 151 | | | | | |
| 陶粒页岩 | 182 | 166 | | | | | |
| 砖瓦用页岩 | 37 | 18 | | | | | |
| 水泥配料用页岩 | 19 | 3 | | | | | |
| 高岭土 | 234 | 84 | | | 1 | | |
| 陶瓷土 | 13 | 13 | | | | | |
| 海泡石黏土 | 11 | | | | | | |
| 膨润土 | 92 | 46 | | | | | |
| 砖瓦用黏土 | 15 | 15 | | | | | |
| 陶粒用黏土 | 3 | 3 | | | | | |
| 水泥配料用黏土 | 5 | 5 | | | | | |
| 饰面用蛇纹岩 | 16 | | | | | | |
| 玄武岩 | 82 | 82 | | | | | |
| 花岗岩 | 66 | 66 | | | | | |
| 建筑用花岗岩 | 76 | 49 | | | | | |
| 饰面用花岗岩 | 135 | 105 | | | | | |
| 火山渣 | 2 | | | | | | |
| 大理石 | 45 | 36 | | | | | |
| 饰面用大理岩 | 5 | 5 | | | | | |
| 水泥用大理岩 | 51 | | | | | | |
| 建筑用大理岩 | 97 | 97 | | | | | |
| 矿泉水 | 20 | 20 | | | | | |
| 地下水 | 1149 | 937 | | | 17 | | 195 |
| 其他 | 27391 | 22868 | 826 | | 607 | 128 | 326 |

## ——按矿种和部门分列(四)

计量单位：人

| 石油天然气 | 海洋石油 | 石油化工 | 核工业部门 | 化工部门 | 建材部门 | 中联煤层气 |
|---|---|---|---|---|---|---|
| | | | | | 11 | |
| | | | | | | |
| | | | | | 19 | |
| | | | | | | |
| | | | | 6 | | |
| | | | | | 19 | |
| | | | | | 16 | |
| | | | | | 19 | |
| | | | | | 16 | |
| | | | | | 149 | |
| | | | | | | |
| | | | | | 11 | |
| | | | | 19 | 27 | |
| | | | | | | |
| | | | | | | |
| | | | | | | |
| | | | | | 16 | |
| | | | | | | |
| | | | | | | |
| | | | | | 27 | |
| | | | | | 30 | |
| | | | | 2 | | |
| | | | | 9 | | |
| | | | | | | |
| | | | | | 51 | |
| | | | | | | |
| | | | | | | |
| | | | | | | |
| | | | 1796 | 456 | 384 | |

# 2008年矿产资源勘查许可证

**表 18**

| 地区 | 批准登记 | | | | | | | |
|---|---|---|---|---|---|---|---|---|
| | 合计 | 能源矿产 | | | | | 黑色金属矿产 | |
| | | | 煤 | 煤层气 | 石油天然气 | 地热 | | 铁矿 |
| **勘查许可证** | **36745** | **5393** | **2730** | **152** | **2040** | **411** | **5052** | **3839** |
| 国土资源部 | 3974 | 2843 | 648 | 152 | 2040 | 1 | 52 | 37 |
| 北京 | 40 | 40 | | | | 40 | | |
| 天津 | 16 | 12 | | | | 12 | | |
| 河北 | 78 | 10 | 10 | | | | 46 | 42 |
| 山西 | 137 | 22 | 22 | | | | 45 | 44 |
| 内蒙古 | 3577 | 187 | 175 | | | 1 | 658 | 599 |
| 辽宁 | 867 | 26 | 4 | | | 22 | 157 | 150 |
| 吉林 | 741 | 33 | 28 | | | 3 | 108 | 102 |
| 黑龙江 | 288 | 13 | 11 | | | 2 | 11 | 3 |
| 上海 | 7 | 3 | | | | 3 | | |
| 江苏 | 183 | 36 | 8 | | | 27 | 21 | 14 |
| 浙江 | 390 | 10 | | | | 10 | 5 | 3 |
| 安徽 | 1455 | 42 | 29 | | | 13 | 343 | 274 |
| 福建 | 1031 | 71 | 70 | | | 1 | 211 | 174 |
| 江西 | 877 | 43 | | | | 43 | 89 | 60 |
| 山东 | 1694 | 170 | 86 | | | 83 | 255 | 250 |
| 河南 | 1055 | 128 | 118 | | | 6 | 247 | 230 |
| 湖北 | 353 | 46 | 40 | | | 6 | 130 | 116 |
| 湖南 | 89 | 17 | 17 | | | | 19 | 9 |
| 广东 | 221 | 12 | | | | 12 | 54 | 46 |
| 广西 | 1801 | 25 | 12 | | | 13 | 249 | 31 |
| 海南 | 466 | 1 | | | | 1 | 7 | 4 |
| 重庆 | 74 | 45 | 31 | | | 14 | 6 | 4 |
| 四川 | 1761 | 133 | 63 | | | 64 | 166 | 86 |
| 贵州 | 2117 | 220 | 193 | | | 27 | 255 | 151 |
| 云南 | 4386 | 515 | 499 | | | | 977 | 719 |
| 西藏 | 1024 | 6 | 5 | | | 1 | 138 | 55 |
| 陕西 | 387 | 16 | 9 | | | | 82 | 52 |
| 甘肃 | 953 | 21 | 16 | | | 5 | 124 | 99 |
| 青海 | 365 | 23 | 22 | | | 1 | 22 | 22 |
| 宁夏 | 31 | 5 | 5 | | | | | |
| 新疆 | 6307 | 619 | 609 | | | | 575 | 463 |

# 发证情况——按地区分列

| 发证数（件） | | | | | | | | 批准登记面积（平方千米） | 探矿权使用费（万元） |
|---|---|---|---|---|---|---|---|---|---|
| 有色金属矿产 | 贵金属矿产 | | 稀有、稀土、稀散元素矿产 | 非金属矿产 | | | 水气矿产 | | |
| | | 金矿 | | | 水泥灰岩 | 化工矿产 | | | |
| **15665** | **7661** | **6986** | **226** | **2589** | **193** | **859** | **159** | **9227336.20** | **22519.57** |
| 676 | 348 | 331 | 37 | 18 | 1 | 13 | | 8635882.52 | 9557.60 |
| | | | | | | | | 35.75 | 0.72 |
| | 1 | 1 | | 1 | 1 | | 2 | 681.34 | 14.57 |
| 4 | 10 | 9 | | 8 | 4 | | | 220.56 | 4.62 |
| 37 | 20 | 18 | | 13 | 2 | | | 1452.32 | 1295.11 |
| 1846 | 662 | 467 | 12 | 197 | 12 | 55 | 15 | 96789.67 | 835.41 |
| 243 | 255 | 236 | 2 | 183 | 5 | 30 | 1 | 8699.64 | 688.79 |
| 256 | 253 | 236 | | 70 | 35 | 12 | 21 | 13058.97 | 356.00 |
| 134 | 115 | 114 | | 12 | | | 3 | 8145.09 | 163.69 |
| | | | | 1 | | | 3 | 181.50 | 8.99 |
| 67 | 8 | 8 | 2 | 48 | 4 | 23 | 1 | 1011.08 | 237.65 |
| 181 | 31 | 12 | | 162 | 1 | 2 | 1 | 3679.57 | 45.53 |
| 687 | 234 | 212 | 1 | 143 | 18 | 5 | 5 | 16077.63 | 151.44 |
| 490 | 185 | 136 | 3 | 70 | 4 | 5 | 1 | 10829.30 | 1370.00 |
| 428 | 224 | 200 | 28 | 65 | | 19 | | 9381.28 | 169.14 |
| 115 | 881 | 869 | 2 | 257 | 42 | | 14 | 20149.68 | 669.30 |
| 415 | 193 | 171 | | 70 | 7 | 32 | 2 | 10857.83 | 325.76 |
| 73 | 25 | 25 | 3 | 75 | 6 | 65 | 1 | 2569.66 | 35.62 |
| 36 | 16 | 16 | | 1 | | | | 479.75 | 4.88 |
| 23 | 90 | 24 | 9 | 30 | 3 | 2 | 3 | 2132.31 | 21.53 |
| 882 | 529 | 512 | 2 | 111 | 1 | 62 | 3 | 34502.04 | 656.90 |
| 280 | 155 | 137 | 4 | 19 | 2 | | | 8693.84 | 113.00 |
| 12 | 2 | | 1 | 8 | 1 | 5 | | 856.46 | 31.00 |
| 683 | 502 | 457 | 31 | 197 | 24 | 72 | 49 | 27878.31 | 331.26 |
| 1262 | 259 | 259 | | 121 | 3 | 93 | | 30512.97 | 305.04 |
| 2105 | 573 | 547 | 21 | 182 | 4 | 81 | 13 | 82264.84 | 1337.31 |
| 693 | 144 | 94 | 19 | 19 | | 6 | 5 | 37543.56 | 567.57 |
| 164 | 109 | 102 | 2 | 13 | 1 | 6 | 1 | 6725.05 | 177.87 |
| 262 | 497 | 486 | 8 | 39 | 2 | 2 | 2 | 19619.31 | 663.01 |
| 182 | 96 | 90 | 1 | 37 | 2 | | 4 | 10342.85 | 1990.82 |
| 8 | 5 | 5 | | 12 | 2 | 2 | 1 | 458.63 | 19.39 |
| 3421 | 1239 | 1212 | 38 | 407 | 6 | 267 | 8 | 125622.89 | 370.05 |

# 2008年矿产资源采矿许可证

**表 19**

| 地区 | 批准登记 | | | | | | | |
|---|---|---|---|---|---|---|---|---|
| | 合计 | 能源矿产 | | | | | 黑色金属矿产 | |
| | | | 煤 | 煤层气 | 石油天然气 | 地热 | | 铁矿 |
| **采矿许可证** | **97118** | **15067** | **12590** | **6** | **1229** | **701** | **3567** | **2829** |
| 国土资源部 | 1848 | 1665 | 430 | 6 | 1229 | | 15 | 12 |
| 北京 | 346 | 178 | 34 | | | 144 | 9 | 7 |
| 天津 | 419 | 264 | | | | 264 | | |
| 河北 | 3037 | 283 | 219 | | | 56 | 478 | 463 |
| 山西 | 1327 | | | | | | 1 | 1 |
| 内蒙古 | 1342 | 670 | 638 | | | 2 | 289 | 284 |
| 辽宁 | 4477 | 649 | 590 | | | 19 | 405 | 371 |
| 吉林 | 2605 | 263 | 243 | | | 5 | 121 | 108 |
| 黑龙江 | 1756 | 449 | 449 | | | | 9 | 9 |
| 上海 | 94 | | | | | | | |
| 江苏 | 1689 | 137 | 26 | | | 20 | 7 | 7 |
| 浙江 | 2484 | 4 | 2 | | | 1 | 7 | 7 |
| 安徽 | 5121 | 200 | 157 | | | 13 | 176 | 169 |
| 福建 | 2824 | 405 | 364 | | | 28 | 121 | 103 |
| 江西 | 6438 | 578 | 578 | | | | 120 | 113 |
| 山东 | 5861 | 332 | 265 | | | | 238 | 217 |
| 河南 | 3771 | 737 | 732 | | | 5 | 172 | 171 |
| 湖北 | 4024 | 490 | 477 | | | 13 | 110 | 102 |
| 湖南 | 6285 | 978 | 946 | | | 3 | 277 | 24 |
| 广东 | 1919 | 45 | | | | 40 | 65 | 62 |
| 广西 | 5103 | 130 | 124 | | | 4 | 196 | 66 |
| 海南 | 376 | | | | | | 5 | 2 |
| 重庆 | 2837 | 960 | 952 | | | 8 | 31 | 9 |
| 四川 | 7157 | 1499 | 1475 | | | 24 | 109 | 97 |
| 贵州 | 8432 | 1475 | 1344 | | | 4 | 105 | 48 |
| 云南 | 5741 | 1468 | 1432 | | | 36 | 219 | 166 |
| 西藏 | 234 | 1 | 1 | | | | 32 | 13 |
| 陕西 | 2905 | 277 | 199 | | | | 42 | 29 |
| 甘肃 | 2732 | 369 | 360 | | | 9 | 46 | 33 |
| 青海 | 313 | 37 | 35 | | | 2 | 12 | 11 |
| 宁夏 | 663 | 114 | 113 | | | | | |
| 新疆 | 2958 | 410 | 405 | | | 1 | 150 | 125 |

# 发证情况——按地区分列

| 发 证 数（件） | | | | | | | | 批准登记面积（平方千米） | 采矿权使用费（万元） |
|---|---|---|---|---|---|---|---|---|---|
| 有色金属矿产 | 贵金属矿产 | | 稀有、稀土、稀散元素矿产 | 非金属矿产 | | | 水气矿产 | | |
| | | 金矿 | | | 水泥灰岩 | 化工矿产 | | | |
| **3063** | **1601** | **1495** | **274** | **72564** | **6054** | **2333** | **982** | **308890.23** | **13175.44** |
| | | | | | | | | | |
| 45 | 38 | 36 | 3 | 71 | 5 | 12 | 11 | 237138.05 | 688.93 |
| | | | | 109 | 50 | | 50 | 287.68 | 41.15 |
| | | | | 142 | 1 | | 13 | 21.46 | 35.10 |
| 22 | 157 | 145 | 2 | 2065 | 571 | 195 | 30 | 1047.83 | 201.36 |
| | | | 3 | 1323 | 41 | | | 89.64 | 410.02 |
| 165 | 134 | 116 | 1 | 43 | 6 | 11 | 40 | 14326.22 | |
| | | | | | | | | | |
| 129 | 119 | 116 | | 3074 | 126 | 105 | 101 | 6328.93 | 337.84 |
| 31 | 99 | 85 | 19 | 2023 | 132 | 3 | 49 | 773.43 | 177.30 |
| 3 | 3 | 3 | | 1280 | | | 12 | 652.65 | 669.00 |
| | | | | | | | | | |
| | | | | 79 | | | 15 | 19.45 | 5.50 |
| 5 | 1 | 1 | 37 | 1468 | 174 | 26 | 34 | 686.79 | 310.36 |
| 48 | 10 | 7 | | 2359 | 229 | 7 | 56 | 362.34 | 125.85 |
| 158 | 36 | 34 | | 4531 | 96 | 68 | 20 | 2617.76 | 394.73 |
| 110 | 22 | 21 | 7 | 2086 | 437 | 136 | 73 | 1419.88 | 307.02 |
| 187 | 61 | 54 | 96 | 5396 | 166 | 120 | | 461.58 | 463.68 |
| 14 | 249 | 247 | 2 | 4909 | 153 | 143 | 117 | 3810.36 | 843.38 |
| | | | | | | | | | |
| 231 | 75 | 70 | | 2540 | 148 | 17 | 16 | 3807.30 | 478.56 |
| 61 | 22 | 20 | 2 | 3306 | 235 | 260 | 33 | 1564.59 | 314.43 |
| 366 | 50 | 49 | 5 | 4602 | 920 | 45 | 7 | 6725.90 | 845.85 |
| 68 | 6 | 4 | 4 | 1612 | 195 | 75 | 119 | 550.16 | 84.16 |
| 201 | 88 | 84 | 1 | 4459 | 234 | 265 | 28 | 1832.47 | 1357.26 |
| 4 | 2 | 2 | | 365 | 23 | | | 45.02 | 43.55 |
| | | | | | | | | | |
| 13 | | | 11 | 1815 | 393 | 15 | 7 | 1710.33 | 156.66 |
| 149 | 80 | 72 | 22 | 5238 | 443 | 211 | 60 | 3459.40 | 470.73 |
| 230 | 76 | 76 | | 6528 | 667 | 367 | 18 | 5068.01 | 587.80 |
| 513 | 55 | 47 | 11 | 3429 | 66 | 56 | 46 | 3545.02 | 531.18 |
| 47 | 2 | 1 | | 145 | 8 | 32 | 7 | 1503.35 | 160.90 |
| | | | | | | | | | |
| 57 | 31 | 28 | 25 | 2466 | 217 | 67 | 7 | 1402.77 | 241.51 |
| 66 | 85 | 85 | 1 | 2162 | 176 | 26 | 3 | 1210.07 | 324.92 |
| 27 | 8 | 8 | | 225 | 35 | 15 | 4 | 3889.43 | 1075.05 |
| 11 | | | | 534 | 24 | 24 | 4 | 272.01 | 278.46 |
| 102 | 92 | 84 | 22 | 2180 | 83 | 32 | 2 | 2260.33 | 1213.20 |

# 2008年矿产资源勘查许可证及

表 20

| 经济类型 | 批准登记 | | | | | | | |
|---|---|---|---|---|---|---|---|---|
| | 合计 | 能源矿产 | | | | | 黑色金属矿产 | |
| | | | 煤 | 煤层气 | 石油天然气 | 地热 | | 铁矿 |
| **总　计** | **133863** | **20460** | **15320** | **158** | **3269** | **1112** | **8619** | **6668** |
| **勘查许可证** | **36745** | **5393** | **2730** | **152** | **2040** | **411** | **5052** | **3839** |
| 国有企业 | 10918 | 1959 | 1014 | 46 | 671 | 212 | 978 | 709 |
| 集体企业 | 383 | 73 | 45 | | | 13 | 64 | 57 |
| 股份合作企业 | 459 | 38 | 33 | | | 5 | 90 | 81 |
| 联营企业 | 119 | 25 | 15 | | | 10 | 21 | 18 |
| 有限责任公司 | 16877 | 1330 | 1203 | | | 109 | 2711 | 2047 |
| 股份有限公司 | 2789 | 1629 | 128 | 106 | 1369 | 18 | 161 | 125 |
| 私营企业 | 4463 | 287 | 254 | | | 31 | 920 | 716 |
| 其他企业 | 352 | 24 | 18 | | | 6 | 91 | 72 |
| 合资经营企业(港或澳、台资) | 23 | 1 | 1 | | | | 6 | 6 |
| 合作经营企业(港或澳、台资) | 13 | | | | | | | |
| 港、澳、台商独资经营企业 | 27 | 9 | 8 | | | 1 | 1 | 1 |
| 港、澳、台商投资股份有限公司 | 3 | 1 | 1 | | | | | |
| 中外合资经营企业 | 59 | 9 | 4 | | | 5 | 6 | 6 |
| 中外合作经营企业 | 173 | | | | | | 1 | |
| 外资企业 | 82 | 8 | 6 | | | 1 | 1 | |
| 外商投资股份有限公司 | 5 | | | | | | 1 | 1 |
| **采矿许可证** | **97118** | **15067** | **12590** | **6** | **1229** | **701** | **3567** | **2829** |
| 国有企业 | 3809 | 1657 | 1272 | 2 | 171 | 182 | 227 | 174 |
| 集体企业 | 11897 | 2677 | 2417 | | | 88 | 468 | 374 |
| 股份合作企业 | 1212 | 152 | 148 | | | 3 | 61 | 39 |
| 联营企业 | 409 | 64 | 59 | | | 3 | 38 | 31 |
| 有限责任公司 | 14913 | 4658 | 4335 | | | 253 | 1518 | 1203 |
| 股份有限公司 | 3532 | 1404 | 298 | 4 | 1058 | 12 | 134 | 99 |
| 私营企业 | 56948 | 4092 | 3849 | | | 25 | 1040 | 858 |
| 其他企业 | 3909 | 273 | 167 | | | 99 | 45 | 38 |
| 合资经营企业(港或澳、台资) | 94 | 18 | 13 | | | 5 | 25 | 7 |
| 合作经营企业(港或澳、台资) | 9 | 4 | | | | 4 | | |
| 港、澳、台商独资经营企业 | 62 | 9 | 6 | | | 3 | 2 | 2 |
| 港、澳、台商投资股份有限公司 | 11 | 2 | 1 | | | 1 | | |
| 中外合资经营企业 | 170 | 26 | 11 | | | 15 | 7 | 4 |
| 中外合作经营企业 | 34 | 8 | 2 | | | 6 | 1 | |
| 外资企业 | 65 | 10 | 2 | | | 1 | 1 | |
| 外商投资股份有限公司 | 44 | 13 | 10 | | | 1 | | |

# 采矿许可证发证情况——按经济类型分列

| 发证数（件） | | | | | | | | 批准登记面积（平方千米） | 探矿权采矿权使用费（万元） |
|---|---|---|---|---|---|---|---|---|---|
| 有色金属矿产 | 贵金属矿产 | | 稀有、稀土、稀散元素矿产 | 非金属矿产 | | | 水气矿产 | | |
| | | 金矿 | | | 水泥灰岩 | 化工矿产 | | | |
| **18728** | **9262** | **8481** | **500** | **75153** | **6247** | **3192** | **1141** | **9536226.43** | **35695.01** |
| **15665** | **7661** | **6986** | **226** | **2589** | **193** | **859** | **159** | **9227336.20** | **22519.57** |
| 3997 | 3089 | 2842 | 64 | 782 | 91 | 183 | 49 | 3201833.08 | 11781.85 |
| 92 | 104 | 99 | 5 | 39 | 3 | 9 | 6 | 4191.29 | 267.64 |
| 195 | 95 | 85 | 4 | 30 | 1 | 12 | 7 | 8845.37 | 251.61 |
| 43 | 14 | 13 | 2 | 12 | | 2 | 2 | 1961.14 | 49.40 |
| 8370 | 3192 | 2919 | 120 | 1084 | 63 | 355 | 70 | 329455.16 | 8071.23 |
| 538 | 336 | 302 | 6 | 110 | 11 | 53 | 9 | 5599932.83 | 522.40 |
| 2164 | 579 | 501 | 22 | 480 | 18 | 236 | 11 | 63319.24 | 1299.96 |
| 157 | 52 | 43 | 3 | 24 | | 7 | 1 | 4919.89 | 138.86 |
| 6 | 9 | 8 | | 1 | | 1 | | 595.62 | 9.97 |
| 1 | 11 | 10 | | 1 | | | | 286.68 | 14.43 |
| 7 | | | | 8 | 1 | 1 | 2 | 803.44 | 5.08 |
| 1 | | | | 1 | 1 | | | 299.24 | 0.50 |
| 21 | 20 | 18 | | 3 | 2 | | | 1676.94 | 30.86 |
| 38 | 124 | 116 | | 9 | 1 | | 1 | 5767.81 | 55.69 |
| 35 | 33 | 27 | | 4 | 1 | | 1 | 3403.33 | 18.51 |
| | 3 | 3 | | 1 | | | | 45.15 | 1.58 |
| **3063** | **1601** | **1495** | **274** | **72564** | **6054** | **2333** | **982** | **308890.23** | **13175.44** |
| 260 | 282 | 268 | 69 | 1184 | 205 | 142 | 130 | 51965.34 | 2961.03 |
| 331 | 285 | 273 | 30 | 7996 | 566 | 277 | 110 | 3924.44 | 827.09 |
| 68 | 27 | 26 | 2 | 890 | 205 | 27 | 12 | 352.46 | 122.70 |
| 27 | 22 | 21 | 2 | 251 | 16 | 23 | 5 | 167.46 | 30.11 |
| 1414 | 678 | 623 | 45 | 6136 | 601 | 695 | 464 | 31191.15 | 3089.21 |
| 201 | 123 | 117 | 17 | 1597 | 210 | 157 | 56 | 202466.36 | 549.36 |
| 702 | 138 | 128 | 69 | 50776 | 4123 | 950 | 131 | 17490.58 | 5126.91 |
| 28 | 25 | 19 | 37 | 3497 | 89 | 49 | 4 | 492.79 | 403.98 |
| 9 | 1 | 1 | | 37 | 4 | 3 | 4 | 242.37 | 21.90 |
| | | | | 3 | | | 2 | 3.70 | 0.57 |
| 1 | 1 | 1 | | 41 | 5 | 3 | 8 | 58.96 | 7.82 |
| 4 | | | | 4 | | 1 | 1 | 6.15 | 0.50 |
| 12 | 6 | 6 | 3 | 86 | 16 | 1 | 30 | 202.56 | 17.38 |
| 4 | 11 | 10 | | 6 | | 1 | 4 | 98.41 | 2.43 |
| 1 | 1 | 1 | | 42 | 11 | 4 | 10 | 55.23 | 4.95 |
| 1 | 1 | 1 | | 18 | 3 | | 11 | 172.26 | 9.50 |

# 2008年矿产资源勘查许可证及

表 21

| 登记类别 | 批准登记 | | | | | | | |
|---|---|---|---|---|---|---|---|---|
| | 合计 | 能源矿产 | | | | | 黑色金属矿产 | |
| | | | 煤 | 煤层气 | 石油天然气 | 地热 | | 铁矿 |
| **总　计** | **133863** | **20460** | **15320** | **158** | **3269** | **1112** | **8619** | **6668** |
| **勘查许可证** | **36745** | **5393** | **2730** | **152** | **2040** | **411** | **5052** | **3839** |
| 延续 | 7766 | 621 | 69 | | 396 | 150 | 579 | 340 |
| 新立 | 3673 | 445 | 296 | 42 | 79 | 23 | 723 | 585 |
| 其他 | 11801 | 1502 | 871 | 42 | 379 | 177 | 1825 | 1374 |
| 变更 | 13505 | 2825 | 1494 | 68 | 1186 | 61 | 1925 | 1540 |
| **采矿许可证** | **97118** | **15067** | **12590** | **6** | **1229** | **701** | **3567** | **2829** |
| 延续 | 11270 | 1127 | 524 | 2 | 448 | 39 | 431 | 301 |
| 新立 | 10395 | 2170 | 2114 | | 4 | 31 | 604 | 504 |
| 其他 | 37285 | 3448 | 3155 | | 29 | 220 | 719 | 538 |
| 变更 | 38168 | 8322 | 6797 | 4 | 748 | 411 | 1813 | 1486 |

# 采矿许可证发证情况——按登记类别分列

| 发证数（件） | | | | | | | | 批准登记面积（平方千米） | 探矿权采矿权使用费（万元） |
|---|---|---|---|---|---|---|---|---|---|
| 有色金属矿产 | 贵金属矿产 | | 稀有、稀土、稀散元素矿产 | 非金属矿产 | | | 水气矿产 | | |
| | | 金矿 | | | 水泥灰岩 | 化工矿产 | | | |
| **18728** | **9262** | **8481** | **500** | **75153** | **6247** | **3192** | **1141** | **9536226.43** | **35695.01** |
| **15665** | **7661** | **6986** | **226** | **2589** | **193** | **859** | **159** | **9227336.20** | **22519.57** |
| 4449 | 1467 | 1358 | 78 | 507 | 56 | 134 | 65 | 1561678.08 | 1533.95 |
| 1376 | 821 | 738 | 21 | 280 | 23 | 104 | 7 | 459349.56 | 9040.58 |
| 4075 | 3448 | 3139 | 72 | 830 | 60 | 206 | 49 | 1718315.59 | 5251.06 |
| 5765 | 1925 | 1751 | 55 | 972 | 54 | 415 | 38 | 5487992.97 | 6693.98 |
| **3063** | **1601** | **1495** | **274** | **72564** | **6054** | **2333** | **982** | **308890.23** | **13175.44** |
| 340 | 124 | 111 | 22 | 9178 | 791 | 240 | 48 | 88332.20 | 1925.77 |
| 460 | 287 | 271 | 42 | 6777 | 868 | 316 | 55 | 16946.17 | 2417.77 |
| 534 | 315 | 300 | 105 | 31965 | 2755 | 696 | 199 | 20086.26 | 3571.44 |
| 1729 | 875 | 813 | 105 | 24644 | 1640 | 1081 | 680 | 183525.60 | 5260.46 |

# 2008年探矿权出让

表 22

| 地　区 | 出让合计 | | 申请审批 | |
|---|---|---|---|---|
| | 宗数 | 合同金额 | 宗数 | 合同金额 |
| **全　国** | **2529** | **343303.05** | **1915** | **45015.49** |
| **国土资源部** | **578** | **12239.19** | **577** | **3739.19** |
| 北　京 | 3 | 53.00 | 3 | 53.00 |
| 天　津 | 7 | 500.48 | 7 | 500.48 |
| 河　北 | 7 | 449.00 | 2 | 53.00 |
| 山　西 | | | | |
| 内蒙古 | 408 | 67330.20 | 43 | 1136.78 |
| 辽　宁 | 10 | 2436.50 | 1 | 102.00 |
| 吉　林 | 33 | 6979.00 | 1 | 80.00 |
| 黑龙江 | 288 | 5774.35 | 287 | 5736.05 |
| 上　海 | | | | |
| 江　苏 | 2 | 155.58 | 1 | 99.28 |
| 浙　江 | 130 | 2685.02 | 121 | |
| 安　徽 | 9 | 15314.79 | 6 | 11879.79 |
| 福　建 | 37 | 10658.50 | | |
| 江　西 | 1 | 3.00 | | |
| 山　东 | 6 | 1436.77 | 4 | 1278.77 |
| 河　南 | 68 | 1432.96 | 65 | 1198.96 |
| 湖　北 | 6 | 17248.77 | 5 | 1048.77 |
| 湖　南 | 53 | 36195.00 | 13 | |
| 广　东 | 33 | 3120.00 | 31 | |
| 广　西 | 134 | 1001.68 | 130 | 485.18 |
| 海　南 | 245 | 6705.00 | 242 | |
| 重　庆 | | | | |
| 四　川 | 35 | 44885.62 | | |
| 贵　州 | 277 | 16089.50 | 267 | |
| 云　南 | 5 | 22.98 | | |
| 西　藏 | 1 | | 1 | |
| 陕　西 | 94 | 68363.00 | 78 | |
| 甘　肃 | 6 | 3254.14 | 5 | 3226.54 |
| 青　海 | 24 | 15300.00 | 10 | 10762.00 |
| 宁　夏 | 14 | 33.32 | | |
| 新　疆 | 15 | 3635.70 | 15 | 3635.70 |

## 情况——按地区分列

计量单位：宗、万元

| 招标 | | 拍卖 | | 挂牌 | |
|---|---|---|---|---|---|
| 宗数 | 合同金额 | 宗数 | 合同金额 | 宗数 | 合同金额 |
| **7** | **6195.22** | **67** | **96961.60** | **540** | **195130.74** |
| | | | | | |
| | | **1** | **8500.00** | | |
| | | | | | |
| | | | | | |
| | | 2 | 128.00 | 3 | 268.00 |
| | | | | | |
| 4 | 1150.92 | | | 361 | 65042.50 |
| | | | | | |
| | | 8 | 1034.50 | 1 | 1300.00 |
| | | | | 32 | 6899.00 |
| | | | | 1 | 38.30 |
| | | | | | |
| | | | | | |
| 1 | 56.30 | | | | |
| | | 3 | 1611.00 | 6 | 1074.02 |
| | | 2 | 2769.00 | 1 | 666.00 |
| 1 | 1988.00 | 16 | 6565.60 | 20 | 2104.90 |
| | | | | 1 | 3.00 |
| | | | | 2 | 158.00 |
| | | | | | |
| | | | | 3 | 234.00 |
| | | 1 | 16200.00 | | |
| | | 9 | 12594.00 | 31 | 23601.00 |
| 1 | 3000.00 | | | 1 | 120.00 |
| | | | | 4 | 516.50 |
| | | | | 3 | 6705.00 |
| | | | | | |
| | | | | | |
| | | 18 | 32496.20 | 17 | 12389.42 |
| | | 5 | 15056.00 | 5 | 1033.50 |
| | | | | 5 | 22.98 |
| | | | | | |
| | | | | | |
| | | | | 16 | 68363.00 |
| | | | | 1 | 27.60 |
| | | | | 14 | 4538.00 |
| | | 2 | 7.30 | 12 | 26.02 |

# 2008年采矿权出让

表 23

| 地　区 | 出让合计 | | 申请审批 | |
|---|---|---|---|---|
| | 宗数 | 合同金额 | 宗数 | 合同金额 |
| **全　国** | **24052** | **1488322.97** | **14924** | **886668.36** |
| **国土资源部** | **37** | **203865.58** | **37** | **203865.58** |
| 北　京 | | | | |
| 天　津 | 16 | 216.00 | 16 | 216.00 |
| 河　北 | 106 | 167089.97 | 35 | 786.64 |
| 山　西 | 400 | 1542.29 | 218 | 565.01 |
| 内蒙古 | 1342 | 19305.70 | 910 | 11069.04 |
| 辽　宁 | 1500 | 33567.86 | 1434 | 29887.58 |
| 吉　林 | 1412 | 74363.55 | 40 | 123.01 |
| 黑龙江 | 1756 | 69879.18 | 1756 | 69879.18 |
| 上　海 | | | | |
| 江　苏 | 1260 | 24224.98 | 116 | 17317.36 |
| 浙　江 | 892 | 80425.09 | 373 | 21209.66 |
| 安　徽 | 49 | 65002.97 | 49 | 65002.97 |
| 福　建 | 573 | 27653.32 | 440 | 20772.60 |
| 江　西 | 814 | 106909.71 | 461 | 86218.89 |
| 山　东 | 1906 | 25741.31 | 1401 | 5859.63 |
| 河　南 | 799 | 92978.56 | 497 | 78354.41 |
| 湖　北 | 1384 | 30242.60 | 1262 | 20927.29 |
| 湖　南 | 1915 | 69017.34 | 1424 | 58059.94 |
| 广　东 | 505 | 85036.03 | 355 | 8546.53 |
| 广　西 | 2162 | 17491.06 | 1725 | 10950.46 |
| 海　南 | 128 | 6762.08 | 5 | 2120.40 |
| 重　庆 | 1071 | 18772.47 | 653 | 1564.57 |
| 四　川 | 729 | 26735.47 | 153 | 2399.88 |
| 贵　州 | 666 | 24114.17 | 244 | 10161.44 |
| 云　南 | 552 | 17142.41 | 53 | 888.66 |
| 西　藏 | 46 | | 46 | |
| 陕　西 | 468 | 35399.48 | 274 | 500.17 |
| 甘　肃 | 370 | 11453.87 | 24 | 7964.70 |
| 青　海 | 140 | 10772.85 | 54 | 9891.93 |
| 宁　夏 | 212 | 1293.21 | 55 | 953.35 |
| 新　疆 | 842 | 141323.86 | 814 | 140611.48 |

## 情况——按地区分列

计量单位：宗、万元

| 招标 | | 拍卖 | | 挂牌 | |
|---|---|---|---|---|---|
| 宗数 | 合同金额 | 宗数 | 合同金额 | 宗数 | 合同金额 |
| **1379** | **88837.59** | **480** | **100634.31** | **7269** | **257940.71** |
| | | | | | |
| | | | | | |
| | | | | | |
| | | | | | |
| | | | | 71 | 12061.33 |
| 16 | 12.45 | 33 | 467.90 | 133 | 496.93 |
| | | 11 | 56.00 | 421 | 8180.66 |
| | | | | | |
| | | 7 | 1340.00 | 59 | 2340.28 |
| 1304 | 73174.13 | | | 68 | 1066.41 |
| | | | | | |
| | | | | | |
| | | | | | |
| 2 | 0.60 | 38 | 64.00 | 1104 | 6843.02 |
| 16 | 2229.83 | 29 | 9275.11 | 474 | 47710.49 |
| | | | | | |
| | | 5 | 708.90 | 128 | 6171.82 |
| | | 6 | 108.50 | 347 | 20582.32 |
| 2 | 74.80 | 54 | 3450.81 | 449 | 16356.07 |
| | | | | | |
| | | | | 302 | 14624.15 |
| 7 | 75.40 | 3 | 7630.00 | 112 | 1609.91 |
| 14 | 181.78 | 39 | 7349.10 | 438 | 3426.52 |
| | | 1 | 58600.00 | 149 | 17889.50 |
| 5 | 3843.08 | 5 | 59.90 | 427 | 2637.62 |
| 5 | 289.80 | 1 | 3180.00 | 117 | 1171.88 |
| | | | | | |
| 3 | 18.92 | 2 | 0.58 | 413 | 17188.40 |
| | | 189 | 6068.88 | 387 | 18266.71 |
| | | 16 | 76.70 | 406 | 13876.03 |
| 5 | 8936.80 | 8 | 1154.18 | 486 | 6162.77 |
| | | | | | |
| | | | | | |
| | | 25 | 11.50 | 169 | 34887.81 |
| | | 3 | 710.58 | 343 | 2778.59 |
| | | 1 | 304.00 | 85 | 576.92 |
| | | | | 157 | 339.86 |
| | | 4 | 17.67 | 24 | 694.71 |

# 2008年探矿权、采矿权

表 24

| | 探矿权 | | | | | | | | | |
|---|---|---|---|---|---|---|---|---|---|---|
| | 小计 | | 申请审批 | | 招标 | | 拍卖 | | 挂牌 | |
| | 宗数 | 合同金额 | 宗数 | 合同金额 | 宗数 | 合同金额 | 宗数 | 合同金额 | 宗数 | 合同金额 |
| **总计** | **2529** | **343303.05** | **1915** | **45015.49** | **7** | **6195.22** | **67** | **96961.60** | **540** | **195130.74** |
| 煤 | 35 | 79815.97 | 33 | 6315.97 | | | 1 | 8500.00 | 1 | 65000.00 |
| 油页岩 | 3 | 4880.00 | | | | | | | 3 | 4880.00 |
| 石煤 | | | | | | | | | | |
| 油砂 | 2 | 228.00 | | | | | | | 2 | 228.00 |
| 天然沥青 | 1 | 400.00 | | | | | 1 | 400.00 | | |
| 地热 | 34 | 1914.24 | 23 | 672.49 | 1 | | 5 | 848.00 | 5 | 337.45 |
| 天然气水合物 | | | | | | 56.30 | | | | |
| 铁矿 | 129 | 47783.23 | 64 | 10829.23 | 1 | | 15 | 20965.00 | 49 | 12989.00 |
| 锰矿 | 56 | 2392.27 | 48 | 37.27 | | 3000.00 | 2 | 2162.00 | 6 | 193.00 |
| 铬铁矿 | 1 | | 1 | | | | | | | |
| 钛矿 | 6 | 952.74 | 5 | 898.74 | | | | | 1 | 54.00 |
| 钒矿 | 5 | | 5 | | | | | | | |
| 铜矿 | 395 | 34324.19 | 344 | 17534.19 | | | 7 | 9594.00 | 44 | 7196.00 |
| 铅矿 | 314 | 14231.86 | 297 | 2979.86 | | | 4 | 4195.00 | 13 | 7057.00 |
| 锌矿 | 50 | 501.89 | 46 | 156.37 | | | | | 4 | 345.52 |
| 铅锌矿 | 274 | 5976.10 | 260 | 1223.10 | | | 1 | 21.00 | 13 | 4732.00 |
| 多金属矿 | 323 | 49571.31 | 59 | 128.31 | | | 2 | 8105.00 | 262 | 41338.00 |
| 铝土矿 | 11 | 14640.01 | 8 | 0.01 | | | 3 | 14640.00 | | |
| 镍矿 | 14 | 406.45 | 8 | 34.45 | | | | | 6 | 372.00 |
| 钴矿 | 6 | | 6 | | | | | | | |
| 钨矿 | | | | | | | | | | |
| 锡矿 | 27 | 441.00 | 24 | | | | | | 3 | 441.00 |
| 钼矿 | 116 | 20569.21 | 115 | 481.21 | | | | | 1 | 20088.00 |
| 汞矿 | | | | | | | | | | |
| 锑矿 | 23 | 2165.00 | 12 | | | | 1 | 321.00 | 10 | 1844.00 |
| 金矿 | 386 | 5050.94 | 365 | 2569.44 | | | 5 | 1002.50 | 16 | 1479.00 |
| 银矿 | 17 | 852.49 | 10 | 79.49 | | | 1 | 390.00 | 6 | 383.00 |
| 铌钽矿 | 31 | | 31 | | | | | | | |
| 铌矿 | 1 | | 1 | | | | | | | |
| 钽矿 | | | | | | | | | | |

## 出让情况——按矿种分列(一)

计量单位：宗、万元

| 采矿权 | | | | | | | | | |
|---|---|---|---|---|---|---|---|---|---|
| 小计 | | 申请审批 | | 招标 | | 拍卖 | | 挂牌 | |
| 宗数 | 合同金额 | 宗数 | 合同金额 | 宗数 | 合同金额 | 宗数 | 合同金额 | 宗数 | 合同金额 |
| **24052** | **1334080.97** | **14924** | **886668.36** | **1379** | **88837.59** | **480** | **100634.31** | **7269** | **257940.71** |
| 1369 | 627765.57 | 1026 | 537553.22 | 64 | 29714.90 | 4 | 906.00 | 275 | 59591.45 |
| 54 | 4518.65 | 30 | 2360.00 | 2 | 1452.67 | 2 | 82.00 | 20 | 623.98 |
| 30 | 2716.74 | 20 | 629.93 | | | 2 | 400.00 | 8 | 1686.81 |
| | | | | | | | | | |
| | | | | | | | | | |
| 54 | 1382.03 | 44 | 970.05 | 4 | 45.53 | | | 6 | 366.45 |
| 6 | 0.60 | 6 | 0.60 | | | | | | |
| 272 | 120048.80 | 230 | 85515.26 | 16 | 30362.43 | 8 | 1388.00 | 18 | 2783.11 |
| 68 | 2096.93 | 45 | 998.97 | | | 9 | 580.00 | 14 | 517.96 |
| | | | | | | | | | |
| 3 | 181.90 | 1 | | | | | | 2 | 181.90 |
| 2 | 1150.16 | 1 | 871.74 | | | | | 1 | 278.42 |
| 74 | 78778.87 | 66 | 72480.13 | 1 | 22.94 | 2 | 1923.80 | 5 | 4352.00 |
| 51 | 958.54 | 50 | 912.54 | | | | | 1 | 46.00 |
| 5 | 110.27 | 4 | 108.35 | | | | | 1 | 1.92 |
| 64 | 7241.92 | 54 | 5929.31 | | | 1 | 1148.00 | 9 | 164.61 |
| 57 | 2442.60 | 20 | 1553.22 | | | | | 37 | 889.38 |
| 27 | 7913.03 | 26 | 7765.75 | | | | | 1 | 147.28 |
| 5 | 104.10 | 3 | | 2 | 104.10 | | | | |
| | | | | | | | | | |
| 6 | 15377.26 | 5 | 1673.05 | | | | | 1 | 13704.21 |
| 11 | 916.39 | 11 | 916.39 | | | | | | |
| 10 | 64514.66 | 9 | 5914.66 | | | 1 | 58600.00 | | |
| 4 | 350.90 | | | | | | | 4 | 350.90 |
| 5 | 397.58 | 2 | 151.79 | | | 3 | 245.79 | | |
| 142 | 24210.07 | 106 | 18178.29 | 20 | 5292.34 | 3 | 287.20 | 13 | 452.24 |
| 5 | 2990.17 | 3 | 2867.44 | | | | | 2 | 122.73 |
| | | | | | | | | | |
| | | | | | | | | | |
| 1 | 1541.74 | 1 | 1541.74 | | | | | | |

## 2008年探矿权、采矿权

续表 24

| | 探矿权 | | | | | | | | | |
|---|---|---|---|---|---|---|---|---|---|---|
| | 小计 | | 行政审批 | | 招标 | | 拍卖 | | 挂牌 | |
| | 宗数 | 合同金额 | 宗数 | 合同金额 | 宗数 | 合同金额 | 宗数 | 合同金额 | 宗数 | 合同金额 |
| 铍矿 | | | | | | | | | | |
| 锂矿 | 2 | 3748.15 | 1 | 248.15 | | | 1 | 3500.00 | | |
| 锆矿 | 2 | 6300.00 | | | | | | | 2 | 6300.00 |
| 锶矿 | | | | | | | | | | |
| 轻稀土矿 | 1 | 1988.00 | | | 1 | 1988.00 | | | | |
| 硅线石 | | | | | | | | | | |
| 红柱石 | 2 | 73.30 | 1 | 35.00 | | | | | 1 | 38.30 |
| 菱镁矿 | 6 | 253.00 | 1 | 1.00 | | | | | 5 | 252.00 |
| 萤石(普通) | 53 | 1274.74 | 46 | 35.74 | | | | | 7 | 1239.00 |
| 熔剂用石灰岩 | 4 | 100.00 | | | | | | | 4 | 100.00 |
| 冶金用白云岩 | | | | | | | | | | |
| 冶金用石英岩 | 1 | 8.00 | | | | | | | 1 | 8.00 |
| 冶金用砂岩 | | | | | | | | | | |
| 铸型用砂岩 | | | | | | | | | | |
| 铸型用砂 | | | | | | | | | | |
| 冶金用脉石英 | | | | | | | | | | |
| 耐火黏土 | | | | | | | | | | |
| 铁矾土 | | | | | | | | | | |
| 铸型用黏土 | | | | | | | | | | |
| 硫铁矿 | 29 | 744.59 | 25 | 291.09 | | | 2 | 350.00 | 2 | 103.50 |
| 钠硝石 | | | | | | | | | | |
| 明矾石 | | | | | | | | | | |
| 芒硝(含钙芒硝) | 1 | 99.28 | 1 | 99.28 | | | | | | |
| 重晶石 | | | | | | | | | | |
| 毒重石 | | | | | | | | | | |
| 颜料黄土 | | | | | | | | | | |
| 石灰岩 | | | | | | | | | | |
| 电石石灰岩 | | | | | | | | | | |
| 制碱石灰岩 | | | | | | | | | | |
| 化肥用石灰岩 | 3 | 2795.00 | | | | | 2 | 2745.00 | 1 | 50.00 |
| 化肥用白云岩 | | | | | | | | | | |

## 出让情况——按矿种分列(二)

计量单位：宗、万元

| 采矿权 | | | | | | | | | |
|---|---|---|---|---|---|---|---|---|---|
| 小计 | | 行政审批 | | 招标 | | 拍卖 | | 挂牌 | |
| 宗数 | 合同金额 | 宗数 | 合同金额 | 宗数 | 合同金额 | 宗数 | 合同金额 | 宗数 | 合同金额 |
| 1 | 102.19 | 1 | 102.19 | | | | | | |
| 4 | 653.21 | 2 | 304.21 | | | 1 | 231.00 | 1 | 118.00 |
| 4 | 5157.00 | 1 | 1968.00 | | | 1 | 3180.00 | 2 | 9.00 |
| 1 | 11.33 | | | | | | | 1 | 11.33 |
| 2 | 132.05 | 2 | 132.05 | | | | | | |
| 2 | 26.75 | 1 | 20.26 | | | | | 1 | 6.49 |
| 1 | 36.00 | | | | | | | 1 | 36.00 |
| 20 | 300.51 | 20 | 300.51 | | | | | | |
| 383 | 3438.69 | 328 | 1331.94 | 1 | 10.69 | 1 | 304.00 | 53 | 1792.06 |
| 23 | 309.45 | 6 | 76.78 | 14 | 74.35 | | | 3 | 158.32 |
| 49 | 1197.84 | 33 | 321.24 | | | 1 | 18.00 | 15 | 858.60 |
| 83 | 1548.55 | 49 | 558.82 | | | 2 | 10.58 | 32 | 979.15 |
| 10 | 50.52 | 8 | 12.02 | | | 1 | 20.00 | 1 | 18.50 |
| 4 | 12.45 | 3 | 1.10 | | | | | 1 | 11.35 |
| 31 | 810.39 | 18 | 53.65 | | | | | 13 | 756.74 |
| 35 | 310.12 | 22 | 139.76 | 5 | 49.27 | 2 | 14.00 | 6 | 107.09 |
| 226 | 2118.33 | 177 | 236.24 | 4 | 89.36 | 7 | 219.77 | 38 | 1572.96 |
| 3 | 352.10 | | | | | | | 3 | 352.10 |
| 99 | 68.36 | 65 | 62.13 | | | | | 34 | 6.23 |
| 27 | 6178.93 | 26 | 6078.82 | | | | | 1 | 100.11 |
| 2 | 1834.40 | 1 | 236.74 | | | 1 | 1597.66 | | |
| 1 | 24.31 | 1 | 24.31 | | | | | | |
| 2 | 750.16 | 2 | 750.16 | | | | | | |
| 92 | 1321.68 | 35 | 685.10 | 4 | 24.98 | | | 53 | 611.60 |
| 1 | 18.00 | | | | | | | 1 | 18.00 |
| 8 | 2.20 | | | 8 | 2.20 | | | | |
| 21 | 3717.70 | 21 | 3717.70 | | | | | | |
| 5 | 1395.60 | | | | | 5 | 1395.60 | | |
| 21 | 441.10 | 18 | 334.90 | | | | | 3 | 106.20 |
| 23 | 2366.01 | 23 | 2366.01 | | | | | | |
| 2 | 305.43 | 2 | 305.43 | | | | | | |

## 2008年探矿权、采矿权

续表 24

| | 探矿权 | | | | | | | | | |
|---|---|---|---|---|---|---|---|---|---|---|
| | 小计 | | 行政审批 | | 招标 | | 拍卖 | | 挂牌 | |
| | 宗数 | 合同金额 | 宗数 | 合同金额 | 宗数 | 合同金额 | 宗数 | 合同金额 | 宗数 | 合同金额 |
| 化肥用石英岩 | | | | | | | | | | |
| 含钾岩石 | 1 | 25.00 | | | | | | | 1 | 25.00 |
| 化肥用蛇蚊岩 | | | | | | | | | | |
| 泥炭 | | | | | | | | | | |
| 岩盐 | 3 | 802.00 | 1 | | | | | | 2 | 802.00 |
| 湖盐 | | | | | | | | | | |
| 天然卤水 | | | | | | | | | | |
| 钾盐 | 1 | | 1 | | | | | | | |
| 溴矿 | | | | | | | | | | |
| 硼矿 | | | | | | | | | | |
| 磷矿 | 6 | 16200.00 | 5 | | | | 1 | 16200.00 | | |
| 石墨 | | | | | | | | | | |
| 硅灰石 | 4 | 527.57 | | | | | 1 | 500.00 | 3 | 27.57 |
| 滑石 | | | | | | | | | | |
| 石棉(温石棉) | | | | | | | | | | |
| 云母 | | | | | | | | | | |
| 长石 | 2 | 24.00 | | | | | | | 2 | 24.00 |
| 石榴子石 | 1 | | 1 | | | | | | | |
| 叶蜡石 | 2 | 1267.40 | | | | | 1 | 1250.00 | 1 | 17.40 |
| 透辉石 | | | | | | | | | | |
| 蛭石 | | | | | | | | | | |
| 沸石 | 1 | 15.93 | 1 | 15.93 | | | | | | |
| 石膏 | | | | | | | | | | |
| 方解石 | 2 | 13.07 | 2 | 13.07 | | | | | | |
| 光学萤石 | | | | | | | | | | |
| 宝石 | | | | | | | | | | |
| 玻璃用灰岩 | | | | | | | | | | |
| 水泥用灰岩 | 25 | 13322.19 | 4 | 11.42 | | | 3 | 988.20 | 18 | 12322.57 |
| 建筑石料用灰岩 | 17 | 781.77 | 13 | | | | 2 | 115.00 | 2 | 666.77 |
| 饰面用灰岩 | | | | | | | | | | |
| 制灰用灰岩 | 1 | 1.00 | 1 | 1.00 | | | | | | |

# 出让情况——按矿种分列(三)

计量单位：宗、万元

| 采矿权 | | | | | | | | | |
|---|---|---|---|---|---|---|---|---|---|
| 小计 | | 行政审批 | | 招标 | | 拍卖 | | 挂牌 | |
| 宗数 | 合同金额 | 宗数 | 合同金额 | 宗数 | 合同金额 | 宗数 | 合同金额 | 宗数 | 合同金额 |
| 14 | 93.86 | 13 | 68.96 | | | | | 1 | 24.90 |
| 5 | 115.85 | 1 | 2.00 | | | | | 4 | 113.85 |
| 1 | 86.16 | 1 | 86.16 | | | | | | |
| 5 | 778.39 | 5 | 778.39 | | | | | | |
| 7 | 20896.28 | 5 | 10193.28 | | | | | 2 | 10703.00 |
| 6 | 1310.02 | 6 | 1310.02 | | | | | | |
| 110 | 271.19 | 110 | 271.19 | | | | | | |
| 1 | | 1 | | | | | | | |
| 20 | 36.00 | 20 | 36.00 | | | | | | |
| 22 | 291.04 | 22 | 291.04 | | | | | | |
| 11 | 4113.60 | 10 | 1113.60 | | | | | 1 | 3000.00 |
| 21 | 1127.96 | 16 | 973.91 | 1 | 62.17 | | | 4 | 91.88 |
| 85 | 1753.06 | 68 | 821.09 | 7 | 529.27 | | | 10 | 402.70 |
| 52 | 527.40 | 44 | 439.85 | | | | | 8 | 87.55 |
| 3 | 638.03 | 3 | 638.03 | | | | | | |
| 6 | 3912.01 | 4 | 111.08 | | | | | 2 | 3800.93 |
| 82 | 1819.30 | 53 | 481.98 | 1 | 341.80 | | | 28 | 995.52 |
| 2 | 31.27 | 1 | 16.27 | | | | | 1 | 15.00 |
| 18 | 227.95 | 11 | 176.75 | | | | | 7 | 51.20 |
| 5 | 206.00 | 5 | 206.00 | | | | | | |
| 1 | 4.52 | | | | | | | 1 | 4.52 |
| 8 | 180.06 | 5 | 22.20 | 2 | 142.52 | | | 1 | 15.34 |
| 58 | 11800.16 | 38 | 10611.34 | 1 | 2.60 | 2 | 766.08 | 17 | 420.14 |
| 199 | 1252.88 | 82 | 379.85 | 9 | 81.00 | 2 | 11.70 | 106 | 780.33 |
| 1 | | 1 | | | | | | | |
| 22 | 322.68 | 22 | 322.68 | | | | | | |
| 16 | 79.36 | 3 | 35.86 | 12 | 9.90 | | | 1 | 33.60 |
| 851 | 55672.38 | 486 | 13072.31 | 34 | 8971.49 | 20 | 2995.56 | 311 | 30633.02 |
| 4650 | 59105.77 | 3114 | 22262.71 | 50 | 620.02 | 63 | 10396.84 | 1423 | 25826.20 |
| 6 | 77.80 | | | | | | | 6 | 77.80 |
| 92 | 3664.56 | 57 | 611.25 | 7 | 39.61 | | | 28 | 3013.70 |

## 2008年探矿权、采矿权

续表 24

| | 探矿权 | | | | | | | | | |
|---|---|---|---|---|---|---|---|---|---|---|
| | 小计 | | 行政审批 | | 招标 | | 拍卖 | | 挂牌 | |
| | 宗数 | 合同金额 | 宗数 | 合同金额 | 宗数 | 合同金额 | 宗数 | 合同金额 | 宗数 | 合同金额 |
| 泥灰岩 | | | | | | | | | | |
| 玻璃用白云岩 | | | | | | | | | | |
| 建筑用白云岩 | 3 | 18.78 | | | | | | | 3 | 18.78 |
| 砖瓦用砂岩 | | | | | | | | | | |
| 玻璃用石英岩 | | | | | | | | | | |
| 玻璃用砂岩 | | | | | | | | | | |
| 水泥配料用砂岩 | | | | | | | | | | |
| 陶瓷用砂岩 | | | | | | | | | | |
| 玻璃用砂 | | | | | | | | | | |
| 建筑用砂 | 5 | 14.40 | | | | | 2 | 7.30 | 3 | 7.10 |
| 水泥配料用砂 | | | | | | | | | | |
| 水泥标准砂 | | | | | | | | | | |
| 砖瓦用砂 | | | | | | | | | | |
| 玻璃用脉石英 | 5 | 114.60 | | | | | 2 | 30.60 | 3 | 84.00 |
| 粉石英 | | | | | | | | | | |
| 硅藻土 | 2 | 1.00 | 2 | 1.00 | | | | | | |
| 陶粒页岩 | | | | | | | | | | |
| 砖瓦用页岩 | 1 | 1.00 | 1 | 1.00 | | | | | | |
| 水泥配料用页岩 | | | | | | | | | | |
| 高岭土 | 4 | 414.00 | 1 | | | | 1 | 121.00 | 2 | 293.00 |
| 陶瓷土 | 3 | 159.24 | 1 | 135.56 | | | | | 2 | 23.68 |
| 凹凸棒石黏土 | | | | | | | | | | |
| 伊利石黏土 | | | | | | | | | | |
| 膨润土 | 2 | 39.00 | | | | | | | 2 | 39.00 |
| 砖瓦用黏土 | 20 | | 20 | | | | | | | |
| 陶粒用黏土 | | | | | | | | | | |
| 水泥配料用黏土 | | | | | | | | | | |
| 水泥配料用红土 | | | | | | | | | | |
| 水泥配料用泥岩 | | | | | | | | | | |
| 保温材料用黏土 | 1 | 4.02 | | | | | | | 1 | 4.02 |
| 建筑用橄榄岩 | | | | | | | | | | |

## 出让情况——按矿种分列(四)

计量单位：宗、万元

| 采矿权 | | | | | | | | | |
|---|---|---|---|---|---|---|---|---|---|
| 小计 | | 行政审批 | | 招标 | | 拍卖 | | 挂牌 | |
| 宗数 | 合同金额 | 宗数 | 合同金额 | 宗数 | 合同金额 | 宗数 | 合同金额 | 宗数 | 合同金额 |
| 23 | 205.90 | 7 | 25.50 | | | | | 16 | 180.40 |
| 11 | 98.69 | 8 | 1.65 | | | | | 3 | 97.04 |
| 136 | 2666.60 | 78 | 474.54 | 1 | 22.75 | 4 | 911.00 | 53 | 1258.31 |
| 191 | 897.88 | 86 | 121.28 | | | 33 | 246.90 | 72 | 529.70 |
| 37 | 494.17 | 21 | 94.91 | | | 2 | 25.90 | 14 | 373.36 |
| 3 | 57.42 | | | | | | | 3 | 57.42 |
| 91 | 13069.26 | 61 | 4129.17 | | | | | 30 | 8940.09 |
| 32 | 1270.91 | 23 | 531.88 | | | 1 | 188.00 | 8 | 551.03 |
| 29 | 170.40 | 14 | 86.66 | | | | | 15 | 83.74 |
| 1871 | 17419.89 | 862 | 2650.90 | 209 | 4258.47 | 32 | 2240.38 | 768 | 8270.14 |
| 8 | 81.20 | | | | | | | 8 | 81.20 |
| 8 | 140.68 | 1 | 10.00 | | | | | 7 | 130.68 |
| 89 | 677.32 | 52 | 337.21 | 1 | 1.80 | 2 | 19.80 | 34 | 318.51 |
| 33 | 2010.15 | 8 | 286.29 | 2 | 9.00 | 3 | 54.00 | 20 | 1660.86 |
| 9 | 44.39 | 3 | 10.68 | 2 | 17.81 | | | 4 | 15.90 |
| 2 | 159.28 | | | 2 | 159.28 | | | | |
| 3 | 673.44 | 2 | 12.25 | | | | | 1 | 661.19 |
| 1358 | 8482.67 | 603 | 2586.93 | 9 | 38.77 | 101 | 924.17 | 645 | 4932.80 |
| 35 | 598.32 | 13 | 245.66 | 1 | 7.52 | | | 21 | 345.14 |
| 66 | 3856.06 | 29 | 2088.81 | | | 3 | 663.00 | 34 | 1104.25 |
| 161 | 2434.70 | 88 | 805.16 | 1 | 6.55 | 3 | 54.25 | 69 | 1568.74 |
| 2 | 37.67 | 1 | 34.60 | | | | | 1 | 3.07 |
| 3 | 98.88 | 2 | 7.88 | 1 | 91.00 | | | | |
| 38 | 854.19 | 28 | 471.19 | | | | | 10 | 383.00 |
| 6053 | 12272.70 | 3727 | 7813.35 | 575 | 574.93 | 44 | 303.43 | 1707 | 3580.99 |
| 10 | 613.45 | 3 | 1.25 | | | | | 7 | 612.20 |
| 37 | 1012.15 | 9 | 125.70 | 1 | 1.34 | 1 | 18.00 | 26 | 867.11 |
| 5 | 18.10 | 4 | 15.00 | | | | | 1 | 3.10 |
| 18 | 209.44 | 3 | 67.24 | | | | | 15 | 142.20 |
| 18 | 16.18 | 18 | 16.18 | | | | | | |
| 1 | 33.54 | 1 | 33.54 | | | | | | |

# 2008年探矿权、采矿权

续表 24

| | 探矿权 | | | | | | | | | |
|---|---|---|---|---|---|---|---|---|---|---|
| | 小计 | | 行政审批 | | 招标 | | 拍卖 | | 挂牌 | |
| | 宗数 | 合同金额 | 宗数 | 合同金额 | 宗数 | 合同金额 | 宗数 | 合同金额 | 宗数 | 合同金额 |
| 蛇纹岩 | | | | | | | | | | |
| 玄武岩 | 34 | 4991.62 | 12 | 173.20 | 4 | 1150.92 | | | 18 | 3667.50 |
| 铸石用玄武岩 | | | | | | | | | | |
| 辉绿岩 | | | | | | | | | | |
| 建筑用辉绿岩 | | | | | | | | | | |
| 饰面用辉绿岩 | | | | | | | | | | |
| 安山岩 | | | | | | | | | | |
| 建筑用安山岩 | | | | | | | | | | |
| 闪长岩 | 1 | 20.00 | | | | | | | 1 | 20.00 |
| 建筑用闪长岩 | | | | | | | | | | |
| 花岗岩 | | | | | | | | | | |
| 建筑用花岗岩 | | | | | | | | | | |
| 饰面用花岗岩 | | | | | | | | | | |
| 麦饭石 | | | | | | | | | | |
| 黑曜岩 | | | | | | | | | | |
| 松脂岩 | | | | | | | | | | |
| 浮石 | | | | | | | | | | |
| 水泥用粗面岩 | | | | | | | | | | |
| 霞石正长岩 | | | | | | | | | | |
| 凝灰岩 | | | | | | | | | | |
| 玻璃用凝灰岩 | | | | | | | | | | |
| 水泥用凝灰岩 | | | | | | | | | | |
| 建筑用凝灰岩 | 7 | 12.58 | | | | | | | 7 | 12.58 |
| 大理石 | 2 | 1.36 | 2 | 1.36 | | | | | | |
| 饰面用大理石 | | | | | | | | | | |
| 建筑用大理石 | | | | | | | | | | |
| 水泥用大理石 | 2 | 5.70 | 2 | 5.70 | | | | | | |
| 板岩 | | | | | | | | | | |
| 饰面用板岩 | | | | | | | | | | |
| 水泥配料用板岩 | | | | | | | | | | |
| 片麻岩 | | | | | | | | | | |
| 角闪岩 | | | | | | | | | | |
| 片石 | | | | | | | | | | |
| 矿泉水 | 4 | 43.86 | 2 | 4.86 | | | 1 | 11.00 | 1 | 28.00 |
| 地下水 | 2 | 1.00 | 2 | 1.00 | | | | | | |
| 其他 | 1 | | 1 | | | | | | | |

## 出让情况——按矿种分列(五)

计量单位：宗、万元

| 采矿权 | | | | | | | | | |
|---|---|---|---|---|---|---|---|---|---|
| 小计 | | 行政审批 | | 招标 | | 拍卖 | | 挂牌 | |
| 宗数 | 合同金额 | 宗数 | 合同金额 | 宗数 | 合同金额 | 宗数 | 合同金额 | 宗数 | 合同金额 |
| 5 | 10.50 | 5 | 10.50 | | | | | | |
| 183 | 2789.44 | 62 | 197.01 | 32 | 192.45 | 15 | 535.00 | 74 | 1864.98 |
| 1 | 25.50 | | | 1 | 25.50 | | | | |
| 47 | 989.15 | 14 | 172.09 | 1 | 2.85 | 2 | 20.48 | 30 | 793.73 |
| 42 | 123.52 | 30 | 92.78 | 1 | 2.74 | | | 11 | 28.00 |
| 12 | 572.05 | 7 | 56.05 | | | | | 5 | 516.00 |
| 168 | 751.86 | 126 | 494.79 | 11 | 124.64 | | | 31 | 132.43 |
| 92 | 1040.28 | 3 | 12.88 | 65 | 490.91 | | | 24 | 536.49 |
| 32 | 231.60 | 24 | 179.60 | 3 | 4.00 | | | 5 | 48.00 |
| 33 | 214.51 | 3 | 16.68 | 24 | 102.62 | | | 6 | 95.21 |
| 395 | 3362.47 | 300 | 1968.77 | 17 | 36.62 | 5 | 61.30 | 73 | 1295.78 |
| 1162 | 15241.91 | 790 | 7159.60 | 100 | 772.00 | 4 | 3362.30 | 268 | 3948.01 |
| 458 | 6736.11 | 357 | 3253.18 | 6 | 326.57 | 3 | 321.80 | 92 | 2834.56 |
| 9 | 37.82 | 3 | 6.00 | | | | | 6 | 31.82 |
| 9 | 104.71 | 7 | 9.11 | | | | | 2 | 95.60 |
| 2 | 94.95 | | | | | | | 2 | 94.95 |
| 2 | 19.64 | 1 | 3.84 | | | | | 1 | 15.80 |
| 7 | 94.66 | | | | | | | 7 | 94.66 |
| 1 | 13.80 | 1 | 13.80 | | | | | | |
| 58 | 247.13 | 29 | 98.57 | 6 | 4.00 | | | 23 | 144.56 |
| 1 | 2.74 | | | 1 | 2.74 | | | | |
| 30 | 3647.62 | | | | | | | 30 | 3647.62 |
| 529 | 41668.77 | 223 | 13378.30 | 11 | 2112.27 | 59 | 3017.82 | 236 | 23160.38 |
| 95 | 7910.82 | 46 | 367.88 | 1 | 2.00 | 7 | 491.00 | 41 | 7049.94 |
| 18 | 290.88 | 10 | 173.52 | | | | | 8 | 117.36 |
| 186 | 1484.19 | 157 | 954.64 | 13 | 103.80 | 7 | 302.40 | 9 | 123.35 |
| 32 | 119.28 | 29 | 86.30 | 3 | 32.98 | | | | |
| 26 | 82.61 | 6 | 4.29 | | | 3 | 9.90 | 17 | 68.42 |
| 14 | 21.11 | 13 | 18.91 | | | | | 1 | 2.20 |
| 12 | 2.40 | 12 | 2.40 | | | | | | |
| 62 | 146.07 | 37 | 36.53 | | | | | 25 | 109.54 |
| 10 | 221.34 | 6 | 130.54 | 2 | 74.80 | | | 2 | 16.00 |
| 3 | 9.45 | 3 | 9.45 | | | | | | |
| 44 | 2000.07 | 30 | 328.64 | 7 | 1188.74 | 2 | 141.90 | 5 | 340.79 |

# 2008年探矿权、采矿权

表 25

| 地区 | 探矿权 | | | | | | | |
|---|---|---|---|---|---|---|---|---|
| | 小计 | | 出售 | | 作价出资 | | 其他 | |
| | 宗数 | 价款 | 宗数 | 价款 | 宗数 | 价款 | 宗数 | 价款 |
| **全国** | **1379** | **816339.24** | **1099** | **575411.28** | **165** | **228548.04** | **115** | **12379.92** |
| **国土资源部** | **42** | | **3** | | **14** | | **25** | |
| 北京 | | | | | | | | |
| 天津 | | | | | | | | |
| 河北 | 70 | 5499.72 | 70 | 5499.72 | | | | |
| 山西 | | | | | | | | |
| 内蒙古 | 216 | 11621.13 | 154 | 6437.96 | 5 | 560.00 | 57 | 4623.17 |
| 辽宁 | | | | | | | | |
| 吉林 | 38 | 58147.48 | 29 | 2503.84 | 9 | 55643.64 | | |
| 黑龙江 | | | | | | | | |
| 上海 | | | | | | | | |
| 江苏 | 3 | 18151.21 | | | 3 | 18151.21 | | |
| 浙江 | 5 | 2139.00 | 3 | 2139.00 | | | 2 | |
| 安徽 | 39 | 39987.48 | 38 | 11567.48 | 1 | 28420.00 | | |
| 福建 | 110 | 70145.96 | 107 | 62606.26 | 3 | 7539.70 | | |
| 江西 | 10 | 59080.27 | 10 | 59080.27 | | | | |
| 山东 | 55 | 245522.67 | 39 | 163259.08 | 16 | 82263.59 | | |
| 河南 | 26 | 2065.00 | 26 | 2065.00 | | | | |
| 湖北 | 12 | 8723.20 | 11 | 8577.00 | | | 1 | 146.20 |
| 湖南 | 12 | 2847.99 | 12 | 2847.99 | | | | |
| 广东 | 24 | 3378.21 | 24 | 3378.21 | | | | |
| 广西 | 195 | 62895.98 | 177 | 57829.25 | 17 | 5027.18 | 1 | 39.55 |
| 海南 | 17 | 1867.00 | 1 | 10.00 | 13 | 1572.00 | 3 | 285.00 |
| 重庆 | 2 | 50.00 | 1 | 20.00 | 1 | 30.00 | | |
| 四川 | 64 | 59507.04 | 39 | 43580.98 | 19 | 12091.06 | 6 | 3835.00 |
| 贵州 | | | | | | | | |
| 云南 | 277 | 36531.37 | 213 | 30660.37 | 44 | 2420.00 | 20 | 3451.00 |
| 西藏 | 22 | 7293.00 | 22 | 7293.00 | | | | |
| 陕西 | 84 | 97108.69 | 66 | 82284.69 | 18 | 14824.00 | | |
| 甘肃 | 37 | 9958.66 | 35 | 9953.00 | 2 | 5.66 | | |
| 青海 | 18 | 11218.18 | 18 | 11218.18 | | | | |
| 宁夏 | 1 | 2600.00 | 1 | 2600.00 | | | | |
| 新疆 | | | | | | | | |

## 转让情况——按地区分列

计量单位：宗、万元

| 采矿权 | | | | | | | |
|---|---|---|---|---|---|---|---|
| 小计 | | 出售 | | 作价出资 | | 其他 | |
| 宗数 | 价款 | 宗数 | 价款 | 宗数 | 价款 | 宗数 | 价款 |
| **1091** | **515830.83** | **819** | **259129.91** | **96** | **170892.46** | **176** | **85248.46** |
| **4** | **7506.78** | **1** | **407.51** | **3** | **7099.27** | | |
| 149 | 38716.71 | 116 | 37108.71 | 31 | 1108.00 | 2 | 500.00 |
| 36 | 11179.63 | 31 | 5692.48 | 5 | 4927.15 | | |
| 47 | 400.99 | 47 | 400.99 | | | | |
| 23 | 84196.86 | 16 | 16696.86 | | | 7 | 67500.00 |
| 8 | 13095.00 | 8 | 13095.00 | | | | |
| 6 | 582.07 | 4 | 220.38 | 1 | 242.00 | 1 | 119.69 |
| 41 | 4035.00 | 41 | 4035.00 | | | | |
| 47 | 8670.33 | 47 | 8670.33 | | | | |
| 6 | 117.33 | 3 | 77.40 | 1 | 13.31 | 2 | 26.62 |
| 56 | 117988.95 | 31 | 8610.00 | 19 | 105021.67 | 6 | 4357.28 |
| 70 | 19192.03 | 70 | 19192.03 | | | | |
| 23 | 7819.42 | 16 | 7785.09 | | | 7 | 34.33 |
| 62 | 3619.11 | 5 | 3366.51 | | | 57 | 252.60 |
| 1 | 100.00 | 1 | 100.00 | | | | |
| 12 | 2128.79 | 10 | 1114.71 | 2 | 1014.08 | | |
| 1 | 30.00 | | | | | 1 | 30.00 |
| 32 | 4529.85 | 32 | 4529.85 | | | | |
| 229 | 86435.65 | 177 | 48740.74 | 22 | 35737.72 | 30 | 1957.19 |
| 69 | 867.74 | 47 | 764.74 | 5 | 76.60 | 17 | 26.40 |
| 92 | 73239.19 | 56 | 68163.89 | 4 | 2052.00 | 32 | 3023.30 |
| 2 | 750.00 | 2 | 750.00 | | | | |
| 35 | 3225.30 | 34 | 3221.20 | | | 1 | 4.10 |
| 20 | 8227.05 | 9 | 1924.10 | 2 | 2.00 | 9 | 6300.95 |
| 16 | 18739.66 | 11 | 4025.00 | 1 | 13598.66 | 4 | 1116.00 |
| 2 | 310.40 | 2 | 310.40 | | | | |
| 2 | 126.99 | 2 | 126.99 | | | | |

# 2008年探矿权、采矿权

表 26

| | 探矿权 | | | | | | | |
|---|---|---|---|---|---|---|---|---|
| | 小计 | | 出售 | | 作价出资 | | 其他 | |
| | 宗数 | 价款 | 宗数 | 价款 | 宗数 | 价款 | 宗数 | 价款 |
| **总计** | **1379** | **816339.24** | **1099** | **575411.28** | **165** | **228548.04** | **115** | **12379.92** |
| 煤 | 43 | 200498.75 | 13 | 123182.57 | 5 | 77206.17 | 25 | 110.01 |
| 油页岩 | | | | | | | | |
| 地热 | 3 | 930.00 | 2 | 630.00 | 1 | 300.00 | | |
| 铁矿 | 257 | 212831.81 | 211 | 124965.37 | 22 | 86076.44 | 24 | 1790.00 |
| 锰矿 | 74 | 17321.73 | 71 | 17161.73 | 2 | 110.00 | 1 | 50.00 |
| 铬铁矿 | 2 | 250.00 | 2 | 250.00 | | | | |
| 钛矿 | 3 | 88.00 | 3 | 88.00 | | | | |
| 钒矿 | 8 | 10112.20 | 7 | 9966.00 | | | 1 | 146.20 |
| 铜矿 | 204 | 115757.84 | 163 | 107427.84 | 25 | 5559.00 | 16 | 2771.00 |
| 铅矿 | 45 | 3829.45 | 44 | 3813.30 | 1 | 16.15 | | |
| 锌矿 | 13 | 2604.35 | 9 | 1744.61 | 4 | 859.74 | | |
| 铅锌矿 | 140 | 68448.86 | 110 | 50168.15 | 13 | 15975.71 | 17 | 2305.00 |
| 多金属矿 | 91 | 27329.52 | 81 | 25365.84 | 2 | 1090.13 | 8 | 873.55 |
| 铝土矿 | 16 | 45079.52 | 16 | 45079.52 | | | | |
| 镍矿 | 4 | 900.00 | 2 | 726.00 | | | 2 | 174.00 |
| 钨矿 | 5 | 2701.03 | 1 | 100.00 | 4 | 2601.03 | | |
| 锡矿 | 15 | 1695.70 | 14 | 1695.69 | 1 | 0.01 | | |
| 钼矿 | 26 | 3514.10 | 19 | 1720.42 | 5 | 1712.01 | 2 | 81.67 |
| 汞矿 | | | | | | | | |
| 锑矿 | 6 | 12269.00 | 5 | 2269.00 | 1 | 10000.00 | | |
| 铂矿 | 2 | 4406.00 | 2 | 4406.00 | | | | |
| 金矿 | 281 | 53273.59 | 220 | 32428.55 | 48 | 19682.04 | 13 | 1163.00 |
| 银矿 | 16 | 2303.01 | 13 | 1403.00 | 3 | 900.01 | | |
| 锂矿 | | | | | | | | |
| 锗矿 | 1 | 2000.00 | 1 | 2000.00 | | | | |
| 萤石(普通) | 6 | 2097.49 | 5 | 2074.99 | | | 1 | 22.50 |
| 熔剂用石灰岩 | 1 | 42.00 | | | | | 1 | 42.00 |

## 转让情况——按矿种分列(一)

计量单位：宗、万元

| 采矿权 | | | | | | | |
|---|---|---|---|---|---|---|---|
| 小计 | | 出售 | | 作价出资 | | 其他 | |
| 宗数 | 价款 | 宗数 | 价款 | 宗数 | 价款 | 宗数 | 价款 |
| **1091** | **515830.83** | **819** | **259129.91** | **96** | **170892.46** | **176** | **85248.46** |
| | | | | | | | |
| 262 | 252639.49 | 202 | 102559.54 | 27 | 121205.66 | 33 | 28874.29 |
| 2 | 2700.00 | 2 | 2700.00 | | | | |
| 5 | 3260.00 | 3 | 1760.00 | 2 | 1500.00 | | |
| 125 | 108716.05 | 109 | 37133.05 | 12 | 26186.00 | 4 | 44837.00 |
| 10 | 1812.00 | 8 | 1570.00 | 1 | 22.00 | 1 | 220.00 |
| 1 | 400.00 | 1 | 400.00 | | | | |
| | | | | | | | |
| 3 | 240.00 | 3 | 240.00 | | | | |
| 24 | 10313.05 | 21 | 4629.83 | | | 3 | 5683.22 |
| 9 | 2688.56 | 8 | 2568.55 | | | 1 | 120.00 |
| 1 | 992.08 | | | 1 | 992.08 | | |
| 25 | 9067.12 | 22 | 6275.30 | 2 | 1300.00 | 1 | 1491.82 |
| 1 | 50.00 | 1 | 50.00 | | | | |
| 7 | 464.85 | 7 | 464.85 | | | | |
| | | | | | | | |
| 4 | 45784.09 | 4 | 45784.09 | | | | |
| 1 | 350.00 | 1 | 350.00 | | | | |
| 2 | 560.00 | 2 | 560.00 | | | | |
| 1 | 20.20 | 1 | 20.20 | | | | |
| | | | | | | | |
| | | | | | | | |
| 96 | 19400.06 | 86 | 17630.06 | 9 | 1170.00 | 1 | 600.00 |
| 6 | 491.95 | 5 | 481.95 | 1 | 10.00 | | |
| 3 | 350.00 | 3 | 350 00 | | | | |
| | | | | | | | |
| 22 | 241.54 | 17 | 141.54 | 5 | 100.00 | | |
| 3 | 39.58 | 3 | 39.58 | | | | |

# 2008年探矿权、采矿权

续表 26

| | 探矿权 | | | | | | | |
|---|---|---|---|---|---|---|---|---|
| | 小计 | | 出售 | | 作价出资 | | 其他 | |
| | 宗数 | 价款 | 宗数 | 价款 | 宗数 | 价款 | 宗数 | 价款 |
| 冶金用石英岩 | | | | | | | | |
| 铸型用砂岩 | | | | | | | | |
| 耐火黏土 | | | | | | | | |
| 硫铁矿 | 11 | 488.50 | 10 | 471.00 | 1 | 17.50 | | |
| 芒硝(含钙芒硝) | | | | | | | | |
| 重晶石 | 1 | 0.01 | | | 1 | 0.01 | | |
| 制碱用石灰岩 | | | | | | | | |
| 化肥用石灰岩 | 1 | 1412.00 | 1 | 1412.00 | | | | |
| 含钾岩石 | | | | | | | | |
| 含钾砂页岩 | | | | | | | | |
| 化肥用蛇蚊岩 | | | | | | | | |
| 岩盐 | | | | | | | | |
| 湖盐 | | | | | | | | |
| 钾盐 | | | | | | | | |
| 磷矿 | 9 | 7246.12 | 8 | 4486.12 | | | 1 | 2760.00 |
| 金刚石 | 1 | 0.01 | | | | | 1 | 0.01 |
| 石墨 | 1 | 2300.00 | 1 | 2300.00 | | | | |
| 硅灰石 | 3 | 186.00 | 2 | 130.00 | | | 1 | 56.00 |
| 云母 | 1 | 22.60 | 1 | 22.60 | | | | |
| 长石 | 1 | 18.00 | 1 | 18.00 | | | | |
| 石榴子石 | | | | | | | | |
| 沸石 | | | | | | | | |
| 石膏 | 5 | 1790.67 | 4 | 1755.67 | | | 1 | 35.00 |
| 方解石 | 2 | 142.00 | 1 | 50.00 | 1 | 92.00 | | |
| 宝石 | | | | | | | | |
| 玉石 | | | | | | | | |
| 玻璃用灰岩 | | | | | | | | |
| 水泥用灰岩 | 11 | 6847.42 | 8 | 629.92 | 3 | 6217.50 | | |
| 建筑石料用灰岩 | | | | | | | | |
| 饰面用灰岩 | | | | | | | | |
| 制灰用灰岩 | | | | | | | | |

## 转让情况——按矿种分列(二)

计量单位：宗、万元

| 采矿权 | | | | | | | |
|---|---|---|---|---|---|---|---|
| 小计 | | 出售 | | 作价出资 | | 其他 | |
| 宗数 | 价款 | 宗数 | 价款 | 宗数 | 价款 | 宗数 | 价款 |
| 3 | 210.00 | 3 | 210.00 | | | | |
| 1 | 5.00 | | | 1 | 5.00 | | |
| 5 | 520.00 | 5 | 520.00 | | | | |
| 27 | 15837.62 | 21 | 13005.22 | 6 | 2832.40 | | |
| 2 | 80.00 | 2 | 80.00 | | | | |
| 2 | 484.36 | 2 | 484.36 | | | | |
| 2 | 150.47 | 2 | 150.47 | | | | |
| 8 | 2677.58 | 8 | 2677.58 | | | | |
| 1 | 128.75 | | | 1 | 128.75 | | |
| 2 | 1.70 | 2 | 1.70 | | | | |
| 1 | 48.00 | 1 | 48.00 | | | | |
| 3 | 200.74 | 3 | 200.74 | | | | |
| 1 | 13598.66 | | | 1 | 13598.66 | | |
| 1 | 310.00 | | | | | 1 | 310.00 |
| 9 | 5450.76 | 9 | 5450.76 | | | | |
| 1 | 407.51 | 1 | 407.51 | | | | |
| 1 | 100.00 | 1 | 100.00 | | | | |
| 2 | 80.00 | 1 | 50.00 | 1 | 30.00 | | |
| | | | | | | | |
| 5 | 190.00 | 5 | 190.00 | | | | |
| 1 | 550.00 | 1 | 550.00 | | | | |
| 1 | 23.00 | | | 1 | 23.00 | | |
| 4 | 1923.30 | 2 | 643.30 | 2 | 1280.00 | | |
| 5 | 135.00 | 5 | 135.00 | | | | |
| 1 | 500.00 | | | | | 1 | 500.00 |
| 2 | 118.00 | 2 | 118.00 | | | | |
| 1 | 40.00 | 1 | 40.00 | | | | |
| 14 | 1058.62 | 10 | 1012.90 | | | 4 | 45.72 |
| 152 | 2060.73 | 66 | 1634.93 | 8 | 151.00 | 78 | 274.80 |
| 1 | 8.00 | 1 | 8.00 | | | | |
| 2 | 126.00 | 2 | 126.00 | | | | |

# 2008年探矿权、采矿权

续表 26

| | 探矿权 | | | | | | | |
|---|---|---|---|---|---|---|---|---|
| | 小计 | | 出售 | | 作价出资 | | 其他 | |
| | 宗数 | 价款 | 宗数 | 价款 | 宗数 | 价款 | 宗数 | 价款 |
| 玻璃用白云岩 | | | | | | | | |
| 建筑用白云岩 | | | | | | | | |
| 砖瓦用砂岩 | | | | | | | | |
| 玻璃用石英岩 | 3 | 285.00 | 3 | 285.00 | | | | |
| 水泥配料用砂岩 | 2 | 180.00 | 2 | 180.00 | | | | |
| 陶瓷用砂岩 | | | | | | | | |
| 建筑用砂 | 21 | 131.36 | | | 21 | 131.36 | | |
| 水泥标准砂 | 2 | 150.00 | 2 | 150.00 | | | | |
| 玻璃用脉石英 | 1 | 70.00 | 1 | 70.00 | | | | |
| 粉石英 | 1 | 3.00 | 1 | 3.00 | | | | |
| 硅藻土 | 1 | 200.00 | 1 | 200.00 | | | | |
| 砖瓦用页岩 | | | | | | | | |
| 高岭土 | 5 | 3387.08 | 5 | 3387.08 | | | | |
| 陶瓷土 | 3 | 615.56 | 3 | 615.56 | | | | |
| 伊利石黏土 | | | | | | | | |
| 膨润土 | 1 | 25.00 | 1 | 25.00 | | | | |
| 砖瓦用黏土 | 1 | 1.30 | | | 1 | 1.30 | | |
| 保温材料用黏土 | | | | | | | | |
| 玄武岩 | 27 | 240.96 | 27 | 240.96 | | | | |
| 建筑用辉绿岩 | | | | | | | | |
| 花岗岩 | | | | | | | | |
| 建筑用花岗岩 | | | | | | | | |
| 饰面用花岗岩 | | | | | | | | |
| 黑曜岩 | | | | | | | | |
| 霞石正长岩 | 1 | 281.00 | 1 | 281.00 | | | | |
| 凝灰岩 | | | | | | | | |
| 水泥用凝灰岩 | | | | | | | | |
| 建筑用凝灰岩 | | | | | | | | |
| 大理石 | 1 | 31.80 | 1 | 31.80 | | | | |
| 饰面用大理石 | | | | | | | | |
| 建筑用大理石 | | | | | | | | |
| 矿泉水 | | | | | | | | |

## 转让情况——按矿种分列(三)

计量单位：宗、万元

| 采矿权 | | | | | | | |
|---|---|---|---|---|---|---|---|
| 小计 | | 出售 | | 作价出资 | | 其他 | |
| 宗数 | 价款 | 宗数 | 价款 | 宗数 | 价款 | 宗数 | 价款 |
| 1 | 4.00 | 1 | 4.00 | | | | |
| 15 | 433.17 | 9 | 119.86 | 5 | 33.31 | 1 | 280.00 |
| 11 | 58.85 | | | | | 11 | 58.85 |
| 4 | 5.08 | | | | | 4 | 5.08 |
| 2 | 195.00 | 2 | 195.00 | | | | |
| 1 | 27.29 | 1 | 27.29 | | | | |
| 38 | 2139.14 | 18 | 392.54 | 5 | 22.60 | 15 | 1724.00 |
| | | | | | | | |
| 5 | 130.00 | 5 | 130.00 | | | | |
| 1 | 50.00 | 1 | 50.00 | | | | |
| | | | | | | | |
| 38 | 451.06 | 26 | 390.60 | | | 12 | 60.46 |
| 1 | 228.00 | 1 | 228.00 | | | | |
| 2 | 131.00 | 2 | 131.00 | | | | |
| 2 | 47.00 | 2 | 47.00 | | | | |
| | | | | | | | |
| 25 | 1231.60 | 23 | 1211.60 | | | 2 | 20.00 |
| 1 | 10.00 | 1 | 10.00 | | | | |
| 5 | 22.17 | 4 | 17.17 | 1 | 5.00 | | |
| 8 | 9.23 | 7 | 6.23 | | | 1 | 3.00 |
| 13 | 608.89 | 13 | 608.89 | | | | |
| 10 | 115.35 | 9 | 94.82 | | | 1 | 20.53 |
| 2 | 12.00 | 1 | 2.00 | 1 | 10.00 | | |
| 2 | 45.00 | | | 2 | 45.00 | | |
| | | | | | | | |
| 1 | 15.00 | 1 | 15.00 | | | | |
| 3 | 200.00 | 3 | 200.00 | | | | |
| 2 | 342.00 | 1 | 100.00 | 1 | 242.00 | | |
| 2 | 20.00 | 2 | 20.00 | | | | |
| 1 | 4.50 | 1 | 4.50 | | | | |
| 12 | 1036.00 | 12 | 1036.00 | | | | |
| 9 | 655.08 | 8 | 535.39 | | | 1 | 119.69 |

# 2008年全国矿产资源勘查、开采违法案件查处情况

表 27 计量单位：件

| 类别 | 合计 | 企事业单位 | | 集体 | | 个人 |
|---|---|---|---|---|---|---|
| | | | 外商 | | 乡村 | |
| **2007年未结案件** | **560** | **136** | | **36** | **9** | **388** |
| **本年立案** | **9990** | **1962** | **21** | **382** | **103** | **7646** |
| 勘查 | 441 | 152 | | 17 | 8 | 272 |
| 无证勘查 | 233 | 45 | | 12 | 8 | 176 |
| 越界勘查 | 56 | 29 | | 1 | | 26 |
| 非法转让探矿权 | 36 | 15 | | 4 | | 17 |
| 其他 | 116 | 63 | | | | 53 |
| 开采 | 9503 | 1794 | 21 | 363 | 94 | 7346 |
| 无证开采 | 7143 | 673 | 4 | 177 | 43 | 6293 |
| 越界开采 | 1629 | 808 | 8 | 162 | 38 | 659 |
| 非法转让采矿权 | 184 | 127 | 8 | 15 | 13 | 42 |
| 破坏性开采 | 42 | 17 | | | | 25 |
| 其他 | 505 | 169 | 1 | 9 | | 327 |
| 不按规定缴纳矿产资源补偿费 | 46 | 16 | | 2 | 1 | 28 |
| **本年结案** | **9435** | **1886** | **19** | **335** | **78** | **7214** |
| 处理2007年未结案 | 365 | 99 | | 14 | 6 | 252 |
| 勘查 | 284 | 127 | | 9 | 1 | 148 |
| 无证勘查 | 93 | 31 | | 5 | 1 | 57 |
| 越界勘查 | 53 | 26 | | 1 | | 26 |
| 非法转让探矿权 | 33 | 13 | | 3 | | 17 |
| 其他 | 105 | 57 | | | | 48 |
| 开采 | 8745 | 1645 | 19 | 311 | 70 | 6789 |
| 无证开采 | 6553 | 606 | 4 | 156 | 29 | 5791 |
| 越界开采 | 1509 | 755 | 7 | 138 | 32 | 616 |
| 非法转让采矿权 | 163 | 113 | 7 | 10 | 9 | 40 |
| 破坏性开采 | 41 | 16 | | | | 25 |
| 其他 | 479 | 155 | 1 | 7 | | 317 |
| 不按规定缴纳矿产资源补偿费 | 41 | 15 | | 1 | 1 | 25 |
| **本年未结案件** | **1115** | **212** | **2** | **83** | **34** | **820** |

# 2008年矿产资源勘查、开采违法案件查处结果

**表 28** 计量单位：宗、万元

| | 吊销勘查许可证 | 吊销采矿许可证 | 罚　款 |
|---|---|---|---|
| **全　国** | **3** | **41** | **40803.79** |
| | | | |
| 北　京 | | | 344.10 |
| 天　津 | | | |
| 河　北 | | | 1092.95 |
| 山　西 | | | 1195.92 |
| 内蒙古 | | 1 | 971.50 |
| | | | |
| 辽　宁 | | | 5006.10 |
| 吉　林 | | | 216.88 |
| 黑龙江 | | | 621.03 |
| | | | |
| 上　海 | | | |
| 江　苏 | | | 584.92 |
| 浙　江 | | 2 | 12172.03 |
| 安　徽 | | | 1010.60 |
| 福　建 | | 3 | 1095.72 |
| 江　西 | | 7 | 230.43 |
| 山　东 | | 1 | 579.55 |
| | | | |
| 河　南 | | | 300.10 |
| 湖　北 | | 1 | 217.80 |
| 湖　南 | 2 | | 2405.20 |
| 广　东 | | | 340.77 |
| 广　西 | | | 547.28 |
| 海　南 | | 1 | 30.94 |
| | | | |
| 重　庆 | | | 151.43 |
| 四　川 | | 1 | 1060.76 |
| 贵　州 | | 24 | 4804.09 |
| 云　南 | | | 345.23 |
| 西　藏 | | | |
| | | | |
| 陕　西 | | | 2494.35 |
| 甘　肃 | | | 50.90 |
| 青　海 | | | 17.52 |
| 宁　夏 | | | 372.52 |
| 新　疆 | 1 | | 2543.15 |

# 2008年矿产资源勘查、开采

表 29

| | 合计 | 北京 | 天津 | 河北 | 山西 | 内蒙古 |
|---|---|---|---|---|---|---|
| **2007年未结案件** | **560** | 2 | 2 | **27** | | **3** |
| **本年立案** | **9990** | 154 | 2 | **610** | **581** | **543** |
| 勘查 | 441 | 1 | | 10 | 124 | 10 |
| 无证勘查 | 233 | 1 | | 3 | 108 | 3 |
| 越界勘查 | 56 | | | | 9 | |
| 非法转让探矿权 | 36 | | | 2 | | |
| 其他 | 116 | | | 5 | 7 | 7 |
| 开采 | 9503 | 153 | 2 | 598 | 457 | 532 |
| 无证开采 | 7143 | 153 | 2 | 489 | 306 | 471 |
| 越界开采 | 1629 | | | 93 | 139 | 30 |
| 非法转让采矿权 | 184 | | | 2 | | 3 |
| 破坏性开采 | 42 | | | | | 1 |
| 其他 | 505 | | | 14 | 12 | 27 |
| 不按规定缴纳矿产资源补偿费 | 46 | | | 2 | | 1 |
| **本年结案** | **9435** | **153** | **4** | **629** | **433** | **489** |
| 处理 2007 年未结案 | 365 | | 2 | 25 | | |
| 勘查 | 284 | 1 | | 9 | 16 | 10 |
| 无证勘查 | 93 | 1 | | 2 | | 3 |
| 越界勘查 | 53 | | | | 9 | |
| 非法转让探矿权 | 33 | | | 2 | | |
| 其他 | 105 | | | 5 | 7 | 7 |
| 开采 | 8745 | 152 | 2 | 593 | 417 | 478 |
| 无证开采 | 6553 | 152 | 2 | 484 | 270 | 426 |
| 越界开采 | 1509 | | | 93 | 135 | 24 |
| 非法转让采矿权 | 163 | | | 2 | | 3 |
| 破坏性开采 | 41 | | | | | 1 |
| 其他 | 479 | | | 14 | 12 | 24 |
| 不按规定缴纳矿产资源补偿费 | 41 | | | 2 | | 1 |
| **本年未结案件** | **1115** | 3 | | **8** | **148** | **57** |

## 违法案件查处情况——按地区分列(一)

计量单位：件

| 辽宁 | 吉林 | 黑龙江 | 上海 | 江苏 | 浙江 | 安徽 | 福建 | 江西 | 山东 |
|---|---|---|---|---|---|---|---|---|---|
| **37** | **51** | **24** | | **4** | **5** | **7** | **3** | **6** | **8** |
| **800** | **306** | **280** | | **40** | **327** | **98** | **855** | **230** | **519** |
| 42 | 19 | | | 1 | 2 | 2 | | 2 | 3 |
| 32 | 6 | | | | 2 | | | | 2 |
| 10 | | | | 1 | | 1 | | 1 | |
| | 4 | | | | | | | | |
| | 9 | | | | | 1 | | 1 | 1 |
| 756 | 287 | 278 | | 39 | 321 | 96 | 848 | 222 | 514 |
| 612 | 244 | 166 | | 28 | 199 | 48 | 764 | 145 | 469 |
| 123 | 39 | 100 | | 11 | 95 | 40 | 70 | 52 | 32 |
| 3 | 1 | 2 | | | 1 | 6 | 1 | 3 | 4 |
| | | | | | | | | | 2 |
| 18 | 3 | 10 | | | 26 | 2 | 13 | 22 | 7 |
| 2 | | 2 | | | 4 | | 7 | 6 | 2 |
| **729** | **207** | **280** | | **37** | **313** | **92** | **824** | **210** | **485** |
| 4 | 3 | 18 | | 4 | 1 | 7 | 3 | 3 | 8 |
| 38 | 15 | | | 1 | | 2 | | 2 | 3 |
| 28 | 3 | | | | | | | | 2 |
| 10 | | | | 1 | | 1 | | 1 | |
| | 3 | | | | | | | | |
| | 9 | | | | | 1 | | 1 | 1 |
| 685 | 189 | 260 | | 32 | 308 | 83 | 814 | 203 | 472 |
| 559 | 161 | 156 | | 25 | 189 | 41 | 730 | 137 | 430 |
| 111 | 25 | 92 | | 7 | 92 | 38 | 70 | 43 | 32 |
| 3 | | 2 | | | 1 | 3 | 1 | 2 | 1 |
| | | | | | | | | | 2 |
| 12 | 3 | 10 | | | 26 | 1 | 13 | 21 | 7 |
| 2 | | 2 | | | 4 | | 7 | 2 | 2 |
| **108** | **150** | **24** | | **7** | **19** | **13** | **34** | **26** | **42** |

## 2008年矿产资源勘查、开采

续表 29

| | 河南 | 湖北 | 湖南 | 广东 | 广西 | 海南 |
|---|---|---|---|---|---|---|
| **2007年未结案件** | **22** | **5** | **184** | **40** | **48** | **2** |
| **本年立案** | **194** | **80** | **912** | **272** | **474** | **50** |
| 勘查 | 16 | 2 | 31 | 3 | 18 | |
| 无证勘查 | 4 | 2 | 11 | 1 | | |
| 越界勘查 | 9 | | 3 | | 1 | |
| 非法转让探矿权 | | | 1 | | 6 | |
| 其他 | 3 | | 16 | 2 | 11 | |
| 开采 | 178 | 78 | 881 | 269 | 456 | 50 |
| 无证开采 | 133 | 52 | 561 | 260 | 420 | 44 |
| 越界开采 | 34 | 19 | 305 | 5 | 10 | 6 |
| 非法转让采矿权 | 1 | 2 | 11 | | 2 | |
| 破坏性开采 | | | | 2 | | |
| 其他 | 10 | 5 | 4 | 2 | 24 | |
| 不按规定缴纳矿产资源补偿费 | | | | | | |
| **本年结案** | **197** | **84** | **1028** | **250** | **459** | **39** |
| 处理 2007 年未结案 | 8 | 5 | 157 | 11 | 39 | 2 |
| 勘查 | 15 | 2 | 27 | 1 | 18 | |
| 无证勘查 | 3 | 2 | 7 | | | |
| 越界勘查 | 9 | | 3 | | 1 | |
| 非法转让探矿权 | | | 1 | | 6 | |
| 其他 | 3 | | 16 | 1 | 11 | |
| 开采 | 174 | 77 | 844 | 238 | 402 | 37 |
| 无证开采 | 131 | 51 | 538 | 230 | 372 | 31 |
| 越界开采 | 34 | 19 | 292 | 4 | 9 | 6 |
| 非法转让采矿权 | 1 | 2 | 10 | | 1 | |
| 破坏性开采 | | | | 2 | | |
| 其他 | 8 | 5 | 4 | 2 | 20 | |
| 不按规定缴纳矿产资源补偿费 | | | | | | |
| **本年未结案件** | **19** | **1** | **68** | **62** | **63** | **13** |

# 违法案件查处情况——按地区分列(二)

计量单位：件

| 重庆 | 四川 | 贵州 | 云南 | 西藏 | 陕西 | 甘肃 | 青海 | 宁夏 | 新疆 |
|---|---|---|---|---|---|---|---|---|---|
| **3** | | **31** | **1** | | **10** | | | **3** | **32** |
| **138** | **182** | **919** | **465** | | **217** | **117** | **25** | **104** | **496** |
| 5 | 11 | 50 | 17 | | 20 | 17 | | | 35 |
| 4 | 2 | 15 | 9 | | 4 | 12 | | | 12 |
| | 3 | 3 | 4 | | 8 | | | | 3 |
| 1 | 1 | 14 | | | 5 | | | | 2 |
| | 5 | 18 | 4 | | 3 | 5 | | | 18 |
| 128 | 167 | 863 | 447 | | 196 | 100 | 25 | 103 | 459 |
| 59 | 76 | 354 | 410 | | 100 | 89 | 23 | 85 | 381 |
| 68 | 64 | 176 | 18 | | 64 | 7 | | 5 | 24 |
| 1 | 10 | 112 | 5 | | 6 | | | 3 | 5 |
| | | 3 | | | | | | 8 | 26 |
| | 17 | 218 | 14 | | 26 | 4 | 2 | 2 | 23 |
| 5 | 4 | 6 | 1 | | 1 | | | 1 | 2 |
| **130** | **165** | **887** | **360** | | **223** | **105** | **17** | **107** | **499** |
| 3 | | 22 | 1 | | 9 | | | 3 | 27 |
| 1 | 7 | 43 | 9 | | 19 | 17 | | | 28 |
| | | 13 | 2 | | 4 | 12 | | | 11 |
| | 1 | 3 | 4 | | 8 | | | | 2 |
| 1 | 1 | 14 | | | 5 | | | | |
| | 5 | 13 | 3 | | 2 | 5 | | | 15 |
| 121 | 154 | 816 | 349 | | 195 | 88 | 17 | 103 | 442 |
| 56 | 75 | 344 | 315 | | 100 | 77 | 15 | 85 | 371 |
| 64 | 53 | 153 | 17 | | 64 | 7 | | 5 | 20 |
| 1 | 10 | 105 | 3 | | 5 | | | 3 | 4 |
| | | 2 | | | | | | 8 | 26 |
| | 16 | 212 | 14 | | 26 | 4 | 2 | 2 | 21 |
| 5 | 4 | 6 | 1 | | | | | 1 | 2 |
| **11** | **17** | **63** | **106** | | **4** | **12** | **8** | | **29** |

# 2008年全国石油天然气

表 30

| 地 区 | 油气田总数（个） | | | | 从业人数（人） | 油产量（万吨） | 气产量（亿立方米） |
|---|---|---|---|---|---|---|---|
| | | 大型 | 中型 | 小型 | | | |
| **总 计** | **833** | **97** | **202** | **534** | **529636** | **18946.06** | **774.87** |
| 天 津 | 23 | 3 | 7 | 13 | 14414 | 507.01 | 5.54 |
| 河 北 | 61 | 2 | 19 | 40 | 25254 | 642.01 | 8.59 |
| 辽 宁 | 40 | 6 | 9 | 25 | 28775 | 1193.01 | 8.71 |
| 吉 林 | 37 | 5 | 9 | 23 | 21402 | 679.78 | 7.15 |
| 黑龙江 | 52 | 9 | 11 | 32 | 92137 | 4021.81 | 27.10 |
| 浙 江 | | | | | | 0.77 | |
| 江 苏 | 54 | | 4 | 50 | 9193 | 184.01 | 0.58 |
| 山 东 | 71 | 11 | 39 | 21 | 105074 | 2774.02 | 7.70 |
| 河 南 | 36 | 2 | 10 | 24 | 36366 | 480.81 | 11.22 |
| 湖 北 | 31 | 1 | 2 | 28 | 14588 | 96.50 | 1.35 |
| 广 西 | 1 | | | 1 | 96 | 3.06 | 0.01 |
| 海 南 | 4 | | 1 | 3 | 125 | 12.44 | 2.32 |
| 四 川 | 141 | 7 | 16 | 118 | 27026 | 16.71 | 175.38 |
| 陕 西 | 55 | 11 | 16 | 28 | 73900 | 2472.46 | 162.95 |
| 甘 肃 | 6 | | 2 | 4 | 12557 | 69.70 | 0.50 |
| 青 海 | 22 | 4 | 2 | 16 | 16323 | 220.01 | 43.65 |
| 新 疆 | 86 | 14 | 31 | 41 | 49449 | 2665.83 | 235.89 |
| 渤 海 | 48 | 8 | 11 | 29 | 602 | 1486.86 | 8.48 |
| 南 海 | 57 | 14 | 11 | 32 | 1406 | 1404.09 | 61.24 |
| 东 海 | 8 | | 2 | 6 | 949 | 15.17 | 6.51 |

**注**：1.中国石油长庆、华北、大港和西南经济数据未按省分列，本汇总表将中国石油长庆全部计入陕西，中国石油华北全部计入河北，中国石油大港全部计入天津，中国石油西南全部计入四川。

2.本表不包括煤层气和二氧化碳气。

## 开发利用情况——按地区分列

| 工业总产值（万元） | 工业增加值（万元） | 销售收入（万元） | 年利税总额（万元） | 实缴补偿费（万元） |
|---|---|---|---|---|
| **88243301.74** | **73385123.07** | **88500727.28** | **58473888.73** | **631264.38** |
| 2101945.00 | 1694322.00 | 1991428.00 | 1440741.00 | 15100.00 |
| 2978020.00 | 2667863.00 | 3074418.00 | 2008305.00 | 25200.00 |
| 3418222.00 | 2207279.00 | 3221723.00 | 1662734.00 | 37598.00 |
| 2464602.00 | 2315263.00 | 2364457.00 | 1928817.00 | 14462.00 |
| 19201558.00 | 19702749.00 | 23408845.00 | 17411164.00 | 140339.00 |
| | | | | |
| 856259.00 | 725987.00 | 856285.00 | 692047.00 | 6319.00 |
| 12051689.00 | 10942712.00 | 12375666.00 | 9028190.00 | 42850.00 |
| 2683764.00 | 1490232.00 | 2504798.00 | 843841.00 | 3700.00 |
| 773818.00 | 429687.00 | 739931.00 | 429588.00 | 2267.65 |
| 78254.00 | 18781.00 | 74040.00 | 9948.00 | |
| 107436.00 | 99660.00 | 105083.25 | 65377.15 | 1090.94 |
| 2256606.00 | 883885.00 | 2581052.00 | 178324.00 | 16067.00 |
| 10619221.00 | 8021451.00 | 10005033.74 | 6574587.03 | 128251.97 |
| 1567702.00 | −118643.00 | 1251545.00 | −279212.00 | 347.00 |
| 1736867.00 | 1166247.00 | 1356235.00 | 778552.00 | 2600.00 |
| 12191381.00 | 11423551.00 | 12195854.00 | 9094558.13 | 104514.99 |
| 5573197.00 | 5199991.00 | 5499928.00 | 3649629.00 | 71723.00 |
| 7328760.06 | 4335625.56 | 4667971.82 | 2837950.50 | 18833.83 |
| 254000.68 | 178480.51 | 226433.47 | 118747.92 | |

# 2008年全国石油天然气开发

**表 31**

| 经济类型 | 油气田总数（个） | | | | 从业人数（人） | 油产量（万吨） | 气产量（亿立方米） |
|---|---|---|---|---|---|---|---|
| | | 大型 | 中型 | 小型 | | | |
| **总　计** | **833** | **97** | **202** | **534** | **529636** | **18946.06** | **774.87** |
| 国有企业 | 14 | | 6 | 8 | 57109 | 1084.33 | |
| 国有联营企业 | 1 | | | 1 | 96 | 3.06 | 0.01 |
| 股份有限公司 | 818 | 97 | 196 | 525 | 472431 | 17858.67 | 774.86 |

**注：**经济类型为公司在工商管理机关登记注册类型。

## 利用情况——按经济类型分列

| 工业总产值（万元） | 工业增加值（万元） | 销售收入（万元） | 年利税总额（万元） | 实缴补偿费（万元） |
|---|---|---|---|---|
| **88243301.74** | **73385123.07** | **88500727.28** | **58473888.73** | **631264.38** |
| 3022906.00 | 1598400.00 | 2912905.00 | 1304180.00 | |
| 78254.00 | 18781.00 | 74040.00 | 9948.00 | |
| 85142141.74 | 71767942.07 | 85513782.28 | 57159760.73 | 631264.38 |

# 2008年全国非油气矿产资源

表 32

| 地区 | 矿山企业数（个） | | | | | 从业人员（人） |
|---|---|---|---|---|---|---|
| | | 大型 | 中型 | 小型 | 小矿 | |
| **总计** | **119550** | **2975** | **5368** | **58431** | **52776** | **7309547** |
| 北京 | 348 | 11 | 52 | 237 | 48 | 28890 |
| 天津 | 419 | 90 | 142 | 152 | 35 | 9609 |
| 河北 | 5433 | 84 | 138 | 2544 | 2667 | 370445 |
| 山西 | 6696 | 136 | 281 | 4140 | 2139 | 938623 |
| 内蒙古 | 4102 | 92 | 222 | 1684 | 2104 | 275800 |
| 辽宁 | 4675 | 56 | 71 | 2327 | 2221 | 399929 |
| 吉林 | 2591 | 71 | 282 | 1304 | 934 | 146038 |
| 黑龙江 | 4275 | 101 | 170 | 2588 | 1416 | 366361 |
| 上海 | 93 | 4 | 2 | 71 | 16 | 12188 |
| 江苏 | 2413 | 120 | 424 | 1846 | 23 | 226077 |
| 浙江 | 2590 | 783 | 329 | 932 | 546 | 75472 |
| 安徽 | 5679 | 270 | 260 | 2477 | 2672 | 396635 |
| 福建 | 3624 | 230 | 447 | 1804 | 1143 | 111282 |
| 江西 | 6520 | 38 | 170 | 3237 | 3075 | 260531 |
| 山东 | 5932 | 311 | 714 | 3565 | 1342 | 607581 |
| 河南 | 4488 | 74 | 145 | 1706 | 2563 | 410025 |
| 湖北 | 4393 | 34 | 114 | 1823 | 2422 | 160986 |
| 湖南 | 8135 | 72 | 123 | 2097 | 5843 | 344592 |
| 广东 | 2476 | 50 | 35 | 1878 | 513 | 76147 |
| 广西 | 4950 | 34 | 83 | 1901 | 2932 | 124694 |
| 海南 | 447 | 38 | 59 | 300 | 50 | 12602 |
| 重庆 | 3229 | 13 | 135 | 1958 | 1123 | 196456 |
| 四川 | 7520 | 84 | 378 | 3906 | 3152 | 430890 |
| 贵州 | 7073 | 24 | 100 | 3265 | 3684 | 249992 |
| 云南 | 8897 | 13 | 76 | 4104 | 4704 | 405142 |
| 西藏 | 55 | 4 | 8 | 31 | 12 | 3970 |
| 陕西 | 4627 | 38 | 126 | 1955 | 2508 | 246865 |
| 甘肃 | 3137 | 28 | 68 | 1584 | 1457 | 179029 |
| 青海 | 886 | 26 | 29 | 238 | 593 | 55930 |
| 宁夏 | 691 | 11 | 34 | 225 | 421 | 51006 |
| 新疆 | 3156 | 35 | 151 | 2552 | 418 | 135760 |

## 开发利用情况——按地区分列

| 年产矿量（原矿） | | 工业总产值（万元） | 综合利用产值（万元） | 矿产品销售收入（万元） | 利润总额（万元） |
|---|---|---|---|---|---|
| 固体矿产和液体矿产（万吨） | 气体矿产（亿立方米） | | | | |
| **671976.65** | | **112821408.88** | **8823572.40** | **98445091.27** | **20233847.11** |
| 2504.53 | | 511186.57 | 93792.02 | 476629.03 | 183754.08 |
| 3343.52 | | 34848.55 | 1928.60 | 23184.42 | -1036.91 |
| 37368.92 | | 5932403.78 | 486284.67 | 5271902.28 | 1285608.62 |
| 72807.15 | | 21117616.24 | 2309463.54 | 19054168.88 | 3668563.83 |
| 50961.97 | | 10670120.41 | 1587709.73 | 8207617.76 | 2044972.53 |
| 31194.17 | | 5338029.54 | 181791.27 | 4490205.15 | 682961.38 |
| 12141.31 | | 1537410.03 | 5896.50 | 1258119.77 | 249872.21 |
| 13515.29 | | 1969555.47 | 42763.10 | 1903259.57 | 260668.45 |
| 252.94 | | 138327.20 | 750.20 | 123453.30 | 5477.30 |
| 21061.81 | | 2171887.55 | 27791.62 | 2054082.24 | 297651.20 |
| 35109.05 | | 810414.20 | 9176.36 | 771229.60 | 51332.43 |
| 41183.18 | | 7053237.06 | 820240.82 | 6683287.89 | 874542.47 |
| 19614.22 | | 1639021.34 | 193034.88 | 1553853.06 | 488265.48 |
| 23025.67 | | 2413853.79 | 357545.61 | 2239552.46 | 287444.04 |
| 47564.63 | | 11226608.78 | 184063.36 | 9491909.03 | 2401255.18 |
| 30005.74 | | 8556732.43 | 534361.17 | 7350433.11 | 1415131.36 |
| 14358.50 | | 1437125.15 | 45238.06 | 1268728.97 | 270923.56 |
| 29276.62 | | 2756729.73 | 465287.01 | 2456895.85 | 365968.76 |
| 24085.24 | | 1306159.26 | 45517.33 | 1101467.49 | 269994.18 |
| 17164.38 | | 1074694.24 | 59996.24 | 837281.26 | 205539.75 |
| 8276.95 | | 289735.36 | 6230.74 | 289895.51 | 127363.39 |
| 10844.02 | | 1258739.85 | 171388.42 | 1181811.69 | 105924.16 |
| 21023.52 | | 3190004.66 | 128177.52 | 2909002.33 | 453088.17 |
| 16976.70 | | 3466243.56 | 561271.36 | 2759574.87 | 433588.56 |
| 24647.89 | | 4680383.73 | 336219.08 | 3830092.81 | 567810.41 |
| 236.31 | | 88417.22 | 2546.06 | 62948.82 | 41431.04 |
| 29215.66 | | 5942904.45 | 24705.10 | 5554522.59 | 1862840.74 |
| 9442.45 | | 1971355.82 | 52138.67 | 1882861.34 | 239150.70 |
| 5525.08 | | 1462837.07 | 51765.92 | 1176394.86 | 510535.40 |
| 5107.75 | | 830557.47 | 13869.00 | 295152.64 | 104836.29 |
| 14141.48 | | 1944268.35 | 22628.46 | 1885572.70 | 478388.35 |

# 2008年全国非油气矿产资源开发

表 33

| 企业经济类型 | 矿山企业数（个） | | | | | 从业人员（人） |
|---|---|---|---|---|---|---|
| | | 大型 | 中型 | 小型 | 小矿 | |
| **总计** | **119550** | **2975** | **5368** | **58431** | **52776** | **7309547** |
| 一、内资企业 | 118935 | 2849 | 5277 | 58114 | 52695 | 7230240 |
| 国有企业 | 4344 | 522 | 646 | 2386 | 790 | 2038017 |
| 集体企业 | 16751 | 192 | 409 | 8108 | 8042 | 831635 |
| 股份合作企业 | 2112 | 101 | 151 | 1104 | 756 | 165398 |
| 联营企业 | 690 | 19 | 30 | 356 | 285 | 45920 |
| 有限责任公司 | 9004 | 502 | 717 | 5308 | 2477 | 1010985 |
| 股份有限公司 | 4423 | 270 | 431 | 2604 | 1118 | 865335 |
| 私营企业 | 75256 | 1148 | 2623 | 35394 | 36091 | 2164427 |
| 其他企业 | 6355 | 95 | 270 | 2854 | 3136 | 108523 |
| 二、港、澳、台商投资企业 | 247 | 33 | 28 | 150 | 36 | 24839 |
| 三、外商投资企业 | 368 | 93 | 63 | 167 | 45 | 54468 |

**数据来源：**《2008 年全国非石油矿产资源开发利用统计年报》。

## 利用情况——按经济类型分列

| 年产矿量（原矿，万吨） | 工业总产值（万元） | 综合利用产值（万元） | 矿产品销售收入（万元） | 利润总额（万元） |
|---|---|---|---|---|
| **671976.65** | **112821408.88** | **8823572.40** | **98445091.27** | **20233847.11** |
| 656776.39 | 110328985.43 | 8771587.28 | 96342519.19 | 19568977.51 |
| 161223.37 | 42376570.21 | 3196110.88 | 37871260.17 | 6585921.22 |
| 53607.46 | 5676139.25 | 527231.05 | 5010827.61 | 842630.46 |
| 15895.69 | 3054189.50 | 775210.87 | 2498358.99 | 638045.17 |
| 3035.65 | 478234.07 | 19713.27 | 426681.35 | 68731.57 |
| 98157.75 | 19117266.16 | 1458402.90 | 16598443.43 | 3766757.82 |
| 77044.95 | 23050169.41 | 1251809.01 | 19156933.66 | 5092854.04 |
| 233275.50 | 16127942.53 | 1520654.52 | 14366701.55 | 2516089.85 |
| 14536.01 | 448474.28 | 22454.79 | 413312.43 | 57947.38 |
| 3994.63 | 356742.99 | 16652.91 | 323675.47 | 60100.53 |
| 11205.63 | 2135680.46 | 35332.21 | 1778896.61 | 604769.07 |

# 2008年全国非油气矿产资源

表 34

| 矿　　种 | 矿山企业数（个） | | | | | 从业人员（人） |
|---|---|---|---|---|---|---|
| | | 大　型 | 中　型 | 小　型 | 小　矿 | |
| **总　　计** | **119550** | **2975** | **5368** | **58431** | **52776** | **7309547** |
| 煤炭 | 17388 | 387 | 762 | 9166 | 7073 | 3960629 |
| 油页岩 | 27 | | 1 | 10 | 16 | 2469 |
| 石煤 | 281 | | 1 | 39 | 241 | 4645 |
| 天然沥青 | 5 | | | 1 | 4 | 80 |
| 地下热水 | 937 | 169 | 150 | 513 | 105 | 23994 |
| 铁矿 | 4230 | 81 | 193 | 2242 | 1714 | 369808 |
| 锰矿 | 606 | 17 | 41 | 392 | 156 | 41553 |
| 铬矿 | 26 | | 1 | 13 | 12 | 1878 |
| 钛矿 | 141 | 12 | 9 | 85 | 35 | 4223 |
| 钒矿 | 71 | 7 | 13 | 42 | 9 | 5862 |
| 铜矿 | 772 | 14 | 52 | 420 | 286 | 118688 |
| 铅矿 | 885 | 4 | 11 | 341 | 529 | 47240 |
| 锌矿 | 870 | 5 | 27 | 428 | 410 | 88015 |
| 铝土矿 | 253 | 4 | 17 | 138 | 94 | 14398 |
| 镁矿 | 27 | | 1 | 16 | 10 | 359 |
| 镍矿 | 48 | 3 | 5 | 23 | 17 | 10211 |
| 钴矿 | 3 | | | 3 | | 76 |
| 钨矿 | 154 | 1 | 19 | 108 | 26 | 39897 |
| 锡矿 | 157 | 3 | 10 | 64 | 80 | 31601 |
| 铋矿 | 4 | | | 2 | 2 | 125 |
| 钼矿 | 187 | 5 | 24 | 111 | 47 | 36802 |
| 汞矿 | 36 | | 1 | 22 | 13 | 1287 |
| 锑矿 | 97 | | 3 | 48 | 46 | 18030 |
| 铂矿 | 3 | | 1 | 2 | | 111 |
| 金矿 | 1687 | 33 | 91 | 729 | 834 | 177019 |
| 银矿 | 82 | 6 | 6 | 42 | 28 | 19736 |
| 铌钽矿 | 10 | | 1 | 5 | 4 | 1089 |
| 铌矿 | 1 | | | | 1 | 1 |
| 钽矿 | 5 | | | 4 | 1 | 395 |
| 铍矿 | 2 | | | 2 | | 46 |
| 锂矿 | 15 | 2 | 2 | 5 | 6 | 3970 |
| 锆矿 | 24 | 21 | 1 | 2 | | 1021 |
| 锶矿 | 19 | | | 7 | 12 | 1043 |
| 重稀土矿 | 20 | | 1 | 18 | 1 | 1224 |
| 轻稀土矿 | 102 | | 6 | 76 | 20 | 3469 |

# 开发利用情况——按矿种分列(一)

| 年产矿量<br>(原矿,万吨) | 工业总产值<br>(万元) | 综合利用产值<br>(万元) | 矿产品销售收入<br>(万元) | 利润总额<br>(万元) |
|---|---|---|---|---|
| **671976.65** | **112821408.88** | **8823572.40** | **98445091.27** | **20233847.11** |
| 222137.22 | 71758581.47 | 5870833.86 | 63339634.60 | 12361080.93 |
| 81.81 | 4485.71 | 10.10 | 4054.72 | 563.80 |
| 368.54 | 10537.40 | 459.30 | 10115.96 | 2584.30 |
| 0.03 | 90.78 | | 53.72 | |
| 8143.75 | 168672.36 | | 125259.50 | 10520.80 |
| 53514.12 | 12325431.79 | 566416.55 | 10958111.89 | 2891149.31 |
| 784.07 | 703904.69 | 41524.75 | 410293.19 | 115999.61 |
| 21.95 | 44063.95 | 1258.00 | 30124.90 | 29594.98 |
| 1324.94 | 24590.56 | 5384.36 | 22195.63 | 3150.45 |
| 215.19 | 71061.75 | 1330.00 | 56099.75 | 3169.10 |
| 8582.93 | 2620373.44 | 201056.39 | 2238131.96 | 564383.30 |
| 1671.44 | 823636.31 | 95273.06 | 719888.04 | 269139.11 |
| 2552.47 | 1871869.25 | 191185.98 | 1527354.73 | 337782.08 |
| 886.21 | 190803.63 | 4252.68 | 114815.47 | 2831.87 |
| 34.50 | 448.00 | 70.00 | 408.00 | 61.70 |
| 1036.42 | 873417.24 | 39351.62 | 725888.20 | 124934.30 |
| 12.10 | 817.53 | | 817.53 | 80.00 |
| 1397.55 | 421011.97 | 43796.84 | 362759.92 | 75662.29 |
| 943.07 | 479913.91 | 38034.01 | 386208.61 | 135624.40 |
| 4.80 | 1658.90 | | 1658.90 | 400.00 |
| 4427.55 | 2336364.66 | 79884.28 | 1671526.50 | 651288.36 |
| 19.35 | 14885.00 | 330.00 | 8468.74 | 2284.00 |
| 181.42 | 204979.36 | 3330.00 | 191246.82 | 12551.29 |
| | | | | |
| 9957.69 | 2855430.03 | 324569.72 | 2575362.57 | 885326.95 |
| 461.71 | 350465.61 | 115580.85 | 294721.77 | 60037.11 |
| 91.75 | 13472.94 | | 12692.10 | 1231.00 |
| | | | | |
| | | | | |
| | | | | |
| 267.49 | 73449.20 | 50726.50 | 58084.26 | 29881.44 |
| 4604.07 | 12544.19 | 3422.00 | 11389.02 | 844.15 |
| 35.45 | 10071.63 | 83.00 | 9858.63 | 1503.18 |
| 447.28 | 23996.07 | | 5011.69 | 289.08 |
| 400.35 | 23136.03 | 663.00 | 21006.53 | 1032.72 |

# 2008年全国非油气矿产资源

续表 34

| 矿　　种 | 矿山企业数（个） | | | | | 从业人员（人） |
|---|---|---|---|---|---|---|
| | | 大　型 | 中　型 | 小　型 | 小　矿 | |
| 锗矿 | 2 | | | 1 | 1 | 234 |
| 碲矿 | 3 | | | | 3 | 45 |
| 蓝晶石 | 4 | | | 4 | | 320 |
| 矽线石 | 4 | | | 4 | | 118 |
| 红柱石 | 8 | 3 | 2 | 3 | | 608 |
| 菱镁矿 | 148 | 6 | 3 | 98 | 41 | 10216 |
| 萤石(普通) | 1196 | 2 | 33 | 615 | 546 | 24808 |
| 熔剂用灰岩 | 323 | 16 | 20 | 161 | 126 | 22057 |
| 冶金用白云岩 | 348 | 13 | 10 | 197 | 128 | 9561 |
| 冶金用石英岩 | 596 | 1 | 10 | 344 | 241 | 8453 |
| 冶金用砂岩 | 53 | | 5 | 38 | 10 | 763 |
| 铸型用砂岩 | 22 | | | 14 | 8 | 385 |
| 铸型用砂 | 105 | | 8 | 80 | 17 | 2954 |
| 冶金用脉石英 | 404 | | 3 | 211 | 190 | 4474 |
| 耐火黏土 | 309 | 2 | 3 | 181 | 123 | 8686 |
| 铁矾土 | 33 | | | 7 | 26 | 499 |
| 铸型用黏土 | 2 | | | | 2 | 8 |
| 耐火用橄榄岩 | 5 | | | 3 | 2 | 130 |
| 熔剂用蛇纹岩 | 7 | 3 | 2 | 2 | | 587 |
| 自然硫 | 2 | | | 1 | 1 | 35 |
| 硫铁矿 | 350 | 4 | 6 | 195 | 145 | 25337 |
| 钠硝石 | 4 | 1 | | 2 | 1 | 97 |
| 明矾石 | 9 | 2 | | 7 | | 2020 |
| 芒硝 | 82 | 20 | 21 | 31 | 10 | 18087 |
| 重晶石 | 498 | 6 | 19 | 285 | 188 | 8083 |
| 毒重石 | 34 | | 2 | 30 | 2 | 1257 |
| 天然碱 | 39 | 2 | 2 | 29 | 6 | 3204 |
| 电石用灰岩 | 81 | 2 | 4 | 33 | 42 | 6105 |
| 制碱用灰岩 | 140 | 2 | 1 | 42 | 95 | 3159 |
| 化肥用灰岩 | 12 | | | 12 | | 188 |
| 化工用白云岩 | 28 | | | 21 | 7 | 334 |
| 化肥用石英岩 | 18 | | | 8 | 10 | 213 |
| 化肥用砂岩 | 5 | | | 3 | 2 | 49 |
| 含钾砂页岩 | 8 | | | 1 | 7 | 182 |
| 含钾岩石 | 33 | | 3 | 19 | 11 | 425 |
| 化肥用橄榄岩 | 1 | | | 1 | | 8 |

# 开发利用情况——按矿种分列(二)

| 年产矿量（原矿，万吨） | 工业总产值（万元） | 综合利用产值（万元） | 矿产品销售收入（万元） | 利润总额（万元） |
|---|---|---|---|---|
| 4.50 | 1203.63 | | 1193.00 | 87.24 |
| | 10.00 | | | |
| 2.00 | 1345.00 | 50.00 | 1153.50 | 86.00 |
| 3.64 | 200.00 | | 200.00 | 40.00 |
| 11.36 | 2411.00 | 0.10 | 2402.00 | –354.63 |
| 892.70 | 119552.84 | 1690.20 | 61253.99 | 7174.55 |
| 588.84 | 139687.70 | 12566.00 | 132331.21 | 13522.21 |
| 4405.29 | 228400.03 | 8308.16 | 162034.23 | –14628.80 |
| 1715.41 | 129713.13 | 10060.55 | 92905.83 | 3754.29 |
| 359.36 | 60941.95 | 2966.42 | 53538.74 | 4667.78 |
| 47.38 | 2355.62 | 113.00 | 2262.06 | 357.46 |
| 104.45 | 1141.50 | | 981.25 | 130.26 |
| 218.28 | 16272.20 | 38.00 | 15998.68 | 1197.35 |
| 130.10 | 12195.92 | 397.20 | 10777.40 | 1293.90 |
| 231.27 | 92906.88 | 631.26 | 86381.64 | 5991.87 |
| 7.83 | 311.50 | | 311.50 | –20.00 |
| | | | | |
| 8.00 | 1076.00 | | 776.00 | –2.00 |
| 71.85 | 4010.99 | 5.00 | 4010.99 | 413.70 |
| | | | | |
| 780.00 | 356277.63 | 36124.92 | 266313.24 | 56860.05 |
| 5.10 | 1018.96 | 10.00 | 829.00 | 57.00 |
| 24.72 | 6014.50 | | 5509.45 | –880.42 |
| 1897.87 | 242800.06 | 2102.03 | 220042.48 | 29193.50 |
| 353.51 | 38102.54 | 3279.30 | 36850.69 | 5507.07 |
| 17.08 | 4468.80 | 1779.80 | 4463.80 | 253.98 |
| 408.51 | 198183.50 | 45.10 | 180020.00 | 37740.90 |
| 654.93 | 50520.25 | 628.82 | 21011.03 | 6704.14 |
| 312.98 | 22720.89 | 210.00 | 10668.49 | 2477.24 |
| 13.90 | 139.00 | | 139.00 | 7.60 |
| 27.88 | 948.74 | 21.00 | 904.77 | 100.17 |
| 6.85 | 227.95 | 13.00 | 227.95 | 28.80 |
| 2.00 | 68.00 | 3.00 | 67.00 | 7.00 |
| 5.07 | 429.00 | | 419.44 | 68.20 |
| 15.21 | 936.20 | 26.00 | 772.90 | 163.63 |
| 2.90 | 110.20 | | 72.20 | 0.60 |

# 2008年全国非油气矿产资源

续表 34

| 矿　　种 | 矿山企业数（个） | | | | | 从业人员（人） |
|---|---|---|---|---|---|---|
| | | 大　型 | 中　型 | 小　型 | 小　矿 | |
| 化肥用蛇纹岩 | 22 | | 3 | 11 | 8 | 218 |
| 泥炭 | 49 | | 1 | 8 | 40 | 667 |
| 盐矿 | 287 | 60 | 31 | 168 | 28 | 48973 |
| 镁盐 | 4 | | 2 | 2 | | 518 |
| 钾盐 | 17 | 4 | 9 | 4 | | 7482 |
| 溴矿 | 50 | | | 17 | 33 | 3617 |
| 砷矿 | 7 | | | 3 | 4 | 143 |
| 硼矿 | 66 | 3 | 7 | 51 | 5 | 4316 |
| 磷矿 | 376 | 10 | 50 | 256 | 60 | 40804 |
| 金刚石 | 5 | 3 | 1 | 1 | | 776 |
| 石墨 | 194 | 30 | 16 | 68 | 80 | 7539 |
| 压电水晶 | 2 | | | 1 | 1 | 48 |
| 熔炼水晶 | 3 | | | 2 | 1 | 77 |
| 工艺水晶 | 3 | | | 2 | 1 | 15 |
| 硅灰石 | 249 | | 9 | 136 | 104 | 4751 |
| 滑石 | 210 | 4 | 8 | 90 | 108 | 7470 |
| 石棉 | 45 | 8 | 6 | 27 | 4 | 6002 |
| 云母 | 41 | | | 26 | 15 | 319 |
| 长石 | 404 | 2 | 6 | 187 | 209 | 5884 |
| 电气石 | 4 | | | | 4 | 30 |
| 石榴子石 | 17 | | | 9 | 8 | 335 |
| 叶蜡石 | 101 | 1 | 19 | 51 | 30 | 1790 |
| 透辉石 | 33 | | 1 | 21 | 11 | 614 |
| 蛭石 | 15 | | | 13 | 2 | 534 |
| 沸石 | 87 | 1 | 4 | 38 | 44 | 1059 |
| 透闪石 | 11 | | | 5 | 6 | 166 |
| 石膏 | 652 | 28 | 99 | 328 | 197 | 37287 |
| 方解石 | 693 | 11 | 22 | 336 | 324 | 8227 |
| 光学萤石 | 11 | | | 8 | 3 | 310 |
| 宝石 | 12 | | | 5 | 7 | 188 |
| 玉石 | 59 | | | 25 | 34 | 1537 |
| 玛瑙 | 4 | | | | 4 | 148 |
| 玻璃用灰岩 | 12 | | | 4 | 8 | 107 |
| 水泥用灰岩 | 4161 | 194 | 196 | 2306 | 1465 | 134020 |
| 建筑石料用灰岩 | 18963 | 56 | 150 | 7847 | 10910 | 264890 |
| 饰面用灰岩 | 107 | 1 | 2 | 29 | 75 | 1510 |

# 开发利用情况——按矿种分列(三)

| 年产矿量（原矿，万吨） | 工业总产值（万元） | 综合利用产值（万元） | 矿产品销售收入（万元） | 利润总额（万元） |
|---|---|---|---|---|
| 8.60 | 248.19 | 30.00 | 248.19 | 11.19 |
| 17.77 | 1536.33 | 70.10 | 1525.83 | 136.00 |
| 6322.28 | 903090.95 | 114858.33 | 731113.98 | 52419.17 |
| 45.00 | 800.00 | | 630.40 | 99.03 |
| 2228.86 | 760780.00 | | 533964.82 | 291701.01 |
| 85.04 | 57545.00 | 12765.00 | 55050.00 | 6906.00 |
| 1.67 | 510.50 | 10.00 | 410.00 | 18.00 |
| 97.76 | 15998.20 | 835.30 | 14663.54 | 1661.88 |
| 4552.64 | 851425.52 | 119760.45 | 724007.54 | 142175.91 |
| 10.00 | 1480.00 | | 1472.00 | 300.00 |
| 331.05 | 40197.05 | 1052.00 | 38787.97 | 2123.11 |
| 0.70 | 100.00 | | 70.00 | 1.50 |
| 0.13 | 53.20 | 10.00 | 33.20 | 0.50 |
| | 10.00 | | | |
| 138.18 | 13780.77 | 1518.00 | 12908.58 | 1425.93 |
| 249.21 | 45062.38 | 2354.00 | 36254.48 | 6646.70 |
| 603.30 | 29012.33 | 471.90 | 27043.30 | 2978.61 |
| 2.96 | 459.10 | | 436.60 | 34.40 |
| 252.98 | 16683.01 | 534.00 | 15232.38 | 2106.78 |
| | 15.00 | | | |
| 3.82 | 510.50 | 21.00 | 464.70 | 30.33 |
| 161.57 | 9349.30 | 713.28 | 9158.72 | 877.96 |
| 55.72 | 3675.45 | | 2412.00 | 354.40 |
| 8.84 | 4151.29 | | 4141.29 | 1101.62 |
| 73.40 | 1462.80 | 65.00 | 1409.85 | 85.70 |
| 1.01 | 352.50 | | 347.50 | -120.00 |
| 2319.50 | 114397.03 | 1881.50 | 108205.68 | 5428.30 |
| 687.85 | 46472.88 | 6462.80 | 42224.10 | 4588.27 |
| 1.50 | 210.90 | 1.00 | 190.00 | 11.50 |
| 0.01 | 202.50 | | 192.50 | 6.58 |
| 4.28 | 11131.46 | 567.00 | 7699.50 | 420.25 |
| 2.05 | 630.00 | 100.00 | 625.00 | 104.00 |
| 10.48 | 252.50 | 80.50 | 242.00 | 13.00 |
| 65718.88 | 3244152.71 | 412213.30 | 2708834.00 | 320524.14 |
| 62476.86 | 927689.96 | 74622.03 | 851578.11 | 115260.23 |
| 153.02 | 4781.10 | 183.70 | 4670.10 | 768.93 |

## 2008年全国非油气矿产资源

续表 34

| 矿种 | 矿山企业数（个） | | | | | 从业人员（人） |
|---|---|---|---|---|---|---|
| | | 大型 | 中型 | 小型 | 小矿 | |
| 制灰用石灰岩 | 1174 | 4 | 13 | 571 | 586 | 20657 |
| 泥灰岩 | 32 | | | 13 | 19 | 533 |
| 白垩 | 1 | | | | 1 | 10 |
| 玻璃用白云岩 | 55 | 1 | | 22 | 32 | 1184 |
| 建筑用白云岩 | 1286 | 6 | 14 | 656 | 610 | 16408 |
| 玻璃用石英岩 | 566 | 12 | 34 | 338 | 182 | 9639 |
| 玻璃用砂岩 | 116 | | 32 | 57 | 27 | 1808 |
| 水泥配料用砂岩 | 235 | 3 | 30 | 131 | 71 | 3736 |
| 砖瓦用砂岩 | 187 | | 9 | 88 | 90 | 4581 |
| 陶瓷用砂岩 | 71 | | 1 | 53 | 17 | 941 |
| 玻璃用砂 | 84 | 7 | 16 | 34 | 27 | 3088 |
| 建筑用砂 | 7033 | 97 | 311 | 3054 | 3571 | 90557 |
| 水泥配料用砂 | 26 | 1 | 2 | 7 | 16 | 515 |
| 水泥标准砂 | 7 | | | 5 | 2 | 142 |
| 砖瓦用砂 | 161 | | 2 | 47 | 112 | 3202 |
| 玻璃用脉石英 | 211 | 1 | 1 | 104 | 105 | 2517 |
| 粉石英 | 43 | 1 | 3 | 23 | 16 | 482 |
| 天然油石 | 1 | | | | 1 | 2 |
| 硅藻土 | 35 | | 6 | 25 | 4 | 1087 |
| 陶粒页岩 | 35 | 1 | 4 | 27 | 3 | 571 |
| 砖瓦用页岩 | 6515 | 9 | 550 | 4193 | 1763 | 178312 |
| 水泥配料用页岩 | 150 | 4 | 20 | 79 | 47 | 1593 |
| 高岭土 | 563 | 20 | 46 | 357 | 140 | 14485 |
| 陶瓷土 | 577 | 6 | 30 | 427 | 114 | 6777 |
| 凹凸棒石黏土 | 63 | 2 | 9 | 21 | 31 | 2018 |
| 海泡石黏土 | 8 | | | 6 | 2 | 90 |
| 伊利石黏土 | 43 | | 3 | 35 | 5 | 623 |
| 累托石黏土 | 36 | | 1 | 17 | 18 | 1019 |
| 膨润土 | 375 | 7 | 49 | 259 | 60 | 7698 |
| 砖瓦用黏土 | 22747 | 14 | 379 | 9022 | 13332 | 881535 |
| 陶粒用黏土 | 403 | 5 | 11 | 230 | 157 | 8677 |
| 水泥配料用黏土 | 191 | 3 | 8 | 77 | 103 | 3815 |
| 水泥配料用红土 | 23 | | 1 | 9 | 13 | 167 |
| 水泥配料用黄土 | 9 | | 1 | 6 | 2 | 137 |
| 水泥配料用泥岩 | 25 | 1 | 1 | 11 | 12 | 401 |
| 保温材料用黏土 | 6 | | | 2 | 4 | 198 |

# 开发利用情况——按矿种分列(四)

| 年产矿量（原矿，万吨） | 工业总产值（万元） | 综合利用产值（万元） | 矿产品销售收入（万元） | 利润总额（万元） |
|---|---|---|---|---|
| 4013.35 | 98038.40 | 9474.52 | 91004.84 | 7977.99 |
| 59.49 | 1609.00 | 946.00 | 951.50 | 114.90 |
| 0.35 | 20.00 |  | 19.25 | 1.00 |
| 178.23 | 6244.18 | 98.90 | 6211.08 | 906.49 |
| 4415.19 | 56160.01 | 8587.01 | 52739.08 | 8502.19 |
| 775.65 | 42217.74 | 1318.20 | 32547.65 | -47.13 |
| 397.84 | 18988.04 | 611.60 | 18537.54 | 2474.95 |
| 1000.82 | 115852.67 | 11017.07 | 112267.85 | 22944.46 |
| 301.63 | 17047.18 | 898.10 | 15464.45 | 2151.94 |
| 91.64 | 2156.99 | 40.00 | 2047.99 | 244.79 |
| 464.76 | 26605.24 | 101.00 | 25198.73 | 3113.88 |
| 27886.73 | 355361.61 | 17823.84 | 329731.39 | 42805.89 |
| 211.34 | 8538.33 | 15.80 | 3587.44 | 536.80 |
| 3.49 | 1249.29 |  | 1077.43 | 181.91 |
| 627.75 | 6216.50 | 49.00 | 5751.80 | 517.20 |
| 73.89 | 6143.13 | 164.00 | 5761.40 | 935.60 |
| 26.57 | 1800.16 | 134.80 | 905.16 | 320.12 |
|  |  |  |  |  |
| 17.11 | 17578.13 | 19.20 | 10386.00 | -1075.30 |
| 40.54 | 2484.77 | 50.00 | 1801.99 | 83.74 |
| 16210.72 | 672777.49 | 47850.78 | 633336.71 | 66254.27 |
| 391.72 | 5724.09 | 247.00 | 5415.34 | 670.82 |
| 971.11 | 76744.79 | 1978.55 | 72811.41 | 12767.45 |
| 829.28 | 38843.97 | 4284.70 | 34965.06 | 3942.85 |
| 35.90 | 6808.29 | 268.10 | 6032.14 | 359.20 |
| 0.16 | 94.00 |  | 81.00 | 15.00 |
| 19.24 | 741.38 | 2.30 | 734.08 | 86.32 |
| 26.30 | 2518.00 | 75.00 | 1667.00 | 381.00 |
| 818.41 | 71413.06 | 3884.00 | 58542.72 | 4990.94 |
| 51010.93 | 2292957.43 | 135843.88 | 2149361.25 | 192458.83 |
| 292.55 | 18404.25 | 2422.40 | 15788.69 | 1453.92 |
| 489.11 | 17811.36 | 782.53 | 7587.49 | 1317.34 |
| 12.55 | 442.55 | 15.00 | 266.45 | 20.77 |
| 147.87 | 1513.94 |  | 1513.94 | 46.76 |
| 67.49 | 1084.09 | 11.00 | 736.12 | 126.58 |
| 0.42 | 33.50 | 1.00 | 33.50 | 4.27 |

# 2008年全国非油气矿产资源

续表 34

| 矿　　种 | 矿山企业数（个） | | | | | 从业人员（人） |
|---|---|---|---|---|---|---|
| | | 大　型 | 中　型 | 小　型 | 小　矿 | |
| 建筑用橄榄岩 | 15 | 1 | | 11 | 3 | 465 |
| 饰面用蛇纹岩 | 60 | | | 39 | 21 | 914 |
| 铸石用玄武岩 | 14 | | | 14 | | 212 |
| 岩棉用玄武岩 | 1 | | | 1 | | 170 |
| 角闪岩 | 46 | 1 | 4 | 27 | 14 | 803 |
| 水泥用辉绿岩 | 4 | 1 | | 2 | 1 | 36 |
| 铸石用辉绿岩 | 3 | | | 1 | 2 | 23 |
| 饰面用辉绿岩 | 310 | 4 | 5 | 124 | 177 | 3293 |
| 建筑用辉绿岩 | 264 | 9 | 14 | 155 | 86 | 3476 |
| 饰面用安山岩 | 2 | | | 1 | 1 | 4 |
| 建筑用安山岩 | 694 | 109 | 164 | 319 | 102 | 12441 |
| 建筑用闪长岩 | 328 | 25 | 44 | 199 | 60 | 4932 |
| 水泥混合材用闪长玢岩 | 1 | | | 1 | | 5 |
| 饰面用闪长岩 | 1 | | | 1 | | 16 |
| 建筑用花岗岩 | 5269 | 381 | 677 | 3104 | 1107 | 70745 |
| 饰面用花岗岩 | 2176 | 21 | 67 | 1388 | 700 | 34001 |
| 麦饭石 | 19 | | | 11 | 8 | 216 |
| 珍珠岩 | 58 | 6 | 1 | 39 | 12 | 2358 |
| 黑耀岩 | 3 | | | 2 | 1 | 7 |
| 浮石 | 16 | | | 11 | 5 | 131 |
| 铸石用粗面岩 | 13 | | 1 | 10 | 2 | 281 |
| 霞石正长岩 | 5 | | 2 | | 3 | 241 |
| 水泥用凝灰岩 | 29 | 1 | 9 | 18 | 1 | 375 |
| 建筑用凝灰岩 | 1627 | 711 | 226 | 470 | 220 | 26202 |
| 火山灰 | 14 | | | 11 | 3 | 85 |
| 火山渣 | 2 | | | 1 | 1 | 23 |
| 饰面用大理岩 | 505 | 3 | 8 | 191 | 303 | 8279 |
| 建筑用大理岩 | 640 | 20 | 38 | 433 | 149 | 7754 |
| 水泥用大理岩 | 225 | 27 | 11 | 151 | 36 | 6179 |
| 玻璃用大理岩 | 42 | | | 33 | 9 | 313 |
| 饰面用板岩 | 296 | 11 | 22 | 173 | 90 | 5164 |
| 水泥配料用板岩 | 17 | 1 | 3 | 10 | 3 | 174 |
| 片麻岩 | 436 | 1 | 38 | 219 | 178 | 5420 |
| 矿泉水 | 905 | 54 | 55 | 637 | 159 | 36111 |
| 地下水 | 12 | 1 | | 9 | 2 | 227 |
| 其他矿产① | 1338 | 107 | 143 | 722 | 366 | 22212 |

注：①其他矿产包括铀矿、建筑用二长岩、千枚岩等矿产。

## 开发利用情况——按矿种分列(五)

| 年产矿量<br>(原矿,万吨) | 工业总产值<br>(万元) | 综合利用产值<br>(万元) | 矿产品销售收入<br>(万元) | 利润总额<br>(万元) |
|---|---|---|---|---|
| 28.14 | 811.20 | 10.00 | 591.20 | 28.45 |
| 22.37 | 1894.55 | 31.00 | 1539.04 | 109.05 |
| 13.32 | 355.50 | 25.00 | 355.50 | 39.52 |
| 3.00 | 100.00 | | 100.00 | 5.40 |
| 115.40 | 2185.05 | 53.00 | 1876.79 | 304.94 |
| 4.12 | 312.00 | 23.00 | 227.50 | 23.00 |
| | 15.00 | 1.00 | 1.00 | |
| 203.88 | 21881.38 | 1315.00 | 17524.81 | 1793.02 |
| 414.25 | 7595.31 | 157.80 | 7288.83 | 1231.96 |
| | | | | |
| 6153.36 | 95898.75 | 1307.20 | 94074.27 | 5378.26 |
| 1098.08 | 15693.54 | 663.00 | 15125.57 | 1281.75 |
| 6.13 | 23.00 | | 23.00 | 4.30 |
| | | | | |
| 30514.33 | 358795.13 | 13879.58 | 334992.35 | 35268.01 |
| 2755.71 | 272118.15 | 28637.47 | 253966.64 | 35421.76 |
| 5.24 | 114.65 | 1.00 | 97.00 | 17.00 |
| 161.94 | 13755.02 | 231.75 | 13203.31 | 2501.30 |
| | | | | |
| 4.68 | 268.00 | | 138.00 | 21.82 |
| 77.70 | 1150.00 | 10.00 | 894.00 | 66.00 |
| 2.60 | 81.85 | | 81.85 | 1.30 |
| 35.44 | 650.84 | 1.00 | 613.84 | 68.93 |
| 19702.23 | 281575.12 | 4717.00 | 264678.94 | 25997.83 |
| 15.00 | 210.50 | 6.00 | 210.50 | 26.68 |
| 0.50 | 15.00 | 3.00 | 5.00 | 2.00 |
| 299.95 | 33285.84 | 1376.90 | 29053.91 | 4520.17 |
| 2207.44 | 27814.62 | 2440.70 | 26071.03 | 3157.94 |
| 1498.33 | 40192.67 | 659.26 | 38295.72 | 8260.47 |
| 41.96 | 2388.16 | 1043.00 | 2344.91 | 449.45 |
| 290.06 | 11498.24 | 1578.80 | 10589.59 | 1417.04 |
| 47.60 | 548.06 | 16.00 | 548.06 | 42.25 |
| 967.11 | 16405.73 | 625.00 | 14807.98 | 2350.56 |
| 2446.13 | 363798.14 | 30.00 | 313274.99 | 18872.42 |
| 9.93 | 555.22 | | 513.22 | 3.36 |
| 6355.7 | 98121.26 | 4638.75 | 90802.33 | 10410.26 |

# 2008年中国主要矿产

表 35

| 矿产品名称 | 进口 | | | | |
|---|---|---|---|---|---|
| | 国别（地区） | 数量（吨） | 占总量（%） | 金额（千美元） | 占总值（%） |
| **煤炭** | **合计** | **43655965** | **100.0** | **3729803** | **100.0** |
| | 越南 | 16905840 | 38.7 | 1126786 | 30.2 |
| | 印度尼西亚 | 14083053 | 32.3 | 1156232 | 31.0 |
| | 蒙古 | 4128585 | 9.5 | 244284 | 6.5 |
| | 澳大利亚 | 3544030 | 8.1 | 532542 | 14.3 |
| | 朝鲜 | 2539566 | 5.8 | 202303 | 5.4 |
| | 俄罗斯联邦 | 777582 | 1.8 | 154191 | 4.1 |
| | 菲律宾 | 634911 | 1.5 | 38623 | 1.0 |
| | 加拿大 | 560077 | 1.3 | 165607 | 4.4 |
| | 其他国家或地区 | 482320 | 1.1 | 109234 | 2.9 |
| **原油** | **合计** | **178883909** | **100.0** | **129330290** | **100.0** |
| | 沙特阿拉伯 | 36368395 | 20.3 | 25816711 | 20.0 |
| | 安哥拉 | 29894398 | 16.7 | 22358968 | 17.3 |
| | 伊朗 | 21322400 | 11.9 | 15765833 | 12.2 |
| | 阿曼 | 14581538 | 8.2 | 11245064 | 8.7 |
| | 俄罗斯联邦 | 11637808 | 6.5 | 8586621 | 6.6 |
| | 苏丹 | 10500378 | 5.9 | 6285913 | 4.9 |
| | 委内瑞拉 | 6463395 | 3.6 | 3653812 | 2.8 |
| | 科威特 | 5896301 | 3.3 | 4279021 | 3.3 |
| | 哈萨克斯坦 | 5670590 | 3.2 | 4172746 | 3.2 |
| | 阿拉伯联合酋长国 | 4578884 | 2.6 | 3355750 | 2.6 |
| | 刚果（布） | 4370954 | 2.4 | 3086844 | 2.4 |
| | 也门共和国 | 4131011 | 2.3 | 3150940 | 2.4 |
| | 利比亚 | 3189131 | 1.8 | 2552201 | 2.0 |
| | 巴西 | 3021772 | 1.7 | 1886871 | 1.5 |
| | 赤道几内亚 | 2709361 | 1.5 | 2103865 | 1.6 |
| | 伊拉克 | 1860080 | 1.0 | 1311306 | 1.0 |
| | 印度尼西亚 | 1392836 | 0.8 | 1149424 | 0.9 |
| | 哥伦比亚 | 1140813 | 0.6 | 782351 | 0.6 |
| | 其他国家或地区 | 10153864 | 5.7 | 7786047 | 6.0 |
| **铁矿砂及其精矿** | **合计** | **443505080** | **100.0** | **60553407** | **100.0** |
| | 澳大利亚 | 183400058 | 41.4 | 22447295 | 37.1 |
| | 巴西 | 100619615 | 22.7 | 14940815 | 24.7 |
| | 印度 | 90963204 | 20.5 | 13391744 | 22.1 |
| | 南非 | 14523975 | 3.3 | 1908485 | 3.2 |
| | 印度尼西亚 | 6756925 | 1.5 | 609035 | 1.0 |
| | 俄罗斯联邦 | 5790016 | 1.3 | 967505 | 1.6 |

# 品进出口情况(一)

| 出口 | | | | |
|---|---|---|---|---|
| 国别(地区) | 数量(吨) | 占总量(%) | 金额(千美元) | 占总值(%) |
| **合计** | **45456915** | **100.0** | **5242826** | **100.0** |
| 韩国 | 16547745 | 36.4 | 1944480 | 37.1 |
| 日本 | 13366993 | 29.4 | 1833087 | 35.0 |
| 台湾省 | 10601100 | 23.3 | 893476 | 17.0 |
| 菲律宾 | 1120127 | 2.5 | 87385 | 1.7 |
| 土耳其 | 1058008 | 2.3 | 107089 | 2.0 |
| 印度 | 1005627 | 2.2 | 130941 | 2.5 |
| 香港 | 475176 | 1.0 | 40437 | 0.8 |
| 朝鲜 | 231804 | 0.5 | 44437 | 0.8 |
| 其他国家或地区 | 1050335 | 2.3 | 161493 | 3.1 |
| **合计** | **4161270** | **100.0** | **2979552** | **100.0** |
| 日本 | 1269496 | 30.5 | 1011166 | 33.9 |
| 韩国 | 786930 | 18.9 | 509910 | 17.1 |
| 美国 | 613722 | 14.7 | 417837 | 14.0 |
| 朝鲜 | 528577 | 12.7 | 414310 | 13.9 |
| 新加坡 | 358826 | 8.6 | 261930 | 8.8 |
| 印度尼西亚 | 260775 | 6.3 | 154329 | 5.2 |
| 泰国 | 175732 | 4.2 | 106400 | 3.6 |
| 马来西亚 | 167213 | 4.0 | 103670 | 3.5 |
| **合计** | **9645** | **100.0** | **2036** | **100.0** |
| 土库曼斯坦 | 5330 | 55.3 | 1069 | 52.5 |
| 日本 | 1555 | 16.1 | 187 | 9.2 |
| 韩国 | 1402 | 14.5 | 400 | 19.7 |
| 其他国家或地区 | 1358 | 14.1 | 381 | 18.7 |

## 2008年中国主要矿产

续表 35

| 矿产品名称 | 进口 | | | | |
|---|---|---|---|---|---|
| | 国别（地区） | 数量（吨） | 占总量（%） | 金额（千美元） | 占总值（%） |
| 铁矿砂及其精矿 | 秘鲁 | 5341970 | 1.2 | 668864 | 1.1 |
| | 伊朗 | 5144032 | 1.2 | 852912 | 1.4 |
| | 乌克兰 | 4596880 | 1.0 | 813948 | 1.3 |
| | 加拿大 | 3710411 | 0.8 | 762438 | 1.3 |
| | 智利 | 3579471 | 0.8 | 550408 | 0.9 |
| | 哈萨克斯坦 | 3189947 | 0.7 | 443361 | 0.7 |
| | 委内瑞拉 | 3185870 | 0.7 | 589064 | 1.0 |
| | 毛里塔尼亚 | 2492590 | 0.6 | 328296 | 0.5 |
| | 朝鲜 | 1881901 | 0.4 | 172494 | 0.3 |
| | 其他国家或地区 | 8328217 | 1.9 | 1106744 | 1.8 |
| 锰矿砂及其精矿 | **合计** | **7570540** | **100.0** | **3468939** | **100.0** |
| | 澳大利亚 | 2303941 | 30.4 | 1187546 | 34.2 |
| | 南非 | 1985124 | 26.2 | 967004 | 27.9 |
| | 加蓬 | 1097195 | 14.5 | 606510 | 17.5 |
| | 巴西 | 584219 | 7.7 | 345329 | 10.0 |
| | 缅甸 | 356500 | 4.7 | 40097 | 1.2 |
| | 马来西亚 | 285303 | 3.8 | 51139 | 1.5 |
| | 印度尼西亚 | 154306 | 2.0 | 47048 | 1.4 |
| | 摩洛哥 | 135436 | 1.8 | 36981 | 1.1 |
| | 其他国家和地区 | 668516 | 8.8 | 187285 | 5.4 |
| 铜矿砂及其精矿 | **合计** | **5191469** | **100.0** | **10425473** | **100.0** |
| | 智利 | 1520068 | 29.3 | 3431990 | 32.9 |
| | 秘鲁 | 940026 | 18.1 | 1877646 | 18.0 |
| | 澳大利亚 | 551461 | 10.6 | 1102520 | 10.6 |
| | 蒙古 | 532650 | 10.3 | 863069 | 8.3 |
| | 美国 | 258029 | 5.0 | 562414 | 5.4 |
| | 墨西哥 | 221404 | 4.3 | 456636 | 4.4 |
| | 毛里塔尼亚 | 159435 | 3.1 | 331401 | 3.2 |
| | 土耳其 | 133921 | 2.6 | 189378 | 1.8 |
| | 哈萨克斯坦 | 130959 | 2.5 | 227204 | 2.2 |
| | 加拿大 | 129440 | 2.5 | 267178 | 2.6 |
| | 其他国家和地区 | 614102 | 11.8 | 1116036 | 10.7 |
| 镍矿砂及其精矿 | **合计** | **12319315** | **100.0** | **2055810** | **100.0** |
| | 印度尼西亚 | 7397069 | 60.0 | 819240 | 39.9 |
| | 菲律宾 | 4011577 | 32.6 | 312555 | 15.2 |
| | 新喀里多尼亚 | 275386 | 2.2 | 44879 | 2.2 |
| | 澳大利亚 | 216278 | 1.8 | 439720 | 21.4 |

# 品进出口情况(二)

| 出　口 | | | | |
|---|---|---|---|---|
| 国别（地区） | 数量（吨） | 占总量（%） | 金额（千美元） | 占总值（%） |
| **合计** | **2290** | **100.0** | **694** | **100.0** |
| 意大利 | 1620 | 70.7 | 495 | 71.4 |
| 日本 | 390 | 17.0 | 153 | 22.1 |
| 韩国 | 160 | 7.0 | 17 | 2.5 |
| 朝鲜 | 120 | 5.3 | 29 | 4.0 |
| **合计** | **2410** | **100.0** | **7889** | **100.0** |
| 韩国 | 2404 | 99.8 | 7886 | 99.9 |
| **合计** | **4211** | **100.0** | **4630** | **100.0** |
| 巴西 | 4027 | 95.6 | 4539 | 98.0 |
| 其他国家或地区 | 184 | 4.4 | 91 | 2.0 |

## 2008年中国主要矿产

续表 35

| 矿产品名称 | 进口 | | | | |
|---|---|---|---|---|---|
| | 国别（地区） | 数量（吨） | 占总量（%） | 金额（千美元） | 占总值（%） |
| 镍矿砂及其精矿 | 博茨瓦那 | 109325 | 0.9 | 138988 | 6.8 |
| | 西班牙 | 104042 | 0.8 | 186225 | 9.1 |
| | 其他国家和地区 | 205639 | 1.7 | 114202 | 5.6 |
| 钴矿砂及其精矿 | **合计** | **254499** | **100.0** | **1088530** | **100.0** |
| | 刚果（金） | 206156 | 81.0 | 855135 | 78.6 |
| | 刚果（布） | 30233 | 11.9 | 120813 | 11.1 |
| | 古巴 | 9224 | 3.6 | 85551 | 7.9 |
| | 南非 | 4060 | 1.6 | 13206 | 1.2 |
| | 赞比亚 | 2187 | 0.9 | 5465 | 0.5 |
| | 加拿大 | 898 | 0.4 | 251 | |
| | 比利时 | 377 | 0.1 | 1950 | 0.2 |
| | 墨西哥 | 369 | 0.1 | 1014 | 0.1 |
| | 其他国家和地区 | 994 | 0.4 | 5144 | 0.5 |
| 氧化铝 | **合计** | **4586007** | **100.0** | **1775485** | **100.0** |
| | 澳大利亚 | 3889681 | 84.8 | 1461167 | 82.3 |
| | 印度 | 635477 | 13.9 | 249073 | 14.0 |
| | 日本 | 25493 | 0.6 | 21873 | 1.2 |
| | 几内亚 | 8655 | 0.2 | 1298 | 0.1 |
| | 西班牙 | 8562 | 0.2 | 3540 | 0.2 |
| | 法国 | 5957 | 0.1 | 4510 | 0.3 |
| | 韩国 | 5210 | 0.1 | 3192 | 0.2 |
| | 其他国家和地区 | 6972 | 0.2 | 30831 | 1.7 |
| 铅矿砂及其精矿 | **合计** | **1443910** | **100.0** | **1639020** | **100.0** |
| | 美国 | 261931 | 18.1 | 268949 | 16.4 |
| | 秘鲁 | 220095 | 15.2 | 449788 | 27.4 |
| | 澳大利亚 | 129341 | 9.0 | 125556 | 7.7 |
| | 韩国 | 96546 | 6.7 | 19419 | 1.2 |
| | 印度 | 93804 | 6.5 | 139947 | 8.5 |
| | 俄罗斯联邦 | 90385 | 6.3 | 116623 | 7.1 |
| | 伊朗 | 44960 | 3.1 | 48908 | 3.0 |
| | 德国 | 41901 | 2.9 | 46467 | 2.8 |
| | 朝鲜 | 41269 | 2.9 | 11277 | 0.7 |
| | 加拿大 | 40742 | 2.8 | 42301 | 2.6 |
| | 其他国家和地区 | 382936 | 26.5 | 369786 | 22.6 |
| 锌矿砂及其精矿 | **合计** | **2384878** | **100.0** | **1108013** | **100.0** |
| | 澳大利亚 | 821317 | 34.4 | 381161 | 34.4 |
| | 秘鲁 | 510884 | 21.4 | 278148 | 25.1 |

## 品进出口情况(三)

| 国别(地区) | 出口 | | | |
|---|---|---|---|---|
| | 数量(吨) | 占总量(%) | 金额(千美元) | 占总值(%) |
| **合计** | **44142** | **100.0** | **29558** | **100.0** |
| 朝鲜 | 26435 | 59.9 | 13192 | 44.6 |
| 马来西亚 | 3552 | 8.0 | 2402 | 8.1 |
| 印度尼西亚 | 2669 | 6.0 | 1387 | 4.7 |
| 其他国家或地区 | 11487 | 26.0 | 12577 | 42.6 |

# 2008年中国主要矿产

续表 35

| 矿产品名称 | 进口 | | | | |
|---|---|---|---|---|---|
| | 国别（地区） | 数量（吨） | 占总量（%） | 金额（千美元） | 占总值（%） |
| **锌矿砂及其精矿** | 印度 | 128649 | 5.4 | 79603 | 7.2 |
| | 蒙古 | 126931 | 5.3 | 71338 | 6.4 |
| | 墨西哥 | 98157 | 4.1 | 51203 | 4.6 |
| | 土耳其 | 95614 | 4.0 | 31055 | 2.8 |
| | 印度尼西亚 | 87057 | 3.7 | 22766 | 2.1 |
| | 伊朗 | 63851 | 2.7 | 31289 | 2.8 |
| | 朝鲜 | 63403 | 2.7 | 6657 | 0.6 |
| | 其他国家和地区 | 389015 | 16.3 | 154793 | 14.0 |
| **锡矿砂及其精矿** | **合计** | **7157** | **100.0** | **33120** | **100.0** |
| | 越南 | 2371 | 33.1 | 1021 | 3.1 |
| | 玻利维亚 | 2168 | 30.3 | 21258 | 64.2 |
| | 缅甸 | 1169 | 16.3 | 3475 | 10.5 |
| | 比利时 | 539 | 7.5 | 3179 | 9.6 |
| | 马来西亚 | 371 | 5.2 | 1486 | 4.5 |
| | 其他国家和地区 | 538 | 7.5 | 2701 | 8.2 |
| **铬矿砂及其精矿** | **合计** | **6838547** | **100.0** | **2713079** | **100.0** |
| | 南非 | 2600825 | 38.0 | 920163 | 33.9 |
| | 土耳其 | 1178624 | 17.2 | 590903 | 21.8 |
| | 阿曼 | 810426 | 11.9 | 182111 | 6.7 |
| | 印度 | 550098 | 8.0 | 335754 | 12.4 |
| | 巴基斯坦 | 379173 | 5.5 | 177436 | 6.5 |
| | 菲律宾 | 344151 | 5.0 | 62611 | 2.3 |
| | 哈萨克斯坦 | 203934 | 3.0 | 114856 | 4.2 |
| | 其他国家和地区 | 771316 | 11.3 | 329244 | 12.1 |
| **钨矿砂及其精矿** | **合计** | **10132** | **100.0** | **94657** | **100.0** |
| | 加拿大 | 3184 | 31.4 | 38352 | 40.5 |
| | 俄罗斯联邦 | 2310 | 22.8 | 23619 | 25.0 |
| | 泰国 | 1411 | 13.9 | 4914 | 5.2 |
| | 刚果（布） | 1003 | 9.9 | 9978 | 10.5 |
| | 卢旺达 | 611 | 6.0 | 5525 | 5.8 |
| | 朝鲜 | 520 | 5.1 | 1634 | 1.7 |
| | 其他国家和地区 | 1093 | 10.8 | 10636 | 11.2 |
| **钼矿砂及其精矿** | **合计** | **4880** | **100.0** | **84104** | **100.0** |
| | 蒙古 | 2272 | 46.6 | 32388 | 38.5 |
| | 智利 | 823 | 16.9 | 25970 | 30.9 |
| | 朝鲜 | 519 | 10.6 | 9318 | 11.1 |
| | 秘鲁 | 224 | 4.6 | 4995 | 5.9 |

## 品进出口情况(四)

| | 出　口 | | | |
|---|---|---|---|---|
| 国别(地区) | 数量(吨) | 占总量(%) | 金额(千美元) | 占总值(%) |
| **合计** | **31** | **100.00** | **563** | **100.00** |
| **合计** | **23626** | **100.0** | **865929** | **100.0** |
| 荷兰 | 14341 | 60.7 | 522493 | 60.3 |
| 韩国 | 6200 | 26.2 | 232070 | 26.8 |
| 日本 | 984 | 4.2 | 37797 | 4.4 |
| 印度 | 413 | 1.7 | 17295 | 2.0 |

## 2008年中国主要矿产

续表 35

| 矿产品名称 | 进口 | | | | |
|---|---|---|---|---|---|
| | 国别（地区） | 数量（吨） | 占总量（%） | 金额（千美元） | 占总值（%） |
| **钼矿砂及其精矿** | 加拿大 | 211 | 4.3 | 4568 | 5.4 |
| | 澳大利亚 | 191 | 3.9 | 156 | 0.2 |
| | 韩国 | 153 | 3.1 | 4098 | 4.9 |
| **钛矿砂及其精矿** | 其他国家和地区 | 488 | 10.0 | 2611 | 3.1 |
| | **合计** | **1067053** | **100.0** | **1806796** | **100.0** |
| | 越南 | 547111 | 51.3 | 678390 | 37.5 |
| | 澳大利亚 | 328064 | 30.7 | 769244 | 42.6 |
| | 印度 | 44406 | 4.2 | 89064 | 4.9 |
| | 加拿大 | 41307 | 3.9 | 96938 | 5.4 |
| | 斯里兰卡 | 25137 | 2.4 | 43983 | 2.4 |
| | 冈比亚 | 19617 | 1.8 | 25721 | 1.4 |
| **铌钽钒矿砂及其精矿** | 其他国家和地区 | 61412 | 5.8 | 103457 | 5.7 |
| | **合计** | **10748** | **100.0** | **98025** | **100.0** |
| | 朝鲜 | 1949 | 18.1 | 195 | 0.2 |
| | 越南 | 1662 | 15.5 | 567 | 0.6 |
| | 卢旺达 | 1656 | 15.4 | 23866 | 24.3 |
| | 泰国 | 1328 | 12.4 | 4465 | 4.6 |
| | 巴西 | 1325 | 12.3 | 8660 | 8.8 |
| | 尼日利亚 | 555 | 5.2 | 7857 | 8.0 |
| | 澳大利亚 | 453 | 4.2 | 17537 | 17.9 |
| **锑矿** | 其他国家和地区 | 1820 | 16.9 | 34877 | 35.6 |
| | **合计** | **19306** | **100.0** | **40116** | **100.0** |
| | 塔吉克斯坦 | 4883 | 25.3 | 6509 | 16.2 |
| | 澳大利亚 | 3256 | 16.9 | 12033 | 30.0 |
| | 缅甸 | 3026 | 15.7 | 2229 | 5.6 |
| | 加拿大 | 3026 | 15.7 | 13748 | 34.3 |
| | 哈萨克斯坦 | 1734 | 9.0 | 2266 | 5.6 |
| **稀土金属矿** | 其他国家和地区 | 3380 | 17.5 | 3331 | 8.3 |
| | **合计** | **188** | **100.0** | **2354.0** | **100.0** |

## 品进出口情况(五)

| 出口 | | | | |
|---|---|---|---|---|
| 国别(地区) | 数量(吨) | 占总量(%) | 金额(千美元) | 占总值(%) |
| 澳大利亚 | 340 | 1.4 | 14362 | 1.7 |
| 巴西 | 310 | 1.3 | 13502 | 1.6 |
| 塔吉克斯坦 | 238 | 1.0 | 7457 | 0.9 |
| 其他国家或地区 | 800 | 3.4 | 20953 | 2.4 |
| **合计** | **1831** | **100.0** | **921** | **100.0** |
| **合计** | **6936** | **100.0** | **162999** | **100.0** |
| 日本 | 5921 | 85.4 | 149628 | 91.8 |
| 荷兰 | 216 | 3.1 | 1925 | 1.2 |
| 比利时 | 142 | 2.0 | 928 | 0.6 |
| 挪威 | 140 | 2.0 | 725 | 0.4 |
| 德国 | 124 | 1.8 | 4428 | 2.7 |
| 美国 | 100 | 1.4 | 2012 | 1.2 |
| 英国 | 83 | 1.2 | 1776 | 1.1 |
| 印度 | 52 | 0.7 | 96 | 0.1 |

# 2008年中国主要矿产

续表 35

| 矿产品名称 | 进口 | | | | |
|---|---|---|---|---|---|
| | 国别（地区） | 数量（吨） | 占总量（%） | 金额（千美元） | 占总值（%） |
| **稀土金属矿** | | | | | |
| **稀土化合物及混合物** | **合计** | **2721** | **100.0** | **22693** | **100.0** |
| | 日本 | 1291 | 47.4 | 11474 | 50.6 |
| | 法国 | 389 | 14.3 | 2946 | 13.0 |
| | 台湾省 | 131 | 4.8 | 1828 | 8.1 |
| | 荷兰 | 122 | 4.5 | 216 | 1.0 |
| | 中华人民共和国 | 114 | 4.2 | 557 | 2.5 |
| | 俄罗斯联邦 | 113 | 4.1 | 183 | 0.8 |
| | 美国 | 94 | 3.5 | 1579 | 7.0 |
| | 爱沙尼亚 | 91 | 3.3 | 1055 | 4.6 |
| | 其他国家和地区 | 376 | 13.8 | 2855 | 12.6 |
| **磷矿** | **合计** | **1247** | **100.0** | **298** | **100.0** |
| | 越南 | 746 | 59.8 | 24 | 8.1 |
| | 荷兰 | 480 | 38.5 | 262 | 88.1 |
| | 其他国家和地区 | 21 | 1.7 | 12 | 3.8 |
| **磷肥** | **合计** | **113660** | **100.0** | **133666** | **100.0** |
| | 摩洛哥 | 62782 | 55.2 | 82809 | 62.0 |
| | 突尼斯 | 33000 | 29.0 | 42874 | 32.1 |
| | 美国 | 8183 | 7.2 | 5005 | 3.7 |
| | 乌兹别克斯坦 | 7847 | 6.9 | 1799 | 1.3 |
| | 哈萨克斯坦 | 1547 | 1.4 | 562 | 0.4 |
| | 日本 | 229 | 0.2 | 443 | 0.3 |
| | 其他国家和地区 | 73 | 0.1 | 175 | 0.1 |
| **钾肥** | **合计** | **5442807** | **100.0** | **2959749** | **100.0** |
| | 俄罗斯 | 2504186 | 46.0 | 1380634 | 46.6 |
| | 加拿大 | 1326120 | 24.4 | 805879 | 27.2 |
| | 白俄罗斯 | 754808 | 13.9 | 323136 | 10.9 |
| | 以色列 | 300127 | 5.5 | 187888 | 6.3 |
| | 德国 | 224392 | 4.1 | 107034 | 3.6 |
| | 约旦 | 219724 | 4.0 | 94064 | 3.2 |
| | 美国 | 53600 | 1.0 | 17852 | 0.6 |

# 品进出口情况(六)

| 出口 | | | | |
|---|---|---|---|---|
| 国别(地区) | 数量(吨) | 占总量(%) | 金额(千美元) | 占总值(%) |
| 加拿大 | 42 | 0.6 | 313 | 0.2 |
| 其他国家或地区 | 117 | 1.7 | 1167 | 0.7 |
| **合计** | **44964** | **100.0** | **404428** | **100.0** |
| 日本 | 22094 | 49.1 | 220339 | 54.5 |
| 美国 | 10435 | 23.2 | 75995 | 18.8 |
| 法国 | 6431 | 14.3 | 30305 | 7.5 |
| 意大利 | 1835 | 4.1 | 16414 | 4.1 |
| 荷兰 | 906 | 2.0 | 18622 | 4.6 |
| 德国 | 757 | 1.7 | 19805 | 4.9 |
| 英国 | 584 | 1.3 | 3778 | 0.9 |
| 台湾省 | 338 | 0.8 | 2812 | 0.7 |
| 其他国家或地区 | 1584 | 3.5 | 16359 | 4.0 |
| **合计** | **2000814** | **100.0** | **402713** | **100.0** |
| 韩国 | 712263 | 35.6 | 145325 | 36.1 |
| 印度尼西亚 | 381268 | 19.1 | 67384 | 16.7 |
| 日本 | 326860 | 16.3 | 72655 | 18.0 |
| 印度 | 214550 | 10.7 | 36785 | 9.1 |
| 新西兰 | 110501 | 5.5 | 31129 | 7.7 |
| 菲律宾 | 71362 | 3.6 | 12329 | 3.1 |
| 马来西亚 | 61469 | 3.1 | 12685 | 3.1 |
| 其他国家或地区 | 122540 | 6.1 | 24440 | 6.1 |
| **合计** | **3365374** | **100.0** | **2197854** | **100.0** |
| 印度 | 481815 | 14.3 | 460842 | 21.0 |
| 巴西 | 399803 | 11.9 | 282794 | 12.9 |
| 孟加拉国 | 333963 | 9.9 | 235871 | 10.7 |
| 印度尼西亚 | 328090 | 9.7 | 164364 | 7.5 |
| 越南 | 311148 | 9.2 | 176098 | 8.0 |
| 泰国 | 258605 | 7.7 | 138699 | 6.3 |
| 其他国家或地区 | 1251950 | 37.2 | 739187 | 33.6 |
| **合计** | **371171** | **100.0** | **89536** | **100.0** |
| 越南 | 143415 | 38.6 | 31959 | 35.7 |
| 孟加拉国 | 81268 | 21.9 | 18543 | 20.7 |
| 日本 | 52021 | 14.0 | 14817 | 16.5 |
| 泰国 | 43012 | 11.6 | 10123 | 11.3 |
| 马来西亚 | 25667 | 6.9 | 5022 | 5.6 |
| 韩国 | 5636 | 1.5 | 1334 | 1.5 |
| 菲律宾 | 4262 | 1.1 | 1626 | 1.8 |

## 2008年中国主要矿产

续表 35

| 矿产品名称 | 进口 | | | | |
|---|---|---|---|---|---|
| | 国别（地区） | 数量（吨） | 占总量（%） | 金额（千美元） | 占总值（%） |
| 钾肥 | 智利 | 29744 | 0.5 | 27280 | 0.9 |
| | 印度 | 25333 | 0.5 | 13151 | 0.4 |
| | 其他国家和地区 | 4775 | 0.1 | 2831 | 0.1 |
| 盐 | 合计 | **1944003** | **100.0** | **79942** | **100.0** |
| | 澳大利亚 | 1209712 | 62.2 | 50386 | 63.0 |
| | 墨西哥 | 478120 | 24.6 | 15909 | 19.9 |
| | 国别（地区）不详 | 210100 | 10.8 | 7988 | 10.0 |
| | 沙特阿拉伯 | 22584 | 1.2 | 832 | 1.0 |
| | 印度 | 16400 | 0.8 | 395 | 0.5 |
| | 韩国 | 2172 | 0.1 | 2360 | 3.0 |
| | 巴基斯坦 | 1200 | 0.1 | 189 | 0.2 |
| | 其他国家和地区 | 3715 | 0.2 | 1884 | 2.4 |
| 硫磺 | 合计 | **8418451** | **100.0** | **3860865** | **100.0** |
| | 加拿大 | 2155502 | 25.6 | 933451 | 24.2 |
| | 沙特阿拉伯 | 1462451 | 17.4 | 791011 | 20.5 |
| | 日本 | 1046719 | 12.4 | 383027 | 9.9 |
| | 伊朗 | 691496 | 8.2 | 340628 | 8.8 |
| | 阿拉伯联合酋长国 | 486351 | 5.8 | 237457 | 6.2 |
| | 美国 | 369114 | 4.4 | 212235 | 5.5 |
| | 卡塔尔 | 368285 | 4.4 | 149414 | 3.9 |
| | 哈萨克斯坦 | 365607 | 4.3 | 118114 | 3.1 |
| | 韩国 | 341367 | 4.1 | 136486 | 3.5 |
| | 台湾省 | 303677 | 3.6 | 142157 | 3.7 |
| | 其他国家和地区 | 827881 | 9.8 | 416883 | 10.8 |
| 天然石墨 | 合计 | **61570** | **100.0** | **11518** | **100.0** |
| | 朝鲜 | 60200 | 97.8 | 4566 | 39.6 |
| | 日本 | 402 | 0.7 | 4705 | 40.8 |
| | 德国 | 293 | 0.5 | 885 | 7.7 |
| | 加拿大 | 239 | 0.4 | 215 | 1.9 |
| | 美国 | 233 | 0.4 | 486 | 4.2 |
| | 瑞士 | 92 | 0.1 | 291 | 2.5 |
| | 韩国 | 32 | 0.1 | 137 | 1.2 |
| | 其他国家和地区 | 78 | 0.1 | 233 | 2.0 |
| 高岭土 | 合计 | **363901** | **100.0** | **83910** | **100.0** |
| | 美国 | 244430 | 67.2 | 51810 | 61.7 |
| | 巴西 | 81782 | 22.5 | 18518 | 22.1 |
| | 比利时 | 12192 | 3.4 | 2863 | 3.4 |

# 品进出口情况(七)

| | 出口 | | | |
|---|---|---|---|---|
| 国别(地区) | 数量(吨) | 占总量(%) | 金额(千美元) | 占总值(%) |
| 印度尼西亚 | 3258 | 0.9 | 1461 | 1.6 |
| 巴基斯坦 | 2163 | 0.6 | 957 | 1.1 |
| 其他国家或地区 | 10468 | 2.8 | 3694 | 4.1 |
| **合计** | **966962** | **100.0** | **60596** | **100.0** |
| 韩国 | 384593 | 39.8 | 21423 | 35.4 |
| 日本 | 184791 | 19.1 | 15275 | 25.2 |
| 台湾省 | 96098 | 9.9 | 4144 | 6.8 |
| 朝鲜 | 60560 | 6.3 | 2390 | 3.9 |
| 越南 | 56762 | 5.9 | 3643 | 6.0 |
| 菲律宾 | 50196 | 5.2 | 3137 | 5.2 |
| 香港 | 44732 | 4.6 | 2940 | 4.9 |
| 其他国家或地区 | 89231 | 9.2 | 7644 | 12.6 |
| **合计** | **40783** | **100.0** | **27778** | **100.0** |
| 印度尼西亚 | 22160 | 54.3 | 16935 | 61.0 |
| 菲律宾 | 5394 | 13.2 | 3999 | 14.4 |
| 缅甸 | 4846 | 11.9 | 1109 | 4.0 |
| 安哥拉 | 3099 | 7.6 | 2222 | 8.0 |
| 其他国家或地区 | 5283 | 13.0 | 3512 | 12.6 |
| **合计** | **597334** | **100.0** | **163970** | **100.0** |
| 日本 | 322730 | 54.0 | 91865 | 56.0 |
| 韩国 | 55881 | 9.4 | 13610 | 8.3 |
| 荷兰 | 44167 | 7.4 | 10868 | 6.6 |
| 美国 | 34204 | 5.7 | 10240 | 6.2 |
| 印度尼西亚 | 25048 | 4.2 | 4401 | 2.7 |
| 台湾省 | 19841 | 3.3 | 3837 | 2.3 |
| 意大利 | 12472 | 2.1 | 3777 | 2.3 |
| 其他国家或地区 | 82991 | 13.9 | 25372 | 15.5 |
| **合计** | **1276502** | **100.0** | **96276** | **100.0** |
| 台湾省 | 290495 | 22.8 | 6737 | 7.0 |
| 日本 | 234060 | 18.3 | 30810 | 32.0 |
| 香港 | 184801 | 14.5 | 2627 | 2.7 |

## 2008年中国主要矿产

续表 35

| 矿产品名称 | 进口 | | | | |
|---|---|---|---|---|---|
| | 国别（地区） | 数量（吨） | 占总量（%） | 金额（千美元） | 占总值（%） |
| 高岭土 | 英国 | 4970 | 1.4 | 1765 | 2.1 |
| | 泰国 | 4461 | 1.2 | 485 | 0.6 |
| | 日本 | 4283 | 1.2 | 3634 | 4.3 |
| | 台湾省 | 2833 | 0.8 | 1647 | 2.0 |
| | 澳大利亚 | 1649 | 0.5 | 658 | 0.8 |
| | 新西兰 | 1594 | 0.4 | 687 | 0.8 |
| | 西班牙 | 1265 | 0.3 | 484 | 0.6 |
| | 其他国家和地区 | 4442 | 1.2 | 1359 | 1.6 |
| **重晶石** | **合计** | **961** | **100.0** | **528** | **100.0** |
| **大理石** | **合计** | **5092886** | **100.0** | **868677** | **100.0** |
| | 土耳其 | 1668820 | 32.8 | 306489 | 35.3 |
| | 埃及 | 1218757 | 23.9 | 130384 | 15.0 |
| | 西班牙 | 556168 | 10.9 | 105680 | 12.2 |
| | 伊朗 | 497003 | 9.8 | 88598 | 10.2 |
| | 意大利 | 302147 | 5.9 | 80061 | 9.2 |
| | 希腊 | 183025 | 3.6 | 39119 | 4.5 |
| | 其他国家和地区 | 666965 | 13.1 | 118345 | 13.6 |
| **花岗石** | **合计** | **3041219** | **100.0** | **644426** | **100.0** |
| | 印度 | 1641975 | 54.0 | 305292 | 47.4 |
| | 巴西 | 481229 | 15.8 | 127092 | 19.7 |
| | 芬兰 | 199814 | 6.6 | 40451 | 6.3 |
| | 挪威 | 177036 | 5.8 | 49821 | 7.7 |
| | 沙特阿拉伯 | 174982 | 5.8 | 32919 | 5.1 |
| | 南非 | 67465 | 2.2 | 17354 | 2.7 |
| | 葡萄牙 | 55869 | 1.8 | 10056 | 1.6 |
| | 西班牙 | 51177 | 1.7 | 11104 | 1.7 |
| | 日本 | 50671 | 1.7 | 15975 | 2.5 |
| | 美国 | 40826 | 1.3 | 11392 | 1.8 |
| | 其他国家和地区 | 100176 | 3.3 | 22971 | 3.6 |

# 品进出口情况(八)

| | 出口 | | | |
|---|---|---|---|---|
| 国别(地区) | 数量(吨) | 占总量(%) | 金额(千美元) | 占总值(%) |
| 越南 | 94747 | 7.4 | 4318 | 4.5 |
| 韩国 | 63942 | 5.0 | 6129 | 6.4 |
| 泰国 | 63768 | 5.0 | 5943 | 6.2 |
| 菲律宾 | 55805 | 4.4 | 2291 | 2.4 |
| 马来西亚 | 47753 | 3.7 | 4486 | 4.7 |
| 朝鲜 | 40653 | 3.2 | 512 | 0.5 |
| 印度尼西亚 | 23986 | 1.9 | 3966 | 4.1 |
| 其他国家或地区 | 176492 | 13.8 | 28456 | 29.6 |
| **合计** | **3844533** | **100.0** | **201267** | **100.0** |
| 美国 | 2803945 | 72.9 | 129101 | 64.1 |
| 荷兰 | 272847 | 7.1 | 21397 | 10.6 |
| 印度尼西亚 | 116170 | 3.0 | 5574 | 2.8 |
| 沙特阿拉伯 | 91256 | 2.4 | 4187 | 2.1 |
| 日本 | 77870 | 2.0 | 6419 | 3.2 |
| 墨西哥 | 72347 | 1.9 | 3611 | 1.8 |
| 科威特 | 65982 | 1.7 | 3289 | 1.6 |
| 其他国家或地区 | 344117 | 9.0 | 27688 | 13.8 |
| **合计** | **68597** | **100.0** | **11128** | **100.0** |
| 台湾省 | 44325 | 64.6 | 2328 | 20.9 |
| 香港 | 6753 | 9.8 | 1165 | 10.5 |
| 泰国 | 1795 | 2.6 | 234 | 2.1 |
| 意大利 | 1523 | 2.2 | 339 | 3.0 |
| 印度 | 1356 | 2.0 | 1357 | 12.2 |
| 荷兰 | 1283 | 1.9 | 244 | 2.2 |
| 其他国家或地区 | 11562 | 16.9 | 5462 | 49.1 |
| **合计** | **713431** | **100.0** | **31835** | **100.0** |
| 台湾省 | 261218 | 36.6 | 8179 | 25.7 |
| 日本 | 148610 | 20.8 | 1825 | 5.7 |
| 香港 | 54541 | 7.6 | 1161 | 3.6 |
| 德国 | 48628 | 6.8 | 2335 | 7.3 |
| 荷兰 | 46349 | 6.5 | 3203 | 10.1 |
| 美国 | 36297 | 5.1 | 882 | 2.8 |
| 韩国 | 23426 | 3.3 | 3331 | 10.5 |
| 泰国 | 13471 | 1.9 | 1613 | 5.1 |
| 意大利 | 13106 | 1.8 | 734 | 2.3 |
| 比利时 | 11770 | 1.6 | 659 | 2.1 |
| 其他国家或地区 | 56013 | 7.9 | 7913 | 24.9 |

## 2008年中国主要矿产

续表 35

| 矿产品名称 | 进口 | | | | |
|---|---|---|---|---|---|
| | 国别（地区） | 数量（吨） | 占总量（%） | 金额（千美元） | 占总值（%） |
| **菱镁矿** | **合计** | **98147** | **100.0** | **34087** | **100.0** |
| | 朝鲜 | 76721 | 78.2 | 11851 | 34.8 |
| | 日本 | 10967 | 11.2 | 10690 | 31.4 |
| | 荷兰 | 2889 | 2.9 | 1735 | 5.1 |
| | 奥地利 | 1562 | 1.6 | 564 | 1.7 |
| | 加拿大 | 1219 | 1.2 | 512 | 1.5 |
| | 以色列 | 968 | 1.0 | 2885 | 8.5 |
| | 韩国 | 924 | 0.9 | 950 | 2.8 |
| | 美国 | 800 | 0.8 | 1106 | 3.2 |
| | 中华人民共和国 | 594 | 0.6 | 631 | 1.9 |
| | 墨西哥 | 372 | 0.4 | 433 | 1.3 |
| | 其他国家和地区 | 1131 | 1.2 | 2730 | 8.0 |
| **石膏** | **合计** | **13985** | **100.0** | **5102** | **100.0** |
| | 日本 | 3278 | 23.4 | 902 | 17.7 |
| | 泰国 | 3272 | 23.4 | 829 | 16.2 |
| | 美国 | 2525 | 18.1 | 1830 | 35.9 |
| | 香港 | 2066 | 14.8 | 23 | 0.4 |
| | 法国 | 956 | 6.8 | 380 | 7.4 |
| | 英国 | 548 | 3.9 | 373 | 7.3 |
| | 德国 | 450 | 3.2 | 285 | 5.6 |
| | 韩国 | 302 | 2.2 | 118 | 2.3 |
| | 其他国家和地区 | 587 | 4.2 | 362 | 7.1 |
| **石棉** | **合计** | **299911** | **100.0** | **78353** | **100.0** |
| | 俄罗斯联邦 | 250036 | 83.4 | 65905 | 84.1 |
| | 哈萨克斯坦 | 44866 | 15.0 | 10492 | 13.4 |
| | 巴西 | 4060 | 1.4 | 1370 | 1.7 |
| | 加拿大 | 780 | 0.3 | 340 | 0.4 |
| | 津巴布韦 | 162 | 0.1 | 228 | 0.3 |
| | 韩国 | 5 | | 8 | |
| | 其他国家和地区 | 2 | | 10 | 0.1 |
| **水泥** | **合计** | **617092** | **100.0** | **28998** | **100.0** |
| | 日本 | 550316 | 89.18 | 21049 | 72.6 |
| | 台湾省 | 51176 | 8.29 | 2008 | 6.9 |
| | 泰国 | 4609 | 0.75 | 695 | 2.4 |
| | 荷兰 | 2352 | 0.38 | 1567 | 5.4 |
| | 美国 | 1795 | 0.29 | 893 | 3.1 |
| | 法国 | 1720 | 0.28 | 595 | 2.1 |

# 品进出口情况(九)

| 国别(地区) | 数量(吨) | 占总量(%) | 金额(千美元) | 占总值(%) |
|---|---|---|---|---|
| | 出 | 口 | | |
| **合计** | **2328961** | **100.0** | **520629** | **100.0** |
| 日本 | 572343 | 24.6 | 83639 | 16.1 |
| 荷兰 | 536799 | 23.0 | 153718 | 29.5 |
| 美国 | 454882 | 19.5 | 116042 | 22.3 |
| 台湾省 | 166986 | 7.2 | 11749 | 2.3 |
| 韩国 | 106678 | 4.6 | 27066 | 5.2 |
| 俄罗斯联邦 | 68535 | 2.9 | 28328 | 5.4 |
| 马来西亚 | 56381 | 2.4 | 4254 | 0.8 |
| 墨西哥 | 41710 | 1.8 | 14039 | 2.7 |
| 泰国 | 40405 | 1.7 | 3789 | 0.7 |
| 南非 | 32794 | 1.4 | 6626 | 1.3 |
| 其他国家或地区 | 251448 | 10.8 | 71379 | 13.7 |
| **合计** | **416917** | **100.0** | **19888** | **100.0** |
| 越南 | 168748 | 40.5 | 2863 | 14.4 |
| 韩国 | 159902 | 38.4 | 6935 | 34.9 |
| 香港 | 17154 | 4.1 | 1504 | 7.6 |
| 日本 | 11713 | 2.8 | 1537 | 7.7 |
| 刚果(布) | 10630 | 2.5 | 764 | 3.8 |
| 台湾省 | 9648 | 2.3 | 1110 | 5.6 |
| 蒙古 | 8113 | 1.9 | 242 | 1.2 |
| 泰国 | 3832 | 0.9 | 580 | 2.9 |
| 其他国家或地区 | 27175 | 6.5 | 4353 | 21.9 |
| **合计** | **14492** | **100.0** | **5337** | **100.0** |
| 印度尼西亚 | 8946 | 61.7 | 3404 | 63.8 |
| 越南 | 1611 | 11.1 | 434 | 8.1 |
| 朝鲜 | 1501 | 10.4 | 458 | 8.6 |
| 缅甸 | 1195 | 8.2 | 554 | 10.4 |
| 泰国 | 526 | 3.6 | 147 | 2.8 |
| 哈萨克斯坦 | 318 | 2.2 | 195 | 3.6 |
| 其他国家或地区 | 396 | 2.7 | 144 | 2.7 |
| **合计** | **26038018** | **100.0** | **1098795** | **100.0** |
| 阿拉伯联合酋长国 | 3348622 | 12.9 | 123027 | 11.2 |
| 西班牙 | 3151897 | 12.1 | 107917 | 9.8 |
| 美国 | 2241519 | 8.6 | 97277 | 8.9 |
| 安哥拉 | 2053867 | 7.9 | 102416 | 9.3 |
| 台湾省 | 1992953 | 7.7 | 69787 | 6.4 |
| 俄罗斯联邦 | 1223068 | 4.7 | 70104 | 6.4 |

## 2008年中国主要矿产

续表 35

| 矿产品名称 | 进口 | | | | |
|---|---|---|---|---|---|
| | 国别（地区） | 数量（吨） | 占总量（%） | 金额（千美元） | 占总值（%） |
| **水泥** | 克罗地亚 | 1425 | 0.23 | 476 | 1.6 |
| | 中华人民共和国 | 695 | 0.11 | 29 | 0.1 |
| | 其他国家和地区 | 3003 | 0.49 | 1685 | 5.8 |
| **滑石** | 合计 | **34516** | **100.0** | **16207** | **100.0** |
| | 朝鲜 | 15889 | 46.0 | 1543 | 9.5 |
| | 韩国 | 4952 | 14.3 | 1890 | 11.7 |
| | 日本 | 4544 | 13.2 | 5466 | 33.7 |
| | 美国 | 4139 | 12.0 | 2679 | 16.5 |
| | 台湾省 | 1813 | 5.3 | 1106 | 6.8 |
| | 中华人民共和国 | 522 | 1.5 | 1031 | 6.4 |
| | 奥地利 | 506 | 1.5 | 509 | 3.1 |
| | 其他国家和地区 | 2151 | 6.2 | 1983 | 12.2 |
| **萤石** | 合计 | **47497** | **100.0** | **5991** | **100.0** |
| | 蒙古 | 45955 | 96.8 | 5277 | 88.1 |
| | 美国 | 1193 | 2.5 | 673 | 11.2 |
| | 台湾省 | 266 | 0.6 | 11 | 0.2 |
| | 其他国家和地区 | 84 | 0.2 | 31 | 0.5 |
| **天然硼砂及精矿** | 合计 | **20465** | **100.0** | **9564** | **100.0** |
| | 土耳其 | 9666 | 47.2 | 4748 | 49.6 |
| | 玻利维亚 | 5620 | 27.5 | 1454 | 15.2 |
| | 俄罗斯联邦 | 3800 | 18.6 | 2294 | 24.0 |
| | 美国 | 1072 | 5.2 | 902 | 9.4 |
| | 马来西亚 | 140 | 0.7 | 83 | 0.9 |
| | 其他国家和地区 | 167 | 0.8 | 82 | 0.9 |
| **天然硼酸盐及硼酸** | 合计 | **237319** | **100.0** | **98092** | **100.0** |
| | 土耳其 | 233141 | 98.2 | 96858 | 98.6 |
| | 阿根廷 | 2158 | 0.9 | 746 | 0.8 |
| | 玻利维亚 | 1819 | 0.8 | 414 | 0.4 |
| | 智利 | 152 | 0.1 | 51 | 0.1 |
| | 韩国 | 39 | | 17 | |
| | 其他国家和地区 | 11 | | 6 | 0.1 |

# 品进出口情况(十)

| 出 口 | | | | |
|---|---|---|---|---|
| 国别(地区) | 数量(吨) | 占总量(%) | 金额(千美元) | 占总值(%) |
| 尼日利亚 | 1211566 | 4.7 | 46740 | 4.3 |
| 科威特 | 1134133 | 4.4 | 40183 | 3.7 |
| 其他国家或地区 | 9680392 | 37.2 | 441345 | 40.2 |
| **合计** | **699326** | **100.0** | **133022** | **100.0** |
| 日本 | 233250 | 33.4 | 57096 | 42.9 |
| 美国 | 124801 | 17.8 | 18371 | 13.8 |
| 泰国 | 74893 | 10.7 | 15219 | 11.4 |
| 荷兰 | 50856 | 7.3 | 8418 | 6.3 |
| 意大利 | 48366 | 6.9 | 6577 | 4.9 |
| 马来西亚 | 24340 | 3.5 | 3094 | 2.3 |
| 韩国 | 16835 | 2.4 | 2525 | 1.9 |
| 其他国家或地区 | 125985 | 18.0 | 21721 | 16.3 |
| **合计** | **657528** | **100.0** | **190606** | **100.0** |
| 日本 | 217938 | 33.1 | 63767 | 33.5 |
| 美国 | 201458 | 30.6 | 60521 | 31.8 |
| 意大利 | 61175 | 9.3 | 20260 | 10.6 |
| 荷兰 | 58043 | 8.8 | 14317 | 7.5 |
| 加拿大 | 53442 | 8.1 | 14371 | 7.5 |
| 印度 | 29404 | 4.5 | 9683 | 5.1 |
| 韩国 | 10604 | 1.6 | 1896 | 1.0 |
| 突尼斯 | 6242 | 0.9 | 1311 | 0.7 |
| 其他国家或地区 | 19222 | 2.9 | 4480 | 2.4 |
| **合计** | **1830** | **100.0** | **522** | **100.0** |
| 韩国 | 1250 | 68.3 | 195 | 37.3 |
| 日本 | 180 | 9.8 | 115 | 21.9 |
| 朝鲜 | 115 | 6.3 | 47 | 9.0 |
| 马来西亚 | 50 | 2.7 | 29 | 5.6 |
| 印度 | 42 | 2.3 | 49 | 9.3 |
| 其他国家或地区 | 193 | 10.5 | 87 | 16.7 |
| **合计** | **74** | **100.0** | **41** | **100.0** |

# 2008年地质

表 36

| 地区 | 监测点 | | | | 监测机构 | | |
|---|---|---|---|---|---|---|---|
| | （个） | 地下水 | 地质灾害 | | （个） | 地市级分站 | 县区级分站 |
| | | | 突发性灾害 | 缓变性灾害 | | | |
| **全　国** | **110759** | **14169** | **66318** | **26503** | **431** | **234** | **178** |
| 北　京 | 888 | 880 | 1 | 7 | 1 | 1 | |
| 天　津 | 666 | 650 | 4 | 12 | 1 | 1 | |
| 河　北 | 3067 | 2676 | 282 | 109 | 12 | 11 | |
| 山　西 | 7802 | 180 | 7505 | 117 | 7 | 5 | 1 |
| 内蒙古 | 2905 | 938 | 1963 | 4 | 8 | 7 | |
| 辽　宁 | 1036 | 973 | 63 | | 13 | 13 | |
| 吉　林 | 689 | 689 | | | 10 | 8 | 2 |
| 黑龙江 | 766 | 401 | 360 | 5 | 7 | 6 | |
| 上　海 | 2552 | 919 | | 1633 | 1 | | |
| 江　苏 | 717 | 404 | 3 | 310 | 17 | 12 | 4 |
| 浙　江 | 1205 | 584 | 90 | 531 | 22 | 11 | 11 |
| 安　徽 | 320 | 320 | | | 22 | 22 | |
| 福　建 | 245 | 239 | 6 | | 8 | 5 | 2 |
| 江　西 | 16986 | 154 | 16832 | | | | |
| 山　东 | 1569 | 320 | 1219 | 30 | 11 | 10 | |
| 河　南 | 1253 | 270 | 675 | 308 | 37 | 22 | 15 |
| 湖　北 | 3343 | 185 | 994 | 1386 | 17 | 12 | 5 |
| 湖　南 | 6485 | 95 | 6321 | 69 | 24 | 8 | 15 |
| 广　东 | 1110 | 276 | 834 | | 13 | 12 | |
| 广　西 | 1645 | 561 | 1076 | 8 | 9 | 8 | 1 |
| 海　南 | 35 | 35 | | | 1 | | |
| 重　庆 | 6351 | 27 | 12 | 6312 | 40 | 3 | 37 |
| 四　川 | 21771 | 84 | 6135 | 12561 | 50 | 21 | 29 |
| 贵　州 | 3840 | 285 | 1757 | 1798 | 5 | 5 | |
| 云　南 | 12277 | 451 | 11826 | | 8 | 7 | |
| 西　藏 | 91 | 39 | 52 | | 4 | 3 | 1 |
| 陕　西 | 9493 | 334 | 8251 | 908 | 65 | 10 | 55 |
| 甘　肃 | 390 | 390 | | | 7 | | |
| 青　海 | 305 | 248 | 57 | | 1 | 1 | |
| 宁　夏 | 618 | 223 | | 395 | 4 | 4 | |
| 新　疆 | 339 | 339 | | | 6 | 6 | |

# 环境监测

| 从业人员（人） | | 监测工作量 | | | 提交报告（份） | 发布公（简）报（份） |
|---|---|---|---|---|---|---|
| | 专业技术人员 | 监测数据（组） | 取样（个） | | | |
| | | | 水样 | 岩（土）样 | | |
| **4528** | **2593** | **674202** | **5640** | **587** | **22358** | **2074** |
| 86 | 70 | 880 | 300 | | 2 | 3 |
| 70 | 46 | 24080 | 107 | 471 | 2 | 1 |
| 173 | 173 | 45202 | 386 | | 12 | 12 |
| 92 | 57 | 12960 | 128 | | 5 | 4 |
| 36 | 19 | 21048 | 393 | | 1 | 1 |
| 55 | 41 | 1000 | 399 | | 64 | 62 |
| 30 | 23 | 13745 | 87 | | 10 | |
| 79 | 56 | 6932 | 261 | | 17 | 27 |
| 153 | 119 | 20552 | 172 | | 20 | 5 |
| 64 | 47 | 31496 | 187 | | 6 | 17 |
| 94 | 69 | 16344 | 125 | | 12 | 1 |
| 73 | 66 | 42355 | 178 | | 30 | 3 |
| 40 | 26 | 14703 | 185 | | 5 | 1 |
| | | 4902 | 128 | | 65 | 16 |
| 172 | 134 | 29173 | 101 | | 27 | 24 |
| 455 | 232 | 1276 | 118 | 18 | 33 | 25 |
| 298 | 190 | 95274 | 257 | 4 | 811 | 273 |
| 268 | 161 | 6586 | 27 | | 251 | 58 |
| 262 | 188 | 4194 | 148 | | 60 | 1 |
| 158 | 124 | 18660 | 328 | | 540 | 24 |
| 30 | 22 | 1106 | 38 | | 5 | 1 |
| 371 | 321 | 174527 | 22 | | 19725 | |
| 228 | 93 | 9363 | 92 | 4 | 529 | 706 |
| 475 | 18 | 22904 | 228 | 80 | 51 | 32 |
| 102 | 88 | 18172 | 418 | | 4 | 582 |
| 15 | 8 | 6038 | 91 | | 3 | 1 |
| 471 | 97 | 17949 | 108 | 10 | 53 | 130 |
| 59 | 24 | 7860 | 179 | | 7 | 16 |
| 33 | 20 | 1814 | 159 | | 4 | 48 |
| 47 | 27 | 154 | 154 | | 4 | |
| 39 | 34 | 2953 | 136 | | | |

# 2008年地质矿

表 37

| 地区 | 矿山占用破坏土地 | | | |
|---|---|---|---|---|
| | （公顷） | 尾矿堆放 | 露天采坑 | 采矿塌陷 |
| **全　国** | **1739152** | **926162** | **536582** | **248459** |
| 北　京 | 4898 | 311 | 3957 | 206 |
| 天　津 | 1696 | 8 | 1688 | |
| 河　北 | 39185 | 9445 | 13626 | 16114 |
| 山　西 | 50603 | 4515 | 2909 | 43179 |
| 内蒙古 | 79108 | 2609 | 47798 | 22621 |
| 辽　宁 | 57385 | 18018 | 14671 | 17068 |
| 吉　林 | 22674 | 2661 | 1874 | 13493 |
| 黑龙江 | 903451 | 832759 | 50863 | 19829 |
| 上　海 | | | | |
| 江　苏 | 27323 | 188 | 4779 | 21486 |
| 浙　江 | 6255 | 271 | 5952 | 31 |
| 安　徽 | 58255 | 7953 | 17625 | 32677 |
| 福　建 | 4311 | 802 | 2769 | 46 |
| 江　西 | 40776 | 9489 | 25273 | 2464 |
| 山　东 | 6691 | 2071 | 1846 | 2774 |
| 河　南 | 826 | 48 | 61 | 718 |
| 湖　北 | 1642 | 598 | 562 | 483 |
| 湖　南 | 22667 | 9209 | 7419 | 6040 |
| 广　东 | 10995 | 2776 | 4398 | 3821 |
| 广　西 | 20100 | 2291 | 17408 | 402 |
| 海　南 | 688 | 37 | 648 | 3 |
| 重　庆 | | | | |
| 四　川 | 17426 | 2027 | 11966 | 3433 |
| 贵　州 | 8132 | 920 | 1580 | 5632 |
| 云　南 | 18459 | 3838 | 14005 | 616 |
| 西　藏 | 25 | | 25 | |
| 陕　西 | 21735 | 2147 | 1324 | 18191 |
| 甘　肃 | 31495 | 5756 | 16637 | 9101 |
| 青　海 | 243130 | 4136 | 233887 | 1173 |
| 宁　夏 | 9739 | 671 | 4724 | 4344 |
| 新　疆 | 29482 | 609 | 26309 | 2513 |

## 山环境保护

| 矿山环境恢复治理 | | | | |
|---|---|---|---|---|
| 项目（个） | 投入资金（万元） | | | 恢复面积（公顷） |
| | | 中央财政 | 地方财政 | |
| **3346** | **440865** | **108760** | **292312** | **43747** |
| 9 | 3180 | 3180 | | 52 |
| 10 | 7898 | 2410 | 5488 | 56 |
| 30 | 6720 | 3800 | 2920 | 999 |
| 125 | 64536 | 4550 | 59976 | 1610 |
| 26 | 10250 | 5150 | 5100 | 3214 |
| 13 | 9450 | 5390 | 4060 | 448 |
| 30 | 7973 | 4190 | 3783 | 1506 |
| 35 | 20918 | 4260 | 14818 | 2495 |
| 1 | 200 | | 200 | |
| 134 | 42258 | 3930 | 38328 | 1108 |
| 486 | 22086 | 1560 | 20329 | 750 |
| 70 | 16834 | 2110 | 14724 | 990 |
| 361 | 13533 | 3010 | 9169 | 808 |
| 532 | 8768 | 4330 | 2762 | 1419 |
| 719 | 52441 | 4940 | 16842 | 2837 |
| 25 | 4567 | 3950 | 617 | 264 |
| 29 | 9928 | 3960 | 5968 | 161 |
| 247 | 15939 | 4470 | 11469 | 433 |
| 170 | 56660 | 3060 | 53600 | 1265 |
| 49 | 5431 | 2840 | 2083 | 1804 |
| 7 | 4016 | 350 | 3666 | 696 |
| 8 | 6475 | 3020 | 3455 | |
| 14 | 6950 | 3590 | 3360 | 8174 |
| 62 | 5479 | 4330 | 932 | 1195 |
| 77 | 10254 | 2330 | 5975 | 1059 |
| 20 | 3140 | 3140 | | 2638 |
| 13 | 6443 | 4490 | 760 | 331 |
| 13 | 5510 | 4710 | 800 | 5800 |
| 14 | 5320 | 5320 | | 1177 |
| 8 | 3510 | 3510 | | |
| 9 | 4198 | 3070 | 1128 | 459 |

# 2008年地质遗迹

表 38

| 地区 | 地质遗迹保护 | | | | | | | | |
|---|---|---|---|---|---|---|---|---|---|
| | 保护区 | | 保护区面积 | | 保护区类别(个) | | | 建设投资 | |
| | (个) | 国家级 | (公顷) | 国家级 | 地质结构、剖面和形迹 | 古生物化石 | 地质地貌景观 | (万元) | 本年投资 |
| **全国** | **135** | **33** | **2898505** | **491181** | **43** | **32** | **60** | **74290** | **15633** |
| 北京 | 3 | | 5737 | | 2 | 1 | | 6527 | 600 |
| 天津 | 2 | 2 | 99900 | 99900 | 1 | | 1 | 720 | 280 |
| 河北 | 4 | 2 | 9047 | 7666 | 4 | | | 1411 | 217 |
| 山西 | | | | | | | | 114 | |
| 内蒙古 | 17 | 1 | 218567 | 46410 | 2 | 9 | 6 | 6057 | 3090 |
| 辽宁 | 9 | 1 | 1048313 | 4630 | 1 | 5 | 3 | 5034 | |
| 吉林 | 4 | 2 | 54363 | 11765 | 1 | | 3 | 3388 | 51 |
| 黑龙江 | 4 | 1 | 232776 | 106000 | 1 | 1 | 2 | 10943 | 6146 |
| 上海 | | | | | | | | | |
| 江苏 | 1 | | 19 | | | 1 | | 2444 | 440 |
| 浙江 | 2 | 1 | 2259 | 247 | 2 | | | 8228 | 1828 |
| 安徽 | 2 | | 2270 | | 1 | 1 | | 503 | 220 |
| 福建 | 28 | 6 | 55072 | 13184 | 8 | 1 | 19 | 14744 | |
| 江西 | | | | | | | | | |
| 山东 | 5 | 1 | 1752 | 120 | 2 | 1 | 2 | 800 | 60 |
| 河南 | 1 | 1 | 78015 | 78015 | | 1 | | 1088 | 430 |
| 湖北 | 5 | 1 | 5624 | 1019 | 1 | 2 | 2 | 330 | |
| 湖南 | | | | | | | | | |
| 广东 | 8 | 1 | 41150 | 29000 | 3 | 3 | 2 | 6283 | 700 |
| 广西 | 7 | 1 | 46 | | 7 | | | 574 | 350 |
| 海南 | 10 | | 3405 | | | | 10 | | |
| 重庆 | 1 | | 29600 | | 1 | | | 490 | 300 |
| 四川 | | | | | | | | | |
| 贵州 | 3 | 1 | 20020 | 20000 | | 3 | | 285 | 20 |
| 云南 | 1 | | 60 | | | 1 | | | |
| 西藏 | 3 | | 560540 | | 2 | | 1 | 160 | |
| 陕西 | 8 | 4 | 12166 | 10160 | 3 | 1 | 4 | 4168 | 901 |
| 甘肃 | 4 | 4 | 398705 | 43965 | | 1 | 3 | | |
| 青海 | 2 | 2 | 19000 | 19000 | | | 2 | | |
| 宁夏 | 1 | 1 | 100 | 100 | 1 | | | | |
| 新疆 | | | | | | | | | |

# 保护及地质公园建设

| 地质公园建设 | | | | | | | | |
|---|---|---|---|---|---|---|---|---|
| 地质公园 | | 地质公园面积 | | 地质公园类别(个) | | | 建设投资 | |
| (个) | 国家级 | (公顷) | 国家级 | 地质结构、剖面和形迹 | 古生物化石 | 地质地貌景观 | (万元) | 本年投资 |
| **292** | **138** | **8757678** | **5819621** | **55** | **25** | **212** | **1382736** | **214458** |
| 5 | 3 | 78040 | 56350 | 2 | 1 | 2 | 35047 | 1620 |
| 1 | 1 | 34200 | 34200 | 1 | | | 4932 | 1300 |
| 15 | 7 | 332637 | 175750 | 15 | | | 66624 | 3198 |
| 12 | 4 | 250818 | 143800 | 1 | 1 | 10 | 27379 | 9400 |
| 8 | 3 | 570024 | 350239 | | 3 | 5 | 5182 | 2100 |
| 4 | 4 | 493600 | 493600 | | 1 | 3 | 30649 | 1100 |
| 7 | 1 | 264683 | 38278 | | | 7 | 4823 | 1139 |
| 14 | 5 | 721382 | 531186 | | 1 | 13 | 31270 | 6946 |
| 1 | 1 | 14500 | 14500 | | | 1 | 1680 | 880 |
| 4 | 2 | 26498 | 17500 | | | 4 | 70338 | 1600 |
| 5 | 4 | 55363 | 48023 | 1 | 2 | 2 | 68757 | 3270 |
| 13 | 7 | 132262 | 112912 | 1 | | 12 | 27764 | 6804 |
| 10 | 8 | 172882 | 143952 | 1 | | 9 | 66598 | 24765 |
| 6 | 4 | 356550 | 210380 | | | 6 | 51430 | 41236 |
| 27 | 6 | 367718 | 231560 | 2 | 2 | 23 | 40247 | 27738 |
| 19 | 11 | 610158 | 541015 | 5 | 1 | 13 | 135111 | 18073 |
| 18 | 4 | 620446 | 251600 | | 2 | 16 | 13317 | 1000 |
| 17 | 6 | 652255 | 442912 | | | 17 | 94663 | 10586 |
| 7 | 7 | 97270 | 97270 | 4 | | 3 | 11523 | 3220 |
| 8 | 5 | 112005 | 57940 | 1 | | 7 | 28310 | 1740 |
| 3 | 1 | 10902 | 10800 | | | 3 | 12000 | 2500 |
| 3 | 3 | 94780 | 94780 | 3 | | | 36168 | |
| 24 | 12 | 532741 | 325829 | 8 | 3 | 13 | 254858 | 24665 |
| 11 | 6 | 235454 | 173960 | 2 | 1 | 8 | 18893 | 5340 |
| 8 | 6 | 328630 | 300200 | | 2 | 6 | 213850 | 8077 |
| 4 | 2 | 508680 | 462480 | 3 | | 1 | 5405 | 440 |
| 6 | 3 | 31170 | 24070 | 1 | | 5 | 8558 | 2921 |
| 21 | 4 | 645857 | 51200 | 2 | 3 | 16 | 12486 | 1300 |
| 4 | 4 | 174900 | 174900 | | | 4 | 2220 | 1000 |
| 4 | 1 | 32633 | 9795 | 2 | 1 | 1 | 275 | |
| 3 | 3 | 198640 | 198640 | | 1 | 2 | 2380 | 500 |

# 2008年地质

**表 39**

| 地区 | 预报(次) | 预报 成功预报 | 避免损失 人员伤亡(人) | 避免损失 直接经济损失(万元) | 发生地质灾害(起) | 滑坡 | 崩塌 | 泥石流 | 地面塌陷 |
|---|---|---|---|---|---|---|---|---|---|
| **全 国** | **3913** | **478** | **20142** | **32156** | **26580** | **13450** | **8080** | **843** | **454** |
| 北 京 | 2 | | | | 8 | | 6 | | 2 |
| 天 津 | | | | | 1 | 1 | | | |
| 河 北 | 9 | 6 | 10 | | 39 | 6 | 15 | 4 | 5 |
| 山 西 | 135 | 1 | 15 | | 18 | 3 | 7 | | 4 |
| 内蒙古 | 3 | 1 | 19 | 150 | 34 | 1 | 2 | 20 | 11 |
| 辽 宁 | 42 | | 50 | | 4 | 1 | | | 3 |
| 吉 林 | | | | | 8 | 3 | 3 | 2 | |
| 黑龙江 | 1 | 1 | 23 | 30 | 6 | 1 | 1 | 4 | |
| 上 海 | | | | | | | | | |
| 江 苏 | | | | | 5 | 5 | | | |
| 浙 江 | 40 | 3 | 24 | 85 | 116 | 65 | 42 | 9 | |
| 安 徽 | 17 | 5 | 381 | 494 | 556 | 247 | 285 | 8 | 16 |
| 福 建 | 23 | 5 | | 95 | 318 | 268 | 46 | 1 | 2 |
| 江 西 | 38 | 27 | 214 | 185 | 826 | 551 | 236 | 7 | 32 |
| 山 东 | 587 | 1 | | | 25 | 3 | 3 | | 11 |
| 河 南 | 415 | 3 | 89 | 30 | 3 | 2 | 1 | | |
| 湖 北 | 45 | 18 | 1187 | 974 | 665 | 483 | 104 | 7 | 48 |
| 湖 南 | 343 | 88 | 7685 | 5983 | 5648 | 4484 | 988 | 28 | 131 |
| 广 东 | 35 | 35 | 3170 | 4149 | 205 | 110 | 66 | 3 | 26 |
| 广 西 | 8 | 8 | 360 | 109 | 1076 | 409 | 567 | 11 | 75 |
| 海 南 | 6 | 6 | | 30 | 96 | 10 | 85 | | 1 |
| 重 庆 | 176 | 176 | | 13495 | 539 | 440 | 82 | 9 | 8 |
| 四 川 | 1014 | 29 | 1984 | 1916 | 6205 | 3395 | 2042 | 445 | 25 |
| 贵 州 | 70 | 7 | 1198 | 1062 | 381 | 257 | 77 | 5 | 23 |
| 云 南 | 523 | 27 | 623 | 760 | 1035 | 870 | 73 | 70 | 8 |
| 西 藏 | 269 | 7 | 132 | 756 | 125 | 28 | 16 | 72 | 9 |
| 陕 西 | 53 | 4 | 133 | 135 | 348 | 123 | 171 | 3 | 8 |
| 甘 肃 | 40 | 20 | 2845 | 1718 | 8245 | 1667 | 3148 | 126 | 1 |
| 青 海 | 7 | | | | 23 | 13 | 6 | 4 | |
| 宁 夏 | 12 | | | | 1 | 1 | | | |
| 新 疆 | | | | | 21 | 3 | 8 | 5 | 5 |

# 灾害防治

| 造成直接经济损失(万元) | 造成人员伤亡(人) | | | 地质灾害防治 | | | | 滑坡泥石流治理面积(公顷) |
|---|---|---|---|---|---|---|---|---|
| | | 死亡 | 失踪 | 项目数(个) | 投入资金(万元) | 中央财政 | 地方财政 | |
| **326936** | **1598** | **656** | **101** | **5325** | **529939** | **197366** | **323109** | **7255** |
| | | | | | | | | |
| 20 | | | | | 320 | | 320 | |
| | | | | 1 | 50 | | 50 | |
| 95 | | | | 22 | 2660 | 310 | 2350 | 2558 |
| 1352 | 40 | 38 | 2 | 31 | 9288 | | 9288 | 106 |
| 2400 | 5 | 5 | | 1 | 600 | | 600 | 30 |
| | | | | | | | | |
| 20 | 5 | 3 | | 21 | 6385 | | 6385 | 940 |
| 359 | | | | 3 | 125 | | 125 | 1 |
| 203 | | | | 14 | 4514 | | 4514 | 494 |
| | | | | | | | | |
| | | | | 3 | 4046 | 200 | 3846 | |
| 432 | | | | 27 | 3241 | | 3240 | 20 |
| 690 | 3 | 1 | | 355 | 16251 | 51 | 16200 | 72 |
| 8753 | 3 | 2 | | 164 | 14814 | 400 | 14414 | 190 |
| 900 | 3 | 3 | | 266 | 18308 | 3537 | 13565 | 145 |
| 1620 | 16 | 11 | | 284 | 3670 | 100 | 2588 | 360 |
| 697 | | | | 205 | 10322 | 1390 | 5352 | 439 |
| | | | | | | | | |
| 18 | | | | 58 | 7787 | 240 | 7547 | |
| 7626 | 20 | 10 | | 92 | 31199 | 25323 | 5874 | 200 |
| 56800 | 30 | 15 | 3 | 410 | 13905 | 440 | 13465 | 272 |
| 10875 | 47 | 33 | 4 | 252 | 48695 | 540 | 48155 | 155 |
| 6190 | 155 | 82 | | 463 | 14729 | 8282 | 6373 | 91 |
| 446 | | | | 10 | 1028 | 60 | 968 | |
| | | | | | | | | |
| 53088 | 29 | 10 | | 1445 | 26290 | 26290 | | |
| 16844 | 264 | 124 | 35 | 377 | 128000 | 118000 | 10000 | |
| 3206 | 55 | 37 | 1 | 322 | 122117 | 2963 | 115626 | 126 |
| 109679 | 224 | 94 | 54 | 198 | 15624 | 1144 | 14480 | 671 |
| 1496 | | | | 19 | 525 | 340 | 185 | 1 |
| | | | | | | | | |
| 5035 | 63 | 29 | | 239 | 21907 | 6500 | 15397 | 385 |
| 37327 | 634 | 157 | 2 | 4 | 1080 | 540 | 540 | |
| 394 | 2 | 2 | | 16 | 706 | 496 | 130 | |
| 5 | | | | 6 | 120 | 120 | | |
| 364 | | | | 17 | 1632 | 100 | 1532 | |

## 2008年科学研究

表 40

| 单位名称 | 从业人员 (人) | 从业人员 专业技术人员 | 从事科技活动人员 (人) | 从事科技活动人员 科技管理人员 | 从事科技活动人员 课题活动人员 | 离退休人员 (人) |
|---|---|---|---|---|---|---|
| **总计** | **2697** | **2034** | **1911** | **232** | **1640** | **2258** |
| 北京探矿工程研究所 | 165 | 77 | 77 | 14 | 63 | 86 |
| 国家地质实验测试中心 | 110 | 98 | 98 | 12 | 86 | 118 |
| 中国地质博物馆 | 103 | 64 | 60 | 10 | 45 | 70 |
| 中国地质科学院 | 184 | 153 | 89 | 49 | 40 | 237 |
| 中国地质科学院地球物理地球化学勘查研究所 | 374 | 278 | 266 | 28 | 238 | 334 |
| 中国地质科学院地质力学研究所 | 199 | 183 | 136 | 3 | 127 | 139 |
| 中国地质科学院地质研究所 | 216 | 209 | 212 | 20 | 192 | 198 |
| 中国地质科学院勘探技术研究所 | 214 | 45 | 51 |  | 40 | 156 |
| 中国地质科学院矿产资源研究所 | 260 | 219 | 229 | 25 | 204 | 201 |
| 中国地质科学院矿产综合利用研究所 | 180 | 154 | 150 | 16 | 134 | 228 |
| 中国地质科学院水文地质环境地质研究所 | 263 | 217 | 193 | 20 | 173 | 195 |
| 中国地质科学院探矿工艺研究所 | 108 | 89 | 81 | 5 | 76 | 56 |
| 中国地质科学院岩溶地质研究所 | 154 | 131 | 150 | 21 | 124 | 126 |
| 中国地质科学院郑州矿产综合利用研究所 | 167 | 117 | 119 | 9 | 98 | 114 |

## 机构、人员及成果

| 专业技术职称(人) | | | | 科研课题数(项) | 科技论文 | | 科技著作(种) | 获奖成果数 | | |
|---|---|---|---|---|---|---|---|---|---|---|
| 小计 | 高级 | 中级 | 初级 | | (篇) | 国外发表 | | (项) | 国家级 | 部级 |
| **1923** | **874** | **626** | **423** | **693** | **959** | **124** | **33** | **22** | **4** | **18** |
| 68 | 22 | 22 | 24 | 1 | 15 | | | | | |
| 98 | 34 | 41 | 23 | 73 | 78 | 22 | 1 | 2 | | 2 |
| 41 | 30 | 11 | | 7 | 17 | 5 | 2 | | | |
| 117 | 43 | 44 | 30 | | 4 | 1 | 1 | | | |
| 273 | 129 | 72 | 72 | 59 | 54 | 11 | 4 | 4 | | 4 |
| 157 | 85 | 58 | 14 | 120 | 121 | 7 | 4 | 4 | 1 | 3 |
| 180 | 102 | 50 | 28 | 54 | 144 | 32 | 5 | 2 | 1 | 1 |
| 119 | 73 | 20 | 26 | 2 | 21 | | | 3 | 1 | 2 |
| 173 | 91 | 60 | 22 | 140 | 219 | 45 | 9 | 3 | 1 | 2 |
| 127 | 37 | 53 | 37 | 78 | 54 | | 2 | | | |
| 211 | 83 | 75 | 53 | 41 | 85 | 1 | 2 | 1 | | 1 |
| 82 | 34 | 24 | 24 | 22 | 33 | | | | | |
| 129 | 72 | 46 | 11 | 72 | 87 | | 2 | 3 | | 3 |
| 148 | 39 | 50 | 59 | 24 | 27 | | 1 | | | |

## 资源型城市概况

资源型城市是依托资源开发而兴建或者发展起来的城市，作为一种特殊类型的城市，其主要功能或重要功能是向社会提供矿产品及其初加工品等资源型产品。根据国家发改委《资源型城市经济结构转型》课题组的统计数据，目前中国共有资源型城市118个，约占全国城市数量的18%，总人口1.54亿人。按资源开发类型可分为：煤炭城市63座，森工城市21座，有色冶金城市12座，石油城市9座，黑色冶金城市8座，其他城市5座。

2007年12月，国务院下发《关于促进资源型城市可持续发展的若干意见》，提出“2007~2010年，设立针对资源枯竭城市的财力性转移支付，增强其基本公共服务保障能力，重点用于完善社会保障、教育卫生、环境保护、公共基础设施建设和专项贷款贴息等方面”要求，发展改革委、国土资源部、原国务院振兴东北办会同财政部以东北办前期完成的《我国资源型城市和资源枯竭城市界定研究》等课题为基础，提出了首批12家资源枯竭城市名单，报国务院批准。2008年3月17日，国家发改委确定首批资源枯竭城市，包括资源型城市经济转型试点城市5个：阜新、伊春、辽源、白山、盘锦；西部地区典型资源枯竭城市3个：石嘴山、白银、个旧(县级市)；中部地区典型资源枯竭城市3个：焦作、萍乡、大冶(县级市)；典型资源枯竭地区1个：大兴安岭。

2008年9月19~20日，甘肃省人民政府主办，甘肃省发展改革委员会、白银市人民政府承办的“资源型城市可持续发展(白银)论坛暨产学研项目对接会”在白银召开。来自全国12个首批资源枯竭转型城市、国家有关部委的代表，以及中国科学院、中国社科院、高校的专家学者，共250名代表，共同商讨资源型城市可持续发展对策，这是我国确定的首批资源枯竭型城市首次就转型问题以论坛形式进行专题探讨。

为有效应对国际金融危机，促进资源型城市可持续发展和区域经济协调发展，国务院确定了第二批32个资源枯竭城市。2009年3月5日上午，国家发展和改革委员会网站公布了具体名单：

1.地级市9个：山东省枣庄市、湖北省黄石市、安徽省淮北市、安徽省铜陵市、黑龙江省七台河市、重庆市万盛区(当作地级市对待)、辽宁省抚顺市、陕西省铜川市、江西省景德镇市。

2.县级市17个：贵州省铜仁地区万山特区、甘肃省玉门市、湖北省潜江市、河南省灵宝市、广西壮族自治区合山市、湖南省耒阳市、湖南省冷水江市、辽宁省北票市、吉林省舒兰市、四川省华蓥市、吉林省九台市、湖南省资兴市、湖北省钟祥市、山西省孝义市、黑龙江省五大连池市(森工)、内蒙古自治区阿尔山市(森工)、吉林省敦化市(森工)。

3.市辖区6个：辽宁省葫芦岛市杨家杖子开发区、河北省承德市鹰手营子矿区、辽宁省葫芦岛市南票区、云南省昆明市东川区、辽宁省辽阳市弓长岭区、河北省张家口市下花园区。

(《中国矿业年鉴》编辑部)

# 附　录

## 2007～2008年世界矿产资源勘查开发和矿产品供需形势

### 一、世界矿业发展状况

2007年全球经济增长率为3.83%，受金融危机影响，2008年全球经济陷入衰退，降至2.06%。发达国家中美国从2.03%降至1.11%，日本从2.39%降至-0.64%，德国从2.51%降至1.29%；发展中国家里印度从9.30%降至7.29%，巴西从5.67%降至5.08%，中国则从13.01%降至9.05%。

2008年上半年，全球矿业还是一片繁荣景象。在固定资产投资增加、能源原材料需求旺盛、矿产品供不应求和美元持续疲软的情况下，以美元结算的大多数国际矿产品价格不断攀升或在高位震荡，黄金、石油等价格创多年来最高纪录，矿产品价格不断创出新高。全球矿产勘查投入预算依然大幅增长，据巴克莱投资银行对投资范围遍及五大洲的全球357个大型和独立石油公司的统计(World Oil, Feb., 2009)，2008年全球油气勘查和开发计划实际投资约为4540亿美元，较2007年的3244亿美元增长40.0%。总投资中23.4%来自美国，6.3%来自加拿大，其余70.2%分布在全球各大油气区。2008年11月，加拿大金属经济集团(Metals Economics Group)公布了该公司第19个年度世界矿业公司勘查预算调查结果。经过对2085家矿业公司(勘查预算高于10万美元)的调查统计，总计预算达137.5亿美元。考虑到被调查公司勘查预算占全球勘查预算的95%，因此MEG估计2008年世界商业性勘查费用达到144亿美元，较2007年增长37%，是2002年最低时的7.6倍，创该公司1989年开始勘查预算调查以来的最高纪录。

下半年，股市和矿产品价格受到金融危机的影响开始出现暴跌，大部分矿产品价格较上半年下跌了一半以上。但从全年平均价格看，2008年有涨有跌：国际市场原油价格(WTI)2008年较2007年上涨了38.5%，长期供货铁矿石基准价格上涨了65%，黄金期货价格上涨了25.3%，锡上涨27.3%，铜下跌2.4%，铝下跌2.6%，镍下跌43.4%，铅下跌19.7%，锌下跌42.5%。

全球矿业资本市场2008年也受到了金融危机的沉重打击，矿业公司市值大幅缩水。年底，全球前10位公司市值总共5733亿美元，较2007年底的13999亿美元下降了59%。其中力拓公司从3198亿美元下降到800亿美元，降幅75%，淡水河谷从1528亿美元下降到697亿美元，降幅54%，必和必拓从3692亿美元下降到2310亿美元，降幅37%。

矿产品价格暴涨使得主要矿产品出口国获益匪浅。2007/2008财年澳大利亚矿产品出口额达到1160亿澳元，同比上升11%。其中铁矿石200亿澳元，同比上升31%，锰矿石11亿澳元，同比上升218%，黄金109亿澳元，同比上升6%，金属铀8.87亿澳元，同比上升34%。2008年巴西铁矿石出口额达到165亿美元，比2007年同期的106亿美元增长55%。2008年秘鲁矿产品出口额187亿美元，同比上升7.7%。

在急剧变化的矿业形势下，矿业公司经营有喜有忧。巴西矿业巨头淡水河谷全年经营创造了历史最好水平；毛收入达到385亿美元，较2007年增长16.3%，净收入达到132亿美元，较上年增长1.9%；不包括并购费用，淡水河谷全年投资达到创纪录的132亿美元，较2007年的118亿美元增加12%，现金拥有量为126亿美元；2008年股息为28.5亿美元，即每股0.56美元，较2007年上升52%。淡水河谷2008年镍、铝土矿、氧化铝、铜、煤、钴、铂族金属和贵金属产量都创下纪录；同时8种矿产品货运量也达到了历史最高纪录，包括铁矿石2.64亿吨，镍27.6万吨，铜32万吨，氧化铝420万吨，钴3087吨，贵金属240万盎司，铂族金属41.1万盎司和煤410万吨。必和必拓公司2008年经营收入为594.73亿美元，较2007年的474.73亿美元增长了25%，毛利润从200.67亿美元上升到242.82亿美元，同比增长21%；力拓公司销售收入从335.18亿美元上升到580.65亿美元，同比增长73%，毛利润从136.11亿美元上升到238.7亿美元，同比上升75%。

但是，由于近几年来矿业公司经营过度扩张，大量借贷投资，负债严重，一些企业经营极端困难，为此不得不出卖资产还债，以期走出困境。

全球矿业正在面临周期性调整，能源和原材料价格大幅震荡对矿业经济造成了一定的影响，企业投资意愿降低，但从长期看，全球经济复苏必将带来新一轮的矿业热潮。虽然全球世界追求低碳经济可能降低对化石燃料的需求，但随着印度等发展中国家工业化时代的到来，将使得世界能源原材料需求量再上一个台阶，各国对资源的争夺更加激烈。

原材料和人力成本上升、自然灾害、国际局势动荡、矿工罢工、公司虚报储量丑闻、恐怖袭击、环境污染导致的诉讼案件等种种因素，对矿业本身的发展造成了一定的影响。矿业是经济发展的基础产业，而不是夕阳产业。在21世纪里，经济全球化和技术进步继续对全球矿业产生着重大影响。

**(一)矿业公司过度扩张造成负债沉重，金融危机使得企业融资和经营更加困难，大规模并购趋减**

依托跨国公司，发达国家以资本和技术为手段，在全球范围内进行结构调整和资源优化，通过市场控制和政治联盟，以获取最佳的资源和最高的回报。主要表现为：矿业资金跨国流动，矿产资源跨国勘查、开发、生产和销售，矿业公司跨国并购和跨国上市，大型矿产勘查和开发项目多国、多家公司联合投资，以及矿业信息、知识、技术和管理的国际共享等。其结果是：矿产资源在全球范围内再分配，跨国公司进一步在全球范围内寻找勘查和开发目标；发达国家和跨国矿业公司对世界矿业和矿产资源控制程度仍占绝对优势；矿业公司间竞争更加激烈。

网络通信和现代化交通工具也为矿业全球化提供了极大的便利。在现代信息技术的催化作用下，矿业全球化继续向纵深发展。矿业资本、技术、劳动力等生产要素和矿产品的流动和配置，以越来越大的规模在全球范围内展开，各个国家的矿业如同经济一样被越来越深地卷入统一的世界市场体系，国家与国家之间矿业和矿产品的依存关系达到了前所未有的广度和深度。

1. 以实现规模经营提高效益为目的的全球矿业公司并购大幅减少，但亚太地区仍然保持增长趋势。长期以来，以全球化和市场化为标志，以获取有竞争力矿权地(矿床和矿山)、企业兼并、引入低成本先进生产技术和加强效益成本控制管理为手段，以增强国际竞争能力为核心，以提高经济效益为目的的国际矿业(包括矿产勘查开发)自身调整不断向纵深发展，矿业格局在悄然发生一些积极的变化。不但在矿业巨头与中小公司之间发生兼并，越来越多的大型矿业公司之间的兼并事件也时有发生。但是，由于矿业公司并购竞争激烈，成本大幅增加，特别是受到金融危机的影响，企业从资本市场和银行融资非常困难，使得前些年出现的并购热有所降温。

1999~2008年，交易额在2500万美元以上的全球贱金属并购案合计达196个，交易额共计1913.10亿美元；金的并购案达251个，交易额共计880.86亿美元，详见表1。在过去的10年中，平均每年并购额在279.39亿美元，其中贱金属占68.47%，金占31.53%。在196起贱金属并购事件中，114起为铜，占58%；47起为镍，占24%；35起为锌，占18%。同期金并购案251起，平均金额3.51亿美元(表1)。

**表1　1999~2008年贱金属和金矿业并购金额**　　单位：亿美元

| 年 份 | 贱金属并购 | | 金 并 购 | | 金和贱金属并购合计 | |
|---|---|---|---|---|---|---|
| | 案件(个) | 金 额 | 案件(个) | 金 额 | 案件(个) | 金 额 |
| 1999 | 11 | 39.30 | 17 | 39.97 | 28 | 79.27 |
| 2000 | 13 | 28.37 | 13 | 18.45 | 26 | 46.82 |
| 2001 | 11 | 55.32 | 15 | 87.13 | 26 | 142.45 |
| 2002 | 5 | 15.65 | 14 | 34.91 | 19 | 50.54 |
| 2003 | 6 | 23.51 | 30 | 49.62 | 36 | 73.12 |
| 2004 | 16 | 22.44 | 13 | 43.48 | 29 | 65.92 |
| 2005 | 27 | 263.35 | 29 | 164.68 | 56 | 428.03 |
| 2006 | 26 | 711.09 | 40 | 233.76 | 66 | 944.85 |
| 2007 | 42 | 431.78 | 43 | 119.76 | 85 | 551.54 |
| 2008 | 39 | 322.29 | 37 | 89.10 | 76 | 411.39 |
| 合计 | 196 | 1913.1 | 251 | 880.86 | 447 | 2793.93 |

**注**：统计的个案交易值在2500万美元以上。
**资料来源**：Metal Economics Group Strategic Report, Vol.22, No.2, 2009。

2007年黄金和贱金属并购案件85起，并购金额551.54亿美元，较2006年的944.85亿美元下降了41.6%。其中贱金属购并案42起，并购金额431.78亿美元，较2006年下降39.3%。黄金并购案43起，并购金额119.76亿美元，较2006年下降了48.8%。

2008年黄金和贱金属并购案件76起，并购金额411.39亿美元，较2007年的551.54亿美元下降25.4%。其中贱金属购并案39起，并购金额322.29亿美元，较2007年下降25.4%。黄金并购案37起，并购金额89.10亿美元，较2007年下降了25.6%。

2008年最大的一笔交易是俄罗斯的罗斯国际集团(Interros Group)以100亿美元的价格从另外一家俄罗斯公司Oneeixm集团收购其持有的诺里尔斯克17%的股权和极地黄金公司(Polyus Gold)32.5%的股权。

2008年最大的一笔收购是1月份中国铝业和美国铝业分别以94亿美元和12亿美元收购力拓11%和1%的股份，此前，必和必拓提出以3股股票兑换力拓1股股票，当时并购金额达1530亿美元，但是当即遭到力拓的拒绝。不但如此，必和必拓的鲸吞行为还遭到了欧盟、日本以及其他众多国家的反对，因为该并购一旦成为现实，世界铁矿石市场将会变得更加垄断，危及全球钢铁工业的健康发展。由于力拓因收购加拿大铝业而陷入债务危机，公司股票下跌，2008年11月，必和必拓放弃对力拓的收购。

2008年第三大贱金属并购案是澳大利亚奥克希纳(Oxiana)公司以55.7亿美元收购澳大利亚锌开发公司(Zinifex)，合并后的新公司——澳兹矿产公司(OZ Minerals)为全球第二大锌公司。但是，公司合并后恰遇全球金融危机，锌价大幅下跌，公司经营受到严重影响，为了摆脱危机，除了普罗米嫩特山(Prominent Hill)和马塔贝(Martabe)两个矿山外，公司将所有资产出售给了中国五矿。

2008年9月份，俄罗斯金属投资集团(Metalloinvest)和俄罗斯工业技术公司(Russian Technologies)联合竞标获得西伯利亚地区乌多坎铜矿20年的勘查开发权，为此两公司需支付5.85亿美元的现金和50亿美元的投资承诺(其中金属投资集团39亿美元，工业金属公司10亿美元)。政府还要求两公司必须在18个月内完成可行性研究，3年内完成储量确认以及年处理矿石1200万吨矿山的建设，7年内年矿石产能达到3600万吨，并在雅斯诺戈尔斯克建成47.4万吨电解铜的冶炼厂和6270万吨铜材加工厂。

巴里克黄金公司以17亿美元收购力拓公司在美国内华达州的科特兹(Cortez)金矿项目40%的股权成为2008年最大的一笔黄金并购案，2006年巴里克公司曾经通过收购普雷瑟多姆公司而获得该项目60%的权益。

在赚钱效应的刺激下，石油巨头们纷纷调整旗下业务，加大对上游油气领域的投资力度，同时通过收购一些有增长潜力的公司，以扩大产能、替换储备。石油和天然气行业的并购交易价值2007年增长将近2倍，达到1547亿美元(表2)，为1998年以来的较高水平。

**表2**　**2007～2008年全球石油上游工业并购交易**　**单位：亿美元**

| 国家或地区 | 2007年 | | 2008年 | |
|---|---|---|---|---|
| | 并购案件(起) | 交易总金额 | 并购案件(起) | 交易总金额 |
| 美国 | 439 | 493 | 118 | 381 |
| 加拿大 | 241 | 460 | 65 | 145 |
| 其他 | 301 | 594 | 96 | 517 |
| 总计 | 981 | 1547 | 279 | 1043 |

**资料来源：**J.S. Herold油气公司并购数据库。

2008年由于受到金融危机、经济衰退及大宗商品价格暴跌影响，全球油气行业并购交易急剧降温，从2005年至2007年的年均1600亿美元下降至2008年的1043亿美元。与全球趋冷形成明显对比的是，亚太地区并购活动在整个年底都保持着强劲的势头，2008年上游并购交易额全年增长了5倍，并创下178亿美元的历史新高(表3)。

**表3**　**2007～2008年世界石油公司间的重要并购事件**

| 时间 | 并(收)购公司和新公司名称 | 交易额及其他 |
|---|---|---|
| 2007年 | | |
| 1月 | 荷兰皇家壳牌石油公司(Royal Dutch Shell Plc)收购壳牌加拿大分公司(Shell Canada Ltd.) | 76.83亿美元 |
| 3月 | 俄罗斯石油公司(Rosneft)收购俄罗斯尤科斯石油公司(Yukos) | 87.96亿美元 |

续表 3

| 时间 | 并(收)购公司和新公司名称 | 交易额及其他 |
|---|---|---|
| 2007 年 | | |
| 7 月 | 美国马拉松石油公司(Marathon Oil Corporation)收购加拿大西部油砂公司(Western Oil Sands Incorporated) | 62.78 亿美元 |
| 12 月 | 佩恩西部能源信托公司(Penn West Energy Trust)收购加拿大加内蒂资源信托公司(Canetic Resources Trust) | 59 亿美元 |
| 2008 年 | | |
| 6 月 | 美国天然气巨头克罗斯提伯能源公司(XTO Energy Inc.)收购美国亨特石油公司(Hunt Petroleum) | 41.91 亿美元 |
| 7 月 | 荷兰皇家壳牌(Royal Dutch Shell)收购加拿大迪韦尔奈石油公司(Duvernay Oil) | 58.38 亿美元 |
| 9 月 | 美国康菲石油公司(Conoco Phillips)收购澳大利亚奥里金能源公司(Origin Energy)资产 | 59.41 亿美元 |
| 10 月 | 英国天然气集团(BG Group)收购澳大利亚昆士兰天然气公司(Queensland Gas) | 29.20 亿美元 |
| 11 月 | 挪威国家石油公司(Statoil Hydro)收购美国切萨皮克能源公司(Chesapeake Energy)资产 | 33.75 亿美元 |

**资料来源**:J.S. Herold 油气公司并购数据库。

*2.跨国矿业公司大规模扩张,进一步控制全球资源市场,垄断局面难以打破。*全球矿业企业的大规模联合和兼并,使得全球矿业产业的集中度进一步提高。特别是发达国家的跨国矿业公司凭借其雄厚的资金、先进的生产技术和管理经验,在新一轮的并购潮中,在政府的默许和支持下,扩大了规模,增强了实力,对市场的控制力和影响力进一步扩大。如俄罗斯铝业公司通过收购俄第二大铝业公司——西伯利亚乌拉尔铝业公司和瑞士的嘉能可国际公司的氧化铝业务,超过美铝公司而成为全球最大的铝业公司,年产 400 万吨电解铝和 1100 万吨氧化铝,在五大洲 17 个国家拥有 11 万名员工。澳大利亚 BHP 公司和英国比利顿公司联合后成为世界上最大的跨国矿业公司,是全球第三大铜生产商、第三大铁矿石生产商、最大的煤炭出口商。经过多年并购扩张后,必和必拓、英美集团、力拓、美国铝业、淡水河谷等矿业公司对铁矿、氧化铝、铝和海运煤的市场控制力均有明显增长。俄罗斯、巴西、中国和印度等“金砖四国”的矿业公司,也试图通过并购这种方式,走向国际资本市场和资源配置,为国内不断发展的经济提供资源保障。例如,俄罗斯诺里尔斯克公司收购南非金田公司 20% 股份,淡水河谷公司并购加拿大铝业(Alcan),中国铝业公司购买力拓 15% 股份,阿塞洛米塔尔在全球的一些购并活动等。

据统计,截至 2008 年底参与世界矿业经营活动的公司 8000 家左右,但大部分矿山产量仅由少数几家公司控制。在全球 50 强大矿业公司排行榜上,最大的 25 家公司中,基本上被美、加、澳、英等发达国家和南非的矿业公司垄断,其控制产量占 25 家公司总产量的 78%。另外几家公司是巴西的淡水河谷公司,智利的 Codelco 公司,墨西哥的 Grupo Mexico,摩洛哥的 OCP,博茨瓦纳的 Debswana,以及印度的国营公司 SAIL(铁矿)和印度斯坦锌业公司,其合计占剩余的 22% 产量。据瑞典原材料集团(RMG)估计,随着矿山产量逐渐向南半球转移,发展中国家矿业公司所占的比例有望增长。

根据瑞典原材料小组统计,从矿业公司对金属控制的集中程度看,最大的矿业公司控制了世界 17.3% 的铁矿石产量,11.3% 的铜矿产量,10.0% 的金产量和 8.2% 的锡产量。前 10 家公司控制了世界 52.8% 的铁矿石,57.9% 的铜矿产量,41.9% 的金产量和 42.5% 的锌产量。前 10 大公司占世界矿产值的比重为 33.2%。随着跨国矿业公司的联合和规模的扩大,目前全球铁矿石生产和出口市场主要由淡水河谷、必和必拓和力拓三大公司操纵着,三大铁矿石公司产量占全球铁矿石生产的比例由 1984 年的 14.6% 上升到 2008 年的 33.7%,淡水河谷控制着欧洲市场,后两个主宰着亚洲市场,合计占全球铁矿石贸易的份额已达到 80%。

在石油领域,尽管美国和欧洲的跨国石油公司在 20 世纪 70 年代以后已失去了对全球许多地区石油储量的控制权,但仍占除原苏联地区以外全世界石油产量的大约 30%。2007 年全球著名的埃克森美孚、BP 公司、皇家荷兰/壳牌集团、雪佛龙公司、美国康菲公司、俄罗斯鲁克石油公司、道达尔公司、俄罗斯苏尔古特油气公司、意大利埃尼集团和 TNK - BP 公司等 10 大跨国石油公司原油产量占全球总产量的 21.1%,较 2006 年有所下降,见表 4。

表 4 **全球 10 大跨国矿业公司和石油公司**

| 10 大矿业公司① | | 10 大石油公司② | |
|---|---|---|---|
| 公司名称 | 市值(亿美元) | 公司名称 | 石油产量(万吨)* |
| 必和必拓(BHPB,澳大利亚/英国) | 2310 | 埃克森美孚 | 13080(3.4%) |
| 力拓(Rio Tinto,英国/澳大利亚) | 800 | BP 公司 | 12070(3.1%) |
| 淡水河谷(CVRD,巴西) | 697 | 皇家荷兰/壳牌集团 | 9495(2.4%) |
| 神华能源(Shenhua Energy,中国) | 544 | 雪佛龙公司 | 8915(2.3%) |
| 英美集团(Anglo American,英国) | 322 | 美国康菲公司 | 8220(2.1%) |
| 巴里克(Barrick Gold,加拿大) | 281 | 俄罗斯鲁克石油公司 | 7760(2.0%) |
| 加拿大钾盐公司(Potash Corp,加拿大) | 246 | 道达尔公司 | 7545(1.9%) |
| 黄金集团(Goldcorp,加拿大) | 202 | 俄罗斯苏尔古特油气公司 | 6475(1.7%) |
| 莫赛克(Mosaic,美国) | 171 | 意大利埃尼集团 | 5100(1.3%) |
| 纽蒙特(Newmont Mining,美国) | 161 | TNK - BP 公司 | 3485(0.9%) |
| 合 计 | 5733 | 合 计 | 82145(21.1%) |

**注:** * 括号中百分数为占世界总产量的比例。

**资料来源:**①Mining Journal 2009, No.1,公司市值包括集团公司、有限公司和控股子公司;②《国际石油经济》,2009.1。

3.*跨国矿业公司主导全球矿业融投资*。必和必拓、力拓、淡水河谷等前 10 位跨国矿业公司市值占全球前 100 位矿业公司市值的比例达到 60%以上,矿业巨头已经成为全球资本市场的主要融资者,其一举一动都会给资本市场带来巨大的影响。

经济全球化的迅速发展使得矿业公司勘查开发活动的地域范围更加广阔,得以站在全球的视点上角逐世界矿业市场。在油气勘查开发方面,大型跨国石油公司一直立足于全球油气资源,如壳牌石油公司在全球 100 多个国家从事石油勘探和生产活动,拥有最先进的技术,每天的油气产量超过 320 万桶,在 35 个国家拥有 55 个石油精炼厂的股权;埃克森美孚实行全球化经营策略,在 21 个国家有 37 个精炼厂,其上游的勘探和开采业务遍及全世界 40 多个国家,在陆地和海洋石油开采业务方面具有世界主导地位;雪佛龙德士古公司涉足 20 多个国家的油气勘探开发。20 世纪 90 年代以来,美国、加拿大和欧洲的一些中小石油公司积极向海外拓展,其中美国已经有 1000 多家中小型油气公司专门从事油气的勘探、开发以及信息和技术服务。

非燃料固体矿产勘查方面,1998 年美国公司的 75%的金矿勘查工作是在海外,而在 1997 年为 71%,20 世纪 80 年代中后期则不足 30%,目前仅在内华达、爱达荷和阿拉斯加等州有少量勘查活动,根据加拿大 Infomine 数据库统计,美国处于勘查活动的矿权地仅占北美地区的 19%。1991 年加拿大矿业和勘查公司在 59 个国家活动,1996 年增加到 95 个国家,1999 年则在 100 多个国家的 3000 多个矿权地进行活动,目前则可能有 5000 个矿权地。澳大利亚、南非、以及欧洲的老牌矿业国英国、法国等国的矿业公司向国外矿产勘查投资的数量和比重迅速增长。新兴工业化国家如韩国、马来西亚等和发展中国家如印度、巴西等,在国外的矿产勘查和开发项目也在增多。在矿产开发方面,近年每年全球的大型矿业开发项目中,矿业公司跨国开发的项目占三分之二左右。

4.*发展中国家矿业政策多变,矿业公司经营活动受到严重影响*。20 世纪 90 年代以来,矿业全球化、私有化以及矿业并购活跃,大多数发展中国家实行了矿业对外开放政策,促使全球固体矿产勘查开发的重心逐渐由发达国家向发展中国家转移,资源丰富的发展中国家占全球固体矿产勘查开发投资的比例逐年上升,由 90 年代初期的 36%上升到 1997 年的最高峰 56.4%,成为全球矿业勘查开发的热点地区。此后,由于受 1997~1998 年的亚洲金融危机和全球性经济不景气影响,世界矿业萧条,发达国家矿业公司在上述地区的勘查投资预算有所收缩,且投资大都用在已有项目的开发上。2000 年后,随着矿产品价格快速上涨,一些过去投资比较少的国家如巴西、俄罗斯和蒙古成为投资的新热点。

2008 年拉美、非洲和亚太地区(不包括澳大利亚)占全球非燃料固体矿产勘查投资比例下降到 45%,其中亚太地区由高峰期1997年的11%下跌到5%，非洲由1998年17.5%下降到15%，拉美比例也有所下降，但仍继续保持其优势地位，居全球第一位，占25.0%。初级矿业公司在俄罗斯、巴西和中国大量增加，其中巴西跻身10大目标国行列，居第8位，主要原因在于其快速发展的经济和良好的找矿前景。

在非燃料固体矿产开发投资方面，2008年的世界大型矿产开发(采选)项目总投资预算中，发展中国家占四分之三，比1990年高出10个百分点。2008年4090亿美元(不包括延期项目)的矿山开发投资预算中，拉美、大洋洲和非洲共占62%，三个地区占总投资的比例依次为31%、17%和14%，拉美居世界第一位，大洋洲居第二位，非洲居第四位。由于加拿大勘查开发活动依然活跃，因此，北美勘查投资所占比例较上年有所上升，居第三位。

在矿产生产，特别是原矿生产中，发展中国家占有较大的比重，在固体矿产生产中所占比例为：矿山产量占一半左右，精炼产量约占1/3左右，分别比20世纪80年代初各增长约15个百分点。目前，70%以上的黄金产于中国、俄罗斯和印尼等发展中国家。在石油生产中，发展中国家所占比例超过60%，比80年代初增长了约10个百分点。一些资源丰富的发展中国家，例如秘鲁等已经通过调整矿业政策，比如收取权利金，限制资源的过快消耗，确保矿业的可持续发展。

在矿产品价格高涨的时候，俄罗斯通过修订联邦地下资源法，限制外资介入的战略资源勘查开发，其中包括铀、金刚石、石英和稀土等俄短缺的矿产资源，以及储量超过1.5亿吨的油田、储量超过1万亿立方米的天然气田和储量超过1000万吨的铜矿。此外，出于维护国防和国家安全利益，处于国防工业所辖区域内的矿藏也将被列入俄战略资源储藏区名单中。全球金融危机后，能源原材料价格大幅下降，国家收入下降，俄罗斯又准备修改外商投资法，吸引外资，开发其丰富的油气、铜和金等矿产资源。

南非通过调整矿业政策，一方面使黑人得到更多的权利和实惠，另一方面，通过限制原矿出口，提高矿物原料深加工的比例，使矿产资源为南非带来更多的财富。蒙古政府将支持议会对现行的《矿产资源法》进行修改，不排除把矿产资源收回国有和减少给予外国投资者优惠条件的可能。煤矿和铁矿属于战略资源，对此蒙古政府高度重视。因为权利金问题，蒙古矿产资源法修改悬而未决，大大影响了奥尤陶勒盖铜矿、塔文陶勒盖等巨型矿床的开发，错过了2002年以来的一轮矿业热潮。2008年，矿业受到金融危机打击，蒙古不得不重新审视其矿业政策。

美国也采用类似手段阻击其他国家矿业公司购并国内石油企业。委内瑞拉、厄瓜多尔、哥伦比亚等国家相继对自己的矿业政策进行“适时调整”，收回了西方矿业公司的部分矿权为政府所有，并成立国有矿业公司从事战略矿产地勘查开发，因此，一度引起一些国际矿业公司的恐慌，造成这些矿业公司股票价格几乎跌去了一半。同时，这些国家形象和投资环境评价受到严重影响。

矿业公司的经营活动受到了来自政府干涉、当地居民破坏、矿工罢工以及非政府组织的影响。非洲矿业、环境和社会组织(AIMES)以及来自喀麦隆、刚果共和国等非洲12个国家的代表联名致信加拿大政府，要求对其矿业公司的污染环境、破坏森林和侵犯人权行为进行干涉和立法制约。厄瓜多尔政府起诉雪佛龙公司，要求赔偿200亿美元，以赔偿因为石油污染而造成的环境破坏损失，这宗案件是迄今为止世界上赔偿额最大的因采矿活动造成环境污染索赔案件

**(二)科技推动全球勘查开发活动向更深、更高和更寒地区发展，但矿业人才缺乏仍然是全球矿业发展的制约因素**

不断依靠技术进步，大幅度降低生产成本，追求低碳经济，尽量减少环境污染，是21世纪矿业可持续发展的动力。几十年来，随着找矿难度的增大和可供开发的高品位、易开采、易选冶矿的减少，利用常规方法进行矿产勘查开发效果不断降低。为此，矿业界在科学技术研究和开发领域做出了不懈的努力，特别是发达国家的大型跨国公司把加大科技投入，通过技术创新掌握矿产勘查、开发核心技术作为其保持竞争优势的主要措施，这也是国外一些大矿业公司长期立于不败之地的重要原因。如埃克森公司运用新技术使其每年新增探明油气储量都超过了油气产量。

先进的科学技术和仪器设备对推进全球矿产资源勘查开发和利用效率发挥着越来越大的作用。技术进步在矿产勘查、开采、选冶和加工利用等各个环节发挥着巨大的功效。近年来，三维地震成像技术、水平井、斜井技术以及水下采油技术、计算机的广泛应用和人工智能等高新技术的应用为石油业提高效率创造效益做出了巨大贡献。

技术进步使矿产勘查开发的地域范围更广、更高、更深，成本更低。如在陆上，矿产勘查开发向寒冷的北极地区进发，特别是加拿大西北地区、格陵兰和北欧地区的金刚石、金、铜和石油勘查活动，并取得了重大进展，比如加拿大的埃卡蒂(Ekati)金刚石矿，美国阿拉斯加州的佩布尔(Pebble)铜钼金矿，俄罗斯楚科奇半岛的库珀尔(Kupol)金矿以及格陵兰西北部的雪铁龙湾(CITRONEN FJORD)铅锌矿等。在智利和阿根廷交界的帕斯夸拉玛金银矿和中国的驱龙铜矿，海拔高度都

超过了5000米。在海上,近海区和深水区的石油勘查开发进展迅速,2007年下半年以来,巴西石油勘探取得了突破性进展,巴西国家石油公司(Petrobras)在东南沿海桑托斯盆地已经获得多个重要油气发现,包括BM-S-8区块的Bem-Te-Vi油田,BM-S-9区块的卡里约卡(Carioca,300亿桶)和瓜拉(Guara,10亿~20亿桶),BM-S-10区块的帕拉蒂(Parati),BM-S-11区块的图皮(Tupi,50亿~80亿桶)和埃亚拉(Iara,40亿桶),以及BM-S-21区块的卡拉姆巴(Caramba),其中图皮油田经过后期钻井验证,基本证实了其50亿~80亿桶的原油储量。据巴西能源管理部门ANP预测,该国海上盐下石油储量可能高达800亿桶。巴西海上油田勘探取得的成果,一定程度上改变了南美甚至世界油气格局。矿产勘查开发的深度也在进一步加大,美国墨西哥湾海域Tiber钻井超过10000米,是石油天然气行业前所未有的最深的钻井。南非德兰士瓦省兰德金矿山开发深度达到5000多米。除了深水油气田,水下钻石外,水下煤炭和金属矿产开采最近几年也取得了比较大的进展,特别是在巴布亚新几内亚的俾斯麦海域,加拿大初级勘探公司鹦鹉螺资源公司在深海1500米处,找到了品位丰富的硫化物矿床并计划在2010年进行商业性开发。德比尔斯和英美集团成立了一家专门从事海底矿产勘查开发的公司。

快速、实时、可视和准确是现代矿产勘探技术发展的方向。传统激发极化(IP)技术一般应用在矿山,探测深度浅,但是,加拿大公司新研制的宙斯系统能够在区域规模使用,最大探测深度可达3500米,将极大地提高大规模区域地质调查的效率和效益,减少土地使用成本,提高成功率,宙斯的独特功能是能够转化、接受和分析形状规则、振幅高的电荷,用于准确分析信息丰富但强度弱的电信号,多为矿体和弱矿化围岩高强度激发极化后产生的。Gedex有限公司的深部石油、天然气和固体矿产探测技术能够精确绘制地下密度图像,性能较目前的系统有大的提高,使得以前的盲飞勘查变成能够“看见”矿床位置,无论是准确性还是速度都是前所未有的。澳大利亚Intellection公司的矿物处理技术—— Qemscant便携式商业应用模型已经在世界上多个地学实验室采用。此种产品使用无液氦探测仪,将提高样品准备、分析的速度,与以往的同种设备相比,至少增快5倍,从而加速勘查进程,同时也能使选矿厂实验室分析人员在不同的地点随时进行测试。

许多大石油公司都在施行“数字油田”战略,比如壳牌的“智能油田”,其目的就是要从现有油藏中获得更多的产量。在非常规能源矿产领域,壳牌加拿大公司油砂中沥青回收的增多泡沫处理技术(Enhanced froth treatment technology)通过提高石蜡泡沫处理工艺的温度,比其他传统工艺能够去除更多的沙粒、黏土细粒和其他杂质。同时设备规模更小、用水更少、耗能更低,有效降低温室效应,而总体回收效益能够提升10%。阿尔伯塔省的阿萨巴斯卡油砂项目将采用壳牌的此项技术。壳牌加拿大公司和其合作伙伴西部油砂公司以及雪佛龙德士古公司计划投资73亿加元扩建姆斯克格矿山(Muskeg)和沥青提取厂。

未来,随着矿产勘查开发的科技进步和社会发展,隐伏矿、低品位矿、难选冶矿,以及开发条件差的矿产开发机会也将增多。技术进步使可利用矿产资源的品位显著降低。许多以前难以利用的低品位、难选冶矿变得具有经济意义,从而使许多矿产的储量得到增加,金、铜尤为突出。生物-氧化作用和生物浸出技术的进一步发展,已使金矿石开采品位降到0.7克/吨,最低达0.257克/吨。美国纽蒙特公司研制的适用于低品位的细粒金矿石生物浸出工艺,使金的回收率从20%提高到60%。溶剂萃取电积法(Sx-Ew)炼铜技术进一步完善,铜矿石开采品位可降至0.2%~0.4%,最低达0.04%,用该法生产铜的产量迅速增大,在世界铜总产量中所占的比例由1991年的8.5%上升到2008年的16.2%。Xstrata公司在麦克阿瑟河(McArthur River)铅锌银矿山采用了MIM公司的Albion工艺,此种工艺将在未来10年中给锌矿等金属选冶带来一次新的革命。澳大利亚维多利亚州亚太煤炭和钢铁公司(Asia Pacific Coal & Steel)与Gastar合资推广其煤炭干燥技术,从而将使该州的褐煤价值增长5倍,即从2600亿美元升至16000亿美元,同时将燃煤电厂温室气体排放量至少降低1/3。此项技术将使褐煤的含水量从50%降低到15%,从而使煤燃烧更充分。另外,此项技术也可用来炼钢,即在褐煤干燥之前与铁矿石搅和在一块,然后将团矿放入特殊炉中熔化炼钢。

新技术、新方法和替代产品的应用极大地提高了矿产资源的利用效率,延缓了矿产资源的耗竭速度。如在能源领域,日本、美国和欧盟等都把节能和提高能效纳入能源安全战略。近年来,节能技术、新能源和可再生能源技术取得突破性进展。过去几十年中,为缓解对石油、天然气和煤炭等不可再生能源的需求,改善环境,许多国家和政府都十分重视开发和利用新能源和可再生能源,如太阳能、风能、地热能、生物质能及潮汐能等。随着铁矿石和冶金辅助原料价格不断攀升,国际上正在谋求炼铁技术的革命性突破,比如力拓公司研制的Hismelt熔融还原炼铁技术、浦项研制的高铬不锈钢技术以及不使用焦炭的Finex式炼铁技术等,都将降低钢铁工业成本。

采矿环境技术进步使矿业对环境的污染逐步得到控制。目前,矿业界正尽最大努力以实现矿山固体、液体和气体污染物的近零排放。如酸性废水排放是许多国家一个重大的矿山环境难题，最近在美国加利福尼亚州北部红山铜矿，用特殊的细菌 microbe 处理，显著降低了酸性废水的排放，可以使粉尘遏制和控制技术进步也使采矿更安全、对人体危害更小。澳大利亚矿物科学研究院，正在研制一种综合利用尾矿废渣废水的技术，可以大大降低废渣、废水的排放量，从而使得尾矿大大减少，避免尾矿占用大量土地和减少污染。2020 年，预计加拿大油砂工业排放的二氧化碳占当地总排放量的比例从目前的 5%增长到 16%，加拿大联邦政府和阿尔伯塔省出资 25 亿美元开发二氧化碳收集和储藏技术。

国际矿产品价格不断上涨，矿产开发投资大幅增加，众多矿业项目的实施都需要大批专业技术人才来完成。但由于多年来矿业总体形势不景气，大量人才流失，高等院校矿业院校人才培养断档，所以矿业人才奇缺。面临突如其来的矿产资源热，澳大利亚显然在人才方面准备不足。不但缺少矿产资源勘查开发方面的工程师，同时也缺少矿产品贸易方面的人才。刚刚毕业的矿业方面的研究生，薪酬已经超过了 8 万澳元。澳大利亚政府已经提出一个 8.3 亿澳元的培训计划，在 2008 ~ 2010 年内，每年首先拿出 5600 万澳元资助 500 名大学生完成学业，同时培训大量的熟练工人和初级工。虽然澳大利亚矿业收入逐年增长，但未来 10 年人才缺乏将制约矿业部门的发展。同样在蒙古，虽然矿产资源丰富，但由于当地缺少矿业方面的技术人才和熟练的技术工人，限制了该国矿业的发展。在加拿大阿尔伯塔省，油砂工业成为该省乃至加拿大能源工业发展的重点，但油砂采矿需要充足的劳动力，而阿尔伯塔省熟练技工的缺口为 7.5 万 ~ 10 万人，不得不从邻近的安大略省等省份，甚至全球吸引人才。

总之，矿业全球化和科技进步使 21 世纪的世界矿业进入一个新的时代，那就是土地和资本作为竞争优势的地位逐渐弱化，矿业企业今后的成功将更多地依赖于管理、技术创新及其应用，即人才和技术。

## 二、世界矿产资源勘查和开发形势

### （一）世界油气勘探开发投入持续增长

受世界经济持续增长、伊拉克战争和恐怖袭击等多种因素影响，2003 年以来全球油气需求日益高涨，油价不断攀升，从而拉动世界油气勘探开发活动回升。2008 年，全球油价的暴涨暴跌对油气勘探开发投资产生了一定的影响，但全年投资仍然维持在较高的水平，从 2003 年到 2008 年油气勘探开发投资已经保持 6 年连续增长，金融危机的影响反应滞后，2009 年油气勘探开发投资缩减。

据美国 Barclays Capital《年度勘探与开发投资调查》的调查表明，自 2003 年以来，至 2008 年全球油气勘探开发投资连续增长（图 1），但在 2009 年出现下降，主要原因是油价的大幅下跌和紧缩的信贷市场。2005 年全球油气勘探与开发（E&D）投资 1981.21 亿美元，2006 年为 2639.07 亿美元，2007 年为 3244.13 亿美元，2008 年为 4535.62 亿美元，同比增长 39.8%，比 2007 年预计数增长 27.9%。2008 年参与调查的公司为 357 家。北美地区（包括美国和加拿大）仍是世界油气公司投资的重点地区，2008 年投资为 1349.65 亿美元，同比增长 22.9%。其中在美国的 245 家公司勘探与开发投资为 1062.96 亿美元，同比增长 30.8%；在加拿大的 85 家石油公司实际投资为 286.69 亿美元，同比增长 0.4%；世界其他地区 100 家石油公司实际投资为 3185.97 亿美元，同比增长 48.5%。

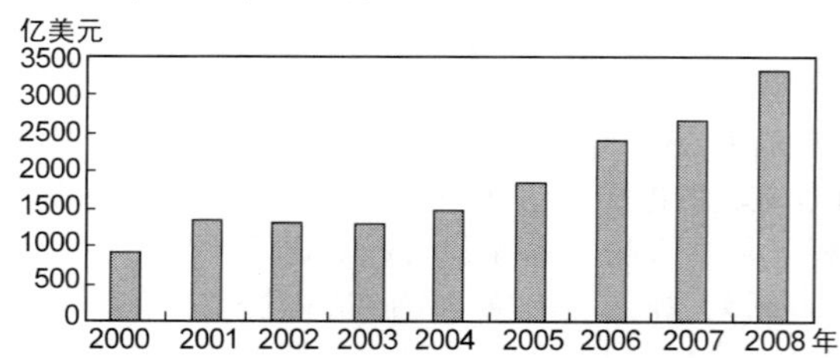


**图 1　2000 ~ 2008 年世界油气勘查开发投资**

Barclay's Capital 还预测 2009 年油气勘探与开发投资将下降 12%，其中美国下降 26%，加拿大下降 23%，世界其他地区下降 6%。当然，一些大型油气公司尽管勘探开发投资预算减少，但仍然维持在较高的水平（表 5），一些大型公司会大幅降低投入，如 Cheaspeake 能源公司和德文能源（Devon）公司在美国投资分别消减 51%和 44%，Husky 能源公司和德文能源（Devon）公司在加拿大投资分别消减 47%和 71%。

**表 5　　大型油气公司全球勘探开发预算**

单位：百万美元

| 公司名称 | 2009 年 | 2008 年 |
|---|---|---|
| 英国石油公司（BP） | 9148 | 9500 |
| 美国雪佛龙公司（Chevron） | 11800 | 11800 |
| 美国康菲公司（ConocoPhillips） | 5800 | 5500 |
| 意大利埃尼公司（Eni） | 10000 | 11000 |
| 美国埃克森美孚（ExxonMobil） | 14975 | 14515 |
| 巴西国家石油公司（Petrobras） | 15600 | 16580 |
| 荷兰皇家壳牌公司（Royal Dutch Shell） | 15356 | 16400 |
| 法国道达尔公司（Total） | 11190 | 11750 |
| 合计 | 93869 | 97045 |

**数据来源**：Barclays Capital。

另据《油气杂志》报道，Lehman Brothers 公司对全球石油公司勘查开发投资预算进行的调查统计表明，2003年全球勘探开发投资为1324亿美元，较2002年增长4.2%；2004年勘探开发投资约为1488亿美元，同比增长12.4%，2005年和2006年分别猛增了25%和30%，达到1860亿美元和2418亿美元。2007年全球油气勘查开发投资为3320亿美元，预计2008年全球油气勘探开发投资为3690亿美元，同比增长11%（图1），其中北美之外投资从上年的2300亿美元增加到2670亿美元，同比增长16%。

值得注意的是，近年来近海钻探非常活跃，并不断向深海方向发展。目前全球海洋油气勘探正在不断扩大，在100多个海上油气勘探的国家中，有50%的国家正在对深海进行勘探。世界新增油气储量已由陆地、浅水转向广阔的深水水域。近年全球获得的重大勘探发现中，有近50%来自深水水域，墨西哥湾、巴西海域、西非海域以及被称为第二个波斯湾的南中国海是最有希望的深水油气区。

据《世界石油》杂志估计，全球近海钻井在2004年为3046口，同比增长7.4%，而2005年达3228口，同比增长6.0%左右。据《2003～2007年世界深水报告》披露，全球成熟浅水区域油气新发现规模正大幅下降，近5年欧洲近海投产油气田的平均规模约为9000万桶油当量，而今后其规模将减少50%以上。

据《世界石油》及其他报道，油气钻进（包括勘查钻进与开发钻进）的井数基本上也反映了上述最近几年的变化情况，2003年起明显增长，到2006年达到顶峰，此后略有下降（表6）。

**表6　2002～2008年美国、加拿大及世界油气钻进井数**

单位：口

| 年　份 | 2002 | 2003 | 2004 | 2005 | 2006 | 2007 | 2008 |
|---|---|---|---|---|---|---|---|
| 加拿大 | 15026 | 21691 | 23151 | 23790 | 24700 | 20431 | 15767 |
| 美国 | 27515 | 32012 | 38646 | 41189 | 48929 | 49195 | 52394 |
| 世界 | 66700 | 80636 | 89478 | 93772 | 108081 | 104699 | 105206 |

**（二）世界非燃料固体矿产勘查投资持续走强**

1.世界固体矿产勘查投资持续走高。尽管由于美国次贷危机诱发的国际金融危机不断扩散和加深，出现了矿产品需求减缓、矿产品价格暴跌、矿业融资难度加大、矿山企业停产减员等现象，但是2008年全球非燃料固体矿产勘查投资仍然保持增长态势。据加拿大金属经济集团（MEG）年度报告统计，1997年世界非燃料固体矿产勘查达到最高峰的52亿美元后连续五年下降，其中1998年下降29%，1999年下降24%，2000年下降7%，2001年下降15%。2002年大幅下降14%，降至10年来的最低水平，为19亿美元。从2003年起，勘查逐渐活跃，投资持续增长。2003年勘查投资为24亿美元，自1997年以来首次上升，增长26%；2004年勘查投资为38亿美元，增长58%；2005年勘查投资为51亿美元，增长34%；2006年勘查投资为75亿美元，增长47%；2007年勘查投资为105亿美元，增长40%，2008年勘查投资为132亿美元，增长26%，自2002年跌入低谷以来已经增长6倍多，快速增长的势头仍在持续（表7）。但是在2009年，受国际金融危机影响，勘查投资减少42%，回落到77亿美元。2007年以来，统计中增加了铀矿，上述数据不包括铀矿投资。如2007年，有363家公司投资9.36亿美元用于铀矿勘查，若包括铀勘查预算，合计调查的勘查预算为109.3亿美元，估计全球投资超过114亿美元；2008年包括铀矿投资为144亿美元。

**表7　1997～2008年全球固体矿产勘查投资变化**

| 年　份 | 估计的总预算/亿美元 | 与上年变化/% | 与上年变化/百万美元 |
|---|---|---|---|
| 1997 | 52 | +13 | 600 |
| 1998 | 37 | -29 | -1500 |
| 1999 | 28 | -24 | -900 |
| 2000 | 26 | -7 | -200 |
| 2001 | 22 | -15 | -400 |
| 2002 | 19 | -14 | -300 |
| 2003 | 24 | +26 | 500 |
| 2004 | 38 | +58 | 1400 |
| 2005 | 51 | +34 | 1300 |
| 2006 | 75 | +47 | 2400 |
| 2007 | 105 | +40 | 3000 |
| 2008 | 132 | +26 | 2700 |

据 Metals Economics Group, Corporate Exploration Strategy, 2007; The total amount spent on nonferrous explorat ion in 2008 was an all-time high, Mining Journal special publication。

自2003年世界勘查费用出现自1997年以来的首次增长后，强劲反弹，连续6年大幅度增长。矿产勘查形势的好转主要受益于：全球经济持续快速增长，特别是中国、印度等新兴国家的崛起，拉动了全球矿产品的需求，原油、钢铁、有色金属、贵金属等矿产品价格大幅上扬，石油、黄金价格的急剧攀升。

2.拉美、加拿大、非洲等矿产勘查活跃。2008年，矿产勘查投资在世界各个地区都头所增长（图2），拉美、加拿大、非洲仍然是最活跃的地区，分别占全球矿产勘查投资的25%、19%和15%。拉美自1994年以来一直是最具吸引力的勘查投资地区，2008年同比增长了近1/3，其中83%的资金投向传统的勘查热点五国，即墨西哥、秘鲁、智利、巴西和阿根廷。加拿大自2002年超过澳大利亚以来一直保持在全球第二的地区。

2007年,增长最快的是"其他地区",主要是俄罗斯、蒙古和中国的大量增加;其次为拉美地区,主要是秘鲁和墨西哥投资的增长;第三是加拿大。拉美仍然是勘查投资最受欢迎的目的地,勘查投资23.6亿美元,占全球勘查投资的23.6%。加拿大勘查投资19.1亿美元,非洲投资16.3亿美元,分别占全球勘查投资的19.1%和16.3%。澳大利亚勘查投资11.82亿美元,占11.9%,比2006年度增长57%,是增长最快的地区。总勘查费用在区域上的分布状况见图2。

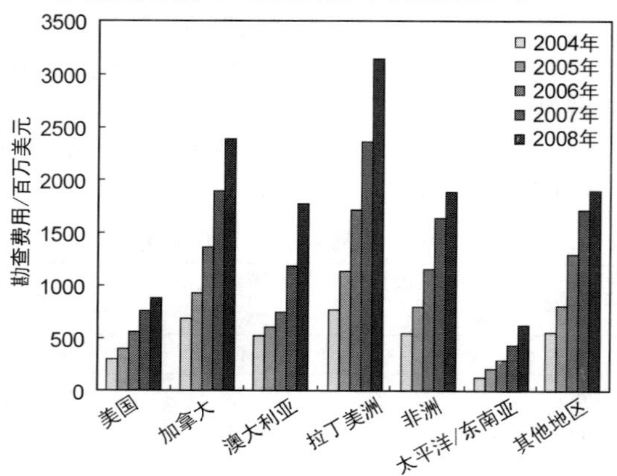


**图2 2004~2008年世界固体矿产勘查费用区域分布**

2007年十大勘查投资目标国家为,加拿大、澳大利亚和美国是传统的三大投资目标国,只是智利异军突起,重新回到了前十名,列第7位。前十位国家合计投资68.76亿美元,是去年的两倍,占世界总经费的68.8%。加拿大、澳大利亚和美国稳居前三位。俄罗斯、墨西哥和中国等勘查投资持续快速增长,显示出极大的吸引力,分别比2006年增长63.4%、38.9%和45.6%。2008年,十大勘查投资目标国家与2007年相同,只是位次发生微小变化,十国投资经费合计为48.84亿美元,占世界总经费的69%。加拿大、澳大利亚和美国保持前三位,墨西哥和秘鲁超越俄罗斯分别居第四和第五位,巴西超越南非和中国居第七位。南非和中国分别居第九和第十位(表8)。

**表8 世界十大勘查投资目标国勘查经费位次及所占比例**

| 国家 | 2008年 | | 2007年 | |
|---|---|---|---|---|
| | 位次 | 占总投资的比例/% | 位次 | 占总投资的比例/% |
| 加拿大 | 1 | 19 | 1 | 19.1 |
| 澳大利亚 | 2 | 14 | 2 | 11.8 |
| 美国 | 3 | 7 | 3 | 7.6 |
| 墨西哥 | 4 | 6 | 5 | 6.0 |
| 秘鲁 | 5 | 5 | 6 | 4.8 |
| 俄罗斯 | 6 | 5 | 4 | 6.1 |
| 智利 | 7 | 4 | 7 | 3.6 |
| 巴西 | 8 | 3 | 10 | 3.0 |
| 南非 | 9 | 3 | 8 | 3.6 |
| 中国 | 10 | 3 | 9 | 3.2 |

另据加拿大自然资源部的统计,加拿大矿产勘查和矿床评价(exploration and deposit appraisal)的投资连续7年增长,由2007年的28.3亿加元增加到2008年的32.8亿加元,增长15.9%。小型公司在加拿大勘查工作所占比例越来越大,自2004年以来一直维持在65%左右,2008年小行公司投资21.2亿加元,占总投资的64.6%。

对于大型矿业公司而言,勘查投资的主要地区是拉美、加拿大和非洲。一般占其勘查投资的50%以上,甚至达90%以上。主要国家矿业公司的勘查投资见表9。

**表9 西方矿业公司和世界非燃料矿产勘查投资预算** 单位:亿美元

| 国家/地区 | 1998年 | 1999年 | 2000年 | 2001年 | 2002年 | 2003年 | 2004年 | 2005年 | 2006年 | 2007年 | 2008年 |
|---|---|---|---|---|---|---|---|---|---|---|---|
| 美国 | 2.43 (8.6) | 2.52 (9.8) | 2.35 (10.0) | 1.58 (7.9) | 1.25 (7.2) | 1.53 (7.0) | 2.83 (11.2) | 3.96 (8.1) | 5.48 (7.7) | 7.63 (7.6) | 8.8 (7) |
| 加拿大 | 3.08 (10.9) | 3.10 (12.1) | 3.48 (14.9) | 3.33 (16.6) | 3.17 (18.3) | 4.71 (21.5) | 6.97 (27.5) | 9.28 (19.0) | 13.75 (19.3) | 19.12 (19.1) | 23.9 (19) |
| 澳大利亚 | 4.95 (17.5) | 4.95 (19.3) | 4.05 (17.3) | 3.49 (17.5) | 3.04 (17.6) | 3.39 (15.5) | 5.24 (20.6) | 6.15 (12.6) | 7.54 (10.6) | 11.83 (11.9) | 17.6 (14) |
| 拉丁美洲 | 8.14 (28.8) | 7.19 (28.1) | 6.62 (28.3) | 5.76 (28.8) | 4.48 (26.0) | 5.18 (23.6) | 7.74 (21.8) | 11.33 (23.1) | 17.11 (24.0) | 23.61 (23.6) | 31.5 (25) |
| 非洲 | 4.94 (17.5) | 3.77 (14.7) | 2.93 (12.6) | 2.77 (13.8) | 2.57 (14.8) | 3.74 (17.1) | 5.73 (16.1) | 8.11 (16.5) | 11.68 (16.4) | 16.30 (16.3) | 18.9 (15) |
| 太平洋/东南亚 | 2.66 (9.3) | 1.96 (7.7) | 1.99 (8.5) | 1.33 (6.7) | 0.85 (4.9) | 0.93 (4.2) | 1.55 (4.4) | 2.09 (4.3) | 2.79 (3.9) | 4.31 (4.3) | 6.3 (5) |

续表 9

| 国家/地区 | 1998 年 | 1999 年 | 2000 年 | 2001 年 | 2002 年 | 2003 年 | 2004 年 | 2005 年 | 2006 年 | 2007 年 | 2008 年 |
|---|---|---|---|---|---|---|---|---|---|---|---|
| 其他地区 | 2.09 (7.4) | 2.13 (8.3) | 1.97 (8.4) | 1.75 (8.7) | 1.97 (11.4) | 2.44 (11.1) | 5.48 (15.4) | 8.04 (16.4) | 12.95 (18.1) | 17.13 (17.2) | 18.9 (15) |
| 公司合计 | 28.3 | 25.6 | 23.4 | 20.0 | 17.3 | 21.9 | 35.5 | 48.9 | 71.3 | 99.9 | 126 |
| 世界总计 | 37.0 | 28.0 | 26.0 | 22.0 | 19.0 | 24.0 | 39.0 | 51.0 | 75 | 105 | 132 |
| 统计公司数(家) | 182 | 670 | 656 | 679 | 724 | 917 | 1139 | 1431 | 1624 | 1821 | 1912 |
| 公司年投资规模(万美元) | >290 | >10 | >10 | >10 | >10 | >10 | >10 | >10 | >10 | >10 | >10 |

**注:**西方矿业公司不包括小公司、地方性的私人公司和政府集团;括号内数字为占公司合计的百分数;西方矿业公司在世界各地的勘查投资总计数占全球商业性金属勘查费用的90%左右。

**资料来源:**Metals Economics Group Strategic Report,1999～2008. Corporate Exploration Strategies Vol.1: A Worldwide Analysis, 2008。

3.勘查矿种仍以铜、金为主。金一直是最具吸引力的勘查矿种,长期保持在勘查投资一半左右,但在2008年首次让位于贱金属,占投资总额的39%,而贱金属占投资总额的40%(表10)。此外,金刚石占8%,铂族金属占3%,其他矿种占10%。

2007年,实际金矿勘查投资41.92亿美元,比2006年增长81%,占总投资的41.9%。最近几年来,全球地缘政治的不确定性、美元疲软、工业增长缓慢等促使金价的上扬,从而促进了与金相关勘查经费的增加,加拿大、澳大利亚和美国合计约17亿美元,占金勘查总费用的40%,随后是俄罗斯、墨西哥、中国、秘鲁、巴西、加纳、阿根廷、智利、坦桑尼亚、巴布亚新几内亚等,而世界最大的黄金生产国南非勘查投资仅有4000百万美元。但金勘查所占比重整体上呈现下降趋势。

**表10 1998～2008年各类固体矿产勘查投资比例变化**

| 年份 | 金矿(%) | 贱金属矿产(%) | 其他矿产(%) |
|---|---|---|---|
| 1998 | 55.1 | 33.0(其中铜19.5) | 11.9(其中金刚石9.4) |
| 1999 | 51.9 | 34.7(其中铜19.5) | 13.4(其中金刚石10.0) |
| 2000 | 46.6 | 37.9(其中铜18.8) | 15.5(其中金刚石9.6) |
| 2001 | 42.5 | 38.9(其中铜20.6) | 18.6(其中金刚石9.9) |
| 2002 | 45.2 | 29.6(其中铜17.6) | 25.2(其中金刚石13.5) |
| 2003 | 48.1 | 26.6(其中铜15.5) | 25.3(其中金刚石14.5) |
| 2004 | 49.8 | 26.4(其中铜16.3) | 23.9(其中金刚石13.3) |
| 2005 | 47.3 | 29.5(其中铜16.2) | 23.2(其中金刚石12.8) |
| 2006 | 44.7 | 32.4(其中铜19.2) | 22.9(其中金刚石12.0) |
| 2007 | 41.9 | 35.7(其中铜19.6) | 22.4(其中金刚石9.9) |
| 2008 | 39 | 40 | 21(其中金刚石8) |

**资料来源:**Metals Economics Group Strategic Report; Corporate Exploration Strategies Vol.1: A Worldwide Analysis, 2007。

2007年,贱金属勘查投资35.71亿美元,比2006年增长了60%,在勘查总经费中所占比重为35.7%,为最近6年所占比重最高的一年,反映全球队贱金属勘查的重视程度越来越高。当然,贱金属勘查投资仍比1997年的高峰低了23%。其中,铜矿勘查投资5.77亿美元,占贱金属的61.5%,同比增长70%。2005年,有近300个公司开展铜矿勘查,比2004年从事贱金属勘查的公司还多;镍矿勘查投资2.59亿美元,占贱金属投资的27.7%,与2004年所占比例相同,但镍矿勘查投资已创历史新高,比1997年高峰还多3100万美元;锌矿勘查投资1.01亿美元,占贱金属的11%,比2004年增长35%,在贱金属中所占比例连续四年降低。

矿业开发投资持续走强。2007年,矿产开发持续快速增长,总投资为3080亿美元,比2006年增长40.1%。2008年,开业开发的统计数据并未受到金融危机的严重影响,投资总额为4090亿美元,比2007年增长32.8%,从开发的矿种来看,4种主要金属矿产铜、铁矿石、金和镍所占的费用合计达3360亿美元,占调查费用的82.2%,其中铜占28.9%,铁矿石占25.9%,反映这两个矿种是全球非燃料固体矿产开发的投资重点。矿业开发投资的十大目标国依次是澳大利亚、加拿大、巴西、俄罗斯、智利、秘鲁、南非、美国、菲律宾和巴布亚新几内亚,十国合计投资2860亿美元,占总投资的七成。值得注意的是铁矿石开发投资,在多年下降后呈迅猛增长势头,在需求和价格增长的驱动下,成为最热的投资目标之一,开发项目投资继续升温,从2004年以来增长迅速,2007年比2006年增长一倍多,2008年又增长50%以上,为铁矿石产量供大于求埋下伏笔(表11)。当然,根据方方面面的信息,2008年矿业受金融危机的影响还是很大,许多矿山出现了停产、减员现象,许多公司压缩成本和投资,这些在统计数据上并未完全反映出来,预计下一年度的矿产开发投资会出现减少情况。

**表 11　2007 年和 2008 年全球主要矿种的新矿业项目开发投资**

| 2007 年 | | | 2006 年 | | |
|---|---|---|---|---|---|
| 矿种 | 矿业投资/亿美元 | 所占比例/% | 矿种 | 矿业投资/亿美元 | 所占比例/% |
| 铜 | 770 | 25 | 铜 | 1180 | 29 |
| 铁矿石 | 700 | 23 | 铁矿石 | 1060 | 26 |
| 金 | 550 | 18 | 金 | 570 | 14 |
| 镍 | 500 | 16 | 镍 | 550 | 13 |
| 铅/锌 | 120 | 4 | 铂族金属 | 150 | 3 |
| 铂族金属 | 100 | 3 | 铀 | 130 | 3 |
| 金刚石 | 80 | 3 | 铅/锌 | 110 | 3 |
| 其他 | 250 | 8 | 金刚石 | 90 | 2 |
| | | | 其他 | 250 | 7 |
| 总计 | 3080 | 100 | 总计 | 4090 | 100 |

据 E & MJ, Jan/Feb. 2008 年和 2009 年整理。

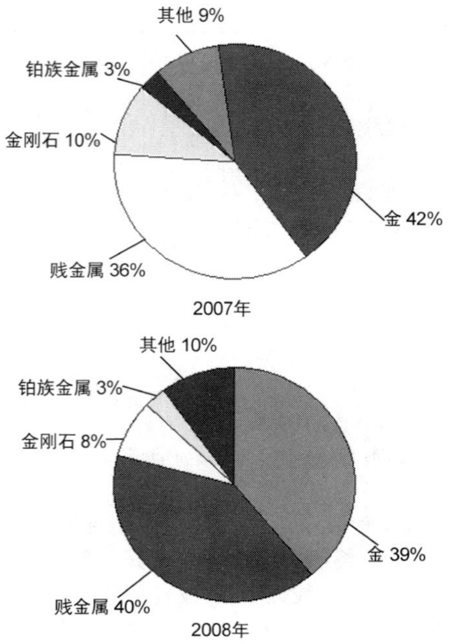

2007 和 2008 年世界主要固体矿产勘查投资分布比例见图 4。

其他 9%
铂族金属 3%
金刚石 10%
金 42%
贱金属 36%
2007年

其他 10%
铂族金属 3%
金刚石 8%
金 39%
贱金属 40%
2008年

**图 4　2007～2008 年世界主要矿种勘查费用所占比例**

2007 年，草根勘查费用 38.726 亿美元，占总勘查费用的 38.8%；用于后期可行性研究阶段的费用预算总额为40.613亿美元，占总勘查费用的40.6%，继续高于草根勘查费用，成为勘查投资的重点阶段；用于矿场方面的勘查预算为 20.592 亿美元，占总勘查费用的 20.6%（表 12）。2008 年，后期可行性研究阶段的费用占总勘查费用的 42%，矿场勘查费用占 22%，草根勘查费用所占比例持续降低，只占总勘查费用的 36%。

**表 12　固体矿产勘查各阶段投资比例的变化（%）**

| 勘查阶段 | 2001 年 | 2002 年 | 2003 年 | 2004 年 | 2005 年 | 2006 年 | 2007 年 | 2008 年 |
|---|---|---|---|---|---|---|---|---|
| 草根勘查 | 52.1 | 46.9 | 48.7 | 42.3 | 40.2 | 38.8 | 38.8 | 36 |
| 后期可行性研究 | 27.7 | 33.9 | 31.2 | 35.8 | 40.2 | 42.8 | 40.6 | 42 |
| 矿场勘查 | 20.2 | 19.2 | 20.1 | 21.9 | 19.6 | 18.4 | 20.6 | 22 |

**资料来源**：Metals Economics Group Strategic Report，1999～2008。

2006 年和 2007 年，固体矿产勘查投资最多的十大公司见表 13。英美集团和戴比尔斯公司勘查投资居领先地位，2007 年分别为 3.487 亿美元和 2.827 亿美元，其中英美集团比 2006 年增长 28.7%。十大公司合计投资 22. 465 亿美元，约占全球投资的四分之一。

**表 13　2006～2007 年固体矿产勘查投资（百万美元）最多的十大公司**

| 2006 年 | | | 2007 年 | | |
|---|---|---|---|---|---|
| 排名 | 公司名称 | 勘查投资 | 排名 | 公司名称 | 勘查投资 |
| 1 | 戴比尔斯公司 | 288.0 | 1 | 英美集团 | 348.7 |
| 2 | 英美集团 | 271.0 | 2 | 戴比尔斯公司 | 282.7 |
| 3 | 艾芬豪矿业公司 | 222.4 | 3 | 必和必拓公司 | 257.1 |
| 4 | 巴里克金矿公司 | 183.9 | 4 | 艾芬豪矿业公司 | 230.8 |
| 5 | 淡水河谷公司 | 171.9 | 5 | 斯特拉塔公司 | 229.9 |
| 6 | 纽蒙特公司 | 157.3 | 6 | 淡水河谷公司 | 189.0 |
| 7 | 必和必拓公司 | 152.6 | 7 | 巴里克金矿公司 | 188.9 |
| 8 | 力拓公司 | 150.3 | 8 | 纽蒙特公司 | 178.6 |
| 9 | 斯特拉塔公司 | 123.2 | 9 | 力拓公司 | 174.9 |
| 10 | 安格鲁黄金公司 | 100.4 | 10 | 安格鲁黄金公司 | 165.0 |

**资料来源**：Metals Economics Group Strategic Report。

据金属经济集团的统计,从投资公司总部所在地来看,投资居前三位的依次为加拿大、澳大利亚和欧洲,其次为美国。总部在加拿大的公司投资44.839亿美元,占投资总额的44.9%;澳大利亚15.606亿美元,占15.6%;欧洲13.810亿美元,占13.8%;美国7.302亿美元,占7.3%(图5)。

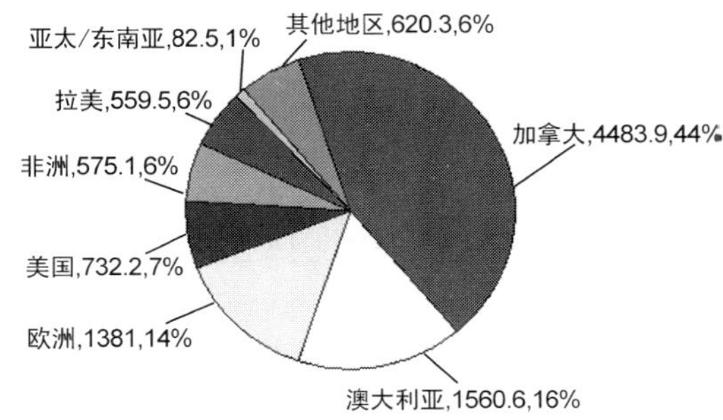


**图5 2007年公司总部所在地投资分布**
**(百万美元和百分比)**

**(三)矿产勘查活动的开展,促进了矿产储量的增长**

1.世界油气储量不断增长。随着全球原油价格的不断攀升,油气勘探与开发日趋活跃,最近10年世界石油和天然气的储量持续增长,并未出现减少趋势,而且石油储量增长还有加快趋势。据《油气杂志》报道,从1999年1月到2009年1月,全球石油储量由10342.65亿桶增加到13422.07亿桶,天然气由5144.75万亿立方英尺增加到6254.36万亿立方英尺,10年间石油和天然气的储量分别增长29.8%和21.6%(表14)。

**表14 10年世界油气储量变化情况**

| 年份 | 世界石油($10^6$bbl) | 世界天然气(bcf) |
|---|---|---|
| 2009 | 1342207 | 6254363 |
| 2008 | 1331698 | 6185693 |
| 2007 | 1317447 | 6182692 |
| 2006 | 1292550 | 6112144 |
| 2005 | 1277748 | 6040208 |
| 2004 | 1265812 | 6068302 |
| 2003 | 1212881 | 5501424 |
| 2002 | 1031101 | 5451332 |
| 2001 | 1028458 | 5278484 |
| 2000 | 1016041 | 5146207 |
| 1999 | 1034265 | 5144753 |
| 10年变化量 | 307942 | 1109610 |
| 10年变化率 | 29.8% | 21.6% |

**数据来源:**Marilyn Radler,2007,2008,Oil & Gas Journal。

2.固体矿产找矿勘查不断取得进展。由于技术进步和坚持不懈的超前地质勘探工作,使得近十年来全球重要矿产资源的储量或储量基础大都有不同程度的增加。按照目前世界矿产开采水平,总的来说,证实储量可保证开采20~40年,某些矿种的保证年限还要长得多,如石油为40多年,天然气近60多年,煤200多年。如果加上预测资源量,保证年限还会大大增加。

随着勘查投入的增长,一些主要矿种资源储量也有不同程度的增长,尤其是铁矿石、铜和镍等重要金属矿产(表15)。

**表15 世界主要矿产储量**

| 矿产 | 单位 | 储量 | | 储量基础 | | 矿产 | 单位 | 储量 | | 储量基础 | |
|---|---|---|---|---|---|---|---|---|---|---|---|
| | | 1998年 | 2008年 | 1998年 | 2008年 | | | 1998年 | 2008年 | 1998年 | 2008年 |
| 煤 | 亿吨 | 10438 | 8474 | – | – | 钽 | 吨 | 19000 | 130000 | 24000 | 180000 |
| 石油 | 亿吨 | 1435.15 | 1708.38 | – | – | 铼 | 吨 | 2500 | 2500 | 11000 | 10000 |
| 天然气 | 亿立方米 | 139471 | 1850226 | – | – | 铌 | 万吨 | 350 | 270 | 560 | 300 |
| 铀* | 万吨 | 221.54 | 264.33 | – | – | 锂 | 万吨 | 340 | 410 | 940 | 1100 |
| 铁矿石 | 亿吨 | 1400 | 1500 | 3000 | 3500 | 锶 | 万吨 | 680 | 680 | 1200 | 1200 |
| 锰矿石 | 亿吨 | 6.8 | 5 | 50 | 52 | 铊 | 吨 | 380 | 380 | 650 | 650 |
| 铬铁矿 | 亿吨 | 37 | – | 76 | – | 钍 | 万吨($ThO_2$) | 120 | 120 | 140 | 140 |
| 镍 | 万吨 | 4000 | 7000 | 14000 | 15000 | 锆 | 万吨($ZrO_2$) | 3600 | 5100 | 6500 | 7700 |
| 钴 | 万吨 | 430 | 710 | 950 | 1300 | 钇 | 万吨($Y_2O_3$) | 51 | 54 | 56 | 61 |
| 钨 | 万吨 | 200 | 300 | 320 | 530 | 石棉 | 万吨 | 大 | 大 | 大 | 大 |
| 钼 | 万吨 | 550 | 860 | 1200 | 1900 | 石墨 | 万吨 | 1600 | 9000 | 36000 | 22000 |
| 钒 | 万吨 | 1000 | 1300 | 2700 | 3800 | 萤石 | 万吨 | 22000 | 23000 | 37000 | 47000 |
| 铜 | 万吨 | 34000 | 55000 | 65000 | 100000 | 重晶石 | 万吨 | 15000 | 19000 | 48000 | 88000 |
| 铅 | 万吨 | 6600 | 7900 | 14000 | 17000 | 石膏 | 亿吨 | 大 | 大 | 大 | 大 |
| 锌 | 万吨 | 19000 | 18000 | 44000 | 48000 | 滑石 | 万吨 | 大 | 大 | 大 | 大 |
| 铝土矿 | 亿吨 | 250 | 270 | 340 | 380 | 硅藻土 | 亿吨 | 8 | 大 | 20 | 大 |

续表 15

| 矿 产 | 单 位 | 储 量 | | 储量基础 | | 矿 产 | 单 位 | 储 量 | | 储量基础 | |
|---|---|---|---|---|---|---|---|---|---|---|---|
| | | 1998 年 | 2008 年 | 1998 年 | 2008 年 | | | 1998 年 | 2008 年 | 1998 年 | 2008 年 |
| 菱镁矿 | 亿吨(Mg) | 25 | 22 | 34 | 36 | 硅灰石 | 万吨 | 27315 | – | 44918 | – |
| 金红石 | 万吨($TiO_2$) | 4300 | 4500 | 17000 | 8700 | 高岭土 | 亿吨(资源量) | – | 巨大 | 197 | 巨大 |
| 钛铁矿 | 万吨($TiO_2$) | 32700 | 68000 | 46000 | 140000 | 珍珠岩 | 亿吨 | 7 | 7 | 20 | 77 |
| 锡 | 万吨 | 770 | 560 | 1200 | 1100 | 天然碱 | 亿吨 | 240 | 240 | 400 | 400 |
| 锑 | 万吨 | 210 | 210 | 320 | 430 | 金刚石 | 亿克拉 | 9.8 | 5.8 | 12.0 | 13 |
| 汞 | 万吨(Hg) | 12 | 4.6 | 24 | 24 | 硫 | 亿吨 | 14 | 大 | 35 | 大 |
| 铋 | 万吨 | 11 | 32 | 26 | 68 | 磷酸盐岩 | 亿吨 | 120 | 150 | 350 | 470 |
| 金 | 吨 | 45000 | 47000 | 72000 | 100000 | 钾盐 | 亿吨($K_2O$) | 84 | 83 | 170 | 180 |
| 银 | 万吨 | 28 | 27 | 42 | 57 | 硼矿 | 万吨($B_2O_3$) | 17000 | 17000 | 47000 | 41000 |
| 铂族金属 | 吨 | 71000 | 71000 | 78000 | 80000 | 蛭石 | 万吨 | 5000 | – | 20000 | – |
| 稀土 | 万吨(REO) | 10000 | 8800 | 11000 | 15000 | 铟 | 吨 | 2600 | – | 5700 | – |
| 镉 | 万吨 | 60 | 49 | 120 | 120 | 硒 | 万吨 | 7 | 8.6 | 13 | 17.2 |
| 铯 | 万吨 | 10 | 7 | 11 | 11 | 碲 | 吨 | 20000 | 22000 | 38000 | 48000 |

注: * 每公斤成本≤80 美元;① 储量或储量基础丰富,无统计数据。

资料来源:1. Mineral Commodity Summaries, 1999, 2009; 2. Oil & Gas Journal, 2008, No.52; 3. BP Statistical Review of World Energy, June, 2009。

3.政府加大了对矿产资源勘查评价导向 。为了促进矿产勘查,为国家的经济发展提供有力的矿产资源保障,世界主要矿业大国或资源丰富的国家,采取各种措施,促进矿产勘查工作,并针对全球金融危机提出了应对政策措施,引领矿业的繁荣发展;继续加强基础性公益性地质调查,降低勘查投资风险;开展了一些重大矿产勘查开拓性项目,加强对矿产勘查的引导,形成了政府与企业合力推动矿产勘查的良好局面。在澳大利亚、加拿大和美国等国,还呈现出中央政府与省(州)政府分工协作推动矿产勘查工作的局面。

澳大利亚政府在引导和促进矿产勘查方面,做了大量工作,实施和推进矿产勘查开拓型计划,以降低勘查投资风险,并形成了从联邦政府到州政府,联合高等院校和企业,共同推进矿产勘查工作的良好局面。澳大利亚各州政府也积极推动矿产勘查,例如昆士兰州州政府于 2005 年开始实施为期 4 年的“精明勘查”开创性计划,投资 2000 万澳元,2006 年又发起了“精明矿业——未来繁荣”计划,投资 2908 万澳元。南澳州政府自 2004 年实施了为期 5 年的促进勘查计划(PACE),投资 2250 万澳元,目的是加速南澳的矿产勘查和矿产品生产,同时确保南澳州作为矿产勘查和投资的首选目的地。维多利亚州政府实施了为期 4 年的“维多利亚再发现开创性计划”(Rediscover Victoria),投资 500 万澳元。目标是与工业企业合作进行钻探,为帮助勘探者编制世界级的三维地质图。新南威尔士州投资 3000 万澳元,其设立了支持矿产和油气勘探的为期 7 年(2000~2007)计划,并延长到 2008 年,并增加 8 百万澳元,目的是提供世界一流的地学信息,以帮助勘探者在线获取数据。

加拿大从 1989 年发起全国勘查技术项目(EXTECH),迄今已实施了 4 个阶段,作为一个多学科、多部门、综合性的贱金属矿产地质调查项目,涉及的部门既有地调局的下属部门及省级地调机构,又有大学及企业。涉及的学科有地质学、矿床学、热水蚀变与热水沉积、第四纪地质、地球化学、冰川学、水地球化学及水文学、生物地球化学以及空中、地面、地下地球物理测量、GIS 技术等。目的是促进加拿大矿产勘探新方法的发展。加拿大地调局矿产研究提供的地学创新和见识可以帮助矿产勘查业发现维持加拿大作为世界矿产和金属最大提供者的地位。这项开创性计划目的是改进在已建立矿区勘查中应用的概念和技术,这些概念和技术是通过研制区域性和矿床尺度的综合性模型及地球物理和地球化学方法和设备而确立的。加拿大政府把其 15% 不可归还的勘查投资税贷(ITCE)政策继续延长,并作为应对金融危机的一项经济激励措施,以有效促进矿产勘查投资。最近,加拿大西部经济多样化部资助在大不列颠哥伦比亚大学建立一个精明(smart)矿产勘查和采矿研究中心,联邦政府加强研究及于矿业界合作,以维持其在矿产勘查和采矿方面的国际领先地位。许多省、地区的政府还有进一步促进矿产勘查的措施,如大不列颠哥伦比亚省、马尼托巴省、安大略省和萨斯喀彻温省等在联邦政府的 ITCE 框架内制定了其税贷政策,并应对国际金融危机,继续延长。安大略省加大政府财政支持,计划三年内向矿业等重要部门增加经费1.3亿加元，以提高工作程度，吸引更多的矿业投资。加拿大正在制定促进金刚石工业发展和管理的国家战略。大不列颠哥伦比亚省政府制定规划，指导矿业未来的发展。

在巴西工业规划(2004～2007)中，支持矿业和能源部门是其一个重要方向。现政府已经在矿业和能源部门投资3000万美元，并许诺解决地下矿产资源特许权(concession rights)的许多矛盾，以谋求出口的繁荣。此外，正在调整与矿业有关的主要政府机构，以求降低成本、提高效率。

矿产资源勘查评价发生了几个值得重视的变化，一是各国政府加大了对矿产勘查的力度，积极引导企业、降低勘查发现，努力寻找新的资源，提高对矿产资源的供应能力；二是加强了新能源和替代能源的寻找和勘查。煤层气和非常规天然气勘查评价活动加强，天然气水合物的探索研究加强，美国、加拿大、日本和印度等国家都开展了天然气水合物专项调查研究，希望在21世纪新能源的竞争中占据主导地位；三是加强了矿产资源评价工作，并强调了对环境影响的研究，如美国的国家矿产资源调查计划；四是注重勘查技术的研制和综合。从加拿大的全国勘查技术项目，到澳大利亚的玻璃地球计划，研制新技术、发展新方法，成为人们在矿产勘查中取得成功所追求的目标；五是出台应对金融危机的政策，加强矿产勘查，维持矿业的繁荣。

## 三、世界矿产品供需形势

2008年，受美国次贷危机引发的全球经济衰退的影响，全球矿产品需求减弱，国际矿产品贸易量大幅度减少，许多矿产品供过于求，由此导致能源、贵金属和多种主要有色金属矿产品的价格大幅度下跌。

1. 受国际金融危机影响，世界石油需求首次出现负增长。2008年，随着全球经济增长的放慢，全球能源消费增长明显减缓。所有化石燃料的产量增长均超过了消费量的增长。虽然年底能源价格出现了明显下跌，但从全年来看，所有形式能源的交易价格均出现大幅度上涨。石油价格经过连续7年的持续上涨之后达到了历史高点。国际市场煤的交易价格上涨幅度明显高于其他燃料。欧洲和亚太地区的液化天然气价格的上涨幅度略快于石油价格，但北美液化天然气价格增长幅度相对较小。虽然国际市场石油和天然气的价格大幅度上涨，但石油和天然气的供应均未出现短缺。能源供应安全受到了人们的普遍关注，地缘政治对世界石油市场产生着重要影响。

2008年，世界一次能源消费量(包括石油、天然气、煤、核能和水电)增长了1.4%，为2001年以来增长幅度最小的一年。非经合组织国家的一次能源消费量首次超过了经合组织国家。亚太地区一次能源消费量增长量占当年世界增长量的87%。煤已经连续第三年占世界一次能源消费量增长量的50%以上。中国一次能源消费量增长速度已经连续第五年放缓，但仍占全球一次能源消费量增长量的近四分之三。石油输出国地区的一次能源消费量继续增长，增幅高于中东和非洲。美国消费量下降2.8%，为1982年以来下降幅度最大的一年。

从世界一次能源消费结构来看，石油、煤炭和天然气仍为主要消费能源。但从主要能源消费国来看，美国、日本、德国和英国的消费结构基本相似，均以石油为主，煤和天然气为辅，另外少部分核电补充；法国石油和核电同为主要消费支柱，天然气为辅助能源；俄罗斯则以天然气为主要消费能源，石油和煤炭为辅助能源。中国和印度的消费结构类似，煤炭为主要消费能源，其次为石油，水电也承担着重要作用(表16)。

**表16 2008年世界一次能源消费量居前10位的国家**

**单位：百万吨石油当量**

| 国家 | 一次能源消费量 | 占一次能源消费量的比重/% | | | | |
|---|---|---|---|---|---|---|
| | | 石油 | 天然气 | 煤 | 核电 | 水电 |
| 世界总计 | 11294.9 | 34.8 | 24.1 | 29.2 | 5.5 | 6.4 |
| 美国 | 2299.0 | 38.5 | 26.1 | 24.6 | 8.4 | 2.5 |
| 中国 | 2002.5 | 18.8 | 3.6 | 70.2 | 0.8 | 6.6 |
| 俄罗斯 | 684.6 | 19.1 | 55.2 | 14.8 | 5.4 | 5.5 |
| 日本 | 507.5 | 43.7 | 16.6 | 25.4 | 11.2 | 3.1 |
| 印度 | 433.3 | 31.2 | 8.6 | 53.4 | 0.8 | 6.0 |
| 加拿大 | 329.8 | 30.9 | 27.3 | 10.0 | 6.4 | 25.4 |
| 德国 | 311.1 | 38.0 | 23.7 | 26.0 | 10.8 | 1.4 |
| 法国 | 257.9 | 35.7 | 15.4 | 4.6 | 38.6 | 5.6 |
| 韩国 | 240.1 | 43.0 | 14.9 | 27.5 | 14.2 | 0.4 |
| 巴西 | 228.1 | 46.2 | 9.9 | 6.4 | 1.4 | 36.1 |
| 英国 | 211.6 | 37.2 | 39.9 | 16.7 | 5.6 | 0.5 |

**资料来源**：BP Statistical Review of World Energy June 2009。

2008年，中国一次能源消费总量比2007年增长了7.5%，占世界总量的17.7%。中国是世界最大煤炭生产国和消费国，同时也是世界最大水电生产国(图6)。亚太地区一次能源消费总量比2007年增长了4.3%，一次能源消费总量占世界总量的35.3%。中国和亚太地区继续为全球能源市场的一个重要组成部分。

2008年世界石油产量为39.29亿吨，比2007年增长了0.4%(表17)。尽管石油输出国组织国家年末消减了石油产量，但全年产量仍达到了17.58亿吨，比

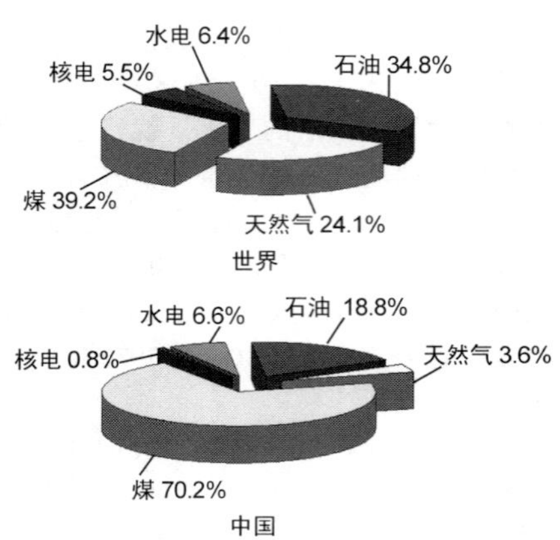


**图 6　2008 年世界和中国能源消费结构**

2007 年增长了 2.7%，平均每日增产 99 万桶。非石油输出国组织国家的石油产量 61 万桶/日，下降了 1.4%，为 1992 年以来下降幅度最大的一年。在主要石油生产国中，沙特阿拉伯的石油产量为 5.15 亿吨，占当年世界产量的 13.1%，比 2007 年增长 4.0%，净增产 2109 万吨。伊拉克的产量增幅达 13.0%，净增产 1405万吨。此外，安哥拉、科威特、卡塔尔、哈萨克斯坦和巴西等国的石油产量也有较大幅度增长。俄罗斯仍是非欧佩克的主要生产国家，其石油产量为 4.89 亿吨，比 2007 年下降了 0.8%，为自 1998 年以来的首次下降，占当年世界产量的 12.4%。经合组织国家石油产量 75 万桶/日，下降了 4%，主要下降地区为北美和欧洲国家；墨西哥产量下降了 31 万桶/日，为 2008 年世界石油产量下降幅度最大的国家。2008 年石油减产较多的国家有尼日利亚、美国、英国、挪威和阿联酋等国。

2008 年世界石油精炼能力增加约 83 万桶/日，其中大部分增量来自亚太地区，特别是来自中国，中国 2008 年精炼能力增加了 2.9%（22 万桶/日）。但是，由于世界石油消费量下降，2008 年世界石油生产能力利用率下降到 25 万桶/日。下降最大的为美国，下降了 3.4%（51 万桶/日），而中国 4.4% 的增长（29 万桶/日）部分补偿了美国生产能力下降造成的损失。精炼能力的增加和运行率的下降表明全球精炼能力利用率已经连续三年下降到 84.8%，为自 2003 年以来的最低水平。造成利用率下降的主要原因是石油进口国（特别是经合组织国家）石油消费量下降，而石油出口国国内石油消费量增加。

**表 17　世界主要矿产品产量**

| 矿　产 | 单　位 | 2003 年 | 2004 年 | 2005 年 | 2006 年 | 2007 年 | 2008 年 |
|---|---|---|---|---|---|---|---|
| 钢 | 亿吨 | 9.68 | 10.67 | 11.32 | 12.39 | 13.44 | 13.3 |
| 铁矿石 | 亿吨 | 11.6 | 13.4 | 15.4 | 18 | 20 | 22 |
| 锰矿石和精矿 | 万吨，锰 | 2538.51 | 2686.54 | 2831.72 | 3008.75 | 3136.14 | |
| 铬矿石和精矿 | 万吨 | 1674.55 | 1740.56 | 1769.11 | 17855.8 | 18890.4 | |
| 镍（矿山产量） | 万吨 | 128.24 | 129.95 | 134.87 | 144.49 | 155.82 | 153.23 |
| 镍（精炼） | 万吨 | 122.41 | 125.23 | 129.55 | 134.07 | 145.56 | 136.88 |
| 钴 | 吨 | 42908 | 47904 | 53689 | 53529 | 53130 | |
| 钨（矿山产量） | 吨 | 55515 | 81844 | 72322 | 83575 | 90281 | |
| 钼（矿山产量） | 万吨 | 12.77 | 16.17 | 18.57 | 18.55 | 21.35 | 21.87 |
| 钒（矿山产量） | 吨 | 43645 | 40400 | 58200 | 62400 | 58500 | 60000 |
| 铜（矿山产量） | 万吨 | 1371.28 | 1471.15 | 1518.03 | 1521.04 | 1564.99 | 1559.07 |
| 铜（精炼） | 万吨 | 1523.92 | 1585.33 | 1661.2 | 1734.33 | 1797.98 | 1847.29 |
| 铅（矿山产量） | 万吨 | 315.28 | 309.53 | 365.17 | 356.63 | 367.68 | 392.01 |
| 铅（精炼） | 万吨 | 687.38 | 671.58 | 771.93 | 802.02 | 818.67 | 868.95 |
| 铅（再生） | 万吨 | | | 403.77 | 410.79 | 430.83 | 470.42 |
| 锌（矿山产量） | 万吨 | 957.46 | 929.78 | 1005.59 | 1042.13 | 1111.24 | 1213.94 |
| 锌锭 | 万吨 | 990.21 | 1010.26 | 1018.48 | 1065.98 | 1136.9 | 1154.39 |
| 铝土矿 | 万吨 | 15831.1 | 16758.9 | 17581.1 | 18316.86 | 20896.6 | 20909.87 |
| 氧化铝 | 万吨 | | 5487.2 | 5615.7 | 5839.5 | 5448.4 | 5595.8 |
| 原铝 | 万吨 | 2800.06 | 2992.17 | 3202.08 | 3396.51 | 3808.68 | 3943.01 |
| 镁 | 万吨 | 54.46 | 63.7 | 63.25 | 67.62 | 78.33 | |
| 钛（矿山产量） | 万吨 $TiO_2$ | 404.74 | 402.83 | 413 | 454.47 | 454.92 | |

续表 17

| 矿　产 | 单　位 | 2003 年 | 2004 年 | 2005 年 | 2006 年 | 2007 年 | 2008 年 |
|---|---|---|---|---|---|---|---|
| 海绵钛 | 万吨 | 7.24 | 8.14 | 9.68 | 11.33 | 13.57 | |
| 金红石精矿 | 万吨 | 37.4 | 35.3 | 36.9 | 41.5 | 56.4 | 60.8 |
| 钛铁矿精矿 | 万吨 | 591 | 564 | 584 | 540 | 572 | 564 |
| 锡(矿山产量) | 万吨 | 25.32 | 28.52 | 34.27 | 33.53 | 35.04 | 31.24 |
| 锡(精炼) | 万吨 | 27.66 | 34.62 | 34.96 | 35.14 | 35 | 33.4 |
| 锑(矿山产量) | 吨 | 143495 | 144131 | 159330 | 176720 | 185911 | 208588 |
| 镉 | 吨 | 17061.8 | 16607.3 | 18264.7 | 18782.9 | 18198.5 | 19007.9 |
| 汞(矿山产量) | 吨 | 2057.6 | 2706.3 | 1689.4 | 1502.8 | 1505 | |
| 铋(矿山产量) | 吨 | 4580.4 | 5190.6 | 5427.9 | 5473 | 5374 | |
| 金(矿山产量) | 吨 | 2413.9 | 2344.9 | 2344.1 | 2316.1 | 2280.5 | 2158.1 |
| 银(矿山产量) | 吨 | 18588.9 | 18844.5 | 19509.6 | 19064.8 | 19790.3 | 19837.3 |
| 铂(矿山产量) | 吨 | 198.8 | 205.7 | 207.8 | 217 | 203 | |
| 稀土氧化物 | 吨 | 107550 | 107950 | 123000 | 123000 | 124000 | 124000 |
| 硒 | 吨 | 2257.4 | 2135.1 | 2099.5 | 2167.3 | 2204 | |
| 碲 | 吨 | 268.6 | 288.5 | 236.7 | 236.1 | 251.4 | |
| 硫 | 万吨 | 6180 | 6410 | 6600 | 6570 | 6840 | 6900 |
| 磷酸盐岩 | 万吨 | 13700 | 14100 | 14700 | 14200 | 15600 | 16700 |
| 钾($K_2O$) | 万吨 | 2840 | 3134 | 3100 | 2910 | 3460 | 3600 |
| 硼 | 万吨,$B_2O_3$ | 480 | 460 | 491 | 426 | 384 | 410 |
| 纯碱(天然+合成) | 万吨 | 3800 | 3900 | 4200 | 4200 | 4500 | 4600 |
| 萤石 | 万吨 | 475 | 493 | 526 | 533 | 569 | 584 |
| 重晶石 | 万吨 | 670 | 690 | 787 | 796 | 763 | 777 |
| 石墨 | 万吨 | 74.2 | 98.2 | 106 | 103 | 111 | 111 |
| 石膏 | 万吨 | 10400 | 10600 | 11800 | 12500 | 15400 | 15100 |
| 石棉 | 万吨 | 215 | 228 | 240 | 230 | 220 | 218 |
| 膨润土 | 万吨 | 1192 | 1050 | 1170 | 1170 | 1190 | 1200 |
| 滑石和叶腊石 | 万吨 | 892 | 812 | 825 | 892 | 762 | 758 |
| 高岭土 | 万吨 | 4410 | 4420 | 4470 | 3750 | 3900 | 3870 |
| 硅藻土 | 万吨 | 196 | 195 | 202 | 216 | 210 | 200 |
| 金刚石(天然) | 万克拉 | 15800 | 18200 | 18300 | 19200 | | |
| 石油 | 亿吨 | 37.03 | 38.65 | 38.97 | 39.14 | 39.02 | 39.29 |
| 天然气 | 万亿立方米 | 2.62 | 2.69 | 2.78 | 2.87 | 2.95 | 3.07 |
| 煤 | 亿吨 | 55.57 | 59.17 | 58.87 | 61.95 | 63.96 | |
| 铀(矿山产量) | 吨 | 35367 | 40307 | 41363 | 39426 | 40555 | |

**资料来源**:1. Mineral Commodity Summaries, 2007, 2008, 2009; 2. World Metal Statistics, Yearbook 2008; 3. E/MJ, 2007, 2008; 4. Mining Annual Review, 2005, 2006, 2007; 5. Industrial Mineral, 2007, 2008; 6. Minerals Yearbook, 2007; 7. BP Statistical Review of World Energy, June 2009。

2008 年世界石油消费量为 39.28 亿吨,比 2007 年下降 0.6%(表 18),低于近 10 年的年平均增长率;这是自 1993 年以来的首次下降,也是自 1982 年以来的最大降幅。经合组织国家石油消费量下降了 3.2%,为连续第三年下降。非经合组织国家石油消费量缓慢下降到 110 万桶/日,而其中石油输出国组织国家石油消费量的迅猛增长被亚太地区石油进口国消费量的大大放缓所抵消。亚太地区消费量增长 0.2%,大大低于 10 年年均增长率。美国为世界最大石油消费国,2008 年石油消费量为 8.85 亿吨,连续第四年下降,较 2007 年下降了 6.4%,但在世界石油消费中所占比重仍达 22.5%,只比整个欧洲的消费量略低。中国的石油消费量为3.76亿吨，比2007年增长3.3%，占世界石油消费量总量的9.6%。从主要消费地区来看，亚太地区、北美地区和欧洲地区仍是石油的主要消费区，在世界消费总量中所占比例分别为30.1%、27.4%和24.30%。但从世界范围来看，2008年除北美地区外，其他地区石油消费量均出现不同程度增长。但北美地区石油消费量下降幅度高达27.4%，比2007年净减少了5789万吨，而北美以外其他地区的石油消费量增长量仅为4636万吨，大大低于北美地区的净减少量。

**表18** **世界部分矿产品消费量**

| 矿　产 | 单　位 | 2004年 | 2005年 | 2006年 | 2007年 | 2008年 |
|---|---|---|---|---|---|---|
| 镍(精炼) | 万吨 | 125.57 | 129.71 | 136.56 | 135.28 | 129.55 |
| 原铝 | 万吨 | 2988.84 | 3170.66 | 3436.59 | 3757.82 | 3779.45 |
| 铜(精炼) | 万吨 | 1674.45 | 1676.52 | 1697.44 | 1809.84 | 1803.57 |
| 铅(精炼) | 万吨 | 705.13 | 765.75 | 805.68 | 836.59 | 870.21 |
| 锌锭 | 万吨 | 1010.69 | 1044.23 | 1087.88 | 1132.77 | 1138.71 |
| 锡(精炼) | 万吨 | 33.63 | 34.5 | 36.24 | 35.76 | 33.75 |
| 镉 | 吨 | 16955.4 | 15994.1 | 14862.8 | 16418.2 | 16876.2 |
| 金(需求) | 吨 | 3851 | 4111 | 3906 | 3432 | 3569 |
| 银(需求) | 吨 | 25785 | 26376 | 26158 | 26345 | 27340 |
| 铂 | 万盎司 | 761.5 | 757.9 | 733.5 | 758 | 749 |
| 钯 | 万盎司 | 736.4 | 777.8 | 741 | 788.5 | 826.5 |
| 石油 | 亿吨 | 37.99 | 38.61 | 38.9 | 39.4 | 39.28 |
| 天然气 | 万亿立方米 | 2.69 | 2.78 | 2.83 | 2.94 | 3.02 |
| 煤 | 亿吨油当量 | 27.78 | 29.3 | 30.9 | 32 | 33 |

**资料来源**：1. World Metal Statistics, Yearbook 2008；2. World Metal Statistics, May 2009；3. Minerals Yearbook, 2007, 2008；4. BP Statistical Review of World Energy, June 2009；5. 中国贵金属，2007年，2008年，2009年。

由于世界石油生产和消费存在极为严重的区域不平衡性，因此世界石油贸易量很大。2008年全球石油贸易量下降了1.7%(93万桶/日)，为2002年以来的首次下降，也是自1987年以来的最低水平。2008年，世界石油贸易量为26.98亿吨，略低于2007年。其中原油贸易量19.70亿吨(表19)，成品油贸易量7.28亿吨。原油贸易量占世界石油产量的50.1%。北美既是石油的主要生产区，又是石油的主要消费区，但由于石油消费增长迅速，本地供给远远满足不了不断增长的需求水平，因此北美地区也是世界最大的石油进口地区。2008年美国的石油进口总量为4.87亿吨，较2007年下降了3%，占世界原油进口总量的24.7%。亚洲目前已超过欧洲成为第二大石油消费区，日本和中国分别是世界第二和第三大石油消费国。日本国内石油资源极少，几乎完全依赖于进口，2008年石油进口总量为2.03亿吨，占世界总量的10.3%。中国近年来石油年进口依赖程度不断上升，2008年中国进口原油1.79亿吨，比2007年增加了9.2%，原油进口量占当年原油消费量的47.6%，居世界第三位。欧洲是发达国家集中的地区，石油消费量很高，但只有俄罗斯、挪威和英国三个重要石油生产国，石油产量无法满足本地区的石油需求，因此每年都要从其他地区进口大量石油，石油进口主要来自中东地区。中东地区石油出口总量占世界出口总量的45.4%；苏联地区石油出口量占世界出口总量的15.8%。

**表19** **世界部分矿产品贸易量**

| 矿　产 | 单　位 | 进　口 | | | 出　口 | | |
|---|---|---|---|---|---|---|---|
| | | 2006年 | 2007年 | 2008年 | 2006年 | 2007年 | 2008年 |
| 铁矿石 | 万吨 | 78485 | 82790 | 88850 | 78485 | 82790 | 88850 |
| 镍(东西方贸易) | 万吨 | 73.88 | 64.92 | 64.21 | 63.57 | 62.27 | 61.7 |

续表 19

| 矿 产 | 单 位 | 进 口 | | | 出 口 | | |
|---|---|---|---|---|---|---|---|
| | | 2006 年 | 2007 年 | 2008 年 | 2006 年 | 2007 年 | 2008 年 |
| 铝 | 万吨 | 1925.4 | 1917.12 | 1808.16 | 1777.91 | 1767.14 | 1948.11 |
| 铜(精炼) | 万吨 | 4299.26 | 5995.86 | 6267.15 | 3721.56 | 4659.01 | 5064.86 |
| 铅(精炼) | 万吨 | 2893.32 | 2968.23 | 3180.79 | 1749.54 | 1724.94 | 1812.36 |
| 锌锭 | 万吨 | 705.05 | 712.88 | 676.66 | 747.19 | 761.85 | 783.76 |
| 锡(精炼) | 万吨 | 461.44 | 477.59 | 493.23 | 511.88 | 549.66 | 558.61 |
| 石油(原油) | 亿吨 | 202.64 | 177.52 | 169.18 | 195.11 | 176.86 | 158 |
| 天然气 | 亿立方米 | 350.19 | 355.56 | 340.98 | 360.84 | 374.35 | 368.92 |

**资料来源**:1. Mineral Commodity Summaries, 2007, 2008, 2009; 2. World Metal Statistics, Yearbook 2008; 3. E/MJ, 2007, 2008; 4. Industrial Mineral, 2007, 2008; 5. Minerals Yearbook, 2008; 6. BP Statistical Review of World Energy, June 2009。

2008 年,国际市场石油价格经历了过山车式的巨幅波动,在多次创出历史新高后出现暴跌,结束了自 2002 年以来的持续攀升走势。英国北海布伦特原油平均价格为 97.26 美元/桶,比 2007 年上涨了 34%。年初价格略低于 100 美元/桶,之后至年中价格一路飞涨,到 7 月上涨至全年高点——144 美元/桶。美国西得克萨斯轻质原油(WTI)的平均价格则为 100.06 美元/桶,比 2007 年上涨了 38.5%(表 20)。之后随着石油输出国组织国家石油产量增长、世界经济衰退、石油消费量下降和库存增加导致石油价格急剧下跌,年末跌至 40 美元/桶。供需失衡和次贷危机是国际油价大涨大跌的主要原因,但金融资本在石油期货市场上的大进大出的投机行为也是造成石油价格大幅涨跌的重要因素。

**表 20** **2002~2008 年世界主要市场原油价格** **单位:美元/桶**

| 年份 | WTI | 布伦特 | 迪拜 | 米纳斯 | 塔皮斯 | 辛塔 | 大庆 | 欧佩克 |
|---|---|---|---|---|---|---|---|---|
| 2004 | 41.41 | 38.21 | 33.63 | 36.85 | 41.11 | 35.89 | 36.73 | - |
| 2005 | 56.44 | 54.38 | 49.32 | 53.95 | 57.9 | 52.1 | 52.59 | 50.64 |
| 2006 | 66.00 | 65.14 | 61.49 | 65.17 | 69.99 | 62.4 | 63.34 | 61.08 |
| 2007 | 72.26 | 72.52 | 68.37 | 73.51 | 77.85 | 70.17 | 71.39 | 69.10 |
| 2008 | 100.06 | 97.26 | 94.18 | 101.00 | 104.90 | 93.74 | 96.73 | 92.73 |

**资料来源**:国际石油经济,2009 年,第 3 期。

2008 年世界天然气产量增长 3.8%,高于 10 年 3%的平均值。美国是世界天然气增长的主要驱动力,也是连续第二年占有最大增量。美国天然气产量增加 7.5%,是 10 年平均值的 10 倍,增长量达到历史记录。非传统资源的开发和先进的钻探技术(年末由于天然气价格下跌而减弱)是美国产量增加的主要原因。卡塔尔占有了世界天然气第二大增量,源于其向阿联酋管道天然气供应量持续增加。欧盟天然气产量自 2004 年以来首次增加,荷兰和丹麦产量的增加弥补了英国产量下降带来的损失。

2008 年世界天然气消费量增长了 2.5%,但低于平均增长速度。在世界能源消费量中天然气所占份额为 24.1%,为有史以来的最高份额。北美现货天然气价格仍低于石油价格,但消费量增长却高于 1.3%的平均值。除了中东地区外,其他国家的消费增长速度均低于 1.3%的平均值,造成这一状况的主要原因是能源出口国国内消费增长强劲和地区内贸易量的迅速增加。在欧洲经合组织国家和亚太地区,天然气价格上涨更快,而消费量增长速度却低于平均增长率。中国消费量增长了 15.8%,为当年世界天然气消费量增长最多的国家。

2008 年世界天然气贸易量回弹,比 2007 年增长了 3.8%,主要是因为管道天然气供应量增加;而同期液化天然气贸易量略有下降。管道天然气贸易量增加了 5.5%。卡塔尔迅猛增加的出口量占世界增量的 36%;而俄罗斯和几个欧洲国家的天然气发货量增加大大补偿了加拿大向美国出口的天然气发货量下降所造成的损失。同时,由于世界液化天然气发货量受到供应量有限的影响，强烈增长的势头受到遏制。

2008年世界煤消费量增长速度变缓，低于3.1%的平均年增长率，但煤仍连续6年成为消费增长速度最快的燃料。世界最大消费国——中国的煤消费量（占世界消费量份额43%）增长6.8%，低于10年平均增长率，但仍占世界消费量增长量的85%。在2008年的自由化的能源市场中，煤价增长速度快于其他燃料矿产。除中国以外国家的煤消费量增长仅为0.6%。除了中南美和非洲外，其他地区的消费量的增长均低于10年平均增长率。

2008年世界核能产量下降了0.7%，为连续第二年下降。日本由于2007年地震的延续影响，核能产量下降了10%。2008年世界水电发电量增加了2.8%，已经是近5年来第四次高于10年平均增长率。中国水电产量增加了20.3%，为10年平均年增长率的两倍，大大超过了全部的世界增量。世界其他国家水电产量略低于10年平均增长率，下降了0.4%。可再生能源的继续强劲增长。全球风能和太阳能发电能力分别增加了29.9%和69%，均高于10年平均增长率。受有利的环境政策影响，美国风能发电能力增加了49.5%，超过德国成为了世界上最大的风能发电国。受美国和巴西乙醇产量大幅增长的影响，世界乙醇产量增加了三分之一。

2. 世界钢铁市场需求疲软，黑色金属生产普遍下滑。据国际钢铁协会（IISI）统计，2008年世界粗钢产量连续第二年超过13亿吨，达到13.3亿吨，但比2007年减少1.2%。从1998年以来，世界粗钢产量连续增长，2008年的产量是9年来首次下降。

中国是世界第一大产钢国，并且是产量增幅最大的国家，2008年粗钢产量为5.02亿吨，同比增长2.6%，继续稳坐世界头把交椅，而排名2到6位的日本、美国、俄罗斯、印度和韩国5国的钢产量总和仅为中国钢产量的77.2%。中国钢产量占世界产量的比例为37.8%，比2007年提高1.4个百分点。日本为第二大产钢国，产量为1.19亿吨，同比下降1.2%。美国排世界第三，为9150万吨。其他重要产钢国有俄罗斯、印度、韩国、德国、乌克兰、巴西和意大利等。从2000年开始，“金砖四国”（中国、巴西、印度和俄罗斯）的钢产量占世界钢产量的比重迅速提高，从2001年的31%提高到2008年的49.6%。而从2000年到2008年，世界粗钢产量增长了4.58亿吨，中国粗钢产量增长了3.72亿吨，在此期间中国粗钢产量的增量占世界粗钢产量增量的81.2%，世界新增粗钢产量大部分来自中国。

2008年世界铁矿石贸易量为8.89亿吨，比2007年下降了7.3%。世界铁矿石主要出口国有澳大利亚、巴西、印度、南非、加拿大和俄罗斯等国。在铁矿石出口量超过500万吨国家中，澳大利亚出口量为3.09亿吨，比2007年增长了15%，超过巴西居世界第一。巴西出口2.82亿吨，增长5%；印度为1.01亿吨，增11%，首次超过1亿吨。中国、日本、韩国、美国、德国、加拿大和俄罗斯的钢铁贸易在世界钢铁贸易中占有较大的份额。

多年以来，全球铁矿石的海上贸易一直由澳大利亚、巴西以及印度和南非等国控制。最近几年世界铁矿石贸易格局发生了巨大变化，铁矿石的主要进口国开始由日本、西欧逐步转为中国。虽然中国拥有很大的铁矿石工业，但是其铁矿石产量难以满足国内日益增长的需求，目前很大比例需要通过进口铁矿石来解决，从而造成近年中国铁矿石进口量持续大幅度增长。2008年中国铁矿石进口量为4.44亿吨，较2007年增长15.8%，约占世界铁矿石贸易量的50%。中国目前是世界上最大的钢铁生产国和消费国，同时也是世界上最大的铁矿石进口国，铁矿石对外依存度超过了50%，中国是世界铁矿石需求增长的决定因素，对世界铁矿石贸易有着重要影响。

目前世界铁矿石的贸易主要受几个大矿业公司的控制，包括巴西淡水河谷公司、力拓矿业公司及必和必拓矿业公司——三家公司掌握全球铁矿石贸易供应量的70%以上。

最近几年由于铁矿石需求旺盛，加上世界大型公司对国际铁矿石贸易的控制，致使铁矿石价格不断攀升。我国进口铁矿石的成本从2002年的24.8美元/吨上涨到2007年88.1美元/吨，国际市场铁矿石的年度合同价格已经连续6年大幅上涨。尽管中国作为铁矿石贸易大国直接参与2008年度铁矿石价格谈判，但由于三大矿业巨头垄断了全球海运铁矿石贸易量的70%以上，加之中国在谈判中始终处于下风，最终不得不再次接受上涨65%的价格协议。2008年世界钢产量下降，从而导致世界钢铁工业对铁矿石的需求下降，国际市场铁矿石的供求关系发生逆转，铁矿石供过于求，国际市场铁矿石的价格在连续6年大幅上涨后首次出现下降。

2008年以来，随着全球经济增速放缓和钢铁需求下降，世界钢铁工业，特别是中国钢铁工业的生产出现了下降趋势。受其影响，2008年世界铁合金金属的生产、消费和价格的发展历程与2007年相比明显变缓。2008年世界镍矿山产量153.2万吨，比2007年下降1.3%，2008年世界精炼镍消费量为129.6万吨，比2007年下降4.2%，全年镍市场供应过剩6.7万吨。其中中国市场镍产量为20.7万吨，消费量为31.4万吨，供应缺口为10.7万吨。市场供应过剩导致年内镍价先涨后跌,2008年LME三个月期镍最高价为3月6日的34850美元/吨,最低为10月24日的8850美元/吨,全年高低价差高达26000美元/吨。由于2008年世界不锈钢产量大幅削减,全球主要铬铁生产商,尤其是南非铬铁企业,自2008年10月起,陆续实行铬铁减产计划。这导致2008年第四季度铬铁产量大幅缩减,致使全年产量下降。据国际铬业发展协会(ICDA)统计数据,2007年铬铁产量约860万吨,2008年世界铬铁产量缩减至820万吨,降幅4.6%。其中,2008年第一季度南非遭遇了突如其来的电力能源供给危机(削减幅度达10%),但厂商将其能源供给集中在铬铁生产上,因此一定程度上避免了2008年上半年铬铁产量的缩减,但受下半年次贷危机导致的全球经济危机影响,国际不锈钢/钢铁业纷纷减产,全年铬铁产量仍有减少。其中,2008年南非铬铁产量下降13.3%。中国拥有巨大的铬铁生产能力,但由于中国国内铬矿资源缺乏,矿石产量很少,加上矿石质量差,大部分资源地处边远地区,运输困难,运费高等原因,因此不得不进口大量的铬铁矿,从而使近年铬矿进口量保持持续增长态势。2008年中国共进口铬铁矿石和精矿683.9万吨,比2007年增长了12.3%。中国目前已经成为世界重要的不锈钢生产国,预计今后几年将成为世界重要的不锈钢出口国。2008年,世界钼矿山产量21.87万吨,比2007年增长2.4%,而同期中国的钼矿山产量却出现20.1%的大幅增长,即从2007年的6.77万吨猛增至8.13万吨。作为国际市场上重要的钼出口国家,中国钼产量的迅猛增长无疑将对国际钼市场造成极大的压力。但是由于中国国内钼需求的增加和钼出口配额政策的实行及时地抑制了钼出口量增加;其次,美国和智利作为全球主要的钼生产国家产量大幅下降,这些因素极大缓解了由于世界钼矿山产量,特别是中国大幅增产给国际市场造成的巨大压力。从2008年世界钼市行情我们可以看到,前三个季度,国际市场钼的供需基本平衡,钼价也一直保持稳定,其中氧化钼价格一直保持在33美元/磅以及钼铁稳定在近80美元/千克的水平。但是从10月份市场令人吃惊地出现暴跌,仅两个星期就从谷顶跌入谷底。其中氧化钼跌至约10美元/磅以及钼铁跌至约26美元/千克的低点。由于第四季度价格的剧跌,2008年全年氧化钼平均价也跌至29.75美元/磅,比2007年下跌2.7%;钼铁跌至70.50美元/千克,跌幅为3.6%。甚至第四季度氧化钼平均价格仅为18.3美元/磅以及钼铁为43.50美元/千克。2008年,尽管世界钨矿山产量停止增长,但国际钨市场供应充足,世界钨需求下降,由此导致2008年钨市场出现过剩,第四季度国际市场价格明显下跌。据统计,2008年欧洲市场钨铁平均价为33.54~33.32美元/千克,而2007年平均价为32.92~33.94美元/千克。11月份出现了2008年以来的最低价,也就是钨铁21~23.5美元/千克。与此相比,2008年2月出现了50年来的最高价,也就是钨铁40~42美元/千克。2008年欧洲钨铁平均价格高于2007年。欧洲APT市场成交稀疏,价格波动不明显,但实际价格已经下跌。2008年欧洲市场APT平均价为247.18~251.6美元/吨度,最高价255~257美元/吨度,最低价210~230美元/吨度。

总的来看,2008年铁合金金属生产受到了世界钢铁生产下滑的严重影响,市场需求普遍疲软,大部分矿产出现了不同程度的过剩,由此导致大部分铁合金金属矿产品价格下跌。

3. 市场供大于求,大多数有色金属价格大幅度波动。2008年世界6种金属(铜、铝、铅、锌、锡、镍)总产量为7983.92万吨,比2007年增长3.6%,其中铅产量增长幅度最大,为7.1%,铝产量次之为3.5%,铜和锌分别增长了2.8%和2.7%,镍和锡下降幅度较大,分别下降4.8%和5.6%。上述6种有色金属消费量合计为7755.24万吨,比2007年增长1.4%,其中铅消费量增长幅度最大,为6.1%,铝消费量次之,为1.5%,铜和锌分别增长了0.4%和0.6%,镍和锡消费量下降幅度较大,分别下降8.7%和5.9%。铝供应情况最好,铜、锌和镍供应也较充足,铅和锡存在一定程度的供应缺口(表21)。

2008年,在国际有色金属市场上,中国、俄罗斯、巴西和印度的经济继续增长,对有色金属的需求继续增加,6种主要有色金属消费量所占世界消费量的比例已达40.6%,而消费量的增量为世界消费增量的3倍多。

2008年,世界有色金属市场价格走势受到市场供求关系严重影响。大多数有色金属矿产供应量继续大幅增长,但需求增长速度明显放慢,库存量仍然保持较低水平,价格普遍走低(表22)。全年有色金属价格的总体水平大大低于2007年。在6种主要有色金属中,镍和锌为2008年价格下跌幅度最大的矿产品,它们的年平均价分别为21027美元/吨和1870美元/吨,分别比2007年下跌了43.4%和42.5%;铅的年平均价格为2085美元/吨,与2007年相比,下跌幅度19.7%;铜和铝的情况稍好一些,年平均价分别为6952美元/吨和2571美元/吨,仅分别比2007年下跌了2.4%和2.6%;而锡则是6种主要有色金属中价格唯一上涨的矿产品,年平均价为18499美元/吨,比2007年上涨了27.3%。2008年其他有色金属也大都因供应增加,需求疲软,市场供应普遍过剩,进而导致价格普遍下降。

表 21　　**2008 年世界主要有色金属供求状况**　　单位:万吨

| 项　目 | 铜 | 铝 | 铅 | 锌 | 锡 | 镍 |
|---|---|---|---|---|---|---|
| 世界产量 | 1847.29 | 3943.01 | 868.95 | 1154.39 | 33.4 | 136.88 |
| 世界消费量 | 1803.57 | 3779.45 | 870.21 | 1138.71 | 33.75 | 129.55 |
| 供求平衡 | 43.72 | 163.56 | -1.26 | 15.68 | -0.35 | 7.33 |
| 库存量 | 80.71 | 470.86 | 30.36 | 72.5 | 3.25 | 15.49 |
| 年底库存消费比(周) | 2.3 | 6.5 | 1.8 | 3.3 | 5.0 | 6.2 |
| 正常库存消费比(周) | 5.5 | 5.5 | 4.0 | 5.0 | 5.0 | 5.0 |
| 产量与 2007 年相比增长% | 2.8 | 3.5 | 7.1 | 2.7 | -4.8 | -5.6 |
| 消费量与 2007 年相比增长% | 0.4 | 1.5 | 6.1 | 0.6 | -5.9 | -8.7 |

**资料来源:**根据《World Metal Statistics》May 2009 资料计算。

表 22　　**2005~2008 年 LME 主要金属现货价格(年平均价)**　　单位:美元/吨

| 品　种 | 2005 年 | 2006 年 | 2007 年 | 2008 年 | 2008 年同比(%) |
|---|---|---|---|---|---|
| 铜 | 3684 | 6731 | 7126 | 6952 | -2.4 |
| 铝 | 1898 | 2567 | 2639 | 2571 | -2.6 |
| 镍 | 14733 | 24287 | 37181 | 21027 | -43.4 |
| 锡 | 7370 | 8763 | 14536 | 18499 | 27.3 |
| 铅 | 976 | 1288 | 2595 | 2085 | -19.7 |
| 锌 | 1382 | 3273 | 3250 | 1870 | -42.5 |
| 金(美元/盎司) | 444.99 | 604.34 | 696.43 | 872.56 | 25.3 |
| 银(美元/盎司) | 7.31 | 11.55 | 13.38 | 14.99 | 12.0 |

**资料来源:**《World Metal Statistics》May 2009。

2008 年世界原铝产量为 3943 万吨,比 2007 年增长 3.5%,世界原铝消费量为 3779.45 万吨,比 2007 年增长 0.6%,净增消费量约 21.63 万吨,其中中国的原铝消费量净增了 6.55 万吨,印度的原铝消费量净增了 9.77 万吨,巴西的原铝消费量净增了 7.77 万吨,超过了世界原铝消费量增长量,由此可以看出,2008 年世界原铝的消费主要还是靠金砖四国的需求增长来拉动。2008 年全球原铝市场供应过剩较为严重。由于市场供应充足,但需求一直不振,由此导致 LME 铝库存开始暴增,9 月底库存 137 万吨、10 月底库存 152 万吨、11 月底 180 万吨,到了年底,更是超过了 200 万吨大关,较 2007 年年底增加了一倍之多,同时世界商业库存总量也达到了 470.86 万吨;从而使 2008 年国际市场铝价呈现先涨后跌的势头。尽管上半年国际铝市场已经笼罩在美国次贷危机的阴影下,但中国及世界其他地方不断传出的减产消息以及疯狂飚升的石油价格,均刺激铝价从年初的 2400 美元/吨的水平不断攀升,并在 7 月初创出历史新高 3380 美元/吨。进入下半年特别是四季度后,随着次贷危机的升级,铝价格一路暴跌,到年底时铝价已经跌回到 2003 年初的低价格水平。LME 铝现货平均价 2 月为 2776.93 美元/吨,12 月跌至 1490.43 美元/吨,跌幅高达 46.3%。2008 年 LME 铝现货平均价为 2572 美元/吨,比 2007 年下跌了 2.5%。

2008 年世界精炼铜产量 1847.30 万吨,比 2007 年增长 2.7%,消费量 1803.57 万吨,减少 0.4%,市场供应略有过剩。在世界主要消费地区中,亚洲地区的铜消费量占世界铜消费量的一半以上。中国仍是拉动世界铜消费增长的主要动力,2008 年中国消费量增长了 5.6%,净增消费量 27.02 万吨,而同期世界消费量却下降了 6.27 万吨;欧洲和美国由于建筑业和汽车制造业市场消费继续萎缩,导致欧洲和美洲全年消费量分别下降了 2.8%和 9.7%。总之,2008 年在全球经济恶化、需求疲软、库存增加、生产过剩和美元升值等多种因素的共同作用下,国际市场铜价呈现先小幅上涨后大幅下跌的态势。4 月 LME 三个月期铜平均价达到 8561.34 美元/吨,现货平均价也达到 8684.93 美元/吨,双双达到年内高点。进入下半年后铜价开始了迅猛下跌的历程。到 12 月,LME 三个月期铜平均价跌至 3107.93 美元/吨,现货平均价跌至 3071.89 美元/吨,分别比年初下跌了 56.1%和 56.5%,价格下跌幅度之大为近年少见。

2008 年世界精铅产量为 868.95 万吨,较 2007 年增长 7.1%,2008 年世界精铅消费量 870.21 万吨,比 2007

年增长 6.1%,供应缺口 1.26 万吨。中国是世界精铅生产和消费大国,2008 年精铅产量 320.64 万吨,比 2007 年增长 15.0%。自 2003 年中国超过美国成为全球第一大精铅生产国后,产量逐年增长,而且占世界产量的比例也在不断增加,2008 年已经达到 36.90%。2008 年中国精铅消费量 313.49 万吨,占世界消费量的比例为 36.0%。2008 年中国精铅消费量增加了 56.1 万吨,而同年世界消费量增量仅为 33.6 万吨,中国精铅的生产和消费对世界精铅的生产消费形势有着重要的影响。2008 年中国精铅出口量 3.46 万吨,约占当年世界精铅出口量的 2.2%,比 2007 年下降 85.8%。尽管受国际铅市需求疲软的影响供应缺口进一步缩小,但中国铅出口量急剧减少和世界商业前库存量处于较低水平使铅市供应紧张局面未得到彻底缓解,全年还有 1.26 万吨的供应缺口。受其影响,2008 年国际市场铅价总体表现低迷,年初受中国春节假期的影响,LME 铅价一度走高。随着世界性经济危机的影响不断加深,LME 铅价开始了持续下跌。LME 现货平均价 2 月的全年最高价为 3080 美元/吨,年底 12 月已经跌至 963 美元/吨,下跌幅度高达 68.7%。2008 年 LME 现货平均价为 2085 美元/吨,比 2007 年下跌 19.7%,2008 年 LME 三个月期货平均价为 2092 美元/吨,比 2007 年下跌 18.4%。

2008 年,世界锌产量为 1154.39 万吨,比 2007 年增长 1.5%,其中西方国家产量为 660.27 万吨,比 2007 年略增。世界锌消费量为 1138.71 万吨,比 2007 年增长 0.5%。其中西方国家锌消费量为 683.45 万吨,比 2007 年下降了 4.5%。世界锌消费增长仍主要来自中国。中国由于近几年镀锌板产量持续大幅增加导致锌消费持续增长。2008 年锌消费量 401.86 万吨,比 2007 年增长 10.7%,净增 38.71 万吨。2008 年国际锌市场扭转了供不应求局面,供应过剩 15 万吨左右,由此导致 LME 库存增加。供应过剩造成年内国际市场锌价持续下跌,2008 年 LME 锌现货年平均价为 1870 美元/吨,比 2007 年下跌 42.5%;三个月期货锌年平均价为 1893 美元/吨,比 2007 年下跌 41.6%。2008 年 LME 现货平均价最高为 3 月的 2511 美元/吨,最低为 12 月的 1101 美元/吨,跌幅高达 56.2%。年内最低价曾达到了 1046 美元/吨,创下了 2003 年以来的历史新低。2008 年年底 LME 锌金属库存为 25.35 万吨,比 2007 年增加了 16.5 万吨,仍低于正常库存消费比。

2008 年,世界锡产量为 33.40 万吨,比 2007 年下降了 4.8%;世界锡消费量为 33.75 万吨,比 2007 年下降了 5.9%。2008 年国际锡市场供不应求状况进一步缓解,供应缺口约 3500 吨。2008 年初,中国和印尼两个主要生产国减产,造成市场供应紧张,库存下降从而推动价格上扬。但 5 月中旬以后,随着国际经济形势的逐渐恶化,市场需求不振,进而引发锡价的持续下跌,尽管锡的市场形势好于其他主要有色金属,但价格大幅下跌的趋势在所难免。2008 年 LME 现货平均价最高为 5 月的 24062.25 美元/吨,最低为 12 月的 11240 美元/吨,7 个月的时间内跌幅高达 53.3%,12 月与 1 月相比也下跌了 31.2%。2008 年现货平均价为 18498.62 美元/吨,与 2007 年相比上涨了 27.3%,是 6 种主要有色金属中唯一年平均价上涨的金属。年内锡价下跌但年均价格仍高于 2007 年的主要原因是国际市场供应紧张,但需求萎缩也产生了一定影响。尽管从 2008 年 10 月开始,锡的需求出现大幅萎缩,但是从年初开始国际市场锡供应就不断出现问题,主要生产国一直在减产,因此面对需求的大幅萎缩,市场上并没有出现过剩,全球锡市场仍呈现供应短缺局面,而同期中国则从过去多年的供应过剩转为供应短缺。此外中国政府对锡锭出口加征 10%的出口关税,导致锡锭出口急剧减少,也对国际市场供应短缺起到了一定的作用。

2008 年世界精炼镍产量为 136.88 万吨,消费量为 129.55 万吨,过剩 7.33 万吨。其中中国市场镍产量为 20.7 万吨,消费量为 31.4 万吨,供应缺口 10.7 万吨。2008 年 LME 镍三个月期货价格为 21276 美元/ 吨,同比下降了 42%; 现货价格为 21120 美元/ 吨,同比下降了 40%。当年末 LME 库存为 7.84 万吨,比 2007 年末增加 3 万吨。

2008 年世界有色金属市场的主要特点有:①全球经济危机影响逐渐显现,原材料的需求普遍下降。主要有色金属的消费下降,市场上大部分有色金属供过于求,大多数矿产品价格大幅下跌;②美元升值和国际市场石油价格下跌加剧了矿产品市场的价格动荡;③中国、印度和俄罗斯等国经济增长减速和市场需求下降,导致对有色金属矿产品价格的支撑力度减弱;④多数有色金属库存量增加也对价格下跌起到了一定作用。

4. 贵金属市场需求疲软,大多数贵金属价格下跌。

2008 年,与大多数矿产品一样,国际贵金属市场呈现出先涨后跌的景象,上半年金银铂铑价格均创下历史新高,下半年多数跌至了近年的低点。3 月中旬伦敦金银协会(LBMA)黄金价格最高达 1101.25 美元/盎司,创下历史新高。

据 LBMA 统计,2008 年世界黄金总供应量为 3880 吨,比 2007 年下降 1.0%。造成供应量下降的主要原因是矿产金产量下降和官方售金量减少 238 吨。2008 年世界黄金现金生产成本 467 美元/盎司,比 2007 年增加了 72 美元/盎司;黄金总生产成本为 585 美元/盎司,比 2007 年增加了 91 美元/盎司,黄金生产成本的增加对矿产金的生产产生不利影响。2008年矿产金供应量2416吨,比2007年下降2.5%,为1996年以来最低生产水平。尽管2007年中国、俄罗斯和秘鲁矿产金产量增长较多,但世界大部分地区的矿产金产量都有不同程度下降。2008年官方净抛售黄金量为246吨,比2007年减少了49.2%。2008年世界再生金供应量为1218吨,比2007年增长了27.1%,占当年世界总供应量的31.4%。从需求方面来看,2008年,由于投资增长无法抵消制造业和生产商投资减持的下降,世界黄金的总需求比2007年下降了1%,其中珠宝首饰消费黄金3139吨,比2007年增长45.4%;珠宝首饰消费是黄金的主要需求领域,占2007年黄金总需求的80.1%。此外,随着全球经济的不断下滑和美元的大幅贬值,黄金的货币功能和战略保值功能愈来愈显重要。另外,传统上美元是各国外汇储备的主要部分,由于美元长期贬值以及其他主要货币汇率的波动,使得各国增加黄金储备以抵御贬值风险,因此增加黄金储备需求逐渐增大。

2008年国际市场现货黄金价格经历了一个从涨到跌再到涨的过程。年初到3月中旬,国际市场金价延续2007年年底上涨趋势一路上涨,之后至7月中旬,金价呈现波动下跌趋势。7月中旬以后,随着美元的升值,金价开始暴跌,至9月11日,金价从988美元/盎司下跌至736美元/盎司。从9月中旬开始,随着雷曼兄弟公司破产倒闭,黄金市场需求强劲,金价开始迅速上涨,之后开始波动下跌,至10月24日已经跌至年内低点712.50美元/盎司。11月中旬以后至年底,随着年末黄金需求强劲,金价震荡走高。2008年黄金市场年均价为872.56美元/盎司,比2007年上涨了25.3%。总的来看,美元持续贬值、国际市场石油价格暴涨暴跌和金融危机的进一步恶化,是导致2008年国际市场黄金价格大幅波动的主要因素。此外,套期保值减持和生产成本上涨也是影响金价走势的重要因素。

据LBMA统计,2008年世界白银总供应量为27632吨,基本与2007年持平。2008年世界白银现金生产成本4.53美元/盎司,比2007年增加了3美元/盎司;年内副产品金属价格下跌是白银生产成本增加的主要原因。2008年矿产银供应量21179吨,比2007年增长2.5%,创造了新的历史记录,这主要得益于拉丁美洲、亚洲和独联体国家矿产银产量的大幅增长。2008年官方净抛售白银量为961吨,比2007年下降了27%,为近十年来的最低水平。2008年世界再生银供应量为5494吨,比2007年下降了3%,占当年世界总供应量的20%。从需求方面来看,2008年,由于大部分消费领域需求疲软,世界白银的总需求比2007年下降了0.9%。制造业需求25896吨,比2007年下降0.9%,其中工业用途需求13910吨,比2007年增长1.4%;制造业需求占2008年白银总需求的93.7%。另外,2008年白银推断净投资减持1562吨,比2007年增加103.7%。造成这一情况的主要原因是下半年金融危机加重是公众规避风险需求增加以及印度国内需求猛增。

2008年,受黄金价格和石油价格的带动及投资资金的推动,国际白银价格创下28年来的高点。国际市场白银价格在2007年年底成功突破15美元/盎司的历史重要阻力位,2008年3月初再次突破20美元/盎司关口。2008年全年白银价格呈现上半年高位震荡和下半年价格暴跌触底反弹的趋势。9月份以后,次贷危机进一步恶化,美国政府大量注资挽救金融机构。随着金融市场动荡加剧,国际贵金属市场在大宗商品一片暴跌中一枝独秀,其金融避险功能再次得到发挥,价格触底反弹。2008年,LBMA(伦敦金银协会)白银均价为15.02美元/盎司,比2007年同期上涨12.2%;LBMA白银最高价为20.92美元/盎司,最低价为8.88美元/盎司。

从近几年的国际银市场来看,白银价格的走势与市场供求状况不存在必然联系。当国际市场白银价格超过6.0美元/盎司时,直接左右市场的就不是供需关系,而是投机、汇率等因素。近几年的国际白银市场多次证明了这一点,目前的白银供需现状对市场产生的直接影响力很小。短期内经济形势、美元汇率变化、黄金市场价格的波动、投资活动的剧烈变化、国际石油价格等仍然是决定银价的主要因素。同时,由于白银主要为铜、铅、锌和黄金等矿产的伴生矿产,因此白银相关金属行情的好坏,也影响着白银的市场。

据英国庄信万丰公司资料,2008年世界铂供应量为303.4吨,其中南非产量为148.7吨,占世界产量的66%;世界钯供应量为267.0吨,其中俄罗斯和南非的产量分别为116.3吨和78.5吨,分别占世界产量的44%和29%;2008年世界铑供应量为29吨,其中南非产量为19.3吨,占世界产量的66.5%。另据加拿大资本市场皇家银行资料,南非主要矿山公司的生产成本从2002年的不到400美元/盎司上升到2008年的1000美元/盎司左右,尽管近年铂族金属的价格大幅度上涨,但当前铂族金属价格普遍低于生产成本。汽车工业仍是铂族金属的主要终端用途,因此铂族金属市场的发展很大程度上取决于汽车工业的发展。2008年随着世界经济危机的加重,汽车制造消费领域铂的需求大幅度下降,因此促成了国际市场铂族金属价格的下跌。首饰行业是铂的第二大消费领域,2008年该领域铂的需求约占总需求量的20%左右。虽然铂价下跌有利于首饰业需求的增长,但由于经济衰退使消费者收入下降，打击了消费者的信心，致使该领域需求极度疲软。总体来看，2008 年铂钯市场均存在轻度的过剩。

2008 年上半年，世界经济危机影响还未显现，国际市场需求旺盛，加上南非能源供应出现问题影响了矿山生产，主要铂族金属价格全面上涨，铂、铑价格创下历史新高，钯价也达到了多年的高点。下半年，随着经济危机的发展，汽车工业等铂族金属主要消费领域的生产严重下滑，市场需求疲软，生产者和投资者大量抛售库存，致使铂族金属价格大幅度下跌。2008 年的价格最高点与最低点相比，铂、钯和铑的价格跌幅分别为 68%、72.7% 和 90.1%。

总之，2008 年，受世界经济衰退、美元贬值和石油价格的大涨大跌等因素的影响，世界主要矿产品市场价格普遍经历了过山车式的涨跌历程，年内许多金属矿产品的价格涨跌幅差之大为近年少有。尽管中国、印度、巴西和俄罗斯等国经济增长速度大大放缓，矿产品需求增长幅度下降，但仍对世界矿产品市场的稳定发展有着不可或缺的作用。

**表 23　　国外矿产品市场价格（伦敦市场金属、矿石和氧化物价格）**

| 矿产品名称、规格及交货条件 | 单 位 | 价 格 | | |
|---|---|---|---|---|
| | | 2005 年 12 月 10 日 | 2006 年 12 月 9 日 | 2007 年 12 月 7 日 |
| 锑金属：自由市场，到岸价 | 美元/吨 | 5300 ~ 5400 | 5450 ~ 5550 | 4000 ~ 4250 |
| 砷：鹿特丹，99% | 美元/磅 | 0.45 ~ 0.55 | 0.55 ~ 0.65 | 0.50 ~ 0.60 |
| 铋金属：自由市场，到岸价 | 美元/磅 | 6.60 ~ 6.90 | 11.50 ~ 12.50 | 7.75 ~ 8.25 |
| 镉金属：(99.99%)，到岸价，条 | 美元/磅 | 1.60 ~ 1.75 | 3.20 ~ 3.40 | 0.65 ~ 0.80 |
| 镉金属：(99.95%)，到岸价，锭 | 美分/磅 | 1.55 ~ 1.70 | 3.00 ~ 3.30 | 0.55 ~ 0.75 |
| 钴金属：自由市场，99.8%，纯净 | 美元/磅 | 30.00 | 37.75 | 18.50 |
| 锗金属 | 美元/公斤 | 675（$GeO_2$） | 875（$GeO_2$） | — |
| 金 | 美元/盎司 | 630.50 | 788.75 | 872.50 |
| 铟金属 | 美元/公斤 | 650 ~ 690 | 450 ~ 500 | 380 ~ 425 |
| 铱金属：J. 马瑟基价 | 美元/盎司 | 400 | 450 | 435 |
| 锰金属：99.7% | 美元/吨 | 1370 | 2900 | 2300 |
| 汞金属：自由市场，99.99% | 美元/瓶 | 480 ~ 560 | 550 ~ 650 | 600 ~ 700 |
| 锇金属：自由市场 | 美元/盎司 | 400 | 400 | 400 |
| 钯金属：J. 马瑟基价 | 美元/盎司 | 328 | 348 | 178 |
| 铂金属：J. 马瑟基价 | 美元/盎司 | 1123 | 1458 | 875 |
| 铑金属：J. 马瑟基价 | 美元/盎司 | 5075 | 6825 | 1150 |
| 钌金属：J. 马瑟基价 | 美元/盎司 | 410 | 460 | 120 |
| 硒：自由市场，到岸价 | 美分/磅 | 23 ~ 25 | 29 ~ 32 | 18 ~ 20 |
| 银 | 美元/盎司 | 13.56 | 14.50 | 11.11 |
| 碲：英国团块和粉末，99.95%，纯净 | 美元/磅 | 50 ~ 70 | 100 ~ 120 | 160 ~ 190 |
| 氧化铝：冶金级，现货离岸价 | 美元/吨 | 210 | 376 | - |
| 钛铁矿：54% $TiO_2$，离岸价 | 美元/吨 | 77 | 88 | 78 ~ 85 |
| 钼氧化物：55% ~ 57% | 美元/磅 | 25.0 | 31.5 | 11.0 |
| 金红石：澳大利亚产，95% ~ 97% $TiO_2$，离岸价，散装 | 美元/吨 | 453 | 490 | 500 ~ 550 |
| 钼铁矿：钼氧化物 60%，北欧港口到岸价 | 美元/磅 | 32.5 | 45.0 | 45.5 |
| 钒氧化物：98% $V_2O_5$，到岸价 | 美元/磅 | 7.9 | 7.0 | 8.0 |
| 铁矿石：　粉矿　年合同价 | 美分/吨度 | 73.45 | 80.42 | - |
| 　　　　　块矿　年合同价 | 美分/吨度 | 93.74 | 102.64 | - |
| 黑钨矿/白钨矿：65% | 美元/吨度 | 175.0 | 175.0 | 170.0 |
| 锆砂：澳大利亚产，66% ~ 67% $ZrO_2$，标准级，离岸价，散装 | 美元/吨 | 786 | 790 | 725 ~ 800 |

**续表 23－1**

| | 矿产品名称、规格及交货条件 | 单　位 | 价　格 | | |
|---|---|---|---|---|---|
| | | | 2006年12月 | 2007年12月 | 2008年12月 |
| 铝 | 氧化铝，煅烧，$Al_2O_3$ 98.5%～99.5%，袋装，批量，英国交货 | 美元/吨 | 550～575 | 550～575 | 850 |
| | 氧化铝，煅烧，钠质含量中等，批量 | 美元/吨 | 600～630 | 600～630 | 850 |
| 铬 | 铬铁矿矿石： | | | | |
| | （南非）德兰士瓦，化学级，46% $Cr_2O_3$，湿散装，离岸价 | 美元/吨 | 175～183 | 207～350 | 560～570 |
| | 德兰士瓦，铸件级，45% $Cr_2O_3$，湿散装，离岸价 | 美元/吨 | 195～220 | 300～350 | 510 |
| | 德兰士瓦，耐火级，46% $Cr_2O_3$，湿散装，离岸价 | 美元/吨 | 215～235 | 455 | 880 |
| | （菲律宾）耐火级，精矿，离岸价 | 美元/吨 | 125～140 | 125～140 | 125～140 |
| 锂 | 透锂长石，4.2% $Li_2O$，大袋，德班离岸价 | 美元/吨 | 165～260 | 165～260 | 165～260 |
| | 锂辉石精矿，>7.25% $Li_2O$，西弗吉尼亚离岸价，散装，离岸价 | 美元/短吨 | 460～490 | 600～640 | 620～680 |
| | 玻璃级锂辉石，5% $Li_2O$，西弗吉尼亚离岸价，散装，离岸价 | 美元/短吨 | 270～310 | 330～340 | 340～390 |
| | 碳酸锂，美国东海岸船边交货，大合同 | 美元/磅 | 2.70～3.00 | 2.70～3.00 | 2.70～3.00 |
| 钛 | 钛铁矿：澳大利亚产，散装，精矿，$TiO_2\geq54\%$，离岸价 | 美元/吨 | 75～85 | 75～85 | 84～136.50 |
| | 现货价 | 美元/吨 | 70～90 | 85～105 | 110～126 |
| | 金红石：澳大利亚精矿，$TiO_2\geq95\%$，离岸价 | | | | |
| | 散装（大量，用于颜料） | 美元/吨 | 450～500 | 475～500 | 500～550 |
| | 袋装（小包装，用于焊条等） | 美元/吨 | 570～700 | 650～700 | 675～725 |
| 锆石 | 陶瓷用，散装，离岸价：澳大利亚 | 美元/吨 | 725～825 | 775～800 | 830～860 |
| | 陶瓷用，散装，离岸价：美国 | 美元/吨 | 700～775 | 725～80 | 725～8200 |
| | 耐火材料用，散装，离岸价：澳大利亚 | 美元/吨 | 725～825 | 725～800 | 775～800 |
| | 耐火材料用，散装，离岸价：美国 | 美元/吨 | 700～775 | 725～800 | 775～800 |
| 稀土 | 氟碳铈矿精矿，70%淋滤　（价格单位为：美元/磅稀土氧化物） | 美元/磅 | 2.25 | 2.25 | 2.25 |
| | 氧化钇，99.99% $Y_2O_3$ | 美元/公斤 | 5.0 | 5.0 | 5 |
| 膨润土 | 美国怀俄明，工厂交货，火车车厢批量： | | | | |
| | 原矿散装 | 美元/短吨 | 36～82 | 36～82 | 44～100 |
| | 铸件级，袋装（100Lb） | 美元/短吨 | 55～80 | 55～80 | 70～90 |
| | "美国石油协会"规格，袋装（100Lb） | 美元/短吨 | 55～80 | 55～80 | 70～100 |
| | 欧洲主要港口到岸价，散装： | | | | |
| | 宠物垫圈级1～5毫米 | 欧元/吨 | 32～55 | 32～55 | 50～70 |
| | 铸件级，原矿，万吨船 | 美元/吨 | 55～60 | 55～60 | 55～60 |
| | "美国石油协会"，Section6 | 美元/吨 | 52～57 | 52～57 | 52～57 |
| 高岭土 | 美国佐治亚，工厂交货：填料，散装 | 美元/短吨 | 80～100 | 80～100 | 80～100 |
| | 造纸涂料级 | 美元/短吨 | 85～185 | 85～185 | 95～185 |
| | 煅烧，散装 | 美元/短吨 | 320～375 | 320～375 | 320～375 |
| | 卫生器具级，袋装 | 美元/短吨 | 65～75 | 65～75 | 65～75 |
| | 餐具级，袋装 | 美元/短吨 | 125 | 125 | 125 |

续表 23-2

| 矿产品名称、规格及交货条件 | | 单位 | 价格 | | |
|---|---|---|---|---|---|
| | | | 2006年12月 | 2007年12月 | 2008年12月 |
| 硅藻土 | 美国煅烧过滤助剂用,英国交货 | 英镑/吨 | 370~410 | 370~410 | 370~410 |
| | 美国热碱处理硅藻土,过滤助剂用,英国交货 | 英镑/吨 | 380~420 | 380~420 | 380~420 |
| 碳酸钙 | 研磨碳酸钙,白垩,未包装,英国工厂交货 | 英镑/吨 | 30~52 | 30~52 | 30~52 |
| | 碳酸钙,白垩,包装,精制,英国工厂交货 | 英镑/吨 | 80~103 | 80~103 | 80~103 |
| | 沉淀碳酸钙,英国工厂交货:未包装 | 英镑/吨 | 320~420 | 320~420 | 320~420 |
| | 包装 | 英镑/吨 | 320~450 | 320~450 | 320~450 |
| 云母 | 印度:325目微粉,欧洲到岸价 | 美元/吨 | 300~545 | 300~545 | 300~545 |
| | 湿磨 | 美元/吨 | 500~1000 | 500~1000 | 600~900 |
| | 印度离岸价:干磨 | 美元/吨 | 200~430 | 200~430 | 200~430 |
| | 美国工厂交货价:干磨 | 美元/吨 | 210~400 | 300~400 | 300~400 |
| | 湿磨 | 美元/吨 | 535~1300 | 700~1300 | 700~1300 |
| | 微粉级 | 美元/吨 | 535~930 | 700~1000 | 700~1000 |
| | 片状 | 美元/吨 | 250~480 | 350~500 | 350~500 |
| 滑石 | 挪威产,英国仓库交货:磨碎 | 英镑/吨 | 142~190 | 142~190 | 142~190 |
| | 微粉 | 英镑/吨 | 220~294 | 220~294 | 220~294 |
| | 中国产,英国仓库交货:标准级,200目 | 英镑/吨 | 208~233 | 215~235 | 215~235 |
| | 标准级,350目 | 英镑/吨 | 214~234 | 220~245 | 220~245 |
| | 美国,工厂交货:涂料级,200目 | 美元/短吨 | 126 | 126 | 126 |
| | 400目 | 美元/短吨 | 210 | 210 | 210 |
| | 陶瓷级,200目 | 美元/短吨 | 92 | 92 | 92 |
| | 325目 | 美元/短吨 | 115 | 115 | 115 |
| 叶蜡石 | 韩国,离岸价:玻璃纤维级,耐火级,$Al_2O_3$,18%~21% | 美元/吨 | 59~65 | 59~65 | 130 |
| | 陶瓷级,$Al_2O_3$,15%~19% | 美元/吨 | 27~44 | 27~44 | 27~44 |
| | 黏土填料级,$Al_2O_3$,21%~27% | 美元/吨 | 110~150 | 110~150 | 110~150 |
| | 澳大利亚,悉尼港口离岸价:填料级,300目 | 美元/吨 | 342 | 342 | 342 |
| 重晶石 | 磨碎,白色,涂料级,至少99%<20微米,英国交货 | 英镑/吨 | 140~150 | 140~150 | 140~150 |
| | 钻井级,磨碎,"石油公司材料协会"规格,散装,阿伯丁交货 | 美元/吨 | 60~65 | 60~65 | 77~78 |
| | 块状,"美国石油协会"规格,美国海湾到岸价:中国 | 美元/吨 | 71~74 | 105~125 | 95~110 |
| | 印度 | 美元/吨 | 82~85 | 143 | 106~130 |
| | 摩洛哥 | 美元/吨 | 67~69 | 52~53 | 64~68 |
| 萤石 | 制酸级,滤饼:中国产,干滤饼,美国到岸价 | 美元/吨 | 230~240 | 305~310 | 530~550 |
| | 南非产,德班离岸价 | 美元/吨 | 160~204 | 175~204 | 250 |
| | 墨西哥产,坦皮科离岸价 | 美元/吨 | 180~200 | 180~200 | 250~320 |
| | 墨西哥离岸价,As<5ppm | 美元/吨 | 210~220 | 210~220 | 400~420 |

续表 23-3

| 矿产品名称、规格及交货条件 | | 单 位 | 价 格 | | |
|---|---|---|---|---|---|
| | | | 2006 年 12 月 | 2007 年 12 月 | 2008 年 12 月 |
| 硅灰石 | 美国工厂交货价:针状,-200 目 | 美元/短吨 | 205 | 205 | 205 |
| | 针状,-325 目 | 美元/短吨 | 248 | 264 | 264 |
| | 针状,-400 目 | 美元/短吨 | 275 | 290 | 290 |
| | 针状(长径比为 15:1~20:1) | 美元/短吨 | 345 | 373 | 373 |
| 蛭石 | 南非产,散装,鹿特丹离岸价 | 美元/吨 | 160~260 | 160~260 | 280~450 |
| | 原矿,散装,美国工厂交货 | 美元/短吨 | 170~250 | 170~250 | 170~250 |
| 石墨 | 欧洲港口到岸价:晶质,中片,90%C,+100~80 目 | 美元/吨 | 440~495 | 440~495 | 680~780 |
| | 晶质,大片,90%C,+80 目 | 美元/吨 | 570~655 | 570~655 | 700~800 |
| | 晶质,大片,94%~97%C,+80 目 | 美元/吨 | 800~950 | 650~800 | 900~1000 |

资料来源:Industrial Minerals,2006,2007,2008。

(国土资源部信息中心 刘树臣 闫卫东 奚 甡)

# 2008 年中国矿业科技成果信息

**【石油油砂资源评价与准噶尔盆地风城油砂矿详查】** 随着我国工业化、信息化进程加快,产业和消费结构升级,对能源资源的需求迅速增大。加快油砂、油页岩等非常规油气资源的勘探开发和利用,是保障我国能源可持续供给的战略举措,是我国经济社会发展的迫切需要和必然选择。该项目摸清了我国主要盆地油砂资源的家底,查明了油砂资源的分布和资源量。研究表明,我国主要盆地油砂资源丰富,油砂油地质资源量达44.3 亿吨;建立了一套以重量法、容积法和类比法为主的油砂评价方法和参数指标体系,并开展了重点参数研究,同时对我国主要盆地的油砂矿进行优选,选出5 个油砂勘探开发有利目标;总结了我国油砂的成矿主控因素和成矿特点,提出油砂成矿"三型三控"论。开展了准噶尔盆地西北缘油砂勘查,发现了风城区块大型油砂矿,经详查其油砂油资源量规模达 1.18 亿吨,探明油砂油储量;形成了油砂开采干馏工艺和水洗工艺技术,开发出高效水洗分离配方,在风城建立了 1 万吨年产能油砂开采示范基地,是我国第一个油砂开采示范基地。本项目资源评价方法与评价结果在国土资源部、国家发改委、科技部、新疆油田、吐哈油田及中国石化等单位得到广泛应用。风城油砂矿获得勘查突破,为我国油砂的商业开发提供了储量基础,开采示范基地对我国油砂开发起到示范作用,具有良好的经济与社会效益。

**【准噶尔盆地古隆起形成演化与油气聚集规律】** 古隆起及其斜坡带是油气聚集的主要部位,古隆起的发展演变对"油气成藏"具有重要的控制作用。探讨古隆起的分布、演变,对沉积期隆起、成藏期隆起、保存期隆起的特征进行动态刻画,及其对油气地质条件的控制作用,一直是油气勘探研究的关键。该项目经过 4 年的研究,将准噶尔盆地古隆起划分为继承型、叠加型与消亡型 3 种基本类型,并详细描述了每类古隆起的分布、地质结构与形成演化过程;提出准噶尔盆地腹部"断裂-岩性体油气藏"的概念,指出"不整合面结构与油气聚集"之间的有机联系,这些概念与分析方法已被应用于准噶尔盆地、塔里木盆地等岩性地层油气藏的研究中;该项目成功论证准噶尔盆地最深井——莫深 1 井科学探索井井位并促使其上钻,为探索该盆地腹部中深层含油气新领域奠立理论基础,为陆东-莫索湾地区石炭-二叠系的油气大发现奠立重要基础;建立并完善了"古隆起构造研究与控油规律分析"的一套系统的研究方法,在我国中西部盆地其他古隆起的研究中得到推广应用。

**【阿尔金断裂昆仑山推覆体对柴西地区有利Ⅱ级油气聚集带预测】** 通过对阿尔金断裂和走滑平移与昆仑山推覆体的形成过程研究,并对其在柴达木盆地构造的控制作用,通过$^{40}Ar/^{39}Ar$同位素测年、粒度、沉降速率分析和碳、氧同位素研究,查明阿尔金和昆仑山的隆升剥蚀与柴达木盆地耦合关系。古近纪期间柴达木盆地的沉降中心一直在盆地的中部一里坪一带,呈现"碟状坳陷"的特征,属于走滑-伸展坳陷盆地,柴西缺少边缘相。昆北逆冲推覆事件首次发生在中新世中期

(12.5Ma),推覆片体出现在切克里克前陆坳陷,掩覆了坳陷西部半深湖－浅湖相带,逆掩断层下盘找油是该Ⅱ级油气聚集带的潜在目标。通过对阿尔金走滑断裂的复位研究,确定了其走滑断裂的累计错距350~400千米,认为晚白垩世以前柴达木和西南塔里木相连,构成统一的原型盆地,寒武－奥陶系、石炭系、下－中侏罗统具有潜在油气远景;晚白垩世－古近纪期间,两盆地既分隔又连通,古－始新世西南塔里木盆地为海湾,柴西地区是与之连通的残留泻湖的陆缘,具有丰厚油气资源;确定了早更新世晚期青藏高原的末次快速隆升时间,中国西北主要盆地新生界的褶皱与逆冲推覆构造,以及昆仑、祁连、天山挤出式的双向推覆隆升的西部盆－山地貌,也成为上述盆地构造与油藏的最终定型期。在分析了油气生、储、运移规律和构造演化关系之后,对柴西地区有利二级油气聚集带和勘探远景进行了战略预测,提出重点目标区。上述重大基础理论问题的研究,对于柴西地区下一步油气勘探具有战略指导作用和实际价值。

**【邯邢地区大水铁矿床开发利用研究】** 至2003年底邯邢地区累计探明资源储量8.21亿吨。因受奥陶系灰岩岩溶水威胁,尚有约2亿吨铁矿不能开采利用或为闲置的呆矿。为缓解铁矿石供需矛盾,以研究奥灰水对铁矿的威胁程度,提出防治水措施来解决不能开采的铁矿资源。该项目深化了对岩溶水含水层的认识:目前盆地内岩溶水含水位明显下降,含水性极不均一。以前相互沟通的邯邢地区铁矿田水文地质亚单元的岩溶含水体已经分成大小不一,相对独立存在的水文地质条块或蓄水盆地,受限制的水力联系为呆滞铁矿的开采提供了有利的条件。提出5种有效的矿床开采防治水方法:疏水巷道、丛状放水孔疏干;大口径钻孔抽水疏降;带压分段机械排水;帷幕注浆;竖井施工地下水防治。重点提出占有1.77亿吨资源储量的中关、胡峪、台口、三王村、赭山铁矿和王窑、西郝庄深部矿体开采的防治水办法并已得到应用。按矿床水文地质条件相对复杂程度将邯邢地区铁矿床划分为5个分区:极复杂区、复杂区、较复杂区、中等复杂区和简单区,评估了各分区的矿坑涌水量。突破了各矿勘查阶段就矿论矿、各矿区单独评价的局限,成果更能反映客观水文地质条件。该成果已引起了有关部门和矿山企业的重视,并在部分矿山投产开采,效果明显。

**【甘肃省正宁县南部煤炭详查】** 陇东地区是甘肃省最大的煤炭资源赋存地,为第四系地层全覆盖的隐伏整装煤田。本项目选择的是找煤范围内煤层厚度大、储量集中的西部,并向西扩大的区域进行普查和详查,面积约152平方千米。查明勘查区构造形态,正宁县南部煤层赋存的深度、厚度、结构及其变化和可采范围;可采煤层煤质特征和工艺性能,确定可采煤层煤类,评价煤的工业利用方向;查明水文地质条件、主要可采煤层顶底板工程地质特征、煤层瓦斯、地温等开采技术条件,评价了矿井开采引起的环境地质条件变化,对煤炭资源的经济技术做了概略研究;估算了区内可采煤层控制的、推断的和预测的资源量为184765.53万吨,其中,控制的47973.46万吨,推断的(333)72260.84万吨。吨煤勘探成本仅约0.014元,却为宁县南、宁县中部、灵台南部乃至整个陇东地区的煤炭资源勘查奠定了基础,对于带动整个陇东地区煤炭资源的开发、缓解区内煤炭供应的紧缺状况、为甘肃省大型煤炭工业基地建设提供资源保证等意义重大。

**【山东省苍山县王埝沟矿区铁矿详查】** 该矿床赋存于泰山岩群山草峪组中,上覆盖层为青白口纪至早寒武纪沉积地层,矿体赋存于＋60~－230米标高以下,顶部埋深34.82~298.37米,为全隐伏矿体。该矿床的勘查是在查明区内地层、构造、岩浆岩的地质特征、产状、规模、展布形态、接触关系的基础上,综合分析研究成矿地质条件、成矿规律,并充分利用地面高精度磁法剖面测量成果,将两者有机结合及综合运用形成的地质－物探－地质相结合的综合找矿方法,是地质与物探磁测剖面成果有机结合。利用磁法剖面测量成果可以大致判断隐伏型急倾斜板状铁矿体的赋存位置,结合区内地质特征及成矿条件,可判断矿体露头埋深,以此用钻探工程验证。这一综合找矿方法已在该地区铁矿找矿中得以有效运用,并在该矿区南部土山地区发现了一处隐伏小型矿产地,矿体埋深在240米以下,于该矿区东凤凰山矿区、沟西矿区各发现一处全隐伏中型铁矿产地,矿体埋深在400~800米。地质与物探方法有机的结合是目前寻找深部急倾斜沉积变质型“鞍山式”盲矿体的行之有效的方法。该铁矿为一新发现大型铁矿床,新增铁矿石(332)＋(333)资源量1.46亿吨,矿权已转让给山东省临沂会宝岭铁矿有限公司,转让总费用2亿元,经济效益十分可观。目前,矿山正在建设中,拟建年处理矿石200万吨的选矿厂,建成后可带动和促进地方经济发展。

**【新疆北天山西段铜多金属矿找矿方向和勘查模型研究】** 新疆西天山位于16个重点成矿区带内,近年来东天山以斑岩铜矿－矽卡岩铜多金属矿找矿连续取得突破,研究区西延部分哈萨克斯坦的巴尔喀什地区已探明一系列世界级铜金矿,因此在新疆北天山西段找寻铜多金属矿已成为一个关注的焦点。该项目采用现代成矿学最新理论和采用最新的找矿技术方法,通过对大地构造演化、岩浆活动与铜多金属矿床成矿作用的关系、铜矿床成矿地质背景和时空分布特点进行研究,总结出区域成矿规律和找矿标志,编制系列图件从而提出区域成矿模型找矿勘查模型,并开展找矿预测。主要是以构造单元时空叠覆理念,结合精确定年,提出构造单元划分新方案。理顺了本区不同时期的地层系统,恢复了古构造沉积环境,划分了在构造演化进程中的成矿阶段及期次。通过大量火成岩岩石地球化学分析、同位素测年以及区域遥感影像解译,结合前人大量资料,重新厘定了西天山造山带从古、中元古代泛大陆增生与裂解阶段、新元古代 - Rodinia 超大陆形成与裂解阶段、古生代 - 古亚洲洋形成与消亡阶段 - 板内陆块走滑位移、盆山格局形成阶段和新生代盆山格局形成各阶段演化史。分别建立了铜金多金属矿床的矿床尺度典型矿床模型和区域成矿模型,精确定年基础上厘定了喇嘛苏、达巴特和菁布拉克等矿床形成的地球动力学背景和形成环境。通过西天山与东天山和巴尔喀什成矿带综合对比,提出西天山地区铜金多金属矿床找矿方向。综合研究区铜金矿区地物化和蚀变异常遥感等找矿标志,建立了铜金找矿模型并提出一系列靶区。完成了研究区地质矿产数据库的建设、成矿规律图和蚀变遥感异常分布图的编制。本项目成果在西天山地区近几年的基础地质工作部署和铜金矿勘查部署起到了指导意义,提出的找矿靶区为新疆"358"项目在西天山地区矿产评价项目的部署安排提供了依据,并在找矿中取得突破。

**【新疆哈密市大南湖煤田一区详查】** 哈密大南湖煤炭资源丰富,煤层多、厚度大,是良好的动力用煤基地。该项目综合勘查的特点是利用航空测量绘制地形图;采用 RTK 先进卫星测量定位系统,控制各项工程点的位置,提高了工程基础数据的精度;采用物探磁法探火手段,查清煤层的火烧范围及火烧深度;利用物探二维地震手段,查清了矿区范围的构造形态及煤层赋存的空间位置;利用钻探控制煤层的深度,见煤点的厚度及煤层采样化验,满足对煤质的分类及各项工业指标的分析。地球物理数字化测井从定性,定量方面进一步予以确认,确保详查区储量的真实可靠。通过本次勘查发现资源量(332 + 333)722831.60 万吨。其中控制的内蕴经济资源量(332)146362.27 万吨,推断的内蕴经济资源量(333)576469.33 万吨。资源量满足建设大型煤矿,为建设煤电一体化基地提供了大型矿产地一处。项目的完成对减缓煤炭供求矛盾,促进地方资源优势向经济转化的发展有着积极的作用。

**【辽宁省瓦房店市袁家沟制碱石灰岩矿普查】** 中国两大制碱企业之一的大连化工集团大连碱厂原料基地制碱石灰岩资源基本枯竭,经国家发改委批准投资 12 亿,将大化碱厂由大连市甘井子区北迁至瓦房店市,急需寻找替代资源产地;同时鞍钢冶金业对优质冶金熔剂石灰岩也有巨大需求;另外近年来优质石灰岩深加工业发展很快,市场需求量大。瓦房店市袁家沟制碱石灰岩矿是在传统含矿层位奥陶系马家沟组之外在新层位新地区新发现的特大型制碱石灰岩矿床。该矿床矿层厚度巨大,平均 82.55m;有益元素含量高,其中制碱石灰岩(占总资源量 80%)CaO 含量平均 52.56%,均超过黑色冶金熔剂石灰岩矿 50%、制碱石灰岩 50.4% 和一级品水泥石灰岩 48% 的工业指标要求。制碱石灰岩 333 + 334 类资源量 3.37 亿吨,其中 333 类 2.11 亿吨。水泥石灰岩 333 + 334 类资源量 0.83 亿吨,其中 333 类 0.55 亿吨。总计 333 + 334 类资源量 4.20 亿吨。其中 333 类 2.66 亿吨,占 63%,相当于 4.9 个大型矿床。该矿床的发现为辽宁中南部鞍山、营口、辽阳和辽南大连地区冶金熔剂、化工制碱和建材水泥等工业领域提供了强有力的资源保障,为振兴东北老工业基地作出了贡献。

**【贵州省务川自治县大竹园铝土矿区普查】** 大竹园铝土矿区位于贵州省务川自治县北部,矿区含矿层位为上石炭统大竹园组,矿区矿石自然类型以半土状、碎屑状为主,其次有致密状和豆鲕状;工业类型以低铁低硫型为主。伴生有用矿产为稀散元素镓。333 + 334 资源量 4086.88 万吨。其中:333 资源量 2714.54 万吨,占总资源量的 66.4%;另估算镓 334 资源量(金属量)3800.78 吨。初步查明大竹园矿区是一个水文地质简单、工程地质条件中等和环境地质条件中等的矿床。矿山采矿只适宜于选用坑采方案,将矿区矿石加工技术性能与邻区开采的同类型矿床进行类比后得出:大竹园铝土矿区矿石的溶出性能和赤泥沉降性能良好,矿石中大部份镓可以回收利用。项目的实施,全面带动了黔北务 - 正 - 道铝土矿的勘查工作,所获得的理论成果为扩大黔北铝土矿找矿远景提供了依据,所估算的资源量为黔北铝工业基地的建设提供了较为丰富的资源保障。

**【国产卫星遥感影像压缩质量评价技术及应用】** 从我国资源卫星的实际应用出发,针对我国卫星传感器的实际特点,以我国资源卫星的遥感影像压缩技术为基础,在分析 JPEG2000、SPIHT、JPEG - LS 等压缩方法的基础上,提出了一套面向土地、测绘和地质等重要卫星行业应用的遥感影像压缩质量评价方法,自主设计了影像构像质量的综合性评价指标，建立了我国遥感影像压缩质量评价体系，构建了包含不同地区、不同地形类别和不同分辨率的压缩标准测试影像集，研发了影像压缩失真度量系统，从影像分类、影像分割、灰度剖面分析、影像匹配、自动生成数字表面模型和摄影测量点定位等方面，深入研究了影像有损压缩和影像应用的关系。项目提出的国产卫星影像压缩比——不高于4:1，已经应用于国产资源三号卫星、1:4高分辨率卫星、2:8 A星和B星等四颗卫星的研制，彻底改变了我国资源卫星影像压缩比8:1的现状，研究成果对于促进国产资源卫星发展和行业应用发挥了重要作用，取得了巨大的社会和经济效益。

**【大陆科学钻探地球物理调查与信息技术应用】** 我国首次开展了大陆科学钻探选址综合地球物理调查及孔区三维地震调查和数据精细处理，先导孔及主孔VSP调查和数字三分量地震剖面调查。选址调查清晰地揭示了大别与苏鲁岩石圈特征与造山后期的动力学作用，取得大量壳幔动力学作用的地球物理证据，揭示了岩石圈地幔分层结构。进行了多项地球物理勘查方法技术的创新，取得了结晶岩区开展三维和三分量反射地震和垂直地震剖面调查等成果。利用大陆科学钻探取得的岩心岩性、构造编录和测井资料，准确地标定大陆科学钻探主孔两侧三维地震发现的三大类反射区，建立了解释我国地壳地震反射的第一组标尺。利用先进的网络技术、岩心扫描技术、数据库技术建立了目前国际大陆科学钻探项目中最先进和数据量最大的岩心扫描图像数据库，供国内外用户和公众共享。

**【中国地球化学元素丰度图集编制与研究】** 根据全国约750个有代表性花岗岩类岩体的768件组合样品的实测分析数据，计算出了中国花岗岩类及碱长花岗岩、正长花岗岩、二长花岗岩、花岗闪长岩、石英二长岩、石英二长闪长岩近70种化学元素的丰度；天山－兴安造山系、中朝准地台、昆仑－祁连－秦岭造山系、滇藏造山系、扬子准地台、华南－右江造山带、喜马拉雅造山带等七大构造单元花岗岩类及不同岩石类型花岗岩的近70种化学元素的丰度；太古代、元古代、早古生代、晚古生代、中生代、新生代花岗岩类及不同时代碱长花岗岩、正长花岗岩、二长花岗岩的近70种化学元素的丰度。计算提出了中国东部岩石的61种元素或成分的平均含量。首次编制了56种元素与氧化物的中国花岗岩类地球化学图和61种元素与氧化物的中国东部岩石地球化学图。系统地研究了中国花岗岩类及不同岩石类型花岗岩近70种化学元素的丰度和地球化学特征、中国各构造单元花岗岩类的元素丰度与区域分布特征、各地质时代花岗岩类的元素丰度与演化特征。研究了中国东部岩石化学元素平均含量及其在不同大地构造单元中的分布特征。

**【铝硅矿氮化物(sialon基)复合高性能化及高温冲蚀磨损评价研究】** 铝硅矿物固体废弃物高性能化应用研究是近年来国家实施循环经济战略需求的研究热点，煤矸石、粉煤灰高性能材料的高温冲蚀磨损性能研究在国内几乎是空白。目前，燃煤发电流化床锅炉、石化、煤化工等行业大量使用耐高温矿物材料由于其高温冲蚀磨损性能差经常导致出现不可预见的设备事故造成巨大经济损失。开展煤矸石、粉煤灰系统高性能化材料应用技术研究显得非常重要。针对我国铝硅矿物和固体废弃物高性能化利用的突出问题，通过对中低品位铝硅矿物、高铝煤矸石、高铝粉煤灰和铝灰等的性质和物相特征的研究，采用结合矿物原材料均化、高温碳热还原、高温碳热还原氮化等理论和方法，对铝硅矿物原材料进行硅杂质改性的莫来石化转相、氮化转相(Sialon基)、碳化转相(SiC)等工艺，制备了刚玉/莫来石/碳化硅系列高性能耐高温材料、氮化物Sialon基材料、金属/合金复合高性能化的耐高温冲蚀磨损材料、轻质绝热节能耐高温材料。相关研究为我国铝硅矿物和固体废弃物高性能化提供重要的理论基础。在国内首次进行高温冲蚀磨损评价设备的开发和方法的基础研究，发明了高温冲蚀磨损试验机及试验方法，进行了高性能化铝硅矿氮化物(Sialon基)高温冲蚀磨损研究，建立该体系材料组成、性能、显微结构与高温冲蚀磨损性能之间的关系，揭示Sialon基材料中(Fe/Mo)的复合韧化机理。研究工作促进我国耐高温冲蚀磨损矿物材料的理论研究和技术产业的发展。进行了高性能化铝硅矿物和固体废弃物在高温材料工业中零排放利用技术的基础研究，通过对相关的高铝含量工业固体废弃物中 $Al_2O_3-SiO_2-Fe_2O_3-MgO-CaO-TiO_2$ 物相的组合平衡设计、杂质物相优化调控技术的系统研究，得到相关杂质物相分别被Sialon化、SiC化、尖晶石化、六铝酸钙化、钙长石化和莫来石化的关键技术和工艺参数，获得了含铝硅矿物和工业固体废弃物高性能化后在炼铁高炉和节能矿物绝热材料中零排放利用技术。本研究为我国铝硅矿物资源高效综合利用提供重要的理论和技术。该项成果具有合理高效利用矿物资源、提高矿物资源利用效率、保护环境等显著意义。

**【潜孔锤反循环钻探技术集成化研究及其在老矿山复杂地层中应用】** 为克服CSR钻探方法的不足，我国在国际上率先研究成功并实施了贯通式潜孔锤全孔反循环钻探技术，效率成倍提高，岩矿心采取率达到

90%以上,能够不停钻连续获取块状和短圆柱状岩矿心,但存在钻头品种单一、潜孔锤未实现系列化、机具配套不完善、工艺方法不成熟、未能与其他先进钻探技术相集成等诸多问题。该项目实现了潜孔锤反循环连续取心钻探技术,集潜孔锤高效碎岩、全孔反循环和连续获取岩矿心三种先进技术为一体,研发了完善配套的系列规格贯通式潜孔锤、反循环钻头及配套钻具等,使钻探技术实现了跨越式发展,具有独立知识产权;以潜孔锤反循环钻探技术为主体,并集成应用了多种先进钻探方法,有效解决了复杂和极复杂条件勘探矿区的重大钻探技术难题。在坚硬、破碎、漏失、塌陷等复杂地层钻探,岩矿心采取率可达95%以上,效率是金刚石钻探的6~10倍,钻头寿命是金刚石钻头的5~8倍,钻探成本降低2/3。运用潜孔锤反循环集成化钻探技术,突破了栾川钼矿老矿山极复杂地层钻探禁区,完成钻探工作量2.6万米,钼矿石开采价值220多亿元,延长了老矿山服务年限,探明了地下空区,确保了矿山生产的安全;解决了新疆白干湖钨锡矿和河北涿鹿锰银矿钻探生产技术难题,效率提高数倍,成本大幅下降,在极复杂条件下成功实施了该项钻探新技术,对加快西部重要集矿区带和危机矿山"攻深找盲"找矿勘查具有重要意义和示范作用。

**【XD系列全液压动力头式岩心钻机】** 目前国外广泛使用的地质岩心钻机多数是全液压动力头式钻机,是新一代岩心钻机,能较好地适应金刚石绳索取心钻进工艺,钻进效率高、安全性好、操控轻便。而我国目前岩心钻机的主要形式是立轴式钻机,技术性能差。因此,研制新一代全液压动力式岩心钻机,具有十分重要的意义。XD系列全液压动力头式岩心钻机,主要适用于金刚石绳索取心、冲击回转、定向钻进、反循环连续取心等多种钻探工法;也可用于水井钻进、锚固钻进、工程地质钻进等施工。该钻机给进机构使用长行程油缸直接驱动,采用新型导轨滑板结构,结构简单,间隙可调,刚性强,导向性好。动力头变速箱结构具有创新性,设多级机械变速,变量液压马达驱动,输出转速可全程连续无级调速,转速可即时显示,调速精度高、性能稳定、操作方便,特别适用于金刚石绳索取芯钻探工艺。液压卡盘和液压夹持器结构新颖,工作可靠,具有独创性。钻机动力头具有侧向滑移功能,让开孔口便捷、省力、安全,施工斜孔时其优点尤为突出。可选用电动机或柴油机不同动力配置方式;有整体式、分体式和履带式多种装载机型,适应不同矿区需求,便于用户选择。配备专用钻机底梁、钻杆架和厂房等配套设施,方便现场施工,降低工人劳动强度,有利于安全生产。XD系列全液压动力头式岩心钻机以其先进的性能,优良的质量,高的性价比,一投放市场就得到了用户的认可。截止目前共生产81台,销往全国各地,在地质、有色、煤炭等勘查施工单位的多个矿区得到应用,并有7台出口到国外。XD系列钻机的研制,缓解了我国全液压动力头岩心钻机长期依赖进口的局面,对提高我国地质钻探装备水平,缩小与国外钻探设备之间的差距,具有重要的现实意义。该系列钻机因其轻便、安全、高效、环保和可靠的性能、以及较高的性价比,适合我国国情,有良好的应用和推广前景,对我国地质找矿事业的发展产生良好的经济效益和社会效益。

**【西藏申扎-那曲地区固体矿产航空物探勘查】** 为研究区域地质构造,圈定基性、超基性岩体和中酸性火成岩体,进行以铬铁矿和铁、铜为主的多金属找矿远景区预测提供高精度航磁资料。航磁成果采用野外踏勘、岩矿石物性测定和地质、物化遥等多元信息相结合的分析方法,进行了较为系统地研究。在该地区完成了1:200000高精度航空磁测,经过地面查证,航磁信息可靠,测量效果明显。使用多种软件对数据进行了常规处理,结合野外踏勘、岩石物性测定和地质、物化探、遥感等多元信息综合分析,对航磁反映的岩浆岩、构造特征和找矿线索进行了研究,区内筛选航磁异常591处,其中新发现异常466处;优选具有找矿意义的甲乙类异常178处;预测多金属找矿远景区22片,优选找矿靶区22处。地面踏勘发现铁、铜多金属矿1处,超基性岩体2处,取得较好的直接或间接找矿效果。新发现隐伏断裂13条,岩体134处,为矿产资源评价提供了一大批构造、岩浆、热液环境。该成果为冈底斯成矿区带铁、铜、铅、锌等多金属矿产资源评价和基础地质研究,提供了丰富的地球物理信息。

**【铜钼铅锌共生矿综合利用技术研究】** 甲玛铜钼铅锌共(伴)生矿床产出于西藏特提斯-喜马拉雅构造域一级构造单元。该构造单元是我国近年来发现的具重大潜在价值的多金属成矿带,已经发现众多的多金属矿点,甲玛铜钼铅锌共(伴)生矿长期以来因其难选冶而被视为呆滞资源。该项目研究矿石为西藏甲玛铜钼铅锌复杂难选多金属共(伴)生矿,矿石化学成分及其复杂,矿石中主要有用矿物黄铜矿、黝铜矿、方铅矿、闪锌矿在空间嵌布关系上相互包裹,机械选矿分离困难。研究推荐的等可浮-分离选矿工艺,兼顾了资源的有效利用和企业少投入早受益的原则。根据矿物工艺学研究结果提出的该选矿工艺可获得铜钼铅锌银混合精矿、单一铜精矿、铅精矿和锌精矿,银主要富集于铜精矿和铅精矿中,可在冶炼中回收。混合精矿进入湿法冶金分步提取回收利用。铜、钼、铅、锌、银、碲选矿平

均综合回收率 > 90%。流程简单,成本最低,最大限度提高了矿石中有益元素的回收率,整个工艺达到了铜、铅、钼、锌有效分离提取的目的,并能回收大部分银,极好的利用了资源。西藏中凯矿业股份有限公司采用该项目成果,于 2006 年建成了年处理 27 万吨的选矿厂,获得了铜多金属混合精矿、单一铜精矿、单一铅精矿和单一锌精矿,混合精矿进入下一步湿法冶金工艺。铜、钼、铅、锌、银选矿综合回收效果较好,回收率达到了 70% ~ 86%;铜、铅、锌单一精矿中铜、铅、锌回收率达到了 70% ~ 78%。至 2008 年,共获利润 6202 万元,经济效益较显著。对呆滞资源开发利用提供了示范作用,并促进了民族地区的经济发展和社会进步。

**【电磁场概率成像及其在地下水勘查中应用】** 电磁勘探法是地下水勘探的最有效的方法之一,在国内已得到深入地发展,一般的反演和成像方法都趋于成熟并取得了较好的应用效果。但是,在实际资料的反演与成像过程中仍然面临着诸多问题。本项目在已有的含一维和二维反演算法分析和电磁测深资料处理与解释平台基础上,根据意大利地球物理学家提出的一种基于能量密度理论的成像方法,将概率成像方法应用于大地电磁测深方法理论模拟研究中,探索新的成像反演方法,并验证了大地电磁场概率成像在不同频率下的概率成像与 Bostic 反演深度有大体一致的对应关系。实现了一个新的成像反演方法用于 MT 模型数据的解释,该方法把求地质体的几何形状的传统反演方式转化为地质体空间分布概率大小的反演方式,丰富了电磁场反演理论。提出求概率分布的技术方案:匹配滤波求概率的方法;基于失配函数技术的感应源电磁场概率成像;波形函数异常分离与多频信号叠加的概率成像。完成电磁场概率成像方法理论在 TEM、SP、NMR 等方法应用与延展。建立了核磁共振概率成像模式,提出用概率成像方法进行核磁共振找水,确定异常含水带分布的方案。将概率成像技术用于地下水勘探数据处理。在四川温江、河北涿州、山东即墨、委内瑞拉、冰岛、匈牙利等都个地下水(含地下热水)勘探项目的中取得了良好的应用效果。同时在将方法用于新疆(NMR, TEM),山东(CSAMT),吉林(SP),云南(CSAMT)的实际资料取得了较好效果,展现了方法良好的应用前景和推广价值。

(国土资源部信息中心　王　芳)

# 2008 年矿山事故记事

**1 月 16 日**　河南省许昌禹州市大仝煤业有限公司井下11010机巷迎头发生透水事故,当班下井 31 人,其中 13 人自行出井,18 人被困。

**1 月 18 日**　重庆南川县高桥煤矿,在 + 340 米水平西翼煤巷掘进过程中发生煤与瓦斯突出事故,造成 13 人死亡。

**1 月 20 日**　山西临汾地区汾西县永安镇蔚家岭村一非法私开煤矿窝点发生瓦斯爆炸,造成 20 人遇难。经过进一步搜救,又发现 5 名遇难人员,该事故死亡人数升至 25 人。

**2 月 17 日**　河北黄山珍牧业有限公司特种野猪养殖场发生爆炸,造成 24 人死亡,5 人受伤。该养殖场位于武安和沙河交界处,邯邢矿山管理局西石门铁矿矿区范围内,是一家证照齐全的特种养殖企业,由外到里建有 3 道围墙,3 个大门,猪舍建在第 3 道围墙内,共 20 间,养有 43 头猪,其中第 6 号猪舍后墙为砖砌移动门(白天关闭),移动门后有一个隐蔽斜洞,内为盗采点。因工程隐蔽,车辆只在夜间运输。事故发生后,养殖场负责人逃逸。经初步确认,事故发生时井下共有 55 人,其中 31 人生还,其中 5 人受伤。

**2 月 28 日**　黑龙江鸡西市麻山区建宝煤矿发生透水事故,14 人被困井下。

**3 月 5 日**　吉林辽源市东辽县金安煤矿, - 85 米标高平巷煤层自燃发火后导致局部冒顶,当班井下作业的有 30 人,其中 13 人安全升井,造成 17 人死亡。

**3 月 5 日**　黑龙江鹤岗市兴安区泰源煤矿井下五片下十处压风机峒室压风机电缆起火,据矿方反映,当时下井人员全部升井。3 月 7 日,国家安全监管总局接到事故举报,反映有 10 多人被困井下。经初步核查,当班入井 44 人,其中 31 人安全升井,13 人下落不明。

**13 月 14 日**　云南昭通地区威信县三桃乡莱坝村水洞坪煤矿井下发生煤与瓦斯突出事故,造成 14 人遇难,2 人重伤, 2 人轻伤。

**3 月 26 日**　湖南郴州市永兴县香梅乡张家洲煤矿(整合保留矿井)发生一起瓦斯突出事故,突出煤量约 100 吨左右。该事故造成 10 人死亡、3 人被困。

**4 月 12 日**　辽宁葫芦岛市南票区沙锅屯村第三煤矿(乡镇有证,低瓦斯矿井)井下发生瓦斯爆炸事故,初步核查当班入井 39 人,其中,安全升井 23 人,14 人死亡,2 人下落不明。

**5 月 30 日**　黑龙江鸡西市鸡东县恒达煤矿,井下发生透水事故,造成 13 人被困。

**6 月 13 日**　山西吕梁地区孝义市下堡镇安信煤

业有限公司主井底发生火药爆炸,造成34人死亡。

**6月25日** 安徽芜湖市繁昌县繁阳镇马厂村12名村民,在桃冲矿废弃矿床塌陷区从事非法开采活动,作业过程中发生山体塌陷,塌陷面积400余平方米,12人下落不明。

**7月1日** 陕西榆林市神木县汇森凉水井煤矿,井下综采工作面切眼顶部放炮后,由于烟尘大,造成18人死亡,11人受伤。

**7月5日** 山西大同市南郊区高山镇五九煤矿,井下发生一氧化碳中毒窒息事故,造成21人死亡。

**7月10日** 河南济源市济源煤业公司八矿(地方国有、资源整合技改矿)技改立井在交接班过程中,罐笼在从井底往上提升到30米时,绞车连轴器螺丝突然断裂,造成坠罐事故,经初步核查,造成11人遇难。

**7月12日** 山西长治市长治县王庄煤矿(国有地方)井下总回风巷开拓掘进工作面发生透水事故,造成10人遇难。

**7月21日** 广西百色地区田东县右江矿务局那读煤矿发生透水事故,造成36人遇难。

**8月1日** 河南平煤集团平禹煤电公司(许昌禹州市)四矿二1-12190机巷掘进工作面发生煤与瓦斯突出事故,当班下井50人,其中27人安全升井,23人遇难。

**8月1日** 山西太原市娄烦县马家庄乡寺沟村太原钢铁集团尖山铁矿排渣厂发生山体滑坡,近9万立方米土方下泄,初步调查有10多间房屋被埋,造成11人遇难。

**8月18日** 辽宁沈阳市法库县柏家沟煤矿二水平301采煤工作面发生瓦斯爆炸事故。当班下井81人,其中55人安全升井,26人死亡。

**9月4日** 辽宁阜新市清河门区河西镇八矿(乡镇个体矿,证照齐全)井下发生瓦斯爆炸事故,当班井下41人作业,其中14人自行逃生脱险,27人死亡。

**9月5日** 四川宜宾市兴文县久庆镇金河煤业有限公司309采煤工作面发生瓦斯突出事故,当班下井44人,其中26人安全升井,18人死亡。

**9月5日** 河北唐山市古冶区新华煤矿井下发生爆炸事故,造成9人被困井下。事故发生后,矿主盲目组织4人下井施救,也下落不明。经多日紧张的搜救,截至9月9日24时,已找到11名遇难者遗体,还有2人失踪。

**9月7日** 河南许昌市禹州市鹤煤集团禹州仁和煤矿发生透水事故,造成24人被困。截至8日5时20分,有7人获救,2人死亡,还有15人被困。

**9月8日** 山西省临汾市襄汾县新塔矿业有限公司发生尾矿库溃坝事故。截至10月23日16时30分,死亡人数升至276人。

**9月20日** 黑龙江鹤岗市兴山区富华煤矿井下发生一起火灾事故,当班入井44人,事故发生后12人升井,32人被困。经过搜救,截至9月14日7时,已有26人死亡,还有5人下落不明。

**9月21日** 河南省登封市新丰二矿(乡镇煤矿)井下发生煤与瓦斯突出事故,31人死亡,13人被困。

**10月12日** 四川宜宾市江安县红桥镇幸福煤矿+120水平西巷掘进工作面发生煤与瓦斯突出事故。当班下井21人,安全升井11人,10人遇难。

**10月29日** 陕西渭南市澄城县尧头斜井井下上下山处发生瓦斯爆炸事故,当班下井36人,7人安全升井。经搜救,截至11月3日15时15分,已找到28名遇难者,仍有1人被困。

**10月29日** 河南济源市克井镇马庄煤矿井下发生一起透水事故,当班入井28人,7人安全升井,21人被困井下。

**11月17日** 河南平顶山市郏县高门洞煤矿(乡镇有证)井下发生透水事故,当班入井42人,安全升井9人,33人被困井下。

**11月30日** 黑龙江七台河市新兴区昌隆煤矿一井井下二段右一片采煤工作面发生瓦斯爆炸事故,当班井下有25人作业,其中10人安全升井,15人遇难。在救护队员恢复通风系统排放瓦斯过程中,发生大面积冒顶次生事故,又造成3名救护队员遇难死亡。此次事故,共造成18人死亡。

**12月17日** 湖南省娄底涟源市伏口镇挂子岩煤矿2152回采工作面发生煤与瓦斯突出事故,当班下井32人,其中14人安全升井,18人遇难。

**12月31日** 贵州安顺地区安顺市西秀区柏秧林煤矿发生透水事故,13人被困井下。

(《中国矿业年鉴》编辑部　宋　菲编辑)